Martin Avenarius
Fremde Traditionen des römischen Rechts

Martin Avenarius

Fremde Traditionen des römischen Rechts

Einfluß, Wahrnehmung und Argument des »rimskoe pravo« im russischen Zarenreich des 19. Jahrhunderts

WALLSTEIN VERLAG

Abschlußpublikation des durch die Deutsche Forschungsgemeinschaft unterstützten Projekts »Römische Rechtstradition und Zivilrechtswissenschaft in Rußland vom Beginn des 19. Jahrhunderts bis 1922«

Bibliografische Information der Deutschen Nationalbibliothek
Die Deutsche Nationalbibliothek verzeichnet diese Publikation in der Deutschen Nationalbibliografie; detaillierte bibliografische Daten sind im Internet über http://dnb.d-nb.de abrufbar.

www.wallstein-verlag.de
Vom Verlag gesetzt aus der Adobe Garamond
Umschlaggestaltung: Basta Werbeagentur, Steffi Riemann
Druck und Verarbeitung: Hubert & Co, Göttingen
ISBN 978-3-8353-1541-9

Inhalt

Vorwort

Die Begegnung Rußlands mit dem römischen Recht bildet noch heute einen Bereich der europäischen Privatrechtsgeschichte, der außerhalb Osteuropas kaum bekannt und innerhalb desselben noch nicht sehr intensiv untersucht worden ist. Daß dieses eigentümliche Wirkungsfeld der Tradition des römischen Rechts der rechtshistorischen Forschung weitgehend fremd geblieben ist, muß umso bedauerlicher erscheinen, als in der Auseinandersetzung mit dem Einfluß dieser Tradition auf Rußland und mit der Frage nach der historischen Bewertung desselben spezifische Vorstellungen vom römischen Recht und dessen charakteristischen Merkmalen besonders hervortreten. Die Eigenart dieser Anschauungen ist dadurch zu erklären, daß Russen das römische Recht – im 19. Jahrhundert noch ausgeprägter als heute – in der Regel nicht als selbstverständliche Grundlage ihrer Kultur wahrnehmen, sondern dasselbe ihrerseits als »fremd« betrachten, weil sie ihm vor dem Hintergrund einer eigenen, teilweise völlig anderen Rechtserfahrung entgegentreten. Aus der russischen Begegnung mit dem römischen Recht läßt sich dabei zugleich in mehrfacher Hinsicht auf historische Erfahrung mit den Grundlagen des Rechts schlechthin schließen. Hier tritt das römische Recht als Reflexionsmedium auf, wenn etwa Recht und Gerechtigkeit, der Geltungsgrund des Rechts, die Eigenständigkeit des Privatrechts gegenüber der staatlichen Macht oder das Spannungsverhältnis zwischen Individualismus und Gemeinschaftsorientierung im Privatrecht erörtert werden oder wenn – aufgrund bestimmter Erwartungen, die an das römische Recht gerichtet werden – nicht wenige Juristen dafür eintreten, unter seinem Einfluß die Rechtsordnung des Zarenreiches auf wissenschaftlicher Grundlage neu zu gestalten. Zu den Erträgen der Auseinandersetzung mit den aus verschiedener Sicht als fremd wahrgenommenen Traditionen des römischen Rechts gehört auch die Erfahrung, daß »römisches Recht« auch im neuzeitlichen Kontext für einen komplexen Begriff steht und die Anwendung bestimmter Regelungen desselben keineswegs notwendigerweise bedeutet, daß die Wertordnung, die es repräsentiert und der es letztlich seine langfristige Bedeutung in Europa verdankt, den Menschen auch tatsächlich im Rahmen einer auf Freiheit und bürgerliche Gleichheit gegründeten Ordnung zugute kommt.

Die nähere Betrachtung des zwischen dem römischen Recht und der Privatrechtsentwicklung in Rußland bestehenden Verhältnisses ergibt, daß der verbreitete Standpunkt, das römische Recht sei in Rußland nicht rezipiert worden, in dieser undifferenzierten Form nicht haltbar ist. Vielmehr müssen der Einfluß des römischen Rechts und die Erforschung desselben im Zarenreich als Teil seiner Wirkungsgeschichte in Europa verstanden werden. Die Ausdifferenzierung dieser Erkenntnis ist das Ziel längerfristig angelegter Forschungen gewesen, die ich in den 1990er Jahren begonnen und besonders von 2005 bis 2008 im Rahmen eines DFG-Forschungsprojekts »Römische Rechtstradition und Zivilrechtswissenschaft in Rußland vom Beginn des 19. Jahrhunderts bis 1922« fortgeführt habe. Hieraus sind einige Publikationen von Zwischenergebnissen oder Übersichtsdarstellungen hervorgegangen, die allesamt nur vorbereitenden bzw. vorläufigen Charakter haben. Diese Arbeiten sind in überarbeiteter, verbesserter und teilweise durch Kürzung auf die hier verfolgte Fragestellung zugeschnittener Form in das vorliegende Buch eingegangen. Im Mittelpunkt steht dabei eine kurze Monographie »Rezeption des römischen Rechts in Rußland – Dmitrij Mejer, Nikolaj Djuvernua und Iosif Pokrovskij« (2004). Als Einführung in den Forschungsgegenstand und zugleich Forschungsprogramm konzipiert, hat sie an ausgewählten Beispielen gezeigt, wie einzelne russische Zivilrechtler die ihnen schrittweise eingeräumte Möglichkeit nutzten, System und Einrichtungen des Privatrechts unter Rückgriff auf das römische Recht zu modernisieren.[1] Die selbständige Publikation vorläufiger Äußerungen zu ausgewählten Teilbereichen des Forschungsgebiets diente zunächst dem Ziel, die wissenschaftliche Diskussion über das Gesamtthema anzuregen und mit Rücksicht auf die besondere Wahrnehmung des Forschungsgegenstandes durch russische Rechtshistoriker deren Widerspruch oder ergänzende Bemerkungen herauszufordern, um so die zwangsläufig einseitige Perspektive des westlichen Betrachters zu ergänzen. Ihr lag auch die Überzeugung zugrunde, daß eine Gesamtdarstellung eines breiten Fundaments an speziellen Untersuchungen bedürfe, an denen es bislang fehlte, sowie die Erwartung, daß der Hinweis auf offene Fragen, die mit der Wirkungsgeschichte des römischen Rechts unmittelbar verknüpft sind, andernorts wissenschaftliche Bemühungen hervorrufen werde. Außerdem diente der Versuch, die Diskussion über den Forschungsgegenstand zu beleben, dem Ziel einer Vergewisserung über die Bedeutung der Verschiedenheit der jeweiligen Verstehenshorizonte.

Um insbesondere die russische Sicht auf das römische Recht besser in die Betrachtung einbeziehen zu können, habe ich 2008 eine überarbeitete und um verschiedene Abschnitte erweiterte Fassung der genannten Monographie unter dem Titel »Rimskoe pravo v Rossii« (»Römisches Recht in Rußland«) in Moskau publiziert, abermals in der Absicht, vorläufige, der Ergänzung und Ausdifferenzierung bedürftige Zwischenergebnisse zur Diskussion zu stellen.[2] Der unmittelbare Ertrag ist bislang überschaubar. Denn obwohl das Bestehen der verschiedenen Perspektiven auch von der russischen Seite wahrgenommen wird, findet nur wenig Austausch darüber statt. So ist das Problem der mangelnden wissenschaftlichen Auseinandersetzung bislang teilweise ungelöst geblieben. Das ist offenbar kein Zufall, sondern durch die von den westlichen Forschungsbedingungen grundsätzlich verschiedenen Voraussetzungen veranlaßt, unter denen sich russi-

1 Um dem Eindruck zuvorzukommen, es werde etwa der Anspruch erhoben, Aussagen über »die« Rezeption des römischen Rechts in Rußland, also über einen außerordentlich vielschichtigen historischen Vorgang insgesamt zu treffen, wurde im Titel der Arbeit auf den bestimmten Artikel verzichtet. Vgl. die dahingehenden Bemerkungen bei Rudokvas, Rez. Avenarius, S. 197.

2 Baranowski weist richtigerweise darauf hin, daß der Titel angesichts der schmalen Schrift sicherlich zuviel verspricht; Rez. Avenarius, S. 135. Die Formulierung trug dem Verlagsinteresse an einer Kürzung gegenüber der deutschen Fassung des Titels Rechnung, um dem Adressatenkreis das aus russischer Sicht etwas sperrige Fremdwort »recepcija« zu ersparen.

sche Juristen und Rechtshistoriker dem Gegenstand widmen. Die Sprachbarriere spielt hier nur eine geringe Rolle. Wichtiger ist offenbar eine vielfach wenig ausgeprägte Neigung zur offenen Kritik, eine Eigenart, die mit einer über lange Zeit verfestigten Wissenschaftskultur zusammenhängen dürfte. Diese ist jedenfalls teilweise durch ein relativ formales Verhältnis zu »Wahrheiten« und zu wissenschaftlichen »Autoritäten« gekennzeichnet. Der wichtigste Grund aber liegt wahrscheinlich in der grundsätzlich unterschiedlichen Beziehung westeuropäischer und russischer Wissenschaftler zum Forschungsgegenstand. Insofern bildet das Problem, das im Fehlen einer gemeinsamen Forschung besteht, die Kehrseite der Chance, die in den unterschiedlichen Perspektiven liegt.

Wenn es auch an einer regelrechten wissenschaftlichen Diskussion mangelt, ist das Spektrum der einschlägigen Publikationen doch in den vergangenen Jahren merklich reicher geworden. Noch zu Beginn der Arbeiten hatte sich das Forschungsgebiet so dargestellt, daß es zum römischen Recht in Rußland nur wenige eingehende Stellungnahmen gab, und diese zudem von veralteten Vorstellungen oder, was besonders das russische Schrifttum betraf, von ideologischen Wahrnehmungsvoraussetzungen ausgingen. Erfreulicherweise hat sich dies insoweit geändert, als es inzwischen mehrere Arbeiten gibt, die die Geschichte des römischen Rechts in Rußland unmittelbar behandeln, und zahlreiche weitere, die mittelbar zum Thema beitragen. Man äußert sich aus russischer Sicht zu denselben Fragen, die auch die westliche Forschung behandelt. Es ist eine ermutigende Beobachtung, daß an dem Tunnel durch die Vielfalt der Fragen auch von der russischen Seite her gegraben wird. Ein Durchbruch setzt freilich voraus, daß auf Ausrichtung und Fortschritte der von der jeweils anderen Seite unternommenen Grabungen Rücksicht genommen wird. Hierfür ist die russische Wissenschaft keineswegs allein verantwortlich.

Verglichen mit anfänglichen Vorstellungen von den in dieser Arbeit erreichbaren Zielen ist das Ergebnis bescheidener ausgefallen. Insbesondere hat sich gezeigt, daß der monographischen Durchdringung des Stoffes angesichts seines Umfangs Grenzen gesetzt sind. Daß eine über die Überblicksdarstellung hinausgehende wissenschaftliche Behandlung des Gegenstandes nur in Ansätzen möglich war, ist auch dadurch bedingt, daß es fast völlig an einer Vorbereitung der hermeneutischen Voraussetzungen der Arbeit fehlte. Es ist einfach bislang kaum eine Annäherung der Perspektiven, eine Vermittlung zwischen denselben oder jedenfalls eine Verständigung über ihre Verschiedenheit erfolgt. Das wiederum liegt an der erwähnten Dürftigkeit des wissenschaftlichen Dialogs. Da es im übrigen für mehrere Teilbereiche bis heute an Einzeluntersuchungen fehlt, muß sich die Arbeit teilweise auf eine Präsentation des Stoffes, also von Quellen, Fragestellungen, Standpunkten usw. beschränken. Auch sind die Zusammenhänge für die rechtshistorische Forschung teilweise nicht hinreichend erschlossen, so daß sie gelegentlich etwas ausführlicher dargestellt werden, als es für die Erörterung der Fragestellung eigentlich geboten wäre.

Die Ermittlung und Beschaffung des einschlägigen Schrifttums ist, verglichen mit den noch in den 1990er Jahren herrschenden Bedingungen, inzwischen wesentlich einfacher geworden. Zahlreiche der früher selten verfügbaren vorrevolutionären Werke sind nachgedruckt oder von Bibliotheken als Scans zur Verfügung gestellt worden; auch bedienen sich russische Autoren angesichts bestimmter Schwierigkeiten bei Herstellung und Vertrieb von Büchern oft des Mittels der Publikation im Internet. Gleichwohl war es trotz systematischer Bemühungen und Nutzung hervorragender Sammlungen nicht möglich, jede nachgewiesene Arbeit auch tatsächlich zu erlangen. Immerhin dürfte die verwendete Literatur eine brauchbare Grundlage für die Hauptaufgabe der Arbeit bilden, einen Eindruck von der neuzeitlichen Begegnung russischer Juristen mit dem römischen Recht und der Wahrnehmung desselben aus russischer Sicht zu liefern. So wird der Abschluß der Darstellung trotz der genannten Vorbehalte zu verantworten sein. Da das Gesamtergebnis der Arbeit den Charakter einer Übersicht hat und damit gleichzeitig als eine Präsentation von Fragestellungen verstanden werden kann, denen im Rahmen von Einzeluntersuchungen nachgegangen werden könnte, sind die einführenden Abschnitte zu Methoden, Begrifflichkeit, Terminologie, spezifischen Problemen und Forschungsstand vergleichsweise ausführlich gehalten. Wenn die Arbeit hierdurch günstigere Voraussetzungen für weitere Untersuchungen schaffen sollte, hätte sie ihren Zweck jedenfalls teilweise erfüllt.

Um den Zugang zu den verwendeten Materialien sowie zu den einzelnen Ausdrücken zu erleichtern, ist russischer Text regelmäßig transliteriert. Ausgenommen sind nur einzelne Zitate aus Lyrik und anderen literarischen Werken. Die Umschrift des Kyrillischen richtet sich grundsätzlich nach den für wissenschaftliche Bibliotheken geltenden Regeln. Dabei ist, wie im modernen russischen Schrifttum üblich, die vorrevolutionäre Schreibweise der alten Texte durch die moderne ersetzt (und auf dieser Grundlage transliteriert) worden.

In Rußland galt bis 1918 der julianische Kalender, der gegenüber dem in Westeuropa gebräuchlichen gregorianischen Kalender im 19. Jahrhundert um 12, im 20. Jahrhundert sogar um 13 Tage im »Rückstand« war. Vorliegend wird grundsätzlich das jeweils am Ort des dargestellten Sachverhalts geltende Datum genannt. Wo beide Sphären betroffen sind, etwa im Zusammenhang mit dem Russischen Seminar für Römisches Recht in Berlin, sind beide Daten angegeben.

Die materiellen Voraussetzungen ihrer Entstehung verdankt die Arbeit in erster Linie der wertvollen Förderung durch die Deutsche Forschungsgemeinschaft. Der Fortgang wurde ferner in verschiedener Weise durch kollegiales Entgegenkommen im Kreise der Rechtswissenschaftlichen Fakultät der Universität zu Köln begünstigt. Zahlreiche weitere Institutionen im In- und Ausland haben wichtige Unterstützung geleistet.

Für die kritische Lektüre verschiedener Abschnitte des Textes danke ich Anna Seelentag, für die Übersetzung der Zusammenfassung ins Russische Anastasia Timofeeva. Das Register haben Marcel Leines und Dorothee Moos gefertigt. Bedeutende Förderung hat das Buch schließlich durch meine wissenschaftlichen Mitarbeiter erhalten, die in verschiedenen Phasen der Entstehung zur Erschließung, Auswahl und Bewertung des Stoffes beigetragen haben. Sie haben mir bei der Bewältigung jener Arbeitsschritte, die ich nach Art oder Umfang nicht allein habe bewältigen können, mit ihrer jeweils spezifischen Kompetenz zur Seite gestanden, sei es als wissenschaftliche Gesprächspartner, als slavische Muttersprachler oder schließlich im unermüdlichen Einsatz bei der Ermittlung und Beschaffung seltener Literatur. Mein herzlicher Dank gilt Nelia Danova, Rahel Kruse, Lyudmyla Lehwald, Marc Lindner, Anna Novitskaya und Marcin Zieliński.

Köln, im März 2014 M. A.

Kapitel 1: Einführung

I.) Römisches Recht als Recht schlechthin

Das römische Recht nimmt in der Geschichte der europäischen Kulturen sowie derjenigen, die ihre Ursprünge auf Europa zurückführen, zentrale Bedeutung ein. Aus diesem Grunde hat man mit ihm nicht selten die Vorstellung vom Recht schlechthin verbunden. So ist verschiedentlich die Auffassung vertreten worden, es könne jene Sinnvorgaben vorbildlich erfüllen, welche dem Recht allgemein gesetzt sind, indem es angeblich die menschlichen Lebensverhältnisse angemessen ordnet und gerechte Verhältnisse besonders weitgehend gewährleistet.[1] In diesem Sinne hat z. B. der amerikanische Politikwissenschaftler Charles H. McIlwain im historischen Zusammenhang des Eintritts der U.S.A. in den Zweiten Weltkrieg den Standpunkt vertreten, es gelte, die römische Rechtstradition, die auf das Common Law einen nicht weniger wichtigen Einfluß ausgeübt habe als auf das kontinentaleuropäische Recht, in der Auseinandersetzung mit dem nationalsozialistischen Deutschland zu verteidigen.[2] Denn es sei das römische Recht, das seinen Ausgang von den individuellen Rechten des einzelnen Menschen genommen und den Grundsatz des Schutzes dieser Rechte vor Eingriffen der Obrigkeit eingeführt und etabliert habe.[3] Entsprechend ist die Klage über die Herrschaft von Unrecht gelegentlich von der Feststellung begleitet gewesen, »das römische Recht gelte nicht mehr«. Unter den literarischen Werken, die diese Vorstellung aufgreifen, hat Louis Aragons Erzählung »Le droit romain n'est plus« Bekanntheit erlangt, in der der Autor einen Zusammenhang zwischen der dezidierten Ablehnung des

1 Vgl. Behrends, Das Geheimnis, S. 4 f.

2 McIlwain hat darauf hingewiesen, daß die Grundlagen des modernen Konstitutionalismus bis auf dessen Klassiker zurückgehen, und darüber hinaus auf das Gedankengut der antiken Philosophie und Rechtswissenschaft; Costitutionalism: Ancient and Modern, S. 23-66. Mommsen hatte »Grundrechte« im römischen Recht festgestellt; dazu Masi Doria, I »Grundrechte« nell'opera storico-giuridica, S. 371 ff. Ein jedenfalls auf das private Vermögensrecht gerichtetes Grundrechtsdenken hat Behrends für die Rechtswissenschaft des Prinzipats beschrieben; Römische Privatrechtsordnung, S. 14 ff.

3 McIlwain, Our Heritage from the Law of Rome, S. 608: »The appalling recrudescence in the last few years of an absolutism that we fondly thought the world hat renounced forever makes somewhat clearer than before our duty and also our debt to the Law of Rome. This crisis in the world's history is the most serious in a thousand years. Because Nazi tribalism rejects the universality of Roman Law we know the better that at all costs we must maintain it; because the despotism of present-day Germany overrides all the private rights that the Roman and the English law protect, we are the more conscious of the value of these rights and the more determined that they shall not perish from the earth«.

römischen Rechts durch nationalsozialistische Juristen[4] und der Begehung von Kriegsverbrechen herstellt.[5]

In Anknüpfung an Aragon weist Witold Wołodkiewicz auf die Lebendigkeit der römischen Rechtstradition hin, die er als Grundlage rechtsstaatlicher Einrichtungen im modernen Polen beschreibt. Dieser Gedanke durchzieht eine Reihe von Beiträgen, die der Warschauer Romanist seit 1991, also kurz nach dem Systemwechsel, unter dem Serientitel »Hat das römische Recht aufgehört zu bestehen?« vorgelegt hat.[6] Die Vorstellung, das römische Recht repräsentiere in besonderer Weise das Recht schlechthin, liegt auch der Entscheidung zugrunde, am 1999 eröffneten Gebäude des Obersten Gerichtshofs in Warschau römische Rechtsregeln anzubringen.[7] Anders als im Falle klassizistischer Justizpaläste, bei denen auf das römische Recht verweisende Attribute jeweils entweder der Geltung des römischen Rechts zur Zeit der Errichtung oder aber auch nur dem Baustil geschuldet sind, hat man hier – beraten von Wołodkiewicz – ein postmodernes Gebäude mit römischen Rechtsregeln geschmückt. Dabei geht es natürlich nicht nur darum, wie es sachlich durchaus zutreffend wäre, auf die historische Verbindung des polnischen Rechts mit der römischen Rechtstradition Europas hinzuweisen.[8] Zweck dieser Geste ist es vielmehr, öffentlich auf die Verbindlichkeit bestimmter Grundsätze des Rechts schlechthin zu verweisen. Es ist sicherlich kein Zufall, daß dieses demonstrative Bekenntnis gerade in Polen abgelegt worden ist. Dieses Land konnte auf Jahrhunderte der Fremdherrschaft zurückblicken, die mit der gesetzlich sanktionierten Schlechterstellung der Polen gegenüber anderen Menschen verbunden gewesen war. Hier mußte man im Zweiten Weltkrieg erleben, wie in der Folge der besonders herabsetzenden Organisation der Besatzung als »Generalgouvernement« elementare Rechte des einzelnen dem unbeschränkten Zugriff der Machthaber ausgesetzt waren, ein Sachverhalt, der seine schrecklichste Ausprägung in der systematischen Ermordung zahlloser Menschen fand.[9] Selbst nach dem Ende der nationalsozialistischen Gewaltherrschaft in Polen war

4 Vgl. Art. 19 des 25-Punkte-Parteiprogramms der NSDAP von 1920 sowie für die Diagnose einer »Krise« des römischen Rechts unter der Herrschaft des Nationalsozialismus stellvertretend für viele Koschaker, Rez. Georgescu, S. 425-427 und dens., Die Krise des römischen Rechts, insbes. S. 70ff.; vgl. dazu Meissel/Wedrac, Strategien der Anpassung, S. 42-44.

5 Aragon, Le droit romain n'est plus, S. 183-223; vgl. Kuryłowicz, Symbol, S. 61-83. Als »Symbol humanen Rechts«, dessen Untergang den Massenmord ermöglicht habe, nennt das römische Recht, worauf Kuryłowicz aaO., S. 7ff. und 87ff. hinweist, Mieczysław Jastrun in seinem Gedicht »Z pamiętnika byłego więźnia obozów koncentracyjnych« (Aus dem Tagebuch eines ehemaligen Häftlings in Konzentrationslagern) (publiziert 1955).

6 Die Beiträge, die ursprünglich in der Zeitschrift »Palestra. Pismo Adwokatury Polskiej« (Schrift der polnischen Anwaltschaft) erschienen sind, sind nun gesammelt in einem Band: Wołodkiewicz, Czy prawo rzymskie przestało istnieć? (2003); dazu Kuryłowicz, Prawo rzymskie, S. 170 sowie Avenarius, Römisches Recht in Slavischen Sprachen V, S. 729.

7 Vgl. dazu den von Wołodkiewicz redigierten Band: Regulae Iuris. Łacińskie inskrypcje na kolumnach Sądu Najwyższego Rzeczypospolitej Polskiej, 3. Aufl. (2011).

8 Vgl. Kraft, Europa, S. 4.

9 »Le droit romain n'est plus«; vgl. Jońca, Prawo rzymskie, S. 327.

es keineswegs zur Einrichtung einer freiheitlichen Privatrechtsgesellschaft und eines modernen Rechtsstaats gekommen. Vielmehr konnte sich weder in den der Sowjetunion zugeschlagenen, zuvor polnischen Gebieten noch (im übrigen) unter den jahrzehntelang herrschenden Rahmenbedingungen einer sozialistischen Volksrepublik jenes Zivilrecht, das zwischen den Weltkriegen Gegenstand anspruchsvoller wissenschaftlicher Forschung und moderner Reformprojekte gewesen war, als freiheitliches bürgerliches Recht fortentwickeln. Unter dem fortwirkenden Eindruck dieser Erfahrungen wird die Zugehörigkeit zur römisch-westeuropäischen Tradition mitunter bewußter wahrgenommen als in Staaten, in denen dieselbe im wesentlichen unbestritten fortgeführt wird, und es gewinnt das Bekenntnis zu einem entsprechenden Recht programmatische Bedeutung.

Die Vorstellung vom römischen Recht als einzigartiger Ausdrucksform des »Rechts schlechthin«, wie sie weniger in wissenschaftlichen Zusammenhängen als vielmehr in programmatischen Äußerungen auftritt, darf selbstverständlich nicht schematisch verstanden werden. Das hieße, daß aus neuzeitlicher Sicht ein Recht idealisiert würde, in dem – um nur den heikelsten Punkt zu benennen – die Sklaverei, wenn auch im Bewußtsein ihres Bestehens *contra naturam*, in Geltung stand. Dies ist in keinem Fall gemeint. Zum Ausdruck kommt vielmehr die Überzeugung, daß das römische Recht bestimmte Konzepte hervorgebracht habe, die, wenn auch in der antiken Rechtsordnung nur teilweise verwirklicht,[10] immerhin Ziel des Strebens römischer Juristen waren. Dies bezieht sich etwa auf das Konzept einer auf individueller Freiheit und bürgerlicher Gleichheit[11] beruhenden Privatrechtsgesellschaft.[12] Sicherlich lehrt die geschichtliche Perspektive berechtigte Zweifel dahingehend, ob eine solche Ordnung für die Lebensverhältnisse

10 Inwieweit das hochentwickelte Rechtsschutzsystem »einfachen« Römern effektiv zugute kam, kann kaum zuverlässig festgestellt werden, denn der genannte Personenkreis ist in der Überlieferung unterrepräsentiert. Für die Ausführung dieses Grundgedankens vgl. Knapp, Invisible Romans (2011).

11 Das klassische römische Recht zielt auf die Regelung der Rechtsverhältnisse derjenigen Menschen, die als Bürger eines Staates eigenständige Rechtssubjekte und in dieser Hinsicht gleichrangig sind. Der Umstand, daß bestimmte Menschen nicht frei sind (Sklaven) oder aus anderen Gründen nicht eigenverantwortlich und selbständig rechtsgeschäftlich handeln können, nimmt dem Grundsatz nicht seine Gültigkeit, sondern schärft vielmehr das Bewußtsein für die Bedeutung von Freiheit und Gleichheit. Dies wird nicht nur in der kritischen Erörterung der Sklaverei als *contra naturam* bestehend deutlich, sondern auch darin, daß die mangelnde Akzeptanz gegenüber jenen Rechtseinrichtungen, durch die Frauen benachteiligt wurden (*manus mariti, tutela mulierum* u. a.), sich immer wieder Ausdruck verschuf und in der klassischen Zeit zu deren Rückgang führte.

12 Vgl. nur Orač/Tyščyk, Osnovy ryms'kogo pryvatnogo prava, S. 14. Die Verfasser dieser ukrainischen, didaktischen Zwecken dienenden Darstellung erklären die Einzigartigkeit der Bedeutung des römischen Rechts damit, daß dasselbe auch nach dem Untergang der Sklavenhaltergesellschaft in anderen Gesellschaftszuständen eine Rolle spielte. Es stelle nämlich einen mustergültigen Ausdruck für die Lebensbedingungen und Konflikte einer Gesellschaft dar, die durch das Privateigentum geprägt sei. Weil es eine solche Gesellschaft

der Menschen in unterschiedslos allen historischen Kontexten praktisch tauglich wäre. Entscheidend ist aber, daß sie ethische Gebote verwirklicht. Der neuzeitliche – jedenfalls: europäische – Jurist darf sie daher mit Recht zum Vorbild nehmen. Soweit man die zugrundeliegende Wertordnung, die den römischen Verfechtern dieser Konzepte durch den Hellenismus vermittelt worden war, noch in der Neuzeit als tradiertes und bewahrenswertes Kulturgut begreift, ist die Forderung nur konsequent, den entsprechenden juristischen Formen, wie sie das römische Recht anbietet, zur Geltung zu verhelfen.

II.) Die Orientierung Rußlands am römischen Recht

Wenn Recht formuliert und angewandt wird, um eine spezifische Sinnvorgabe zu verwirklichen, ist es nur konsequent, nach dem Sinn rechtsgeschichtlicher Vorgänge zu fragen. Denn im Unterschied zu vielen anderen historischen Ereignissen handelt es sich hier um Vorgänge, die von Menschen bewußt und zweckgerichtet gesteuert werden. Nicht auf »stillwirkende Kräfte«, wie es vor 200 Jahren der Vorstellung vieler Juristen entsprach,[13] sondern auf menschliches Verstehen und Steuern geht auch, wie man heute wird feststellen dürfen, die überaus erfolgreiche Rezeption des römischen Rechts in Europa und seine Ausstrahlung in viele Rechtsordnungen auf der Welt zurück.[14] Über einen Zeitraum von anderthalb Jahrtausenden haben sich Menschen jeweils dafür entschieden, das römische Recht, welches ihnen zuvor nicht als selbstverständlich überliefert gewesen war, in seiner Gesamtheit oder in bestimmten Elementen zu übernehmen und auf die von ihnen verantworteten Lebensverhältnisse anzuwenden.

Eine solche Geschichte der Begegnung mit dem römischen Recht und der Entwicklung des eigenen Rechts unter dessen Einfluß hat auch das russische Zarenreich durchlaufen.[15] In dem hier hauptsächlich betrachteten Ausschnitt der

bereits in vollkommener Weise ordne, habe das römische Recht später kaum noch verbessert werden können.

13 Savigny hatte die einflußreiche Rechtsentstehungslehre der Historischen Rechtsschule 1814 bekanntlich in der »Summe« formuliert, daß »alles Recht [...] durch innere, stillwirkende Kräfte, nicht durch die Willkühr eines Gesetzgebers« hervorgebracht werde; Vom Beruf, S. 68.

14 Im Hinblick auf den weltweiten Einfluß des römischen Rechts hat Meder dessen Rezeption sogar mit einem modernen Ausdruck als erste »Globalisierung von Recht und Rechtswissenschaft« bezeichnet; Auslegung als Kunst, S. 150, Fn. 2.

15 Mit dem Ausdruck »Zarenreich« wird nachfolgend durchweg das russische Reich bezeichnet. Außer Betracht bleiben hier also das bulgarische und das serbische Zarenreich. Dabei ist bereits die Bezeichnung des Zarenreichs als »russisch« eine Vereinfachung, wenn sie auch der offiziellen Selbstdarstellung dieses Staates entspricht. Die Bezeichnung darf nicht darüber hinwegtäuschen, daß das Reich ein Vielvölkerstaat mit einem erheblichen Anteil an nichtrussischer Bevölkerung war, deren kulturelle Eigenständigkeit verschiedentlich durch Russifizierungsmaßnahmen zurückgedrängt wurde. Die offizielle Bezeichnung des Zarenreiches als »Rossijskaja Imperija« trägt mit dem Adjektiv »rossijskij« dem überethni-

Geschichte, dem 19. Jahrhundert, beobachten wir, daß zunächst einzelne Persönlichkeiten Kenntnisse im römischen Recht erwerben, bevor dasselbe bald im Universitätsunterricht etabliert wird und sich eine eigene, russische Literatur zu diesem Rechtsgebiet entwickelt. Auf dieser Grundlage kommt es einerseits zu staatlich initiierten Reformbemühungen, andererseits zum Eingang von Merkmalen des römischen Rechtsdenkens in die Jurisprudenz des Zarenreiches. Im Laufe der Zeit beginnen dann, vermittelt durch russische Juristen, Regelungen und Denkweisen des römischen Rechts in das geltende Recht im Rahmen von Rechtsprechung und Normen einzugehen. Wir werden hier in den letzten Jahrzehnten des Zarenreiches einen mit wissenschaftlicher Bearbeitung des positiven Rechts einhergehenden Rezeptionsvorgang beobachten.

In der Rechtsgeschichte des Zarenreiches ist immer wieder versucht worden, das russische Zivilrecht unter dem Einfluß des römischen Rechts zu modernisieren, das mittelbar oder unmittelbar die Rechtsordnungen ganz Westeuropas geprägt hatte. Neben dem Ziel, ein jeweils zeitgemäßes Recht zu schaffen, wollten Juristen und staatliche Institutionen des Zarenreiches dem Bedürfnis nach Reformen begegnen und – gegen Ende des Jahrhunderts – das Entstehen einer Zivilgesellschaft unter rechtsstaatlichen Bedingungen fördern. Bei der Arbeit an einer Modernisierung des Privatrechts handelt es sich um ein Bestreben, das die grundlegende Aufgabe des Rechts betrifft: das Zusammenleben der Menschen in friedlicher Weise zu ordnen. Das römische Recht wurde für diese Aufgabe als besonders geeignet angesehen, weil es eine für das 19. Jahrhundert vergleichsweise hochentwickelte Dogmatik und einen während jahrhundertelanger, kontinuierlicher Geltung gewachsenen Bestand an Erfahrungen mit dem Recht bereitstellte. Hierauf nehmen zahlreiche Darstellungen des russischen Privatrechts seit dem 19. Jahrhundert bis in die Gegenwart Bezug, die nicht nur auf die historische Entwicklung, sondern nicht selten auch auf die jeweiligen Verhältnisse ihrer Zeit abzielen. So hat sich in Rußland seit dem Systemwechsel von 1989/91 verschiedentlich, wenngleich nicht unangefochten, die Einsicht Ausdruck verschafft, daß die Orientierung an einer grundsätzlich liberalen Rechtsordnung, die die Lebensverhältnisse in einer Zivilgesellschaft vom Grundsatz bürgerlicher Gleichheit aus

schen, imperialen Reichsgedanken Rechnung. »Rossijskij« bedeutet insoweit »dem russischen Zarenreich angehörend«, »russkij« dagegen: »ethnisch russisch«. Gerade unter den Juristen treffen wir auf relativ viele deutsch-baltische oder polnische Angehörige des Zarenreiches. Wenn in dieser Hinsicht gleichwohl gelegentlich zusammenfassend von »russischen« Juristen gesprochen werden wird, dann dient dies allein der sprachlichen Vereinfachung. Maurer bevorzugt insoweit den Ausdruck »Rußländer« in Anlehnung an das spezifische Bedeutungsfeld von »rossijskij«; vgl. Maurer, Der Weg zur Mündigkeit, S. 60, Fn. 1; dies., Fremde, Feinde – oder Freunde?, S. 92. Nachfolgend wird die Unterscheidung zwischen »rossijskij« (»rußländisch«) und »russkij« (»russisch«) in der Übersetzung grundsätzlich gewahrt, soweit sich nicht, wie etwa im Falle des Namens »Russische Föderation« (für »Rossijskaja Federacija«) eine abweichende Ausdrucksweise fest etabliert hat.

zu gestalten bestrebt ist, zur Entwicklung friedlicher und gleichzeitig prosperierender Verhältnisse beitragen kann.[16]

Die Vorstellung, bei dem römischen Recht, verstanden als Grundlage einer solchen Ordnung, handele es sich um einen Musterfall »richtigen Rechts«, kennt auch Rußland. Allerdings läßt bereits ein vorläufiger Blick auf die jeweilige Wirkungsgeschichte des römischen Rechts in West- und Mitteleuropa einerseits und in Rußland andererseits wichtige Unterschiede erkennen.[17] Anders als im Falle der Rezeption des römischen Rechts in West- und Mitteleuropa kann man für Rußland beispielsweise in groben Zügen zwei historische Phasen voneinander unterscheiden, in denen römisches Recht das russische berührt hat: Elemente desselben haben sich zunächst als Nachlaß des byzantinischen Reiches aus dem Mittelalter erhalten. Byzantinische Rechtsquellen hatten auf das in Rußland praktizierte Recht ausgestrahlt und bestimmte Rechtseinrichtungen in einzelnen Bereichen geprägt. Dies betraf nicht alle Rechtsgebiete gleichermaßen, sondern insbesondere Familien- und Erbrecht. Der Vorgang wurde besonders durch die orthodoxe Kirche gefördert.[18] Er bewirkte, daß das römisch-byzantinische Recht gerade insoweit tradiert wurde, als es orthodoxe Wert- und Ordnungsvorstellungen unterstützte.[19] Eine demgegenüber neue und aus ganz anderen Gründen initiierte Beschäftigung mit dem römischen Recht setzte mit dem 18. Jahrhundert ein. Sie suchte das römische Recht in der Form aufzugreifen, in der es zeitgleich in Westeuropa bearbeitet wurde und teilweise in Geltung stand. Im Anschluß an einzelne Ansätze ernsthafter Beschäftigung mit dem römischen Recht, die teilweise sogar im direkten Umfeld des jeweiligen Herrschers stattfanden, kam es im

16 Vgl. zu dieser Beobachtung Behrends, Das Geheimnis, S. 4f. und den Artikel von Barbier (»Römisches Recht auf dem Roten Platz«), in dem das römische Recht stellvertretend für die »westlichen« Rahmenbedingungen der Entwicklung marktwirtschaftlicher Verhältnisse angeführt wird. Zur Wirklichkeitsnähe entsprechender Äußerungen vgl. unten S. 643ff.

17 Wenn wir hier die Tradition betrachten, der sich Rußland gegenübersieht, also die abendländische Tradition des römischen Rechts, ergibt sich ein terminologisches Problem. Denn jene Länder Europas, die man im 20. Jahrhundert unter dem Eindruck der Spaltung des Kontinents in durch die jeweils vorherrschenden politischen Systeme voneinander unterschiedene Blöcke als »Ostmitteleuropa« bezeichnet hat, gehörten zu dieser Tradition. Während dies im Hinblick auf diejenigen Länder dieses geographischen Raumes, die zum Habsburgerreich gehörten, kein Problem darstellt, ergibt sich für Polen insoweit eine Schwierigkeit, als es kulturell zum Überschneidungsbereich zwischen der slavischen Welt und der lateinischen gehört, rechtsgeschichtlich zum traditionellen Ausstrahlungsbereich des römischen Rechts und staatlich gleichzeitig – im 19. Jahrhundert – großenteils zum Zarenreich. Als »Westen« in diesem Sinne wollen wir also grundsätzlich West- und Mitteleuropa betrachten, die Besonderheit Polens der Einfachheit halber zurückstellend.

18 Vgl. Feldbrugge, Rez. Avenarius, S. 399; Völkl, Die Rechtsentwicklung, S. 731.

19 Diese Einschränkung betrifft die Fortwirkung des römisch-byzantinischen Rechts auf das ältere russische Recht; sie gilt freilich nicht, soweit byzantinisches Recht im Rahmen griechischer Rechtskultur tradiert wurde und später im Zarenreich als Partikularrecht galt. Dies war der Fall in Bessarabien. Vgl. unten S. 467ff.

19. Jahrhundert zu intensiven Forschungen und Rezeptionsbemühungen.[20] Es handelt sich also, verglichen mit der spätestens im 15. Jahrhundert abgeschlossenen Rezeption in Deutschland, um einen relativ rezenten Vorgang. Bemerkenswert ist dabei, daß beide die russische Rechtsgeschichte prägenden Traditionen, die mittelalterliche über das byzantinische Reich und die neuzeitliche über den Westen, letztlich auf dieselben Ursprünge zurückgehen, nämlich das römische Recht in der Fassung der justinianischen Kompilation. Vor dem Hintergrund des zeitlichen Verhältnisses ist der Umgang mit dem römischen Recht im Zarenreich des 19. Jahrhunderts gelegentlich als »Nachrezeption« bezeichnet worden.[21]

Ein weiterer Unterschied liegt in den Rahmenbedingungen begründet, die die jeweilige religiöse Kultur bereitet hatte. Während die römische Kirche die Rezeption des *lateinischen* römischen Rechts im Westen gefördert hat, stieß dasselbe in Rußland auf Empfindlichkeiten und Widerstände. Man befand sich nicht allein in einem Kerngebiet der orthodoxen, von der römischen Kirche distanzierten Welt, man befand sich überhaupt außerhalb des lateinischen, die eigene Kultur auf die römische zurückführenden Europa. Unter diesen Vorausssetzungen konnten konkurrierende Rechtsvorstellungen und damit Überzeugungen von Zwekken des Rechts, die man im römischen Recht gerade nicht verwirklicht sah und die, weltanschaulich und religiös fundiert, von der Kirche gefördert wurden, starke Beharrungskräfte entwickeln.

III.) Die Ausrichtungen des Erkenntnisinteresses

Diese Arbeit verfolgt zwei zentrale Interessen, nämlich einerseits die *Darstellung der Wirkungsgeschichte des römischen Rechts in Rußland* im Überblick (1.) und andererseits die *Erweiterung des Verstehens des römischen Rechts selbst* (2.).

1.) Erforschung der Wirkungsgeschichte des römischen Rechts in Rußland

Gegenstand dieser Arbeit ist u. a. die Auseinandersetzung russischer Juristen und anderer Autoren mit dem römischen Recht, insbesondere mit dessen Eigenart und Bedeutung für Lehre, zivilrechtliche Dogmatik und geltendes Recht des Zarenreiches, und zwar in erster Linie mit Rücksicht auf das 19. Jahrhundert. Hier bestehen im Rahmen des Forschungsgebietes der *Neueren Privatrechtsgeschichte* erhebliche Lücken.[22] Es fehlt nicht nur an Spezialuntersuchungen, vielmehr weisen

20 Giaro, der für die vorangegangenen Jahrhunderte eine Rezeption des römischen Rechts in Osteuropa überhaupt leugnet, räumt ein, dieselbe sei »im 19. Jahrhundert nachgeholt« worden; Westen im Osten, S. 124.

21 Den Ausdruck hatte Wieacker zuvor für die Vorstellung verwendet, daß die Historische Rechtsschule in Deutschland im Wege der abermaligen Stärkung des römischen Rechts eine neue Rezeption betrieben habe; Gründer und Bewahrer, S. 111; vgl. unten S. 117 f.

22 Für die Wahrnehmung der jeweils eingeschränkten Perspektive verschiedener Forschungsfelder vgl. Sacco, Romanist Substratum, S. 66.

diejenigen westeuropäischen Darstellungen, die auf die Privatrechtsgeschichte Europas ausgerichtet sind, eine einseitige Ausrichtung auf Westeuropa auf.[23] Dies hat mehrere Gründe, unter denen nicht nur die Neigung von Autoren zu nennen ist, der Vorgeschichte der jeweils eigenen Rechtsordnung besondere Aufmerksamkeit zukommen zu lassen, und auch nicht allein die Sprachbarriere und die aus ihr folgende Nichtberücksichtigung von Einzeluntersuchungen, die in slavischen Sprachen gehalten sind. Hier wirkt sich vielmehr auch eine allgemeine, kulturgeschichtlich bedingte Sichtweise aus.[24] Eine solche Auffassung, nach der die europäische Kultur ganz oder überwiegend mit der des Westens identifiziert wird, ist in der privatrechtshistorischen Forschung besonders wirkungsmächtig von Paul Koschaker vertreten worden.[25] Daß mit einem großen Teil Osteuropas insbesondere Rußland in der privatrechtshistorischen Forschung vernachlässigt worden ist, hängt zum nicht geringen Teil mit dem Desinteresse zusammen, mit dem auch die allgemeine Geschichte Rußlands in der deutschen Historiographie des 19. Jahrhunderts vielfach wahrgenommen worden ist.[26] Dieser Befund geht auf ein einseitig romanisch-germanisch ausgerichtetes Geschichtsbild zurück, das unter dem Einfluß Hegels entstanden und von bedeutenden Historikern wie Ranke später fortentwickelt worden war.[27] Im Mittelpunkt der Aufmerksamkeit stand derjenige geographische Raum, für den gelegentlich der Ausdruck »Abendland« verwendet wurde, und zwar, bedingt durch die Konzentration auf den Zentralbegriff des Staates bei Hegel, unter dem Gesichtspunkt der Staatengeschichte. Zum »Abendland« hätte im Osten Europas allenfalls noch Polen hinzugerechnet werden können, welches allerdings aus der staatengeschichtlichen Perspektive herausfiel, weil es als selbständiger Staat nicht existierte. Rußland stand, geographisch noch weiter entfernt, an der Peripherie des von dieser Geschichtsauffas-

23 Vgl. nur Giaro, Westen im Osten, S. 123; ders., The East of the West, S. 194.

24 Wo diese spezifische Perspektive weniger ausgeprägt ist als in Westeuropa, kann der russischen Rechtsentwicklung vergleichsweise mehr Aufmerksamkeit zukommen. Dies gilt z. B. aus historischen wie politischen Gründen für die rechtsgeschichtliche Forschung in Schweden, was z. B. in der Gesamtdarstellung des Stockholmer Rechtshistorikers Anners, Istorija evropejskogo prava, S. 251 ff. und S. 357 ff. zum Ausdruck kommt.

25 Vgl. Koschaker, Europa, S. 5 ff. u. 350 ff.; vgl. dens., Die Krise des römischen Rechts, S. 1 ff.

26 Vgl. K. Meyer, Osteuropäische Geschichte, S. 553-556.

27 Vgl. Labuda, Polen und polnisch-preußische Beziehungen, S. 51 f. und für Hegels Sicht auf die Slaven dessen Vorlesungen über die Philosophie der Weltgeschichte, Bd. 4. Hier schreibt Hegel, die slavische »Völkermasse« sei »bisher nicht als ein selbständiges Moment in der Reihe der Gestaltungen der Vernunft in der Welt aufgetreten« (S. 779), und ferner: »Außerhalb dieser beiden großen Ordnungen Europas (d. h. der germanischen und der romanischen) ist noch ein drittes Element, das slawische, das in anfänglicher Gediegenheit sich hält. Es existiert als das Russische Reich, das erst seit etwa hundert Jahren in Verähnlichung mit europäischer Bildung getreten ist, aber noch nicht in den Prozeß der europäischen Bildung geschichtlich eingegriffen hat« (S. 907). Vgl. Rauch, Boris von Uexküll, S. 31. Allerdings war, wie Hegel gegenüber B. v. Uexküll äußerte, für die Zukunft einiges von Rußland zu erwarten; er meinte, Rußland habe »ohne Zweifel eine noch viel höhere Bestimmung« (aaO., S. 30).

sung bestimmten Blickfelds. Auf die westliche Wahrnehmung wirkte sich besonders der folgenreiche Umstand aus, daß Ranke die »Slavia« nicht zu den gestaltenden Kräften Europas gezählt hatte.[28] Die Übersteigerung des Nationalismus im späten 19. Jahrhundert trug zur verbreiteten Geringschätzung der slavischen Kultur bei.[29] Im 20. Jahrhundert verfestigte die Teilung Europas in ideologische Blöcke diese Sichtweise. Dies betraf unmittelbar die Zivilrechtsentwicklung: Die westliche Wahrnehmung einer Abkehr Osteuropas von einer zuvor jedenfalls teilweise gemeinsamen Zivilrechtstradition ging einher mit programmatischen, ideologisch begründeten Äußerungen aus den sozialistischen Staaten, die (selbstverständlich aufgrund einer anderen Bewertung dieses Vorgangs) gleichermaßen die Distanzierung herausstrichen. Erst der politische Systemwechsel von 1989/91 bot Raum für eine Wahrnehmung der Herrschaft des realen Sozialismus als Episode und damit für eine Betrachtung der längerfristigen Entwicklungen, an die die Staaten Ostmittel- und Osteuropas nun anzuknüpfen versuchten.

Die mit der nun eröffneten Perspektive verbundenen Möglichkeiten zur Neubeschreibung und -bewertung der gesamteuropäischen Rechtsgeschichte sind bislang allerdings nur ansatzweise genutzt worden. Dies gilt auch für jüngere deutsche Darstellungen der Rechtsgeschichte bzw. der Neueren Privatrechtsgeschichte.

28 Vgl. dahingehend die Formulierung von Schubert, Walter Schlesinger, S. 664; sinngemäß auch Maier, Geistige Osterweiterung, S. 13. So hat Ranke z. B. in der Darstellung der europäischen Geschichte den polnisch-slavischen Aspekt vernachlässigt; vgl. Escher, Leopold Ranke, S. 119; Labuda, Polen und polnisch-preußische Beziehungen, S. 59-61 u. passim. Ranke unterstrich die slavische Natur Rußlands, die er als »barbarisch« (!) beschreibt. Er blickte vom Westen her und schrieb etwas herablassend, durch ihren Widerstand gegen Mongolen und Osmanen »verdienten sich diese (d. h. die slavischen) Völker des östlichen Europas in höherem oder geringerem Grade die Aufnahme in den Kreis der abendländischen Bildung im engeren Sinne.« (Weltgeschichte, S. 508). Ranke meinte, selbst Peter der Große habe sich um die Rezeption westlicher Kultur nur bemüht, um das materielle Wohl seiner Untertanen zu fördern, »[...] hingegen von dem, was in das Reich der Ideen fiel, war bei ihm keine Rede; dazu wären auch die Russen gar nicht fähig gewesen [...]« (aaO., S. 626).

29 In die Tradition der Abwertung von Slaven hervorgebrachter Kultur gehört sicherlich auch Mommsens berüchtigtes Schreiben, das anonym unter dem Titel »An die Deutschen in Österreich« in der Wiener »Neuen Freien Presse« vom 31.10.1897 abgedruckt wurde. Hier äußerte Mommsen u. a., die deutsch-österreichische Kultur werde durch »Apostel der Barbarei« bedroht, die »die deutsche Arbeit eines halben Jahrtausends in den Tiefen ihrer Wildnis zu begraben« trachteten. Gemeint ist der slavische Einfluß, gegen den Mommsen mit Härte einzuschreiten empfiehlt: »Vernunft nimmt der Schädel der Czechen nicht an, aber für Schläge ist auch er zugänglich.« Der Lemberger Rechtshistoriker Oswald Balzer hielt Mommsen daraufhin öffentlich die kulturellen Leistungen der Slaven entgegen. Vgl. Krzoska, Die Rolle der Geschichtswissenschaft, S. 182. Von Geringschätzung der slavischen Kultur zeugt auch Max Webers Freiburger Antrittsvorlesung von 1895, in der er davor warnt, daß das Deutschtum womöglich »überflutet« werde, was einen kulturellen Niedergang befürchten lasse. Er sprach vom »öden Ringen« mit einer »tieferstehenden«, nämlich der »slavischen Rasse«; vgl. Der Nationalstaat, S. 546, 551 u. 558. Kritisch in dieser Hinsicht Schöndorf, Sollen wir slavisches Recht studieren?, S. 165.

Hier wird das Privatrecht des Zarenreiches kaum behandelt. Die Rußland gewidmeten Abschnitte in diesen Darstellungen sind bislang überwiegend knapp gehalten. Die jeweiligen, regelmäßig nicht auf selbständige Forschungen zurückgehenden Stellungnahmen lauten meistens dahingehend, daß das römische Recht in Rußland »nicht rezipiert« worden sei.[30] Sofern sie überhaupt auf Einzelfragen eingehen, stützen sie sich noch immer häufig auf Schrifttum, das (unmittelbar oder mittelbar) aus dem sozialistischen Kontext stammt.[31] Dieses aber nimmt die Tradition des römischen Rechts ideologisch wahr: Mit der Ablehnung des »bourgeoisen« Rechts hatte man sich auch von jener Tradition abgegrenzt, die aus der wissenschaftlichen Bearbeitung des römischen Rechts Gewinn für das geltende Recht ziehen wollte. Die Schriften der vorrevolutionären Juristen werden kaum verwertet. Soweit jüngere russische Arbeiten erschienen sind, werden diese in der westlichen Fachöffentlichkeit kaum wahrgenommen: Slavica non leguntur.[32] Der Mangel an speziellen Untersuchungen führt dazu, daß auch rechtshistorische Darstellungen aus Ostmitteleuropa der jeweils eigenen Tradition des römischen Rechts nur geringe Aufmerksamkeit widmen. Ihre Verfasser sind aus individualbiographischen und sprachlichen Gründen selbstverständlich aufgeschlossener gegenüber der Rechtsgeschichte des Ostens, neigen in dem genannten Punkt aber dazu, sich auf eine Zusammenstellung der wichtigsten Fakten beschränken.[33]

30 Vgl. nur die einflussreichen Bemerkungen bei Koschaker, Europa, S. 133.

31 Eine bemerkenswerte Ausnahme bildet jetzt Meder, Rechtsgeschichte, 4. Aufl. (2011); vgl. ferner Zimmermann, Römisches Recht und europäische Kultur, S. 75.

32 Vgl. Soloviev, Einfluß, S. 434; K. Meyer, Osteuropäische Geschichte, S. 554; Grau, St. Petersburg, S. 238; Schöndorf, Sollen wir slavisches Recht studieren?, S. 165. Das Problem ist selbstverständlich keineswegs neu. In seiner Promotionsrede auf Wacław Aleksander Maciejowski vom 19.9.1818 wies Gustav Hugo auf die Verweigerungshaltung gegenüber slavischen Schriften auf seiten der deutschen Rechtswissenschaft hin, deren Erträge in ähnlicher Weise dem Boykott der Kollegen im romanischen Sprachraum ausgesetzt seien: »Et est quidem lumen in historia litteraria juris civilis qua Poloniam adimet ab eo fere tempore, maxime quidem eam ob causam quod scientiae nostrae doctores defuisse librique vel nulli vel pauci editi esse videntur, forte tamen etiam nostra culpa cum a Polonica i. e. Slavica lingua perinde abhorremus, ac a nostra populos ad meridiem et ad occasum sitos, quippe Latina lingua, corrupta licet in novum quoddam et varium idioma, utuntur abhorrere conquaerimur.« Vgl. Hugo, Promotionsreden, Bl. 83-84. Über den polnischen Rechtshistoriker Maciejowski (1793-1883), Schüler Savignys und Hugos, vgl. Borowski, Maciejowskiana; Giaro, Art. Maciejowski, S. 394 mit Nachweisen; Kraft, Europa, S. 41; über seine Beziehung zu Savigny vgl. Kessler, W. A. Maciejowski und Savigny, S. 571-578.
Eine bemerkenswerte Ausnahme von der Praxis der Nichtbeachtung russischer Arbeiten zum römischen Recht bilden seit einigen Jahrzehnten die im Rahmen des Mainzer Akademieprojekts »Forschungen zur antiken Sklaverei« betriebenen wissenschaftlichen Aktivitäten. Im Rahmen dieses Unternehmens wird die russische Literatur systematisch erschlossen, übersetzt und in Einzeluntersuchungen verarbeitet. Für die russische Wahrnehmung vgl. Maximova, Joseph Vogt, S. 5-10, die auf ideologisch begründete, den wissenschaftlichen Austausch in beiden Richtungen beeinträchtigende Vorbehalte hinweist.

33 Vgl. etwa Hamza, Entstehung und Entwicklung (2009), eine Arbeit, deren Untersuchungsfeld sich gegenüber früheren, ähnlich betitelten Fassungen kontinuierlich verbreitert hat,

Mit Rücksicht auf das Forschungsfeld der *Neueren Privatrechtsgeschichte* ist es also das Ziel dieser Arbeit, der womöglich uneingestandenermaßen fortwirkenden Vorstellung entgegenzutreten, man dürfe Rußland bei der Betrachtung der kohärenten europäischen Privatrechtsgeschichte getrost marginalisieren. Das vielleicht wirkungsmächtigste Argument für diese Auffassung bildet die diffuse Vorstellung, in Rußland herrsche – unabhängig von seiner jeweiligen historischen Gestalt – »grundsätzlich anderes Recht«.[34] Diese Ansicht verkennt – ohne daß wichtige historische Besonderheiten der slavischen Rechtstradition geleugnet werden dürfen – grundlegende Zusammenhänge. Insbesondere ist die verbreitete Vorstellung, in Rußland sei es nicht zu einer Rezeption des römischen Rechts gekommen, unhaltbar. Wir werden sehen, daß durchaus eine Rezeption stattgefunden hat, wenn auch unter anderen Bedingungen als in West- und Mitteleuropa, mit weit weniger tiefgehenden Folgen als dort und mit Merkmalen, die sich zum Teil in charakteristischer Weise von denen unterschieden, die die Rezeption des römischen Rechts im Westen gekennzeichnet hatten. Wenn der Gesamtprozeß, den wir hier als Rezeption beschreiben werden, aufgrund spezifischer historischer Rahmenbedingungen das geltende Recht Rußlands nicht in demselben Maße hat prägen können, wie es in den west- und mitteleuropäischen Privatrechtsordnungen der Fall gewesen ist, so zeigt sich seine Wirkungsmacht dennoch in vielfältiger Weise. Insbesondere die für eine Rezeption entscheidenden Gesichtspunkte, daß nämlich das römische Recht überhaupt bekannt ist, daß Begrifflichkeit und methodische Strukturen desselben in das Rechtsdenken der Juristen eingehen und daß es Gegenstand der wissenschaftlichen Bearbeitung des geltenden Privatrechts sowie der rechtspolitischen Diskussion ist, erweisen sich, wie wir sehen werden, als unbestreitbar gegeben, und zwar unabhängig davon, daß Beharrungskräfte und politische Konstellationen einer Umsetzung in das geltende Recht immer wieder entgegengestanden haben.

Die *Rechtsgeschichte Osteuropas* ist auch als eigenständiger Forschungsgegenstand wenig behandelt worden, und zwar insbesondere im westlichen Schrifttum. Die

sowie Sójka-Zielińska, Historia prawa, 7. Aufl. (1998). Entsprechendes gilt für solche rechtshistorischen Darstellungen, die unmittelbar aus dem spezifisch sozialistischen Forschungsgegenstand »Allgemeine Geschichte von Staat und Recht« hervorgegangen sind und nach dem Systemwechsel weiter aufgelegt werden; vgl. Sczaniecki, Powczechna historia państwa i prawa (2003) und Jaworski, Zarys powszechnej historii państwa i prawa (1996).

34 Bei Zweigert/Kötz in der 1. und 2. Auflage wurde die russische Rechtsgeschichte insgesamt als »Entwicklung des sozialistischen Rechtskreises« eingestuft; Einführung in die Rechtsvergleichung, Bd. 1, 2. Aufl. (1984), S. 341-349. Mit dieser überraschenden Sichtweise, die eine jahrhundertelange vor-marxistische Rechtsentwicklung in das Licht der im 20. Jhdt. vorläufig erreichten Verhältnisse stellte, übernahmen die Autoren gewissermaßen die marxistische Vorstellung, nach der ältere Entwicklungsstufen des Rechts geradezu historisch notwendig durch das Recht der sozialistischen Gesellschaft abgelöst werden. Kritisch bereits Giaro, Europa und das Pandektenrecht, S. 341 und ders., Rez. Miglietta/Santucci, S. 711.

einzelnen Darstellungen weisen zwar auf verschiedene Phasen der Berührung mit dem römischen Recht hin, ohne die jeweiligen Auswirkungen allerdings genauer in den Blick zu nehmen. Die Gesamtdarstellung des Ostrechtlers Herbert Küpper[35] belegt ebenso wie die Osteuropa betreffenden Abschnitte der Darstellung Gábor Hamzas,[36] daß der Bestand an monographischen Vorarbeiten, die modernen Ansprüchen genügen, überschaubar ist. Soweit die Darstellungen aus Ostmittel- und Osteuropa herrühren, insbesondere im Rahmen von Übersichtswerken aus der dem Marxismus eigenen Perspektive der »Allgemeinen Geschichte von Staat und Recht«, wirkt nicht selten der ehemals offiziöse Charakter der Stoffpräsentation und damit die aus der sozialistischen Zeit herrührende Vorstellung einer grundsätzlichen Distanz zwischen dem eigenen und dem römischen Recht fort. Dies steht einer ausgewogenen Erörterung insbesondere des vorrevolutionären Privatrechts überwiegend entgegen.

Speziell die *russische Rechtsgeschichte* ist in jüngerer Zeit Gegenstand wichtiger Abhandlungen geworden, doch stammen diese, soweit sie aus der westlichen Forschung hervorgegangen sind, ganz überwiegend von Vertretern der allgemeinen Geschichtswissenschaft. So existieren mehrere von Osteuropahistorikern verfaßte Darstellungen der Entwicklung der Gerichtsbarkeit und insbesondere der Reformen des 19. Jahrhunderts. Teilweise überholt, aber nach wie vor bedeutend ist hier Kaiser, »Die Russische Justizreform von 1864« (1972). Grundlegend aus historischer Sicht ist mit Rücksicht auf seinen Forschungsgegenstand und auf die Perspektive des Allgemeinhistorikers heute Baberowski, »Autokratie und Justiz« (1996), dessen leitender Gedanke die auf seinen Forschungsgegenstand bezogene Auseinandersetzung mit dem Rückständigkeitsparadigma ist. Auch angesichts der Verdienste, die sich die Osteuropäische Geschichte um das Forschungsgebiet erworben hat, kann sie das Erkenntnisinteresse der aus juristischer Sicht betriebenen Rechtsgeschichte allerdings nicht uneingeschränkt befriedigen. Denn die rechtshistorische Hermeneutik kommt ohne den spezifisch juristischen Erfahrungshorizont nicht aus.[37] Arbeiten speziell zur russischen Privatrechtsgeschichte des 19. Jahrhunderts, die von diesem Grundsatz getragen sind, gibt es bislang kaum. Es existiert insoweit auch keine befriedigende Gesamtdarstellung dieses Forschungsgegenstands. Die Darstellungen zur russischen Rechtsgeschichte sind teilweise veraltet, wie z. B. Schulz, »Russische Rechtsgeschichte« (1951). In anderen Fällen gehen sie in Ermangelung spezieller Vorarbeiten kaum auf den Einfluß des römischen Rechts ein. Dies gilt etwa für die »Geschichte von Staat und Recht Rußlands im 19. bis 20. Jahrhundert« von Cečoev und Orlova (2000), für Azarkins »Geschichte des juristischen Denkens Rußlands« (1999) und den von Skripi-

35 Küpper, Einführung in die Rechtsgeschichte Osteuropas (2005), mit der Rezension Avenarius (2007).

36 Hamza, Entstehung und Entwicklung (2009).

37 Vgl. Avenarius, Verwissenschaftlichung als »sinnhafter« Kern der Rezeption, S. 165-167; ders., Universelle Hermeneutik, S. 77, 91 u. 102.

lev herausgegebenen Band »Die Entwicklung des russischen Rechts in der zweiten Hälfte des 19. bis zum Beginn des 20. Jahrhunderts« (1997).

In diesem Rahmen hat also nicht nur die Wirkungsgeschichte des römischen Rechts in Rußland bislang wenig Beachtung gefunden. Gleiches gilt für den spezifischen Zusammenhang der Rechtsentwicklung in West- und Osteuropa insgesamt. Soweit der Kontext der gesamteuropäischen Rechtsgeschichte überhaupt in den Blick genommen wird, überwiegen vereinfachende Vorstellungen. Zu diesen gehört etwa die Auffassung von einem Kulturtransfer von Westen nach Osten, der auch das Recht erfaßt. Diese Wahrnehmung ist zwar vielfach richtig, doch trifft sie nicht uneingeschränkt zu. Selbst die Frage nach der Rezeption des römischen Rechts in Rußland legt eine vereinfachende Perspektive nahe. Für die russische Wahrnehmung des römischen Rechts ist allerdings nicht selten die Vorstellung wichtig gewesen, dasselbe sei gerade *nicht* aus dem Westen gekommen. Im übrigen wird zu beobachten sein, daß es keineswegs nur zur Übernahme bestimmter rechtlicher Regelungen oder Merkmale des Rechtsdenkens *durch den Osten* gekommen ist:[38] Wir werden z. B. sehen, wie am römischen Recht gewonnene rechtswissenschaftliche Anregungen aus dem russischen Kontext in den Westen gelangten.

Gesamtdarstellungen der *Geschichte des römischen Rechts*, die regelmäßig auch dessen Wirkungsgeschichte im mittelalterlichen und neuzeitlichen Europa behandeln, münden traditionell in das Zeitalter der Kodifikationen ein. Wenn Darstellungen des römischen Rechts insoweit richtigerweise auch auf dessen Fortwirkung eingehen, wird allerdings unter denjenigen historischen Traditionen der Bearbeitung des römischen Rechts, aus denen die neuzeitlichen Kodifikationen hervorgegangenen sind, ein nach Osteuropa führender Zweig regelmäßig nicht verfolgt.[39] Die Ausblendung Rußlands aus dieser Wahrnehmung ist sicherlich

38 Wir nehmen hier auf das Verhältnis zwischen Westen und Osten unter dem Vorbehalt Bezug, daß die Verbindung der Wahrnehmung Rußlands aus mitteleuropäischer Sicht mit der Vorstellung vom »Osten« noch relativ jung ist; sie hat sich erst im 19. Jahrhundert durchgesetzt. Im »Nakaz«, ihrer »Großen Instruktion«, erklärte Katharina II. noch, seit zweihundert Jahren breite sich eine Krankheit aus Amerika nach Norden (!) aus, die jetzt im Zarenreich wüte (Art. 267). Umgekehrt verehrten Aufklärer wie Voltaire, D'Alembert und Diderot Katharina als »Semiramis des Nordens«. Für die mitteleuropäische Perspektive mag Rankes Darstellung stehen, für den Peter I. aus dem »Norden« gekommen war; Osterhammel, Die Verwandlung der Welt, S. 164. Im 18. Jahrhundert wurde Rußland überhaupt vielfach als »nordische Macht« wahrgenommen; vgl. Klug, »Europa« und »europäisch«, S. 215. Diese Vorstellung findet eine historische Berechtigung in dem Umstand, daß die bis 1598 herrschende Rjurikidendynastie ihren Ursprung von den Warägern ableitete und ihre ersten Herrschaftssitze im Norden hatte, bevor sie ihr Reich später als Kiever Rus' etablierte. Vgl. Padoa Schioppa, Storia, S. 47. Mit der Gründung Sankt Petersburgs als Hauptstadt an der Neva – auf demselben Breitengrad wie Oslo – war das Schwergewicht desjenigen Rußland, mit dem es Westeuropa in erster Linie zu tun hatte, abermals in den Norden verlagert worden.

39 Vgl. nun Rainer, Das Römische Recht in Europa (2012). Gleiches gilt überwiegend für die ostmittel- und osteuropäische Literatur. Hier wird die Wirkungsgeschichte des römischen

dadurch begünstigt worden, daß das Zarenreich zwar eine Sammlung des tradierten Rechts, nicht aber eine Kodifikation hervorbrachte, in der ein Anknüpfen an eine mit West- und Mitteleuropa gemeinsame Rechtstradition hätte gesehen werden können. Wir wollen es als Aufgabe dieser Arbeit begreifen, das gewöhnlich beschriebene Spektrum der Wirkungen des römischen Rechts um die Ausstrahlung seiner rechtsgestalterischen Kraft zu ergänzen, von der Rußland erfaßt worden ist.

Schließlich gibt es einige *monographische Untersuchungen*, die unseren Untersuchungsgegenstand mehr oder weniger direkt betreffen, ohne ihn insgesamt abzudecken. So ist ein Abschnitt von Silnizkis »Geschichte des gelehrten Rechts in Rußland« (1997) den Anfängen eines wissenschaftlichen Umgangs mit dem Recht gewidmet, die mit dem historischen Einfluß des römischen Rechts eng verbunden sind. Auch zu bestimmten Aspekten der Wirkung des römischen Rechts auf das Zarenreich gibt es einzelne Arbeiten. Das russische Seminar für Römisches Recht in Berlin ist z. B. inzwischen relativ gut erforscht; den Stand der Erkenntnisse repräsentiert im wesentlichen die Monographie von Kolbinger, »Im Schleppseil Europas? Das russische Seminar für Römisches Recht bei der juristischen Fakultät der Universität Berlin in den Jahren 1887-1896« (2004).[40]

In Rußland sind sogar mehrere Arbeiten entstanden, die mit jeweils unterschiedlichem thematischem Zuschnitt ganz oder teilweise den Einfluß des römischen Rechts auf das russische behandeln. Von Wissenschaftlern wie etwa Letjaev und Tkačenko, die sich diesen Forschungen über längere Zeit aus unterschiedlichen Perspektiven gewidmet haben, liegen inzwischen jeweils mehrere Monographien vor. Zahlreiche Dissertationen, etwa von Vodkin, Makarova und Kuryšev, lassen – unabhängig vom Tiefgang der jeweiligen Forschungen – auf ein breitgefächertes Spektrum der möglichen Wahrnehmungen des römischen Rechts und der Vorstellungen von seiner historischen und aktuellen Bedeutung für Rußland schließen. Erschienen sind ferner zahlreiche rechtsvergleichende Beiträge, die einzelne Regelungen des römischen Rechts mit denen des vorrevolutionären russischen Rechts in Beziehung setzen, unter anderem in der Zeitschrift »Ius Antiquum – Drevnee pravo«, die am Zentrum für die Erforschung des Römischen Rechts in Moskau herausgegeben wird. In diesen modernen Arbeiten wird, wie noch näher zu zeigen ist, überwiegend eine Rezeption des römischen Rechts in Rußland anerkannt, wenngleich dieselbe jeweils unterschiedlich beschrieben und bewertet wird. Das hängt natürlich, was wir auch problematisieren werden, teilweise mit einer von der des Westens abweichenden Perspektive zusammen, die

Rechts weniger selbstverständlich als Bestandteil des Forschungsgebietes wahrgenommen; auch rühren mehrere verbreitete Darstellungen noch aus dem sozialistischen Kontext her, in dem die Erforschung einer Fortwirkung des römischen Rechts auf die jeweils eigene Rechtskultur auf ideologische Richtigkeitsvorstellungen hätte Rücksicht nehmen müssen. Unter den jüngeren Gesamtdarstellungen widmen immerhin Wołodkiewicz/Zabłocka ein Kapitel der Fortwirkung des römischen Rechts in der jüngeren polnischen Geschichte; Prawo rzymskie, S. 346-361.

40 Vgl. dazu meine Rezension (2005).

andere Vorstellungen vom römischen Recht und von dem, was mit »Rezeption« bezeichnet wird, hat entstehen lassen. Diese Arbeiten tragen, wie noch näher gezeigt werden wird,[41] in wertvoller Weise zur Erschließung des Forschungsgegenstandes bei und sind, soweit die Wirkungsgeschichte betrachtet wird, ihrerseits Quellen.

Im Unterschied zu den bisherigen Arbeiten zur Frage nach dem Einfluß des römischen Rechts in Rußland soll hier der westlichen Perspektive die russische an die Seite gestellt werden, ohne daß der spezifische Unterschied verwischt würde. Aus der Verschiedenheit der Perspektiven soll sich, wie anschließend zu zeigen sein wird, gerade ein Erkenntnisgewinn ergeben. Außerdem wird der Blick auf das Detail gerichtet werden. Dabei wird es entscheidend darauf ankommen, nicht allein, wie es häufig geschieht, aus moderner Sicht »Parallelen« zwischen bestimmten Einrichtungen des römischen und des (historisch oder gegenwärtig) geltenden Rechts festzustellen, sondern nach Möglichkeit den jeweils bewußten Umgang mit dem römischen Recht in den Blick zu nehmen und dabei in Betracht zu ziehen, daß sich dieser Umgang keineswegs auf Übernahmen römischer Regelungen in das geltende Recht beschränkte, sondern in vielfältiger Weise zur Erscheinung kam.

2.) Erweiterung des Verstehenszugangs zum römischen Recht schlechthin

Die Entwicklungsgeschichte des römischen Rechts in Rußland ist als Forschungsgegenstand von eigenständiger Bedeutung. Ihre Untersuchung als Teil der europäischen Privatrechtsgeschichte dient hier aber mittelbar noch einem zweiten Erkenntnisinteresse, das mit ihr auf spezifische Weise zusammenhängt. Es handelt sich um die Frage, inwieweit die spezifische Wahrnehmung des römischen Rechts, seiner Eigenart und seines Wertes durch russische Juristen, insbesondere durch solche des Zarenreiches im 19. Jahrhundert, die westeuropäische Sicht auf diesen Gegenstand und damit des Verstehen des römischen Rechts überhaupt bereichern kann.

Wenn das russische Schrifttum teilweise Vorstellungen vom römischen Recht verrät, die von den in der westlichen Romanistik vertretenen Sichtweisen abweichen, dann wäre es voreilig, dies etwa auf unzureichende Orientierung in der Sache zurückführen zu wollen. Zwar begegnen wir auch hier – wie überall – teilweise Arbeiten geringeren Tiefgangs oder Darstellungen zu rein didaktischen Zwecken, die zu dieser Vorstellung verleiten könnten. Allerdings neigen gerade diese Schriften normalerweise eher zur unkritischen Übernahme gesichert erscheinender Erkenntnisse, die man etwa älteren Standardwerken wie der von Novickij und Pereterskij 1948 herausgegebenen Gesamtdarstellung entnimmt, als zur selbständigen Entwicklung ungewöhnlicher Auffassungen. Wenn im russischen Schrifttum teilweise besondere Sichtwesen vertreten werden, dann hat dies andere Gründe. Wir dürfen nämlich davon ausgehen, daß vor dem Hintergrund einer

41 S. unten S. 95 ff.

langen Geschichte Rußlands, in der aus religiösen, kulturellen, nationalen und schließlich weltanschaulichen Gründen die Distanz zum römischen Recht betont und mit Ablehnung oder jedenfalls Kritik verbunden worden ist, bestimmte Merkmale desselben anders hervortreten als in der Perspektive des westlichen Betrachters, der in höherem Maße und mit ganz anderer Selbstverständlichkeit in der Tradition des römischen Rechts steht.[42]

Dabei ist sogar keineswegs ausgeschlossen, daß sich bestimmte Einrichtungen des römischen Rechts im Zusammenhang mit der russischen Rechtserfahrung besonders gut verstehen lassen. Hierauf hat zu Beginn des 19. Jahrhunderts der Dorpater Rechtslehrer Christoph Christian Dabelow hingewiesen, der davon ausgegangen ist, daß das römische Recht in Rußland zwar nicht unmittelbar gelte, wohl aber im Rahmen einer eigenen, andernorts nicht in dieser Weise herrschenden Tradition fortwirke. So leite sich vom römischen Recht das »*ius sacrum*« der Russen her. Mit diesem wiederum hänge die »russische Regimentsform« zusammen. Dabelow meinte, hieraus ergebe sich, daß man einige Bestimmungen des Codex Iustinianus überhaupt erst in Rußland richtig zu begreifen lerne, weil kein Recht dem monarchischen Prinzip so zusage wie das römische.[43]

Der Erkenntnisgewinn, der sich bei Zugrundelegung dieser Sichtweise erwarten läßt, hält sich wahrscheinlich in Grenzen. Der in dieser Untersuchung verfolgte Gedanke ist denn auch ein anderer. Er geht von der Erweiterung des Blickfeldes aus, die sich aus der Einbeziehung der russischen Sicht auf das römische Recht ergibt. So kommt der Rücksicht auf den Ost-West-Gegensatz hier eine eigenständige, spezifische Bedeutung zu.[44]

Wenn die Wahrnehmung, sei es die der historischen Begegnung Rußlands mit dem römischen Recht oder sei es die des römischen Rechts überhaupt, in Ost und West insoweit unterschiedlich ist und auch die Herangehensweisen jeweils verschieden, dann dürfte dies durch die Fortwirkung von Denktraditionen begründet sein. Die rechtsliterarische Auseinandersetzung mit den Grundlagen des Privatrechts im engeren Sinne, welches also auf Privatautonomie beruht und grundsätzlich unabhängig von staatlichen Eingriffen ist, hat in Rußland eine relativ junge Tradition. Seit ihren Anfängen in den 1860er Jahren haben sich die entsprechenden Überzeugungen niemals unangefochten entwickeln können, schon gar nicht als Lehre vom geltenden Recht. Im Zarenreich waren sie umstritten, in der Sowjetunion abgelehnt oder jedenfalls marginalisiert. Die zwei Jahrzehnte seit dem Ende des sozialistischen Systems sind sicherlich zu kurz, als daß

42 Auf den Gesichtspunkt der Perspektive hat auch Claudia Kraft abgestellt, wenn auch für den anders gelagerten (weil rechtsentwicklungsgeschichtlich weniger fremden) Fall Polens. Vgl. Kraft, Europa im Blick der polnischen Juristen (2002).

43 Dabelow, Civilistischer Cursus, S. 252 f.

44 Es ist offenbar dieser Gedanke, der Giaro dazu veranlaßt hat, in der Frage nach der Nähe des sozialistischen Rechts zum europäischen auf den Blick aus der Distanz zu verweisen: »Selbstanalysen machen die meisten Schwierigkeiten. Deshalb sollte man lieber auf Common-law-Juristen hören, die das sowjetische Zivilrecht ohne weiteres als ›civil or romanistic‹ einstufen«. Vgl. Giaro, Europa und das Pandektenrecht, S. 342.

hier bereits grundsätzlich andere Bedingungen hätten entstehen können. Gleiches gilt für die Auseinandersetzung mit der Tradition des römischen Rechts, die Teil der Grundlagen des Privatrechts ist. Im Zarenreich teilweise angefochten, teilweise dagegen als Modernisierungsinstrument eingeführt, das nur schrittweise Eingang fand und immer wieder mit dem Fremdheitsargument zurückgewiesen wurde, konnte es sich erst spät etablieren, bevor das römische Recht in der Sowjetunion als Grundlage des »bourgeoisen« Rechts des kapitalistischen Auslands wahrgenommen wurde.

Da es unter diesen Voraussetzung kaum möglich ist, die unterschiedlichen Perspektiven zu einer umfassenden Zusammenschau zu vereinigen, werden sie hier in ihrer Verschiedenheit ernstgenommen werden müssen. Die angestrebte Erweiterung des Verstehenszugangs zum römischen Recht beschränkt sich dabei keineswegs darauf, daß bestimmte Forschungsergebnisse der russischen Romanistik in den Blick genommen werden sollen.[45] Wenn die Verschiedenheit der Wahrnehmung des römischen Rechts hier eine wichtige Rolle spielt, dann geht es um die Einbeziehung der aus wissenschaftsgeschichtlichen Gründen »anderen« Perspektive des russischen Juristen. Der beschränkte Blick des westeuropäischen Rechtshistorikers auf das römische Recht als zentrales Element seiner eigenen Rechtstradition wird durch diese Einbeziehung der Perspektive des Ostens durchaus in wertvoller Weise ergänzt, obgleich die letztere von einem noch größeren historischen Abstand ausgehen muß. Inwieweit sich daraus ein spezifischer Erkenntnisgewinn ergeben kann, wollen wir erklären und aus dem methodischen Zusammenhang herleiten.

3.) Die Verbindung der Perspektiven mit Rücksicht auf die Hermeneutik

Rechtsgeschichtliches Verstehen unterliegt dem Grundsatz der historischen Hermeneutik, daß die Wirkungsgeschichte des historischen Gegenstandes ebenso als Verstehens*voraussetzung* – also Vermittlerin von Erkenntnis – wie als Verstehens*hindernis* ernstgenommen werden muß. Von dieser Überzeugung ging bereits Savigny aus.[46] Es genügt an dieser Stelle, auf die bekannte Tatsache hinzuweisen, daß er das wissenschaftliche Programm der Historischen Rechtsschule dahinge-

45 Es geht also nicht darum, daß der Kenntnisstand der romanistischen Wissenschaft zu einzelnen Fragestellungen des römischen Rechts der Antike dadurch bereichert wird, daß etwa – um beliebige Beispiele jüngerer monographischer Abhandlungen herauszugreifen – Širvindt etwas über die Bedeutung der Fiktion im römischen Recht (Značenie fikcii v rimskom prave, 2013) oder Sil'vestrova etwas über spätantike Kaiserkonstitutionen im System der Rechtsquellen (Lex generalis. Imperatorskaja konstitucija v sisteme istočnikov greko-rimskogo prava V-X vv. n. ė., 2007) beiträgt, ganz abgesehen davon, daß diese Arbeiten gerade deswegen wertvoll sind, weil sie an die internationale romanistische Forschung der Gegenwart anschließen. Vorliegend geht es demgegenüber um die Makroperspektive.

46 Über Savignys Einfluß auf die russische Jurisprudenz des 19. Jahrhunderts vgl. Avenarius, Savin'i i ego russkie učeniki, S. 108-118 und dens., »Sie treiben gewissermaßen ein Missionsgeschäft« (2011).

hend entwickelte, daß die geistige Vermittlung zwischen dem antiken römischen Recht und dem gegenwärtigen durch die Geschichte seiner Wirkung herausgearbeitet werden sollte.[47] Im Falle des römischen Rechts gehört hierher auch die Wirkung auf den Osten. Auch die spezifisch russische Wirkungsgeschichte ist insoweit potentielle Quelle zusätzlicher Erkenntnis.

Gleichzeitig bietet die Einbeziehung der östlichen Sicht die Chance, jene Beschränkung der spezifisch westlichen Perspektive ein wenig aufzuheben, die durch die enge wirkungsgeschichtliche Verflechtung mit dem Forschungsgegenstand bedingt ist. Die Tradition des römischen Rechts vermittelt westeuropäischen Rechtshistorikern und Juristen einen spezifischen Zugang zum römischen Recht, weil dessen professionelle Denkstrukturen über Jahrhunderte wissenschaftlicher Bearbeitung der Quellen an sie vermittelt worden sind. In der Folge dieser Wirkungsgeschichte sind ihnen bestimmte unvoreingenommene Betrachtungen verwehrt, weil die Fragen, die sie an das römische Recht richten, von ihrem in eben dieser Tradition gebildeten Vorverständnis beeinflußt sind. Es sind jedoch nicht nur solche in hermeneutischer Sicht unvermeidlichen Bedingungen, die das Verstehen beschränken, sondern auch vereinfachende Grundvorstellungen wie etwa die, nach der jene Kultur, für die die Chiffre »Moskau« steht, aus westlicher Sicht – wie noch zu zeigen sein wird – in vielen Zusammenhängen als das schlechthin »Andere« gilt. Diese Vorstellung erfaßt natürlich auch das Recht. Der Blick auf denselben Forschungsgegenstand aus einer Perspektive außerhalb desselben Traditionszusammenhangs kann hier eine wertvolle Bereicherung bewirken. Denn im Spiegel der Wahrnehmung durch den »anderen« Betrachter kann das scheinbar Selbstverständliche aufgrund seiner spezifischen Merkmale als charakteristisch und besonders erscheinen.[48]

Dies gilt natürlich zunächst einmal bereits für den Blick auf die *Rechtsentwicklung Rußlands*. So müssen wir zwischen der Betrachtung der russischen Rechtsgeschichte oder speziell der Bedeutung des römischen Rechts für dieselbe durch einen russischen Juristen und der durch einen nichtrussischen, hier also »westlichen« Betrachter unterscheiden.[49] Es wäre insoweit selbstverständlich unzureichend, den Einfluß des römischen Rechts in Rußland einseitig durch das Prisma westlicher Literatur zu sehen. Bedingt durch sein eigenes, traditionsgeprägtes Vorverständnis richtet der russische Betrachter andere Fragen an den Gegenstand als der nichtrussische. Die jeweilige Verwurzelung in einer bestimmten Tradition gehört, worauf Gadamer hingewiesen hat, zu den konstitutiven Vorurteilen, also den leitenden Voraussetzungen des Verstehens.[50] Dies gilt selbstverständlich auch auf dem Gebiet der Rechtswissenschaft.[51] Es hat also keineswegs nur praktische Gründe, wenn die russische Seite mit Recht darauf hinweist, daß die westeuropä-

47 Avenarius, Tradition, Vorverständnis und Wirkungsgeschichte der Quellen, S. 13.
48 Vgl. Baberowski, Selbstbilder und Fremdbilder, S. 9.
49 Vgl. Baberowski, Selbstbilder und Fremdbilder, S. 9-13; vgl. Petrova, Rez. Avenarius, S. 736.
50 Gadamer, Wahrheit und Methode, S. 300 ff.
51 Gadamer, Der Anfang der Philosophie, S. 62.

ische Perspektive (der »zapadnoevropejskij vzgljad«) einseitig sei und nur beschränkte Bedeutung habe.[52] Andererseits scheint zwar der russische Zugang zu bestimmten Forschungsgegenständen prima facie günstiger zu sein, doch vermittelt auch der Abstand bestimmte Einsichten. So ist durch wichtige, von russischer Seite geleistete Arbeiten auf diesem Gebiet die westliche rechtshistorische Erforschung desselben keineswegs ganz oder teilweise obsolet geworden. Hier wird eine Perspektive die andere ergänzen können. Es handelt sich um eine Bereicherung des Blicks, wie sie ähnlich Wieacker beschreibt, der das Motiv von dem »genügenden Abstand zwischen zwei Augen, die man zur Tiefenwahrnehmung braucht«, auf das Zusammenwirken zwischen rechtshistorischer und dogmatischer bzw. rechtsvergleichender Perspektive anwendet.[53]

Wenn im Rahmen dieser Arbeit die Wirkung des römischen Rechts in Rußland beschrieben wird, dann soll auf diesem Wege, wie bereits gesagt, gleichzeitig ein zusätzlicher *Verstehenszugang zum römischen Recht schlechthin* erschlossen werden. Mit diesem Ziel soll die Rückspiegelung der Wahrnehmung des römischen Rechts aus einer bestimmten Sicht vorbereitet werden, die wir aus Sicht der Geschichte des römischen Rechts in Westeuropa als »Außenperspektive« bezeichnen wollen. Gemeint ist damit die Perspektive des Betrachters, der außerhalb der spezifischen, jahrhundertelangen Wirkungsgeschichte des römischen Rechts in Westeuropa steht. Hierfür eignet sich die russische Perspektive in besonderer Weise: Denn obwohl – wie gerade diese Arbeit zeigen wird – russische Juristen dem römischen Recht vielfach und teilweise folgenreich begegnet sind, blieb die Vorstellung, es handele sich um etwas letztlich von außen Herantretendes, bei Befürwortern ebenso dominant wie bei Kritikern. Der Konflikt mit dem Geltungsanspruch des »eigenen«, also in spezifisch slavischen und orthodoxen Ordnungsvorstellungen verhafteten Rechts blieb dauernd präsent. Allen Rezeptionsschritten zum Trotz stellte sich das dem westlichen Juristen vertraute Gefühl der *selbstverständlichen* Zugehörigkeit zur Tradition des römischen Rechts kaum ein. Insoweit meinen wir den russischen Blick auf das römische Recht als distanzierter wahrnehmen zu dürfen.

Unter diesen Bedingungen ist zu erklären, daß bestimmte Merkmale des römischen Rechts, worauf oben bereits hingewiesen worden ist, aus russischer Sicht anders wahrgenommen werden können als aus der Sicht des westeuropäischen, der Tradition des römischen Rechts eng verbundenen Betrachters. Konkret führt dieser Umstand z. B. dazu, daß verschiedene Rechtseinrichtungen aus russischer Sicht viel stärker als *spezifische Eigenarten* des römischen Rechts hervortreten. Dies

52 Vgl. die Literaturauswahl bei Pavlova, The History of Law and Judicial Proceeding of Pre-Petrine Russia, S. 538-548.

53 Wieacker, Über »Aktualisierung«, S. 513 u. 536. Zur Bedeutung dieser stereoskopischen Perspektive im Rahmen der rechtshistorischen Hermeneutik und in der Sicht Wieackers vgl. Avenarius, Verwissenschaftlichung als »sinnhafter« Kern der Rezeption, S. 165-167. Selbstverständlich könnten auch noch weitere Standpunkte aufgewertet werden, die zusätzlichen Erkenntnisgewinn versprechen. Dies gilt z. B. für die ostmitteleuropäische Perspektive, auf deren Eigenart Dajczak, Rez. Avenarius, S. 410 mit Recht hinweist.

äußert sich dann in einer Wahrnehmung bestimmter Einrichtungen als spezifisch »westlich«, in kulturgeschichtlicher Hinsicht »lateinisch« oder »individualistisch«. Ein besonders wichtiges Beispiel bildet hier zweifellos das Eigentum: Der liberale, in der Tradition des klassischen *dominium*-Konzepts entwickelte und in Westeuropa vorherrschende Eigentumsbegriff ist aus russischer Sicht alles andere als selbstverständlich. Den russischen Juristen, dessen Rechtsdenken nicht durch eine gefestigte Tradition des römischen Rechts geprägt ist, lehrt vielmehr eine charakteristische überindividuelle Rechtserfahrung, mit diesem Konzept eigentümliche Erwartungen und Befürchtungen zu verbinden.

Durch die Wahrnehmung des römischen Rechts aus der »Außenperspektive« und die damit zusammenhängende, öfters auftretende Identifikation des »westlichen« Rechts mit dem römischen zeigt sich schließlich, wie viel auch das westeuropäische Recht gerade dem römischen verdankt. So kommt der Reichtum des römischen Rechts gerade in der Vielfalt der Perspektiven zur Geltung.

4.) Grundlagen des Selbstverstehens durch Fremdverstehen

Aus dem Gesagten ergibt sich, daß die Vorstellung von einer »fremden« Tradition des römischen Rechts dieser Arbeit in zweierlei Hinsicht zugrundeliegt: Als fremd wird sowohl die aus der Perspektive des lateinischen Europa eigentümliche Wirkungsgeschichte des römischen Rechts in Rußland beschrieben als auch – aus russischer Sicht – jene aus dem Westen herandrängende Rechtstradition, die nicht selten ungeachtet anderweitiger prägender Einflüsse als »römisch« wahrgenommen wird. In beiden Fällen wird der Blick auf das »Fremde« hier zum Ausgang für rechtshistorisches Verstehen genommen.

Die diesem Verfahren zugrundeliegende »Hermeneutik der Fremdheit« geht auf bedeutende Ursprünge zurück.[54] Als ihren »Begründer« können wir Herodot wahrnehmen, der bekanntlich an herausgehobener Stelle, nämlich schon am Anfang seiner Historien und gewissermaßen programmatisch, Griechen und »Barbaren« einander gegenüberstellt. Im Anschluß daran folgt die ausdrückliche Nennung des zwischen den Völkern bestehenden »Spannungsverhältnisses« (διαφορά), von dem Herodots Verstehen ausgeht.[55] Eine »Hermeneutik der Fremdheit« setzt also begrifflich eine Abgrenzung voraus und nötigt zur Bezeichnung der Merkmale des Eigenen und des Fremden.[56] Sie führt nicht nur zum Verstehen des Fremden in seinen »anderen« Bedingungen, sondern im Kontrast, also vor der Folie des Fremden, und »rückspiegelnd«, also über die Wahrnehmung des Eigenen durch den Fremden, auch zum Selbstverstehen.

54 Dazu grundlegend Kogge, Verstehen und Fremdheit (2001).

55 Herodot, *Hist.* 1,1.

56 Bekanntlich ist Said in seiner wegbereitenden Arbeit davon ausgegangen, daß Herodot und – bei ihm noch ausgeprägter – Aischylos (Die Perser) am Anfang der Herausbildung der großen Antithese zwischen Westen und Osten gestanden hätten; Orientalism, S. 21 u. 56-58.

Für die Untersuchung der Wahrnehmung des römischen Rechts durch russische Juristen werden wir die »Fremdheit« von deren Verstehenshorizont nicht als Stereotyp zugrundelegen, sondern aus sachlichen Gründen. Dies bedarf näherer Erläuterung. Es gilt nämlich sowohl mit Rücksicht auf die grundsätzlich anderen Bedingungen, unter denen das römische Recht im Zarenreich wirken konnte, als auch im Hinblick darauf, daß der Eingang des römischen Rechts im 19. Jahrhundert überwiegend über den Westen erfolgte,[57] also über die sprachlich-kulturelle und die konfessionelle Grenze hinweg. Diese doppelte Grenzbestimmung gilt nicht für das gesamte Zarenreich. Sie trifft nicht für jene nichtrussischen Gebiete mit eigenem Partikularrecht zu, die der lateinischen Kultur und der römischen Kirche und damit dem über den Westen tradierten römischen Recht viel näher standen als Rußland, wie Polen und die baltischen Länder.[58] Für den größten Teil des Zarenreiches ist sie hingegen zutreffend. Wenn wir aus Sicht der westlichen rechtshistorischen Forschung die Rechtsentwicklung im Zarenreich als »fremd« wahrnehmen, geschieht dies auf der Grundlage, daß sich die Entwicklungsbedingungen des römischen Rechts in Rußland, wie bekannt, in zentralen Punkten von denen im Westen unterschieden: So ist das Zarenreich z. B. noch im 19. Jahrhundert mit dem Konzept der »Autokratie« durch eine Auffassung von Staat und Herrschaft gekennzeichnet, die die aufgeklärten west- und mitteleuropäischen Staaten dieser Zeit nicht oder jedenfalls nicht mehr teilen. Grundsätzlich andere Bedingungen prägen auch die Lebensverhältnisse der Menschen. Die überwiegend in agrarischen Verhältnissen lebende Bevölkerung des Zarenreiches ist in vormodernen Ordnungsstrukturen verhaftet; ein großer Teil ist überdies bis 1861 der Leibeigenschaft unterworfen. Eine (mit Rücksicht auf die Lebensverhältnisse) »bürgerliche« Gesellschaftsschicht gibt es kaum, zumal das letztlich charakteristische Merkmal des Bürgers, nämlich die Mitverantwortung für das Gemeinwesen, fehlt. Für große Teile des Zarenreiches kommt hinzu, daß sie von der slavischen Kultur und Sprache dominiert sind, nicht dagegen von der lateinischen, und daß sie zur Welt der orthodoxen und nicht der römischen Kirche gehören.[59] Zahlreiche ethnisch nichtrussische Völker gehören asiatischen und damit noch fremderen Kulturen an.

Wenn wir im Wege der Rückspiegelung des aus der Außenperspektive Wahrgenommenen etwas Zusätzliches über die eigene Rechtstradition erfahren wollen, bedienen wir uns eines Verfahrens, das der *russischen* Seite im literarischen Zusammenhang seit Langem vertraut ist. Denn die Selbstwahrnehmung, wie sie etwa in den Schriften bedeutender russischer Historiker und Publizisten zum Ausdruck

57 Die Einschränkung bezieht sich auf den Beitrag der römisch-byzantinischen Rechtstradition, wie sie in der Neuzeit in Bessarabien fortwirkte. Vgl. unten S. 467 ff.

58 Vgl. Wieacker, Konstituentien, S. 357.

59 In dieser Hinsicht hat Schöndorf die Bedeutung einer Einbeziehung des slavischen Rechts in die vergleichende Rechtsgeschichte gefordert, um z. B. den Einfluß der katholischen Kirche im Mittelalter im Kontrast herausarbeiten zu können; Sollen wir slavisches Recht studieren?, S. 165.

kommt, beruht nicht selten auf der Übernahme – zutreffender oder unrichtiger – Einschätzungen aus der Außenperspektive.[60] Besonders das 19. Jahrhundert kennt viele Beispiele dafür, daß russische Autoren Rußland beschreiben und dabei westliche Rußlandbilder verwerten.[61]

Was den Blick auf das Recht anbelangt, so betrifft die Unterscheidung zwischen Innen- und Außenperspektive nicht nur die heutige rechtshistorische Forschung, sondern ebenso die Sicht der historischen Juristen. Gerade im Hinblick auf das Verhältnis zwischen Rußland und Westeuropa beobachten wir, daß die Fremdheit oftmals thematisiert wird und die Wahrnehmung von Fremdheit selbst verstanden werden will. Dies ist natürlich besonders bei Kritikern des römischen Rechts der Fall, die mit dessen Fremdheit im Verhältnis zum eigenen Rechtsverständnis argumentieren.

Die Stellungnahmen russischer Juristen zum römischen Recht sind unterschiedlich ertragreich. Nicht jeder Bemerkung liegt tiefgehende Sachkenntnis zugrunde. Das bedeutet allerdings nicht notwendig, daß die entsprechenden Äußerungen für das hier verfolgte Erkenntnisinteresse außer Betracht bleiben müßten. Immerhin zeigt sich an mancher nicht ganz ausgereift wirkender Bemerkung ein frischer, vom westeuropäischen Traditionszusammenhang bzw. Vorverständnis unbeeinflußter oder jedenfalls weniger gelenkter Blick auf das römische Recht. Dieser kann durchaus insoweit lehrreich sein, als gelegentlich bestimmte wirkungsmächtige Vorurteile zum Ausdruck kommen. Wenn die Äußerungen russischer Juristen zum römischen Recht für das hier verfolgte Erkenntnisinteresse gleichwohl unterschiedlich bedeutend sind, kann dies verschiedene Ursachen haben. Soweit die Autoren gewissenhafte und treue Schüler der westlichen Pandektistik sind, die als an sie anknüpfende produktive Denker oder aber als Epigonen bestimmte Lehren in das Zarenreich vermittelten, unterscheidet sich ihre Sichtweise zunächst kaum von der deutscher Pandektisten und wird für unsere Fragestellung erst interessant, sobald sie in Rußland auf das spezifische Spannungsverhältnis zwischen dem römischen und dem russischen Recht stoßen. Originellere Erkenntnisse versprechen demgegenüber die Äußerungen jener mit einem ausgewogenen Urteilsvermögen versehenen Juristen, die mit einem eigenständigen Erfahrungshorizont an das römische Recht herantreten und dasselbe kritisch bearbeiten.

Welcher Erkenntnisgewinn ist angesichts dessen also zu erwarten? Die Vorstellung, daß die Einbeziehung der russischen Wahrnehmung des römischen Rechts dasselbe in einem so grundsätzlich neuen Licht erscheinen ließe, daß dem Romanisten erst dadurch die wahre Natur seines Gegenstandes erhellt würde – »ex oriente lux« –, wäre sicherlich übertrieben. Selten ist die russische Forschung zum römischen Recht in dafür hinreichendem Maße überlegen, beleuchtet sie etwas, was für die westliche Romanistik vollkommen im Dunkel gelegen hätte. Immerhin aber wirft die russische Sichtweise ein anderes Licht auf den untersuchten

60 Ingold, Die Faszination des Fremden, S. 93.

61 Ein bekanntes Beispiel bietet Alexander Herzen; vgl. unten S. 46, Fn. 11 u. S. 303 f.

Gegenstand, leuchtet vielleicht sogar manchen Halbschatten aus und bereichert damit im günstigen Falle die Wahrnehmung. Im weniger günstigen Fall erzeugt sie ein Zwielicht. Es dürfte immerhin gelten: »ex oriente *altera* lux«.

In dem Untersuchungsfeld, das durch den Zusammenhang der beiden Haupt-Interessenrichtungen gebildet wird, ergeben sich zahlreiche Einzelfragen, die mit beiden genannten Ausrichtungen des Erkenntnisinteresses verfolgt werden können:

Die Erforschung der Wirkung des römischen Rechts in Rußland trifft mit der der spezifischen Wahrnehmung des römischen Rechts aus der Perspektive des Zarenreiches in der Frage zusammen, warum Juristen des 19. Jahrhunderts das geltende Recht nicht nur mit Hilfe eines demselben fremden Rechts überarbeiten wollten, sondern überdies ausgerechnet ein Recht in Betracht zogen, dessen Normtexte fremdsprachig und mehr als anderthalb Jahrtausende alt waren. Die Frage gewinnt zusätzlich an Brisanz vor dem Hintergrund, daß das Ziel der Überarbeitung des russischen Rechts immer wieder dessen »Modernisierung« gewesen ist. In bestimmten Zusammenhängen werden wir davon ausgehen können, daß das römische Recht gar nicht als »alt« wahrgenommen worden ist, sondern mit dem Pandektenrecht identifiziert wurde, das, wenn auch auf »alten« und zudem lateinischen Quellentexten aufbauend, zu den modernsten und leistungsfähigsten Rechten des 19. Jahrhunderts gehörte. Hier wäre zu fragen, welche Merkmale das römische Recht aus russischer Sicht befähigt haben mochten, über einen so langen Zeitraum entwicklungsfähig zu bleiben, daß es noch am Ende des 19. Jahrhunderts, ausgearbeitet in der Dogmatik des Pandektenrechts, als zeitgemäßes Recht für eine Übernahme in das Zarenreich herangezogen werden konnte. Im übrigen sind gerade das Alter des römischen Rechts und die viele Jahrhunderte dauernde Wirkungsgeschichte desselben oftmals durchaus in Betracht gezogen und geradezu als Grundlage seiner Überzeugungskraft wahrgenommen worden. Mit dem Alter hängt nämlich die Eigenschaft des römischen Rechts zusammen, als Inbegriff zahlloser Erfahrungen mit dem Recht gelten zu dürfen,[62] von Erfahrungen also, die nicht nur innerhalb der jahrhundertelangen Entstehungsgeschichte des römischen Rechts in der Antike gewonnen worden waren und insoweit in die justinianische Sammlung eingingen, sondern darüber hinaus noch in der Wirkungsgeschichte dieses Rechts in Westeuropa.

In diesem Zusammenhang zeigt sich schließlich, daß die verschiedentliche Wahrnehmung des römischen Rechts als Ausdrucksform des »Rechts schlechthin« nicht ausschließlich als Stereotyp abgetan werden kann. Vielmehr erkennen offenbar Juristen unter sehr verschiedenen kulturellen Bedingungen im römischen Recht Merkmale wieder, die sie mit grundlegenden Vorstellungen von Gerechtigkeit und »richtigen« Regelungen verbinden. Und soweit hier nun gefragt wird, inwieweit gerade das römische Recht denjenigen Sinn, um dessentwillen Recht überhaupt besteht, verwirklichen kann, muß es auch darauf ankommen,

62 Vgl. Wieacker, Die Bedeutung des römischen Rechts, S. 216.

wie die Rezeption im Zarenreich bewertet worden ist oder gegenwärtig bewertet wird.

Der Umstand, daß das römische Recht die Rechtserfahrungen aus sehr verschiedenen historischen Kontexten in sich vereinte, konnte schließlich auch dazu beitragen, die Akzeptanz der Übernahme des pandektistischen römischen Rechts zu erleichtern: Es war keine spezifisch fremd*nationale* Rechtsordnung. Das von den Römern hervorgebrachte Recht galt als kulturelles Erbe vieler europäischer Staaten, war also nicht in einem mit Rußland womöglich konkurrierenden Staat geschaffen worden. Diese Vorstellung bestand selbst im 19. Jahrhundert, in dem die Pandektenwissenschaft, die das römische Recht fortbildete, zwar vor allem in Deutschland und im Habsburgerreich betrieben wurde, von hier aus allerdings in zahlreiche weitere Rechtsordnungen ausstrahlte.

Kapitel 2: Voraussetzungen und methodische Grundlagen der Untersuchung

I.) Die Grundvoraussetzungen der Fragestellungen

Wir wollen uns den Grundvoraussetzungen der zuvor skizzierten Fragestellungen im einzelnen zuwenden:

1.) Die spezifische Andersartigkeit Rußlands: die westliche Perspektive

Die wichtigsten Gegensätze innerhalb Europas werden traditionell nicht zwischen Norden und Süden, sondern zwischen Westen und Osten wahrgenommen.[1] Die Gründe hierfür sind teilweise geographischer Natur, beruhen also darauf, daß sich der Kontinent nach Osten ausdehnt und dort in traditionell nicht näher bekannte Gebiete übergeht.[2] Teilweise wiederum sind die Gründe historisch zu erklären, etwa durch die gemeinsame Prägung des Westens – im Unterschied zum Osten – durch das römische Reich und die fortwirkende Reichsidee, die römische Kirche sowie die lateinische Kultur.[3]

Die traditionelle Wahrnehmung des Ostens aus westlicher Sicht als »fremd« hat in sehr verschiedenen Zusammenhängen Ausdruck gefunden.[4] Sie tritt in berühmter Weise zutage in wichtigen Werken der historischen – und gerade für das 19. Jahrhundert charakteristischen[5] – Reiseliteratur. Hier werden Rußland, seine Andersartigkeit und regelmäßig seine Rückständigkeit aus der westlichen Perspektive betrachtet und nicht selten einer entschiedenen Bewertung unterzogen. Einen berühmten, frühen Fall bildet Adam Olearius, der in seinem Reisebericht »Vermehrte newe Beschreibung der muscowitischen und persischen Reyse«

1 Vgl. jetzt Winkler, Geschichte des Westens, insbes. S. 17 ff.

2 Es ist kein Zufall, daß der Ausdruck »Grenze« für jenen Randbereich, der den Übergang zum fremden Gebiet bildet, eines der wohl wichtigsten deutschen Worte slavischen Ursprungs ist (granica).

3 Vgl. Wieacker, Konstituentien, S. 357.

4 Zur Wahrnehmung der zunehmenden Bedeutung Rußlands in Europa seit dem 18. Jahrhundert vgl. Barraclough, Europa, Amerika und Rußland, S. 292; ferner dort S. 294 über die Zunahme der Vorstellung von einem rückständigen, »asiatischen« Land seit 1825. Groh, Rußland und das Selbstverständnis Europas, S. 32 ff. behandelt das Rußlandbild der Aufklärung. Klug, »Europa« und »europäisch«, S. 193-224 setzt sich mit der »Vorstellungsgeschichte« im Hinblick auf die Entwicklung der russischen Vorstellung von Europa, insbesondere seit Peter I., auseinander; Scheidegger, Perverses Abendland – barbarisches Russland, behandelt die gegenseitige Wahrnehmung von Abendländern und Russen im 16. und 17. Jahrhundert unter dem Gesichtspunkt der Abweichung von jeweils eigenen kulturellen Normen. Wie Rußland aus westeuropäischer Sicht mit dem Niedergang des Osmanischen Reichs die Rolle des fremden Gegenübers einnimmt, beschreibt Heffernan, The Changing Political Map, S. 149 f.

5 Vgl. Osterhammel, Die Verwandlung der Welt, S. 51.

(1656) gemeint hatte, wenn man die Russen nach Gemüt, Sitte und Leben betrachte, so seien sie »billich unter die Barbaren zu rechnen«. Es fehle ihnen an der Wertschätzung für »Künste und hohen Wissenschaften«.[6] Der Publizist und Staatsmann François-Marie de Froment wies in seiner Schrift »Observations sur la Russie« (1817) auf die Bedrohung durch die russische Neigung zur Expansion hin. Nicht weniger kritisch bezeichnete der Priester und Politiker Dominique-Georges-Frédéric de Pradt Rußland in seiner verbreiteten Schrift »Parallèle de la puissance anglaise et russe relativement à l'Europe« (1823) als asiatischen Feind der Freiheit in Europa. Einige Jahre später brachte der französische Reiseschriftsteller Adolphe de Custine in seinem Werk »La Russie en 1839« (1843) ausprägte Abscheu gegenüber der Selbstherrschaft des Zaren sowie dem durch Unterdrückung gekennzeichneten System zum Ausdruck, die er während eines Rußlandaufenthalts entwickelt hatte.[7] Schließlich verarbeitete der westfälische Ökonom und Jurist August Frhr. v. Haxthausen seine auf einer (von russischer Seite subventionierten) Reise in das Zarenreich 1843/44 gewonnenen Erkenntnisse u. a. in seinen Werken »Studien über die innern Zustände, das Volksleben und insbesondere die ländlichen Einrichtungen Rußlands« (1847/52)[8] und »Transkaukasia« (1856).[9] Sensibel für Beobachtungen von rechtlichem Belang,[10] machte Haxthausen das westliche Publikum erstmals mit dem angeblich den Slaven eigentümlichen Gemeindeprinzip (mir bzw. obščina) bekannt, welches er als aus westlicher Sicht besonders fremd darstellte.[11] Gerechterweise wies Haxthausen darauf hin, daß sich be-

6 Olearius, Vermehrte newe Beschreibung, S. 184 (ed. Poe S. 238).

7 Custine, La Russie en 1839, 5. Aufl., Bde. 1-4 (1844), zuerst erschienen 1843, in demselben Jahr auch deutsch 1843 unter dem Titel: Rußland im Jahre 1839.

8 Haxthausen, Studien über die inneren Zustände, das Volksleben und insbesondere die ländlichen Einrichtungen Rußlands, 1. u. 2. Theil, Hannover 1847, 3. Theil, Berlin 1852.

9 Haxthausen, Transkaukasia. Andeutungen über das Familien- und Gemeindeleben und die socialen Verhältnisse einiger Völker zwischen dem Schwarzen und Kaspischen Meere. Reiseerinnerungen und gesammelte Notizen von August Freiherrn von Haxthausen, Erster Teil, Leipzig 1856.

10 Haxthausens Werk enthält längere Abschnitte über Rechtseinrichtungen und Ordnungsvorstellungen, die er in Rußland wahrgenommen hatte. Der Autor stand im Dienst des Berliner Gesetzgebungsministeriums. Von seinem Vorgesetzten, dem Minister Savigny, fühlte er sich »kalt und mißwollend« behandelt; vgl. Stoyanoff-Odoy, Die Großfürstin Helene von Rußland, S. 38.

11 Vgl. Haxthausen, Studien über die inneren Zustände, Bd. 1, S. 119 ff. Vgl. Goehrke, Die Theorien, S. 18. Auf Grundlage einer Rezeption von Haxthausens Darstellung bildete Herzen später seine These vom echt russischen Sozialismus der Agrarkommune. Auch die bei H. S. Maine entwickelten Vorstellungen von der Vermögensgemeinschaft der russischen Dörfer (Ancient Law, Kap. 8) verdanken Haxthausens Schilderungen viel; vgl. Lobban, Maine, S. 625 f. Boris Čičerin (1828-1903) entwickelte die Gegenthese, daß die Organisation der Vergemeinschaftung nicht einer »urkommunistischen Gesinnung« der Russen entwachsen sei, sondern staatlich-fiskalische Gründe gehabt habe (Gesamthaftung der Gemeinde). Die jüngere Forschung hat beide Vorstellungen durch differenziertere historische Konzepte ersetzt; vgl. Tschižewskij, Rußland zwischen Ost und West, S. 76 und Goehrke, Die Theorien, S. 1 ff., 44 u. 52.

stimmte Faktoren, die die kulturelle Entwicklung Westeuropas gefördert hatten, in Rußland nicht hatten auswirken können. Demgegenüber sind bei anderen Autoren mit der Beschreibung kultureller Rückständigkeit nicht selten negative Bewertungen einhergegangen.

Die Vorstellung von der besonderen »Fremdheit« des Zarenreiches wurde nicht nur über die teilweise sehr erfolgreiche Reiseliteratur verbreitet. Vielmehr konnte sich die – keineswegs immer mit Geringschätzung einhergehende – Vorstellung, zur slavischen Kultur überhaupt bestehe eine ausgeprägte Distanz, auch in der Geisteswelt etablieren. Dies geht maßgeblich auf den Einfluß Herders zurück,[12] der die Verbreitung einer Trias romantischer Volksgeschichte »romanisch – germanisch – slavisch« im frühen 19. Jahrhundert förderte, in deren Rahmen die slavische Kultur als in besonderer Weise andersartig galt.[13]

Die Beobachtung der im Osten grundsätzlich »andersartigen« Verhältnisse wurde im 20. Jahrhundert im Rahmen der sog. »Ostforschung« betrieben. Für Deutschland wurde diese wissenschaftliche Ausrichtung, deren Anfänge auf die deutsche Archivaufsicht in besetzten Gebieten Mittel- und Osteuropas im Ersten Weltkrieg zurückgehen,[14] in den 1920er Jahren auf theoretischer Grundlage etabliert und im »Dritten Reich« unter den ideologischen Voraussetzungen der Zeit weitergeführt.[15] In der Nachkriegszeit konstituierte die Teilung Europas in Systemblöcke die Rahmenbedingungen dieser Forschungsrichtung, so daß sie in den Programmen der Osteuropaforschung politisch begründet wurde. Politische Rahmenbedingungen bewirkten auch, daß eine juristische Disziplin, die Ostrechtsforschung, eingerichtet wurde,[16] um die in diesem geographischen Raum bestehenden Rechtsordnungen in ihrer Besonderheit zu erforschen und, insbesondere unter den Vorzeichen des »Kalten Krieges«, die Überlegenheit des westlichen

12 Osterhammel, Die Verwandlung der Welt, S. 164.

13 Vgl. Geyer, Rußland und Europa in historischer Perspektive, S. 9-22; vgl. Herder, Ideen zur Philosophie 16,4 (S. 21 ff.). Seit dem Beginn der Aufklärung wurde die Definitionsmacht hinsichtlich Europas und seiner Teile für lange Zeit von West- und Mitteleuropäern in Anspruch genommen. Dabei suchte man den eigenen Kulturraum dadurch aufzuwerten, daß man Osteuropa für »barbarisch« erklärte oder ganz aus Europa ausgrenzte. Vgl. Wolff, Inventing Eastern Europe, S. 284 ff. u. passim; für einen Einzelfall Lübke, Von Peters »Vedomosti« zu Karamzins Journalen, S. 261.
Die Hintergründe für die Verbreitung der Vorstellung vom barbarischen und asiatischen Rußland im 16. Jahrhundert behandelt Klug, Das »asiatische« Russland, S. 265-289.

14 Lehr, Ein fast vergessener »Osteinsatz«, S. 19-44.

15 Lehr, Ein fast vergessener »Osteinsatz«, S. 107-251. Von sich aus hatte das Recht der slavischen Länder traditionell nur geringes Interesse erregen können. Vgl. Schöndorf, Sollen wir slavisches Recht studieren?, S. 165: »Das Recht unserer slavischen Nachbarn bleibt außerhalb unseres Gesichtskreises. Emsig studiert man das römische Recht und die Papyri, das babylonische Recht und das der Neger, es erscheinen zahlreiche Arbeiten über französisches und englisches Recht, sowie das Recht des Islams. Nur das Recht der Russen und Polen – von Bulgaren und Südslaven schon ganz abgesehen – wird stiefmütterlich behandelt und bleibt eine terra incognita«.

16 Zoll, Das »Ostrecht«, S. 35.

Systems über das sozialistische auf den Gebieten von Staat und Recht unter Beweis zu stellen.[17] Die Vorstellung von »Andersartigkeit«, durch die die Wahrnehmung der slavischen Kultur und der orthodoxen Religion traditionell geprägt gewesen war, wurde jetzt durch die Gegnerschaft zur marxistisch-leninistischen Ideologie verstärkt.

Nicht nur Rußland allgemein, sondern auch das russische *Recht* ist aus westlicher Sicht immer wieder als »grundsätzlich anders« betrachtet worden. Das Recht des Zarenreiches wurde als rückständig, das Recht des Sozialismus als »ideologisch« oder sogar schlicht als »Unrecht« wahrgenommen. Es galt jedenfalls als »aliud« im Vergleich zum Westen.[18] Mit dem Marxismus hat man vielfach geradezu eine »negative« Rechtslehre verbunden, eine Sichtweise, die durch die im marxistischen Schrifttum dokumentierte Ablehnung des Rechts und die These von dessen »Absterben« immerhin gefördert worden ist.[19] Und auch in der Gegenwart, in der der Untergang des früheren »sozialistischen Rechtskreises«[20] überwiegend anerkannt ist,[21] wird die spezifische Eigenart der osteuropäischen Rechtskultur als charakteristisch genug wahrgenommen, um sie der des »Westens« gegenüberzustellen.[22]

2.) Die Andersartigkeit des Westens aus der östlichen Perspektive

Aus russischer Sicht kommt die Rolle des »Fremden« traditionell dem Westen zu.[23] Dies ist keineswegs selbstverständlich, grenzt doch Rußland an ganz verschiedene Kulturen, von denen es sich hätte demonstrativ unterscheiden können. Allerdings eignete sich der Ferne Osten als Paradigma des »Fremden« deswegen nicht, weil er den europäischen Metropolen des Zarenreiches, in denen die maßgeblichen Konzepte zur Einordnung Rußlands in der Welt entwickelt wurden, hierfür zu spät bekannt wurde. Der Orient, auf den mit den großen Flüssen immerhin die wichtigsten Verkehrswege Rußlands ausgerichtet waren, wurde mit

17 Küpper, Rechtsgeschichte Osteuropas, S. 689 ff.

18 Nußberger, Die slawischen Länder, S. 225.

19 S. unten S. 603 f.

20 S. unten S. 633.

21 Es wäre kaum überzeugend, dieses Konzept mit Rücksicht auf Kuba, Nordkorea und ähnliche Systeme aufrechtzuerhalten.

22 Vgl. Nußberger, Die slawischen Länder, S. 212. Kritisch grundsätzlich Giaro, Some Prejudices, S. 26-50.

23 Im Vergleich zu der theoretischen Ausarbeitung, die der Gegensatz zwischen Westen und Orient insbesondere im Anschluß an Said (oben S. 40, Fn. 56) erfahren hat, weist Jedig darauf hin, daß die begrifflichen Kategorien, mit denen sich eine sinnvolle Gegenüberstellung von Westeuropa und Rußland entwickeln ließe, nicht hinreichend herausgebildet seien; »Vsjak na Rusi – bezdomnyj«, S. 254. In seiner Arbeit »Russia and the Idea of Europe« (1996) zeichnet der norwegische Politikwissenschaftler Neumann die Entwicklung des »Europa«-Begriffs aus russischer Perspektive im 19. und 20. Jahrhundert nach, in seiner Schrift »Uses of the Other« (1999) die Bedeutung der Vorstellung vom jeweils »Anderen« für die Herausbildung der eigenen Identität. Speziell den Blick auf Osteuropa behandelt Wolff, Inventing Eastern Europe (1996).

relativer Geringschätzung betrachtet und fiel deshalb als »Gegenüber« aus, während die traditionellen Kulturen Sibiriens und Zentralasiens gar nicht ernstgenommen wurden. Die Vorstellung vom »Fremden« wurde also spätestens seit Peter I. mit Westeuropa verbunden, nicht selten aber besonders – pars pro toto – mit »Deutschland«. Dieser Begriff, mit dem man für lange Zeit mehr oder weniger das Gebiet des Heiligen Römischen Reiches Deutscher Nation identifizierte, stand aus russischer Sicht nicht selten für Europa schlechthin.[24] In bemerkenswerter Parallelität zu der antiken Wahrnehmung derjenigen, die mit der die griechische Welt verbindenden Sprache (*koinē*) nicht vertraut sind,[25] als »Barbaren«, also »Stammler« (*bárbaroi*), waren die Deutschen traditionell mit Rücksicht darauf als »fremd« qualifiziert worden, daß sie des »Wortes« (slovo) – jetzt also der *slavischen* Sprache – nicht teilhaftig waren. In diesem Sinne bezeichnet der für die Deutschen verwendete Ausdruck »nemcy« deren Eigenschaft, »stumm« (nemoj) zu sein.[26] In beiden Fällen kennzeichnet die Sprache die Zugehörigkeit zur Gemeinschaft oder aber das Ausgeschlossensein.[27] Diese Wahrnehmung des Andersartigen ging mit wechselnden Bewertungen einher: Während man teilweise, besonders im Zeitalter der Romantik, bewundernd auf die deutsche Kultur blickte, führte der Nationalismus in der zweiten Hälfte des 19. Jahrhunderts zur Ablehnung derselben und zur Zurückdrängung ihres Einflusses.

Unterschiedlichen und einander zeitweise widerstreitenden Einflüssen war auch die Wahrnehmung des westlichen *Rechts* aus russischer Sicht ausgesetzt. Dies betraf natürlich unter anderem den Blick auf das maßgeblich über Deutschland vermittelte römische Recht. Hier wird man von der *heutigen* Wahrnehmung dieser Entwicklung des russischen Privatrechts im 19. Jahrhundert durch die rechtshistorische Forschung die Frage unterscheiden müssen, wie die historischen Betrachter selbst, die also als Beamte, Richter oder Wissenschaftler des Zarenreiches dem römischen Recht entgegentraten, den Vorgang bewerteten. Dies ist bislang nicht hinreichend erforscht worden. Bei der Bewertung müssen, wie noch zu zeigen sein wird, verschiedene Vorbehalte berücksichtigt werden. Die Äußerungen der Beteiligten sind z. B. mit Rücksicht darauf zu bewerten, daß die Thematik zeitweise besonders heikel war: So mußte etwa die Korrespondenz mit einem offiziellen Repräsentanten eines Staates darüber, daß dessen Rechtsordnung der Verbesserung mit Hilfe »fremden« Rechts bedürfe, dessen Reputation berühren und deswegen mitunter zu verschleiernden Formulierungen nötigen.

24 Wirkungsmächtige Eindrücke werden auch in Rußland über Reiseberichte vermittelt, vor allem von Gelehrten, Studenten und Militärs; vgl. Robel, Russische Reiseberichte, S. 281 ff.

25 Auf die Relativität eines »Barbaren«-Begriffs, der auf die sprachliche Verschiedenheit abstellt, hatte bereits Herodot hingewiesen, wenn er bemerkte, auch die Ägypter bezeichneten alle als Barbaren, die nicht dieselbe Sprache mit ihnen hätten; *Hist.* 2,158. Zur Geschichte der Übertragung von Begriff und Ausdrucksweise in verschiedene jüngere Kontexte mit dem Ziel einer Abgrenzung von den jeweils »Fremden« vgl. Koselleck, Vergangene Zukunft, 218-229.

26 Vgl. Hübner, Peter der Große, S. 79; Semenov, Art. Deutschland, S. 108.

27 Hobsbawm, Nationen und Nationalismus, S. 65-69.

Der Gesichtspunkt der Fremdheit wurde in der rechtspolitischen Diskussion des 19. Jahrhunderts zwar offenbar teilweise als stereotypes Argument verwendet, doch sollte er nicht leichtfertig abgetan werden. Auch russische Juristen adaptierten die Kategorien der Historischen Rechtsschule, soweit sie diese nicht sogar völlig selbständig entwickelten. Wo die Historische Rechtsschule Empirie zugrundelegte, also auf tatsächlich im eigenen Volk tradiertes Recht abstellte, mußte das Fremde zum Problem werden. Aber auch soweit Vorstellungen, die im 19. Jahrhundert durch die romantische Anschauung vom Wachsen eines Rechts in der Geschichte eines Volkes geprägt waren, für den modernen Betrachter, der nicht mehr im Bann der Historischen Rechtsschule steht, ihre Grundlage verloren haben, sind sie nicht vollkommen erledigt. Sie können die Erschließung des römischen Rechts bei differenzierter Betrachtung vielmehr fördern.

II.) »Römisches Recht«: die bezeichnete Begrifflichkeit und das Problem der Wahrnehmung

Zu den Voraussetzungen dieser Untersuchung gehört eine Vergewisserung über die Terminologie. Mit dem Ausdruck »Römisches Recht« wird nämlich, wie bekannt, keine einheitliche Begrifflichkeit verbunden. Daher muß bei der Verwertung von Äußerungen verschiedener Juristen jeweils berücksichtigt werden, welcher Ausdrucksweise sich dieselben jeweils bedienten und welche Begrifflichkeit jeweils zugrundelag. So werden wir uns z.B. im Laufe der Arbeit mit Stellungnahmen aus dem Schrifttum auseinanderzusetzen haben, die in verschiedenen Zusammenhängen etwas als »römisch« oder »dem römischen Recht entlehnt« bezeichnen. Hiermit kann sehr Verschiedenes gemeint sein. Entsprechend bedarf es auch einer Klärung der dieser Untersuchung zugrundegelegten und in der Darstellung verwendeten Terminologie und Begrifflichkeit. Damit legen wir die Voraussetzungen offen, unter denen wir im Laufe der Arbeit russische Rechtseinrichtungen und verschiedene Merkmale des Denkens russischer Juristen mit dem »römischen Recht« in Beziehung setzen.

Die moderne Dogmengeschichte verweist für den Ursprung bestimmter Einrichtungen des geltenden Rechts nicht selten auf solche des römischen Rechts. Diese Konzentration auf einen bestimmten Ursprung kann eine grobe Vereinfachung bedeuten. Man muß sich keineswegs jenem kritischen Standpunkt anschließen, der die Vorstellung von einer romanistisch-kontinentaleuropäischen Rechtstradition für künstlich betont und sachlich ungerechtfertigt erklärt,[28] um

28 Der Zivilrechtler Pier Giuseppe Monateri hat seinen Entwurf einer nicht-okzidentalen Genealogie des Rechts unter dem Eindruck von Bernal, Black Athena (1987) durch das Schlagwort vom »Black Gaius« gekennzeichnet, stellvertretend für die Einflüsse außereuropäischer Kulturen auf eine behauptete, durch Diskontinuität gekennzeichnete Rechtsentwicklung. Vgl. Monateri, Black Gaius, S. 479-555 und nun dens., Gaio Nero, S. 19-76. Kritisch dazu nun Cantarella, Diritto romano e diritti orientali, S. 103-117; Santucci, La scienza

den Hinweis auf die Herleitung bestimmter Einrichtungen aus dem römischen Recht für mitunter wenig überzeugend zu halten. So ist die Feststellung tatsächlich oftmals relativ wertlos, daß es eine bestimmte Regel »schon im römischen Recht« gegeben habe. Dies gilt teilweise deswegen, weil es nun einmal nicht selten für ein Rechtsproblem ohnehin nur eine begrenzte Anzahl brauchbarer Lösungen gibt, die im Rahmen der von Theo Mayer-Maly beobachteten »Wiederkehr der Rechtsfiguren« immer wieder (und an verschiedenen Orten) zutage treten,[29] so daß wenig gewonnen wäre, wollte man eine oder mehrere dieser Lösungen als spezifisch »römisch« klassifizieren. In anderen Fällen ist die Dogmatik des geltenden Rechts so sehr weiterentwickelt worden, daß man ursprünglich »römisches« Recht kaum noch wiedererkennt.

Gleichwohl erfolgt die Rückführung zahlreicher Rechtseinrichtungen auf das römische Recht auch angesichts ihrer zwischenzeitlichen Ausdifferenzierung mit einer tieferen Berechtigung. Denn jene Fortentwicklung, die Privatrechtsinstitutionen im Laufe ihrer historischen Entwicklung erfahren haben, setzt eine spezifisch wissenschaftliche Kompetenz zur Bearbeitung des Rechts voraus, die historische Juristen erst in die Lage versetzte, den überkommenen Bestand an Regelungen und Prinzipien auf die jeweiligen Anforderungen ihrer Zeit auszurichten. Diese Kompetenz aber verdanken sie dem wissenschaftlichen Charakter des gelehrten Rechts, den das römische Recht entstehen ließ.

Im Schrifttum sind, allen zwischenzeitlichen Entwicklungsschritten zum Trotz, die fortwirkende Tradition und der überlieferte Bestand an zugrundeliegenden Quellentexten gelegentlich zum Anlaß dafür genommen worden, noch das Gemeine Recht des 19. Jahrhunderts als »römisches Recht« zu bezeichnen. Andere Autoren haben gegenüber der »römischen« Tradition die Unterscheidung durch zwischenzeitliche Entwicklungsschritte in den Vordergrund gerückt. Hier hat die historische Erkenntnis, daß das neuzeitliche, noch auf den Quellen beruhende »römische« Recht nicht identisch ist mit seinem antiken Ursprung, zu vermittelnden Bezeichnungen geführt, die sowohl das Verbindende als auch das Trennende nennen. In diesem Sinne sprachen Hugo, Savigny und andere Autoren vom »heutigen« römischen Recht. Noch weiter ging in diesem Sinne Carl Georg v. Wächter, der das Pandektenrecht seiner Zeit nicht einmal als »heutiges römisches Recht« bezeichnen wollte und vom »römisch-deutschen« Recht sprach.[30] Man wird den Versuchen, die Fortentwicklung des römischen Rechts in der Terminologie zu spiegeln, ihre Berechtigung nicht absprechen können, doch muß auffallen, daß der für die verbindende Tradition stehende Ausdruck

gaia, S. 1057-1093. Giaro, Pravovaja tradicija, S. 128 weist auf die Diskriminierung hin, die die Betrachtung der Rechtsentwicklung der osteuropäischen Länder aus der Perspektive der »westlichen« Rechtstradition zur Folge haben kann.

29 Vgl. Mayer-Maly, Wiederkehr der Rechtsfiguren, S. 1-3. Dieser Vorstellung halten manche Autoren entgegen, sie sei zu sehr an der europäischen Tradition orientiert. Wir dürfen sie jedenfalls für den hier betrachteten Zusammenhang gleichwohl für tauglich halten, weil sich die Forschungsperspektive hier auf Entwicklungen innerhalb Europas beschränkt.

30 Wächter, Pandekten, Bd. 1, S. XI.

»römisch« jeweils erhalten bleibt. Dies gilt selbstverständlich auch für den Sprachgebrauch der Juristen des Zarenreichs.[31] Iosif Pokrovskij erörtert z. B. im Rahmen der »jüngsten Geschichte der juristischen Personen im römischen Recht« die Herausbildung von deren Rechtsfähigkeit und die Einschränkungen, die die Rechte der »neueren Völker« in dieser Hinsicht vorsahen.[32]

Der unterschiedlichen Ausdrucksweise zum Trotz war man sich in der Wahrnehmung dieses diachron verbindenden Elements zweifellos einig. Demgegenüber birgt der Fall, daß mit ein und demselben Ausdruck »römisches Recht« Verschiedenes gemeint ist, größere Probleme. Hier kann es, wo die Wahrnehmung von Kontinuität[33] auf die von Fortentwicklung stößt, zu wenig fruchtbaren Kontroversen kommen.[34]

Wenn diese Untersuchung vom »römischen Recht« spricht, dann liegt ein Verständnis zugrunde, nach dem wir mit dem Ausdruck einerseits einen überlieferten Bestand an Rechtsbegriffen, andererseits ein charakteristisches Rechtsdenken und bestimmte, mit demselben verbundene ethische Grundüberzeugungen bezeichnen. Wir beziehen den Ausdruck »römisches Recht« einerseits auf einen überlieferten Bestand an Rechtsbegriffen, der, in den Quellen des römischen Rechts angelegt, von der neuzeitlichen Rechtswissenschaft dogmatisch fortentwickelt und als geltendes Recht angewandt wurde, und zwar sowohl im Rahmen des in Deutschland geltenden Gemeinen Rechts als auch auf Grundlage neuzeitlicher Kodifikationen, wie sie in zahlreichen Staaten inzwischen in Kraft getreten waren. Wir werden den Gesichtspunkt der historischen Entwicklung vom antiken Recht bis zum römischen Recht der Neuzeit insoweit ebenso zurückstellen wie die Differenzierung zwischen verschiedenen Begrifflichkeiten, die wir für die Antike selbst herausheben könnten. In den Vordergrund tritt für uns demgegenüber

31 Für die russische Ausdrucksweise vgl. Nečaev, Art. Pandekty, S. 688, der berichtet, in Rußland werde das Pandektenrecht unter der Bezeichnung »Römisches Recht« gelehrt, nach deutschem Vorbild, obwohl »bei uns das Studium des *heutigen* römischen Rechts keine praktische Bedeutung gehabt hat« (Hervorhebung im Original). Gemeint ist offenbar, daß bislang kein Eingang des modernen römischen Rechts in die russische Rechtspraxis erfolgt sei. Richtig ist daran, daß die Bestimmungen desselben formal nicht in Geltung standen; gleichwohl wurden sie, wie noch zu zeigen sein wird, teilweise durchaus angewandt und im Rahmen der Interpretation des positiven Rechts begründet.

32 Pokrovskij, Osnovnye problemy, S. 136; über den Autor s. unten S. 399-341, 360 u. 442 ff.

33 Zum Problem der Wahrnehmung von Kontinuität in der Retrospektive vgl. nun Haferkamp, Art. Kontinuität, Sp. 155-157.

34 In dieser Hinsicht kann man etwa die zu Anfang der siebziger Jahre im U. S.-amerikanischen Bundesstaat Louisiana geführte und dort notorische Kontroverse darum, inwieweit »römisches Recht« in den Louisiana Digest von 1808 eingegangen sei, als zumindest teilweise akademisch wahrnehmen, weil die Beteiligten von einer jeweils unterschiedlichen Begrifflichkeit ausgehen. Vgl. Batiza, The Louisiana Civil Code of 1808, S. 4 ff.; Pascal, Sources of the Digest of 1808, S. 603 ff.; Batiza, Sources of the Civil Code of 1808, S. 628 ff. Zu der Kontroverse vgl. ferner Herman, The Louisiana Civil Code, S. 31, zur Sache vgl. Symeonides, An Introduction to »The Romanist Tradition in Louisiana«, S. 249-255 und Herman, The Contribution of Roman Law, S. 257-315 mit weiteren Nachweisen.

das Merkmal der Tradition, das das römische Recht der Neuzeit in kennzeichnender Weise mit seinen antiken Ursprüngen verbindet.[35]

Andererseits bezeichnen wir mit dem Terminus »römisches Recht« eine charakteristische Art des juristischen Denkens. Diese geht über bestimmte systematische Grundsätze und Methoden hinaus. Sie beruht letztlich auf der ethisch begründeten Überzeugung, daß im Mittelpunkt des Rechts – und damit natürlich insbesondere des Privatrechts – die Person steht, also der individuelle, rechtsfähige Mensch, dessen Rechtsstellung durch eine auf Freiheit und bürgerliche Gleichheit ausgerichtete Ordnung ausgestaltet und gesichert ist.[36] Dieses Merkmal kennzeichnet im Kern dasjenige Rechtsdenken, das man in der modernen Romanistik als spezifisch klassisch bezeichnet.[37] Es prägte das Recht der klassischen Zeit, das die Grundlage für die justinianische Kodifikation bildete, von der wiederum die Rezeption des römischen Rechts in Europa ausging. Da dieser Rezeption auch die Entstehung des Pandektenrechts des 19. Jahrhunderts verdankt wird, war es letztlich das fortentwickelte Recht auf klassischer Grundlage, dem die Juristen des Zarenreiches im 19. Jahrhundert begegneten.

Die vorstehende Begriffsunterscheidung bildet die Grundlage dafür, daß der Ausdruck »römisches Recht« in dieser Untersuchung differenzierend verwendet wird. Dabei wird, was im einzelnen gemeint ist, im jeweiligen Zusammenhang offengelegt werden. Der Vorzug der Einbeziehung einer differenzierten Begrifflichkeit in die Untersuchung besteht vor allem darin, daß sie eine vorschnelle Festlegung auf eine bestimmte Art der Begegnung zwischen Juristen des Zarenreiches

35 Im Unterschied zu dieser die Tradition insgesamt umfassenden Sichtweise tritt Giaro, Alt- und Neueuropa, S. 301 f. für eine Differenzierung ein. Er meint, Rußland habe in der 2. Hälfte des 19. Jahrhunderts im Wege eines rechtsdogmatischen Transfers »die deutsche Pandektistik« übernommen. Demgegenüber (!) sei das Studium des römischen Rechts als deren Grundlage eine universitäre Begleiterscheinung geblieben, die für die Rechtsgeltung und -anwendung irrelevant geblieben sei. Hier scheint die Trennung zwischen der Lehre des römischen Rechts und der Einführung pandektistischer Strukturen in die Bearbeitung des geltenden russischen Rechts wohl zu scharf akzentuiert zu sein. Dies gilt, wie anschließend gezeigt werden wird (s. unten S. 54 f.), insbesondere deswegen, weil die Wahrnehmung der Tradition des römischen Rechts aus der entwicklungsgeschichtlichen Distanz die Bildung eines umfassenderen Begriffs von demselben begünstigt.

36 Dieser Kennzeichnung des römischen Rechts widerspricht die Existenz der Sklaverei im Altertum nur scheinbar. Wo nämlich bestimmte Menschen aus dem Kreis der Rechtsgenossen ausgeschlossen sind, ist das Gespür für die Gleichbehandlung *im übrigen*, also die bürgerliche Gleichheit, umso lebendiger. Vgl. oben S. 23, Fn. 11.

37 Zur Ausrichtung des klassischen Rechts auf den Menschen vgl. näher Behrends, Die rechtsethischen Grundlagen des Privatrechts, S. 16 ff.; ders., Die Person oder die Sache, S. 41 u. 46: Das in der europäischen Rechtsgeschichte überaus erfolgreiche Institutionensystem *personae, res, actiones* geht letztlich auf den klassischen Gedanken zurück, daß am Beginn die Person (*persona*) behandelt wird, bevor derselben anschließend Vermögenswerte (*res*) und schließlich Rechtsschutzinstrumente (*actiones*) zugeordnet werden. Vgl. Avenarius, Der pseudo-ulpianische *liber singularis regularum*, S. 99 und nun dens., Papinians Beitrag, S. 13 f.

und dem römischen Recht zu vermeiden erlaubt, auf die allein abzustellen wäre, um im Hinblick auf die Frage nach möglichen Rezeptionsvorgängen »Alles-oder-Nichts«-Entscheidungen treffen zu können. Dies aber würde der Verschiedenheit der Formen, in denen das römische Recht Wirkung im Zarenreich entfaltete, nicht gerecht werden.

III.) Die Wahrnehmung des römischen Rechts und seiner Tradition aus der Außenperspektive

Der entwicklungsgeschichtliche Abstand bestimmter Rechtsordnungen von der Rechtsentwicklung im Westen und im Zentrum Kontinentaleuropas, die das römische Recht mehr oder weniger unmittelbar in romanistisch geprägte Zivilrechtskodifikationen einmünden ließ, hat zu verschiedenen Wahrnehmungen des Verhältnisses geführt, das zwischen dem römischen Recht und dem daraus hervorgegangenen, modernen Zivilrecht besteht.

In der Wahrnehmung der Juristen der betreffenden westlichen Staaten hat die jeweilige Privatrechtskodifikation das römische Recht abgelöst. Das moderne oder jedenfalls neuzeitliche Gesetzbuch steht in dieser Sichtweise nicht mehr für »römisches Recht«, sondern für etwas davon unterschiedenes Neues. Dieser Einschnitt kann aus Sicht einer fremden Rechtsordnung hinter dem Gesichtspunkt der verbindenden Entwicklung in der Bedeutung zurücktreten. Der Umbruch, der sich aus der deutschen Binnenperspektive (und der anderer kontinental-westeuropäischer Staaten) dadurch ergibt, daß das BGB bzw. andere Kodifikationen das römische Recht in der unmittelbaren Geltung ablösten, nimmt sich aus der Außenperspektive nämlich als nicht gleichermaßen bemerkenswert heraus. Das, was zuvor – angesichts der historischen Weiterentwicklung vereinfachend – als römisches Recht wahrgenommen wurde, gilt in dieser Anschauung letztlich mit gewissen Modifikationen fort. Aus der Außensicht ergibt sich nicht selten eine zusammenhängende Wahrnehmung der romanistischen – und insoweit von der jeweils eigenen unterschiedenen – Tradition, und damit eine Identifikation von römischem Recht und Zivilrecht. So erfaßt etwa, nimmt man die Perspektive des Common Law ein, die Bezeichnung »Civil Law« vielfach sowohl das moderne kontinentaleuropäische Zivilrecht als auch das römische Recht.[38] In dieser Hinsicht kann man aus der Distanz – dogmengeschichtlich und im Vergleich be-

38 Es mag dieser Blick aus der Distanz auf das kontinentaleuropäische Recht sein, der den Amerikaner Butler, einen ausgewiesenen Experten für russisches Recht, erklären läßt, das russische Recht habe seit seinen frühesten Anfängen ein Konzept des tradierten, überpositiven Rechts »inkorporiert«, für das Butler den Ausdruck »jus« verwendet, im Unterschied zum staatlich gesetzten Recht (»lex«); Russian Law, S. 84. Trotz der Wortwahl (»incorporated«) geht es Butler sicherlich nicht darum, eine Aufnahme aus älteren, womöglich römischen Quellen nachzuweisen. »Jus« und »lex« stehen bei ihm vielmehr für einen Begriffsgegensatz, der sich aus der Außenperspektive zur Beschreibung von Merkmalen des kontinentaleuropäischen Rechts verwenden läßt.

trachtet – durchaus die Auffassung vertreten, daß die Staaten West- und Mitteleuropas grundsätzlich noch immer unter der Geltung des klassischen römischen Rechts leben.[39] In gleicher Weise durch den eigenen, »distanzierten« Standpunkt gerechtfertigt haben manche Common-law-Juristen sogar das sowjetische Zivilrecht als »civil or romanistic« eingestuft.[40]

Wir wollen auf die Distanz zwischen dem russischen Standpunkt und der Entwicklungsgeschichte des römischen Rechts abstellen. Solange das geltende Zivilrecht Rußlands nicht oder nur in Ansätzen den Anschluß an die Tradition des römischen Rechts gefunden hatte und damit in dieser Hinsicht die in West- und Mitteleuropa herrschenden Bedingungen nicht teilte, konnte aus seiner Sicht westliches mit römischem Recht aus guten Gründen identifiziert werden. So ist womöglich zu erklären, daß im Schrifttum gelegentlich von einer Orientierung des ausgehenden Zarenreichs am römischen Recht auch in Zusammenhängen gesprochen wird, in denen offensichtlich gemeint ist, daß man sich an das BGB oder dessen vorausgegangene Entwürfe anlehnte. Aus russischer Perspektive betrachtet, trat insoweit die Kontinuität des westlichen Rechts gegenüber der dort differenziert wahrgenommenen Aufeinanderfolge der Rechtsordnungen in den Vordergrund.

Hinzu kamen weitere, positive Gründe für die zusammenhängende Wahrnehmung aus russischer Sicht. So wurde im Zarenreich die westliche Rechtstradition durch die Klammer des »Lateinischen« und der als Konkurrenz zur Orthodoxie wahrgenommenen römischen Kirche umfaßt. Im Hinblick auf Deutschland wurde diese Sichtweise außerdem durch einen spezifischen Sprachgebrauch begünstigt, solange das »Heilige Römische Reich Deutscher Nation« existierte: Noch im 18. Jahrhundert ordneten in Rußland staatlicherseits herausgegebene periodische Veröffentlichungen Nachrichten aus Deutschland unter dem Titel »Rimskoe Gosudarstvo« (»Römischer Staat«) ein. Dieser Ausdruck wurde erst später durch die Bezeichnung »Germanija« abgelöst, die bisher für einen eher nationalgeschichtlichen oder kulturräumlichen Begriff gestanden hatte.[41]

In der sowjetischen Literatur wiederum ist die Distanz zwischen dem eigenen, sozialistischen Recht und dem »bourgeoisen« Recht des westlichen Auslands regelmäßig aus ideologischen Gründen betont worden. Daher konnte sich die unterschiedslose Terminologie, die die Weiterentwicklung des westlichen Rechts vernachlässigte, aus neuen Gründen behaupten. So ist mit der mehrfach geäußerten Behauptung, das »römische Recht« habe für den sowjetischen Juristen keine

Ähnlich argumentiert Bernard Rudden aus der Perspektive der englischen Rechtsvergleichung mit einer überraschend kurzen Assoziationskette, wenn er in wenigen Sätzen seine Auseinandersetzung mit dem sowjetischen Zivilrecht mit der Bedeutung des Civil law schlechthin erläutert, zu deren Begründung er wiederum systematische Merkmale der Institutionen Justinians anführt; vgl. Rudden, Soviet Civil Law, S. 31 f.

39 Vgl. Giaro, Alt- und Neueuropa, S. 277.

40 Nachweise bei Giaro, Europa und das Pandektenrecht, S. 342.

41 Vgl. Lübke, Von Peters »Vedomosti« zu Karamzins Journalen, S. 256-260; Hübner, Peter der Große, S. 78.

praktische Bedeutung, nicht allein – was kaum der Erwähnung wert wäre – das antike römische Recht gemeint, sondern unterschiedslos jene Rechtstradition, die aus demselben hervorgegangen ist und in Gestalt des Pandektenrechts oder des westlichen bürgerlichen Rechts fortbestand, vor dem Hintergrund sozialistischer Anschauungen abgelehnt worden. Hier wurde auch der grundsätzliche Unterschied zwischen dem römischen Recht und dem bürgerlichen Recht des Zarenreichs verwischt. Aus marxistischer Sicht war der Unterschied zwischen der Weise, in der das westeuropäische Recht in der Tradition des römischen Rechts verankert ist, und der Beziehung zwischen dem Recht des Zarenreichs und derselben Tradition, von deren mangelnder Klärung die vorliegende Untersuchung überhaupt erst ausgeht, uninteressant. Ohne Rücksicht auf die Schwierigkeiten, die die Juristen des Zarenreiches bei der Bestimmung des Verhältnisses zum römischen Recht hatten, behauptet z. B. der bol'ševistische Jurist Pēteris Stučka, das byzantinische Recht, das sich mit dem genuin russischen Recht vermischt habe, sei später vom Senat des Zarenreiches nur unbedeutend weiterentwickelt worden.[42] Dies bedeutet in rechtshistorischer Perspektive nichts weniger als eine grobe Vermischung der mittelalterlichen Rezeption mit der des 19. Jahrhunderts, in dogmatischer eine Geringschätzung der juristischen Leistungen des Dirigierenden Senats und der dessen Rechtsprechung vorbereitenden Wissenschaft.

Die unterschiedslose Wahrnehmung einer fortdauernden, modernes Recht umfassenden Tradition des römischen Rechts tritt schließlich auch in der Perspektive russischer Juristen der Gegenwart auf. So hat z. B. Viktor S. Repin, der als einer der Verfasser des Entwurfes zum heutigen Notariatsgesetz der Russischen Föderaton beigetragen hatte, das Inkrafttreten der neuen Regelungen als Schritt »zurück in die Zivilisation« begrüßt. Er meint, Rußland begebe sich damit auf den Weg zurück »zur von zehn Jahrhunderten geprüften Logik des römischen Zivilrechts«.[43] Repin will mit seiner Bemerkung sicherlich nicht zum Ausdruck bringen, daß das moderne russische Notariat etwa dem römischen Privatrecht zu verdanken sei.[44] Was er meint, ist vielmehr das »lateinische« Notariat, welches keineswegs dem antiken römischen Recht entstammt. Repin möchte, wie nicht wenige Juristen zuvor, durch den Hinweis auf das römische Recht die Orientierung der russischen Entwicklung an der westeuropäischen Tradition hervorheben, in der das Notariat im Hochmittelalter entstanden war.[45]

Weil das westliche, aus der römischen Tradition hervorgegangene Recht aus der Außenperspektive also leicht als »römisches« Recht wahrgenommen und bezeichnet wird, spricht schließlich auch das heutige russische Schrifttum mitunter

42 Stučka, Die revolutionäre Rolle, S. 145.

43 Repin, Das Notariat Rußlands, S. 293.

44 Vereinzelt wird allerdings durchaus die (nicht näher erläuterte) Vorstellung geäußert, die Geschichte des russischen Notariats gehe bis auf das antike Rom zurück. Vgl. Skripilev, Slovo »notarius«, S. 12.

45 Dies dient, ebenso wie der Hinweis auf die wiedergewonnene »Zivilisation«, der Werbung um das Vertrauen potentieller Investoren in die russische Rechtspflege. Vgl. Avenarius, Geschichte des Notariats, S. 515.

von einer Rezeption römischen Rechts, wo genaugenommen der Einfluß des Rechts westeuropäischer Gesetzbücher gemeint ist, deren Recht man dann also nicht als z. B. deutsch oder französisch wahrnimmt, sondern als »römisch«, nämlich in der kontinentaleuropäischen Tradition verhaftet. Dies führt zu dem Problem, daß sich unter den zahlreichen Stellungnahmen zur Frage nach einer Rezeption des römischen Rechts in Rußland manche Autoren auf ganz Verschiedenes beziehen, während andere überhaupt sehr pauschale Vorstellungen erkennen lassen.

IV.) Der Einfluß römischen Rechts auf Rußland und die Eignung wirkungstheoretischer Modelle

Die Auseinandersetzung mit dem römischen Recht fand in Rußland nicht isoliert innerhalb der Rechtswissenschaft statt, wurde also nicht allein von Spezialisten betrieben. Der Vorgang war vielmehr in einzigartiger Weise verknüpft mit der geistesgeschichtlichen Entwicklung des Landes im 19. Jahrhundert, z. B. mit dem notorischen Streit um die Behauptung und Fortentwicklung der kulturellen Eigenständigkeit bzw. um die Orientierung am Westen. Diese Kontroverse konnte in der Frage, ob das russische Recht mit seinen spezifischen Merkmalen erhalten bleiben oder aber Einflüssen aus dem Ausland geöffnet werden sollte, selbstverständlich nicht ohne Einfluß bleiben. Unter diesen Umständen richtet sich die Untersuchung von Voraussetzungen, Art und Auswirkungen des Einflusses römischen Rechts in Rußland auf einen Ausschnitt aus einer umfassenden kulturgeschichtlichen Fragestellung. Individualbiographisch erhellt der Zusammenhang öfters dadurch, daß zahlreiche Persönlichkeiten des geistigen Lebens im Zarenreich Rechtswissenschaft studiert hatten, so daß sie mit ihren Stellungnahmen gewissermaßen als sachverständige Zeugen dienen können.

Die allgemeine Beobachtung, daß die russische Kultur sich in vielen Bereichen durch den Westen anregen ließ, hat Ferdinand Gregorovius im Jahre 1866 veranlaßt, das rohe Bild von den Russen als »Omnivoren der westlichen Kultur« zu entwerfen. Gemeint ist die sicherlich zeitbedingte Vorstellung von einer spezifisch russischen Rückständigkeit, die auf eine angebliche Unfähigkeit zurückgeht, selbst produktiv zu sein, und einer Neigung, dies durch Entlehnungen aus fremder Kultur zu kompensieren.[46] Nun hat zwar jede Zeit ihre jeweils eigene

46 Gregorovius, Römische Tagebücher 1852-1889, S. 209, Eintragung vom 10.6.1866: »Alle Russen sind Omnivoren der Bildungsstoffe des Abendlands. Sie haben einen Heißhunger der Aneignung, weil sie unproduktiv sind. Aus Rußland, so sagte mir eine geistvolle Frau, wird nie etwas werden; es fehlt diesen Völkern alle Initiative des Willens; Peter der Große erkannte die Unfähigkeit der Russen, sich national zu entwickeln; deshalb zog er ihnen mit Gewalt den europäischen Rock über den Leib.« Ingold weist darauf hin, daß Rußland selbst nach erfolgreich beendeten Konflikten wie dem Nordischen Krieg gegen Schweden oder nach dem Sieg gegen Napoleon keineswegs als überlegene Partei eigene Kultur vermitteln konnte oder auch nur wollte, sondern vielmehr rezipierender Teil blieb; Die Faszination des

Wahrnehmung bestimmter Fremder als »Omnivoren«, doch gelangt die moderne Forschung immerhin mit Rücksicht auf Rußland zu Urteilen, die die genannte Tendenz behutsamer und mit verschiedenen Vorbehalten beschreiben. Dies gilt z. B. cum grano salis für den Versuch des Kulturhistorikers Ingold, vor dem Hintergrund von Puškins Verstragödie »Mozart und Salieri« die russische Kultur vorsichtig als »Salieri-Kultur« zu kennzeichnen, also als abhängig und ohne eigene innovative Leistung.[47] Wir müssen diesem Gedanken für die Übernahme von Recht und Rechtsdenken in das Zarenreich jedenfalls eine teilweise Richtigkeit zuerkennen, wollen dabei aber gerechterweise feststellen, daß die aufnehmende Kultur immerhin durch eine eigene, ihrerseits anspruchsvolle Rezeptionsleistung empfängt und ihr eigenes Niveau nicht zuletzt im Umgang mit dem Übernommenen unter Beweis stellt. Die empfangende Kultur kann schließlich, wie wir für das Recht sehen werden, durchaus produktiv sein und in einzelnen Fällen sogar ihrerseits den »Geber« bereichern.

Der über Westeuropa vermittelte Einfluß der römischen Rechtstradition auf Rußland, der von der zunehmenden Verbreitung von Kenntnissen über das römische Recht im Zarenreich ausging, läßt sich allgemein unter zwei Gesichtspunkten beschreiben. Zum einen nahmen russische Juristen die Anregung auf, das Privatrecht als Instrument zur Regelung der Beziehungen zwischen freien und gleichberechtigten Personen aufzufassen, das die Ausgestaltung geschützter Freiräume von Individuen gewährleisten sollte. Vor dem Hintergrund einer Rechtstradition, die keine Trennung zwischen Privatrecht und öffentlichem Recht kannte und die auch die privaten Rechtsverhältnisse der »Untertanen« unter dem allgemeinen Vorbehalt staatlicher Eingriffe sah, zeichnete sich hier ein Rechtsverständnis ab, das unabhängig davon, ob man es mit dem bisherigen, staatlich gesetzten Recht oder mit dem Gewohnheitsrecht vergleicht, für das Zarenreich völlig neu war. Zum anderen kam es zur Übertragung von Regelungen und anderen dogmatischen Begriffen, also rechtsdogmatischen Konstrukten, wie sie seit Johannes Emil Kuntze auch »Rechtsfiguren« genannt werden.[48] Russische Juristen erlangten Kenntnis von dieser Begrifflichkeit und führten dieselbe in ihre dogmatischen Systeme bzw. als Mitwirkende an Gesetzgebungsarbeiten in die

Fremden, S. 91, 128, 150 f. u. 200. Diese Wahrnehmung roher Durchsetzungskraft, die gleichzeitig die kulturelle Überlegenheit des Besiegten anerkennen muß, erinnert an die Folgen der römischen Eroberung Griechenlands, welches »sich selbst seinen rauhen Besieger unterwarf und diesem die Künste in das ländliche Latium brachte« (Horaz, *ep.* 2,1, 156/7). Die umgekehrte Perspektive hat Max Frisch in die Worte gefaßt: »Alles Römische: von Athen aus gesehen, hat etwas Russisches: von Paris aus gesehen […]«; Tagebuch 1946-1949, S. 431. Für die letzten etwa 130 Jahre allerdings trifft Ingolds Beobachtung sicherlich nicht zu. Dies bezeugen die Russifizierungspolitik in den nichtrussischen Gebieten des Zarenreiches und die Dominanz der Sowjetunion in Ostmitteleuropa insbesondere nach dem 2. Weltkrieg.

47 Ingold, Die Faszination des Fremden, S. 75.

48 Jhering, Scherz und Ernst, S. 8; zum Zusammenhang bei Kuntze vgl. Bors, Die Figur der Rechtsfigur, S. 221 ff.

Entwürfe ein. Im Widerstreit mit der teilweise in der Historischen Rechtsschule oder anderen konservativen Kreisen verfochtenen Überzeugung, der Geltungsgrund des Rechts müsse sich auf die eigene Tradition beschränken, gingen diese Juristen davon aus, daß die Übernahme »fremden« Rechts nicht nur möglich, sondern legitim und sogar wünschenswert sei.

Auch heute wird überwiegend angenommen, daß sich juristische Konstrukte grundsätzlich frei zwischen verschiedenen Rechtsordnungen bewegen können. In der Frage allerdings, unter welchen Umständen dies stattfindet und welche Folgen eine solche Übernahme bestimmter Rechtseinrichtungen aus einer Rechtsordnung in eine andere haben kann, gibt es unterschiedliche Vorstellungen.[49] Um Übernahmen von Recht mit ihren Voraussetzungen und Auswirkungen begrifflich erfassen zu können, sind hier verschiedene Modelle entwickelt worden, die vielfach zur Anwendung kommen, unter anderem etwa in Forschungen zur Transformation ostmittel- und osteuropäischer Rechte seit Beginn der 1990er Jahre.

Dabei wird u. a. die Vorstellung von einer Übertragung bestimmter Elemente aus einem Recht in ein anderes erörtert. Dies geschieht unter verschiedenen Vorbedingungen. So impliziert das Konzept vom »Rechtstransfer« allgemein eine Übertragung in einem zusammenhängenden Zeitraum, nicht aber ein Wiederaufgreifen von etwas Vergangenem wie etwa dem römischen Recht der Antike. Es setzt einen Kontakt zwischen Geber und Nehmer voraus.[50] Das von Alan Watson ausgearbeitete Konzept der »legal transplants« geht auf die Beobachtung der Effektivität zurück, die die Übernahme von Elementen einer Rechtsordnung in eine andere entfaltet.[51] Es stellt in erster Linie auf die Übernahme von Rechtseinrichtungen in das geltende Recht ab. Seine Grundannahmen sind allerdings verschiedentlich in Zweifel gezogen worden. So hat aus Sicht der vergleichenden Rechtstheorie namentlich Legrand den Standpunkt vertreten, »legal transplants« seien im strengen Sinne kaum denkbar, weil die Vermittlung von Text selbst bei korrekter sprachlicher Übersetzung nicht gewährleisten könne, daß die bisherige Bedeutung im neuen Kontext erhalten bleibe.[52] Der Text werde vielmehr, abhängig vom kulturellen Vorverständnis des interpretierenden Juristen der aufnehmenden Rechtsordnung, mit neuer Bedeutung versehen. Diese Vorstellung ist, wie sich in der Rezeptionsforschung schon lange erwiesen hat, grundsätzlich richtig.[53] Man kann eine aufnehmende Rechtsordnung nicht »mechanisch« durch die Übertragung von Rechtsfiguren im Sinne der zum Vorbild genommenen prägen. Wenn man bestehende Konzepte des Rechts in neue Zusammenhänge überführt, verlieren sie ihre ursprüngliche Identität, sobald sie in einen neuen rechtssystematischen oder

49 Vgl. auf Grundlage eines Konzepts der »Rechtsmodelle« Sacco, Art. Circolazione e mutazione, S. 365-370.

50 Giaro, Alt- und Neueuropa, S. 287.

51 Watson, Legal Transplants, 2. Aufl. (1993); vgl. Rehm, Rechtstransplantate, S. 3 ff.

52 Legrand, The Impossibility of »Legal Transplants«, S. 111-124.

53 Vgl. nur Wieacker, Privatrechtsgeschichte, S. 128.

sozialen Kontext geraten.[54] Teilweise wird der konventionellen Vorstellung, Recht werde aus einer staatlichen Rechtsordnung in eine andere transferiert, die Auffassung an die Seite gestellt, daß staatenübergreifende Räume gemeinsame kulturelle Entwicklungsbedingungen teilen, so daß die Überschreitung von Grenzen in den Hintergrund tritt. Dieser Gedanke, der mit zunehmender Überwindung der nationalstaatlichen Abgrenzung im modernen Europa an Überzeugungskraft gewinnt, wird für den hier betrachteten historischen Kontext weniger zutreffen.

Inwieweit die zuvor genannten Modelle den Fall Rußlands zutreffend erfassen können und welchen Stellenwert sie neben dem Konzept der Rezeption haben, wird unterschiedlich beurteilt.[55] An ihrer Erörterung und insbesondere an der Debatte um ihre Richtigkeit erweist sich jedenfalls, daß es der Festlegung bedarf, welche Anforderungen an bestimmte Merkmale oder Einrichtungen eines Rechts jeweils gestellt werden müssen, damit diese transferiert werden können, und welche Bedingungen im »empfangenden« Kontext gegeben sein müssen, ob also etwa die formale Inkraftsetzung, die Akzeptanz durch die Normadressaten oder eine jedenfalls annähernde Beibehaltung des ursprünglichen Sinns erforderlich sind.

Vorliegend ist es nicht notwendig, einem bestimmten Modell *allgemein* den Vorzug zu geben.[56] Es ist nicht einmal geboten, die hier untersuchte Wirkung des römischen Rechts auf das russische unter dem Gesichtspunkt eines bestimmten unter den genannten Konzepten zu prüfen. Die Offenheit der Untersuchung gegenüber der Vielfalt der Erscheinungsformen, in denen die Begegnung zwischen dem römischen und dem russischen Recht auftritt, und die verschiedenen gerade hier gültigen Vorbehalte schließen dies aus. Hier sollen vielmehr zahlreiche konkrete, sehr unterschiedliche Vorgänge in den Blick genommen werden: Verschiedenes, das jeweils als »römisches Recht« wahrgenommen wird, wirkt auf vielfältige Weise auf die russische Rechtsentwicklung ein, teils nur latent und im rechtshistorischen Rückblick nachweisbar, teils von Zeitgenossen erkannt, manchmal sogar ausdrücklich festgestellt. Hier besteht die Aufgabe in erster Linie darin, die Vielzahl und Vielfalt der Einzelsachverhalte zu beschreiben, die verschiedenen Fälle, in denen den Akteuren römisches Recht in einer jeweils bestimmten Gestalt vor Augen steht, und damit gleichzeitig die Bedeutung dieses Themas in der rechtsliterarischen und -politischen Diskussion zu benennen. Im Unterschied zu begrenzten Übernahmevorgängen, die sich auf einen klar definierten historischen Kontext beziehen, etwa Kodifikationsarbeiten, in denen römisches Recht in einer bestimmten Gestalt in den Blick genommen und verwer-

54 Wieacker, Privatrechtsgeschichte, S. 16 f.; ders., Der gegenwärtige Stand, S. 70, Anm. 40; für relativ unbedeutend hält diesen Effekt (auch mit Rücksicht auf die Nachfolgestaaten der UdSSR) Rehm, Rechtstransplantate, S. 3 ff.

55 Zu den verschiedenen Konzepten von Rezeption u. ä. ausführlich Fodor, Rechtsreform durch Normtransplantation, S. 52 ff.

56 Vgl. zur Entbehrlichkeit der Beurteilung Giaro, Alt- und Neueuropa, S. 281 mit Nachweisen zur Debatte.

tet wird, kann es sich hier allenfalls im einzelnen ergeben, daß gelegentlich das eine oder andere Modell als brauchbare Erklärung herangezogen werden kann:

So wird man z. B. vom *Rechtstransfer* durchaus öfters sprechen können. Denn im Falle der Orientierung des Zarenreiches am römischen Recht hat durchaus eine Übertragung von Elementen einer Rechtsordnung an eine andere unter den Bedingungen der unmittelbaren Begegnung der jeweiligen Träger stattgefunden. »Römisches« Recht ist hier aus jeweils zeitgleich bestehenden westeuropäischen Rechtsordnungen übernommen worden. Zeitgenössische Reflexion über diesen Vorgang hat besonders Leon Petrażycki geleistet. In seiner zweihundert Seiten umfassenden Abhandlung »Entwurf II. Civilpolitik und politische Ökonomie« setzt er sich am Beispiel des Zweiten Entwurfs zum deutschen BGB wohl als erster Autor differenziert mit Rezeptions- und Assimilationsvorgängen bei der Übernahme und Neuschaffung ganzer Rechtssysteme auseinander.[57] Der Vorstellung, Transfer setze die Überwindung räumlicher Grenzen voraus, kann das Vordringen des römischen Rechts in das Zarenreich ohne weiteres entsprechen. Gleichwohl werden wir den Rahmen weiter stecken und nicht auf die Inkraftsetzung, sondern allgemeiner auf die Wirkung von Rechtsmerkmalen überhaupt abstellen. Entscheidend ist nämlich, daß die Vermittlung von Rechts*denken* nicht auf Staaten oder sonstige Räume abstellt, sondern auf Menschen.

Das Konzept der »*legal transplants*« wird im Hinblick auf die Rechtsentwicklung in Rußland gelegentlich ohne weiteres angewandt. So meinen z. B. Rudokvas und Karcov, daß in den letzten Jahrzehnten des 19. Jahrhunderts das Handelsrecht zu einer Art Kanal für »legal transplants« des ausländischen Rechts in Rechtslehre und Praxis des Zarenreiches geworden sei.[58] Allerdings erweist sich auch hier vielfach, daß »übernommene« Bestimmungen ihre Bedeutung völlig verändern können. Wir werden in dieser Hinsicht differenzieren müssen: Zentrale Einrichtungen des Privatrechts, wie z. B. das Eigentum, ändern sich, obgleich die entsprechenden Regeln übernommen werden, wenn ihnen eine andere Rolle zugewiesen wird. Bei eher technischen Bestimmungen, wie etwa über Volljährigkeit oder Gefahrtragung, trifft das offenbar nicht in demselben Maße zu. Insgesamt erscheint das Konzept der »legal transplants« für den hier untersuchten Zusammenhang als zu speziell. So werfen die Erfahrungen mit der Geschichte des römischen Rechts in Rußland, wie zu zeigen sein wird, auch ein Licht auf die Grenzen dieses Konzepts. Es erfaßt nur den Gesichtspunkt der Verpflanzung von Rechtseinrichtungen, nicht aber den historisch vielleicht wichtigeren Gedanken der Übertragung von – insbesondere wissenschaftlichen – Grundsätzen des Rechtsdenkens.

57 Es handelt sich um den Anhang zu seiner Monographie »Die Lehre vom Einkommen vom Standpunkt des gemeinen Civilrechts«, Bd. 2 (1895). Vgl. Meyendorff, The Tragedy of Modern Jurisprudence, S. 536 f.; Baum, Leon Petrazycki, S. 16.

58 Vgl. Rudokvas/Kartsov, Der Rechtsunterricht, S. 293. Die Autoren problematisieren diesen Vorgang nicht weiter.

Insoweit greifen die vorgenannten Konzepte insbesondere zu kurz, weil sie die Entwicklung des Rechtsdenkens und der juristischen Grundüberzeugungen am römischen Recht nicht angemessen erfassen. Wir wollen diesem Vorgang keinen geringeren Stellenwert als der Aufnahme von Regelungen einräumen. Um den Eingang systematischer und methodischer Merkmale als Grundlage von Rechtswissenschaft sowie die Entwicklung der Überzeugung von einer Aufgabe des Rechts im Dienst individueller Menschen in ihrer historischen Bedeutung zu verstehen, wollen wir daher in erster Linie auf das Konzept der *Rezeption* zurückgreifen. Wir werden im folgenden die damit verbundenen Probleme skizzieren, angesichts verschiedener Einwände die Tauglichkeit erörtern und die für die weitere Untersuchung zugrundeliegende Rezeptions-Begrifflichkeit anschließend präzisieren.

V.) »Rezeption« und das Problem ihrer Wahrnehmung

In der Erörterung der vorgenannten, neueren Vorschläge zur Einordnung von Fällen, in denen Rechtseinrichtungen in einen neuen Kontext übertragen werden, ist das mit dem Ausdruck »Rezeption« bezeichnete Begriffsfeld gelegentlich als überholt betrachtet worden.[59] Gleichwohl ist die Diskussion um den Einfluß des römischen Rechts auf Rußland auch im jüngeren Schrifttum keineswegs von der Erörterung einer Rezeption zugunsten modernerer Konzepte wie Rechtstransfer oder »legal transplants« abgekommen, und schon gar nicht im russischen Schrifttum. Zahlreiche Stellungnahmen zur Bedeutung des römischen Rechts lauten dahingehend, daß eine Rezeption ganz oder teilweise bejaht oder aber abgestritten wird. Die Konzentration auf diese Fragestellung ist leicht erklärlich. Die in der Rechtsgeschichte etablierte Begrifflichkeit vorausgesetzt, sind weder Übernahmen von Recht allgemein noch die des römischen Rechts im besonderen historische Ausnahmefälle.[60] Hier bietet die traditionelle Erörterung von Rezeptionsvorgängen sowohl ein terminologisches als auch ein begriffliches Instrumentarium. Mit Rücksicht auf den jeweiligen Eingang des römischen Rechts ist insbesondere das historische Paradigma, also die Rezeption desselben in Deutschland, oftmals als geeignet angesehen worden, um als Modell und Folie für den Vergleich zu dienen.[61] Aber nicht nur der Gewinn, der sich für diese Un-

59 Gegen das Rezeptionskonzept wird etwa eingewandt, daß es zu sehr an räumlichen Grenzen von Rechtsordnungen orientiert sei, die jeweils überschritten würden. Vgl. Giaro, Alt- und Neueuropa, S. 279; vgl. auch dens., Europa und das Pandektenrecht, S. 344. Wir wollen daran gleichwohl auf der Grundlage einer offenen Begrifflichkeit festhalten. Denn für den hier untersuchten historischen Zusammenhang ist die räumliche Unterscheidung zwischen den Gebieten der Herkunft und denen der »Aufnahme« des römischen Rechts klar vorzunehmen und sehr wichtig.

60 Grundlegend Wieacker, Privatrechtsgeschichte, S. 124f. mit Literatur.

61 Autoren, deren Interesse von vornherein auf die Entwicklung einer europäischen Rechtswissenschaft gerichtet war, haben öfters Einwände gegen die Beschreibung von »Rezepti-

tersuchung aus der Bereitschaft ergibt, die Begegnung russischer Juristen mit dem römischen Recht unter dem Gesichtspunkt von Rezeptionsvorgängen zu verstehen, rechtfertigt es, dem Rezeptionsgesichtspunkt hier besondere Aufmerksamkeit zu widmen. Ein weiterer Grund ergibt sich daraus, daß dieser Gesichtspunkt im russischen Schrifttum in der *historischen* Auseinandersetzung um die Befürwortung oder Ablehnung des römischen Rechts ebenso eine Schlüsselrolle spielt wie in der *modernen* rechtshistorischen Bewertung historischer Entwicklungen.

1.) Die Frage nach einer Rezeption des römischen Rechts in Rußland im Schrifttum

Im Unterschied zu anderen Ländern der slavischen Welt ist Rußland von den Auswirkungen der hochmittelalterlichen Rezeption des römischen Rechts in West- und Mitteleuropa nicht in einem kohärenten Entwicklungsgang erfaßt worden.[62] In diesem engverstandenen Sinne, der nur den Zeitraum bis zur frühen Neuzeit in den Blick nimmt und die spätere Entwicklung nicht mehr einbezieht, ist Rußland also zweifellos, wie Koschaker es formuliert hat, »kein Gebiet der Rezeption«.[63]

Ebenso hat eine parallele *mittelalterliche* Aufnahme des römisch-byzantinischen Rechts, die von ähnlicher Tragweite wie die in Rezeption in West- und Mitteleuropa gewesen wäre, jedenfalls nach überwiegender Auffassung nicht oder jedenfalls nicht in nennenswertem Maße stattgefunden. Der Historiker William G. Wagner hat es auf die Formel gebracht: »Although long influenced by aspects of Roman law, especially through the medium of the Orthodox Church, Muscovy none the less had not experienced any counterpart to the extensive reception and systematic reworking of Roman law which had occurred in Western Europe after the twelfth century.«[64] Untersuchungen, die die Traditionen des römischen Rechts in Westen und Osten vergleichenden Betrachtungen unterziehen,[65] beschreiben die Wirkung auf Rußland als anders und weniger tiefgreifend. So meint Weickhardt, die russische Rechtsentwicklung sei mit der des Westens grundsätzlich insoweit parallel verlaufen, als die Konzepte des römischen Rechts auch hier Eingang gefunden hätten, jedoch erst viel später und weit weniger vollständig.[66]

onsvorgängen« formuliert. Vgl. etwa Genzmer, Einleitung, S. 140 f. u. 143 f., der die Ablehnung des Ausdrucks »Rezeption« zusätzlich mit dessen Mehrdeutigkeit begründet; ferner Koschaker, Europa, S. 142 ff.

62 Es verfügte insbesondere über keine Institution, an der eine Bearbeitung und Vermittlung des Gelehrten Rechts in Spätmittelalter und Humanismus hätte stattfinden können, wie es etwa die Universitäten in Prag (1347) oder Krakau (1364) waren.

63 Koschaker, Europa, S. 133.

64 Wagner, Marriage, S. 263 f.; ähnlich Sacco, Romanist Substratum, S. 71.

65 Vgl. etwa Ionaşcu/Georgescu, Unité et diversité, S. 153 ff. sowie dies., La récepcion, S. 1207 ff., die die jeweilige Wirkungsgeschichte in Westen und Osten vergleichend untersuchen.

66 Weickhardt, Pre-Petrine Law, S. 756 ff.

Die byzantinischen Texte wie die Ekloge und der Procheiros Nomos hätten das römische Recht vielfach nur in vereinfachter Form wiedergegeben.[67] Dadurch sei es – im Unterschied zum Westen – nicht zur Entwicklung des römischen Rechts als Gegenstand höherer Studien, als universitäres Fach gekommen.[68] Es wird nicht verwundern, daß die Frage, ob das römische Recht in Rußland rezipiert wurde, vor dem Hintergrund entsprechender Vorstellungen auch von russischer Seite vielfach verneint worden ist. Dies gilt schon für die Literatur des Zarenreiches.[69] Im 19. Jahrhundert hatten sich zahlreiche Juristen dahingehend geäußert, daß das römische Recht in Rußland in der Vergangenheit niemals gegolten habe. So vertrat Sergej Muromcev den Standpunkt, das russische Recht habe sich grundsätzlich unabhängig vom römischen entwickelt.[70] Wiederholte Versuche, der römischen Tradition einzelne Rechtsbegriffe zu entlehnen, hätten vor dem Hintergrund eines Konservatismus stattgefunden, der keineswegs nur das römische Rechtsdenken kennzeichne, sondern auch das anderer Rechtsordnungen, und der die jeweils eigenständige Entwicklung begünstigt habe.[71] Waśkowski hat behauptet, das römische Recht habe in der russischen Gesetzgebung niemals eine Rolle gespielt.[72] Ljubavskij verknüpfte die Zurückweisung eines Einflusses des römischen Rechts mit dem Hinweis auf den entwicklungsbedingt besonders nationalen Charakter des russischen Zivilrechts.[73] Die im 19. Jahrhundert verbreitete Vorstellung, es habe eine (im genannten Sinne, also bereits weit zurückliegende) Rezeption des römischen Rechts in Rußland nicht gegeben, ist allerdings

67 Weickhardt, Pre-Petrine Law, S. 766 u. 781.

68 Weickhardt, Pre-Petrine Law, S. 765 u. 781.

69 Wir werden uns mit der rechtsliterarischen Diskussion unter den Juristen des späteren 19. Jahrhunderts über die Bedeutung des römischen Rechts für Rußland noch näher beschäftigen (s. unten S. 391 ff.) und sehen, wie die jeweiligen Vorstellungen in der Frage einer früheren Rezeption mit den Argumenten zusammenhängen, die in der Diskussion um die Richtigkeit der zeitgenössischen Orientierung der russischen Rechtsentwicklung am römischen Recht eine Rolle spielten.

70 Muromcev, O konservatizme rimskoj jurisprudencii, S. 180-184; vgl. Rybakov, Recepcija prava, S. 159.

71 Muromcev, O konservatizme rimskoj jurisprudencii, S. 181-184. Zu einem ähnlichen Standpunkt neigte Leontovič, Istorija russkogo prava, S. 83 ff.; vgl. nun Kuryšev, Recepcija v rossijskom prave, S. 50.

72 Vas'kovskij, Rez. Pergament, S. 154; vgl. nun Letjaev, Neobchodimost', S. 195; ders., Recepcija rimskogo prava, S. 21.

73 Ljubavskij, Juridičeskie monografii, Bd. 3, Einführung (o. S.) meint, kein Staat auf der Welt habe ein Bürgerliches Gesetzbuch, das sich durch einen so spezifisch nationalen Charakter auszeichne wie das russische. Der Autor bezieht sich auf den Svod Zakonov X/1 und meint, hier seien die bürgerlichen Gesetze aus dem Leben des russischen Volkes hervorgegangen. Sie seien nicht aus dem römischen, dem gemeindeutschen (obščegermanskogo) oder französischen Recht entlehnt, sie enthielten nichts Fremdes oder Vorläufiges – »von unserem Vaterland kann man sagen, daß es ›ipse sibi jus constituit‹«. Ljubavskij nimmt, wie die abschließende Wendung verrät, treffend auf den Begriff des *proprium ius civile* Bezug, wie ihn Gaius, *inst.* 1,1 und anschließend Inst. 1,2,1 für das jedem Gemeinwesen eigentümliche, von diesem selbst hervorgebrachte Recht referieren.

nicht selten mit der Anerkennung gewisser, etwa auf einzelne Zusammenhänge beschränkter, zwischenzeitlicher Einflüsse des römischen Rechts einhergegangen. So meinte z. B. der Zivilrechtler Aleksej Guljaev,[74] zwar sei verschiedentlich und für mehrere historische Zusammenhänge festzustellen, daß das russische Recht auf unterschiedlichen Entwicklungsstufen Begriffe und Institute aus dem römischen Recht entlehnt habe, doch könne man für Rußland insgesamt nicht von einer »Rezeption« sprechen, weil es niemals eine unmittelbare historische Verbindung zwischen der römischen Kultur und der russischen gegeben habe.[75] Er meint, in Rußland habe das römische Recht niemals die Bedeutung besessen, welche ihm in Westeuropa zukam, und es sei hier nie ein praktisches Element des Rechtsbewußtseins gewesen.[76] Ähnlich hat sich Nikolaj Djuvernua zwar grundsätzlich kritisch zur Vorstellung von einer Rezeption geäußert, gleichzeitig aber anerkannt, daß immerhin einige Rechtsinstitute aus dem byzantinisch-römischen Recht in bestimmten Zeitabschnitten der Rechtsgeschichte in das russische Recht eingegangen seien.[77] Von anderer Seite sind im 19. Jahrhundert Einflüsse des römischen Rechts auf das *frühere* russische Recht anerkannt worden. Hier sind allerdings im einzelnen sehr verschiedene Vorstellungen vertreten worden. Azarevič und der Rechtshistoriker Vladimirskij-Budanov meinten immerhin, daß das russische bürgerliche Recht unter den Einfluß des griechisch-römischen Rechts geraten sei, den die orthodoxe Kirche vermittelt habe.[78]

Andere Autoren entwarfen Gesamtbetrachtungen, in die sie bereits die Entwicklung des 19. Jahrhunderts mit einbezogen. So befürwortete Kazancev die Anwendbarkeit des Begriffs der Rezeption des römischen Rechts. Er meinte, in Rußland sei das römische Recht zwar nicht als geltendes rezipiert worden, doch habe es in Gestalt des griechisch-römischen Rechts Einfluß auf Rußland gewonnen, begünstigt durch das Christentum und später vermittelt durch den Code Civil.[79] Der Kiever Rechtsanwalt German M. Barac[80] vertrat sogar den Standpunkt, das russische bürgerliche Recht habe in erheblichem Umfang Anleihen bei verschiedenen Rechtsordnungen (griechisch-römisch, deutsch, holländisch, französisch,

74 Über Guljaev s. unten S. 337 u. 462.

75 Vgl. Guljaev, Ob otnošenii, S. 6.

76 Guljaev, Sovremennye zadači, S. 125-127; vgl. nun Kuryšev, Recepcija v rossijskom prave, S. 50 und Letjaev, Recepcija rimskogo prava, S. 15. Ähnlich wie Guljaev äußert sich Hasselblatt, Justizreform, S. 5. In seiner Kiever Antrittsvorlesung von 1894 räumt Guljaev allerdings ein, daß das römische Recht in der Vergangenheit einigen Einfluß ausgeübt habe. Er bezieht sich dabei insbesondere auf Gesetze und Gesetzgebungsprojekte der Regierungszeit Katharinas II. Vgl. Guljaev, Ob otnošenii, S. 9 ff.

77 Djuvernua, Istočniki prava i sud, S. 40-42 u. 172-175; vgl. Kuryšev, Recepcija v rossijskom prave, S. 50; über dieses Werk Djuvernuas vgl. Konovalov, Predislovie, S. 6-30.

78 Azarevič, Sistema rimskogo prava, Bd. 1, S. 24; Vladimirskij-Budanov, Obzor, S. 114 f.

79 Kazancev, Značenie nauki rimskogo prava, S. 7 f., 11 f. u. 16.

80 German Markovič Barac (Hermann Baratz, 1835-1922); vgl. die Zusammenfassung der Biographie durch seinen Sohn: L. Baratz, Sur les origines étrangères, S. 57-59.

polnisch u. s.w.) genommen.[81] In der sowjetischen Literatur schließlich ist die Frage, ob das römische Recht in der russischen *Vergangenheit* rezipiert wurde, infolge der kritischen Einstellung, die die sowjetische Zivilrechtswissenschaft zum römischen Recht grundsätzlich einnahm, selten näherer Betrachtung unterzogen worden.[82] Immerhin konnte dieses Schrifttum auch bereits die Entwicklung im 19. Jahrhundert in die Beurteilung einbeziehen. Daher konnten einzelne Autoren immerhin anerkennen, daß das römische Recht Wirkung auf das vorrevolutionäre Recht entfaltet habe, betonten dabei aber gleichzeitig die eigene Distanz zu diesem »überwundenen« Recht.[83] Aus der Sicht der westlichen, rechtsvergleichenden Forschung hat sich David mit dem Standpunkt der Slavophilen auseinandergesetzt und gegen deren Auffassung, die russische Rechtsentwicklung habe ihre Eigenart gegenüber dem Einfluß des römischen Rechts konsequent behauptet, verschiedene Einwände formuliert.[84]

Nimmt man die Frage nach einer Rezeption des römischen Rechts im Sinne der Aufnahme von dessen Rechtsregeln als geltendes und angewandtes Recht wörtlich, dann wird man sie verneinen müssen: Eine Vollrezeption in diesem Sinne hat in Rußland sicherlich nicht stattgefunden.[85] Wenn angesichts dessen sowohl die im 19. Jahrhundert zur älteren Rechtsgeschichte entwickelten Auffassungen als auch, wie noch zu zeigen sein wird, die Stellungnahmen im modernen russischen Schrifttum zur Frage der Rezeption im einzelnen sehr unterschiedlich ausfallen, dann hängt dies zumindest auch damit zusammen, daß es verschiedene Vorstellungen davon gibt, was unter Rezeption zu verstehen sei. Sicherlich geht die Beurteilung der Frage nach einer Rezeption des römischen Rechts in Rußland zumeist von einem Rezeptionsbegriff aus, der – für west- wie osteuropäische Betrachter – normalerweise durch eine bestimmte Vorstellung von der begriffsbildenden Rezeption des römischen Rechts in Westeuropa geprägt ist. Abhängig

81 Dies entwickelt Barac in seiner 1884/85 in mehreren Teilen publizierten Abhandlung: O čužezemnom proischoždenii; vgl. insbesondere den Teil 1884, S. 1-34.

82 Vgl. immerhin die Nachweise bei Ionaşcu/Georgescu, Unité et diversité, S. 160 f.; ferner dies., La récepcion, S. 1207-1237, wo im Rahmen einer vergleichenden Betrachtung die »Rezeption« des römischen Rechts im Westen der des römisch-byzantinischen Rechts im Osten (mit zahlreichen Nachweisen zur osteuropäischen Forschung) gegenübergestellt wird.

83 Ioffe/Musin, Osnovy, S. 7 räumen im Hinblick auf den Svod Zakonov einen gewissen Kontakt mit dem römischen Recht, im Falle des Kodifikationsprojekts um die Wende zum 20. Jahrhundert sogar einen »Einfluß« desselben ein. Ein Einfluß der deutschen Pandektistik wird für das 19. Jahrhundert auch in dem in der DDR erschienenen Werk von Härtel und Pólay anerkannt; Römisches Recht und römische Rechtsgeschichte, S. 131.

84 David in: David/Hazard, Le droit soviétique, Bd. 1, S. 54 ff.

85 Schultz, Russische Rechtsgeschichte, S. 218; Tarchov, Rimskoe častnoe pravo, S. 9; vgl. Suchanov/Kofanov, O roli izučenija, S. 10.
Auf einem anderen Blatt steht, daß einzelne Mitglieder der russischen Historischen Rechtsschule des 19. Jahrhunderts den Standpunkt vertraten, es bestehe eine historische Kontinuität zwischen dem römischen und dem älteren russischen Recht (vor dem 17. Jahrhundert). Dazu näher Salogubova, Ėlementy rimskogo prava, S. 173-179.

jeweils davon, was man als kennzeichnende Merkmale dieser historischen Rezeption wahrnimmt, wird dann für Rußland gefragt, inwieweit hier Entsprechendes beobachtet werden kann, so daß sich für Rußland schließlich entsprechend unterschiedliche Vorstellungen ergeben.[86]

Wird nicht Rezeption oder »recepcija« allgemein in den Blick genommen, sondern speziell die Rezeption des »römischen Rechts«, dann verkompliziert die Mehrdeutigkeit des letzteren Ausdrucks, auf die wir bereits hingewiesen haben,[87] zusätzlich die Frage nach dem Gemeinten. Das wird natürlich auch von russischer Seite wahrgenommen. So verweist Poldnikov in diesem Zusammenhang auf die Verschiedenheit der mit dem Terminus bezeichneten Begriffe, wie sie Riccardo Orestano differenzierend dargestellt hat:[88] Danach tritt »römisches Recht« als antikes Recht, als romanistische Tradition, als *ius commune*, als Pandektistik und schließlich als Romanistik im Sinne einer Wissenschaft und Lehrdisziplin (bezogen auf die erstgenannte Bedeutung) auf.[89] Poldnikov meint mit Recht, ebenso verschieden wie die Auffassungen davon, was als »römisches Recht« rezipiert worden sei, seien zwangsläufig die Vorstellungen von dem, was überhaupt unter »Rezeption« verstanden werden müsse, und zwar hinsichtlich des Charakters, des Gegenstandes, der Bedingungen, der Gründe und des Verlaufs des Vorgangs.[90]

Bevor wir daher auf Grundlage verschiedener Stellungnahmen näher betrachten werden, welche Standpunkte aus moderner russischer Sicht im einzelnen zur Frage der Rezeption des römischen Rechts in Rußland vertreten werden, müssen wir zusammenfassen, welche Vorstellungen man überhaupt mit dem Ausdruck »Rezeption« verbindet. Denn eine Auseinandersetzung über die Frage nach einer Rezeption ist nur sinnvoll, wenn offengelegt wird, was unter Rezeption verstanden wird.[91]

86 Die entsprechende Logik kann auch zur grundsätzlichen Verneinung einer Rezeption führen. Wenn man nämlich, wie Tomsinov es unternimmt (s. unten S. 72), bereits für den Westen nicht von Rezeption sprechen wollte, wäre das – dieselbe Begrifflichkeit vorausgesetzt – auch für den Osten ausgeschlossen. Das bedeutet wiederum natürlich nicht, daß man nicht auch unter dieser Voraussetzung irgendwelche (anders beschriebenen) »Einflüsse« wahrnehmen kann.

87 S. oben S. 34f.

88 Poldnikov, Dogovornye teorii glossatorov, S. 15, in Anm. 4 verweisend auf Orestano, Introduzione allo studio del diritto romano, S. 457f.

89 Poldnikov nimmt noch die von Wołodkiewicz herausgearbeitete Bedeutung im Sinne des »Romanismus« (»romanizm«) als eine »ideologische« Komponente hinzu; vgl. Wołodkiewicz, Il diritto romano, S. 156-168.

90 Poldnikov, Dogovornye teorii glossatorov, S. 15f.

91 Dies bemerkt selbstverständlich richtigerweise Rudokvas, Rez. Avenarius, S. 197. Man wird für die dort rezensierte Arbeit von 2004 allerdings darauf hinweisen dürfen, daß der zugrundeliegende Rezeptionsbegriff erklärtermaßen in Anlehnung an Wieacker durch den Kerngesichtspunkt der Verwissenschaftlichung gekennzeichnet worden war; Rezeption des römischen Rechts, S. 13f. *Hier* liegt demgegenüber, wie nachfolgend ausgeführt werden wird, eine offenere Bereitschaft zugrunde, verschiedene Formen der »Einwirkung« des römischen Rechts auf Recht und Rechtswissenschaft in Rußland als Rezeptionsvorgänge wahrzunehmen. Vgl. unten S. 117ff.

2.) Verschiedenene Rezeptionsbegriffe

Die Verschiedenheit der Vorstellungen davon, wie Rezeption von Recht begrifflich zu fassen ist, hängt zum Teil damit zusammen, daß der aus mitteleuropäischer Sicht paradigmatische Fall,[92] die hochmittelalterliche Rezeption des römischen Rechts in Deutschland und Mitteleuropa, hinsichtlich der hauptsächlich kennzeichnenden Merkmale unterschiedlich eingeordnet wird.[93] Die wichtigsten Vorstellungen von der »Rezeption« sind, da der Vorgang im Kern Deutschland betroffen hatte und gerade die deutsche Historische Rechtsschule in der ersten Hälfte des 19. Jahrhunderts wortführend war, in Deutschland etabliert worden. Mit der Begründung der Geschichte des römischen Rechts im Mittelalter als Gegenstand historischer Forschung hatte Savigny den Weg für eine Beobachtung des Eingangs und der allmählichen Durchsetzung des römischen Rechts gebahnt. Zwar verwendete Savigny selbst noch nicht den Terminus »Rezeption«,[94] doch konnte sich dieser wenig später durchsetzen und hatte sich bald genügend etabliert, um in die Titel monographischer Werke einzugehen, u.a. von C.A. Schmidt,[95] W. Modderman[96] und G. v. Below.[97] Auch in der jüngeren osteuropäischen Literatur ist die Vorstellung von Rezeption an der historischen Aufnahme des römischen Rechts in Mitteleuropa und insbesondere in Deutschland im Mittelalter orientiert. So hat der polnische Rechtshistoriker Bardach diesen historischen Vorgang als »klassischen« Fall der Rezeption von Recht bezeichnet.[98] Ähnlich meint aus russischer Sicht Poldnikov, vom Moment der Einführung des Terminus bis zur Mitte des 20. Jahrhunderts habe die Rezeption des römischen Rechts als klassisches Beispiel für eine Rezeption gezählt.[99]

92 Vgl. Thieme, Kontinuität – Diskontinuität, S. 152; Wieacker, Das römische Recht, S. 8; Schwarz, Rezeption und Assimilation, S. 151; Schanbacher, Art. Rezeption, juristische, Sp. 1004.

93 Im Hinblick auf Deutschland stellt Haferkamp zutreffend fest, die Rezeptionsdeutung diene bis in die Gegenwart als »zentrale Denkachse« der Rechtsgeschichte; Rezeption, S. 258. Angesichts der von ihm aaO. geäußerten Vorstellung, man wisse scheinbar gleichwohl noch immer nicht »wie es eigentlich war mit der Rezeption des römischen Rechts«, wird auf die Vielfalt des historischen Prozesses zu verweisen sein, die kaum die Erwartung rechtfertigen kann, es werde sich ein bestimmtes Bild von der Rezeption gewinnen lassen, das die zahlreichen dazugehörenden Sachverhalte zugleich treffend erfaßte. Mit demselben Problem hat auch die Betrachtung der Begegnung Rußlands mit dem römischen Recht umzugehen. Sie ist daher, wie zu zeigen sein wird, auf eine Beschreibung verschiedener einzelner Rezeptionsvorgänge verwiesen. S. unten S. 117 ff.

94 Vgl. Poldnikov, Dogovornye teorii glossatorov, S. 16 f.

95 C.A. Schmidt, Die Reception des römischen Rechts in Deutschland (1868).

96 Modderman, Die Reception des römischen Rechts (1875); russische Übersetzung Sankt Petersburg 1888.

97 Below, Die Ursachen der Rezeption des römischen Rechts in Deutschland (1905).

98 Bardach, La réception dans l'histoire, S. 46; vgl. Tomsinov, O suščnosti javlenija, S. 5, Anm. 13.

99 Poldnikov, Dogovornye teorii glossatorov, S. 17.

Im Mittelpunkt zahlreicher Konzepte steht die *Aufnahme der Regelungen* des römischen Rechts und ihre Anwendung als geltendes Recht. Dies bildet noch in zahlreichen jüngeren rechtshistorischen Werken den Kern des Rezeptionsbegriffs.[100] Im Unterschied zu dieser Vorstellung hat Wieacker das Verhältnis der west- und mitteleuropäischen Völker zum Corpus iuris gerade nicht als Übernahme beschreiben wollen, sondern vielmehr als Wiedergeburt, mündige Begegnung oder Erweckung. Er meint, soweit der Ausdruck »Rezeption« an stoffliche Aufnahme oder Kontinuität denken lasse, sei er für die Entstehung der europäischen Rechtswissenschaft aus der Begegnung mit dem Corpus iuris gerade nicht zutreffend gewesen.[101] Wieacker beschreibt 1944, daß die teilweise Ablehnung des römischen Rechts in Europa als »fremdes Recht« den Gesichtspunkt der »Fremdheit« wohl überbewertet habe. Denn in der von Bologna ausgehenden Wissenschaft sei ja nicht etwa ein nationales italienisches Recht zur Entfaltung gekommen, sondern die früheste Stufe der europäischen Wissenschaft, die nur im Rahmen einer günstigen historischen Konstellation in Norditalien entstanden sei. Der Widerstand habe sich insoweit nicht gegen das fremde, sondern gegen das *neue* Recht gerichtet.[102] Wir wollen Wieacker so verstehen, daß er »fremd« im Sinne von »fremdnational«, also »ausländisch« verwendet. Denn »fremd« ist den Menschen auch *neues* Recht, sei es aufgrund ungewohnter Regelungen oder aber aufgrund einer anderen als der bisherigen Rechtssprache.

Um den wichtigsten Aspekt des von ihm als Rezeption beschriebenen Vorgangs zu erfassen, hat Wieacker den Gesichtspunkt der »Verwissenschaftlichung« des deutschen Rechtswesens und seiner fachlichen Träger dargestellt und dieses Konzept in zahlreichen Arbeiten weiterentwickelt.[103] Mit Rücksicht auf das Schrifttum kann man, soweit die Rezeptionsbegrifflichkeit nicht grundsätzlich angegriffen wird, eine überwiegende Zustimmung zu Wieackers Konzept feststellen.[104] Von anderer Seite ist Wieackers Rezeptionskonzept angegriffen worden. So hat Giaro daran kritisiert, »Verwissenschaftlichung« oder »intellektuelle Rationalisierung« bedeute eigentlich nichts weiter als eine Art romanistische Umdeutung des einheimischen Rechts.[105] Diese Vorstellung verkennt allerdings womöglich das produktive Potential des römischen Rechts. Die Rezeption beschränkte sich

100 Für diesen verbreiteten Standpunkt vgl. etwa Pringsheim, Reception, S. 243-245; Bardach, La réception dans l'histoire, S. 27; Stein, Römisches Recht und Europa, S. 137 ff.

101 Wieacker, Das römische Recht, S. 11.

102 Wieacker, Das römische Recht, S. 37.

103 Wieacker, Das römische Recht, S. 18 u. 35; ders., Europa und das römische Recht, S. 71; ders., Privatrechtsgeschichte, S. 131. Ausführlicher s. unten S. 119-121. Vgl. ferner Avenarius, Verwissenschaftlichung als »sinnhafter« Kern der Rezeption (2010).

104 Vgl. Schanbacher, Art. Rezeption, juristische, Sp. 1006; Kiefner, Rezeption (privatrechtlich), Sp. 970 f.; Wesenberg/Wesener, Neuere deutsche Privatrechtsgeschichte, S. 81; Stolleis, Geschichte des öffentlichen Rechts, Bd. 1, S. 61; Schlosser, Neuere Europäische Rechtsgeschichte, S. 8. Für das ältere Schrifttum vgl. Genzmer, Das römische Recht als Mitgestalter gemeineuropäischer Kultur, S. 499, 530 u. 533.

105 Giaro, Alt- und Neueuropa, S. 282.

nicht etwa auf eine neue Interpretation des bisherigen Rechts, indem etwa herkömmliche Konzepte römischen Begriffen angepaßt und mit römischen Termini bezeichnet wurden. Es ist vielmehr schon öfters erkannt worden, daß die Begegnung mit dem römischen Recht eine tiefgehende qualitative Veränderung bewirkte. Savigny, der den materiellen Wert des römischen Rechts insoweit hatte dahinstehen lassen, benannte als unbestreitbar die »Meisterschaft in der juristischen Methode«, die sich also offenbar isoliert von den einzelnen Regelungen bewerten läßt.[106] Neben der Methode wird man die innere Systematik des römischen Rechts als zweites zentrales Merkmal nennen müssen, welches gerade dieses Recht als Quelle spezifisch wissenschaftlicher Anregung erscheinen läßt. Sohm beschrieb als dasjenige Charakteristikum des römischen Rechts, das es für die Aufnahme in Deutschland attraktiv erscheinen ließ, daß es im Unterschied zum etablierten Recht Gelehrtes Recht war. Er vertrat die Auffassung, die Praxis habe nach diesem Recht verlangt, um wissenschaftliche Rechtsprechung zu erhalten.[107] Nach allem wird auch in der vorliegenden Untersuchung die Frage, inwieweit die Orientierung am römischen Recht eine Verwissenschaftlichung des geltenden – hier also russischen – Rechts beförderte, verfolgt werden.

3.) Die russische Perspektive

Es war eine Folge der Ausstrahlung der deutschen Romanistik auf russische Wissenschaftler,[108] daß Autoren wie Muromcev, Vinogradov, Sokol'skij und Nečaev im 19. Jahrhundert die deutsche Tradition des Wortgebrauchs »Rezeption« übernahmen.[109] Sie russifizierten den Ausdruck zu »recepcija« und verwendeten ihn für die von ihnen jeweils entwickelte Vorstellung von der Aufnahme des römischen Rechts im mittelalterlichen *Westeuropa*.[110] In diesem Sinne begriff also z. B. Muromcev die Anwendung römisch-rechtlicher Normen im mittelalterlichen Westeuropa als »recepcija«.[111] Pokrovskij meinte, das römische Recht habe Einfluß gewonnen, indem es, von den Glossatoren und Kommentatoren ausgehend, ins Leben vorgedrungen sei, und diese Übernahme in Westeuropa trage die Bezeichnung »Rezeption des römischen Rechts«.[112] Die entsprechende Vorstel-

106 Savigny, Vom Beruf, S. 76.

107 Sohm, Die deutsche Rechtsentwickelung, S. 256 ff.

108 Diese Ausstrahlung und die günstige Aufnahme in der russischen rechtshistorischen Forschung belegt z. B. die Darstellung der Geschichte der Erforschung des mittelalterlichen römischen Rechts seit Savigny bei Sokol'skij, Očerk istorii nauki, S. 273-325.

109 Muromcev, Recepcija rimskogo prava na zapade (1886); Vinogradov, Rimskoe pravo v srednevekovoj Evrope, Vorwort, S. 2 und passim; Nečaev, Art. Sovremennoe rimskoe pravo, S. 679-682; für Sokol'skij vgl. die vorangegangene Fn.

110 Poldnikov, Dogovornye teorii glossatorov, S. 16 f. und Anm. 8.

111 Vgl. dessen Monographie Recepcija rimskogo prava na zapade (1886); Tomsinov, O suščnosti javlenija, S. 5.

112 Pokrovskij, Istorija rimskogo prava, S. 272.

lung ist auch im jüngeren russischen Schrifttum verbreitet.[113] So ist der sowjetische Autor Ščapov in der Frage nach der Bedeutung des römischen Rechts für das vorneuzeitliche Rußland und den dieselbe begünstigenden Bedingungen ohne weiteres von einer Vorstellung ausgegangen, die er, orientiert an der historischen Übernahme in Westeuropa, als »recepcija rimskogo prava«, also »Rezeption des römischen Rechts« bezeichnet hat.[114] Zahlreiche Autoren haben die Rezeption des römischen Rechts, seine Aneignung und Übernahme (usvoenie i vosprijatie) durch die mittelalterliche Gesellschaft als eine der bedeutendsten und einzigartigen Erscheinungen des Rechtslebens Westeuropas beschrieben.[115] Allerdings ist die Ausdrucksweise nicht unumstritten. Kritisch hat sich neuerdings Poldnikov in seiner Dissertation über die Vertragstheorie der Glossatoren (2008) mit der Verwendung des Ausdrucks »Rezeption« für die mittelalterliche Aufnahme des römischen Rechts im Westen befaßt. Er meint, mit diesem Terminus werde mehrheitlich die Rezeption als Entlehnung (zaimstvovanie) fremden geltenden Rechts bezeichnet, doch hätten sich mittelalterliche Juristen in einer bestimmten Phase das römische Recht auf Grundlage alter Texte aufs neue angeeignet, weswegen besser von »Wiedergeburt« (vozroždenie) gesprochen werden solle.[116] Dieser Standpunkt geht also auf eine abweichende Vorstellung von der Art und Weise der Einwirkung des römischen Rechts zurück. Der Omsker Rechtshistoriker Rybakov wiederum tritt gegenüber dem vorstehend referierten, »konventionellen« Begriff für ein offenes und vielgestaltiges, wenn auch keineswegs konturloses Rezeptionskonzept ein und wendet dieses auf verschiedene Phasen der älteren und jüngeren russischen Rechtsgeschichte an. Es geht diesem Autor hauptsächlich um eine Auseinandersetzung mit der Rezeptionsbegrifflichkeit schlechthin und um verschiedene damit verbundene Probleme, also nicht eigens um die Rezeption des *römischen* Rechts, doch berührt seine Arbeit das hier verfolgte Erkenntnisinteresse insoweit, als zahlreiche der von ihm beobachteten Rezeptionsvorgänge römisches Recht zum Gegenstand haben.[117]

4.) Grundsätzliche Kritik an der Rezeptionsbegrifflichkeit aus russischer Sicht

Die von einzelnen Autoren geäußerte Kritik an dem verbreiteten Rezeptionsverständnis weist auf ein wissenschaftliches Umfeld, in dem für das russische ebenso wie für das westeuropäische Mittelalter in Abrede gestellt wird, daß überhaupt Entwicklungen stattgefunden hätten, die als »Rezeption des römischen Rechts« wahrgenommen werden könnten. Diese Überlegungen sind von dem Moskauer

113 Charytonov/Charytonova widmen ein Kapitel explizit dem Problem der Übersetzung des Ausdrucks »recepcija«; Recepciji pryvatnogo prava, S. 43-47.

114 Ščapov, Rimskoe pravo na Rusi, S. 211.

115 Vgl. Kosarev, Ėtapy recepcii rimskogo prava, S. 123-128; ders., Rimskoe častnoe pravo, S. 206 ff.; Doždev, Rimskoe častnoe pravo, S. 4 f.

116 Poldnikov, Dogovornye teorii glossatorov, S. 18.

117 Rybakov, Recepcija prava, S. 43 u. passim.

Rechtshistoriker Vladimir Alekseevič Tomsinov ausgearbeitet worden, der sich in mehreren Arbeiten grundsätzlich kritisch mit der Vorstellung von einer Rezeption auseinandergesetzt hat.[118] Sein Grundgedanke ist, daß man auch im Hinblick auf die Geschichte des römischen Rechts im *Westen* nicht von »Rezeption« sprechen solle, weil dort keine Tradition existiert habe, die das römische Recht hätte »aufnehmen« können, sondern eine solche überhaupt erst mit dem römischen Recht als konstituierendem Element entstanden sei. Tomsinov meint, das mittelalterliche Europa habe sich das römische Recht nicht »angeeignet«, sondern sei überhaupt zusammen mit ihm »im selben Mutterleib geboren« worden.[119] Er ist der Auffassung, wo man es nicht mit einer Übernahme (vosprijatie) von Elementen aus einer anderen Rechtsordnung, sondern eher mit deren Anwendung (ispol'zovanie) im Rahmen eines neuen Rechts zu tun habe, könne man nicht von »Rezeption römischen Rechts« sprechen.[120] Dies gelte für das westeuropäische Mittelalter, das in der Praxis keineswegs »römisches«, also »fremdes Recht«, sondern eigenes Recht entwickelt und angewandt habe.[121] Nachdem das römische Recht des Altertums nämlich weniger durch Rechtstexte als vielmehr durch Rechtspraxis gekennzeichnet gewesen sei, seien im Mittelalter die Texte in den Mittelpunkt der Aufmerksamkeit getreten, die dann in die mittelalterliche europäische Kultur eingearbeitet worden seinen. Auch insofern könne man also nicht von »recepcija« sprechen.[122]

Poldnikov, dessen Kritik verschiedene Berührungen mit Tomsinovs Standpunkt aufweist, hält es immerhin mit einiger Berechtigung für überzogen, daß Tomsinov schon die Tatsache der Entlehnung (zaimstvovanie) fremden römischen Rechts bestreitet und statt dessen nur von einem »Prozeß der Einbeziehung antiker Rechtstexte in das geistige Umfeld der mittelalterlichen europäischen Kultur« sprechen will.[123] Tomsinovs radikaler Standpunkt ist allerdings – ganz unabhängig von seiner Bewertung – insofern wertvoll, als er den Blick dafür geöffnet hat, daß eine Diskussion über die Wahrnehmung von Rezeption nur sinnvoll ist, wenn zutage liegt, welche Kriterien dem jeweiligen Rezeptionsbegriff jeweils zugrunde liegen. Bei Tomsinov selbst hat die vorausgesetzte Begrifflichkeit zur Folge, daß überhaupt keine Rezeption bejaht werden kann. Dadurch aber wird die Aufgabe der Erklärung der historischen Begegnung – auch Rußlands – mit dem römischen Recht nicht befriedigend erfüllt. Dies legt es abermals nahe, den Blick von vornherein nicht auf die Feststellung einer in bestimmter Weise konzipierten Rezeption zu richten, sondern – offener – auf einzelne, ggf. unterschiedliche Veränderungsprozesse, die durch den Einfluß von Recht gekennzeichnet sind.[124]

118 Vgl. grundsätzlich Tomsinov, Značenie rimskogo prava, S. 112-119.

119 Tomsinov, O suščnosti javlenija, S. 15.

120 Tomsinov, Recepcija rimskogo prava, S. 172.

121 Tomsinov, Recepcija rimskogo prava, S. 174.

122 Tomsinov, Recepcija rimskogo prava, S. 173.

123 Poldnikov, Dogovornye teorii glossatorov, S. 18; Tomsinov, O suščnosti javlenija, S. 9.

124 In dieser Logik fordert Rudokvas, einen unspezifischen Umgang mit der Vorstellung von einer Rezeption des römischen Rechts durch eine konkretere Untersuchung von legal

VI.) Rechtfertigung der Epochenbildung in dieser Untersuchung

Im Hinblick auf dasjenige Ziel dieser Arbeit, welches darin besteht, das römische Recht durch Einbeziehung seiner Wahrnehmung von seiten russischer Juristen besser zu verstehen, liegt der Schwerpunkt der Untersuchung in der Neuzeit. Hier begegneten Juristen – anders als im Mittelalter – dem römischen Recht im wesentlichen in der Form seiner lateinischen Überlieferungstradition. Diese hatte die wichtigsten Merkmale des klassischen Rechts, die seine Eignung für die an bürgerlicher Freiheit und Gleichheit ausgerichtete Ordnung der menschlichen Gesellschaft gewährleisteten, weitergehend bewahrt als die byzantinischen Bearbeitungsstufen des Stoffes, die zwar die Rechtseinrichtungen vielfach auch vermittelten, dieselben aber einem anderen Rechtsverständnis unterordneten, das etatistischer ausgerichtet und durch die enge Verbindung von Staat und Kirche gekennzeichnet war. Demgegenüber weist das lateinisch überlieferte römische Recht mit seiner Erfolgsgeschichte in Europa bruchloser auf das Recht der klassischen Zeit.

Im Rahmen der Neuzeit konzentriert sich die Untersuchung, wie der Untertitel der Arbeit ankündigt, auf die Einwirkung des römischen Rechts auf die russische Rechtsentwicklung im 19. Jahrhundert. Dies bedarf der Erklärung und Präzisierung. Die von Osterhammel aufgeworfene, nur scheinbar absurde Frage »Wann war das 19. Jahrhundert?«[125] verweist mit Recht darauf, daß, abhängig vom jeweils untersuchten Gegenstand, mit der Chiffre »19. Jahrhundert« Verschiedenes bezeichnet werden kann.

Im Anschluß an den marxistischen Sozialhistoriker Eric Hobsbawm nennt man bekanntlich nicht selten den Zeitabschnitt von 1776/89 bis 1914/17 das »lange 19. Jahrhundert«.[126] Dieser Zeitraum steht für den Weg in die Moderne. Mit der französischen Revolution hatte das Bürgertum die Vorherrschaft des Adels abgelöst und den Weg bereitet für historisches Fortschrittsdenken, Säkularisierung und Rationalisierung, Tendenzen also, durch die sich die Aufklärung Ausdruck verschuf. Industrialisierung und Urbanisierung nahmen zu, die Wissenschaft erlebte einen bedeutenden Aufschwung und größere Teile der Bevölkerung erlangten Zugang zu Bildung. Den wichtigsten Einschnitt in diese Entwicklung bildete dann der Erste Weltkrieg.

Auch wir werden zur Beschreibung und Abgrenzung des hier untersuchten Zeitabschnitts mit einem spezifisch zugeschnittenen »19. Jahrhundert« arbeiten, das wir allerdings im Hinblick auf unseren Untersuchungsgegenstand etwas anders abgrenzen wollen. Dabei bietet es sich scheinbar an, für die Epochenbildung

transplants zwischen der russischen und bestimmten europäischen Rechtsordnungen zu ersetzen. Vgl. Rudokvas, Rezension Avenarius, S. 197.

125 Osterhammel, Die Verwandlung der Welt, S. 84.

126 Vgl. Hobsbawm, Das imperiale Zeitalter, S. 15-23. Noch etwas weiter setzt den Rahmen Osterhammel, der eine »Geschichte des 19. Jahrhunderts« von etwa 1770 bis in die frühen 1920er Jahre beschreibt; Die Verwandlung der Welt, S. 88.

einfach darauf abzustellen, daß sich diejenigen Merkmale, die die Entwicklung des bürgerlich geprägten Westeuropa im 19. Jahrhundert kennzeichneten, in Rußland fast durchgehend erst mit zeitlicher Verzögerung einstellten. Nach dieser Logik wäre mit Rücksicht auf die historische Relevanz der genannten Merkmale die entsprechende Epoche einfach etwas später anzusetzen. So hat es etwa der Historiker Wehler mit Rücksicht auf eine bestimmte Entwicklungsphase Deutschlands unternommen, die er erst 1815 beginnen lassen will,[127] und entsprechend wäre für Rußland eine noch wesentlich größere zeitliche Verzögerung in Rechnung zu stellen. Wir wollen dennoch davon absehen. Die berühmte »Verspätung«, die bestimmte Aspekte der Entwicklung Deutschlands im 19. Jahrhundert kennzeichnete, setzt einen Grad an Parallelität der jeweiligen Verläufe voraus, der, überträgt man das Konzept auf Rußland, nicht festzustellen ist.[128] Dasjenige Konzept, das das »lange« 19. Jahrhundert mit der französischen Revolution als dem praktischen Wirksamwerden der Aufklärung beginnen läßt, paßt auf Rußland auch für einen späteren Zeitraum schon darum nicht, weil die Aufklärung hier eigentümlichen, starken Widerständen begegnete und ein Teil ihrer Wirkungen daher unentwickelt blieb. Der Verzicht darauf, etwa ein späteres »russisches 19. Jahrhundert« in den Blick zu nehmen, bewahrt ferner davor, zu einseitig auf den Gesichtspunkt der relativen »Rückständigkeit« des Zarenreiches gegenüber Westeuropa abzustellen.

Den Ausschlag muß aber letztlich geben, daß es hier nicht um die kulturelle Entwicklung schlechthin geht, sondern um die Rechtsentwicklung. Sie muß daher auch für die Epochenbildung maßgeblich sein. Und so ist der hier gewählte Zeitraum durch die zusammenhängende Auseinandersetzung mit dem römischen Recht gekennzeichnet, also gewissermaßen durch eine kohärente Wirkungstradition. Dies bedeutet, daß wir im Anschluß an eine Darstellung der Vorgeschichte im Überblick den hier hauptsächlich betrachteten Entwicklungsabschnitt mit der Herrschaftszeit Alexanders I. (1801-1825) beginnen lassen, also mit denjenigen Reformarbeiten, die unmittelbar die Rechtsentwicklung des 19. Jahrhunderts vorbereiteten. Enden wird der von uns betrachtete Zeitraum, von einer knappen Darstellung der weiteren Entwicklungen im Überblick abgesehen, mit dem Inkrafttreten des russischen Bürgerlichen Gesetzbuchs (Graždanskij Kodeks) von 1922. Denn erst mit diesem Ereignis findet die Verarbeitung des römischen Rechts Eingang in das geltende Gesetz. Der Erste Weltkrieg tritt als privatrechtshistorische Zäsur demgegenüber eher zurück. So erlaubt der beschriebene Zu-

127 Dieser Einschnitt ist durch den Beginn der preußischen Dominanz in Deutschland sowie der nach den Befreiungskriegen einsetzenden »defensiven« Reformen gekennzeichnet. Nach einer von Wehler und anderen Autoren vertretenen Vorstellung tritt in dieser Zeit jenes »eigentümliche Spannungsverhältnis zwischen Tradition und Moderne« auf, welches den »Deutschen Sonderweg« kennzeichnet; vgl. die Epochisierung bei Wehler, Deutsche Gesellschaftsgeschichte, Bde. 1 und 2.

128 Auf den Grundsatz, daß Rußland in Vergangenheit und Gegenwart sinnvollerweise nicht mit demselben Maß wie Westeuropa gemessen werden darf, weist Nußberger überzeugend auch für den Bereich der Rechtskultur hin; Rez. Avenarius, S. 533.

schnitt des hier hauptsächlich untersuchten Zeitraums, daß der Gesichtspunkt der Kontinuität der Rechtsentwicklung angemessen zur Geltung kommen kann. Um ihretwillen werden auch die späteren Fortwirkungen der Auseinandersetzung mit dem römischen Recht skizziert werden.

VII.) Sinnvorgaben des Rechts und Fortschritt

1.) Die historische Auseinandersetzung mit der Wahrnehmung von Rückständigkeit und Fortschritt

Wenn um der Erkenntnisinteressen dieser Untersuchung willen die Wahrnehmung des römischen Rechts durch russische Juristen in den Blick zu nehmen ist, wird es u. a. auf die Erwartungen ankommen, die an das römische Recht gerichtet, und auf die Absichten, die mit einer Orientierung an demselben verbunden werden. Hier bildet ein Motiv, das in der Erörterung des Einflusses römischen Rechts im Zarenreich oftmals genannt wird, das des »Fortschritts«. Dieses Motiv prägte wie wahrscheinlich kein anderes das 19. Jahrhundert in ganz Europa. Der Fortschrittsgedanke ist in der Auseinandersetzung mit dem römischen Recht in sehr verschiedenen historischen Zusammenhängen hervorgetreten.

Die Vorstellung von einer Rückständigkeit Rußlands, die es durch Fortschritt zu überwinden gelte, war im 19. Jahrhundert verbreitet. Seit Peter der Große Rußland dem Westen geöffnet hatte, stand die politische Herrschaft des Zarenreiches im Zeichen des Strebens nach Europa. Die Eliten des Zarenreiches träumten ganz überwiegend von der Europäisierung und Zivilisierung ihres Landes. Sie bemaßen den Fortschritt nicht an den spezifischen Möglichkeiten ihres kulturell heterogenen Landes, sondern daran, wie sehr es Europa ähnelte. Fortschritt bedeutete also insoweit Annäherung an den Entwicklungsstand des Westens.[129] Noch während der Herrschaft der aus Deutschland stammenden Katharina II. (1762-1796) herrschte offiziell die Vorstellung, das Zarenreich sei im Begriff, die Kultur des Westens »einzuholen«.[130] Rußlands Verwestlichung erreichte ihren vorläufigen Höhepunkt in den großen Reformen, die Alexander II. nach dem Krimkrieg initiierte (1855-1881). Die Geschichte des Fortschrittsgedankens in Rußland ist also insgesamt noch relativ jung. Sie belegt den schweren Stand dieses Denkens angesichts massiver, von weiten Teilen der Bevölkerung, von der Kirche und teilweise sogar von staatlichen Institutionen getragener Beharrungskräfte. Ein bemerkenswertes Kennzeichen für diesen Umstand darf darin gesehen werden, daß die russische Sprache über kein autochthones Wort für den Fortschritt verfügt.[131] Fortschritt heißt »progress« –

129 Ch. Schmidt, Russische Geschichte, S. 195.
130 Gitermann, Geschichte Rußlands, Bd. 3, S. 120; Goehrke, Russland, S. 20.
131 Vgl. Lauer, »Progress« – der russische Fortschritt, S. 269.

kein Beweis, aber doch ein Symbol für den letztlich westeuropäischen Ursprung des russischen Fortschrittsdenkens.[132]

Die Bemühungen, die Verhältnisse im Zarenreich – und damit das geltende Recht – zu modernisieren, wurden im wesentlichen von Staats wegen betrieben. Das Leben der Bevölkerung des Reiches entsprach allerdings nicht immer den Vorstellungen, die sich die Elite von ihm machte. Hier liegt auch die Ursache für den erstaunlichen Umstand, daß die defizitären Lebens- und Rechtszustände, die im Zarenreich noch am Ende des 19. Jahrhunderts herrschten, stark damit kontrastierten, daß führende Persönlichkeiten des Zarenreiches gerne als kulturelle Vorkämpfer auftraten und sogar den Russen überhaupt eine entsprechende Rolle zuerkannten.[133] Murav'ev faßte dies selbstbewußt in die Worte: »Ich glaube, daß Rußland eine Mission zur Zivilisierung hat wie kein anderes Volk der Welt, nicht nur in Asien, sondern auch in Europa […] Wir Russen tragen auf unseren Schultern das neue Zeitalter; wir kommen, um die ›Müden‹ zu befreien«.[134] Ähnliches erklärten zahlreiche führende Staatsmänner wie Pobedonoscev und Witte.[135] Diese Vorstellung erstreckte sich durchaus auch auf Aspekte, die in den Wirkungsbereich des Rechts fallen, wie etwa die Gleichheit der Menschen in der Rechtsordnung. So erklärte der General und spätere Kriegsminister Aleksej N. Kuropatkin in seiner Proklamation nach dem Sieg von Geok Tepe über die Turkmenen (1881): »Eine neue Ära ist eröffnet – eine Ära der Gleichheit und des gesicherten Besitzes für alle ohne Unterschied. Unsere zentralasiatische Politik kennt keine Parias. Hierin liegt unsere Überlegenheit über die Engländer!«.[136]

132 Brang, Fortschrittsglauben in Rußland, S. 30 f. Pokrovskijs »Faktor des Fortschritts« (»faktor progressa«; unten S. 82) setzt im Russischen sogar zwei Lehnwörter voraus. Modernisierung und Rezeption sind ausdrücklich der leitende Gedanke bei Knjaginin (Recepcija zarubežnogo prava kak sposob modernizacii rossijskoj pravovoj sistemy [2002]). Thematisch ähnlich ausgerichtet sind zwei von Giaro herausgegebene Sammelbände: Modernisierung durch Transfer im 19. und frühen 20. Jahrhundert (2006) und Modernisierung und Transfer zwischen den Weltkriegen (2007). Nicht alle darin enthaltenen Texte tragen viel zum Rahmenthema bei, wohl aber die Beiträge von Giaro selbst (S. 275-344 bzw. 273-317).

133 Es handelt sich um einen bei Drage, Russian Affairs (1904), ausgearbeiteten, leitenden Gedanken.

134 Zitiert nach Drage, Russian Affairs, Titel und S. 1 f.

135 Drage, Russian Affairs, S. 2.

136 Vgl. Brentano, Mein Leben, S. 308 f. Gerade Kuropatkin nahm in verantwortlicher Position an zahlreichen Kriegen gegen asiatische Gegner teil und war keineswegs frei von rassistischer Geringschätzung derselben. Seine Äußerung ist daher alles andere als aufrichtig; es handelt sich lediglich um eine politische Spitze gegen Großbritannien. Die Befriedigung, mit der hier ein für Rußland scheinbar günstiger Vergleich vorgenommen wird, dürfte sich daraus erklären, daß Großbritannien nicht nur Rußlands dauerhafter Konkurrent in Zentralasien war, sondern zudem diejenige westliche Macht, die seit dem Krimkrieg am Entschiedensten die strategische Gegnerschaft zum Zarenreich aufrechterhalten hatte. Andere Persönlichkeiten erhoben die Emanzipation Benachteiligter ernsthaft zum politischen Programm. Maurice Paléologue berichtet, der Sankt Petersburger Rechtshistoriker und Kadetten-Politiker Maxim Kovalevskij habe ihm gegenüber im Hinblick auf die

2.) Das Konzept der Modernisierung und seine Anwendbarkeit auf Rußland

Soweit sich dieses Streben, von der Vorstellung des Fortschreitens ausgehend, darauf richtete, denjenigen Entwicklungsstand zu erreichen, der auf demselben Weg anderweitig in Europa bereits erreicht war und damit als zeitgemäß gelten mochte, fiel Fortschritt mit Modernisierung zusammen.[137] Sozialhistoriker haben den großen Wandel des 19. Jahrhunderts insoweit lange Zeit als Modernisierung beschrieben. Teilweise wird sogar befürwortet, den Terminus der Modernisierung überhaupt dem 19. Jahrhundert vorzubehalten.[138]

Auf die Verhältnisse in Westeuropa angewandt, geht dieses Konzept nicht selten von jenem Entwicklungsschritt aus, den Hobsbawm als englisch-französische Doppelrevolution beschrieben hat: in England fand der industrielle Umbruch statt, in Frankreich der politische.[139] Dieser Schritt wirkte sich im 19. Jahrhundert in vielfältigen Entwicklungen aus, die folgerichtig als charakteristisch für die Modernisierung einer Gesellschaft angesehen werden. Die wirtschaftliche Produktivität nahm zu, das durchschnittliche Lebensalter stieg an, öffentliche Verwaltung und Recht wurden fortentwickelt, religiös geprägte Ordnungsvorstellungen durch säkulare und rationale Anschauungen ersetzt. Die Vorstellung, nicht nur zu einer Familie oder Dorfgemeinschaft, sondern zu einer Nation zu gehören, förderte die Bereitschaft und die Erwartung der Menschen, an politischen Prozessen teilzunehmen.

Für Rußland ist dieses Konzept auf Kritik gestoßen. Mit Rücksicht auf die grundsätzlich anderen Entwicklungsbedingungen Rußlands darf z. B. nicht vorausgesetzt werden, daß ein Fortschreiten hier in einer Veränderung in derselben Richtung bestanden hätte, die Westeuropa eingeschlagen hatte.[140] Für das hier verfolgte Erkenntnisinteresse ist es angemessener, nicht allgemein nach Fortschritt zu fragen, sondern als den Bereich, in dem die Wahrnehmung von Fortschritt oder Modernisierung in Frage steht, allein das Recht zu betrachten. Es soll hier also darauf ankommen, was Fortschritt im Recht überhaupt bedeuten kann und inwieweit die Orientierung am römischen Recht einen Fortschritt der Rechtsentwicklung bewirken – oder jedenfalls in Aussicht stellen – konnte.

Diskriminierung der Juden eine Bemerkung John Stuart Mills zitiert: »In einem Kulturvolk darf es keine Parias geben«. Vgl. Paléologue, Am Zarenhof, Bd. 2, S. 85 und ursprünglich Mill, Utilitarianism, S. 279: »There ought to be no pariahs in a full-grown and civilised nation«. Juden aber wurden im Zarenreich durchaus in vieler Hinsicht diskriminiert. Für das Engagement des Romanisten David Grimm in dieser Sache vgl. unten S. 581.

137 Zum Problem der Begrifflichkeit vgl. Giaro, Westen im Osten, S. 124f.

138 Giaro, Alt- und Neueuropa, S. 299.

139 Vgl. Hobsbawm, Europäische Revolutionen, S. 9-14 sowie dens., Das imperiale Zeitalter, S. 18f.; vgl. Wehler, Deutsche Gesellschaftsgeschichte, Bd. 2, S. 3f.

140 Weitere Kritikpunkte bei Ch. Schmidt, Russische Geschichte, S. 193; näher ders., Aufstieg und Fall der Fortschrittsidee in Rußland, S. 1-30.

3.) Fortschritt im Hinblick auf die Sinnvorgaben des Rechts

Der hier zugrundeliegende Begriff des Fortschritts im Recht wird nicht in dem naiven Sinne verstanden, daß jede Weiterentwicklung oder Ausdifferenzierung gemeint wäre.[141] Wir wollen vielmehr darauf abstellen, inwieweit eine Förderung bestimmter durch menschliche Kultur gerechtfertigter Zwecke des Rechts stattfindet oder jedenfalls angestrebt wird. Nun sind allerdings die Zwecke des Rechts, auf die sich die Bemühungen historischer Juristen richteten, überaus verschieden, und sie gehen keineswegs in allen Fällen mit der Vorstellung einher, daß sich das Recht überhaupt dynamisch in eine bestimmte Richtung entwickeln könne oder solle. Während teilweise eine Modernisierung erstrebt wurde, um als ungerecht empfundene Verhältnisse zum Besseren zu wenden, wurde von anderer Seite nur gerade der Eingang solcher Elemente zugelassen, die das bestehende Recht eher zu festigen versprachen. Die letztgenannte Tendenz, für die die Zarenadministration vielfach eintrat, läßt sich allenfalls insoweit mit einem Fortschrittsdenken im Recht verbinden, als nicht Erneuerung, sondern Verbesserung der Qualität des Rechts angestrebt wird. Anderes dürfte für bürgerlich-liberale und revolutionäre Kräfte gelten. Beide vertraten sehr verschiedene Vorstellungen vom Zweck des Rechts. Da sie gleichzeitig beide dezidiertes Fortschrittsdenken vertraten, bedeutet dies, daß auch unter »Fortschritt« jeweils Verschiedenes verstanden wurde. Wir werden also, wenn wir nachfolgend von Fortschritt oder Modernisierung sprechen, keine bestimmte Ausrichtung der Rechtsentwicklung verabsolutieren, sondern die verschiedenen Bemühungen an ihren jeweiligen Zielen messen. Alle drei genannten politischen Kräfte bedienten sich des römischen Rechts. Der angestrebte Erfolg der entsprechenden Bemühungen stellte sich allerdings jeweils nur teilweise ein.

Wenn alle drei Kräfte gleichermaßen das römische Recht für tauglich zur Förderung ihrer Vorstellungen vom Recht betrachteten, dann läßt dies fragen, ob sie womöglich das römische Recht ganz unterschiedlich wahrnahmen, jede Seite also ein »römisches Recht« sah, das ihr als nützlich erschien. Das ist in dieser Radikalität kaum anzunehmen. Repräsentanten der Reaktion wie Pobedonoscev, des liberalen Bürgertums wie Muromcev und der Revolution wie Krasnokutskij hatten das römische Recht unter denselben Bedingungen erlernt und waren darin gut genug orientiert, um nicht etwa völlig verschiedene Vorstellungen davon entwickelt zu haben. Der Unterschied bestand offenbar darin, daß sie das römische Recht jeweils verschieden bewerteten und in diesem Zusammenhang unter-

141 Gemeint ist also nicht, daß man ein Recht als rückständig wahrnehmen muß, um es als schlecht zu erkennen. Wer das Recht z. B. nutzt, um Herrschaftsstrukturen zu sichern (sei es aus religiös motiviertem Pflichtgefühl wie im Falle Nikolaus' I. oder im Namen eines verbrecherischen Totalitarismus wie im Falle Stalins), legt menschen-unangemessenes Recht zugrunde. Nach der stalinistischen Auffassung waren Staat und Recht Herrschaftsinstrumente im Namen des Klassenkampfes. Die fortschreitende Ausdifferenzierung eines Regelungssystems, das Menschen zu unterdrücken hilft, bedeutet selbstverständlich keinen Fortschritt im hier gemeinten Sinne.

schiedliche Merkmale desselben in den Vordergrund stellten. Waren es auf seiten des Bürgertums die Person, der Privatrechtsgedanke und die Instrumente eines liberalen Verkehrsrechts, also die wichtigsten Grundsätze des klassischen römischen Rechts, so stellten die Konservativen – und die Zarenadministration – demgegenüber gerne auf die hierarchischen Strukturen desselben ab. Das Privatrechtskonzept mußte sowohl Zarenadministration als auch revolutionären Juristen fremd sein; sie bedienten sich gern der technischen Begrifflichkeit, stellten das Privatrecht aber im übrigen unter den Vorbehalt staatlicher Eingriffe. Wenn insoweit vom römischen Recht auf grundsätzlich unterschiedliche Weise Gebrauch gemacht worden ist, dann kann dies kaum überraschen vor dem Hintergrund der weiteren historischen Erfahrung, daß gerade dieses Recht seine ausgeprägte Anpassungsfähigkeit im mittelalterlichen und frühneuzeitlichen Mitteleuropa dadurch unter Beweis gestellt hatte, daß es sich in so verschiedenen Verhältnissen wie unter den Bedingungen der hierarchischen Lehensordnung einerseits und unter denen der am Gleichheitsgedanken ausgerichteten Bürgergesellschaft der Städte andererseits als brauchbar gezeigt hatte. Alle drei Standpunkte gegenüber dem römischen Recht, die wir für die russische Rechtsentwicklung genannt haben, sind lehrreich. Sicherlich aber entsprachen die Bemühungen der bürgerlich-liberalen Juristen, das römische Recht in den Dienst der Herausbildung einer selbständigen Privatrechtsordnung zu stellen, die von effektivem Rechtsschutz – auch dem Staat gegenüber – begleitet sein sollte, jener Rechtsordnung besonders weitgehend, der das römische Recht jedenfalls in der klassischen Zeit grundsätzlich gedient hatte. Diese Juristen hatten nicht nur erkannt, daß das römische Recht über eine differenzierte Begrifflichkeit verfügte, von der die eigene Rechtsordnung mochte profitieren können, sie hatten sich ferner, was nicht weniger wichtig ist, das methodische Potential des römischen Rechts zur schöpferischen Fortentwicklung, die den Einrichtungen desselben zugrundeliegende Vorstellung von der Gewährleistung der Rechts sowie schließlich die dem römischen Recht anhaftenden ethischen Grundentscheidungen zu eigen gemacht, nach denen der Mensch grundsätzlich rechtsfähige Person ist und seine privatrechtlichen Verhältnisse unter den Rahmenbedingungen einer durch Freiheit und bürgerliche Gleichheit gekennzeichneten Privatrechtsgesellschaft gestalten kann. Für diese Merkmale verwendeten Juristen des Zarenreiches nicht selten die Chiffre »Geist des römischen Rechts«.

Aus *heutiger* Sicht haben Charytonov und Charytonova die Rezeption des Privatrechts geradezu als Paradigma des Fortschritts (ukr.: paradygma progresu) beschrieben. Diese Autoren gehen von der Vorstellung einer zyklischen Entwicklung von Zivilisationen aus, deren Aufstieg und Niedergang den Rahmen bilden, in dem historischer Fortschritt Ausdruck finden kann.[142] Dieses Konzept bildet die Grundlage dafür, daß Kulturgut einer vergangenen Zivilisation von einer neuen wieder aufgegriffen werden kann. Die Autoren beschreiben dies für das

142 Charytonov/Charytonova, Recepciji pryvatnogo prava, S. 9.

Privatrecht, für das sie Rezeption jeweils im Sinne von Renaissance wahrnehmen,[143] als Übernahme von Geist, Konzepten und Grundlagen.[144] Sie stimmen der Ansicht Kosarevs zu, der die Rezeption des römischen Rechts als Wiederherstellung (Auswahl, Übernahme, Überarbeitung und Aneignung) der Geltung derjenigen Normen, Theorie und Ideen des römischen Rechts beschrieben hat, die sich für die Regelung der neuen Rechtsbeziehungen einer jeweils höheren Stufe der gesellschaftlichen Entwicklung eignen.[145] Charytonov und Charytonova meinen, zwar ließen sich viele Fälle der Rezeption von Privatrecht benennen, etwa die Aufnahme von Recht griechischer Poleis in die Zwölf Tafeln, doch bilde den wichtigsten Fall die Rezeption des römischen Privatrechts. Die Autoren beschreiben dieses als Ausdruck einer höchstmöglichen Entwicklung der Rechtsbeziehungen auf der Grundlage des Privateigentums. Sie meinen, die Herausbildung der Rechtsstellung des einzelnen als Eigentümer sei zur Grundlage für die Wirkungsmacht des römischen Rechts und dessen Rezeption in den späteren Zivilisationen geworden.[146]

Man kann auch konkret feststellen, daß die Wahrnehmung von »Fortschritt« (oder jedenfalls der Bemühung darum) mit verschiedenen Abschnitten aus der russischen Rechtsgeschichte verbunden werden kann. Als Beispiel kann hier die Sichtweise Vladimir Knjaginins dienen, der sich in seiner Arbeit über die Rezeption ausländischen Rechts als Mittel zur Modernisierung des russischen Rechtssystems explizit mit Modernisierung und Rezeption in ihrem Zusammenhang auseinandergesetzt hat. Er differenziert zwischen einer teilweisen und einer allgemeinen »juristischen Akkulturation«, also Übertragung einer Rechtskultur. Während eine »fragmentarische juristische Akkulturation« eine allgemeine Erscheinung bei alltäglichen Kontakten zwischen Vertretern verschiedener Rechtssysteme sei, gehe eine »recepcija« mit einer »totalen Akkulturation« einher. Knjaginin meint, diese fördere die Modernisierung der empfangenden Rechtsordnung. Rußlands Rechtssystem habe sich im Laufe der Zeit mehrfach infolge einer »totalen Rezeption« gewandelt. Daran zeige sich, daß die Rezeption fremden Rechts in Rußland zu den wichtigsten Mitteln der Modernisierung der Gesellschaft gehöre.[147] Hiervon ausgehend beschreibt Knjaginin die Entwicklung des Rechts in Rußland als stufenweise vollzogene Geschichte des Fortschritts. Er meint, die wichtigste Folge des historischen Eingangs byzantinischen Rechts nach Rußland sei die Übernahme einer neuen »Idee des Rechts«, der Sprache und der Terminologie der römisch-byzantinischen Rechtstexte gewesen. Nachdem das Recht in der nachfolgenden Zeit hauptsächlich als Mittel zur Durchsetzung der Zaren-

143 Charytonov/Charytonova, Recepciji pryvatnogo prava, S. 16.
144 Charytonov/Charytonova, Recepciji pryvatnogo prava, S. 17.
145 Charytonov/Charytonova, Recepciji pryvatnogo prava, S. 16. Während die Autoren mit ihrer Zyklenvorstellung offenbar kein marxistisches Fortschrittsmodell vertreten, liegt bei Kosarev, Rimskoe častnoe pravo, S. 206, an den sie anknüpfen, ein solches zugrunde.
146 Charytonov/Charytonova, Recepciji pryvatnogo prava, S. 22.
147 Knjaginin, Recepcija zarubežnogo prava, S. 1 f.; vgl. Rybakov, Recepcija prava, S. 160.

herrschaft betrachtet worden sei und es weder Universitäten noch einen professionellen Juristenstand gegeben habe,[148] sei es seit dem Ende des 17. Jahrhunderts zu einer Modernisierung durch Rationalisierung und Verwestlichung gekommen.[149] Die Reformen, die etwa mit dem Ziel einer Rezeption des westlichen Rechts betrieben worden seien, seien »von oben« erfolgt, also auf Initiative des Monarchen, und in dieser Hinsicht wiederum in russisch-byzantinischer Tradition.[150] Knjaginin meint, der nächste Modernisierungsschritt sei dann durch Übernahme westlichen Rechts erfolgt, so daß schon zu Beginn des 19. Jahrhunderts das russische Recht eher westlich als byzantinisch geprägt gewesen sei. Von den Reformen Peters des Großen bis zur Oktoberrevolution von 1917 habe das russische Recht unter westlichem Einfluß – in erster Linie nach römisch-deutscher Tradition – gestanden, bevor man dieses westlich geprägte Recht dann selbständig und schöpferisch zu bearbeiten begonnen habe. Dieser Weg der schrittweisen Rezeption westlichen Rechts bis zur schöpferischen Aneignung habe Rußland erlaubt, seine Souveränität und orthodoxe Eigenart im Rahmen der christlichen Welt zu bewahren. Allerdings habe die in »reißendem« Tempo betriebene Modernisierung im Laufe des 18. und 19. Jahrhunderts in erster Linie die wirtschaftliche und kulturelle Rückständigkeit überwinden und erst danach das Lebensniveau der Bevölkerung verbessern sollen. Eine nächste Welle der Modernisierung sieht Knjaginin als Ergebnis der Oktoberrevolution.[151] Er meint, hier habe es sich nur scheinbar um einen eigenständigen schöpferischen Akt Rußlands gehandelt, denn in Wahrheit sei das aus dem Westen eingeführte marxistische Gedankengut umgesetzt worden. Als Elemente der Modernisierung nimmt Knjaginin hier u.a. die Schaffung einer Verfassung sowie die umfassende Kodifizierung des Rechts wahr.[152]

4.) Wertung als Voraussetzung der Wahrnehmung von Rechtsentwicklung im Sinne des Fortschritts

Wenn zahlreiche Juristen des Zarenreiches eine Entwicklung des eigenen Rechts in Orientierung am römischen Recht in dem Sinne, in dem es zur Grundlage des modernen west- und mitteleuropäischen Rechts geworden ist, betrieben, dann suchten sie Zwecke des Rechts zu verwirklichen, die der heutige europäische Jurist ohne weiteres wird anerkennen können. Fortschritt bedeutet insoweit also ein Fortschreiten auf die Verwirklichung gerade dieser Zwecke hin. Petrażycki bemerkte, daß die Rezeption des römischen Privatrechts, das namentlich auf dem Weg der Gesetzgebung seine Kultur erreicht habe, durch Völker der Neuzeit

148 Knjaginin, Recepcija zarubežnogo prava, S. 7.
149 Knjaginin, Recepcija zarubežnogo prava, S. 9.
150 Knjaginin, Recepcija zarubežnogo prava, S. 10 f.
151 Knjaginin, Recepcija zarubežnogo prava, S. 11 f.
152 Knjaginin, Recepcija zarubežnogo prava, S. 14.

einen großen gesellschaftlichen Fortschritt bedeutet habe.[153] Ähnlich hob etwa Sokolowski die außerordentliche Bedeutung des römischen Rechts für eine Modernisierung des russischen Privatrechts hervor.[154] Pokrovskij ging ohne weiteres davon aus, daß im Recht ein Fortschritt erreicht werden könne, wenn er zur Rezeption des römischen Rechts im hochmittelalterlichen Europa bemerkte: »Wir wissen, daß die Rezeption des römischen Rechts unter den Bedingungen dieser Zeit sowohl eine historische Notwendigkeit als auch ein Faktor des Fortschritts war.«[155] Pokrovskij zielt mit seiner Bemerkung auf die Eignung des römischen Rechts dafür, auch dem russischen Recht Fortschritt zu vermitteln. In diesem Sinne aufgefaßt, werden seine Worte heute – soweit ein auch nur mittelbarer Einfluß des römischen Rechts anerkannt wird – nicht selten im Hinblick auf die jüngere russische Rechtsentwicklung zitiert.[156] Dies wird begünstigt durch Pokrovskijs weitere Ausführungen. Er begründet seinen Standpunkt nämlich damit, daß die Rezeption es gestatte, das allgemeine Bedürfnis nach einem universellen, auf privatrechtlichen Grundlagen beruhenden Recht zu befriedigen und die Vermögensbeziehungen der Menschen unabhängig von ihrer staatlichen Zugehörigkeit zu gestalten.[157]

In diesen und anderen Fällen teilen bürgerlich-liberale Juristen des Zarenreiches Werte mit dem modernen europäischen Juristen. Das rechtshistorische Verstehen kann davon nicht unberührt bleiben, weil sich der moderne Betrachter mit den historischen Juristen *insoweit* durch eine gemeinsame Wirkungsgeschichte des römischen Rechts verbunden weiß. Die Erfahrungen, die sich aus der Begegnung dieses Rechts mit den Verhältnissen im Zarenreich ergeben, stellen sich ihm daher nicht als eine wertneutrale »Entwicklung« dar, über die es lediglich zu berichten gilt, sondern sie betreffen die auch für ihn selbst relevanten Grundlagen des Rechts schlechthin. Wolfgang Kunkel soll einmal erklärt haben, er würde sich, wenn ihm ein Neuanfang möglich wäre, »mit der weit interessanteren Geschichte Rußlands in den letzten hundert Jahren befassen.«[158] Wir wollen vermuten, daß es jedenfalls auch die russische *Rechts*entwicklung dieser Zeit war, die Kunkels Neigung geweckt hatte, und daß die ständige Auseinandersetzung des Romanisten mit sinnhaften Entwicklungen des Rechts dieses Interesse herausgefordert haben mag.

153 Petrazycki, Rol' zakonov v istorii grazdanskogo prava, Sp. 815.

154 Sokolovskij, Recepcija rimskogo graždanskogo prava, S. 10; vgl. Hamza, Entstehung und Entwicklung, S. 531.

155 Pokrovskij, Osnovnye problemy, S. 61.

156 Vgl. Suchanov/Kofanov, O roli izučenija, S. 9; dies., Vlijanie rimskogo prava, S. 8; Letjaev, Neobchodimost', S. 202; Arslanov, Zur Einwirkung ausländischen Rechts, S. 21. Vgl. entsprechend Nečaev, Art. Djuvernua, S. 366, der die wissenschaftliche Rezeption des römischen Rechts (naučnaja recepcija rimskogo prava) in Rußland als ebenso unvermeidlich wie nützlich bezeichnet.

157 Vgl. Arslanov, Zur Einwirkung ausländischen Rechts, S. 21.

158 Dies berichtet Nörr, Wolfgang Kunkel, S. 22.

Rechtsentwicklungen in dieser Hinsicht angemessen zu beschreiben, setzt die Bereitschaft zu wertender Betrachtung voraus. Dieser Bereitschaft liegt die Überzeugung zugrunde, daß sich spezifisch juristisch betriebene Rechtsgeschichte, die also den professionellen Blick auf den Hauptgegenstand ihrer Betrachtung, nämlich das sich historisch entwickelnde Recht richtet, der Wertung nicht enthalten kann. Wenn wir die Bemühungen historischer Juristen oder Träger staatlicher Verantwortung um eine Verwirklichung von Recht aus rechtshistorischer Perspektive betrachten, genügt es nicht, im Sinne der berühmte Worte Rankes zu »sagen, wie es eigentlich gewesen«.[159] Neutralität in diesem Sinne würde weder der historischen Bedeutung der beschriebenen Vorgänge gerecht, noch erlaubte sie ein angemessenes Verstehen der historischen Akteure mit ihren spezifischen Vorstellungen und Zielen. Hier muß der Jurist ein Urteil darüber fällen, inwieweit das Recht seine Aufgabe hat erfüllen oder – wie beim römischen Recht in Rußland – ein innerhalb des Rechts stattfindender Prozeß zur Erreichung des Zwecks hat beitragen können.

Die wertende Betrachtung wird auch auf Fälle einer solchen Inanspruchnahme des römischen Rechts reagieren, in denen von dessen Elementen eher eklektischer Gebrauch gemacht wird oder aber eine Überführung bestimmter Einrichtungen in einen Zusammenhang stattfindet, in dem sie ihre ursprüngliche Bedeutung verlieren. Was übrig bleibt, ist nurmehr der Buchstabe, also der Erscheinungsform nach römisches Recht. Derlei wird festzustellen sein, soweit Bestimmungen des römischen Rechts in solche Rahmenbedingungen eingefügt werden, die die Entwicklung einer freiheitlichen Privatrechtsordnung von vornherein ausschließen. Wertung ist schließlich gefordert, wo die Berufung auf den »Geist des römischen Rechts« nicht als Ausdruck ernsthaften Strebens nach Fortentwicklung des Rechts, sondern vielmehr als inhaltslose Formel auftritt, mit der in durchsichtiger Weise der Anschein seriöser Bemühung um das Recht erweckt werden soll. Die Beobachtung der genannten Sachverhalte erfordert es, daß nicht allein die äußere Rechtsentwicklung in den Blick genommen werden darf, sondern daß ein gewisser Schwerpunkt der Arbeit auf einzelnen Persönlichkeiten und deren Werk liegen muß. Die maßvolle Orientierung an bestimmten Personen ist dadurch gerechtfertigt, daß Wissenschaft ebenso wie die Rezeption wissenschaftlichen Gedankenguts immer durch Menschen betrieben wird. Bei aller Hochschätzung der gemeinschaftlichen Leistung kann die schöpferische Tat nur vom einzelnen vollbracht werden.[160] Selbst wo manchmal Gedanken »in der Luft liegen«, weil sie unter bestimmten historischen Bedingungen gewissermaßen vorbereitet sind, muß ein Mensch sie begrifflich fassen und äußern.

Auch wird der Stellenwert des Rechts nur deutlich, wenn man berücksichtigt, welche Bedeutung es für den Menschen hat. Dies gilt zunächst natürlich für die Adressaten, also etwa für den in bäuerlichen Verhältnissen lebenden Provinzbewohner, der kaum Verständnis für das staatlich gesetzte Recht aufbrachte, weil er

159 Ranke, Geschichten, Bd. 1, S. VI.
160 Vgl. Sichtermann, Kulturgeschichte, S. 397.

seine eigenen, fest etablierten Rechtsvorstellungen hatte, oder für den der »bürgerlichen« Gesellschaftsschicht angehörigen Kaufmann, der von einer Modernisierung des Rechts durch den Staat günstigere Wirtschaftsbedingungen erwartete. Dies gilt ebenso für die Juristen, die als Hochschullehrer um eine Steigerung des rechtswissenschaftlichen Niveaus bemüht waren oder aus der professionellen Sicht des Praktikers ihre Mühe mit den handwerklichen Schwächen des positiven Rechts hatten. Es gilt schließlich für diejenigen Juristen, die als Repräsentanten liberalen Denkens das Recht reformieren wollten, um ihm den Charakter eines Unterdrückungsinstruments zu nehmen und auf gewaltfreiem Wege die Verwirklichung einer Zivilgesellschaft in bürgerlichrechtlicher und politischer Hinsicht zu fördern. Sie rangen mit großem Einsatz und teilweise unter persönlichen Opfern um eine Modernisierung des russischen Rechts, nicht selten unter Berufung auf römisches Rechtsdenken. Die Leidenschaft ihrer Bemühungen zeigt, daß der Wert, den eine freiheitliche Rechtsordnung hat, besonders demjenigen vor Augen steht, für den sie keine Selbstverständlichkeit ist.

VIII.) Staatlich gesetztes Recht gegenüber tradierten Rechtsvorstellungen: Kirchliche Gerechtigkeitskonzepte und bäuerliches Gewohnheitsrecht

Auch mit Rücksicht auf die Rechtsentwicklung im Zarenreich des 19. Jahrhunderts erweist sich, daß Fortschritt seine Eigenart nicht allein in der Entwicklung von Neuerungen zeigt, sondern zugleich in seinem Umgang mit den tradierten Verhältnissen. Das Bisherige wird zwar zurückgedrängt, aber keineswegs notwendig abgelöst, sondern vielmehr ergänzt; es entfaltet Beharrungskräfte und wirkt vielfach unterschwellig weiter. Das betrifft hier zunächst das Verhältnis des vordringenden staatlichen Rechts zu jenen Ordnungsvorstellungen, für deren Verbindlichkeit traditionell die orthodoxe Kirche eingetreten war, sowie zu dem hiermit teilweise zusammenhängenden Gewohnheitsrecht der – russischen und nichtrussischen – Landbevölkerung.[161]

Das 19. Jahrhundert kennt auch in Rußland eine Säkularisierungstendenz, also eine Neigung zur Lösung vom Universalitätsanspruch der Religion, hier also der orthodoxen, mit dem Staat institutionell fest verbundenen Kirche. Dieser Lösungsprozeß ist mehr oder weniger klar bei jenen Juristen vorauszusetzen, die sich am westlichen Recht orientieren wollen. Daß dies um des Fortschritts willen geschieht, entspricht einer Gesetzmäßigkeit, die für andere historische Zusammenhänge vielfach beschrieben worden ist. So haben Karl Löwith und andere Geschichtsphilosophen bekanntlich die These vertreten, daß die Idee des Fortschritts

161 Die nachfolgenden Bemerkungen über das Gewohnheitsrecht beziehen sich – der zeitgenössischen Wahrnehmung entsprechend – in erster Linie auf das oftmals als »bäuerlich« bezeichnete Gewohnheitsrecht der russischen Landbevölkerung im Unterschied zu nichtchristlich konnotierten Gewohnheitsrechten asiatischer Völker. Wiederum anderes gilt für das Gewohnheitsrecht des Handels.

ihrer sinnstiftenden Funktion nach eine säkulare Entsprechung für die heilsgeschichtliche Idee der Vorsehung sei.[162] Während gegenüber einer Verallgemeinerung dieser Vorstellung eingewandt worden ist, sie stelle zu sehr auf eine spezifisch christliche Sinnstiftung als Maßstab ab,[163] scheint sie für den hier untersuchten Zusammenhang doch brauchbar zu sein. Denn es geht gerade um eine Auseinandersetzung mit dem Einfluß der Kirche auf die Gesellschaftsordnung und die vorsichtige Ablösung von demselben.

Mit der Neigung, ein vom Einfluß der Kirche unabhängiges Recht zu schaffen, ging die Bemühung einher, an die Stelle etablierter profaner und nur mittelbar dem orthodoxen Denken verbundener Ordnungsvorstellungen, wie sie im tradierten Gewohnheitsrecht der ländlichen Bevölkerung enthalten waren, modernes Recht zu setzen.[164] So kennt die russische Tradition einen auf spezifische Weise wahrgenommenen Gegensatz zwischen »Recht« und »Gerechtigkeit«. Dabei wird als »Recht« (pravo) das vom Staat gesetzte Recht wahrgenommen, also u. U. auch dasjenige, welchem Anregungen aus dem Ausland zugrundeliegen. Dieses Recht steht grundsätzlich im Kontrast zu jenen tradierten, metaphysisch verankerten Ordnungsvorstellungen, die insbesondere durch die Kirche unterstützt und vermittelt werden. Für diese »Gerechtigkeit« wird der alte und bedeutungsschwere Ausdruck »pravda« verwendet, der eigentlich »Wahrheit« bedeutet und damit auf eine vorgegebene Ordnung verweist, die »erkannt« werden muß.[165] Das bäuerliche Gewohnheitsrecht setzt die in diesem Sinne »gottgewollten« Verhältnisse mit der traditionellen, gemeinschaftsbezogenen Ordnung gleich und wird als Instrument zu ihrer Bewahrung verstanden. Daher begegnen zahlreiche Menschen dem staatlichen Recht mit Ablehnung und nehmen die Gesetze als Zwangsmittel der Obrigkeit wahr. Unterstützt wird diese Einstellung durch die der orthodoxen Religion eigene Geringschätzung des Gedankens, Gerechtigkeit könne durch eine bestimmte Ordnung der Welt, also etwa durch staatliches

162 Löwith, Weltgeschichte und Heilsgeschehen, S. 11-30. Anknüpfend an Löwith hat Lübbe diese Entwicklung im Zusammenhang mit der »Säkularisierung« beschrieben; vgl. dens., Säkularisierung, S. 34 ff.

163 Vgl. Blumenberg, Säkularisierung und Selbstbehauptung, S. 34.

164 Für die Gewohnheitsrechte vgl. die Gesamtdarstellung von Pachman, Obyčnoe graždanskoe pravo v Rossii (1877) sowie die Monographie von Oršanskij, Issledovanie po russkomu pravu obyčnomy i bračnomy (1879). Vgl. Hosking, Rußland, S. 238 f.

165 Bei der Beschreibung der ursprünglichen Aufgaben der 1755 gegründeten Moskauer Universität, im Sinne der Aufklärung die Kenntnis vom »Guten« und »Gerechten« zu verbreiten, meint der Moskauer Rechtshistoriker Tomsinov, für beides zusammen stehe im Russischen das Wort »pravda«; Istorija juridičeskogo fakul'teta, S. 7. Tomsinov nimmt hier einen »naiven« Optimismus der Aufklärung wahr, daß diese Begriffe der Erkenntnis zugänglich seien. Vor dem Hintergrund der Wirkungsgeschichte des römischen Rechts wird an der Beschreibung des mit »pravda« bezeichneten Begriffs die Parallele zu der berühmten Definition des Celsus bei Ulpian 1 *inst.* D. 1,1,1 pr. auffallen: *ius est ars boni et aequi.* Die Neigung der russischen Herrscher des 18. Jahrhunderts, Aufklärung und Fortschritt durch Orientierung an der westlich-lateinischen Kultur zu erreichen, bietet Raum für eine Erklärung der Zusammenhänge.

Recht, herbeigeführt werden.[166] Da das Gewohnheitsrecht durch Werte und Ordnungsvorstellungen getragen wird, die die Menschen verinnerlicht haben, wird sein Geltungsgrund nicht selten als »innere« Wahrheit (im Gegensatz zum nur »äußeren« Recht) beschrieben. Auf diesen tradierten Gerechtigkeitsbegriff nimmt sogar das ältere positive Recht Bezug, indem es den Ausdruck »pravda« – wie etwa im Falle der Russkaja Pravda – verwendet.[167]

Die Vorstellung, daß als »Recht« wahrgenommene Regelungen potentiell mit der »wahren« und »richtigen« Ordnung konfligierten, war im 19. Jahrhundert überaus wirkungsmächtig. Literarischen Ausdruck fand sie noch am Anfang des 20. Jahrhunderts in Tolstojs »Brief an einen Studenten über das Recht« (1909).[168] Hier ist die Unterscheidung zwischen »Recht« und »Gerechtigkeit« im vorgenannten Sinne von zentraler Bedeutung. Unter dieser Voraussetzung ist es zu verstehen, daß Tolstoj, auf ein rechtspositivistisches Konzept abzielend, das »Recht« schlechthin ablehnt:

> »Für die Menschen, die Macht haben, bedeutet das Recht in Wirklichkeit die selbstverliehene Erlaubnis, diejenigen Menschen, über die sie die Macht haben, zu zwingen, dasjenige zu tun, was ihnen – den Machthabern – nützlich ist; für die Machtunterworfenen bedeutet das Recht die Erlaubnis, alles das zu tun, was ihnen nicht verboten ist. […]«[169]

Tolstoj meint, es sei

> »klar, daß das, was sich hinter dem Wort »Recht« verbirgt, nichts anderes ist, als nur die gröbste Rechtfertigung von Gewalttaten, welche die einen Menschen an den anderen verüben. […] Es gibt Unterdrücker und Unterdrückte, und die Unterdrücker möchten ihre Gewalt rechtfertigen. Und ihre Anordnungen bezüglich dessen, wie sie gegebenenfalls und zu gegebener Zeit die Menschen zu vergewaltigen gedenken, nennen sie Gesetze, und die Bewilligung, welche sie sich zur Ausführung ihrer Gewalttaten selbst erteilen, wie auch die Verordnungen für die Unterdrückten, nur das zu tun, was ihnen nicht verboten wird, nennen sie Recht.[170] […] Ich weiß nichts, was nicht alle

166 Die Orthodoxie strebt in erster Linie nach Erlösung des Menschen durch Frömmigkeit. Sie wirkt daher als abgesonderte Institution und ist nicht in allen Bereichen des gesellschaftlichen Lebens präsent (»Blick nach innen«). Vgl. Arzanuchin, Art. Gesetz, S. 167.

167 Diese Assoziation nutzt später das Parteiorgan der KPdSU, um durch die Führung des Namens »Pravda« Akzeptanz für die – geschichtliche Entwicklungsschritte überdauernde – Richtigkeit der revolutionären Ideologie hervorzurufen.

168 Zu dem Brief und seinem historischen Kontext vgl. ausführlicher unten S. 432-436. Wenn hier und nachfolgend literarische Werke als Quellen herangezogen werden, ist dies durch die Eigenart der russischen Literatur gerechtfertigt, daß sie in vielen Fällen gesellschaftspolitische Diskussionen und Wertungen ihrer jeweiligen Entstehungszeit widerspiegelt. Auf die historische Relevanz der literarisch verarbeiteten Standpunkte deutet die strenge Zensurpraxis hin, die zu zahlreichen Verboten und Strafen führte.

169 Tolstoj, Pis'mo studentu o prave, S. 55.

170 Tolstoj, Pis'mo studentu o prave, S. 56.

Menschen wüßten. Doch weiß ich gemeinsam mit allen Menschen, mit der großen Mehrheit der Menschen auf der ganzen Welt, daß alle Menschen freie, vernünftige Wesen sind, in deren Seele ein höheres, sehr einfaches, klares und allen zugängliches Gesetz eingeprägt ist, das nichts gemein hat mit denjenigen Vorschriften der Menschen, die Rechte und Gesetze genannt werden. Dieses höhere Gesetz, das einfachste und jedem Menschen zugängliche, besteht darin, den Nächsten zu lieben wie sich selbst, und deshalb anderen nichts zuzufügen, was du für dich selbst nicht wünschst. Dieses Gesetz ist dem menschlichen Herzen so nahe, so vernünftig, seine Erfüllung so zweifellos heilbringend für jeden einzelnen Menschen ebenso wie für die gesamte Menschheit, und so einhellig war dieses Gesetz verkündet worden durch alle Weisen der Welt, von den Lehrern der indischen Veden, Buddha, Christus, Konfuzius bis zu Rousseau, Kant und den späteren Denkern, daß es sich die große Mehrheit der Menschen längst zu eigen gemacht hätte, wenn es die tückischen und schädlichen Anstrengungen nicht gegeben hätte, welche die Theologen und Rechtsgelehrten aufgewandt haben und noch aufwenden, um dieses Gesetz vor den Menschen zu verbergen, und die Sittlichkeit der Menschen unserer Zeit stünde nicht auf der niedrigen Stufe, auf der sie jetzt steht.«[171]

Da das positive Recht also dem Gebot der Nächstenliebe zuwiderläuft, welches in Tolstojs Weltanschauung das höchste ethische Prinzip bildet, lehnt Tolstoj das Recht insgesamt ab. Die Kritik des Staates und des staatlich gesetzten Rechts als reines Unterdrückungsinstrument gehört zu seinen zentralen Anliegen.[172]

Auch das Gewohnheitsrecht steht in einem Kontrast zum staatlich gesetzten Recht, welcher die Wahrnehmung des letzteren aus der Sicht vieler Menschen als »fremd« zu verstehen hilft. Beide Rechtsbereiche blieben bis zum Ende des Zarenreiches nebeneinander bestehen.[173] Was ihr Verhältnis zueinander betrifft, hat der Rechtshistoriker Michail Vladimirskij-Budanov (1838-1916) drei Abschnitte in der Entwicklungsgeschichte des russischen Rechts unterschieden: die Epoche der Fürstenherrschaft vom 9. bis zum 13. Jahrhundert, in der das Gewohnheitsrecht vorherrschte, die Zeit des Moskauer Staates vom 14. bis zum 16. Jahrhundert, als Gewohnheitsrecht und Gesetzesrecht gleichrangig nebeneinander bestanden, und schließlich die Epoche des Zarenreiches, in der das gesetzte Recht den Vorrang

171 Tolstoj, Pis'mo studentu o prave, S. 60f.

172 Tolstoj wird gemeinhin als ein Vertreter des Rechtsnihilismus bezeichnet, also einer Position, die das Recht überhaupt ablehnt. Allerdings bildet Tolstoj die traditionelle russische Vorstellung fort, daß der Seele eines jeden Menschen die göttliche Wahrheit eingegeben sei. In dieser Annahme unterscheidet er sich grundsätzlich von einem Nihilisten im strengen Sinne. Vgl. Sapir, Dostojewsky und Tolstoj, S. 67 u. 91.

173 Dies galt, wie gegen Völkl, Die Rechtsentwicklung, S. 732 einzuwenden ist, unabhängig von der Verschriftlichung über das 17. Jahrhundert hinaus. Bäuerliche Geschworenengerichte wandten selbstverständlich ihr traditionelles Recht an. Vgl. Schattenberg, Die korrupte Provinz?, S. 240f.

beanspruchte.[174] Weit gefaßte Anwendungsvorbehalte bewirkten allerdings noch im 19. Jahrhundert die Fortgeltung des Gewohnheitsrechts für große Teile der Landbevölkerung. So konnten die Juristen bis zum Ende des Zarenreiches vom Nebeneinander zweier Rechtssysteme ausgehen[175] und das Gewohnheitsrecht ebenso wie das Gesetzesrecht bearbeiten.[176]

Wieacker hat darauf hingewiesen, daß den slavischen Völkern ebenso wie den germanischen das Recht in einer früheren Phase ihrer Entwicklung nicht als Gebotsakt einer staatlichen Herrschaft, sondern als Lebensüberlieferung erschienen sei. Er meint, erst die Begegnung mit der römischen Kultur und insbesondere mit dem Gesetzesbegriff des spätrömischen Reichs habe die Vorstellung eingeführt, daß Recht Macht- und Willensschöpfung sein könne. Sicherlich ermöglichte diese Erfahrung jedenfalls dem Rechtsleben Mitteleuropas, die Grundlagen für die ausgeprägte und langfristig fortwirkende Orientierung der europäischen Rechtskultur am Gesetz zu legen.[177] Mit Rücksicht auf die russische Rechtsentwicklung werden wir allerdings beachten müssen, daß sich das Gewohnheitsrecht mit seinen spezifischen, durch die Ordnungsvorstellungen der Menschen begründeten Beharrungskräften noch jahrhundertelang behaupten konnte, nachdem die Begegnung mit dem spätantiken römischen Kaiserrecht, repräsentiert durch die byzantinischen Texte, bereits erfolgt war. Denn dem gesetzten Recht fehlte die Akzeptanz von seiten eines Großteils der einfachen Menschen,[178] also der bäuerlichen Bevölkerung, die mit etwa 80 % den größten Teil der Bewohner des Zarenreiches bildete. Unabhängig davon, ob sie den Anwendungsvorbehalten zugunsten des Gewohnheitsrechts unterfielen, als Leibeigene überhaupt weitgehend rechtlos waren oder das staatliche Recht wegen unzureichender Bildung, Analphabetismus und räumlicher Entfernung einfach nicht kannten, nahmen sich die Menschen offenbar zumeist nicht als »Träger« des gesetzten Rechts wahr. Daß die Vorstellung, das positive Recht verdanke seine Geltung jedenfalls auch der Akzeptanz von seiten der Bevölkerung, auf Dauer fremd blieb, wird angesichts des kollektiven Erfahrungshorizonts russischer Menschen nicht verwundern. Nach 240 Jahren mongolischer Fremdherrschaft (1240-1480) hatte man gegen Ende des 19. Jahrhunderts bereits weitere 400 Jahre unter den Bedingungen einer despoti-

174 Vladimirskij-Budanov, Obzor, S. 39 ff., 121 ff. und 239 ff. Diese Gesamtdarstellung, ehemals ein Standardwerk, ist heute in Teilen überholt, nichtsdestoweniger aber wirkungsmächtig. Auszüge aus der 2. Aufl. (1888) sind übersetzt worden: Wladjimjirski-Budanoff, Geschichte des russischen Rechts. Rechtsquellen (1900).

175 Pachman, Obyčnoe graždanskoe pravo, Bd. 1, S. 1; Oršanskij, Issledovanie po russkomu pravu obyčnomy i bračnomy, S. 38; vgl. nun Meduševskij, Proekt graždanskogo uloženija, S. 148.

176 Vgl. Letjaev, Recepcija rimskogo prava, S. 30; Silnizki, Der Geist der russischen Herrschaftstradition, S. 34. Für die Gesamtdarstellungen Oršanskijs und Pachmans vgl. die vorangegangene Fußnote.

177 Wieacker, Voraussetzungen europäischer Rechtskultur, S. 13.

178 Vgl. Konovalov, Predislovie, S. 14.

schen Monarchie gelebt.[179] In der unter diesen historischen Bedingungen erfolgten Selbstbehauptung des Gewohnheitsrechts liegt – vor dem Hintergrund der vorstehend skizzerten methodischen Überlegungen – ein Grund dafür, daß die Rechtsentwicklung Rußlands trotz dessen Begegnung mit Byzanz als Beispiel für eine Entwicklung »außerhalb« des römischen Rechts wahrgenommen werden kann.[180]

Die Fortwirkung des Gewohnheitsrechts beruhte nicht allein auf den Beharrungskräften, die die Rechtsüberzeugungen der Landbevölkerung unter den Bedingungen der agrarischen, vormodernen Lebensverhältnisse entfalteten, auf Anwendungsvorbehalten oder auch nur auf der mangelnden Fähigkeit der staatlichen Institutionen, das gesetzte Recht effektiv durchzusetzen. Der Staat räumte den Gewohnheitsrechten vielmehr auch deshalb breiten Raum ein, weil die Beibehaltung des Sonderrechts der Landbevölkerung die ständische Gesellschaftsordnung zu bewahren half, und zwar auch noch nach der Bauernbefreiung. Den Ausschluß eines Großteils der Bevölkerung vom Reichsrecht und von den modernisierten Gerichtsinstitutionen, durch die dasselbe verwirklicht wurde, diente insoweit als Mittel der Zurücksetzung.[181]

Wir beobachten in zahlreichen Fällen, daß sich am modernen Recht gebildete Juristen aus wissenschaftlichen Gründen dem Gewohnheitsrecht zuwandten und es näher kennenzulernen suchten. Diese Neigungen wurden im 19. Jahrhundert durch die russische Historische Rechtsschule theoretisch unterstützt, die in erster Linie auf das in der eigenen Tradition entwickelte Recht sah. Aber auch autonome Motive konnten dieser Interessenausrichtung zugrundeliegen. So reiste 1889 der Moskauer Jurist Vasilij V. Kandinskij (1866-1944) zusammen mit anderen Wissenschaftlern in den Ural, um Rechtssystem, Sitten und Rituale des Volks der Syrjanen zu studieren.[182] Hier wie in ähnlich gelagerten Fällen[183] nahmen am rationalen Recht gebildete Juristen, insbesondere, sofern sie kritischen Überlegungen gegenüber aufgeschlossen waren, das Gewohnheitsrecht als lehrreich wahr. Es konnte nicht nur – im Kontrast – das staatlich gesetzte Recht in seiner Eigenart besser verstehen lassen. Vielmehr mochten ferner die abweichenden Überzeugungen der – in Kandinskijs Fall in einer traditionellen, schamanistischen Kultur verhafteten – Landbevölkerung die »Richtigkeit« des staatlich

179 Vgl. Geilke, Sowjetrecht, S. 19.

180 Vgl. oben S. 63 ff.

181 Die Zurücksetzung eines Großteils der Bevölkerung im Zarenreich unter Hinweis auf abweichende »Gewohnheiten« hat Heuman nicht ohne Anlaß eine »legal apartheid« und eine Art »Homeland-System« assoziieren lassen, Verhältnisse also, wie sie die jüngere südafrikanische Geschichte kennt; Perspectives, S. 4.

182 Die auf dieser wissenschaftlichen Zwecken dienenden Reise gewonnenen Eindrücke schlugen sich später, nachdem sich Kandinskij für den Beruf des Malers entschieden hatte, in seinem künstlerischen Werk nieder; vgl. Garofalo, Kandinsky, S. 52 ff.

183 Vgl. Mejers Auseinandersetzung mit dem Gewohnheitsrecht im Handel und mit Puchtas »Gewohnheitsrecht«; unten S. 285.

gesetzten Rechts in Frage stellen[184] und die Bedeutung des Umstands in den Blick rücken, daß die staatliche Rechtssetzung auf eine Akzeptanz durch die Menschen keine Rücksicht nahm.[185] Schließlich bot die zunehmende Distanz vieler Menschen gegenüber der Selbstherrschaft des Zaren in den letzten Jahrzehnten des Reiches Raum dafür, daß der »andere«, nicht-staatliche Geltungsgrund, nämlich die tradierte Überzeugung von der »Richtigkeit« einer bestimmten Ordnung, besondere Anziehungskraft ausüben konnte.[186]

Wie fremd das römische Recht aus Sicht des in Ordnungsvorstellungen der slavischen Welt verhafteten Menschen erscheinen konnte, lehrt die Beschreibung, die Kandinskij von seiner spezifischen Eigenart geliefert hat.[187] Er gibt den Charakter des römischen Rechts und das ambivalente Verhältnis, das er als Slave dazu entwickelte, nicht als tradiertes Stereotyp wieder, sondern aufgrund eigener Empfindung und Urteilskraft als professioneller Jurist. Kandinskij berichtet, »machtvoll angezogen« habe ihn an der Universität »das römische Recht (das mich durch die feine, bewußte, hochraffinierte ›Konstruktion‹ bezauberte, das mich, den Sla-

184 Die Konfrontation der staatlichen Ordnung mit »heidnischen« Kulturen ist in der Kunst der Zeit nicht selten mit dem Ziel der Provokation vorgenommen worden. Für die bildende Kunst kann hier die Verarbeitung des Stoffes durch Kandinskij selbst stehen; in der Musik ist das vielleicht wichtigste Beispiel das »Frühlingsopfer«, das Igor' Stravinskij 1913 nach einer Idee von Nikolaj Roerich schuf. Alle Genannten waren Juristen. Vgl. unten S. 364 f.

185 Die Frage, wieviel Akzeptanz eine Ordnung benötigt, um überhaupt Recht zu sein, ist auch in der modernen Rechtstheorie erörtert worden. Vgl. Esser, Vorverständnis und Methodenwahl, S. 14 ff., der das Recht als »autonomes«, aber auf Konsensfähigkeit angewiesenes Ordnungsprogramm beschreibt. Man wird immerhin mit der Vorstellung arbeiten können, daß bei der Unterscheidung zwischen Gewohnheitsrecht und autoritätsgesetztem Recht die soziale Internalisierung ein wichtiges Unterscheidungskriterium ist, wobei ggf. die Internalisierung autoritätsgesetzten Rechts nur durch eine Minderheit nicht bedeutet, daß insoweit »Rechtslosigkeit« herrscht. Vgl. Pospíšil, Anthropologie des Rechts, S. 429 f., der am autoritätsgesetzten Recht im Vergleich zum Gewohnheitsrecht gerade als Merkmal beschreibt, daß es nicht von einer Mehrheit der Adressaten internalisiert worden ist, sondern nur von einer Minderheit, und ggf. mit Autorität, Einschüchterung oder Gewalt durchgesetzt werden muß. Gleichwohl handelt es sich nach dieser Auffassung um Recht. Ähnliche Schwierigkeiten wie im Zarenreich bestanden in dieser Hinsicht in Brasilien, wo 1916 das Zivilgesetzbuch für eine Bevölkerung eingeführt wurde, die aufgrund von Sprachenvielfalt, räumlichen Entfernungen bei mangelnder Infrastruktur sowie Analphabetismus teilweise keine oder nur eine höchst lockere Beziehung zum staatlich gesetzten Recht hatte. Das letztere entwickelte sich überdies völlig unabhängig von den Rechtsvorstellungen des indigenen Bevölkerungsteils. Vgl. J. Schmidt, Zivilrechtskodifikation in Brasilien, S. 4 ff.

186 Kandinskijs dauerhaftes Interesse am überpositiven Recht erwies sich u. a. an einem Referat, in dem er sich 1893 mit der Forderung nach einem Mindestlohn für Arbeiter auseinandersetzte, die Papst Leo XIII. 1891 in der Sozialenzyklika Rerum Novarum als Forderung der natürlichen Gerechtigkeit formuliert hatte. Vgl. Tomsinov, Istorija juridičeskogo fakul'teta, S. 365.

187 Kandinsky, Autobiographische Schriften, S. 75-87.

wen, aber schließlich als eine viel zu kalte, viel zu vernünftige, unbiegsame Logik nicht befriedigen konnte), [...] die Geschichte des russischen Rechtes und das Bauernrecht (das als Gegensatz zum römischen Recht mich als Befreiung und glückliche Lösung des fundamentalen Gesetzes in große Bewunderung versetzte und meine tiefe Liebe gewann [...]«.[188] Aus der Praxis der Institutionen der bäuerlichen Selbstverwaltung und der in diesem Rahmen bestehenden Gerichtsbarkeit[189] gewann Kandinskij den Eindruck einer bemerkenswerten menschlichen Reife der Bauern, die diese z. B. in die Lage versetze, die Strafrechtspflege in höchst angemessener Weise zu versehen. Der hier nach Kandinskijs Beobachtung geltende Grundsatz »Je nach dem Menschen« bedeutete, daß »kein steifes Gesetz« existierte, »(wie z. B. im römischen Recht – besonders *jus strictum*!), sondern eine äußerst biegsame und freiheitliche Form, die *nicht durch das Äußere*, jedoch *ausschließlich durch das Innere* bestimmt wird.«[190]

IX.) Die mangelnde Entwicklung von Zivilgesellschaft und Individualismus

Die Distanz einer Vielzahl der Menschen zum staatlicherseits gesetzten Recht betraf natürlich auch solches Recht, das als »bürgerliches« Recht eingeführt wurde. Für das rezipierte römisch-bürgerliche Recht, das auf eine Ordnung der Verhältnisse freier und gleicher Individuen zielte, mochte der größte Teil der Bevölkerung des Zarenreiches angesichts seiner vormodernen Lebensbedingungen kaum Verständnis aufbringen können.[191] Den Gewohnheitsrechten wiederum,

188 Vgl. N. Kandinsky, Kandinsky und ich, S. 27; Garofalo, Kandinsky, S. 50.

189 1889 wurden die volost'-Gerichte eingeführt, in denen Bauern über Rechtsstreitigkeiten unter Bauern entschieden. Diese Rechtspflege ist quantitativ untersucht worden von Burbank, Russian Peasants go to Court (2004); dazu Kusber, Die Bauern und das Jahr 1905, S. 102 f.

190 Kandinsky, Autobiographische Schriften, S. 31 mit Anm.. Über den Einfluß der Auseinandersetzung mit dem römischen Recht auf Kandinskijs künstlerische Entwicklung vgl. Garofalo, Kandinsky, S. 49-60. Der Autor verbindet die Entstehung von Kandinskijs abstrakter Kunst damit, daß ihr Schöpfer erklärt hatte, durch das römische Recht und dessen Konstruktionen an das »abstrakte Denken« herangeführt worden zu sein und »Inspirationen« empfangen zu haben (für die »Inspirationen« vgl. die vorgenannten Autobiographischen Schriften, S. 31); Garofalo, aaO., S. 51 u. 55 und nun Jońca, Prawo rzymskie, S. 135-139. Abstrakte Kunst ist für Kandinskij allerdings »tot«, sofern sie nicht mit »innerer Wertung« einhergeht, einem Merkmal, welches der Autor dem slavischen – im Unterschied zum westeuropäischen – Kunstprinzip zuschreibt. Den letztgenannten Gegensatz erklärt er am Beispiel des Rechts der russischen »Bauerngerichte«, das, »ohne westeuropäische Beeinflussung (das römische Recht)« auf die innere Wertung abstellt; vgl. Kandinsky, Abstrakte Kunst, S. 638 f. und Garofalo, aaO., S. 58.

191 Diese Verhältnisse sind keineswegs singulär. Die Geschichte kennt vielmehr Parallelvorgänge, wie etwa die Rezeption des westlich geprägten Rechts in Japan und China gegen Ende des 19. Jahrhunderts, das bestimmte amtliche Beziehungen und solche der Oberklasse

die die Rechtsverhältnisse des größten Teils der Bevölkerung ordneten, fehlte es selbstverständlich an einer Ausrichtung auf Begriffe und Werte der römischen Rechtstradition.[192] An die Entwicklung einer Zivilgesellschaft,[193] die sich aufgrund von Marktwirtschaft, Rechtsstaat und Öffentlichkeit in kritischer Distanz zu den staatlichen Institutionen hätte etablieren und Teilhabe an politischer Entscheidungsfindung und Verantwortung einfordern können, war unter diesen Umständen nicht zu denken. Überdies stand die Identifikation des Selbstherrschers mit dem Staat einer solchen Entwicklung entgegen.

Ein Bürgertum, das sich aufgrund von Bildung und materiellen Lebensverhältnissen besonders für eine Teilhabe an der Verantwortung für das Gemeinwesen geeignet hätte, gab es fast nur in den Städten, wo ihm allerdings auch nur ein geringer Teil der Einwohner angehörte.[194] So fehlte es auch lange Zeit an jenen privaten Organisationsformen, die für eine bürgerliche Gesellschaft charakteristisch sind.[195] Daß sich ein Bürgertum sogar in den dichter besiedelten Gegenden im Westteil des Reiches nur unter Schwierigkeiten entwickeln konnte, hängt entwicklungsgeschichtlich damit zusammen, daß sich russische Städte bis in die Neuzeit als Fürstenstädte entwickelt hatten und niemals auch nur eine gewisse Autonomie erlangen konnten. Die historische Erfahrung, daß Stadtbürger zu Trägern eines bestimmten Rechts werden konnten, fehlte insoweit.[196] Einzelne Personen oder Familien pflegten äußerlich einen bürgerlichen oder sogar großbürgerlichen Lebensstil, etwa mit Rücksicht auf wirtschaftliche Erfolge oder Mäzenatentum (Morozovy, Tret'jakovy, Marmontovy u.a.); in der politischen Öffentlichkeit hingegen blieben sie schon allein aufgrund ihrer geringen Zahl fast bedeutungslos. Gewisse politische Entfaltungsmöglichkeiten ergaben sich immerhin im Rahmen der 1870 eingeführten gemeindlichen Selbstverwaltung.[197] Jetzt kam es in den Städten zur Gründung von Vereinen und Verbänden. Als Teile der gebildeten Stadtbevölkerung allerdings Ansätze zur Bildung einer Zivilgesellschaft entwickelten, gerieten sie zwangsläufig in Opposition zum Staat, der nach wie vor mit dem Anspruch auftrat, das Gemeinwesen zu ordnen und zu kontrol-

regelte, aber die herkömmliche Rechtsordnung des übrigen Volkes praktisch nicht berührte. Vgl. Berman, Recht und Revolution, S. 115.

192 Vgl. Silnizki, Der Geist der russischen Herrschaftstradition, S. 38: »Im Gegensatz zu den kontinentaleuropäischen Rechtsentwicklungen, die im Aufbau ihres Privatrechts auf die Tradition des römischen Rechts zurückgreifen konnten, zeigt die russische Herrschaftstradition, daß sie die individualistische Gestaltung des Privatrechts weder von dem römischen Recht abgeleitet noch selbständig entwickelt hat«.

193 Für die Begrifflichkeit mit Rücksicht auf die Bevölkerung russischer Städte vgl. Häfner, Gesellschaft, S. 65 ff.

194 Vgl. Jedig, »Vsjak na Rusi – bezdomnyj«, S. 269 f.

195 Vgl. Häfner, Gesellschaft, S. 175 ff.

196 Ch. Schmidt, Russische Geschichte, S. 164.

197 Goehrke, Russland, S. 236.

lieren. Immerhin erfuhren einzelne fortschrittliche Entwicklungen, auch auf dem Gebiet des Privatrechts, Förderung aus dieser gesellschaftlichen Schicht.[198]

Für den größten Teil der Bevölkerung aber blieb die Selbstwahrnehmung der Menschen als Individuen und Rechtsträger, denen das Recht Freiraum und Möglichkeiten zur selbstbestimmten Gestaltung der eigenen Lebensverhältnisse hätte geben sollen, für lange Zeit unentwickelt.[199] Hier vollzog sich der Prozeß der Individualisierung für lange Zeit anders und gehemmter als in Westeuropa. Dies liegt nicht etwa in einer besonderen Neigung von Russen zur Vergemeinschaftung ihrer Angelegenheiten begründet. Derartige Vorstellungen, die auf bestimmte historisch bedingte Organisationsformen (mir, pededel bzw. artel') verweisen, sind im 19. Jahrhundert aus romantischen, im 20. vor allem aus ideologischen Gründen vertreten worden. Vielmehr bewirkten insbesondere auf dem Land das Fehlen angemessener Bildungseinrichtungen sowie die Bedingungen der Leibeigenschaft, daß die Menschen im Zarenreich lange in einer Vorstellungswelt verhaftet blieben, in welcher das Bekenntnis zum Ich als Todsünde der Eitelkeit galt. Erst seit der Herrschaft Peters des Großen begann sich dies abzumildern.[200] Unter den genannten Bedingungen mußte die Vorstellung von einer Rechtsordnung, die den Menschen Individualrechte einzuräumen und dieselben ggf. mit Zwangsmitteln durchzusetzen versprach, auf Unverständnis und Ablehnung stoßen. Die historische Erfahrung eines großen Teils der Bevölkerung des Zarenreichs war außerdem dadurch gekennzeichnet, daß man Individualrechte traditionell gegen sich gerichtet und zwangsweise verwirklicht sah. So konnte sich die Vorstellung behaupten, der Tolstoj in seinem »Brief an einen Studenten« literarisch Ausdruck gegeben hatte, daß nämlich das Recht auch insoweit, als es Rechte des einzelnen vorsah, Unterdrückungsinstrument sei.[201]

198 Vgl. Ch. Schmidt, Russische Geschichte, S. 190.
199 Boym, Common Places, S. 80 f.; Offord, Lichnost', S. 14; Jedig, »Vsjak na Rusi – bezdomnyj«, S. 285 f.
200 Offord, Lichnost', S. 14.
201 S. oben S. 86.

Kapitel 3: Der »Stand der Forschung« zum Einfluß des römischen auf das russische Recht und die ihn betreffenden Vorbehalte

Wenn wir die Wahrnehmung des Einflusses römischen Rechts auf Rußland aus der russischen Perspektive betrachten, müssen wir zwischen der Literatur des 19. Jahrhunderts[1] und der modernen Literatur unterscheiden, weil das Verhältnis zum Gegenstand der Forschung jeweils verschieden ist und wir die grundsätzlich unterschiedlichen historischen und rechtspolitischen Rahmenbedingungen zu berücksichtigen haben.

I.) Eigenarten der russischen Forschung im Überblick

Die Rezeption des römischen Rechts unter besonderer Berücksichtigung der Auswirkungen auf die russische Rechtsentwicklung ist in den vergangenen Jahren Gegenstand mehrerer in Rußland erschienener Arbeiten geworden. Um das Spektrum der im russischen Schrifttum vertretenen Standpunkte zu umreißen, werden im folgenden ausgewählte Stimmen aus dem jüngeren Schrifttum referiert.[2] Es handelt sich um Autoren sehr unterschiedlicher fachlicher Ausrichtung. Die Darstellung der Forschungen im Überblick dient sowohl der Offenlegung des Kenntnisstandes aus der russischen Perspektive als auch dazu, eine Folie zu entwickeln, vor der sich die eigenen Überlegungen anschließend abheben können.

Wenn auf Grundlage russischer Arbeiten ein heutiger Stand der Diskussion dargestellt werden soll, müssen bestimmte Vorbehalte beachtet werden, die sich im Hinblick auf den Entstehungszusammenhang der Schriften ergeben. So setzt ein »Stand der Forschung« mehr als nur die Zusammenführung bestimmter unabhängig voneinander entwickelter Vorstellungen voraus. Er verlangt ein Mindestmaß an Austausch zwischen den Autoren, an gegenseitiger Ergänzung und Kritik, daß also überhaupt »eine Forschung« in überindividueller Hinsicht stattfindet, in deren Rahmen verschiedene Beiträge einander korrigieren und bereichern. Das ist leider, wie bereits erwähnt,[3] nicht durchgehend der Fall. Wäh-

1 Vgl. den Überblick oben S. 64-66.

2 Unter den ausgewählten und nachfolgend referierten Beiträgen befinden sich auch Kandidaten- und Doktor-Dissertationen. Wir sehen die relative Aufwertung dieser Qualifikationsschriften dadurch gerechtfertigt, daß es uns gerade nicht *allein* auf individuelle und originelle Standpunkte oder Arbeiten von höchster wissenschaftlicher Qualität ankommt, sondern darauf, den Diskurs insgesamt (jedenfalls im Überblick) zu skizzieren. Mit Rücksicht auf dieses Ziel wird sogar in Kauf genommen, daß in einzelnen Fällen eher triviale Standpunkte referiert werden. Auch sie können wirkungsmächtig sein; sie sind jedenfalls Teil desjenigen Spektrums an Vorstellungen, auf das es hier ankommt.

3 S. oben S. 16 f.

rend einige der mit dem Forschungsgebiet befaßten russischen Autoren aufeinander eingehen, findet dies bei anderen nur in unbefriedigendem Maße statt. Der Austausch zwischen russischen und westlichen Autoren der Gegenwart unterbleibt fast völlig.

Beachtung verdient ferner, daß sich das in den einschlägigen Schriften verfolgte Erkenntnisinteresse öfters keineswegs auf rechtshistorisches Verstehen beschränkt. Im Unterschied zur deutschen Perspektive, für die die Rezeption des römischen Rechts in der Neuzeit ein Vorgang ist, der vor langer Zeit zum Abschluß kam und mit dem Inkrafttreten des BGB seinen unmittelbaren Einfluß auf das geltende Recht verloren hat, bildete die Frage nach der Rezeption bereits in der Erfahrungswelt des Zarenreiches ein fortdauerndes Problem und ist es aus russischer Sicht bis heute geblieben. Begünstigt sowohl durch den Umstand, daß es in Rußland niemals zu einer »Ablösung« eines zuvor geltenden römischen Rechts gekommen ist, als auch dadurch, daß sich das gegenüber dem römischen Recht kritisch eingestellte sowjetische System als Episode erwiesen hat, konnten sich Vorstellungen etablieren, nach denen die Rezeption ein fortdauernder Vorgang ist, der die Modernisierung des russischen Privatrechts seit 1994 mit einbezieht.[4] Dies bedeutet, daß die Rezeption westeuropäischen Rechtsdenkens und damit der Tradition des römischen Rechts in Rußland bis in die Gegenwart ein Thema mit *rechtspolitischer* Dimension ist. Mit seiner Erörterung werden verschiedene Erwartungen oder Befürchtungen verbunden, werden Rechtfertigungsstrategien für bestimmte Rechtsentwicklungen verfolgt. Teilweise wird hier ein Modernisierungsinstrument gesehen, teilweise wiederum ein ungeeigneter, der russischen Tradition fremder und womöglich schädlicher Einfluß. Aus diesem Grunde begegnen auch in solchen Arbeiten, die als rechtshistorische Beiträge auftreten, teilweise Wertungen und Urteile, die durch die rechtspolitische Bedeutung des Themas begründet sind.

Bei der Wahrnehmung der russischen Literatur fällt als Besonderheit auf, daß sich auch unter den ernstzunehmenden Forschungsbeiträgen einige befinden, die an ihren Gegenstand unter ideologischen Voraussetzungen herantreten.[5] Dabei findet nicht selten ein Vergleich zwischen den durch bestimmte Ideologien verfolgten sozialen und politischen Zielen und den dem römischen Recht anhaftenden Zwecken und Wertungen statt.[6] Nachdem im 19. Jahrhundert die Vorstellung vom römischen Recht als »ideologisch« hauptsächlich aus Sicht derer vertreten worden ist, die es als Bedrohung der Selbstherrschaft als des obersten Prinzips des Zarentums wahrnahmen, bildet die Grundlage für diese Sichtweise im 20. Jahrhundert der Marxismus. Soweit in diesem Rahmen jene Zwecke und

4 Für diesen Wandel in der Wahrnehmung der Tradition russischer Institutionen vgl. Butler, Russian Law, S. 33.

5 Es ist auch anderweitig in der Literatur nicht selten ausdrücklich unterschieden worden zwischen »exilrussischer« und anderer (etwa: sowjetischer) Forschung, um jeweils vorausgesetzte Grundtendenzen zu kennzeichnen.

6 Karcov, Rimskoe pravo kak učebnaja disciplina, S. 73.

Werte, die über das römische Recht verwirklicht werden können, als programmatisch aufgefaßt werden, wird das römische Recht selbst als Träger von Ideologie wahrgenommen. Aus der Sicht von umfassenden Prinzipien wie Selbstherrschaft oder revolutionärer Ordnung mag sich der Geist des römischen Rechts, soweit damit Liberalität und individueller Freiraum verbunden wird,[7] durchaus als Ideologie ausnehmen.

Heute wird eine solche Auseinandersetzung zwischen ideologischen Standpunkten nicht in allen Fällen, in denen sie stattfindet, zum Programm erklärt. Es gibt auch solche Stellungnahmen, in denen die marxistische Denkweise nach dem Systemwechsel von 1989/91 unterschwellig fortwirkt, weil sich Denkmuster oder weltanschauliche Grundorientierungen der jeweiligen Autoren nicht zwangsläufig neu ausgerichtet haben. Dieser Umstand macht die entsprechenden Äußerungen – im Unterschied zu bestimmten völlig unseriösen Bemerkungen[8] – für unseren Untersuchungsgegenstand nicht irrelevant. Sie müssen aber unter Vorbehalt betrachtet werden. Entsprechendes gilt für Beiträge, die aus anderen Gründen nicht in jeder Hinsicht konventionellen Erwartungen an Wissenschaftlichkeit entsprechen. Soweit sie in Rußland gleichwohl Beachtung finden, sind sie für diese Untersuchung bedeutsam.

7 Dies ist bei Marx der Fall, der das römische Recht nach dem klassischen Konzept individualistisch auffaßt und in seinem Mittelpunkt das klassische Eigentum sieht; Zur Kritik der Hegelschen Rechtsphilosophie. Kritik des Hegelschen Staatsrechts, S. 315: »Die Römer haben eigentlich erst das *Recht des Privateigentums,* das abstrakte Recht, das Privatrecht, das Recht der abstrakten Person ausgebildet. Das römische *Privatrecht* ist das *Privatrecht* in seiner *klassischen Ausbildung.* Wir finden aber nirgends bei den Römern, daß das Recht des Privateigentums, wie bei den Deutschen, mystifiziert worden wäre. Es wird auch nirgends zum *Staatsrecht.* Das Recht des Privateigentums ist das *jus utendi et abutendi,* das Recht *Willkür* über die Sache. Das Hauptinteresse der Römer besteht darin, die *Verhältnisse* zu entwickeln und zu bestimmen, welche sich als *abstrakte* Verhältnisse des Privateigentums ergeben. Der eigentliche Grund des Privateigentums, der *Besitz,* ist ein *Faktum,* ein *unerklärliches Faktum, kein Recht.* Erst durch juristische Bestimmungen, die die Sozietät dem faktischen Besitz gibt, erhält er die Qualität des rechtlichen Besitzes, des *Privateigentums.*« Das Eigentum, insbesondere das an Produktionsmitteln, stand aus marxistischer Sicht im Zentrum der Beschäftigung mit dem Recht, weil es als Grundlage für die Ausbeutung durch Lohnarbeit und die Akkumulation von Kapital angesehen wurde. Diese Vorstellung setzt natürlich ein liberales Eigentum voraus, wie es dem Konzept des klassischen Rechts entsprach.

8 Es fehlt nicht an unwissenschaftlichen Schriften, in denen die Ausbreitung des römischen Rechts auf der Welt als bedrohlich wahrgenommen und mit Verschwörungstheorien verbunden wird.

II.) Die Wahrnehmung des römischen Rechts als Grundlage des modernen Rechts insgesamt: Grundsätzliche Auffassungen von der Bedeutung des römischen Rechts für Rußland

Zahlreiche in den zurückliegenden zwei Jahrzehnten erschienene Schriften gehen von dem Standpunkt aus, das moderne Recht sei insgesamt – also einschließlich des russischen Rechts der Gegenwart – Ergebnis einer Entwicklung, deren maßgeblichen Anfang das römische Recht der Antike gebildet habe. Hier kommt offenbar jedenfalls teilweise unter dem Eindruck eines Eingangs westlichen Rechts in die jüngere und jüngste Privatrechtsgesetzgebung die Bereitschaft zum Ausdruck, die Rechtsentwicklung des 19. Jahrhunderts als Vorstufe zum Entstehen des heute geltenden Rechts zu begreifen. Dem liegt regelmäßig die undifferenzierte Vorstellung zugrunde, daß bestimmte Einrichtungen zu verschiedenen Zeiten »schon« oder »erst« aus der römischen Tradition eingeführt worden seien. Es handelt sich also um ein Fortschrittsdenken, das das römische Recht als Ursprung von etwas für die Gegenwart Bedeutendem wahrnimmt, und zwar auch im Hinblick auf das russische Recht. So meint M. V. Vlasova, daß die Grundlagen des modernen Zivilrechts von den großen römischen Juristen gelegt worden seien. Im Anschluß an Pereterskij[9] nennt sie als maßgebliche Juristen Justinian und Celsus und identifiziert das von ihr als Ursprung wahrgenommene Gerechtigkeitskonzept mit der römischen *aequitas*.[10] Ein anderes Beispiel bietet Egorov, der im Rahmen einer zivilrechtlichen Gesamtdarstellung schreibt, der Einfluß des römischen Rechts auf das Rechtsleben sei so bedeutend, daß es sich seine Autorität bewahrt habe. Alle Grundbegriffe des kontinentalen Rechtssystems seien römisch, und viele Institute seien ebenso geregelt wie vor zweitausend Jahren in Rom. Daher bilde das römische Recht auch die Grundlage der Juristenausbildung.[11] Zur Begründung dieser Standpunkte werden verschiedentlich Vorstellungen geäußert wie etwa, daß das römische Recht »das allgemeine Recht der gesamten antiken Welt« gewesen sei und daß die Römer »als erste ein Recht des Privateigentums ausgearbeitet« hätten.[12] Wir beobachten hier – wie es später in manchen anderen Fällen sein wird –, daß besonders nicht-rechtshistorische Stellungnahmen der kritischen historischen Prüfung nicht immer werden standhalten können. Ihre Aussagekraft für diese Untersuchung wird dadurch allerdings nicht gemindert. Sie dienen immerhin als Belege für eine jeweils bestimmte *Vorstellung von der Bedeutung des römischen Rechts.*

Soweit sich das Erkenntnisinteresse dieser Arbeiten auf das gegenwärtige russische Recht richtet, wird das römische Recht nicht selten ganz selbstverständlich in einen Entwicklungszusammenhang mit dem modernen Recht einbezogen, ohne daß in jedem Fall näher erklärt würde, welchen historischen Weg die Ent-

9 Pereterskij, Digesty Justiniana, S. 107 u. 109.
10 Vlasova, Pravo sobstvennosti i social'naja spravedlivost', S. 51.
11 Egorov, in: Sergeev/Tolstoj, Graždanskoe pravo, S. 66.
12 Erofeev/Vodkin, Formirovanie pravovych predstavlenij, S. 8.

wicklung genommen haben soll, die das russische Recht mit dem römischen verbände. Ob also eine historische Rezeption des letzteren in Rußland eine Parallelentwicklung von dessen Privatrecht mit dem Recht Westeuropas ermöglicht haben soll oder ob die Autoren eher an eine Übernahme westlichen Rechts in jüngster Zeit denken, die dessen Tradition nun indirekt auch an Rußland vermittelt hätte, wird nicht immer offengelegt. Die genannten Vorstellungen stammen hauptsächlich aus der Zeit nach dem Systemwechsel von 1989/91 und sind offenbar wenigstens teilweise dadurch beeinflußt, daß zwischen der Rezeption des römischen Rechts und dem Einfluß »westlichen« Rechts nicht klar unterschieden wird.

Vor diesem Hintergrund äußert sich die Vorstellung von einer gewissen Zwangsläufigkeit einer Entwicklung des modernen Rechts aus dem römischen etwa bei Karina A. Kajumova.[13] Für diese Autorin folgt die Rechtsentwicklung notwendig dem wirtschaftlichen Wandel, ein Standpunkt, der zwar erheblichen Einfluß der marxistischen Formationstheorie verrät, gleichwohl aber als jüngsten Schritt die Schaffung der Rahmenbedingungen für die Marktwirtschaft benennt.[14]

Von der gleichen »Selbstverständlichkeit« der Übernahme von Einrichtungen aus dem römischen Recht spricht auch Michail Ju. Vodkin. In seiner Dissertation über Probleme der Rezeption des römischen Eigentumsrechts in den europäischen Kodifikationen des 19. und 20. Jahrhunderts zieht er eine Verbindungslinie zwischen dem antiken römischen Recht und der Durchsetzung des Privateigentums im modernen Rußland. Vodkin sieht im Übergang von den Formen des sozialistischen Eigentums zum Privateigentum der Bürger eine Hinwendung zum tradierten römischen Recht.[15] Ausgehend von der Vorstellung, daß das römische Recht zunächst keinen feststehenden Eigentumsbegriff gekannt habe, beschreibt er die Entwicklung des Privateigentums von den durch den Schutz individueller Behauptung von Gütern gekennzeichneten Anfängen bis zum justinianischen Recht, in dem das Eigentum seine Vollendung gefunden habe und zur Grundlage der europäischen Rechtsordnungen geworden sei.[16] Der Verfasser unterzieht die Fortwirkung des von ihm vorausgesetzten römischen Eigentumskonzepts in der Neuzeit, die also auch das russische Recht erfaßt, einer kritischen Analyse. Seine Kritik zielt insbesondere auf den Individualismus, der das Recht der europäischen Kodifikationen des 19. Jahrhunderts kennzeichnete. Auf ihn führt Vodkin die Auffassung zurück, daß die Rechte des einzelnen als subjektive Rechte wahrzunehmen seien, die der Staat bis zur Grenze der subjektiven Rechte anderer

13 Kajumova, Razvitie ėkonomičeskich otnošenij, S. 23.
14 Kajumova, Razvitie ėkonomičeskich otnošenij, S. 25.
15 Vodkin, Problemy recepcii rimskogo prava sobstvennosti, S. 3.
16 Vodkin, Problemy recepcii rimskogo prava sobstvennosti, S. 22, 57 u. 72.

gewährleiste.[17] Hieran entwickelt Vodkin seine Kritik in Anlehnung an Duguit,[18] dessen Konzept einer Sozialfunktion der Rechte er zustimmt.[19] Danach soll das Eigentum als Instrument zur Befriedigung bestimmter wirtschaftlicher Zwecke verstanden werden. Vodkin meint, in den modernen Staaten wandelten sich diese wirtschaftlichen Zwecke und somit das Eigentum selbst, das nach Sozialisation strebe. Das individuelle Eigentum müsse im Verlaufe dieser Entwicklung zurücktreten angesichts der zunehmenden Sozialfunktion, und die Bedeutung des Schutzes von Kollektivgütern nehme zu.[20] Dieser Entwicklung habe der Eingang des vom römischen *dominium* geprägten individualistischen Eigentums in westeuropäische Gesetzbücher des 19. Jahrhunderts ebenso entgegengestanden wie die jüngste Entwicklung des Eigentumsrechts in Rußland.[21]

Irina V. Makarova beschreibt in ihrer von Letjaev betreuten Wolgograder Dissertation über den Einfluß des römischen Rechts auf das moderne russische Schuldrecht umfassende Auswirkungen des römischen Rechts. Ausgehend von einem auf das moderne Zivilrecht ausgerichteten Erkenntnisinteresse meint sie, in Rußland habe eine Rezeption sowohl der Einrichtungen des römischen Rechts als auch seiner Prinzipien stattgefunden und werde noch gegenwärtig betrieben. Als grundlegende Prinzipien des römischen Rechts nennt Makarova die Gleichheit der Bürger vor dem Gesetz, die Gerechtigkeit, die Redlichkeit sowie die Willensfreiheit.[22] Auf sie bezieht sich Makarova, wenn sie von der Rezeption des »Geistes« des römischen Rechts spricht.[23] Was das Prinzip der Gleichheit anbetrifft, meint sie, dieses sei im Mittelalter nicht verwirklicht gewesen, es sei vielmehr erst zur Forderung der bürgerlichen Revolutionen erhoben worden. In der Sowjetperiode habe ein eigentümlicher Gleichheitsgrundsatz geherrscht, der insoweit mit einer Doppelmoral einhergegangen sei, als trotz der formalen Gleichheit aller Bürger vor dem Gesetz in Wirklichkeit die Schicht der »sowjetischen

17 Vodkin, Problemy recepcii rimskogo prava sobstvennosti, S. 100-101.

18 Vodkin, Problemy recepcii rimskogo prava sobstvennosti, S. 99 ff. im Anschluß an Duguits 1912 erstmals erschienenes Werk Les transformations générales du droit privé depuis le Code Napoléon (russ. 1919).

19 Vodkin, Problemy recepcii rimskogo prava sobstvennosti, S. 157.

20 Vodkin, Problemy recepcii rimskogo prava sobstvennosti, S. 101.

21 Vgl. Vodkin, Problemy recepcii rimskogo prava sobstvennosti, S. 102.

22 Die Vorstellung, das russische Recht habe so grundsätzliche Prinzipien wie das der »Gerechtigkeit« aus dem römischen Recht entlehnen müssen, wie sie bei dieser Autorin und ähnlich etwa bei Bojko (s. unten S. 647, Fn. 18) auftritt, mag angesichts der überragenden Bedeutung der traditionellen, mit dem Ausdruck »pravda« bezeichneten Begrifflichkeit (s. oben S. 85 f.) überraschen. Sie ist erklärlich vor dem Hintergrund der die russische Rechtswirklichkeit verschiedentlich kennzeichnende Erfahrung eines »Rechtsnihilismus«, der sich gerade dadurch auszeichnet, daß es zwar Rechts*regeln* gibt, die Bedeutung derselben allerdings mangels verbindlicher Rechts*prinzipien* (s. unten S. 435 f., Fn. 242) dem Einfluß jeweils herangetragener Zwecke ausgesetzt ist.

23 Makarova, Vlijanie rimskogo prava, S. 13. Kritisch Tkačenko, Pravovye reformy v Rossii, S. 191 f., der hier rechtshistorische Ungereimtheiten und den Einfluß von Ideologie wahrnimmt.

Nomenklatur« Privilegien genoß. Auch nachdem das Prinzip der Gleichheit in der Verfassung der Russischen Föderation von 1993 anerkannt worden sei, bedürfe es noch eines Wandels im Rechtsbewußtsein, bevor von einer Verwirklichung dieses Prinzips aus dem römischen Recht gesprochen werden könne. Ähnlich beschreibt Makarova eine Rezeption des Prinzips der Gerechtigkeit aus dem römischen Recht. Sie stellt fest, während dieses Prinzip durch das Verfassungsrecht westeuropäischer Staaten garantiert sei, hätten sich in der UdSSR auch insoweit »doppelte Standards« etabliert. Die Entwicklung der römischen Prinzipien im modernen russischen Schuldrecht sei vor allem mit der Verabschiedung des Bürgerlichen Gesetzbuches von 1994 verbunden.[24]

Diana V. Sas behandelt in ihrer Dissertation über Quellen des Rechts in der römischen Rechtstradition die Frage, wie angesichts des historischen Wandels des römischen Rechts dessen Relevanz für die Gegenwart begründet werden könne. Sie schlägt vor, die römische Rechtstradition in den Blick zu nehmen, also die Wirkungsgeschichte jener systematisch ineinandergreifenden Rechtseinrichtungen, die ihre Entstehung der römischen Rechtskultur verdanken. Diese bilde, geprägt durch charakteristische Rechtsansichten, Normen und praktische Empfehlungen, die Grundlage für eine Tradition, in der viele Errungenschaften der römischen Rechtskultur weitergegeben und fortentwickelt worden seien.[25] Hauptziel der Arbeit ist die Erforschung der Rechtsquellen einschließlich des jeweils zugrundeliegenden Konzepts und dessen historischer Entwicklung.[26] Sas meint, dem römischen Recht verdanke die Rechtswissenschaft die Entwicklung des Begriffs der Rechtsquelle, und auch die Differenzierung zwischen den Rechtsquellen gehe auf diesen Ursprung zurück. Es bestehe ein enger Zusammenhang zwischen den jeweiligen Theorien der Rechtsquellen im römischen und im modernen Recht, was vom Anschluß an die römische Rechtstradition zeuge.[27] Dieser Zusammenhang erstrecke sich auch auf die russische Rechtsquellenlehre.[28]

Vladimir A. Slyščenkov vertritt den Standpunkt, die Besonderheit der – von diesem Autor ohne weiteres vorausgesetzten – Rezeption im vorrevolutionären Rußland habe darin bestanden, daß das römische Recht dorthin schon in einer durch westeuropäische Juristen überarbeiteten Fassung gelangt sei. Zwar habe die Rezeption insoweit einen begrenzteren Charakter als in Westeuropa gehabt, als das Corpus iuris dort von den Gerichten geradezu als geltendes Recht angewandt wurde, doch habe sie immerhin darin bestanden, daß Dogmatik und Gerichte theoretische Grundsätze, Regelungen, Klassifikationen, Prinzipien usw. aus dem römischen Recht entlehnten.[29]

24 Makarova, Vlijanie rimskogo prava, S. 29.
25 Sas, Istočniki prava v rimskoj pravovoj tradicii, S. 17-18.
26 Sas, Istočniki prava v rimskoj pravovoj tradicii, S. 5.
27 Sas, Istočniki prava v rimskoj pravovoj tradicii, S. 14 u. 16-17.
28 Sas, Istočniki prava v rimskoj pravovoj tradicii, S. 9.
29 Slyščenkov, Proekt Graždanskogo uloženija, S. 73-74.

Entsprechende Vorstellungen von einer grundlegenden Bedeutung des römischen Rechts für das russische werden auch im Hinblick auf das Verfahrensrecht geäußert. So meint Elena V. Salogubova, die Zivilprozeßordnung[30] von 1864 habe verschiedene Elemente aus dem römischen Prozeßrecht übernommen, nämlich unter anderem das Prinzip der Beweislastverteilung sowie das Recht der Beweismittel. Auch seien hier erstmals das Versäumnisurteil sowie die Berufung aufgenommen worden, welche im römischen Recht entstanden seien.[31] Evgenij Ju. Kuryšev ergänzt diese Darstellung dahingehend, daß in die Zivilprozeßordnung auch Bestimmungen des römischen Rechts über Zeugen und Zeugenaussagen eingegangen seien, die bereits im Sobornoe Uloženie von 1649 enthalten waren.[32] Als Grundlage des modernen – auch russischen – Verfahrensrechts wird bei Irina N. Glazunova das römische Prozeßrecht, insbesondere das der klassischen Periode, beschrieben. Nach ihrer Darstellung sollen verschiedene Verfahrensgrundsätze ihre Anfänge im römischen Recht genommen haben.[33] Dieser behauptete Wirkungszusammenhang geht offenbar nicht von einer Vermittlung römischen Rechts über dessen Geltung in Westeuropa aus, denn dort war das römische Prozeßrecht – als öffentliches Recht – ganz überwiegend nicht rezipiert worden. Zugrunde liegt vielmehr der Gedanke, daß bestimmte für das römische Prozeßrecht belegte Grundsätze aufgrund der ihnen innewohnenden Überzeugungskraft auch in das russische Verfahrensrecht Eingang gefunden hätten.

Zusammenfassend wird man vorläufig festhalten können, daß die Vorstellung von einer Rezeption des römischen Rechts für Rußland vielfach zu der Auffassung von seiner selbstverständlichen Relevanz für die Gegenwart geführt hat. In diesem Zusammenhang wird im Schrifttum öfters darauf hingewiesen, daß die Bedeutung des römischen Rechts in seinem erheblichen Einfluß auf nicht nur die nachfolgende Rechtsentwicklung, sondern auch auf die Kultur im Allgemeinen bestehe, so daß das römische Recht aufgrund seiner historischen Fortwirkung in der Privatrechtsgeschichte jedem gebildeten Juristen vertraut sein sollte.[34] Nicht in jedem Fall werden die zugrundeliegenden Vorstellungen sehr differenziert begründet.

30 Für den »Ustav Graždanskogo sudoproizvodstva« von 1864 wird im weiteren Verlauf dieser Arbeit die Bezeichnung »Zivilprozeßordnung« bzw. kurz »ZPO« verwendet.

31 Salogubova, Osnovnye graždanskie processual'nye instituty, S. 104 ff.

32 Kuryšev, Recepcija v rossijskom prave, S. 60.

33 Diese Autorin sieht einen grundlegenden Unterschied darin, daß im modernen Recht zwar ein funktionaler Zusammenhang zwischen dem materiellen Recht und dem Prozeßrecht bestehe, der die begriffliche Differenzierung nicht immer als überzeugend erscheinen lasse, im römischen Recht allerdings das Prozeßrecht noch viel unmittelbarer mit dem materiellen Recht verbunden gewesen sei. Diese Auffassung, die durch die verbreitete Vorstellung vom »aktionenrechtlichen Denken« römischer Juristen (vgl. Kaser, Das römische Privatrecht, Bd. 1, S. 226) angeregt sein könnte, ist offenbar unter dem Einfluß älteren romanistischen Schrifttums entstanden. Vgl. Glazunova, Vlijanie rimskogo prava, S. 3-4 u. 10-11.

34 Vgl. die vielbeachteten Bemerkungen bei Novickij/Pereterskij, Rimskoe častnoe pravo, S. 3.

III.) Einzelne Standpunkte zur Frage der Rezeption, überwiegend aus Arbeiten mit ganz oder hauptsächlich rechtshistorischer Ausrichtung

Einige Arbeiten sind eigens dem hier als Kerngesichtspunkt verfolgten Problem der Rezeption gewidmet. Sie geben näheren Aufschluß über bestimmte Merkmale der Wahrnehmung der Rezeption des römischen Rechts aus russischer Sicht.

1.) Valerij A. Letjaev

Zu den wichtigsten jüngeren Beiträgen zum Thema der Rezeption des römischen Rechts in Rußland zählen Valerij Letjaevs Forschungen.[35] Der Wolgograder Rechtshistoriker untersucht die grundlegenden Tendenzen des Einflusses des römischen Rechts auf das bürgerliche Recht Rußlands im Kontext der Entwicklung der russischen Rechtswissenschaft der letzten beiden Jahrhunderte. Seine Arbeit »Die Rezeption des römischen Rechts in Rußland im 19. bis zum Beginn des 20. Jahrhunderts« gehört zu den ersten monographischen Untersuchungen, die das Problem der Rezeption des römischen Rechts in Rußland im genannten Zeitraum mit rechtshistorischem Erkenntnisinteresse als umfassenden Prozeß in den Blick genommen haben. Letjaev hält den Begriff der »Rezeption des römischen Rechts« in bezug auf die russische Rechtsentwicklung im 19. Jahrhundert für brauchbar und tritt auch für die Verwendung des Ausdrucks ein.[36] Er meint, Normen und Rechtsinstitute des römischen Rechts, wie sie in anderen kontinentaleuropäischen Staaten – im Gegensatz zu Rußland – umfassend Eingang gefunden hätten, seien teilweise auch in Rußland zur Geltung gelangt, wenn auch unter dem Vorbehalt besonderer, hier herrschender Anwendungsbedingungen.[37] So hätten sie z. B. nicht auf Grundlage der römischen Textsammlungen wirken können, sondern im Rahmen russischer Gesetzessammlungen. Der Autor meint, die Rezeption des römischen Rechts sei für die Entstehung und Entwicklung des Gesetzesrechts in Rußland notwendig gewesen. Sowohl im römischen Recht als auch in anderen ausländischen Rechten seien bestimmte rechtliche Probleme auf

35 Unter den Arbeiten Letjaevs sind in erster Linie die Monographie Recepcija rimskogo prava v Rossii XIX – načala XX v. (2001) zu nennen sowie der Aufsatz Neobchodimost' i dostatočnost' recepcii norm rimskogo prava v Rossii XIX – načala XX v. (2000). In seinem Werk Vosprijatie rimskogo nasledija rossijskoj naukoj XIX – načala XX v. (2002) beschäftigt sich Letjaev mit der gesamten Altertumswissenschaft in Rußland; vgl. S. 5-15 sowie 175-183; das römische Recht wird hier nur am Rande behandelt; vgl. z. B. S. 19-22 u. 36.

36 Letjaev, Recepcija rimskogo prava, S. 34 u. 207-209. Letjaevs Standpunkt liegt offenbar auch der uneingeschränkten Behauptung bei Bočkarev/Letjaev/Melichov/Šaronov, Zaščita vladenija, S. 8, zugrunde, das römische Recht sei »in vielen Ländern der Welt, einschließlich Rußlands« rezipiert worden.

37 Bereits im Jahr 2000 hat Letjaev kritisch untersucht, ob es eine Rezeption von Normen des römischen Rechts (recepcija *norm* rimskogo prava) gegeben habe. Vgl. Letjaev, Neobchodimost', S. 194. Er ist zu einem differenzierenden Urteil gelangt, weil er auch einen mittelbaren Einfluß romanistischen Gedankenguts berücksichtigt hat.

hervorragende Weise gelöst worden, und Rußland habe diese Lösungen jeweils rezipieren können. Wenn das römische Recht historischer Vorgänger des europäischen Rechts sei, dann gelte dies also auch für Rußland. Es bestehe nämlich aufgrund des historischen Zusammenhangs eine »genetische« Gemeinsamkeit hinsichtlich rechtlicher Begriffe und Einrichtungen.

Letjaev meint, inwieweit im einzelnen Entlehnungen aus dem römischen Recht in das russische aufgenommen worden seien, sei in der Vergangenheit deswegen kaum wissenschaftlich untersucht worden, weil man sich zu einseitig am Vergleich bestimmter Rechtseinrichtungen orientiert habe, ohne gleichzeitig die begleitenden historischen Bedingungen zu beachten, also sozial-ökonomische, ideologische, politische, kulturelle und wissenschaftsinterne Entwicklungen. Insoweit bedürfe es konkreter und spezialisierter Forschung sowie einer grundsätzlichen Neuausrichtung der wissenschaftlichen Perspektive.[38] Nach Letjaevs Auffassung hat es der russischen Rechtswissenschaft im 19. Jahrhundert an spezieller und grundlegender Erforschung der rechtlichen Entlehnungen insbesondere aus dem römischen Recht gemangelt. Dies habe vor allem für die Analyse des Einflusses römischen Rechts auf den Entwicklungsprozeß des eigenen, also russischen Rechts gegolten. Durch die intensiveren wirtschaftlichen und anderweitigen Beziehungen zwischen Rußland und Westeuropa sei es aber zu Wechselwirkungen auch zwischen den Rechtssystemen gekommen, so daß man insoweit von einer umfassenden und zusammenhängenden Rechtsentwicklung sprechen könne.[39]

Die Rezeption des römischen Rechts in Rußland beschreibt Letjaev als Teilaspekt einer allgemeinen europäischen Tendenz der Rechtsentwicklung. Er verweist auf die Rolle des römischen Rechts und dessen Wahrnehmung an russischen Universitäten, auf die intensiven Beziehungen zwischen russischen Wissenschaftlern und westeuropäischen, insbesondere deutschen Universitäten sowie auf die Bedeutung für Gesetzgebung und gerichtliche Praxis.[40] Besonders zu Beginn des 20. Jahrhunderts seien dauerhafte Formen des Vordringens des römischen Rechts in das russische Rechtsbewußtsein entstanden, nämlich durch das Universitätsstudium,[41] die wissenschaftliche Ausarbeitung zivilrechtlicher Gegenstände sowie die Rechtsprechung, hier besonders durch die Praxis der Kassationsabteilung des Dirigierenden Senats in Zivilsachen.[42]

Letjaev vertritt die Auffassung, im russischen Recht habe nicht nur der »Geist des römischen Rechts« gewirkt, sondern es sei zu einer Rezeption auf der Ebene

38 Letjaev, Recepcija rimskogo prava, S. 207-209.

39 Letjaev, Recepcija rimskogo prava, S. 31 f.

40 Letjaev, Recepcija rimskogo prava, S. 208.

41 Letjaev betont die besondere Bedeutung des römischen Rechts für die Entstehung und den Ausbau der russischen Universitäten; Recepcija rimskogo prava, S. 71-74.

42 Letjaev, Recepcija rimskogo prava, S. 209. Wir werden Letjaevs Einzeluntersuchungen weiter unten bei der Auseinandersetzung mit den materiellrechtlichen Einzelfragen im Rahmen der Kapitel über die Rechtsprechung des Dirigierenden Senats und über die um die Wende zum 20. Jahrhundert erarbeiteten Gesetzesentwürfe einbeziehen.

der Institutionen und der bürgerlichen Rechtsverhältnisse gekommen.[43] Das geistige Erbe des römischen Rechts habe eine bedeutende Rolle für die Entwicklung des russischen Rechts und der Rechtswissenschaft gespielt, und sein System habe als wissenschaftstheoretisches Vorbild gedient. Nach Meinung Letjaevs hat dies der russischen Rechtswissenschaft erlaubt, das Niveau der europäischen Entwicklung der Rechtswissenschaften zu erreichen.[44] Der Autor meint, das römische Recht habe Einfluß auf die herrschende Rechtsdoktrin in Rußland und ihre Eigenheiten, auf die Rechtsinstitute, die Rechtsquellen sowie Methoden ihrer Auslegung genommen und sei besonders im vorrevolutionären und im modernen Recht in dieser Weise wahrgenommen worden. Es habe den Stil des russischen Rechtssystems reformiert und die Aufnahme desselben in die Tradition der romanisch-germanischen Rechtsfamilie befördert.[45]

2.) Evgenij Ju. Kuryšev

Kuryšev geht in seiner Dissertation über »Rezeption im rußländischen Recht« von einem allgemeinen Rezeptionsbegriff aus, der sich auf die bewußte Übernahme und Verwertung fremder Kultur für die eigene bezieht.[46] Was die Rezeption von Recht anbetrifft, hat Kuryšev einen komplexen Vorgang vor Augen, der in einer »Nachfolge« im Recht, also in der Übernahme des Rechts eines solchen anderen Staates besteht, dessen Rechtskultur, soziale und wirtschaftliche Voraussetzungen den entsprechend beim Rezipienten herrschenden Verhältnissen ähnlich sind.[47] Kuryšev meint, daß die Aufnahme ausländischer Erfahrungen sehr wichtig für die vergangene Entwicklung des russischen Rechtssystems gewesen sei und dies weiterhin bleibe. Für die Rechtsordnung Rußlands bedeute Rezeption eine Form der Modernisierung.[48] Negativ wirke sie sich allerdings aus, wenn sie eine Übernahme von Rechtsinstituten ohne Rücksicht auf kulturelle und traditionelle Besonderheiten des tradierten Rechts bewirke.[49]

Kuryšev ist der Ansicht, die moderne Rechtswissenschaft erkenne den Einfluß des römischen Rechts vor allem auf das Zivilrecht in Rußland an.[50] Er spricht von einer »Totalrezeption« (total'naja recepcija) des byzantinischen Rechts im mittelalterlichen Rußland, wobei er diesen umfassenden Ausdruck in dem beschränkten Sinne verwendet, daß zwar Rechtsnormen und -einrichtungen aus dem römischen Recht in Rußland aufgenommen worden seien, der Eingang der entsprechenden Rechtstheorie im übrigen allerdings ausgeblieben sei. Nach Kuryševs Auffassung hat der Vorgang die Modernisierung des russischen Rechts

43 Letjaev, Recepcija rimskogo prava, S. 40f., 60 u. 209.
44 Letjaev, Recepcija rimskogo prava, S. 74 u. 209.
45 Letjaev, Recepcija rimskogo prava, S. 210.
46 Kuryšev, Recepcija v rossijskom prave, S. 24.
47 Kuryšev, Recepcija v rossijskom prave, S. 30.
48 Kuryšev, Recepcija v rossijskom prave, S. 8 u. 49.
49 Kuryšev, Recepcija v rossijskom prave, S. 3.
50 Kuryšev, Recepcija v rossijskom prave, S. 50.

gleichwohl wesentlich befördert. Er meint, mit der Herrschaft Peters I. habe eine neue Phase der Rezeption eingesetzt, die sich diesmal auf ausländisches Recht gerichtet habe.[51] Dieser Vorgang habe allerdings ungünstige Folgen für das Rechtsbewußtsein in Rußland nach sich gezogen. Die künstliche Übernahme ausländischen Rechts ohne adäquaten Anschluß an vorausgegangenen Phasen der Rechtsentwicklung habe nämlich die eigenständige Entwicklung des russischen Rechts behindert. Kuryšev meint, es habe insoweit an einer Nachfolge im Recht und damit an einem der Hauptmerkmale einer Rezeption gefehlt. Der Einfluß des ausländischen Rechts in Rußland habe sich auch jeweils während der Herrschaft von Katharina II., Alexander I. und Alexander II. ausgewirkt.[52] Im 19. Jahrhundert sei man davon abgekommen, westeuropäisches Recht kopieren zu wollen, und habe nun eine Rezeption im Sinne einer kreativen Aufnahme des Rechts aus dem Westen betrieben. Nach Kuryšev erfolgte dieser Vorgang auf eine Weise, die Gewähr dafür bot, daß nationale Besonderheiten Rußlands erhalten blieben.[53]

3.) Evgenij A. Suchanov und Leonid L. Kofanov

In mehreren gemeinsam verfaßten Arbeiten haben sich der Zivilrechtler Suchanov und der Rechtshistoriker Kofanov zum Einfluß des römischen Rechts auf das russische Recht geäußert.[54] Die beiden Moskauer Autoren verwenden den Terminus »recepcija« in verschiedener Hinsicht, nämlich sowohl für die Zeit der Rus' seit dem 10. Jahrhundert[55] als auch in einem neuzeitlichen Kontext, wenn sie die Bedeutung einer Rezeption des »Geistes des römischen Rechts« (»recepcija ducha rimskogo prava«) für das russische Zivilrecht, die Gesetzgebung, die Praxis sowie die Juristenausbildung erörtern.[56] Suchanov und Kofanov sind der Auffassung, daß man von einer direkten Rezeption des römischen Rechts nicht sprechen könne. Das russische Privatrecht habe nämlich fast niemals wirklich die materiellen Bestimmungen des römischen Rechts genutzt. Sie meinen allerdings, man habe zahlreiche im römischen Recht enthaltene Ideen entlehnt und auf dieser Grundlage eigene juristische Konstrukte entwickelt. Auf diese Weise habe die russische Rechtswissenschaft, ebenso wie es die deutschen Pandektisten getan hätten, aus den römischen Quellen unmittelbar Material für die juristische Bildung

51 Kuryšev, Recepcija v rossijskom prave, S. 55-57.

52 Kuryšev, Recepcija v rossijskom prave, S. 58 f.

53 Kuryšev, Recepcija v rossijskom prave, S. 62.

54 Suchanov/Kofanov, O roli izučenija, S. 10 f. Zwar vertritt Suchanov das Zivilrecht, während Kofanov rechtsgeschichtlich spezialisierter Historiker ist, doch haben beide Autoren zu den hier verfolgten Fragen mehrfach gemeinsam publiziert, so daß es gerechtfertigt ist, sie zusammen zu behandeln.

55 Suchanov/Kofanov, Vlijanie rimskogo prava, S. 7 ff.

56 Suchanov/Kofanov, Vlijanie rimskogo prava, S. 9 u. 13.

und die Gesetzgebung gewonnen.[57] Dies habe die Herausbildung eines eigenständigen Privatrechts ermöglicht, welches in Rußland überhaupt erst in den sechziger Jahren des 19. Jahrhunderts, also nach den Reformen Alexanders II., anerkannt worden sei.[58] Diese Entwicklung sei unterstützt worden durch zahlreiche Forschungen der damaligen russischen Altertumswissenschaft.[59]

4.) Irina V. Makarova

In ihrer Dissertation über den »Einfluß des römischen Rechts auf die Entstehung der Einrichtung des Schuldrechts in Rußland« geht Makarova, wie gesehen,[60] von einer umfassenden Rezeption des römischen Rechts in Rußland aus.[61] Diese stellt sich die Autorin als Aneignung und Aufnahme des römischen Rechts durch die Gesellschaft vor.[62] Sie meint, dieser Vorgang habe sich nicht auf die Übernahme von Normen und Rechtsinstituten beschränkt, sondern auch auf die grundlegenden Prinzipien des römischen Rechts bezogen.[63] Der von ihr wahrgenommene Rezeptionsvorgang richtete sich auf juristische Technik, Rechtsanwendungspraktiken und Rechtsprinzipien. Makarova beschreibt dies, indem sie von der Übernahme des »Geistes des römischen Rechts« spricht.[64] Die grundlegenden Prinzipien, durch die sich dieser »Geist« nach ihrer Vorstellung ausdrückt, sind die Grundsätze der Gleichheit aller Bürger (»*Quod ad jus naturale attinet, omnes homines aequales sunt*«; Ulpian 43 *ad Sabinum* D. 50,17,32), der Gerechtigkeit (»*Ius respicit aequitatem*«; »*lex aequitate gaudet*«; »*In omnibus maxime tamen in jure aequitas spectanda est*«; Paulus 15 *quaestionum* D. 50,17,90), von Treu und Glauben (»*bona fides*«;

57 Suchanov/Kofanov, O roli izučenija, S. 8 f.
Wenn im folgenden von »Privatrecht« gesprochen wird, dann bezieht sich der Ausdruck im weiten Sinne auf die jeweiligen Rechtsnormen, die (unabhängig von ihrem Ursprung) die Rechtsbeziehungen Privater untereinander regeln. Weite Teile des russischen Schrifttums setzen für Privatrecht dagegen voraus, daß es im wesentlichen durch die Privatautonomie gekennzeichnet und insoweit frei von staatlichen Eingriffen ist. Sie lassen die Privatrechtsgeschichte Rußlands in diesem engeren Sinne daher erst mit den 1860er Jahren beginnen. Vgl. Suchanov, Ausgewählte Probleme der Entwicklung des Privatrechts, S. 555 und unten S. 318 f.

58 Das meint Suchanov; vgl. den Nachweis in der vorangehenden Fußnote a. E..

59 Kofanov erkennt ein besonderes Interesse der russischen Altertumswissenschaft am (römischen) Schuldrecht in der zweiten Hälfte des 19. Jahrhunderts, nämlich unter dem besonderen Einfluß der deutschen Geschichtswissenschaft. Vgl. Kofanov, Objazatel'stvennoe pravo v archaičeskom Rime, S. 12.

60 S. oben S. 100 f.

61 Makarova, Vlijanie rimskogo prava, S. 4-5 u. 19.

62 Makarova, Vlijanie rimskogo prava, S. 31.

63 Makarova, Vlijanie rimskogo prava, S. 13. Die Autorin setzt sich insoweit mit den ihr sachlich nahestehenden Standpunkten von Suchanov/Kofanov sowie Letjaev auseinander; vgl. aaO., S. 20.

64 Makarova, Vlijanie rimskogo prava, S. 20.

Iavolen 11 *epistularum* D. 19,2,21) sowie der Willensfreiheit (Celsus 33 *digestorum* D. 1,3,19).[65]

Als historische Faktoren, die die Rezeption des römischen Rechts beförderten, benennt Makarova zunächst die mittelalterlichen Kontakte zu Byzanz und die Verbreitung des byzantinischen Rechts mit der Einführung des Christentums im 10.-12. Jahrhundert.[66] Diese kulturelle Verbindung habe auch bewirkt, daß das römische Recht bei der Regelung der internationalen Beziehungen Rußlands Verwendung finden konnte, nämlich in den Verträgen zwischen der Rus' und dem byzantinischen Reich.[67] Im übrigen meint Makarova, das römische Recht habe sich durchsetzen können, weil es verschiedenen gesellschaftlichen Regelungsbedürfnissen besser habe begegnen können als die Gewohnheitsrechte.[68] Es habe auch den Interessen der Herrschenden gedient, indem es eine Zentralisierung der Macht erlaubte und die Zarenherrschaft zu rechtfertigen half, und zwar in Verbindung mit einer Übernahme byzantinischer Vorstellungen von Recht und Staat sowie unterstützt von der Idee, daß Moskau das »Dritte Rom«, Rußland insoweit also Nachfolger von Byzanz sei.[69] Schließlich habe das römische Recht dazu beigetragen, daß es zu einer Verwissenschaftlichung des geltenden Rechts gekommen sei.[70] Gleichwohl waren die Errungenschaften des römischen Rechts, wie Makarova meint, in der frühen Neuzeit nicht so gefragt wie in West- und Mitteleuropa, was die Autorin mit der Rückständigkeit der Wirtschaft sowie mit dem Fortbestand der Leibeigenschaft erklärt. So sei es auch erst spät zur Einrichtung eines universitären Rechtsstudiums und einer wissenschaftlichen Erforschung des römischen Rechts gekommen.[71]

Als die drei wichtigsten Faktoren, die die Rezeption des römischen Rechts anschließend beförderten, nennt Makarova die Systematisierung der Gesetzesvorschriften, die Entstehung der russischen Jurisprudenz und die Rechtsprechung.[72] Für die Systematisierung des positiven Rechts verweist sie auf die Arbeiten am Svod Zakonov und die in diesem Zusammenhang aufgekommene Diskussion, ob und inwieweit ausländisches Recht bei der Gesetzgebung herangezogen werden könne. Die Autorin benennt ferner das lebendige Interesse der russischen Rechtswissenschaft daran, das römische Recht als allgemeine Rechtstheorie zu entwickeln,[73] und die Förderung dieser Neigung durch wissenschaftlichen Austausch und Kontakt zu west- und mitteleuropäischen Universitäten,[74] die gleich-

65 Makarova, Vlijanie rimskogo prava, S. 13 u. 24.
66 Makarova, Vlijanie rimskogo prava, S. 33 u. 199.
67 Makarova, Vlijanie rimskogo prava, S. 40 u. 199.
68 Makarova, Vlijanie rimskogo prava, S. 34 u. 199.
69 Makarova, Vlijanie rimskogo prava, S. 38 ff. u. 199. Zu der genannten Vorstellung s. unten S. 138 f.
70 Makarova, Vlijanie rimskogo prava, S. 41.
71 Makarova, Vlijanie rimskogo prava, S. 14, 44 u. 200.
72 Makarova, Vlijanie rimskogo prava, S. 14, 45 u. 58.
73 Makarova, Vlijanie rimskogo prava, S. 45.
74 Makarova, Vlijanie rimskogo prava, S. 14.

zeitig zu einer Neuordnung des russischen Rechtsstudiums nach westlichem Vorbild führten und dasselbe zu einem Mittel der Rezeption des römischen Rechts werden ließen.[75] Die Einwirkung des römischen Rechts im Zarenreich sei schließlich im Wege der Rechtsprechung erfolgt, insbesondere durch die Praxis der Kassationsabteilung des Dirigierenden Senats in Zivilsachen.[76] Makarova weist schließlich auf die große Bedeutung hin, die dem Einfluß des römischen Rechts für die Vereinheitlichung des Rechts in den verschiedenen Territorien des Zarenreichs zugekommen sei. Außerdem habe das römische Recht als theoretische und historische Grundlage der europäischen Rechtsordnungen die Annäherung Rußlands an Europa vorangebracht. Sie meint, die Zugehörigkeit des russischen Rechts zu der romano-germanischen Rechtsfamilie sei immer erstrebt worden, doch sei diese letztlich erst mit der Einführung der Verfassung der Russischen Föderation von 1993 und des Bürgerlichen Gesetzbuchs von 1994 erreicht worden.[77]

5.) Sergej V. Tkačenko

Tkačenko gesteht der Rezeption des römischen Rechts in Rußland erhebliche Bedeutung zu, und zwar beginnend mit der Annahme des Christentums im 10.-11. Jahrhundert. Auch er unterscheidet grundsätzlich zwischen der mittelalterlichen Wahrnehmung und Etablierung des römischen Rechts und den neuzeitlichen Wirkungen. Als Beispiel für die frühe Rezeption des römischen Rechts in Rußland nennt Tkačenko die Verbreitung der Kormčaja kniga, einer Sammlung des Kirchenrechts mit Ursprüngen im späten 11. Jahrhundert.[78] Eine andere wichtige Folge dieses Rezeptionsvorganges ist für Tkačenko die Einführung des Gesetzes überhaupt als Rechtsquelle, die durch das Vordringen des Christentums und die Übernahme zahlreicher Bestimmungen des byzantinischen Rechts gefördert wurde.[79]

Tkačenko setzt sich mit der Rezeption kritisch auseinander. Den Ausdruck »Rezeption« findet er insofern nicht uneingeschränkt treffend, als die vom ausländischen Recht übernommenen Rechtsinstitute jeweils an die örtlichen Gegebenheiten angepaßt und dadurch verändert worden seien. Dies habe auch für das übernommene römische Recht gegolten.[80] Entschieden wendet sich Tkačenko gegen eine Idealisierung des römischen Rechts. Er meint, sie verleite dazu, alte

75 Makarova, Vlijanie rimskogo prava, S. 52.
76 Makarova, Vlijanie rimskogo prava, S. 14.
77 Makarova, Vlijanie rimskogo prava, S. 51.
78 Tkačenko, Problemy opredelenija, S. 104. Die Kormčaja kniga, die mehrere Redaktionen durchlief, bildete eine Übertragung des byzantinischen Nomokanon; Meyendorff/Baynes, The Byzantine Inheritance, S. 377. Der Nomokanon enthielt byzantinisches Kirchenrecht sowie zivil-, straf- und verfahrensrechtliche Bestimmungen, die auf den Codex Iustinianus zurückgingen. Vgl. Küpper, Rechtsgeschichte Osteuropas, S. 66; Butler, Art. Russia, S. 167; ders., Russian Law, S. 17f.
79 Tkačenko, Problemy opredelenija, S. 113.
80 Tkačenko, Problemy opredelenija, S. 131.

Bestimmungen in ahistorischer Weise mit moderner Begrifflichkeit zu verknüpfen.[81] So erkläre sich bei manchen Autoren die Neigung, zahlreiche Rechtsinstitute auf das römische Recht zurückführen zu wollen,[82] sowie ferner die verbreitete Vorstellung, das moderne Recht gehe insgesamt auf ein und dieselbe Quelle zurück, nämlich auf das römische Recht.[83] Es sei zwar richtig, daß sowohl das Institut des Privateigentums von den Römern herausgebildet worden sei[84] als auch darüber hinaus die Grundlagen des modernen Privatrechts.[85] Das römische Recht habe einen universellen und allumfassenden Charakter.[86] Tkačenko glaubt allerdings feststellen zu müssen, daß die Bedeutung des römischen Rechts übertrieben werde, um Aktualität und Einfluß desselben zu erklären.[87] Er meint, der Nachteil der Idealisierung des römischen Rechts[88] bestehe darin, daß die Juristen zu sehr auf dasselbe fixiert seien, anstatt das Recht fortzuentwickeln und zu modernisieren. Darüber hinaus meint der Autor, eine einseitige Begeisterung für das römische Recht täusche darüber hinweg, daß dasselbe rücksichtslosem Individualismus Vorschub leiste.[89]

Für Tkačenko kann die Aktualität des römischen Rechts mit einem historischen Ansatz nicht überzeugend begründet werden.[90] Er meint, das römische Recht entfalte vielmehr seine Bedeutung für neuzeitliche Rechtsordnungen, wenn es im Wege der »zivilistischen« Herangehensweise bearbeitet werde. Diese betrachte das römische Recht als die universelle Privatrechtstheorie, basierend auf der Kodifikation Justinians, die fortwährend weiterentwickelt und ergänzt wurde.[91] Tkačenko kritisiert Autoren, die von der praktischen Bedeutung des römischen Rechts der antiken Sklavenhaltergesellschaft sprechen.[92] Er meint, das rö-

81 Tkačenko, Problemy opredelenija, S. 25 u. 59-61.

82 Tkačenko, Problemy opredelenija, S. 61 f.

83 Tkačenko, »Rimskoe pravo« v Rossii, S. 18; vgl. dens., Pravovye reformy v Rossii, S. 164.

84 Tkačenko, »Rimskoe pravo« v Rossii, S. 19 im Anschluß an Novickij/Pereterskij, Rimskoe častnoe pravo, S. 6-7 und Erofeev/Vodkin, Formirovanie pravovych predstavlenij, S. 8.

85 Tkačenko, »Rimskoe pravo« v Rossii, S. 19 mit Vlasova, Pravo sobstvennosti i social'naja spravedlivost', S. 51.

86 Tkačenko, »Rimskoe pravo« v Rossii, S. 19 mit Nachweisen.

87 Tkačenko, »Rimskoe pravo« v Rossii, S. 21-22.

88 Eine Überbewertung in diesem Sinne meint der Autor (»Rimskoe pravo« v Rossii, S. 24) auch bei russischen Juristen des 19. Jahrhunderts feststellen zu können. Er beruft sich allerdings auf den Nichtrussen Czyhlarz, der sein Institutionenlehrbuch mit der Bemerkung einleitete: »Es [d. h. das römische Recht] ist das vollkommenste geistige Produkt des Römertums und wird an innerer Durchbildung von keinem anderen Rechte erreicht«; Institutionen, S. 1; vgl. die russische Übersetzung Učebnik institucij (1906), S. 1 (»soveršennejšee duchovnoe proizvedenie byta rimskogo naroda«).

89 Tkačenko, »Rimskoe pravo« v Rossii, S. 25-26.

90 Tkačenko, Problemy opredelenija, S. 58.

91 Grabar', Rimskoe pravo v istorii meždunarodno-pravovych učenij, S. 8.

92 Tkačenko, Problemy opredelenija, S. 57. Die Kritik richtet sich offenbar hauptsächlich gegen Letjaev und Hausmaninger. Im Falle Letjaevs verweist Tkačenko auf das Autoreferat zu dessen Arbeit Recepcija rimskogo prava (2001), für Hausmaninger auf dessen Aufsatz

mische Recht der Antike sei nicht maßgeblich für die Gegenwart.[93] Die Ansicht Makarovas, daß in Rußland nicht nur die Rezeption der Normen und Institutionen des römischen Rechts, sondern auch seiner Prinzipien und damit eines »Geistes« stattgefunden habe, lehnt Tkačenko als »metaphysisch« ab.[94]

Rechtsrezeption im allgemeinen betrachtet Tkačenko als ein universelles Mittel zur Entwicklung und Modernisierung des Rechts. Dies erklärt er damit, daß die Rechtsordnungen verschiedener Länder nicht isoliert voneinander existierten, sondern sich in ständiger Wechselwirkung entwickelten.[95] Der Autor meint, die Auffassung von Rezeption als freiwilliger Vorgang der Übernahme und Einführung ausländischen Rechts werde der Bedeutung des Vorgangs nicht gerecht, weil dabei die ideologische Komponente der Rezeption außer acht gelassen werde.[96] Für Tkačenko besteht die Rezeption in der Übernahme von Ideen, Rechtsinstituten, Normen und Begrifflichkeit ausländischen Rechts aufgrund einer bestimmten Ideologie des Rezipienten oder des Spenders.[97]

Der Autor unterscheidet zwischen Teil- und Totalrezeption. Er meint, eine Teilrezeption werde in der Regel zur Verbesserung des eigenen Rechtssystems durchgeführt. Eine Totalrezeption dagegen setze Unselbständigkeit gegenüber dem »Spender« voraus, wie es etwa im Rahmen von Kolonisation der Fall sei.[98] Dies führe oft zu einer Verschlechterung der Rechtsbedingungen, weil jede Rechtsordnung an eine eigene Tradition anschließe, die nicht ohne Schaden ersetzt werden könne.[99] Als Beispiele für eine Totalrezeption in Rußland nennt Tkačenko die Gerichtsreform von 1864 und die Rezeption des westeuropäischen Rechts in den 90er Jahren des 20. Jahrhunderts.[100]

O sovremennom značenii rimskogo prava, S. 99-101. Beide Autoren drücken sich selbstverständlich nicht im genannten Sinne aus, sondern sprechen von der Bedeutung bestimmter römischer Rechtsregeln für die Praxis. Es ist vielmehr erst Tkačenko selbst, der die Kennzeichnung dieser Regeln als Elemente des Sklavenhalterrechts herausstreicht.

93 Tkačenko, »Rimskoe pravo« v Rossii, S. 69-70 mit Kajumova, Razvitie ėkonomičeskich otnošenij, S. 22 f. und Vodkin, Problemy recepcii rimskogo prava sobstvennosti, S. 3 (Tkačenko zitiert das Autoreferat).

94 Tkačenko, »Rimskoe pravo« v Rossii, S. 72 gegen Makarova, Vlijanie rimskogo prava, S. 13.

95 Tkačenko, »Rimskoe pravo« v Rossii, S. 83 f.

96 Tkačenko, »Rimskoe pravo« v Rossii, S. 89 f.

97 Tkačenko, »Rimskoe pravo« v Rossii, S. 95.

98 Tkačenko, »Rimskoe pravo« v Rossii, S. 91.

99 Tkačenko, »Rimskoe pravo« v Rossii, S. 86. Soweit Tkačenko die Einführung von Einrichtungen des römischen Rechts in das moderne Zivilrecht für schädlich hält, wird ihm durch Makarova entgegnet: »Wir dürfen nicht unsere rechtliche ›alma mater‹ vergessen. Denn das, was in den Gesetzgebungen anderer Länder sich im Keim befand, wurde von römischen Juristen auf die theoretische Vollkommenheit gebracht«. Vgl. Makarova, Vlijanie rimskogo prava, S. 92 gegen die von Tkačenko in dessen Arbeit Problemy opredelenija soderžanija rimskogo prava (2002) entwickelten Einwände.

100 Tkačenko, »Rimskoe pravo« v Rossii, S. 92.

Die politisch-ideologische Seite der Rechtsrezeption bildet einen zentralen Gedanken in Tkačenkos Erörterung.[101] Der Vorstellung, daß Rezeption freiwillige Übernahme voraussetze,[102] hält der Autor Beispiele für aufgezwungene Rezeption entgegen. Er bezweifelt in diesem Sinne, daß die Rezeption der Einrichtungen westlicher Kultur im modernen Rußland freiwillig erfolgt sei, und weist zur Begründung darauf hin, daß die auf westliche Ideen und Prinzipien ausgerichtete Verfassung der Russischen Föderation ohne Beteiligung der Bürger in Kraft gesetzt wurde. Ein weiteres aktuelles Beispiel der »aufgezwungenen« Rezeption bilden für Tkačenko die Voraussetzungen für die Aufnahme in die Europäische Union, wenn Staaten nämlich genötigt seien, ihre Gesetzgebung dem europäischen Recht anpassen.[103] Die verbreitete Überzeugung, daß Rezeption nur freiwillig erfolgen könne, führe zu einer Einseitigkeit in deren Betrachtung. Den gefährlichsten Mythos bilde dabei die Vorstellung vom mangelnden Interesse des »Spenders« an der Rezeption. In Wahrheit sei der Rezipient nicht selten vom Spender abhängig, und der letztere sei an der Rezeption interessiert, weil er sich davon eigene Vorteile verspreche.[104]

Tkačenko erklärt, in Rußland geschehe es nicht selten, daß rezipierte Rechtsinstitute als ursprünglich russische qualifiziert werden.[105] Eine solche Entwicklung beobachtet er nicht nur für zurückliegende Reformen, sondern auch bezüglich des Bürgerlichen Gesetzbuchs von 1994. Der Autor weist die in diesem Zusammenhang entwickelte Vorstellung, der Liberalismus bilde eines der Grundmerkmale der russischen Mentalität, als »Mythos« zurück[106] und meint, es handele sich dabei vielmehr um das Ergebnis einer umfangreichen Rezeption des römischen und westeuropäischen Rechts.[107] Tkačenko unterstreicht, daß die Rezeption ein ideologisches Werkzeug der Staatsgewalt bilden könne. Die Interessen der Gesellschaft stünden dabei nicht an erster Stelle. Er meint, die Verbesserung der Funktionsfähigkeit der Rechtsordnung im modernen Rußland sei auch nicht das Hauptziel der Rezeption. Sie lasse vielmehr auf politische und wirtschaftliche Niederlagen des Rezipienten oder auf Versuche der Rechtsmodernisierung oder jedenfalls der Anpassung an aktuelle Tendenzen im Recht schließen.[108] Von der ideologischen Komponente der Rezeption ausgehend, führt Tkačenko den Begriff der »dekorativen Rezeption« ein. Nach seiner Meinung wird die dekorative Rezeption von seiten regierender Eliten eingesetzt, die in Krisenzeiten Abhilfe im

101 Vgl. Tkačenko, »Rimskoe pravo« v Rossii, S. 93-94.

102 Tkačenko, »Rimskoe pravo« v Rossii, S. 96-98 mit Nachweisen.

103 Tkačenko, »Rimskoe pravo« v Rossii, S. 99 f.

104 Vgl. Tkačenko, »Rimskoe pravo« v Rossii, S. 103. Auf diesen Gesichtspunkt weist auch Rybakov hin, nämlich im Hinblick auf die byzantinische Initiative bei der Vermittlung von Recht in das mittelalterliche Rußland; Rybakov, Recepcija prava, S. 162 ff. u. 176.

105 Tkačenko, »Rimskoe pravo« v Rossii, S. 104.

106 Tkačenko, »Rimskoe pravo« v Rossii, S. 109-110 mit Nachweisen.

107 Tkačenko, »Rimskoe pravo« v Rossii, S. 108 u. 165-166.

108 Tkačenko, »Rimskoe pravo« v Rossii, S. 122.

Wege einer Übernahme von Rechtseinrichtungen aus fortschrittlicheren Systemen vorzuspiegeln versuchten. Dies stehe wirklicher Modernisierung entgegen.

Tkačenko meint, die »Ableitung« eines jeweils eigenen Rechtssystems vom römischen oder die Behauptung einer direkten oder indirekten Rezeption des römischen Rechts zeugten vor allem von dem Versuch, einen historischen Anschluß an die Ursprünge der modernen Zivilisation – das römische Reich – festzustellen sowie von den Bemühungen des »Empfängers«, seine Zivilisierbarkeit auf dem Gebiet des Rechts zu beweisen. Römisches Recht trete insoweit als eine Art Meßlatte für die Zivilisierbarkeit eines Staates auf. Der Autor meint, aus westlicher Sicht werde die Rückständigkeit bestimmter Länder mit deren jeweiliger Distanz zur römischen Rechtstradition in Verbindung gebracht.[109]

6.) Grundsätzliche Leugnung einer Rezeption

Verschiedene moderne russische Autoren haben sich dahingehend geäußert,[110] daß eine Rezeption des römischen Rechts in Rußland nicht stattgefunden habe, nur unbedeutend gewesen sei oder jedenfalls keinerlei Fortwirkung auf die Gegenwart entfalte.[111] Oftmals wird dieser Standpunkt nicht weiter ausgeführt.[112] Die Moskauer Rechtshistorikerin Tat'jana E. Novickaja weist immerhin zahlreiche denkbare Anhaltspunkte für eine Rezeption des römischen Rechts im Mittelalter und in der frühen Neuzeit in Rußland zurück und stellt anschließend fest, die Frage einer Rezeption des römischen Rechts in Rußland stehe für ein künstlich aufgebrachtes Thema. Sie meint, nachdem man die behaupteten Übernahmen aus dem römischen Recht in Rußland noch im 19. Jahrhundert verneint habe und seitdem keine neuen Tatsachen oder Quellen bekannt geworden seien, sei es nicht sinnvoll, dies jetzt zu diskutieren.[113]

Der Rechtshistoriker Oleg A. Omel'čenko spricht dem römischen Recht jedenfalls die Relevanz für die Gegenwart ab. Er meint, hinsichtlich seiner Besonderheiten und seiner Bedeutung bilde es einen außergewöhnlichen Gegenstand

109 Tkačenko, Pravovye reformy v Rossii, S. 157; der Autor beruft sich für diese Sichtweise auf Huntington; vgl. Der Kampf der Kulturen, S. 96 ff. (100). Kritisch zu diesem verbreiteten Standpunkt, der auf das »Fehlen« des römischen Rechts und anderer Merkmale als »Ausdruck der russischen Abweichung von der westlich-abendländischen Norm« abstellt, Häfner, Gesellschaft, S. 5 f.

110 Für Standpunkte verschiedener Juristen des Zarenreiches vgl. unten S. 391 ff.

111 Salogubova, Rimskij graždanskij process, S. 17; Slystschenkow, Der Entwurf, S. 194; vgl. Klingenberg, Rez. Ioffe/Musin, S. 521.

112 Vgl. Chutyz, Rimskoe častnoe pravo, S. 11; Tarchov, Rimskoe častnoe pravo, S. 9; Ostrouch, La personne du romaniste, S. 176 mit Hinweis auf Pereterskij, Digesty Justiniana, S. 99.

113 Novickaja, K voprosu o tak nazyvaemoj recepcii rimskogo prava, S. 134. Daß moderne rechtshistorische Forschung dieselben Quellen womöglich anders bewerten könnte und daß gerade darin ihre Rechtfertigung liegt, hat sich auf diesen Standpunkt offenbar nicht ausgewirkt.

für juristische Studien. Obwohl es, von der Antike ausgehend und insoweit einer untergegangenen Zivilisation angehörend, wiederholt in Wissenschaft und Rechtspraxis des Spätmittelalters, der Renaissance und der Neuzeit aufgelebt sei, habe es keine unmittelbar wirksame, praktische Bedeutung in der modernen Rechtskultur und in den modernen Rechtssystemen erlangt.[114] Nach dieser Vorstellung ist das römische Recht also jedenfalls nicht in einer Weise rezipiert worden, die sich irgendwie auf die Gegenwart ausgewirkt hätte.

Wenn, wie in dieser Arbeit zu zeigen sein wird, die Begegnung russischer Juristen mit dem römischen Recht in vielfältiger Weise Folgen gezeigt hat und bis heute Wirkung entfaltet, läßt die entschiedene Ablehnung einer Rezeption, die in den vorgenannten Stellungnahmen zum Ausdruck kommt, vermuten, daß die vorgenannten Autoren diese Tatsachen nicht etwa pauschal leugneten – das wäre kaum sinnvoll –, sondern daß sie sie anders wahrnehmen. Wir dürfen annehmen, daß den genannten Standpunkten ein von vornherein grundsätzlich abweichendes Verständnis von »Rezeption« oder »Fortwirkung« zugrundeliegt.[115]

7.) Weltanschaulich begründete Beiträge

Im russischen Schrifttum werden auch Vorstellungen vom römischen Recht verfochten, die nicht auf rein historischer Betrachtung beruhen, sondern in ihrer Eigenart durch weltanschauliche bzw. religiöse Grundanschauungen beeinflußt sind.[116] Soweit sie nicht, was gelegentlich auch vorkommt, offensichtlich irratio-

114 Omel'čenko, Rimskoe pravo, S. 11.

115 In den Zusammenhang dieser eine Rezeption grundsätzlich ablehnenden Stimmen gehört daher – im Ergebnis – auch Tomsinov, der, wie oben (S. 71 f.) bereits erörtert, eine Rezeption (im Sinne des überwiegend im westeuropäischen Mittelalter wahrgenommenen Vorgangs) für Rußland leugnet, weil er die Begrifflichkeit auch für Westeuropa ablehnt. Die Ähnlichkeit der Standpunkte – Novickaja spricht bereits im Titel ihrer Arbeit von der »sogenannten« Rezeption des römischen Rechts – ist womöglich kein Zufall. Die Autorin ist an Tomsinovs Lehrstuhl für die Geschichte von Staat und Recht an der Lomonosov-Universität tätig.

116 Eine religiös geprägte Sichtweise auf das römische Recht verrät ein kritischer Standpunkt, der dasselbe als »heidnisch« und damit der christlich-orthodoxen Tradition Rußlands zuwiderlaufend ablehnt. Diese Kritik hat die Gegenwart im Blick, gehört aber in den hier betrachteten Zusammenhang, weil sie mit einer bestimmten historischen Sichtweise vom römischen Recht argumentiert. Tkačenko, »Rimskoe pravo« v Rossii, S. 12-16 setzt sich kritisch mit den Vertretern dieser Ansicht auseinander und hält ihnen u. a. entgegen, sie trügen weder der Annahme des Christentums im römischen Reich noch der späteren Wandlungsfähigkeit des römischen Rechts genügend Rechnung. Die Kritik am »heidnischen« römischen Recht steht in einer Tradition konservativen Denkens, die bereits im Zarenreich existierte. Dabei hatte der Gegensatz zwischen »christlichem« Gewohnheitsrecht und »heidnischem« römischem Recht keineswegs nur Ablehnung des aus russischer Sicht »Fremden« hervorgerufen. Die Unvereinbarkeit konnte vielmehr aus beiden Perspektiven empfunden werden. So hatte Kandinskij das russische Bauernrecht als »christlich« gekennzeichnet und mit dem »heidnischen« römischen Recht kontrastiert, dann aber gemeint, es sei »kein Wunder, wenn Völker, die sich in den oft wertvollen Prinzipien des formellen, äußerlich sehr präzisen römischen Geistes entwickelt haben (man denke an das jus strictum der *früheren* Periode), sich

nal sind, gehören sie zum Spektrum der Standpunkte, die zur Vervollständigung des hier entworfenen Gesamtbildes in Betracht zu ziehen sind.

Im sowjetischen Schrifttum ist regelmäßig geleugnet worden, daß eine Rezeption des römischen Rechts in Rußland stattgefunden habe. Besonders wirkungsmächtig wurde der Standpunkt Pereterskijs, der kategorisch erklärte, es habe in Rußland niemals eine Rezeption des römischen Rechts gegeben.[117] Die Betrachtung des römischen Rechts aus der marxistischen Sicht, die in der Sowjetunion dem offiziellen Standpunkt entsprochen hatte, ist in der russischen Literatur nach dem Systemumbruch von 1989/91 keineswegs bedeutungslos geworden. Marxistisches Denken wirkt vielmehr vielfach teils erklärtermaßen, teils unterschwellig fort.[118] Zwar handelt es sich regelmäßig um Äußerungen, die auch rechtspolitisch gemeint sind, doch gehen sie jeweils auf historische Einschätzungen zurück.

Aus einer marxistischen Perspektive zu einer angemessenen Bewertung der Rezeption des römischen Rechts zu gelangen, erweist sich als besonders heikel. Aus dieser Sicht wird das römische Recht bekanntlich mit dem Recht des antiken Rom identifiziert; es verdankt nach dieser Vorstellung seine Eigenart im Kern der Sklavenwirtschaft und bildet damit ein Instrument zur Unterdrückung einer unterprivilegierten Klasse. Für denjenigen aber, der das römische Recht hauptsächlich als das Recht einer Sklavenhaltergesellschaft wahrnimmt,[119] ist es kaum möglich, seine Relevanz als Grundlage moderner Privatrechtsordnungen zu begründen.[120]

entweder mit Kopfschütteln oder mit verächtlichem Tadel dem russischen Leben gegenüberstellen.« Vgl. Kandinsky, Autobiographische Schriften, S. 48, Anm..

117 Pereterskij, Digesta Justiniana, S. 99.

118 Vgl. Tkačenko, Problemy opredelenia, S. 10 u. 72.

119 Pereterskij, in: Novickij/Pereterskij, Rimskoe častnoe pravo, S. 5 und andere Autoren sowjetisch geprägter Darstellungen wie Podoprigora, Osnovy rimskogo graždanskogo prava, S. 9. Vgl. zu dieser Sichtweise Tkačenko, Pravovye reformy v Rossii, S. 158.

120 Die Reduktion des römischen Rechts auf den Kerngesichtspunkt der Sklavenhaltung muß seine Bedeutung für die Nachwelt wesentlich geringer erscheinen lassen. Verschiedene Autoren, deren Vorstellung vom römischen Eigentum zunächst maßgeblich durch das Recht am Sklaven gekennzeichnet war, haben ihre Darstellung inzwischen um diese der marxistischen Forschungsperspektive geschuldete Komponente bereinigt. So zitiert Tkačenko, Pravovye reformy v Rossii, S. 160 die Moskauer Fassung von Kamyšanskijs Monographie über das Eigentum (Das Eigentumsrecht: Grenzen und Einschränkungen, 2000) noch mit an Pereterskij angelehnten Ausführungen über den kennzeichnenden Charakter der Sklaverei für das römische Eigentum und das römische Recht schlechthin (Pereterskij, in: Novikkij/Pereterskij, Rimskoe častnoe pravo, S. 5-7). Kamyšanskij hatte die Sklavenhaltung als wichtigstes kennzeichnendes Element des römischen Rechtssystems beschrieben und vor dem Hintergrund einer marxistischen Sichtweise erklärt, daß das »*dominium*« etymologisch auf die Herrschaft am Sklaven als dem wichtigsten Eigentumsgegenstand in der Periode der Römischen Republik zurückgehe. In der Wolgograder Fassung der Arbeit sind diese Ausführungen nicht mehr enthalten; hier finden sich skizzenhafte Ausführungen über das römische Eigentum und seine Grenzen, eingeleitet mit der konventionellen Bemerkung, die römischen Juristen hätten hierzu statt theoretischer Ausführungen nur

Die Auffassung, daß das römische Recht durch Klassenunterschiede geprägt gewesen sei, ist nicht nur im Schrifttum der sowjetischen Zeit betont worden, sondern wird auch weiterhin vertreten, soweit nämlich marxistische Vorstellungen fortwirken.[121] So schreibt Marčenko in seiner Darstellung der Theorie von Staat und Recht, daß »römisches Recht, welches seine höchste Entwicklung in der Blütezeit des auf der Sklaverei basierenden Privateigentums, des Handels sowie der Wucherei erreicht hatte, später einen bedeutenden Einfluß auf den Formierungs- und Entwicklungsprozeß des bourgeoisen bürgerlichen Rechts ausübte.«[122] Kosarev, der durchaus bereit ist, das römische Recht mit »Fortschritt« in Verbindung zu bringen, weist auf dessen Schattenseiten hin, wenn er feststellt, das römische Recht habe nicht nur über einen Reichtum an Erfahrungen und Gesetzen verfügt. Es habe vielmehr die Ausbeutung von Sklaven sowie von freien Armen gefördert, die Willkür der kaiserlichen Macht gerechtfertigt und die freie Entwicklung der Mittelmeervölker durch ihre gewaltsame Eingliederung in das Römische Reich verhindert.[123]

Fallentscheidungen beigetragen. Vgl. Kamyšanskij, Predely i ograničenija prava sobstvennosti, S. 18 f.

121 Vgl. Medvedev, Rimskoe častnoe pravo, S. 3 ff.

122 Marčenko, Teorija gosudarstva i prava, S. 166.

123 Kosarev, Rimskoe častnoe pravo, S. 10-11.

Kapitel 4: Der hier zugrundeliegende Umgang mit der Rezeptionsbegrifflichkeit

I.) Grundsätze

Die nachfolgende Untersuchung geht von der Arbeitshypothese aus, daß im Zarenreich Rezeption des römischen Rechts stattgefunden hat. Sie zielt allerdings nicht darauf ab, einen *bestimmten* historischen Vorgang als »*die* russische Rezeption des römischen Rechts« zu identifizieren. Die Vielfalt der Zusammenhänge, in denen russische Juristen dem römischen Recht begegneten und dasselbe für die Fortentwicklung des russischen Rechts zu nutzen suchten, fordert vielmehr eine jeweils selbständige Prüfung, inwieweit wesentliche Merkmale eines Rezeptionsvorgangs aufgezeigt werden können.[1] Auch für das Paradigma, die mittelalterliche Rezeption des römischen Rechts in Deutschland, dürfen wir schließlich davon ausgehen, daß es sich um eine allmähliche, aus sehr vielen Einflüssen hervorgehende Entwicklung gehandelt hatte, die allein an ihrem Ergebnis (der »Vollrezeption«) zu beurteilen eine Vereinfachung im Nachhinein bedeutete. Damit wollen wir uns gleichzeitig von der Vorstellung frei machen, die Wahrnehmung von Rezeption setze voraus, daß die Begegnung Rußlands mit dem römischen Recht in einem besonderen Maße eine »historische Parallele« zur hochmittelalterlichen Rezeption in Deutschland bildete.[2] Diese Parallele wäre nur sehr künstlich zu begründen. Dies heißt gleichzeitig, daß es sich nicht empfiehlt, mit einem sehr eng aufgefaßten Rezeptionsbegriff an die Untersuchung heranzutreten. Anstelle einer »Alles-oder-nichts«-Prüfung wird der Blick vielmehr darauf gerichtet werden, *inwieweit* und *auf welche Weise* römisches Recht rezipiert worden ist. Einen wirklichen Erkenntnisgewinn verspricht nur die Detailanalyse, also die Untersuchung einzelner Rezeptionsaspekte und -schritte. Dabei ist zweifellos jeweils relevant, ob z. B. bestimmte aus dem römischen Recht hervorgegangene Konzepte im Zarenreich bekannt sind, ob sie zumindest von einem nennenswerten Teil der Juristen aufgenommen und womöglich fortgebildet werden oder ob sogar staatliche Stellen ihnen Raum geben, etwa durch Einbeziehung in die Rechtsprechung oder in Gesetze bzw. Entwürfe. Diese Sachverhalte können allesamt zu Rezeptionsvorgängen beitragen, sie wirken sich nur auf jeweils unterschiedliche Weise aus.

Wir halten es insbesondere für zulässig, die Vorstellung von einer Rezeption auf eine maßgeblich im 19. Jahrhundert stattfindende Entwicklung anzuwenden. In diesem Sinne hat Wieacker den Begriff der »Nachrezeption« entwickelt und von der

1 Eine Offenlegung des den Untersuchungen zugrundegelegten Rezeptionsbegriffs hat richtigerweise Rudokvas, Rez. Avenarius, S. 197 gefordert.

2 Tomsinovs Standpunkt weist auf zutreffende Bedenken hin. Er setzt allerdings eine Alternative voraus, vor der wir, die wir ein offeneres Rezeptionskonzept zugrundelegen, uns nicht sehen.

mittelalterlichen Rezeption unterschieden.[3] Selbstverständlich läßt sich dieses Konzept nur mit Einschränkungen auf Rußland übertragen. Denn während die »Nachrezeption« in Deutschland bereits geltendes römisch-gemeines Recht voraussetzen konnte, galten aus dem römisch-byzantinischen Recht mittelbar abgeleitete Bestimmungen im neuzeitlichen Rußland, als sich dieses erneut dem römischen Recht zuwandte, nur sehr vereinzelt in bestimmten Rechtsbereichen, zumeist ohne als römisch wahrgenommen zu werden, und ferner in Partikularrechten. Außerdem hatte sich der mittelalterliche Einfluß des römischen Rechts im Zarenreich auf das Recht der byzantinischen Texte bezogen, während das, was sich die Juristen im 19. Jahrhundert aneigneten, im Kern aus den lateinischen Texten der justinianischen Sammlung und der Dogmatik des daraus hervorgegangenen »Heutigen römischen Rechts« bestand.

Wenn angesichts verschiedener besonderer Merkmale der Rechtsentwicklung im Zarenreich von vornherein nicht zu erwarten ist, daß bestimmte Abschnitte der russischen Rechtsentwicklung sehr weitgehend einem vor dem Hintergrund der westeuropäischen Rechtserfahrung entwickelten Rezeptionsmodell entsprechen könnten, bedeutet dies nicht, daß die Frage nach Rezeption sinnlos wäre. Dies gilt z. B. hinsichtlich des Kriteriums der Akzeptanz des »aufgenommenen« Rechts. Hier sollte die Vorstellung von einer Rezeption des römischen Rechts in das geltende für die zweite Hälfte des 19. Jahrhunderts nicht deswegen von vornherein verworfen werden, weil die Bevölkerungsmehrheit des Zarenreiches nichts oder kaum etwas mit dem staatlich gesetzten Recht, das nun unter den Einfluß römischen Rechts geriet, zu tun hatte. Entsprechendes gilt im Hinblick auf den möglichen Einwand, daß bestimmte in der rechtsliterarischen Diskussion am römischen Recht entwickelte Konzepte aus äußeren Gründen nicht Bestandteil des geltenden Rechts werden konnten. Dies war etwa der Fall bei den Entwürfen zu einem Bürgerlichen Gesetzbuch (Graždanskoe uloženie) um die Wende zum 20. Jahrhundert, die niemals in Kraft traten. Es ist richtig, daß eine Rezeption im strengen Sinne nur in dem Maße effektiv wird, wie sie in das geltende Recht eingeht und darüber hinaus mit ökonomischen und gesellschaftlichen Veränderungen einhergeht, die dem Recht einen praktischen Stellenwert im Leben verschaffen. Dieser Entwicklung kann selbst die formale Einführung von Recht nicht in jedem Falle vorgreifen.[4] Denn besonders im Privatrecht werden Rechtsregeln erst wirklich effektiv, wenn sie von den Adressaten als verbindlich akzeptiert werden. Wir wollen uns gleichwohl von einem Rezeptionsverständnis abgrenzen, das einseitig auf das Merkmal des Eingangs rezipierter Rechtsfiguren in das geltende Recht abstellt. Ein solchermaßen formaler Rezeptionsbegriff, der in erster Linie auf die Übernahme von Bestimmungen in Geltung sähe (und, wie gesehen, auch im russischen Schrifttum gelegentlich vertreten worden ist), ist für den hier untersuchten Bereich kaum tauglich. Denn die Folgen der Auseinandersetzung russischer Juristen mit dem römischen Recht führen nur zum geringen Teil oder sehr mittelbar zum Inkrafttreten bestimmter Regeln. Sie sind hauptsächlich anderer

3 Wieacker, Gründer und Bewahrer, S. 111.
4 Zutreffend Heiss, Rechtsrezeption, S. 143.

Art. In ähnlich offener Weise wollen wir auf den Umstand eingehen, daß die Einführung von Privatrechtsregeln zwar selbstverständlich Voraussetzung der Etablierung einer Privatrechtsordnung ist, dieser Erfolg aber außerdem diejenigen verfassungsrechtlichen Rahmenbedingungen voraussetzt, die den Schutz des Privatrechts vor staatlichen Eingriffen gewährleisten.[5] Auch in dieser Hinsicht werden wir auf wichtige Vorbehalte hinsichtlich der russischen Rechtsordnung hinzuweisen haben, ohne daß wir deswegen auf die Frage nach der Rezeption überhaupt verzichten wollen.

Wichtiger als der effektive Eingang römischen Rechts in das geltende Recht Rußlands ist, wo kulturgeschichtliche Entwicklung betrachtet wird, der Eingang in das Denken der Menschen. Dieser ist einer Verwirklichung bestimmter Rechtseinrichtungen zwangsläufig vorgeschaltet. Die Übernahme von rechtlichen Strukturen setzt notwendig menschliches Verhalten voraus. Es ist letztlich dieser Gedanke, der Wieacker das Kriterium der Anwendung römischer Regelungen in Deutschland zurückstellen ließ zugunsten des Abstellens auf den Einfluß von Merkmalen des »römischen« Rechtsdenkens, die in den Umgang mit dem Recht überhaupt eingingen und eine »wissenschaftliche« Bearbeitung des geltenden Rechts ermöglichten.

Überhaupt weist das Konzept der Rezeption den Juristen der aufnehmenden Rechtsordnung keineswegs eine passive Rolle zu. Der Ausdruck »Rezeption« beschreibt den Aufnahmevorgang ja aus Sicht des Rezipienten als des aktiv Übernehmenden.[6] Auch im Rahmen von Wieackers Rezeptionsmodell werden Menschen tätig, nämlich »Insider«, die mit dem Recht vertraut sind, das unter dem Einfluß neuer Anregungen verändert wird.[7] Ist diese Funktion schon allein anspruchsvoll, kann darüber hinaus sogar gefragt werden, ob Juristen des Zarenreiches die am römischen Recht gewonnenen Anregungen zu weiteren, produktiven Entwicklungen genutzt haben oder aber eher als Epigonen wahrzunehmen sind.[8] Wir werden hier beobachten, daß sie nicht nur übernommene Konzepte

5 Heiss, Rechtsrezeption, S. 144.

6 Vgl. nun Avenarius, Verwissenschaftlichung als »sinnhafter« Kern der Rezeption, S. 134.

7 Jhering rechtfertigte bekanntlich die Übernahme bewährter Elemente fremder Rechtsordnungen mit der Zweckmäßigkeit: »Die Frage von der Rezeption fremder Rechtseinrichtungen ist nicht eine Frage der Nationalität, sondern eine einfache Frage der Zweckmäßigkeit, des Bedürfnisses. Niemand wird von der Ferne holen, was er daheim ebensogut oder besser hat, aber nur ein Narr wird die Chinarinde aus dem Grunde zurückweisen, weil sie nicht auf seinem Krautacker gewachsen ist.«; Jhering, Geist, Bd. 1, S. 8 f. Die Chinarinde war den Europäern keineswegs von überlegenen Südamerikanern aufgedrängt worden; sie war vielmehr von denjenigen eingeführt worden, die ihren therapeutischen Nutzen kannten.

8 Vgl. für die zeitgenössische Literatur die Kritik an Muromcev, der angeblich zu abhängig gegenüber Jhering war (unten S. 426), und heute Giaros Einwände gegen eine Qualifikation von Szászy-Schwarz als »ungarischer Jhering«; Europa und das Pandektenrecht, S. 339. Diese Ausdrucksweise soll die Leistung des Benannten regelmäßig keineswegs relativieren, sondern im Wege der Benennung eines jeweils charakteristischen Vorbilds vielmehr in spezifischer Weise hervorheben (vgl. Wróblewski als »polnischer Papinian«, Großfürst Jaroslav als »Justinian der Russen« sowie unten Leibniz als »Solon de la Russie«, Speranskij als

eigenständig weiterverarbeitet, sondern die Erträge ihres Rechtsdenkens vielmehr verschiedentlich an den Westen zurückgegeben haben.

II.) Verwissenschaftlichung des geltenden Rechts

Mit Rücksicht auf den bei Wieacker benannten Kerngesichtspunkt der Rezeption wird zu zeigen sein, inwieweit eine *Verwissenschaftlichung* des russischen Rechts durch Einarbeitung von methodischen Elementen des römischen Rechts stattgefunden hat. Mit Blick auf Westeuropa hat Wieacker darauf hingewiesen, daß die wissenschaftliche Bearbeitung des Rechts an den norditalienischen Fakultäten des 12. Jahrhunderts zwar auch zur Anwendung der Normen des römischen Privatrechts geführt habe. Dies sei aber keine notwendige Folge der Übernahme der wissenschaftlichen Methoden gewesen.[9] Darum werde der historische Gesamtsinn der Rezeption nicht so sehr durch die Aufnahme der Lehrsätze bestimmt, wie vielmehr durch den Ablauf des zentralen Entwicklungsprozesses, nämlich der Verwissenschaftlichung des Rechtswesens und seiner fachlichen Träger.[10] Es handelt sich nach Wieackers Verständnis um einen Prozeß der intellektuellen und technischen Rationalisierung des Rechts.[11] Der an der Verwissenschaftlichung orientierte Rezeptionsbegriff Wieackers kann weitgehend übertragen werden auf die Perspektive der Rechtsgeschichte des Zarenreiches im 19. Jahrhundert.[12] Wir werden Wieackers Konzept mit Rücksicht auf diesen historischen Horizont behutsam fortentwickeln und beschreiben, was wir unter den hier herrschenden spezifischen Bedingungen sinnvollerweise als Rezeption wahrnehmen können. Dabei werden wir hauptsächlich auf die Aufnahme römischen Rechts durch die »Rezipienten«, also die Juristen der »empfangenden« Rechtsordnung abstellen.

»russischer Tribonian« oder »russischer Justinian«, Cancrin als »russischer Colbert«, weniger bewundernd zweifellos die Bezeichnung Pobedonoscevs als »russischer Torquemada« bei Paléologue, Am Zarenhof, Bd. 1, S. 147) und mag sogar zutreffend auf Ideentransfer abstellen. Auf Epigonentum deutet sie normalerweise – jedenfalls in den hier genannten Fällen – nicht hin.

9 Dies wendet Wieacker, Zum heutigen Stand, S. 198 f. gegenüber Thieme ein, der Bedenken dagegen geäußert hatte, daß der methodische Gesichtspunkt in Wieackers Rezeptionsverständnis gegenüber der Aufnahme von Rechtssätzen im Vordergrund steht. Vgl. Thieme, Savigny und das Deutsche Recht, S. 9, Fn. 28; kritisch auch Kunkel, Rez. Wieacker, Privatrechtsgeschichte, S. 529 mit Fn. 41.

10 Wieacker, Privatrechtsgeschichte, S. 129-133. Wieacker verstand die Rezeption als Verwissenschaftlichung des Rechtslebens, als einen sich von oben nach unten vollziehenden Prozeß; vgl. Wieacker, Ratio scripta, S. 234 ff.; ders., Zum heutigen Stand, S. 198 f. und bereits 1940 ders., Einflüsse des Humanismus, S. 423 ff.; dazu Mayer-Maly, Rechtswissenschaft, 5. Aufl (1991), S. 114 f. Die Charakterisierung der Rezeption des Römischen Rechts als Verwissenschaftlichung hat im jüngeren Schrifttum überwiegend Zustimmung gefunden; vgl. bereits oben S. 69.

11 Wieacker, Zum heutigen Stand, S. 198 f.

12 Avenarius, Verwissenschaftlichung als »sinnhafter« Kern der Rezeption, S. 177-180.

Die Rechtsgeschichte Rußlands im 19. Jahrhundert bietet ein Beispiel dafür, daß die Begegnung mit der Pandektenwissenschaft eine Einführung rechtswissenschaftlicher Strukturen in eine davon bislang kaum berührte Rechtsordnung auslöste. Hier liegt sogar ein besonders reiner Fall einer Rezeption vor, die im Kern durch Verwissenschaftlichung gekennzeichnet war. Wir werden für das Zarenreich den Einfluß des römischen Rechts auch dort aufzeigen, wo seine Regelungen nicht (oder besser: vorläufig noch nicht) Bestandteil des geltenden Rechts wurden. Wir haben es mit einer langfristigen Vermittlung wissenschaftlicher Merkmale in das russische Recht zu tun.[13] Insofern ist es gerade im Hinblick auf das Zarenreich überzeugend, dem Eingang des Wissenschaftlichkeit ermöglichenden Rechtsdenkens ein höheres Gewicht als der Übernahme bestimmter Regelungen in das geltende Recht beizumessen, weil die Merkmale des Rechtsdenkens als Elemente der Kontinuität auftreten. Denn allfällige Wandlungen des Bestandes an jeweils geltenden Bestimmungen verändern nicht zwangsläufig das Rechtsdenken der Juristen, und manche in einer durch Umwälzung hervorgebrachten historischen Lage initiierte Gesetzgebung ist jedenfalls teilweise durch das tradierte Rechtsdenken geprägt, weil die beteiligten Juristen es sind. Beispiele dafür bietet, wie zu zeigen sein wird, die Entstehungsgeschichte des russischen Bürgerlichen Gesetzbuchs von 1922.

III.) »Geist« und Strukturen des römischen Rechts

Die justinianischen Rechtstexte der lateinischen Tradition, die im Kern das römische Recht der klassischen Zeit bewahrten, verdanken ihre erfolgreiche Wirkungsgeschichte in Europa einerseits einem begrifflich und systematisch differenzierten und leistungsfähigen Regelunginstrumentarium, andererseits einer zugrundeliegenden Wertordnung, die den Menschen in den Mittelpunkt des Rechts rückte und um seinetwillen eine freiheitliche Ausgestaltung der Rechtsverhältnisse auf der Grundlage bürgerlicher Gleichheit zu gewährleisten vermochte. Die Ausstrahlung dieser letzteren, auf Werte verweisenden Dimension des römischen Rechts ist gelegentlich als »Geist« desselben bezeichnet worden. Was Konzept und Wirkungsweise des »Geistes« eines Rechts anbelangt, sind sehr verschiedene Vorstellungen entwickelt worden. Während Montesquieus »Esprit« für ein rationales Substrat der Normen steht, tritt bei Savigny eine romantische Entität hervor. An einen Geist als psychologischen Faktor denken Jhering und – in anderer Weise – Petrażycki. Nicht selten wird der Ausdruck überhaupt unspezifisch verwendet.

13 Ähnliche Vorstellungen werden vereinzelt auch im russischen Schrifttum geäußert. So meint Makarova mit Rücksicht auf den theoretischen Einfluß des römischen Rechts im Mittelalter, dieser habe die Verwissenschaftlichung des seinerzeit in Rußland geltenden Rechts bewirkt; Vlijanie rimskogo prava, S. 41. Ob man dies für das *russische* Recht des Mittelalters mit Recht behaupten kann, scheint aber sehr zweifelhaft.

Die Begegnung Rußlands mit dem römischen Recht lehrt, daß dessen Regelungsinstrumentarium und die zugrundeliegende Wertordnung zwar zusammen rezipiert werden können, daß dies aber keinesfalls notwendigerweise stattfindet. Die Konkurrenz zwischen dem römischen Recht und anderen, tradierten Rechten und Ordnungsvorstellungen führte zu unterschiedlichen historischen Resultaten. Während eine vollständige Aufnahme des römischen Rechts als geltendes Recht niemals stattfand, beobachten wir immerhin verschiedene Formen und Grade der Amalgamierung mit dem russischen Recht, also der Verbindung des Regelungsinstrumentariums einer Rechtsordnung mit den Grundwerten der jeweils anderen. Zwei Formen derselben kennzeichnen die Extrempunkte des hier auftretenden Spektrums an Erscheinungen, nämlich einerseits die Interpretation und Fortbildung der Bestimmungen des Svod Zakonov im Lichte des römischen Rechts mit dem Ziel, eine bürgerliche Privatrechtsordnung herauszubilden, andererseits das Verständnis der an der römischen Tradition orientierten Bestimmungen des »Bürgerlichen Gesetzbuchs« von 1922 vor dem Hintergrund der marxistisch-leninistischen Ideologie.

Im Rahmen des historischen Vorgangs, den wir unter dem Gesichtspunkt von Rezeptionsvorgängen untersuchen, bedeutet dies, daß die in Rußland seit dem 18. Jahrhundert ausgreifende Verbreitung einiger Kenntnis vom römischen Recht über Wissenschaft und Lehre keineswegs mit einer entsprechenden Relevanz für das geltende Recht einhergeht, und daß die Bereitschaft zu einer Orientierung an der »technischen« Seite des römischen Rechts nicht bedeutet, daß dessen wichtigster Gehalt gleichfalls aufgenommen worden wäre, nämlich die von ihm repräsentierten ethischen Grundentscheidungen. Hieraus ergibt sich abermals, daß es nicht sinnvoll wäre, nach einer im umfassenden Sinne verstandenen Rezeption zu fragen. Vielmehr wird in bestimmten Zusammenhängen zu zeigen sein, wie – latent oder offenkundig – Tatbestände des römischen Rechts rezipiert werden, wobei der jeweilige juristische Kontext deren nähere Bedeutung maßgeblich bestimmt. Die Frage nach einer Hinführung des russischen Rechts nach dem Vorbild des römischen zu einer bürgerlichen, womöglich sogar liberalen Privatrechtsordnung zielt gleichfalls auf einen – allerdings völlig anderen – Rezeptionsvorgang. So werden wir, anders gesagt, verfolgen können, auf welchem Wege Rußland das römisch-westeuropäische Recht im wesentlichen eingeführt hat, indem nämlich zahlreiche Formen seines positiven Privatrechts daran ausgerichtet und die Juristen zudem mit jenen aus der römischen Rechtstradition hervorgegangenen methodischen und begrifflichen Kategorien vertraut wurden, die zum wissenschaftlichen Umgang mit dem Recht befähigen. Inwieweit dieses Recht aber tatsächlich die menschlichen Lebensverhältnisse in dem Sinne ordnet, daß der einzelne unter rechtsstaatlichen Bedingungen anderen Privaten und dem Staat gegenüber bürgerliche Rechte behaupten kann, ist eine andere Frage.[14] Das

14 Die Zweifel, die die Rechtswirklichkeit Rußlands in dieser Hinsicht bis in die Gegenwart erweckt, knüpfen nicht an Regelungen des bürgerlichen Rechts an, sondern bestehen mit Rücksicht auf Korruption und mangelnde Unabhängigkeit der Justiz. Gerechterweise muß

Erbe des römischen Rechts an Rechtseinrichtungen sowie begrifflichem und methodischem Rüstzeug kann bürgerliche Freiheiten in einem rechtsstaatlichen Rahmen ermöglichen, führt aber nicht zwingend dazu. Es ist möglich, die technische Seite des römischen Rechts zu übernehmen und gleichzeitig den freiheitlichen Bürgersinn, der sich im klassischen Recht offenbart, zu unterdrücken. In der Logik dieser Unterscheidung liegt es, daß im Zarenreich wiederholt von Staats wegen das römische Recht als Modernisierungsinstrument gefördert worden ist, die Werke Ciceros aber für lange Zeit verboten waren.

Die genannte Differenzierung ist im römischen Recht historisch angelegt. Als ein wichtiges Merkmal desselben, welches zugleich zu seiner Erfolgsgeschichte beigetragen hat, darf gelten, daß es jedenfalls in seiner klassischen Entwicklungsstufe das abstrakte und in Regeln von selbständigem normativem Gehalt gefaßte Recht von außerhalb desselben befindlichen Ordnungen trennte. Dies betrifft nicht nur die Zurückdrängung des Naturrechtsdenkens, sondern gleichermaßen die Trennung des Rechts sowohl von der Moral als auch von der Religion.[15] Erst diese Verselbständigung ließ das klassische Recht zur Grundlage einer freiheitlichen Rechtsordnung werden. Dieses Merkmal barg, was die Konfrontation mit den tradierten Rechts- und Lebensverhältnissen im Zarenreich betrifft, spezifisches Konfliktpotential und gleichzeitig wichtige Chancen: Einerseits konnte das römische Recht, ohne in seinem Wesen grundsätzlich verändert zu werden, auf Ordnungsvorstellungen, welche auf die »innere Gerechtigkeit« oder auf orthodoxe Werte zurückgingen, nur noch in eng begrenztem Rahmen Rücksicht nehmen. Dies rief erhebliche Widerstände hervor. Anhänger eines umfassend religiösen Vorgaben entsprechenden Gesellschaftsentwurfs empfanden die Aussicht auf eine freiheitliche, individualistische Ordnung als verunsichernd und geradezu bedrohlich – eine Erfahrung, die in anderen Zusammenhängen auch die Gegenwart vermittelt. Demgegenüber bot gerade die beschriebene Abstraktheit des

allerdings gesagt werden, daß in der Gesamtschau nicht etwa die Rechtspflege in Rußland, sondern der weitgehend funktionierende, freiheitliche Rechtsstaat die Ausnahme bildet. Es wäre ungerecht, begriffe man Rußland als einen Fall besonderer Rechtsferne. Das lehren sowohl die Befunde aus Staaten mit totalitären Strukturen als auch die Zustände in Schwellen- oder Entwicklungsländern mit einer jeweils dünnen Schicht Privilegierter und einem großen Bevölkerungsanteil, der zu den Institutionen des Rechtsstaats, selbst soweit diese existieren, keinen realistischen Zugang hat. Wo Bedingungen herrschen, unter denen die rechtlichen Grundlagen bürgerlicher Freiheit nur von wenigen in Anspruch genommen werden können, kann auch in der römisch-westeuropäischen Tradition stehendes Recht als Instrument zur Wahrung und Förderung von Vorrechten der Besserstehenden und zur Niederhaltung Unterprivilegierter wahrgenommen werden.

15 Hierher gehört zugleich die Trennung des Juristenstandes vom Priestertum. Das *ius civile* war in der späten Republik aus der Verantwortung der *pontifices* herausgelöst worden. Über seine Interpretation aufgrund sinnhafter Prinzipien befanden nun Fachjuristen, die nur teilweise zugleich Priesterämter versahen. Dies begünstigte die Wahrnehmung des *ius civile* als eigenständige Rechtsschicht. Mit dem Übergang zum klassischen, regelhaft konzipierten Recht im 1. Jhdt. v.Chr. wurde die auf eine Verselbständigung des Rechts hin ausgerichtete Entwicklung abgeschlossen.

römischen Rechts Aussicht auf den oft von demselben erwarteten Modernisierungseffekt.

Die öfters formulierte Bezugnahme auf den »Geist« des römischen Rechts erleichterte, so unterschiedlich sie im einzelnen gemeint war, mitunter gerade durch ihren diffusen Sinn die Orientierung am römischen Recht, wo die direkte Bezugnahme auf dasselbe auf den Einwand gestoßen wäre, daß es fremd sei und nicht gelte.[16] Der russische, auf dem Boden der orthodoxen Kultur stehende Beobachter wird sich nicht weniger als der, welcher durch die lateinische geprägt ist, durch ein gemeinsames Kulturgut darauf verwiesen fühlen, daß der Geist weht, wo er will, und daß dies mit einem Richtigkeitsanspruch einhergeht. Sowohl Savignys als auch Jherings Erfolg im Zarenreich wurde – auf jeweils unterschiedliche Weise – durch die Vorstellung von einem Geist gefördert. Im Falle Jherings etwa begegnete das Verständnis des Geistes als psychologisch wirksamer Faktor dem in der slavischen Kultur tradierten Konzept der »inneren Gerechtigkeit«.[17]

IV.) Die Identifikation von Rezeption und ihre Grundlage

Die nachfolgende Betrachtung wird sich auf die Privatrechtsentwicklung im Zarenreich im Rahmen des (wie oben erläutert verstandenen) 19. Jahrhunderts beziehen.[18] Wir werden, indem wir in einzelnen Entwicklungsschritten bestimmte Hinweise auf einen fortschreitenden Einfluß des römischen Rechts aufzeigen, die Entwicklung während des 19. Jahrhunderts *insgesamt* als Phase der Rezeption römischen Rechts beschreiben können. Verzichten werden wir demgegenüber darauf, bestimmte Einzelschritte aus der Rechtsentwicklung im Zarenreich herauszugreifen und die Rezeptionsfrage für diese jeweils isoliert zu beantworten. So meint z. B. Giaro, im Falle des Svod Zakonov von 1833 könne nur in einem stark überzogenen Sinne von Rezeption des römischen Rechts gesprochen werden.[19]

16 Dies gilt womöglich auch im Hinblick darauf, daß unter den Voraussetzungen von Art. 9 der ZPO bei der Rechtsanwendung auf den »allgemeinen Sinn« der Gesetze zurückgegriffen werden durfte. Der »smysl«, auf den Art. 9 ZPO zurückzugreifen erlaubte, war konkreter konzipiert, bedeutete also Sinn oder Zweck. Gedacht war wohl an Gesetzesanalogie; vgl. Slyščenkov, Proekt Graždanskogo uloženija, S. 52. Gleichwohl begünstigte die Vorstellung, bestimmte Grundsätze des römischen Rechts mochten dessen »Geist« entsprechen, die Anknüpfung eher, als es bloße Regelungen vermocht hätten.

17 Vgl. Jhering, Geist, Bd. 1, S. 44 f., wo der Geist des Rechts als dessen psychisches Element, also als psychologisch wirksamer Faktor dargestellt wird.

18 S. oben S. 74.

19 Giaro, Alt- und Neueuropa, S. 301. Die Bemerkung richtet sich gegen meine Arbeit »Rezeption des Römischen Rechts« (2005), in der ich die Behauptung in dieser zugespitzten Form allerdings nicht aufgestellt zu haben meine. Die Offenheit des zugrundegelegten Rezeptionsbegriffs wird vielmehr bereits im Titel der Arbeit durch den Verzicht auf den bestimmten Artikel ausgedrückt. Richtiger ist es – und dies kommt Giaros Bedenken sicherlich entgegen –, das Privatrecht des Svod Zakonov X/1 (und zwar weniger das Ergebnis

Das ist richtig[20] und eine derart zugespitzte Fragestellung daher wenig sinnvoll. Entscheidend ist vielmehr der weitere Entwicklungszusammenhang, ausschlaggebend also, daß die Vielzahl der Begegnungen russischer Juristen mit dem römischen Recht, so sehr sich jene öfters auch mit Rücksicht auf die jeweils verfolgten Absichten als »äußerlich erfolglos« ausgenommen haben mögen, auf die Dauer bewirkt hat, daß charakteristische Merkmale des römischen Rechts in das Rechtsdenken russischer Juristen eingegangen sind. Römisches Recht ist insoweit Bestandteil dessen geworden, was als Rechtsbegriff und methodische Kompetenz tradiert wird, und zwar völlig unabhängig davon, ob und inwieweit davon in der Praxis Gebrauch gemacht worden ist. Das in dieser Weise herausgebildete Rechtsdenken hat die relative Verbreitung eines Privatrechtskonzepts gefördert, welches von einer Zivilgesellschaft ausgeht, die ihre Rechtsverhältnisse frei gestaltet. Dies gilt unbeschadet des Vorbehalts, daß die praktisch womöglich wichtigste Voraussetzung für eine »erfolgreiche« Rezeption des römischen Rechts, nämlich Rahmenbedingungen, die seine Etablierung als auf die Bedürfnisse der Menschen ausgerichtete Rechtsordnung garantieren, und insbesondere die auch an verantwortlicher Stelle geteilte Überzeugung, daß es Aufgabe des Rechts sei, eine freiheitliche Ordnung zu gestalten und individuelle Rechte zu gewährleisten, in Rußland bis heute unentwickelt sind.

Wir werden also mit Rücksicht auf die *Gesamtentwicklung* eine Rezeption des römischen Rechts beschreiben können und dabei durchaus Merkmale benennen, die grundsätzlich auch die hochmittelalterliche Rezeption des römischen Rechts in Deutschland gekennzeichnet hatten: So stieß römisches Recht in Rußland als dezidiert rationales Recht auf ein durch tradierte Werte und Ordnungsvorstellungen geprägtes Recht und bewirkte allmählich eine Rationalisierung des letzteren. Dies geschah im Wege der Klärung und Ausdifferenzierung der Begrifflichkeit und einer Verfestigung des Methodenbestandes. Ferner waren es in erster Linie die Juristen der aufnehmenden Rechtsordnung, die sich das römische Recht aneigneten und den beschriebenen Prozeß voranbrachten. Wenn wir diese Merkmale als maßgeblich für den Vorgang benennen, den wir als Rezeption beschreiben wollen, können wir ihn bei der Darstellung der Begegnung Rußlands mit dem römischen Recht mit Gewinn zugrundelegen. Die Tauglichkeit dieser Annahme wird durch die Beobachtung unterstrichen, daß es sich keineswegs um einen historischen Einzelfall handelt.[21] Wir werden schließlich auch den Eingang

als die vorbereitenden Arbeiten) als einen Schritt im Rahmen eines Entwicklungszusammenhangs einzuordnen, welcher insgesamt als Rezeption wahrgenommen werden kann.

20 Weniger überzeugen kann Giaros Begründung, das Zarenreich sei schließlich keine Sklavenhaltergesellschaft gewesen. Richtig ist zwar, daß man keine leichtfertige Parallele zwischen der antiken Sklaverei und der Leibeigenschaft des Zarenreiches ziehen sollte. Allerdings muß man in der Sklaverei nicht – wie die marxistische Lehre es unternimmt – das schlechthin charakteristische Merkmal des römischen Rechts sehen. Überdies können wirkungsgeschichtliche Zusammenhänge auch beobachtet werden, wenn man davon absieht, daß das römische Privatrecht den unfreien Teil der Bevölkerung weitgehend ausschloß.

21 Hier ist im Vergleich an die Orientierung ostasiatischer Staaten am deutschen und französischen Recht im 19. Jhdt. zu denken. Was aus ostasiatischer Sicht an diesen Rechten at-

bestimmter Regelungen aus der Tradition des römischen Rechts in das russische Recht nachweisen können, wenn auch unter dem Vorbehalt, daß Transfers von Regelungen in neue Verhältnisse mit einem Bedeutungswandel einhergehen.

Insgesamt ergibt sich eine Fülle von Berührungen russischer Juristen mit dem römischen Recht, die in vielfältiger Weise zum Gesamtbild einer Rezeption des römischen Rechts im 19. Jahrhundert beitragen. Wenn wir auf Grundlage dieser Beobachtungen von Rezeption sprechen werden, behaupten wir nicht, einen Vorgang in einen einheitlichen Rezeptionsbegriff fassen zu können. Wir behelfen uns vielmehr mit einer Ausdifferenzierung der Begrifflichkeit und werden insoweit verschiedene spezielle Rezeptionsformen beobachten können: Dazu gehören in erster Linie die *wissenschaftliche Rezeption* im Schrifttum und in der Universitätslehre, die durch das Vordringen aus dem römischen Recht entlehnter wissenschaftlicher Methoden gekennzeichnet ist, sowie die *praktische Rezeption*, also die Anwendung von Begrifflichkeit, Regelungen und Argumenten aus dem römischen Recht in Rechtsprechung und Gesetzgebungsarbeiten. Wir werden *Kryptorezeption* beschreiben, die uneingestandenermaßen, nämlich um einer latenten Wirkung willen betrieben wird, sowie schließlich die von Tkačenko beschriebene *dekorative Rezeption*, die – der Kryptorezeption insoweit begrifflich entgegengesetzt – nur den äußeren Anschein einer Modernisierung vermitteln soll.[22]

V.) Das Programm der Darstellung in der Zusammenfassung

Von dem geschilderten Rezeptionskonzept und seinen verschiedenen Erscheinungsformen ausgehend, werden wir die Entwicklung der neuzeitlichen »Aufnahme«, des »Eingangs« des römischen Rechts in Rußland in verschiedenen Schritten beschreiben, die wir um der Übersicht willen wie folgt skizzieren können:

Von Byzanz aus geht ein Grundbestand an Einrichtungen des römischen Rechts über die älteren russischen Rechtsbücher in das Uloženie von 1649 ein. Herrscher des 18. Jahrhunderts erkennen römisches Recht als lohnenden Gegenstand einer Diskussion, die allerdings oberflächlich erfolgt. Es kommt zur Erörte-

traktiv schien, war letztlich »römisch« und trat hier in der Gestalt jener Rechtsordnungen auf, die seinerzeit besonders modern waren: Dies war in erster Linie Deutschland, daneben noch Frankreich, das zwar in der Wissenschaft dieser Zeit etwas weniger ausstrahlte, aber immerhin über ein modernes Zivilgesetzbuch verfügte. Die kontrollierte Verwestlichung des Rechts durch eine Implementation modernisierender Elemente in eine herkömmliche Lebenswelt hatte z. B. im Rahmen der sog. Meiji-Restauration dem Zweck gedient, gleichzeitig traditionelle, spezifisch japanische Werte aufrechterhalten zu können. Dazu Igarashi, Einführung in das japanische Recht, S. 2-6 und Kitagawa, Rezeption und Fortbildung, S. 44-46. Soweit kulturelle Errungenschaften des Westens als erstrebenswert erschienen, galt Peter der Große als Vorbild; vgl. Jansen, The Meiji Restoration, S. 337.

22 Auf die Möglichkeit der »versteckten« Rezeption weisen allgemein Borysova/Baranova, Osnovy ryms'kogo pryvatnogo prava, S. 10 hin. Für Ajanis Beobachtungen zum Verfahren Speranskijs vgl. unten S. 211 u. 218.

rung durch einen eng zugeschnittenen Personenkreis und dann, ausgehend vom »Nakaz« Katharinas II., zur Diskussion mit ausländischen Gelehrten und in einer (freilich begrenzten) russischen Öffentlichkeit. Römisches Recht wird außerdem Gegenstand von Universitätsunterricht. Im 19. Jahrhundert beruhen die Reformen Alexanders' I. und Nikolaus' I. auf eingehender Auseinandersetzung mit dem römischen Recht, welches dann aber jedenfalls nicht »offen« ins geltende Recht übernommen wird; die Bildung am römischen Recht wird immerhin als für die Professionalität der Juristen bedeutend erkannt und immer aufwendiger gefördert. Spätestens seit den 1860er Jahren wird der Eingang römischer Begrifflichkeit und methodischer Grundsätze in die Dogmatik des geltenden russischen Zivilrechts überwiegend befürwortet. Russische Juristen bringen ein anspruchsvolles wissenschaftliches Schrifttum zum römischen Recht sowie zum auf romanistischer Grundlage ausgearbeiteten Privatrecht hervor. Etwa seit den 1870er Jahren orientiert sich die höchstrichterliche Rechtsprechung zunehmend am römischen Recht, zunächst verdeckt, später erklärtermaßen. Was der Senat auf dieser Grundlage neu einführt, wird teilweise als geltendes Recht wahrgenommen. Die seit 1882 betriebenen Kodifikationsarbeiten erfolgen von vornherein in Ausrichtung am westlichen Recht, insbesondere am Pandektenrecht. Die erarbeiteten Entwürfe treten allerdings nicht mehr in Kraft. Das »revolutionäre« Bürgerliche Gesetzbuch von 1922 nimmt zahlreiche in der römischen Rechtstradition etablierte Formen auf, teilweise vermittelt durch die vorrevolutionären Entwürfe, jedoch bei gleichzeitiger, ideologisch bedingter Neuinterpretation und Leugnung ihres Entstehungszusammenhangs. Die Übernahme dieser Formen in geltendes Recht erfolgt mit grundsätzlichen sozialistischen Vorbehalten. An der Begegnung russischer Juristen mit dem römischen Recht erweist sich wiederholt das Dauerproblem der fehlenden Anerkennung der eigenständigen Maßgeblichkeit des Rechts, und zwar sowohl unter den Bedingungen der »Selbstherrschaft« des Zaren als auch unter der Herrschaft der marxistischen Ideologie oder schließlich in der Gegenwart, in der ein überwiegend an der westlichen Rechtstradition orientierter Graždanskij Kodeks die Erwartung eines Schutzes privater Rechte nicht immer rechtfertigt und der kalkulierte Umgang mit dem Anwendungsanspruch des Rechts als »Rechtsnihilismus« erörtert wird.

Kapitel 5: Das russische Privatrecht in tradierten Normen, Reformprojekten und Lehre bis zum Anfang des 19. Jahrhunderts: Vorgeschichte und Entwicklung bis zur Ausgangslage am Beginn der »neueren« Rezeption des römischen Rechts

Die mittelalterliche und frühneuzeitliche Rechtsgeschichte Rußlands unter Einschluß der Frage nach einer Rezeption des römischen Rechts über Byzanz ist Gegenstand einer traditionsreichen und durch zahlreiche Kontroversen gekennzeichneten Forschungsrichtung.[1] Diese verfolgt keineswegs nur rechtshistorische Erkenntnisinteressen, sondern ist, jedenfalls wenn sie von russischer Seite betrieben wird, oft nicht frei von rechtspolitischer Relevanz. Soweit nämlich ein Eingang römischen Rechts in das mittelalterliche oder frühneuzeitliche russische Recht angenommen worden ist, haben Autoren öfters im Sinne der Berechtigung einer jüngeren, jeweils aktuellen Orientierung am römischen Recht argumentieren, dessen grundsätzliche »Fremdheit« widerlegen und auf eine lange Tradition dieses Rechts im eigenen Land verweisen können.[2] Dieser Umstand ist insbesondere im

1 Die nachfolgende, knappe Darstellung des Eingangs römisch-byzantinischen Rechts in das mittelalterliche und frühneuzeitliche Rußland bezweckt lediglich, die Erörterung des hier hauptsächlich interessierenden Zeitraums, also des 19. Jahrhunderts, vorzubereiten, indem Entwicklungszusammenhänge und historische Vorgänge, mit denen später argumentiert wurde, skizziert werden. Aus der großen Zahl der Forschungsbeiträge, die der frühen Begegnung Rußlands mit dem römischen Recht (einschließlich der Frage nach einem hier festzustellenden Rezeptionszusammenhang) gewidmet sind, wird daher nachfolgend nur eine Auswahl zitiert. Für den Überblick vgl. Hellie, The Law, S. 360-374; ferner die Literatur bei Burgmann/Kaufhold, Bibliographie zur Rezeption des byzantinischen Rechts (1992).

2 Im 19. Jahrhundert haben einzelne Autoren sogar versucht, Justinian als Slaven zu identifizieren. Diese Vorstellung ging auf die »Vita Iustiniani« des Abtes Theophilos (Bogomil), des möglichen Lehrers Justinians zurück, die Nicholas Alemannus, der Bibliothekar der Vaticana, 1623 veröffentlicht hatte. Diese Quelle nennt angebliche ursprüngliche Namen für Justinian und seine Verwandten. Justinian soll danach zunächst den von »pravda« (= iustitia) abgeleiteten, illyrischen Namen »Upravda« geführt haben. Vgl. Vasiliev, Justin the First, S. 44-46 mit Nachweisen. Ludewig hatte 1731 aus dem Namen auf eine »barbarische«, mutmaßlich illyrische Herkunft Justinians geschlossen; Vita Iustiniani, S. 125-129. Vgl. daran anschließend Gibbon, The History of the Decline and Fall, Bd. 7, S. 1 (Kap. 40) mit Burys erklärender Bemerkung. In der Literatur des Zarenreiches haben solche Autoren, die dem römischen Recht gegenüber aufgeschlossen waren und die verbindende Tradition unterstreichen wollten, in diesem Zusammenhang gelegentlich die Möglichkeit einer Einvernahme Justinians als Slaven sehen wollen. Vgl. Stoeckhardt, De iuris Iustinianei, S. 2: »Itaque quasi ad hoc natus videri possit Iustinianus, quem iure meritoque nobis vindicamus, quippe qui ex eadem stirpe Slavonica, qua vos, juvenes, nati estis, prodiit, quum anno 482 p. Chr. n. in Serbia obscuro loco nasceretur, Uprawda (Управда) dictus, quasi de futura juris justitiaeque gloria […]«. Stoeckhardt beschreibt Justinian als den Russen stammverwandt (S. 7 u. 12) und erklärt, daß Justinian Slave – allerdings aus Serbien, nicht aus Illyrien – und sein wahrer

Zusammenhang mit der Rechtsquellenlehre der Historischen Schule im 19. Jahrhundert bedeutend geworden und rechtfertigt es daher, die frühere Entwicklung in den Blick zu nehmen:

Die Organisation der verschiedenen Gemeinwesen im ostslavischen Gebiet vom 9. bis zum 14. Jahrhundert war durch verschiedene Fürstentümer und Stadtstaaten gekennzeichnet. Ihre Kultur war maßgeblich dadurch geprägt, daß sie sich im Gravitationsfeld des byzantinischen Reiches befanden. Sie waren nicht nur durch die gemeinsame Zugehörigkeit zur orthodoxen Religion mit Byzanz verbunden.[3] Begünstigt dadurch, daß mehrere große Flüsse als wichtigste Verkehrswege in Nord-Süd-Richtung verlaufen, unterhielten die slavischen Staaten mit ihrem mächtigen südlichen Nachbarn intensive Handelsbeziehungen. Diese Bedingungen schufen die Grundlage für das Vordringen von Kenntnissen des römisch-byzantinischen Rechts nach Rußland.[4] In welchem Maße das ältere russische Recht und insbesondere dessen bedeutende Aufzeichnungen durch den Einfluß römischen Rechts geprägt wurden, ist bis heute umstritten und war dies auch im 19. Jahrhundert, dem hier näher untersuchten Zeitabschnitt. Anerkannt war immerhin die Vorstellung, daß römisches Recht seit dem Mittelalter den Eliten bekannt geworden war, daß es also jedenfalls eine Geschichte der Auseinandersetzung mit demselben gegeben hatte. Teilweise stellte man sich diese sogar wie eine frühere, also mittelalterliche Tradition des römischen bzw. römisch-byzantinischen Rechts in Rußland vor, die sich, teils in bestimmten Rechtsgebieten, teils in Partikularrechtsordnungen, bis in die Gegenwart des 19. Jahrhunderts auswirkte.[5]

Name Upravda (u pravda, also apud ius, in iure, iustus) gewesen sei (S. 38 Anm. 8 mit Nachweisen). Ähnlich Juschkow, Succincta Digestorum, S. 101. Nach dieser Vorstellung war es der Slave Justinian, der von Osten her Italien befreit und Rom das wahre römische Recht zurückgegeben hat (Stoeckhardt aaO., S. 2). Vgl. aus modernerer Sicht Vasiliev, Justin the First, S. 44. Der Annahme, Justinian sei Slave gewesen, wird heute jedenfalls die Chronologie der Anfänge der slavischen Kultur im Balkangebiet entgegenzuhalten sein. Vgl. A. Avenarius, Die byzantinische Kultur, S. 20 f.
Noch verwegener nehmen sich Versuche aus, die seit dem 9. Jahrhundert herrschende Dynastie der Rjurikiden auf das julisch-claudische Kaiserhaus zurückzuführen, nämlich auf einen (unhistorischen) Bruder des Augustus mit Namen »Prussus« (vgl. Soloviev, Einfluß, S. 463) oder auf Augustus selbst (vgl. Tschižewskij, Das heilige Rußland, S. 102 sowie unten S. 138, Fn. 55).

3 Für die Kiever Rus' vgl. Orač/Tyščyk, Osnovy ryms'kogo pryvatnogo prava, S. 21.

4 Tkačenko, »Rimskoe pravo« v Rossii, Moskau 2009, S. 148. Bereits Azarevič, Sistema rimskogo prava, Bd. 1, S. 24 stellte darauf ab, daß das römische Recht durch die Vermittlung von Byzanz nach Rußland gelangt sei. Vgl. ferner dessen Značenie rimskogo prava, S. 439 f. sowie ausführlich die Istorija vizantijskogo prava, Bd. 1.

5 Vgl. Hube, Droit romain, S. 34.

I.) Mittelalter und frühe Neuzeit

Das römisch-byzantinische Recht,[6] dessen Kenntnis nach Rußland durch Vermittlung schriftlicher Rechtssammlungen vordrang,[7] traf dort zusammen mit einem ostslavischen Gewohnheitsrecht, das sich mit aller Vorsicht zum einen aus den sog. »Griechenverträgen« des 10. Jahrhunderts,[8] zum anderen aus der seit dem 10. Jahrhundert mehrfach redigierten Russkaja Pravda erschließen läßt.[9] Für die letztgenannte Rechtsquelle werden jedenfalls vereinzelt »Ähnlichkeiten« mit Bestimmungen des römischen Rechts in seiner byzantinischen Fassung behauptet.[10] Die Ergänzung des in diesen ältesten Quellen niedergelegten Gewohnheits-

6 Wir wollen hier den Einfluß des römischen Rechts nicht etwa mit der Begründung verneinen, daß es sich um byzantinisches Recht handelte. Vgl. aber Fodor, Rechtsreform durch Normtransplantation, S. 265 f. Denn Byzanz verstand sich als römisches Reich. Auch insoweit, als spezifisch christliche Einrichtungen aus Ehe- oder Kirchenrecht über die Russkaja Pravda und auf anderem Wege in Rußland aufgenommen wurden, sind diese nicht schlechthin »unrömisch«. Wenn Feldbrugge schreibt: »If Roman law came to Russia in this period, it could only have been through the vehicle of Byzantine law« (Law in Medieval Russia, S. 70), dann ist das zweifellos richtig. Es wird allerdings nicht möglich sein, trennscharf zwischen römischem und byzantinischem Recht zu unterscheiden. Schon eine Differenzierung zwischen dem römischen Recht und den auf das justinianische Recht folgenden Bearbeitungsstufen wäre kaum adäquat, denn sie müßte die (durchaus byzantinischen) Texte Justinians als »noch römisch«, dagegen die unter späteren Herrschern erfolgte Rechtsentwicklung als grundsätzlich anders wahrnehmen. Schon dies ist wenig plausibel, vor allem angesichts der Selbstbezeichnung der Byzantiner als »Rhomaioi«, also gewissermaßen »Römer«. Zudem scheint es keineswegs nötig, die Unterscheidung zwischen den Entwicklungsstufen so in den Vordergrund zu rücken. Man kann mit guten Gründen auf die Kontinuität abstellen, denn der Anteil an römischem Recht, den die byzantinischen Quellen vermitteln, ist bekanntlich überaus hoch. Aus Feldbrugges Sicht ergibt sich anschließend, daß das im Osten wirkende römische Recht ein anderes war als das im Westen, daß also der Weg, den seine Wirkungsgeschichte im Osten einschlug, ein anderer war als der in den Gebieten Westeuropas. Vgl. Minale, Diritto romano, S. 578 f. Das ist richtig. Strenggenommen kann man das römische Recht in jedem historischen Kontext als ein jeweils anderes wahrnehmen. Da man die wirkungsgeschichtlichen Zusammenhänge aber nicht wird leugnen können, bietet es sich eher an, auf das jeweils Gemeinsame zu sehen.

7 Vgl. statt aller Minale, L'influenza, S. 341-379; Wagner, Einfluß, S. 4003 ff.

8 Küpper, Rechtsgeschichte Osteuropas, S. 59 f.; Ščapov, Rimskoe pravo na Rusi, S. 212 f.; Soboleva, O ratifikacii, S. 158-173; Rybakov, Recepcija prava, S. 163 f.; Tomsinov, Istorija russkoj jurisprudencii, S. 24-32; Baranowski, Russische Rechtsgeschichte, S. 15-17 und 478 f. (deutscher Text); Bibliographie nun bei Minale, Diritto romano, S. 581 f.

9 Küpper, Rechtsgeschichte Osteuropas, S. 64-66; eingehend Baranowski, Die Russkaja Pravda (2005), eine moderne Ausgabe der verschiedenen Fassungen mit Übersetzung und Kommentar; vgl. die Rezensionen von Feldbrugge (2007) und Minale (2008). Ferner Baranowski, Die Russkaja Pravda als Rechtsdenkmal, S. 117-137, ders., Russische Rechtsgeschichte, S. 19 ff. und die englische Übersetzung des Textes mit kurzer Einführung bei Vernadsky, Medieval Russian Laws (1947).

10 Vgl. Rybakov, Recepcija prava, S. 163-165; Orač/Tyščyk, Osnovy ryms'kogo pryvatnogo prava, S. 21; Kaljužnyj/Vovk, Ryms'ke pryvatne pravo, S. 32; Kaljužnyj/Jaščuryns'kyj, Os-

rechts fand teilweise im Wege der Übersetzung des byzantinischen Rechts statt, welches anschließend in neue Rechtssammlungen eingearbeitet wurde. So wurden zahlreiche seiner Bestimmungen im Großfürstentum Kiev[11] auf dem Weg über Bulgarien eingeführt, nämlich als Bestandteile des Zakon Sudnyj ljudem, eines im 10. Jahrhundert entstandenen Gesetzbuchs, welches Texte der Ekloge verwertete.[12] In die Sammlungen der russischen Kirche ist manches aus dem byzantinischen Recht eingegangen,[13] so u. a. verschiedene justinianische Novellen.[14] Auf der Synode in Vladimir wurde 1272 der Nomokanon des Pseudo-Photios verkündet, der neben byzantinischem Kirchenrecht auch zwei zentrale Texte zum weltlichen Recht enthielt, nämlich das Procheiron und die Ekloge,[15] christianisierte und vereinfachte Kurzfassungen des Codex Iustinianus in griechischer Sprache.[16] Der Text war bereits im 9. Jahrhundert durch den Slavenapostel Method in das später sog. Altkirchenslavische übertragen worden.[17] Am Anfang des 14. Jahrhunderts entstand eine Übersetzung des byzantinischen »Agrargesetzes« (Nomos Georgikos, 7./8. Jhdt.[18]) ins Russische.[19] Auch Rußland begegnete also dem römischen Recht in seiner byzantinischen Bearbeitungsstufe, nur – anders als der Westen – nicht in Gestalt der lateinischen, inhaltlich als Recht der klassischen Zeit jedenfalls konzipierten Digesten, sondern anderer, nämlich überwiegend späterer, griechischsprachiger Texte, die römisches Recht in derjenigen Entwicklungsstufe wiedergaben, die es im byzantinischen Reich angenommen hatte. Wenn Rußland also auch hinsichtlich des Rechts zum Kulturerben von Byzanz

novy ryms'kogo pryvatnogo prava, S. 16. Anners, Istorija evropejskogo prava, S. 253 behauptet sogar einen starken Einfluß des byzantinischen Rechts, während Soloviev, Einfluß, S. 460 den Versuch, römisches Recht in der Russkaja Pravda nachzuweisen, als mißlungen bezeichnet. Grundsätzlich ablehnend bereits Strahl, Geschichte, Bd. 1, S. 400. Zum Streitstand vgl. Minale, Diritto romano, S. 579 f.

11 Das bis zum 13. Jahrhundert bestehende, nach seinem Hauptort Kiever Rus' genannte Großfürstentum wird nicht nur als Vorläufer des späteren russischen Reiches wahrgenommen; vielmehr führen sich auch die Ukraine und Weißrußland (Belarus) historisch darauf zurück. In dieser Sichtweise liegen die Gründe dafür, daß z. B. das ukrainische Schrifttum, soweit es den Einfluß des römischen Rechts auf die Ukraine behandelt, teilweise dieselben historischen Ereignisse erörtert, die hier mit Rücksicht auf Rußland dargestellt werden. Vgl. Kalјužnyj/Vovk, Ryms'ke pryvatne pravo, S. 32 f.; Orač/Tyščyk, Osnovy ryms'kogo pryvatnogo prava, S. 20-23; Šala, Recepcija ryms'kogo prava, S. 26.

12 Pieler, Entstehung und Wandel, S. 720; Hamza, Die Rezeption, S. 219; Rybakov, Recepcija prava, S. 164 f.; Florinskij, Drevnejšij pamjatnik, S. 404-429. Nachweise zu diesem Text nun bei Minale, Diritto romano, S. 581; vgl. auch dens., L'Ekloge, S. 565 ff. Der Entstehungskontext ist umstritten; vgl. A. Avenarius, Die byzantinische Kultur, S. 104 f.

13 Vgl. nun Minale, Diritto romano, S. 580 mit Nachweisen; ders., L'influenza, S. 341-379; ferner Völkl, Die Rechtsentwicklung, S. 731.

14 Hube, Droit romain, S. 29.

15 Vgl. Ščapov, Rimskoe pravo na Rusi, S. 215-217; Isaev, Pravovaja kul'tura, S. 6.

16 Weickhardt, Pre-Petrine Law, S. 766 u. 781.

17 Küpper, Rechtsgeschichte Osteuropas, S. 66 f.

18 Pieler, Rechtsliteratur, S. 440 f.

19 Hamza, Die Rezeption, S. 219; vgl. Lipšic, Byzanz, S. 13-15.

wurde, dann war der von ihm übernommene Nachlaß noch weitergehend byzantinisch geprägt als das vom Westen angenommene Erbe.

Inwieweit es, von dieser Verbreitung der Kenntnis des römisch-byzantinischen Rechts ausgehend, zu einer dauerhaften Einwirkung römischen Rechts auf das mittelalterliche russische Recht kam, ist im Schrifttum unterschiedlich beurteilt worden. Wenn wir hier verschiedene Auffassungen referieren, kommt es uns nicht in erster Linie auf deren historische Richtigkeit an.[20] Wichtig ist hier vielmehr, welche Standpunkte in der russischen Literatur vertreten wurden und auf entsprechende Auffassungen von der Bedeutung des römischen Rechts für das ältere Rußland schließen lassen. Im früheren 19. Jahrhundert haben z. B. einige Autoren – nicht sehr detaillierte – Vorstellungen über vermutete Ursprünge des russischen Rechts im römischen geäußert.[21] Hierbei handelt es sich aber jedenfalls teilweise um Stellungnahmen im Kontext der Vorbereitung der Gesetzessammlung Nikolaus' I., als allgemeine (!) Hinweise auf das Corpus iuris und mögliche Zusammenhänge politisch opportun waren. Aus moderner Sicht hat Vernadsky hinsichtlich der Verbreitung und Übersetzung der römisch-byzantinischen Rechtstexte den Standpunkt vertreten, das russische Recht sei so weitgehend vom römischen durchdrungen gewesen, daß dieses die Grundlagen des russischen Rechtsdenkens geprägt und gleichzeitig diejenige Atmosphäre herausgebildet habe, in der sich das mittelalterliche russische Recht entwickeln konnte.[22] Kuryšev, der den Einfluß des byzantinischen Rechts im 9. und 10. Jahrhundert auf Grundlage der Verträge mit Byzanz untersucht hat, meint, das byzantinische Recht habe die Rechtsentwicklung in Rußland wesentlich befördert, wobei nationale Besonderheiten und Traditionen allerdings erhalten geblieben seien. So seien die übernommenen Rechtsinstitute an das russische Recht angepaßt worden.[23] Gleichzeitig hätten die römischen Rechtsnormen in Rußland subsidiären Charakter gehabt und seien hilfsweise herangezogen worden.[24] Kuryšev bewertet die von ihm wahrgenommene Rezeption des byzantinischen Rechts in dieser Entwicklungsphase als bedeutenden Antrieb für die Entwicklung des russischen Rechts. Allerdings seien zwar verschiedene Rechtseinrichtungen aus dem römischen Recht übernommen wurden, nicht dagegen die Rechtstheorie sowie die anspruchsvolle Begrifflichkeit des römischen Rechts.[25] Tkačenko meint sogar, daß das römische Recht in Rußland keinen geringeren Einfluß als in Westeuropa gehabt habe. Sein Eingang nach Rußland sei zeitgleich mit der Rezeption des römischen

20 Hierfür muß auf die einschlägigen Forschungen verwiesen werden; vgl. insbesondere die eingehende Untersuchung bei Feldbrugge, Law in Medieval Russia, S. 59-128.

21 Stoeckhardt, De iuris Iustinianei, S. 15: »Apparet igitur, jus Romanum satis arcto nexu cum jure Ruthenico contineri et quasi fontem primum ei praebuisse«; ferner S. 54 Anm. 35 mit weiteren Nachweisen.

22 Vernadsky, Medieval Russian Laws, S. 6; vgl. Taylor, Roman Influences in Russian Wills, S. 430.

23 Kuryšev, Recepcija v rossijskom prave, S. 52.

24 Kuryšev, Recepcija v rossijskom prave, S. 54.

25 Kuryšev, Recepcija v rossijskom prave, S. 55.

Rechts in Westeuropa erfolgt. Die Entwicklung des politischen und wirtschaftlichen Verhältnisses zum byzantinischen Reich habe es ermöglicht, daß Codex und Digesten mit dem Christentum im 10.-12. Jahrhundert aus Byzanz Eingang nach Rußland finden konnten.[26]

Andere Autoren schätzen den Einfluß des römischen Rechts auf das mittelalterliche russische Recht zurückhaltender ein. Im 19. Jahrhundert hatte der Reformator Speranskij[27] erklärt, das römische Recht habe die ältere Rechtskultur Rußlands nur wenig beeinflußt.[28] Er sprach von »Mutmaßungen« hinsichtlich des Einflusses »römischer bzw. griechischer Gesetze« in der frühen Zeit der rußländischen Staatsbildung. Auch Efimov sah die Fortwirkung des römischen Rechts über seine spätere, »byzantinische« Entwicklungsstufe als wenig bedeutend an.[29] In jüngerer Zeit hat Salogubova in den Griechenverträgen und anderen frühen Texten immerhin Spuren des römischen Rechts aufgezeigt.[30] Sie hat in einer Arbeit über Elemente des römischen Rechts im russischen Gerichtsverfahren des 10. bis 17. Jahrhunderts zahlreiche Anhaltspunkte herausgearbeitet, die auf einen Einfluß des römischen Rechts auf das russische Recht dieser Zeit hindeuten könnten.[31]

Schließlich wird ein Einfluß des römischen Rechts auf die russische Rechtsentwicklung dieser Zeit auch grundsätzlich abgestritten.[32] Dies gilt besonders für den Standpunkt Feldbrugges, der auf Grundlage eingehender Untersuchungen meint, daß nicht nur kein unmittelbarer Einfluß nachzuweisen sei;[33] vielmehr seien auch die verschiedenen Vermutungen eines Einflusses byzantinischer Rechtstexte wie Nomos Georgikos, Ekloge und Procheiron auf das weltliche Recht der Zeit, insbesondere auf die Russkaja Pravda in ihren beiden Fassungen,

26 Tkačenko, »Rimskoe pravo« v Rossii, S. 135, 150.

27 Speranskij ist für den Entwicklungszusammenhang des russischen Rechts eine wichtige Stimme, weil er in den mehreren Phasen seiner Gesetzgebungstätigkeit die älteren Texte unmittelbar erschlossen hat und gleichzeitig mit dem römischen Recht vertraut war. Politische Rücksichten, zu denen er sich in bestimmten Schriften genötigt sah, haben seine Vorstellungen – einschließlich historischer Urteile – allerdings teilweise nicht uneingeschränkt zutage treten lassen. Vgl. näher unten S. 212-216.

28 Vgl. besonders radikal Speranskij, Geschichtliche Einleitung, S. 85 (»Vom römischen Erbe haben wir nichts erhalten«); andere Stellungnahmen enthalten gewisse Zugeständnisse; vgl. Tomsinov, Rossijskie pravovedy, Bd. 1, S. 231 f. Vgl. ferner Rybakov, Recepcija prava, S. 158.

29 Efimov, Lekcii istorii rimskogo prava, S. 455 f.; vgl. Tomsinov, Rossijskie pravovedy, Bd. 1, S. 231.

30 Salogubova, Osnovnye graždanskie processual'nye instituty, S. 25; vgl. ferner Taylor, Roman Influences in Russian Wills, S. 430.

31 Salogubova, Osnovnye graždanskie processual'nye instituty; S. 25-29; dies., Ėlementy rimskogo prava, S. 173-179.

32 Vgl. Rybakov, Recepcija prava, S. 158.

33 Eine indirekte Nachwirkung der mittelalterlichen, von ihm als »osmotisch« beschriebenen Aufnahme von Elementen des römisch-byzantinischen Rechts schließt Feldbrugge offenbar nicht aus; vgl. dens., Rez. Avenarius, S. 399.

nicht haltbar.[34] Aus der russischen Forschung hat sich Novickaja in ihrer Arbeit über die »sogenannte Rezeption des römischen Rechts« ablehnend zum Einfluß des römischen Rechts auf das Recht des russischen Mittelalters geäußert und sich insbesondere gegen die diesbezüglichen Vermutungen Salogubovas gewandt.[35] Novickaja behauptet, es habe in dieser Zeit keine direkte Übernahme des römischen Rechts oder eine Nachahmung desselben gegeben, vielmehr habe sich das russische Recht ohne bedeutenden Einfluß von außen entwickelt.[36] Die Autorin geht von zwei Bedingungen aus, die die Rezeption des römischen Rechts hätten befördern können. Ausgehend von Pokrovskijs Standpunkt, die Rezeption des römischen Privatrechts sei für eine Gesellschaft mit sich entwickelnder Verkehrswirtschaft typisch, weil das römische Recht dafür besonders gut geeignet sei,[37] meint Novickaja, die in Rußland vorherrschende Naturalwirtschaft habe einer solchen Entwicklung jedenfalls bis zum 17. Jahrhundert entgegengestanden.[38] Auch die von Muromcev beschriebene Förderung der Rezeption des römischen Rechts in bestimmten Ländern außerhalb des römischen Reichs dadurch, daß hier eine romanisierte Bevölkerung lebte, welche Lebensordnung und wirtschaftliche Verhältnisse bestimmen konnte,[39] fand in Rußland, worauf Novickaja natürlich zutreffend hinweist, nicht statt.[40]

Die Aussagekraft der Griechenverträge, insbesondere im Hinblick auf das russische Recht, stellt Novickaja unter den Vorbehalt ihrer mittelbaren Überlieferung durch die Nestorchronik.[41] Während Salogubova vermutet hatte, daß mit dem Vertrag von 912 römische Grundsätze über Beweismittel im Gerichtsprozeß (Eid, Ermittlung, Zeugen) in das russische Recht eingeflossen seien,[42] meint Novickaja, daß der Eid als Beweismittel jeder »primitiven« Gesellschaft bekannt gewesen sei.[43] Soweit Salogubova darauf hinweist, daß erst die Griechenverträge erstmals die Unterscheidung zwischen gesetzlicher und testamentarischer Erbfolge aufwiesen, hält Novickaja es für unvorstellbar, daß in der Rus' bis zum 10. Jahrhundert keine Regelungen zur Erbschaft existiert hätten. Außerdem bringt

34 Feldbrugge, Law in Medieval Russia, S. 125 f.; dazu die Rezensionen von Baranowski (2010), S. 511 f. und Minale, Diritto romano, S. 575-589.

35 Salogubovas Standpunkte erscheinen nicht nur im Lichte der Kritik Novickajas teilweise als gewagt, sie sind auch nicht besonders aufwendig belegt. Kritisch zu Salogubovas Vermutungen jetzt insbesondere Feldbrugge, Law in Medieval Russia, S. 105-108. Man wird allerdings gerechterweise darauf hinweisen müssen, daß sich Salogubova auf vorsichtig formulierte Annahmen beschränkt hat.

36 Novickaja, K voprosu o tak nazyvaemoj recepcii rimskogo prava, S. 122.

37 Pokrovskij, Istorija rimskogo prava, S. 270-277; Novickaja, K voprosu o tak nazyvaemoj recepcii rimskogo prava, S. 123.

38 Novickaja, K voprosu o tak nazyvaemoj recepcii rimskogo prava, S. 123.

39 Muromcev, Recepcija rimskogo prava na zapade, S. 4-5.

40 Novickaja, K voprosu o tak nazyvaemoj recepcii rimskogo prava, S. 123.

41 Baranowski, Russische Rechtsgeschichte, S. 17; Novickaja, K voprosu o tak nazyvaemoj recepcii rimskogo prava, S. 124.

42 Salogubova, Osnovnye graždanskie processual'nye instituty, S. 25.

43 Novickaja, K voprosu o tak nazyvaemoj recepcii rimskogo prava, S. 124.

sie einige Beispiele aus dem römischen Erbrecht und vergleicht sie mit den in der Nestorchronik überlieferten Bestimmungen, wobei sie auf Unterschiede hinweist.[44] Die Regel, nach der ein Eigentümer für das Verhalten seines Sklaven haftet, bildet für Novickaja keinen Hinweis auf den Eingang römischen Rechts, sondern eine Selbstverständlichkeit.[45]

An den unterschiedlichen Standpunkten Salogubovas und Novickajas zeigt sich, daß der Versuch, aufgrund eines begrenzten Quellenbestandes Zusammenhänge mit dem römischen Recht aufzuzeigen oder gerade auszuschließen, viele Unsicherheiten bestehen lassen muß. Die Forschung ist insoweit auf Indizien angewiesen. Aus Texten, die mehr oder weniger parallele Bestimmungen aufweisen, wird teilweise auf einen Zusammenhang geschlossen, doch bleiben diejenigen Unsicherheiten bestehen, die unvermeidlich sind, wenn nur Regelungen belegt sind, aber keine ergiebigen Quellen über den jeweiligen Entstehungshorizont zur Verfügung stehen. Um nämlich aus »Parallelen« überzeugend auf einen Entwicklungszusammenhang schließen zu können, muß man zum Vergleich einen vorher bestehenden Rechtszustand betrachten und einen Zusammenhang zwischen dessen Abänderung und dem Kontakt mit dem römischen Recht herstellen. Das ist aber kaum möglich. Immerhin dürfte mit einiger Gewißheit feststehen, daß man zunehmend Kenntnis vom römischen Recht hatte.

Die unterschiedliche Wahrnehmung der Bedeutung des Einflusses römisch-byzantinischen Rechts auf das russische Recht geht zumindest teilweise auch auf die spezifischen Rahmenbedingungen zurück, in denen sich Rußland von denjenigen, die in Westeuropa herrschten, wesentlich unterschied. Zur Vermittlung des römisch-byzantinischen Rechts trug nämlich maßgeblich die orthodoxe Kirche bei. Dabei unterschied sich ihre Art der Vermittlung von derjenigen, die die römische Kirche im Westen leistete, in mehrerer Hinsicht. So kannte das Zarenreich keine Trennung von Staat und Kirche. Die Kirche war auch insoweit wenig geneigt, auf ein abstraktes Rechtssystem abzustellen, als sie die Vorstellung von einer materiellen Gerechtigkeit pflegte, die jeweils im Einzelfall verwirklicht werden mußte, und die einer Herausbildung abstrakter Regeln, die formelle Gerechtigkeit gewährleisten mochten, nicht zuträglich war. Auch war sie weit weniger auf die Pflege weltlicher Angelegenheiten konzentriert als die lateinische Kirche, so daß sie die Fortbildung rein weltlicher Rechtsmaterien nicht als ihre Aufgabe wahrnahm. Eine nennenswerte Schicht gebildeter Persönlichkeiten außerhalb der Kirche, die diese Aufgabe hätte erfüllen können, existierte allerdings nicht.[46] Einfachen Menschen trat das Recht also, wenn überhaupt, als von wenigen Spezialisten verwaltete Materie entgegen. Die Engführung von Recht und Religion führte zusätzlich dazu, daß das Recht als allumfassendes Instrument der Macht wahrgenommen wurde.

44 Novickaja, K voprosu o tak nazyvaemoj recepcii rimskogo prava, S. 125.
45 Novickaja, K voprosu o tak nazyvaemoj recepcii rimskogo prava, S. 129-130.
46 Küpper, Rechtsgeschichte Osteuropas, S. 19; Völkl, Die Rechtsentwicklung, S. 731.

Diese Vorstellung vom Recht wurde durch den Umstand verstärkt, daß es an einer rechtlichen Regelung des Verhältnisses zwischen Obrigkeit und Individuum fehlte. Die Auffassung, das Recht ermögliche zwar Machtausübung, unterwerfe diese aber jedenfalls bestimmten Regeln, war unbekannt. Gerade dies führt der Historiker Goehrke darauf zurück, daß Rußland jenen fundamentalen Wandlungsprozeß nicht mitvollzogen habe, den das lateinische Europa im Hochmittelalter u. a. der Rezeption des römischen Rechts verdanke. Goehrke meint richtigerweise, dieser Prozeß habe im Westen eine Verrechtlichung des Verhältnisses zur Obrigkeit befördert, welche im Zarenreich nicht erfolgt sei.[47] Der Vorstellung von einer privaten Trägerschaft von Recht standen diese Verhältnisse entgegen. Die Kirche als Wahrerin der tradierten Verhältnisse wirkte einem Wandel überdies dadurch entgegen, daß sie Ordnungsvorstellungen lehrte, nach denen Individualismus als anstößig galt und auf Hybris schließen ließ.

Wenn man die Frage nach der Bedeutung des römischen Rechts für das frühneuzeitliche Rußland bereits etwas zuversichtlicher wird aufwerfen dürfen, dann geht dies zum Teil darauf zurück, daß der jahrhundertelange Einfluß des machtvollen und hochentwickelten byzantinischen Reiches auf die russische Kultur – ebenso wie auf die der meisten anderen slavischen Völker – jedenfalls seit dem 15. Jahrhundert nicht mehr überzeugend bestritten werden kann. Sicherlich wird man, worauf Efimov zutreffend hingewiesen hat, nicht von einer gleichen Rezeption der justinianischen Gesetzgebung »in complexu« wie im Westen sprechen können.[48] Das gilt zunächst darum, weil man zwischen dem allgemeinen Einfluß in Zentralrußland und verschiedenen Formen der Rezeption in einzelnen Gebieten an der westlichen und südlichen Peripherie unterscheiden muß.[49] Auch gerieten nicht alle Rechtsgebiete gleichermaßen unter den Einfluß des römisch-byzantinischen Rechts; auf lange Sicht hat sich dieser Einfluß vielmehr vor allem im Familien- und Erbrecht ausgewirkt.[50] Der Niederschlag in diesem Bereich war jedoch nicht einer besonderen Überzeugungskraft bestimmter Regelungen aus Sicht der Adressaten geschuldet, vielmehr wirkte sich hier die interessengeleitete Steuerung durch die Kirche aus.[51] Als Folge ihrer selektiven Förderung des römisch-by-

47 Goehrke, Russland, S. 191 u. 303.

48 Efimov, Lekcii istorii rimskogo prava, S. 466-468.

49 Efimov, Lekcii istorii rimskogo prava, S. 474-475.

50 Sokolovskij, Recepcija rimskogo graždanskogo prava, S. 10; Tille, Die Kodifikation, S. 2; vgl. Minale, Diritto romano, S. 586. Zum (teilweise römisch-byzantinisches Recht an das russische vermittelnden) Einfluß der orthodoxen Kirche in den Bereichen von Familienrecht und Erbrecht vgl. Wagner, Marriage, passim und die Rezension von Baranowski (1996), S. 257-259; Taylor, Roman Influences in Russian Wills, S. 430. Vgl. Efimov, Lekcii istorii rimskogo prava, S. 473.

51 Salogubova, Osnovnye graždanskie processual'nye instituty, S. 28 will im Sobornoe Uloženie Modestins Ehebegriff (1 *reg.* D. 23,2,1) und weitere Bestimmungen des römischen Eherechts wiedererkennen. Es wird aber kaum von einer Rezeption auszugehen sein; vielmehr vertrat die Kirche ein eigenes Konzept der Ehe, das der *coniunctio maris et feminae et consortium omnis vitae, divini et humani iuris communicatio* inhaltlich nahekam.

zantinischen Rechts blieb z. B. die Ehe auf Dauer durch kirchenrechtliche Bestimmungen geregelt; eine Zivilehe gab es nicht.[52] Was ausblieb, war eine Aneignung der wissenschaftlichen Bearbeitung des römisch-byzantinischen Rechts, von der – wie es im Westen der Fall war – eine wissenschaftliche Aufarbeitung auch des tradierten Rechts hätte ausgehen können. Einer solchen Entwicklung standen sowohl die Kirche entgegen als auch das Fehlen wissenschaftlicher Einrichtungen, in denen sich Juristen entsprechend hätten qualifizieren können.

Neben die Kirche, die das Recht ebenso wie viele andere Schriftquellen voraussetzende Bereiche der Kultur verwaltete, trat in der frühen Neuzeit als fördernder Faktor die weltliche Herrschaft. Nicht anders als im Westen, wo die Idee der »translatio imperii« die Rezeption des römischen Rechts als Kaiserrecht förderte, verhielt es sich mit dem Zarentum in Rußland.[53] Die Vorstellung von einem Zarenreich rührt aus dem 15. Jahrhundert her. Der Titel eines Zaren (car'), etymologisch wohl mittelbar entstanden aus lat. *caesar*,[54] wurde erstmals 1473 von Ivan III. (Reg. 1462-1505) beansprucht.[55] Als Großfürst von Moskau hatte er 1472 Zoe (Sophia) Palaiologa, die Nichte des letzten byzantinischen Kaisers Konstantinos XI., geheiratet.[56] Da sich die Zaren auf die orthodoxe Tradition beriefen, bedurften sie der Anerkennung ihrer Herrschaft durch den Patriarchen von Konstantinopel.[57] Aus diesem Grunde übernahmen sie auch das byzantinische Krönungsprotokoll und den Doppeladler als Staatswappen. Die Vorstellung einer Nachfolge des Römischen Reiches wurde unterstützt durch die berühmte Wahrnehmung Moskaus als »Drittes Rom«: Nach dieser Vorstellung ging das »erste« Rom unter, als die römische Kirche, die es fortgesetzt hatte, durch die Apollinarische Häresie in der zweiten Hälfte des 4. Jahrhunderts »vom wahren Glauben abfiel«. Seine rettende Macht ging auf Konstantinopel über, was in dessen Selbstbezeichnung als »Neues Rom« (Nea Rhomē) Ausdruck fand.[58] Nachdem auch Konstantinopel »abgefallen« war – es war 1428 die Florentiner Union mit der katholischen Kirche einge-

52 Reich, Art. Rußland, S. 2288; Gebhard, Russisches Familien- und Erbrecht, S. 15.

53 Utechin, Russian Political Thought, S. 20; Hildermeier, Geschichte Russlands, S. 212 f.

54 Insbesondere »eurasisch« orientierte Autoren weisen gerne auf andere indoeuropäische Ursprünge hin, um der römischen Tradition ihre Bedeutung zu nehmen. Die mongolischen Herrscher sind in russischen Quellen gelegentlich ebenfalls »car'« genannt worden. Vgl. Utechin, Russian Political Thought, S. 16. Nachdem Söhne des Herrschers zuvor »carevič« genannt worden waren, wurde im 18. Jahrhundert für den Thronfolger aufgrund etymologischer Erwägungen der Titel »cesarevič« eingeführt.

55 Eine höfische Legende dieser Zeit soll das Herrscherhaus auf den Imperator Caesar Augustus zurückgeführt haben; vgl. Wagner, Einflüsse, S. 4007.

56 Anners, Istorija evropejskogo prava, S. 255 f.; Meyendorff/Baynes, The Byzantine Inheritance, S. 383.

57 Vgl. Hamza, Die Rezeption, S. 220.

58 Soldat, Art. Moskau, Drittes Rom, S. 301. Vgl. die c. Deo auctore § 10, wo Justinian erklärt, mit Rom sei keineswegs nur das »alte«, sondern vielmehr auch dasjenige gemeint, welches inzwischen durch die Gnade Gottes unter besseren Vorzeichen gegründet worden sei: *Romam autem intellegendum est non solum veterem, sed etiam regiam nostram, quae deo propitio cum melioribus condita est auguriis.*

gangen[59] – und 1453 das byzantinische Kaiserreich überhaupt untergegangen war, bot sich Raum für die Auffassung, das Zarenreich sei das einzige im orthodoxen Verständnis christliche Reich[60] und Moskau in der Nachfolge von Byzanz nun das »Dritte Rom«.[61] Die mit diesem Ausdruck beschriebene Vorstellung von einer gewissermaßen »rechtmäßigen« Nachfolge entwickelte um 1525 der Mönch Filofej (gr. Philotheos) aus Pskov.[62] Er entwarf auf Grundlage von Justinians Novelle 6 ein Konzept des »Einklangs« (symphōnía) von geistlicher Macht (hierōsýnē) und weltlicher Macht (basileía) für Rußland.[63] Die Zarenherrschaft hat insoweit sogar eine eschatologische Rolle, als es nach Filofejs Konzept kein viertes Rom mehr geben sollte, das Zarenreich also das letzte christliche Reich auf Erden war.[64] Um die Herrschaft des Moskauer Großfürsten in die Nachfolge Ostroms zu stellen, hatte die Kirche ihm seit 1492 die Bezeichnung als »samoderžec« beigelegt, also »Selbstherrscher« in Anlehnung an den byzantinischen Kaisertitel »autokratōr«. Auf dieser Grundlage bezeichnete sich Ivan IV. »Groznyj« – im Westen bekannt als »der Schreckliche« (Reg. 1533-1584) – erstmals als »Selbstherrscher«.[65] Seine Nachfolger behielten den Titel sowie den durch ihn zum Ausdruck kommenden Anspruch auf ungeteilte und unbeschränkte Macht grundsätzlich bis 1917 bei.

Die Vorstellung[66] von einer historisch gerechtfertigten Stellung Moskaus als Zentrum des »wahren Christentums« in der Nachfolge Roms stärkte auch die weltliche Zentralmacht. Günstige Voraussetzungen bestanden jetzt sowohl für eine gesetzgeberische Tätigkeit überhaupt als auch – infolge des programmatischen Anschlusses an Byzanz – für ein Anknüpfen an die Tradition von dessen Recht. Am Beginn der spezifisch russischen Gesetzgebung stand das Gerichtsbuch (Sudebnik) Ivans III. von 1497.[67] Es handelte sich um eine Kompilation von vergleichsweise

59 Obolensky, Russia's Byzantine Heritage, S. 40.

60 Vgl. Tschižewskij, Das heilige Rußland, S. 101 f.; Meyendorff/Baynes, The Byzantine Inheritance, S. 369.

61 Letjaev, Recepcija rimskogo prava, S. 60; Sinjukov, Rossijskaja pravovaja sistema, S. 103; Vladimirskij-Budanov, Obzor, S. 169; Obolensky, Russia's Byzantine Heritage, S. 40 u. 59. Zur Vorstellung vom »Dritten Rom« als begünstigendem Faktor für die Rezeption des römischen Rechts vgl. Tkačenko, »Rimskoe pravo« v Rossii, S. 127 ff.; Klug, »Europa« und »europäisch«, S. 195. Grundlegend zum Thema Lettenbauer, Moskau das dritte Rom (1961).

62 Goehrke, Russland, S. 294; Klug, »Europa« und »europäisch«, S. 195; Lettenbauer, Moskau, S. 51 ff.; Hamza, Die Rezeption, S. 219 f.

63 Goehrke, Russland, S. 194 u. 239.

64 Vgl. Utechin, Russian Political Thought, S. 20; Butler, Russian Law, S. 45; Hildermeier, Geschichte Russlands, S. 213.

65 Küpper, Rechtsgeschichte Osteuropas, S. 100 f.; Goehrke, Russland, S. 188.

66 Heute wird teilweise bezweifelt, daß Filofej eine Staatstheorie habe entwerfen wollen und schon das mittelalterliche Rußland imperialistisch ausgerichtet gewesen sei. Womöglich wurde aus der Überlieferung erst später ein Argument entwickelt, das die absolute Macht des Zaren als gottgewollt legitimieren sollte. Vgl. Goehrke, Russland, S. 294; Soldat, Art. Moskau, Drittes Rom, S. 301 mit Nachweisen.

67 Küpper, Rechtsgeschichte Osteuropas, S. 110; Butler, Russian Law, S. 20.

geringem Umfang. Sie sollte der Vereinheitlichung des Rechts dienen und umfaßte dazu allgemeine Grundsätze zur Handhabung der Justiz und zur Herstellung von Sicherheit und Ordnung.[68] Ivan IV. führte Ergänzungen ein (Sudebnik von 1550).[69] Gleichfalls 1550 ließ der Zar im sog. Stoglav (»Hundert Kapitel«) das Kirchenrecht kodifizieren.[70] In seiner Bibliothek befanden sich Handschriften wichtiger römischer Rechtstexte,[71] von denen offenbar jedenfalls ein Teil im Zusammenhang mit der Eheschließung Ivans III. mit Zoe Palaiologa erworben worden war.[72] Ivan IV. gab eine Übersetzung des Codex Iustinianus ins Russische in Auftrag.[73] Mehrere aufeinanderfolgende Sammlungen des geltenden Rechts aus den ersten Jahrzehnten des 17. Jahrhunderts weisen Grundsätze des kompilatorischen Verfahrens auf, die auf eine Orientierung an den Digesten und am Codex Justinians hindeuten.[74]

Mit dem Beginn der Romanov-Dynastie kam es zu verstärkten Bemühungen um eine Stabilisierung des Landes und Förderung des Rechts, u. a. durch die Produktion gedruckter Rechtstexte. Der Nomokanon des Pseudo-Photios wurde 1646 in slavischer Übersetzung veröffentlicht; er vermittelte nun das römisch-byzantinische Recht des Procheiron und der Ekloge in der Landessprache.[75] Im Jahre 1649 erschien das Sobornoe Uloženie des Zaren Aleksej Michajlovič (Reg. 1645-1676).[76]

68 Für Hinweise auf den Eingang byzantinischen Rechts vgl. Rybakov, Recepcija prava, S. 166.

69 Wagner, Einflüsse, S. 4009.

70 Küpper, Rechtsgeschichte Osteuropas, S. 111; Goehrke, Russland, S. 195.

71 Vgl. Clossius, Bibliothek, S. 299; Zarubin, Biblioteka, S. 59-61; ferner Feldbrugge, Law in Medieval Russia, S. 124.

72 Vgl. Dabelow, Ueber die Juristen-Fakultät, S. 306-308.

73 Der livländische Pfarrer Johann Wettermann, der beauftragt worden war, den Codex Iustinianus und den Livius zu übersetzen, berichtet, in der Bibliothek hätten sich verschiedene Handschriften justinianischer Rechtstexte befunden, darunter jedenfalls der Codex Iustinianus und eine Novellensammlung, ferner Auszüge aus Ulpian, Papinian und Paulus. Die Bücher gingen offenbar 1612 bei den Kämpfen um das polnisch besetzte Moskau verloren. Vgl. Clossius, Bibliothek, S. 304; Zarubin, Biblioteka, S. 59-61; Soloviev, Einfluß, S. 464; Hamza, Die Rezeption, S. 220.

74 Vgl. Wagner, Einflüsse, S. 4012.

75 Vgl. Soloviev, Einfluß, S. 465.

76 Über das Uloženie von 1649 vgl. Schultz, Russische Rechtsgeschichte, S. 144 ff. sowie eingehend Man'kov, Uloženie 1649 goda mit Schrifttumsangaben. Das Gesetzbuch wurde ins Deutsche übertragen, wenn auch nicht direkt, sondern vermittelt durch eine lateinische Übersetzung (»Statuta Moscovitica«), die Augustin v. Meyern (Frhr. v. Meyerberg), der Gesandte Leopolds I. am Moskauer Hof, seinem Werk »Iter in Moscoviam« (ca. 1679) beigefügt hatte: Allgemeines Russisches Land-Recht Wie solches Auf Befehl Ihr. Czaar. Majest. Alexei Michailowicz zusammen getragen worden Damit allen Ständen Des Moscovitischen Reichs vom Höchsten biß zum Niedrigsten Gleichmäßiges Recht und Gerechtigkeit in allen Dingen wiederfahren möge. Aus dem Rußischen ins Teutsche übersetzt Nebst einer Vorrede Burcard Gotthelff Struvens. Dantzig, 1723. Struve beschreibt in der Vorrede (ohne Seitenangabe) u. a. das Uloženie und rechtfertigt die Übersetzung damit, daß »nun biß dahero von denen Rußischen Rechten nichts bekandt gewesen«. Man kann dieses

Nikita Ivanovič Odoevskij,[77] dem Redaktor dieses Gesetzbuchs, war aufgegeben worden, eine Revision des bestehenden Rechts auf Grundlage des byzantinischen Rechts durchzuführen.[78] Infolgedessen gingen in das Uloženie neben Lehren der Kirchenväter, russischem Gewohnheitsrecht sowie Verordnungen früherer Zaren in beschränktem Maße – wie weiter unten noch zu zeigen sein wird – auch byzantinisches Recht ein.[79] Küpper weist treffend darauf hin, daß das mit dem Redaktionsauftrag verbundene Konzept in der Bezeichnung als »Uloženie« zum Ausdruck kommt: Der von dem Verb »uložit'« (»hineinlegen«) abgeleitete Name beschreibt die Vorstellung, daß das Gesetz gewissermaßen ein Gefäß bilde, in dem bestehendes Recht zusammengestellt, fixiert und bewahrt werden sollte.[80] Die durch Aleksej Michajlovič initiierten Arbeiten an der Systematisierung und Kodifikation des Rechts können bereits einer Verwestlichungstendenz zugerechnet werden, die sein Sohn Peter I. später mit zuvor nie gekannter Dynamik vorantreiben sollte.[81]

Das Uloženie blieb die wichtigste Kompilation des russischen Rechts bis zum Svod Zakonov von 1832. Inwieweit ihm über das in redigierter Form »eingebrachte« Recht römische Bestimmungen vermittelt wurden, ist umstritten.[82] Speranskij hat geäußert, es gebe – trotz gewisser Berücksichtigung der Rechtstexte der griechischen Kaiser – in der Gesetzessammlung von 1649 keine Hinweise in sprachlicher oder systematischer Hinsicht auf römisches Recht. Das russische Recht habe sich vielmehr seit alters her aus eigenen Kräften entwickelt, allenfalls habe es vielleicht, vermittelt durch deutsche Gesetze, ein wenig aus dem römischen Recht als »allgemeiner Quelle« der Gesetze geschöpft.[83] Zu einer direkten Berührung mit dem römischen oder justinianischen Recht sei es aber nie gekommen.[84] Nun wird man Speranskij trotz seiner unbestrittenen Kennerschaft nicht das letzte Wort überlassen wollen, weil seine Äußerungen, wie noch zu zeigen sein wird,[85] auch politischen Rücksichten geschuldet waren. Wir wollen daher von der insgesamt konsentierten Vorstellung ausgehen, daß den Inhalt des Uloženie weitgehend tradiertes russisches Recht bildete, daneben vor allem das Recht des 3. Litauischen Statuts von 1588, welches seinerseits als Vermittler römischen Rechts

Werk als das früheste Dokument der deutschsprachigen »Ostrechtsforschung« wahrnehmen; Küpper, Rechtsgeschichte Osteuropas, S. 687.

77 Man'kov, Uloženie 1649 goda, S. 61 ff.

78 Hamza, Die Rezeption, S. 220; vgl. Glötzner, Terminologie, S. 7.

79 Hamza, Entstehung und Entwicklung, S. 174; Rybakov, Recepcija prava, S. 166; Tichomirov/Epifanov, Sobornoe Uloženie, S. 45 ff. und bereits grundsätzlich Tiktin, Vizantijskoe pravo (1898).

80 Küpper, Rechtsgeschichte Osteuropas, S. 112.

81 Vgl. Butler, Art. Russia, S. 170.

82 So richtigerweise auch Fodor, Rechtsreform durch Normtransplantation, S. 268, der seine Darstellung des Standes der Diskussion allerdings fast ausschließlich auf westliches und nicht-rechtshistorisches Schrifttum beschränkt.

83 Speranskij, O sisteme zakonov voobšče, S. 7 f.

84 Speranskij, Geschichtliche Einleitung, S. 86, Anm.

85 Vgl. unten S. 212-216.

diente,[86] und schließlich unmittelbar aufgenommenes byzantinisch-römisches Recht.[87] Wie bedeutend die letztgenannte Quelle war, ist wiederum unsicher.[88] Immerhin wird sie in der Präambel genannt,[89] und sogar noch vor den zu berücksichtigenden älteren russischen Bestimmungen. Eine der Originalhandschriften des Uloženie,[90] die bei der Zweiten Abteilung der Kaiserlichen Kanzlei verwahrt wurde, wies verschiedene Randbemerkungen über die Quellen des Textes auf, darunter (neben Hinweisen u. a. auf das Litauische Statut von 1588) wiederholt die Bemerkung: »iz Gradskich (scil.: zakonov)«, also »aus den städtischen Gesetzen«.[91] Gemeint ist eine Herkunft der jeweiligen Bestimmungen aus Rechtstexten der Kōnstantínou pólis,[92] also aus den Sammlungen des byzantinischen Rechts.

Der Rechtshistoriker Hube meint, unter den zivilrechtlichen Bestimmungen des Uloženie seien einige sicher auf den Procheiros Nomos zurückzuführen.[93] Das ist, wie zu zeigen sein wird, richtig. Wir werden über diesen Weg der Vermittlung römischen Rechts hinaus vermuten dürfen, daß sich die Ursprünge der Bestimmungen bis in das Recht der klassischen Zeit zurückverfolgen lassen. Sicherlich waren nicht nur die Sammlungen des byzantinischen Rechts, sondern darüber hinaus zumindest Teile der justinianischen Kodifikation am Hof be-

86 Slystschenkow, Der Entwurf, S. 189. Das litauische Recht steht für einen anderen Entwicklungsstrang der römischen Rechtstradition als für den über Byzanz und die orthodoxe Kirche vermittelten, denn Litauen lag im Einflußbereich der katholischen Kirche. Vgl. Steinke, Die Zivilrechtsordnungen des Baltikums, S. 99-113; Orač/Tyščyk, Osnovy ryms'kogo pryvatnogo prava, S. 22; Danilovič, Vzgljad na litovskoe zakonodatel'stvo i litovskie statuty, S. 3-46 und nun Küpper, Rechtsgeschichte Osteuropas, S. 202-204.

87 Vgl. Vladimirskij-Budanov, Obzor, S. 235-237. Meiske, Das Sobornoe Uloženie, S. 26 hält den Einfluß des byzantinischen Rechts für offenbar relativ gering.

88 Wir werden uns im folgenden auf den begründeten Hinweis beschränken müssen, daß es diesen Einfluß gab. Vgl. ebenso Völkl, Die Rechtsentwicklung, S. 736. Einen auch nur repräsentativen Eindruck von der Bedeutung dieses Einflusses werden wir mit Rücksicht auf die Schwerpunktsetzung der Untersuchung nicht geben können.

89 Vgl. dazu Stoeckhardt, De iuris Iustinianei, S. 55 Anm. 35.

90 Glötzner, Terminologie, S. 8.

91 Tichomirov/Epifanov, Sobornoe Uloženie, S. 421-423; Roždestvenskij, Rassuždenie, S. 49; vgl. Glötzner, Terminologie, S. 16.

92 Vgl. Tomsimov, Istorija russkoj jurisprudencii, S. 131 ff. Sachlich entspricht die Angabe »iz Gradskich« dem bei Wagner, Einflüsse, S. 4013 sowie Soloviev, Einfluß, S. 465 referierten (in dem Verzeichnis bei Tichomirov/Epifanov allerdings nicht genannten) Quellenhinweis »ek tōn nómōn politikōn« (aus den staatlichen – d. h. byzantinischen – Gesetzen).

93 Der Savigny-Schüler Romuald Hube (1803-1890) war Professor in Warschau und Sankt Petersburg; vgl. Dunin, Hube (1905) sowie Pohrt, Zur Bedeutung der Berliner Universität, S. 567 f. und Uruszczak, Art. Hube, S. 297; Darstellung seines wissenschaftlichen Werks bei Zigel', Ob učenoj dejatel'nosti R. M. Gube, S. 86-124. Die genannte Auffassung liegt Hubes Werk Droit romain et gréco-byzantin chez les peuples slaves (1880) zugrunde. Für das ältere Schrifttum vgl. ferner Roždestvenskij, Rassuždenie, S. 48 ff.

kannt.[94] Guljaev hat den Einfluß des römischen Rechts auf das Uloženie für offensichtlich gehalten.[95] Er weist zunächst – Speranskijs kategorischem Urteil entgegentretend – auf den indirekten Einfluß des römischen Rechts auf das Uloženie hin, der durch byzantinische Rechtsquellen sowie durch das Litauische Statut vermittelt worden sei, von denen einige Normen übernommen worden seien.[96] Er bezeichnet allerdings außerdem noch Parallelen, die zwischen dem Aufbau des Uloženie und dem des Codex Justinianus wahrgenommen werden können. Ähnlich dem Codex, der am Anfang Bestimmungen über die Religion und Sekten enthält, beginnt das Uloženie mit einem Kapitel über religiöse Regelungsgegenstände. Danach folgen im Uloženie die Normen des öffentlichen Rechts, anschließend das Prozeßrecht und schließlich das Privatrecht. Kapitel X des Uloženie (»o sude« – »Über das Gericht«) beschreibt Guljaev als systematisch äquivalent zu den Büchern 3-6 des Codex. Zum Schluß enthalten beide Sammlungen die Normen des Strafrechts. Im übrigen allerdings bildet den Schwerpunkt des Codex das Privatrecht, während im Uloženie die öffentlichrechtlichen Vorschriften überwiegen.[97] Den größten Einfluß des römischen Rechts sieht Guljaev in denjenigen Rechtsgebieten, in denen es an tradierten Regelungen des russischen Rechts mangelte, wie zum Beispiel im Schuldrecht.[98] Hier weist Guljaev auf direkte Übernahmen hin. Zusammenfassend meint er, die Übernahme von Bestimmungen aus dem römischen Recht müßten als unbestreitbare Tatsache gelten.[99]

In neuerer Zeit hat Salogubova abermals auf eine gewisse Ähnlichkeit zwischen dem Uloženie und dem Codex Justinianus hingewiesen.[100] Novickaja räumt immerhin ein, man dürfe einige Übernahmen aus den griechischen Rechtstexten vermuten, doch meint die Autorin, diese seien nicht sehr zahlreich – betroffen seien nur 14 Artikel – und außerdem fragmentarisch.[101] Sie wendet gegen Salogubovas Standpunkt kritisch ein, eine äußere Ähnlichkeit von Rechtseinrichtungen lasse noch nicht auf Übernahme schließen. So seien z. B. die Regelungen über

94 Für diejenigen lateinischen Teile des Corpus Iuris, die nicht zwischenzeitlich übersetzt worden waren, darf dies allerdings kaum behauptet werden. Nicht in dieser Hinsicht differenziert Fodor, Rechtsreform durch Normtransplantation, S. 268.

95 Guljaev, Ob otnošenii, S. 6. Guljaev hält in der Tat für fraglich, ob die Bearbeiter des Uloženie direkt auf die Quellen des römischen Rechts zugreifen konnten oder ob dasselbe durch byzantinische Texte vermittelt worden sei. Hier zieht Guljaev das Procheiron als wichtige Quelle des bürgerlichen Rechts in Betracht, meint aber, näher am System des Codex (und damit an dem des Uloženie) sei die Epanagoge, während die Basiliken sich eher präsentierten als eine Sammlung der Digesten in der Ordnung des Codex. Vgl. Guljaev, Ob otnošenii, S. 9 mit Fn. 1.

96 Guljaev, Ob otnošenii, S. 6-7.

97 Guljaev, Ob otnošenii, S. 7.

98 Ähnlich nun Rybakov, Recepcija prava, S. 166.

99 Guljaev, Ob otnošenii, S. 9.

100 Salogubova, Ėlementy rimskogo prava, S. 178.

101 Für einzelne weitere vermutete Zusammenhänge mit dem justinianischen Recht vgl. Glötzner, Terminologie, S. 13.

Dienstbarkeiten, bei denen dies vermutet worden war, keineswegs aus dem römischen Recht übernommen worden. Dagegen spreche die jeweils unterschiedliche Bestimmung des Eigentumsbegriffs. So bildeten Teilhaberechte nach russischem Recht Beschränkungen des Eigentümers in der Ausübung seines Eigentumsrechts und bestünden nicht in der Einräumung eines Rechts an einer fremden Sache, wofür die Servituten stehen.[102] Außerdem könnten bestimmte der in Betracht kommenden Vorschriften auf konkrete Gerichtsentscheidungen zurückgeführt werden, was gegen eine Übernahme aus dem römischen Recht spreche.[103]

Wir wollen die Vermutung, daß jedenfalls einige Bestimmungen des Uloženie auf den Procheiros Nomos oder sogar auf das ältere römische Recht zurückgehen, sowie Anhaltspunkte für verbleibende Zweifel an diesem Zusammenhang an einigen Beispielen verdeutlichen. So bestimmt Kapitel X Art. 227, wenn bei der Pacht eines Hofes vereinbart worden sei, daß der Pächter »den Hof nicht anzünden solle«,[104] sondern er denselben vielmehr vor Feuer bewahren solle, der Pächter hafte, wenn der Hof durch seine Unachtsamkeit abbrenne. Der Text ist in der Handschrift mit dem Quellenhinweis »iz Gradskich« versehen.[105] Das Procheiron weist für diesen Regelungsbereich zwei Texte auf, die den Haftungsmaßstab des Pächters abgestuft wiedergeben und ihrerseits auf eine mutmaßlich zusammenhängende Passage aus dem 32. Buch von Ulpians Ediktkommentar zurückgehen:[106] Nach PN 17 § 1 haftet der Pächter, wenn im Haus vereinbarungsgemäß Feuer gemacht werden durfte und zufällig ein Brand ausbricht, nur dann, wenn er unsorgfältig war; nach PN 17 § 4 haftet er auch für zufälligen Brandschaden, wenn er ein Feuer entzündet hatte, obwohl ihm dies von vornherein untersagt gewesen war.

Auf einen Rezeptionszusammenhang kann im Uloženie besonders klar für das Recht der Haftung bei Gebrauchsüberlassungsverträgen geschlossen werden. Hier werden in Kap. X Art. 272 u. 273 (Marginalie »iz Gradskich«)[107] unmittelbar

102 Novickaja, K voprosu o tak nazyvaemoj recepcii rimskogo prava, S. 132. Die Art. 17-19 und 277-279 Kapitel X des Sobornoe Uloženie sind den Teilhaberechten gewidmet.

103 Novickaja, K voprosu o tak nazyvaemoj recepcii rimskogo prava, S. 133.

104 Die Übersetzung der Bestimmungen des Uloženie erfolgt hier grundsätzlich in Anlehnung an Meiske, Das Sobornoe Uloženie von 1649 (1985); für Kap. X Art. 227 s. S. 153. Entsprechend übersetzt Struve die Bestimmung (nach dortiger Zählung Kap. X Art. 226): »daß der Mieths-Mann selbiges nicht in Brand stecken [...] soll«. Der Text scheint sich damit auf eine vertragliche Regelung der Frage zu beziehen, ob der Pächter ggf. berechtigt sein sollte, den Hof abzubrennen, doch wäre dies alles andere als plausibel. Gemeint dürfte vielmehr eine Vereinbarung des Inhalts gewesen sein, daß der Pächter im Hof kein Feuer entzünden dürfe. Was sich in den Bestimmungen des Uloženie nämlich nicht mehr erhalten hat, ist die differenzierte Ausdrucksweise der zugrundeliegenden Ulpian-Texte 32 *ad ed.* D. 19,2,9,3 und D. 19,2,11,1, in denen sich die Vertragsabreden sinnvollerweise von vornherein nur auf ein *ignis innocens*, also ein kontrolliertes und daher normalerweise unschädliches Feuer bezogen hatten.

105 Tichomirov/Epifanov, Sobornoe Uloženie, S. 421 und oben S. 142.

106 Vgl. Lenel, Palingenesia, Sp. 638 (Ulpianus 946 u. 947).

107 Tichomirov/Epifanov, Sobornoe Uloženie, S. 422.

hintereinander die Haftung des Steinschneiders und des Verwahrers bzw. Verarbeiters von Kleidung behandelt. Für die Werkunternehmerhaftung bestimmt Art. 272: »Wenn ein Handwerksmeister von jemandem Juwelen annimmt, es handele sich um Diamanten, Rubine, Saphire, Smaragde oder irgendwelche anderen Edelsteine, um sie zu reinigen, zu schleifen oder zu gravieren, und infolge Unachtsamkeit zerbricht dieser Stein oder nimmt sonst einen Schaden, worauf der Besitzer Klage erhebt, so hat der betreffende Handwerksmeister den Wert des Edelsteines, so wie er von unparteiischen Leuten taxiert wird, zu ersetzen.« Auch nach PN 17 § 9 haftet der Handwerker für den zerbrochenen Stein im Falle eigenen Versehens, nicht aber bei fehlerhaftem Material, wenn er nicht insoweit das Risiko übernommen hatte. Zwar behandelt das Uloženie nicht den Fall des Schadenseintritts infolge Materialfehlers, sondern nur die Schädigung durch Unachtsamkeit, doch darf die recht spezielle Fallkonstellation, an der die Haftung des Werkunternehmers dargestellt wird, durchaus auf eine Anregung durch die byzantinische Quelle zurückgeführt werden. Diese wiederum geht auf den bei Ulpian 32 *ad edictum* D. 19,2,13,5 behandelten Gemmenschneiderfall zurück: »*si gemma includenda aut insculpenda data sit, eaque fracta sit* [...]«. Guljaev meint, dieser sei im Uloženie periphrasiert wiedergegeben,[108] doch dürfte jedenfalls von einer Vermittlung durch das Procheiron auszugehen sein. Kapitel X Art. 273, betreffend den zufälligen Untergang fremden, entliehenen oder zur Bearbeitung übernommenen Materials, lautet: »Wenn jemand von einem anderen zu beliebiger Zeit ein Kleid entliehen hat oder ein Schneider hat Stoff angenommen, um ein Kleid daraus zu machen, später wird dieses Kleid aber von Mäusen zerfressen oder auf andere Weise verdorben, und es kommt deswegen zur Klage, so soll der Schuldner dem Kläger den Preis für das Kleid zahlen, selbst aber das verdorbene Stück behalten.« Auch hier ist die Haftung des Werkunternehmers für den durch Mäusefraß entstandenen Schaden an das Uloženie offenbar über PN 17 § 10 vermittelt worden und geht ursprünglich auf Ulpian 32 *ad edictum* D. 19,2,13,6 zurück: »*si fullo vestimenta polienda susceperit eaque mures roserint* [...]«.[109] Für den vermuteten Überlieferungszusammenhang spricht bei den vorgenannten Bestimmungen nicht nur, daß mit dem Zerbrechen eines Edelsteins und dem Mäusefraß an Kleidung jeweils relativ spezielle Schadensfälle behandelt werden, sondern auch, daß dieselben im Uloženie ebenso wie im Procheiron und in Ulpians Ediktkommentar unmittelbar nacheinander angehandelt worden sind. Für Kapitel XVII des Uloženie verweist Hube auf Art. 15 über den garantierten Anteil tauber oder stummer Kinder neben ihren Geschwistern am elterlichen Erbe.[110] Hier wird sich allenfalls eine Anregung zur Regelung des Problems aus den Quellen des römisch-byzantinischen Rechts vermuten lassen. In PN 30 § 13 wird nur bestimmt, daß Taube und Stumme zu Erben eingesetzt werden können; dies entspricht sachlich Ulpian 1 *ad Sabinum* D. 28,5,1,2.

108 Guljaev, Ob otnošenii, S. 8.
109 Vgl. Guljaev, Ob otnošenii, S. 8.
110 Hube, Droit romain, S. 32.

Diese und einzelne weitere, wenn auch teilweise weniger eindeutige Beispiele[111] zeigen, daß sich verschiedene Bestimmungen des Uloženie mit unterschiedlicher Wahrscheinlichkeit auf den Procheiros Nomos und ältere römische Texte zurückführen lassen, wobei zu vermuten ist, daß die entsprechenden Abschnitte des Gesetzbuches auf das entwicklungsgeschichtlich nähere Procheiron zurückgegangen sein werden. Gleichzeitig erweist sich an solchen Fällen aber, daß eine allzu scharfe begriffliche Trennung zwischen dem römischen und dem byzantinischen Recht nicht sinnvoll ist.

Neben den einzelnen Beispielen, in denen sich ein Zusammenhang mit dem byzantinischen oder römischen Recht herstellen läßt, gibt es zahlreiche andere Bestimmungen, bei denen dies nicht ersichtlich ist. Für das hier verfolgte Untersuchungsinteresse ist entscheidend, daß römisches Recht – und sei es in der Fassung byzantinischer Texte – überhaupt zur Verfügung stand und als Quelle verwendet wurde. Diejenigen Quellentexte, die den Anlaß für die Vermutung eines Eingangs römischen Rechts nach Rußland und womöglich in das russische Recht bilden, liefern eine zureichende Grundlage für die Vermutung, daß neuzeitliche Juristen von einer bereits seit langer Zeit bestehenden historischen Verbindung mit dem römischen Recht ausgehen konnten. Sicher ist immerhin, daß die Kenntnis vom römischen Recht – unabhängig davon, in welchem Maße dasselbe in das geltende Recht aufgenommen worden war – über byzantinische Texte in Rußland Verbreitung gefunden hatte. Überdies haben Autoren mit spezifisch rechtshistorischem Erkenntnisinteresse schon im 19. Jahrhundert vermutet, einige durch Kormčaja Kniga und andere Quellen rezipierte griechisch-römische Rechtseinrichtungen mochten inzwischen längst als genuin russische aufgefaßt werden.[112] Dieser Umstand gewann in der Frage, inwiefern gegen eine neuerliche Orientierung am römischen Recht dessen »Fremdheit« einzuwenden sei, neue Aktualität. Es liegt außerdem zutage, daß sich die mutmaßliche, zumindest teilweise Aufnahme römischen Rechts unabhängig davon, ob man hier einen eher zuversichtlichen oder eher zurückhaltenden Standpunkt bezieht, fast ausschließlich auf Rechtseinrichtungen technischer Art bezieht, also »privatrechtliche« Institutionen als Elemente des objektiven Rechts. Von den wichtigsten konstitutiven Grundlagen des klassischen römischen Rechts, der Gewährleistung einer

111 Zur Begründung von Guljaevs Beobachtung eines römischen Charakters der Haftungsregelungen bei Sachmiete (Uloženie Kap. X Art. 274) und Dienstvertrag (Art. 275) läßt sich auf die anderweitig gut belegte Nutzung des Stoffes von Ulpians 32. Buch *ad edictum* verweisen, in dem u. a. die Klagen aus *locatio conductio* erörtert werden. Guljaev hält auch Art. 276 (Gesellschaftsvertrag) für römisch; darauf deutet der Sachzusammenhang mit PN Kap. 19. Die Art. 277 (Nichteinhaltung des Abstands zwischen Gebäude und Grundstücksgrenze) und 278 (Errichtung eines Ofens am Hof des Nachbarn) erinnern Guljaev ihrem Wesen nach an die römischen Bestimmungen über *operis novi nuntiatio* und *cautio damni infecti*. Schließlich weist Guljaev darauf hin, daß die Rechtsfolge des Falles *si quadrupes pauperiem fecisse dicetur*, der auf die Zwölftafeln zurückgeht (Ulpian 8 *ad ed.* D. 9,1,1 pr), in Art. 284 zu finden sei. Vgl. Guljaev, Ob otnošenii, S. 8.

112 Azarevič, Sistema rimskogo prava, Bd. 1, S. 24; vgl. Silvestri, Contrast, S. 4.

freiheitlichen Ordnung unter gleichberechtigten Individuen, die den Schutz ihrer privaten Rechte in Anspruch nehmen können, war selbstverständlich keine Rede.

II.) Römisches Recht im Rahmen absolutistischer Reformen des 18. und beginnenden 19. Jahrhunderts

Das absolutistische Zarentum des 18. Jahrhunderts unternahm zahlreiche Reformvorstöße, in deren Rahmen Neuerungen des Rechts auch auf Grundlage römischer Rechtseinrichtungen oder des in römischer Tradition entstandenen Rechtsdenkens in Betracht gezogen und teilweise sogar angestrebt wurden.[113] Es handelte sich um Initiativen, die teils einer Modernisierung des russischen Staates und Rechts dienen, teils die Lebensverhältnisse der Untertanen verbessern oder jedenfalls bestimmten Personengruppen zugute kommen sollten. In dieser Hinsicht hat der Osteuropahistoriker Torke den Standpunkt vertreten, Rußland habe die Rezeption des römischen Rechts im 18. Jahrhundert nachgeholt, ohne daß allerdings das Volk davon berührt worden wäre.[114] Daran ist zunächst zweifellos richtig, daß absolutistische Herrscher dieser Zeit für bestimmte Modernisierungsinitiativen verschiedentlich das römische Recht in den Blick nahmen, so daß dasselbe wiederholt zum Gegenstand eingehender Diskussionen und Ausbildungsinitiativen wurde. Ein Blick auf die *praktischen* Ergebnisse der jeweiligen Bemühungen zeigt allerdings, daß nicht mehr als bescheidene Ansätze wahrgenommen werden können.

Insgesamt kennzeichnete es die Reformbemühungen des Absolutismus, daß sie »von oben«, also durch die Zarenadministration initiiert wurden. Es wurden Kommissionen eingerichtet, deren Beratungsergebnisse, sofern sich solche einstellten, vom Herrscher geprüft und nicht selten verworfen wurden.[115] Reformen hatten immer in erster Linie den Staat im Sinn, galten daher hauptsächlich den Rechtsgebieten, die seine Organisation und Stabilisierung betrafen, weniger den eigentlich privatrechtlichen Materien. Mit Rücksicht auf die Arbeit am Recht stand nicht die Erneuerung oder inhaltliche Modernisierung, sondern die Zusammenstellung und Aufbereitung des Rechts, also die Bemühung um eine Kodifikation im Vordergrund.[116]

Das absolutistische Rußland, das besonders durch die Reformen Peters I. (Reg. 1682-1725) neue Gestalt fand, konnte wichtige Elemente des römischen Rechts

113 Für die Entwicklung des Rechtsunterrichts im 18. Jahrhundert vgl. in erster Linie die Darstellung von Silnizki, Geschichte des gelehrten Rechts in Rußland, S. 23-185. Im Unterschied zu dieser Gesamtbetrachtung beschränkt sich die nachfolgende Darstellung insoweit auf die jeweilige Behandlung des römischen Rechts, als diese zu den Voraussetzungen der beginnenden Verwissenschaftlichung des Rechts im 19. Jahrhundert gehörte.

114 Torke, Einführung in die Geschichte Rußlands, S. 250.

115 Für die zahlreichen, seit Peter I. eingerichteten Kommissionen vgl. Teslja, Istočniki graždanskogo prava, S. 100-130.

116 Küpper, Rechtsgeschichte Osteuropas, S. 140f.

bereits voraussetzen. Zwar war es von der Wirkungsgeschichte des römischen Rechts im Westen – sieht man von den Litauischen Statuten ab – nicht nennenswert berührt worden, so daß insbesondere der lateinische, größere Teil des Corpus iuris bis zum Ende des 17. Jahrhunderts kaum bekannt war und keinen wesentlichen Einfluß auf das geltende Recht ausüben konnte. Aber neben dem teilweise in die Rechtsbücher eingegangenen byzantinischen Recht hatte man von Byzanz, wie gesehen, ein vielfältiges geistliches und weltliches Erbe sowie das Konzept des »selbstherrschenden« Zaren übernommen. Peter I. unterstrich abermals die Inanspruchnahme der Tradition des römischen Kaisertums, indem er sich als erster russischer Herrscher »Imperator« nannte (vserossijskij [= gesamtrußländischer] imperator).[117] Mit der Inanspruchnahme dieses vom römischen *princeps* geführten Titels, der dessen Eigenschaft als militärischer Oberbefehlshaber bezeichnet hatte, verband sich ein teilweise neues Herrschaftskonzept. Zwar wurde Peter I. nicht erst durch diesen Schritt zum absoluten Herrscher, doch vollzog er hiermit den Übergang zu einer Verabsolutierung seines Reichsverständnisses: Rußland sollte als Reich jenes Modell übernehmen, für das zuvor das »Reich schlechthin« – nämlich das römische – gestanden hatte. Sein im Geist der Aufklärung neu geschaffenes administratives und kulturelles Zentrum vollzog als »Stadt des heiligen Petrus« mit ihrem Namen programmatisch den Anschluß an das kaiserliche und christliche Rom.[118] Stolleis hat den Standpunkt vertreten, Rußland bilde ein Beispiel für einen absolutistischen Staat, der ohne römisches Recht entstanden sei.[119] Man wird hiergegen nach allem einwenden dürfen, daß sich die zaristische Selbstherrschaft ohne die stabilisierend wirkende orthodoxe und damit oströmische Tradition sowie das von derselben getragene Herrschaftskonzept wohl kaum auf Dauer hätte behaupten können, und daß überdies das Herrschaftskonzept Peters I. wichtige Elemente vom römischen Staat – allerdings der klassischen Zeit – ableitete.

1.) Peter I. und die Öffnung des Rechts für westliche Einflüsse

Im Interesse einer Modernisierung des Zarenreiches führte Peter I. sowohl organisatorische Neuerungen ein als auch neues, Anregungen aus dem Ausland aufgreifendes Recht. So regelte der Zar die Staatsorganisation insofern auf neue Weise, als er nach schwedischem Vorbild dreizehn Kollegien als Zentralbehörden schuf und zudem 1711 den »Dirigierenden Senat« (pravitel'stvujuščij senat) einrichtete, der als höchste Regierungsinstanz fungierte und die Kollegien beaufsichtigte.[120]

117 Küpper, Rechtsgeschichte Osteuropas, S. 126; vgl. Goehrke, Russland, S. 87.

118 Ingold, Die Faszination des Fremden, S. 127; Strada, EuroRussia, S. 53 f.

119 Stolleis, Römisches Recht und die Entstehung des modernen Staates, S. 55.

120 Boldyr', Istorija pravitel'stvujuščego senata, Sp. 491-498; Goehrke, Russland, S. 201; Sczaniecki, Powczechna historia, S. 292 f.; Jaworski, Zarys powszechnej historii, S. 255; vgl. im einzelnen Amburger, Geschichte der Behördenorganisation, S. 71-76 und Liessem, Verwaltungsgerichtsbarkeit, S. 21 ff. für den Wandel der Aufgaben.

Dem Senat sollte im 19. Jahrhundert höchste Bedeutung für die Rezeption des römischen Rechts im Zarenreich zukommen.[121]

Was die Entwicklung des geltenden Rechts betrifft, wird im Schrifttum gelegentlich auf die zentrale Rolle der »petrinischen Rezeption des westlichen Rechts« hingewiesen.[122] Das Recht bildete nämlich einen Bereich, in dem der Zar seine vielfältigen Bemühungen, Rußland unter Hinwendung nach Westeuropa zu modernisieren, besonders intensiv entfaltete. So bestand eine seiner Maßnahmen zur Konsolidierung des Staates in der Anordnung, die bestehenden Gesetze seit dem Uloženie von 1649 zusammenzustellen. Mit diesem Ziel begründete Peter I. im Jahre 1700 eine erste Gesetzgebungskommission.[123] Die Pläne zur Überarbeitung des Rechts sahen allerdings nicht nur die Sammlung der tradierten russischen Bestimmungen vor, sondern auch die Prüfung, ob womöglich Gewinn aus der Entlehnung von Recht aus dem Ausland zu erwarten sei.[124] Dies schuf Raum dafür, daß das Recht Westeuropas von nun an Einfluß auf die russische Gesetzgebung nehmen konnte.[125] Tatsächlich förderte der Zar die Orientierung an ausländischen Rechten, und zwar in erster Linie am schwedischen Recht,[126] außerdem an deutschen, französischen und dänischen Bestimmungen.[127] Auch das römische Recht begann nun abermals und auf neuen Wegen in die russische Rechtskultur einzufließen.[128] Ein äußeres Zeichen dieser Entwicklung bestand darin, daß die römische Rechtsterminologie, vermittelt durch Westeuropa, Eingang in das Zarenreich fand.[129] Es handelte sich um eine Teilbewegung innerhalb eines umfassenderen Kulturtransfers.[130]

Die Gesetzgebungskommission, der unter den nachfolgenden Herrschern zahlreiche weitere folgen sollten, konnte von dem ihr überantworteten Projekt

121 Vgl. unten S. 461 ff.

122 Vgl. Sinjukov, Rossijskaja pravovaja sistema, S. 117 (»petrovskaja recepcija«).

123 Jaworski, Zarys powszechnej historii, S. 261.

124 Vgl. zusammenfassend Hattenhauer, Europäische Rechtsgeschichte, Rn. 1325-1330.

125 Tkačenko, »Rimskoe pravo« v Rossii, S. 153.

126 Butler, Russian Law, S. 11, 25; Anners, Istorija evropejskogo prava, S. 256; hierzu ausführlich Peterson, Peter the Great's Administrative and Judicial Reforms (1979).

127 Sinjukov, Rossijskaja pravovaja sistema, S. 119; Tille, Die Kodifikation, S. 3; Kuryšev, Recepcija v rossijskom prave, S. 57; vgl. Letjaev, Recepcija rimskogo prava, S. 31.

128 Azarevič, Značenie rimskogo prava, S. 439. Vgl. Tkačenko, »Rimskoe pravo« v Rossii, S. 153; Tomkins/Jencken, Compendium, S. 10 f. Ein Manifest Peters I. vom April 1702 über die Anwerbung von Ausländern zum Dienst im Zarenreich sicherte den Adressaten u. a. Immunität gegenüber russischen Gerichten und Gesetzen und eine besondere Gerichtsbarkeit »nach göttlichem, römischem und sonstigem ausländischen Recht« zu; vgl. Wagner, Art. Rußland, III B 2 c.

129 Vgl. Kaiser, Der europäische Anteil, S. 263 mit zahlreichen Einzelnachweisen; vgl. Wagner, Einflüsse, S. 4015 f.; ders., Art. Rußland, III B 1; Rajewsky, Changes, S. 20.

130 Čičerin meinte, Peter der Große habe die Orientierung am römischen Recht deswegen angestrebt, weil besonders die theoretische Dimension desselben ein Defizit im bisherigen russischen Rechtsleben ausgleichen sollte; vgl. näher Hamburg, Boris Chicherin, S. 370 mit Nachweis.

nur geringe Ansätze verwirklichen.[131] Einem nennenswerten Erfolg der von Peter I. initiierten Reformen auf dem Gebiet des Rechts standen Hindernisse entgegen, wie sie auch in den anschließenden 200 Jahren bestehen sollten: Es handelte sich zunächst um den absolutistischen Herrschaftsanspruch des Zaren, außerdem um eine konservative Opposition, die die Eigenarten der tradierten russischen Kultur gegen eine Veränderung unter westlichem Einfluß schützen wollte. Beides stand einer wirklichen Modernisierung des Rechts entgegen, die auf einem grundsätzlich neuen Rechtsverständnis hätte beruhen müssen. Nicht nur reaktionäre Kreise am Hof, auch die weniger prominente Bevölkerung hielt an Rechtsvorstellungen fest, die einer von Staats wegen verordneten Neuerung, insbesondere aufgrund von Anregungen aus dem ausländischen Recht, entgegenstanden. Nicht selten ist dem Zaren vorgeworfen worden, er habe im Interesse einer Modernisierung Rußlands fremde Einrichtungen auf die Verhältnisse in seinem Reich anwenden wollen, mit denen die Menschen überfordert gewesen seien. Pobedonoscev beschrieb die zahlreichen Entlehnungen dieser Zeit aus dem Westen später dahingehend, daß sie angesichts der damaligen Erfordernisse als geboten erschienen seien, doch habe man sich überwiegend mit den äußeren Formen zufrieden gegeben, von denen man angezogen gewesen sei wie alle lebendigen, aber noch unreifen Geister. Wegen der großen Eile, mit der man solche Entlehnungen vorgenommen habe, sei man allerdings nicht imstande gewesen, auf die eigenen Verhältnisse mit der formellen Seite auch die lebendigen historischen Grundlagen zu übertragen, aus denen sich das entlehnte Gedankengut im Westen entwickelt hatte.[132] Im Rückblick meint Kuryšev heute sogar, soweit ausländisches Recht im 18. Jahrhundert rezipiert worden sei, habe dies dem in Rußland herrschenden Rechtsbewußtsein sogar geschadet; die künstliche Übernahme des fremden Rechts habe die selbstständige Weiterentwicklung des russischen Rechts nämlich geradezu gestört.[133]

Was die russische Rechtsentwicklung den Reformbemühungen Peters I. auf dem Gebiet des Rechts für die Dauer verdankt, ist aber immerhin eine Auseinandersetzung mit dem Problem der Entlehnung (zaimstvovanie).[134] Die theoretische Grundlage für die Vorstellung von der Richtigkeit solcher Schritte war Peter I. im zweiten Jahrzehnt des 18. Jahrhunderts durch Gottfried Wilhelm Leibniz vermittelt worden, der dem Zaren den Gedanken einer »translatio studii« nahegebracht hatte. Er schrieb: »Denn weil in dero Reich grossen Theils noch alles die Studien betreffend neu und gleichsam in weiss papier, so können unzehlich viel Fehler vermieden werden die in Europa allmählig und unbemerkt eingerissen,

131 Den mangelnden Erfolg der zahlreichen Gesetzgebungskommissionen seit Peter I. führt Pipes u. a. auf die fehlende Unterscheidung zwischen allgemeinem Recht (*jus*) und einzelnen positiven Bestimmungen (*leges*) zurück, weil alle Rechtsakte im Namen des Autokraten ergingen und daher gleichen Rang hatten; Pipes, Karamzin's Memoir, S. 247.

132 Pobedonoscev, Kurs graždanskogo prava, Bd. 1, S. 334.

133 Kuryšev, Recepcija v rossijskom prave, S. 58.

134 Letjaev, Recepcija rimskogo prava, S. 31.

und weiss man, dass ein Palast, der ganz von Neuem aufgeführet wird besser heraus kommt, als wenn daran viele secula über gebauet, gebessert, auch viel geändert worden.«[135] In Leibniz' auf Rußland bezogenem Bild vom »weißen Papier« begegnen wir – für unseren Untersuchungszusammenhang zum ersten, aber nicht zum letzten Mal – der Vorstellung von einer »tabula rasa«, die Raum für eine grundsätzliche Neugestaltung Rußlands geben mochte.[136] Leibniz sah hier günstige Voraussetzungen für eine Erneuerung, und dies konnte auch für die Rechtsentwicklung gelten. Er schlug dem Zaren vor, das römische Recht seiner Zeit für Rußland zu übernehmen.[137] Immerhin beabsichtigte Peter I., Leibniz mit der Vorbereitung eines Neuentwurfs des russischen Rechts zu betrauen. Leibniz, dem ein Projekt vom Umfang etwa der Zehn Gebote oder der Zwölf Tafeln vorschwebte, ließ sich darauf ein, zumal er den notwendigen Aufwand für überschaubar hielt.[138]

Als tatkräftiger Herrscher war Peter I. für die Tabula-rasa-Vorstellung einschließlich des von Leibniz verwendeten, aus dem Bauwesen entlehnten Bildes empfänglich, wie besonders die Gründung Sankt Petersburgs belegt, der neuen, auf dem Reißbrett konzipierten Hauptstadt. Ihre Errichtung gleichsam »aus dem Nichts« dokumentierte eindrucksvoll den Gestaltungswillen des Zaren, der seinem Reich ein glanzvolles Tor zum Westen eröffnen wollte und entschlossen war, sich von der Verwirklichung seines Plans an strategisch günstiger Stelle weder durch die Nachteile und Gefahren abbringen zu lassen, die angesichts der unwirtlichen

135 Leibniz, Entwurf eines Briefes an Peter I. vom 16.1.1712, in: Guerrier, Leibniz in seinen Beziehungen zu Rußland, Teil 2, S. 205-208 (207).

136 Vgl. Neumann, Uses of the Other, S. 75. Für die Entwicklung von Leibniz' Sicht auf Rußland vgl. Groh, Rußland und das Selbstverständnis Europas, S. 32-43.

137 Vgl. Wagner, Einflüsse, S. 4016.

138 Dies erwähnt Leibniz im Entwurf eines Briefes an die Kurfürstin Sophie von Hannover vom November 1712: »Vôtre Altesse Electorale trouvera extraordinaire que je dois être en quelque façon le Solon de la Russie, quoique de loin, c'est à dire le Czar m'a fait dire par le conte Golofkin Son Grand Chancelier que je dois redresser les loix et projetter des réglemens sur le droit et l'administration de la justice. Comme je tiens que les Loix les plus courtes comme les dix commendemens de Dieu et les 12 tables de l'ancienne Rome sont les meilleures, et comme cette matière est une de mes plus anciennes méditations, cela ne m'arrêtera guères, et aussi je n'auray pas grand besoin de me hâter là dessus.« Abgedruckt bei Guerrier, Leibniz in seinen Beziehungen zu Rußland, Teil 2, S. 271 f. (272). Herzog Anton Ulrich von Braunschweig-Wolfenbüttel greift Leibniz' Selbstbezeichnung auf, wenn er diesem am 20.11.1712 schreibt: »Ich […] wünsche viel glück das ein anderer Solon, in seiner person, wieder auf die Welt gekommen ist, der aber seine aufgetragene function sehr begutsamb wird führen müssen, sol anders nicht aus Ihme ein Andreas werden, der anstatt 300 Ducaten, ein Creutz zur belohnung embpfangen« (aaO., S. 276 f. [276]). Leibniz antwortet: »Er ist mir lieb, dass ich E. D. ein wenig lachen gemacht, mit meinem Solone Russico, aber ein Russischer Solon hat der weisheit des griechischen nicht nöthig und kan sich mit einem geringern behelffen; das Andreas Kreuz würde mir lieb seyn, wenn es mit diamanten versezet; aber so gibt mans zu Hanover nicht, sondern beym Czar […]« (aaO., S. 282 f. [282]). Vgl. zum Zusammenhang noch Guerrier, aaO, Teil 1, S. 147-149 und Groh, Rußland und das Selbstverständnis Europas, S. 36.

Umgebung drohten, noch durch Rücksicht auf Menschenleben. Große Erwartungen richteten sich auch auf die Entwicklung des Geisteslebens. Friedrich Christian Weber, ein hannoverscher Diplomat, gab die Hoffnung des Zaren mit den Worten wieder, die Wissenschaft möge »dermahleinst ihren Wohn-Platz in Engelland, Franckreich und Teutschland verlassen, sich einige Jahr-Hundert bey uns aufhalten und hernächst nach ihrer wahren Heimath in Griechenland wiederkehren«.[139]

Die Vorstellung von einer »tabula rasa« beruht auf einer eigentümlichen Verbindung von Reformwillen einerseits und Geringschätzung bestehender Strukturen oder der von denselben entfalteten Beharrungskräfte andererseits. Wir werden ihr mehrfach im Zusammenhang mit Reformprojekten begegnen, vor allem in den Jahren 1917-20.[140] Die in dieser Vorstellung jeweils zum Ausdruck kommende Zuversicht hat regelmäßig der Beobachtung weichen müssen, daß Geschichte niemals bei Null anfängt. Dies gilt selbstverständlich auch für rechtsgeschichtliche Zusammenhänge. Die Vorstellung, Regelwerke ließen sich beliebig beseitigen, ganze Rechtsordnungen durch energische Akte auswischen und der entstehende Freiraum durch neue Bestimmungen ausfüllen, verkennt, daß eine vollständige Ablösung einer alten durch eine neue Ordnung nicht möglich ist. Geltendes Recht besteht in einer eigentümlichen Wechselwirkung mit den jeweiligen Lebensverhältnissen, wirkt auf diese ein und wird von ihnen konkretisiert. Selbst insoweit, als das bestehende Recht von Fall zu Fall nicht von Richtigkeitsüberzeugungen getragen ist, läßt es Ordnungsvorstellungen und Gewohnheiten entstehen, die als innere Einstellungen der Menschen keinem »mechanisch« wirkenden Zugriff von außen ausgesetzt sind und daher bald fortwirken, bald Grundlage für – wiederum ungeplantes – kompensatorisches Verhalten sind. Auch neue Regelungen werden jeweils nicht ohne jede Rücksicht auf die bisherigen eingeführt, sondern konstituieren sich durch die Überwindung des bisherigen Rechts.[141] Wir werden daher hinter den zahlreichen, mit den Reformen Peters I. beginnenden programmatischen »Umbrüchen« die Kontinuität im Blick behalten und beobachten, wie immer wieder der Wille zur Veränderung und die Vorstellung eines Neuanfangs vorhanden ist, die beabsichtigen Schritte aber jeweils entweder scheitern oder nur scheinbare Fortentwicklung auslösen. In Wirklichkeit ändern sich die Verhältnisse nur sehr langsam. Daher wird auch der Einfluß des römischen Rechts nur in der langfristigen Perspektive überzeugend zu beobachten sein.

2.) Die Entwicklung in der Herrschaftszeit Anna Ivanovnas

Oswald Spengler hat auf die petrinischen Reformen und allgemeiner auf die (nur oberflächlich wirkenden) Initiativen einer Europäisierung Rußlands sein Konzept

139 Weber, Das Veränderte Rußland, S. 11.
140 S. unten S. 594 ff.
141 Vgl. Ingold, Der große Bruch, S. 19 f.

der historischen »Pseudomorphose« angewandt.[142] Er beschrieb mit diesem Ausdruck geschichtliche Fälle, in denen eine alte Kultur derartig machtvoll vorherrscht, daß eine junge, wenngleich eigenständige Kultur nicht zur Entfaltung gelangen kann. Im Reich Peters I. war die Folge gewesen, daß zahlreiche Neuerungen in oberflächlicher Weise übernommen wurden, etwa durch eine zahlenmäßig kleine Elite, während der jeweilige Modernisierungsschub die Bevölkerungsmehrheit unbeeindruckt ließ, so daß die wechselseitige Entfremdung zwischen den Bevölkerungsteilen vertieft wurde. Diese Tendenz wurde in der relativ kurzen Regierungszeit der Zarin Anna Ivanovna (Reg. 1730-1740) verfestigt. Unter der Verantwortung dieser Herrscherin wurde ein breitgefächerter Rechtsunterricht für den Nachwuchs der Zarenadministration eingerichtet, nämlich in dem 1731 gegründeten Kadettencorps der adeligen Jugend (suchoputnyj kadetskij korpus). Die Zöglinge sollten in denjenigen Rechtsgebieten unterwiesen werden, die in Westeuropa unter den Vorzeichen der Aufklärung den höchsten Stellenwert hatten und in Deutschland die Hauptquellen des Usus modernus pandectarum bildeten. Dies betraf das Naturrecht sowie das römische Recht.[143] In einem 1737 von dem Corps-Direktor Abel F. v. Tettau an die Akademie der Wissenschaften erstatteten Bericht ist folgende Zusammenstellung ausgewählter Werke enthalten, auf deren Grundlage den Kadetten die Rechtswissenschaft vermittelt wurde: »1) Heineccius, Elementa Philosophiae rationalis,[144] 2) Resler, Institutiones iuris naturalis,[145] 3) Heineccius, Elementa iuris civilis secundum ordinem institutionum.[146] Diese Autoren werden den Kadetten vollständig erläutert [...]. Jetzt hören sie die Kollegien: 1) über Heineccius, Elementa iuris civilis secundum ordinem pandectarum,[147] 2) über Schiller, Ius feudale mit Gundlings Diskursen[148] [...].«[149]

142 Spengler, Der Untergang des Abendlandes, S. 784 u. 788 ff.; vgl. Ingold, Die Faszination des Fremden, S. 126.

143 Tomsinov, Juridičeskoe obrazovanie v XVIII stoletii, S. 100.

144 Johann G. Heineccius, Elementa philosophiae rationalis et moralis: ex principiis ad modum evidentibus iusto ordine adornata accessere historia philosophica et index locupletissimus, Francofurti ad Viadrum 1728 und spätere Ausgaben.

145 Gemeint ist wahrscheinlich Röser, Johann Georg: J. G. Röseri Institutiones Morales, ex Purioribus Iuris Naturalis fontibus Ad mentem & ductum Pufendorfii, Grotii, aliorumq[ue] præstantissimorum Doctorum Moralium derivatæ, atq[ue] Ad meliorem iuventutis literariæ captum facili methodo in Quæstiones redactæ, Sedini 1701.

146 Johann G. Heineccius, Elementa juris civilis secumdum ordinem Institutionum, Amstelodami 1725 und spätere Ausgaben.

147 Johann G. Heineccius, Elementa juris civilis secundum ordinem Pandectarum, Amstelodami 1727 und spätere Ausgaben.

148 Gemeint ist offenbar Johann Schilter, Io. Schilteri Ad ius feudale utrumque Germanicum et Longobardicum introductio seu Institutiones ex genuinis principiis succinctè concinnatae et ad fori feudalis hodierni usum directae, Argentorati 1695 und spätere Ausgaben.

149 Tomsinov, Juridičeskoe obrazovanie v XVIII stoletii, S. 100.

3.) Elisabeth und die Gründung der Moskauer Universität

Unter der Herrschaft der Zarin Elisabeth (Elizaveta Petrovna, Reg. 1741-1761) hatte ihr Hauptberater Pjotr Ivanovič Šuvalov im Jahre 1754 eine neue Gesetzgebungskommission einberufen. Sie sollte versuchen, die teilweise kategorischen und improvisierten Erlasse Peters I. zu ordnen und mit dem Uloženie von 1649 in Übereinstimmung zu bringen. Besonders Besitz- und Vertragsrecht wurden als überarbeitungsbedürftig angesehen. Die Kommission legte verschiedene Ausarbeitungen vor, aber es kam zu keiner Entscheidung.

Mitglied der Kommission war der Naturrechtler Friedrich Heinrich Strube aus Pyrmont (Strube de Piermont, 1704-1790).[150] Er war 1746 an die Sankt Petersburger Akademie berufen worden, um dort eine Zusammenstellung von »Digesten« des russischen Rechts vorzubereiten.[151] Strube ließ zu diesem Zweck zahlreiche Rechtstexte zusammentragen und übersetzen. Auf Grundlage dieser Übersetzungen schuf er ein »Compendium juris ruthenici«.[152] Bei dieser 1753 fertiggestellten, nicht zur Veröffentlichung gelangten Schrift handelt es sich um den ersten Versuch einer Systematisierung des russischen Rechts. Strube gliederte sein Werk in zwei Bücher, von denen das zweite »öffentlichrechtliche« Materien enthielt, während das erste Buch zunächst Grundsätze der Rechtsquellenlehre und anschließend Personenrecht, Vermögensrecht sowie schließlich Gerichtsverfassung und Verfahrensrecht enthielt.[153] Der Aufbau läßt ohne weiteres auf eine Anlehnung an das Institutionensystem schließen. Die Akademie war mit dem Werk allerdings unzufrieden. Sie warf Strube vor, keine Synthese gebildet zu haben, und verweigerte sogar die Zustimmung zum Druck des Werkes.[154] Als Mitglied der Gesetzgebungskommission wurde Strube auf Betreiben der Zarin ebenso wie die anderen deutschen Mitglieder wegen angeblicher »Vorurteile, die sowohl meinen Grundsätzen als auch dem Volksgeist widersprechen«, marginalisiert.[155]

In die Herrschaftszeit Elisabeths fällt auch die Gründung der Moskauer Universität (1755).[156] Sie wurde von Beginn an mit einem Lehrstuhl konzipiert, an dem »ein Professor der gesamten Jurisprudenz [...] Natur- und Volksrecht sowie

150 Scharf, Katharina II., S. 119-123 mit Nachweisen. Strube hatte zunächst in Halle gelehrt und war anschließend Professor der Rechts- und Politikwissenschaft an der Sankt Petersburger Akademie der Wissenschaften. Er arbeitete jahrelang an einem Lehrbuch der russischen Rechtsgeschichte. Im Jahre 1760 erschien seine Kritik (Lettres Russiennes) zu Montesquieus Esprit des Lois.

151 Butler, Strube de Piermont, S. 127ff.; Ch. Schmidt, Sozialkontrolle, S. 186.

152 Vgl. Dixon, The Modernisation, S. 141.

153 Butler, Strube de Piermont, S. 131-133.

154 Ch. Schmidt, Sozialkontrolle, S. 187.

155 Scharf, Katharina II., S. 217f. und 119-123 mit Nachweisen.

156 Die Moskauer Universität kann fast als Ableger der Sankt Petersburger Akademie betrachtet werden, wo zuvor in begrenztem Rahmen auch ein Lehrbetrieb stattgefunden hatte; Grau, St. Petersburg, S. 227f. Sie war von Lomonosov konzipiert worden und umfaßte drei »Fakultäten« mit insgesamt zehn Lehrstühlen, davon vier in der philosophischen Fakultät. Auch Jura und Medizin waren vertreten. Vgl. Ch. Schmidt, Russische Geschichte,

Gesetzesrecht des alten und neuen römischen Reichs lehren soll«.[157] So war das römische Recht an der Moskauer Universität von Anfang an fest etabliert.[158] Der erste Rechtslehrer an der Universität war Philipp Heinrich Dilthey (1723-1781).[159] Aus Tirol stammend, war er in Wien aufgrund einer Arbeit »De usurpationibus et usucapionibus« promoviert worden.[160] Er las zunächst – wie vorläufig üblich, auf Latein – das Natur- und Völkerrecht und vermittelte die Lehren Samuel v. Pufendorfs, des neben Leibniz und Christian Wolff in Rußland besonders wirkungsmächtigen Repräsentanten der deutschen Naturrechtstradition. Vorgesehen war der Unterricht in den Fächern Naturrecht, Völkerrecht, römisches Privatrecht, römisches Staatsrecht, Grundzüge des allgemeinen positiven Rechts und schließlich Feudalrecht.[161] Während dieser ersten Jahre des Bestehens der Moskauer Universität fehlte das russische Recht im Lehrplan völlig. Man berief Hochschullehrer aus dem Ausland, ohne von diesen überhaupt eine Beschäftigung mit dem russischen Recht zu verlangen.[162] Der russischen Sprache oft nur unzureichend mächtig, konnten sich diese fremden, häufig deutschen Professoren auch gar keine näheren Kenntnisse vom russischen Recht aneignen, weil dessen Normtexte selbstverständlich in der Landessprache verfaßt waren. Der Zugang zu den Texten wurde überdies dadurch erschwert, daß es keine entwickelte Fachsprache gab, die mit der lateinischen Rechtsterminologie etwa in Bezug hätte gesetzt werden können.[163] So mußten sich die ausländischen Hochschullehrer notwendigerweise darauf beschränken, hauptsächlich das römische Recht und seine deutsche Auslegung, die Rechtsgeschichte und das Naturrecht zu lehren. Insoweit begann, wie es Tille ausdrückt, »die Geschichte der russischen Rechtswissenschaft mit dem Studium fremden Rechts«.[164] Unter diesen Voraussetzungen neigte auch Dilthey dazu, anstatt sich selbst neuen Stoff anzueignen, solche Begriffe und Anschauungen zu vermitteln, die er schon aus seiner Heimat mitgebracht hatte. Soweit er auf russisches Recht einzugehen hatte, stellte er es unter Rückgriff auf die Begrifflichkeit des römischen Rechts dar. Die vielfältige Bedeutung des römischen Rechts im Rahmen des universitären Lehrstoffs, vor allem aber die durch

S. 161; Tomsinov, Juridičeskij fakul'tet, S. 3-26; ders, Istorija juridičeskogo fakul'teta, S. 14 f. u. 231 f.

157 Tomsinov, Juridičeskij fakul'tet, S. 3 f.

158 Vgl. Tille, Die Kodifikation, S. 5; Butler, Russian Law, S. 11.

159 Tomsinov, Istorija juridičeskogo fakul'teta, S. 15. Über Philipp Heinrich Dilthey (Filipp-Genrich Dil'tej) vgl. Šilochvost, Russkie civilisty, S. 59. Sein Werk erörtert Korkunov, Istorija filosofii prava, S. 283 ff.

160 Silnizki, Geschichte, S. 88; Tomsinov, Juridičeskoe obrazovanie v XVIII stoletii, S. 129. Dilthey war Mitglied der Mainzer Akademie der Wissenschaften; vgl. Tomsinov, Rossijskie pravovedy, Bd. 1, S. 114.

161 Tomsinov, Juridičeskoe obrazovanie v XVIII stoletii, S. 131.

162 Über Dilthey und zahlreiche weitere deutsche Hochschullehrer in Moskau vgl. Stieda, Deutsche Gelehrte, S. 3 ff.

163 Vgl. Tomsinov, Rez. Čistjakov/Novickaja, S. 135.

164 Tille, Socialističeskoe sravnitel'noe pravovedenie, S. 46.

das Lehrpersonal zwangsläufig geförderte Orientierung am deutschen Rechtsdenken hat Alice Rajewsky zum Anlaß genommen, in dieser Zeit den Beginn einer »new era of the reception of Roman law in Russia« anzusetzen.[165] Man wird die Berechtigung dieser Beobachtung nicht grundsätzlich bestreiten können, sollte sie aber auf jenen Traditionsstrang des römischen Rechts in Rußland beschränken, der als »akademische Rezeption« bezeichnet werden kann.

4.) Katharina II., die »Große Instruktion« und das »Načertanie«

Die Herrschaftszeit Katharinas II. (Ekaterina II. Alekseevna, Reg. 1762-1796) zeichnete sich durch grundlegende Reformen und Reformprojekte aus, an denen sich die Zarin aufgrund selbst erworbener Kenntnisse im tradierten russischen sowie im ausländischen Recht unmittelbar beteiligte.[166] Sie legte ihren Reforminitiativen einen rechtskulturellen Kosmopolitismus zugrunde.[167] In Orientierung am westlichen Recht und dessen philosophischen Grundlagen betrieb sie von neuem die Kodifikationspolitik und gründete 1767 eine neue Kommission zur Vorbereitung eines Gesetzbuchs.[168]

a.) Der »Bol'šoj Nakaz«

Um der Kommission Richtlinien für ihre Beratungen an die Hand zu geben, betrieb die Zarin die Abfassung ihrer berühmten »Großen Instruktion« (Bol'šoj Nakaz).[169] Es handelte sich um eine literarische Kompilation aus verschiedenen Werken aufgeklärter Philosophen, Staatstheoretiker und Ökonomen, deren Bemerkungen teilweise unverändert aufgenommen wurden. Besonders geprägt war der Text durch Gedanken Beccarias und Montesquieus, Pufendorfs, Grotius' und Bielfelds.[170] Die Zarin bediente sich, wie sie bei Gelegenheit auch einräumte, vielfach aus den Schriften dieser Autoren, ohne dieselben zu zitieren.[171] Zunächst französisch verfaßt und 1768 französisch sowie deutsch im Druck erschienen, wurde der Nakaz bald darauf ins Russische und Lateinische übersetzt.[172] Er erfuhr

165 Rajewsky, Changes, S. 21.
166 Vgl. Tomsinov, Rez. Čistjakov/Novickaja, S. 135.
167 Letjaev, Recepcija rimskogo prava, S. 61.
168 Vgl. Tomsinov, Juridičeskoe obrazovanie v XVIII stoletii, S. 205.
169 Vgl. die Ausgabe Nakaz imperatricy Ekateriny II (1907) und jetzt Butler/Tomsinov (Hrsg.), The Nakaz of Catherine the Great (2010); Azarkin, Istorija juridičeskoj mysli Rossii, S. 153 ff.; Sinjukov, Rossijskaja pravovaja sistema, S. 119 f.
170 Vgl. Kusber, Eliten- und Volksbildung, S. 140-143; Ch. Schmidt, Sozialkontrolle, S. 172 f.; Thieme, Das Naturrecht, S. 29; Padoa Schioppa, Storia, S. 403; Hildermeier, Geschichte Russlands, S. 501.
171 Donnert, Katharina II. die Große, S. 114; vgl. Cavanna, Storia, S. 227: »Caterina, confessando impudentemente il proprio plagio, ha riprodotto per così dire in fotocopia«.
172 Die verschiedenen Fassungen enthält jetzt die Ausgabe von Butler/Tomsinov (2010).

auch im westlichen Ausland große Aufmerksamkeit.[173] Zwar ließ die Zarin das Herrschaftssystem unangetastet und ging daher nicht auf den bei Montesquieu entwickelten Gedanken der Gewaltenteilung ein.[174] Im übrigen aber waren die im Geiste der Aufklärung entwickelten Vorstellungen teilweise derart radikal, daß die Schrift in Frankreich sogar verboten wurde.[175] Die Zarin führte u. a. aus, die Mitglieder der Gesellschaft sollten unabhängig von ihrem Rang der polizeilichen Gewalt unterstehen, deren Befugnisse dort ende, wo die zivile Gerichtsbarkeit beginne (Nakaz Art. 562-563).[176] 1907 ging Čečulin als Herausgeber einer Nakaz-Ausgabe auf diese Äußerung ein und wies darauf hin, wie realitätsfern sie angesichts der polizeilichen Verhältnisse zur Zeit Katharinas gewesen sei.[177] Tatsächlich wurden die genannten Vorstellungen ebensowenig umgesetzt wie noch weitere Forderungen, etwa nach Abschaffung der Folter (Art. 192-197) und nach Gleichheit aller Bürger vor dem Gesetz (Art. 34).

Da der Nakaz unter den Reformkonzepten Katharinas II. die wichtigste Außenwirkung entfaltete, werden wir an diesen Text die Frage richten, inwieweit er ein Zeugnis für die Auseinandersetzung mit dem römischen Recht ist. Dabei ergibt sich verschiedentlich, daß römisches Recht Gegenstand der rechtspolitischen Diskussion war und dabei teils zustimmend, teils auch ablehnend bewertet wurde. Die Zarin nahm nicht nur allgemeine Grundsätze in den Nakaz auf, sie arbeitete vielmehr an zahlreichen Stellen auch einzelne Elemente des römischen Rechts ein, und zwar überwiegend Privatrechtsregeln. Die Wiedergabe römischen Rechts geschah mit unterschiedlichen Absichten. Bald werden römische Regelungen als vorbildlich dargestellt, bald wegen bestimmter Nachteile (oder Verstoßes gegen bestimmte Interessen) verworfen. Dabei richtet sich die Heranziehung oder Ablehnung jeweils nach dem Gesichtspunkt der Nützlichkeit. In einem ihrer ersten Briefe an Voltaire hatte die Zarin ihr eklektisches Verfahren in die Worte gefaßt: »Mein Vorbild ist – die Biene, die, von Pflanze zu Pflanze fliegend, Honig [sic] für ihren Stock sammelt, und mein Ziel bleibt immer das, was Nutzen bringt.«[178]

Wir werden die Auseinandersetzung mit einzelnen Bestimmungen des römischen Rechts an einigen Beispielen betrachten. Sie sind im wesentlichen aus Montesquieus Werk in den Nakaz übernommen worden:[179] So wird in Art. 119 erklärt, zur Zeit der Nachfolger Konstantins I. habe ein Gesetz gegolten, nach dem zur Verurteilung eines Angeklagten bereits die Aussage eines Mannes ausgereicht

173 Ch. Schmidt, Sozialkontrolle, S. 171; Klug, »Europa« und »europäisch«, S. 207; Cavanna, Storia, S. 228; Anners, Istorija evropejskogo prava, S. 257.

174 Goehrke, Russland, S. 202.

175 Küpper, Rechtsgeschichte Osteuropas, S. 142.

176 Scharf, Katharina II., S. 125.

177 Scharf, Katharina II., S. 125; Čečulin, Vvedenie, in: Ekaterina, Nakaz, S. CXXXVII.

178 Brief vom 11./22.8.1765; bei Ingold, Die Faszination des Fremden, S. 162.

179 Das ist für uns allerdings nicht wesentlich. Entscheidend ist, daß die Auseinandersetzung mit den Einrichtungen des römischen Rechts überhaupt stattfand.

habe, sofern dieser in höherer Würde gestanden habe.[180] Diese Bestimmung wird mit der Begründung zurückgewiesen, eine Verurteilung aufgrund nur einer einzelnen Zeugenaussage sei für die Freiheit verderblich. Art. 132 berichtet, bei der Entscheidung eines römischen Zivilprozesses sei jeweils nur das Beantragte zugesprochen worden, also nicht mehr und nicht weniger, ohne daß eine Herabsetzung in Betracht gekommen sei. Die Mitteilung, hinter der unschwer der Grundsatz der Bindung des Gerichts an den formal gefaßten Klageantrag zu erkennen ist – im Gemeinen Recht: »*ne eat iudex ultra petita partium*« –, wird in Art. 133 dahingehend ergänzt, daß die Prätoren noch andere Formeln entwickelt hätten, nämlich für die »actions, qu'on appella de bonne foi«, bei welchen es auf die Einschätzung und die gewissenhafte Untersuchung des Richters angekommen sei.[181] Gemeint sind die *bonae fidei iudicia*, bei denen dasjenige eingeklagt werden kann, was der Beklagte dem Kläger auf Grundlage der *bona fides* nach richterlichem Ermessen schuldete. Als tadelnswürdig wird jenes römische Gesetz bezeichnet, welches den Richtern erlaubte, kleine Geschenke zu nehmen, wenn diese in einem Jahr nicht mehr als hundert Taler (écus/efimkov) wert sind.[182] Es erleichtere nämlich die Kontrolle, wenn gar nichts genommen werden dürfe (Art. 140).[183]

Hinsichtlich der Vermögenskonfiskation referiert der Nakaz, ein römisches Gesetz habe dieselbe ausschließlich für den Fall des schweren Majestätsverbrechens vorgesehen.[184] Die Beschränkung dieser Sanktion auf bestimmte Verbrechenstatbestände wird in Art. 141 mit der Maßgabe befürwortet, daß sie sich zudem nur auf das erworbene Vermögen beziehen, also das »ererbte«, nämlich das Stammvermögen der Familie, nicht erfassen solle. Nach Art. 151 sollen Richter, die über ein Verbrechen urteilen, das Strafgesetz nicht auslegen dürfen, denn sie seien keine Gesetzgeber; die Auslegung sei vielmehr dem Landesherrn vorbehalten. Auslegungsverbote dieser Art, wie sie auch die Rechte anderer europäischer Staaten kannten, gingen regelmäßig auf das Vorbild der entsprechenden Konstitutionen Justinians zurück.[185] Offenbar angeregt durch Celsus wird in Art. 153

180 Zugrunde liegt offenbar Montesquieu, Esprit 29,16 (hier und anschließend nach der Ausgabe in den Œuvres complètes Bd. 1), der die in der Const. Sirmondi 1 überlieferte Regelung Konstantins referiert, nach welcher die Aussage eines Bischofs genügt haben soll (ed. Haenel, Sp. 447).

181 Hier übernimmt der Nakaz unmittelbar Montesquieu, Esprit 6,4. Der russische Text spricht von den »Klagen des Rechts des guten Gewissens« (pravo dobryja sovesti) und legt die technische Übertragung von *bona fides* mit dobrosovestnost' zugrunde. Vgl. dazu Dydynskij, Latinsko-Russkij Slovar', s. v. fides 5).

182 Die *lex Iulia repetundarum* hatte römischen Magistraten verboten, Geschenke und andere Gaben im Wert von jährlich mehr als 100 *aurei* anzunehmen; Venuleius Saturninus 3 *publicorum iudiciorum* D. 48,11,6,2.

183 Vgl. Montesquieu, Esprit 5,17.

184 Vgl. Montesquieu, Esprit 5,15. Die Mitteilung bezieht sich auf das Authenticum bona damnatorum zu C. 9,49,10.

185 Justinian hatte im Jahre 533 (C. 1,17,2,21) bestimmt, daß sich der Richter, falls er Zweifel betreffend den Sinn des Gesetzes hat, an den Kaiser wenden müsse, der allein Gesetze erlasse und interpretiere (vgl. C. 1,14,12,3 a. 529).

festgestellt, nichts sei gefährlicher als der gemeine Spruch: »Man muß auf den Sinn des Gesetzes abstellen und nicht am Wortlaut haften bleiben«.[186] Dies schaffe allgemeine Unsicherheit. Die Begründung wird hier naheliegenderweise mit Argumenten aus dem Strafrecht geliefert.

Das Schadensersatzrecht der *lex Aquilia* liegt Art. 258 zugrunde. Er berichtet, wenn bei den Römern ein Sklave verletzt worden sei, habe man ebenso wie bei der Verletzung eines Tieres allein nach dem Schaden für den Eigentümer gefragt. Nur die zu dessen Nachteil eingetretene Wertminderung sei beachtet worden.[187] Mit der Rechtsstellung des römischen Sklaven hatte sich Katharina II. überhaupt eingehend auseinandergesetzt. Dies hing mit ursprünglich verfolgten Überlegungen zusammen, die Leibeigenschaft womöglich abzumildern. Auf die wichtigsten dahingehenden Erklärungen verzichtete die Zarin nach Hinweisen ihrer Berater allerdings schon vor der Drucklegung des Nakaz wieder,[188] so daß am Ende zwar einige wertende Formeln stehengeblieben sind, nicht aber konkrete Regelungen zugunsten der Leibeigenen. Wenn der Nakaz in Art. 261 die Einrichtung eines Sondervermögens der Leibeigenen für nützlich erklärt (favorisier le pécule des esclaves/dlja sobstvennogo rabov imuščestva),[189] hatte der Entwurf hier sogar fortgefahren mit der Bemerkung, von Nutzen sei auch die Möglichkeit des Leibeigenen, sich selbst freizukaufen.[190] Dieser bei Montesquieu vorgegebene Gedanke[191] geht auf das römische Recht zurück. Der römische Sklave hatte die Möglichkeit, sich selbst freizukaufen, allerdings nicht offen, also im Wege eines Vertrags zwischen *dominus* und Sklaven,[192] sondern über einen Vertrauensmann mit Mitteln des *peculium*.[193]

Die Art. 281ff. behandeln bevölkerungspolitische Maßnahmen der Römer. So wird der Bericht wiedergegeben, Julius Caesar habe kinderreichen Familien Be-

186 Vgl. Celsus 26 *digestorum* D. 1,3,17: *Scire leges non hoc est verba earum tenere, sed vim ac potestatem.*

187 Montesquieu, Esprit 15,17.

188 Katharina II. in ihren Memoiren, S. 391: »Ich gestattete ihnen auszustreichen und zu tilgen, was sie wollten. Sie strichen mehr als die Hälfte von dem, was ich geschrieben hatte, und es blieb die Instruktion, wie sie gedruckt wurde«.

189 Die lateinische Fassung des Satzes gibt dies sogar mit »peculii servorum« wieder.

190 Vgl. Neumann-Hoditz, Katharina die Große, S. 79f.; Brückner, Katharina die Zweite, S. 440.

191 Vgl. Montesquieu, Esprit 15,18: Les loix peuvent favoriser le pécule, et mettre les esclaves en état d'acheter leur liberté.

192 Das Freilassungsversprechen des *dominus* gegenüber dem Sklaven konnte durchaus gültig sein, allerdings als *pactum*, für welches der Sklave keinen Rechtsschutz bekam; Behrends, Prinzipat und Sklavenrecht, S. 421.

193 Vgl. Behrends, Prinzipat und Sklavenrecht, S. 424-427; Horsmann, Die divi fratres, S. 308-321.

lohnungen gewährt.[194] Strenger seien die Augusteischen Ehegesetze gewesen,[195] die Heirat und Kindererzeugung mit Strafen und Belohnungen förderten; derlei passe aber jedenfalls nicht zu den Grundsätzen der orthodoxen Religion (Art. 281). Der Mitteilung liegen die *leges Iulia et Papia Poppaea* zugrunde, aus denen anschließend weitere Einzelheiten referiert werden: Unverheiratete konnten aufgrund Testaments Außenstehender kein Vermögen empfangen,[196] Verheiratete ohne Kinder bekamen nur die Hälfte des Zugewandten (Art. 283).[197] In Art. 284 wird die Beschränkung der gegenseitigen letztwilligen Zuwendungen unter Ehegatten mitgeteilt. Hatten sie gemeinsame Kinder, dann konnten sie das einander Zugewandte unbeschränkt empfangen.[198] Waren keine Kinder vorhanden, so erbte der Überlebende nur in Ansehung der Ehe den zehnten Teil des Vermögens. Waren aus früherer Ehe Kinder vorhanden, dann konnte einer dem anderen entsprechend viele Zehntel wirksam zuwenden.[199] Diese Gegenstände werden im Nakaz wie bei Montesquieu nacheinander abgehandelt. Gleiches gilt für die in Art. 285 mitgeteilte Regelung, wenn der Mann abwesend, also von seiner Frau räumlich getrennt gewesen sei, dann habe er sie nicht beerben können, falls seine Abwesenheit nicht öffentlichen Aufgaben gedient habe.[200] In denselben Zusammenhang gehört schließlich die Befreiung von der Frauentutel bei drei Kindern, die in Art. 436 mitgeteilt wird.[201]

Die Ordnung der Erbfolge wird in Art. 405 auf Grundsätze des bürgerlichen Rechts zurückgeführt, nicht dagegen aus Naturrechtsgrundsätzen hergeleitet. Dies entspricht dem römischen Konzept insoweit, als Testament und Intestaterbfolge auf die Zwölf Tafeln, die zentrale Quelle des *ius civile*, zurückgeführt werden. Weil die Erbfolge bei den Römern durch Gesetz festgelegt war, durfte, wie Art. 414 mitteilt, kein Bürger dieselbe ändern.[202] Nachdem daher anfangs niemand ein Testament habe errichten dürfen, sei es als zu hart empfunden worden,

194 Montesquieu, Esprit 23,21 mit Hinweis auf Cass. Dio 43,25,2; Sueton, *Caesar* 20 und Appian, *bell. civ.* 2,10. Vgl. Yavetz, Caesar in der öffentlichen Meinung, S. 151.

195 Vgl. Montesquieu, Esprit 23,21. Gemeint sind die Sanktionen der *leges Iulia et Papia Poppaea* (wie die Kaduzität letztwillig zugewandten Vermögens) und andererseits die mit dem Drei- bzw. Vierkinderrecht verbundenen Vergünstigungen.

196 Montesquieu, Esprit 23,21 mit Hinweis auf den Bericht des Kirchenhistorikers Sozomenos (*eccl. hist.* 1,9 ed. Migne, patrol. gr. 67, Sp. 881-885) über die Aufhebung der augusteischen *capacitas*-Beschränkungen durch Konstantin.

197 Montesquieu, Esprit 23,21; zugrunde liegt die Mitteilung bei Sozomenos, *eccl. hist.* 1,9 über die früher beschränkte Annahmefähigkeit des ἄπαις (*orbus*) und die lex unica CTh 8,16 *De infirmandis poenis caelibatus et orbitatis.*

198 Ps.-Ulpian 16,1a; vgl. Montesquieu, Esprit 23,21 mit Hinweis auf die Einzelbestimmungen in Ps.-Ulpian 15 u. 16.

199 Montesquieu, Esprit 23,21; die beiden letztgenannten Regelungen überliefert Ps.-Ulpian 15,1.

200 Vgl. Montesquieu, Esprit 23,21. S. dazu ferner S. 162 f.

201 Montesquieu, Esprit 23,21. Die Regelung ist verstümmelt überliefert in Ps.-Ulpian 11,28a und in dem (im 18. Jahrhundert noch nicht bekannten) Gaius, *inst.* 1,194.

202 Montesquieu, Esprit 27.

letztwillige Zuwendungen auszuschließen. Daher sei man dazu übergegangen, die Verfügung vor der Volksversammlung zu gestatten, so daß jedes Testament gewissermaßen zu einem Werk der gesetzgebenden Gewalt geworden sei (Art. 415).[203] Als man später die unbeschränkte Testierfreiheit zuließ, soll dies, wie Art. 416 mitteilt, zu einer Vergrößerung der Kluft zwischen Arm und Reich geführt haben.[204] Nach Art. 418 soll das römische Recht, durchdrungen vom Gedanken der väterlichen Gewalt, den Vätern sogar gestattet haben, zum Nachteil (préjudice/vred) ihrer Kinder zu testieren.[205] Wie Art. 422 mitteilt, sollen Töchter bei den Römern von den Testamenten ausgeschlossen gewesen sein; man habe sie im Wege der Gesetzesumgehung (par fraude, en éludant la Loi) versorgt.[206] Dieses Verfahren solle vermieden werden. Der Text berichtet weiter, Frauen hätten geerbt, soweit es mit dem Gesetz über die Verteilung von Ländereien – gemeint ist offenbar die auf Romulus zurückgeführte Bodenordnung – übereinstimmte.[207] Im übrigen seien sie von der Erbschaft ausgeschlossen gewesen (Art. 424).

Der Nakaz fährt mit der Feststellung fort, Gesetze, die der Mutter die Vormundschaft übertragen, zielten in erster Linie auf das Wohlergehen der (Halb-)Waisen, diejenigen aber, die die Vormundschaft dem nächsten Erben anvertrauen, eher auf die Erhaltung des Vermögens (Art. 434).[208] Für das römische Recht, das im letzteren Sinne die gesetzliche Vormundschaft dem nächsten Verwandten in der Seitenlinie (*adgnatus proximus*) zuweist, sei das Interesse an der Bewahrung des Vermögens durch den potentiellen Erben evident.[209] In Art. 437 nennt der Nakaz das römische Schenkungsverbot unter Ehegatten (Ps.-Ulpian 7,1).[210] Gesetze, die eine feste Buße anordnen, müssen, wie in Art. 462 gefordert wird, wegen der allmählichen Geldentwertung regelmäßig revidiert werden.[211] Belegt wird dies mit dem Bericht, in Rom habe jemand allen, die ihm begegneten, Ohrfeigen versetzt

203 Montesquieu, Esprit 27; die Mitteilung bezieht sich auf das *testamentum calatis comitiis* als offenbar älteste römische Testamentsform.

204 Montesquieu, Esprit 27.

205 Montesquieu, Esprit 27: »les législateurs de Rome, pénétrés de l'idée de la puissance paternelle, permirent de tester au préjudice même des enfans«. Da die Kinder Intestaterben sind, wirkt sich ein Testieren normalerweise – wenn nicht gerade innerhalb dieses Kreises umverteilt wird – zu ihrem Nachteil aus.

206 Gemeint ist das Recht der *lex Voconia*, das in dem zugrundeliegenden Abschnitt bei Montesquieu (Esprit 27) differenzierter dargestellt ist; vgl. Balestri Fumagalli, Montesquieu, S. 298. Dorther rührt auch die Formulierung »éluder la loi«.

207 Vgl. Montesquieu, Esprit 27.

208 Vgl. Montesquieu, Esprit 19,24.

209 Das (vorklassische) Prinzip, daß die Tutel den gleichen Weg wie die Erbschaft nimmt, ist bei Q. Mucius *lb. sg. ὅρων* D. 50,17,73 pr. und später bei Paulus *lb. sg. de gradibus et adfinibus et nominibus eorum* D. 38,10,10 pr. belegt.

210 Der Nakaz nennt das Verbot als vermeintlich gesetzliche Regelung (loix/zakony); tatsächlich wurde es in klassischer Zeit auf Gewohnheitsrecht gestützt (Ulpian 32 *ad Sabinum* D. 24,1,1 u. 3 pr.). Montesquieu, Esprit 19,25, die mutmaßliche Quelle des Art. 437, nennt insoweit zutreffend die »Sitten« (mœrs).

211 Montesquieu, Esprit 29,16.

und denselben sogleich die gesetzlich festgelegte Strafe von jeweils fünfundzwanzig »Sous« (sols/kopeek) ausgezahlt. Zugrunde liegt der bei Gellius *Noct. Att.* 20,1,13 überlieferte Bericht Labeos über das Verhalten des L. Veratius, der auf diese Weise die starre, inzwischen lächerlich geringe Buße von fünfundzwanzig As verspottete, die die Zwölftafeln (Tab. 8,4) für die *iniuria* festgesetzt hatten.[212]

In den Art. 471-475 kennzeichnet es der Nakaz als Mißbrauch, eine Tat, die eigentlich kein Majestätsverbrechen einschließt, als solches zu bezeichnen.[213] So berichtet Art. 471 von einer Kaiserkonstitution, die es als Sakrileg einordnete, die Fähigkeiten und Verdienste solcher Personen zu bezweifeln, die auf ihrer Grundlage zu irgendeiner Würde erhoben worden waren, und dafür die Todesstrafe vorsah.[214] Ein anderes Gesetz habe die Münzfälschung als Majestätsverbrechen klassifiziert,[215] während diese doch eigentlich nur normaler Diebstahl sei. Auf diese Weise würden die Begriffe vermischt (Art. 472).[216] Berichtet wird, ein Statthalter habe dem Kaiser gemeldet, daß man im Begriff stehe, einen Richter wegen Majestätsverbrechens zu verurteilen, weil dieser einem kaiserlichen Befehl zuwider geurteilt habe. Der Kaiser habe geantwortet, unter seiner Regierung sollten nur wirkliche Majestätsverbrechen als solche abgeurteilt werden, nicht aber dahin ausgedeutete (Art. 474).[217] Ein römisches Gesetz schließlich habe es zum Majestätsverbrechen erklärt, wenn jemand etwas an eine Statue des Kaisers geworfen habe, auch wenn dies versehentlich geschehen war (Art. 475).[218]

Einzelne der vorgenannten Beispiele für die hauptsächlich aus Montesquieu stammenden Mitteilungen über römisches Recht lassen Rückschlüsse auf die Weise der Erarbeitung des Nakaz zu: Es scheint nämlich, daß die Zarin bzw. deren Berater die Montesquieu-Exzerpte in ihrer Richtigkeit weder nachgeprüft noch besonders gründlich durchdacht haben. Das zeigen unter den zuvor genannten Beispielen besonders zwei: Bei der in Art. 285 referierten Bestimmung, nach der ein Mann, wenn er von seiner Frau abwesend gewesen sei, nicht ihr »Erbe« habe werden können (être l'héritier/byt' eja naslednikom), falls seine Abwesenheit nicht öffentlichen Aufgaben gedient habe, wird offenbar ungeprüft ein mehrfaches Mißverständnis übernommen, das schon der zugrundeliegende Montesquieu-Text aufweist. Den Hintergrund bildet die durch die *leges Iulia et Papia Poppaea*

212 Vgl. Montesquieu, Esprit 29,16 (les vingt-cinq sous de la loi des douze tables).

213 Vgl. Montesquieu, Esprit 12,8.

214 Montesquieu, Esprit 12,8 mit Nachweis C. 9,29,3 (a. 385).

215 Montesquieu, Esprit 12,8 mit Nachweis C. 9,21,9 (a. 389). Dies ist Inhalt mehrerer Kaiserkonstitutionen; vgl. Mommsen, Römisches Strafrecht, S. 674; Avenarius, Art. Maiestas (Crimen maiestatis), Sp. 1145.

216 Montesquieu, Esprit 12,8.

217 Montesquieu, Esprit 12,9: »Paulin ayant mandé à l'empereur Alexandre, qu'il se préparoit à poursuivre comme criminel de lèse-majesté un juge qui avoit prononcé contre ses ordonnances; l'empereur lui répondit que, dans un siècle comme le sien, les crimes de lèse-majesté indirects n'avoient point de lieu« mit Nachweis C. 9,8,1 (a. 223).

218 Vgl. Montesquieu, Esprit 12,9 mit Nachweis: Marcian 5 *regularum* D. 48,4,5,1 (*keine* Strafbarkeit wegen versehentlichen Steinwurfs gegen eine Kaiserstatue).

eingeführte, sanktionsbewehrte Pflicht zu Ehe und Kinderzeugung. Auch Montesquieu sagt, Abwesenheit aus privaten Gründen entlaste nicht, soweit die vorgenannten Erwartungen hinsichtlich der Elternschaft noch nicht erfüllt seien. Montesquieus Quelle Ps.-Ulpian 16,1 berichtet allerdings das Gegenteil, nämlich die Befreiung von der Sanktionsandrohung für die Zeit der Abwesenheit.[219] Daß der Dispens noch bis zum Ablauf eines Jahres nach der Rückkunft des Mannes andauert, zeigt, daß die Erwartung, Kinder zu erzeugen, erst wieder auflebt, wenn dies objektiv möglich ist (Ps.-Ulp. 16,1 a. E.). Außerdem ist die Beschränkung der Privilegierung auf den Fall einer Abwesenheit im Interesse öffentlicher Angelegenheiten unhistorisch. Sie beruht auf einem nicht überzeugenden Ergänzungsvorschlag (»*reipublicae causa*«), der in älteren Ausgaben des ps.-ulpianischen *liber singularis regularum* enthalten war.[220] Schon bei Montesquieu unrichtig wiedergegeben ist schließlich, daß die Ehegatten einander ggf. nicht hätten »beerben« können. Tatsächlich blieb ihr ziviles *Erbrecht* unangetastet; was ihnen allerdings aufgrund der augusteischen Ehegesetze ggf. ganz oder teilweise vorenthalten wurde, war die *capacitas*, also die Fähigkeit, das zivilrechtlich wirksam Zugewandte »anzunehmen«.[221] In ihrer Kürze praktisch unbrauchbar ist die in der russischen Fassung des Art. 422 enthaltene Mitteilung, das römische Recht habe Töchter von der testamentarischen Erbfolge ausgeschlossen, so daß diese im Wege von »Täuschung und Fälschung« (»pod obmanom i podlogom«) versorgt worden seien. Es handelt sich um eine recht grobe und in dieser Vereinfachung sachlich unrichtige Paraphrase des Rechts der *lex Voconia* und der auf ihre Beschränkungen reagierenden Praxis.[222]

Im Hinblick auf die hier verfolgte Fragestellung ist der Text ein Beleg für die Erörterung und Bewertung des römischen Rechts, die über den Kreis Katharinas II. und ihrer Berater schon während der Entstehung des Nakaz hinausging. Es entspann sich nämlich eine literarische Diskussion des Textes unter verschiedenen Persönlichkeiten, die mit den Reformplänen der Zarin unmittelbar befaßt oder sonst als Korrespondenten, Autoren oder Leser wissenschaftlicher Periodika[223] an

219 Ps.-Ulpian 16,1: *inter se solidum capere possunt* [...] *si vir absit et donec abest et intra annum, postquam abesse desierit.* Vgl. Avenarius, Der pseudo-ulpianische *liber singularis regularum*, S. 337-339.

220 Vgl. Iacobi Cuiacii Opera omnia, Bd. 1, darin: Ad Ulpiani Tit. XXIX Iacobi Cuiacii IC Notae (1658), Sp. 320f., Anm. 2; Schulting, Jurisprudentia vetus ante-Justinianea, S. 613. Vgl. Avenarius, Der pseudo-ulpianische *liber singularis regularum*, S. 338, Fn. 64. Montesquieu, Esprit 23,21 weist für »les précieux fragmens d'Ulpien« auf die Ausgabe von Gothofredus hin. Gothofredus allerdings hat den Ergänzungsvorschlag nicht. Vgl. dessen »Titulos ex corpore Ulpiani«, angebunden an: Codicis Dn. Justiniani Sacratissimi Principis pp. Aug. repetitae praelectionis libri XII. Notis Dionysii Gothofredi JC. Illustrati (1663).

221 Vgl. Avenarius, Der pseudo-ulpianische *liber singularis regularum*, S. 333f.

222 S. oben S. 161. Nach Champlin, Final Judgments, S. 118f. wurden die Beschränkungen der *lex Voconia* »circumscribed or circumvented by subsequent *laws* (such as the Lex Falcidia, the Lex Papia Poppaea, and the sanctioning of *fideicommissa*)«. Zur Sache Weishaupt, Die lex Voconia, S. 108ff.

223 Der Nakaz wurde z.B. rezensiert in den GGA 1768, 98. St., S. 793-808, im wesentlichen referierend, im übrigen hauptsächlich zustimmend.

der Auseinandersetzung beteiligt waren. Wenn die Einführung von Einrichtungen des römischen Rechts im Rahmen der »Instruktion« an die Gesetzgebungskommission hier nur von einer relativ kleinen Diskursgemeinschaft erörtert wurde, ist das historisch nichts Ungewöhnliches: Rezeption verläuft grundsätzlich immer zunächst über die Köpfe einzelner Spezialisten. Auch bei späteren Reformprojekten sollte es bis auf weiteres immer auf die an der Staatsspitze vorherrschenden Überzeugungen ankommen. Nach der Drucklegung konnte der Nakaz zwar auch keine regelrechte »Breitenwirkung« entfalten, doch wurde eine Vorstellung vom römischen Recht mitsamt der Idee, dasselbe könne womöglich zur Orientierung dienen, immerhin einem weiteren Kreis Gebildeter bekannt. Die teilweise mangelnde Genauigkeit der Mitteilungen über römisches Recht ist hier weniger wichtig als der Umstand, daß römisches Recht überhaupt erörtert wurde, zum einen Teil als vorbildlich, zum anderen als ablehnenswert.

Einen Eingang römischen Rechts in das geltende Recht des Zarenreiches bewirkte der Nakaz nicht. Es gelang der Kommission nämlich nicht, auf Grundlage des Nakaz ein modernes Recht zu entwerfen, und sie wurde 1774 aufgelöst.[224] Das Spannungsverhältnis zwischen den im Nakaz formulierten Grundsätzen, deren Verwirklichung jetzt verschiedentlich erwartet wurde, und der begrenzten Bereitschaft der Zarin zu grundsätzlichen Reformen des Rechts ließ sich nicht überbrücken. Weder wurden also die aus dem römischen Recht referierten Anregungen umgesetzt noch privatrechtliche Bestimmungen eingeführt, die etwa auf die kritische Auseinandersetzung mit den hier mißbilligten römischen Einrichtungen zurückgegangen wären. Die Erwartungen, die viele auf eine praktische Umsetzung der Programmpunkte gerichtet hatten, wurden damit enttäuscht. Andererseits blieb der Nakaz keineswegs ohne jede Wirkung auf Rechts- und Regierungspraxis, wie es teilweise vermutet wird.[225] Man wird der Bedeutung des Werkes wahrscheinlich nicht gerecht, wenn man hier in der Einvernahme antiker Kultur nur einen Ausdruck des politischen Theaters sieht, das sonst in äußeren Bezugnahmen – wie etwa Marmorbüsten großer Römer in Carskoe Selo oder klassizistischen Gebäuden in Sankt Petersburg – Ausdruck fand und besonders vor dem Hintergrund des Dauerkonflikts mit dem Osmanischen Reich den russischen Anspruch unterstrich, für die griechische Sache einzutreten.[226] Dieser Auffassung stehen jüngere Erkenntnisse gegenüber, nach denen sich die Kommissionsarbeiten als ernsthaftes aufklärerisches Reformprojekt ausnehmen.[227] Man wird die Reformpläne der Zarin gerechterweise nicht als reines Glasperlenspiel bewerten

224 Vgl. Hattenhauer, Europäische Rechtsgeschichte, Rn. 1538.

225 Ein relativ günstiges Urteil vertritt Goehrke, Russland, S. 202 gegenüber der kritischen Darstellung bei Alexeiev, Beiträge zur Geschichte, S. 16-33.

226 Vgl. Figes, Krimkrieg, S. 44-46.

227 Vgl. De Madariaga, Der Ursprung der Bürgerrechte, S. 370 f. und ausführlich Omel'čenko, Kommission, S. 169-180.

dürfen; was sie an bewährter Rechtserfahrung aufnahmen, bietet vielmehr Anlaß dafür, sie als »verpaßte historische Chance« Rußlands zu betrachten.[228]

b.) Das »Načertanie«

Anknüpfend an den Nakaz verfaßte Katharina II. 1768 eine »An die Kommission zum Entwurf eines neuen Gesetzbuches gerichtete Handreichung zur Hinführung auf den Abschluß« (»Načertanie o provedenii k okončaniju Komissii proekta novogo Uloženija«).[229] Dieser Text deutet, worauf Guljaev richtigerweise hinweist, auf eine Bekanntschaft mit systematischen Elementen der justinianischen Kodifikation hin. Er meint, zahlreiche römische Begriffe seien hier auf Geheiß der Herrscherin in die russischen Gesetzgebungsarbeiten eingegangen. So weist die Zarin in der Einleitung des »Načertanie« darauf hin, daß das Recht in zwei große Regelungsbereiche (dva velikie predmeta) aufzuteilen sei: Vorschriften über den Staat und über die Bürger. Guljaev führt dies auf Inst. 1,1,4 zurück,[230] also auf die letztlich von Ulpian herrührende Unterscheidung: »*publicum ius est, quod ad statum rei romanae spectat, privatum, quod ad singulorum utilitatem pertinet*«.[231] Teil 2 des Načertanie (»Über das besondere Recht«) führt in die Untergliederung des Stoffes in das Recht der Personen (lica), der Sachen (vešči) und der Obligationen (objazatel'stva) ein.[232] Guljaev meint überzeugend, das bürgerliche Recht werde nach der Vorstellung der Zarin in die gleichen Kategorien wie in den Institutionen aufgeteilt: »*omne ius, quo utimur, vel ad personas pertinet, vel ad res, vel ad actiones*« (Inst. 1,2,12).[233] Diese Regelungsgegenstände werden im Text anschließend in drei Kapiteln ausgeführt. Am Beginn des 3. Kapitels stehen Definitionen: »Die Obligation bedeutet allgemein eine Verbindung (sojuz) [...], durch die ein Bürger verpflichtet ist, irgendetwas zu tun, und aus der Handlungen hervorgehen. Obligationen entstehen aus verschiedenen Gründen, wie z. B. aus Verträgen oder Kontrakten, Quasi-Verträgen und anderen Gründen. Der Vertrag im Allgemeinen ist die gegenseitige Übereinkunft von Personen, die untereinander Verpflichtungen eingehen.[234] Verschieden sind die Arten der Verträge, wie z. B.: Darlehen,

228 Vgl. Omel'čenko, Kommission, S. 169.

229 Zugrunde gelegt wird der bei Tomsinov, Zakonodatel'stvo imperatora Petra III 1761-1762 gody – Zakonodatel'stvo imperatricy Ekateriny II 1762-1782 gody (2011), abgedruckte Text (S. 111-125).

230 Guljaev, Ob otnošenii, S. 9-10.

231 Vgl. Ulpian 1 *inst.* D. 1,1,1,2.

232 Guljaev weist darauf hin, wenn die römischen *actiones* im Načertanie durch die Obligationen ersetzt worden seien, dürfe das nicht verwundern, denn schon in der Theophilosparaphrase finde sich die Erklärung, warum die zweite Hälfte des dritten Buches der Institutionen der Darstellung der Obligationen gewidmet ist: diese seien die »Mütter der *actiones*« (Theoph. 3,13 pr: μητέρες γὰρ τῶν ἀγωγῶν αἱ ἐνοχαί); Ob otnošenii, S. 10.

233 Guljaev, Ob otnošenii, S. 10.

234 Für Guljaev ist dies römisch: Vgl. Ulpian 4 *ad ed.* D. 2,14,1,2 *est pactio duorum pluriumve in idem placitum et consensus*; Ob otnošenii, S. 10.

Miete, Verkauf, Verwahrung, Handelsgesellschaft usw..« Der Widerschein klassischer Strukturen ist kaum verkennbar. Auf diesen Ursprung deutet auch die Definition des Quasivertrags (aki dogovor): »Der Quasivertrag ist eine Obligation, die aus manchen Umständen einer Tätigkeit hervorgeht, wie z. B.: Wenn sich jemand von seinem Haus entfernt, ohne einem anderen seine häuslichen Angelegenheiten anzuvertrauen, und Verwandte oder seine Freunde dies übernehmen, dann schließen sie einen Quasivertrag mit ihm, daß sie beizeiten treu Rechenschaft ablegen und von ihm fallweise Ersatz verlangen können wegen ihrer Aufwendungen. Als Vertrag kann man dies nicht bezeichnen, weil sich ein Vertrag auf die Übereinstimmung der Parteien gründet.« Der Quasivertrag wird damit anhand der Geschäftsführung ohne Auftrag erklärt, also mit jenem Unterfall, der auch in den Institutionen Justinians am Beginn des Titels steht (Inst. 3,27,1); das zur Illustration gebildete Beispiel ist hier wie dort die Führung der Geschäfte von Abwesenden, *qui subita festinatione coacti nulli demandata negotiorum suorum administratione peregre profecti essent*. Bei den Entstehungsgründen der Schuldverhältnisse werden nicht nur Verträge, Quasikontrakt und »anderen Gründe« (also »*variae causarum figurae*«) unterschieden, es folgen vielmehr noch »Vergehen« (viny) und »Quasivergehen« (aki viny), was auf die *delicta* und *quasi delicta* verweist. Guljaev erkennt in der Auffassung der Verbindlichkeit als »sojuz«, »otkuda roždajutsja dejanija« sogar das *iuris vinculum* wieder sowie die römische Auffassung, »*obligationum substantia* [...] *in eo consistit* [...] *ut alium nobis obstringat ad dandum aliquid vel faciendum vel praestandum*« (Paulus 2 *institutionum* D. 44,7,3 pr.).[235]

c.) Das Privateigentum

Obgleich auf Grundlage von Nakaz und Načertanie kein zeitgemäßes Gesetzbuch entstand, das unter dem jedenfalls teilweisen Einfluß von Regelungen des römischen Rechts vielleicht mittelfristig die Entstehung einer bürgerlichen Privatrechtsordnung hätte fördern können, versuchte die Zarin immerhin durch andere Maßnahmen, die Grundlagen für das zu schaffen, was sie selbst eine »Bürgergesellschaft« nannte.[236] Im Mittelpunkt dieser Maßnahmen steht die Schaffung erster wichtiger Grundlagen für die Herausbildung des zentralen Merkmals einer Privatrechtsordnung: des Privateigentums.[237]

Die im Zarenreich herrschenden rechtlichen Rahmenbedingungen hatten zuvor die Entstehung von Privateigentum nicht zugelassen. Richard Pipes, der den mutmaßlichen Anfängen dieser Einrichtung in Rußland nachgegangen ist, hat als maßgebliches Hindernis das Selbstverständnis der russischen Großfürsten beschrieben, die sich als Herrscher und Eigentümer zugleich verstanden hätten, während im Westen auf Grundlage des römischen Rechts zwischen Eigentum und Herrschaftsgewalt, also zwischen *dominium* und *imperium* unterschieden wor-

235 Guljaev, Ob otnošenii, S. 10.
236 Hosking, Rußland, S. 132.
237 Leontovitsch, Geschichte des Liberalismus, S. 24-26.

den sei. Ausgehend von einem Konzept der patrimonialen Herrschaft beschreibt Pipes die jeweilige Wahrnehmung des Reiches als Gegenstand von Eigentum (*dominium*) des Fürsten, das diesem das Recht gibt, andere vom Besitz desselben auszuschließen und es sogar zu zerstören.[238] Im 15. und 16. Jahrhundert war es der Moskauer Monarchie gelungen, den weltlichen Grundbesitz an die Bedingung der Dienstleistung für den Staat zu binden.[239] Es entstand eine Lehensordnung, neben der kein Raum für Privateigentum an Grund und Boden bestand.[240] Den Grund dafür, daß sich demgegenüber die Institution des Privateigentums allgemein nicht etablieren konnte, sieht Pipes nicht zuletzt in der zunächst mangelnden Verbreitung der Kenntnis des römischen Rechts in Rußland.[241] Konsequenterweise schreibt er Veränderungen dieser Herrschaftsauffassung der Öffnung des Zarenreiches nach Westeuropa zu.[242] So hatten die Kategorien eines vom jeweiligen Monarchen abstrakten »Staates« und der »Gesellschaft«, die in Westeuropa bereits im Hochmittelalter durch Vermittlung des römischen Rechts bekannt gewesen waren, in der Regierungszeit Peters I. nach Rußland vordringen können, gefördert durch Übersetzungen der Werke von Grotius, Pufendorf und Wolff ins Russische.[243] Den Ausschlag für den Wandel gab also nicht sogleich die Einführung bestimmter Regelungen, sondern die Annahme von Konzepten, auf deren Grundlage entsprechende Bestimmungen überhaupt vorstellbar wurden. Pipes meint, die Liberalisierung von Handel und Manufaktur durch Katharina II. habe bewirkt, daß das Jahr 1762 als Geburtsstunde des privaten Eigentums in Rußland gelten könne, weil nunmehr Angehörige aller Stände Betriebe eröffnen durften.[244] Im Nakaz (1768) forderte die Zarin dann effektiven Rechtsschutz für das Eigentum der Bürger (Art. 101).[245]

Das Grundeigentum als wichtigster Fall des Eigentums hatte im Moskauer Staat für ein Vermögensrecht gestanden, das der Herrscher in seinen Dienst genommenen Adligen verliehen hatte, und zwar mitsamt der in dem Gebiet jeweils lebenden Bevölkerung.[246] Katharina II. löste diesen Zusammenhang auf, als sie 1762 den Adel von der Dienstpflicht befreite; hierdurch wurde eine Neuregelung nötig, die auf einer Hinwendung zum römisch-westlichen Eigentumsbegriff beruhte. Die »Gnadenurkunde zugunsten des Adels« (Žalovannaja gramota dvorjanstvu) von 1785, die »russische Magna Charta«, enthielt eine Festschreibung verschiedener Adelsprivilegien.[247] Als Teil der die Rechtsstellung des Adels sichernden Ordnung wurde Grundbesitzern ein auf Dauer gesichertes Bodeneigen-

238 Pipes, Rußland vor der Revolution, S. 73 f.
239 Pipes, Rußland vor der Revolution, S. 78, 94 u. 97.
240 Pipes, Rußland vor der Revolution, S. 101 u. 178.
241 Pipes, Rußland vor der Revolution, S. 75.
242 Pipes, Rußland vor der Revolution, S. 120.
243 Pipes, Rußland vor der Revolution, S. 135.
244 Pipes, Private Property comes to Russia, S. 431-442.
245 Čistjakov/Novickaja (Red.), Zakonodatel'stvo Ekateriny II, Bd. 2, S. 203.
246 Merl, Einstellungen zum Privateigentum in Rußland, S. 138-139.
247 Čistjakov/Novickaja (Red.), Zakonodatel'stvo Ekateriny II, Bd. 2, S. 29-49.

tum übertragen.[248] Wenn auch Pipes' Konzept teilweise kritisiert wird, herrscht also immerhin Einigkeit darüber, daß spätestens seit der zweiten Hälfte des 18. Jahrhunderts private Eigentumsformen existierten.[249] Da sich große Teile des Grundvermögens in den Händen des Adels befanden, konnte das neu eingeführte Eigentum seine praktische Bedeutung im Rahmen der Bodenordnung entfalten. Da dieses Eigentum nur wenigen Privilegierten zustand, war es, was die gesellschaftlichen Auswirkungen betrifft, nicht mit einem »bürgerlichen« Eigentum gleichzusetzen. Der größte Teil der Bevölkerung, der sich auf keine entsprechende »Gnadenurkunde« berufen konnte, konnte das Eigentum geradezu als gegen sich gerichtet sehen.

d.) Abkommandierungen und deren Erträge

Als erste Herrscherin beschritt Katharina II. einen charakteristischen Weg zur mittelbaren Modernisierung des Rechtslebens im Zarenreich, den mehrere ihrer Nachfolger mit Gewinn nutzen sollten: die systematische Förderung des Auslandsstudiums. Die Zarin schickte junge Adlige zum Rechtsstudium nach Mittel- und Westeuropa, vornehmlich an deutsche Universitäten.[250] Studienaufenthalte einzelner Personen in Westeuropa hatten schon zuvor zu beachtlichen Erträgen geführt.[251] Besonders wichtige Folgen für die geistige Entwicklung Rußlands hatte das Studium des späteren Universalgelehrten Michail V. Lomonosov in Deutschland ausgelöst (1736-41). Diese Quelle zur Gewinnung von Anregungen für eine Modernisierung Rußlands sollte nun auch für das Gebiet des Rechts erschlossen werden. Die spezifische Eigenart eines jeweiligen nationalen Rechts mochte die Vorstellung, dasselbe könne eine Bereicherung aus dem Ausland erfahren, als nicht selbstverständlich erscheinen lassen. Die Bereitschaft, sich mit ausländischem Lehren über das Recht jedenfalls auseinanderzusetzen, die die Zarin zur selben Zeit durch Entwurf und Beratung des Nakaz dokumentierte, wurde jedoch von den durch die herrschende Naturrechtslehre geschaffenen geistigen Bedingungen gefördert. Was sie als überpositives Recht lehrte, mochte auch auf Rußland bezogen werden können. Ihren Ausdruck fanden diese Rechtsvorstellungen, wie die eklektischen Begründungsstrategien zeigten, nicht selten im römischen Recht.

Das neuzeitliche säkulare Naturrecht, welches maßgeblich durch Samuel v. Pufendorf entwickelt worden war, gehörte zu den wichtigsten Instrumenten der Aufklärung, deren Kenntnis im Ausland zu erwerben war. Bereits Peter I. hatte Pufendorfs Schriften ins Russische übersetzen lassen. Nun ging man dazu über,

248 Butler, Art. Russia, S. 171; Pipes, Rußland vor der Revolution, S. 78, 189. Für die prekäre Rechtsstellung, die auch adelige Familien zuvor an ihrem Vermögen hatten, vgl. Jedig, »Vsjak na Rusi – bezdomnyj«, S. 265.

249 Ch. Schmidt, Russische Geschichte, S. 190.

250 Hosking, Rußland, S. 132. Die Abordnung einiger Studenten in das als fortschrittlich geltende England behandelt Aleksandrenko, Iz žizni russkich studentov, S. 1-14.

251 Vgl. grundsätzlich Zipunnikova, Pravovoe regulirovanie naučnych stažirovok v Rossijskoj Imperii, S. 17-29.

junge Juristen an verschiedene deutsche Universitäten abzuordnen, wo das Naturrecht im 18. Jahrhundert in Blüte stand. Auch Studenten der Kameralistik sollten ihr Fach in Deutschland lernen.[252] Die Studienaufenthalte wurden weitgehend durchorganisiert, die Einhaltung der Vorgaben kontrolliert.[253] Welche Früchte die im Ausland gewonnenen Anregungen tragen würden, war freilich nicht vollständig planbar. Als die Sankt Petersburger »Freie Ökonomische Gesellschaft« 1766 einen Preis für die Erörterung der Frage auslobte, ob Bauern ihr Land als Eigentümer nutzen sollten, wurde u.a. die Einsendung Aleksej Ja. Polenovs (1738-1816) prämiert. Diesen hatte die Sankt Petersburger Akademie 1762 zum Jurastudium nach Straßburg und Göttingen geschickt.[254] Nun sprach er sich sogar für ein Eigentumsrecht von Leibeigenen sowie für andere Maßnahmen zur Regulierung der grundherrlichen Rechtsstellung aus.[255] Im Interesse einer Gewinnung qualifizierter Juristen wurde eine Gruppe von zwölf Studenten nach Leipzig geschickt,[256] unter denen Aleksandr N. Radiščev (1749-1802)[257] später besondere Bedeutung erringen sollte. Während seines Studienaufenthalts (1767-71) studierte er Rechtswissenschaft u.a. bei Christian Wolff und August Friedrich Schott als Kommilitone des gleichaltrigen Goethe. Radiščev begegnete in Leipzig westlichem, aufgeklärtem Gedankengut, wurde aber, als er seine weiteren juristischen Studien darauf ausrichten wollte, von russischer Seite offiziell gemaßregelt.

In Rußland war ein entsprechend anregendes Studium vorläufig nicht möglich. Noch bis 1763 lehrte an der erst 1755 in Moskau eingerichteten Universität Philipp Heinrich Dilthey als einziger Rechtsprofessor.[258] Seine Schüler Semën E. Desnickij (ca. 1740-89)[259] und Ivan A. Tret'jakov (ca. 1735-76)[260] können als die

252 Vgl. Raeff, Legenden und Vorurteile, S. 69.

253 Gruppenweise ins Ausland »abkommandierte« Studenten bekamen regelmäßig eine Vertrauensperson (der Zarenadministration!) als Aufseher vor Ort zugeordnet. Für Göttingen um die Wende zum 19. Jahrhundert vgl. Brüdermann, Göttinger Studenten, S. 351f., für Heidelberg Birkenmaier, Das russische Heidelberg, S. 8ff.

254 Vgl. Azarkin, Istorija juridičeskoj mysli Rossii, S. 165-168.

255 Ungeachtet der Auszeichnung Polenovs für seine Arbeit wurden die von ihm vertretenen rechtspolitischen Vorstellungen selbstverständlich abgelehnt. Ch. Schmidt, Russische Geschichte, S. 53; Leontovitsch, Geschichte des Liberalismus, S. 28f. mit Fn. 15.

256 Vgl. De Ridder-Symoens, Mobilität, S. 351; Maurer, Hochschullehrer, S. 121f.

257 Vgl. Lincoln, Nikolaus I., S. 336f. und Ch. Schmidt, Russische Geschichte, S. 159.

258 Vgl. Rudokvas/Kartsov, Der Rechtsunterricht, S. 275.

259 Über Semën Efimovič Desnickij vgl. Šilochvost, Russkie civilisty, S. 58; Tomsinov, Rossijskie pravovedy, Bd. 1, S. 131-156; Azarkin, Istorija juridičeskoj mysli Rossii, S. 173-180; Sacke, Die Moskauer Nachschrift, S. 352f. Desnickij stammte aus Nežin, wo damals noch das Magdeburger Stadtrecht galt; vgl. Ch. Schmidt, Sozialkontrolle, S. 191. Der zeitliche Ansatz für die jeweilige Geburt Desnickijs und Tret'jakovs ist nicht sicher, weil die Belege mit den Universitätsakten beim Brand Moskaus 1812 vernichtet wurden. Vgl. Tomsinov, Pervye russkie professora, S. 27 sowie dens., Juridičeskij fakul'tet, S. 3; Azarkin, aaO., S. 173.

260 Über Ivan Andreevič Tret'jakov vgl. Šilochvost, Russkie civilisty, S. 148; Tomsinov, Rossijskie pravovedy, Bd. 1, S. 157-163; über Grundsätze seines Rechtsdenkens vgl. Butler, Russian Law, S. 54f.

ersten gelten, die als Russen eine »Jurisprudenz« betrieben.[261] Sie waren 1761 ins Ausland geschickt worden, und zwar in das schottische Glasgow, welches im 18. Jahrhundert ein Zentrum der Aufklärung war.[262] Aus Schottland 1767 zurückgekehrt, unterzogen sich beide einem mündlichen Examen.[263] Die Kommission, der Dilthey und Karl-Heinrich Langer[264] angehörten, prüfte sie im römischen Recht.[265] Als Hochschullehrer las Desnickij anschließend über römisches Recht nach den Institutionen Justinians, und zwar unter Anwendung auf das russische Recht in einzelnen Titeln (jus romanum ad ductum Institutionum, applicatione ad jus ruthenicum facta in singulis titulis).[266] Tret'jakov unterrichtete den Stoff verschiedener Digestentitel und erläuterte einzelne Bestimmungen im Vergleich mit dem russischen Recht.[267] Er las auch über Rechtsgeschichte und römische Altertümer nach Heineccius.[268] Beide Gelehrten behandelten in ihren Vorlesungen die

261 Vgl. Krakovskij, Predislovie, S. 6; Tomsinov, Istorija juridičeskogo fakul'teta, S. 27-38.

262 Dazu Cairns, John Millar, S. 20-37, Tomsinov, Pervye russkie professora, S. 28-36, Stein, Legal Evolution, S. 116 und bereits Korkunov, Istorija filosofii prava, S. 285 u. 291 ff. Zu beiden Abkommandierten vgl. Silnitzki, S. 172 ff. und die Rezension von Baranowski, S. 299. Tret'jakov fertigte eine Disputatio Juridica, ad Tit. 4. Lib. II. Pand. De in jus vocando, Glasguae 1766; die Disputation fand am 21. Mai 1767 statt.
Desnickij vermittelte die Lehren seines akademischen Lehrers Adam Smith nach Rußland. Er war offenbar der erste, der im wesentlichen russisch statt lateinisch unterrichtete. Vgl. Tille, Socialističeskoe sravnitel'noe pravovedenie, S. 46. Als erster russischer Hochschullehrer stellte er die Autorität Pufendorfs in Rechtsangelegenheiten in Frage und trug seinen Hörern stattdessen Adam Smith und David Hume vor. Er trat für eine Untersuchung des Rechts in rechtsvergleichender Perspektive ein und sah das Eigentum als Eckpfeiler eines jeden Rechtssystems an.

263 Cairns, John Millar, S. 22.

264 Vgl. Tomsinov, Juridičeskij fakul'tet, S. 11-13; Butler, Strube de Piermont, S. 126.

265 Prüfungsgegenstand war u. a. Ulpian 4 *ad ed.* D. 2,14,7. Langer fragte: »Was zeichnet das pactum gegenüber dem contractus aus?« Desnickij antwortete: »Das pactum ist nackt (pactum est nudum), der contractus tritt bekleidet mit einer Übereinkunft auf.« Langer ergänzte: »Auf Grundlage des contractus wird eine zivile Klage gegeben.« Dilthey prüfte u. a. das Recht der Gefahrtragung im Verzug: »Equum conduxi pro die, teneo ultra hunc terminum, equus fulmine altera die occiditur, an restituere debeo?« Die Prüflinge verneinten dies: »cedit enim domino.« Sie wurden belehrt: »Contrarium statuerunt examinatores, quia conductor in culpa est.« Vgl. Korkunov, Istorija filosofii prava, S. 288; Tomsinov, Juridičeskoe obrazovanie v XVIII stoletii, S. 145; ders., Pervye russkie professora, S. 37; ders., Istorija juridičeskogo fakul'teta, S. 29.

266 Vgl. Tomsinov, Juridičeskoe obrazovanie v XVIII stoletii, S. 146; ders., Istorija juridičeskogo fakul'teta, S. 30; Cairns, John Millar, S. 22 f.; Brown, The Father of Russian Jurisprudence, S. 121; Butler, Art. Russia, S. 171 f.; Jankowski, Le droit romain, S. 43.

267 Wagner, Einflüsse, S. 4017.

268 Tomsinov, Juridičeskoe obrazovanie v XVIII stoletii, S. 154 f. Gemeint ist Heineccius' Antiquitatum Romanorum jurisprudentiam illustrantium syntagma secundum ordinem Institutionum Justiniani digestum in quo multa juris romani atque auctorum veterum loca explicantur (seit 1719).

Lehren ihres Glasgower Lehrers John Millar,[269] der sie mit Heineccius vertraut gemacht hatte.[270]

Um den Studenten geeignetes Lehrmaterial, also Einführungen, Quellentexte und Kommentare zur Verfügung zu stellen, forderte Desnickij 1768 die Beschaffung von 25 Exemplaren der Lehrwerke Heineccius' zu den Institutionen und Pandekten Justinians[271] sowie sechs Corpus-Iuris-Ausgaben mit den Kommentaren der Niederländer Vinnius, Voet und Noodt,[272] führenden Vertretern der Eleganten Jurisprudenz.[273] Desnickij forderte ferner, das russische Zivilrecht zusammen mit jenen Materien zu unterrichten, die als seine Grundlagen galten, nämlich mit der Rechtsphilosophie, dem Naturrecht und dem römischen Recht.[274] Er versuchte, die an der – teilweise offenbar durch Millar vermittelten[275] – Auseinandersetzung mit Adam Smith, David Hume und kontinentaleuropäischen Naturrechtsdenkern gewonnenen theoretischen Grundlagen des Rechts auf das russische Recht zu übertragen[276] und setzte sich dabei insbesondere für die Etablierung eines Personenrechts ein.[277] Soweit Desnickij als Begründer der russischen Rechtswissenschaft wahrgenommen wird, gehen also wichtige Elemente derselben auf das Rechtsdenken zurück, das er sich in Glasgow angeeignet hatte.[278] Seiner Meinung nach konnte es selbstverständlich nicht darum gehen, dem römischen Recht einen höheren Stellenwert als dem russischen einzuräumen.[279] Eine Rezeption des römischen Rechts in Rußland hatte es aus seiner Sicht auch zuvor nicht gegeben.[280] Da Desnickij die Rechtsentwicklung aus der Perspektive des 18. Jahrhunderts betrachtete, ist sein Standpunkt verständlich. Sein Ziel war es vielmehr, die wissenschaftlichen Grundsätze, die er am römischen Recht gewann, in das russische Recht einzuführen.[281]

Mit dieser Zeit wird man jedenfalls die ersten Anfänge einer wissenschaftlichen Beschäftigung russischer Juristen mit dem römischen Recht verbinden können.[282] Sowohl am Eingang des Rechts der römischen Quellen in zahlreiche Artikel des »Nakaz« als auch am Rechtsunterricht an der Moskauer Universität

269 Cairns, John Millar, S. 36.
270 Tomsinov, Pervye russkie professora, S. 32.
271 Gemeint sind Heineccius' Elementa juris civilis secumdum ordinem Institutionum (seit 1725) und Elementa juris civilis secundum ordinem Pandectarum (seit 1727).
272 Tomsinov, Juridičeskoe obrazovanie v XVIII stoletii, S. 155; vgl. dens., Juridičeskij fakul'tet, S. 21.
273 Vgl. Koschaker, Europa, S. 118; Wesenberg/Wesener, Privatrechtsgeschichte, S. 72.
274 Biografičeskij Slovar' professorov i prepodavatelej Moskovskogo universiteta, Bd. 1, S. 300; vgl. Rudokvas/Kartsov, Der Rechtsunterricht, S. 276.
275 Cairns, John Millar, S. 36.
276 Vgl. Brown, S. E. Desnitsky, Adam Smith, and the *Nakaz* of Catherine II, S. 42-59.
277 De Madariaga, Der Ursprung der Bürgerrechte, S. 371-375.
278 Cairns, John Millar, S. 36 f.
279 Vgl. Brown, The Father of Russian Jurisprudence, S. 128 f. mit Nachweisen.
280 Vgl. Letjaev, Recepcija rimskogo prava, S. 14 mit Nachweisen.
281 Vgl. Brown, The Father of Russian Jurisprudence, S. 133.
282 Küpper, Rechtsgeschichte Osteuropas, S. 69.

erweist sich, daß die Vorstellung, der Reichtum des Corpus iuris sei von russischen Juristen nicht unmittelbar erworben worden, sondern nur vermittelt durch eine theoretische Bekanntschaft mit dem römischen Recht und westeuropäischen Kodifikationen, in dieser Allgemeinheit nicht haltbar ist.[283] Sicherlich ist die Erschließung des römischen Rechts anfangs offenbar ein ziemlich hermetischer Vorgang gewesen. Nur wenige Studenten werden sich an der – zunächst auf Latein betriebenen – Auseinandersetzung mit den Texten beteiligt haben. Allerdings war es Desnickij, der das Fach einem weiteren Interessentenkreis öffnete, indem er als erster Professor dazu überging, seine Vorlesungen teilweise auf Russisch zu halten.[284] Seit den 1780er Jahren wurden das russische Zivilrecht und das römische Recht regelmäßig getrennt voneinander unterrichtet. Noch immer waren die meisten Professoren Deutsche.[285] So las jetzt z. B. Theodor (Fëdor Grigor'evič) Bause (1752-1812) als Nachfolger Diltheys seit 1782 Römisches Recht und Rechtsgeschichte.[286] Nach Desnickijs Tod 1789 übernahm Johann Purgold (Purgol'd) dessen Fächer.[287] Er unterrichtete die Institutionen Justinians im Vergleich mit den russischen Gesetzen, die Geschichte des römischen und des russischen Rechts sowie die allgemeine juristische Enzyklopädie. Der Rechtsunterricht wurde in dieser Zeit in dreifacher Weise ausgerichtet: philosophisch-theoretisch, dogmatisch und praktisch. Die dogmatische Behandlung des Rechts wurde dabei im Wege der Lehre des römischen Rechts betrieben.[288] Die Grundlage bildeten die Texte der Institutionen und Digesten Justinians sowie die Lehrbücher zu diesem Stoff von Heineccius. Der Historiker Michail Michajlovič Ščerbatov (1733-1790), der als politischer Denker aktiv in der Gesetzgebungskommission Katharinas II. mitarbeitete und sich mit dem dieser Kommission vorgelegten Nakaz auseinandersetzte,[289] entwarf ein eigenes Konzept der juristischen Bildung, nach dem das römische Recht auf Grundlage der Institutionen gelehrt werden sollte.[290] Auch kam es zur Publikation erster didaktischer Schriften. Ein in dieser Zeit verfaßtes, für russische Verhältnisse frühes Lehrbuch, welches auch das römische Recht behandelte, war die »Kurze Darstellung der römischen und rußländischen

283 So aber Slyščenkov, Proekt Graždanskogo uloženija, S. 64 f.

284 Vgl. Karmazina, Izučenie rimskogo prava, S. 221; Tille, Die Kodifikation, S. 4.

285 Rudokvas/Kartsov, Der Rechtsunterricht, S. 276.

286 Tomsinov, Juridičeskoe obrazovanie v XVIII stoletii, S. 160; vgl. dens., Juridičeskij fakul'tet, S. 23 und dens., Istorija juridičeskogo fakul'teta, S. 41 ff. u. 249; über Bause vgl. Šilochvost, Russkie civilisty, S. 15; ferner Tomsinov, Rossijskie pravovedy, Bd. 1, S. 178-186; ders., Ėnciklopedija 3, S. 32-32. Wie seine Vorgänger legte auch Bause seinem Unterricht im Römischen Recht die Darstellungen von Heineccius zugrunde; die römische Rechtsgeschichte las er nach Johann August Bach, Historia jurisprudentiae Romanae, Lipsiae 1754 und öfter.

287 Tomsinov, Juridičeskij fakul'tet, S. 24.

288 Tomsinov, Juridičeskoe obrazovanie v XVIII stoletii, S. 168 f.

289 Klug, »Europa« und »europäisch«, S. 213.

290 Tomsinov, Juridičeskoe obrazovanie v XVIII stoletii, S. 194 f.

Rechte« (1777) des Desnickij-Schülers Aleksej Artem'ev.[291] Es diente dem Nachweis von Parallelen in Rechtseinrichtungen und historischer Entwicklung.

5.) Der Beginn des 19. Jahrhunderts

Nachdem die verschiedenen Reformen Katharinas II. selbst insoweit, als sie erfolgreich waren, nur einen kleinen Teil der Bevölkerung des Zarenreiches betroffen hatten und keineswegs genügten, um als Grundlage für eine Privatrechtskultur zu dienen, hatte auch die kurze Herrschaftsphase Pauls I. (Pavel I. Petrovič, 1796-1801) keine grundlegenden Veränderungen herbeiführen können. So blieben die Lebensbedingungen der Menschen auch im 19. Jahrhundert noch für lange Zeit durch das starre Festhalten an vormodernen gesellschaftlichen Strukturen gekennzeichnet. Spätabsolutistisches Staats- und Rechtsdenken konservierte eine ständisch organisierte Gesellschaft und bewirkte, daß große Bevölkerungsteile ausgeschlossen blieben von materiellem Wohlstand, Bildung und, worauf es hier ankommt, Rechtsschutz.

Auch die Reforminitiativen des 19. Jahrhunderts waren dadurch gekennzeichnet, daß sie von der Zarenadministration ausgingen. Sie wurden vorbereitet durch Verwaltungsapparate und Beratergremien in den Verantwortungsbereichen des Justizministeriums oder der Kaiserlichen Kanzlei. Den Hintergrund dieses Sachverhalts bildete der Umstand, daß die Zaren nach wie vor am Grundsatz der Selbstherrschaft festhielten.[292] Nachdem Katharina II. immerhin, wie gesehen, eine – wenngleich praktisch fast folgenlose – Diskussion Montesquieus gefördert hatte, wies der konservative Hofhistoriker N. M. Karamzin (1766-1826)[293] dessen Konzepte nun in aller Offenheit grundsätzlich zurück. Er schrieb: »In Rußland ist der Herrscher das lebende Gesetz: den Guten wohlwollend, die Bösen strafend. [...] Wenn der Herrscher nicht gefürchtet wird, wird auch das Gesetz nicht gefürchtet. In dem Monarchen Rußlands ist alle Macht vereint. Unsere Herrschaft ist väterlich und patriarchalisch.«[294] Von Alexander I. und seinen Nachfolgern wurde dieses Verständnis fast konsequent beibehalten. Nikolaus I. ließ in den ersten Band des Svod Zakonov von 1832 die Bestimmung aufnehmen, daß

291 A. Artem'ev, Kratkoe načertanie rimskich i rossijskich prav s pokazaniem kupno oboich ravnomero kak i činopoloženija onych istorii (1777). Vgl. Rudokvas/Kartsov, Der Rechtsunterricht, S. 278; Butler, Russian Law, S. 11; Tomsinov, Istorija juridičeskogo fakul'teta, S. 39 f. Über Aleksej Artem'evič Artem'ev (1740-1820) vgl. Šilochvost, Russkie civilisty, S. 13; Tomsinov, Rossijskie pravovedy, Bd. 1, S. 173-177; ders., Ėnciklopedija 2, S. 20-22.

292 Zu den Konzepten vgl. Baranowski, Symptome des »starken Staates«, S. 17-28.

293 Nikolaj M. Karamzin (1766-1826), zunächst ein Vertreter des frühen Westlertums, entwickelte erst in späteren Jahren eine gegenüber Westeuropa grundsätzlich kritische Einstellung; als konservativer Hofhistoriker trat er seitdem für einen Isolationismus des Zarenreiches ein. Vgl. Tschižewskij, Rußland zwischen Ost und West, S. 59; Klug, »Europa« und »europäisch«, S. 216.

294 Karamzin, Zapiska o drevnej i novoj Rossii, S. 122; vgl. Lincoln, Nikolaus I., S. 13 sowie zur Zielrichtung von Karamzins Schrift Borisova, The Digest, S. 914.

der Selbstherrscher seine Macht mit niemandem teile. Aussicht auf eine behutsame Abmilderung dieser Vorstellung mochte sich während der Herrschaft Alexanders II. eröffnen, der die Reformen der sechziger Jahre ermöglichte und sogar gestattete, daß sein Innenminister Loris-Melikov eine Verfassungsreform vorbereitete.[295] Nachdem dieser Herrscher jedoch einem Mordanschlag zum Opfer gefallen war, verkündete ein Manifest seines Nachfolgers Alexander III. vom 29. April 1881 erneut die Unumstößlichkeit der Autokratie.[296] Nikolaus II. schließlich hielt am Konzept der Selbstherrschaft noch unter den durch die Verfassung von 1906 geschaffenen Bedingungen fest – ein Widerspruch, von dem bekanntlich Max Webers Beschreibung eines »Scheinkonstitutionalismus« ausging.

a.) Reformansätze in der Regierungszeit Alexanders I.

Wenn im Rahmen des autokratischen Systems in eng begrenztem Maße auch Aufklärung und Liberalismus eingeführt werden konnten, dann ging dies nicht selten auf einzelne Persönlichkeiten zurück, die versuchten, auf professioneller Grundlage ihnen vertrautes westeuropäisches Kulturgut in das Zarenreich zu vermitteln, um diesem den Weg in eine bessere Zukunft zu weisen. Raum für solche Initiativen schien phasenweise die Herrschaftszeit Alexanders I. (Aleksandr I. Pavlovič, Reg. 1801-1825) zu bieten.

Absolute Herrschaft schließt nicht aus, daß ein Monarch sein Verhalten freiwillig nach gesetzlichen Vorgaben ausrichtet. Die römische Devise »*princeps legibus solutus*«, die die Freiheit des Herrschers von der Rechtsordnung ausdrückt und später dem neuzeitlichen Absolutismus seinen Namen gab, soll ausgerechnet von den vergleichsweise machtbewußt auftretenden römischen Kaisern Septimius Severus und Caracalla häufig dahingehend eingeschränkt worden sein: »*licet* [...] *legibus soluti sumus, attamen legibus vivimus*« (»Sind wir von den Gesetzen auch befreit, leben wir doch nach ihnen«).[297] Entsprechend konnte sich Alexander I. jedenfalls zeitweise zum Prinzip der Gesetzlichkeit staatlichen Handelns bekennen. In den ersten Jahren seiner 1801 begonnenen Regierungszeit deutete er sogar die Bereitschaft an, der in seinem Reich bestehenden Herrschaftsform konstitutionelle Züge zu verleihen.[298] Dreimal gab er Verfassungsentwürfe in Auftrag: 1804 an Gustav Adolf v. Rosenkampff (1762-1832), den damaligen Leiter des Gesetzgebungskommission,[299] 1808/09 an Michail M. Speranskij, den wichtigsten Reformator seiner Zeit (1772-1839),[300] und 1818/19 an den Warschauer Statt-

295 Leontovitsch, Geschichte des Liberalismus, S. 250 ff.

296 Ch. Schmidt, Russische Geschichte, S. 134 f.

297 Inst. 2,17,8.

298 Baranowski, Der Entwurf einer Verfassungsurkunde, S. 15.

299 Über Rosenkampff (russ.: Gustav Andreevič Rozenkampf) vgl. die biographischen Angaben bei Šilochvost, Russkie civilisty, S. 132.

300 Zur Biographie vgl. Raeff, Michael Speransky. Statesman of Imperial Russia (1957); Čibirjaev, Velikij russkij reformator (1993); Nol'de, Speranskij. Biografija (2004) sowie jetzt Tomsinov, Speranskij (2006).

halter Nikolaj N. Novosil'cev (1761-1838).[301] Die jeweils vorgelegten Entwürfe waren geradezu auf eine grundlegende Neuordnung des Zarenreiches ausgerichtet, etwa durch die Bindung des Zaren an Gesetze, die Gewährleistung bürgerlicher und politischer Rechte sowie insbesondere die Sicherung von Person und Eigentum. Die Entwürfe von Speranskij und Novosil'cev sahen sogar Grundsätze einer Gewaltenteilung vor.

Während nun weder diese Verfassungsentwürfe in Geltung traten[302] noch zahlreiche andere im Verlauf des 19. Jahrhunderts betriebene Projekte weit genug gedeihen sollten, daß ihre Inkraftsetzung unmittelbar bevorgestanden hätte, setzte mit Alexander I. immerhin eine Reihe von Reformen ein, die auf einfachgesetzlicher Ebene bestimmte Rechtsgebiete oder auch nur einzelne Regelungen reformieren sollten, ohne allerdings deren Geltungsgrund – die Rechtssetzung durch den Monarchen – zu berühren. Sieht man auf das Privatrecht, barg dies freilich einen grundlegenden Widerspruch, solange es nicht auf Privatautonomie gestützt sein sollte.

Alexander I. beabsichtigte zunächst, nur eine Kompilation des geltenden Rechts erstellen zu lassen. Seit der Zeit Peters I. hatten mehrere Herrscher versucht, die Gesetze des Reiches systematisch zu organisieren. In den nunmehr 150 Jahren seit dem Erscheinen des Uloženie von 1649 war eine Fülle weiterer Verordnungen hinzugekommen, die niemals planvoll geordnet worden war.[303] Nun wurde durch einen Erlaß vom 5. Juni 1801 Pëtr V. Zavadovskij mit der Bildung einer Kommission zur Vorbereitung der notwendigen Arbeiten beauftragt.[304] In seinem Erlaß eröffnete der Zar sogar die Möglichkeit, bei der Neubearbeitung des Rechts, soweit es erforderlich sein mochte, fremdes Recht heranzuziehen: bei Lücken, Unklarheiten oder Widersprüchen im bestehenden russischen Recht könne man sogar beispielgebende Vorschriften von anderen, entweder benachbarten Völkern oder solchen, die sich durch die besten Gesetze auszeichneten, entlehnen (zaimstvovat').[305] Dies schien zunächst Raum für weitgehende Reformvorschläge zu geben, wie sie z. B. Radiščev entwarf.[306] Er war seit seiner Leipziger Studienzeit von freiheitlichen Vorstellungen eingenommen und nach seiner Rückkehr publizistisch als Kritiker der Zarenmacht und Gegner der Leibeigenschaft aufgetreten. Seine Schrift »Reise von Petersburg nach Moskau« (1790) ist,

301 Vgl. näher Baranowski, Der Entwurf einer russischen Verfassung von 1820 (2010).

302 Baranowski, Symptome des »starken Staates«, S. 23.

303 Lincoln, Nikolaus I., S. 127f.

304 Text bei Majkov, Kommisii sostavlenija zakonov, Nr. 7, S. 272-276. Vgl. Fodor, Rechtsreform durch Normtransplantation, S. 274f.; Borisova, Russian National Legal Tradition, S. 296ff.

305 Vgl. Baranowski, Der Entwurf einer Verfassungsurkunde, S. 20. Speranskij beschrieb eines der zentralen Prinzipien der geplanten Kodifikation dahingehend, »daß das Gesetzbuch aus den bereits gültigen und im Volksgeist (v ume narodnom) verankerten Regeln zusammengestellt wird. Neue Gesetze sind nur in den Fällen zu erlassen, wo die alten der geltenden Staatsordnung offensichtlich widersprechen«; Speranskij, Proekty i zapiski, S. 22; vgl. Reich, Kodifikation und Reform, S. 156.

306 Azarkin, Istorija juridičeskoj mysli Rossii, S. 187-193.

nicht anders als der Nakaz Katharinas II., ein bedeutendes Dokument des kompilativen Staatsdenkens im Zarenreich des 18. Jahrhunderts. Dieses Werk, eine kritische Beschreibung rechtlicher und sozialer Verhältnisse in Rußland, dokumentiert verschiedentlich die Kenntnisse des Verfassers im römischen Recht.[307] Zu den zahlreichen Institutionen des Zarenreiches, die Radiščev kritisierte, gehörte auch die Rechtspflege. Der Verfasser forderte z. B. die Einrichtung einer Juristenausbildung in russischer Sprache (anstatt, wie sie bislang überwiegend praktiziert wurde, auf Latein), damit künftig in jedem Gericht wenigstens ein Mitglied wisse, was Jurisprudenz oder Gesetzeskunde überhaupt sei.[308] Er erklärte, von den Werken z. B. Grotius', Montesquieus oder Blackstones, die die europäische Jurisprudenz der Zeit maßgeblich beeinflußten, sei die russische Rechtspflege unberührt geblieben. Radiščev wagte sogar, die Zarin dadurch herauszufordern, daß er auf verschiedene Forderungen aus dem Nakaz hinwies, die nicht umgesetzt worden waren, was Zensurmaßnahmen, Todesurteil und – als dessen Abmilderung – die Verbannung nach sich zog. Von Alexander I. wieder in den Staatsdienst aufgenommen, verfolgte er als Mitglied der Kommission weitreichende Reformvorstellungen und setzte sich im Geiste der Aufklärung für eine Zivilrechtsordnung ein, die auf den Grundsätzen von Freiheit und Gleichheit aller Menschen vor dem Gesetz beruhen sollte. Radiščev entwarf 1802 ein »Projekt des bürgerlichen Rechts« für Zavadovskij.[309] Seine Vorstellungen erwiesen sich allerdings als unerfüllbar, und verzweifelt über die mangelnde Aussicht auf echte Reformen schied er noch im selben Jahr aus dem Leben. Pëtr V. Lopuchin, der 1803 die Leitung der Kommission übernahm, unterstützte immerhin die Orientierung der Kommissionsarbeiten an dem Nakaz Katharinas II. und forderte in einem neu ausgearbeiteten Arbeitsprogramm, die neuen Gesetze sollten die »principia iuris« wiedergeben und dabei das geltende Recht Rußlands enthalten.[310]

307 So bezeichnet Radiščev das Gebot, »einander nicht zu verletzen« als »ewige und richtige Bestimmung« (Reise von Petersburg nach Moskau, S. 131) und greift insoweit das »*alterum non laedere*« als eines der *iuris praecepta* Ulpians (1 *reg.* D. 1,1,10,1) auf. Er entwirft einen Dualismus aus Naturrecht, welches Freiheit und Gleichheit aller Menschen vorsehe, und bürgerlichem Recht, das die Lebensverhältnisse der Menschen regele, die die unbegrenzte Freiheit gegen deren friedlichen Gebrauch eingetauscht haben (aaO., S. 135 f.). Dies geschieht im Interesse des eigenen Wohls (vgl. Ulp. 1 *inst.* D. 1,1,1,2) *privatum quod ad singulorum utilitatem*. Radiščev erklärt, die Pandekten referierten unvernünftigerweise Bestimmungen römischer Kaiser, die im Interesse der – im 6. Jahrhundert – zeitgenössischen Orthodoxie häretisches und anderweitig kritisches Gedankengut unterdrücken sollten (aaO., S. 172). Dies dient dem Hinweis darauf, daß die Unterdrückung von Kritik Aufklärung und Fortschritt lähme.

308 Radiščev, Reise von Petersburg nach Moskau, S. 54.

309 Vgl. Reich, Kodifikation und Reform, S. 156.

310 Vgl. Reich, Kodifikation und Reform, S. 160; Majkov, Kommisii sostavlenija zakonov, Nr. 7, S. 281; Filippov, Učebnik, S. 566.

aa.) Die Arbeiten der Zehnten Gesetzgebungskommission

Als Alexander I. unter dem 28. Februar 1804 eine neue – seit Peter I. die zehnte – Gesetzgebungskommission einrichtete, formulierte er deren Arbeitsauftrag abermals dahingehend, daß die Kommission das bestehende positive Recht zusammenstellen solle. Er stellte diesmal fest, daß es nicht speziell die Aufgabe der Kommission sei, neues oder fremdes Recht aufzunehmen,[311] untersagte dies allerdings auch nicht grundsätzlich, so daß die Kommission ihren Auftrag im Lichte der Vorgaben von 1801 verstehen durfte.[312] Initiiert war der neue Erlaß offenbar von Rosenkampff.[313] Dieser livländische Baron hatte 1782-86 in Leipzig studiert und war ein ausgezeichneter Jurist.[314] Da er allerdings das Russische nur unzureichend beherrschte, war er auf Übersetzungen angewiesen und konnte daher den Inhalt und das Verhältnis der verschiedenen tradierten Normen zueinander nicht selbst uneingeschränkt beurteilen.[315]

Rosenkampff stellte sich eine Konsolidierung des Rechts vor, die nicht auf das Naturrecht – also die abstrakte Vernunft – zurückgreifen sollte, sondern auf das bestehende Recht des Zarenreiches.[316] Daß allerdings auch er nicht von einer strikten Beschränkung auf russisches Recht ausging, zeigt sich besonders daran, daß er für die Arbeiten der Kommission ausländische Korrespondenten berufen ließ. Im April 1805 wurde Gustav Hugo zum korrespondierenden Mitglied der Gesetzgebungskommission in Sankt Petersburg ernannt.[317] Hierbei handelte es sich um eine Ehrung, die mehreren berühmten ausländischen Rechtsgelehrten zukam und die gleichzeitig zur beratenden Mitwirkung an den seit 1801 betriebenen Kodifikationsarbeiten verpflichtete.[318] Hugos am Naturrecht orientierte

311 Baranowski, Rußlands Gesetzgebung im Spannungsfeld, S. 277.

312 Baranowski, Der Entwurf einer Verfassungsurkunde, S. 20.

313 Baranowski, Rußlands Gesetzgebung im Spannungsfeld, S. 278.

314 Baratz, Sur les origines étrangères, S. 27.

315 Majkov, Kommisii sostavlenija zakonov, Nr. 9, S. 245; vgl. Baranowski, Der Entwurf einer Verfassungsurkunde, S. 20; Tille, Die Kodifikation, S. 6; Pipes, Karamzin's Memoir, S. 248.

316 Baranowski, Rußlands Gesetzgebung im Spannungsfeld, S. 278. Baranowski bringt dies schon für 1804 mit der Nähe Rosenkampffs zu den Grundsätzen der Historischen Rechtsschule in Verbindung. Vgl. aaO. und dens., Der Entwurf einer Verfassungsurkunde, S. 20. In dieser Zeit, in der Savignys Programmschriften der Historischen Rechtsschule noch in der Zukunft lagen, standen in Deutschland Hugo als Wegbereiter im Mittelpunkt und in Rußland Karamzin.

317 Vgl. das Ernennungsdiplom vom 31. Mai 1805, unterzeichnet von N. Novosil'cev als Mitarbeiter (tovarišč) des Justizministers sowie Rosenkampff.

318 Polley, Thibaut, Teil 1, S. 37 f.; Reich, Kodifikation und Reform, S. 152 ff. Die Erwartung, der Korrespondent werde Beiträge liefern, geht in aller Deutlichkeit aus dem Schreiben Rosenkampffs an Hugo hervor, mit dem er diesem unter dem 12.4.1804 von der Ernennung Mitteilung machte: »Durch diese Auszeichnung, mit welcher statutenmäßig ein jährliches Gehalt von Vierhundert Rubeln verbunden ist, sucht das Directorium der Kaiserl. Gesetz-Kommission nicht allein berühmten ausländischen Rechtsgelehrten einen Beweis seiner Achtung zu geben, sondern auch vorzüglich sich den Vortheil zu verschaf-

Lehre war im Zarenreich keineswegs immer auf Akzeptanz gestoßen. Bedenklich mußte z. B. erscheinen, daß Hugo die Eigenart wissenschaftlichen Rechtsdenkens gerade darin sah, die Vernünftigkeit des geltenden Rechts in Frage zu stellen.[319] Nachdem sein Lehrbuch eines Civilistischen Cursus von der österreichischen Regierung verboten worden war, hatte Paul I. (Reg. 1796-1801) dieses Verbot für sein eigenes Reich übernommen.[320] Hugo selbst hatte erklärt, daß seine Methode, die existierenden Institutionen frei darauf zu prüfen, inwieweit sie moralisch und politisch richtig seien, nicht im Einklang stehe mit den Überzeugungen derjenigen, die bei den überlieferten Standpunkten verharren wollten.[321] Die insoweit in Anspruch genommene wissenschaftliche Freiheit mochte aus Sicht der Zarenadministration das Aufkommen kritischer und womöglich umstürzlerischer Lehrmeinungen begünstigen. Für Pauls Nachfolger Alexander I. trat Hugos Eigenschaft als Vertreter des Naturrechts indessen zurück hinter seinem Rang als Privatrechtswissenschaftler.[322] Aus dieser Qualifikation mochte sich nun Nutzen ziehen lassen.

Ebenfalls im April 1805 wurde Anton F. J. Thibaut zur Mitwirkung an den Kommissionsarbeiten eingeladen.[323] Er hatte sich als Autor des vorläufig einzigartigen »System des Pandekten-Rechts« (1803) hohes Ansehen im Zarenreich erworben.[324] Allfälligen praktischen Nutzen konnte die Kommission aus der Verbindung mit Thibaut allerdings nicht ziehen. Nach seiner Bestellung zum auswärtigen Berater firmierte er zwar als »Correspondent der Kaiserlichen Gesetz-Commission in Petersburg«, doch kam in der Folgezeit eine effektive Beteiligung an den

fen, denselben ihre Arbeiten mitzutheilen und von ihnen Beurtheilungen und Abhandlungen erwarten zu dürfen. Zugleich ist es überzeugt, daß die Zusammenstellung der verschiedenen Ansichten mehrerer im Fache der Gesetzgebung ausgezeichneten Schriftsteller mit den nothwendigen Rücksichten, welche die Lokalitäten des Russischen Reichs erfordern, zur Beförderung und schnellern Erreichung seines großen Zwecks wesentlich beytragen wird. Sollten Ew. Wohlgebornen Geschäfte und übrigen Verhältnisse Ihnen daher erlauben, diese Verbindung anzunehmen, so ersuche ich Sie, mir darüber gefälligst Nachricht zu geben und mich dadurch in den Stand zu setzen, Ihnen das Diplom eines Korrespondenten zugleich mit den wichtigsten bisherigen Arbeiten der Gesetz-Kommission zu übersenden«.

319 S. unten S. 235, Fn. 13.

320 Für die Ablehnung des Naturrechts durch die Zarenadministration s. unten S. 242.

321 Reddie, Historical Notices, S. 105, Fn. 6.

322 Hugos Ansehen im Zarenreich fand u. a. Ausdruck in der Ernennung zum Ehrenmitglied der Universität Kazan' (Universitas Casaniensis) 1817, der Universität Wilna 1822 sowie der Universität Sankt Petersburg 1830, ferner in Gedenkworten, die der mit Puškin befreundete Lyriker Pëtr A. Pletnev in seiner Funktion als Rektor der Sankt Petersburger Universität formulierte; bei Stoeckhardt, Juristische Mittheilungen, S. 572 f.

323 Vgl. Hattenhauer, Einleitung, S. 5 f.; Majkov, Kommisii sostavlenija zakonov, Nr. 9, S. 238.

324 Stintzing benennt das Erscheinen dieser Gesamtdarstellung des Stoffes, die anstelle der justinianischen Legalordnung (im 19. Jahrhundert) erstmals ein selbständig entwickeltes System zugrundelegte, als Anlaß für die Kommission, Thibaut zum Korrespondenten zu berufen; Thibaut, S. 345 f.

Arbeiten nicht zustande.[325] Gleichwohl erhielt Thibaut 1807 einen Ruf auf einen Lehrstuhl an der neu gegründeten Universität in Char'kov.[326] Daß sich Thibaut trotz erheblichen Aufwandes der russischen Seite[327] nicht bereitfand, dem Ruf Folge zu leisten, konnte sein Ansehen im Zarenreich offenbar nicht mindern.[328]

Es ist sicherlich kein Zufall, daß die Kommission nicht nur Thibaut zum korrespondierenden Mitglied berief, sondern mit P. J. Anselm Feuerbach auch den anderen prominenten deutschen Juristen, der wenige Jahre später die Richtigkeit

325 Als »Correspondent der Kaiserlichen Gesetz-Commission in Petersburg« trat Thibaut auf den Titelblättern seiner Druckwerke auf, etwa im Falle des Systems des Pandektenrechts, überwarf sich aber mit der Kommission, weil diese den ihm angekündigten Ehrensold von der Einsendung von Beiträgen abhängig machte. Vgl. Majkov, Vtoroe otdelenie, S. 75; dens., Kommisii sostavlenija zakonov, Nr. 9, S. 268 f.; Reich, Kodifikation und Reform, S. 180. Die Honorarfrage ist Gegenstand mehrerer Briefe im Rahmen der bei Polley, Thibaut, Teil 2 abgedruckten Korrespondenz Thibauts. Hugo, Mitglied in derselben Kommission, dessen Verhältnis zu Thibaut im übrigen nicht ganz unbelastet war, berichtete in einem Brief an Georg Arnold Heise vom 20. September (wohl:) 1808 über eine vorherige Begegnung: »Ich habe ihn [= Thibaut] den zweyten Tag wieder aufgesucht u[nd] bin ganz freundlich von ihm aufgenommen worden, d[as] h[eißt] dann wie wenn wir weder Gutes noch Böses voneinander gewußt hätten. Das Gespräch war ganz allgemein; blos die Russische Gesetz-Commission war Etwas was er nicht mit jedem andern eben so gut hätte abhandeln können u[nd] selbst diese kam nur in Rücksicht auf die schlechte Bezahlung zur Sprache.« Feuerbach wurden die zugesagten Bezüge sogar vorenthalten, obgleich dieser verschiedene Arbeiten einsandte; vgl. Baranowski, P. J. A. Feuerbach und die Arbeit, S. 170.

326 Um die zahlreichen neu zu besetzenden Lehrstühle im Zarenreich mit geeigneten Hochschullehrern besetzen zu können, wandte sich 1803 von seiten des Volksaufklärungsministeriums Michail Nikitič Murav'ev (1757-1807) an den Göttinger »Polyhistor« Christoph Meiners mit der Bitte um Benennung von Persönlichkeiten, die womöglich zu gewinnen sein mochten. Vgl. Maurer, Hochschullehrer, S. 97 ff.; Selle, Die Georg-August-Universität, S. 213. Erhalten ist (teilweise abgedruckt bei Stieda, Deutsche Gelehrte, S. 51-111) die zwischen Murav'ev und Meiners geführte Korrespondenz (UB Göttingen Cod. Ms. Meiners 41) sowie ein von dem letzteren geführtes Verzeichnis »Nahmen der Candidaten, die für Rußland empfohlen worden sind«, in dem (bereits durchgestrichen!) »Thibaut in Jena« aufgeführt ist (Bl. 332). Vgl. noch den Brief von Johann B. Schad an Thibaut vom 12.11.1807, bei Polley, Thibaut, Teil 2, Nr. 137. Schad lehrte in Char'kov das Naturrecht nach dem System Schellings; vgl. Korkunov, Istorija filosofii prava, S. 346.

327 Thibaut winkten ein hohes Gehalt sowie eine Einstufung in der zivilen Rangtabelle, die mit der Erhebung in den erblichen Adelsstand verbunden war. Man war mit der Berufung sogar schon an die Öffentlichkeit gegangen: Nachdem die Universität ihre Wahl getroffen hatte, war die Bestätigung der Entscheidung durch den Minister bereits erfolgt und im Amtsblatt publiziert worden. Vgl. Schmid, Fr. A. Wolf, S. 294 f. u. 311-313 mit Nachweisen; vgl. ferner Stieda, Deutsche Gelehrte, S. 13 u. 109; Maurer, Hochschullehrer, S. 117. Noch 1810 dauerten die Bemühungen der Char'kover Universität, die Lehrstühle für »Civil- und Criminalrecht« der »alten und neuen Völker« sowie für Naturrecht zu besetzen, an. Vgl. die Ausschreibung im Intelligenzblatt der Jenaischen ALZ Nr. 2 vom 4. Januar 1810, Sp. 9 f. Anstelle Thibauts konnte für Char'kov später Ferdinand Schweikart (s. unten S. 273) gewonnen werden.

328 Thibaut wurde im Dezember 1814 zum Ehrenmitglied der Kazan'er Universität ernannt.

einer planmäßigen Fortentwicklung des Rechts durch den Gesetzgeber verteidigen und damit im deutschen Kodifikationsstreit gegen den Standpunkt der Historischen Rechtsschule auftreten sollte.[329] Im Februar 1806 zur Mitarbeit eingeladen, reichte Feuerbach – im Unterschied zu Thibaut – verschiedene Arbeiten ein.[330] Unter diesen befand sich ein Text »Bemerkungen über das Formelle der Gesetzgebung und ihr Verhältniß zur Doctrin« von 1809, der sich auf die Verhältnisse in Rußland aus Feuerbachs Sicht bezieht und den Baranowski ausgewertet hat. Hier gab Feuerbach zahlreiche Hinweise auf Merkmale, über die moderne Gesetze verfügen müßten, stellte aber gleichzeitig fest, daß das beste Gesetz wertlos sei, solange es nicht von hinreichend qualifizierten Juristen angewandt werde.[331]

Als persönlicher Vertrauensmann des Zaren wurde im August 1808 Michail Speranskij in die Kommission berufen, wo er sich bald zum wichtigsten Betreiber der Reformbemühungen entwickelte, so daß ihm die Leitung der Arbeiten übertragen wurde. Unter seiner Verantwortung wurden die Jahre bis 1812 in rechts- und innenpolitischer Hinsicht zu einer produktiven Zeit der Reformentwürfe. Die Kodifikationsarbeiten wurden von der – zahlenmäßig noch beschränkten – Fachöffentlichkeit aufmerksam begleitet. In dieser Zeit kam es immerhin zu ersten Ansätzen eines juristischen Zeitschriftenwesens. Erwähnung verdient insoweit das von Baron Bellinghausen initiierte »Žurnal Pravovedenija« (»Journal der Rechtswissenschaft«), das sich besonders auf rechtshistorische Untersuchungen und in diesem Rahmen auf römisches Recht spezialisieren sollte. Die Zeitschrift blieb allerdings ohne Erfolg; der Herausgeber konnte immerhin ein Exemplar mit der von Celsus entlehnten Devise »*jus est ars boni et aequi*« dem Zaren widmen.[332]

Unter Speranskijs Verantwortung wurde die Kommission aufgrund eines Erlasses vom März 1809 neu strukturiert, wobei gleichzeitig die Zielsetzung der Arbeiten neu festgelegt wurde, nämlich auf drei Kodifikationen des Zivilrechts, des Strafrechts und des Handelsrechts. Diese Zielsetzung forderte nun notwendig die Einführung von Neuerungen.[333] Speranskij hatte sich in viele Bereiche des Rechts selbst eingearbeitet, darunter auch in die Rechte ausländischer Staaten, um aus denselben Anregungen für die Überarbeitung des russischen Rechts gewinnen zu

329 Feuerbach, Einige Worte über historische Rechtsgelehrsamkeit und einheimische teutsche Gesezgebung (1816).

330 Baranowski, Rußlands Gesetzgebung im Spannungsfeld, S. 278 f. Vgl. zu Feuerbachs Beiträgen näher Baranowskis Abhandlungen: P. J. A. Feuerbach und die Arbeit (2003) sowie Feuerbachs Vorschläge (2007). Dies dürfte gegen die Vorstellung einzuwenden sein, Feuerbach sei an Gesetzgebungsarbeiten für Rußland »nicht beteiligt« gewesen; vgl. in diesem Sinne noch Mertens, Gesetzgebungskunst, S. 108, Fn. 406.

331 P. J. A. Feuerbach, Bemerkungen über das Formelle der Gesetzgebung, S. 200; vgl. Baranowski, Feuerbachs Vorschläge, S. 9.

332 Majkov, Kommisii sostavlenija zakonov, Nr. 9, S. 281; vgl. Stöckhardt, Uebersicht, S. 93 und Celsus bei Ulpian 1 *inst.* D. 1,1,1 pr..

333 Baranowski, Rußlands Gesetzgebung im Spannungsfeld, S. 281.

können.[334] Diese Sichtung anderer Rechte umfaßte selbstverständlich auch das römische Recht.[335] Dabei wird man mit Tomsinov vermuten dürfen, daß gerade die Kenntnis der ausländischen Rechtsordnungen Speranskij dazu befähigte, im Kontrast die spezifischen Geltungsbedingungen und die Eigenart des russischen Rechts zu verstehen.[336]

Speranskij entwickelte seine näheren Vorstellungen von den Zielen der Kodifikationsarbeiten 1809 in seiner Schrift »Einführung in den Kodex staatlicher Gesetze« (Vvedenie k Uloženiju gosudarstvennych zakonov). Im Einklang mit seinen Vorstellungen von einer Verfassungsordnung strebte er ein Privatrecht auf Grundlage bürgerlicher Freiheiten an. Während Radiščev im Geiste der Aufklärung gefordert hatte, daß diese bürgerlichen Freiheiten als von Natur aus gegeben anerkannt werden müßten, sollten sie nach Speranskijs Konzept in den von einer ständisch verfaßten Gesellschaft vorgegebenen Grenzen von Staats wegen garantiert werden.[337] Die Leibeigenschaft z. B. sollte selbstverständlich vorbehalten bleiben. Daß eine Privatrechtsordnung als grundsätzlich auf Freiheit und Gleichheit gerichtet aufgefaßt werden kann, obwohl ein Teil der Bevölkerung in Unfreiheit lebt, hatte Speranskij am klassischen römischen Recht wahrnehmen können, mit dem er gut vertraut war.[338]

Rosenkampff, beim Aufstieg Speranskijs zum Leiter der Arbeiten am Zivilgesetzbuch zurückgestuft, war ein entschiedener Gegner der Vorstellungen Speranskijs und kritisierte wiederholt die neue Ausrichtung der Arbeiten. Seine Auffassung von Gesetzgebung war vom Geist der entstehenden Historischen Rechtsschule durchdrungen. Rosenkampff wies auf den historisch-nationalen Charakter des Rechts hin. Aus diesem Grunde lehnte er das römische Recht als Rechtsquelle ab und damit die Möglichkeit, bei den Gesetzgebungsarbeiten im Bedarfsfalle auf seine Elemente zurückzugreifen. Ebenso wandte er sich gegen die Heranziehung ausländischer Gesetzbücher, weil diese Ergebnis der jeweils eigenen Rechtsentwicklung der betreffenden Staaten und aus russischer Sicht daher fremd seien. Dieser Grundsatz hinderte Rosenkampff allerdings nicht daran, die »fremden« Rechte gegebenenfalls indirekt verwerten zu können. Diese Möglichkeit begründete er mit der Auffassung, das römische Recht stehe für den Inbegriff bestimmter allgemeingültiger Rechtsgrundsätze, wie sie auch in die verschiedenen Kodifikationen Westeuropas eingegangen seien. An eine Aufnahme dieser Grundsätze sei besonders insoweit zu denken, als der Privatrechtsverkehr im

334 Vgl. Tomsinov, Rossijskie pravovedy, Bd. 1, S. 222.

335 Speranskijs Gesetzgebungsarbeiten bilden den historischen Hintergrund für eine Szene in L. N. Tolstojs »Krieg und Frieden« (2, Buch, 3. Teil, Kap. 6 a. E.). Der Autor läßt seinen Protagonisten Bolkonskij, von Speranskij zur Mitarbeit an der Konsolidierung des Zivilrechts aufgefordert, neben dem Code Napoléon auch das Corpus iuris heranziehen. Das letztere wies im Unterschied zum Code Civil nicht einmal den »Makel« des Naturrechts und des revolutionären Gesetzbuchs auf.

336 Tomsinov, Rossijskie pravovedy, Bd. 1, S. 241.

337 Vgl. Reich, Kodifikation und Reform, S. 163.

338 Nol'de, Speranskij, S. 252 f.

tradierten russischen Recht unzureichend geregelt sei. Reich hat die Rolle des römischen Rechts in diesem Konzept Rosenkampffs sogar dahingehend beschrieben, daß es – entsprechend dem Gemeinen Recht in Deutschland – subsidiär habe gelten sollen.[339]

Trotz der unterschiedlichen Vorstellungen hinsichtlich der bei den Kodifikationsarbeiten richtigerweise zu befolgenden Grundsätze waren also sowohl Speranskij als auch Rosenkampff bereit, auf römisches Recht jedenfalls indirekt zurückzugreifen. Unter den Vorgaben des mit Rücksicht auf fremdes Recht restriktiven Arbeitsauftrags der zehnten Kommission deutet dies darauf hin, daß das römische Recht beiden Juristen nicht als grundsätzlich fremd gegolten haben kann. Daß diese Auffassung unter gebildeten Juristen nicht ganz singulär war, zeigt die Bemerkung des Zeitgenossen Dabelow, der aus der Sicht eines dem Zarenreich angehörenden Spezialisten für rezipiertes römisches Recht bemerkte, obwohl dasselbe in Rußland nicht gelte, komme es dem Kenner »auf der Heerstraße und den Nebenwegen« entgegengelaufen.[340] Dabelow erklärte diese verbreitete »Präsenz« des römischen Rechts damit, daß es – von den Ostseeprovinzen, in denen es ohnehin in Geltung stand, abgesehen – im Zarenreich Bildungswissenschaft und »Hülfsmittel zur Erklärung römischer, in der älteren sowohl, als neueren russischen Gesetzgebung aufgenommener Prinzipien« sei.[341]

Aus den Gesetzgebungsarbeiten gingen zwischen 1809 und 1812 drei Teilentwürfe hervor, zum Personenrecht, zum Vermögensrecht und schließlich zum Vertragsrecht.[342] Diese Unterteilung des Privatrechtsstoffes geht ersichtlich darauf

339 Vgl. eingehend Reich, Kodifikation und Reform, S. 163-165.

340 Dabelow, Civilistischer Cursus, S. 252.

341 Dabelow, Vorläufige Notiz, S. 239-241; vgl. L. P. H., Rez. v. Bröckers Jahrbuch, Sp. 371. Um die so verstandene Aufgabe des römischen Rechts im Zarenreich zu unterstützen, beabsichtigte Dabelow, in Dorpat eine eigene Corpus-Iuris-Ausgabe zur Verteilung an die Universitäten des russischen Reiches herauszubringen, wo es an Texten fehle. Dabelow plante eine von der üblichen Textauswahl abweichende Zusammenstellung mit Rücksicht auf die russischen Verhältnisse. Insbesondere beabsichtigte er, manches aufzunehmen, was an zum Corpus Iuris gehörenden Materialien in Rußland noch aufzufinden sein werde. Er dachte dabei an jene Handschriften, die im Zusammenhang mit der Eheschließung Ivans III. mit Zoe Palaiologa nach Rußland gelangt waren (s. oben S. 140), nämlich u. a. diverse Teile der justinianischen Sammlung, darunter einen Codex repetitae praelectionis, sowie ein Corpus Papiniani, Pauli etc., nach Dabelows Vermutung eine im Geiste des Zitiergesetzes veranstaltete Sammlung. Vgl. dens., Vorläufige Notiz, S. 240-244; dens., Ueber die Juristen-Fakultät, S. 306-308; dazu kritisch L. P. H., Rez. v. Bröckers Jahrbuch, Sp. 369-372. Vom mutmaßlichen Verlust dieser Handschriften während des Kampfes um Moskau 1612 hatte Dabelow offenbar noch keine Kenntnis. W. F. Clossius, den nicht zuletzt Dabelows Behauptungen über aufzufindende Handschriften 1824 nach Dorpat gelockt hatten, fand zwar nicht das Erwartete, stieß aber in russischen Klöstern auf andere, bislang nicht beachtete Manuskripte. Vgl. Clossius, De vetustis nonnullis membranis (1827) sowie Strauch, Deutsche Juristen, S. LXVII f. und dort S. 151-156 Clossius' Brief an E. v. Löhr vom 26.12.1824.

342 Proekt Graždanskogo uloženija Rossijskoj Imperii, sostavlennyj v kommissii zakonov, čast' I., v Sanktpeterburge 1809, čast' vtoraja: ob imuščestvach, 1810, čast' tret'ja: o dogovorach,

zurück, daß sich Speranskij – offen und geduldetermaßen – maßgeblich am Vorbild des französischen Code Civil orientiert hatte.[343] Aus diesem zunächst nur die äußere Anordnung des Stoffes betreffenden Umstand ist allerdings sogleich vielfach darauf geschlossen worden, daß auch der Inhalt der Entwürfe »neu« und »fremd« sei und insoweit vom Auftrag der Kommission abweiche. Rosenkampff hatte schon während der Kodifikationsarbeiten behauptet, der ihm vorgegebene Plan sei zu stark am Code Civil ausgerichtet, und Speranskij vorgeworfen, dieser betreibe nur »trockene Kompilation«, als deren Quelle Rosenkampff neben dem französischen Gesetzbuch auch das römische Recht im Blick hatte.[344] Als Mitglied der Kommission war Rosenkampff über den eingearbeiteten Stoff ausgezeichnet informiert.[345] Und an dem aus den Arbeiten hervorgegangenen Gesetzentwurf erweist sich tatsächlich, daß Rosenkampffs Behauptungen über die Zusammenhänge keinesfalls völlig abwegig waren.

bb.) Speranskijs Entwurf eines Bürgerlichen Gesetzbuchs von 1809/12

An Beispielen läßt sich zeigen, daß sich der Entwurf naheliegenderweise im Aufbau und in zahlreichen Einzelbestimmungen am Code Civil orientiert, darüber hinaus aber römisches Recht aufnimmt, und zwar nicht nur insoweit, als der Code Civil ohnehin vielfach römische Bestimmungen vermittelt, insbesondere solche aus den Institutionen Justinians, sondern auch durch selbständige zusätzliche Einarbeitung römischen Rechts.

Der erste Teil des Entwurfs enthält das Personenrecht einschließlich – wie im Code Civil – Ehe, Kindschaft und Vormundschaft. Der Teil beginnt mit den bürgerlichen Rechten (graždanskie prava), ebenso wie Art. 7ff. des Code Civil. Hier ist die Abhängigkeit von der Vorlage besonders bemerkenswert, weil den Menschen im Zarenreich, worauf Karamzin zutreffend hinwies, eigentlich von vornherein keine bürgerlichen Rechte im strengen Sinne zustehen konnten.[346] Inhaltliche Parellelen bestehen etwa bei der Regelung über die Unfähigkeit einer Person, nach Verlust der bürgerlichen Rechte als Prozeßpartei aufzutreten (Entwurf Teil 1, § 12, Nr. 6 bzw. Art. 25 Code Civil).

1812. Vgl. Filippov, Imperator Nikolaj I i Speranskij, S. 4 sowie Pipes, Karamzin's Memoir, S. 249, der seinen vergleichenden Betrachtungen allerdings nicht die Ursprungsfassung zugrundelegt, auf deren erste beide Teile sich Karamzins Kritik richtete, sondern die überarbeitete Fassung von 1814; vgl. aaO., S. 251.

343 Pokrovskij, Osnovnye problemy, S. 76; vgl. heute Fodor, Rechtsreform durch Normtransplantation, S. 276. Die Vorstellung, der Entwurf sei »auf den Grundlagen des römischen Rechts aufgebaut« gewesen (Soloviev, Einfluß, S. 470), muß also dahingehend verstanden werden, daß es sich jedenfalls teilweise um das – römisches Recht vermittelnde – Recht des Code Civil handelte.

344 Nol'de, Speranskij, S. 91 f. und 210.

345 Vgl. Pipes, Karamzin's Memoir, S. 249.

346 Vgl. Pipes, Karamzin's Memoir, S. 185.

Am Beginn des Vermögensrechts werden die Sachen in unbewegliche und bewegliche unterteilt (Entwurf Teil 2, § 1 bzw. Art. 516 Code Civil), bevor anschließend in beiden Systemen Unterfälle der unbeweglichen Sachen behandelt werden. Es folgen jeweils die Regelungen über den Besitz. Danach wird das Eigentum behandelt (Entwurf Teil 2, § 23 ff. bzw. Art. 544 Code Civil). Dieses wird in § 23 (offenbar in enger Anlehnung an Art. 544 Code Civil) definiert als »das umfassende Recht, einen Vermögensgegenstand zu nutzen und darüber zu verfügen, solange dies nicht gegen das allgemeine staatliche Gesetz verstößt und keine Rechte anderer verletzt.« Zu den Erwerbstatbeständen gehört u. a. das Recht der Anschwemmung (*alluvio*): auf diese Weise entstandenes Land erwirbt der Eigentümer des Ufergrundstücks, wobei die Rechtslage am Uferweg unverändert bleibt (Entwurf Teil 2 § 45 bzw. Art. 556 Code Civil; vgl. Inst. 2,1,20).

Mit Teil 2, § 96 beginnen, systematisch parallel zu Art. 718 Code Civil, die allgemeinen Bestimmungen des Erbrechts. Die Erbfolge wird ausgelöst u. a. durch den natürlichen und den bürgerlichen Tod (Teil 2, § 98, Nr. 1 u. 2, entsprechend Art. 718 Code Civil). Ein ungeborenes Kind hat das Recht zu erben, ein totgeborenes oder lebensunfähiges dagegen nicht (Entwurf Teil 2, § 103). Der zweite Teil des Satzes entspricht Art. 725 Code Civil, der erste ist aus dem römischen Recht ergänzt (vgl. Paulus *lb. singulari de portionibus, quae liberis damnatorum conceduntur* D. 1,5,7).[347] Entsprechend der Ordnung des Code Civil folgen das Verwandtenerbrecht (Teil 2, §§ 111 ff.), das Erbrecht des überlebenden Ehegatten (§§ 161 ff.) und schließlich die Rechte des Staates am Nachlaß (§§ 171 ff.).

Der Vertrag wird definiert als »Beschluß, durch den sich zwei oder mehrere Personen in einer bestimmten Angelegenheit gegenseitig verpflichten« (Teil 3, § 1; vgl. Art. 1101 Code Civil und Ulpian 4 *ad edictum* D. 2,14,1,2). Als Gültigkeitsvoraussetzungen des Vertrags nennt Teil 3, § 3 die Einigung der Parteien, die persönliche Geschäftsfähigkeit, die Festlegung des Vertragsgegenstandes sowie die Wahrung der Form; dies entspricht weitgehend Art. 1108 Code Civil, der nur statt einer bestimmten Form eine »cause licite dans l'obligation« verlangt. Der Kauf (kuplja i prodaža) wird als Schuldvertrag aufgefaßt und in Teil 3, § 57 definiert als »Vertrag, durch den einer seine Sache in das Eigentum eines anderen überträgt, und dieser jenem eine festgesetzte Geldsumme zahlt« (vgl. Art. 1582 Code Civil).

Daß sich die vorstehend beschriebenen Beobachtungen nicht auf zufällige Parallelen richten, sondern daß Speranskijs Entwurf offenbar tatsächlich Anregungen aus dem römischen Recht aufgenommen hat, erweist sich an Aufzeichnungen, die der Reformator im Rückblick auf die Gesetzgebungsarbeiten fertigte und die

347 Karamzin nennt den Satz, ein totgeborenes Kind erbe nicht, absurd, da selbstverständlich. Er meint, es handele sich um eine unsinnige Veränderung des französischen Vorbilds, welches das Erbrecht des nicht lebensfähigen Kindes ausschließe. Vgl. Pipes, Karamzin's Memoir, S. 186. Karamzin berücksichtigt allerdings nicht, daß der Satz seinen Sinn (im Unterschied zu Art. 725 CC) im Zusammenhang mit der vorgeschalteten Regel über das Erbrecht des Ungeborenen (*nasciturus*) erhält – dieser erbt nur unter der Bedingung seiner späteren Lebendgeburt.

E. A. Flejšic referiert. Hier schreibt Speranskij: »Die Einteilung der Gegenstände, die in den Bestand des Bürgerlichen Gesetzbuchs eingegangen sind [...], wurde zuerst eingeführt durch die Einteilung des römischen bürgerlichen Rechts«, und weiter: »Die Gegenstände des Bürgerlichen Gesetzbuchs sind bestimmt durch das römische Recht, die allgemeine Praxis« usw..[348] Offenbar also bildete das römische Recht neben dem französischen eine selbständige Quelle für Speranskijs Arbeit.[349] Gleichwohl sind die Entwürfe vielfach als bloße Variante des Code Civil wahrgenommen worden.[350] Dieser Eindruck mochte auch dazu beigetragen haben, daß zahlreiche Mitglieder des Reichsrats (gosudarstvennyj sovet),[351] der über die Entwürfe seit 1810 beriet, dieselben als »fremd« und »dem Geist der russischen Gesetze entgegengesetzt« empfanden.[352] Wie Rosenkampff lehnte auch Karamzin das Ergebnis der Kommissionsarbeiten als bloße »Übersetzung« des französischen Code Civil ab[353] Er behauptete, die Reformen scheiterten daran, daß Speranskij lediglich westeuropäische Gesetzesentwürfe habe kopieren wollen.[354] Demgegenüber trat er in seiner konservativen »Denkschrift über das alte und neue Rußland« (1811) für eine organische Weiterentwicklung des herkömmlichen russischen Rechts ein.[355] Er meinte, die Vorbereitung einer neuen Gesetzgebung durch Übersetzung fremder Kodifikationen wie etwa des preußischen Allgemeinen Landrechts sei abwegig; dies sei für Rußland ebenso wenig wegbereitend wie das justinianische Recht. Auch das Streben nach »Gesetzen« (zakony), wo bislang »Verordnungen« (ukazy) bestanden hätten, sei falsch – als ob ukazy (»*edicta*«) etwa keine Gesetze seien.[356] Vor dem Hintergrund der seinerzeit gültigen Auffassung, daß das positive Recht ohnehin unabhängig von seiner Form auf den Willen des Zaren zurückgehe, stellt Karamzin also auf den unterschiedslosen Charakter der

348 Flejšic, Rez. Pereterskij, S. 143. Die Autorin teilt mit, das entsprechende Dokument habe sich (1957) in der in der Handschriftenabteilung der Leningrader Öffentlichen Bibliothek befunden.

349 Vgl. Reich, Kodifikation und Reform, S. 169-171.

350 Dies gilt auch für das spätere Schrifttum; vgl. Reich, Kodifikation und Reform, S. 169.

351 »Gosudarstvennyj sovet« wäre unmittelbar mit »Staatsrat« zu übersetzen. Von der wörtlichen Übersetzung wird hier (wie öfter) abgesehen, um eine Verwechslung mit dem gleichlautenden Titel bestimmter Funktionsträger (štatskij sovetnik) zu vermeiden. Wir werden daher den Ausdruck »Reichsrat« verwenden. Es handelt sich um das oberste Staatsorgan. Hier wurden, ohne daß dies regelhaft festgelegt worden wäre, Gesetzesentwürfe beraten. Vgl. näher Maurach, Der russische Reichsrat (1939).

352 Seredonin, Art. Speranskij, S. 216 f.

353 Karamzin bemerkt, man sei doch nicht in Westfalen, im italienischen Königreich oder im Herzogtum Warschau, wo der Code Napoléon als Bürgerliches Gesetzbuch diene; Zapiska o drevnej i novoj Rossii, S. 106; Filippov, Učebnik, S. 566; Meduševskij, Pravovoj dualizm, S. 185; Rybakov, Recepcija prava, S. 184; Slyščenkov, Proekt Graždanskogo uloženija, S. 16 u. 78; David in: David/Hazard, Le droit soviétique, Bd. 1, S. 60.

354 Vgl. Vinaver, K voprosu ob istočnikach (1894/95), S. 6; Baratz, Sur les origines étrangères, S. 20; Leontovitsch, Geschichte des Liberalismus, S. 92 ff.

355 Zum Zusammenhang vgl. Klug, »Europa« und »europäisch«, S. 216; Borisova, Russian National Legal Tradition, S. 304-307 u. 310 f.

356 Karamzin, Zapiska o drevnej i novoj Rossii, S. 105.

Normen als materielle Gesetze ab. Er war ferner der Meinung, ebenso wie das römische Recht habe auch das russische seine spezifischen Grundlagen, von deren Ermittlung die Schaffung eines Gesetzessystems ausgehen müsse.[357] Daher dürften, was das richtige Verfahren der Gesetzgebung anbelangt, der Code Civil oder das preußische Allgemeine Landrecht nicht zum Vorbild genommen werden, sondern – die Kodifikationen von Justinian (!) und Aleksej Michajlovič.[358] Die Polarisierung in der Frage nach der Ausrichtung auf die spezifisch russische Rechtstradition mag die Wahrnehmung nahelegen, die Kontroverse, die auf der einen Seite hauptsächlich Rosenkampff und Karamzin, auf der anderen Seite Speranskij verfochten, habe gewissermaßen wichtige Merkmale vorweggenommen, die wenig später in Deutschland den Kodifikationsstreit um Thibaut und Savigny (1814) kennzeichnen sollten.[359] Angemessener dürfte es allerdings sein, die russische Diskussion um die Privatrechtskodifikation als Teil einer über mehrere Generationen hinweg stattfindenden Auseinandersetzung anzusehen,[360] die für das Zarenreich nicht weniger relevant war als für andere Länder.

Die massive Kritik an der von Speranskij verantworteten Reformarbeit beruhte nicht allein auf dem sachlichen Einwand, die Entwürfe enthielten, dem Arbeitsprogramm zum Trotz, in unzulässigem Maße »fremdes« Recht. Aus konservativer Sicht wurden noch andere von Speranskijs fortschrittlichen Vorstellungen und Initiativen als Provokation aufgefaßt. Dies galt insbesondere für das in seinem Verfassungsentwurf ausgedrückte Bestreben, die Stellung des Zaren in Formen des Rechts zu kleiden und die Gewaltenteilung zu etablieren.[361] So hatte er z. B. offen darauf hingewiesen, daß ein zivilrechtlich geregeltes Eigentum ohne entsprechende verfassungsrechtliche Garantien im Grunde gegenstandslos sei.[362]

357 Karamzin, Zapiska o drevnej i novoj Rossii, S. 111 f.; vgl. Karcov, Rimskoe častnoe pravo, S. 101.

358 Karamzin, Zapiska o drevnej i novoj Rossii, S. 112.

359 Hamza, Entstehung und Entwicklung, S. 526 f.; ders., Das römische Recht und die Privatrechtsentwicklung, S. 20; ders., Die Rezeption, S. 221; Baranowski, Rußlands Gesetzgebung im Spannungsfeld, S. 282; Reich, Kodifikation und Reform, S. 163.

360 Für diese den Fokus weniger stark auf Thibaut und Savigny richtende Sichtweise jetzt überzeugend Rückert, Art. Kodifikationsstreit, Sp. 1930. Ähnlich weist Giaro, Pravovaja tradicija, S. 141, richtigerweise darauf hin, daß zahlreiche Länder Kontroversen erlebten, die sachlich in etwa dem berühmt gewordenen deutschen Kodifikationsstreit entsprachen.

361 Čibirjaev, Velikij Russkij reformator (1989); vgl. Ch. Schmidt, Russische Geschichte, S. 133. Vgl. Friedmann/Krautheim, Reformen und europäische Politik, S. 961 f.; Tomsinov, Speranskij, S. 166 f. und die Texte bei Speranskij, Rukovodstvo k poznaniju zakonov, S. 335 ff.

362 Dies ließ gleichzeitig die Frage nach einer Selbständigkeit des Privatrechts überhaupt aufwerfen. Vgl. Speranskij, Vvedenie k uloženiju gosudarstvennych zakonov (1809), in: ders., Juridičeskie proizvedenija, S. 371-431 (374, Fn. 2): »Zum Beispiel ist der Kaufvertrag ein bürgerliches Recht. Aber was für eine Sicherheit könnte dieses Recht haben, wenn das politische Gesetz nicht allgemein bestimmte, daß *jedes Eigentum unverletzlich ist?*«; ferner S. 385: »Wozu bürgerliche Gesetze, wenn deren Tafeln täglich am erstbesten Stein der Selbstherrschaft zerbrechen können?«.

Gegner hatte sich Speranskij ferner geschaffen, indem er 1809 im Interesse einer Professionalisierung durchgesetzt hatte, daß Beamte Prüfungen ablegen mußten, ehe sie die höhere Laufbahn einschlagen konnten.[363] Dabei sollten u. a. Grundkenntnisse im Naturrecht, im bürgerlichen Recht und im römischen Recht nachgewiesen werden.[364] Diese Neuerung wurde keineswegs nur mit dem Ziel einer Wahrung der herkömmlichen Aussichten auf einen bequemen Aufstieg in der Beamtenhierarchie oder vor dem Hintergrund des Unwillens älterer Beamter, sich noch einmal unterrichten und prüfen zu lassen, kritisiert. Karamzin trat in seiner vielbeachteten »Denkschrift« für den Standpunkt ein, daß sich die Anforderungen auf westliches, aus russischer Sicht fremdes und – jedenfalls für viele Aufgaben – unzweckmäßiges Bildungsgut richteten.[365]

Als sich nun 1812 die Spannungen im Verhältnis zu Frankreich verschärften – bereits seit Sommer 1810 rechnete die Zarenadministration mit einem Krieg,[366] seit 1811 trafen beide Seiten Vorbereitungen dazu –, erhielt der Vorwurf der Übernahme fremden und ausgerechnet französischen Rechts entscheidendes Gewicht. Zwar hatten die unter der Verantwortung Alexanders I. betriebenen Reformen ihren Anstoß zum guten Teil der Begegnung mit Napoleon verdankt. Unter dem Eindruck der jahrelangen Napoleon-Begeisterung hatten die reformorientierten Kräfte am Hof durchaus wohlwollend hingenommen, daß Speranskij sich am Code Civil orientierte.[367] Als sich aber nach dem Bruch mit Napoleon der politische Konflikt zur Gefahr für Rußland entwickelte, verfiel man in ein nicht durchgehend rationales Verhalten und brach die Entwicklung der Kodifikationsarbeiten ohne Rücksicht auf die Sache ab, indem man die Gesetzesentwürfe als »fremd« darstellte. Man bekämpfte Speranskij gewissermaßen stellvertretend für Napoleon und besiegte dabei die eigenen Reformen. So wurde Speranskij im März 1812 entlassen und verbannt, weil der von ihm verfolgte Reformkurs

363 Es handelt sich um den Erlaß Nr. 23771 von 1809 »O pravilach proizvodstva v činu i ėkzamenach dlja proizvodstva v kolležskie asessory i štatskie sovetniki« (»Über die Regeln der Rangbeförderung und die Examina für die Beförderung zum Kollegienassessor und Staatsrat«). Vgl. Hosking, Rußland, S. 159; Dixon, The Modernisation, S. 136.

364 Tomsinov, Speranskij, S. 159; Pipes, Karamzin's Memoir, S. 236 f.

365 Karamzin polemisiert: »Bei uns muß der Präsident des Zivilgerichts Homer und Theokrit kennen, der Senatssekretär die Eigenschaften des Sauerstoffs und aller Gase, der Vizegouverneur den Satz des Pythagoras, der Aufseher in der Irrenanstalt das römische Recht, oder sie sterben als Kollegien- und Titularräte« (weil sie nicht in höhere Ränge befördert werden können); O drevnej i novoj Rossii, S. 75. Römisches Recht wird also als Beispiel für besonders abwegiges und entbehrliches Wissen dargestellt. Ähnlich aaO., S. 72, wo Karamzin im Hinblick auf die Verhältnisse an deutschen Universitäten, an denen höhere Bildung an Studenten vermittelt werde, die letztlich eine Berufsausübung austrebten, bemerkt: »Unsere Anwälte und Richter haben keinen Bedarf an Kenntnis des römischen Rechts«. Es solle vielmehr nur das jeweils nützliche Wissen vermittelt werden, also z. B. die russische Sprache (deren Beherrschung für Russen gehobener Stände keineswegs selbstverständlich war) und das russische Recht, »aber nicht das römische«; aaO., S. 76.

366 Lieven, Russland gegen Napoleon, S. 107.

367 Vgl. aus marxistischer Sicht Gorin, O kodifikacii, S. 57.

politisch untragbar geworden war.[368] Rosenkampff, der an seine Stelle trat, konnte unter neuen Bedingungen eine konservative Linie einschlagen. Daher wurden die Kommissionsarbeiten nun offen auf das tradierte und geltende russische Recht ausgerichtet, das gesammelt und systematisiert werden sollte.[369] Den Plan zur Schaffung einer neu erarbeiteten Kodifikation legte man dagegen auf Eis.[370]

Nach 1815 gehörte die reformgeneigte Phase der Herrschaft Alexanders I. damit der Vergangenheit an. Zur Enttäuschung vieler, die sich vom »Befreier Europas« nun auch eine Verbesserung der Verhältnisse im Zarenreich erhofft hatten, verfiel der Zar einer dumpfen Religiosität und öffnete sich dem Einfluß reaktionärer Kräfte. Der Reformdruck hatte zwar keineswegs nachgelassen, er war vielmehr noch dadurch verstärkt worden, daß die Eindrücke, die zahlreiche Russen 1813-15 in Westeuropa hatten gewinnen können, die Forderungen nach Modernisierung häufiger und konkreter hatten werden lassen. Doch anstatt den Forderungen entgegenzukommen, und sei es auch nur im Wege defensiven Nachgebens, nahm die Zarenadministration eine Verweigerungshaltung ein. Unter den nun herrschenden Bedingungen, die den an Individualismus und Zivilgesellschaft orientierten Vorstellungen vieler Menschen mit dem Geist der Karlsbader Be-

368 Pokrovskij, Osnovnye problemy, S. 76; Ch. Schmidt, Russische Geschichte, S. 64.

369 Jetzt herrschte – ganz im Geist der Historischen Rechtsschule – die Neigung, von Veränderungen des tradierten Rechts möglichst absehen zu wollen. Eine nach der Entlassung Speranskijs zur Prüfung seiner Entwürfe eingesetzte Kommission bemerkte im Hinblick auf die vermutete Anlehnung an »fremdes« Recht: »Erfahrene Menschen können sicher im Laufe von ein paar Jahren leidlich gute Gesetzbücher ausarbeiten; wenn sie aber die geltenden Grundsätze durch fremdländische ersetzen, dann werden diese Gesetzbücher nichts anderes sein als Bücher, die systematische Ausführungen über nicht existierendes Recht enthalten.« Vgl. das Memorandum bei Latkin, Učebnik istorii russkogo prava, 1. Aufl., S. 92.

370 Daher nahm man auch 1814 Jeremy Benthams Angebot, an den Gesetzgebungsarbeiten mitzuwirken, nicht an. Vgl. Baranowski, Rußlands Gesetzgebung im Spannungsfeld, S. 283. Bentham hatte in seinem Werk A General View of a complete Code of Laws (1802) den Begriff der Kompilation erörtert und zur Rechtfertigung der Gesetzgebung die Zweckmäßigkeit gegenüber der historischen Legitimation des Rechts aufwerten wollen; vgl. Thieme, Das Naturrecht, S. 35. Für Bentham zeichnet sich eine Kodifikation durch die Gesamtregelung eines Rechtsgebiets in einem systematischen Werk aus. Vgl. Kroppenberg, Art. Kodifikation, Sp. 1919. Die 1801 gegründete Kommission hatte seinen Konzepten große Bedeutung beigemessen. Seine Werke waren sogar ins Russische übersetzt worden und 1805-10 in drei Bänden erschienen. Vgl. Butler, Art. Russia, S. 172. Bentham selbst hatte offen erklärt, daß sich die russischen Arbeiten mit seinem Konzept einer einheitlichen Kodifikation nicht vereinbaren ließen; vgl. De l'organisation judiciaire, S. 327-329 und Reich, Kodifikation und Reform, S. 179. Er hatte eine aufgrund der tradierten Rechtsquellen hergestellte Synopse zu Zivil- und Strafrecht mit Begriffsuntergliederungen und Definitionen zur Kenntnis nehmen können und erklärte diese mit großem Aufwand hergestellten Vorarbeiten der Kommission für untauglich (S. 327 f.). Bentham gab briefliche Hinweise und bot direkt gegenüber Alexander seine Mitarbeit an, der sich allerdings darauf beschränkte, Bentham zur Kontaktaufnahme mit der Kommission aufzufordern (S. 328). Vgl. noch Mertens, Gesetzgebungskunst, S. 107 f. mit Nachweisen.

schlüsse von 1819 begegneten, konnten Auswüchse des Unrechts wie das brutale System der Arakčeev-Militärkolonien gedeihen.

Die Kommissionsarbeiten an einer Konsolidierung des russischen Rechts wurden fortgesetzt. Zwar ließen die denkbar ungünstigen Rahmenbedingungen kaum erwarten, daß die möglichen Ergebnisse zu einem moderneren Rechtssystem führen würden, doch war immerhin das römische Recht auch in den letzten Herrschaftsjahren Alexanders I. nicht aus dem Blick der Arbeiten geraten. So gab die Gesetzgebungskommission 1819 »Institutionen des russischen Rechts« heraus.[371] Es handelt sich um den Versuch, das geltende russische Recht gekürzt in der Form des Institutionensystems darzustellen, wobei für die einzelnen Bestimmungen jeweils die historische Rechtsquelle seit 1649 angegeben wird. Erschienen ist nur ein erster Band, der einen Einleitungsteil (»Von den Gesetzen im Allgemeinen«) sowie das Personenrecht enthält. Wegen der zugrundeliegenden Rechtsquellen wird regelmäßig auf eine umfangreichere Sammlung »Pandekten« verwiesen.[372] Wenn in der Terminologie und in der Sache offen der Bezug zum römischen Recht hergestellt wird, mag sich dies zwar durch die offizielle Zielsetzung des Bandes erklären, als Hilfsmittel für eine systematische Überarbeitung des historisch mit dem römischen Recht verwandten Partikularrechts der baltischen Provinzen zu dienen. Gleichwohl enthielten die »Institutionen« Feststellungen der Gesetzgebungskommission über russisches Recht.[373] Geplant war, die »Institutionen« nach Thibauts System des Pandektenrechts zu bearbeiten, von dem die Kommission inzwischen einige Teile hatte übersetzen lassen.[374] Nachweisbare Auswirkungen

371 Angezeigt durch v. Bröcker, Russische Gesetzgebung, S. 117-119, zustimmend erörtert bei A. Kunicyn, Bemerkungen, S. 120-130. Kritisch demgegenüber Rosenkampf, Antwort, S. 131-159. Vgl. ferner Speranskij, Geschichtliche Einleitung, S. 124-128.

372 Die »Institutionen« enthalten insoweit auch eine Konkordanz (am Bandende mit eigener Paginierung).

373 Der Wortlaut in Bezug genommener russischer Rechtsquellen wird regelmäßig im russischen Original wiedergegeben. Umso bemerkenswerter ist folgendes: Die Bestimmung über das Eheverbot wegen Verwandtschaft (§ 121) wird zur Erläuterung der Arten der Verwandschaft mit einer Verweisung auf die »Russischen Gesetze (Pandekten Kap. VI. Seite 36. 278 und 279)« versehen, welche »folgende Bestimmungen enthalten: Ascendentes ii sunt, qui nos genuerunt, cujusmodi pater, mater, avus, avia, quique supra hos sunt. Descendente vel inferioris ordinis, qui ex nobis procreantur, ut filius, filia, nepos, neptis, et qui infra hos seriatim succedunt. Ex transverso autem, qui neque nos progenuerunt, neque e nobis sunt progeniti, sed eandem stirpem ac radicem nobiscum communicarunt, veluti frater, soror, patruus vel avunculus, amita vel matertera, consobrinus, consobrina, frater patruelis, soror patruelis, et qui ex his deducuntur.« Es folgt der Hinweis auf die Ermittlung des Verwandtschaftsgrades »nach derselben einfachen Regel, welche bei der Römischen Computation zur Richtschnur dient, und durch die Worte: ›Quot generationes, totidem et gradus sunt‹ ausgesprochen wird. Es brauchen demnach nur die Zeugungen gezählt zu werden, um den Verwandtschaftsgrad zu bestimmen (Pandekten Kap. VI. S. 18. 19. 279. 280 und 281)«.

374 Vgl. den Brief des livländischen Juristen Woldemar von Ditmar an Thibaut vom 18.1.1819, bei Polley, Thibaut, Teil 2, Nr. 279, S. 396.

auf das geltende Recht konnten diese Arbeiten allerdings nicht entfalten. Speranskij war an ihnen nicht beteiligt; er wurde erst 1821 aus der Verbannung zurückberufen und wieder in die Gesetzgebungsarbeiten einbezogen. Inzwischen hatten sich die politischen Rahmenbedingungen für die Kommissionsarbeiten wesentlich verändert.[375] Die Ideen, für die Speranskij in seiner Zeit als verantwortlicher Leiter der Reformen von 1809 bis 1812 eingetreten war, verfolgte er jetzt nicht mehr.[376] Jedenfalls tat er dies nicht mehr offen.

Während die Stagnation der Reformbemühungen den Eindruck erwecken konnte, daß an eine belebende Einwirkung des römischen Rechts auf das Zarenreich in absehbarer Zeit nicht zu denken sei, stellte sich die Entwicklung, von außen betrachtet, offenbar günstiger dar. Dies kommt in einer Streitschrift zum Ausdruck, in der der Redakteur[377] der französisch-belgischen Fachzeitschrift Thémis 1826 den Wert der Lehre des römischen Rechts in Frankreich gegenüber einer diesbezüglich kritischen Zuschrift mit der Bemerkung verteidigt: »Non, la cause de la jurisprudence romaine n'est pas perdue. Déjà Gaius est enseigné en Allemagne, dans les Pays-Bas, en Russie, en Suède, en Écosse. Des chaires de Droit romain sont établies dans toute l'Europe, et s'élèvent en Amérique; la France ne restera pas en arrière des autres peuples qu'elle a toujours précédés. [...] La Thémis a franchi le Niemen, le Tibre, et le Tweode [...].«[378] Was hier zum Ausdruck kommt, ist die selbstverständliche Vorstellung von einer erfolgten »Befreiung« verschiedener Länder durch die Themis als Personifikation des römischen Rechts: Die genannten Flüsse Njemen, Tiber[379] und Tweed[380] repräsentieren jeweils Übergänge zu Ländern, in die das römische Recht vordringt. Dies gilt insbesondere für den gleich zu Beginn genannten Njemen (russ.: Neman), der aus traditioneller slavischer Sicht den Übergang zum Gebiet der »nemcy«[381] kennzeichnet. Im Verhältnis zwischen Frankreich und dem Zarenreich stand dieser Fluß als Rubikon des Jahres 1812 vor Augen, den Napoleon überschritten hatte, um die »Barbaren aus dem Norden« zu besiegen. Wenn mit dieser Ausdrucksweise die Vorstellung verbunden ist, das römische Recht habe inzwischen auch in Rußland Wirkung entfaltet, trifft diese nur in sehr beschränktem Maße zu, soweit nämlich die Diskussion bestimmter Kreise über das römische Recht und dessen Lehre an der Universität gemeint ist. Eine »befreiende« Wirkung hatte es dagegen vorläufig keineswegs ausgeübt.

375 Pokrovskij, Osnovnye problemy, S. 76.

376 Baranowski, Symptome des »starken Staates«, S. 23 f.

377 Es handelt sich offenbar um Athanase Jourdan (1791-1826); vgl. Bethmann-Hollwegs Brief an Savigny vom 29.8.1826.

378 Réponse du Rédacteur, in: Thémis, ou bibliothéque du jurisconsulte 8 (1826), S. 85 f.

379 Das Vordringen über den Tiber als Grenzfluß bildete gewissermaßen den historisch frühesten Ausdehnungsschritt, den der Anwendungsbereich des römischen Rechts erfuhr.

380 »Tweode« ist ein alt-angelsächsischer Ausdruck für den englisch-schottischen Grenzfluß Tweed.

381 S. oben S. 49.

b.) Rahmenbedingungen für die Rechtsentwicklung in der Regierungszeit Nikolaus' I.

Mit Rücksicht auf jene Reformen, die deutsche Staaten unter dem Eindruck der französischen Dominanz bis 1813 nolens volens durchführten, hat der Historiker Wehler von einer »defensiven Modernisierung« gesprochen.[382] Man betrieb die Modernisierung gezwungenermaßen, von außen motiviert, also eher hinhaltend und soweit es gerade nötig war. Betrachtet man vor der Folie dieses Konzepts das Verhalten der Zaren und ihrer engsten Ratgeber, so ergibt sich, daß Alexander I. jedenfalls zeitweise bereit gewesen war, eine Modernisierung des Rechts unter dem Eindruck der französischen Kodifikation zuzulassen, während Nikolaus I. (Nikolaj I. Pavlovič) und seine Administration sich solchen Tendenzen zunächst völlig verschlossen. So konnte die dreißigjährige Regierungszeit dieses Herrschers von 1825 bis 1855 in die Geschichte des Zarenreiches im 19. Jahrhundert als Phase der Reaktion eingehen.[383]

Anders als sein Vorgänger, dessen Reformverweigerung in den letzten Herrschaftsjahren maßgeblich in einem dumpfen Mystizismus begründet war, wurzelte die reaktionäre Grundeinstellung Nikolaus' I. in starrem Pflichtendenken. Sie war zu Beginn seiner Regierungszeit noch verfestigt worden unter dem Eindruck, den der Schock des Dezemberaufstandes von 1825 ausgelöst hatte:[384] Teile von Adel und Offizierskorps hatten das Zarentum »verraten«, irregeleitet von – wie es nach der Niederschlagung des Aufstands dargestellt wurde – gefährlichem, westlichem Gedankengut. Was Nikolaus I. unternahm, hatte überwiegend konservierenden Charakter. Maßnahmen der Staatsorganisation dienten regelmäßig der Erhaltung des status quo; der kulturelle Einfluß aus dem Ausland sollte begrenzt werden. Das Recht wurde in erster Linie verstanden als Instrument zur Stabilisierung der Selbstherrschaft des Zaren.[385] Dem Interesse an Reformen, offen für Anregungen aus dem »Westen«, wie es die erste Hälfte der Regierungszeit Alexanders I. gekennzeichnet hatte, folgte nun eine Besinnung auf Rußland. Der Notwendigkeit von Reformen konnte sich allerdings auch Nikolaus nicht völlig verschließen. Die Verhörprotokolle der Dekabristen (»Dezembermänner«), die über deren Systemkritik und politische Vorstellungen Auskunft gaben, sollen jahrelang auf seinem Schreibtisch gelegen haben.[386] Was die Bereitschaft zu Reformen anbelangt, sollten nun aber allenfalls kontrollierte Neuerungen regelungstechnischer Art in

382 Vgl. Hans-Ulrich Wehler, Deutsche Gesellschaftsgeschichte, Bd. 1, Teil 2: »Defensive Modernisierung. Die deutsche Reaktion auf die französische Revolution und Napoleon: 1789-1815«.

383 Für das Folgende vgl. bereits Avenarius, »Sie treiben gewissermaßen ein Missionsgeschäft« (2011).

384 Vgl. Kaiser, Die russische Justizreform, S. 90 ff.

385 Baranowski, Symptome des »starken Staates«, S. 24-28.

386 Ganz gleich, wieviel Handlungsspielraum er zu haben glaubt, weiß ein vernünftiger Herrscher um den Erkenntnisgewinn, den er aus offener Kritik ziehen kann. Entsprechend hatte Katharina II. Radiščevs »Reise« aufmerksam gelesen und kommentiert.

Betracht kommen, die jedenfalls die Grundstrukturen des Staatsgefüges und die Zarenherrschaft nicht berührten. Insbesondere sollten nicht etwa die Forderungen nach Modernisierung, wie sie sich im Dekabristenaufstand Gehör verschafft hatten, in behutsamer Weise kanalisiert werden,[387] sondern es sollte – unabhängig davon – eine Konsolidierung des Rechts von oben »gewährt« werden.

Obwohl in der Thronfolge ursprünglich nicht für die direkte Nachfolge nach seinem Bruder Alexander I. vorgesehen,[388] war Nikolaus auf eine mögliche Herrschaft vorbereitet und in diesem Rahmen selbstverständlich auch mit den Grundlagen des Rechts vertraut gemacht worden. Im Jahre 1813 hatte die Zarin Marija Fëdorovna zu Lehrern der Großfürsten Nikolaus und Michail die Gelehrten Vasilij G. Kukol'nik[389] und Michail A. Balug'janskij ernannt. Beide waren Karpatenrussinen. Die Wahl zweier Nichtrussen mochte nicht allein auf das Bedürfnis zurückgehen, den Thronfolger nicht gerade dem direkten Einfluß von Persönlichkeiten auszusetzen, welche mit interessierten Kreisen in der Hauptstadt allzu eng vernetzt sein mochten. Sie verrät vielmehr gleichzeitig die Einsicht in die Bedeutung des möglichen Bildungszuwachses, den die Großfürsten von Gelehrten vermittelt bekommen konnten, die zwar als Slaven Gewähr dafür boten, für den Wertekanon einzustehen, der der Unterweisung des künftigen Zaren zugrundeliegen mußte, deren eigener Horizont aber maßgeblich durch außerhalb des Reichs gewonnene Erfahrungen geprägt worden war. Besonders Balug'janskij versuchte, vor dem Hintergrund seines eigenen Bildungshorizonts den Großfürsten moderne Rechtsgrundsätze nahezubringen. Geboren in der seinerzeit ungarischen Slowakei,[390] hatte er es bereits als Zwanzigjähriger zum Professor an der Akademie in Großwardein (ung.: Nagyvárad) gebracht, dem heutigen Oradea in Rumänien. Als das russische Unterrichtsministerium im Jahre 1803 geeignetes Lehrpersonal, möglichst von slavischer Abstammung, aus dem westlichen Ausland zu gewinnen suchte, wurde Balug'janskij eine Professur für Staatsökonomie und Finanzen übertragen. Er wirkte 1804 an den Arbeiten der Gesetzgebungskommission mit und lehrte in Sankt Petersburg unter anderem am Pädagogischen Hauptinstitut sowie später an der Universität, deren erster Rektor er von 1819 bis 1821 wurde.[391] Den beiden Großfürsten hielt Balug'janskij bis 1817 Vorträge über Na-

387 Azarkin, Istorija juridičeskoj mysli Rossii, S. 219-228.

388 Vorrangig in der Thronfolge war Alexanders nächstgeborener Bruder Konstantin gewesen. Eine Phase der Unsicherheit, die dessen heimlicher Thronverzicht auslöste, wurde 1825 mitursächlich für den Dekabristenaufstand.

389 Vasilij Grigor'evič Kukol'nik (1765-1821), Vater des Schriftstellers Nestor V. Kukol'nik, wurde 1820 erster Direktor des Lyzeums in Nežin, der Schule von Nikolaj Gogol' und Pëtr Redkin (vgl. unten S. 273 u. 280). Über Kukol'nik vgl. Šilochvost, Russkie civilisty, S. 90 f.; Kazantsev, Die Geschichte der juristischen Fakultät, S. 149 f.

390 Zur Herkunft Balug'janskijs vgl. näher unten S. 255 f.

391 Vgl. 275 let Sankt-Peterburgskij Gosudarstvennyj Universitet. Letopis' 1724-1999, S. 105 und 107 f.

tur- und Staatsrecht.[392] Er versuchte sogar, dem Großfürsten Nikolaus einige Kenntnisse der Rechtsgeschichte zu vermitteln.[393] Sein Erfolg blieb hier allerdings zunächst begrenzt. Nikolaus schilderte seine beiden Lehrer im Rückblick geradezu als die »unerträglichsten Pedanten«.[394] Nach seiner Erinnerung belehrte einer von ihnen – es wird Balug'janskij gewesen sein – die jungen Großfürsten »in einer Mischung aus allen Sprachen, von denen er keine einzige gut beherrschte,[395] über römische, deutsche und Gott weiß welche Gesetze noch«.[396] Es gelang Balug'janskij und den anderen Lehrern des späteren Thronfolgers insgesamt nicht, diesen für den Gedanken zu gewinnen, die abstrakten westeuropäischen Vorstellungen von Recht und Gesetz könnten auf das Zarenreich womöglich übertragen werden. Nikolaus betrachtete Rußland als etwas Einmaliges, das sich vom Westen grundsätzlich unterschied.[397]

So blieb auch die Rechtsentwicklung der Regierungszeit Nikolaus' I. grundsätzlich reaktionär ausgerichtet. Ihr lag die Auffassung zugrunde, daß es im Rahmen des politischen Systems in Rußland einzig und allein dem Autokraten zustehe, Neuerungen und Veränderungen in die Wege zu leiten. Er allein war die Quelle für neues Recht.[398] Am Beginn des Svod Zakonov, des in seiner Herrschaftszeit geschaffenen Gesetzeswerks, ließ der Zar später als Grundsatz festhalten, daß der russische Imperator ein Selbstherrscher sei und die Unterwerfung unter seine höchste Autorität nicht allein der Furcht entspringen dürfe, sondern auch eine Frage des Gewissens sein müsse, wie es Gott befohlen habe.[399] Nikolaus sah sich Gott gegenüber unmittelbar für die Wahrung ordnungsgemäßer Verhältnisse in seinem Reich verantwortlich. Um dieser Verantwortung entsprechen zu können, betrachtete er seine absolute Macht als unmittelbar von Gott verliehen. Menschen schuldete der Herrscher, der sich als über ihnen stehend wahrnahm, keine Rechenschaft.[400] Das Verhältnis der autokratischen Macht zur Gesellschaft ließ der Zar wie folgt festhalten: »Das russische Reich wird auf der festen Grundlage absoluter Gesetze, Verfügungen und Statuten regiert, die ihren Ursprung in der autokratischen Macht

392 Kosačevskaja, M. A. Balug'janskij v Peterburgskom universitete, S. 43; vgl. nun Kazantsev, Die Geschichte der juristischen Fakultät, S. 147.

393 Lincoln, Nikolaus I., S. 67.

394 Aufgezeichnet von Korf, Materialy i čerty, S. 30.

395 Zur Wahrnehmung von Balug'janskijs Sprachkompetenz und deren mutmaßlichen Ursachen vgl. unten S. 255, Fn. 124.

396 Aufgezeichnet von Korf, Materialy i čerty, S. 30. Vgl. Filippov, Imperator Nikolaj I i Speranskij, S. 8; Lincoln, Nikolaus I., S. 68. Eine angemessene Bewertung des abschätzigen Urteils muß berücksichtigen, daß Nikolaus dem Unterricht offenbar selbst kaum gerecht wurde. Die beiden Großfürsten dämmerten vor sich hin, begingen Unfug oder fertigten Karikaturen (Materialy i čerty aaO.).

397 Lincoln, Nikolaus I., S. 69.

398 Lincoln, Nikolaus I., S. 322.

399 Svod Zakonov I, 1, Teil 1, Art. 4. Vgl. Lincoln, Nikolaus I., S. 322.

400 Lincoln, Nikolaus I., S. 323.

haben.«[401] Speranskij, der unter den gegebenen Verhältnissen verständlicherweise darauf bedacht war, seine früheren verfassungsrechtlichen Pläne hintanzustellen, erklärte im Rahmen der Vorträge, die er dem Thronfolger Großfürst Alexander Nikolaevič über den Charakter der Zarenherrschaft hielt, daß keine andere Macht auf der Welt, keine »rechtliche oder gesetzliche«, sei es außerhalb oder innerhalb des Reiches, imstande sei, »der obersten Macht des rußländischen Selbstherrschers« irgendwelche Beschränkungen aufzuerlegen.[402]

401 Svod Zakonov I, 1, Art. 47. Zum Konzept der Gesetzlichkeit aufgrund autokratischer Macht vgl. nun Borisova, The Digest, S. 901-925.

402 Speranskij, O zakonach, S. 370f.; vgl. Lincoln, Nikolaus I., S. 239.

Kapitel 6: Die Arbeiten am Svod Zakonov und das römische Recht

Eine der ersten Regierungshandlungen Nikolaus' I. bestand in der Gründung der Zweiten Abteilung der Kaiserlichen Kanzlei (Vtoroj Departament Imperatorskoj kanceljarii) am 31. Januar 1826.[1] Sie sollte die Aufgabe der Zehnten Gesetzgebungskommission Alexanders I. fortsetzen und die Entwicklung des positiven Rechts betreiben. Damit wurden die Arbeiten an einer Kodifikation des im Zarenreich geltenden Rechts in neuem Rahmen wieder aufgenommen. Die Zweite Abteilung sollte sich insbesondere der systematischen Erfassung der Gesetze des Reiches annehmen. Wie schon unter Alexander I. wurden die Arbeiten auch jetzt von Speranskij geleitet.[2] Er trat nun, obwohl er infolge seiner zwischenzeitlichen Verbannung seine Ausnahmestellung als Reformator ein Stück weit eingebüßt hatte, erneut als zentrale Figur der Gesetzgebungsarbeiten auf.[3] Ihm kam die Federführung zu, und er hatte das Vorrecht, unmittelbar dem Zaren zu berichten.[4] Nomineller Leiter der Kommission war indessen seit 1822 Balug'janskij, der insoweit die Nachfolge Rosenkampffs angetreten hatte.[5] Balug'janskijs Einfluß auf die Kodifikationsarbeiten wird gemeinhin unterschätzt, doch brachte er – im Unterschied zu Speranskij – den Erfahrungshorizont des mitteleuropäischen Aufklärers ein.

Speranskij konnte, wie gesehen, bereits auf jahrelange, wechselvolle Erfahrung mit der Leitung von Gesetzgebungsarbeiten zurückblicken. In einer kritischen Abrechnung mit den Arbeiten der früheren Gesetzgebungskommissionen begründete er die Reihenfolge der Schritte, die die nun anstehenden Arbeiten befolgen sollten, damit, daß sich fast alle bisherigen Kommissionen die ihnen übertragene Aufgabe zu einfach vorgestellt und meistens mit den eigentlich abschließenden Schritten begonnen hätten, nämlich mit der Vorbereitung eines Gesetzeskodex, ohne erst die notwendigen Vorarbeiten zu leisten, also die Zusammenstellung der tradierten Rechtstexte und deren systematische Verarbeitung.[6] Diesmal sollte dagegen die rich-

1 Ružickaja, Zakonodatel'naja dejatel'nost', S. 209-218.

2 Dazu ausführlich Reich, Kodifikation und Reform, S. 152-185; Raeff, Michael Speransky, S. 320-346; Čibirjaev, Velikij russkij reformator, S. 157-162; ferner Nol'de, Speranskij, S. 213 ff.; Whisenhunt, In Search of Legality, S. 69 ff. sowie jetzt Tomsinov, Speranskij, S. 396 f.

3 Auch Savigny nahm ihn als den »Chef der Gesetzgebung« wahr. Vgl. dessen Brief vom 11.9.1830 an A. v. Arnim, bei Stoll, Savigny, Bd. 2, Nr. 441.

4 Čibirjaev, Velikij Russkij reformator, S. 158; Nol'de, Speranskij, S. 213 ff.

5 Čibirjaev, Velikij Russkij reformator, S. 158. Zur Biographie Balug'janskijs vgl. Tomsinov, Rossijskie pravovedy, Bd. 1, S. 202-220; ders., Ėnciklopedija 2, S. 52-66; Art. Balug'janskij, Michail Andreevič, S. 451-455; Medem, Moi vospominanija, S. 415-432; Ružickaja, Zakonodatel'naja dejatel'nost', S. 210; Teslja, Istočniki graždanskogo prava, S. 35, Fn. 78; Borisova, The Digest, S. 907-909.

6 Speranskij, Geschichtliche Einleitung, S. 59 f. u. 97; vgl. Reich, Kodifikation und Reform, S. 178 f. Vgl. ferner Vinaver, K voprosu ob istočnikach (1897), S. 87-102.

tige Reihenfolge eingehalten werden. Insbesondere mußte, wie Speranskij erklärte, die große, bislang ungeordnete Masse tausender Normtexte in die Form einer zusammenhängenden Ordnung, eines »*Corpus juris* oder *Corpus legum* (Svod)« gebracht werden.[7] Durch diesen Schritt wollte Speranskij jene gesetzesorganisatorische Entwicklungsstufe erreichen, die für das westliche Kontinentaleuropa die justinianische Sammlung repräsentierte und die dort eine – nach Speranskijs Ansicht – notwendige Vorstufe zur Schaffung der neuzeitlichen Kodifikationen bildete.[8] Im Unterschied zur justinianischen Kodifikation sollten die früheren Rechtsquellen allerdings nicht ersetzt werden; der Svod sollte auf diese vielmehr systematisierend und klärend verweisen. Um dies zu ermöglichen, sollten die Gesetze also zunächst einmal zu einer vollständigen Sammlung vereinigt und in dieser Form publiziert werden.[9]

In diesem Sinne legte Speranskij Nikolaus I. zu Beginn von dessen Herrschaft einen Arbeitsplan vor, der die Gesetzgebung auf den Gebieten von Polizei-, Wirtschafts- und »Justizrecht« dahingehend entwickelte, daß eine systematische Gesetzessammlung (svod), ein Gesetzbuch (uloženie), ein Lehrbuch nach dem Vorbild der Institutionen Justinians sowie Erläuterungen entstehen sollten.[10] Im Rahmen der Arbeit an den Gesetzen sollte erst die vollständige Sammlung (polnoe sobranie) vorgenommen werden, dann die Systematisierung (svod) erfolgen und schließlich das Gesetzbuch (uloženie) ausgearbeitet werden.[11] Soweit am Ende ein Gesetzbuch entstehen sollte, kam dieser Plan allerdings zuletzt nicht zur Ausführung, weil er zu deutlich auf reformatorische Gedanken schließen ließ.[12] So sollte es später beim Svod bleiben.[13]

Mit seinem Arbeitsplan, der zuletzt auf ein Gesetzbuch hatte hinführen sollen, hatte Speranskij eigentlich den Anspruch verfolgt, das Recht nicht nur zu systematisieren, sondern auch zu reformieren bzw. umzuformen. Er konzipierte den Svod Zakonov nicht nur als Sammlung geltenden Rechts, sondern betrachtete ihn offenbar zugleich als Grundlage einer Rechtstheorie.[14] Die offizielle Erwartung war freilich eine andere. Nach ihr sollte Ziel der Arbeiten sein, eine Zusammenstellung und systematische Ordnung des bestehenden russischen Rechts herzustellen.[15] Nur in diesem Rahmen sollten womöglich behutsame Neuerungen eingeführt werden. Keinesfalls war dagegen an eine umfassende Modernisierung

7 Speranskij, Geschichtliche Einleitung, S. 90.

8 Speranskij, Geschichtliche Einleitung, S. 98.

9 Speranskij, Geschichtliche Einleitung, S. 101, Anm..

10 Vgl. Reich, Kodifikation und Reform, S. 181; zur Terminologie vgl. Borisova, Russian National Legal Tradition, S. 314 ff.

11 Speranskij, Geschichtliche Einleitung, S. 43 ff. Speranskijs Grundsätze werden referiert in der Notice historique et critique sur le digeste de l'empire de Russie, suivie d'un exposé de l'état civil des femmes dans cet empire (1835). Vgl. ferner Makarov, Svod Zakonov, S. 41; Filippov, Učebnik, S. 569.

12 Vgl. Feldbrugge, Russian Law, S. 84.

13 Soloviev, Einfluß, S. 470 f.

14 Tomsinov, Speranskij, S. 394 f.

15 Vgl. Baranowski, Rußlands Gesetzgebung im Spannungsfeld, S. 285.

oder gar eine Rezeption ausländischen Rechts gedacht. Vor dem Hintergrund der zur Regierungszeit Alexanders betriebenen und schließlich mißbilligten Reformbemühungen Speranskijs übertrug der Zar Balug'janskij ausdrücklich die Verantwortung dafür, zu gewährleisten, »daß Speranskij nicht solche Streiche macht wie 1810«.[16]

I.) Die Zusammenstellung des Polnoe Sobranie Zakonov

Speranskij entschied sich, das russische Recht wie ein Corpus iuris zusammenzustellen, und zwar nach Verfahrensgrundsätzen, die er bei Francis Bacon entlehnte.[17] Diese zielten darauf ab, die Fortentwicklung des Gesetzesrechts auf das Notwendige zu beschränken und dabei das tradierte Recht möglichst zu bewahren.[18] In diesem Sinne stellte die Kommission zunächst die vorhandenen Normen chronologisch zusammen, ohne am Wortlaut etwas zu ändern. Zu diesem Zweck mußten Druckausgaben beschafft und zahllose Archivalien zusammengesucht werden.[19] So wurde 1830 die erste »Vollständige Sammlung der Gesetze des Rußländischen Reiches« (Polnoe Sobranie Zakonov Rossijskoj Imperii) in 48 Bänden fertiggestellt.[20] Beginnend mit dem Sobornoe Uloženie von 1649[21] enthielt diese Sammlung die noch fortwirkenden Bestimmungen aus der Zeit bis zu Nikolaus' Herrschaftsantritt im Dezember 1825. Es handelte sich um insgesamt 30.920 Rechtsakte.[22] Die Sammlung wurde vom Zaren bestätigt und veröffentlicht. Sie wurde anschließend bis zum Untergang des Zarenreiches fortgeführt: Im Rah-

16 Čibirjaev, Velikij Russkij reformator, S. 158 mit Nachweisen. Vgl. Baratz, Sur les origines étrangères, S. 23; Filippov, Učebnik, S. 569.

17 Speranskij, Geschichtliche Einleitung, S. 82 ff. u. 105 ff. Vgl. näher Baranowski, Rußlands Gesetzgebung im Spannungsfeld, S. 286; Makarov, Svod Zakonov, S. 43 f.; Pachman, Istorija kodifikacii, Bd. 2, S. 5 f.

18 Naheliegenderweise behandelte Savigny diese Grundsätze Bacons zustimmend; vgl. Vom Beruf, S. 70.

19 Jhering verspottete die Absicht der Kommission, die Menge an Einzelbestimmungen zu beherrschen: »Erst wenn der ganze Wust beieinander sei, glaubt sie einen Aufschwung der Jurisprudenz in Aussicht stellen zu können«. Jhering bezieht sich auf Speranskijs Précis, S. 96 u. 100 und fährt fort: »Sicherer wäre es gewesen, das Meiste davon zu verbrennen.« Vgl. Geist des römischen Rechts, Bd. 1, S. 42, Fn. 14a. Die Feuer-Metapher zielt nicht allein auf Vernichtung ab, sondern suggeriert eine Purifikation, einen notwendigen, vollständigen Reinigungsprozeß. Sie geht zurück auf Voltaire, der gemeint hatte, für eine gute Gesetzgebung sei es notwendig, erst die alten Gesetze zu verbrennen (brûler) und dann neue zu schreiben; Dictionnaire philosophique, s. v. Lois, S. 432. Auf den Zusammenhang der Bemerkung Voltaires, die Rechtskritik der Aufklärung, weist Pokrovskij, Osnovnye problemy, S. 67. Vgl. ferner Raspopov, Zadači, S. 152 f.

20 Vgl. Baršev, Istoričeskaja zapiska, S. 4; vgl. Butler, Art. Russia, S. 172.

21 Glötzner, Terminologie, S. 2.

22 Vgl. Speranskij, Geschichtliche Einleitung, S. 148; Teslja, Istočniki graždanskogo prava, S. 139.

men einer zweiten Serie erschien, beginnend mit 1826, jährlich ein weiterer Band mit neuen Rechtsakten, bis 1881 gab es also insgesamt 55 neue Bände. Eine dritte Serie begann dann mit Alexander III. und wurde fortgeführt bis 1916.[23]

Das Polnoe Sobranie enthält allerdings nicht nur Gesetze und Verordnungen, sondern auch zahlreiche andere Akte, aus denen sich mittelbar auf das geltende Recht schließen ließ, wie Manifeste, Entwürfe und wichtige Gerichtsentscheidungen.[24] Die Sammlung bildete einen bedeutenden Fortschritt für den praktischen Umgang mit dem geschriebenen russischen Recht. Auch wenn sie keine inhaltlichen Änderungen einführte, so machte sie doch den Gesetzesstoff seit langer Zeit erstmals überhaupt wieder vollständig zugänglich. Allerdings tat sie dies in einer Weise, die sich für eine praktische Anwendung kaum eignete. Daher bestand anschließend die Hauptarbeit darin, aus der Fülle an historisch aufeinander folgenden Normen das geltende Recht zu extrahieren und dasselbe dann systematisch zusammenzufügen – im Svod Zakonov.[25]

II.) Die Systematisierung des Rechtsstoffes im Svod Zakonov

Schon vor dem Abschluß des Polnoe Sobranie hatten auf Grundlage der zuerst fertiggestellten Teile die Arbeiten an der Ermittlung des geltenden Rechts und dessen Systematisierung begonnen. Zunächst schied die Kommission alle zwischenzeitlich aufgehobenen und in anderer Weise erledigten Bestimmungen aus. Anschließend stellte sie jeweils alle Normen zu demselben Regelungsgegenstand in neuer Ordnung zusammen. So entstand eine in sich geschlossene, nach Sachgesichtspunkten relativ konsequent geordnete und nahezu alle Rechtsgebiete umfassende Aufarbeitung des geltenden Rechts.[26] Die Sammlung wurde 1832 unter dem Namen »Zusammenstellung der Gesetze des Rußländischen Reiches« (Svod Zakonov Rossijskoj Imperii) fertiggestellt und umfaßte in der Erstausgabe insgesamt 15 Bände.[27] Der Svod Zakonov wurde mit Wirkung ab 1835 zum Gesetz erhoben.[28] Wie das Polnoe Sobranie Zakonov wurde auch der Svod fortgeschrie-

23 Teslja, Istočniki graždanskogo prava, S. 131-147; Butler, Art. Russia, S. 172; Reich, Art. Rußland, S. 2320. Die Schwierigkeiten bei der Ermittlung des positiven Rechts, die sich angesichts der verschiedenen Ergänzungen und Neuausgaben des Svod Zakonov zu Beginn des 20. Jahrhunderts ergaben, beschreibt Neubecker, Die Grundzüge, S. 44.

24 Vgl. näher Baranowski, Rußlands Gesetzgebung im Spannungsfeld, S. 286 f.

25 Dazu ausführlich Reich, Kodifikation und Reform, S. 152-185; Raeff, Michael Speransky, S. 320-346; Čibirjaev, Velikij russkij reformator, S. 157-162; ferner jetzt Whisenhunt, In Search of Legality, S. 69 ff. Über Entstehung und Weiterentwicklung der Gesetzessammlung vgl. eingehend Majkov, O Svode zakonov Rossijskoj imperii (1906, Ndr. 2006).

26 Zu Entstehung und Eigenart der Kompilation vgl. Makarov, Svod Zakonov, S. 39-55; Vernadskij, Očerk istorii prava, S. 159-161; Sójka-Zielińska, Historia Prawa, S. 246 f.

27 Eine Übersicht über den Aufbau des Svod Zakonov bietet Teslja, Istočniki graždanskogo prava, S. 36-42, eine Inhaltsübersicht Küpper, Rechtsgeschichte Osteuropas, S. 146 f.

28 Wegen der Übergangsregelungen vgl. Makarov, Svod Zakonov, S. 51 f.

ben. Es erschienen regelmäßig Ergänzungsbände, die im Rahmen mehrerer Neuausgaben[29] des Gesamtwerks jeweils integriert wurden.[30] Als Ertrag der Gerichtsreformen von 1864 wurde das Gerichtsverfassungsrecht in einem 16. Band hinzugefügt. So blieb der Svod bis 1917 in Kraft.

1.) Allgemeine Merkmale des Svod Zakonov

Die Systematisierung des russischen Rechts im Wege der Vorbereitung des Svod Zakonov wurde dadurch erschwert, daß Nikolaus I. es unter dem Einfluß der Historischen Rechtsschule untersagte, Lücken und Unvollständigkeiten in den Gesetzen zu beseitigen.[31] Der Svod Zakonov sollte nur eine Sammlung der geltenden Bestimmungen werden. Baranowski stellt diese Eigenschaft der Sammlung richtigerweise heraus, wenn er »den reformierenden Kodifikationsplänen von 1809« die »konservierenden Kompilationen bzw. Inkorporationen von 1832« gegenüberstellt.[32] Diese Grundtendenz hinderte die Kommission, wie noch näher zu zeigen sein wird,[33] allerdings keineswegs daran, das geltende Recht in einigen Punkten behutsam zu ergänzen und zu verbessern. Soweit mit diesem Ziel fremdes Recht übernommen wurde, geschah dies verdeckt und teilweise fragmentarisch.[34]

Dem Anspruch, das gesamte russische Recht zu kodifizieren und damit eine lückenlose Aufzeichnung des geltenden Rechts zu bieten, wurde der Svod Zakonov von Anfang an nicht vollständig gerecht. So wurden bestimmte Rechtsmaterien des öffentlichen Rechts nie förmlich in den Svod Zakonov eingefügt. Ein weiterer wichtiger Vorbehalt bestand insoweit, als in den Gebieten des Zarenreiches, in denen ein Partikularrecht herrschte,[35] der Svod Zakonov nicht oder nur teilweise in Geltung gesetzt wurde.[36] Insbesondere ließ die Sammlung Raum für die Fortgeltung abweichenden Gewohnheitsrechts für große Teile der Landbevölkerung. Seiner Zielsetzung gemäß umfaßte der Svod auch nicht das Partikularrecht der nichtrussischen Provinzen, sofern es unter russischer Herrschaft weitergelten durfte, also z. B. das Recht Zentralpolens, das schwedisch-finnische[37] und

29 Vgl. näher Baranowski, Rußlands Gesetzgebung im Spannungsfeld, S. 289; Teslja, Istočniki graždanskogo prava, S. 42-47; Meduševskij, Proekt graždanskogo uloženija, S. 153.

30 Butler, Art. Russia, S. 172; vgl. näher Letjaev, Recepcija rimskogo prava, S. 53 f.

31 Karcov, K voprosu o pravotvorčeskoj dejatel'nosti (Teil 1), S. 150.

32 Baranowski, Rez. Zieliński, S. 310.

33 Vgl. unten S. 210 ff.

34 Karcov, K voprosu o pravotvorčeskoj dejatel'nosti (Teil 1), S. 151-152. Zu Entstehung und Eigenart der Kompilation vgl. allgemein Makarov, Svod Zakonov, S. 39-55; Vernadskij, Očerk istorii prava, S. 159-161; Sójka-Zielińska, Historia Prawa, S. 246 f.

35 Vgl. Rybakov, Recepcija prava, S. 185 f.

36 Eine Übersicht über die verschiedenen Partikularrechte sowie über das Verhältnis zwischen »jus commune« und »jus particulare« des Zarenreiches bietet Teslja, Istočniki graždanskogo prava, S. 59-89; vgl. ferner Meduševskij, Pravovoj dualizm, S. 183.

37 Pachman, Istorija kodifikacii, Bd. 2, S. 481-485.

das baltische Recht. Partikularrechtliche Vorbehalte galten schließlich hinsichtlich jener Gebiete des Südwestens, die unter den Bezeichnungen »Neurußland« und »Kleinrußland« einer ihre historische Eigenart verdrängenden Assimilation an die russische Kultur unterzogen worden waren. Charakteristische Besonderheiten wiesen ferner das Recht der Gouvernements Černigov und Poltava sowie einiger ukrainischer Städte auf,[38] das Recht Bessarabiens[39] sowie schließlich verschiedene im Kaukasus herrschende Gewohnheitsrechte.[40]

Das Polnoe Sobranie trat hinter den Zusammenhang des Svod Zakonov als Grundlage für dessen Auslegung zurück. Es wurde gleichwohl als notwendiges Instrument der Rechtsermittlung betrachtet, und zwar u. a. für den Fall, daß der Sinn eines Artikels aus dem Svod in Zweifel stand. Denn, wie Speranskij klarstellte,

> »durch den buchstäblichen Bedeutungsgehalt wird nicht immer der innere Sinn [die deutsche Fassung fügt hier sogar ein: oder der Geist des Gesetzes] in seiner ganzen Fülle und Genauigkeit ausgedrückt, zu welchem man sich im Falle eines Zweifels notwendigerweise flüchten muß.«[41]

Speranskij stellte fest, zu diesem Zweck sei es notwendig, den Entstehungszusammenhang der jeweiligen Norm zu ermitteln, und dies gestatte das Polnoe Sobranie.[42]

Mit Rücksicht auf die der Erarbeitung zugrundeliegende Verfahrensweise der Kommission hat man den Svod Zakonov als Resultat einer »inkorporacija« bezeichnet.[43] Speranskij selbst brachte den Charakter des Svod als Kompilation dadurch zum Ausdruck, daß er von einer »*structura nova veterum legum*« sprach.[44]

38 Es handelt sich um Mischrechtsordnungen auf Grundlage der Litauischen Statuten, römischer und deutscher Quellen, polnischer Gesetze, Gewohnheitsrecht und Gerichtspraxis der Ukraine; vgl. Pachman, Istorija kodifikacii, Bd. 2, S. 453-463. Nach Orač und Tyščyk war der Einfluß des römischen Rechts auf diese »prava« offensichtlich, und zwar in Regelungen über Besitz, Eigentum, Servituten, bewegliche und unbewegliche Sachen, Eigentumserwerb, Vindikationsklage, Schuldrecht und andere Rechtsinstitute. Die Autoren stellen hier also eine partielle und mittelbare Rezeption des römischen Rechts fest. Partiell ist diese, weil nur ein Teil der Ideen und Entscheidungen rezipiert wurde, und mittelbar, weil die Übernahme nicht von den Quellen, sondern von anderen Rechtsordnungen ausging. Vgl. Orač/Tyščyk, Osnovy ryms'kogo pryvatnogo prava, S. 22 f. Vgl noch v. Halban, Zur Geschichte des deutschen Rechtes, S. 1-15. Eine Sammlung (auch älterer) ukrainischer Rechtsquellen enthält die von Gončarenko herausgegebene Chrestomatija (2003).

39 S. dazu unten S. 467 ff.

40 Vgl. Pachman, Istorija kodifikacii, Bd. 2, S. 475-479.

41 Speranskij, Obozrenie, in: ders., Rukovodstvo, S. 164 f.; ders., Geschichtliche Einleitung, S. 152.

42 Speranskij, Geschichtliche Einleitung, S. 152.

43 Letjaev, Recepcija rimskogo prava, S. 43; zur zeitgenössischen Erörterung dieser Vorstellung vgl. Medaševskij, Proekt graždanskogo uloženija, S. 152.

44 Auch diese Bezeichnung, die den Erwartungen des Zaren entsprach (vgl. Fateev, Speranskij, S. 252), wählte Speranskij offenbar unter dem Einfluß Francis Bacons. Vgl. Baco,

Wenn sich Kodifikation und Kompilation nach Bentham dahingehend unterschieden, daß Kodifikation in der erschöpfenden und systematischen Neuordnung des Rechts besteht, während Kompilation die Zusammenstellung vorhandenen Rechtsmaterials ohne echten Systemgedanken ist, unterfällt der Svod sicherlich eher der letztgenannten Kategorie. Denn hier ist die Systematisierung nicht konsequent erfolgt und vor allem, bedingt durch die Eigenart des einzuarbeitenden Materials und das Interesse, tradierte Formulierungen zu erhalten, nicht durch die begrifflichen Schichten bis zur Ebene der einzelnen Tatbestandsmerkmale durchgeführt.

Die aus dem hergebrachten Recht übernommenen »*veteres leges*« wurden im Svod Zakonov regelmäßig – ähnlich wie im Falle des Codex Iustinianus – mit Angaben über die jeweils zugrundeliegenden historischen Rechtsquellen versehen,[45] entweder direkt durch Nennung des ursprünglichen Gesetzes oder aber durch Mitteilung der entsprechenden Ordnungsziffer im Polnoe Sobranie.[46] Hier äußerte sich das Bedürfnis zu dokumentieren, daß man dem Programm der Gesetzgebungskommission gemäß bestehendes Recht tradiert hatte, daß die Rechtssätze ihren Geltungsgrund also durch die Verknüpfung mit der zugrundeliegenden Norm behaupteten.[47] Dieser Umstand ließ später, obgleich der Svod Zakonov selbst mit Gesetzeskraft ausgestattet wurde, eine Kontroverse darüber entstehen, ob der Svod überhaupt als eigenständiges Gesetz anzusehen sei oder nicht vielmehr als Neuausgabe alter Gesetze. Obgleich die Ermittlung des geltenden Rechts vom Svod ausgehen mußte, vertrat Speranskij den Standpunkt, daß die alten Gesetze ihre Geltung keineswegs verloren hätten und der Svod nur Auslegungshilfe für dieselben sei. Unter dieser Voraussetzung hätte die Geltung der einzelnen Regelungen immerhin jeweils von der Übereinstimmung mit den Originaltexten abgehangen.[48] Da manche Verweisungen auf Bestimmungen des Polnoe Sobranie allerdings ins Leere gingen, hätte eine Festlegung auf die Maßgeblichkeit der ursprünglichen Normen womöglich zur Aufdeckung von Schein-Belegen führen können.[49] Der Zar verhinderte eine solche Festlegung durch die Erhebung des Svod Zakonov selbst in Gesetzesrang. Eine Bestimmung wie die Justinians, daß zwar das frühere Recht neu zusammengefaßt werde, auf die Originale aber nicht mehr verwiesen werden dürfe, wurde immerhin nicht getroffen.[50]

De Dignitate et Augmentis, lb. octavus, Exemplum Tractatus de Justitia Universali, Aphorismus 62 (474); ferner Cečoev, Istorija, S. 465; Seredonin, Art. Speranskij, S. 240g.

45 Eine Reihe von Artikeln ist ohne Beleg geblieben; vgl. Baranowski, Rußlands Gesetzgebung im Spannungsfeld, S. 289.

46 Rosshirt, Rez. Speranskij, S. 413.

47 Nichtsdestoweniger wird schon aus dem 19. Jahrhundert der Eindruck berichtet, Speranskij habe mit den Verweisungen auf russische Quellen fremdes Recht »drapiert«; vgl. Razvitie russkogo prava vo vtoroj polovine XIX – načale XX veka, S. 169.

48 Slystschenkow, Der Entwurf, S. 192; eingehend Blosfel'dt, »Zakonnaja« sila, S. 1 ff.

49 Karcov, K voprosu o pravotvorčeskoj dejatel'nosti (Teil 1), S. 152; vgl. Teslja, Istočniki graždanskogo prava, S. 47-53.

50 C. Tanta § 10; vgl. c. Dedoken § 10.

Nicht nur durch die Notwendigkeit, zur Integration und Klärung des tradierten Rechts neue sprachliche Formen zu verwenden, sondern auch infolge eines großzügigen Umgangs mit Verweisungen auf angebliche Ursprungsnormen bot sich Raum für die Einführung neuen Rechts. Gleiches gilt für die offiziellen sog. »Anmerkungen« (primečanija), die den Artikeln im Svod beigefügt wurden. Speranskij behauptete nämlich, die einzelnen Artikel des Svod könnten nur jeweils entweder Befehle oder Verbote enthalten, weil Bestimmungen anderen Inhalts kein Gesetz sein könnten.[51] Die Vorstellung, daß sich die spezifische Regelung eines Gesetzes in dieser Weise einer unter bestimmten formalen Kategorien zuordnen lassen müsse, ist für Modestin (1 *regularum* D. 1,3,7) belegt: *Legis virtus haec est imperare vetare permittere punire*. Dieser Grundsatz ist im Svod Zakonov zwar keineswegs verwirklicht, erst recht nicht in der bei Speranskij zugespitzt formulierten Form, eröffnete diesem jedoch Raum dafür, in den Anmerkungen Erläuterungen oder Verweisungen unterzubringen, die der Feststellung des jeweiligen Normcharakters dienen sollten, ohne daß hier wiederum jeweils eine zugrundeliegende Bestimmung hätte genannt werden müssen.

Der Svod Zakonov war ein monumentales Werk russischer Rechtskultur. Er bedeutete schon allein deswegen einen großen Schritt nach vorne, weil er das bisher geltende Recht erstmals relativ einfach zugänglich machte. Die Gesetzgebungskommission präsentierte damit ein Ergebnis, das den Erwartungen des Zaren entsprach. Auf einer außerordentlichen Sitzung des Reichsrates am 19. Januar 1833 lagen die 15 Bände des Svod Zakonov sowie das inzwischen bereits auf 56 Bände angewachsene Polnoe Sobranie Zakonov auf dem Tisch, und der Zar persönlich erläuterte den Anwesenden die Vorzüge des Geschaffenen.[52] Daß die Arbeiten der Kommission mit Erfolg abgeschlossen werden konnten, ist sowohl dem persönlichen Einsatz Speranskijs und Balug'janskijs zu verdanken, als auch der Tatsache, daß es der Zweiten Abteilung gelungen war, eine Reihe gebildeter, professioneller Juristen zu berufen, auf deren Sachverstand sich die Kommission stützen konnte.

Das technische Niveau des Svod Zakonov war, verglichen mit anderen russischen Rechtstexten, relativ hoch, ohne freilich an westeuropäische Kodifikationen wie den Code Civil oder das österreichische ABGB heranzureichen.[53] Selbst das schwerfällige preußische Allgemeine Landrecht war dem Svod Zakonov an Stringenz, Abstraktionsgrad, begrifflicher Klarheit und dogmatischer Komplexität überlegen. Anstelle abstrakter Konzepte enthielt der Svod Zakonov zahlreiche kasuistische Bestimmungen[54] und war in vielen Punkten unsystematisch. Zusammengehörende Regelungen waren auseinandergerissen und an jeweils verschiede-

51 Speranskij, Geschichtliche Einleitung, S. 163.

52 Pokrovskij, Osnovnye problemy, S. 76; Makarov, Svod Zakonov, S. 39 mit Nachweisen; vgl. die bildliche Darstellung der Auszeichnung Speranskijs durch den Zaren vor den präsentierten Bänden der Sammlung bei Tomsinov, Speranskij, nach S. 288.

53 Vgl. Slystschenkow, Der Entwurf, S. 191 f.

54 Vgl. Slystschenkow, Der Entwurf, S. 191 f.

nen Stellen untergebracht worden. Seinem Charakter nach wird man den Svod Zakonov, wie gesagt, als Kompilation einordnen müssen. Dies bewirkte, daß regelrechte Mängel des fortgeltenden Rechts nicht beseitigt, sondern geradezu konserviert wurden. So wies der Svod Zakonov verschiedene innere Widersprüche und manche Wiederholungen auf.[55] Es fehlten eine feststehende Terminologie[56] und umfassende Definitionen.[57] Die rechtspolitischen Wertungen, die den Einzelregelungen zugrunde lagen, waren nicht aufeinander abgestimmt, sondern standen zueinander im Widerspruch.[58] Wie unvollkommen und rückständig die Sammlung war, trat bald offen zutage.[59] Unter diesen Umständen wurde der Svod Zakonov nach seiner Inkraftsetzung zu einer erheblichen Belastung für Praxis und Reformen.[60] Für Nikolaj Djuvernua bestätigten die späteren Erfahrungen

55 Vgl. Tjutrjumov, Graždanskoe Pravo, S. 10. Es kursierten Witze über den Svod Zakonov: »Vous croyez que la langue russe ne se prête pas à faire des calembourgs? quelle idée! Nous avons un livre qu'on apelle le Ssvod: c'est toute une composition de calembourgs et de bons-mots.« Vgl. Schlözer, Petersburger Briefe, S. 86. Die spöttische Bezeichnung von Rechtssätzen als »calembourgs«, also Wortspiele aufgrund einer in der Sprache angelegten Mehrdeutigkeit, weist auf die spezifischen Mängel zahlreicher Bestimmungen des Svod, unter denen die unzureichende begriffliche Schärfe in Tatbestand oder Rechtsfolge besonders hervortritt.

56 Dies war Folge der Orientierung an fortgeltenden Bestimmungen, die aus den verschiedensten historischen Zusammenhängen herrührten. Zudem wies bereits das Uloženie von 1649, von dem die Sammlung ausgegangen war, eine uneinheitliche Terminologie auf, die auf eine noch unabgeschlossene Entwicklung der Rechtssprache schließen läßt; Glötzner, Terminologie, S. 150.
In seinen seit Oktober 1835 gehaltenen »Kronprinzenvorträgen« über die Gesetze bediente sich Speranskij daher – noch nach Inkrafttreten des Svod Zakonov – nicht selten der lateinischen oder französischen Terminologie. Vgl. Speranskij, O zakonach, S. 337 ff., wo für die Regel (pravilo) die Ausdrücke *regula* und *praeceptum* verwendet werden; für die bindende Kraft der Gesetze (objazatel'naja sila zakona) steht *sanctio*. Für die Staatsgrundgesetze (zakony osnovnye/lois fondamentales) verwendet Speranskij sogar den Ausdruck *constitutio*.

57 Vgl. Rosenberg, System, Sp. 603 f.

58 Zusammenfassend Teslja, Istočniki graždanskogo prava, S. 53-58. Andrej Kondrat'evič Babičev (1797-1859), der als Jurist bei der Sankt Petersburger Gouvernementsverwaltung beschäftigt war, weist in seiner Abhandlung »Über die redaktionelle Verbesserung des Svod Zakonov« aufgrund dreißigjähriger Erfahrung mit der Anwendung der Gesetze auf zahlreiche Mängel des Svod Zakonov hin. Dabei nennt er im einzelnen Widersprüche, Ungereimtheiten, unstimmige Verweisungen, Anmerkungen, Verzeichnisse, die berichtigt oder entfernt werden müßten, entbehrliche Wiederholungen sowie unverständliche und unlogisch formulierte Artikel. Er meint, eine Bereinigung dieser Mängel ermögliche eine Kürzung des Gesamtstoffes um 25-30.000 Artikel. Damit könnten die gesamten Gesetze in 12 Büchern zusammengefaßt werden, eine Zahl, für deren Bedeutung der Verfasser auf die Gliederung zahlreicher historischer Gesetzeswerke verweisen kann. Vgl. Babičev, O redakcionnom ispravlenii Svoda Zakonov, S. 222-241.

59 Silvestri, Contrast, S. 6.

60 Kaiser, Die russische Justizreform, S. 149.

mit dem Svod Zakonov Savignys Ansicht, eine Kodifikation störe die Entwicklung des Rechts eher, als daß sie sie beförderte.[61]

Besonders verhängnisvoll wirkte sich aus, daß die Gerichte bei der Rechtsanwendung auf den Wortlaut des Gesetzes verwiesen wurden.[62] Art. 65 der Staatsgrundgesetze bestimmte, daß die Gesetze nach ihrem genauen und buchstäblichen Sinn ohne jedwede Änderung oder Erweiterung ausgeführt werden müßten. Im Fall eines Zweifels waren die Gerichte gemäß Art. 52 gehalten, höhere Instanzen um Klärung zu ersuchen.[63] Diese wiederum hatten sich gegebenenfalls an den Senat oder das Ministerium zu wenden.[64] Es handelte sich um einen zuvor im Nakaz Katharinas II. enthaltenen und in mehreren Verordnungen bestätigten Grundsatz.[65] Derartige Auslegungsverbote können allgemein etwa dem Ziel dienen, die Gewaltenteilung zwischen Legislative und Judikative zu befestigen oder die Rechtsprechung zu vereinheitlichen.[66] Ausgehend von entsprechenden Konstitutionen Justinians[67] galten sie auch in anderen europäischen Staaten. Während diese allerdings von der strikten Verpflichtung auf den Gesetzeswortlaut inzwischen abgekommen waren,[68] hielt das Zarenreich daran fest. In der Regierungszeit Nikolaus' I. wurde der Grundsatz noch immer mit der absolutistischen Vorstellung verknüpft, daß das Recht mit der Gesetzeslage zu identifi-

61 Vgl. Djuvernua, Značenie rimskogo prava, S. 42.

62 Vgl. Pokrovskij, Osnovnye problemy, S. 94 f.; Mejer, Russkoe graždanskoe pravo, S. 67 f.; Hasselblatt, Justizreform, S. 38 f.

63 Die »Staatsgrundgesetze« (Osnovnye gosudarstvennye zakony) von 1832 waren in Bd. 1 des Svod Zakonov enthalten. Sie waren eine Verfassung im materiellen, nicht aber im formellen Sinn. Ihre Bestimmungen gingen einfachem Recht nicht vor. Der »selbstherrschende« Zar richtete sich nach ihnen, war aber nicht an sie gebunden. Vgl. Küpper, Rechtsgeschichte Osteuropas, S. 150 f. Die Vorstellung, daß die Auslegung einer Norm dem Erlaßorgan vorbehalten sei (authentische Interpretation), nicht aber den Gerichten, kennzeichnete später auch das sowjetische Recht; vgl. Küpper, aaO., S. 153.

64 Pokrovskij, Osnovnye problemy, S. 95; Hasselblatt, Justizreform, S. 38 f.

65 Vgl. ferner die Institutionen des Russischen Rechts, Bd. 1, §§ 45-49 (S. 16-19) mit Nachweisen.

66 Vgl. Becker, Art. Kommentier- und Auslegungsverbot, Sp. 963.

67 S. oben S. 158.

68 In Preußen hatte das Publikationspatent zum Allgemeinen Landrecht vom 5.2.1794 »von klaren und deutlichen Vorschriften der Gesetze [...] unter dem Vorwande einer aus dem Zwecke und der Absicht des Gesetzes abzuleitenden Auslegung, die geringste eigenmächtige Abweichung« verboten. Der Richter war grundsätzlich an den Gesetzeswortlaut gebunden (ALR Einl. § 46) und sollte sich bei Zweifeln über den Sinn des Gesetzes an die Gesetzeskommission wenden (Einl. § 47). Sofern gar keine gesetzliche Regelung bestand, sollte er nach den dem ALR zugrundeliegenden allgemeinen Grundsätzen entscheiden (Einl. § 49). Schon 1803 wurde aber die richterliche Anfrage bei der Gesetzeskommission beseitigt und der Richter auf die Auslegungsregeln verwiesen. In Frankreich war in Art. 4 des Code Napoléon festgelegt worden, daß ein Richter wegen Rechtsverweigerung zur Verantwortung zu ziehen sei, der wegen des Schweigens, der Unklarheit oder der Dürftigkeit des Gesetzes einen Rechtsstreit nicht entscheidet. Vgl. näher Becker, Art. Kommentier- und Auslegungsverbot, Sp. 971.

zieren sei. Kennzeichnend für diesen staatlicherseits erzwungenen Gesetzespositivismus ist es, daß seit dem Inkrafttreten des Svod Zakonov 1835 die Bezeichnungen der juristischen Teildisziplinen auf das Gesetz (zakon) anstatt auf das Recht (pravo) bezogen formuliert wurden.[69] Wenn das Recht aber ausschließlich aus dem in Gesetzen und Verordnungen enthaltenen Willen des Herrschers folgt, kann es, wo es im Einzelfall keine ausdrückliche Regelung enthält, auch nur von demselben ausgelegt und bei Bedarf fortgebildet werden. Diese Vorstellung war auch aus anderen Rechtsordnungen bekannt, um die Mitte des 19. Jahrhunderts aber allgemein längst überwunden worden.[70]

2.) Das Zivilrecht des Svod Zakonov

Das »bürgerliche Recht« war im Svod Zakonov im 1. Teil des 10. Bandes enthalten (Svod Zakonov Graždanskich, nachfolgend: SZ X/1). Dieser Teil der Sammlung bildete damit seit 1835 die positive Grundlage der wissenschaftlichen Bearbeitung des Privatrechts und stand, von einzelnen Modifikationen abgesehen, bis 1917 in Geltung.[71] Eine »*structura nova*« weist der Teil natürlich vor allem in der Stoffdisposition auf, denn zuvor war der Gesamtstoff des positiven Rechts ja überhaupt noch nicht nach Ordnungsgesichtspunkten zusammengestellt gewesen. Die erkennbaren Systemansätze lassen auf den Einfluß der europäischen Zivilrechts-

69 S. unten S. 242.

70 Auch Savigny ging gegen diese Vorstellung vor, wenn er in seiner Rechtsentstehungslehre die historische Entwicklung des Rechts im Bewußtsein des Volkes von Eingriffen in diese Entwicklung durch den Gesetzgeber unterschied. Vgl. Savigny, Vom Beruf, S. 65 ff.

71 Die Kompilation diente vor allem dem Interesse der privilegierten Schichten des Adels, der Kaufleute und der Geistlichkeit an der Feststellung der geltenden Gesetze. Die meisten Menschen waren dagegen aus rechtlichen oder tatsächlichen Gründen von diesem Recht nicht oder kaum betroffen (s. oben S. 88). Der wichtigste Grund dafür bestand in der Leibeigenschaft, der mit etwa 40 % ein großer Teil der Bevölkerung unterworfen war; vgl. Jaworski, Zarys powszechnej historii, S. 381; Hildermeier, Geschichte Russlands, S. 804 mit Zahlenangaben. Aber auch freie Bauern waren von der ordentlichen Gerichtsbarkeit ausgeschlossen; Schultz, Russische Rechtsgeschichte, S. 185 ff.; Hosking, Rußland, S. 367; Hasselblatt, Justizreform, S. 1. Auch nach der Aufhebung der Leibeigenschaft blieben sie einem anderen Rechtssystem unterworfen als die übrige Bevölkerung. Dies geht teilweise auf die Anerkennung des jeweiligen Gewohnheitsrechts zurück (s. oben S. 88 u. 199 f.), zum andern Teil aber auf Sonderregeln, etwa im Immobiliar- und Erbrecht, und auf den Ausschluß von bestimmten Rechten, wie er auch Polen und Juden traf. Hosking spricht insoweit kritisch von »sozialer Apartheid«; Rußland, S. 353. In tatsächlicher Hinsicht ist ferner zu nennen, daß über 80 Prozent der Menschen im Zarenreich auf dem Land lebten und damit weit entfernt von den Verwaltungszentren. Vgl. Ch. Schmidt, Russische Geschichte, S. 120. So war das geltende Recht in der Bevölkerung relativ wenig bekannt; auch fehlte es an Gesetzestexten und akademisch ausgebildeten Richtern. Vgl. Djuvernua, Iz kursa lekcij po graždanskomu pravu, S. 12 und ferner Westen, in: David/Grasmann, Rechtssysteme, S. 250 f.

wissenschaft schließen.[72] Der Aufbau des Bandes X/1 erinnert in mancher Hinsicht an den Code Civil.[73]

Im Detail aber ist das Zivilrecht des SZ X/1 durch Regelungen gekennzeichnet, deren Eigenart aus der spezifischen Tradition der russischen Privatrechtsentwicklung herrührt – oder jedenfalls herzurühren scheint.[74] Das gilt z. B. insoweit, als bestimmte wichtige privatrechtliche Regelungsbereiche, die im herkömmlichen Recht noch nicht ausgebildet worden waren, auch im SZ X/1 nicht oder nur ansatzweise vorkamen. Wichtige Rechtsinstitute wie etwa ungerechtfertigte Bereicherung, Auftrag sowie Geschäftsführung ohne Auftrag waren nicht oder nur unbefriedigend geregelt.[75] Andere Einrichtungen wurden aufgenommen, allerdings in charakteristischer, von der russischen Rechtstradition geprägter Weise. Die Eigenart der Bestimmungen erweist sich an zahlreichen Beispielen. So war die begriffliche Unterscheidung zwischen Eigentum und Besitz nicht konsequent durchgeführt. Der SZ X/1 enthielt so gut wie keine Bestimmungen über das Besitzrecht. Er behandelte den Besitz als Tatsache, kannte jedoch keinen der gemeinrechtlichen Doktrin entsprechenden, entwickelten Besitzbegriff im Sinne einer von einem Willen getragenen Sachherrschaft, die durch spezielle Rechtsbehelfe geschützt ist.[76] Der Svod weist zudem eine uneinheitliche Ausdrucksweise auf, wenn er den Ausdruck »vladenie« (Besitz), bzw. »vladelec« (Besitzer) in dreifachem Sinne verwendet, nämlich bald für Eigentum,[77] bald für Nießbrauch,[78] bald schließlich für die faktische Herrschaft über eine Sache.[79] Die Ausdrücke, die hier einerseits die Herrschaft und andererseits die Befugnis dazu bezeichnen, gehören überdies derselben Wortfamilie an (vlast' bzw. vladet'). Grundeigentum existierte als »ererbtes« und »erworbenes«, wofür die Verkehrsfähigkeit jeweils

72 Vgl. Wagner, Marriage, S. 57.

73 Makarov, Das Preußische Allgemeine Landrecht, S. 291 mit Nachweisen. Nicht ohne Grund meint Vasil'ev, Rukovodstvo, S. 8 f., der (spätere!) Speranskij habe bei seinen Reformarbeiten zwar keine Liebe zum französischen Geist, wohl aber Sympathie gegenüber der französischen Form gezeigt.

74 S. sogleich S. 213 ff.

75 Reich, Art. Rußland, S. 2296 f.; Schöndorf, Gerichtspraxis, S. 13. Die Lücken des Gesetzeswerks wurden im Laufe der Zeit durch jeweils neue amtliche Anmerkungen (primečanija) ergänzt, die aus der Rechtssprechung des Dirigierenden Senats herrührten. Vgl. Guljaev, Obščie učenija, S. 334; Wesenberg/Wesener, Privatrechtsgeschichte, S. 220; vgl. Klibanski, Handbuch, Bd. 1, S. XVI.

76 Hammer, Russia and the Roman Law, S. 11 f. Immerhin wurden in der ZPO von 1864 die Besitzklagen ansatzweise geregelt (Art. 29, 34); vgl. Ajani, Alcuni esempi di circolazione, S. 974, Fn. 27 sowie die Erläuterung dieser Artikel bei Borovikovskij, Ustav graždanskogo sudoproizvodstva, 3. Ausgabe (1894).

77 So z. B. in Art. 424 (vladelec für Eigentümer) und Art. 522 (vladenie für Eigentum). Der Eigentümer wird daneben auch als »Wirt« (chosjain) oder »Herr« (gospodin) bezeichnet.

78 Das Gesetz spricht dann vom »abgesonderten Besitz« (otdelnoe vladenie; Art. 514 ff.) oder »lebenslänglichen Besitz« (požiznennoe vladenie; Art. 533[1]).

79 Für das Problem der Terminologie vgl. Schöndorf, Gerichtspraxis, S. 7 f.; Klibanski, Handbuch, Bd. 1, S. XVI u. 182; Hause, Das Privateigentum in Sowjetrußland, S. 8 f.

verschieden geregelt war.[80] Für Rechtsgeschäfte über Immobilien war ein aufwendiges notarielles Verfahren vorgesehen.[81] In eigentümlicher Weise war auch die Rechtsnatur des Kaufvertrags aufgefaßt. Anders als es Speranskijs Entwurf von 1810 vorgesehen hatte,[82] verstand der Svod Zakonov den Kauf, die »kuplja i prodaža«, nicht als obligatorischen Vertrag. Er bildete darin lediglich ein »Mittel, Eigentum zu erwerben«.[83] Die ihn behandelnden Artikel 1381-1527 befinden sich dementsprechend nicht im 4. Buch des SZ X/1 (»Von den Verbindlichkeiten aus Verträgen«), sondern im 3. Buch: »Von der Art des Erwerbes und der Befestigung der Rechte auf Vermögen im Besonderen«. Familienverhältnisse waren unter kirchenrechtlichem Einfluß ausgestaltet;[84] nichteheliche Kinder im Status zurückgesetzt. Sie spielten im Zivilrecht des Svod keine Rolle; die Pflicht, für sie Unterhalt zu leisten, war vielmehr systematisch als strafrechtliche Sanktion vorgesehen.[85] Die erbrechtliche Stellung der Frauen war nachteilig:[86] In der Seitenlinie erbte eine Schwester nicht, solange lebende Brüder vorhanden waren. In absteigender Linie bekam eine Schwester im Vergleich zum Bruder nur ein Vierzehntel des Grundvermögens und ein Achtel des beweglichen Vermögens.[87]

3.) Äußerliche Verweisungen auf die römische Kultur

Für das Zarenreich, das sein imperiales Selbstverständnis noch immer auf die Nachfolge des römischen Kaisertums gründete,[88] lag es nahe, Parallelen zwischen dem eigenen großen Gesetzeswerk und dem berühmten römisch-byzantinischen Vorbild herauszustellen. So war es nur konsequent, daß bei dieser Gelegenheit zahlreiche römische Attribute in Anspruch genommen wurden. Es lag offen zutage, daß hier, genau 1300 Jahre nach Fertigstellung der Digesten,[89] erneut eine

80 Vgl. Razvitie russkogo prava vo vtoroj polovine XIX – načale XX veka, S. 158-162.
81 Vgl. Avenarius, Geschichte des Notariats, S. 499-509.
82 Vgl. oben S. 184.
83 Vgl. Slyščenkov, Dogovor kupli-prodaži, S. 59 ff.
84 Vgl. Reich, Art. Rußland, S. 2288.
85 Slystschenkow, Der Entwurf, S. 191; Reich, Art. Rußland, S. 2301.
86 Vgl. Wagner, Civil Cassation Department, S. 38.
87 Slystschenkow, Der Entwurf, S. 191.
88 Parallel zu den Arbeiten am Svod Zakonov entstand in Sankt Petersburg der in seinem Erscheinungsbild auf die Antike verweisende Gebäudekomplex des Dirigierenden Senats und des Heiligen Synods. Nachdem Nikolaus I. 1827 den Bau angeordnet hatte, wurde Carlo (Karl Ivanovič) Rossi aus Neapel mit der Ausführung beauftragt. Er entwarf Senat und Synod nebeneinander und durch einen Torbogen zu einem (im Prinzip) symmetrischen Gebäudekomplex vereint. Die im klassizistischen Empire-Stil gestalteten Fassaden weise zahlreiche allegorische Figuren auf: die Gerechtigkeit steht neben der Frömmigkeit.
89 Für die Beachtung und feierliche Begehung dieses Jubiläums durch Juristen des Zarenreiches vgl. Stoeckhardt, De iuris Iustinianei, S. VI f., 1 u. passim sowie die »in memoriam annorum 533 et 1833 p. Chr. n.« vorgelegte Succincta Digestorum […] comparatio von Juschkow (1833). Die letztgenannte Schrift enthält eine kurze Übersicht über die Geschichte der Bearbeitung des Svod sowie eine Vergleichung des Corpus iuris romani et

monumentale Rechtssammlung vorgelegt wurde.[90] Die feierliche Übergabe des fertigen Svod im Kreis der Würdenträger erinnert durchaus an entsprechende Präsentationsrituale der Antike.[91] Die einzelnen Bände waren mit römischen Ziffern beschriftet, Grundlage für die Ehrung Balug'janskis durch die Einfügung der römischen Ziffer »XV« in dessen Adelswappen.[92] Das Manifest vom 31. Januar 1833, mit dem Nikolaus I. dem Svod Zakonov Gesetzeskraft mit Wirkung zum 1. Januar 1835 verlieh,[93] verfügte mit der Selbstdarstellung des Herrschers als persönlichem Leiter der Arbeiten, der Inanspruchnahme göttlicher Legitimation und Unterstützung, der Anknüpfung an Verdienste und Absichten früherer Herrscher und schließlich dem Lob der Vorzüge des Geschaffenen über zahlreiche charakteristische Elemente, die auch die justinianischen Einführungskonstitutionen gekennzeichnet hatten. So blieb es nicht aus, daß der Zar mit Justinian verglichen wurde.[94] Auch Speranskij ist wegen seiner Verdienste um die Gesetzessammlung später der »russische Justinian«[95] oder – wohl noch treffender – der »russische Tribonian«[96] genannt worden. Die Anspielung nimmt das Bild auf, das Speranskij selbst entwickelt hatte, indem er den Svod Zakonov in seiner »Geschichtlichen Einleitung« regelmäßig als russisches »Corpus juris«[97] bezeichnete und nur gelegentlich in Klammern den Ausdruck »Svod« ergänzte,[98] wenn auch

russici. Juschkow prüft im Sinne der Vorstellungen seines Lehrers Stöckhardt Verbindungen zwischen dem russischen und dem römischen Recht und Parallelen zwischen den beiden Rechtssammlungen. Der Vergleich ist allerdings knapp gehalten und, wie Rosshirt, Rez. Speranskij, S. 414 richtigerweise bemerkt, kaum überzeugend gelungen.

90 Juschkow meint, das Zarenreich werde nun mit der neuen Rechtssammlung beschenkt wie »Rom« – gemeint ist die Nova Roma, also Konstantinopel – einst mit den Pandekten; Succincta Digestorum, S. 101 f. Dazu nun Baranowski, Rußlands Gesetzgebung im Spannungsfeld, S. 277-296.

91 Vgl. oben S. 202, Fn. 52 den Hinweis auf das Bild von der Sitzung des Reichsrates, auf der die Bände des Polnoe Sobranie und des Svod Zakonov vorgestellt wurden.

92 S. unten S. 254, Fn. 120.

93 Abgedruckt jetzt bei Speranskij, Rukovodstvo, S. 173 f.

94 Stoeckhardt, De iuris Iustinianei, S. 13: »Imperator noster Nicolaus I., cui sane Justinianus nullo modo apte poterit comparari […] qui summo beneficio, quo homo homines beare potest, patriam donavit, memoriam similis beneficii spernat, quo Justinianus imperium Romanum et omne genus humanum colligendo et servando jure Romano, praestantissimo illo, ante hos mille et trecentos annos affecit […]«.

95 Wagner, Art. Rußland, I B.

96 Gsovski, Roman Private Law in Russia, S. 365; Tomsinov, Speranskij, S. 397; Schöndorf, Gerichtspraxis, S. 15; Soloviev, Einfluß, S. 471; Minale, L'influenza, S. 343, Fn. 9. Kritisch bereits Juschkow, Succincta Digestorum, S. 110.

97 Die Gleichsetzung der Bedeutung von »Svod Zakonov« und »Corpus iuris« liegt gleichfalls zugrunde, wenn umgekehrt heute Bajbak, Predislovie, S. 4 das in Deutschland im 19. Jahrhundert in Geltung stehende Corpus iuris Justinians als »Svod zakonov Justiniana« bezeichnet.

98 Speranskij, Geschichtliche Einleitung, passim; vgl. Rosshirt, Rez. Speranskij, S. 412; Stoeckhardt, De iuris Iustinianei, S. 13; Baranowski, Über den Nutzen einer Lehrdisziplin »Allgemeine Rechtsgeschichte«, S. 6, Schultz, Russische Rechtsgeschichte, S. 199; David

zur Vorsicht nur in der deutschen Fassung. Die an diese Ausdrucksweise anknüpfende Vorstellung ist nicht erst im Nachhinein entstanden, sondern auch schon bei den Zeitgenossen.[99] Das Corpus iuris civilis diente bei der Schaffung der Sammlung ganz offensichtlich als Vorbild.[100] Der Svod Zakonov wurde zur Grundlage einer Justizverwaltung und Rechtspflege, deren Organe sich mit den Insignien der Amtsgewalt römischer Magistrate schmückten.[101]

Auch mit Rücksicht auf die nähere Art und Weise der Zusammenstellung der tradierten Gesetzesbestimmungen hatte Speranskij das justinianische Corpus iuris vor Augen. In seiner »Geschichtlichen Einleitung« erörtert er verschiedene Modelle, wie der Stoff theoretisch geordnet und präsentiert werden mochte: Man konnte an die Zusammenstellung von Auszügen, Lehrbüchern oder Kommentaren, an die Schaffung von Handbüchern, Repertorien oder Promtuarien, an einen Konkordanz-Kodex, wie ihn Peter I. veranlaßt hatte und in dem das Uloženie von 1649 mit den späteren Gesetzen in Beziehung gesetzt wurde, oder schließlich an das Corpus iuris Justinians denken.[102] Für maßgeblich erklärte Speranskij nur das Konzept des Konkordanz-Kodex »in seinen Anfängen« und das Corpus iuris »in seiner Vollendung«.[103] Jedenfalls dürfte das Verfahren der an einer neuen Ordnung ausgerichteten Zusammenstellung tradierter Rechtstexte mit dem grundsätzlichen Ziel ihrer Erhaltung als fortgeltendes Recht, wie Butler überzeugend vermutet hat, durch das Vorbild der Digesten Justinians inspiriert gewesen sein.[104]

Im Hinblick auf die Grundsätze, nach denen aus der Fülle der älteren Normen der Svod Zakonov systematisch zusammengestellt werden sollte, gab Speranskij der Kommission, wie erwähnt, verschiedene Regeln Francis Bacons vor. Freilich gehen teilweise bereits diese auf eine Auseinandersetzung mit römischen Grundsätzen zurück, teilweise »interpretiert« Speranskij sie »romanistisch«. Wenn Bacon etwa fordert, als erledigt zu verwerfen, was Justinian als *antiquae fabulae* bezeichnet

in: David/Hazard, Le droit soviétique, Bd. 1, S. 48; Tomkins/Jencken, Compendium, S. 11.

99 In seiner Anzeige von Speranskijs Schrift »Geschichtliche Einleitung …« in der Hallischen ALZ 1836, Nr. 80 bezeichnet Wilda den Svod durchgehend als »Corpus Juris« und meint (Sp. 18), seit fast zwei Jahrhunderten habe nahezu jeder Herrscher mehr oder minder eifrig danach gestrebt, der Justinian seines Reiches zu werden.

100 Pachman, Istorija kodifikacii, Bd. 2, S. 4 sowie nun Slyščenkov, Proekt Graždanskogo uloženija, S. 24 mit Nachweisen. Nicht selten sind Ähnlichkeiten zwischen dem Svod Zakonov und dem Corpus iuris civilis wahrgenommen worden. Vgl. Karcov, Pandektnoe pravo, S. 175 mit Nachweisen. In der Notice historique et critique sur le digeste de l'empire de Russie, suivie d'un exposé de l'état civil des femmes dans cet empire (1835) werden die Arbeiten am Svod Zakonov eingehend mit der Herstellung der Digesten verglichen.

101 Das Journal des Justizministeriums führt auf dem Titel ein Liktorenbündel. Gleiches gilt für die offizielle Darstellung der Geschichte des Senats (Istorija pravitel'stvujuščego senata za dvesti let, 1711-1911 gg.), eine Chronik mit zahlreichen Dokumenten; vgl. das Vorwort von Bd. 1, S. 1.

102 Speranskij, Geschichtliche Einleitung, S. 69 ff.; vgl. Fateev, Speranskij, S. 263 ff.

103 Speranskij, Geschichtliche Einleitung, S. 81.

104 Butler, Art. Russia, S. 173; ders., Russian Law, S. 29.

habe (Aph. 60), bezieht er sich auf die »veralteten Geschichten«, die Justinian den Studenten für die Zukunft durch sein kaiserliches Lehrbuch ersparen will (c. Imperatoriam § 3). Speranskij will die Regel nur insoweit anwenden, als alte Gesetze inzwischen durch jüngere aufgehoben worden sind.[105] Wenn Bacon bei widersprüchlichen Bestimmungen fordert, die bewährteste zu übernehmen und die jeweils widersprechende zu verwerfen, bestreitet Speranskij die Kompetenz der Kommission zur Entscheidung und beruft sich auf die klassischen Derogationsregeln: die alte Bestimmung ist außer Kraft gesetzt, soweit die jüngere abweichende Regelungen trifft.[106]

4.) Der unmittelbare oder durch westliche Gesetze vermittelte Eingang römischen Rechts in das Zivilrecht des Svod Zakonov

Ob und ggf. inwieweit schließlich das Zivilrecht des Svod Zakonov auch *inhaltlich* vom römischen Recht beeinflußt worden ist, sei es auf Grundlage der Quellen oder mittelbar durch den Einfluß westlicher, auf römisches Recht zurückgehender Bestimmungen, wird unterschiedlich beurteilt.

German Barac hat in seinem Aufsatz über ausländische Ursprünge eines großen Teils des russischen Zivilrechts zu zeigen versucht, daß die Redaktoren des Svod Zakonov, soweit sie den Rahmen des tradierten russischen Rechts verließen, lieber mit den ausländischen Kodifikationen und Lehrbüchern gearbeitet hätten, anstatt auf deren Ursprung, also auf das römische Recht, zurückzugreifen. Entsprechend sind öfters der Code Civil oder das preußische ALR als wichtigste ausländische Quellen herausgestellt worden.[107] Küpper meint, römisches Recht sei praktisch nicht berücksichtigt worden.[108] Tomsinov räumt zwar ein, daß Speranskij auch – und insbesondere im Bereich des Zivilrechts – »nicht-russisches« Recht berücksichtigt habe, erwähnt jedoch das römische Recht nicht.[109]

Demgegenüber hat schon aus Sicht der sowjetischen Forschung Ekaterina A. Flejšic für unbestreitbar gehalten, daß die Digesten auch das Recht des 10. Bandes des Svod Zakonov beeinflußt hätten. Die im römischen Recht ausgewiesene Autorin[110] meint, ungeachtet der Beteuerung Speranskijs hinsichtlich der »Eigenständigkeit« des Svod Zakonov weise dieser nicht wenige verborgene Entlehnungen aus fremden Gesetzen auf, darunter einige aus dem französischen Code Civil, die entweder direkt auf die Digesten zurückgingen oder durch die Vermittlung

105 Speranskij, Geschichtliche Einleitung, S. 105.

106 Zu den Derogationsregeln des klassischen Rechts vgl. Avenarius, Der pseudo-ulpianische *liber singularis regularum*, S. 114-117 u. 167-170.

107 Für den Code Civil vgl. Rajewsky, Changes, S. 23 mit Nachweisen; für das ALR vgl. Makarov, Das Preußische Allgemeine Landrecht, S. 286-292.

108 Küpper, Rechtsgeschichte Osteuropas, S. 160.

109 Tomsinov, Speranskij, S. 396.

110 S. unten S. 452, Fn. 385 u. S. 638.

Pothiers.[111] Auch in der modernen Forschung wird der Einfluß des römischen Rechts vielfach anerkannt. So weist Letjaev darauf hin, daß am Svod Zakonov zahlreiche Spezialisten des römischen Rechts beteiligt waren, und meint, daß sich in dem Gesetzeswerk nicht nur die Terminologie, sondern manche Institute des römischen öffentlichen und privaten Rechts wiederfänden.[112] Tkačenko hält es sogar für anerkannt, daß sich die Verfasser des Svod Zakonov am römischen Recht orientiert hätten.[113] Karcov bemerkt einmal uneingeschränkt, das 10. Buch des Svod Zakonov sei »römisch-rechtlichen Ursprungs«.[114] Kolbinger benennt verschiedene Beispiele für Regelungen, in denen er einen Eingang römischen Rechts in den zivilrechtlichen Teil des Svod vermutet. Er zeigt jeweils die Parallelität zwischen den Regelungen und entsprechenden Paragraphen der Institutionen Justinians auf.[115] Hamza schließlich weist darauf hin, daß auch byzantinischer Einfluß fortwirke, nämlich vor allem im Ehe- und Familienrecht.[116] Mit Rücksicht auf den Widerspruch, in dem die genannten Vermutungen zu den offiziellen Beteuerungen stehen, der Svod Zakonov enthalte nur tradiertes Recht, hat aus Sicht der Rechtsvergleichung Ajani gemeint, Speranskij habe eine behutsame Kryptorezeption des römischen Rechts betrieben.[117] Er sei nämlich genötigt gewesen, die vorsichtige Bearbeitung der überkommenen Gesetze und ihre Anpassung an neue Rechtsbegriffe durch die wiederholte Erklärung, das neugeordnete Recht sei genuin russisch, zu verschleiern.[118]

Die Frage, inwieweit bestimmten Regelungen des Svod Zakonov fremdes und darunter ggf. römisches Recht zugrunde lag, mußte im 19. Jahrhundert insoweit von praktischer Bedeutung sein, als die Antwort Einfluß auf die Interpretation des Gesetzestextes hatte. So hat z. B. die Kassationsabteilung des Dirigierenden Senats später manche Rechtseinrichtung auf Grundlage verstreuter Bestimmungen im Zivilrecht des Svod Zakonov rekonstruieren müssen.[119] Unter diesen Um-

111 Flejšic, Rez. Pereterskij, S. 143. Die Autorin meint, dies habe für die vorrevolutionäre Literatur festgestanden, was, wie vorliegend näher ausgeführt wird, nicht ganz zutrifft.

112 Letjaev, Recepcija rimskogo prava, S. 73.

113 Tkačenko, »Rimskoe pravo« v Rossii, S. 154-155, der sich auf die dahingehenden Äußerungen bei Pachman, Istorija kodifikacii, Bd. 2, S. 4 und Barac, O čužezemnom proischoždenii, S. 82-83 beruft.

114 Karcov, Pandektnoe pravo, S. 189. Ähnlich undifferenziert behauptet Osipova, in Rußland sei bis 1917 das »römisch-germanische« Recht in Kraft gewesen; Baltische Rechtstradition, S. 9.

115 Kolbinger, Im Schleppseil Europas?, S. 32.

116 Hamza, Entstehung und Entwicklung, S. 527.

117 So zu recht Ajani, Alcuni esempi di circolazione, S. 969; ferner Silvestri, Contrast, S. 10; Kartsov, Transplants, S. 241 u. 264; zur verdeckten Einführung von Neuerungen Raeff, Michael Speransky, S. 338.

118 Vgl. Dobrin, The Russian Corpus Juris, S. 155-156. Giaro, Alt- und Neueuropa, S. 301 spricht mit guten Gründen von Kryptotransfers, die Speranskij der offiziellen Leugnung zum Trotz vorgenommen habe. Vgl. bereits Gebhard, Russisches Familien- und Erbrecht, S. 6, der von einer heimlichen Übernahme von Stoff aus dem Code Napoléon spricht.

119 Baratz, Sur les origines étrangères, S. 10.

ständen konnte die Auslegung, wenn – womöglich im Gewande des tradierten Rechts – römische Konzepte den Bestimmungen zugrundegelegen haben mochten, ein anderes Ergebnis hervorbringen, als wenn dies nicht der Fall war.

Bei der Prüfung dieser Frage besteht die wichtigste Schwierigkeit darin, daß weder das Gesetzeswerk noch Speranskij in seinen programmatischen Äußerungen Rezeptionsvorgänge offenlegen. Im Gegenteil weist der Text der Sammlung – wie gesehen – regelmäßig auf ältere russische Bestimmungen hin, wenn auch gelegentlich nur zum Schein. Diese Praxis der Verweisungen diente nicht allein dazu, im Bedarfsfall das zugrundeliegende, ältere Recht ermitteln zu können.[120] Im Gesetzgebungsprojekt sollte sich vielmehr auch die Ideologie der Kodifikation des »eigenen« Rechts ausdrücken. Hierzu hätte es im Widerspruch gestanden, wenn man eine Rezeption offen eingeräumt hätte. Demzufolge stellte Speranskij, wie nachfolgend gezeigt werden wird, in Abrede, daß im Svod etwas anderes als genuin russisches Recht verarbeitet worden sei. Dieser Ausschluß nicht-russischer Einflüsse betrifft nicht nur das eigentlich ausländische, sondern ausdrücklich auch das römische Recht.[121]

a.) Speranskijs Standpunkt zur Frage des römischen Rechts im Svod Zakonov

Der offizielle Standpunkt zur Frage des in den Svod aufgenommenen Stoffes lautete in aller Klarheit dahingehend, daß die Sammlung nur spezifisch russisches, nicht jedoch etwa römisches Recht enthielt.[122] Die herrschende Rechtsideologie bestand darauf, daß alle Zivilrechtsnormen in Svod Zakonov russischen Ursprungs waren.[123] Speranskij selbst äußerte sich ausdrücklich ablehnend zur Relevanz des römischen Rechts für das *geltende* russische Recht. Er erklärte, die Russen hätten nichts von den Römern geerbt, das römische Recht werde vielmehr für die Russen immer ein fremdes Recht bleiben.[124]

Speranskij war sicherlich ein für russische Verhältnisse hervorragender Kenner des römischen Rechts.[125] Er betrachtete dasselbe mit Rücksicht auf das Ziel seiner Arbeiten unter dem Gesichtspunkt der »Nutzbarkeit«. Tomsinov meint immerhin, soweit sich Speranskij zu Ideen, Normen und Instituten des römischen Rechts äußerte, sei das Bestreben erkennbar, demselben zu praktischer Bedeutung für Rußland und die juristische Ausbildung zu verhelfen.[126]

Bei aller Wertschätzung des römischen Rechts nahm Speranskij jedoch zahlreiche Unzulänglichkeiten daran wahr, die er auf die Beliebigkeit des Systems zu-

120 Vgl. oben S. 201 f.

121 Vgl. Tkačenko, »Rimskoe pravo« v Rossii, S. 154.

122 Vgl. Stoeckhardt, Allgemeine juristische Fundamentallehre, S. 127; Gsovski, Roman Private Law in Russia, S. 363-375; Koschaker, Europa, S. 133.

123 Karcov, K voprosu o pravotvorčeskoj dejatel'nosti (Teil 1), S. 147.

124 Speranskij, Geschichtliche Einleitung, S. 85 u. 102. Vgl. Seredonin, Art. Speranskij, S. 240g; Tomsinov, Rossijskie pravovedy, Bd. 1, S. 233.

125 Tomsinov, Rossijskie pravovedy, Bd. 1, S. 230 f.

126 Tomsinov, Rossijskie pravovedy, Bd. 1, S. 231.

rückführte.[127] Er nahm die justinianischen Sammlungen als »Ruine eines prächtigen Gebäudes« wahr und bezeichnete die Kompilatoren als »schlechte, schwache und unwissende Künstler«.[128] Den Juristen Justinians warf Speranskij damit vor, das ursprüngliche und »bessere« römische Recht verfälscht zu haben.[129] Er diagnostiziert am römischen Rechtssystem zahlreiche »Fehler«, beginnend bei der von ihm für künstlich gehaltenen Aufteilung der Rechtsgebiete in öffentliches und privates Recht sowie in Naturrecht, Völkergemeinrecht[130] und bürgerliches Recht.[131] Schließlich unterzog Speranskij die Unterteilung des Privatrechtsstoffes in Personen, Sachen und Obligationen einer eingehenden Kritik.[132] Man wird bei dieser Bewertung durch Speranskij gerechterweise berücksichtigen müssen, daß er noch kein pandektistisch ausgearbeitetes römisches Recht vor sich hatte.

Was den Inhalt der »Bürgerlichen Gesetze« betrifft, ist es nun nicht damit getan, die von Speranskij und anderen russischen Gelehrten aufgestellte Behauptung, der Svod Zakonov X/1 habe »exklusiv russischen Charakter«,[133] für bare Münze zu nehmen. Raum für die Überlegung, ob die Redaktoren des Svod Zakonov, wie im Schrifttum vermutet, den Rahmen des geltenden russischen Rechts nicht vielleicht allen Bekenntnissen zum Trotz gelegentlich verlassen haben könnten, gibt vielmehr zunächst der Umstand, daß Speranskij, falls er den offiziellen Erwartungen zuwider Neuerungen unter dem Einfluß westlich-römischen Rechts hätte einführen wollen, dies sicherlich möglichst hätte verschleiern müssen. So wertvoll es sein mochte, sich von Anregungen aus dem westlichen Recht leiten zu lassen, so groß war gleichzeitig die politische Brisanz des Bekenntnisses dazu.[134] Speranskij war nicht zuletzt aus eigener leidvoller Erfahrung darauf bedacht,

127 Tomsinov, Rossijskie pravovedy, Bd. 1, S. 233 f. mit Nachweisen. In seiner Abhandlung Zapiska ob ustrojstve sudebnych i pravitel'stvennych učreždenij v Rossii (1803), in: ders., Juridičeskie proizvedenija, S. 317-370 (353) weist Speranskij auf Probleme hin, die sich in Deutschland aufgrund der »compilation confuse du corps du droit romain«, dessen innerer Widersprüchlichkeit sowie des Kontrastes zum spezifisch deutschen Recht ergeben mochten.

128 Vgl. Baratz, Sur les origines étrangères, S. 27.

129 Vgl. Tomsinov, Rossijskie pravovedy, Bd. 1, S. 233 f. mit Nachweisen.

130 Speranskij verwendet den Ausdruck »obščenarodnoe pravo« – gemeint ist offenbar das *ius gentium*.

131 Tomsinov, Rossijskie pravovedy, Bd. 1, S. 234-236.

132 Tomsinov, Rossijskie pravovedy, Bd. 1, S. 235.

133 Vgl. Koschaker, Europa, S. 133.

134 Vgl. Vinaver, K voprosu ob istočnikach (1894/95), S. 6.
Nachdem die Wortführer des Dekabristenaufstandes von 1825 bestimmte Modernisierungen nach westlichem Vorbild angemahnt hatten, wurden ihre Forderungen in der Regierungszeit Nikolaus' I. besonders entschieden unterdrückt; vgl. Azarkin, Istorija juridičeskoj mysli Rossii, S. 208 ff. Dies galt auch im Hinblick auf die von den Dekabristen verlangte Übernahme westeuropäischer Prozeßgrundsätze und Gerichtsinstitutionen. Vgl. Kaiser, Die russische Justizreform, S. 150.

jeden Anschein einer Orientierung am westlichen Recht zu zerstreuen.[135] Daß er im Jahre 1812 aus dem Amt entfernt und verbannt worden war, war im wesentlichen auf den Vorwurf zurückgegangen, er orientiere sich – immerhin in der Zeit der wachsenden politischen Gegnerschaft zu Napoleon – allzusehr am französischen Recht.[136] So hatte die sich anbahnende Entscheidung im Verhältnis zu Frankreich, wie gesehen, Speranskijs reaktionären Gegnern einen günstigen Anlaß dafür geboten, den Reformator vorläufig auszuschalten.[137]

Darüber hinaus standen einer Offenlegung der Aufnahme westlichen Rechts spezifische Hindernisse entgegen, die sich aus einer von konservativen Kräften um Karamzin mit Billigung des Zaren durchgesetzten, der entstehenden Historischen Schule verpflichteten Rechtsentstehungslehre ergaben.[138] Dieser Lehre lag die Vorstellung von der Entwicklung eines jeweils eigenen, charakteristischen Rechts in einem Volk zugrunde.[139] Karamzin hatte erklärt, Peter I. sei richtigerweise davon ausgegangen, »daß die Gesetze eines Volkes dessen eigenen Begriffen, Sitten, Bräuchen und besonderen Verhältnissen des Landes entnommen werden müssen«.[140] Diese und ähnliche Bemerkungen Karamzins lassen an Savignys berühmte Äußerung denken, »daß alles Recht [...] durch Sitte und Volksglaube, dann durch Jurisprudenz erzeugt wird«,[141] ohne daß diese freilich Karamzins Standpunkt angeregt haben kann.[142] Leontovitsch hat überzeugend vermutet, daß beide Autoren hier vielmehr Montesquieu verarbeiten.[143] Der hier vertrete-

135 Als »Opportunismus« wird man diese verständliche Motivation nicht bezeichnen wollen. Vgl. aber Fodor, Rechtsreform durch Normtransplantation, S. 281, der mich (Rezeption, S. 17 f.) ohne ersichtlichen Grund dahingehend versteht.

136 Vgl. oben S. 187; ferner Gebhard, Russisches Familien- und Erbrecht, S. 6: »Man sträubte sich gegen das Gesetzbuch des Siegers von Borodino und Moskau.« Diese Darstellung ist ebenso wie die bei Rajewsky, Changes, S. 23, anachronistisch – Speranskij wurde im März 1812 entlassen, als Napoleons Grande Armée noch nicht einmal einmarschiert war –, trifft aber sinngemäß, jedenfalls für die spätere Wahrnehmung, das Richtige. Zur Sache Reich, Kodifikation und Reform, S. 172 f.; vgl. Schlosser, Neuere Europäische Rechtsgeschichte, S. 332; Slyščenkov, Proekt Graždanskogo uloženija, S. 78.

137 Ch. Schmidt, Russische Geschichte, S. 64; vgl. Gebhard, Russisches Familien- und Erbrecht, S. 6; Reich, Kodifikation und Reform, S. 172 f. und Schlosser, Neuere Europäische Rechtsgeschichte, S. 332.

138 Kennzeichnend ist, daß der Zivilrechtler Konstantin P. Pobedonoscev (1827-1907), ein Exponent der Reaktion in der 2. Hälfte des Jahrhunderts, entschiedener Anhänger Savignys war. Vgl. Byrnes, Pobedonostsev, S. 33, 42 u. 346 f.; Walicki, History of Russian Thought, S. 299; Poldnikov, The Legacy, S. 75.

139 Vgl. Beyrau, Rußland und Europa, S. 13. Vgl. ausführlich Reich, Kodifikation und Reform, S. 172-176 und 180-182.

140 Karamzin, Zapiska o drevnej i novoj Rossii, S. 107.

141 Savigny, Vom Beruf, S. 68.

142 Savignys »Vom Beruf unsrer Zeit« erschien 1814, Karamzins »Zapiska« bereits 1811.

143 Leontovitsch, Geschichte des Liberalismus, S. 93-96. Gleiches gilt für die Zurückweisung der Vorstellung, Menschen unterschiedlicher Länder seien möglichst einem einheitlichen Recht zu unterwerfen. Savigny lehnt sie ebenso ab (Vom Beruf, S. 78 f.) wie Karamzin (Zapiska, S. 114), und beide Autoren berufen sich auf Montesquieu, wobei Savigny aus-

nen Rechtsentstehungslehre mußte sich Speranskij beugen. Sein Dilemma bestand darin, daß er an ihr Verrat geübt hätte, wenn er für die Aufnahme fremden Rechts eingetreten wäre. Dies bildet den Hintergrund für Butlers Bemerkung, die in den 1820er Jahren nach längerer Stagnation wieder aufgenommenen Kodifikationsarbeiten seien »in the spirit of Savigny« betrieben worden.[144] Gemeint ist natürlich nicht der Kodifikationsgedanke selbst, sondern die Hinwendung auf das tradierte russische Recht. Die Zeit, in der man von Thibaut und Feuerbach hatte lernen wollen, den prominenten Gegnern der Historischen Rechtsschule und Befürwortern der Rechtsschöpfung durch den Gesetzgeber, war vorüber.[145]

Makarov hat im übrigen darauf hingewiesen, daß Speranskijs amtliche, nachträglich verfaßte und sofort mehrfach übersetzte Schrift »Obozrenie istoričeskich svedenij o Svode Zakonov«[146] die Arbeiten verständlicherweise als konsequente Durchführung des anfänglichen Planes darstellt und auf notwendige Zugeständnisse und Anpassungen aufgrund zwischenzeitlicher Erfahrungen, wie sie bei jedem Großprojekt üblich sind, keine Rücksicht nimmt.[147] Geradezu demonstrativ ist der von Bacon übernommene Ausdruck »*structura nova veterum legum*«, mit dem Speranskij das Arbeitsprogramm der Kommission formelhaft zusammengefaßt hatte, der Schrift als Motto vorangestellt. Daß sich Speranskij, wie Leontovitsch angenommen hat,[148] teilweise den Positionen der Historischen Rechtsschule annäherte, ist richtig. Gleichwohl darf angenommen werden, daß ein unbestritten gewissenhafter und von Überzeugungen geleiteter Jurist wie Speranskij auch unter den neuen Vorgaben seine Vorstellungen von 1810-12 vom Modernisierungsbedarf des russischen Rechts und der Bedeutung, die dem westlich-römischen Recht hier zukam, dafür nicht völlig verraten haben wird. Er hatte allen Grund

drücklich auf De l'Esprit 29,18 Bezug nimmt, Karamzin schlüssig, indem er der abgelehnten Rechtsvereinheitlichung, die Savigny S. 41 nach Montesquieu mit »Gewalt« verbindet, eine ggf. notwendige, allmähliche Entwicklung »ohne Gewalt« (bez nasilija) gegenübergestellt (S. 113).

144 Butler, Russian Law, S. 28.

145 Auch die russische Wahrnehmung Thibauts war anschließend durch dessen Gegnerschaft zur Historischen Rechtsschule gekennzeichnet. Novgorodcev, der zu Thibauts Standpunkt am Ende des Jahrhunderts Stellung nahm, gelangte zu einer differenzierenden Sichtweise, die aber in der Grundtendenz noch immer den Standpunkt der Historischen Rechtsschule verteidigt; Istoričeskaja škola juristov, S. 68-80. Dies richtet sich ebenso gegen den Apriorismus Thibauts, der sich darin äußerte, daß dieser juristische Begriffe nicht aus den positiven Gesetzen, sondern von den grundlegenden, bereits vorgefundenen Ideen der Philosophie abgeleiten wollte, wie gegen die Vorstellung vom Recht als Produkt unveränderlicher Vernunft und vom römischen Recht als Ausdruck derselben. Novgorodcev gesteht Thibaut allerdings zu, daß die Geschichte auch Fehlentwicklungen hervorgebracht habe, und daß Thibauts Eintreten für die Notwendigkeit der Gesetzgebung berechtigt gewesen sei.

146 Abgedruckt in: Speranskij, Rukovodstvo k poznaniju zakonov, S. 126-175. Vgl. Djuvernua, Značenie rimskogo prava, S. 45.

147 Makarov, Svod Zakonov, S. 40 f.

148 Leontovitsch, Geschichte des Liberalismus, S. 99 f.

zur Vorsicht; daß er seine Überzeugungen allerdings grundsätzlich neu ausgerichtet hätte, dürfen wir nicht vermuten.[149] Wenn Wieacker für diese Zeit eine »eigentümliche zeitliche Überschneidung« zwischen den Einflüssen des Code Civil und der Historischen Rechtsschule auf die russische Rechtsentwicklung festgestellt hat,[150] bedarf dies offenbar der Präzisierung: Während die rechtspolitische Großwetterlage von der wohlwollenden Bereitschaft zur Ausrichtung am Code Civil auf den Kurs der Historischen Rechtsschule umgeschwenkt war, Wieackers Aussage also zu widerlegen scheint, stehen Speranskijs Arbeitsgrundsätze offenbar tatsächlich – jedenfalls ein Stück weit – für jenes »eigentümliche« Zusammenfallen der Orientierungen.

Nach allem können Speranskijs Bekenntnisse zum geltenden russischen Recht und zur Fremdheit des römischen in der hier behandelten Frage jedenfalls nicht allein ausschlaggebend sein. Die Möglichkeit, daß durch seine entschiedene Betonung des ausschließlich russischen Charakters des Svod Zakonov etwas verdeckt worden sein könnte, bietet also Raum für eine nähere Prüfung, ob nicht doch römisches Recht in die Arbeiten an der Sammlung eingegangen ist.

b.) Hinweise auf eine Orientierung am ausländischen Recht

Die Überlegungen können ihren Ausgang bei der Beobachtung nehmen, daß die Zusammenstellung des Svod eine erhebliche Überarbeitung des geltenden Rechtsstoffs verlangte, um denselben zu kürzen und zu integrieren. So wurden sogar Zweifel bezüglich des Ursprungs der aufgenommenen Bestimmungen laut, die daran anknüpften, daß in den Svod Zakonov nicht mehr als ein Drittel der davor geltenden Privatrechtsnormen aufgenommen worden war. Dies mochte darauf schließen lassen, daß die Systematisierung und Straffung mit der Übernahme fremden Rechts einhergegangen war.[151] Es hatte im tradierten Recht z. B. nicht selten an abstrakten Tatbeständen gefehlt. Bei deren Formulierung bot sich Raum für Neues.[152] Ferner ist zu bedenken, daß ein brauchbares Recht auch eine vernünftige Regelung des Warenverkehrs enthalten muß. Dieser Bereich war aber, wie gesehen, im bisherigen positiven Recht unentwickelt geblieben. In den Svod Zakonov gingen dann bestimmte Vorschriften ein, für deren Ursprung nicht ohne weiteres auf tradiertes russisches Recht verwiesen werden kann. Neben dem Umstand, daß eine Reihe von Artikeln des Svod keine Belegangabe aufweisen,[153] sind es vor allem diese Beobachtungen, die verschiedentlich die Vermutung herausgefordert haben, daß der Svod Zakonov X/1 womöglich tatsächlich an zahlrei-

149 Daß Speranskij also, unter Nikolaus I. zurückberufen, aufrichtig »seinen bisherigen Irrtum eingestanden« hätte, ist nicht anzunehmen; vgl. aber David in: David/Hazard, Le droit soviétique, Bd. 1, S. 44.

150 Wieacker, Privatrechtsgeschichte, S. 506 f.

151 Karcov, K voprosu o pravotvorčeskoj dejatel'nosti (Teil 1), S. 147-148.

152 Makarov, Svod Zakonov, S. 48.

153 S. oben S. 201.

chen Stellen den Einfluß der Rechtsordnungen des westlichen Auslands und damit der römischen Rechtstradition aufweist.

In diesem Sinne hat Guljaev (noch unter den Bedingungen des Zarenreichs) geäußert, Speranskij sei zwar zweifellos für die Selbständigkeit des russischen Privatrechts und dessen Unvereinbarkeit mit Justinians System eingetreten, habe sich jedoch an den neuesten Interpretationen der Texte Justinians orientiert. Die Zusammenstellung einzelner Sinnabschnitte des Privatrechts, wie sie der Reformator vorgenommen habe, könne unmöglich ein Ergebnis der Verallgemeinerung von Bestimmungen aus tradierten russischen Gesetzen sein. Immerhin seien auch in den Plänen, die Speranskij für die Gesetzgebung ausgearbeitet habe, oftmals römische Rechtsbegriffe genannt.[154] Auch andere Forschungen, die auf Erfahrungen mit dem noch geltenden Recht des Svod Zakonov beruhen, haben mit Rücksicht auf die Quellen der Sammlung ein differenzierteres Bild ergeben. So hat der Sankt Petersburger Rechtsanwalt Maksim M. Vinaver[155] den Ursprung einer Vielzahl von Normen des Svod Zakonov mit ausländischen Bestimmungen identifiziert.[156] Im Anschluß an Vinaver nennt auch Filippov im Zusammenhang mit den Arbeiten am Svod Zakonov zeitgenössische Kodifikationen als vermutete Quellen, wobei er auf das römische, französische, preußische sowie österreichische Recht verweist.[157] Auch Nečaev meint, der Svod enthalte verschleierte Entlehnungen aus ausländischen Gesetzen.[158] Eine mehrteilige, eingehende Untersuchung zahlreicher Vorschriften hat German M. Barac vorgelegt.[159] Dieser benannte (1884/85) eine Vielzahl von griechisch-römischen oder anderweitigen Quellen des Privatrechts im Svod Zakonov. Nach seiner Ansicht handelt es sich insgesamt um eine Zusammenstellung verschiedenen Materials, also gerade nicht nur aus älteren russischen Bestimmungen.[160] Der Speranskij-Biograph Nol'de konnte zu Beginn des 20. Jahrhunderts bereits bilanzierend darauf verweisen, daß Generationen von Wissenschaftlern nach Speranskij in zahlreichen Artikeln des

154 Guljaev, Ob otnošenii, S. 13.

155 Über Maksim Moiseevič Vinaver (1863-1926), einen KD-Politiker, prominenten Vertreter jüdischer Interessen und Förderer der Kunst (bes. Chagalls), der nach Paris emigrierte, vgl. Šilochvost, Russkie civilisty, S. 32 f.

156 Vinaver, K voprosu ob istočnikach (1894/95), S. 19 ff.; vgl. Letjaev, Recepcija rimskogo prava, S. 24.

157 Filippov, Imperator Nikolaj I i Speranskij, S. 10; vgl. Barac, O čužezemnom proischoždenii (1885), S. 45 ff. mit Einzelnachweisen.

158 Er stellt fest, teilweise werde auf alte russische Bestimmungen verwiesen, wo in Wahrheit Neues nach ausländischem Vorbild eingeführt worden sei. Vgl. Nečaev, Art. Graždanskie zakony, S. 503.

159 S. bereits oben S. 65 f. Für die politische Sprengkraft dieser Arbeiten, die mit der genuin russischen Herkunft der Bestimmungen des Svod Zakonov gleichzeitig die Richtigkeit ihrer Geltung in Frage stellten, vgl. Borisova, The Digest, S. 921-922.

160 Baratz, Sur les origines étrangères, S. 15; vgl. David in: David/Hazard, Le droit soviétique, Bd. 1, S. 59.

Svod Zakonov Entlehnungen aus anderen, ausländischen Gesetzessammlungen gefunden hätten.[161]

Aus Sicht der modernen Rechtsvergleichung bemerkt Ajani, Speranskij habe bei der Schaffung des Svod Zakonov »un occhio alle soluzioni tradizionali del diritto russo ed un altro alle soluzioni dei codici europei« gehabt.[162] Dies trifft sicherlich etwas Richtiges. Speranskijs Redaktionsarbeiten weisen vielfach die Spuren vergleichender Betrachtungen auf, die er an den drei großen Naturrechtskodifikationen Westeuropas unternahm.[163] Die wichtigste Quelle war der Code Civil.[164] Eine weitere Quelle bildete das österreichische ABGB.[165] Besonders im Bereich des Sachenrechts ist sein Einfluß neben dem der deutschen Privatrechtswissenschaft festzustellen. Schließlich wurde auch das preußische Allgemeine Landrecht herangezogen.[166] Wenn Reich demgegenüber meint, der Svod Zakonov X/1 weise weder Einflüsse des Code noch solche der Entwürfe von 1809/12 auf,[167] ist das in dieser Pauschalität sicherlich unhaltbar. Speranskij selbst hatte zwar nennenswerte sachliche Anleihen des Svod Zakonov bei ausländischen Gesetzen bestritten.[168] Dahingehende Äußerungen dürften allerdings, wie bemerkt, eher auf das Interesse des Reformators daran zurückgehen, auf die programmgemäße Erfüllung des Kommissionsauftrags hinzuweisen und den möglichen Verdacht einer »Fremdheit« des neuen Rechts von vornherein auszuräumen.

Wenn wir nun im folgenden durchaus einige Anleihen beim römisch-westeuropäischen Recht benennen werden, dann ist nicht immer mit Bestimmtheit festzustellen, welchen Weg die Übernahme bestimmter Regelungen und Begriffe im einzelnen genommen hatten, aus welcher Quelle die Anregung zur Formulierung einer bestimmten Regelung also jeweils entnommen worden war. Dies ist allerdings auch von nachrangigem Interesse, denn auch hinter den in Betracht kommenden neuzeitlichen Kodifikationen steht ja letztlich vielfach das als Ius commune weiterentwickelte römische Recht.[169] Und insbesondere aus der russischen Perspektive werden Einrichtungen westlicher Gesetzbücher, wie wir gesehen haben, ohnehin oftmals vereinfachend als »römisches« Recht wahrgenommen.

Daß durch die modernen Texte oftmals letztlich römisches Recht tradiert wird, muß auch insoweit beachtet werden, als gelegentlich versucht worden ist, den spezi-

161 Nol'de, Speranskij, S. 225 f. Die 2004 im Druck erschienene Biographie, deren Verfasser 1919 verstorben ist, gibt den vorrevolutionären Forschungsstand wieder.

162 Ajani, Alcuni esempi di circolazione, S. 966.

163 Letjaev, Recepcija rimskogo prava, S. 54 mit Nachweisen. Zur Benutzung der ausländischen Gesetzbücher vgl. ferner Raeff, Michael Speransky, S. 335 ff.

164 Vinaver, K voprosu ob istočnikach (1894/95), S. 1 ff.; ebenso Silvestri, Contrast, S. 4.

165 Vgl. Kosarev, Etapy recepcii rimskogo prava, S. 128 sowie jetzt Whisenhunt, In Search of Legality, S. 105 f.

166 Vgl. Makarov, Das Preußische Allgemeine Landrecht, S. 286-292, der seine Belege allerdings außerhalb des Zivilrechts findet.

167 So Reich, Kodifikation und Reform, S. 184.

168 Tomsinov, Rossijskie pravovedy, Bd. 1, S. 239-241.

169 Kolbinger, Im Schleppseil Europas?, S. 32.

fisch russischen Charakter der Quellen des Svod Zakonov X/1 mit der Behauptung zu unterstreichen, die Kommission hätte sich der Privatrechtsentwürfe aus der Zeit der alexandrinischen Reformarbeiten bedient. Auch damals war, wie schon gesehen, römisch-westeuropäisches Recht aufgenommen worden. Makarov bemerkt zutreffend, daß bereits diese Materialien durchaus geeignet waren, Elemente des Code Civil zu vermitteln.[170] Auch sie bildeten also bereits ein Einfallstor für römisches Recht. Dies gilt natürlich zunächst besonders für die Entwürfe von 1809-1812, die in spezifischer Weise durch den Code Civil geprägt waren. Weniger klar ist dies im Falle der Materialien, die aus den Kommissionsarbeiten nach der Absetzung Speranskijs 1812 hervorgegangen waren. So behauptet Lev Kasso, dem an der Herausstellung des spezifisch russischen Charakters der Quellen des Svod Zakonov gelegen ist, die Redaktoren hätten auf Arbeiten der Gesetzgebungskommission von 1818 zurückgegriffen.[171] Allerdings hat Majkov darauf hingewiesen, daß die Kodifikationsarbeiten zwischen 1815 und 1825 die Vorbereitung des Svod Zakonov u. a. gerade insoweit gut gefördert hätten, als die Entwürfe von 1809-1812 hier verarbeitet worden seien.[172] Reich wendet hier ein, daß diese Entwürfe später gar nicht mehr Grundlage der Kodifikationsarbeiten gewesen seien.[173] Bei formaler Betrachtung ist das richtig, denn die Redaktoren des Svod Zakonov sollten tradiertes Recht zusammenstellen und grundsätzlich nicht frühere Entwürfe, die niemals in Geltung gestanden hatten. Man wird allerdings die personelle Kontinuität der Kommission und die Fortwirkung der Arbeitsvorstellungen der Verantwortlichen berücksichtigen müssen.

Schließlich muß darauf hingewiesen werden, daß auch dasjenige tradierte Recht, das nach dem Arbeitsprogramm der Kommission in erster Linie die Grundlage für die Kompilation bilden sollte, nicht frei von rezipierten Rechtseinrichtungen aus früheren, der Aufnahme westlichen Rechts gegenüber, wie gesehen, teilweise aufgeschlossenen Phasen der Rechtsentwicklung war.[174] Es handelte sich also auch insoweit keineswegs um ausschließlich spezifisch russisches Recht.

c.) Der Befund in einzelnen Rechtsbereichen

Wir wollen uns hier auf Beobachtungen zum Eingang römischen Rechts in das Zivilrecht des Svod Zakonov beschränken.[175] Dieser Teil der Sammlung enthält

170 Makarov, Svod Zakonov, S. 49.

171 Kasso, Istočniki russkogo graždanskogo prava, S. 1 ff.; vgl. ausführlicher dens., K istorii Svoda zakonov graždanskich (1904).

172 Majkov, Vtoroe otdelenie, S. 110 ff.; zum Zusammenhang vgl. ferner ders., Kommisii sostavlenija zakonov, Nr. 7, S. 256-291, Nr. 9, S. 236-282 u. Nr. 10, S. 189-214.

173 Vgl. Reich, Kodifikation und Reform, S. 180, Fn. 119.

174 Rudokvas/Kartsov, The Development, S. 304. Die Autoren sprechen insoweit von legal transplants, als die entsprechenden Rechtseinrichtungen ohne Rücksicht auf ihren jeweiligen Ursprungskontext in das russische Recht rezipiert worden waren.

175 Hinweise auf Parallelen ergeben sich im übrigen auch im Hinblick auf andere Texte des Svod Zakonov. Vgl. Barac, O čužezemnom proischoždenii (1884), S. 7.

zahlreiche Rechtsinstitute, die der Tradition des römischen Rechts entlehnt sind. Es handelt sich dabei vielfach nicht um absolute Neuerungen aus der Sicht des russischen Rechts, sondern um die Ausrichtung einer ähnlich jeweils bereits bestehenden Begrifflichkeit auf das romanistische Vorbild. Im einzelnen ergibt sich folgendes:

Das Recht der Minderjährigen im Svod Zakonov X/1 unterscheidet drei Zeitabschnitte des Lebensalters: bis 14 Jahren, von 14 bis 17 Jahren und von 17 bis 21 Jahren (Art. 213).[176] Diese stufenweise Regelung des Erwerbs der Geschäftsfähigkeit soll auf eine Bestimmung Katharinas II. zurückgehen, nach der in dieser Hinsicht dem römischen Recht zu folgen sei.[177] In der Tat kennt das römische Recht eine Altersgrenze von 14 Jahren für den Eintritt der Mündigkeit[178] sowie ältere Quellen, die vom Übergang zum Mannesalter mit etwa 17 Jahren berichten.[179] Allerdings tritt im Svod Zakonov nur schwach die Unterscheidung zwischen der zweiten und der ersten Periode hervor (Art. 219); als nicht-volljährig (nesoveršennoletnyj) gilt jedenfalls, wer noch nicht 21 Jahre alt ist.[180]

Ein wichtiges Beispiel bildet auch das Eigentum. Die Begriffsbestimmung enthält Art. 420.[181] Er lautet:

> Wer als erster Erwerber eines Vermögensgegenstandes durch gesetzliche Bestätigung der besonderen Zugehörigkeit zu ihm in der von den bürgerlichen Gesetzen bestimmten Ordnung die Macht [vlast'] erhalten hat, den Gegenstand ausschließlich und unabhängig von fremden Personen ewig und vererblich zu besitzen [vladet'], zu nutzen und darüber zu verfügen, solange er diese Macht nicht auf einen Dritten überträgt, oder auf wen diese Macht [vlast'] von ihrem ersten Erwerber unmittelbar oder im Wege gesetzmäßiger Übertragung und Bestätigung übergegangen ist: der hat an diesem Vermögensgegenstand das Eigentumsrecht [pravo sobstvennosti].

Als Ursprung dieser Regelung verweist der Svod in erster Linie auf jene Bestimmungen Katharinas II. von 1785, die das Privateigentum gewährleisten. Baranowski bemerkt an diesem Beispiel, daß nicht jede Verweisung im Svod Zakonov »ein echter Treffer« sei.[182] Immerhin gibt Art. 22 der Žalovannaja gramota dvorjanstvu von 1785 dem Adligen die Befugnis, über eine »Habe« (imenie), die er als erster

176 Vgl. Rosenberg, System, Sp. 604.

177 Vgl. Isačenko/Isačenko, Objazatel'stva po dogovoram, S. 109.

178 Dies betrifft allerdings nur männliche Jugendliche, die, sofern *sui iuris*, zur rechtsgeschäftlichen Selbständigkeit gelangen (*liberantur tutela*; vgl. Ps.-Ulp. 11,28), während Mädchen zwar bereits mit 12 Jahren *puberes* werden, aber danach noch in der frühen Kaiserzeit der Frauentutel unterfallen. Vgl. Kaser, Das römische Privatrecht, Bd. 1, S. 275.

179 Im Alter von etwa 17 Jahren wurde mit dem Anlegen der *toga virilis* die Aufnahme in den Kreis der wehrfähigen Vollbürger dokumentiert, bevor dieses Ritual in spätrepublikatischer Zeit bereits zu einem früheren Zeitpunkt vorgenommen wurde. Vgl. Marquardt, Das Privatleben der Römer, Bd. 1, S. 123 ff. mit Nachweisen.

180 Isačenko/Isačenko, Objazatel'stva po dogovoram, S. 109 f.

181 Razvitie russkogo prava vo vtoroj polovine XIX – načale XX veka, S. 154.

182 Baranowski, Rußlands Gesetzgebung im Spannungsfeld, S. 290.

erlangt hat, auf verschiedene Arten zu verfügen. Gleichwohl war die dreigeteilte Beschreibung der aus dem Eigentum folgenden Einzelbefugnisse mit Besitz, Nutzung und Verfügung[183] bereits von Katharina II. vorausgesetzt worden.[184] Wenn die Kompilatoren des Svod Zakonov die Dreiteilung damit also durchaus in der russischen Rechtstradition hatten finden können, handelte es sich nicht um ein spezifisch russisches Element. Auch die ersten neuzeitlichen Kodifikationen des Westens wiesen ähnliche Bestimmungen auf. Die Übernahme in den spezifisch privatrechtlichen Kontext des Svod Zakonov X/1 dürfte besonders durch das preußische ALR gefördert worden sein, denn dieses bot sich als Vermittler der dreigeteilten Definition an. Es bestimmt, daß das volle Eigentum aus drei Rechten bestehe: dem Recht zum Besitz, dem Recht, über die Substanz zu verfügen und dem Recht, die Sache zu gebrauchen.[185] Der von der Kommission hier außerdem zweifellos berücksichtigte Code Civil arbeitet immerhin in Art. 544 mit einer zweigeteilten Beschreibung der Einzelbefugnisse (»le droit de jouir et disposer des choses«).[186] Letztlich wird die Trichotomie der Einzelbefugnisse des Eigentümers gelegentlich auf eine vermutete Trias des römischen Rechts *uti, frui, abuti* zurückgeführt.[187] Anknüpfen kann diese Vermutung an das ältere Gemeine Recht.[188] In den römischen Quellen ist die Dreiteilung in dieser Weise nicht überliefert.[189] Außerdem ist einzuwenden, daß »verfügen« und »*abuti*« (zerstören, verbrauchen) verschiedene Formen des Umgangs mit der Sache bezeichnen.

Der hier auftretende Eigentumsbegriff bildet einen Niederschlag jener aus der feudalrechtlichen Auffassung vom Eigentum herrührenden Vorstellung, es handele sich um ein Bündel von Einzelbefugnissen im Hinblick auf die Sache, die sich zusammenstellen oder aber zerlegen ließen. Die Pandektistik schuf demgegenüber ein neues und kohärentes Eigentumskonzept, das durch einen unteilbaren Freiraum gekennzeichnet war und von beschränkten dinglichen Rechten

183 Vgl. Lehr, Droit civil russe, Bd. 1, S. 228 u. 282.

184 Hammer, Russia and the Roman Law, S. 11 weist auf Art. 11 der Žalovannaja gramota dvorjanstvu (vgl. oben S. 167); dort wird allerdings nur die Entziehung des Adelsvermögens ohne Gerichtsbeschluß ausgeschlossen, ohne daß dasselbe näher definiert wäre. Vgl. noch Čistjakov/Novickaja (Red.), Zakonodatel'stvo Ekateriny II, Bd. 2, S. 204.

185 ALR I, 8 §§ 9-12. Zugrunde liegen Konzepte des Usus modernus; vgl. Klemm, Eigentum und Eigentumsbeschränkungen, S. 48 ff.

186 Vgl. Silvestri, Contrast, S. 10.

187 Vgl. Solotych, Zivilgesetzbuch, Einleitung, S. 52.

188 Im älteren Gemeinen Recht ist offenbar eine entsprechende positive Beschreibung des Eigentums (durch bestimmte Befugnisse) bevorzugt worden. Vgl. etwa Hotman, Novus Commentarius de verbis iuris antiquitatum, S. 117, wo s. v. dominium die Definition belegt ist: »ius ac potestas re quapiam tum utendi, tum abutendi, quatenus iure civili permittitur«.

189 Römisch ist allerdings die Ausdrucksweise *uti, frui, habere possidere*, mit der das eigentumsähnliche Besitz- und Nutzungsrecht beschrieben wird, das Private allenfalls an Provinzialgrundstücken haben konnten, welche im übrigen im Staatseigentum verblieben. Auf diesen Zusammenhang des russischen Konzepts mit der *lex agraria* von 111 v. Chr. verweisen Erofeev/Vodkin, Formirovanie pravovych predstavlenij, S. 15.

auch nicht begrifflich modifiziert werden konnte.[190] Hier repräsentierte das private Eigentum als zentrales, inhaltlich festliegendes Rechtsinstitut die bürgerliche Freiheit. Im Eigentumsrecht des Svod Zakonov wirkte demgegenüber also noch feudales Rechtsdenken fort. Dies drückt sich auch darin aus, daß das Gesetz den Eigentumsbegriff in Art. 420 sowie in Art. 513 (vladenie) von einem »ewigen und vererblichen Besitz« ausgehend bestimmt.[191] Reich hat den Standpunkt vertreten, daß der Besitz hier als feudalrechtliche Einrichtung mit dem Eigentum als bürgerlichrechtlicher Institution zusammenfalle.[192] Diese Vorstellung reagiert zutreffend darauf, daß die Bestimmungen des Svod Zakonov seit den 1860er Jahren als Grundlage für einen modernen, individualistischen Eigentumsbegriff herangezogen wurden. Man wandte althergebrachte, feudal-besitzrechtliche Vorschriften auf das Rechtsleben des 19. Jahrhunderts an und interpretierte sie damit aus der Perspektive des Privateigentums. Das aber führte zu einem Systembruch.[193]

Auch aus anderen Gründen wurden Bedenken gegen die in den Svod Zakonov eingegangenen Eigentumsvorstellungen laut. Den Ausdruck »sobstvennost'«, dessen Übernahme in der Zeit der Kodifikation stattfand, erklärt Guljaev als Übersetzung aus dem Deutschen.[194] Die Einführung dieses Ausdrucks stieß in Rußland auf Kritik. Einige Juristen äußerten sich gegen das Institut des Eigentums überhaupt und bezeichneten es als unpassend für Rußland.[195] Widerstände gegen die Etablierung des Privateigentums, insbesondere an Grund und Boden, ergaben sich schließlich deswegen, weil der Eigentumsbegriff in der russischen Erfahrung unmittelbar mit dem System der Leibeigenschaft verbunden war: Das Eigentum an Ländereien erstreckte sich traditionell auch auf die dort lebenden Leibeigenen.[196] Katharina II. hatte, wie gesehen, zunächst nur Adeligen und Stadtbürgern ein gesichertes Eigentum eingeräumt. Insoweit konnte das Eigentum als exklusives Recht Privilegierter gelten und als solches grundsätzlich Anstoß erregen. Erst 1848 wurde dieses Recht auf die (freien) Bauern ausgedehnt.[197]

Im Hinblick auf die Art. 416-419 SZ X/1 über Sachvermögen und Forderungen (Ob imuščestvach naličnych i dolgovych) hatte Nevolin den Standpunkt vertre-

190 Grossi, Das Recht in der europäischen Geschichte, S. 164. Hier herrschte die »negative« Seite des Eigentumsbegriffs vor, also das Recht, unter Ausschluß der Einwirkung Dritter mit der Sache nach Belieben zu verfahren; vgl. Baron, Pandekten, § 125, S. 235.

191 Vgl. die Erläuterung bei Borovikovskij, Zakony graždanskie (1898).

192 Reich, Kodifikation und Reform, S. 184. Zum feudalen Charakter des älteren russischen Sachenrechts vgl. Čistjakov/Novickaja (Red.), Zakonodatel'stvo Ekateriny II, Bd. 2, S. 198 u. 203.

193 Ein Nebeneinanderherlaufen von altem und neuem Recht hatte Marx insbesondere für Deutschland im 19. Jahrhundert konstatieren können, wo das feudale und das aufkommende bürgerliche Recht im Wettstreit miteinander lagen; Reich, Sozialismus und Zivilrecht, S. 34.

194 Karcov, K voprosu o pravotvorčeskoj dejatel'nosti (Teil 1), S. 157 mit Nachweis.

195 Vgl. etwa Leškov, O častnom pozemel'nom prave, S. 30 f.

196 Merl, Einstellungen zum Privateigentum in Rußland, S. 138-139.

197 Merl, Einstellungen zum Privateigentum in Rußland, S. 141.

ten, daß die gesetzliche Unterscheidung der Differenzierung zwischen solchen Vermögensrechten entspreche, die einerseits an Sachen bestehen und andererseits auf Handlungen anderer Personen gerichtet sind.[198] Diese Aufteilung der Rechte führt Barac auf die römische Unterscheidung der Vermögensgegenstände in *res corporales* und *res incorporales* zurück.[199] Richtig ist, daß die in den Art. 416-419 enthaltene Begriffsgliederung der Differenzierung zwischen *res corporales* und *res incorporales* sachlich nahekommt.[200] Allerdings bestreitet Barac, daß dies die unmittelbare Quelle der Bestimmungen sei, und behauptet, diese gingen in Wahrheit darauf zurück, daß sich Speranskij bei der Ausarbeitung der Artikel der Werke Pothiers »Traité du droit du domaine de propriété« und Joseph-André Rogrons »Les codes français expliqués par leurs motifs« bedient habe.[201] Dies sucht Barac durch die Gegenüberstellung von Ausschnitten aus diesen Werken und dem Erklärungsbericht Speranskijs (Objasnitel'naja zapiska) zum Svod Zakonov nachzuweisen:[202] Art. 416 SZ X/1 bestimmt, daß das Sachvermögen aus Grundvermögen, Häusern, Geld und sonstigen Sachen bestehe.[203] Im Hinblick auf die Vermutung, die Definition des Sachvermögens sei in Anlehnung an den Begriff der *res corporales* gebildet worden, verweist Barac auf Gaius 2 *institutionum* D. 1,8,1,1 sowie Inst. 2,2 pr., wo die *res corporales* wie folgt definiert werden: *Corporales hae sunt, quae sui natura tangi possunt: veluti fundus homo vestis aurum argentum et denique aliae res innumerabiles.*[204] Er meint, dies sei die Quelle des Art. 416. Daß in der Aufzählung des Art. 416 sowohl der Mensch (*homo*) als auch die Kleidung (*vestis*) fehlt, führt Barac auf den Einfluß Rogrons zurück. Dieser nämlich schließt den Menschen aus dem Begriff der Sache insoweit aus, als es in einem jeweiligen Land keine Sklaverei gibt.[205] Da es in Rußland zur Zeit der Erarbeitung des Svod Zakonov in der Tat keine Sklaverei im strengen Sinne gab, sondern vielmehr die als grundsätzlich anders wahrgenommene Leibeigenschaft, konnte Rogrons Gedanke in Art. 416 berücksichtigt werden.[206]

Ein Recht der Servituten hatte das russische Recht vor dem Inkrafttreten des Svod Zakonov nicht entwickelt.[207] Hier bilden die Art. 432 und 433 über die »Rechte der privaten Teilhabe« (»prava učastija častnogo«) den Anfang.[208] Zu den

198 Nevolin, Polnoe sobranie sočinenij, Bd. 4, S. 37.
199 Barac, O čužezemnom proischoždenii (1885), S. 84.
200 Vgl. Mejer, Russkoe graždanskoe pravo, S. 159 mit Anm. 3; Klibanski, Handbuch, Bd. 1, S. 157.
201 Barac, O čužezemnom proischoždenii (1885), S. 85 f.
202 Vgl. Barac, O čužezemnom proischoždenii (1885), S. 86-88.
203 Barac, O čužezemnom proischoždenii (1885), S. 89.
204 Entspricht Gaius, *inst.* 2,13.
205 Rogron, Les codes français expliqués par leurs motifs, S. 87 (vor Art. 516 CC).
206 Barac, O čužezemnom proischoždenii (1885), S. 90.
207 Anderes gilt für die in den westlichen Teilen des Zarenreiches geltenden Partikularrechte; vgl. Abramovič, O krestjanskich servitutach, S. 1 ff.
208 Karcov, K voprosu o pravotvorčeskoj dejatel'nosti (Teil 1), S. 148; ders., Transplants, S. 234-237.

allgemeinen Vorschriften über Dienstbarkeiten wurden Einzelbestimmungen aus älteren Rechtsquellen hinzugefügt, die gelegentlich ganz andere Regelungsgegenstände wie etwa Abwehransprüche für den Fall der Beeinträchtigung betrafen.[209] Die Art. 448-451 behandeln immerhin das Wegerecht und ähneln inhaltlich der entsprechenden römischen Servitut;[210] Art. 452 nennt (ohne nähere Regelungen zu treffen) den Begriff der Dienstbarkeit. Obwohl Speranskij die Einführung bestimmter neuer juristischer Termini als notwendig betrachtete, hatte er von der Aufnahme des Ausdrucks »Servitut« abgesehen, weil dieser zu sehr auf mutmaßlich ausländische Ursprünge des Rechts der beschränkten dinglichen Rechte an Grundstücken hinweisen mochte.[211]

Nach Art. 568 SZ X/1 sind Verbindlichkeiten entweder in denjenigen Verträgen enthalten, aus denen sie hervorgehen, oder sie bestehen selbständig auf Grundlage eines zuvor abgeschlossenen Vertrags. Für beide Kategorien der Verbindlichkeiten zählt das Gesetz jeweils eine Auswahl von Vertragstypen auf. Ein historisches Vorbild für diese Darstellungsform wird man immerhin in Kap. 3 des Načertanie Katharinas II. sehen dürfen, doch war bereits dieser, wie gesehen, an klassischen Strukturen orientiert.[212] Auch hier kann mit guten Gründen vermutet werden, daß die Nennung einzelner Tatbestände des besonderen Schuldvertragsrechts letztlich auf antike Darstellungen des klassischen, am *numerus clausus* der klagbaren Vertragstypen orientierten Obligationenrechts zurückgeht.[213] Sogar Pobedonoscev, der in seiner Darstellung des Privatrechts allgemein vielfach römisches Recht verwertet, die Bedeutung desselben für das *geltende* Recht des Svod Zakonov allerdings regelmäßig bestreitet, geht davon aus, daß der Artikel von den Redaktoren des Svod offensichtlich aus der Theorie des römischen Rechts entlehnt worden sei.[214] Pobedonoscev räumt dies ein, weil der Artikel so dunkel und verworren redigiert sei, daß man ihn ohne Rücksicht auf die Systematik der klassischen Vertragstypen nicht verstehen könne.[215] Vinaver meint, man könne sich in der Tat kaum eine gröbere und ungeschicktere Entlehnung vorstellen.[216] Er legt die römische – und im russischen Schrifttum zu seiner Zeit längst

Zwei wichtige beschränkte dingliche Nutzungsrechte, die der Svod Zakonov zunächst nicht enthielt, wurden erst später anerkannt. Es handelte sich zum einen um die aus dem römischen Recht bekannte *emphyteusis*, zum anderen um das »Bebauungsrecht« (russ. pravo zastrojki), welches an die römische *superficies* angelehnt war und 1912 eingeführt wurde. Vgl. Kopylov, Veščnoe pravo, S. 98 ff. u. 136 ff.; Farian, Dingliche Nutzungsrechte, S. 15; Kartsov, Transplants, S. 249.

209 Karcov, K voprosu o pravotvorčeskoj dejatel'nosti (Teil 1), S. 152 u. 159.

210 Karcov, K voprosu o pravotvorčeskoj dejatel'nosti (Teil 1), S. 160-161.

211 Karcov, K voprosu o pravotvorčeskoj dejatel'nosti (Teil 1), S. 156.

212 S. oben S. 165 f.

213 Zur Sache Kaser, Das römische Privatrecht, Bd. 1, S. 477 u. 486.

214 Vgl. nun Slyščenkov, Proekt Graždanskogo uloženija, S. 41.

215 Pobedonoscev, Kurs graždanskogo prava, Bd. 3, S. 111; vgl. Vinaver, K voprosu ob istočnikach (1894/95), S. 16.

216 Vinaver, K voprosu ob istočnikach (1894/95), S. 17; vgl. Slyščenkov, Proekt Graždanskogo uloženija, S. 41.

verbreitete[217] – Differenzierung zwischen Konsensual- und Realkontrakten zugrunde und meint, die erste Hälfte des Artikels solle den Bereich der Konsensualkontrakte beschreiben. Während die Redaktoren ihre Aufgabe insoweit noch einigermaßen erfüllt hätten, sei die zweite Hälfte, die Pfand und Darlehensschuldscheine nennt, mißlungen. Vinaver weist darauf hin, daß das römische Recht – er bezieht sich auf Inst. 3,13, 3,14 und 3,22 – zahlreiche Konsensualverträge kenne, nämlich *locatio conductio*, *emptio venditio*, *societas* und *mandatum*, und an Realverträgen *mutuum*, *commodatum*, *depositum* und *pignus*. Von diesen enthalte Art. 568 in seiner ersten Hälfte allein die *locatio conductio*, für die Miete und Werkvertrag stehen, während sich in der zweiten Hälfte der Vorschrift nur Tatbestände fänden, die *pignus* und *mutuum* entsprächen.[218]

Art. 1528 SZ X/1 bestimmt, daß ein Vertrag (dogovor) durch Willensübereinstimmung der vertragsschließenden Personen (dogavarivajuščichsja lic) zustande komme.[219] Vinaver nimmt hier eine tautologische Regelung wahr (*idem per idem*), die ihre Ursache offenbar in einer Entlehnung aus den Digesten habe (Ulpian 4 *ad edictum* D. 2,14,1,3): *conventionis verbum generale est ad omnia pertinens, de quibus negotii contrahendi transigendique causa consentiunt qui inter se agunt*. Die Redaktoren übertrugen offenbar »*inter se agere*« mit »dogovarivat'sja«, was derselben Wortfamilie angehört wie »dogovor« (»Vertrag«). Dadurch bewirkten sie eine Tautologie, welche im römischen Quellentext, nach der »*conventio*« die Übereinstimmung derjenigen Personen ist, »*qui inter se agunt*«, nicht auftritt.[220]

Am Familienrecht des Svod Zakonov erweist sich besonders die Neigung, bisherige Regelungen zu konservieren. Im Eherecht ist dies durch die Zuständigkeit der Kirche bedingt. Die Bestimmungen des Svod Zakonov X/1 knüpfen insoweit an einen kirchenrechtlichen Tatbestand an.[221] Eine Besonderheit des Ehegüterrechts bestand immerhin darin, daß das Vermögen der Ehegatten getrennt blieb.[222] Es gab weder Gütergemeinschaft noch, wie in anderen Rechtsordnungen, ein Recht des Ehemannes zur Verwaltung des Vermögens der Frau. Zwar wird dieses anderweitig bestehende Verwaltungsrecht gelegentlich auf ein vermeintlich römisches Vorbild zurückgeführt, nämlich die umfassende Gewalt des Ehemannes an der Frau,[223] doch kannte gerade das klassische Recht als Normalfall die gewaltfreie Ehe, in der, vom Sonderrecht der Mitgift abgesehen, der Mann keine Rechte am Vermögen der Frau hatte.[224] Die russische Regelung, die mitunter sogar als in ihrer Freiheit vergleichweise fortschrittlich wahrgenommen

217 Vgl. den Kommentar zum Vertragsrecht des Svod Zakonov X/1 von Isačenko/Isačenko, Objazatel'stva po dogovoram, S. 16-18 (dogovory real'nye bzw. konsensual'nye).

218 Vinaver, K voprosu ob istočnikach (1894/95), S. 17.

219 Vgl. die Erläuterungen bei Isačenko/Isačenko, Objazatel'stva po dogovoram, S. 106 ff.

220 Vinaver, K voprosu ob istočnikach (1894/95), S. 32 f.

221 Rosenberg, System, Sp. 604.

222 Reich, Art. Rußland, S. 2288.

223 Vgl. Gebhard, Russisches Familien- und Erbrecht, S. 73.

224 Rosenberg, System, Sp. 604; Kaser, Das römische Privatrecht, Bd. 1, S. 329.

worden ist,[225] entspricht also inhaltlich in wichtigen Merkmalen dem klassischen Recht, ohne daß dies freilich das Ergebnis einer Orientierung an demselben wäre.

Das Erbrecht des Svod Zakonov X/1 wies maßgebliche Parallelen zum römischen Recht auf.[226] Szerszeniewicz beschreibt die Erbfolge nach russischem Recht als einen allgemeinen Sukzessionstatbestand, durch den ein ganzer vermögensrechtlicher »Komplex« übergeht, nicht nur eine Vielzahl einzelner Rechtsbeziehungen.[227] So löst die gesetzliche Erbfolge einen Übergang der Gesamtheit der Rechte und Pflichten des Erblassers aus (Art. 1104).[228] Es herrscht das System des Antrittserwerbs (Art. 1255), welches das römische Recht für den Außenerben kennt.[229] Byčkova meint, die Parallele sei dadurch zu erklären, daß die Regelungen auf römisches Recht gegründet seien und das russische Recht insbesondere das Konzept des römischen Rechts von der Nachfolge in die Person des Erblassers in vermögensrechtlicher Hinsicht übernommen habe.[230] Auch zahlreiche Einzelbestimmungen deuten auf diesen Zusammenhang hin: So kann der gesetzliche Erbe die Wirkungen des Antritts auch ohne Erklärung auslösen, wenn er Teile des Nachlasses an sich nimmt oder nutzt.[231] Vor dem Erbschaftsantritt bildet der Nachlaß eine Art *hereditas iacens*.[232] Mit der Annahme haftet der Intestaterbe für die Nachlaßverbindlichkeiten (Art. 1259).[233]

Die gesetzliche Erbfolge war nach Stämmen, Linien und Graden geregelt (Art. 1111 ff. SZ X/1), es galt das Repräsentationsprinzip (Art. 1123).[234] Sind keine Abkömmlinge vorhanden, dann erben die Verwandten in der Seitenlinie (Art. 1134).[235] Dies entspricht der Reihenfolge, in der nach dem Zwölftafelrecht *sui heredes* und Agnaten berufen sind. Im gesetzlichen Erbrecht erbt neben den Kindern auch der überlebende Ehegatte, nämlich ein Siebtel des unbeweglichen und ein

225 Pokrovskij, Osnovnye problemy, S. 188; Gebhard, Russisches Familien- und Erbrecht, S. 73 f.

226 Vgl. Byčkova, Recepcija rimskogo prava, S. 190 f.

227 Šeršenevič, Učebnik russkogo graždanskogo prava, S. 467.

228 Gebhard, Russisches Familien- und Erbrecht, S. 90 f.

229 Kaser, Das römische Privatrecht, Bd. 1, S. 715 ff.

230 Byčkova, Recepcija rimskogo prava, S. 191. Der Gesetzestext gibt allerdings keinen klaren Hinweis darauf, daß dieses in der Spätantike für die Rechtsnachfolge entwickelte Konzept (vgl. Kaser, Das römische Privatrecht, Bd. 2, S. 470) hier Wirkung entfaltet hätte.

231 Gebhard, Russisches Familien- und Erbrecht, S. 116; Leuthold, Russische Rechtskunde, S. 85; Rosenberg, System, Sp. 607. Das römische Recht kannte den Erwerb der Erbenstellung als Folge des *pro herede gerere*, welches zunächst Regelungszielen des objektiven Rechts gedient hatte und seit Julian als formloser Ausdruck des Antrittswillens verstanden wurde; vgl. Avenarius, L'adizione, S. 18 ff.

232 Byčkova, Recepcija rimskogo prava, S. 191; Gebhard, Russisches Familien- und Erbrecht, S. 112. Zur ruhenden Erbschaft (*hereditas iacens*) vgl. Kaser, Das römische Privatrecht, Bd. 1, S. 720 f.

233 Vgl. die Erläuterung bei Borovikovskij, Zakony graždanskie (1898); für das römische Recht Kaser, Das römische Privatrecht, Bd. 1, S. 733 ff.

234 Byčkova, Recepcija rimskogo prava, S. 191.

235 Gebhard, Russisches Familien- und Erbrecht, S. 99.

Viertel des beweglichen Vermögens (Art. 1148).[236] Gebhard führt dieses Viertel auf römisches Recht zurück: dort habe die Witwe wie die Kinder zu gleichen Teilen geerbt, und man habe nun vorausgesetzt, daß die normale Kinderzahl drei sei.[237]

Was die gewillkürte Erbfolge betrifft, so bestand die wichtigste Einschränkung der Testierfreiheit im Hinblick auf das Stammvermögen: Während über das »wohlerworbene« Vermögen (blagopriobretennye imuščestva) grundsätzlich frei verfügt werden konnte, waren testamentarische Verfügungen über das Stammvermögen ausgeschlossen (Art. 1067, 1068 SZ X/1). Dies bewirkte, daß das Kernvermögen der Familie zusammengehalten wurde zugunsten der Angehörigen, denen kein Pflichtteilsrecht zustand.[238] Wichtige Elemente sind hier dem römischen Recht aus den Zwölftafeln bekannt, nämlich die Kategorie der *bona paterna et avita* sowie die Verfügungsbeschränkungen am Kernvermögen (*uti legassit super pecunia tutelave suae rei* [...]). Im Testament müssen die begünstigten Personen exakt bezeichnet werden (Art. 1026).[239] Eine Substitution ist nur möglich mit Rücksicht auf Umstände, die zum Zeitpunkt des Todes oder der Testamentseröffnung vorliegen – eine Vulgarsubstitution ist also zulässig. Demgegenüber darf sie nicht an spätere Ereignisse anknüpfen, so daß eine fideikommissarische Substitution grundsätzlich ausgeschlossen ist.[240] Als Regel gilt also: *semel heres, semper heres*. Das Gesetz ging davon aus, daß das Testament keine Erbeinsetzung enthielt, sondern die Zuweisung von Einzelgegenständen.[241] Eine Unterscheidung zwischen Erbfolge und Vermächtnis kannte der Svod Zakonov X/1 nicht. Entsprechend dem römischen Recht wurden rechtswidrige Bestimmungen in Testamenten nicht ausgeführt, sondern so behandelt, als ob sie nicht geschrieben seien (*pro non scripto habentur*), wenn sie sinngemäß vom Rest des Testaments zu trennen waren (Art. 1029).[242]

In der Frage nach dem Weg, auf dem das römische Recht jeweils an die Redaktoren des Svod vermittelt worden ist, darf vermutet werden, daß letztere jedenfalls ganz überwiegend auf neuzeitliche Bestimmungen und Schriften zurückgriffen, die römisches Recht verarbeitet hatten, daß es sich also um eine nur mittelbare Fortwirkung handelte. Tujkina hat bei vielen Bestimmungen eine jeweilige Anregung

236 Leuthold, Russische Rechtskunde, S. 79.

237 Gebhard, Russisches Familien- und Erbrecht, S. 94 f. Richtig ist, daß die römische Witwe, falls sie in der *manus* des Erblassers gestanden hatte, neben den Kindern zu gleichen Teilen erbt. Vgl. Kaser, Das römische Privatrecht, Bd. 1, S. 695.

238 Vgl. Taylor, Roman Influences in Russian Wills, S. 434; Gebhard, Russisches Familien- und Erbrecht, S. 110 f.

239 Taylor, Roman Influences in Russian Wills, S. 433; Gebhard, Russisches Familien- und Erbrecht, S. 93.

240 Taylor, Roman Influences in Russian Wills, S. 433.

241 Dieser Grundsatz sowie die knappe Regelung der Materie im Gesetz vermitteln den Eindruck, als sei das Testament eher als Ergänzung (und nicht als Alternative) zum Intestaterbrecht konzipiert gewesen; vgl. Wagner, Civil Cassation Department, S. 52 u. 54.

242 Taylor, Roman Influences in Russian Wills, S. 434.

durch Artikel des Code Civil belegt.[243] In dieser Hinsicht behandelt sie die Bestimmung des Vertragsgegenstandes, die Grundsätze der Vertragsfreiheit und der formalen Gleichheit der Parteien, die Gesetzmäßigkeit der Verträge, die Verpfändung als Sicherung von Verpflichtungen, die Arten der Verpfändungen sowie die Voraussetzungen der Unwirksamkeit von Verträgen.[244] Makarova weist – gleichermaßen zutreffend – darauf darauf hin, daß die jeweiligen Rechtsinstitute auch dem römischen Recht bekannt waren.[245] Kolbinger will die von ihm beobachteten Parallelen zwischen dem Svod Zakonov X/1 und dem römischen Recht allesamt auf eine Vermittlung durch westeuropäische Gesetze zurückführen. Die von ihm genannten Beispiele[246] sind überwiegend ebenso unzweifelhaft zutreffend wie in dem Sinne unspezifisch, daß sie keineswegs auf eine direkte Berücksichtigung römischer Quellen (etwa der Institutionen Justinians) zurückgehen müssen, sondern eine Vermittlung durch westeuropäische Gesetzbücher ebenso möglich ist. Dies gilt z. B. insoweit, als die tradierten russischen Regelungen mit Hilfe begrifflicher Kategorien geordnet werden, die aus dem römischen Recht stammen. Dies ist der Fall bei der systematischen Trennung der Delikte von den Quasidelikten sowie der Singular- von der Universalsukzession. Dies gilt ebenso für Einzelbestimmungen wie diejenigen zum Recht an Ufergrundstücken und *insulae in flumine natae*.[247] Eine »direkte Übernahme« von Teilen des klassischen römischen Rechts schließt Kolbinger aus. Das ist sicherlich richtig, doch hätte sich eine Einarbeitung von Regelungen aus der mutmaßlich hauptsächlich in Betracht kommenden Quelle, den Institutionen Justinians, nicht »direkt« auf klassisches, sondern auf justinianisches Recht bezogen. Und das kann gerade nicht ausgeschlossen werden.

d.) Bewertung

Ob nach allem der Anschluß an römische Rechtseinrichtungen jedenfalls zum Teil direkt auf Grundlage der römischen Quellen stattfand, ob die jeweiligen Bestimmungen lediglich durch westeuropäische Kodifikationen vermittelt wurden oder ob sie schließlich, wie Letjaev meint, nur eine eher unterstützende Rolle gespielt haben,[248] werden wir nicht mit Gewißheit klären können. Der Schleier, hinter dem Speranskij absichtsvoll die Quellen seiner Konzepte verbarg, verstellt auch uns den klaren Blick. Wir dürfen insgesamt vermuten, daß das römische Recht der Quellen unmittelbar keine besonders bedeutende Rolle gespielt hat.

243 Tujkina, Istoričeskoe sootnošenie, S. 7 ff.

244 Vgl. Makarova, Vlijanie rimskogo prava, S. 56.

245 Makarova, Vlijanie rimskogo prava, S. 56.

246 Kolbinger, Im Schleppseil Europas?, S. 32.

247 Das von Kolbinger genannte Beispiel der Unterscheidung zwischen den Besitzformen *clam*, *vi* und *precario* ist allerdings unzutreffend: Die Dreiteilung in Art. 525 bezieht sich auf den aufgrund Täuschung, Gewalt oder Eigenmacht erlangten Besitz; die Bittleihe wird dagegen nicht behandelt.

248 Vgl. Letjaev, Recepcija rimskogo prava, S. 20.

Allerdings war römisches Recht, wie zuvor bereits gezeigt, schon in ältere russische Rechtstexte wie etwa das Uloženie von 1649 eingegangen. Dies bedeutet, daß der in den Svod Zakonov aufgenommene, als »russisch« wahrgenommene Rechtsstoff teilweise bereits römisches Recht vermittelte. Im übrigen wird Letjaev darin zuzustimmen sein, daß Speranskij hier im Wege der Übernahme westeuropäischer Vorbilder – also mittelbar – eine Rezeption römischen Rechts betrieb.[249] Spuren derselben finden sich jedenfalls allenthalben.

249 Letjaev, Recepcija rimskogo prava, S. 41 f. mit Nachweisen.

Kapitel 7: Von der Konsolidierung des russischen Rechts zur Professionalisierung der Juristen am römischen Recht: Die Zweite Abteilung der Kaiserlichen Kanzlei und das Studium russischer Juristen an westlichen Rechtsfakultäten seit den zwanziger Jahren

Die in der Regierungszeit Nikolaus' I. herrschende reaktionäre Grundtendenz betraf, wie gesehen, den Umgang mit dem geschriebenen Recht in der Weise, daß die Rechtsentwicklung von starrem Gesetzespositivismus geprägt war. Als Recht galt grundsätzlich nach wie vor dasjenige, was unter der Verantwortung des Zaren von staatlichen Instanzen gesetzt worden war. Eine darüber hinausgehende Theorie des Rechts, die irgendeinen Grad an Eigenständigkeit hätte behaupten können, blieb noch immer unentwickelt.[1] Und doch liegen in dieser Zeit die Anfänge der Entstehung einer »russischen Rechtswissenschaft«, also eines wissenschaftlichen Umgangs, den Angehörige des Zarenreiches (und nicht mehr hauptsächlich ausländische Gelehrte) mit dem russischen (und nicht mehr nur mit dem römischen) Recht betrieben. Zu dieser Entwicklung konnten die Universitäten des Zarenreiches anfänglich wenig beitragen. Sie mußten zunächst durch umfängliche Reform- und Unterstützungsmaßnahmen in die Lage versetzt werden, daß an ihnen Rechtswissenschaft und auf wissenschaftlichen Grundsätzen beruhende Lehre in nennenswertem Umfang stattfinden konnte.

I.) Reformansätze

Die Universitäten des Zarenreiches waren seit der späteren Herrschaftszeit Alexanders I., also etwa seit Beginn der 20er Jahre, im Niedergang begriffen.[2] Mit dem Verfall war die juristische Bildung zunehmend herabgesunken, und besonders auf dem Gebiet der rechtswissenschaftlichen Literatur herrschte Stagnation. Auch das römische Recht wurde nur mit bescheidenem Aufwand betrieben.

Schon während der Arbeiten am Svod Zakonov hatte sich herausgestellt, daß es für eine Verbesserung der Rechtspflege nicht genügen würde, das geltende Recht zusammenzustellen und in handhabbarer Weise zu ordnen. Das Zarenreich benötigte mehr Juristen, die zudem besser ausgebildet sein mußten als bislang.[3] Es fehlte nach wie vor an geeigneten, einschlägig gebildeten Persönlichkeiten, die die Rechtspflege im Zarenreich in professioneller Weise hätten betreiben können. Mit dem Abschluß der Gesetzgebungsarbeiten trat dieses Problem in aller Deutlichkeit zutage. Speranskij hatte, nachdem sein früherer Plan, auf Grundlage des

1 Heuman, Perspectives, S. 3.
2 Silnizki, Geschichte, S. 408 f.
3 Raeff, Michael Speransky, S. 327.

Svod ein Gesetzbuch auszuarbeiten, abgelehnt und der Svod stattdessen selbst zum Gesetz erhoben worden war, den Standpunkt entwickelt, daß die Verantwortung für die zukünftige Rechtsentwicklung nicht beim Gesetzgeber, sondern bei den Juristen liege. Sie sollten auf der Sammlung des tradierten Rechts aufbauend eine Rechtswissenschaft entwickeln, die dann – später – womöglich zu einem Gesetzbuch führen mochte.[4] Diese nach Fertigstellung des Svod Zakonov formulierten Vorstellungen erinnern nicht zufällig an Savignys Programmschrift »Vom Beruf unsrer Zeit« von 1814. Seit die strikte Beschränkung der Gesetzgebungskommission auf die Zusammenstellung des tradierten Rechts und der Ausschluß eines neuen Gesetzbuches denjenigen Vorstellungen ihr Recht verschafft hatten, die in Rußland unter der Vorherrschaft der Historischen Rechtsschule vertreten wurden, schien sich Speranskij damit notgedrungen arrangiert zu haben. Das ist auch schlüssig, denn nachdem sich die Aussichten, das Recht auf dem Wege neuer Gesetzgebung zu reformieren, noch während der Kommissionsarbeiten zerschlagen hatten, fand Speranskij im Programm der Historischen Rechtsschule, die in Deutschland in voller Blüte stand, ein vielversprechendes Konzept zur allmählichen Fortentwicklung des Rechts, das zudem konservativ genug war, um Aussichten auf eine Umsetzung im Zarenreich zu bieten.

Die Grundsätze der Historischen Rechtsschule waren in den beiden Programmschriften Savignys dahingehend formuliert worden, daß das bestehende, in der Geschichte eines jeweiligen Volkes tradierte und seinem spezifischen Charakter daher entsprechende Recht nicht etwa durch eine Kodifikation fixiert und in seiner Entwicklung damit »abgebrochen« werden dürfe, sondern vielmehr zunächst durch Wissenschaft auf ein hohes Niveau zu befördern sei.[5] Der Ertrag dieses Programms konnte sich für Speranskij gegen Ende der 1820er Jahre so darstellen, daß an deutschen Universitäten nicht nur Juristen in großer Zahl auf hohem Niveau ausgebildet wurden, sondern daß insbesondere in Berlin bereits einige jüngere Professoren, die ersten Savigny-Schüler, auf den Plan getreten waren, die die wissenschaftliche Bearbeitung des in den Ländern Deutschlands teils vorwiegend, teils subsidiär geltenden Gemeinen Rechts als »Heutiges römisches Recht« betrieben.

Für Speranskij, der die Entwicklung des positiven Rechts des Zarenreiches nicht zu einer Kodifikation hatte führen können, mußte es sich angesichts dieser Erfahrungen als zielführend darstellen, auch für das Zarenreich die Heranbildung wissenschaftlich qualifizierter Juristen zu fördern, in deren Hände die Verantwortung für die Fortentwicklung des Rechts anschließend mochte gelegt werden können.[6] Die Orientierung an der fruchtbaren Entwicklung der Historischen

4 Speranskij, Obozrenie, S. 23; vgl. Reich, Kodifikation und Reform, S. 183.

5 Vgl. Savignys Programmschriften: Vom Beruf unsrer Zeit für Gesetzgebung und Rechtswissenschaft (1814) sowie Ueber den Zweck dieser Zeitschrift (1815).

6 Anläßlich der Entsendung einiger Studenten nach Berlin schrieb Speranskij am 10.9.1829 an Savigny bezeichnenderweise, »daß das Studium keines anderen speziellen Rechts eine solidere Grundlage für die juristische Vorbereitung geben kann als das gründliche Studium der

Rechtsschule in Deutschland erweckte darüber hinaus, wie anschließend zu zeigen sein wird, die Vorstellung, daß das römische Recht, welches in Deutschland als Grundlage einer modernen Rechtsordnung und eines wissenschaftlichen Rechtsdenkens einen zuvor nie gekannten Entwicklungsstand erreicht hatte, seine spezifische, wissenschaftliche Fruchtbarkeit auch unter den Geltungsbedingungen des russischen Rechts mochte entfalten können.

Die elementaren Rahmenbedingungen für das juristische Studium im Zarenreich waren zu Beginn des Jahrhunderts vielfach erweitert und verbessert worden. Inzwischen wurde an zahlreichen Orten Rechtsunterricht erteilt. Die erste Universität Rußlands im eigentlichen Sinne – wenn man also von den an die Sankt Petersburger Akademie angeschlossenen Lehreinrichtungen absieht – war 1755 in Moskau gegründet worden. Es folgten Universitätsgründungen in Kazan' 1804, in Char'kov 1805 sowie in Sankt Petersburg 1819. Die »Kaiserliche Universität zu Dorpat« war 1802 wiedereröffnet worden, und zwar mit deutscher Unterrichtssprache. Den Deutschbalten, besonders betroffen vom Verbot des Auslandsstudiums, das als Reaktion auf die Französische Revolution ergangen war, sollte hier ein deutschsprachiges Studium innerhalb des Zarenreichs ermöglicht werden. In Polen wurde 1816 die Universität Warschau gegründet; die Hochschule in Wilna, das bis 1795 zur polnisch-litauischen Rzeczpospolita gehört hatte, war bereits 1803 als Kaiserliche Universität neu eingerichtet worden und hatte sogar vorübergehend als größte Universität des Zarenreiches bestanden.[7]

Die sukzessive Einrichtung rechtswissenschaftlicher Lehrstühle schuf sogar Einfallstore für das westliche und damit das römische Rechtsdenken. Dies war allerdings nicht immer beabsichtigt, sondern ergab sich zunächst in zahlreichen Fällen als Folge eines Mangels an geeigneten russischen Hochschullehrern. Die wenigen Gelehrten, die seit der zweiten Hälfte des 18. Jahrhunderts Rechtsunterricht erteilten, hatten ohnehin nur einen bescheidenen Nachwuchs an Juristen hervorbringen können; an eine Heranbildung akademischen Personals, welches das russische Recht auf hohem Niveau hätte bearbeiten und lehren können, war eingestandenermaßen nicht zu denken.[8] Nur wenige Russen standen zur

Pandekten«; Majkov, Speranskij i studenty zakonovedenija, S. 625; Torke, Das russische Beamtentum, S. 161, Fn. 233.

7 In seiner Promotionsrede auf seinen Schüler Maciejowski vom 19.9.1818 wies Gustav Hugo auch in Anerkennung der bedauernswerten Lage, in der sich Polen nach der dritten Teilung befand, darauf hin, daß es immerhin zu den genannten Universitätsgründungen durch Veranlassung der Zarenadministration gekommen sei: »Neque multum bonum fructum Polonis tulit ea regni divisio, quam vicini ille opportuna ad se rupientes iniverunt, nisi Wilnanam scholam ex quae inde pendet, Russorum imperatori parentem, exceperis. Sub eodem imperio magna Poloniae parte unita et quodam modo restituta, praeter scholam iam olim Cracoviae fundatam, quae urbs libertate vel gaudet vel affligitur, etiam Warsoviae schola instituta est.« Vgl. Hugo, Promotionsreden, Bl. 84-85.

8 Die literarische Darstellung Speranskijs bei L. Tolstoj, die als gut recherchiert gilt (vgl. Fateev, Speranskij, S. 312 ff.), geht auch auf dieses Problem ein; Vojna i mir (»Krieg und Frieden«), 2. Buch, 3. Teil, Kap. 6 am Ende: Dem Einwand des Fürsten Bolkonskij, er könne

Verfügung, die, wie Desnickij und Tret'jakov, ein Studium in Westeuropa durchlaufen hatten. Im übrigen hatte man die Lehrstühle zunächst in erster Linie mit Westeuropäern besetzen müssen, hauptsächlich mit deutschen Professoren. Sogar der 1770 eingerichtete erste Lehrstuhl für Russische Rechtsgeschichte hatte mit einem Deutschen besetzt werden müssen.[9]

Um die Universitäten des Zarenreichs also mittelfristig in die Lage zu versetzen, einen hinreichenden Bestand an professionellen Juristen hervorzubringen, der – insbesondere vor dem Hintergrund von Speranskijs Plänen – den Bedarf des Reiches hätte decken können, mußte die Regierung daran interessiert sein, die Organisation einer geregelten Juristenausbildung zu betreiben und als wichtigste Voraussetzung dafür eine Anzahl jüngerer Hochschullehrer heranzubilden, mit denen die Fakultäten mochten verstärkt werden können.[10]

II.) Die Grundlagen des Rechts und der Bedarf an qualifizierten Juristen

In der Frage, auf welcher Grundlage dieser wissenschaftliche Nachwuchs herangebildet werden sollte, trat Speranskij dafür ein, daß eine eingehende Bildung im römischen Recht unverzichtbar sei.[11] Dies hatte mehrere Gründe. Zum einen handelte es sich insoweit um eine Konsequenz von Speranskijs Ausrichtung auf die Grundvorstellungen der Historischen Rechtsschule, als es nun einmal das römische Recht war, an dem das Programm der Hebung des Rechts durch Wissenschaft in Deutschland betrieben wurde. Sein Textbestand bot, wie sich hier erwies, eine taugliche Grundlage für die Herausbildung von Begrifflichkeit, System

nicht an der Gesetzesreform mitwirken, weil er nicht über juristische Bildung verfüge, hält Speranskij entgegen, eine solche besitze ohnehin niemand: »Это circulus viciosus, из которого надо выйти усилием« (»Das ist ein Teufelskreis, aus dem man mit Gewalt herauskommen muß«).

9 Küpper, Rechtsgeschichte Osteuropas, S. 149 f. Der Mangel an Lehrpersonal beschränkte sich nicht auf die Anfangsjahre der Moskauer Universität, sondern dauerte noch in den ersten Jahrzehnten des 19. Jahrhunderts an, in denen zeitweise nur ein einziger russischer Romanist in Moskau lehrte, nämlich Lev Alekseevič Cvetaev (1777-1835). Dieser hatte seit 1801 in Göttingen bei Hugo und anderen studiert und im Anschluß an seine Göttinger (philosophische) Promotion 1804 noch ein Jahr lang Vorlesungen an der Pariser Universität gehört; vgl. Korkunov, Istorija filosofii prava, S. 345; Tomsinov, Istorija juridičeskogo fakul'teta, S. 70, 248 u. 250; Silnizki, Geschichte, S. 273. 1805 erhielt er einen Lehrstuhl für Theorie der Gesetze in Moskau. Vgl. Biografičeskij Slovar' professorov i prepodavatelej Moskovskogo universiteta, Bd. 1, Moskva 1855; Šilochvost, Russkie civilisty, S. 158; Rudokvas/Kartsov, Der Rechtsunterricht, S. 276. Cvetaevs Schüler Fëdor L. Moroškin legte als zivilrechtliches Hauptwerk eine Monographie »O vladenii, po načalam Rossijskogo zakonodatel'stva« (Über den Besitz auf Grundlage der russischen Gesetzgebung) vor, in welcher der Autor eine kritische Auseinandersetzung mit der deutschen Debatte um den Besitzbegriff entwickelt; vgl. die Rezension von Stöckhardt.

10 Vgl. Wortman, The Development, S. 45; Baršev, Istoričeskaja zapiska, S. 10 ff.

11 Tomsinov, Rossijskie pravovedy, Bd. 1, S. 232 f.

und Methoden in moderner, differenzierter Weise, und damit dasjenige Rüstzeug, welches, wie Speranskij erkannt hatte, auch die Basis für eine anspruchsvolle Juristenausbildung im Zarenreich sein mußte. Obwohl Speranskij, wie gesehen, einen irgend bedeutenden Einfluß des römischen Rechts auf das ältere russische Recht in Abrede stellte und eine Relevanz der besonderen Regelungen des römischen Rechts für das geltende Recht des Zarenreiches offen leugnete, obwohl er die Distanz zum römischen Recht mit dem Hinweis auf dessen »Eigenständigkeit« (samobytnost') betonte und einen Eingang desselben in den Svod Zakonov entschieden bestritt, hatte er dennoch die »absolute Bedeutung« der Kenntnis des römischen Rechts für die Entwicklung der juristischen Ausbildung in Rußland erkannt. Für ihn war es die Grundlage der wissenschaftlichen Bildung eines Juristen. So vertrat er die Aufassung, es solle richtigerweise sowohl das römische als auch das russische System gelernt werden.[12]

Die Auffassung, daß Kenntnisse im römischen Recht im allgemeinen einen gebildeten Juristen auszeichneten, war im Zarenreich durchaus verbreitet. Dies galt natürlich besonders in den baltischen Gouvernements, deren Partikularrecht ohnehin stark am römischen Recht verhaftet war. In seinem 1824 veröffentlichten kurzen Aufsatz »Civilistischer Cursus auf Russischen Universitäten« hatte der Dorpater Rechtslehrer Christoph Christian Dabelow die These aufgestellt, ohne Kenntnisse des römischen Rechts sei jeder Jurist »ein gelehrter Barbar«, ein bloßer »Handwerks-Jurist«.[13] Er führt dann aus, daß insoweit an den russischen Universitäten »barbarische Zustände« herrschten.

Der Gedanke, daß römisches Recht nicht allein wünschenswertes Bildungsgut sei, sondern den Juristen überhaupt erst für seine praktischen Aufgaben qualifiziere, ging darüber noch hinaus. Er war an Speranskij bereits im Zusammenhang mit den von ihm geleiteten Reformarbeiten vor 1812 herangetragen worden. Feuerbach hatte in seinen »Bemerkungen über das Formelle der Gesetzgebung und ihr Verhältniß zur Doctrin« von 1809 differenzierte Vorschläge entwickelt, mit denen dem Mangel an hinreichend qualifizierten Juristen in Rußland entgegengewirkt werden könne.[14] Diese sahen vor, daß man auf den Universitäten nicht lediglich im Recht des Zarenreichs, sondern auch im römischen Recht »gründlichen Unterricht« erteilen müsse, denn dieses sei ein unübertreffliches Muster an vollendeter Jurisprudenz, das sich wie nichts anderes dafür eigne, den Geist an konsequentes juristisches Denken zu gewöhnen.[15]

12 Tomsinov, Rossijskie pravovedy, Bd. 1, S. 232 f.

13 Dabelow, Civilistischer Cursus, S. 250. Dabelow hat die Metapher sicherlich nicht selbst entwickelt, sondern bei Hugo entlehnt, der an prominenter Stelle die »handwerksmäßige Rechtskenntniß«, die sich auf die Frage beschränke »Was ist Rechtens?« von der spezifisch wissenschaftlichen unterschied, die weiter frage: »Ist es vernünftig, daß Etwas Rechtens sey?« und »Wie ist es Rechtens geworden?«; Lehrbuch eines civilistischen Cursus, Bd. 1, § 36, S. 45.

14 Feuerbach, Bemerkungen, S. 200 f.; vgl. Baranowski, Feuerbachs Vorschläge, S. 9 f.

15 Feuerbach, Bemerkungen, S. 200 f.; vgl. Baranowski, Feuerbachs Vorschläge, S. 10.

Zwar wurde das römische Recht, wie gesehen, an den russischen Universitäten des Zarenreiches gelehrt, doch entfaltete dies nur geringe Wirkung. Kolbinger hat sich gegen die Ansicht ausgesprochen, nach der die russischen Juristen erst im 19. Jahrhundert mit dem römischen Recht bekannt geworden sind. Er führt zur Begründung die Vermittlung dieses Faches an der 1755 gegründeten Moskauer Universität an und beruft sich auf die Untersuchung von Silnizki.[16] Dies könnte allerdings irrige Vorstellungen erwecken: Daß Hörer an einer Universität einiges über das römische Recht lernten, bedeutet selbstverständlich nicht, daß »die russischen Juristen« mit dem römischen Recht »bekannt« gewesen seien. Im Gegenteil: Silnizki beschreibt zwar, wie das Fach in Moskau regelmäßig unterrichtet wurde, doch waren die Auswirkungen offensichtlich sehr bescheiden. So ist z. B. über Philipp Dilthey, den ersten Vertreter des Faches, bekannt, daß er zeitweise nur einen einzigen Studenten hatte.[17]

Geboten war also die Aufwertung des römischen Rechts im Studienplan, die Schaffung entsprechender Lehrstühle und – am allerwichtigsten – die Heranbildung gut ausgebildeter und befähigter Hochschullehrer, die die Lehrstühle würden besetzen und die erforderlichen Juristen würden ausbilden können.

III.) Die Ausbildungsinitiative der Zweiten Abteilung

Angeregt von Speranskij, der sich angesichts des Mangels an geeigneten Professoren für Römisches Recht an russischen Universitäten auch über deren Heranbildung und die Besetzung der entsprechenden Lehrstühle Gedanken gemacht hatte,[18] ordnete der Zar zu Beginn des Jahres 1828 die Gründung eines speziellen Kurses für ausgewählte »Studenten der Gesetzeskunde« an der Sankt Petersburger Universität an. Wie aus einem Memorandum Speranskijs vom 22. Januar 1828[19] hervorgeht, sollten diese Studenten nach einem besonderen Studienplan unter der Verantwortung der Zweiten Abteilung unterrichtet werden. Ihre Lehrer waren Balug'janskij, Aleksandr P. Kunicyn[20] sowie Modest A. Korf.[21] Der Unterricht

16 Kolbinger, Im Schleppseil Europas?, S. 34.

17 Silnizki, Geschichte, S. 91. Kolbinger bestätigt dies auch indirekt, wenn er mitteilt, daß das römische Recht in Rußland erst mit der verstärkten wissenschaftlichen Bearbeitung durch die Berliner Seminaristen der 1880er Jahre zu einer »gewissen Bedeutung« (!) gekommen sei. Vgl. Kolbinger, Im Schleppseil Europas?, S. 184 und Tille, Socialističeskoe sravnitel'noe pravovedenie, S. 46.

18 Tomsinov, Rossijskie pravovedy, Bd. 1, S. 226 ff.

19 Abgedruckt bei Majkov, Speranskij i studenty zakonovedenija, S. 610-613; vgl. Silnizki, Geschichte, S. 418-420; Maurer, Hochschullehrer, S. 167.

20 Aleksandr Petrovič Kunicyn (1783-1840). Zur Biographie vgl. Šilochvost, Russkie civilisty, S. 91 f. und Kazantsev, Die Geschichte der juristischen Fakultät, S. 149. Vgl. ferner unten S. 274.

21 Modest Andreevič Korf (Modest v. Korff) (1800-1876), Autor einer zweibändigen Speranskij-Biographie (1861).

konzentrierte sich auf das geltende russische Recht, und zwar unter Berücksichtigung seiner praktischen Anwendung, insbesondere in Entscheidungen des Dirigierenden Senats.[22] Gleichzeitig sollten die Studenten an der Universität Römisches Recht sowie Griechisch und Latein studieren. Sie waren von den Geistlichen Akademien in Sankt Petersburg und Moskau berufen worden.[23] Es handelte sich um Sergej Ornatskij,[24] Aleksandr Pešechonov[25] und Savva Bogorodskij[26] aus Sankt Petersburg sowie Vasilij Znamenskij,[27] Konstantin Nevolin[28] und Aleksej Blagoveščenskij[29] aus Moskau.[30] Sie legten nach einem eineinhalbjährigen Studium im Frühjahr 1829 ihre Prüfungen ab.

Im Verlauf der Ausbildung war die Überlegung gereift, die unter der Verantwortung der Zweiten Abteilung betriebenen Studien durch einen Auslandsaufenthalt zu ergänzen.[31] Dieser Gedanke geht wahrscheinlich auf Balug'janskij zurück. Es war allerdings absehbar, daß er Vorbehalten begegnen würde, weil im Ausland nicht nur willkommener juristischer Sachverstand zu erwerben war, sondern gleichzeitig modernes, unorthodoxes Gedankengut. Paul I. hatte die Studienaufenthalte im Westen vorübergehend ganz untersagt, um eine »Ansteckung«

22 Der Plan ist wahrscheinlich von Balug'janskij konzipiert worden, obwohl häufig nur Speranskijs Name damit verbunden worden ist; vgl. Torke, Das russische Beamtentum, S. 143 und speziell Silnizki, Geschichte, S. 425. Zu Anbahnung, Durchführung und Ergebnissen dieser Studien vgl. die bei Majakovskij/Nikolaev (Hrsg.), S.-Peterburgskij Universitet, S. 487-507 abgedruckte Korrespondenz unter anderem von Speranskij und Balug'janskij.

23 Vgl. Rudokvas/Kartsov, Der Rechtsunterricht, S. 279.

24 Immatrikuliert später in Berlin als Sergius Ornatsky am 14.10.1829, Nr. 19/942, abgegangen 14.12.1831. Über ihn vgl. Šilochvost, Russkie civilisty, S. 117 f.; Juridičeskij Fakul'tet Char'kovskogo universiteta, S. 240 f. Für die Matrikelangaben hier und anschließend vgl. Bahl/Ribbe (Hrsg.), Die Matrikel der Friedrich-Wilhelms-Universität zu Berlin 1810-1850 (2010).

25 Immatrikuliert anschließend in Berlin als Alexander Peschechonow am 14.10.1829, Nr. 19/940; der Pedell zeigt unter dem 2.3.1831 an, daß Pešechonov vor drei Monaten in Berlin verstorben sei.

26 Savva Osipyč Bogorodskij, immatrikuliert später in Berlin als Sabba Bogorodsky am 14.10.1829, Nr. 19/944, abg. 24.3.1832.

27 Immatrikuliert in Berlin als Basilius Snamensky am 14.10.1829, Nr. 19/943, abg. 24.3.1832. Über Vasilij Potap'evič Znamenskij (1807-1835) vgl. Šilochvost, Russkie civilisty, S. 73. Auf seine Aufzeichnungen geht im wesentlichen Smirnovs Darstellung »Einer der Zöglinge Speranskijs« zurück.

28 Anschließend in Berlin immatrikuliert als Constantinus Nevolin am 14.10.1829, Nr. 19/941, abg. 24.3.1832. Über Konstantin Alekseevič Nevolin (1806-1855) vgl. Šilochvost, Russkie civilisty, S. 109 f.

29 Immatrikuliert später in Berlin als Alexius Blagowoschtschensky am 14.10.1829, Nr. 19/945, abg. 24.3.1832.

30 Vgl. Smirnov, Odin iz pitomcev Speranskogo, S. 314 f. Für die Genannten vgl. Šilochvost, Russkie civilisty, S. 19 f., 73 und 109 f.

31 Für die Auswertung des bei Majkov mitgeteilten Quellenmaterials vgl. bereits Torke, Das russische Beamtentum, S. 143-145 sowie Silnizki, Geschichte, S. 421-425.

an der Französischen Revolution zu vermeiden.[32] Auch Nikolaus I. lehnte es, wie er dem Fürsten Pavel P. Gagarin 1827 erklärte, zunächst grundsätzlich ab, junge Leute zur Ausbildung ins Ausland zu schicken – selbst wenn es um den Erwerb technischer Fähigkeiten wie z. B. auf dem Gebiet des Marinewesens ging –, da »die jungen Männer von dort mit einem kritischen Geist zurückkehren«.[33] Diese Erfahrung fand bekanntlich Ausdruck in der literarischen Figur des Vladimir Lenskij, der nach Rußland zurückkehrte »mit einer geradezu Göttingischen Seele / […] / Anhänger Kants und Dichter. / Aus dem nebligen Deutschland brachte er / die Früchte der Gelehrsamkeit: / freiheitsliebende Gedanken, / einen Geist, feurig und ziemlich sonderbar […].«[34] Was Puškin in der berühmten Passage seines Versepos »Evgenij Onegin« (1823/30) verherrlicht, bedeutete für den Zaren – nur kurze Zeit nach dem Dekabristenaufstand – eine Gefahrenquelle.

Mit Rücksicht auf den Zwiespalt, in dem sich die Zarenregierung mit ihrem Interesse an moderner Ausbildung einerseits und ihren Befürchtungen gegenüber »gefährlichen« geistigen Anregungen andererseits jahrzehntelang befand, hat der kanadische Historiker Allen A. Sinel die Metapher von der Bildung als zweischneidigem Schwert gefunden.[35] Als sich die Einsicht durchgesetzt hatte, daß man, um die alte Ordnung aufrechterhalten zu können, nicht in starrer Untätigkeit würde verbleiben dürfen, entschloß man sich zu dem Versuch, die gefährliche Schneide des Schwertes abzustumpfen und gleichzeitig die nützliche zu schärfen. So beschloß die Regierung zum ersten Mal wieder seit längerer Zeit, die Bildung einzelner Studenten im Ausland nicht allein zu erlauben, sondern sogar selbst zu organisieren, also ausgewählte junge Juristen »abzukommandieren« und durch Stipendien zu fördern.[36] Dabei sollte von vornherein gewährleistet werden, daß die in Aussicht genommenen Studien den Stipendiaten möglichst wenig unerwünschte Einflüsse, wohl aber vorzugsweise jene »technischen« und politisch unbedenklichen Fertigkeiten vermitteln sollten, deren sie bedurften, um nach ihrer Rückkehr in das Zarenreich als loyale Staatsdiener zu arbeiten. Daher wur-

32 De Ridder-Symoens, Mobilität, S. 338 mit Nachweisen; vgl. Selle, Die Georg-August-Universität, S. 212.

33 »Je vous avoue que je n'aime pas les envois à l'étranger; les jeunes gens en reviennent avec un esprit de critique qui leur fait trouver peut-être avec raison les institutions de leur pays défectueuses.« Aus einem Tagebucheintrag des Fürsten A. S. Menšikov vom 21.5.1827, bei Šil'der, Imperator Nikolaj Pervyj, S. 407.

34 A. S. Puškin, Evgenij Onegin 2,6: По имени Владимир Ленский, / С душою прямо геттингенской, / […] / Поклонник Канта и поэт. / Он из Германии туманной / Привез учености плоды: / Вольнолюбивые мечты, / Дух пылкий и довольно странный […]. Vgl. Andreev, Russkie studenty, S. 280 und Istrin, Russkie studenty, S. 80-144.

35 Vgl. Sinel, The Classroom and the Chancellery, S. 3: »The two-edged sword of education might strike down the autocracy instead of lopping off the Hydra-heads of illiteracy, technical backwardness, and bureaucratic incompetence«. Vgl. ferner Krjukova, Zwischen Archaik und Moderne, S. 149.

36 Zum Charakter der sog. »komandirovka« zwischen Forschungs- und Bildungsreise vgl. Maurer, Hochschullehrer, S. 403 ff.; dies, Der Weg zur Mündigkeit, S. 61-66.

den die Studenten auch unter die Aufsicht von Vertrauenspersonen der Regierung gestellt.[37]

IV.) Savignys russische Schüler

Um das Auslandsstudium zu organisieren, suchten die Vertreter der Zweiten Abteilung die Zusammenarbeit mit der Berliner Universität.[38] Für die Wahl einer preußischen Universität werden zunächst die enge Bindung zwischen den Herrscherhäusern sowie parallele Ordnungsvorstellungen ausschlaggebend gewesen sein. Nikolaus I. war seit 1817 Schwiegersohn Friedrich Wilhelms III. von Preußen. Den Prinzen Wilhelm wiederum kannte man als erklärten Verfechter der absoluten Monarchie, der sich bereits mehrfach in Angelegenheiten des Staates und der Familie am Sankt Petersburger Hof aufgehalten hatte. Schließlich strahlte der Ruhm der vielen herausragenden Gelehrten, die an die neugegründete Universität der preußischen Hauptstadt hatten angeworben werden können, auch in das Zarenreich aus.[39] Diese Gesichtspunkte mögen Berlin gegenüber Wien, was womöglich mit Rücksicht auf Balug'janskijs Verbindung zum Habsburgerreich in Betracht gekommen wäre, den Vorzug verschafft haben. Die französischen Universitäten schließlich standen aus russischer Sicht noch immer im Verdacht, revolutionäres Gedankengut zu fördern.

Mit der Frage nach einer geeigneten Persönlichkeit, in deren Verantwortung das Studium der jungen Russen in Berlin würde gelegt werden können, wandten sich die Beamten der Zweiten Abteilung an Alexander von Humboldt. Der Sankt Petersburger Akademie seit 1818 als Ehrenmitglied verbunden – 1829 wurde er als Akademiker aufgenommen –, korrespondierte Humboldt mit der Zarenregierung als deren finanzpolitischer Berater. Man plante nämlich, die Grundlage der russischen Währung teilweise von der bislang üblichen Gold- und Silberdeckung zu lösen und Platinmünzen prägen zu lassen.[40] In diesem Zusammenhang stand auch Humboldts berühmte Rußlandreise: Sie sollte den Verantwortlichen neben anderen Erkenntnissen ein Bild von den Platinvorkommen im Ural verschaf-

37 Wischhöfer, Ein zweischneidiges Schwert, S. 83-85. Die beschriebene Praxis der Beaufsichtigung war bereits im 18. Jahrhundert bei »Abkommandierungen« ins Ausland befolgt worden. Vgl. oben S. 169 mit Fn. 253.

38 Für das Folgende vgl. bereits ausführlicher Avenarius, »Sie treiben gewissermaßen ein Missionsgeschäft«, S. 19-84; ders., Savin'i i ego russkie učeniki (2006); ferner kurz Thieme, Die deutsche Historische Rechtsschule, S. 1105; aus universitätsgeschichtlicher Sicht Petrov, Formirovanie, S. 39-44. Auch Letjaev behandelt die Bedeutung der Schule Savignys insbesondere mit Rücksicht auf die russische Zivilistik; Recepcija rimskogo prava, S. 64 ff.

39 Baršev, Istoričeskaja zapiska, S. 16 f.

40 Plewe, Art. v. Humboldt, Alexander, S. 38.

fen.[41] Humboldt hatte sich am Beginn der Reise vom 1. bis zum 20. Mai 1829 in Sankt Petersburg aufgehalten, wo er vom Zaren empfangen wurde und Gespräche mit dem Finanzminister Cancrin führte.[42] Bei dieser Gelegenheit konnte er auch in der Frage der Juristenausbildung helfen und empfahl die Kontaktaufnahme mit Savigny.[43] Dieser war ihm nicht nur selbstverständlich persönlich bekannt. Humboldt konnte mit seiner Empfehlung auch daran anknüpfen, daß Savignys gewaltige wissenschaftliche Autorität längst in das Zarenreich ausstrahlte und hier Auffassungen vom Recht und dessen Geltungsgrund herrschten, die gerade Savignys geschichtliche Rechtswissenschaft als anschlußfähig erscheinen lassen mußten.[44]

Gegenüber Savigny also entwickelte Speranskij nun seine Vorstellungen von dem Studienprogramm, das die Stipendiaten in Berlin durchlaufen sollten. Darin nahm das römische Recht eine zentrale Bedeutung ein. Speranskij äußerte seine Überzeugung, es gebe, obwohl das römische Recht für das im Zarenreich geltende Recht mit Ausnahme der Ostseeprovinzen nicht bedeutend sei, doch keine festere Grundlage der juristischen Bildung als das Studium der Pandekten.[45] Es gelang den Vertretern der Zweiten Abteilung, mit Savigny die Betreuung der russischen Studenten an der Berliner Universität und besonders ihre Unterweisung im römischen Recht zu vereinbaren. Im September 1829 reisten die Stipendiaten nach Berlin.[46] Zusammen mit ihnen war der Deutschbalte Julius Gustav Peter-

41 Vgl. Stadelbauer, Kategorien des Räumlichen, S. 72 sowie den Band Alexander von Humboldts Reise durchs Baltikum nach Russland und Sibirien, S. 21-24. Obgleich Humboldt vor der Umstellung auf eine Platinwährung warnte, wurde diese unternommen, endete aber in einem Mißerfolg. Vgl. Stadelbauer, Alexander von Humboldt und Rußland, S. 32f. u. 55.

42 Graf Georg v. Cancrin (Egor Francevič Kankrin, 1774-1845) aus hessischer Familie war nach Jurastudium in Deutschland und Militärkarriere im Zarenreich Finanzminister geworden. Zur Person vgl. Wellenkamp, Silberrubel für Rußland, S. 79-98; Nolcken, Der russische Finanzminister Graf Georg Kankrin (1909). Wegen seiner Verdienste um Wirtschaft und Finanzen des Zarenreiches wurde er der »russische Colbert« genannt; Schlözer, Petersburger Briefe, S. 15. Vgl. ferner: Im Ural und Altai (Briefwechsel zwischen Humboldt und Cancrin, 1869); Suckow, Alexander von Humboldt und Rußland, S. 247-264 mit Nachweisen; Meyer-Abich, Alexander von Humboldt, S. 121-123.

43 Majkov, Speranskij i studenty zakonovedenija, S. 620 und 623f. In einem Brief an Speranskij vom 26. Oktober 1829 bemerkt Savigny, er sei Humboldt für die Vermittlung der Bekanntschaft mit Speranskij dankbar; bei Majkov aaO., S. 241. Vgl. Kaiser, Die russische Justizreform, S. 101; Baršev, Istoričeskaja zapiska, S. 17.

44 Vgl. Tomsinov, Rossijskie pravovedy, Bd. 1, S. 209; ferner den Bericht Balug'janskijs vom 12. April 1833, in: Majakovskij/Nikolaev (Hrsg.), S.-Peterburgskij Universitet, S. 492-495.

45 Brief von Speranskij an Savigny vom 10.9.1829 anläßlich der Entsendung der Studenten nach Berlin, bei Majkov, Speranskij i studenty zakonovedenija, S. 625; vgl. Torke, Das russische Beamtentum, S. 161, Fn. 233.

46 Vgl. Andreev, Russkie studenty, S. 302f.

sen (Peterson, 1806-1844) entsandt worden,[47] der das Studium der Rechte in Dorpat durchlaufen und sich anschließend um Aufnahme in die Zweite Abteilung beworben hatte.[48] Er besuchte in Berlin zusammen mit den Russen die Vorlesungen und erteilte ihnen zusätzlich Deutschunterricht.[49] Außerdem fiel ihm die Aufgabe eines Betreuers und Aufsehers der Gruppe zu.[50]

1.) Das Studium an der Berliner Universität

Die Entscheidung dafür, die Stipendiaten ausgerechnet bei Savigny das römische Recht studieren zu lassen, dürfte also durch die Erwartung der Verantwortlichen begünstigt worden sein, der Berliner Gelehrte werde den russischen Hörern bestimmte, aus Sicht der Zarenadministration »richtige« Vorstellungen vom Geltungsgrund des Rechts vermitteln. Die Historische Rechtsschule[51] verstand sich bekanntlich, wie bereits aus Savignys frühen Programmschriften bekannt war,[52] in der Haupttendenz als Überwinderin der Naturrechtslehre.[53] Ihr Erbe, der rechtswissenschaftliche Positivismus, hat in seiner späteren Auslegung diese Gegnerschaft noch besonders betont. Wie die meisten großen Rechtsdenker des 19. Jahrhunderts hatte sich Savigny vom vorkritischen Naturrecht distanziert.[54] Die Vorstellung von der Verwurzelung des Rechts in der spezifischen Kulturgeschichte eines jeweiligen Volkes[55] sowie vor allem das Programm einer »historischen Bearbeitung« des Rechts in Ergänzung der systematisch betriebenen Wissenschaft veranlaßten ihn zu kritischer Distanz gegenüber dem Naturrecht sowie

47 Immatrikuliert in Berlin als Julius v. Petersen am 14.10.1829, Nr. 19/939, abg. 19.4.1832.

48 Smirnov, Odin iz pitomcev Speranskogo, S. 318; O licach, komandirovannych Ministerstvom Narodnogo Prosveščenija za granicu, S. 338.

49 Andreev, Russkie studenty, S. 302.

50 Vgl. den Brief Speranskijs an den Minister für Volksaufklärung Karl Andreevič Liven (Carl Christoph v. Lieven) vom 8. September 1829, abgedruckt bei Majakovskij/Nikolaev (Hrsg.), S.-Peterburgskij Universitet, S. 489 f., ferner Speranskijs Schreiben vom 4. November 1829 an den Stipendiaten Ornatskij bei Majkov, Speranskij i studenty zakonovedenija, S. 244 f. Über Petersen vgl. Hasselblatt/Otto, Album Academicum der Kaiserlichen Universität Dorpat, S. 139, Nr. 1968.

51 Zu dieser später aus russischer Sicht vgl. Novgorodcev, Istoričeskaja škola juristov (1896).

52 Auch aus russischer Perspektive wird die Bekanntheit der frühen Schriften Savignys hervorgehoben, die in das Zarenreich ausstrahlten. Vgl. Nečaev, Art. Savin'i, Fridrich-Karl, S. 32-34.

53 Silnizki, Geschichte, S. 425; Wieacker, Privatrechtsgeschichte, S. 373.

54 In seiner Programmschrift Vom Beruf unsrer Zeit (1814) wendet sich Savigny ebenso gegen ein »praktisches Naturrecht«, eine »ideale Gesetzgebung für alle Zeiten« (S. 65), wie gegen die Auffassung des römisches Rechts als »sanctionirtes Naturrecht« (S. 73) und schließlich gegen das Naturrecht als Ergänzung der Kodifikationen der Neuzeit (S. 91 f. u. 104 f.).

55 Vgl. nur Savigny, Rez. Gönner, Über Gesetzgebung, S. 395 f.

den darauf beruhenden Gesetzbüchern der Aufklärung.[56] Heute weiß man aufgrund der Betrachtung mit einigem historischen Abstand, daß die Historische Schule auch ein spezifisch naturrechtliches Vermächtnis hatte. Aber Savigny hatte in seinem berühmten Einleitungsaufsatz zur Zeitschrift für geschichtliche Rechtswissenschaft 1815 die Naturrechtslehre der konkurrierenden, von ihm sogenannten »ungeschichtlichen« Schule zuordnet.[57] Und noch in den 1820er Jahren dürften die programmatischen Äußerungen gegen das Naturrecht überwogen haben.

Nun hatte die russische Regierung selbst eine dezidiert ablehnende Haltung zur Naturrechtslehre eingenommen.[58] Auch insoweit trafen sich ihre politischen Interessen teilweise mit den wissenschaftlichen Überzeugungen Savignys. Ihre Beweggründe waren allerdings ganz andere: Die Regierung Nikolaus' I. förderte ein am Gesetzespositivismus orientiertes Rechtsdenken. Diese Entwicklung erfuhr einen Höhepunkt in der Schaffung des Svod Zakonov sowie in dem ausdrücklichen, absolutistisch motivierten Verbot der Auslegung von Gesetzen.[59] Hinzu kam eine Ausrichtung der Juristenausbildung auf die Kenntnis der *Gesetze*, was, wie bereits erwähnt, terminologisch dadurch zum Ausdruck gebracht wurde, daß bei der Bezeichnung der Studienfächer das Wort »pravo« (Recht) durch den Ausdruck »zakon« (Gesetz) ausgetauscht wurde. Gegenstand des Studiums war fortan die »zakonovedenie« (Gesetzeskunde).[60] Naturrechtliches Denken, das eine Herleitung überpositiven Rechts aus einer natürlichen oder göttlichen Ordnung kennt, wäre diesem reaktionären Positivismus zuwider gelaufen. Auch die säkularisierte Naturrechtslehre, die sich im 18. Jahrhundert entwickelt hatte, sollte niedergehalten werden. Sie hätte sonst auch im Zarenreich dazu herausfordern können, den Positivismus des reaktionären Gesetzesstaates zu hinterfragen und die tradierte gesellschaftliche Ordnung des Reiches einschließlich der Leibeigenschaft durch einen naturrechtlichen Begriff der Person zu erschüttern. Insgesamt dürfte die russische Regierung also eine Übereinstimmung ihrer eigenen Orientierung mit dem Programm der Historischen Schule gesehen haben.[61]

56 Vgl. Wieacker, Privatrechtsgeschichte, S. 372 f.; ders., Gründer und Bewahrer, S. 138. Für Savignys Einstellung zu den Naturrechtsgesetzbüchern vgl. die berühmte Bezeichnung des preußischen Allgemeinen Landrechts als »Sudeley« (Brief an A. v. Arnim vom 22.11.1816, bei Stoll, Savigny, Bd. 2, Nr. 319, S. 210) und die Vorstellung vom Code Civil, der in Deutschland »krebsartig« immer weiter fresse (Vom Beruf, S. 63). Zu Savignys Vorbehalten gegenüber dem ALR vgl. Wollschläger, Praktische Theorie, S. XXXIV ff.

57 Vgl. Savigny, Ueber den Zweck dieser Zeitschrift, S. 2 ff.

58 Vgl. Rudokvas/Kartsov, The Development, S. 297.

59 Vgl. Art. 65 der Staatsgrundgesetze (Osnovnye gosudarstvennye zakony); oben S. 204.

60 Vgl. Torke, Das russische Beamtentum, S. 142; Maurer, Hochschullehrer, S. 167; Baranowski, Über den Nutzen einer Lehrdisziplin »Allgemeine Rechtsgeschichte«, S. 6.

61 Gleichwohl hingen zahlreiche russische Juristen dieser Zeit dem Naturechtsdenken an. Sie opponierten mitunter ebenso gegen die konservative Tendenz der Rechtsentwicklung wie gegen die dieselbe begünstigende Historische Rechtsschule. So schrieb z. B. Nikolaj Ivanovič Turgenev, einer der wichtigsten Vordenker des russischen Liberalismus, der 1808-11 an der Göttinger Universität studiert und bei Hugo gehört hatte, daß dieser »viel Unsinn rede«, indem er zu zeigen versuchte, »daß Recht und Staat nicht Schöpfungen der Vernunft

Ausgehend von dieser Erwartung sollte sich das Studienprogramm der Stipendiaten zunächst über zwei Jahre erstrecken. Ihr Lehrplan sollte nach den Vorstellungen der Sankt Petersburger Verantwortlichen Pandekten, allgemeines deutsches Zivilrecht, Zivilrecht und Gerichtsverfahren Preußens, Strafrecht und Strafprozeß, Staatsrecht und Politik, Völkerrecht sowie allgemeine Rechtstheorie und Rechtsphilosophie umfassen. Zur Ergänzung waren Geschichte der Philosophie, Geschichtsphilosophie, Griechische und Römische Altertümer, allgemeine Statistik und Statistik Preußens, aber auch allgemeine Geographie und Chemie vorgesehen. Die russischen Hörer sollten außerdem, wenn möglich, an Gerichtsverfahren teilnehmen. Insoweit wurde auch für das Auslandsstudium der Gedanke der Verbindung von Theorie und Praxis beibehalten. Es ist allerdings daran zu erinnern, daß die Entsendung junger Stipendiaten nach Berlin keineswegs der Vermittlung des in Deutschland geltenden Rechts in das Zarenreich dienen sollte. Was wir über die Absichten der Beteiligten wissen, zeigt ebenso wie das Studienprogramm der Juristen in Berlin, daß es um die Vermittlung von Grundlagenkompetenz ging.[62]

Eine erste Prüfung der Stipendiaten ließ Savigny zu der Erkenntnis kommen, daß sie für seine Pandektenvorlesung noch nicht genügend vorbereitet waren. Daher beauftragte er seinen jungen Kollegen Adolf A. F. Rudorff mit der Betreu-

oder einer vernunftgemäßen Zwangsläufigkeit seien, sondern Produkte einer Zwangsläufigkeit der natürlichen, historischen Entwicklung. Er war bereit, die historische Zwangsläufigkeit eines jeden Staates und einer jeden Regierung als historische Tatsache darzustellen. Vernünftig ist aus seiner Sicht als Tatsache auch die Sklaverei.« Vgl. Emel'janova, Vseobščaja istorija prava, S. 24f. In der Tat entwickelte Hugo sein Naturrecht »als Philosophie des positiven Rechts« und trat in diesem Rahmen für den radikal positivistischen Standpunkt ein, daß eine jeweils – ggf. sogar in der Gegenwart neu – eingeführte Sklaverei grundsätzlich Recht sein könne; vgl. Hugo, Lehrbuch des Naturrechts, S. 150 und Behrends, Gustav Hugo, S. 178f.
Zu Beginn des 20. Jahrhunderts war das Naturrechtsdenken dann durch Jahrzehnte, in denen der Positivismus vorgeherrscht hatte, soweit zurückgedrängt worden, daß es als grundsätzlich abwegig wahrgenommen werden konnte. Vasil'ev meinte 1913, dem russischen Rechtsdenken sei die Vorstellung römischer Juristen fremd, das jus naturale sei »stirps et radix omnis positivi ius«; fremd sei auch ein Naturrecht (jus gentium), das die Quelle des römischen prätorischen Rechts und der Rechte späterer europäischer Völker gebildet habe; Rukovodstvo, S. 22.

62 Das breitgefächerte, an den Grundlagen orientierte Programm stand in starkem Kontrast zu den Verhältnissen im Zarenreich. Während der Herrschaftszeit Pauls I. waren z. B. Übersetzungen von Demosthenes, Cicero und Sallust verboten. Diese Autoren galten als »Republikaner«, was unter dem Eindruck der Französischen Revolution als gefährlich erschien. Vgl. Kusber, Eliten- und Volksbildung, S. 278 mit Fn. 6. Aus ähnlichen Gründen bestand zeitweise sogar ein Verbot des Griechischunterrichts und eine Beschränkung des Lateinunterrichts: Die Beherrschung dieser Sprachen hätte den Zugang zu unerwünschtem Gedankengut erschließen können; vgl. Anners, Istorija evropejskogo prava, S. 359f.

ung der Gruppe.[63] Diese Maßnahme diente in erster Linie propädeutischen Zwecken. Rudorff, der kaum älter als die russischen Stipendiaten war, hatte gerade die Ernennung zum außerordentlichen Professor durchlaufen. Er las im Wintersemester 1829/30 das Erbrecht, hielt ein Seminar zu »Ulpians Fragmenten« ab[64] und lehrte den gemeinen und preußischen Zivilprozeß. Etwas erfahrener war Clemens Klenze, ein weiterer Savignyschüler, der gerade von 1828 bis 1829 das Rektorat an der Berliner Universität bekleidet hatte.[65] Er übernahm den Unterricht in der Juristischen Enzyklopädie und in den Institutionen, also den elementaren Einrichtungen des römischen Rechts. Der Stoff wurde anschließend bei Rudorff in täglichen Privatissima vertieft.[66] Das säkularisierte Naturrecht, das an der Berliner Fakultät auch stark vertreten war, wurde aus dem Studienplan verbannt. Die diesbezüglichen Vorlesungen von Theodor Schmalz sowie von dem Hegelianer Eduard Gans, Savignys persönlichem Gegner an der Fakultät, wurden von seiten der Organisatoren des Studiengangs überhaupt nicht in Betracht gezogen.[67]

Im Mittelpunkt des Interesses standen, wie wir gesehen haben, die Methoden der Rechtsanwendung, also die »technischen« Fertigkeiten, an denen der Jurist im Gesetzesstaat Bedarf hatte. Das Lehrangebot, das die Stipendiaten in Berlin durchliefen, war jedoch keineswegs eigens für sie auf diesen Zweck ausgerichtet. Sieht man von Rudorffs Lehrveranstaltungen ab, die zumindest teilweise mit Rücksicht auf den begrenzten Kenntnisstand der Russen eingerichtet worden waren, hatten die Stipendiaten keinen speziell konzipierten Unterricht, in dessen Rahmen sie etwa in besonderer Weise zu Gesetzesvollstreckern ausgebildet worden wären. Sie nahmen überwiegend an den regulären Lehrveranstaltungen teil und gerieten zusammen mit ihren deutschen Kommilitonen unter den Einfluß einer Lehre, die stark mit dem spezifisch wissenschaftlichen Rechtsdenken verschränkt war. Herausragender Vertreter dieser Tendenz war gerade Savigny. Dieser verzichtete in seinem Rechtsunterricht auf das übliche Verfahren der frontalen Stoffpräsentation und ließ seine Hörer – für die russischen Stipendiaten völlig ungewohnt – am wissenschaftlichen Erkenntnisprozeß teilhaben, indem er sie in die Methoden des Umgangs mit dem geltenden Recht auf Grundlage der Quellen

63 Zu Rudorff (1803-1873) vgl. Stintzing/Landsberg, Geschichte, Bd. 3/2, Text S. 462-465, Noten S. 206 f.

64 Gemeint war der pseudo-ulpianische *liber singularis regularum*, über den Rudorff von 1825 bis 1860 wiederholt Kolloquien abhielt. Erhalten ist eine Nachschrift zu dieser Lehrveranstaltung aus dem Sommersemester 1833 von dem späteren Historiker Georg Waitz. Vgl. dazu Avenarius, Der pseudo-ulpianische *liber singularis regularum*, S. 63.

65 Klenze (1795-1838) war seit 1826 ordentlicher Professor für Römische Rechtsgeschichte und Kriminalrecht an der Berliner Universität. Vgl. Stintzing/Landsberg, Geschichte, Bd. 3/2, Noten S. 123.

66 Baršev, Istoričeskaja zapiska, S. 18.

67 Tatsächlich nahmen die Stipendiaten durchaus an Lehrveranstaltungen dieser Rechtslehrer teil. Vgl. Smirnov, Odin iz pitomcev Speranskogo, S. 321-323. So ist z. B. für Pëtr Redkin bekannt, daß er bei Eduard Gans hörte.

und in die argumentative Auseinandersetzung mit verschiedenen juristischen Standpunkten einführte.[68] So bot sich den Stipendiaten die Möglichkeit, Grundsätze des wissenschaftlichen Umgang mit dem Recht zu erlernen, die sie anschließend womöglich auf den Umgang mit dem russischen Recht übertragen konnten. Die Organisatoren der Studienaufenthalte sahen die Erreichung der von ihnen verfolgten Ziele dadurch begünstigt.

Da sich das Konzept grundsätzlich bewährte, wurden 1831 sechs weitere Stipendiaten für das Studium in Berlin berufen. Die Wahl fiel diesmal auf Aleksandr Fedotov-Čechovskij,[69] Nikita Krylov[70] und Aleksej Kunicyn[71] aus Sankt Petersburg;[72] aus Moskau kamen Ivan Platonov[73] sowie die Brüder Jakov[74] und Sergej Baršev[75] hinzu. Nachdem die ersten Stipendiaten zur »Abkommandierung« zwangsverpflichtet worden waren, handelte es sich diesmal um Freiwillige.[76] Da man nicht, wie eigentlich gewünscht, auch für die zweite Stipendiatengruppe einen Dorpater Betreuer finden konnte, wurde der aus Pskov (Pleskau) stammende, in Sankt Petersburg studierende Aleksandr Kranichfel'd dafür abgestellt.[77] Entsprechend der Aufgabe Petersens sollte auch er die Deutschkenntnisse der Gruppenmitglieder verbessern. Kranichfel'd begleitete die neuen Stipendiaten nach Berlin, wo sie im November des Jahres immatrikuliert wurden.

Der Aufenthalt der jungen Russen verlief allerdings nicht ohne Schwierigkeiten. Die meisten waren von ihrem Berliner Studienplan nicht uneingeschränkt überzeugt. So wollten sie z. B. von Rudorffs Privatissima dispensiert werden.[78] In

68 Vgl. Avenarius, Der Allgemeine Teil des Obligationenrechts, S. 5 f.

69 Immatrikuliert in Berlin als Alexander Theodotoff am 19.11.1831, Nr. 22/121, abg. 6.5.1834. Über Aleksandr Alekseevič Fedotov-Čechovskij (1806-1892) vgl. Šilochvost, Russkie civilisty, S. 151 f.

70 Immatrikuliert in Berlin als Nicolas Kriloff am 19.11.1831, Nr. 22/126, abg. 6.5.1834; vgl. unten S. 264.

71 Aleksej Vasil'evič Kunicyn (1807-1883), später Professor in Char'kov und in Odessa; vgl. Hausmann, Universität und städtische Gesellschaft, S. 568. Immatrikuliert in Berlin als Alexis Kunitzyn am 19.11.1831, Nr. 22/122, abg. 9.5.1834. Über ihn vgl. Juridičeskij Fakul'tet Char'kovskogo universiteta, S. 193-196.

72 Für die Genannten vgl. Šilochvost, Russkie civilisty, S. 90, 92 und 151 f.

73 Immatrikuliert in Berlin als Johannes Platonoff am 19.11.1831, Nr. 22/127, abg. 6.5.1834.

74 Immatrikuliert in Berlin als Jacobus Barscheff am 19.11.1831, Nr. 22/124, abg. 9.5.1834. Zur Person vgl. Tomsinov, Ėnciklopedija 3, S. 28-31.

75 Immatrikuliert in Berlin als Sergius Barscheff am 19.11.1831, Nr. 22/125, abg. 6.5.1834. Zur Person vgl. Tomsinov, Sergej Ivanovič Baršev, in: Vestnik Moskovskogo Universiteta 1996, S. 35-43, ders., Ėnciklopedija 3, S. 17-27 sowie jetzt ders., Rossijskie pravovedy, Bd. 1, S. 263-278 und S. 279-284.

76 Vgl. das Verzeichnis der Stipendiaten: O licach, komandirovannych Ministerstvom Narodnogo Prosveščenija za granicu, S. 338 f.

77 Immatrikuliert in Berlin als Alexander Kranichfeld am 19.11.1831, Nr. 22/123, abg. 13.8.1834. Vgl. Baršev, Istoričeskaja zapiska, S. 16; O licach, komandirovannych Ministerstvom Narodnogo Prosveščenija za granicu, S. 341; zu Aleksandr Ivanovič Kranichfel'd (1812-1884) vgl. Šilochvost, Russkie civilisty, S. 88 f.

78 Vgl. Smirnov, Odin iz pitomcev Speranskogo, S. 320.

einem Brief an Balug'janskij berichteten die Stipendiaten der zweiten Gruppe von unbefriedigendem Stoffdiktat, Wiederholungen und einigem Lehrlauf. Angesichts erheblicher Gebühren hatten sie offenbar einen anspruchsvolleren Unterricht erwartet. Dem Studienplan zum Trotz betrachteten die Stipendiaten das römische Recht überdies – jedenfalls in der Form, in der es ihnen in Berlin nahegebracht wurde – nur als nachrangig für die juristische Bildung und widmeten sich ihm daher nur halbherzig.[79] Vor dem Hintergrund ihrer künftigen Aufgabe, den Rechtsunterricht in Rußland auf moderner Grundlage zu verantworten, richtete sich ihre Erwartung und ihr Interesse nämlich darauf, das römische Recht eher als Grundlagenfach zu erlernen und – insoweit sicherlich über die Vorstellungen der Regierung hinaus – darauf, sich umfassender mit den Grundlagen des Rechts, also etwa mit philosophischen Zusammenhängen, zu beschäftigen. Mit dieser Erwartungshaltung trafen sie in Berlin auf einen Unterricht, der sich überwiegend auf die Vermittlung der Dogmatik des geltenden Pandektenrechts konzentrierte. Der Stipendiat Znamenskij schrieb, die Professoren legten übergroßes Gewicht auf das römische Recht. Dieses allein sei für sie »die Sache«, und alles andere sei Unsinn. Nach seiner Darstellung verlangten die Professoren von den russischen Stipendiaten, das römische Recht zu einem Grade zu erlernen, wie es jenen nötig erscheine. Diese allerdings wollten eine allgemeinere Ausbildung in allen Bereichen von Jurisprudenz und Politik sowie ferner in Geschichte und Philosophie erwerben, weil dies alles eng miteinander verbunden sei.[80] Savigny nahm die Ausrichtung des Interesses der Stipendiaten ebenso mit Mißfallen zur Kenntnis wie deren Kritik überhaupt. Auf die beiderseitige Unzufriedenheit reagierte Speranskij, indem er die Stipendiaten brieflich zur Räson brachte.[81] Diese fügten sich anschließend Savignys Anweisungen. Sie taten dies, wie sich zeigen sollte, mit beachtlichem Erfolg, wenn auch nicht immer ohne planwidrige »Seitenblicke«. Entsprechend berichtet Nikita Krylov, er und seine Studienkollegen seien von Hegel so sehr angezogen gewesen, daß sie ihr Studienprogramm zugunsten selbständiger geschichtsphilosophischer Spekulation vernachlässigt hätten.[82] Ihm selbst sei es allerdings gelungen, über Savignys Vorlesungen zu konkreteren juristischen Studien zurückzufinden.[83] Berichtet wird allerdings nicht nur über die Unzufriedenheit der Studenten mit dem Inhalt ihres Studienplans. Hinzu kam, daß die Stipendien der jungen Russen so knapp bemessen waren, daß ihr Lebensstandard in Berlin äußerst bescheiden war. Mit den geradezu ärmlichen Lebensbedingungen dürfte es zusammenhängen, daß ein Mitglied der ersten Gruppe 1830 und zwei Mitglieder der zweiten Gruppe unmittelbar nach der

79 Rudokvas/Kartsov, Der Rechtsunterricht, S. 313 mit Nachweisen; vgl. Majkov, Speranskij i studenty zakonovedenija, S. 253.

80 Smirnov, Odin iz pitomcev Speranskogo, S. 320. Vgl. Rudokvas/Kartsov, Der Rechtsunterricht, S. 313 und Kartsov, Rimskoe pravo kak učebnaja disciplina, S. 87.

81 Silnizki, Geschichte, S. 423 mit Nachweisen.

82 Vgl. Smirnov, Odin iz pitomcev Speranskogo, S. 321-323.

83 Vgl. Rudokvas/Kartsov, Der Rechtsunterricht, S. 314 mit Nachweis.

Heimkehr 1835 an der Tuberkulose verstarben.[84] Nach dem Tod des Stipendiaten Aleksandr Pešechonov Ende 1830[85] wurden auf Anregung Speranskijs zwei Ersatz-Studenten benannt, die sich inzwischen in Sankt Petersburg hervorgetan hatten. Es handelte sich um Pëtr G. Redkin[86] und Pëtr D. Kalmykov.[87] Sie wurden im Januar 1831 in Berlin immatrikuliert.

Insgesamt verlief das Berliner Studienprogramm erfolgreich.[88] Bereits unter dem 1. November 1830 hatte Savigny Balug'janskij von zwischenzeitlichen Fortschritten berichten können und dabei insbesondere die Stipendiaten Nevolin und Znamenskij lobend hervorgehoben.[89] Außerdem berichtete er, daß er kurz zuvor Speranskij persönlich habe kennenlernen können, der sich vorübergehend in Berlin aufgehalten hatte.[90] Im Rahmen der weiteren Korrespondenz mit Speranskij konnte Savigny vermelden, daß alle Studenten gute Fortschritte machten. Er erwähnte in seinen Briefen weitere besonders erfolgreiche Stipendiaten[91] und lobte z. B. Talent und Fähigkeiten von Pëtr Redkin.[92] Savigny hatte sich zwar vorbehalten, solche Studenten, die den Schwierigkeiten des Auslandsstudiums eventuell nicht gewachsen sein mochten, aus der Gruppe zu entfernen, doch wurde dies nicht nötig. Eine von ihm selbst abgehaltene Zwischenprüfung führte zu erfreulichen Ergebnissen. Auch der Gesandte der Zarenregierung in Berlin würdigte das Betragen, den Fleiß und die ungewöhnlichen Fähigkeiten der Stipendiaten.[93] Die Studenten der ersten Gruppe kehrten im Oktober 1832 nach Rußland zurück, die letzten Stipendiaten in der zweiten Hälfte des Jahres 1834. Sie setzten ihre Studien

84 Znamenskij verstarb am 30.1./8.2.1835, Blagoveščenskij am 13.9.1835. Vgl. Whisenhunt, In Search of Legality, S. 100 f.

85 Smirnov, Odin iz pitomcev Speranskogo, S. 337.

86 Immatrikuliert in Berlin als Peter Recking am 19.1.1831, Nr. 21/328, abg. 30.4.1834. Über Pëtr Georgievič Redkin (1808-1891) vgl. Šilochvost, Russkie civilisty, S. 130 f.

87 Immatrikuliert in Berlin als Peter Kolmykow am 19.1.1831, Nr. 22/129, abg. 13.5.1834. Über Pëtr Davydovič Kalmykov (1808-1860) vgl. Šilochvost, Russkie civilisty, S. 78.

88 Vgl. Savignys Brief vom 9.12.1834 an Balug'janskij; unten S. 251-253.

89 Vgl. Lukovskaja/Grečiškin/Jačmenev, Konstantin Alekseevič Nevolin, S. 3-21 (5 mit Anm. 10).

90 Vgl. Majkov, Speranskij i studenty zakonovedenija, S. 247, rückübersetzt bei Silnizki, Geschichte, S. 424. Vgl. Savignys Brief vom 11.9.1830 an A. v. Arnim: »In diesen Tagen habe ich sehr viel mit dem alten Speranski aus Petersburg, Chef der Gesetzgebung, verkehrt, der ein sehr lieber und geistreicher Mann ist«; bei Stoll, Savigny, Bd. 2, Nr. 441, S. 418.

91 Savigny bemerkte, einige der Stipendiaten seien theoretisch durchaus in der Lage, Lehrstühle in Deutschland zu besetzen; sie seien die besten unter den etwa 500 Berliner Studenten; Petrov, Formirovanie, S. 42 u. 361, Anm. 99.

92 Von Redkin, der Savigny zeitlebens hohe Achtung entgegenbrachte, ist eine erschütternde Schilderung seines letzten Besuches bei diesem 1860, also ein Jahr vor seinem Tod, erhalten. Redkin berichtet, er habe Savigny gefragt, ob dieser eine Fortsetzung seines 1853 abgebrochenen Werkes plane. Die Antwort gab Frau Gunda. Sie erklärte, daß sie ihrem Mann Papier, Feder und Tinte weggenommen habe, um ihn an der Fortsetzung der Arbeiten zu hindern. Zur Begründung erklärte sie, wie Redkin im deutschen Originalwortlaut wiedergibt: »Jetzt kann er nur lauter dummes Zeug schreiben«. Vgl. Redkin, Iz lekcij, S. VI.

93 Baršev, Istoričeskaja zapiska, S. 18 f.

im russischen Recht unter der Verantwortung der Zweiten Abteilung fort und unterzogen sich schließlich ihren Examina. Nach dem erfolgreichen Abschluß derselben konnten Znamenskij und Nevolin bereits 1834, Blagoveščenskij, Bogorodskij und Ornatskij dann 1835 Dissertationen vorlegen, deren Themenausrichtung jeweils in ausgeprägter Weise mit den Grundlagen des Rechts verbunden war.[94] Am 8. Februar 1835 verteidigte Nevolin seine Doktorarbeit; wenige Monate später folgten Bogorodskij und Ornatskij. Blagoveščenskij verstarb kurz nach Abschluß seiner Dissertation, doch fand auch diese gute Aufnahme und wurde im Journal des Ministeriums für Volksaufklärung abgedruckt.[95] Ein Teil der Stipendiaten wurde von der Pflicht zur Fertigung einer Dissertation befreit. Die Absolventen wurden anschließend zu Professoren ernannt und auf neu eingerichtete Lehrstühle in Sankt Petersburg, Moskau, Char'kov und Kiev berufen. Weitere Studienaufenthalte größerer Gruppen von Stipendiaten wurden zunächst nicht mehr organisiert, weil Balug'janskij, Speranskij und Prinz Peter von Oldenburg (Pëtr G. Ol'denburgskij) von Nikolaus I. 1835 die Erlaubnis bekamen, die Kaiserliche Rechtsschule in Sankt Petersburg zu gründen.[96] Künftig sollte hier die Elite der Staatsdiener ausgebildet werden.[97] Einzelne Abordnungen fanden hingegen auch weiterhin statt.[98]

2.) Allgemeine Nachwirkungen des Studienprogramms

Nachdem das Studienprogramm plangemäß zum Abschluß gekommen war, zeigte sich die russische Regierung mit dem Ergebnis zufrieden.[99] Innerhalb eines kurzen Zeitraums war es der Zweiten Abteilung gelungen, die wissenschaftliche Bildung von 12 Rechtsgelehrten abzuschließen und die Grundlagen für die Ent-

94 Silnizki, Geschichte, S. 430 mit Angabe der Titel der Dissertationen.

95 Vgl. Blagoveščenskij, Istorija metod nauki zakonovedenija v XVIII veke (1835); zu dieser Schrift, in der sich der Verfasser kritisch mit dem Naturrecht auseinandersetzt, vgl. Rudokvas/Kartsov, The Development, S. 294 f.

96 Whisenhunt, In Search of Legality, S. 102. Über die Kaiserliche Rechtsschule in Sankt Petersburg vgl. Stoeckhardt, Historisch-statistische Beschreibung, S. 659-663; Kaiser, Die russische Justizreform, S. 108-111, Torke, Das russische Beamtentum, S. 152 f. sowie eingehend Annenkova, Imperatorskoe Učilišče Pravovedenija (2006).

97 Sinel, The Socialization of the Russian Bureaucratic Elite, S. 1-31; Rudokvas/Kartsov, Der Rechtsunterricht, S. 284 f.

98 So wurden 1836, wie in der Vergangenheit, Absolventen verschiedener Fächer an diverse Fakultäten in Deutschland abgeordnet, darunter Juškov, Leškov, Poljumbeckij und Ivanišev, die bei Savigny studieren sollten; O licach, komandirovannych Ministerstvom Narodnogo Prosveščenija za granicu, S. 343; vgl. Maurer, Der Weg zur Mündigkeit, S. 63. Unter ähnlichen Bedingungen gelangte Dmitrij Mejer (s. unten S. 284) nach Berlin.

99 Savigny erhielt 1840 mit Rücksicht auf sein Engagement zugunsten der Stipendiaten den Stanislav-Orden II. Klasse. Vgl. Thieme, Die deutsche Historische Rechtsschule, S. 1105; Stoll, Savigny, Bd. 3, S. 199 (mit Hinweis auf einen Brief von H. E. Dirksen an F. D. Sanio vom 2.11.1829); vgl. schließlich den Auszug aus den im Justizministerium geführten Personallisten betreffend Savigny bei Stoll, aaO., S. 288 f. (289).

wicklung einer neuen russischen Rechtswissenschaft zu legen. So konnten die Berliner Stipendiaten zu Lehrern einer ganzen Generation russischer Juristen werden.[100] Bislang hatte es an den Universitäten des Reiches nur einzelne juristische Lehrstühle gegeben, die im Rahmen der Fakultäten der »moralischen und politischen Wissenschaften« jeweils Anhängsel der Philosophie bildeten. Erst mit den neuen Universitätsstatuten wurden 1835 in Sankt Petersburg, Moskau, Char'kov und Kazan' und 1842 in Kiev selbständige Juristische Fakultäten eingerichtet.[101]

In der Juristenausbildung wurde das Naturrecht mehr und mehr eliminiert.[102] An seine Stelle trat die um so eifriger betriebene »Enzyklopädie des Rechts«. Dieses schon aus dem 18. Jahrhundert stammende Fach erschöpfte sich im wesentlichen in einer allgemeinen Übersicht über die Rechtssysteme.[103] Alle anderen nach 1835 gelehrten Gegenstände wurden auf der Grundlage des Gesetzespositivismus behandelt. Man wird unter diesen Umständen bezweifeln können, daß genügend Freiraum für eine Rechtswissenschaft bestand, in der sich ein Einfluß Savignys im Sinne eines methodischen Umgangs mit dem Recht nennenswert hätte entfalten können. Und tatsächlich blieben die Wirkungsmöglichkeiten der Gelehrten infolge der reaktionären Rahmenbedingungen zunächst eher beschränkt.[104] Ein positiver Befund ergab sich, wie noch zu zeigen sein wird, im wesentlichen auf dem Gebiet der Grundlagen des Rechts. Der Reaktion war es auch zuzuschreiben, daß 1842 für lange Zeit zum letzten Mal Studenten zu ähnlichen Studien ins westliche Ausland geschickt wurden. Nach den europäischen Revolutionen von 1848 wurden die Zensurmaßnahmen verschärft, Auslandsreisen erschwert und die Einfuhr von Büchern verboten. Aus diesem Grunde blieben die ersten russischen Juristen, die unter dem Einfluß der deutschen Historischen Schule herangebildet worden waren, für lange Zeit allein in ihrer spezifischen Weise wirksam.

Nevolin, Bogorodskij und Ornatskij wurden an die 1833 gegründete Kiever Universität berufen. Hier bekam Nevolin einen Lehrstuhl für Rechtsenzyklopädie und Staatsrecht, Bogorodskij für Staatswirtschaftsgesetze, Ornatskij für bürgerliche Gesetze. Auch die übrigen Stipendiaten wurden zu Rechtsprofessoren ernannt und auf Lehrstühle berufen, die an den Universitäten in Sankt Petersburg, Moskau und Char'kov neu eingerichtet worden waren. An die Sankt Petersburger Universität wurden Kalmykov auf den Lehrstuhl für Rechtsenzyklopädie berufen, Kranichfel'd auf den für Steuer- und Finanzgesetze, Jakov Baršev auf den für russische Straf- und Polizeigesetze. Lehrstühle an der Moskauer Universität

100 Kaiser, Die russische Justizreform, S. 102; vgl. ausführlich Baršev, Istoričeskaja zapiska, S. 3-32.

101 Torke, Das russische Beamtentum, S. 141; Baranowski, Rez. Silnizki, S. 299.

102 Baranowski, Rez. Silnizki, S. 299.

103 Es handelte sich, wie Čižov erläutert, um eine Wissenschaft vom Recht insgesamt; in der Enzyklopädie des Rechts waren insoweit alle Zweige der Rechtswissenschaft versammelt, sogar unter Hintanstellung der jeweiligen nationalen Besonderheiten; K voprosu o sisteme prava u Rimljan, S. 6.

104 Torke, Das russische Beamtentum, S. 145.

bekamen Redkin im Fach Rechtsenzyklopädie und Krylov im Römischen Recht, während Sergej Baršev Professor für Straf- und Polizeigesetze wurde. Die verbleibenden drei Absolventen gingen nach Char'kov, wo Fedotov-Čechovskij anschließend das römische Recht vertrat, Kunicyn die bürgerlichen Gesetze und Platonov die Staatswirtschaftsgesetze.[105]

V.) Savignys Anschauung des Vorgangs und ihre Gründung auf religiöse Überzeugungen

Die Beobachtung, daß mit dem Bedarf eines Landes nach dem Erwerb von Kultur nicht selten das Interesse dessen, der darüber verfügt, einhergeht, das entsprechende Kulturgut zu vermitteln und dadurch nicht lediglich dem Empfänger zu nützen, sondern gleichzeitig eigene Ziele zu verfolgen, wie etwa die Verbreitung und Aufwertung der eigenen Kultur aufgrund der Vorstellung von einer »Richtigkeit« dieses Vorgangs, gilt auch für das Recht. Die Geschichte kennt zahlreiche Beispiele dafür, daß bei der Übernahme von Elementen einer fremden Rechtsordnung nicht nur der rezipierende Teil ein eigenes Interesse verfolgte, sondern auch der »abgebende«. Die den letzteren bewegenden Motive sind dabei sehr unterschiedlich, und nicht selten haben äußere Zwecke regiert: Teils waren es imperiale Beweggründe, etwa das Interesse, die Beherrschung oder Verwaltung des aufnehmenden Gebiets nach eigenen Regeln besser zu gestalten. Teils waren (und sind) es wirtschaftliche Motive, etwa die Erwartung, es möchten sich dadurch, daß man die Entwicklung eines fremden Rechts nach dem Vorbild des eigenen gestaltet, Marktvorteile ergeben.[106] Schließlich aber kann die Vermittlung des jeweils eigenen Rechts auch von der Überzeugung getragen sein, aufgrund einer ihm eigenen »Richtigkeit« sei es geboten, dasselbe auch anderen zu vermitteln.

Die zugrundeliegende Denkweise war gerade im 19. Jahrhundert verbreitet, und zwar keineswegs nur mit Rücksicht auf das Recht. Das aus europäischer Sicht wahrgenommene Kulturgefälle im Verhältnis zu außereuropäischen Lebensverhältnissen hatte die Vorstellung entstehen lassen, europäische Kulturvölker hätten einen historischen Auftrag zur Erziehung gegenüber »unentwickelten« Völkern.[107] Als Instrument dieser Kultivierung diente sogar klassisches Bildungsgut. Ein Beispiel bietet der englische Politiker und Historiker Thomas Macaulay, ein überzeugter Verfechter der Auffassung, aus den einzigartigen Vorzügen angelsächsischer Kultur ergebe sich ein globaler Erziehungsauftrag. Als Mitglied des

105 Silnizki, Geschichte, S. 431, vgl. Majakovskij/Nikolaev (Hrsg.), S.-Peterburgskij Universitet, S. 506 f.

106 Man ist versucht, an den Wettstreit zu denken, den sich Europäer und U.S.-Amerikaner in den 1990er Jahren bei der Beratung russischer Stellen im Zusammenhang mit den Gesetzesreformen auf den Gebieten von Zivil- und Wirtschaftsrecht lieferten. Für den Gesichtspunkt des vom »Spender« übernommenen Rechts verfolgten Interesses vgl. bereits Tkačenko, »Rimskoe pravo« v Rossii, S. 96-100 und oben S. 112.

107 Vgl. Wallerstein, Barbarei, S. 20 f. mit Nachweisen.

Rats des britischen Generalgouverneurs in Kalkutta von 1834 bis 1838 entwarf er ein Erziehungssystem, in dem Inder durch das Studium der englischen Sprache zu Gentlemen erzogen werden sollten.[108] Dahinter stand die Vorstellung, das Englische sei besser als die alten asiatischen Sprachen geeignet, den aus seiner Sicht unterentwickelten Indern »höhere« Kultur nahezubringen, so wie es in der frühen Neuzeit Griechisch und Latein gewesen seien, die die klassische Kultur an England vermittelt hätten. Die Vorstellung also, daß antikes Kulturgut – im Falle des Zarenreiches Römisches Recht und Latein[109] – noch in der Neuzeit ein taugliches Mittel zur Entwicklung rückständiger Verhältnisse sei, mußte also weder absurd noch singulär erscheinen.[110]

1.) Ein Brief nach Sankt Petersburg

Savigny war von der Richtigkeit der Vermittlung des »eigenen« Rechts überzeugt.[111] Die Gründe dafür liegen, wie zu zeigen sein wird, in seinem religiösen Bekenntnis. Einen ersten Hinweis darauf liefert ein Brief, den er am 9. Dezember 1834 an Balug'janskij schrieb:[112]

108 Wende, Das britische Empire, S. 160.

109 Die Verbreitung von Lateinkenntnissen war gering. Vor diesem Hintergrund sind sowohl die wiederholten Ansätze zu einer Umstellung der universitären Lehre auf das Russische zu verstehen als auch manche Schwierigkeiten beim Unterricht im Römischen Recht. Bemerkenswert ist immerhin die Mitteilung des Moskauer Philologen Johann Gottlieb Buhle in einem Brief an Christoph Meiners vom 18. (30.) März 1809, es werde in Moskau gerade unter jungen Adligen Mode, lateinisch zu sprechen. Vgl. Stieda, Deutsche Gelehrte, S. 106.

110 Auch Macaulay nennt Rußland als Beispiel für ein Land, das seinen Platz unter den »civilized communities« habe einnehmen können, nachdem man die Menschen Sprachen gelehrt habe, die zur Vermittlung von Kultur geeignet seien. »The languages of western Europe civilised Russia. I cannot doubt that they will do for the Hindoo what they have done for the Tartar.« Vgl. Macaulay, Minute upon Indian Education, 107-117.
Der Stellenwert des Lateinischen wurde im übrigen dadurch unterstrichen, daß es nach wie vor die Wissenschaftssprache schlechthin war und als solche auch in Rußland wahrgenommen wurde. Bei Turgenev, Väter und Söhne, steht das Lateinische für die wissenschaftliche und rationale Einstellung verschiedener Figuren: »Wozu brauchen Sie die lateinischen Namen?« [...] »In allem muß Ordnung sein.« (Kap. 16).

111 Zu Savignys Vorstellungen, die hier nur kurz skizziert werden, ausführlicher Avenarius, »Sie treiben gewissermaßen ein Missionsgeschäft« (2011).

112 Savignys Korrespondenz mit Juristen aus dem Zarenreich ist bislang kaum erforscht worden. Dies liegt nicht nur im Fehlen einer einschlägigen Ausrichtung der Forschungsinteressen begründet, sondern hängt auch damit zusammen, daß diese Korrespondenz nur in wenigen Fällen überhaupt bekannt ist. Im sog. »Verzeichnis des Schrankes«, enthaltend eine Übersicht über Korrespondenz und andere Papiere Savignys (bei Rückert, Idealismus, S. 438), ist unter Nr. 141 angegeben: »die russischen Rechtscandidaten betr.«. Der Verbleib der Papiere ist allerdings ungeklärt. Vgl. daher vor allem die Briefe und Auszüge bei Majkov, Speranskij i studenty zakonovedenija.

> [...] Freude machte mir das gute Zeugniß, das Sie den ersten von hier zurückgekehrten Russen geben, obgleich ich mir bey diesem günstigen Erfolg verhältnißmäßig doch nur geringes Verdienst zuschreiben kann. Ich bitte Sie dieselben, und besonders H. Newolyn, freundschaftlich in meinem Namen zu begrüßen. Da Ihr Brief den H. von Petersen nicht namhaft macht, was bey seiner vielseitigen wissenschaftlichen Bildung kaum gefehlt haben würde, so schließe ich daraus, daß derselbe sich einer andern Laufbahn zugewendet haben wird.
>
> Ihr Beruf ist ein schwerer, aber schöner. Sie treiben gewissermaßen ein Missionsgeschäft, oder eigentlich Sie wollen unsre Rechtswissenschaft auf einem ihr bisher fremden Boden colonisiren. In dieser wichtigen und schwierigen Arbeit wünsche ich Ihnen von Herzen Muth und Ausdauer, so wie die Freude, sich durch sichtbare reife Früchte Ihres Wirkens belohnt zu sehen.[113]

Der Brief bezieht sich auf den Abschluß der Studienaufenthalte der Berliner Stipendiaten im Jahre 1834. Daß der in diesem Zusammenhang genannte Nevolin Savignys Aufmerksamkeit hatte gewinnen können, haben wir schon gesehen.[114] Im Hinblick auf Petersen lag Savigny mit seiner Vermutung, dieser habe die Laufbahn offenbar gewechselt, richtig. Savigny hatte von diesem Juristen, wie er Balug'janskij am 26. Oktober 1829 geschrieben hatte, nach den ersten Eindrücken eine gute Entwicklung an der Universität erwartet.[115] Im Unterschied zu den meisten der russischen Stipendiaten in Berlin schlug Petersen allerdings nicht die akademische Laufbahn ein. Er wechselte vielmehr in die livländische Justiz, wo er es bis zum Gouvernementsprokureur brachte.[116]

2.) Die Kernaussage des Briefes, ihre Bedeutung und ihr Zusammenhang

Von Interesse ist hier hauptsächlich die im Schlußabsatz des Briefes formulierte Bemerkung Savignys: »Ihr Beruf ist ein schwerer, aber schöner. Sie treiben gewissermaßen ein Missionsgeschäft, oder eigentlich Sie wollen unsre Rechtswissenschaft auf einem ihr bisher fremden Boden colonisiren.« Die Beschreibung einer Vermittlung von Rechtswissenschaft, also von juristischen Methoden, unter Bezugnahme auf Mission und Kolonisation stellt auf mehrere Gesichtspunkte ab, die in der Geschichte des Umgangs mit Rezeption eine Rolle spielen: Mission bedeutet zunächst einmal, daß jemand gesendet ist, um etwas in der Fremde zu bewirken. Das Wort von der Kolonisation läßt daneben die Vorstellung assoziieren, es bestehe ein spezifisches Entwicklungsgefälle zwischen den Verhältnissen im Zarenreich und dem insoweit »fremden« west- und mitteleuropäischen Recht.

113 Vollständiger Abdruck bei Avenarius, »Sie treiben gewissermaßen ein Missionsgeschäft«, S. 49; dort auch zur Identifikation Balug'janskijs als Adressaten.

114 Vgl. oben S. 247.

115 Brief Savignys an Balug'janskij vom 26.10.1829, abgedruckt bei Majkov, Speranskij i studenty zakonovedenija, S. 240.

116 Das Amt entsprach in etwa dem eines Generalstaatsanwalts.

Vor dem Hintergrund des Missionsgedankens drückt Savigny hier die Vorstellung von einer Überlegenheit der in der Tradition des römischen Rechts entwikkelten west- und mitteleuropäischen Rechtswissenschaft aus, die sich u. a. darin ausdrückt, daß gerade ihre »Anpflanzung« Fruchtertrag (»reife Früchte«) verspreche.

a.) Mission und Kolonisation im 19. Jahrhundert, insbesondere im Zarenreich

Als Savigny 1934 seine Vorstellung mit dem Bild vom »Colonisiren« beschrieb, lag, weltgeschichtlich betrachtet, die hohe Zeit der Kolonisation noch in weiter Ferne. Gleichwohl verwendete die Zeit den Ausdruck »Colonie«, und zwar für verschiedene Sachverhalte: Unter diesen sind sowohl die antiken, also griechischen und römischen Kolonien zu nennen als auch die speziell von Eingewanderten, etwa Hugenotten bewohnten Siedlungen in Deutschland sowie schließlich die von europäischen Mächten beherrschten Überseegebiete. Die hier jeweils zugrunde liegenden Begriffe der Kolonie haben miteinander gemein, daß Land besiedelt wird in der Absicht, dasselbe zu kultivieren und Ertrag zu erlangen. Und so bringt Savigny auch anschließend den Wunsch nach »reifen Früchten« zum Ausdruck. Durch die Erfahrung der Kolonisation einschließlich der Wahrnehmung eines Entwicklungsrückstandes weiter Teile des Landes, der durch äußere Einflüsse abgemildert werden mochte, war seit langem auch das Zarenreich geprägt. Dies veranlaßte später den den Historiker Vasilij O. Ključevskij (1841-1911) zu der oft zitierten Feststellung: »Die Geschichte Rußlands ist die Geschichte eines in Kolonisation befindlichen Landes«.[117] Savigny, der das Bild von der Kolonie nun im Zusammenhang mit einem Missionsgeschäft verwendete, spielte in diesem Rahmen auf einen speziellen Sachverhalt an und konnte mit Recht davon ausgehen, daß Balug'janskij das Gemeinte völlig klar vor Augen stehen werde: Denn gerade im Zarenreich gab es nicht wenige Kolonien, deren Existenz unmittelbar mit Missionstätigkeit verbunden war.[118] Diese Kolonien verdankten ihre Entstehung zum Teil gezielten Besiedelungsmaßnahmen seit Katharina II., zu einem anderen Teil gingen sie auf Einwanderung von Menschen um der eigenen religiösen Entwicklung willen zurück. Die wirkungsmächtige Missionstätigkeit, die von vielen Kolonien ausging, wurde, da sie den Verbindlichkeitsanspruch des orthodoxen Glaubens berührte, aufmerksam beobachtet. Daß Savigny auf diesen der russischen Elite gut bekannten Zusammenhang anspielt, darf als erster Hinweis darauf gelten, daß der hier betrachteten Briefpassage eine religiöse Vorstellung zugrundelag.

117 Ključevskij, Kurs russkoj istorii, S. 22.
118 Ausführlich Brandes, Einwanderung und Entwicklung der Kolonien, S. 35-110.

b.) Die Wahrnehmung von Balug'janskijs Aufgabe als »Beruf« und »Missionsgeschäft«

Savigny bezeichnet Balug'janskijs Bemühungen um eine Reform und Professionalisierung der Jurisprudenz im Zarenreich als dessen »Beruf« und verweist damit auf die seiner berühmten Programmschrift »Vom Beruf unsrer Zeit für Gesetzgebung und Rechtswissenschaft« von 1814 zugrundeliegende Ausdrucksweise, nach der »Beruf«, entsprechend einem verbreiteten konventionellen Sprachgebrauch, für »Berufung« steht. In diesem Sinne hatte Savigny die Berufung des Juristen darin gesehen, daß er das Recht auf der Höhe seiner Zeit im Wege einer im einzelnen näher beschriebenen Rechtswissenschaft betreiben solle. In seinem Brief an Balug'janskij nimmt Savigny auf diese Vorstellung Bezug: Es ist ja gerade Rechts*wissenschaft*, die vermittelt werden soll. Wir dürfen davon ausgehen, daß der Bemerkung die Vorstellung von einem Entwicklungsmodell zugrundeliegt, und Wissenschaft dabei ein Instrument zur Weiterentwicklung des Rechts bilden soll.

Wenn Savigny den »Beruf« Balug'janskijs des näheren als ein »Missionsgeschäft« beschreibt,[119] ist dies vor dem Hintergrund zu verstehen, daß er seinen Adressaten als hochrangigen Beamten des Zarenreiches wahrnehmen mußte. Allein dessen Herkunft aus dem westlichen Ausland konnte für Savigny keinen Anlaß dafür bieten, ihn als Außenstehenden zu vereinnahmen. Denn Ausländer bzw. Nichtrussen waren auf verantwortlichen Positionen im Zarenreich keine ungewöhnliche Erscheinung. Balug'janskij repräsentierte insoweit die zu »missionierenden« Verhältnisse. Nun birgt die Konfrontation eines hohen Regierungsbeamten mit der Auffassung, dessen Rechtsordnung bedürfe der Entwicklung im Wege der Mission, einige Brisanz. Diese wird im vorliegenden Falle noch verschärft durch eine bemerkenswerte zeitliche Koinzidenz: Als Savigny seinen Brief an Balug'janskij schrieb, war unter dessen Verantwortung gerade der Svod Zakonov fertiggestellt worden, der wenige Tage später, nämlich am 1. Januar 1835 (nach russischem Kalender) in Kraft treten sollte.[120] Aus der Sicht der modernen Forschung erscheint die Kompilation vor allem als rückständig und mangelhaft, weil der Vergleich mit westeuropäischen Gesetzen der Zeit dies ebenso nahelegt wie die Kritik eines Teils der Zeitgenossen.[121] Die zeitgenössische Wahrnehmung war allerdings – jedenfalls offiziell – eine andere. Es handelte sich, wie gesehen, um

119 Die Ausdrucksweise ist nicht ganz singulär. Vano, Der Gaius der Historischen Rechtsschule, S. 216 f. nennt mehrere Beispiele, neben Savigny von Warnkönig und sinngemäß von Hugo, ohne allerdings darauf hinzuweisen, daß es sich jedenfalls im Falle Savignys nicht um ein bloßes Bild handelt. Im übrigen liegt der Fall hier deswegen besonders, weil Savigny das spezifische Verständnis seines Adressaten erwarten kann.

120 Welcher Anteil gerade Balug'janskij an der Herstellung des fünfzehnbändigen Sammelwerkes zugerechnet wurde, mag sich daran zeigen, daß Nikolaus I. Balug'janskij 1837 ein Adelswappen verlieh, in das er eigenhändig die Ziffer »XV« einzeichnete. Vgl. Tomsinov, Rossijskie pravovedy, Bd. 1, S. 211; vgl. ferner den Art. Balug'janskij in: Polovcov (Hrsg.), Russkij biografičeskij slovar', S. 455; Ružickaja, Zakonodatel'naja dejatel'nost', S. 210.

121 Vgl. bereits oben S. 202 f. und nun Krjukova, Zwischen Archaik und Moderne, S. 149; Rudokvas/Kartsov, The Development, S. 304.

das Ergebnis langer Arbeit herausragender Juristen, ein vom Zaren initiiertes und gebilligtes Gesetzeswerk von hohem Prestigewert. Savigny, der sich hier im Rahmen eines von gegenseitigem Respekt getragenen Verhältnisses äußert, hätte auf seine Bemerkung sicherlich verzichtet, wenn er hätte fürchten müssen, daß sie als Provokation aufzufassen sei. Daß dies offenbar nicht der Fall war, ergibt sich in erster Linie aus der klaren Absprache über die Zwecke der Ausbildung junger Stipendiaten im Vorfeld: Es ging gerade um die wissenschaftliche Qualifikation des akademischen Nachwuchses, um einem entsprechenden Bedarf nachzukommen, der im Zarenreich unzweifelhaft bestand. Daß dies im Ausland stattfinden sollte, konnte zwar als unangenehm wahrgenommen werden,[122] war aber jedenfalls eingestanden und lag offen zutage.

Im übrigen stand Balug'janskij mit Rücksicht auf seine eigene Vorbildung gleichsam zwischen der gebenden und der empfangenden Seite. Verglichen mit Speranskij nahm er insoweit als Förderer der Modernisation im Zarenreich eine womöglich noch ausgeprägtere Sonderstellung ein. Dies ergibt sich vor dem Hintergrund, daß Herkunft und Werdegang Balug'janskijs im Spannungsfeld zwischen slavischer, deutsch-österreichischer und ungarischer Kultur diesen Juristen in besonderer Weise zum Vermittler zwischen den Rechtskulturen hatten werden lassen. Er war Ostslave, aber Nicht-Russe.[123] Geboren 1769, stammte er nämlich aus einer karpatenrussinischen, aber inzwischen madjarisierten Familie in der damals zu Ungarn gehörenden Slowakei.[124] Er hatte zunächst Philosophie in Kaschau (Košice) studiert, bevor er zum Studium der Rechtswissenschaft nach Wien

122 Daß an der Ausbildung des akademischen Nachwuchses im Ausland teilweise durchaus Anstoß genommen wurde, sollte sich später daran erweisen, daß die Schließung des Russischen Seminars für Römisches Recht in Berlin 1896 offenbar jedenfalls auch auf »gekränkte Eigenliebe der russischen Gelehrtenwelt« zurückging. Vgl. den anonymen Bericht bei Leonhard (Hrsg.), Stimmen des Auslands, S. 75 und Avenarius, Das Russische Seminar, S. 898. Daß die Kritik teilweise durchaus substantiiert vorgetragen wurde, zeigt nun Kartsov, Das Russische Seminar, S. 326-329. Vgl. ferner unten S. 335f.

123 Baratz, Sur les origines étrangères, S. 23.

124 Aus diesem Grunde finden sich in der Literatur verschiedene Schreibweisen des Namens. Die ungarische Namensform lautet »Balugyánszky«; die verschiedentlich belegte russinische Fassung Балудянскый (»Baludjanskyj«) geht auf eine Transkription dieser Form mit Rücksicht auf die ungarische Aussprache zurück. Vgl. Kosačevskaja, M. A. Balug'janskij, S. 43. Kolportiert wurde die Vorstellung, Balug'janskij verstehe fast alle europäischen Sprachen, spreche allerdings keine einzige gut, ausgenommen vielleicht die ungarische; Grünewaldt, Erzählungen eines Augenzeugen, S. 20; vgl. bereits ähnlich die Erinnerungen des Thronfolgers Nikolaus (oben S. 193). Diese erstaunliche Einschätzung dürfte damit zusammenhängen, daß Balug'janskijs Muttersprache, das Russinische, aus russischer Sicht lange Zeit nicht als selbständige, eigenen Regeln gehorchende Sprache, sondern als unbedeutender Provinzdialekt wahrgenommen wurde, zumal es eng mit dem Ukrainischen verwandt ist, welches wiederum im 19. Jahrhundert zurückgedrängt und in seiner Eigenständigkeit bestritten wurde. Dazu Stegherr, Rusinisch, S. 399-408 sowie Duličenko, Das Russinische, S. 135-137. Vgl. schließlich die bei Kazantsev referierte zeitgenössische Wahrnehmung Balug'janskijs und einiger Landsleute als »Karpato-Russen«; Die Geschichte der juristischen Fakultät, S. 146.

wechselte.[125] Dort wurde Balug'janskij Schüler des Professors für Polizei- und Kameralwissenschaft Joseph von Sonnenfels (1732-1817), eines Förderers von Justiz- und Verwaltungsreformen im Geiste des aufgeklärten Absolutismus.[126] Seine Studienzeit hatte den Zusammenbruch der feudalen Ordnung erlebt, sein Studienabschluß 1789 fiel in das Jahr der Französischen Revolution. Zu diesem Wandel hatte grundlegend die Naturrechtslehre beigetragen. Unter dem Einfluß seines akademischen Lehrers Sonnenfels hatte sich auch Balug'janskij zum Anhänger dieser Lehre entwickelt, und zwar in ihrer spezifisch deutschen Ausprägung, wie sie Pufendorf, Leibniz, Wolff und Thomasius herausgebildet hatten.[127] Sie stand dem feudalistischen Erbe kritisch gegenüber und begünstigte gesellschaftliche Modernisierung. Insoweit, als Balug'janskij mit Rücksicht auf seine wissenschaftliche Profilierung Naturrechtler und nicht Anhänger der Historischen Rechtsschule war, konnte ihn Savigny in »unsere Rechtswissenschaft« also nur in dem weiten Sinne einbeziehen, daß er immerhin ein Vertreter des wissenschaftlich betriebenen Rechts der mitteleuropäischen Tradition war. Herangebildet im Geiste der Aufklärung, wurde Balug'janskij 1789, wie gesehen,[128] zum Professor an der neugegründeten Akademie in Großwardein ernannt und ging 1796 an die Universität Pest. Schon vor seinem Wechsel in die Dienste des Zaren hatte er also als Hochschullehrer gearbeitet. Vor diesem Hintergrund nahm sich Balug'janskij, obgleich slavischer Abstammung,[129] ein Stück weit als Angehöriger des Westens wahr. Dies zeigt sich auch daran, daß er selbst eine bemerkenswerte Profilierung gegenüber dem Russen Speranskij vornahm: Er soll öfters geäußert haben, er vermisse bei Speranskij das »deutsche Element«.[130] So trat Balug'janskij selbst als in der Rechtstradition Mitteleuropas verhafteter Jurist für Rechtswissenschaft als etwas ein, was auch für andere Rechtsordnungen relevant sei. Angesichts der Vorbehalte, die die Regierung des Zarenreiches gegenüber der Naturrechtslehre hatte, konnte Balug'janskij kaum hoffen, mit seiner Ausrichtung auf das Naturrecht Erfolg zu haben. Die aufklärerische Modernisierungstendenz, für die er stand, war allerdings hochwillkommen. Sie versprach effizientere Verwaltung, modernere Gesetze und günstigere Rahmenbedingungen für die wirtschaftliche Entwicklung.

c.) Savignys eigene Mission

Savigny stellt, wie wir gesehen haben, Balug'janskij als Betreiber eines »Missionsgeschäfts« dar. Dabei bringt er gleichzeitig seine Überzeugung von einem historischen Vorgang zum Ausdruck, der nicht allein durch Zweckmäßigkeit gerechtfer-

125 Maurer, Hochschullehrer, S. 169.
126 Brauneder, Art. Sonnenfels, S. 577-579.
127 Wieacker, Privatrechtsgeschichte, S. 306-322.
128 Vgl. oben S. 192.
129 Medem, Moi vospominanija, S. 415.
130 Medem, Moi vospominanija, S. 431. Vgl. Širokorad, Deutsche Einflüsse, S. 35.

tigt, sondern rechtstheoretisch richtig und geboten ist, und in dem er selbst eine tragende Rolle übernimmt. In der rechtswissenschaftlichen Literatur ist mehrfach die Vorstellung geäußert worden, daß Savigny selbst eine rechtswissenschaftliche Mission betrieben habe. So spricht Kunkel von »Savignys geschichtlicher Mission«.[131] Wieacker hat diesen Gedanken vor allem mit Rücksicht auf die Wirkungen ausgearbeitet.[132] Dabei hat er die Wiederherstellung der Idee eines »ius commune europaeum«, einer kontinentalen Zivilrechtswissenschaft jenseits der Grenzen und Bedingungen der nationalen Rechte, als Savignys »europäische Mission« bezeichnet. Schon auf die Programmschrift »Vom Beruf unsrer Zeit« führte Wieacker Savignys Vorstellung zurück, daß die »ganze Kultur der modernen Völker international geblieben« sei. In dieser Hinsicht stand für Savigny auch angesichts der »besonderen Modificationen«, die sich aus der unterschiedlichen Entwicklung der Völker ergeben hatten, die Einheit des in ganz Europa angewendeten römischen Rechts außer Zweifel. Im Geiste dieser »europäischen Mission« hat er nicht nur die Grundlagen des modernen Internationalen Privatrechts geschaffen.[133] Er hat darüber hinaus die Rechtskultur der großen Nationen enger zusammengeführt. Diese Vorstellungen gehen auf tiefgehende Überzeugungen von Ursprung und Geltungsgrund des Rechts zurück, an die seine Rede von einem »Missionsgeschäft« anknüpft. Man muß die religiöse Komponente in Savignys Rechtstheorie keineswegs in einseitiger Weise hervorheben, um ihre spezifische Bedeutung für unseren Zusammenhang anzuerkennen.[134] Savigny tritt nämlich für die Richtigkeit einer Vermittlung von Rechtswissenschaft aufgrund einer Rechtstheorie ein, die letztlich auf eine religiöse Überzeugung gegründet ist. Sie geht, wie Behrends herausgearbeitet hat, auf einen bestimmten Rechtsglauben zurück.[135] Savigny geht davon aus, daß sich das Recht von Anfang an in jeder menschlichen Ordnung gezeigt habe.[136] Dies erweist sich für ihn daran, daß das positive Recht überall anerkannt werde und die Vorstellung vom Recht von dem Gefühl innerer Notwendigkeit begleitet sei: »Dieses Gefühl spricht sich am bestimmtesten aus in der uralten Behauptung eines göttlichen Ursprungs des Rechts

131 Kunkel, Savignys Bedeutung, S. 458.

132 Wieacker, Gründer und Bewahrer, S. 133 u. 141 f.

133 Vgl. Sturm, Savigny und das internationale Privatrecht, S. 92-109; Seif, Savigny und das internationale Privatrecht, S. 492-512.

134 Vgl. bereits Fischer, Moritz August von Bethmann-Hollweg, S. 58 ff. Wir haben an dieser Stelle weder den Anlaß noch die Möglichkeit, Savignys Religion mit einigem Tiefgang zu behandeln. Vgl. insoweit ausführlicher Avenarius, »Sie treiben gewissermaßen ein Missionsgeschäft« (2011) mit Nachweisen. Die nachfolgenden Bemerkungen beschränken sich auf einige charakteristische Gesichtspunkte, die den Zusammenhang mit Savignys Wahrnehmung des Rechts betreffen und ein Licht auf seine Vorstellung von den Grundlagen der Vermittlung von Rechtswissenschaft werfen.

135 Vgl. Behrends, Geschichte, S. 263 und 271. Wir werden nachfolgend darauf verzichten, sämtliche von Behrends bereits zusammengestellten Belegtexte nochmals anzuführen, und uns auf ausgewählte Zitate beschränken.

136 Savigny, System, Bd. 1, S. 15.

oder der Gesetze.«[137] Nach Savignys Konzept hat sich das Recht allerdings, von diesem Ursprung ausgehend, in den einzelnen Völkern in verschiedener Weise durchgesetzt, beeinflußt und gefördert jeweils durch unterschiedliche, wiederum von Gott gegebene[138] Bedingungen der geschichtlichen Weiterentwicklung:

> Diese Ansicht, welche das individuelle Volk als Erzeuger und Träger des positiven oder wirklichen Rechts anerkennt, dürfte Manchen zu beschränkt erscheinen, welche geneigt seyn möchten, vielmehr dem gemeinsamen Menschengeist, als dem individuellen Volksgeist, jene Erzeugung zuzuschreiben. In genauerer Betrachtung aber erscheinen beide Ansichten gar nicht als widerstreitend. Was in dem einzelnen Volk wirkt, ist nur der allgemeine Menschengeist, der sich in ihm auf individuelle Weise offenbart.[139]

Während es sich bei der Beobachtung jeweils unterschiedlicher Entwicklungen aufgrund verschiedener Bedingungen um eine historische handelt, von der die wissenschaftliche Erforschung des Rechts ausgeht, knüpft der Glaube an einen göttlichen Ursprung außerhalb der Geschichte an.[140] Er wird in dem vorstehenden Zitat insoweit durch die Wortwahl angedeutet, als Savigny davon spricht, es werde etwas »offenbart«. Daß diese Ausdrucksweise bewußt gewählt worden ist, erweist sich an mehreren Bemerkungen, die Savigny bereits in früheren Briefen formuliert hatte. Behrends hat, wie sich im Zusammenhang mit dem zuvor genannten Zitat aus dem »System« ergibt, Savignys Vorstellung überzeugend dahingehend beschrieben, daß auch das Recht letztlich Ergebnis einer göttlichen Offenbarung sei.[141] Soweit dessen wahre Grundsätze zwischenzeitlich in Phasen des Niedergangs aus dem Blick geraten waren, die Offenbarung also insoweit »korrumpiert« ist,[142] können sie durch »Fortschritt« auch von neuem errungen werden. Savigny zieht durchaus in Betracht, daß sich diese Entwicklung noch weiter fortsetzt. In diesem Zusammenhang ist es bezeichnend, daß der an sich konservative Savigny die fortlaufende Veränderung des jeweils positiven Rechts durchaus vorgesehen hatte, nämlich im Rahmen seiner Lehre vom Intertemporalen Privatrecht.[143]

Savignys Vorstellungswelt war tiefgreifend von der Begegnung mit der bayrischen Erweckungsbewegung beeinflußt worden. Dieser Einfluß hilft zu erklären, warum sich Savigny, ausgehend von der Auffassung von der Offenbarung des

137 Savigny, System, Bd. 1, S. 15.

138 Savigny, System, Bd. 7, S. VI.

139 Vgl. Savigny, System, Bd. 1, S. 17 und 20 f.

140 Daß diese Vorstellung nicht ganz singulär ist, zeigt jetzt Haferkamp am Beispiel Puchtas; Einflüsse der Erweckungsbewegung, S. 71 f.

141 Behrends, Geschichte, S. 263.

142 Vgl. Savignys Brief an Ringseis vom 25. Juli 1818; Pfülf, Friedrich Karl von Savigny, S. 182 mit Behrends, Geschichte, S. 265 und Raub-Domnick, Friedrich Carl von Savigny, S. 131. Vgl. ferner den Brief »Zum Christfeste 1820« an Bettine v. S., bei Erler, Zwei unbekannte Briefe, S. 351.

143 Avenarius, Savignys Lehre, S. 61 ff.

Rechts sowie von dessen Universalismus, in der hier erörterten Passage des Briefes vom 9. Dezember 1834 an Balug'janskij wegen der Vermittlung des Rechts für die Bezugnahme auf Mission und Kolonisation entschied. Die Erweckungsbewegung bildete mit ihren vielfältigen Unterströmungen die letzte große christliche Frömmigkeitsbewegung der Neuzeit.[144] Sie konstituierte sich seit dem Ende des 18. Jahrhunderts in verschiedenen Organisationen und Zirkeln, deren Mitglieder das wahre Christentum durch übermäßigen Rationalismus verdorben sahen, das verbreitete Gewohnheitschristentum überwinden wollten und sich unmittelbare, auch irrationale Wege zur Erfahrung des Glaubens zu erschließen suchten. Bestimmte Erweckungsbewegungen entwickelten intensive missionarische Tätigkeit, wie etwa vom deutschen Sprachraum aus die Herrnhuter Brüdergemeine oder seit 1815 die Basler Missionsgesellschaft.[145]

In seinem Brief an Balug'janskij nahm Savigny auf die Vorstellung von Mission und Kolonisation Bezug, weil er wußte, daß die Begrifflichkeit der Erweckungsbewegung insoweit einen Referenzrahmen bot, der ihn mit der politischen Elite des Zarenreiches verband.[146] Ebenso wie der Zar hatten zahlreiche Funktionsträger und anderweitig bedeutende Persönlichkeiten ihre Religiosität jedenfalls für einige Jahre unter dem Einfluß der Erweckungsbewegung konzipiert. Und auch nachdem sich Alexander I. gegen Ende seiner Herrschaftszeit von seinen religiös-schwärmerischen Vorstellungen ein Stück weit gelöst hatte, bestanden Kolonien und Mission in ihrer spezifischen Verbindung als fester Bestandteil der russischen Erfahrungswelt fort, und es blieb – worauf es hier ankommt – die damit verbundene Begrifflichkeit im Bewußtsein verhaftet.

d.) Die Vermittlung von Wissenschaft

Was dem Zarenreich nach der Formulierung des Briefes vom 9. Dezember 1834 im Wege von Mission und Kolonisation vermittelt werden soll, ist Rechtswissenschaft. Dies ist nun kein mystischer, sondern ein höchst rationaler Vorgang. Er setzt die Vorstellung einer Übertragbarkeit wissenschaftlicher Methoden auf ein anderes Recht voraus. Für Savigny hängt Wissenschaftlichkeit nicht ausschließlich mit einem bestimmten Recht oder dessen Erzeugung zusammen. So schildert er 1840 im 1. Band seines »System des heutigen Römischen Rechts«, anknüpfend an sein sog. »Spezialistendogma«, den besonderen »Beruf des Juristenstandes«:

> Man kann […] bey dem Juristenstand eine zwiefache Wirksamkeit unterscheiden: eine materielle, indem sich die rechtserzeugende Thätigkeit des Volks großentheils in ihn zurückzieht, und von ihm, als dem Repräsentanten des Ganzen, fortwährend geübt wird: und eine formelle, rein wissenschaftliche, indem von ihm *das Recht überhaupt, wie es auch entstanden seyn möge, in wissenschaft-*

144 Grundlegend Benrath, Art. Erweckung/Erweckungsbewegungen I., S. 210-215. Vgl. ferner Adam, Erweckungsbewegung und Romantik, S. 208-219.

145 Vgl. allgemein Huber, Art. Mission 3., Sp. 588 f.

146 Groh, Rußland und das Selbstverständnis Europas, S. 113-124.

> *licher Weise* zum Bewußtseyn gebracht und dargestellt wird. In dieser letzten Function erscheint die Wirksamkeit der Juristen zunächst als eine abhängige, ihren Stoff von außen empfangende. Indessen entsteht durch die dem Stoff gegebene wissenschaftliche Form, welche seine inwohnende Einheit zu enthüllen und zu vollenden strebt, ein neues organisches Leben, welches bildend auf den Stoff selbst zurück wirkt, so daß auch aus der Wissenschaft als solcher eine neue Art der Rechtserzeugung unaufhaltsam hervorgeht.[147]

Die Anwendung wissenschaftlicher Methoden auf das Recht »wirkt auf den Stoff zurück«, verändert also das betreffende Recht. Hier tritt nun klar zutage, daß sich Savigny keineswegs auf die Vorstellung von einer Rezeption etwa römischen oder preußischen Rechts im Ausland bezogen hat. Denn die Veränderung von Recht durch dessen Verwissenschaftlichung ist etwas grundsätzlich anderes als die Rezeption bestimmter Regelungen. Die Erwägung einer solchen Übernahme von Einrichtungen des römischen Rechts in das Zarenreich wäre von ungleich schärferer Brisanz gewesen, insbesondere im Dezember 1834, als, wie gesehen, das Inkrafttreten des fertiggestellten Svod Zakonov unmittelbar bevorstand.

Savignys Vorstellung von der Übertragbarkeit des spezifisch wissenschaftlichen Umgangs mit dem Recht hängt vielmehr mit einem Standpunkt zusammen, der im Kern bereits im Programm von 1814 angelegt und dadurch gekennzeichnet ist, daß Savigny ein neues Verständnis von Rechtswissenschaft an die Stelle der früheren Jurisprudenz treten läßt. Er unterscheidet hier zwischen der Erzeugung des Rechts überhaupt und der wissenschaftlichen Behandlung desselben. Diese beiden Gesichtspunkte sind keineswegs unauflöslich miteinander verbunden. Savigny beschreibt die wissenschaftliche Bearbeitung eines jeweiligen positiven Rechts. Dabei gilt der Beruf des Juristen zur wissenschaftlichen Entwicklung des Rechts grundsätzlich für alle Völker. Dies betrifft selbstverständlich auch das Zarenreich. Gegenüber Speranskij hatte Savigny erklärt, es sei ein Glück, in einer Zeit zu leben, in der die Vorurteile der Völker sich mehr und mehr verringerten, in der die Kenntnisse und Fortschritte eines einzelnen Volkes sich bald zu einem allgemeinen Gut verwandelten und in der die Fortschritte der Wissenschaft weniger als jemals an den politischen und nationalen Grenzen anhielten.[148]

Im Hinblick auf das Zarenreich konnte Savigny auch angesichts der gerade abgeschlossenen Arbeiten am Svod Zakonov davon ausgehen, daß sich das Bedürfnis nach Verwissenschaftlichung keineswegs erledigt hatte. Seine berühmt gewordene Befürchtung, eine Kodifikation führe zu einer Fixierung des status quo und hemme dessen »Reinigung und Veredlung durch fortschreitende wissenschaftliche Entwicklung«,[149] stand dem nicht entgegen. Hier liegt nämlich ein Sonderfall vor im Vergleich mit der Konstellation, die Savigny zu seiner Kodifikationskritik veranlaßt hatte. Was im Zarenreich »kodifiziert« worden war, bil-

147 Savigny, System, Bd. 1, S. 46 f., Hervorhebung von mir.

148 Brief Savignys an Speranskij vom 26. Oktober 1829; Majkov, Speranskij i studenty zakonovedenija, S. 241.

149 Savigny, System, Bd. 1, S. 47 f.

dete ja gerade eine neubearbeitete Sammlung *bisherigen* Rechts. Und diese entsprach kaum dem, was man aus Savignys Sicht als wissenschaftlich hätte bezeichnen wollen. Es war also gerade nicht wissenschaftlich konzipiertes Recht festgeschrieben worden, sondern ein solches, das von Wissenschaft noch gar nicht erfaßt war.

3.) Die beginnende Übertragung »westlicher« Konzepte auf das russische Recht, ihre Gegner und Vermittler

Unter dem Einfluß Savignys waren die Berliner Stipendiaten, wie gesehen, keineswegs auf eine Rezeption westlicher Rechtseinrichtungen in das Recht des Zarenreiches vorbereitet worden. Savigny hatte den jungen Russen selbstverständlich Kenntnisse im römischen Recht vermittelt, doch hatte die Lehre dogmatischer Elemente desselben nicht dem Ziel gedient, die Stipendiaten über eine Modernisierung der Institutionen des russischen Privatrechts auf Grundlage der römischen Rechtstradition nachdenken zu lassen. Versuche dieser Art sollten, sieht man von dem Sonderfall des Zivilrechtlers Dmitrij Mejer in Kazan' ab,[150] in nennenswertem Umfang erst gegen Ende der sechziger Jahre beginnen. Die Stipendiaten waren vielmehr an Methoden einer Verwissenschaftlichung des Rechts herangeführt worden. Sie hatten gelernt, das Recht auf wissenschaftliche Weise aufzufassen und zu behandeln, und zwar insbesondere im Sinne der Historischen Rechtsschule. Dies konnte sich in ihrem Falle natürlich praktisch nur auf einen wissenschaftlichen Umgang mit dem *russischen* Recht beziehen.

So waren durch die Unterweisung der Stipendiaten in Berlin eigentlich gute Voraussetzungen dafür geschaffen worden, daß die nach Rußland Zurückgekehrten über ihre wissenschaftlichen Arbeiten sowie über die universitäre Lehre die Grundsätze der Historischen Rechtsschule an den Universitäten des Zarenreiches einführen und weiter etablieren konnten.[151] Es sollte sich allerdings zeigen, daß sich der erwartete Fruchtertrag nicht bei jedem der neuen Hochschullehrer einstellte. Einzelne wandten sich nämlich von dem Gelernten ab. Ein Beispiel bietet Sergej N. Ornatskij (1806-1884). Er hatte sich 1832 unmittelbar nach seinem Berliner Studium nach Heidelberg begeben, wo er bei Thibaut, Zachariae, Mittermaier und Morstadt hörte.[152] Heidelberg übte nicht nur wegen seiner renommierten Hochschullehrer über die Landesgrenzen hinaus Anziehungskraft aus, sondern war für eigenständige Geister unter den Russen außerdem deswegen attraktiv, weil Baden damals als relativ liberal galt.[153] Ornatskij wurde nach seiner

150 S. unten S. 286 ff.

151 Vgl. Zieliński, Der Transfer juristischen Gedankenguts, S. 7-9.

152 Svatikov, Russische Studenten, S. 21 f.

153 Vgl. Wischhöfer, Ein zweischneidiges Schwert, S. 81. Die russische Regierung hegte aus diesem Grunde Vorbehalte gegenüber Heidelberg; vgl. Torke, Das russische Beamtentum, S. 144. Während sich Ornatskij am 7. Januar 1832 immatrikulieren ließ, verzichteten viele andere Russen – auch Redkin – wegen der offiziellen Mißbilligung darauf.

Rückkehr aus Deutschland zunächst Professor für bürgerliche Gesetze in Kiev. Schon in seiner Schrift »Über das Verhältnis zwischen Allgemeinem und Besonderem in Gesetzgebung und Gesetzeswissenschaft« (1839/40) setzte er sich kritisch mit den Lehren Montesquieus und Savignys auseinander.[154] Seit 1848 war Ornatskij dann Inhaber des Moskauer Lehrstuhls für Enzyklopädie der Gesetzeskunde. Als sich Boris Čičerin, der spätere Exponent der russischen Historischen Rechtsschule,[155] zum Examen anmeldete, erklärte ihm Ornatskij, daß die ganze westliche Literatur nichts anderes sei als die unheilvolle Frucht revolutionärer Ideen, daß die Beschäftigung mit ihr für einen jungen Menschen nicht nur überflüssig, sondern auch gefährlich sei und daß er nichts davon empfehlen könne.[156] Dieser Rechtslehrer hatte sich von Savignys Einfluß gelöst[157] und bot gleichzeitig keinen Beleg dafür, daß er vom Geist der Heidelberger Fakultät dauerhaft angeregt worden wäre. Er war ein rigoroser Gesetzespositivist geworden. Angesichts dessen, was wir über die vorherrschenden Bedingungen wissen, unter denen in dieser Zeit die Dogmatik des geltenden Rechts im Zarenreich gepflegt wurde, kann diese Entwicklung kaum überraschen.

Anders ist der Befund bei denjenigen Stipendiaten, die ihr Wirkungsfeld später nicht in den dogmatischen Fächern fanden, sondern im Bereich der Grundlagen des Rechts. Dies gilt z.B. für Pëtr Redkin (1808-1891). Es mag kein Zufall sein, daß gerade er sich zu einem fruchtbaren rechtswissenschaftlichen Denker entwickelte.[158] Auch Redkin hatte sich im Zusammenhang mit seinem Berliner Aufenthalt zeitweise nach Heidelberg begeben.[159] So konnte er sein Verhältnis zur wissenschaftlichen Bearbeitung des Rechts im Spannungsfeld zwischen der Historischen Rechtsschule und derjenigen Position entwickeln, die er in Heidelberg explizit als gegenläufige Strömung kennenlernte. Ihr Wortführer Thibaut hatte sich auch in Rußland längst einen bedeutenden Ruf erworben.[160] Obwohl er sich, wie gesehen, nicht unmittelbar an den Arbeiten der Gesetzgebungskom-

154 Ornatskij, Ob otnošenii meždu obščim i častnym, S. 87 ff.

155 Zu Čičerin vgl. Grothusen, Die Historische Rechtsschule Rußlands, S. 120-151; Tomsinov, Rossijskie pravovedy, Bd. 1, S. 429-455; Koptev, Boris Nikolaevic Cicerin, S. 379-382; Illerickaja, Istoriko-juridičeskoe napravlenie, S. 100 ff. sowie Schlüchter, Recht und Moral, S. 88 ff.

156 Vgl. Torke, Das russische Beamtentum, S. 142, Fn. 171 mit Nachweisen.

157 In seiner Schrift Ob otnošenii meždu obščim i častnym (S. 87 ff.) bestritt Ornatskij den Geltungsbereich des Konzepts von der organischen Entwicklung des Rechts, wie es Autoren vertraten, die er distanziert als »Deutsche Juristen der sogenannten Historischen Schule« bezeichnet. Vgl. noch Emel'janova, Vseobščaja istorija prava, S. 57.

158 Übersicht der neueren rechtsphilosophischen Literatur, S. 118.

159 Redkin hatte sich von 1828 bis 1835 im Ausland aufgehalten. Er war im Dezember 1830 in Berlin eingetroffen und von dort aus, womöglich 1832, nach Heidelberg gegangen. Genau ist der Zeitraum nicht zu ermitteln, weil Redkin nicht immatrikuliert war. Da es in den 1830er Jahren noch keine Fremdenlisten gab, sind auch sonst keine Nachweise in Heidelberg über den Aufenthalt Redkins vorhanden. Vgl. Birkenmaier, Vorwort, in: Redkin, Die Heidelberger juristische Fakultät, S. 1.

160 S. oben S. 178 f.

mission Alexanders I. beteiligt hatte, zog er in den dreißiger Jahren deswegen wiederum besondere Aufmerksamkeit auf sich, weil er es gewesen war, der sich in dem berühmten Kodifikationsstreit von 1814 in Deutschland für die Schaffung eines Gesetzbuches ausgesprochen hatte. Seine Werke hatten bereits Einfluß auf die (weitgehend erfolglosen) Reformbemühungen der späteren Regierungszeit Alexanders I. ausgeübt, insbesondere durch Übersetzungen seines »System des Pandekten-Rechts«.[161] Aus anderen Gründen, aber mit ähnlicher Zielrichtung wie Savigny und später Jhering[162] vertrat Thibaut den Gedanken, daß das römische Recht eine universelle Vernunft verkörpere. Dieser Standpunkt war den russischen Juristen selbstverständlich gut bekannt, wie wir von Redkin wissen. Nach seinem Bericht bestand der Grundgedanke Thibauts darin, »daß das Römische Recht für uns nicht als Römisches und geschichtliches Recht von besonderer Bedeutung ist, sondern insofern es vernünftig und deswegen allgemeingültig ist.«[163] Redkin hörte mit Begeisterung die Vorlesungen Thibauts, den er als Hauptgegner der Historischen Schule wahrnahm.[164] »Er entließ seine Schüler nicht mit dem Vermächtnis toter Gelehrsamkeit, sondern mit dem, was er die Vernunft des Zivilrechtlers nannte, d. h. mit der Fähigkeit, das innere Wesen der juristischen Bestimmungen so zu durchdringen, daß von dem römischen Recht die Schale der zufälligen römischen Umwelt abfiel und die lebendige Vernunft der Gegenwart zum Vorschein kam.«[165] Thibaut, den Redkin als Menschen und Wissenschaftler in seiner »Geschichte der juristischen Fakultät in Heidelberg« ausführlich schilderte, wurde für seine Rechtsauffassung maßgebend.[166] Als Professor für Rechtsenzyklopädie an der Moskauer Universität unterrichtete Redkin in den 1840er Jahren diejenigen Studenten, die als Juristen später an den großen Justizreformen der sechziger Jahre beteiligt waren. Angeregt zweifellos durch Ulpian (1 *institutionum* D. 1,1,1,1: *sacerdotes* […] *iustitiam namque colimus*), sprach Redkin seine Hörer als »Priester der Gerechtigkeit« an.[167] Er erklärte: »Es gibt nichts Höheres als die Wahrheit, und die Wissenschaft ist ihr Prophet«.[168] Auf diese Weise konnte Redkin dazu beitragen, daß die Jurisprudenz zu einer wissenschaftlichen Disziplin und die Geschichte des Rechts als akademisches Lehrfach etabliert wurde.[169] Er

161 Vgl. den Brief des livländischen Juristen Woldemar von Ditmar an Thibaut vom 18.1.1819, bei Polley, Thibaut, Teil 2, Nr. 279, S. 396.

162 Vgl. unten S. 401 u. 414.

163 Vgl. Redkin, Die Heidelberger juristische Fakultät, S. 52 f.

164 Redkin, Die Heidelberger juristische Fakultät, S. 46-50.

165 Vgl. Birkenmaier, Das russische Heidelberg, S. 37.

166 Redkin, Die Heidelberger juristische Fakultät, S. 46-53.

167 Redkin verwendete den Ausdruck »žrecy pravdy«; Tomsinov, Istorija juridičeskogo fakul'teta, S. 103. Der Ausdruck kann sowohl mit »Priester der Gerechtigkeit« als auch mit »Anhänger …« oder »Jünger …« wiedergegeben werden.

168 Zitiert bei Wortman, The Development, S. 224 und bei Wagner, Marriage, S. 30.

169 Raeff, Michael Speransky, S. 327 f.

begründete auch die »Juridičeskie Zapiski«, die erste russische Rechts-Zeitschrift.[170]

Nikita Ivanovič Krylov (1807-1879)[171] behandelte als Professor für Römisches Recht in Moskau (1835-1872) besonders die historische Bedeutung des römischen Rechts im Bereich der russischen Rechtswissenschaft.[172] Ihm kam bei der Vermittlung der römischen »Rechtskultur« nach Rußland für lange Zeit eine zentrale Rolle zu.[173] Krylov meinte, die Rezeption des römischen Rechts habe Westeuropa im juristischen Sinne zu einem »Blumenbeet voller üppiger römischer Blüten« werden lassen, während eine solche Entwicklung im 19. Jahrhundert nicht mehr möglich sei, da die fortschreitende nationale Ausdifferenzierung der Völker den Blick auf einen jeweiligen Volksgeist und eine jeweilige geschichtliche Rechtsentwicklung gelenkt habe.[174] Im Hinblick auf die ältere Rechtsentwicklung erkannte er den Eingang römischen Rechts nach Rußland sowohl über die byzantinischen Quellen als auch über die Vermittlung Westeuropas an.[175] Insgesamt meinte Krylov allerdings, Rußland habe weniger als andere Staaten in ihren Rechtsordnungen aus dem römischen Recht übernommen.[176] Er lehrte dasselbe also nicht mit Rücksicht auf die Dogmatik des geltenden Rechts, sondern um seiner methodischen Grundlagen willen. Seine Hörer beschreiben ihn als begnadeten Rechtslehrer, dem es gelungen sei, begreiflich zu machen, warum das römische Recht als »*ratio humana*« bezeichnet werde.[177] Krylov wurde trotz seines Spezialistentums relativ bekannt. Über seine jahrzehntelange Lehrtätigkeit hinaus, mit der er einen erheblichen Teil derjenigen russischen Juristen erreichte, die in der zweiten Hälfte des

170 Vgl. Wortman, The Development, S. 225; über die Zeitschrift vgl. Stöckhardt, Uebersicht, S. 93 f., der zutreffend darauf hinweist, daß es zuvor immerhin das »Žurnal Pravovedenija« gegeben hatte, das aber nicht zur regelmäßigen Erscheinung gelangte. Redkin trat im übrigen als pädagogischer Schriftsteller hervor. In diesem Zusammenhang rezipierte er besonders die Lehre Pestalozzis. Dazu Kegler, Petr G. Redkin, S. 268-277.

171 Tomsinov, Rossijskie pravovedy, Bd. 1, S. 257-262; Emel'janova, Vseobščaja istorija prava, S. 43 ff.; Šilochvost, Russkie civilisty, S. 90; Karmazina, Izučenie rimskogo prava, S. 222-223; vgl. ferner Zieliński, Der Transfer juristischen Gedankenguts, S. 75 f. mit Nachweisen.

172 Vgl. Nečaev, Art. Pandekty, S. 689. Ausführlich entwickelt Krylov seine Vorstellung von der Bedeutung des römischen Rechts für das Rußland des 19. Jahrhunderts in seinen Kritičeskie zamečanija, S. 25-102.

173 Vgl. aus universitätshistorischer Sicht Petrov, Formirovanie, S. 200 und 474 mit Anm. 289; ferner Purkinje, Zur Orientierung, S. 357.

174 Krylov, Kritičeskie zamečanija, S. 80.

175 Purkinje, Zur Orientierung, S. 357, der insoweit Krylovs Festrede vom 11. Juni 1838 an der Moskauer Universität referiert.

176 Vgl. Letjaev, Recepcija rimskogo prava, S. 25 mit Nachweis.

177 Vgl. den Bericht von Aleksandr N. Afanas'ev, der Krylovs Vorlesungen als Einführung in die Rechtsphilosophie wahrnahm, bei Tomsinov, Istorija juridičeskogo fakul'teta, S. 104. Erinnerungen an Krylov als Hochschullehrer, dessen Stärke nicht in der buchstäblichen Vermittlung von Einzelheiten über das römische Recht, sondern in der Heranführung der Hörer an den »Geist« desselben gelegen haben soll, referiert Koni, Iz let junosti i starosti, S. 98 f.

Jahrhunderts die Rechtspraxis bestritten, gewann er mittelbar Bedeutung als akademischer Lehrer von Konstantin Kavelin und Nikolaj Djuvernua,[178] zweier Hochschullehrer, die das Denken der Historischen Rechtsschule einer weiteren Generation vermittelten.[179] Zu Krylovs wichtigsten Werken zählen die Schriften »Ob istoričeskom značenii rimskogo prava v oblasti nauk juridičeskich« (Über die historische Bedeutung des römischen Rechts auf dem Gebiet der juristischen Wissenschaften, 1838)[180] und »Programma po istorii rimskogo prava« (Programm zur Geschichte des römischen Rechts, 1864).[181] Von den Berliner Stipendiaten publizierte auch Aleksandr Fedotov-Čechovskij, dessen zunächst von Savigny betreute Dissertation das Zwölftafelgesetz behandelt hatte, im römischen Recht.[182]

Von besonderem Interesse ist das wissenschaftliche Werk Konstantin Nevolins (1806-1855). Er legte 1835 eine Dissertation über die Gesetzgebung in der Antike vor und bekam zunächst einen Lehrstuhl für Rechtsenzyklopädie und Staatsrecht an der neugegründeten Kiever Universität übertragen. Nachdem er 1843 nach Sankt Petersburg berufen worden war, wurde er zu einem der Begründer der wissenschaftlich betriebenen Rechtslehre in Rußland.[183] In seiner wissenschaftlichen Orientierung war Nevolin vor allem durch Savigny sowie durch seinen Sankt Petersburger Lehrer Aleksandr P. Kunicyn geprägt worden. Seine gesamte wissenschaftliche Arbeit war vom Bemühen um eine Kodifikation der Rechtsmaterien in Rußland begleitet. Als Mitglied der Kodifikationskommission, die den Svod Zakonov bearbeitete, war er für das Zarenreich eine der rechtspolitisch bedeutendsten Persönlichkeiten seiner Zeit. Seine Hauptwerke waren die »Ėnciklopedija Zakonovedenija« (Enzyklopädie der Gesetzeskunde) von 1839/40[184] und eine »Geschichte der russischen Zivilgesetze« (Istorija rossijskich graždanskich zakonov, 1851).[185] In ihnen setzt sich Nevolin eingehend mit der genuin russischen Rechtstradition und deren Quellen auseinander. Dabei trat er, vollkommen im Sinne Savignys, für eine Überwindung des überpositiven Naturrechts und die Zurückdrängung des Hegelschen Rechtsbegriffs ein.[186] Mit Nevolin engagierte

178 Vgl. das Lob der Lehre Krylovs bei Wortman, The Development, S. 225.

179 Zu Kavelin vgl. Grothusen, Historische Rechtsschule, S. 90-120; Illerickaja, Istoriko-juridičeskoe napravlenie, S. 67 u. 100; vgl. Schlüchter, Recht und Moral, S. 48-50; zu Djuvernua vgl. Tomsinov, Rossijskie pravovedy, Bd. 1, S. 510-519 sowie unten S. 408 ff.

180 Vgl. die Rezension von Stöckhardt sowie Tomsinov, Istorija juridičeskogo fakul'teta, S. 118.

181 Seine Vorlesungen erschienen 1868-69 unter dem Titel »Istorija rimskogo prava« (Geschichte des römischen Rechts). Vgl. Biografičeskij Slovar' professorov i prepodavatelej imperatorskogo Moskovskogo universiteta, Bd. 1, S. 435-438.

182 Karmazina, Izučenie rimskogo prava, S. 225.

183 Vgl. 275 let Sankt-Peterburgskij Gosudarstvennyj Universitet, S. 129.

184 Über dieses Werk aus zeitgenössischer Sicht vgl. Stöckhardt, Uebersicht, S. 91 f.

185 Vgl. Lukovskaja/Grečiškin/Jačmenev, Konstantin Alekseevič Nevolin, S. 8-18.

186 Vgl. Meduschewskij, Art. Nevolin, S. 456-457. Demgegenüber beschreibt der Autor der »Übersicht der neueren rechtsphilosophischen Literatur« (S. 117), die Zielrichtung von Nevolins Rechtsdenken m. E. verkennend, den Gelehrten hauptsächlich als Anhänger Hegels, der sich nur »in gewissen Fragen mit der Historischen Rechtsschule einig« gefühlt habe.

sich also ein Savigny-Schüler ausgerechnet auf dem Gebiet der Gesetzgebung, doch ist der Widerspruch nur ein scheinbarer. Zwar hatte Savigny in seiner Programmschrift »Vom Beruf unsrer Zeit« (1814) die Kodifikation des deutschen Privatrechts gerade abgelehnt und der langsamen, organischen Entwicklung des Rechts das Wort geredet. Doch ungeachtet seiner Opposition gegen die von Thibaut und anderen geförderten Kodifikationspläne, ungeachtet auch seiner bekannten Kritik am preußischen Allgemeinen Landrecht und am Code Civil[187] war Savigny keineswegs ein konsequenter Gegner des Gesetzesrechts oder auch von Kodifikationen.[188] Er hatte vielmehr eingreifende, gesetzgeberische Maßnahmen ausdrücklich befürwortet, wenn es um die Überwindung feudaler Strukturen ging.[189] Dies kennzeichnete Savignys Einstellung zu Reformgesetzen, z. B. den Stein-Hardenbergschen Reformen. In Rußland aber bildete der Kampf um Reformen im 19. Jahrhundert eine der wichtigsten gesellschaftlichen Herausforderungen. Außerdem wirkte Savigny bekanntlich auch praktisch an Gesetzgebungsarbeiten mit. Er versah immerhin von 1842 bis 1848 das Amt des preußischen Gesetzgebungsministers. Unter seiner Verantwortung wurden unter anderem die Wechselordnung sowie das preußische Strafgesetzbuch erarbeitet.[190] Schließlich ist zu berücksichtigen, daß sich die besondere Lage der Rechtswissenschaft in Deutschland, die Savigny zum Anlaß genommen hatte, um eine wissenschaftliche Bearbeitung des geltenden römischen Rechts zu fordern, von den Bedingungen in Rußland wesentlich unterschied. Während Savigny für Deutschland gegenüber der Forderung nach einer Kodifikation für die Weiterentwicklung des Rechts durch die Wissenschaft eingetreten war, mußte eine Rechtswissenschaft, von der dies hätte erwartet werden können, in Rußland erst zur Entstehung gebracht werden.

4.) Die russische Historische Rechtsschule und die Konzentration auf die russische Rechtsentwicklung

Savignys Lehren fielen in Rußland insgesamt auf fruchtbaren Boden, und manche unter ihnen begegneten sogar ganz ähnlichen, anschlußfähigen Überzeugungen, die hier selbständig aufgekommen waren.[191] So war z. B. die Vorstellung, der Gel-

187 Vgl. oben S. 241 f. mit Fn. 56.

188 Der Hinweis scheint geboten gegenüber Ebel, Art. Savigny, S. 532.

189 Vgl. Savigny, Vom Beruf, S. 68. Dazu Behrends, Geschichte, S. 273 f., 281 und Avenarius, Savignys Lehre, S. 62-65.

190 Vgl. Class, Der Einfluß des Ministeriums (1926) und ausführlich Arnswaldt, Savigny als Strafrechtspraktiker (2003), der den persönlichen Einfluß Savignys auf breiterer Quellengrundlage vergleichsweise höher einschätzt.

191 Letjaev beschreibt die deutsche Historische Rechtsschule und ihre Wirkung in Deutschland, aber auch auf die Entwicklungen in Rußland; Recepcija rimskogo prava, S. 63 ff. Dabei hebt er die rechtsgestaltende Wirkung in beiden Ländern hervor. Ausführlich Akčurina, Istoričeskoe napravlenie, S. 97 ff. u. 164 ff.; vgl. ferner Tomsinov, Istorija juridičeskogo fakul'teta, S. 88.

tungsgrund des Rechts liege darin, daß es im jeweiligen Volk historisch gewachsen sei, russischen Juristen durchaus vertraut und für sie überzeugend mit Rücksicht auf die erhebliche Bedeutung des bäuerlichen Gewohnheitsrechts. Diese besondere strukturelle Aufnahmebereitschaft gegenüber Savignys Lehre förderte die Entwicklung der russischen Historischen Rechtsschule.[192] Nachdem Karamzin bereits 1811 Standpunkte der entstehenden Historischen Rechtsschule vertreten hatte, die selbst Savigny erst später formulierte,[193] erwies sich die Eigenständigkeit des russischen Rechtsdenkens dieser Ausrichtung nun von neuem. Die russische Historische Rechtsschule trat um 1850 als solche auf und nahm ihren Ausgang an der Universität Moskau, wo Konstantin Dmitrievič Kavelin (1818-1885)[194] zusammen mit Sergej Michajlovič Solov'ev (1820-1878), dem insgesamt bedeutendsten russischen Historiker des 19. Jahrhunderts, und mit Kavelins Schüler Boris Nikolaevič Čičerin (1828-1904) ihre Grundlagen erarbeitete.[195] Die von diesen Gelehrten vertretene wissenschaftliche Ausrichtung entwickelte sich zu einem der wichtigsten Faktoren, die die Etablierung wissenschaftlichen Rechtsdenkens in Rußland beförderten. In ihr verbanden sich in fruchtbarer Weise sehr verschiedene Tendenzen. So verdankt die Historische Rechtsschule ihre Konzentration auf die spezifisch russische Rechtsgeschichte der Orientierung an der vorherrschenden, dezidiert patriotischen Geschichtsschreibung. In ihrem Mittelpunkt stand Karamzin, der unter den Historikern aufgrund seiner zwölfbändigen »Geschichte des rußländischen Staates«[196] eine Sonderstellung einnahm. Mit seiner ausgeprägt konservativen Orientierung längst nicht mehr unumstritten, galt er gleichwohl als Begründer der spezifisch russischen Geschichtswissenschaft.[197] Auf der anderen Seite nahm die Historische Rechtsschule verschiedene Einflüsse aus dem Westen auf. So orientierten sich ihre wichtigsten Vertreter in ausgeprägter Weise an der

192 Grundlegend aus deutscher Sicht Grothusen, Die Historische Rechtsschule Rußlands (1962). Vgl. für die jüngere Generation der russischen Historischen Rechtsschule ferner Illerickaja, Istoriko-juridičeskoe napravlenie (1998).

193 S. oben S. 186.

194 Kavelin ging 1835 an die Moskauer Universität, wo er in seinen privatrechtlichen Vorlesungen in erster Linie das russische Recht behandelte, das bislang gegenüber dem römischen und dem deutschen Privatrecht vernachlässigt worden war. Der Romanist N. I. Krylov wurde sein Schwager. Nachdem Kavelin sich mit diesem öffentlich überworfen hatte, schied er 1848 zusammen mit Redkin aus der Moskauer Universität aus. Beide hatten ihren Rücktritt für den Fall angedroht, daß Krylov nicht entlassen werde, dem Korruption und Mißhandlung seiner Frau – Kavelins Schwester – vorgeworfen wurden; vgl. Hamburg, Boris Chicherin, S. 73; Tomsinov, Istorija juridičeskogo fakul'teta, S. 99 mit Nachweisen. Kavelin wurde später Professor für Privatrecht an der Petersburger Universität (1857-61) und vertrat, nach abermaligem Rücktritt vom Amt, dasselbe Fach schließlich an der neu eingerichteten Militärrechtlichen Akademie. Vgl. Grothusen, Historische Rechtsschule, S. 95 und 196; über Kavelin vgl. ferner Šilochvost, Russkie civilisty, S. 75 f.

195 Grothusen, Historische Rechtsschule, S. 45.

196 Istorija Gosudarstva rossijskogo, Sankt-Peterburg 1816-1829.

197 Grothusen, Historische Rechtsschule, S. 23.

Geschichtsphilosophie Hegels.[198] Gleichzeitig galt ihnen die deutsche Historische Rechtsschule als vorbildlich.[199] Dies galt besonders für Čičerin, der besonders die Relevanz der auf ihre Weise betriebenen historischen Forschung auf dem Gebiet des Privatrechts anerkannte,[200] freilich unter dem Vorbehalt, daß deren ausgeprägte Konzentration auf das römische Recht auf die russischen Verhältnisse nicht übertragen werden konnte, so daß etwa Savignys Arbeiten eher als methodisches Vorbild dienen mußten.[201] Der Rechtshistoriker Fëdor M. Dmitriev (1829-1894), ein Schüler Kavelins und Čičerins, entwarf demgegenüber ein Konzept, nach dem sich das historische russische Privatrecht anfangs gemeinsam mit den Rechten anderer europäischer Völker entwickelte. Er meinte, das ursprüngliche gemeinsame Privatrecht sei in Westeuropa durch den Eingang des römischen und des kanonischen Rechts verdrängt worden, während es in Rußland, nur geringfügigen Enflüssen von Byzanz und Polen her ausgesetzt, bis zur Etablierung staatlicher Strukturen im Moskauer Reich fortbestanden habe.[202]

Die spezifische Wahrnehmung des Rechts durch die Historische Rechtsschule und die aus ihr folgende Ausrichtung ihrer wissenschaftlichen Arbeit rief verschiedentlich Ablehnung hervor. Einen kritischen Standpunkt gegenüber der historischen Bearbeitung des russischen Rechts vertrat z. B. Arnol'd B. Dumaševskij.[203] Er kritisiert in seinem Artikel »Unsere Rechtswissenschaft: was sie ist und was sie sein sollte« (1867), daß die wissenschaftliche Arbeit der russischen Juristen zu sehr auf Rechtsgeschichte und Rechtsphilosophie und nicht konsequent auf die Ausarbeitung des positiven Rechts gerichtet sei.[204] Für Dumaševskij birgt insbesondere die Dominanz der geschichtlichen Rechtswissenschaft Nachteile für die Entwicklung

198 Grothusen, Historische Rechtsschule, S. 129 u. passim.

199 Hier ist der Hinweis angebracht, daß die üblicherweise als »deutsche Historische Rechtsschule« bezeichnete Wissenschaftsrichtung keineswegs nur deutsche und österreichische Gelehrte umfaßte. Sie bezog vielmehr auch slavische Gelehrte mit ein. Während die Einbeziehung Petrażyckis in diesen Kreis sowohl deswegen nicht überzeugen kann, weil dessen Schaffensphase zu spät einsetzte, als auch mit Rücksicht auf dessen wissenschaftliche Ausrichtung (anders Sacco, Romanist Substratum, S. 74), dürfte der Tscheche Anton (Antonin) v. Randa, der teilweise in seiner Muttersprache publizierte, durchaus hierher gehören.

200 Vgl. Čičerin, Istorija političeskich učenij, Bd. 3, S. 124 ff.

201 Grothusen, Historische Rechtsschule, S. 106 u. 133; Wieacker, Privatrechtsgeschichte, S. 444.

202 Vgl. Grothusen, Historische Rechtsschule, S. 186 mit Nachweis.

203 Arnol'd Borisovič Dumaševskij (1837-1887) hatte, aus bescheidenen Verhältnissen stammend, gleichwohl Rechtswissenschaft an der Petersburger Universität studieren können und seine Ausbildung im Ausland fortgesetzt, um Hochschullehrer für Zivilrecht zu werden, was ihm jedoch aufgrund seines Judentums verwehrt wurde. Dumaševskij wurde Obersekretär beim Senat, konnte allerdings auch hier nicht weiter aufsteigen. Einige Zeit lang war er als Redakteur des »Sudebnyj Vestnik« tätig. Er veröffentlichte mehrere juristische und rechtspolitische Abhandlungen sowie eine Sammlung von Kassationsentscheidungen.

204 Dumaševskij, Naše pravovedenie, S. 6.

der Dogmatik des geltenden Rechts.[205] Den Grund dafür, daß diese noch immer ungenügend entwickelt sei und es an geeignetem Schrifttum fehle, sieht Dumaševskij in einer falschen Einstellung der Mehrheit russischer Juristen zu der wissenschaftlichen Erforschung des positiven Rechts und dessen dogmatischer Ausarbeitung.[206] Daß zahlreiche Juristen seiner Zeit der historisch-philosophischen Methode den Vorzug geben, erklärt Dumaševskij mit dem Einfluß der Historischen Schule Savignys.[207] Er wendet ein, in Deutschland bedeute die Erforschung der alten Rechtsquellen eine Beschäftigung mit dem geltenden Recht, so daß Rechtsgeschichte und historischer Methode nicht nur theoretische, sondern auch praktische Bedeutung zukomme.[208] In Rußland liege der Fall grundsätzlich anders, da hier allein der Svod Zakonov das geltende Recht repräsentiere und die älteren Rechtsquellen außer Gebrauch seien.[209] Die historisch-philosophische Methode eigne sich insoweit nicht für die Bearbeitung des russischen Rechts, das besser spezifisch dogmatisch ausgearbeitet werden müsse.[210] Auch Pavel I. Novgorodcev übte später Kritik an der deutschen Historischen Rechtsschule. In seinem Versuch einer Charakteristik der Grundlagen der Schule Savignys lehnt er sowohl die an der Vorstellung vom Volksgeist orientierte Rechtsentstehungslehre Savignys wie die Gewohnheitsrechtslehre Puchtas ab.[211] Er meint, es fehle in beiden Fällen an jener Klarheit der verbindlichen Begrifflichkeit, die für Praxis und Wissenschaft notwendig sei.[212] Novgorodcev gibt demgegenüber der von Jhering betriebenen und zu seiner Zeit verbreiteten Ausrichtung auf die Zwecke des Rechts den Vorzug.[213]

In der Tat bereiteten sowohl die wissenschaftliche Schwerpunktsetzung der Historischen Rechtsschule als auch die von dieser vertretene Auffassung vom Geltungsgrund des Rechts noch für lange Zeit Hindernisse gegenüber den Bemühungen um eine Modernisierung des russischen Rechts durch solche Elemente des Rechtsdenkens, die aus fremden Rechtsordnungen stammten. Die erlangte Überzeugung, das geltende russische Recht sei durch seine lange geschichtliche Entwicklung gerechtfertigt, stand der Übernahme »fremder« Rechtseinrichtungen ebenso entgegen wie einer Aufnahme der damit verbundenen wissenschaftlichen Elemente, also insbesondere von Begrifflichkeit und Methoden.[214] Für Savigny bestand die Grundlage für eine Lösung dieses Problems, wie gesehen, in seinem spezifischen Rechtsglauben: Er ermöglichte es ihm, das Recht als universales

205 Dumaševskij, Naše pravovedenie, S. 10.
206 Dumaševskij, Naše pravovedenie, S. 13.
207 Dumaševskij, Naše pravovedenie, S. 16.
208 Dumaševskij, Naše pravovedenie, S. 24 u. 26.
209 Dumaševskij, Naše pravovedenie, S. 26f.
210 Dumaševskij, Naše pravovedenie, S. 28.
211 Novgorodcev, Istoričeskaja škola juristov, S. 105ff. u. 187-189.
212 Novgorodcev, Istoričeskaja škola juristov, S. 188-189.
213 Novgorodcev, Istoričeskaja škola juristov, S. 187.
214 S. oben S. 50 u. 214.

Kulturphänomen zu betrachten[215] und die Vermittlung von Rechtswissenschaft als etwas Gebotenes. Die Anschauung von einer allgemeinen Verbindlichkeit wissenschaftlicher Methoden hat sich mittelfristig als erstrangiger begünstigender Faktor für die Entwicklung des russischen Privatrechts ausgewirkt. Erst diese Auffassung war es, die die folgenreiche Rezeption der Lehren Savignys, Jherings und anderer maßgeblicher Vertreter der deutschen Rechtswissenschaft des 19. Jahrhunderts aus Sicht russischer Juristen erlaubte und den Anschluß der Rechtswissenschaft des Zarenreiches und seiner Nachfolgestaaten an die west- und mitteleuropäische Rechtswissenschaft ermöglichte. Die Lehre vom Universalismus des Rechts selbst fand allerdings erst langsam in der russischen Rechtswissenschaft Verbreitung und hatte ihren größten Erfolg erst Jahrzehnte später, nämlich, ausgehend von rationalen Erwägungen, unter dem überragenden Einfluß Rudolf von Jherings.[216]

215 Savigny, System, Bd. 1, S. 21: »Was in dem einzelnen Volk wirkt, ist nur der allgemeine [!] Menschengeist, der sich in ihm auf individuelle Weise offenbart.« Vgl. bereits oben S. 258. Zur Sache vgl. insbesondere Behrends, Geschichte, S. 268 und S. 271-274; dens., Rudolph von Jhering, S. 235, Fn. 14. Vgl. Meyer, Bona fides und lex mercatoria in der europäischen Rechtstradition, S. 33 f.

216 S. unten S. 414 f.

Kapitel 8: Römisches Recht und Grundlagenfächer in der Juristenausbildung vor und nach 1835

I.) Der Rechtsunterricht zu Beginn des 19. Jahrhunderts

Innerhalb des Zarenreiches konnte sich die Hauptstadt Sankt Petersburg gerade im 19. Jahrhundert nicht eben als Zentrum fortschrittlichen und weltoffenen Denkens etablieren. Zu sehr forderte die Nähe zum Zarenhof Rücksicht auf offiziöse Erwartungen. Für Gebildete, deren Karriereaussichten sich fast alternativlos auf den Staatsdienst konzentrierten, standen hier potentielle Vergünstigungen ebenso in Aussicht wie Maßregelungen. Bekannte Beispiele dafür, wie hart die Obrigkeit auf unliebsame Meinungsäußerungen reagieren konnte, und wie unmittelbar die Sanktionen in der Hauptstadt erfolgen konnten, bietet die Biographie Puškins. Etwas andere Bedingungen galten in Moskau, wo schon allein aufgrund der räumlichen Entfernung vom Hof etwas mehr Freiraum herrschte.[1] Hier bestanden die Voraussetzungen dafür, daß sich die gebildeten Kreise westlichen Ideen etwas weiter öffnen konnten, als es in Sankt Petersburg der Fall war.[2] Im Hinblick auf die Wissenschaft wurde diese Tendenz dadurch begünstigt, daß sich, während die Kaiserliche Akademie der Wissenschaften ihren Sitz in Sankt Petersburg hatte und stark auf den Hof ausgerichtet war, die größte russische Universität in Moskau befand. Hauptsächlich von Moskau aus erfolgten die frühen Begegnungen Rußlands mit deutscher Romantik und deutschem Idealismus, aus denen sich die ersten Herausforderungen des Systems Nikolaus' I. ergeben sollten.[3] Man war außerhalb der Hauptstadt etwas sicherer davor, als unzuverlässig verdächtigt oder gar abgestraft zu werden.

Auf die Rahmenbedingungen, unter denen an der Moskauer Universität Rechtsunterricht erteilt wurde, wirkte sich dies günstig aus. Hier bestand ein Lehrangebot an juristischen Fächern, die den künftigen Staatsdienern einen Vergleich der russischen Einrichtungen mit denen des Auslands ermöglichen und sie zur Reflexion über die Grundlagen des Rechts sowie zur Aufnahme bestimmter Anregungen aus dem westlichen Recht ermutigen mochten. Nachdem seit den Anfängen der Universität römisches Recht gelesen worden war, bildeten rechtshistorische Gegenstände auch in den anschließenden Jahrzehnten mit unterschiedlichen Schwerpunkten Lehrfächer im Universitätsunterricht. Die Universitätsstatuten von 1804 sahen für die Moskauer Universität sowie für die Neugründungen Kazan' und Char'kov die Einrichtung von Lehrstühlen für das »Recht der bedeutendsten

1 Vgl. Vandermeersch, Die Universitätslehrer, S. 191 f.

2 Nicht ohne Grund verläuft Radiščevs »Reise« von Sankt Petersburg nach Moskau und nicht umgekehrt (vgl. S. 175 f.). Für die Sehnsucht nach den angestrebten, vergleichsweise weniger zwangvollen Verhältnissen steht der Ausruf, mit dem das Werk endet: »Moskau! Moskau!!!«.

3 Lincoln, Nikolaus I., S. 337.

Völker, sowohl der alten als auch der neuen« (pravo znatnejših kak drevnich, tak i novych narodov) vor.[4] Die Eröffnung der neuen Universitäten durch Alexander I. bewirkte zwar nicht gerade eine Blütezeit der Lehre des römischen Rechts, doch wird nicht zu leugnen sein, daß sie dieses Fach begünstigt hat.[5]

An der Moskauer Universität wurde das Römische Recht in der Nachfolge Theodor Bauses von Christian Julius Steltzer (1758-1831) und Lev Alekseevič Cvetaev (1777-1835)[6] vertreten. Steltzer unterrichtete das Römische Recht nach den Darstellungen von Hellfeld und Bach,[7] führte dann aber Thibauts »System des Pandekten-Rechts«, die modernste, 1803 erstmals erschienene Darstellung dieses Gegenstandes, als Grundlage für den Rechtsunterricht ein. Cvetaev, der von 1812 bis 1835 der einzige Professor für die Rechtsgeschichte der antiken und modernen Völker war, hatte seit 1801 einen dreijährigen Studienaufenthalt in Göttingen absolviert, wo er u. a. bei Hugo hörte.[8] Er las das Römische Recht auf Grundlage der Darstellungen von Bach und Waldeck.[9] Sein historisch-vergleichender Rechtsunterricht behandelte das Recht Ägyptens und die großen Gesetze griechischer *poleis*, doch stellte Cvetaev das römische Recht als herausragend und musterhaft auch für die Nachwelt dar.[10] Neben Cvetaev las der Adjunkt Michail Jakovlevič Malov das Römische Recht.[11]

In Kazan' lehrte seit 1809 der Göttinger Johann Christopher Fincke (1773-1814) das Römische Recht nach dem Vorbild seines Lehrers Waldeck.[12] Nach 1814 wurde das Fach an dieser Universität von Georg Josias Neumann (1780-1855), Nikolaj Michajlovič Alechin (1794-1819)[13] und Gavriil Il'ič Solncev (1768-1866)[14] vertreten. Alechin, der an einer Übersetzung des ersten Buches der Insti-

4 Vgl. Baranowski, Über den Nutzen einer Lehrdisziplin »Allgemeine Rechtsgeschichte«, S. 3.

5 Vgl. Soloviev, Einfluß, S. 470.

6 Über Lev Alekseevič Cvetaev s. oben S. 234, Fn. 9.

7 Tomsinov, Istorija juridičeskogo fakul'teta, S. 253. Gemeint sind Johann August Hellfeld, Jurisprudentia forensis secundum ordinem pandectarum, Ienae 1766 und öfter sowie Johann August Bach, Historia jurisprudentiae Romanae, Lipsiae 1754 und öfter.

8 S. oben S. 234, Fn. 9.

9 Der Göttinger Zivilrechtslehrer Johann Peter Waldeck (1758-1815) wiederum unterrichtete auf Grundlage einer eigenen Bearbeitung von Heineccius' Institutionen-Lehrbuch: Institutiones juris civilis Heineccianae emendatae atque reformatae, Göttingen 1788 und öfter.

10 Ferner Baranowski, Über den Nutzen einer Lehrdisziplin »Allgemeine Rechtsgeschichte«, S. 3.

11 Vgl. Tomsinov, Istorija juridičeskogo fakul'teta, S. 272.

12 Silnizki, Geschichte, S. 227 f. Bekannt (und geschätzt; vgl. Meiners, Brief an Murav'ev vom 26. Juli 1807 [Bl. 300], auch bei Stieda, Deutsche Gelehrte, S. 98) wurde Finckes Theophilus-Übersetzung: Theophilus Paraphrase über die Institutionen Justinians. Erster Theil. Göttingen 1805. Eine überarbeitete, die ersten beiden Bücher enthaltende Ausgabe wurde 1809 gedruckt (Anzeige in den GGA 1809, S. 1190-1191), gelangte aber nicht in den Buchhandel; vgl. Wüstemann, Des Antecessor Theophilus Paraphrase, S. IV.

13 Šilochvost, Russkie civilisty, S. 12.

14 Šilochvost, Russkie civilisty, S. 139 f.

tutionen Justinians arbeitete, las 1817-19 über die Institutionen im Vergleich mit dem Code Napoléon.[15] Solncev unterrichtete das Römische Recht wiederum auf Grundlage von Waldecks Heineccius-Bearbeitung.[16]

An der Universität in Char'kov unterrichtete der Philologe und Jurist Il'ja Fëdorovič Timkovskij (1773-1853),[17] ein Schüler Purgol'ds, das Römische Recht nach Hommels Grundriß.[18] Zwischen 1812 und 1816 wurde das Fach durch Ferdinand Karl Schweikart (1780-1858) vertreten,[19] einen vielseitigen Gelehrten, der sich allerdings, auch in seiner Char'kover Zeit, weniger mit der Rechtswissenschaft als mit Geometrie befaßte.[20] Sein Nachfolger wurde der Serbe Konstantin P. Paulovič (1781-1860). Er las die Römische Rechtsgeschichte nach Bach und die Institutionen und Pandekten auf der Grundlage von Heineccius und Waldeck.[21]

An der 1819 eingerichteten Sankt Petersburger Universität wurde auf den Lehrstuhl für positives Recht (worunter das Römische Recht fiel) zunächst Vasilij Grigor'evič Kukol'nik berufen.[22] Als diesem schon ein Jahr später die Leitung des Gymnasiums in Nežin übertragen wurde, folgte ihm in der Lehre des Römischen Rechts für kurze Zeit Moisej Gordeevič Plisov (1783-1853), bevor an dessen Stelle Vasilij Vasil'evič Schneider (Šnejder, 1792-1872) trat,[23] der das Fach über fast

15 Silnizki, Geschichte, S. 233.
16 Silnizki, Geschichte, S. 236.
17 Šilochvost, Russkie civilisty, S. 146; Juridičeskij Fakul'tet Char'kovskogo universiteta, S. 185-191. Auf Vorschlag Christian Gottlob Heynes wurde »Elias von Timkowsky, Professor der Rechte und der moralischen Politik in Charkow«, am 17. März 1809 zum korrespondierenden Mitglied der königlichen Gesellschaft der Wissenschaften zu Göttingen ernannt. Dies belegt eine im Archiv der Göttinger Akademie erhaltene handschriftliche Notiz Heynes; vgl. ferner die Mitteilung im Intelligenzblatt der Jenaischen ALZ Nr. 8 vom 24. Januar 1910, Sp. 57. Teilweise wird behauptet, Timkovskij habe 1809 eine Abhandlung »Sravnenie Justinianovych zakonov s rossijskimi« (»Vergleich der justinianischen Gesetze mit den russischen«) verfaßt, womöglich in lateinischer Sprache, auf deren Grundlage die Aufnahme als Akademiemitglied erfolgt sei. Das Werk ist jedenfalls in der Chronik der Char'kover Fakultät (s. o.) S. 191 sowie bei Silnizki, Geschichte, S. 254, Fn. 204 erwähnt, doch ist ein zweifelsfreier Beleg für das Erscheinen im Druck, soweit ersichtlich, nicht gegeben.
18 Silnizki, Geschichte, S. 253. Gemeint ist Karl Ferdinand Hommel, Corpus juris civilis cum notis variorum, Lipsiae 1768.
19 Vgl. Juridičeskij Fakul'tet Char'kovskogo universiteta, S. 165 f.
20 Schweikart entdeckte (unabhängig von Carl Friedrich Gauß) Grundsätze der nichteuklidischen Geometrie. Vgl. Trudeau, Die geometrische Revolution, S. 185 f. Als Jurist konnte er sich dagegen kaum auszeichnen, was seiner Rückberufung nach Deutschland zunächst abträglich war; vgl. Stoll, Savigny, Bd. 2, S. 225 f., Anm. 3. Schweikarts Erleichterung darüber, daß er »aus dem betrübten Rußland« – er hatte in Char'kov unter der erstarkenden Reaktion gelitten – schließlich nach Marburg wechseln konnte, spricht aus seinem Brief an Heise vom 14. Dezember 1816.
21 Silnizki, Geschichte, S. 259.
22 Silnizki, Geschichte, S. 282; zu Kukol'nik s. oben S. 192 und unten S. 281.
23 Tomsinov, Istorija juridičeskogo fakul'teta, S. 267 f.

vier Jahrzehnte unterrichtete.[24] Als Grundlage für seine Vorlesungen zog Schneider Schweppes »Römische Rechtsgeschichte und Rechtsaltertümer« heran.[25]

Die mit der Lehre des römischen Rechts öfters verbundenen historisch-vergleichenden Betrachtungen verschiedener Rechte, in denen den Hörern bestimmte fremde Staats- und Rechtseinrichtungen als vorbildlich präsentiert wurden, stießen auf Ablehnung, als nach 1815 unter den politischen Rahmenbedingungen der Heiligen Allianz mit anderen Staaten auch das Zarenreich eine reaktionäre Entwicklung nahm. Die diesen Fächern gewidmeten Lehrstühle wurden wieder aufgehoben, und einzelne Professoren, die sich nicht, wie etwa Cvetaev, selbst der Reaktion zuwandten, wurden kaltgestellt. Die reaktionäre Ausrichtung der späteren Regierungsjahre Alexanders I. verstärkte die Bemühungen, das tradierte Recht möglichst vor neuartigen, womöglich fremden Einflüssen zu bewahren. Diese Neigung bestand sowohl, wie gesehen, gegenüber neuer Gesetzgebung als auch gegenüber wissenschaftlichen Einflüssen, die man als potentiell gefährlich für das russische Recht wahrnahm. Weitreichende administrative Eingriffe setzten den Universitätsbetrieb in Kazan' und Sankt Petersburg 1819/21 starken Erschütterungen aus. Ein Wortführer der pauschalen Ablehnung des als gefährlich geltenden, westlich inspirierten Denkens war der Kazan'er Kurator M. L. Magnickij. Er griff besonders die Lehre des Naturrechts an, welches nicht nur stark von westlichem Rechtsdenken beeinflußt war, sondern grundsätzlich im Verdacht stand, Zweifel an der Richtigkeit des positiven Rechts hervorzurufen. Das vordringende Gedankengut der Historischen Rechtsschule begünstigte diese Einstellung, indem es die Hinwendung auf das tradierte russische Recht förderte. Im Zusammenhang mit der Ablehnung des Naturrechts geriet eine der wichtigsten Darstellungen dieses Rechtsgebiet in die Kritik, nämlich Aleksandr P. Kunicyns Lehrbuch des Naturrechts (Pravo estestvennoe) von 1818/20.[26] In diesem Werk hatte Kunicyn Auffassungen von den natürlichen und den staatsbürgerlichen Pflichten des Menschen entwickelt, die er sich in Göttingen angeeignet hatte. Der Konflikt mit den Behörden um das Buch führte schließlich zur Amtsenthebung des Verfassers.[27]

Ähnliche Kritik richtete sich auch gegen die Lehre des Römischen Rechts. An diesem wurde besonders hervorgehoben, daß es »ausländisches« und »heidnisches« Recht sei, das keine Grundlage für die russischen Gesetze bilde. Gemeint war damit das »Heutige römische Recht«, welches aus dem Westen vermittelt wurde, nicht also das byzantinische Recht, das Gegenstand der mittelalterlichen

24 Silnizki, Geschichte, S. 283 f. Über Schneider vgl. Šilochvost, Russkie civilisty, S. 153.

25 Albrecht Schweppe, Römische Rechtsgeschichte und Rechtsalterthümer, Göttingen 1822 und öfter. Vgl. Alexeeva, L'insegnamento, S. 561 f.

26 Silnizki, Geschichte, S. 313 f. Der »ältere« Kunicyn (1783-1840) hatte zwischen 1808 und 1811 in Heidelberg und Göttingen studiert. Nach seiner Rückkehr unterrichtete er Moralphilosophie und Rechtslehre am Lyzeum in Zarskoe Selo. Puškin, der zu seinen Schülern gehörte, erinnerte sich seiner später mit Hochachtung. Vgl. Korkunov, Istorija filosofii prava, S. 344; Krakovskij, Predislovie, S. 7; Lauer, Russische Studenten in Göttingen, S. 336. Seit 1817 lehrte Kunicyn am Pädagogischen Hauptinstitut in Sankt Petersburg.

27 Kazantsev, Die Geschichte der juristischen Fakultät, S. 152.

Tradition gewesen war.[28] Wenn nun das Fach, diesen Einwänden zum Trotz, dadurch eine Aufwertung erfuhr, daß die Zweite Abteilung eine Anzahl künftiger Hochschullehrer in Berlin bei Savigny heranbilden ließ und damit gleichzeitig das römische Recht zum Hauptgegenstand der juristischen Bildung aufwertete, wurde dies von anderer Seite begrüßt. Dies gilt etwa für den Sachsen Heinrich Robert Stöckhardt (1802-1848), seit 1831 Professor für römisches Recht in Sankt Petersburg, der sich große Verdienste um die Modernisierung der Juristenausbildung im Zarenreich erwarb. Er erklärte 1834, also im zeitlichen Zusammenhang mit der Fertigstellung des Svod Zakonov, die Bedeutung der justinianischen Sammlung des römischen Rechts für die Ausbildung liege allein schon darin, daß die einzelnen Gesetze hier in ein harmonisches Ganzes zusammengeführt wurden.[29] Weiterhin spiele das justinianische Recht eine große Rolle für die moralische Bildung der Völker. Mit seiner Hilfe entwickele sich nämlich das Verständnis für Recht und Gerechtigkeit sowie Menschenliebe. Diese aus langer Erfahrung hervorgegangenen Rechtsregeln seien insbesondere geeignet, die Menschen zur Achtung vor den Gesetzen überhaupt zu erziehen.[30] Schließlich habe das justinianische Recht außerdem großen Einfluß auf die Entstehung und Zusammensetzung der Gesetze fast aller Nationen gehabt und weise immer noch der Jurisprudenz den Weg. Aus Stöckhardts Sicht war auch die Gesetzgebung in Rußland keineswegs frei von den Einflüssen des römischen Rechts.[31]

II.) Das Universitätsstatut von 1835

Neue rechtliche Rahmenbedingungen für den Universitätsbetrieb im Zarenreich führte das Universitätsstatut von 1835 ein.[32] Mit ihm ging auch eine Neuorganisation des juristischen Studiums einher. Diese fiel nicht nur zeitlich mit der Inkraftsetzung des Svod Zakonov zusammen;[33] sie trug auch bestimmten Erfahrungen mit den Bemühungen um eine Systematisierung des russischen Rechts Rechnung, die man im Rahmen der Gesetzgebungsarbeiten und früherer Versuche, ein System des russischen Rechts für didaktische Zwecke zu entwerfen, gewonnen hatte. Im Rückblick auf diese Erfahrungen hatte Speranskij 1833 gefragt, wie man denn ein Lehrbuch des Gesetzesrechts hätte schaffen sollen, solange man die Gesetze selbst nicht zuverlässig beherrschte. Er hatte erklärt, diesem Mangel habe man durch die Einführung des Studiums des römischen Rechts an den höheren

28 Baranowski, Über den Nutzen einer Lehrdisziplin »Allgemeine Rechtsgeschichte«, S. 5; vgl. Emel'janova, Vseobščaja istorija prava, S. 26 f.

29 Štekgardt, O važnosti vlijania Justinianova prava, S. 389.

30 Štekgardt, O važnosti vlijania Justinianova prava, S. 397.

31 Štekgardt, O važnosti vlijania Justinianova prava, S. 399.

32 Rudokvas/Kartsov, Der Rechtsunterricht, S. 281.

33 Eine historische Parallele zwischen der justinianischen Rechtssammlung und dem Svod Zakonov besteht also auch insoweit, als mit der Inkraftsetzung jeweils eine Neuorganisation der Juristenausbildung einherging.

Lehranstalten des Zarenreiches abhelfen wollen.[34] Über die Bildung in den Grundlagen des Rechts hinaus sollte die Beschäftigung mit dem römischen Recht also dem konkreten Zweck dienen, den Stoff des russischen Rechts in den Griff zu bekommen. Dabei sollte es allerdings gerade nicht auf das *System* des römischen Rechts ankommen, weil dieses – Speranskij hatte offenbar die Legalordnung der Digesten vor Augen – »mangelhaft« sei. Maßgeblich sei hier vielmehr, daß sich das römische Recht »durch sein inneres Wesen, durch den gesunden, practischen Sinn seiner Bestimmungen, die Ueberreste des tiefen Wissens und der Erfahrung von Jahrhunderten« auszeichne.[35]

Ziel der Neuordnung des Studiums war es, bessere Voraussetzungen für eine Professionalisierung der Juristen auf dem Gebiet der Anwendung des geltenden russischen Rechts zu schaffen. Für die Stellung der Grundlagenfächer im Studienplan hatte dies unterschiedliche Konsequenzen. Die Absicht, die Juristen auf die Anwendung des neugeordneten, positiven Rechts zu verweisen, ging zunächst damit einher, daß das bisherige Bildungsprogramm um seine philosophische Dimension gekürzt wurde. Diese Streichung ging auf Kosten des Naturrechts, das nun als Lehrfach entfiel. Gestrichen wurde ebenso die Lehre der »Rechte der bedeutendsten Völker«.[36] Soweit sie auf das geltende Recht ausgerichtet waren und insoweit dienende Funktion erfüllen mochten, erhielten die Grundlagen des Rechts allerdings eine gesicherte und wichtige Stellung im Studienprogramm. So wurde nun das Fach »Römische Gesetzgebung und ihre Geschichte« gelehrt, verstanden als Grundlage der Jurisprudenz, sowie das Fach »Rechtsenzyklopädie und russische Staatsgesetze«, welches als Inbegriff der theoretischen Grundlagen der russischen Gesetzgebung konzipiert war.

Im Universitätsunterricht wurden nun also im wesentlichen zwei Kategorien von Gegenständen vermittelt, nämlich einerseits das positive Recht des Zarenreiches mit seiner Konzentration auf die geltenden Gesetze und andererseits die noch immer überwiegend aus dem Ausland eingeführten theoretischen Grundlagen des Rechts. Eine Integration beider Materien, die in bestimmten Bereichen – wie gesehen – entschieden abgelehnt wurde, fand zunächst kaum statt, die Unterscheidung der Lehrgebiete wurde vielmehr äußerlich dadurch dokumentiert, daß die Vorlesungen über die theoretischen Grundlagen des Rechts und das römische Recht zunächst noch vielfach von deutschen Professoren abgehalten wurden, und zwar auf Latein.[37]

Diese äußerliche Sonderstellung des Unterrichts im römischen Recht wurde teilweise abgemildert, als die Absolventen des Studiums in Berlin in das Zarenreich zurückkehrten und Lehrstühle übernahmen. Diese Professoren standen nun hauptsächlich für die Lehre des römischen Rechts. Gleichzeitig ermöglichten sie,

34 Speranskij, Geschichtliche Einleitung, S. 102.

35 Speranskij, Geschichtliche Einleitung, S. 103.

36 Emel'janova, Vseobščaja istorija prava, S. 31; Baranowski, Über den Nutzen einer Lehrdisziplin »Allgemeine Rechtsgeschichte«, S. 5.

37 Baranowski, Rez. Silnizki, S. 299.

daß das Fach an den Hochschulen des Zarenreiches in den folgenden Jahren kontinuierlich unterrichtet wurde.[38]

Das Universitätsstatut von 1863 setzte die Tendenz zur Festigung der Stellung der Grundlagenfächer fort. Der Lehrplan teilte die Gegenstände nun in drei Teile, von denen überhaupt nur einer den dogmatischen Fächern des geltenden Rechts gewidmet war. Ein weiterer enthielt die theoretischen Grundlagen des Rechts mit Fächern wie »Rechtsenzyklopädie« und »Römisches Recht«, ein dritter Teil die spezifisch rechtshistorischen Fächer wie »Geschichte der wichtigsten alten und neuen Gesetzgebungen«, »Geschichte des russischen Rechts« und »Geschichte der slavischen Gesetzgebung«.[39]

III.) Die Universitäten und anderen höheren Lehranstalten im 19. Jahrhundert

Das Zarenreich verfügte seit der ersten Hälfte des 19. Jahrhunderts über zahlreiche höhere Lehranstalten, an denen eine Juristenausbildung betrieben wurde. An »russischen« Universitäten gab es jetzt fünf: Zu der 1755 in Moskau eingerichteten Universität[40] kamen während der Herrschaft Alexanders I. Neugründungen in Kazan' (1804)[41] und Char'kov (1804/05)[42] hinzu, und unter Nikolaus I. wurde der Kreis um Sankt Petersburg (1819)[43] sowie Kiev (1833/34) erweitert.[44]

Neben den Universitäten wurden weitere Lehranstalten eingerichtet und ausgebaut.[45] Es handelte sich um elitäre Einrichtungen, an denen der Rechtsunterricht überwiegend noch weitergehend als an der Universität auf die praktische

38 Vgl. Rosshirt, Rez. Speranskij, S. 414.

39 Vgl. Rudokvas/Kartsov, Der Rechtsunterricht, S. 281 f.

40 An der Moskauer Juristischen Fakultät lehrten in dem hier behandelten Zeitraum u. a. I. D. Beljaev, N. P. Bogolepov, A. Ė. Vorms, K. D. Kavelin, E. P. Kovalevskij, N. I. Krylov, V. N. Leškov, S. A. Muromcev, P. G. Redkin, E. N. Trubeckoj, L. A. Cvetaev, G. Szerszeniewicz und B. N. Čičerin.

41 In Kazan' lehrten u. a. D. I. Mejer und G. Szerszeniewicz.

42 An der Char'kover Universität lehrten Johann Baptist Schad, Tichon F. Stepanov, Aleksej V. Kunicyn und Nikolaj A. Gredeskul.

43 An der Sankt Petersburger Juristischen Fakultät wirkten u. a. M. A. Balug'janskij, K. D. Kavelin, P. D. Kalmykov, A. F. Koni, N. M. Korkunov, V. G. Kukol'nik, A. P. Kunicyn, K. A. Nevolin, L. Petrażycki, P. G. Redkin, V. I. Sergeevič, V. D. Spasovič, N. S. Tagancev, I. Ja. Fojnickij und S. V. Juškov.

44 Die 1802 wiedereröffnete Universität Dorpat arbeitete mit deutscher Unterrichtssprache. Auch Warschau (1816), die 1828 aus der Königlichen Akademie zu Turku hervorgegangene Universität Helsinki sowie Wilna waren fremdsprachlich. An der Universität Tomsk kam 1897 eine juristische Fakultät hinzu.

45 Einzelne hier im folgenden nicht genannte Einrichtungen, in denen Rechtsunterricht erteilt wurde, ohne daß dabei das Römische Recht eine nennenswerte Rolle gespielt hätte, behandeln kursorisch Rudokvas/Kartsov, Der Rechtsunterricht, S. 288 f.

Qualifikation ausgerichtet war.[46] Dies galt z. B. für die zwischen 1803 und 1816 in Sankt Petersburg bestehende Rechtshochschule (Vysšee Učilišče Pravovedenija), die der Heranbildung von Personal für die Rechtspflege gewidmet war. Dies erfolgte im Rahmen eines dreijährigen Programms, das für den ersten Studienabschnitt die Lehre des Römischen Rechts vorsah, und zwar aufgeteilt in »Institutionen« und »Pandekten«.[47] Das 1811 in Carskoe Selo gegründete Lyzeum (Carskosel'skij Licej) war eine Eliteschule, die nach Ideen Speranskijs konzipiert worden war. Sie diente der Vorbereitung junger Adliger auf den Staatsdienst.[48] Das Lyzeum nahm Jungen im Alter zwischen zehn und zwölf Jahren auf. Sie durchliefen im Verlauf von sechs Jahren ein breitgefächertes Lehrprogramm einschließlich zahlreicher juristischer Grundlagen und dogmatischer Fächer.[49] Seit 1816 bestand das Sankt Petersburger Pädagogische Hauptinstitut.[50] Es wurde 1819 neu organisiert und mit der Sankt Petersburger Universität vereinigt, die, nachdem sie zuvor nur als Akademie bestanden hatte, in diesem Zusammenhang neueröffnet wurde. Von 1828 an bildete es wieder selbständig Studenten aus, bis es 1858 geschlossen wurde.

Besonders wichtig wurde die Kaiserliche Rechtsschule (Imperatorskoe Učilišče Pravovedenija) in Sankt Petersburg. An ihrer Gründung 1835 auf Initiative des Prinzen Peter von Oldenburg (Pëtr G. Ol'denburgskij, 1812-1881) hin, des Neffen Nikolaus' I., waren Balug'janskij und Speranskij mit beteiligt.[51] Diese elitäre, als Internat eingerichtete Lehranstalt war speziell dafür geschaffen worden, um Söhne der privilegierten Stände auf Aufgaben in der staatlichen Verwaltung vorzubereiten.[52] Die Absolventen sollten in erster Linie im Verantwortungsbereich des Justizministeriums Verwendung finden.[53] Der Unterricht erfolgte zunächst nach einem Gymnasialprogramm und war in den drei obersten Klassen im Stil der universitären Lehre konzipiert. Daher waren auch die juristischen Grundlagenfächer einschließlich des Römischen Rechts Teil des Stoffkanons. Die Aufnahme des Lehrbetriebs erfolgte mit einer Exegese von Justinians Institutionen

46 Baranowski, Über den Nutzen einer Lehrdisziplin »Allgemeine Rechtsgeschichte«, S. 6.

47 Rudokvas/Kartsov, Der Rechtsunterricht, S. 282 f.

48 Zum Alexander-Lyzeum vgl. Kusber, Eliten- und Volksbildung, S. 317; Rudokvas/Kartsov, Der Rechtsunterricht, S. 283 f.

49 Der berühmteste Zögling der Einrichtung war Puškin, dessen Namen Carskoe Selo in sowjetischer Zeit führte. Zu den Juristen, die am Lyzeum ausgebildet wurden, gehörte Anatolij Koni. Vgl. Pavlova, Imperatorskij Aleksandrovskij (Byvšij Carskosel'skij) Licej, S. 7.

50 Zum Pädagogischen Hauptinstitut vgl. Kaiser, Die russische Justizreform, S. 107 f.

51 Whisenhunt, In Search of Legality, S. 102. Über die Kaiserliche Rechtsschule in Sankt Petersburg vgl. Kaiser, Die russische Justizreform, S. 108-111, Torke, Das russische Beamtentum, S. 152 f. sowie eingehend Annenkova, Imperatorskoe Učilišče Pravovedenija (2006).

52 Zu den Aufgaben dieser Einrichtung vgl. ferner Stoeckhardt, Historisch-statistische Beschreibung, S. 659-663; Kaiser, Die russische Justizreform, S. 108-111; Rudakov, Art. Pravovedenija učilišče Imperatorskoe, S. 922-923; Kusber, Eliten- und Volksbildung, S. 317; Sinel, The Socialization, S. 1-31; Rudokvas/Kartsov, Der Rechtsunterricht, S. 284 f.

53 Vgl. Liessem, Verwaltungsgerichtsbarkeit, S. 109 ff.

für den Eintrittsjahrgang.[54] Der Lehrkörper der Kaiserlichen Rechtsschule bestand zu einem erheblichen Teil aus Juristen, die zu Beginn der dreißiger Jahre in Deutschland studiert hatten. Mehrere von ihnen hatten zu jenen Stipendiaten gehört, die von der Zweiten Abteilung der Kaiserlichen Kanzlei nach Berlin »abkommandiert« worden waren, um bei Savigny zu studieren.[55] Sie richteten anschließend sowohl ihre wissenschaftlichen Interessen als auch ihre didaktischen Bemühungen an ihren in Deutschland erworbenen Erfahrungen aus.[56] So unterwiesen sie ihre Studenten nicht nur in der Anwendung moderner Rechtstechniken, sondern brachten ihnen rechtsstaatliche, an westeuropäischen Modellen orientierte Grundsätze nahe.[57] Besonders in den Anfangsjahren galt der Unterricht an der Kaiserlichen Rechtsschule als anspruchsvoller als der an den staatlichen Universitäten.[58] Der auf die spätere Verwendung der Absolventen ausgerichteten Juristenausbildung zum Trotz herrschte an der Kaiserlichen Rechtsschule eine geistig anregende Atmosphäre, die eine (teilweise freilich diskret betriebene) Beschäftigung mit Literatur, Kunst und Philosophie begünstigte.[59]

In Jaroslavl' an der Wolga hatte der Staatsrat Pavel G. Demidov (1738-1821) im Jahre 1803 aus seinem ererbten Vermögen eine Schule für Höhere Wissenschaften (Jaroslavskoe Učilišče Vysšich Nauk) gestiftet,[60] die 1805 in Demidovskoe Učilišče umbenannt wurde. Auch hier fand in enger Kooperation mit der Moskauer Fakultät Juristenausbildung statt.[61] Das römische Recht wurde anfänglich nur unregelmäßig gelesen.[62] Erst 1868 erwarb die Lehranstalt den vollen Status eines juristischen Lyzeums und bot das ganze Spektrum eines mit einer Universi-

54 Stoeckhardt, Historisch-statistische Beschreibung, S. 659.

55 S. bereits oben S. 237ff. Vgl. Majkov, Speranskij i studenty zakonovedenija (1899); Torke, Das russische Beamtentum, S. 144f.; Maurer, Hochschullehrer, S. 167-172; Silnizki, Geschichte, S. 421-429 sowie Whisenhunt, In Search of Legality, S. 98f. Vgl. ferner die Darstellung in dem Band 275 let Sankt-Peterburgskij Gosudarstvennyj Universitet, S. 105. Zur Tätigkeit vieler dieser jungen russischen Juristen an der Kaiserlichen Rechtsschule in Sankt Petersburg vgl. Baberowski, Autokratie und Justiz, S. 34.

56 Unter ihnen befanden sich Konstantin Nevolin, der Vorgänger Dmitrij Mejers an der Universität Sankt Petersburg, und der Rechtsphilosoph Pëtr Redkin; vgl. Raeff, Michael Speransky, S. 328 und Avenarius, Das russische Seminar, S. 893, Fn. 3.

57 Baberowski, Autokratie und Justiz, S. 34f.

58 Die Kaiserliche Rechtsschule hatte z.B. Konstantin Pobedonoscev durchlaufen, der später ebenso als Exponent der Reaktion wie auch als Zivilrechtslehrer großen Einfluß erlangte.

59 Smith, Reforming the Russian Legal System, S. 15. Es mag daher kein Zufall sein, daß mehrere Persönlichkeiten, die sich später auf musischen Gebieten hervortaten, die Kaiserliche Rechtsschule absolviert hatten. Einer der bekanntesten Absolventen der Rechtsschule war Pëtr Čaikovskij, der hier im Alter von 12-19 Jahren (1852-1859) studierte.

60 Zum Demidovschen Juristischen Lyzeum vgl. Kaiser, Die russische Justizreform, S. 106f.; Woldemar (Bearb.), Geschichte und Statistik, S. 79f.; Krakovskij, Predislovie, S. 14f.; Kusber, Eliten- und Volksbildung, S. 310f. Vgl. Rudokvas/Kartsov, Der Rechtsunterricht, S. 289f.; Tomsinov, Juridičeskoe obrazovanie … »velikich reform«, S. 164-190.

61 Egorov, Kuznica juristov, S. 51-52.

62 Vgl. Rudokvas/Kartsov, Der Rechtsunterricht, S. 287.

tät vergleichbaren Studienprogramms an. Nachdem 1870 Michail Nikolaevič Kapustin (1828-1899) Leiter des Lyzeums geworden war,[63] erwarb es sich den Ruf einer der besten Lehranstalten in Rußland. Kapustin setzte sich für die wissenschaftliche Ausbildung der Studenten, die Entwicklung ihres juristischen Denkens und vertieften Unterricht im römischen Recht ein. Dank seiner Bemühungen unterrichteten in Jaroslavl' viele bedeutende Rechtsgelehrte, wurde eine juristische Bibliothek eingerichtet und der »Vremennik Demidovskogo Liceja« herausgegeben, in dem wissenschaftliche Arbeiten von Professoren und Studenten veröffentlicht wurden.

In Odessa bestand seit 1817 das Richelieu-Lyzeum (Riželevskij Licej). Es war gegründet worden auf Initiative von Alexandre Arnault de Langeron, seit 1815 Gouverneur der Krim und seit 1822 Generalgouverneur von Neurußland, und benannt nach Armand Emmanuel du Plessis, dem Herzog von Richelieu, der das Amt des Generalgouverneurs zuvor versehen und in diesem Zusammenhang den Plan zur Einrichtung der Lehranstalt entwickelt hatte.[64] Das Lyzeum wurde 1864/65 neuorganisiert und als Neurußländische Kaiserliche Universität fortgeführt.[65]

Das seit 1805 im ukrainischen Nežin (ukr. Nižyn) bestehende Gymnasium der Höheren Wissenschaften war zum Gedenken an den Kanzler des Russischen Reiches Fürst Aleksandr Andreevič Bezborodko begründet worden (Gimnazija knjazja Bezborodko). Diese Lehranstalt diente gleichfalls der Vorbereitung auf den Staatsdienst. Hier wurde das Ausbildungsziel jedoch öfters neu konzipiert und der Schwerpunkt des Unterrichts dementsprechend mehrfach verändert. Das Gymnasium hatte in den ersten Jahrzehnten seines Bestehens zunächst einen philologischen Schwerpunkt; dies war die Zeit, in der Nikolaj Gogol' dort Schüler war (1821-28). Es wurde 1832 zu einem physikalisch-mathematischen Lyzeum umgestaltet und seit 1840 als juristisches Lyzeum fortgeführt.[66]

63 Über ihn vgl. Emel'janova, Vseobščaja istorija prava, S. 87 ff.

64 Vgl. Figes, Krimkrieg, S. 48.

65 Zu den Absolventen gehörte Semën Pachman (1843).

66 Die Tradition dieser Einrichtung wird heute durch die Nižyner Staatliche Gogol'-Universität fortgesetzt.

Kapitel 9: Die Anfänge einer eigenständigen wissenschaftlichen Bearbeitung des Zivilrechts

Die Begegnung russischer Juristen mit den theoretischen Grundlagen des Rechts, die im Westen entwickelt worden waren, führte frühzeitig zu Versuchen, das geltende Recht auf Grundlage westlichen Rechtsdenkens zu durchdringen und insbesondere das methodische Instrumentarium des römischen Rechts für das russische Recht fruchtbar zu machen.

I.) Die Anfänge

Einer der frühen Vertreter der Wissenschaft vom russischen bürgerlichen Recht im 19. Jahrhundert war Vasilij G. Kukol'nik. Seine »Načal'nye osnovanija rossijskogo častnogo graždanskogo prava« (»Anfangsgründe des rußländischen privaten bürgerlichen Rechts«), erschienen in Sankt Petersburg 1813 und wenig später überarbeitet zum »Rossijskoe častnoe graždanskoe pravo« (»Rußländisches privates bürgerliches Recht«, 1815), bildeten den ersten wertvollen Versuch, das bürgerliche Recht mitsamt dem dazugehörenden Verfahrensrecht als selbständige Disziplin zu behandeln und als System von Institutionen darzustellen.[1] Die Nachfolger Kukol'niks folgten seinem Weg der systematischen Erörterung des bürgerlichen Rechts, aber sie verwirklichten die Ordnungsgesichtspunkte weniger konsequent und ersetzten die zuvor entwickelte Theorie allmählich durch bescheidenere, auf Nutzanwendung ausgerichtete Darstellungen. Dies gilt etwa für den »Versuch eines Umrisses des rußländischen privaten bürgerlichen Rechts«, den Vladimir F. Vel'jaminov-Zernov 1814/15 vorlegte.[2] Diesem Autor, der als Redaktor in der Gesetzgebungskommission tätig war, war weniger an Systematisierung als an praktischer Brauchbarkeit der Aufbereitung des Stoffes gelegen.[3] Die Hinwendung zur anwendungsorientierten Bearbeitung des bürgerlichen Rechts unter Zurückstellung wissenschaftlicher Grundsätze führte dazu, daß nachfolgende Darstellungen eher kompilativen Charakter aufwiesen.[4] Die anwendungsorientierte Bearbeitung

1 Vgl. daneben Terlaič, Kratkoe rukovodstvo k sistematičeskomu poznaniju graždanskogo častnogo prava Rossii (»Kurze Anleitung zur systematischen Kenntnis des bürgerlichen Privatrechts Rußlands«, eigentlich 2. Teil, S.-Peterburg 1810) und Gorjuškin, Rukovodstvo k poznaniju rossijskogo zakonoiskusstva (»Anleitung zur Kenntnis der rußländischen Gesetzeskunst«, Moskva 1811/16). Beide Werke stehen in wissenschaftlicher Hinsicht hinter Kukol'niks »Načal'nye osnovanija« zurück.

2 Vel'jaminov-Zernov, Opyt načertanija rossijskogo častnogo graždanskogo prava, Sankt-Peterburg 1814/15, 2. Aufl. 1821/23). Vgl. Sinajskij, Russkoe graždanskoe pravo, S. 46 f.

3 Baranowski, Rez. Silnizki, S. 300.

4 Vgl. Lev Cvetaev, Pervye načala prava častnogo i obšego (»Erste Grundlagen des privaten und allgemeinen Rechts«, Moskva 1823) sowie ders., Osnovanija prava častnogo graždanskogo (»Grundlagen des privaten bürgerlichen Rechts«, Moskva 1825); ferner I. Sandunov, Slovo o

des bürgerlichen Rechts konnte ihren Einfluß allerdings auch noch nach dem Inkrafttreten des Svod Zakonov für einige Jahrzehnte bewahren.[5]

Eine erste regelrechte »Generation« spezifisch wissenschaftlicher Vertreter des russischen Rechts identifiziert man nicht selten mit den in den 1840er Jahren wirkenden Hochschullehrern.[6] Stepanov meint überzeugend, zu dieser Zeit habe eine neue Epoche der russischen Jurisprudenz begonnen, insbesondere auch hinsichtlich des Studiums von Zivilrecht und Römischem Recht.[7] Wesentlichen Anteil hieran hatten die aus Berlin und aus anderen Orten Westeuropas zurückgekehrten Auslandsstipendiaten. Im Unterschied zu früheren Abkommandierten, die in Deutschland studiert hatten, um sich in Leipzig und an anderen Universitäten bei den großen Vertretern der Naturrechtslehre moderne Rechtskenntnisse anzueignen, hatten zahlreiche der jüngeren Hochschullehrer der 1840er und 1850er Jahre jene Fähigkeiten, die sie zu einer wissenschaftlichen Bearbeitung und Lehre des Privatrechts befähigten, wie gesehen,[8] am römischen Recht erlernt, genauer: am »Heutigen römischen Recht«, das in Deutschland nicht nur auf wissenschaftlicher Grundlage gelehrt wurde, sondern überdies in Geltung stand. Der Begrifflichkeit und den Methoden, die sie jahrelang auf hohem Niveau unter Anleitung der berühmtesten Hochschullehrer ihrer Zeit eingeübt hatten, stand nichts Entsprechendes gegenüber, was sich etwa als spezifisch russische Privatrechtsdogmatik hätte behaupten und eigene Konzepte hätte anbieten können. Wenn diese Juristen nun damit begannen, das russische Zivilrecht neu zu konzipieren, legten sie also ihr am *römischen* Recht geschultes Rechtsdenken zugrunde.

Dies sollte sich als überaus befruchtend erweisen. Zahlreiche Darstellungen des russischen Zivilrechts haben aufwendig römisches Recht integriert. Was ihre Verfasser an Lehren entwickelten, identifizierten sie allerdings, wie zu zeigen sein wird, nicht mit dem in Rußland auf Grundlage des Svod Zakonov X/1 geltenden Recht. Sie behandelten das Zivilrecht vielmehr als Theorie und konnten unter dieser Voraussetzung Rechtsfiguren des römischen Rechts einarbeiten. Es kam ihnen darauf an, die am römischen Recht zu erlernende Denkweise in den Köpfen der Juristen zu etablieren, und zwar grundsätzlich unabhängig davon, ob und inwieweit das geltende Recht – zufällig oder sogar aufgrund eines nachweisbaren historischen Zusammenhangs – mit bestimmten Regelungen korrespondierte, die das römische Recht kennt. Diese Vermittlung der strukturellen und methodischen Elemente des römischen Rechts an das Rechtsdenken der Juristen gehört zu

neobchodimosti znat' zakony graždanskie i o sposobe učit' i učit'sja rossijskomu zakonovedeniju (»Ein Wort über die Notwendigkeit, die bürgerlichen Gesetze zu kennen, und über die Methode, die rußländische Gesetzeskunde zu lehren und zu lernen«, Moskva 1820, 2. Aufl., Moskva 1822). Über diese Literatur vgl. Sinajskij, Russkoe graždanskoe pravo, S. 47, Fn. 1.

5 Sinajskij, Russkoe graždanskoe pravo, S. 47.

6 Stepanov, O tradicijach i netradicijach, S. 106.

7 Stepanov, O tradicijach i netradicijach, S. 106, Anm. 2.

8 S. oben S. 241 ff.

den Hauptmerkmalen dessen, was in dieser Untersuchung als Rezeption betrachtet wird.

Die Überzeugung, daß es richtig sei, russische Juristen im nationalen Zivilrecht auf Grundlage des römischen Rechts heranzubilden, beruht selbstverständlich nicht nur auf dem äußeren Umstand, daß den Hochschullehrern gerade das letztere bekannt und vertraut geworden war. Auch die Vorstellung, gerade die Begrifflichkeit des römischen Rechts und das an demselben zu gewinnende methodische Rüstzeug seien in besondere Weise leistungsfähig, bildete keinen hinreichenden Grund dafür, angesichts der notorischen Vorbehalte gegenüber »ausländischen« Einflüssen die Lehre des eigenen, russischen Rechts mit römischen, also »fremden« Merkmalen zu durchsetzen. Hier wirkten sich vielmehr zwei Faktoren aus: Während der heikle Gedanke, es mochte etwa die Lehre des geltenden Rechts durch fremdes Recht verfälscht oder verwässert werden, durch den offen erklärten Vorbehalt entschärft wurde, daß die wissenschaftliche Lehre des bürgerlichen Rechts nicht etwa unmittelbar das geltende Gesetzesrecht betreffe, sondern – zumindest grundsätzlich – theoretischen Charakter habe, wurde die Richtigkeit der Orientierung des als Theorie entwickelten bürgerlichen Rechts am römischen Recht mit einer Vorstellung begründet, die man aus Westeuropa mitgebracht hatte: Als methodische Grundlage für die aufkommende Arbeitsperspektive setzte sich nämlich langsam die von Savigny und anderen Autoren mit jeweils unterschiedlichen Gründen gelehrte Auffassung durch, daß das römische Recht als universell angesehen werden könne.[9] Wir beobachten hier die Vorstellung, daß das römische Recht »allgemeine Grundsätze« enthalte. Die bedeutendsten russischen Juristen dieser Zeit reagierten in ihren Werken auf diese Überzeugung.[10] Krylov z. B. meinte, Entlehnungen aus anderen Rechten seien geradezu unvermeidlich, weil die Idee des Rechts sich mit der Menschheit entwickele und alle nationalen Systeme miteinander in wechselseitiger organischer Verbindung stünden. Dies gehe zwangsläufig mit Wechselwirkungen und gegenseitiger Durchdringung einher. Er meinte, jedes nationale Rechtssystem könne ohne weiteres Elemente anderer Systeme entlehnen. Beispielsweise mangele es in der russischen Rechtswissenschaft an allgemeinen logischen Normen, allgemeinen Begriffen und Fachausdrücken. Diese Lücke könne ausgefüllt werden, indem auf Elemente des römischen Rechts zurückgegriffen werde. Das römische Recht betrachtete Krylov nämlich als »Eigentum« der gesamten Menschheit, aus dem alle neueren Völker Anleihen vornähmen.[11] Was Krylov als Vertreter des römischen Rechts formulierte, gewann auch in der Zivilrechtslehre an Bedeutung.

9 Für Savignys Auffassung vom Universalismus des römischen Rechts vgl. oben S. 258 f.

10 Vgl. Stepanov, O tradicijach i netradicijach, S. 106 f.

11 Vgl. Letjaev, Recepcija rimskogo prava, S. 31 mit Nachweisen.

II.) Dmitrij Mejer

Dmitrij Ivanovič Mejer (1819-1856)[12] kann als Pionier der Heranziehung des römischen Rechts in der Lehre des russischen Privatrechts gelten.[13] Er zeigte in Forschung und Lehre erstmals, was das römische Recht für die Dogmatik des geltenden russischen Privatrechts leisten mochte.[14] Aus einer ursprünglich deutschen Familie stammend, absolvierte Mejer ein Rechtsstudium am Pädagogischen Hauptinstitut sowie an der Universität in Sankt Petersburg und wurde anschließend für zweieinhalb Jahre nach Deutschland geschickt.[15] Im Februar 1842 gelangte er nach Berlin.[16] Ausgestattet mit einem Empfehlungsschreiben, das Stöckhardt ihm für Savigny ausgestellt hatte, suchte er diesen auf, um sich vorzustellen und womöglich Ratschläge zu erhalten.[17] Savigny allerdings hatte gerade mit dem Wintersemester 1841/42 seine Vorlesungstätigkeit beendet, weil er in das Ministeramt berufen worden war.[18] Er wußte, daß Mejer zunächst bei Rudorff und Homeyer hörte, und empfahl ihm, sich deren Hinweise wegen weiterer Studien und derjenigen Professoren, die er im darauffolgenden Wintersemester sinnvollerweise hören solle, einzuholen. Aus dem Gespräch ist überliefert, daß Savigny gegenüber dem jungen russischen Stipendiaten zwar zutreffend, aber etwas gönnerhaft bemerkt haben soll: »Sie können bei uns viel Gutes lernen«. Mejers Antwort allerdings wirft ein Licht auf die Einstellung, mit der er an jene Wissenschaft herantrat, die in Berlin am Heutigen römischen Recht gelehrt wurde. Anstatt, wie es immerhin denkbar gewesen wäre, zweifellos höflich, aber doch mit dem Selbstbewußtsein eines Juristen aufzutreten, der das gerade in neuer Form verkündete Recht eines auf seine Eigenständigkeit bedachten Nationalstaates repräsentierte und der zudem aufgrund seiner Leistung mit einem der ganz wenigen Auslandsstipendien (und damit der Aussicht auf eine akademische Karriere) ausgezeichnet worden war, soll er entgegnet haben: »Es wäre gut, wenn wir soviel aufnehmen

12 Zur Biographie von Dmitrij Ivanovič (eigentl. Dietrich Iogannovič) Mejer vgl. Nečaev, Art. Mejer (Dimitrij [sic] Ivanovič), S. 950 f.; Grigor'ev (Hrsg.), Imperatorskij S. Peterburgskij Universitet, S. 157 f.; Wortman, The Development, S. 229-231; Šeršenevič, in: Zagoskin (Hrsg), Biografičeskij Slovar' professorov i prepodavatelej imperatorskogo Kazanskogo universiteta 1804-1904, Teil 2 (1904), S. 44-49; Šilochvost, Russkie civilisty, S. 101. Vgl. Mejers Porträt bei Korbut (Hrsg.), Kazanskij gosudarstvennyj universitet imeni V. I. Ul'janova-Lenina za 125 let, Bd. 1, nach S. 88 sowie in Višlenkova u. a., Terra Universitatis, S. 99.

13 So auch Rudokvas/Kartsov, The Development, S. 301 u. 306.

14 Kozlova/Pankratov, U istočnikov rossijskoj civilistiki, S. 7.

15 Über Mejers Studium vgl. Nečaev, Art. Mejer, S. 950; Torke, Das russische Beamtentum, S. 156 mit Fn. 214.

16 Immatrikuliert in Berlin als Demetrius Meyer am 27.4.1842, Nr. 32/759, gelöscht 17.1.1844, Nr. 62.

17 Gol'msten, Dmitrij Ivanovič Mejer, S. 14.

18 Mejers Studienzeit in Berlin fiel also teilweise mit der des in etwa gleichaltrigen Jhering zusammen. Bei Savigny, der im Wintersemester 1841/42 seine letzten Vorlesungen hielt, hörte Mejer aber – im Unterschied zu Jhering – nicht mehr.

könnten, wie man uns hier gibt.« Die bescheidene Bemerkung war, wie sich zeigen sollte, sehr ernst gemeint. Mejer wußte, daß es am römischen Recht viel Grundsätzliches zu lernen gab.[19] Sein wichtigster Berliner Lehrer sollte Puchta werden, der zum Wintersemester 1842/43 seine Berliner Lehrtätigkeit aufnahm.[20]

Nachdem Mejer im Anschluß an seine Berliner Studien einige Monate in Heidelberg verbracht hatte, wo er bei Vangerow und Mittermaier hörte, kehrte er in das Zarenreich zurück. Er ging 1845 an die Universität in Kazan' und etablierte sich dort als Hochschullehrer des russischen Rechts.[21] 1848 verfaßte er seine Dissertation über das altrussische Pfandrecht.[22] In dieser Arbeit, die Mejer als Anhänger der Historischen Schule ausweist, stellte er rechtsvergleichende Betrachtungen zum altrussischen Recht der Sicherheiten und zur römischen *fiducia* an. Grundgedanke der Arbeit ist die Beobachtung einer strukturellen Parallele zur römischen *fiducia cum creditore contracta.*[23] In diesem Jahr wurde er zum außerordentlichen Professor für Bürgerliches Recht ernannt. Als ehemaliger Schüler Puchtas entwickelte Mejer einen Schwerpunkt seiner Forschungsinteressen auf dem Gebiet des Gewohnheitsrechts, welchem Puchta eine bedeutende monographische Darstellung gewidmet hatte.[24] Da er die Materiallage zu diesem Gegenstand in Kazan' als zu dürftig empfand, begab er sich 1850 vorübergehend nach Odessa, um dort das Gewohnheitsrecht im Handel zu erforschen.[25] Im Jahre 1852 wurde Mejer ordentlicher Professor in Kazan'. Der vielseitig interessierte Gelehrte stand mit dem Kreis um den Kritiker Vissarion Belinskij in Verbindung und kannte auch persönlich den jungen Lev Tolstoj[26] sowie Nikolaj Černyševskij, den späteren Verfasser des Tendenzromans »Čto delat'?« (»Was tun?«) von 1863.[27] Im Jahre 1855 wurde er als Nachfolger Nevolins auf eine Professur für Bürgerliches Recht nach Sankt Petersburg berufen, bevor er dort nach wenigen Wochen

19 Gol'msten, Dmitrij Ivanovič Mejer, S. 15. Vgl. Arslanov, Zur Einwirkung ausländischen Rechts, S. 22.

20 Der Einfluß der Berliner Repräsentanten der Historischen Rechtsschule auf Mejer blieb auf Dauer bedeutend. In seiner Gesamtdarstellung räumte Mejer z. B. dem Gewohnheitsrecht die erste Stelle unter den Rechtsquellen – vor dem Gesetz – ein. Er beschrieb Gesetz und Gewohnheitsrecht als Ausdrucksformen der Rechtsauffassungen des Volkes (juridičeskich vozzrenij naroda); vgl. Russkoe graždanskoe pravo, S. 54 ff. u. 94 f.

21 Vgl. Lincoln, In the Vanguard of Reform, S. 60; Višlenkova u. a., Terra Universitatis, S. 99 f.

22 Vgl. seinen Aufsatz: Drevnee russkoe pravo zaloga, in: ders. (Hrsg.), Juridičeskij Sbornik, S. 219-278.

23 Rudokvas/Kartsov, The Development, S. 301. Das römische Recht kennt die *fiducia cum creditore contracta* als Sicherungsübereignung. Zur Sache Kaser, Das römische Privatrecht, Bd. 1, S. 458 u. 460 ff.

24 Puchta, Das Gewohnheitsrecht, Bd. 1 (1828), Bd. 2 (1837). Vgl. bereits oben S. 89.

25 Die Erträge gingen ein in seine Arbeit: Juridičeskie izsledovanija otnositel'no torgovogo byta Odessy (»Juristische Untersuchung über den Handelsbrauch in Odessa«), in: ders. (Hrsg.), Juridičeskij Sbornik, S. 449-494.

26 Vgl. näher unten S. 289 ff.

27 Vgl. Azarkin, Istorija juridičeskoj mysli Rossii, S. 341-351.

im Alter von nur 36 Jahren der Tuberkulose zum Opfer fiel.[28] Černyševskij schrieb nach Mejers Tod, dieser habe eine Ausnahmeerscheinung gebildet; die Vereinigung seines bedeutenden Talents mit herausragendem Pflichtbewußtsein hätten ihn als weit höherer Aufgaben würdig erscheinen lassen:[29]

> Wir haben Menschen, auf die unser Land stolz sein kann. Aber ... warum kommen diese gewöhnlich so früh um? Und durch welches traurige Zusammentreffen der Umstände kommen sie so oft gerade zu der Zeit um, wenn sie am nützlichsten geworden sind?[30]

III.) Die Verwissenschaftlichung des Rechtsunterrichts

Mejer wirkte in einer Zeit, in der für einen an wissenschaftlichen Grundsätzen orientierten Rechtsunterricht bedeutende Schwierigkeiten bestanden. Bei der Ermittlung des geltenden Rechts an den Wortlaut des Svod Zakonov gebunden, konnte Mejer aus dem veralteten und kaum systematisch geordneten Gesetzestext nicht viel an Anregungen für eine wissenschaftliche Lehre gewinnen.[31] Der Svod erwies sich vielmehr als Hindernis für die Rechtswissenschaft; seinem Erscheinen folgte in der Rechtspraxis zwangsläufig eine Phase, in der der Gesetzespositivismus dominierte. Mejer stellte sich diesem entgegen. Als er etwa von 1845 an als erster Universitätslehrer eine kritische Methode etablierte, bereitete er den Weg für historische und rechtsvergleichende Studien.[32] Dies gab Raum für eine Loslösung der Lehre vom reinen Gesetzesinhalt zugunsten allgemeiner, überpositiver Grundsätze. Für Mejer stand dieselbe Quelle der juristischen Bildung offen wie für die westlichen Rechtslehrer: sie lag auch unter den in Rußland herrschenden Bedingungen, wie Nikolaj Djuvernua es später einmal ausdrücken sollte, in der »heutigen Anwendung des römischen Rechts«.[33]

Djuvernua verglich Mejers Lage einmal mit der eines Rechtslehrers in irgendeinem beliebigen deutschen Land, nur sei sie »noch weniger dankbar«.[34] Tatsächlich orientierte sich Mejer offenbar an der Verwissenschaftlichung des Unterrichts in deutschen Partikularrechten. Damit wählte er eine Verfahrensweise, wie sie später insbesondere Heinrich Dernburg auf das »Preußische Privatrecht« anwandte: Es handelte sich um die Übertragung der pandektistischen Methode auf

28 Černyševskij, Rez. Mejer, S. 671. Für die Tuberkulose in Sankt Petersburg s. bereits oben S. 246f.

29 Černyševskij, Rez. Mejer, S. 670. Vgl. ferner Černyševskijs Rezension zu Saltykov-Ščedrin, S. 263-302.

30 Černyševskij, Rez. Mejer, S. 672.

31 Djuvernua, Iz kursa lekcij po graždanskomu pravu, S. 13.

32 Torke, Das russische Beamtentum, S. 140.

33 Djuvernua, Iz kursa lekcij po graždanskomu pravu, S. 13: »ležit v sovremennom primenenii rimskogo prava«.

34 Djuvernua, Iz kursa lekcij po graždanskomu pravu, S. 12.

das jeweilige Gesetzesrecht, das die Historische Schule bisher den Verfassern eher anwendungsbezogener Darstellungen des positiven Rechts überlassen hatte.[35]

Bemerkenswert an Mejers Rechtsunterricht sowie an seinem überwiegend aus demselben hervorgegangenen Zivilrechtswerk ist zunächst das Bestreben, den Stoff der russischen Gesetze nach den Kategorien des römischen Rechtsdenkens wenigstens äußerlich zu ordnen.[36] Dies war zu seiner Zeit in Rußland tatsächlich einzigartig. Aber Mejer ging über das bloße Ordnen weit hinaus. Er wirkte auf eine Verwissenschaftlichung des russischen Zivilrechts hin, indem er dessen Schwächen aufzeigte und unter Heranziehung von Lehren des römischen Rechts Verbesserungen vorschlug.[37] Mejer rechtfertigte sein Vorgehen mit der Überzeugung, daß mit der Entwicklung eines Volkes allmählich auch sein ausschließlich organischer Charakter schwinde und sich daher auch das Wesen der Rechtsbildung ändere. Demgemäß habe sich in Rußland die Vorstellung von der Existenz allgemeingültiger Elemente im nationalen Recht entwickelt.[38] Mit seiner Methode hatte Mejer bei seinen Hörern großen Erfolg.[39] Er führte die Studenten an die wissenschaftliche Sichtweise des Zivilrechts heran, die bis dahin durch dessen Beschränkung auf das positive Recht verschlossen gewesen war.[40] Vasilij Bervi-Flerovskij,[41] der seit 1845 in Kazan' studierte, berichtete, man habe zuvor »keine Vorstellung davon gehabt, daß sich ein Student mit der Wissenschaft

35 Wieacker, Privatrechtsgeschichte, S. 445. Dazu differenzierend Luig, Der Spätpandektist Heinrich Dernburg, S. 223 ff.

36 Vgl. den anonym verfaßten Bericht »Das römische Recht in Rußland«, in: Leonhard (Hrsg.), Stimmen des Auslands, S. 73. Mejer konnte sich daran orientieren, daß schon Savigny das ALR auf Grundlage des Pandektensystems dargestellt hatte. Vgl. die Edition der Vorlesungsnachschriften bei Wollschläger (Hrsg.), F. C. v. Savigny. Landrechtsvorlesung 1824, Bd. 1 (1994), Bd. 2 (1998).

37 Slyščenkov, Proekt Graždanskogo uloženija, S. 68. Mit Recht weist Westen darauf hin, daß es in Rußland keine andere Rechtswissenschaft als die des römischen Rechts gegeben habe; in: David/Grasmann, Rechtssysteme, S. 250.

38 Mejer, O značenii praktiki, S. 7 f.

39 Mejer trug den Lehrstoff in freier Rede vor. In einer Zeit, in der das Zivilrecht mit dem Inbegriff der geltenden Gesetze identifiziert wurde, die überdies grundsätzlich nur nach ihrem Wortlaut angewandt werden durften, war dies keineswegs üblich (vgl. die folgende Fn.).

40 Wortman, The Development, S. 229. Auf die Dürftigkeit des damaligen Rechtsunterrichts läßt ein Bericht des Moskauer Professors Christian Steltzer schließen. Er schrieb 1806 zur Situation in seinem Fach: »Wenn ich Ihnen etwas [...] über die Methode des juridischen Unterrichts sagte, so würden Sie die Hände zusammenschlagen. Nur eins! Russisches Recht lehrt man in der Art, daß ein Adjunct, in Gegenwart des Professors, die Ukasen abliest [...]«; Brief an Meiners vom 1. (13.) Juli 1806, Bl. 272; vgl. Stieda, Deutsche Gelehrte, S. 32. Entsprechende Zustände gibt ein bei Torke, Das russische Beamtentum, S. 142, Fn. 170 abgedruckter Bericht aus dem Jahre 1848 wieder: Der Dozent »durfte den Studenten einzelne Artikel des russischen Gesetzbuches vorlesen und nichts weiter; er wählte die ihm nötig scheinenden Paragraphen, und las sie ab, ohne ein Wort daran zu verändern«. Vgl. ferner Rudokvas/Kartsov, Der Rechtsunterricht, S. 278.

41 Vasilij V. Bervi (1829-1918); vgl. Tomsinov, Rossijskie pravovedy, Bd. 1, S. 456.

befassen könnte, anstatt sich nur den Vorlesungsstoff anzueignen«.[42] Bervi gehörte zu den Hörern, die für Mejers Rechtslehre empfänglich waren; Mejer wiederum lobte ihn später als Mann der Wissenschaft.[43]

Das Niveau von Mejers Lehrveranstaltungen galt nicht nur in theoretischer Hinsicht als hoch. Mejer organisierte in Kazan' auch praktische Übungen, was in dieser Zeit ganz ungewöhnlich war.[44] Diese Übungen bildeten nämlich einen ausgesprochen modernen Lehrveranstaltungstyp, und zwar keineswegs nur für russische Verhältnisse: die wohl berühmteste praktische Lehrveranstaltung des 19. Jahrhunderts, Jherings Pandekten-Praktikum, hatte ihre Erfolgsgeschichte auch gerade erst im Sommer 1847 in Rostock begonnen.[45] Mejer richtete, um den Universitätsunterricht mit dem Leben zu verknüpfen, sogar eine juristische »Klinik« ein, in der er nach dem Vorbild römischer Juristen in Anwesenheit der Studenten praktische Fälle bearbeitete und auch Rechtsauskünfte erteilte.[46] Nachdem zuvor allein Moskau eine an der Rechtspraxis orientierte Juristenausbildung geboten hatte, wurde durch Mejers Wirken Kazan' auf diesem Gebiet führend.[47]

Mejers zivilrechtliche Lehre entfaltete über seinen Tod hinaus bedeutende Fortwirkung. Seine Vorlesungen wurden nämlich von seinen Hörern aufgezeichnet und posthum publiziert.[48] Damit lag gewissermaßen eine erste Gesamtdarstellung des Zivilrechtsstoffes vor.[49] Nach Mejers Tod dienten seine Vorlesungen der jungen Generation praktischer Juristen als erste Anleitung zum Zivilrecht.[50]

42 Vgl. L. N. Tolstoj v vospominanijach sovremennikov, Bd. 1, S. 507.

43 Vgl. Tomsinov, Rossijskie pravovedy, Bd. 1, S. 456.

44 Mejers Vorbild in der Verbindung von Wissenschaft und Rechtsanwendung soll sein Berliner Lehrer Carl Gustav Homeyer gewesen sein, der selbst Professor und Mitglied des preußischen Obertribunals sowie des Staatsrates war. Vgl. dazu Wortman, The Development, S. 230.

45 Jhering hatte damals seinen Übungen die 1. Auflage seiner »Civilrechtsfälle ohne Entscheidungen« zugrundegelegt und eine vergleichsweise große Hörerzahl angezogen. Vgl. Helfer, Rudolf von Jhering, S. 507; über die (verglichen mit den Vorlesungen) überaus zahlreichen Studenten geben die erhaltenen Hörerlisten Auskunft.

46 Šeršenevič, in: Zagoskin (Hrsg), Biografičeskij Slovar' professorov i prepodavatelej imperatorskogo Kazanskogo universiteta 1804-1904, Teil 2 (1904), S. 47; Černyševskij, Rez. Saltykov-Ščedrin, S. 286. Praktischen Rechtsunterricht erteilten in dieser Zeit an russischen Universitäten überhaupt allenfalls zwei Hochschullehrer, nämlich neben Mejer in Kazan' noch Nikolaj Sandunov in Moskau. Vgl. Torke, Das russische Beamtentum, S. 157; Kaiser, Die russische Justizreform, S. 99; Wortman, The Development, S. 230. Das Konzept der juristischen »Klinik« gelangte später vor allem in den U. S. A. zur Verbreitung.

47 Torke, Das russische Beamtentum, S. 158. Vgl. ausführlich Mejer, O značenii praktiki, S. 3 ff.

48 Vgl. Litzinger, Juristen und die Bauernfrage, S. 79. Auszüge aus seinen Vorlesungen wurden auch im Journal des Justizministeriums (ŽMJu) abgedruckt; Wortman, The Development, S. 252.

49 S. unten S. 377.

50 Wortman, The Development, S. 230. Die 8. Auflage von 1902 ist im Jahr 2000 nachgedruckt worden.

IV.) Mejer als juristischer Lehrer Lev Tolstojs

Die Kunde vom Erfolg der Lehrveranstaltungen Dmitrij Mejers drang auch zu den Hörern anderer Fakultäten vor. Offenbar dadurch wurde der junge Lev Tolstoj, der seit 1844 in Kazan' orientalische Sprachen studierte, im Herbst 1845 zum Wechsel an die juristische Fakultät bewogen.[51] Die Begegnung des interessierten, im Studium aber bislang glanzlosen Studenten mit dem jungen Hochschullehrer entwickelte sich zu einem persönlichen Betreuungsverhältnis. Noch bevor der bis dahin völlig unbekannte Tolstoj in irgendeiner Form besondere Erwartungen an sein künftiges Schaffen hätte rechtfertigten können, erkannte Mejer an ihm vielversprechende Anlagen:

> Heute examinierte ich ihn und bemerkte, daß er überhaupt keine Lust zu arbeiten hat, und das ist bedauerlich [...] Ich bin überzeugt, daß er sich bei gutem Willen und Selbständigkeit zu einem bemerkenswerten Menschen entwickeln könnte.[52]

Tolstojs juristische Studien bei Mejer liefern ein Beispiel dafür, wie dieser seine eigenen wissenschaftlichen Interessen an den historischen und theoretischen Grundlagen seines Faches in die Betreuung seiner Studenten eingehen ließ. Tolstoj berichtet, daß ihn Mejer schon bald zur eigenständigen Erstellung einer vergleichenden Studie über zwei bedeutende historische Dokumente des Rechtsdenkens der Aufklärung angeleitet habe:[53]

> Über den Stoff der Lehrfächer der Fakultät hinausgehend gab mir Mejer, der Professor für Bürgerliches Recht, die Aufgabe, den »Esprit des lois« von Montesquieu mit dem »Nakaz« Katharinas zu vergleichen, und diese Aufgabe beschäftigte mich sehr.[54]

Dieses Thema ging sowohl im Hinblick auf seine rechtsphilosophische Dimension als auch durch seinen historisch-rechtsvergleichenden Ansatz bei weitem über den konventionellen Rahmen des Lehrfaches Bürgerliches Recht hinaus. Es ist vielfach belegt, wie intensiv sich Tolstoj mit der ihm gestellten Aufgabe befaßte. Allerdings legte er offenbar niemals eine fertig ausgearbeitete Fassung seiner Arbeit vor. Immerhin gingen einige Erträge der Auseinandersetzung mit den

51 Im Gespräch mit P. Levenfel'd äußerte Tolstoj: »Im zweiten und im dritten Jahr beschäftigte ich mich mit dem Studium des Rechts. Von allen Professoren der juristischen Fakultät zog mich nur Professor Mejer an.« Vgl. L. N. Tolstoj v vospominanijach sovremennikov, Bd. 1, S. 66.

52 Zit. nach Šklovskij, Tolstoj, S. 55; vgl. Kjetsaa, Tolstoj, S. 38.

53 Troyat, Tolstoi, S. 55; Byčkov, Tolstoj, S. 17. Dem sowjetischen Autor Smoljarčuk gelingt es, Tolstojs Auseinandersetzung mit dem Recht in der Kazan'er Studienzeit darzustellen, ohne den – offenbar als »bourgeois« abgetanen – Einfluß Mejers auch nur zu erwähnen; L. N. Tolstoj o prave, S. 89 f.

54 Anmerkung Tolstojs in: Birjukov, Tolstoj, S. 133; vgl. Gusev, Letopis', S. 31; Smoljarčuk, L. N. Tolstoj o prave, S. 89.

beiden Werken in Tolstojs seit 1847 geführte Tagebücher ein.[55] Sie zeigen die Begeisterung Tolstojs für die Ideen Montesquieus zur Gewährleistung von Freiheit durch Gesetzlichkeit. Im Gegensatz dazu enttäuschte ihn die Schrift der Zarin, weil er das Gedankengut der Aufklärung hier mißbraucht sah.[56] So äußerte er sich skeptisch im Hinblick auf die Entwicklungsbedingungen der individuellen Freiheit sowie der Gerechtigkeit in dem von Katharina entwickelten System:[57]

> Die republikanischen Ideen, die (wie Mejer zutreffend bemerkt hat) zum großen Teil von Montesquieu entlehnt sind, setzte sie als Mittel für die Rechtfertigung der Despotie (despotizm) ein, aber zum großen Teil nicht überzeugend. […] Abschließend meine ich, daß der Nakaz mehr Katharina Ruhm gebracht hat als Rußland Nutzen.[58]

Die Theoretiker der Aufklärung, deren Gedankengut in den Nakaz einging, hatten eine Stärkung der staatlichen Einrichtungen und deren Bindung an Gesetze befürwortet, um der Willkürherrschaft entgegenzuwirken. Die Zarin verfolgte mit der Rezeption dieser Ideen in ihr Programm allerdings in erster Linie die Absicht, gestärkte staatliche Institutionen zur Sicherung der eigenen Machtstellung einzusetzen. Tolstoj erkannte dies zutreffend. Die Schärfe des Vorwurfs, Katharina versuche, die Despotie zu rechtfertigen, liegt gerade in der Verwendung der Begrifflichkeit Montesquieus: Die Despotie (gouvernement despotique) unterscheidet sich bei Montesquieu von der Monarchie, die er als die den Staaten seiner Zeit angemessene Form der Herrschaft betrachtete, in erster Linie durch ihren willkürlichen Charakter und ihren Mangel an Aufklärung.[59]

Mit großem Eifer hatte sich Tolstoj seiner Aufgabe und vor allem dem Studium Montesquieus gewidmet. Seine Interessen richteten sich jedoch bald auf den Bereich der Rechtsphilosophie, um sich anschließend auf die allgemeine Philosophie zu verlagern.[60] Nachdem sich Tolstoj zunächst den juristischen Studien zugewandt hatte, um sich mit den Grundlagen des Rechts beschäftigen zu können, richteten sich seine Neigungen nun immer mehr auf die Grundfragen der menschlichen Lebensbedingungen im allgemeinen. In seinem »Brief an einen Studenten über das Recht« schrieb er später:

55 Tolstoj, Dnevnik, S. 4ff.

56 Vgl. Kjetsaa, Tolstoj, S. 38.

57 Troyat, Tolstoi, S. 56.

58 Tolstoj, Dnevnik, S. 27f.

59 Vgl. Montesquieu, Esprit 2,1 2,4 u. 2,5. Čečulin bemerkt im Vorwort der von ihm herausgegebenen Ausgabe des Nakaz (S. CXXXI), die Zarin orientiere sich eng an den Überlegungen Montesquieus, verwende aber im Hinblick auf die Monarchie dasjenige, was bei Montesquieu über die Despotie gesagt werde. Vgl. dazu Gracianskij, Političeskaja i pravovaja mysl', S. 54f.

60 L. N. Tolstoj v vospominanijach sovremennikov, Bd. 1 (1960), S. 57. Vom Studium Montesquieus ging Tolstoj alsbald zur Lektüre von dessen geistigem Widersacher Rousseau über.

> Ich war ja selbst ein Jurist und erinnere mich, wie mich im zweiten Kurs die Theorie des Rechts interessierte, und ich begann, sie nicht nur für das Examen zu studieren, weil ich dachte, daß ich in ihr eine Erklärung dessen finden würde, was mir an der Organisation der Lebensverhältnisse der Menschen seltsam und unklar erschien.[61]

Im Rückblick erklärte Tolstoj, seine Arbeit über den Nakaz und den Esprit des lois habe ihm zwar ein neues Gebiet geistiger Tätigkeit geöffnet, doch habe ihn die Universität gleichzeitig daran gehindert, die Aufgabe in befriedigender Weise zu erfüllen.[62] Infolgedessen legte Tolstoj zwar im Januar 1847 Halbjahresprüfungen in Strafrecht und Rechtsgeschichte ab, unterzog sich danach aber keinerlei Examina mehr.[63] Ohne sein Studium abgeschlossen zu haben, ließ er sich 1847 exmatrikulieren.[64] Immerhin zeugen sowohl die literarischen Werke Tolstojs als auch dessen gesellschaftskritische Schriften verschiedentlich von jenen Rechtskenntnissen, die er unter der Anleitung Mejers erwarb.[65]

V.) Einzelne zivilrechtliche Lehren Mejers

Wir wollen nun Mejers Bemühungen, unter Heranziehung des römischen Rechts eine klare und praktisch brauchbare Begrifflichkeit für die Dogmatik des Zivilrechts zu entwickeln, näher betrachten. Sie lassen sich an zwei Beispielen verdeutlichen: an der begrifflichen Differenzierung zwischen Eigentum und Besitz sowie am Verständnis des Kaufvertrags.

1.) Die Differenzierung zwischen Eigentum und Besitz

Die begriffliche Unterscheidung zwischen Eigentum und Besitz war im Svod Zakonov, wie gesehen, nicht konsequent durchgeführt. Der Svod enthielt so gut wie keine Bestimmungen über das Besitzrecht. Er behandelte den Besitz zwar als Tatsache. Einen der gemeinrechtlichen Doktrin entsprechenden, entwickelten Besitzbegriff im Sinne einer von einem Willen getragenen Sachherrschaft, die durch

61 Tolstoj, Pis'mo studentu o prave, S. 60. Über diesen Brief s. näher unten S. 432.

62 Troyat, Tolstoi, S. 56. Daß Tolstoj glaubte, seine Interessen nur gerade an der Universität nicht befriedigen zu können, zeigt sich an einem im Zusammenhang mit dem Studienabbruch entwickelten »Lernprogramm«, in dessen Rahmen sich Tolstoj u. a. vornahm, sich den gesamten Stoff des Rechtsstudiums (und anderer Fächer) selbständig anzueignen; vgl. Kjetsaa, Tolstoj, S. 41. Ein anderes unter den vielen Programmen, in denen Tolstoj jeweils die Grundsätze für sein künftiges Leben entwarf, enthielt den Vorsatz, das Römische Recht und dessen Regeln zu studieren, und den ersten Teil der Institutionen zu lesen. Vgl. die Tagebucheintragungen vom 7. und 17. April 1847 in: Tolstoj, Dnevnik, S. 29 u. 31 sowie Citati, Tolstoj, S. 30.

63 Vgl. Kjetsaa, Tolstoj, S. 39.

64 Braun, Tolstoj, S. 14.

65 Vgl. Kjetsaa, Tolstoj, S. 40.

spezielle Rechtsbehelfe geschützt ist, kannte das Gesetz jedoch nicht.[66] »Vladenie« (eigentlich: Besitz) konnte für Eigentum, Nießbrauch, oder schließlich für die faktische Herrschaft über eine Sache stehen.[67]

Mejer vertrat den Standpunkt, daß dieses Eigentumsverständnis den Anforderungen einer modernen Gesellschaft im Hinblick auf das Privateigentum nicht gerecht werde.[68] Nach der gesetzlichen Regelung des Eigentums sei die rechtliche Herrschaft über eine Sache unmittelbar mit der tatsächlichen Herrschaft verknüpft: ohne faktische Herrschaft werde keine rechtliche Herrschaft anerkannt. Dies leite sich aus einem älteren, unentwickelten Verständnis her. Danach bedürfe der abstrakte Begriff des Eigentums einer materiellen Grundlage; wo diese fehle, habe auch der abstrakte Begriff keinen Raum. So sei es zu einer Identifikation des Besitzes mit dem Eigentumsrecht gekommen, die in der undifferenzierten Terminologie des Gesetzes Ausdruck gefunden habe. Tatsächlich fällt schon am Wortlaut des Art. 420 SZ X/1 auf, daß die Ausdrücke, die hier einerseits die Herrschaft und andererseits die Befugnis dazu bezeichnen, derselben Wortfamilie angehören (vlast' bzw. vladet').[69]

Gegenüber der Begriffsbestimmung des Eigentumsrechts in Art. 420 wandte Mejer auch ein, daß das Eigentum dort durch die Unabhängigkeit und Ausschließlichkeit des Eigentümers im Besitz sowie im Recht auf Nutzung und Verfügung über die Sache charakterisiert sei, während das Gesetz doch gleichzeitig vielerlei Beschränkungen des Eigentümers hinsichtlich der Nutzung bzw. umgekehrt Rechte zur Teilhabe an fremden Sachen kenne. Auch werde dort, wo der Eigentümer in bezug auf die Befugnis zur Verfügung über die Sache beschränkt sei, sein Eigentum nichtsdestoweniger anerkannt.[70]

Mejer erarbeitete demgegenüber eine begriffliche Differenzierung zwischen Eigentum und Besitz, die dem romanistischen Rechtsdenken entlehnt ist:[71] Nach seiner Lehre war das Eigentum keine Form des wie auch immer qualifizierten Besitzes. Aus ihm sollte sich hingegen lediglich ein Recht zum Besitz ergeben, weil es nämlich die Rechte zum Besitz, zur Nutzung und zur Verfügung umfaß-

66 Hammer, Russia and the Roman Law, S. 11 f.

67 S. oben S. 206.

68 Vgl. Wagner, Marriage, S. 256.

69 S. oben S. 206 u. 220.

70 Mejer, Russkoe graždanskoe pravo, S. 327 f.

71 Mejer, Russkoe graždanskoe pravo, S. 327-329. Mejers Vorlesungen waren die ersten, in denen die schwierigen Probleme des Eigentumsrechts in Rußland ausführlich erörtert wurden; Wortman, The Development, S. 229. Die Differenzierung zwischen Eigentum und Besitz wurde im Schrifttum rezipiert, wie z. B. die Darstellung bei Leuthold, Russische Rechtskunde, S. 123 zeigt: »Der Besitz (vladenie) d. h. die tatsächliche Herrschaft über eine Sache, ist ein wesentlicher Ausfluß des Eigentumsrechts, kann aber von dem Eigentum durch irgendein Rechtsgeschäft auf Lebenszeit des Besitzers oder bestimmte Frist getrennt sein, ohne daß dadurch übrigens der Eigentümer in der Veräußerung seines Eigentumsrechts behindert würde […]. Unrechtmäßig ist er, wenn er durch Gewalt, List oder sonst eigenmächtig (vi, clam, precario – nassílstwennoje, podlóschnoje, ssamovólnoje) erlangt ward.«

te.[72] Der Eigentümer darf demnach die faktische Sachherrschaft behaupten, die Sache also besitzen (vladet'), sie nutzen (pol'sovat'sja) und schließlich darüber verfügen (rasporjažat'), indem er das Eigentum aufgibt, nämlich entweder durch Zerstörung der Sache oder Übertragung auf eine andere Person.[73] Diese differenzierende Sichtweise setzte sich später durch: Im Entwurf eines Zivilgesetzbuches, der um die Wende zum 20. Jahrhundert entstand, wurde der Besitz im Sinne der romanistischen Rechtstradition geregelt.[74]

2.) Die Rechtsnatur des Kaufvertrags

Auch in der Frage nach der Rechtsnatur des Kaufvertrags schlug Mejer eine vom zuvor verbreiteten Verständnis abweichende Sichtweise vor. Anders als beim Besitzrecht bildete die Verbesserung von Unzulänglichkeiten des positiven Rechts hier nur einen Teilaspekt unter den Beweggründen Mejers, der die Durchsetzung der am römischen Recht entwickelten Dogmatik hier als selbständiges Ziel verfolgte.[75]

Der Svod Zakonov X/1 verwendet für den rechtsgültigen Erwerb einer Sache gegen Geld die Bezeichnung »Kauf und Verkauf« (»kuplja i prodaža«). Dabei regeln die Art. 1381 ff., wie bereits die zweiteilige Ausdrucksweise signalisiert, beide Aspekte des Vorgangs getrennt.[76] Das Gesetz behandelt nämlich im Abschnitt »Über Verkauf und Kauf« (O prodaže i kuple) zunächst die Voraussetzungen des Verkaufs (Art. 1381 ff.), bevor es sich anschließend den Voraussetzungen des Kaufs zuwendet (Art. 1402 ff.). Systematisch ist diese Rechtseinrichtung nicht als schuldrechtlicher Vertrag eingeordnet, sondern als »Mittel, Eigentum zu erwerben«.[77] Von einem Teil des Schrifttums wurde der Verkauf daher im Lichte des französischen Rechts als Übereignungstatbestand interpretiert.[78] Gemäß Art. 711 Code Civil bewirkt nämlich die Einigung über den schuldrechtlichen Vertrag nach dem Konsensprinzip unmittelbar den Eigentumsübergang.[79] Diese Interpretation des Kaufrechts des Svod Zakonov konnte sich auf dessen Art. 1384 stützen, nach dem nur der Eigentümer eine Sache verkaufen konnte.

72 Vgl. die Auseinandersetzung mit der Lehre Mejers bei Annenkov, Sistema, Bd. 2, S. 13 f.

73 Vgl. Mejer, Russkoe graždanskoe pravo, S. 327. Zur Formulierung im Svod Zakonov vgl. oben S. 220.

74 W. v. Seeler, Der Entwurf, S. 153 ff.; Pokrovskij, Vladenie v russkom proekte, S. 27-54.

75 Mejers Bemühungen um die Dogmatik des Schuldrechts lassen die Vorstellung als berechtigt erscheinen, er habe dieses Rechtsgebiet im russischen Kontext überhaupt erst etabliert; vgl. Belov, Ėvoljucija ponjatija, S. 3.

76 Vgl. die Erläuterung bei Borovikovskij, Zakony graždanskie (1898).

77 Vgl. bereits oben S. 207.

78 Diesen Standpunkt vertraten etwa Aleksej Guljaev und Konstantin Pobedonoscev; für den letzteren vgl. dessen Kurs graždanskogo prava, Teil 1, S. 379-382. Vgl. ferner Gsovski, Soviet Civil Law, Bd. 1 (1948), S. 155 f. mit Nachweisen.

79 Ferid/Sonnenberger, Das Französische Zivilrecht, Bd. 2, Rn. 3 B 109.

Mejer tritt an dieses Rechtsgebiet auf Grundlage der römischen Begrifflichkeit heran und versucht, dies mit Hilfe der Terminologie zu begründen. Anstelle der gesetzlichen Bezeichnung »kuplja i prodaža« bedient er sich der Form »kuplja-prodaža«, die er als Übersetzung des lateinischen *emptio venditio* erklärt.[80] Dieser Anschauung schließt sich ein Teil der Literatur später an. Einige Autoren übernehmen die Erklärung ohne weiteres,[81] während andere Autoren sogar den Ausdruck »kuplja-prodaža« mit Rücksicht auf die genannte Erklärung des Ursprungs als »dem Geist der russischen Sprache fremd« kritisieren.[82]

Nach Mejers Auffassung ist der Kauf als Vertrag zu verstehen, durch den eine Seite, der Käufer (pokupatel' oder pokupščik), das Recht erwirbt zu verlangen, daß die andere Seite, der Verkäufer (prodavec), ihr eine bestimmte Sache zu Eigentum überträgt (peredala ej v sobstvennost'), während der Käufer sich verpflichtet, dafür einen bestimmten Preis zu bezahlen.[83] Dieses aus dem römischen Kaufrecht abgeleitete Verständnis[84] schlägt sich in Mejers Darstellung des Zivilrechts auch darin nieder, daß er den Kauf (anders als das Gesetz) systematisch im Schuldrecht unter den »Verträgen im einzelnen« behandelt.[85]

Mejer wendet sich mit seiner Lehre gegen mögliche Fehldeutungen, die daraus erwachsen könnten, daß das Gesetz die zweiteilige Bezeichnung »Kauf *und* Verkauf« (kuplja i prodaža) verwendet und die Voraussetzungen von Verkauf und Kauf jeweils getrennt darstellt. Er meint nämlich, diese Trennung könne die Vorstellung hervorrufen, daß es sich um zwei Verträge handele. Mejer vertritt dagegen die Auffassung, daß Kauf und Verkauf nur verschiedene Seiten eines und desselben Vertrags seien, zwischen denen insoweit ein unmittelbarer Zusammenhang bestehe. Er verdeutlicht dies am Bild eines gekrümmten Körpers, dessen konvexe Oberfläche mit einer entsprechenden konkaven korrespondiere. Er meint, die Vorstellung von Kauf und Verkauf als von zwei einzelnen Verträgen könne, abgesehen von ihrer theoretischen Unsinnigkeit, auch zu fragwürdigen praktischen Ergebnissen führen: So sei die Vorstellung unerträglich, daß das

80 Mejer, Russkoe graždanskoe pravo, S. 575, Fn. 1; vgl. Neubecker, Die Grundzüge, S. 54; für das nachrevolutionäre Recht Vinaver, Kuplja-prodaža i mena, S. 10.
Entsprechend der römischen *emptio venditio* richtet sich der Kauf nach dem Konzept der Art. 1381ff. auf den Erwerb einer Sache gegen Geld. Entgegen Reich, Kodifikation und Reform, S. 184 gibt die Bezeichnung »Kauf-Verkauf« keinen Anlaß zu dem Schluß, es habe sich um »eine Art Tauschgeschäft« gehandelt.

81 Vgl. Klibanski, Handbuch, Bd. 2, S. 227.

82 Vgl. Vitrjanskij, in: Suchanov (Hrsg.), Graždanskoe pravo, Bd. 2, Halbbd. 1, S. 204, Fn. 3.

83 Mejer, Russkoe graždanskoe pravo, S. 575.

84 Zum Konsensualvertrag *emptio venditio* des römischen Rechts vgl. Kaser, Das römische Privatrecht, Bd. 1, S. 529 u. 545ff.

85 Mejer, Russkoe graždanskoe pravo, S. 575ff. Demgegenüber behandelt z.B. Leuthold den Kauf noch ganz im Sinne der gesetzlichen Systematik unter den Eigentumserwerbsgründen (Russ. Rechtskunde, S. 128-133), während später Lehr, Droit civil russe, Bd. 2, S. 203-238 den Kaufvertrag unter die anderen schuldrechtlichen Vertragstypen einreiht.

Rechtsgeschäft womöglich als Kauf wirksam sein könne, als Verkauf dagegen unwirksam.[86]

In der Folgezeit schloß sich die Literatur, anders als die Praxis, überwiegend der von Mejer vorgeschlagenen, in der romanistischen Tradition verhafteten Begrifflichkeit an.[87] Diese verlangte neben dem schuldrechtlichen Vertrag noch einen Übertragungsakt. Der Eigentumsübergang vollzieht sich nach Mejer wiederum über den Besitz, nämlich im Wege der Übertragung desselben (peredača).[88] Voraussetzung ist dabei das Eigentum des Veräußerers (Art. 1384) sowie eine »gesetzmäßige Grundlage« (zakonnoe osnovanie), aufgrund der die Übergabe den Eigentumsübergang bewirkt – Mejer spricht im Anschluß an das Gemeine Recht vom »*iustus titulus*«.[89]

Wenn wir Mejer als Pionier der Behandlung des russischen Zivilrechts nach wissenschaftlichen Grundsätzen wahrnehmen und seine spezifische Methode auf die Einführung des römischen Rechtsdenkens zurückführen, müssen wir uns vor Augen halten, daß wir es nicht unmittelbar mit dem geltenden Recht zu tun haben. Mejers postum veröffentlichte und wirkungsmächtige Vorlesungen zeigen

86 Mejer bringt das Beispiel, daß jemand eine Sache verkauft, ohne dazu berechtigt zu sein. Beurteilte man die Wirksamkeit von Kauf und Verkauf getrennt, dann wäre der Verkauf unwirksam (Art. 1384 SZ X/1), und der Kaufpreis könnte nicht verlangt werden, während der Kauf wirksam wäre, so daß der Käufer die Sache beanspruchen könnte.

87 Dazu näher Gsovski, Soviet Civil Law, Bd. 1, S. 155 f.; vgl. Tjutrjumov, Graždanskoe Pravo, S. 281 ff. sowie Isačenko/Isačenko, Objazatel'stva po dogovoram, S. 17 f.

88 Pérez Simeón meint, peredača bedeute wörtlich *traditio* (pere- = *trans*; dača = *datio* von davat'/dat' = geben); La transmision de la propiedad, S. 985. Die von diesen Ausdrükken jeweils repräsentierten Begriffe sind aber nicht deckungsgleich. Peredat' bedeutet vielmehr allgemein »übertragen«. Es wird im russischen Privatrecht sowohl für die tatsächliche Übergabe von Sachen (peredača vešči, d. h. Übertragung des Besitzes; im Rechtswörterbuch Russisch-Deutsch von Engelbert wird diese Bedeutungsvariante mit der *traditio* identifiziert) verwendet, als auch für die Übertragung von Rechten (peredača prav). So sieht der moderne Graždanskij Kodeks der Russischen Föderation (Art. 454 Abs. 1; 549 Abs. 1; 553 u. ö.) z. B. als Verkäuferpflicht die »Übertragung« der Sache in das Eigentum der anderen Partei vor (peredat' vešč v sobstvennost' drugoj storone).
Die römischen Quellen weisen demgegenüber eine differenziertere Begrifflichkeit auf. Nach dem spezifisch klassischen, auf der Unterscheidung zwischen rechtlichen und tatsächlichen Verhältnissen beruhenden Verständnis ist die *traditio* die rein faktische Übertragung des Besitzes. Damit Eigentum übergeht, muß ein Rechtsgrund (*iusta causa*) hinzukommen; vgl. Paulus 31 *ad ed.* D. 41,1,31 pr: *Numquam nuda traditio transfert dominium. sed ita, si venditio aut alia* (so emendiert Bynkershoek; die Überlieferung in der Florentiner Handschrift lautet *aliqua*) *iusta causa praecesserit, propter quam traditio sequeretur.* In der vorklassischen Jurisprudenz wurde die *traditio* dagegen als einheitlicher rechtsgeschäftlicher Akt aufgefaßt, bei dem aufgrund der *naturalis aequitas* dem auf Eigentumsübergang gerichteten Willen des *dominus* Rechtswirkungen beigelegt wurden (vgl. Gaius 2 *rer. cott.* D. 41,1,9,3). Zur Sache Behrends, »Iusta causa traditionis«, S. 36 f. und 60.
Ein etymologischer Zusammenhang zwischen *dare* und davat'/dat' besteht im übrigen offenbar nicht; vgl. Černych, Istoriko-etimologičeskij slovar', Bd. 1 (1993), s. v.

89 Mejer, Russkoe graždanskoe pravo, S. 391.

ein gewisses Spannungsverhältnis zum angewandten Recht der Zeit und verweisen insoweit auf die Autonomie der Wissenschaft. Als am Ende des 19. Jahrhunderts allerdings ein modernes russisches Bürgerliches Gesetzbuch (Graždanskoe uloženie) erarbeitet wurde,[90] hatte sich die romanistische Sichtweise durchgesetzt. Der Entwurf folgte dem Traditionsprinzip.[91]

90 Dazu unten S. 521 ff.
91 Reich, Art. Rußland, S. 2296; vgl. W. v. Seeler, Der Entwurf, S. 152.

Kapitel 10: Römisches Recht im kultur- und gesellschaftskritischen Schrifttum

Die Frage, welche Bedeutung das römische Recht für Rußland habe oder womöglich bekommen solle, stellt sich, wie eingangs bemerkt, als Teil der Gesamtfrage nach dem Verhältnis zwischen Rußland und Westeuropa dar. Dieses wurde dauerhaft diskutiert, besonders seit der Mitte des 19. Jahrhunderts. Die Diskussion wurde selbstverständlich nicht nur unter den Juristen geführt,[1] sondern zog, auch soweit sie sich auf das Recht bezog, weitere Kreise. Denn die Frage nach dem Verhältnis zwischen dem eigenen und dem fremden Recht und, damit verbunden, die notwendige Besinnung darauf, was das eigene Recht überhaupt sei, bildete eine kulturelle Angelegenheit von hoher gesellschaftlicher Brisanz. Breitere Wirkung erzielten daher auch nicht die an eine fachlich gebildete Leserschaft gerichteten Stellungnahmen aus der Rechtswissenschaft, sondern kultur- und gesellschaftskritische Stimmen, die jenen Teil der Öffentlichkeit erreichten, der die Diskussion gesellschaftlich relevanter Themen verfolgte. Was sich hier an geistiger Wegbereitung für das römische Recht einerseits oder an Hindernissen andererseits abzeichnet, beschränkte sich also nicht auf die fachliche Sphäre, sondern betraf in umfassender Weise die Grundlagen des gesellschaftlichen Zusammenlebens.

Die Diskussion um das Verhältnis zwischen dem russischen Recht und fremden Rechten ist traditionell mit besonderer Dringlichkeit im Zusammenhang mit Reformprojekten geführt worden, in denen die Berechtigung der Berücksichtigung fremden Rechts in Frage stand. Zwar war dieser unmittelbare Anlaß mit der Fertigstellung des Svod Zakonov weggefallen, doch hatten die ersten Jahrzehnte, in denen das römische Recht zum Pflichtprogramm des Rechtsstudiums gehörte, zur Verbreitung seiner Kenntnis in der intellektuellen Öffentlichkeit geführt, und zwar als eines derjenigen Kulturelemente, mit denen man sich auseinanderzusetzen hatte, sei es im Sinne des Fortschritts oder sei es, um auf Eigenschaften desselben hinzuweisen, die der tradierten Kultur womöglich schaden mochten.

So bildete das römische Recht auch unweigerlich einen Bezugspunkt im Rahmen der literarischen Kontroverse, in der – vor allem seit den 1840er Jahren – der Gegensatz zwischen Slavophilen und Westlern ausgetragen wurde.[2] Eines der hier immer wieder behandelten Themen, an denen sich die Streitfragen entzündeten, bildete bekanntlich der Gesichtspunkt der Fremdheit. Wir werden beobachten, daß es im Konzept der Westler immerhin Raum für das römische Recht

1 Für die wissenschaftliche Debatte einschließlich der Auseinandersetzung um die Anschauungen der Historischen Rechtsschule s. oben S. 261ff.

2 Eine Darstellung der Auseinandersetzung zwischen Westlern und Slavophilen aus der Sicht des heutigen Romanisten liefert Letjaev, Recepcija rimskogo prava, S. 55-60.

gab,[3] daß es letztlich aber von beiden Seiten kritisch betrachtet wurde, wenn auch aus unterschiedlichen Gründen.

I.) Slavophilie und römisches Recht

Als Slavophilie wird jene Denkrichtung bezeichnet, die in der Wahrnehmung Rußlands dessen geistige Eigenart in den Vordergrund rückt und daher von der Richtigkeit einer vom Westen grundsätzlich verschiedenen Entwicklung Rußlands ausgeht.[4] Dahinter steht die romantische Vorstellung, eine jede Nation verfüge über gewisse nationale Eigenarten und habe die historische Berufung, dieselben zu entwickeln.[5] Zu den bestimmenden Elementen der russischen Eigenart gehört insbesondere die Orthodoxie.[6] Nach slavophiler Anschauung war Rußlands historisch vorgezeichneter Weg mit Peter I. und dessen Nachfolgern verlassen worden. Aus diesem Grunde kritisierten die Slavophilen vielfach die petrinischen Reformen und andere »Europäisierungsbestrebungen von oben«, weil diese in die private Sphäre, in Sitten und Gebräuche eingriffen, ohne die historischen Besonderheiten Rußlands und die Mentalität der dort lebenden Menschen angemessen zu berücksichtigen. Insoweit stand die Einstellung mancher Slavophiler zum Geltungsgrund des Rechts den Vorstellungen der Historischen Rechtsschule nahe.[7] Die Slavophilie betrieb die Besinnung auf das eigentümlich Russisch-slavische natürlich für ein breites Spektrum der Kultur. Daher umfaßte ihre Anschauung auch das Recht. Hier entwickelten ihre Vertreter eine Reihe von Grundanschauungen, die den Gegensatz zwischen Rußland und dem »Westen« auf dem Gebiet des Rechts betreffen:[8] Im Westen herrsche eine abstrakt-rationale Wissenschaft, in Rußland eine ursprüngliche, konsentierte und innerlich begründete Rechtsvorstellung. Im Westen herrsche die »äußere«, in Rußland das Ideal der »inneren« Gerechtigkeit. In Europa herrsche das »künstlich« geschaffene Gesetz vor, während sich die russische Gesetzgebung an den einfachen Lebensformen

3 Vgl. Silvestri, Contrast, S. 6.

4 Vgl. Utechin, Russian Political Thought, S. 78ff. Die allgemeine Vorstellung vom »russischen Sonderweg« war allerdings keineswegs nur ein Spezifikum der Slavophilen. Hier gab es Berührungen zwischen verschiedenen Lagern.

5 Fëdor I. Tjutčev (1803-1873), der sich in politischen Zusammenhängen zur Slavophilie bekannte, schrieb 1866 die berühmten Verse, die nicht selten im nationalistischen Sinne zitiert worden sind: »Умом Россию не понять, / Аршином общим не измерить: / У ней особенная стать – / В Россию можно только верить.« (»Mit dem Verstand ist Rußland nicht zu erfassen. / An gewöhnlichem Maß ist es nicht zu messen: / Ihm eignet etwas Besonderes – / An Rußland kann man nur glauben.«). Vgl. Azarkin, Istorija juridičeskoj mysli Rossii, S. 391. Aus rechtshistorischer Sicht enthält der Standpunkt, daß Rußland nicht mit demselben Maßstab wie andere Länder gemessen werden dürfe, etwas Richtiges; vgl. Nußberger, Rez. Avenarius, S. 533.

6 Vgl. Tschižewskij, Rußland zwischen Ost und West, S. 68.

7 Vgl. Vasil'ev, Očerki istorii, S. 121f.

8 Vgl. Tschižewskij, Rußland zwischen Ost und West, S. 70.

des Volkes (byt') orientiere. Die Rationalität, die formale Logik und die Neigung zum gesetzten Recht, die die Slavophilen am westlichen Recht wahrnahmen, führten sie auf das römische Recht zurück. Vor dem Hintergrund dieser Anschauung lehnten die Slavophilen das römische Recht grundsätzlich ab[9] und versuchten, die Fremdheit der römischen Rechtsgrundsätze für das russische Volk und den Staat zu beweisen.[10]

Einer der führenden Slavophilen war Ivan Vasil'evič Kireevskij (1806-1856).[11] Er profilierte eine Rechtsauffassung, die er als den Russen eigentümlich beschrieb, gegenüber dem, was er als römisches Recht wahrnahm. Er meinte, die ländliche Bevölkerung Rußlands lebe nach Regeln, die aus volkstümlicher Überlieferung hervorgegangen und von innerer Überzeugung getragen seien. Sie seien nach der inneren Gerechtigkeit ausgerichtet und nicht nach »äußeren«, formalen Gesichtspunkten.[12] Demgegenüber beschreibt Kireevskij die römisch-westliche Rechtswissenschaft dahingehend, daß diese aus jeder gesetzlich festgelegten Voraussetzung bestimmte logische Folgen abstrakt ableite. Sie betrachtet das Gesetz insoweit nach seiner Vorstellung formal, also als Buchstabe gewordene Vernunft. Nach seiner Auffassung zeichnete sich das römische Recht also durch äußere logische Vollkommenheit und gleichzeitig durch das Fehlen innerer Gerechtigkeit aus.[13] Für Kireevskij ist das Verfahren der abstrakt-logischen Ableitung des Rechts dem russischen Gewohnheitsrecht völlig fremd, weil dasselbe aus dem Leben unmittelbar hervorgegangen sei. In romantisch idealisierender Weise verbindet Kireevskij dieses Konzept sogar mit der Gesetzgebung. Er meint, in Rußland seien Gesetze nicht von gelehrten Juristen entwickelt und den Menschen ohne Rücksicht auf die herrschenden Ordnungsvorstellungen aufgenötigt worden.[14] Viel-

9 Vgl. Vasil'ev, Očerki istorii, S. 122.

10 Karcov, Rimskoe častnoe pravo, S. 101-102; David in: David/Hazard, Le droit soviétique, Bd. 1, S. 54f. Mit der Slavophilie teilte die russische Romantik die Neigung, die kritische Distanz zum römischen Recht unter Hinweis auf dessen Rationalität zu betonen. Ivan Turgenevs Bemerkung in der Erzählung »Dovol'no« (»Genug«) von 1865: »Venera Milosskaja, požalyj, nesomnennee rimskogo prava i principov 89-go goda« (»Die Venus von Milo ist wohl weniger zweifelhaft als das römische Recht oder die Prinzipien von 1789«) zieht in diesem Sinne ein ästhetisches Ideal dem dezidierten Rationalismus vor, den das römische Recht vertrat und den die französische Revolution hatte durchsetzen wollen. Vgl. Frenkel, Čuvstvo, kak pravovoe blago v ugolovnom prave, Sp. 14.
Die umgekehrte Perspektive erweist sich an den Vorstellungen, die in »Väter und Söhne« Bazarovs Verspottung der romantischen Lebensweise des Gutsherrn Kirsanov zugrundeliegen. Er mißt ihn an Kategorien des römischen Rechts: Von einem »*pater familias*«, der im römischen Recht bekanntlich für einen Maßstab an Sorgfalt und Besonnenheit steht, hätte Bazarov ein rationaleres Verhalten erwartet (Kap. 9).

11 Vgl. Letjaev, Recepcija rimskogo prava, S. 57.

12 Für die entsprechende Gegenüberstellung bei Aksakov vgl. Tschižewskij, Rußland zwischen Ost und West, S. 70 und sogleich S. 300f. Für das Konzept der »inneren Gerechtigkeit« vgl. bereits oben S. 86 u. 123f.

13 Karcov, Rimskoe častnoe pravo, S. 102.

14 Kireevskij, Über das Wesen der europäischen Kultur, S. 293f.

mehr sei als Gesetz für gewöhnlich nur niedergelegt worden, was sich zuvor bereits aus den Anschauungen des Volkes herausgebildet hatte und in das Volksleben eingedrungen war. Mit logischer Konsequenz könnten sich Gesetze nur dort fortentwickeln, wo das Gemeinwesen selbst künstlich begründet sei; wo es sich dagegen auf ursprüngliche Übereinstimmung gründe, drohe die Verletzung von Sitte und Herkommen die gesellschaftlichen Grundlagen zu zerstören.[15] Eines der wesentlichen Unterscheidungsmerkmale zwischen dem russischen und dem westeuropäischen Recht sieht Kireevskij in der jeweiligen Bodenordnung. Er meint, das ganze römische Privatrecht sei aus einem spezifischen Konzept der Bodenordnung hervorgegangen, indem es deren Grundsätze konsequent weiterentwickelt habe. Daher setzten westeuropäische Gesellschaftsordnungen verschiedenartige Erscheinungsformen der betreffenden Rechte voraus, die grundsätzlich unbeschränkt seien und nur innerhalb der gesellschaftlichen Verhältnisse begrenzt würden. Insoweit gehe die ganze westliche Gesellschaftsordnung auf die Entwicklung des Privateigentums zurück. Sogar der Begriff der Person selbst werde juristisch durch das Recht auf Eigentum definiert. Die russische Gemeinschaft blicke dagegen zunächst auf die Person, während das Eigentumsrecht nur eine *zufällige* Beziehung darstelle.[16] Dieser Unterschied, den Kireevskij zum Anlaß nimmt, um das von ihm vorgestellte russische Recht als menschen-angemessen darzustellen, beruht darauf, daß das Eigentum in Westeuropa Freiheiten der Person schafft, und zwar auch gegenüber dem Staat, und daher die Grundlage bürgerlicher Verhältnisse bildet. In Rußland kann es diese Funktion nicht einnehmen und hat daher nur akzidentelle Bedeutung. Bestimmten Bedürfnissen des Zivilrechtsverkehrs steht es geradezu entgegen.[17]

Konstantin Sergeevič Aksakov (1817-1860), ein weiterer Hauptvertreter der Slavophilen, verallgemeinerte die Vorstellung von dem ursprünglich-russischen Gemeinschaftssinn, der sich nach verbreiteter Auffassung in der »mir«-Verfassung ausdrückte.[18] Er schuf eine ideologische Grundlage für diese Verallgemeinerung.[19] Sie besteht in der Abwertung von Recht und Staat gegenüber den tradierten Grundsätzen der slavischen Lebensweise.[20] Gemeinschaften können auch nach seiner Vorstellung entweder auf dem Grundsatz der »äußeren« oder auf dem der »inneren« Gerechtigkeit aufbauen. Aksakov gebraucht für diese Begriffe die Ausdrücke »pravo« und »pravda«. Das Recht wird vom Staat festgesetzt und gewährleistet, während die »innere« Gerechtigkeit Sache des Volkes ist. Die Befolgung des Rechts des Staates wird eingefordert, die Gebote der inneren Gerech-

15 Kireevskij, Über das Wesen der europäischen Kultur, S. 283 f.

16 Kireevskij, Über das Wesen der europäischen Kultur, S. 285.

17 Vgl. Karcov, Pandektnoe pravo, S. 175.

18 Der Ausdruck »mir« wird in diesem Bedeutungszusammenhang allgemein für die bäuerliche Dorfgemeinschaft verwendet und oftmals speziell für die Versammlung der Stimmberechtigten. Vgl. insbesondere Aksakov, O drevnem byte u slavjan voobšče, S. 63-123 und Goehrke, Die Theorien, S. 1 ff.

19 Zu Aksakov vgl. Letjaev, Recepcija rimskogo prava, S. 57 f. mit weiteren Nachweisen.

20 Vgl. Azarkin, Istorija juridičeskoj mysli Rossii, S. 237-240.

tigkeit freiwillig befolgt. Der Weg des Staates ist Unfreiheit, der Weg der inneren Gerechtigkeit ist Freiheit. Die innere Gerechtigkeit ist daher die Grundlage der »mir«-Verfassung.[21]

Beide genannten Autoren entwickeln jeweils die mystisch-romantische Vorstellung von einer »inneren Gerechtigkeit«, die speziell dem russischen Menschen eigen sei. Die Wertschätzung dieser inneren Gerechtigkeit wird durch orthodoxe Vorstellungen unterstützt. Die innere Gerechtigkeit wird gegenüber dem staatlich gesetzten Recht postuliert, und damit auch gegenüber dem römischen Recht, da es an die russischen Menschen von außen herantritt und dezidiert rational erscheint. Die Wahrnehmung des römischen Rechts als unangemessen rational und individualistisch, also den Gemeinschaftsgedanken nicht hinreichend fördernd, hat zu scharfen Äußerungen der Ablehnung geführt. So nannte Aleksej Stepanovič Chomjakov (1804-1860) das Pandektenrecht eine »Scheinwissenschaft«, die auf die »wilden« Vorstellungen der Deutschen über unbegrenzte Persönlichkeitsrechte zurückgehe.[22]

Die Vorstellungen der Slavophilie wurden von konservativer Seite verschiedentlich noch bis zum Ende des 19. Jahrhunderts und darüber hinaus aufgegriffen. Teilweise kam es allerdings zu einer differenzierenden Umdeutung: Da der Stellenwert des römischen Rechts in der Juristenausbildung von konservativer Seite gefördert wurde, interpretierte man die frühere Kritik der Slavophilen am römischen Recht nun gelegentlich eher als Kritik am Westen und nicht am römischen Recht an sich. Im Falle Chomjakovs, für den der Westen dem Untergang geweiht war,[23] richtete sich die Ablehnung auf das neuzeitliche römische Recht, während dieser Autor das römische Recht der klassischen Zeit keineswegs aus dem Ausbildungsprogramm entfernt wissen wollte.[24] Der Historiker Vladimir Ėduardovič Val'denberg (1871-1941) meinte, an den russischen juristischen Fakultäten komme die Geschichte des russischen Rechts sowohl mit Rücksicht auf die Lehrstühle als auch im Lehrplan viel zu kurz im Vergleich mit dem römischen Recht. Kein Jurist könne zwar bestreiten, daß das römische Recht im System der juristischen Lehre einen bedeutenden Platz verdiene. Die Römer hätten ein bemerkenswertes, bis jetzt unübertroffenes Muster eines Rechtssystems entwickelt, dessen Erforschung objektiv unentbehrlich für die Entwicklung des juristischen Denkens sei. Ebenso klar sei aber, daß die alte römische Psychologie bei weitem nicht übereinstimme mit der slavischen Psychologie und daher mit der des russischen Menschen. Wegen dieses Unterschieds aber habe sich die slavische und russische Geschichte so anders als die römische entwickelt. Folglich könnten, wie

21 Vgl. Tschižewskij, Rußland zwischen Ost und West, S. 77; vgl. Goehrke, Die Theorien, S. 32-36.

22 Karcov, Rimskoe pravo kak učebnaja disciplina, S. 76.

23 Vgl. dessen Gedicht »Mečta« (Traum): »Но горе! Век прошел, и мертвенным покровом / Задернут Запад весь. Там будет мрак глубок …« (»Aber, o weh! Die Zeit ist abgelaufen, und mit einem Totenschleier / ist der ganze Westen verhängt. Tiefe Dunkelheit wird dort herrschen …«).

24 Karcov, Rimskoe pravo kak učebnaja disciplina, S. 79.

Val'denberg meinte, die moralischen und rechtlichen Begriffe, die staatlichen und gesellschaftlichen Ideen, deren Wurzeln immer in der Psychologie des Volkes und in dessen Geschichte liegen, durch russische Juristen nicht ohne Vorbehalte von den Römern übernommen werden.[25] Was die Schwerpunktsetzung im Unterricht des römischen Rechts betrifft, neigten die späteren Slavophilen insgesamt eher zur historischen Ausrichtung als zur dogmatischen.

II.) Westlertum und römisches Recht

Der Kerngedanke der »Westler« (zapadniki) war, daß Rußland grundsätzlich ebenso ein europäisches Land wie etwa Deutschland oder Frankreich sei, nur mit dem Unterschied, daß es aus historischen Gründen einen Entwicklungsrückstand aufweise.[26] Diese Auffassung verband sich mit der Überzeugung, daß der Rückstand im Wege einer Orientierung an den jeweils modernsten, von anderen Ländern zu gewinnenden Anregungen aufgeholt werden müsse. Dabei wird der Westen keineswegs einseitig verherrlicht, vielmehr üben Westler nicht selten Kritik an demselben.[27] Als Initiator dieser Denkrichtung gilt der Philosoph Pëtr Jakovlevič Čaadaev (1794-1856).[28] Im ersten seiner in den Jahren 1828 bis 1831 verfaßten acht »Philosophischen Briefe«[29] gab er den Anstoß zur Erörterung der zentralen Frage für die russische Intelligencija seiner Zeit, ob Rußland seine Fortentwicklung aus Quellen eigener Kultur betreiben könne und ggf. solle oder ob es besser sei, Kultur aus Westeuropa zu übernehmen.[30] Dadurch löste Čaadaev die das 19. Jahrhundert in Rußland beherrschende Debatte zwischen »Slavophilen« und »Westlern« innerhalb der Intelligencija aus. Er bestreitet, daß Rußland eine eigene kulturelle oder historische Identität besitze. Er meint, Ursache für das Fehlen eigener Traditionen seien die Übernahme des Christentums byzantinischer Prägung – der orthodoxen Kirche sei es »noch nicht gelungen, sich vom Staat zu emanzipieren« – sowie der asiatische Einfluß. Im Gegensatz zu der in seiner Zeit verbreiteten Vorstellung von der grundsätzlichen Besonderheit Rußlands zählt Čaadaev Rußland zu Europa.[31] Er erkennt an, daß der Westen im Vergleich zu Rußland geistig-kulturell überlegen sei.[32] Allerdings wahrt er im Unterschied zu anderen Westlern eine kritische Distanz gegenüber der westeuropäischen Aufklärung, die er als zu rational wahrnimmt.[33] Bemerkenswerterweise hält er die Fort-

25 Val'denberg, Slavjanstvo i Rossija, S. 474.
26 Utechin, Russian Political Thought, S. 91 ff.
27 Zum »Westlertum« aus romanistischer Sicht vgl. Letjaev, Recepcija rimskogo prava, S. 58 f.
28 Azarkin, Istorija juridičeskoj mysli Rossii, S. 229-236.
29 Tschaadajew, Apologie, S. 5-29.
30 Zitiert nach: Lehmann/Lehmann-Carli, Nachwort, S. 235.
31 Lehmann/Lehmann-Carli, Nachwort, S. 230-232.
32 Lehmann/Lehmann-Carli, Nachwort, S. 241.
33 Lehmann/Lehmann-Carli, Nachwort, S. 236 ff.

schrittlichkeit des Westens nicht etwa der Aufklärung zugute, sondern schreibt sie dem Einfluß der katholischen Kirche zu.[34] Čaadaev idealisiert auch nicht die revolutionären, demokratischen, kulturellen oder zivilisatorischen Entwicklungen der Moderne in Westeuropa, sondern das christliche, vor allem katholische Mittelalter.[35] Nach seiner Auffassung kann eine Entwicklung Rußlands zum Besseren nur in enger Anlehnung an die petrinischen Reformen und die römisch-katholische Kirche erreicht werden. Čaadaev meint, auch Peter I. habe keine produktive, sondern nur eine nachahmende Entlehnung westeuropäischer Zivilisation bewirkt.[36] So sei Rußland bislang von zahlreichen Erkenntnissen ausgeschlossen geblieben, über die andere Völker längst verfügten.[37] Gleichsam außerhalb der Zeit stehend, seien die Russen »von der universalen Erziehung des Menschengeschlechts unberührt geblieben«.[38] Čaadaev meint, so habe Rußland bislang »von den *übertragbaren* Ideen des Menschengeschlechts nichts empfangen«.[39] Die Ideen von Pflicht, Gerechtigkeit, Recht und Ordnung bildeten, in den westlichen Gesellschaften entstanden, ein notwendiges Element der dort herrschenden sozialen Ordnung. Etwas Entsprechendes fehle in Rußland.[40] Die Vorstellung, Rußland müsse, als europäisches Land aufgefaßt, den Weg des Westens gehen, bedeutet also nicht zwangsläufig, daß gerade das im Westen vorherrschende, in der römischen Tradition verhaftete Recht auch für Rußland richtig und maßgebend wäre.

Dies erweist sich noch klarer im Denken Alexander Herzens (Aleksandr Ivanovič Gercen, 1812-1870),[41] der, grundsätzlich den Westlern zuzurechnen, eine frühe Begeisterung für den Westen als russischer Patriot und Proto-Revolutionär allmählich durch Kritik an demselben abmilderte, als der Sieg der Reaktion nach der Revolution von 1848/49 die Aussichten auf revolutionäre Erneuerung dort schwinden ließ. Das römische Recht steht aus seiner Sicht dem Fortschritt geradezu entgegen. Herzen meint, nach dem Ende der feudalen Verhältnisse in Europa hätten Einflüsse wie Parlamentarismus und Protestantismus nur scheinbar Fortschritte bewirkt. Erst seit 1849 habe man zu verstehen begonnen, »daß weder das verknöcherte römische Recht noch eine listige Kasuistik, weder die

34 Vgl. hierzu Lehmann/Lehmann-Carli, Nachwort, S. 238.

35 Lehmann/Lehmann-Carli, Nachwort, S. 230.

36 Lehmann/Lehmann-Carli, Nachwort, S. 233. Čaadaev stimmt mit Rousseau insoweit überein, der in seinem »Contrat Social« (1762) geschrieben hatte (B. 2, Kap. 8 Du peuple): »Les Russes ne seront jamais vraiment policés, parce qu'ils l'ont été trop tôt. Pierre avoit le génie imitatif; il n'avoit pas le vrai génie, celui qui crée & fait tout de rien. Quelques-unes des choses qu'il fit étoient bien, la plupart étoient déplacées. Il a vu que son Peuple étoit barbare, il n'a point vu qu'il n'étoit pas mûr pour la police; il a voulu civiliser, quand il ne falloit que l'aguerrir. Il a d'abord voulu faire des Allemands, des Anglois, quand il falloit commencer par faire des Russes.« (ed. 1762, S. 62 f.).

37 Tschaadajew, Apologie, S. 8.

38 Tschaadajew, Apologie, S. 8.

39 Tschaadajew, Apologie, S. 11 (Hervorhebung im Original).

40 Tschaadajew, Apologie, S. 14.

41 Azarkin, Istorija juridičeskoj mysli Rossii, S. 240-248.

dürre deistische Philosophie noch ein steriler religiöser Rationalismus imstande sind, den Schicksalslauf der Gesellschaft aufzuhalten.«[42] Den Exponenten der Reaktion hält Herzen entgegen: »Welche Achtung kann uns eure römisch-barbarische Gesetzgebung einflößen, dieses hohle, plumpe Gebäude ohne Licht und Luft, das im Mittelalter renoviert und von freigelassenen Spießbürgern neu geweißt wurde?« Zwar geschehe an russischen Gerichten noch schwereres Unrecht, doch heiße dies nicht, daß westliche Gesetze und Gerichte von Gerechtigkeit beherrscht seien.[43] In seinem Werk »La Russie et le vieux monde. Lettres à W. Linton« stellt Herzen wie in zahlreichen anderen Schriften den Westen mit seinen unterschiedlichen geschichtlichen Gegebenheiten dem seiner Meinung nach unbelasteten Osten gegenüber. Die Argumentation basiert dabei vornehmlich auf einer Auflistung von Merkmalen wie dem römischen Recht, dem Katholizismus und dem Feudalismus, die die »alte Welt« geprägt hätten. Das Fehlen des Einflusses des römischen Rechts gehört für Herzen also zu den zentralen Eigenarten, in denen sich die slavische Welt von der westlichen unterscheide: »L' Europe développe le féodalisme, les grandes cités, une legislation basée sûr le droit romain [...]. Le Slaves n'ont ni grandes cités, ni noblesse aristocratique; ils ignorant le droit romain [...].«[44] Vor dem Hintergrund seines Fortschrittsdenkens interpretiert Herzen nun die beschriebene Rückständigkeit Rußlands als Vorteil. Er hält die Entwicklungsfähigkeit des Westens für erschöpft und sieht die Chance zur Erneuerung nur gegeben durch Anstöße von außerhalb der europäischen, seit der römischen Antike entstandenen Zivilisation. Herzen meint, diese Anstöße könne Rußland geben.[45] Weil dem dort bestehenden Staat keine »Idee des Staates« zugrundeliege und Rußland keine »Apotheose der bestehenden Ordnung der Dinge« kenne, ergebe sich die Chance auf einen grundsätzlichen Wandel.[46] Eine sozialistische Revolution sei in Rußland wegen des Fehlens der Einflüsse des römischen Rechts, wegen der ausgeprägter agrarischen Lebensverhältnisse und des Fehlens der spezifischen römisch-katholischen Strukturen der Kirche viel besser möglich als im Westen.[47]

In der Tat konnte römisches Recht für das Programm derjenigen Sozialisten, welche in den letzten Jahrzehnten des Zarenreiches eine revolutionäre Neuordnung betrieben, nur ein Hindernis bilden.[48] Dies gilt besonders für das Ziel einer Sozialisation des Grundbesitzes, also dessen Überführung in die gemeinschaftliche Zuständigkeit bäuerlicher Kollektive. Der Publizist Viktor M. Černov, der

42 Herzen in einem Brief an Jules Michelet vom 22. September 1851, in: Briefe aus dem Westen, S. 319.

43 Herzen, Brief an Jules Michelet vom 22. September 1851, in: Briefe aus dem Westen, S. 344.

44 Herzen, La Russie et le vieux monde, S. 8.

45 Zimmermann, Midpassage, S. 140.

46 Herzen, Du développement des idées, S. 121.

47 Vgl. Herzen, La Russie et le vieux monde, S. 8 u. 15-17.

48 Für die marxistische Sicht auf das römische Recht vgl. unten S. 598 ff.

als Sozialrevolutionär die Idee eines spezifisch russischen Sozialismus verfocht,[49] meinte, die richtige Gesellschaftsordnung müsse darauf Rücksicht nehmen, daß Rußland stark agrarisch strukturiert sei. Russische Bauern hätten ein spezifisches Verhältnis zu ihrem Land, nämlich das Bewußtsein eines Rechts, das sich aus der Bearbeitung dieses Landes ergebe.[50] Irgendein anderweitiges Eigentum an dem Land dürfe es nicht geben. Er meinte, römisches Recht habe Rußland nur oberflächlich berührt, und das Konzept des Eigentums sei im Denken der Menschen bislang kaum ausgebildet. Nach seiner Vorstellung sollte die künftige sozialistische Gesellschaft die schwache Schicht des römischen Rechts entfernen und ein neues sozialistisches Recht auf der Grundlage der bäuerlichen Rechtüberzeugungen einrichten.[51]

III.) Konservatismus und römisches Recht

Konservatives Denken kennzeichnete nicht nur die Position der Slavophilen, sondern brachte darüber hinaus bei zahlreichen Persönlichkeiten Anschauungen hervor, die in einem Spannungsverhältnis zum Einfluß des römischen Rechts auf Rußland standen.[52] Der russische Konservatismus speiste sich aus unterschiedlichen Quellen, unter denen als positive Komponente das Interesse an der Wahrung der kulturellen Eigenart Rußlands zu nennen ist, als negative die Weigerung, alternative Gesellschaftsentwürfe auch nur in Betracht zu ziehen, was sich insbesondere in einer grundsätzlichen Gegnerschaft zum Liberalismus und selbstverständlich zu radikaleren Konzepten äußerte.[53] Russische Konservative neigten dazu, das römische Recht entweder (jedenfalls für die russischen Verhältnisse) abzulehnen oder aber für ihre Zwecke zu instrumentalisieren.[54] So übten sie öfters Kritik am Stellenwert des römischen Rechts in der Juristenausbildung,[55] doch

49 Der Jurist Viktor Michajlovič Černov (1873-1952) leitete die Sozialrevolutionäre Partei, die für ihre politischen Ziele mit der auf Jhering verweisenden Parole warb: »Im Kampf findest du dein Recht«.

50 Zum Widerstreit zwischen dieser Überzeugung und dem abstrakten Eigentumskonzept nach westeuropäischer Tradition vgl. Rudokvas, »Labour-ownership«, S. 455-473.

51 Vgl. Utechin, Russian Political Thought, S. 142.

52 Azarkin, Istorija juridičeskoj mysli Rossii, S. 249-277. Das slavophile Denken war grundsätzlich konservativ, aber nicht jeder Konservative war slavophil; vgl. Jena, Art. Konservatismus, S. 228.

53 Karcov, der sich mit der Wahrnehmung des römischen Rechts aus Sicht der Konservativen in mehreren Arbeiten auseinandergesetzt hat, versucht in seinem Aufsatz »Das römische Privatrecht im Spiegel der Ideologie des russischen Konservatismus«, die Gründe für die Feindseligkeit des russischen Konservatismus gegenüber dem römischen Recht zu ermitteln, um die ideologischen Besonderheiten des Konservatismus in Rußland zu bestimmen und die dortige sozial-philosophische Wahrnehmung des römischen Rechts zu charakterisieren; vgl. Karcov, Rimskoe častnoe pravo, S. 100.

54 Karcov, Pandektnoe pravo, S. 175-178.

55 Karcov, Rimskoe častnoe pravo, S. 104 f. mit Nachweisen.

geht andererseits die bedeutende Aufwertung des Faches in der Studienordnung von 1885 gerade auf konservativen Einfluß zurück. In ihrer Wahrnehmung des römischen Rechts treten bestimmte Eigenarten desselben jedenfalls gelegentlich überzeichnet auf.[56]

Als Anhänger der traditionellen politischen Ordnung, für die die Selbstherrschaft des Zaren stand, und des sozialen Gefüges, wie es in den Lebensverhältnissen der bäuerlichen Bevölkerung Ausdruck fand, meinten die Konservativen, daß das römische Recht beides zu gefährden und eine Veränderung jener traditionellen Ordnung zu bewirken drohe, die sie in ihrer nationalen Eigenart zu bewahren trachteten. Eine Romanisierung der russischen Rechtsinstitute werde zu einer Abschwächung der nationalen Besonderheiten führen.[57] Ein wichtiges Argument, das den Konservativen bei ihrer Verweigerungshaltung gegenüber einer Fortentwicklung des geltenden Rechts aufgrund neuer Einflüsse zu Gebote stand, bildete der offizielle Standpunkt, der Svod Zakonov X/1 enthalte nur russisches Recht.[58] Diese Auffassung stand modernisierenden Interpretationen des positiven Rechts ebenso entgegen, wie sie jeden Ansatz zu einer Neuregelung, etwa im Rahmen einer Kodifikation, im Vergleich als fremden Einflüssen geschuldet entlarvt und damit diskreditiert hätte.[59]

Konservative Autoren lehnten vor allem den Eigentumsbegriff des römischen Rechts als dessen zentrales Element ab.[60] Besonders dieses Rechtsinstitut wurde als Ausdruck des Individualismus wahrgenommen, welcher den »Geist« des römischen Rechts in seiner Interpretation durch das Pandektenrecht besonders prägte. Aus konservativer Sicht mochte der Individualismus Eigennutz, Materialismus und Konkurrenzdenken fördern, wie sie eine liberale Ordnung kennzeichneten. In der tradierten Gemeinschaftsordnung Rußlands, wie man sie sich in romantischer Verklärung vorstellte, war für Individualismus kein Platz.[61] Diese Vorstellung einer grundsätzlichen Fremdheit des römischen Rechts für die russischen Verhältnisse wurde gelegentlich mit der Auffassung begründet, römisches Recht stehe religiösen Vorgaben entgegen und damit den auf dieselben zurückgehenden Ordnungsvorstellungen der Menschen.[62] Da das römische Recht unter den Bedingungen des Heidentums entstanden sei, sei es richtig, wenn Russen als ortho-

56 Dies gilt z. B. für die Nutzung des römischen Rechts als Argument gegen das Naturrecht. Um die Überflüssigkeit desselben zu beweisen, verweist etwa Magnickij auf das Recht der Römer, die zu den Zeiten des Königreichs, der Republik und des Imperiums angeblich ohne Naturrecht ausgekommen seien und trotzdem vollkommene Privatrechtsregelungen hinterlassen hätten. Vgl. Karcov, Pandektnoe pravo, S. 176 mit Nachweisen.

57 Karcov, Rimskoe častnoe pravo, S. 100-101; ders., Pandektnoe pravo, S. 198.

58 S. oben S. 212.

59 Vgl. Dobrin, The Russian Corpus Juris, S. 155.

60 Karcov, Rimskoe častnoe pravo, S. 121.

61 Vgl. Karcov, O civilističeskich predstavlenijach, S. 258 ff.

62 Karcov, Rimskoe častnoe pravo, S. 102-103.

doxe Christen dasselbe ablehnten und in einer anderen, für sie richtigen Ordnung lebten.[63]

Der *historischen* Forschung am römischen Recht standen die konservativen Anschauungen nicht entgegen. Dies erweist sich z. B. am wissenschaftlichen Werk Boris V. Nikol'skijs, der vor dem Hintergrund unzweifelhaft konservativer Grundüberzeugungen keine negative Einstellung dem römischen Recht gegenüber zeigte.[64] In seinem Hauptwerk über »System und Text der XII Tafeln« (1897) vergleicht Nikol'skij das Zwölftafelgesetz mit der Russkaja Pravda und stellt fest, daß »die Sprache der Gerechtigkeit überall gleich« sei.[65] Er sucht sogar Parallelen zwischen der römischen und der altrussischen Weltanschauung aufzuzeigen. Dekadenzvorstellungen ließen ihn das alte römische Recht als unverdorben wahrnehmen, worauf sich Nikol'skijs Forschungsinteresse gründet.[66]

Besonderes politisches Gewicht erlangte der Konservatismus im letzten Viertel des 19. Jahrhunderts durch den Einfluß seines Wortführers Konstantin Petrovič Pobedonoscev (1827-1907).[67] Er war der wichtigste konservative Ideologe seiner Zeit und übte zudem von 1881 bis 1904 bestimmenden Einfluß auf die beiden Zaren Alexander III. und Nikolaus II. aus.[68] Pobedonoscev förderte den reformfeindlichen Kurs Alexanders III. (1881-1894) als dessen persönlicher Berater. Er scheute den Wandel und lehnte auch den Gedanken einer schöpferischen Veränderung der Tradition ab. Nach ihm als der die reaktionäre Tendenz dieser Zeit verkörpernden Persönlichkeit[69] nennt man die Jahre von 1881 bis 1900 für Rußland treffend die »Ära Pobedonoscev«.[70]

Selbstverständlich wirkte sich Pobedonoscevs dezidiert konservative Einstellung auch auf sein rechtswissenschaftliches Denken aus. Aus diesem Grunde hat Stepanov in der Frage, ob es für die russische Zivilrechtswissenschaft eine Alternative zur Orientierung an der deutschen Doktrin des Pandektenrechts gegeben habe, auf das Privatrechtskonzept verweisen können, das Pobedonoscev in seinem »Kurs graždanskogo prava« (»Kurs des bürgerlichen Rechts«) ausgearbeitet hat-

63 Karcov, Rimskoe častnoe pravo, S. 103 mit Nachweisen.

64 Karcov, Rimskoe častnoe pravo, S. 119.

65 Nikol'skij, Sistema i tekst XII tablic, S. 285 f.

66 Nikol'skij, Sistema i tekst XII tablic, S. 286.

67 Über Konstantin Petrovič Pobedonoscev vgl. dessen von Tomsinov herausgegebene Juridičeskie proizvedenija (2012); ferner Šilochvost, Russkie civilisty, S. 126 f.; Azarkin, Istorija juridičeskoj mysli Rossii, S. 267-277.

68 Karcov, O civilističeskich predstavlenijach, S. 253; Poldnikov, The Legacy, S. 74 f. Pobedonoscev wurde von Ilja Repin in dessen eindrucksvollem Portrait von 1903 als »Habicht der Reaktion« karikiert. Vgl. Ch. Schmidt, Russische Geschichte, S. 95. In Tolstojs »Auferstehung« (2. Teil, Kap. 27) wird Pobedonoscev in der literarischen Figur des Toporov verarbeitet, eines zynischen Kirchenfunktionärs, der mächtig genug ist, um dem Recht jene Gestalt zu geben, die der Autor in seinem »Brief an einen Studenten über das Recht« zum Anlaß seiner grundsätzlichen Rechtskritik nimmt. Vgl. unten S. 432 ff.

69 Utechin, Russian Political Thought, S. 98; Ioffe, Soviet Law and Roman Law, S. 724.

70 Vgl. Tschižewskij, Rußland zwischen Ost und West, S. 103 f.

te.[71] Pobedonoscevs Konservatismus gründete sich auf den Glauben an die Kraft der traditionsgebundenen Volksseele.[72] Seine Ordnungsvorstellungen entwickelten sich insoweit unter dem Einfluß der deutschen Historischen Rechtsschule.[73] Ausgehend von Savignys Volksgeistlehre wandte sich Pobedonoscev dagegen, fremde Rechtseinrichtungen in Rußland einzuführen.[74] Nach seiner Meinung würde ein Gesetzgeber, der die historische Eigenart des Volks nicht berücksichtigte, abstrakte, »tote« Formen schaffen.[75] Er vertrat die Auffassung, bei der Erforschung des Rechts sei eine rationale Analyse der einzelnen Einrichtungen ebenso verfehlt wie der Versuch einer Systematisierung der Vorschriften des Svod Zakonov. Vielmehr müßten die Idee jeder Vorschrift und ihre historische Entwicklung erforscht werden.[76]

Auf dieses Ziel ist Pobedonoscevs zivilrechtliche Gesamtdarstellung ausgerichtet, der »Kurs graždanskogo prava«. Der Autor strebt danach, die historische Entwicklung bis zur Schaffung einer jeweiligen Rechtsnorm durch den Gesetzgeber zurückzuverfolgen und zu ermitteln, welche Lebensnotwendigkeit die entsprechende Norm hervorrief, welche Idee darin Ausdruck fand, ob der ursprüngliche Geist der Norm erhalten blieb und wie er sich entsprechend den neuen Lebensbedingungen veränderte.[77] Pobedonoscevs »Kurs« weist daher Sachen-, Schuld-, Erb- und Familienrecht auf, während ein Allgemeiner Teil fehlt. Was dieses Werk, verglichen mit anderen Gesamtdarstellungen, wie einen Torso wirken läßt, entspricht in Wahrheit dem Arbeitsplan des Verfassers, der die Entwicklung allgemeiner Grundsätze aus den einzelnen Bestimmungen des russischen Rechts ablehnte. Er hielt am kasuistischen Charakter des russischen Rechts fest.[78] Unter diesen Umständen bleibt auch seine Vorstellung von Gegenstand und Grenzen des Privatrechts unscharf. Szerszeniewicz weist darauf hin, daß bei Pobedonoscev z. B. fraglich sei, ob nichtvermögensrechtliche Rechtsverhältnisse überhaupt zum

71 Stepanov, O tradicijach i netradicijach, S. 111 f.

72 Vgl. Pobedonoscev, Sammlung Moskowitischer Studien, S. 100 f., wo der Verfasser mit Rücksicht auf die englische Rechtspflege zustimmend erklärt: »Wenn der Begriff des Rechts im Bewusstsein des Volkes noch nicht erlöscht ist, so ist das allein erklärbar durch die Kraft der Tradition, der Gebräuche, der Kenntnis und Geschicklichkeit im Regieren und Richten, die sich durch Vererbung in der Tätigkeit alter, Jahrhunderte hindurch bestehender Behörden und Einrichtungen erblich erhalten hat«.

73 Timošina, »Ja vižu jasno put' i istinu …«, S. 12.

74 Hier wird, wie von anderen Vertretern der Historischen Rechtsschule, der »Volksgeist« gegen die Rezeption fremden Rechts ins Feld geführt; vgl. Ionaşcu/Georgescu, La récepcion, S. 1229.

75 Timošina, »Ja vižu jasno put' i istinu …«, S. 13.

76 Timošina, Konservativnye osobennosti, S. 52.

77 Timošina, Konservativnye osobennosti, S. 52-53.

78 Vgl. Pobedonoscev, Kurs graždanskogo prava, Bd. 1, S. 752 ff. Der von ihm hervorgehobene »kasuistische« Charakter erweist sich in besonders reiner Form am Uloženie von 1649, dessen Bestimmungen regelmäßig an einen konkreten Lebenssachverhalt anknüpfen (»Wenn jemand …«). Vgl. oben S. 145.

Regelungsgegenstand des Privatrechts gehören.[79] Den Anlaß dafür bilden offenbar die Standpunkte Pobedonoscevs, daß das Privatrecht auf ökonomische Ziele hin ausgerichtet sei[80] und daß das Familienrecht überhaupt eher nicht an juristischen, sondern an natürlichen und moralischen Grundsätzen orientiert sei.[81] Während die Stoffdisposition des »Kurs« vermuten läßt, daß Pobedonoscev sämtliche vom Pandektensystem abgedeckten Gebiete zum Privatrecht zählt, ist es nach allem sehr wohl möglich, daß es ihm hauptsächlich auf Rechtsverhältnisse vermögensrechtlicher Natur ankam.[82] Das römische Recht zog Pobedonoscev im Rahmen seines »Kurs« zusammen mit anderen Rechten heran, um im Vergleich die Eigenart des russischen Rechts herauszustreichen.[83] Wie zahlreiche andere Autoren betonte auch er den Kontrast zwischen dem römischen und dem russischen Recht. So sprach er sich z. B. gegen den Gedanken einer freien Verkehrsfähigkeit landwirtschaftlicher Flächen aus, wie es Folge einer uneingeschränkten Einführung des römisch-westlichen Eigentumsbegriffs gewesen wäre.[84] Als Gegenstand wissenschaftlicher Forschung spielte das römische Recht für ihn im übrigen nur eine geringe Rolle.

79 Šeršenevič, Nauka graždanskogo prava v Rossii, S. 73.
80 Pobedonoscev, Kurs graždanskogo prava, Bd. 1, S. 183; vgl. Timošina, Konservativnye osobennosti, S. 55.
81 Pobedonoscev, Kurs graždanskogo prava, Bd. 2, S. 11; vgl. Timošina, Konservativnye osobennosti, S. 56.
82 Šeršenevič, Nauka graždanskogo prava v Rossii, S. 72-73.
83 Šeršenevič, Nauka graždanskogo prava v Rossii, S. 68; Ioffe, Rossija dosovetskaja, S. 318 f.
84 Vgl. Pobedonoscev, Kurs graždanskogo prava, Bd. 1, S. 200 ff.; Karcov, Pandektnoe pravo, S. 184.

Kapitel 11: Die Gerichtsreformen von 1864: Methodische Herausforderungen

Im Jahre 1861 berief Alexander II. (Aleksandr II. Pavlovič, 1855-81) eine Kommission zur Vorbereitung einer umfassenden Justizreform ein. Sie erarbeitete das Gesetzespaket, das 1864 als »Gerichtsordnungen des Kaisers Alexander II.« (Sudebnye ustavy Imperatora Aleksandra II.) den Svod Zakonov um einen 16. Band ergänzte. Die Neuordnung des Gerichtswesens war Bestandteil der großen alexandrinischen Reformen, die im langfristigen Prozeß von Rußlands Verwestlichung einen Höhepunkt bedeuteten.[1]

Das Gerichtswesen in Rußland hatte um die Mitte des 19. Jahrhunderts wesentliche Mängel aufgewiesen. So hatte z. B. eine große Zahl der praktizierenden Richter und Anwälte über keinerlei akademische Bildung verfügt.[2] Hier begann erst die Justizreform Abhilfe zu schaffen, indem sie eine Professionalisierung des Juristenstandes förderte.[3] Das Richteramt neuen Zuschnitts sollte (jedenfalls in der ordentlichen Gerichtsbarkeit) von akademisch gebildeten Juristen versehen werden. Auch von den vereidigten Rechtsanwälten (prisjažnye poverennye), die vor den Gerichten der ordentlichen Gerichtsbarkeit auftreten durften, wurde nun eine Hochschulbildung gefordert. Die Justiz wurde insoweit aufgewertet, als das Gerichtsverfassungsrecht von 1864 den Zugang zur Zivil- und Strafgerichtsbarkeit standesübergreifend auf alle Zivilpersonen mit Ausnahme der Bauern erweiterte und die bisherige Abhängigkeit des Richters von Eingriffen der Verwaltung de jure beseitigte.[4] Die ordentliche Gerichtsbarkeit wurde auf zwei Instanzen konzentriert: das Bezirksgericht (okružnoj sud) und den Appellationshof (sudebnaja palata). Gegen Entscheidungen des Appellationshofs konnte ggf. die Kassationsabteilung des Dirigierenden Senats angerufen werden. Geringfügige Streitigkeiten unterfielen der Zuständigkeit des Friedensge-

1 Vgl. im Überblick Baberowski, Das Justizwesen im späten Zarenreich, S. 156-172.

2 Anstelle professioneller Juristen wurden an Provinzgerichten in der ersten Hälfte des 19. Jahrhundert vielfach ehemalige Polizisten oder Militärs eingesetzt. Vgl. Herzen, La Russie et le vieux monde, S. 37: »Il est très drôle de voir des officiers de cavalerie démissionnaires, devenir juges par élection, sans rien connaitre aux lois et aux procédures«. Über die Verhältnisse an russischen Gerichten vor der Reform vgl. Kucherov, Courts, S. 3-8. Der von Nikolaj Gogol' literarisch verarbeitete Zustand der Rechtspflege in der Provinz mag zugespitzt worden sein, trifft im Kern aber sicherlich die Wahrheit (vgl. Hildermeier, Geschichte Russlands, S. 765), weil es dem Autor um die kritische Darstellung tatsächlicher Verhältnisse ging. Die Diskussion der Werke, die die Anerkennung der gelungenen Beschreibung grotesker Verhältnisse ebenso widerspiegelt wie die bange Erkenntnis, daß hier eine durchaus erbärmliche Wirklichkeit dargestellt wurde, ist gut dokumentiert. Dies betrifft sowohl die Beschreibung des bestechlichen und unfähigen Richters Ammos Fëdorovič (»Der Revisor«) als auch die Darstellung der Korruption und Nachlässigkeit, denen Čičikov im Grundbuchamt begegnet (»Die Toten Seelen«). Vgl. Avenarius, Geschichte des Notariats, S. 501 f.

3 Zur Justizreform Alexanders II. vgl. Kaiser, Die russische Justizreform, insbes. S. 407 ff.; Kucherov, Courts, S. 21 ff.; Schultz, Russische Rechtsgeschichte, S. 204 ff.

4 Dazu grundlegend Kaiser, Die russische Justizreform von 1864 (1972).

richts (mirovoj sud). Bäuerliche Rechtsstreitigkeiten wurden im Wege einer Sonderzuweisung einer eigenen Gerichtsbarkeit überantwortet. In ihrem Mittelpunkt standen die volost'-Gerichte, an denen eine »volksnahe« Rechtspflege stattfinden sollte.[5]

Das Konzept, an dem die neuen Gerichte ausgerichtet waren, war nach dem Willen des Zaren ein dezidiert modernes. Er hatte der für die Ausarbeitung der Vorschriften eingesetzten Kommission aufgetragen, nach »jenen Grundprinzipien zu verfahren, deren unbestrittener Wert gegenwärtig von der Wissenschaft und den Erfahrungen in den europäischen Staaten anerkannt wird«.[6] Der radikale Charakter der Reform zeugte davon, welche Bedeutung die Reformer unter Alexander II. der Einführung bestimmter rechtsstaatlicher Grundsätze beimaßen. In zweierlei Hinsicht allerdings waren die Reformen untauglich dafür, tatsächlich rechtsstaatliche Verhältnisse zu schaffen: Es blieb grundsätzlich bei der Einbindung der Justiz in den Machtapparat und bei dem Ausschluß eines Großteils der Bevölkerung.

I.) Die Einbindung der Justiz in den autokratischen Staat

Die Bedeutung der Gerichtsreformen hat der Historiker Baberowski mit der Formulierung beschrieben, Alexander II. habe mit ihrer Anordnung der Autokratie den Todesstoß versetzt.[7] Den Hintergrund für diese Wahrnehmung bildet die Schaffung *rechtlicher* Voraussetzungen für eine unabhängige Justiz, Bedingungen also, welche professionelle Richter und Rechtsanwälte in die Lage versetzten, unter den Augen der Öffentlichkeit nach rechtsstaatlichen Grundsätzen geordnete Verfahren durchzuführen. Baberowski beschreibt einen Aufbruch der Juristen zu einem »Kreuzzug für das Recht«.[8] Gerichte entwickelten sich verschiedentlich zu Foren für die politische Auseinandersetzung zwischen Verfechtern konservativer und liberaler Standpunkte.[9] Eine Öffentlichkeit, die das Ideal einer rechtsstaatlichen Ordnung auf diese Weise vorgeführt bekam, mochte ein kritisches Bewußtsein zum geltenden Recht entwickeln, die Schattenseiten der russischen Rechtswirklichkeit allerdings umso drückender empfinden und schließlich jede Akzeptanz für die Selbstherrschaft verlieren.[10] In den letzten Jahrzehnten des Zarenreiches trat diese Entwicklung tatsächlich vielfach zutage, doch wirkte der »Todesstoß« nur langsam. Als schließlich das Ende der Autokratie gekommen war, brach auch die Justiz zusammen. Bis dahin aber stand auch das neugeordnete Gerichtswesen, einer weitgehenden organisatorischen Trennung von Verwaltung und Justiz zum Trotz, weiter unter dem Vorbehalt der Selbstherrschaft des Zaren.

5 Vgl. Fichtner, Bäuerliche Rechtspflege, S. 86 ff.
6 Džanšiev, Epocha velikich reform, Bd. 2, S. 26.
7 Baberowski, Law, S. 344: »he delivered the death-blow to the autocracy«.
8 Baberowski, Law, S. 362 f.
9 Für die zeitgenössische Wahrnehmung der Gerichte als »Ersatzparlamente« vgl. Baberowski, Law, S. 346 mit Nachweisen.
10 Dazu näher unten S. 579 f.

Unter diesen Umständen schloß die aufrechterhaltene Einbindung der Gerichte in das Konzept der Autokratie aus, daß sich eine Justiz hätte etablieren können, die gegenüber staatlicher Lenkung *effektiv* unabhängig gewesen wäre. Ihre Stellung kam äußerlich darin zum Ausdruck, daß Richter wie Beamte auftraten, also uniformiert. Mit der Uniform des Staatsdieners, historisch hervorgegangen aus der Livree des Lakaien, dokumentierten die Richter nach wie vor eine Unterordnung unter den Zaren und seine Exekutivorgane. Dies ging mit der Erwartung einher, daß die Gerichte auch in einzelnen Rechtsstreitigkeiten etwa ergehende Weisungen der Verwaltung vollzögen. Zwar sind selbstverständlich zahlreiche Verfahren dokumentiert, in denen eine staatliche Einflußnahme nicht erkennbar stattgefunden hat. Aber in Verfahren von politischer Bedeutung sind diejenigen Fälle, in denen engagierte Juristen die Unabhängigkeit der Justiz mit Erfolg behaupten konnten, gerade deswegen bekannt geworden, weil dies die Ausnahme bildete.[11] Unter diesen Bedingungen konnte die durch die Reformgesetze hervorgebrachte Gerichtsbarkeit die Verwirklichung rechtsstaatlicher Grundsätze keinesfalls garantieren.

II.) Die mangelnde Einbeziehung eines Großteils der Bevölkerung

Der zweite Vorbehalt betrifft den Umstand, daß die große Masse der bäuerlichen Landbevölkerung von den Einrichtungen der modernisierten Justiz ausgeschlossen blieb.[12] Zwar bildete die Leibeigenschaft nach deren Aufhebung 1861 insoweit kein Hindernis mehr. Gleichwohl fehlte es an grundsätzlichen Voraussetzungen für eine Teilhabe der Landbevölkerung an modernen Rechtseinrichtungen, für die die Justizreformen standen.

Die Aufhebung der Leibeigenschaft, die teilweise Trennung von Verwaltung und Justiz und andere Neuerungen wie die Einführung der kommunalen Selbstverwaltung in den sechziger und siebziger Jahren waren als Modernisierungsmaßnahmen durchaus auch im Interesse der einfachen Bevölkerung vorgenommen worden. Diese wurde an den Planungen jedoch nicht beteiligt; ihre Bedürfnisse wurden vielmehr aus der Sicht einer Elite interpretiert, die den traditionellen Vorstellungen und Wertungen der Landbevölkerung fern stand und auf dieselben herabblickte. Ausgehend von der Vorstellung eines zivilisatorischen Fortschritts nahm die Elite im eigenen Land eine »Gleichzeitigkeit des Ungleichzeitigen« wahr, die bäuerlichen Lebensverhältnisse ihrer Zeit also als in einer rückständigen

11 Ein berühmtes Beispiel bildete das Verfahren gegen Vera Zasulič (vgl. unten S. 579), in dem Justizminister Graf Pahlen unverblümt gefordert hatte, man werde vom Gericht doch wohl gewisse Dienste – nämlich eine Verurteilung – erwarten dürfen. Der Vorsitzende Richter Anatolij Koni berichtet, er habe dem Minister mit den Worten geantwortet, die Henri d'Aguesseau, der Generalprokurator am Pariser Parlament, an Ludwig XIV. gerichtet habe: »Sire, la cour rend des arrêts et pas des services«; Vospominanija o dele Very Zasulič, S. 69-74.

12 Hosking, Rußland, S. 367; Heuman, Perspectives, S. 4.

Entwicklungsstufe verhaftet, die sie selbst »schon« überwunden hatte.[13] Reformen wurden auch insoweit, als sie aufrichtig gemeint waren, von oben oktroyiert und stießen folgerichtig auf Unverständnis und Ablehnung.[14] Viele Menschen assoziierten »pravo« mit etwas, was ihnen gegenüber mit Zwangsmitteln durchgesetzt wurde. »Pravo« war zudem Teil des Ausdrucks »krepostnoe pravo«, also des Terminus für Leibeigenschaft. Recht wurde insoweit verstanden im Sinne von »Privileg«, und zahlreiche Menschen nahmen es als grundsätzlich gegen sich gerichtet wahr.[15]

Das hieraus resultierende Konfliktpotential bewirkte, verstärkt durch Anaphabetismus und große räumliche Entfernungen, daß das vom Staat gesetzte Recht durch die für seine Umsetzung zuständigen Organe teilweise nicht verwirklicht werden konnte. Überhaupt unterblieb vielfach eine effektive Mediatisierung von Staatsgewalt.[16] Die Distanz der Verhältnisse in der Provinz zum staatlichen Recht trat besonders zutage bei der Revision: Wenn Mißstände oder Beschwerden sich häuften, wurden Revisoren im Auftrag des Dirigierenden Senats abgeordnet, um das jeweilige Gouvernement und dessen Ämter zu prüfen und bei Bedarf Abhilfemaßnahmen anzuordnen. Hier stießen staatliche Vorstellungen vom Gesetzesstaat und Verhältnisse in der Provinz aufeinander,[17] und es trat

13 Für das von Ernst Bloch begründete und anschließend fortentwickelte Konzept der »Gleichzeitigkeit des Ungleichzeitigen« vgl. Koselleck, Vergangene Zukunft, S. 132 u. 325.

14 Die Überforderung der Betroffenen mit Reformbemühungen, die in dieser Weise an sie herangetragen wurden, findet nicht selten Ausdruck im Mißverständnis bestimmter dem römischen Recht entlehnter Termini. Ein historisches Beispiel bildet die kolportierte Vorstellung der am Dekabristenaufstand beteiligten Soldaten, mit »Konstitucija« sei die Frau des Großfürsten Konstantin gemeint; vgl. Welter, Histoire, S. 274. Ein literarisches Beispiel bieten Turgenevs »Väter und Söhne« (Kap. 28): Der Gutsherr Kirsanov tritt öffentlich für Reformen ein und erörtert dabei offenbar die (zur Zeit der Romanhandlung – 1859 – unmittelbar bevorstehende) Befreiung (émancipation, emancipacija) der Leibeigenen. Das Unverständnis der angesprochenen Landadligen erweist sich daran, daß diese den (im behandelten Zusammenhang sinnlosen) Ausdruck »mancipacija« (Manzipation) verstehen und diesen, soweit sie gebildet sind, französisch aussprechen; die Ungebildeten schimpfen über »diese muncipacija«.

15 Merl, Einstellungen zum Privateigentum in Rußland, S. 142.

16 Überzeugend hat der amerikanische Historiker Starr das Rußland der Provinzen als »undergoverned« beschrieben; Decentralization and Self-Government, S. 3 ff. Vgl. ferner Schattenberg, Die korrupte Provinz?, S. 199 ff.

17 Der Kontrast zwischen dem staatlich gesetzten Recht, für das die Sankt Petersburger Zentralgewalt stand, und den tatsächlichen Verhältnissen und Ordnungsvorstellungen in der Provinz bildet den Hintergrund für Gogol's Drama »Der Revisor« (»Revizor«) von 1836. Die kulturelle und räumliche Distanz zwischen Provinz und Zentrum sowie die ineffektive Vernetzung der Verwaltung ermöglichen es, daß das erwartete Eintreffen eines Revisors von seiten der pflichtvergessenen Amtsträger als unheilvolle Bedrohung wahrgenommen wird, daß der fremde Beamte Chlestakov zunächst irrtümlich für den Revisor gehalten wird und alsbald seine Vorteile daraus ziehen kann, und daß seine völlig übertriebenen Berichte über das Leben in der Hauptstadt keinen Argwohn erwecken. Die deprimierende Pointe des Stücks liegt darin, daß die Aufdeckung des Irrtums nach der Abreise Chlestakovs

zutage, daß vielfach nicht nur die einfachen Menschen mit dem staatlich gesetzten Recht nichts anfangen konnten,[18] sondern auch die Provinzbeamten.[19]

Auch inhaltlich stieß das Recht vielfach auf Ablehnung. Soweit es von Staats wegen verordnet wurde und verschiedentlich sogar nach ausländischem Vorbild ausgestaltet war, begegnete es nach wie vor tradierten und grundsätzlich abweichenden bäuerlichen Ordnungsvorstellungen. Diese wurden vielfach durch den lokalen Priester vermittelt, dessen Autorität sich nicht nur auf sein geistliches Amt stützte, sondern zudem darauf, daß er nicht selten als einziger lesen konnte. Die tradierte Ordnung wurde insoweit durch die Kirche konserviert. Als leitend betrachtete diese die Vorstellung von einer durch Gott planvoll geschaffenen Ordnung unter den Menschen (oikonomía), wie sie der Apostel Paulus beschrieben hatte.[20] Sie ist gekennzeichnet durch das umfassende Prinzip der Nächstenliebe (agápē)[21] und hat – wie die agápē selbst – heilsgeschichtliche Bedeutung. An Prinzipien orientiert, drückte sich der tradierte oikonomía-Begriff nicht durch regelhafte Normen aus,[22] sondern stand mit solchen Konzepten zunächst im Widerspruch, bevor das römische Recht mit dem 18. Jahrhundert formalisierenden Einfluß auf das verschriftlichte kanonische Recht auszuüben begann.[23] Die Integration der Kirche in das staatliche Recht im 19. Jahrhundert bedeutete nicht, daß sich die Praxis in den Provinzgemeinden von den tradierten Ordnungsvorstellungen löste. Hier neigte man nach wie vor dazu, die Lösung von Konflikten nicht staatlichen Institutionen anzuvertrauen, sondern bewährten Verfahren, die nicht sehr differenziert, aber innerhalb der Dorfgemeinschaft grundsätzlich konsentiert waren.

Gleichwohl wäre die Vorstellung unrichtig, daß infolge der Reform ein in der Bevölkerung etabliertes, funktionierendes, gerechtes und leistungsfähiges Recht auf staatliche Anordnung hin von lebensfremden Bürokraten gestört und durch unangebrachte Neuerungen ersetzt worden wäre. Die Landbevölkerung lebte keineswegs in jener friedlichen und solidarischen Ordnung, die Slavophile und Romantiker gelegentlich beschworen, sondern in Verhältnissen, die vielfach durch materielles Elend und Alkoholmißbrauch geprägt waren.[24] Bäuerliche Konfliktlösung erfolgte nicht selten gewaltsam. Diese Sachverhalte gaben zureichenden Anlaß für ernsthafte und aufrichtige Bemühungen um eine Verbesserung der Le-

nicht zu einer befreienden Katharsis führt, zur Läuterung der Beteiligten oder sonst irgendeinem Entwicklungsfortschritt, sondern zum Rückfall in die Ausgangslage: die allgemeine Furcht vor dem »wahren« Revisor.

18 Schattenberg, Die korrupte Provinz?, S. 240 f.

19 Nicht selten fehlte es sogar an Gesetzestexten. Vgl. Schattenberg, Die korrupte Provinz?, S. 224-229.

20 Eph. 3.

21 Eph. 3,9; 1. Kor. 13.

22 Uffelmann, οἰκονομία, S. 491 ff.

23 Uffelmann, οἰκονομία, S. 498.

24 Über die fiskalischen Interessen, um derentwillen die Zarenadministration den Alkoholkonsum der Bevölkerung förderte, vgl. Margolina, Wodka, S. 32 ff. u. passim.

bensverhältnisse der Landbevölkerung durch Einführung geregelter Instrumente zur Regelung von Streitfällen. Hier versuchte eine Elite, ihrer Verantwortung für das Wohl der einfachen Bevölkerung gerecht zu werden. Die aus dieser Absicht geborenen Pläne umfaßten auch den Bereich des Rechts.[25] Juristen, die sich hier an Reformentwürfen beteiligten, kamen ihrer Lebensaufgabe nach, indem sie durch Ordnungsmaßnahmen Verhältnisse zu verbessern suchten, die sie als Vertreter neuzeitlicher Rechtsauffassungen unerträglich finden mußten. Kompromisse waren dabei unvermeidlich. Anatolij Koni schildert in seinem Aufsatz »Neue Schläuche und neuer Wein« verschiedene Startschwierigkeiten, die nach der Einführung der neuen Justizgesetze aufgetreten waren, und beschreibt die Gerichtsreform als »*insula in flumine nata*«: sie sei entstanden im schnell dahinströmenden Fluß des gesellschaftlichen Lebens, der vielfältige und einander widersprechende Interessen mit sich führe.[26]

III.) Die Aufgaben der Justiz unter den neuen Rahmenbedingungen

Mit den Reformen begann eine Entwicklungsphase, die als die »Goldene Zeit des russischen Rechts« bezeichnet worden ist.[27] Man wird diese Bewertung wohl unter den genannten – ernsten – Vorbehalten gelten lassen können, wenn man sich nämlich auf die Beurteilung des staatlicherseits geschaffenen Rechts und auf dessen effektiven Wirkungsbereich beschränkt. Auf Grundlage der Reformgesetze stellten sich die Rahmenbedingungen der Rechtspflege immerhin grundlegend anders als in den vorangegangenen Jahrzehnten dar. Der Kontrast tritt zutage in der kritischen Darstellung, die Eugeniusz Waśkowski ein halbes Jahrhundert nach dem Inkrafttreten der Reformgesetze über die Verhältnisse lieferte, die zuvor in der Rechtsprechung geherrscht hatten.[28] Vor der Reform hatte der Senat, falls es jeweils an einer genauen gesetzlichen Regelung des aufgeworfenen Rechtsproblems fehlte, einen Entscheidungsentwurf zu entwerfen. Dieser mußte dann vom Ministerium bestätigt werden, das allein zur Schaffung neuen Rechts befugt war. Diese Regelung folgte aus der Einbindung der Justiz in die Verwaltung. Waśkowski wies darauf hin, daß sie die Befugnisse von Judikative und Legislative vermengte. Er meinte, daß dieses Verfahren eine Regelung der Rechtsverhältnisse der Menschen durch Bestimmungen zur Folge gehabt habe, die zuvor unbekannt gewesen waren und erst ad hoc zur Entscheidung des Falles geschaffen wurden.

25 Vgl. ausführlich Lincoln, In the Vanguard of Reform, insbes. S. 41 ff. u. 168 ff.

26 Koni, Novye mecha i novoe vino, S. 241 f.

27 Vgl. Butler, Art. Russia, S. 173 u. 178; Smith, Reforming the Russian Legal System, S. 14.

28 Über den Polen Eugeniusz Waśkowski (Evgenij V. Vas'kovskij) (1866-1942), Professor in Odessa und nach 1920 in Wilna, vgl. Hausmann, Universität und städtische Gesellschaft, S. 579 sowie Šilochvost, Russkie civilisty, S. 28 f. Vgl. den Bericht über seine Disputation an der Kazan'er Universität.

Schließlich habe es zu einer erheblichen Verzögerung der Entscheidung geführt.[29] Waśkowskis Bemerkungen waren insoweit sicherlich berechtigt. Bei allem Verständnis, das für die Kritik eines Juristen des 20. Jahrhunderts an der russischen Justiz vor den Gerichtsreformen aufgebracht werden kann, wird jedoch verschiedenes einzuwenden sein. So müßte eine ausgewogene Bewertung beachten, daß offene Rechtsfragen auch dann oftmals durch »zuvor unbekannte« Regelungen entschieden werden, wenn das Gericht die Lösung selbständig entwickelt. Auch muß in historischer Hinsicht berücksichtigt werden, daß die mangelnde Unabhängigkeit der Justiz Konsequenz des Umstands war, daß es im Zarenreich selbstverständlich keine Gewaltenteilung gab. Man wird Waśkowskis Kritik insoweit nicht als Versuch einer historischen Bewertung verstehen dürfen, sondern als Hinweis auf die Bedeutung moderner Grundlagen einer Justiz, die auch zu seiner Zeit – also 1914 – in Rußland keineswegs voll verwirklicht waren.

Die Reformen brachten mehr Freiheit im selbständigen Umgang mit dem Gesetz. Dadurch stellten sie die Juristen allerdings vor bedeutende Herausforderungen. Die neue Zivilprozeßordnung verlangte in Art. 9 von allen Richtern,

> die Fälle nach dem genauen Sinn der geltenden Gesetze zu entscheiden, aber im Falle ihrer Unvollständigkeit, Unklarheit, Mängel oder Widersprüchlichkeit die Entscheidung auf den allgemeinen Sinn der Gesetze zu gründen.[30]

Damit wurde die Aufgabe der Gesetzesinterpretation, die bislang den obersten Institutionen des Reiches vorbehalten gewesen war, auf die Justiz und insbesondere auch auf die Instanzgerichte übertragen, die nun zur selbständigen Entscheidungsfindung berufen waren.[31] Dabei mußten sich die Richter nicht einmal darauf beschränken, einzelne Regelungen auf Grundlage des Gesetzeszusammenhangs zu interpretieren, der wegen der zahlreichen Widersprüche und Lücken innerhalb des Svod Zakonov häufig keine befriedigende Lösung ergeben konnte. Die Gerichte sollten jetzt sogar dann Urteile fällen, wenn die entscheidende Rechtsfrage im positiven Recht nicht geregelt war. Diese Aufgabe setzte nicht nur Rechtskenntnisse, sondern – das war neu – spezifische Methodenkompetenz voraus. Es lag in der Konsequenz dieser Anforderungen an die Juristen, daß Richter und Anwälte fortan ein Rechtsstudium absolviert haben mußten.

Dies bot die Voraussetzungen dafür, daß es zur Herausbildung einer professionellen Dogmatik des *geltenden* russischen Rechts kommen konnte. Bei ihrer Entwicklung griffen die wissenschaftlichen Autoren teilweise auch auf das römische Recht zurück. Rudokvas und Karcov meinen, Juristen hätten gelegentlich einfach so getan, als sei römisches Recht in Rußland anwendbar, und dasselbe als

29 Vas'kovskij, Pravotvorčeskaja dejatel'nost', S. 376.

30 Vgl. Teslja, Istočniki graždanskogo prava, S. 34. Es kam hinzu, daß Art. 10 ZPO das dem französischen Recht entlehnte Verbot der Justizverweigerung enthielt (s. oben S. 204, Fn. 68). Vgl. Reich, Art. Rußland, S. 2294; Fodor, Rechtsreform durch Normtransplantation, S. 286.

31 Hasselblatt, Justizreform, S. 40.

Hilfsquelle des russischen Rechts benutzt.[32] Belegt ist jedenfalls vielfach, daß konzeptuelle Anleihen bei der deutschen Pandektistik stattfanden. In diesem Rahmen konnte dann auch eine Verwissenschaftlichung des geltenden russischen Rechts stattfinden. Hier etablierte sich die Vorstellung, gerade die Orientierung am pandektistisch betriebenen römischen Recht stehe für eine wissenschaftliche Ausrichtung des Rechts. So schrieb Engelmann um die Wende zum 20. Jahrhundert, noch immer herrschten im russischen Recht einseitiges Denken und Defizite; diese könnten allein bereinigt werden durch eine Aufnahme (prinjatie) von Elementen des römischen Rechts, und das bedeute: von der Rechtswissenschaft.[33]

IV.) Existenz und Bedeutung von »Privatrecht«

Mit den Justizreformen bekamen die Gerichte also erstmals einen gewissen Raum für die selbständige Herausbildung des Rechts, waren also von nun an nicht mehr ausschließlich auf die Regelungen des Gesetzes verwiesen. Dies beförderte indirekt die Entwicklung einer eigenständigen Dogmatik des geltenden Privatrechts. Bereits die vorausgegangene Entwicklung der russischen Rechtslehre im 19. Jahrhundert hatte hierzu wichtige Beiträge geleistet, doch hatte dies nichts unmittelbar mit dem geltenden und angewandten Recht zu tun. Dies änderte sich, als auf Grundlage der neuen rechtlichen Rahmenbedingungen der Justiz parallel zu einer sich allmählich etablierenden Privatrechtswissenschaft das positive Recht fortentwickelt werden konnte, ohne daß es hierzu jeweils staatlicher Normsetzungsakte bedurfte. Wenn wir in diesem Zusammenhang vom Beginn der Entwicklung eines russischen Privatrechts sprechen, soll damit natürlich nicht in Abrede gestellt werden, daß auch der Svod Zakonov Bestimmungen zur Regelungen der Rechtsbeziehungen unter Privaten gekannt hatte, die in der Regel sogar ältere Ursprünge hatten. Selbstverständlich hatte also auch zuvor Privatrecht in dem Sinne existiert, daß die Rechtsbeziehungen zwischen einzelnen Menschen geregelt worden waren. Selbst unter Bauern mit herkömmlichen Rechtsüberzeugungen und ohne jede Vorstellung vom staatlich gesetzten Recht galten verbindliche Regelungen, also in diesem Sinne sozusagen »Privatrecht«. Gleichwohl wird es grundsätzlich überzeugen, wenn man die Tradition des russischen Privatrechts in einem bestimmten, qualifizierten Sinne erst hier beginnen läßt. So hat etwa der Moskauer Zivilrechtler Suchanov festgestellt, das Privatrecht sei überhaupt erst in den sechziger Jahren des 19. Jahrhunderts nach den Reformen Alexanders II. anerkannt worden und habe dann bis zur Oktoberrevolution bestanden, nur habe sich während dieser kurzen Zeit weder ein Rechtsbewußtsein in der Gesellschaft

32 Rudokvas/Kartsov, The Development, S. 305.

33 Ėngel'man, O davnosti, S. 232. Über Ivan Egorovič Ėngel'man (Engelmann) (1832-1912) vgl. Šilochvost, Russkie civilisty, S. 164 f.

noch eine Tradition der Rechtsanwendung bilden können.[34] Als Einschränkung und Hindernis gegenüber der Entwicklung eines Privatrechts beschreibt Suchanov hier den Vorbehalt staatlicher Eingriffe in private Rechtsbeziehungen. Was es nämlich vor den 1860er Jahren nicht gegeben hatte und auch jetzt nur bis zu einem gewissen Grade entstand,[35] war ein vom Staat »unabhängiges« Privatrecht, in dessen Rahmen einzelne Rechte Privater garantiert und mit Hilfe von Rechtsschutzinstrumenten auch gegenüber dem Staat gewährleistet waren.

V.) Die Bemühung um eine Abgrenzung des Privatrechts vom öffentlichen Recht

Eine der wichtigsten Aufgaben im Ringen um ein Privatrecht im engeren Sinne bestand darin, den Begriff desselben zu etablieren und gleichzeitig die Grenzziehung gegenüber dem öffentlichen Recht vorzunehmen. Es handelte sich im 19. Jahrhundert keineswegs um ein spezifisch russisches Thema, sondern um ein Schlüsselproblem auch anderer europäischer Rechtsordnungen.[36] Der Gedanke, daß ein Privatrecht strenggenommen seinen Namen nur verdient, wenn es die privatautonome Gestaltung der unter den Menschen bestehenden Rechtsverhältnisse ermöglicht und die Verwirklichung der begründeten Rechte gewährleistet, ohne daß sich der Staat beliebige Eingriffe vorbehält, ist der Diskussion um den Privatrechtsbegriff im Zarenreich keineswegs fremd gewesen.[37] Er stand in engem Zusammenhang mit dem Eintreten zahlreicher Juristen für eine Rezeption des römischen Rechts. Ihr Interesse richtete sich nämlich nicht lediglich auf eine Modernisierung des russischen Rechts mit Hilfe des hochdifferenzierten Regelungsinstrumentariums des römischen Rechts. Ebenso wichtig war ihnen, die im römischen Recht verankerte, grundlegende Auffassung vom Recht und seinen Geltungsgründen im Zarenreich zu etablieren.

Das klassische römische Recht hatte eine Differenzierung zwischen öffentlichem Recht und Privatrecht zugrundegelegt. Sie ging auf die Erkenntnis zurück, daß das Recht zwei grundsätzlich verschiedene Aufgabenbereiche regeln muß: Es muß einerseits jene Strukturen bereitstellen, mit deren Hilfe gemeinschaftliche Aufgaben wie innere und äußere Sicherheit sowie sozialer Ausgleich gewährleistet werden können, andererseits die Grundlage dafür bieten, daß Menschen ihre

34 Suchanov, Ausgewählte Probleme der Entwicklung des Privatrechts, S. 555.

35 Die Rahmenbedingungen, die für das Privatrecht galten und es weitgehend unter den Vorbehalt staatlicher Eingriffe stellten, bestanden auch nach den 1860er Jahren grundsätzlich fort. Hiervon ausgehend hat Žurkin 1996 gefordert, daß die künftige russische Gesellschaft auf bürgerliches Recht gegründet sein solle und nicht nur auf Verwaltungsrecht, »wie es in Rußland in der Zarenzeit und in der Sowjetunion der Fall gewesen ist«; Predislovie, S. 7.

36 Kavelin, Čto est' graždanskoe pravo, Sp. 769-807; vgl. allgemein Grimm, Art. Öffentliches Recht II, Sp. 1202-1204; Laufs, Rechtsentwicklungen, S. 293f.

37 Vgl. den Standpunkt Leškovs in: Zasedanie sezda russkich juristov v Moskve 6 ijunja 1875 goda, S. 19; dazu ferner unten S. 525.

privaten Verhältnisse im Rahmen einer von Freiheit und Gleichheit der Beteiligten ausgehenden Ordnung eigenverantwortlich gestalten können. Auf diese Verschiedenheit der Perspektiven geht die berühmte und in der russischen Privatrechtsliteratur viel zitierte Definition Ulpians (1 *institutionum* D. 1,1,1,2) zurück: »*publicum ius est quod ad statum rei Romanae spectat, privatum quod ad singulorum utilitatem: sunt enim quaedam publice utilia, quaedam privatim*«.[38] So verschieden diese Aufgabenbereiche sind, so verschieden müssen auch die Instrumente des Rechts sein.

Vor dem Hintergrund einer Gesetzeslage, die kein gegenüber dem öffentlichen Recht selbständiges Privatrecht kannte, hatten sich nicht wenige Juristen vorstellen können, es handele sich im wesentlichen um zwei verschiedene Perspektiven, aus denen das positive Recht in den Blick genommen werde. Semën Pachman vermutete, »dass auch bei der bekannten römischen Entgegenstellung von jus publicum und jus privatum, obgleich dieselbe scheinbar nur verschiedene Interessen- und Lebenssphären bezeichnen soll, unmittelbar nicht verschiedene Zweige des positiven Rechts, sondern Zweige der Wissenschaft selbst ins Auge gefasst wurden, nämlich die verschiedenen Gesichtspunkte, von denen aus das positive Recht Gegenstand der Forschung werden kann.«[39]

Zu denjenigen Juristen, die sich vor dem Hintergrund des römischen Rechts grundsätzlich mit der Unterscheidung zwischen öffentlichem Recht und Privatrecht auseinandersetzten, um eine Verwirklichung dieser Unterscheidung im geltenden Recht vorzubereiten, gehörte Gabriel Szerszeniewicz. Er tritt aus wissenschaftlichen Gründen für eine konsequente Trennung zwischen öffentlichem Recht und Privatrecht ein.[40] Dies hält er für angemessen mit Rücksicht auf die grundsätzliche Verschiedenheit der Rechtsbeziehungen und der sie gestaltenden Regeln. Als Beispiele nennt Szerszeniewicz ein jeweils verschiedenes Maß an Verfügungsfreiheit über einzelne Rechte auf dem Gebiet der öffentlichen und der privatrechtlichen Beziehungen, unterschiedliche Schutzformen für diese Rechtsbeziehungen und schließlich verschiedene staatliche Einrichtungen, die für die Gewährleistung der Rechtsbeziehungen jeweils im privaten oder im öffentlichen Interesse sorgen.[41] Szerszeniewicz meint, daß die Grundlage für die Unterscheidung des öffentlichen Rechts vom Privatrecht nicht das Recht allgemein, sondern die jeweilige Rechtsbeziehung sein müsse. Er meint, bei der Betrachtung der Rechtsbeziehungen könne jeweils ihre privatrechtliche bzw. öffentlichrechtliche Bedeutung festgestellt werden. Das Kriterium für die Unterscheidung ergebe sich aus dem Leben selbst.[42] Die Beziehungen des Einzelnen zu dem Ganzen, also eines Bürgers zum Staat, werden von Szerszeniewicz den verschiedenen privaten

38 Vgl. statt aller Behrends, Struktur und Wert, S. 69; dens., Gesetz und Sprache, S. 201 (= Institut und Prinzip, Bd. 1, S. 168).
39 Pachman, Ueber die gegenwärtige Bewegung, S. 85.
40 Šeršenevič, K voprosu, S. 1 u. 6.
41 Šeršenevič, K voprosu, S. 6.
42 Šeršenevič, K voprosu, S. 15-17.

Interessen gegenübergestellt.[43] Während der einzelne ein besonders starkes Interesse am Schutz seiner persönlichen und vermögensrechtlichen Beziehungen habe und weniger auf die Regelung seines Verhältnisses zum Staat bedacht sei, interessiere sich der Staat nicht so sehr für die private Rechtssphäre wie für die Einrichtung der bestmöglichen Bedingungen für das Zusammenleben und die Bewältigung der gesellschaftlichen Aufgaben.[44] Von einer an Ulpian angelehnten Differenzierung ausgehend meint Szerszeniewicz, diese Gegenüberstellung der privaten und öffentlichen Interessen äußere sich im Charakter der Rechtsnormen, die auf die Rechtsbeziehungen des einen oder des anderen Bereichs Anwendung finden.[45]

Der Gedanke, daß ein von staatlichen Eingriffen grundsätzlich freies Privatrecht geschaffen werden müsse, sollte für die kritischen Juristen des späten Zarenreiches zunehmend an Bedeutung gewinnen.

VI.) Privatrecht und öffentliches Recht in der kritischen Sicht Kavelins

Die Bedingungen eines autokratischen Regimes standen einer Absonderung und Verselbständigung des Privatrechts auf Grundlage einer strikten begrifflichen Unterscheidung vom öffentlichen Recht entgegen. Von dieser Rechtswirklichkeit ausgehend lehnten verschiedene Juristen eine systematische Trennung zwischen öffentlichem und privatem Recht auch theoretisch ab. Ein wichtiger Kritiker dieses Konzepts war Konstantin Kavelin (1818-1885). Als ein Hauptvertreter des politischen Liberalismus in Rußland und einer der einflußreichsten Juristen seiner Zeit trat er für eine Reform des russischen Privatrechts ein. Er warf 1864 die Frage auf: »Was ist das Bürgerliche Recht und wo ist sein Bereich?«.[46] Seine Überlegungen geben Aufschluß über den Stand des russischen Zivilrechtsdenkens in der zweiten Hälfte des 19. Jahrhunderts.[47] Kavelin behandelte nicht allein die Frage, wie das bürgerliche Recht und sein Geltungsbereich zu definieren seien, sondern er erörterte darüber hinaus, wie dieses Rechtsgebiet in Rußland beschaffen sein *sollte*. Er interessierte sich insoweit nicht nur für die Erforschung des bestehenden positiven Rechts, sondern vor allem für die Auseinandersetzung mit dessen Rückständigkeit. Kavelin entwickelte auf soziologisch-positivistischer Grundlage neue Systematisierungsgrundsätze für das gesamte russische Recht, die einer künftigen Kodifikation zugrundeliegen sollten.[48] Er behandelte dieses Thema in mehreren Arbeiten, unter anderem in seinem Artikel »Russkoe graždanskoe uloženie«

43 Šerševenič, K voprosu, S. 16.
44 Šerševenič, K voprosu, S. 17.
45 Šerševenič, K voprosu, S. 18 f.
46 Čto est' graždanskoe pravo i gde ego predely?; dazu Kavelin, Prava i objazannosti, S. VI.
47 Zu Kavelin als Exponenten der russischen Historischen Rechtsschule näher Grothusen, Historische Rechtsschule Rußlands, S. 90-120; vgl. Meduschewskij, Art. Kavelin, S. 341 f.
48 Meduschewskij, Art. Kavelin, S. 341.

(1882/83). Hier geht Kavelin zunächst auf die Abgrenzung des öffentlichen vom Privatrecht ein und stellt die Mängel dieser Differenzierung dar.[49] Er weist darauf hin, daß die Kriterien für die Abgrenzung von den römischen Juristen entwickelt worden waren, wobei – auch Kavelin legt Ulpian zugrunde – als öffentlichrechtliche Gesetze diejenigen galten, die öffentliche Interessen betrafen, und als bürgerlichrechtliche Gesetze diejenigen, die Rechtsbeziehungen zwischen Privaten zum Gegenstand hatten. Kavelin meint nun, die innere Widersprüchlichkeit des Zivilrechts sowie die Unzulänglichkeit der Kriterien zur Abgrenzung desselben vom öffentlichen Recht gingen auf das römische Recht zurück. Die Abgrenzung habe sich in den europäischen Rechtsordnungen etabliert und sei erhalten geblieben, obwohl sie den Bedingungen des 19. Jahrhunderts nicht mehr gerecht werde.[50] Er meint insbesondere, eine Differenzierung mit Rücksicht auf die jeweils gewahrten Interessen sei nicht überzeugend möglich. Denn die Grenze zwischen privaten und öffentlichen Interessen könne nicht klar und eindeutig gezogen werden. So kritisiert Kavelin zunächst den Ausdruck »bürgerliche Gesetze« (Graždanskie zakony), der für das Zivilrecht des Svod Zakonov X/1 verwendet wurde. Er meint, es sei nicht sinnvoll, diesen auf die im Interesse der Bürger erlassenen Gesetze zu beziehen, denn das müsse richtigerweise bei allen Gesetzen der Fall sein. Es handele sich lediglich um eine unglückliche Übersetzung des lateinischen *ius civile*.[51]

Nicht aber nur die Bezeichnung, sondern auch die Zusammenstellung des Zivilrechts greift Kavelin an. Er meint, hier würden ungleichartige Rechtsinstitute in ein Rechtsgebiet zusammengezwängt. Kavelin sieht keine hinreichenden Gemeinsamkeiten etwa zwischen Rechtsbeziehungen innerhalb einer Familie, Rechtsfolgen einer Adoption und Vermögensrechten bzw. Pflichten, die aus Sachenrechten, Verträgen oder Delikten entstehen. Hier fehle es an allgemeinen und übergreifenden Grundsätzen. Mit Rücksicht auf das positive Recht Rußlands weist Kavelin außerdem darauf hin, daß zahlreiche Rechte Privater außerhalb des zivilrechtlichen Teils des Svod Zakonov geregelt sind. Entsprechend kritisiert Kavelin die Auslagerung vieler Einrichtungen des Wirtschaftsrechts aus dem zivilrechtlichen Teil der Sammlung.[52] Andere Regelungsgegenstände wiederum seien darin enthalten, ohne privatrechtlicher Natur zu sein.[53]

Hiervon ausgehend schlägt Kavelin eine eigene Differenzierung vor, mit der er sich zwar nicht durchsetzen konnte, aber die wissenschaftliche Diskussion bereicherte.[54] Sein Ausgangspunkt dabei ist der Staat als die höchste Form der gesellschaftlichen Organisation.[55] Kavelins Systematik ist u. a. dadurch gekennzeichnet,

49 Kavelin, Russkoe graždanskoe uloženie, S. 924ff.

50 Kavelin, Russkoe graždanskoe uloženie, S. 932-935.

51 Kavelin, Russkoe graždanskoe uloženie, S. 924.

52 Kavelin, Russkoe graždanskoe uloženie, S. 925-927.

53 Kavelin, Russkoe graždanskoe uloženie, S. 930.

54 Meduschewskij, Art. Kavelin, S. 342; Übersicht der neueren rechtsphilosophischen Literatur, S. 115.

55 Kavelin, Russkoe graždanskoe uloženie, S. 937.

daß die Unterscheidung zwischen Personenrecht und Vermögensrecht einen herausragenden Gesichtspunkt der Stoffdisposition bildet, der der verbreiteten Zuweisung der Normen jeweils zum öffentlichen oder Privatrecht vorgehen soll. Um ihres inneren Zusammenhanges willen werden also z. B. Bestimmungen über Person und Personenstand zusammengefaßt, und zwar sowohl mit Rücksicht auf die Stellung der Person in der Familie als auch auf ihren gesellschaftlichen Stand und ihre Zugehörigkeit zu einer Gemeinde. In diese Gruppe der Normen gehören auch Gesetze über Adoption und Betreuung. Die vermögensrechtlichen Bestimmungen stellt Kavelin ohne Rücksicht darauf zusammen, aus welchen Rechtsgründen Vermögensrechte herrühren und wer jeweils das Subjekt derselben ist.[56] Hierzu zählt Kavelin also nicht nur die Rechte Privater, sondern auch solche des Staates, die sich etwa aus Steuer-, Enteignungs- oder Strafrecht ergeben, sobald sie zu Vermögenspositionen erstarkt sind.[57] Die Bemühung um eine Überwindung der herkömmlichen Differenzierung zwischen öffentlichem Recht und Privatrecht kennzeichnet auch Kavelins Auffassungen zum Schuldrecht. Er meint, selbst römische Juristen hätten zum Schuldrechtssystem vermögensrechtliche Beziehungen unabhängig davon gezählt, wie und zwischen wem diese entstanden sein mochten. Er beschreibt die Vielgestaltigkeit des römischen Obligationenrechts als das Ergebnis einer Entwicklung, die, von der Unterscheidung der Verpflichtungsgründe Vertrag und Delikt ausgehend, Erfahrungen mit Schuldverhältnissen zum Anlaß dafür nahm, weitere Gruppen zu bilden, nämlich *quasi-contractus*, *quasi-delicta* und *variae causarum figurae*.[58] Nach Kavelin fehlte es dieser Kategorienbildung an durchgehenden Prinzipien.[59] Für ihn ist eine schuldrechtliche Verbindlichkeit eine juristische Beziehung, die einen materiellen Wert zum Gegenstand hat, mit anderen Worten Nutzen oder Gewinn, dessen Geldwert ermittelt werden kann. Er fordert, alle derartigen Rechtsverhältnisse unabhängig von ihrem Entstehungsgrund dem Schuldrecht zuzurechnen. Ausschlaggebend sind für Kavelin nicht praktische Vorzüge einer solchen Systematisierung, sondern der Grundsatz, gleichartige Rechtseinrichtungen nach gleichen Prinzipien zu behandeln.[60]

56 Kavelin, Russkoe graždanskoe uloženie, S. 939 f.

57 Kavelin, Russkoe graždanskoe uloženie, S. 943.

58 Kavelin, Russkoe graždanskoe uloženie, S. 973-975.

59 Kavelin, Russkoe graždanskoe uloženie, S. 988 f. Tatsächlich ist die Kategorie der *obligationes ex variis causarum figuris* durch Gaius 2 *aureorum* D. 44,7,1 pr. überliefert, die Kategorien der *obligationes quasi ex contractu* und *quasi ex delicto* (*maleficio*) werden dort (§§ 1 u. 4-6) offenbar vorbereitet und in den Institutionen Justinians als Grundlage für die systematische Ordnung der Schuldverhältnisse verwendet; vgl. Inst. 3,13,2 und die Rubriken Inst. 3,27 u. 4,5.

60 Kavelin, Russkoe graždanskoe uloženie, S. 983-986.

Kapitel 12: Die Reform des Rechtsstudiums von 1884/85 und der anschließende Aufschwung des Römischen Rechts im Universitätsunterricht

I.) Römisches Recht an russischen Rechtsfakultäten

Das Römische Recht ist im Zarenreich seit der Gründung der Moskauer Universität 1755 Gegenstand von Hochschulunterricht gewesen.[1] Das Fach war zunächst vielfach durch ausländische, im wesentlichen deutsche Professoren unterrichtet worden und hatte, wie gesehen, noch zu Beginn des 19. Jahrhunderts an den russischen Fakultäten eine zwar dauerhafte, aber insgesamt überschaubare Wirkung entfaltet.[2] Immerhin konnte die Lehre des römischen Rechts an den Universitäten des Zarenreiches um die Mitte des 19. Jahrhunderts schon auf eine gewisse Tradition zurückblicken und erste literarische Erträge aufweisen.[3] Dagegen begann sich die Lehre des geltenden russischen Zivilrechts aus der romanistischen Perspektive erst zu dieser Zeit zu etablieren. Dieser Prozeß der Verwissenschaftlichung des geltenden Rechts erfuhr wesentliche Förderung durch den Einfluß der Grundsätze der Historischen Rechtsschule auf die russischen Rechtslehrer. Er ermöglichte ihnen nicht nur, das genuin russische Recht als geschichtlich gewachsenes zu behandeln, sondern begünstigte gleichzeitig den Eingang des römischen Rechts in die Privatrechtswissenschaft.

1.) Die neue Studienordnung

Nachdem das römische Recht im Lehrplan der russischen Universitäten des Zarenreiches bis in die achtziger Jahre keinen neben den anderen Fächern besonders herausragenden Rang eingenommen hatte,[4] trat 1884/85 auf Grundlage einer Neuregelung des Universitätsrechts eine neue Ordnung des rechtswissenschaftlichen Studiums in Kraft, in der dem römischen Recht ein in Rußland zuvor nicht gekannter Stellenwert zuerkannt wurde. Dies ging auf eine Initiative konservativer Kräfte zurück, in deren Mittelpunkt der Historiker und Staatsmann Aleksandr Ivanovič Georgievskij (1830-1911) sowie der Publizist und Verleger Michail

1 Vgl. Soloviev, Einfluß, S. 469.

2 Rivier, Introduction historique au droit romain, S. 635. Andere Bedingungen galten für nichtrussische Universitäten des Zarenreiches wie Dorpat und Warschau, an denen ein dem römisch-westlichen Recht eng verwandtes Partikularrecht gelehrt wurde. Vgl. Luts-Sootak, Der lange Beginn, S. 368 ff., die das »gemeinrechtliche Studium« in Dorpat in der ersten Hälfte des Jahrhunderts beschreibt.

3 Vgl. Silnizki, Geschichte, S. 377-379 u. 418-421.

4 Vgl. Rivier, Introduction historique au droit romain, S. 635.

Nikiforovič Katkov (1818-1887) standen.[5] Diese beiden einflußreichen Persönlichkeiten hatten sich dafür eingesetzt, daß die Grundlage des Rechtsstudiums in einer soliden klassischen Bildung liegen müsse. In der von Katkov herausgegebenen, dezidiert konservativen Zeitung »Moskovskie Vedomosti« erschienen mehrfach Beiträge, in denen das Werk von Romanisten (wie zum Beispiel von Bogolepov, Suvorov und Pobedonoscev) positiv hervorgehoben und gefordert wurde, daß das römische Recht im Mittelpunkt der juristischen Ausbildung stehen solle.[6] Da dies im Gegensatz zum Westen nicht mit einer Bedeutung für die Rechtspraxis begründet werden konnte, vertrat man die Vorstellung, das römische Recht, das wie ein »Gesetz der ganzen Welt« (vsemirnyj zakon') gegolten habe, stehe nun für die allgemeine Theorie des Rechts und die Schule höherer juristischer Bildung.[7] So konnte gegen erhebliche Widerstände durchgesetzt werden, daß dem römischen Recht im neuen Studienplan ein vergleichsweise bedeutendes Gewicht zukam.[8] Die Dogmatik des römischen Rechts wurde als Rückgrat der Juristenausbildung verstanden.[9] Daher wurden auf die Lehre des Pandektenrechts zeitweise mehr Wochenstunden verwendet als an manchen Universitäten in Deutschland.[10] Dieser Gegenstand wurde nun, wie Adolf Holmsten und andere Autoren es schon zuvor befürwortet hatten, als allgemeine Zivilrechtstheorie behandelt.[11]

Die Gründe dafür, daß sich die Regierung zu diesem Schritt allen Bedenken zum Trotz entschließen konnte, waren vielfältig. So versprach man sich von einer Intensivierung des Unterrichts im römischen Recht, daß das wissenschaftliche Niveau des Rechtsstudiums angehoben und eine Professionalisierung der Juristen erreicht werden mochte.[12] Forschung und Lehre im römischen Recht wurden

5 Vgl. Kassow, Students, Professors, and the State, S. 28 f. und nun Zipunnikova, Pravovoe regulirovanie ispytanij v universitetskich komissijach, S. 100; über Katkovs Konservatismus vgl. Azarkin, Istorija juridičeskoj mysli Rossii, S. 262-267.

6 Karcov, Rimskoe pravo kak učebnaja disciplina, S. 84 mit Nachweisen.

7 Vgl. Guljaev, Reforma juridičeskogo obrazovanija, S. 46.

8 Ioffe, Rossija dosovetskaja, S. 319.

9 Vgl. Rudokvas/Kartsov, The Development, S. 319.

10 Guljaev, Reforma juridičeskogo obrazovanija, S. 45 ff.

11 Zieliński, Der Transfer juristischen Gedankenguts, S. 132.

12 Hierin trat der russische Studienplan also, wie die vergleichende Betrachtung Guljaevs zeigt, gegenüber westlichen Studienordnungen keinesfalls zurück. Vgl. Guljaev, Reforma juridičeskogo obrazovanija, S. 47-49. In einer Verordnung des Ministeriums über die wissenschaftlichen Anforderungen, die die staatlichen Prüfungskommissionen zu stellen hatten, wird ausgeführt: »Nichts kann die Wissenschaft des Russischen Rechts, seiner Geschichte und selbst seines Systems so beleben und fördern, als die Vertrautheit mit dem Verfahren und den Methoden der wissenschaftlichen Bearbeitung des Römischen Rechts, wobei die charakteristischen Eigentümlichkeiten unserer nationalen Anschauung klarer hervortreten werden. Obwohl für die Bildung des juristischen Sinnes das Römische Civilrecht besondere Wichtigkeit hat, muss doch zu den Prüfungsanforderungen auch das Römische Staatsrecht gehören, das aus den realen Kräften des Volkslebens [sic!] sich im Laufe der ganzen Geschichte desselben herausgearbeitet […] hat […]«. Abgedruckt als Nachtrag

auch deswegen gefördert, weil auf diesem Wege eine Verbreitung und Festigung der methodischen Grundsätze der Historischen Rechtsschule und insbesondere der von derselben vertretenen Rechtsentstehungslehre bewirkt werden sollte.[13] Gleichzeitig hatte sich die Vorstellung durchgesetzt, das römische Recht eigne sich dafür, zur Modernisierung der Juristenausbildung beizutragen, ohne gleichzeitig die Grundlagen der Zarenherrschaft in Frage zu stellen.[14] Es mochte vielmehr eine Alternative zu den aufkommenden sozialistischen und sonstigen systemgefährdenden Ideen bieten, die auch auf das Recht auszustrahlen drohten.[15] Aus Sicht des Staates kam es darauf an, daß das römische Recht keineswegs besonders »progressiv« oder gar »umstürzlerisch« war. Insbesondere mochte es – wie es schien – kaum Anregungen für eine *grundsätzlich* kritische Auseinandersetzung mit dem geltenden Recht geben. Insoweit war es, anders als Rechtstheorie und Rechtsphilosophie, nicht dem Generalverdacht ausgesetzt, gefährliches Gedankengut zu fördern.[16]

Seit den 1880er Jahren bestanden an fast allen Studienorten Lehrstühle für Römische Rechtsgeschichte und Institutionen. In vielen Fällen vertraten ihre Inhaber auch das geltende Privatrecht, wobei sie ihre romanistische Sichtweise in den Rechtsunterricht einbrachten. Sie wirkten – ganz im Sinne der Reform – auf eine weitere Herausbildung und Verfeinerung der »technischen« Seite des bürgerlichen Rechts hin, wie sie auch der Dirigierende Senat inzwischen mit beachtlichem Ertrag betrieb. Auch unter den Bedingungen der reaktionären Grundtendenz der Pobedonoscev-Ära und der in der Herrschaftszeit Alexanders III. (1881-94) zeitweise intensiv beförderten Russifizierung gab es also durchaus Raum dafür, das methodische Potential des römischen Rechts zu nutzen, um das russische Recht auf ein wissenschaftliches Niveau zu bringen.

Vor dem Hintergrund der mit der Reform verfolgten Zielvorstellungen ergaben sich beachtliche wissenschaftliche Erträge, auf die noch einzugehen sein wird.[17] Allerdings deuteten sich, wie im Falle früherer Versuche, in kontrolliertem Rahmen Neuerungen einzuführen, auch unbeabsichtigte Folgen an. Manchen konservativen Kritikern gingen die Veränderungen des russischen Rechts, die das Modernisierungspotential des römischen Rechts in Aussicht stellte, zu weit.[18] Die Kritik wurde dadurch begünstigt, daß sich zu Beginn der 1890er Jahre die europapolitische Großwetterlage veränderte. Nachdem der Bismarcksche Rückversicherungsvertrag nicht verlängert worden war, knüpfte Rußland

in: Die Reform der Russischen Universitäten nach dem Gesetz vom 23. August 1884 (1886), S. 213 ff. (229). Zu dem neuen Anforderungskatalog an den Stoff des Pflichtfaches Römisches Recht vgl. dort S. 236 f. und schließlich Sliozberg, Rimskoe pravo i praktičeskie zanjatija, S. 41-44

13 Ostrouch, La personne du romaniste, S. 177.

14 Rudokvas/Kartsov, Der Rechtsunterricht, S. 310.

15 Rudokvas/Kartsov, Der Rechtsunterricht, S. 311.

16 Vgl. Rudokvas/Kartsov, Der Rechtsunterricht, S. 292.

17 S. unten S. 371 ff.

18 Rudokvas/Kartsov, Der Rechtsunterricht, S. 311; vgl. oben S. 305 ff.

strategische Beziehungen mit Frankreich an, während sich das Verhältnis zu Deutschland, von wo man das römische Recht in erster Linie »bekommen« hatte, abkühlte. »Gefährlicher« noch aus Sicht derer, die den Umgang mit dem geltenden Recht »professionalisieren«, dasselbe aber nicht grundlegend verändern wollten, war, daß sich Wissenschaftler und akademischer Nachwuchs keineswegs auf die »technische« Seite des römischen Rechts beschränkten. Es handelte sich um eine Zeit, in der sich das Interesse der russischen Gelehrten – nicht nur auf dem Gebiet der Rechtswissenschaft – in ausgeprägter Weise auf die Grundlagen ihrer Fächer konzentrierte.[19] Die durch diese Interessenausrichtung angeregten Überlegungen sollten russische Juristen befähigen, grundsätzlich neue Konzepte in die Privatrechtswissenschaft einzuführen. Diese werden anschließend noch zu erörtern sein.[20]

2.) Die Examensanforderungen von 1885

Die Examensanforderungen vom 15. August 1885[21] hatten sich aus der Studienreform von 1884 ergeben und waren wesentlich durch den Einfluß konservativer Vorstellungen von den Zielen der Juristenausbildung geprägt. Die Grundüberzeugungen, um derentwillen das römische Recht einen herausragenden Stellenwert zugemessen bekam, bewirkten auch im Examen eine ausdrückliche Zurückdrängung anderer Gegenstände. Der Katalog der Anforderungen begann daher mit einer kritischen Stellungnahme gegenüber den Rechtslehren Hegels[22] und des (neuzeitlichen) philosophischen Positivismus sowie mit einer Verteidigung des römischen Rechts als festes historisches Fundament der Rechtswissenschaft.

Im einzelnen sahen die Examensanforderungen Pflichtfächer und vertiefende Wahlfächer vor. Zu den Pflichtfächern zählte die Geschichte des römischen Rechts. Hier wurden Kenntnisse über die Entstehung des römischen Staatsaufbaus sowie des Privatrechts gefordert, über die Vollendung dieser Entwicklung in der zweiten Hälfte der Kaiserzeit, und schließlich darüber, »welches das weitere Schicksal des römischen Staats- und Privatrechts sowohl im Westen Europas als auch insbesondere im Osten war.« Die Betonung der Kenntnisse über die Wirkungsgeschichte des römischen Rechts im »Osten« weist auf die Bedeutung, die man der Entwicklungslinie zumaß, welche vom römischen zum russischen Recht

19 Avenarius, Das russische Seminar, S. 908 mit Nachweisen.

20 S. unten S. 417 ff.

21 Ekzamennye trebovanija, koim dolžny udovletvorjat' ispytuemye v kommissii juridičeskoj (1885), S. 60-74.

22 Es handelt sich um eine Parteinahme im Rahmen der Auseinandersetzung zwischen den Anhängern der Historischen Rechtsschule und denen der Rechtslehre Hegels. Vgl. Wieacker, Privatrechtsgeschichte, S. 413 ff. Hegel unterschied zwischen dem jeweiligen positiven Recht eines Staates und dem Recht als Produkt und Instrument eines absoluten Ideals, das sich in der historischen Entwicklung zeigt und dieselbe leitet. Dies bietet, wie das Schrifttum vielfach dokumentiert, Raum für Zweifel an der Richtigkeit des geltenden Rechts.

führte. Der Stoff erstreckte sich daneben auf andere Bereiche des römischen Altertums, nämlich auf dessen politische Geschichte, Religion, Gesellschaft, Wirtschaft und Handel, und zwar mit Rücksicht auf die jeweilige Bedeutung für die Geschichte des Rechts. Die Studenten mußten mit den wichtigsten römischen Rechtstexten vertraut sein und über gute Kenntnisse in den Institutionen des römischen Sachen-, Schuld-, Familien- und Erbrechts verfügen. Als Grundlage für die mündlichen und schriftlichen Prüfungen im Römischen Recht dienten die Institutionen des Gaius und des Justinian im Original.

Im Pflichtfach Bürgerliches Recht wurde eine solide theoretische Kenntnis des russischen bürgerlichen Rechts gefordert, und zwar »im allgemein üblichen (Pandekten-) System und nach der historisch-dogmatischen Methode«.[23] Die Studenten mußten selbstverständlich das positive Recht des Svod Zakonov X/1 beherrschen. Insbesondere sollten sie über Erfahrung mit der Exegese und der Hermeneutik seiner Bestimmungen verfügen. Im Pflichtfach Geschichte der Philosophie wurde das Altertum schließlich zum beherrschenden Prüfungsthema. Hier wurden Grundkenntnisse der Lehren Platons, Aristoteles' und Ciceros verlangt.

Das Römische Recht bildete schließlich auch den Gegenstand eines Wahlfachs. Hier wurde die unmittelbare Kenntnis von den wichtigsten Quellen des römischen Rechts bzw. von den bedeutendsten Digestentiteln vorausgesetzt, erworben durch Lektüre der Originaltexte. Darüber hinaus wurde von den Kandidaten erwartet, daß sie sich jeweils eines der wissenschaftlichen Hauptwerke zum römischen Recht erarbeiteten.

3.) Das russische Seminar für Römisches Recht in Berlin

Die Umsetzung des neuen Studienplans war mit besonderen personellen Voraussetzungen verbunden. Viele Probleme stellten sich nun erneut, mit denen sich die Zweite Abteilung in den 1830er Jahren hatte auseinandersetzen müssen. Die Heranbildung geeigneter Lehrkräfte für die akademische Lehre im russischen Recht blieb natürlich Aufgabe der russischen Universitäten. Was das römische Recht betrifft, reichten die bestehenden Kapazitäten allerdings bei weitem nicht aus, denn noch immer gab es nur wenige diesem Fach gewidmete Professuren.[24] Dies erforderte zunächst die Einrichtung zusätzlicher Lehrstühle. Was den gesteigerten Bedarf an Hochschullehrern für römisches Recht betrifft, mit denen die neuen Lehrstühle würden besetzt werden können, entschied sich die Regierung, wie bereits mehrfach in der Vergangenheit, für die Organisation eines Auslandsstudienprogramms im römischen Recht. So erhielt das Studium russischer Juristen im

23 Vgl. die Ekzamennye trebovanija (1885), S. 71.

24 Vgl. Süss, Heinrich Dernburg, S. 77. Die Situation war dadurch verschärft worden, daß man gerade 1884 Sergej Andreevič Muromcev (1850-1910) seinen Moskauer Lehrstuhl für Römisches Recht wegen »politischer Unzuverlässigkeit« entzogen hatte; vgl. Šelochaev, Art. Muromcev, Sergej Andreevič, Sp. 367-368.

Ausland abermals förmlichen Charakter, als den achtziger Jahren an der juristischen Fakultät der Friedrich-Wilhelms-Universität in Berlin eine Einrichtung ins Leben gerufen wurde, die eigens der Hervorbringung wissenschaftlichen Nachwuchses für den Unterricht in diesem Rechtsgebiet an russischen Universitäten diente.[25] Hier wurden unter der Leitung von Heinrich Dernburg, Ernst Eck und Alfred Pernice von 1887 bis 1896 zahlreiche Romanisten aus dem Zarenreich zu Spezialisten für römisches Recht herangebildet. Die Absolventen des »Russischen Seminars für Römisches Recht in Berlin«[26] wirkten anschließend an den Universitäten des Zarenreichs und vermittelten der russischen Rechtswissenschaft die Methoden der deutschen Romanistik des ausgehenden 19. Jahrhunderts.[27]

a.) Einrichtung und Durchführung des Berliner Seminars

Um die Heranbildung geeigneten romanistischen Nachwuchses zu organisieren, berief Ivan Davydovič Deljanov, Volksaufklärungsminister von 1882 bis 1897, den

25 Vgl. Avenarius, Das russische Seminar, S. 893-908; Grau, Institutionen und Personen, S. 133 f.; Maurer, Hochschullehrer, S. 178-181; Süss, Heinrich Dernburg, S. 43 sowie S. 75-79; Feyl, Die Universität Berlin, S. 57 f.; ders., Die Aspirantenseminare, S. 133-143; Zieliński, Rosyjskie seminarium, S. 113-128. Besonders ausführlich Kolbinger, Im Schleppseil Europas? (2004) mit der Rezension von Avenarius (2005). Kolbingers Arbeit beruht auf umfangreichen Archivstudien. Ihre Grundlage besteht in der Auswertung der beiden Aktenbestände über das Seminar im Archiv der Berliner Humboldt-Universität und im Russischen Staatlichen Historischen Archiv (RGIA) in Sankt Petersburg. Beide Bestände sind bereits mehrfach Gegenstand von Arbeiten gewesen, wenngleich zuvor noch nicht in solcher Ausführlichkeit wie bei Kolbinger. Für die Akten des RGIA vgl. Kaiser, Altphilologen für Rußland, S. 90-92 sowie ders., Hochschulpolitik, 100 f.; Karcov, Russkij institut, S. 120-144. Bei Kartsov, Das Russische Seminar, S. 317-356 wird nun abermals das Aktenmaterial der russischen Seite ausgewertet, dabei aber sämtliche bisher erschienene Forschungsliteratur ignoriert.

26 Kolbinger spricht abwechselnd von »Institut« und »Seminar«, ebenso Karcov (vgl. die vorstehend genannten Titel seiner Beiträge). Dabei ließe »Institut« an eine auf Dauer fest organisierte Forschungseinrichtung denken. Das war nicht der Fall; vielmehr wurde ein zeitlich begrenzter Studiengang (»vremennyj kurs«) eingerichtet. Während im übrigen von deutscher Seite regelmäßig die Bezeichnung »Russisches Seminar« o. ä. verwendet wird, wird auf russischer Seite naheliegenderweise vielfach dem Ausdruck »Berlinskij seminar« der Vorzug gegeben. Vgl. Rudokvas, I. A. Pokrovskij, bei Fn. 2.

27 Vgl. Hammer, Russia and the Roman Law, S. 7-13; Koschaker, Europa, S. 133. Dernburg schreibt: »Noch besteht in Rußland kein einheimisches, allseitig durchgearbeitetes Gesetzbuch. Bei dieser Rechtspflege, das glaube ich, obgleich Ausländer, aussprechen zu dürfen, können die wissenschaftlichen Errungenschaften der römischen Rechtstheorie von besonderem Nutzen sein, ja schwerlich entbehrt werden. [...] Schon lange ist Rußland als Träger der Kultur in die europäische Gemeinschaft eingetreten [...] auf den russischen Universitäten wird das römische Recht im Sinne der neueren Wissenschaft gelehrt.« Dernburg, Vorwort des Autors zur russischen Ausgabe (der »Pandekten«), in: ders., Pandekty. Objazatel'stvennoe pravo, S. VI f.

Juristen Carl Bernstein (Karl Jakovlevič bzw. Il'ič Bernštein, 1842-1894)[28] aus Odessa zu Konsultationen ein. Dieser war 1864 in Berlin promoviert worden und hatte sich mit dem Ziel der Habilitation nach Sankt Petersburg orientiert, wo man ihm allerdings zunächst den Erwerb des russischen Magistergrades abverlangte. Bernsteins Magisterdissertation überzeugte die Fakultät dann so klar von den wissenschaftlichen Fähigkeiten des Verfassers, daß sie seine Ernennung zum Professor vorschlug, doch wollte Deljanovs Amtsvorgänger Dmitrij Andreevič Tolstoj Bernstein nicht einmal zur Habilitation als Dozent zulassen. Bernstein erkannte, daß ihm als Juden die Universitätslaufbahn im Zarenreich verwehrt bleiben würde, und kehrte 1873 nach Berlin zurück.[29] Dort habilitierte er sich 1878[30] und wurde anschließend außerordentlicher Professor für römisches Recht.[31]

Als er 15 Jahre nach seiner Zurückweisung auf Deljanovs Telegramm hin in Sankt Petersburg eintraf, legte ihm der Minister den Plan der Gründung einer Einrichtung zur Heranbildung von Professoren des römischen Rechts für die russischen Universitäten vor. Hilfskräfte hierzu sollten aus allen Hochschulen des Reiches berufen werden können. Bernstein erklärte dem Minister, ein solches Unternehmen sei nur im Anschluß an eine bereits bestehende wissenschaftliche Anstalt größeren Umfangs möglich, wie sie etwa die Berliner Universität darstelle.[32] Dieser Gedanke stieß auf Gehör, zumal bei den einflußreichen Anhängern

28 Über ihn vgl. Šilochvost, Russkie civilisty, S. 19.

29 Dollinger, Die internationale Vernetzung, S. 56; dies., Die jüdische Salontradition, S. 90.

30 Bernstein thematisiert seine »verspätete« Habilitation sowie die Aufnahme seiner Lehrtätigkeit als Privatdozent in seinem Brief an Pernice vom 27. April 1878. Vom Gegenstand seiner wissenschaftlichen Arbeit über die Lehre vom alternativen Willen leitet Bernstein auf das Thema der Ambivalenz seiner persönlichen und beruflichen Lage über: »Ist es nicht höchst charakteristisch, daß ich mir gerade den alternativen willen zur bearbeitung ausgesucht habe? Mein ganzes leben lang bin ich »alternativ« gewesen und zwar in allen dingen, – hoffentlich bin ich endlich aus dem zustande der »pendenz« in das stadium der bestimmtheit und entschiedenheit getreten: hoch an der zeit wär es«.

31 Treu, Carl und Felicie Bernstein, S. 19; Art. Bernštein (Karl Il'ič), S. 577. Bernstein legte seine Professur 1891 wegen eines Herzleidens nieder und hielt sich anschließend länger in Paris und Italien auf. Vgl. Treu aaO., S. 26. Für sein wissenschaftliches Schrifttum vgl. De delegationis natura, Diss. 1864; O suščestve delegacii po rimskomu pravu (Über das Wesen der Delegation im römischen Recht, S.-Peterburg 1870); Učenie o razdelitel'nych objazatel'stvach po rimskomu pravu i novejšim zakonodatel'stvam (Die Lehre von den Teilschulden im römischen Recht und der neuesten Gesetzgebung, S.-Peterburg 1871); Zur Lehre vom alternativen Willen und den alternativen Rechtsgeschäften, Berlin 1878; Die alternative Obligation im römischen und im modernen Recht, ZVglRWiss 2 (1879), S. 392-442; Rez. Pescatore, Die sogenannte alternative Obligation, Zeitschrift für Handelsrecht 29 (1880), S. 602-610; Zur Lehre vom legatum optionis, in: SavZRG (Rom. Abt.) 1 (1880), S. 151-194; Die subjektiv-alternativen Rechtgeschäfte von Todeswegen, in: SavZRG (Rom. Abt.) 4 (1883), S. 177-200; Zur Lehre von der dotis dictio, in: Festgabe der Berliner Fakultät für Beseler (1884), S. 80-93; Zur Lehre vom römischen Voraus (legatum per praeceptionem), in: SavZRG (Rom. Abt.) 15 (1894), S. 26-144.

32 Treu, Carl und Felicie Bernstein, S. 18.

des konservativen Etatismus die deutsche Verfahrensweise bei der Lehre des römischen Rechts hohes Ansehen genoß.[33]

Daher stellte Georgievskij 1886 den Kontakt zu Ernst Eck in Berlin her.[34] Binnen weniger Monate hatten sich beide Seiten auf den Entwurf eines »Statuts zur Ausbildung von Lehrern des römischen Rechts an den Kaiserlich Russischen Universitäten« geeinigt. Dieses sah die Einrichtung eines »Lehrcursus zur Ausbildung von Lehrern des römischen Rechts an den kaiserlich russischen Universitäten« für Angehörige des Zarenreiches vor, die mehrere Voraussetzungen erfüllten: Es wurde erwartet, daß sie die russische Sprache beherrschen, was im ethnisch heterogenen Zarenreich nicht selbstverständlich war, und außerdem die deutsche. Sie mußten entweder das Studium an einer juristischen Fakultät oder eine volle philologische Ausbildung einschließlich der lateinischen Sprache und Literatur, der römischen Geschichte sowie der römischen Altertümer abgeschlossen haben. Zwölf Hörer – die tatsächliche Zahl der Mitglieder lag später deutlich niedriger – sollten sich, von der russischen Regierung mit Stipendien ausgestattet, im Rahmen eines zweijährigen Lehrplans (es wurden dann in der Regel zwei bis drei Jahre) hauptsächlich dem Studium des römischen und des deutschen Privatrechts widmen und sich insbesondere unter der Aufsicht eines Professors im Verständnis und der Auslegung der römischen Rechtsquellen üben. Den Abschluß des Studiums bildete je eine mündliche und eine schriftliche Prüfung. Insbesondere fertigten die Mitglieder jeweils eine umfangreiche schriftliche Arbeit über einen Gegenstand aus dem römischen Recht an, die in vielen Fällen entweder im Druck erschien oder zumindest Grundlage für spätere Druckschriften wurde.[35] Die russische Regierung kündigte an, daß sie diejenigen Absolventen, die ein Zeugnis der Reife zur Bekleidung eines Lehrstuhls für Römisches Recht erhielten, mit einer besoldeten Anstellung als Privatdozent oder außerordentlicher Professor an einer russischen Universität versehen werde. Dazu war zunächst eine in Sankt Petersburg abzulegende Zusatzprüfung in Aussicht genommen worden,[36] doch wurde es später zur Regel, daß die erfolgreichen Absolventen ohne weitere Prüfung ihren Dienst antreten konnten. Gleichwohl legten viele Stipendiaten nach ihrer Rückkehr noch Magister- oder Doktorprüfungen ab.

Die ins Leben gerufene Einrichtung wurde nicht organisatorisch in die Berliner Universität eingegliedert, sondern gründete sich lediglich auf eine Vereinbarung der Hochschullehrer mit der russischen Regierung,[37] die neben den Stipendien auch die Honorare unmittelbar bestritt. Beschlossen wurde, daß neben Eck noch die Professoren Heinrich Dernburg (1829-1907) als im Rahmen der Fakultät

33 Karcov, Rimskoe pravo kak učebnaja disciplina, S. 85.

34 Andreev, Ministerium, S. 129.

35 Vgl. Paul Oertmann, Rez. Petražickij, S. 575.

36 Einer solchen Zusatzprüfung hatte man die bislang nach Westeuropa geschickten Studenten nach ihrer Rückkehr regelmäßig unterworfen; vgl. Kaiser, Altphilologen für Rußland, S. 101.

37 Lenz, Geschichte der königlichen Friedrich-Wilhelms-Universität zu Berlin, Bd. 3, S. 27, Fn. 1.

besonders herausragende Persönlichkeit, sowie Alfred Pernice (1841-1901), »eine europäische Berühmtheit, der nach Jhering's Tod der einzige anerkannte Kenner der Geschichte des russischen Rechtes ist«,[38] Direktoren des Seminars sein sollten.[39] Bernstein sollte den Ordinarien wegen seiner Kenntnis der russischen Sprache und des russischen Rechts für die erste Zeit als Adjunkt zur Seite gestellt werden.[40] Er nahm damit die Funktion eines Vermittlers zwischen den Direktoren und den Stipendiaten ein.[41]

Die preußische Regierung, die das Projekt aus politischen Erwägungen befürwortete, genehmigte die Aufnahme des Unterrichts.[42] Ein zur Grundlage der Studien entworfener Lehrplan sah für das erste Semester Vorlesungen über juristische Enzyklopädie, Institutionen, innere und äußere römische Rechtsgeschichte sowie römischen Zivilprozeß vor. Gegenstand des zweiten Semesters sollten die Pandekten sowie begleitende Übungen sein. Das zweite Studienjahr wurde der Vertiefung, also weiteren Übungen, der Ausarbeitung schwieriger Fragen und Übungen im »Docieren« gewidmet. Der Bonner Zivilrechtler Ernst Zitelmann wurde um eine Stellungnahme gebeten und bemerkte, zwei Jahre seien zu kurz, um so gründliche Kenntnisse des römischen Rechts zu vermitteln, daß die Absolventen reif für eine Professur wären. Jedenfalls solle sich der Stoff auf das römische Recht beschränken.[43] Man müsse vor allem lernen, selbständig wissenschaftlich zu arbeiten, was in Unterricht und Prüfungen zu berücksichtigen sei.[44] Im Hinblick auf die Absicht der russischen Regierung, die erfolgreichen Absolventen zu übernehmen, sprach sich Zitelmann dafür aus, noch eine Auswahl vorzunehmen.[45]

Mit Beginn des Wintersemesters 1887/88 nahm das »Russische Seminar bei der juristischen Fakultät« den Lehrbetrieb auf. Die Mitglieder besuchten u.a. Ecks Konversatorium über Geschichte und Institutionen des römischen Rechts[46] sowie Bernsteins Exegese der Institutionen des Gaius und Justinians, und behandelten im kleinen Kreise bei Pernice ausgewählte Stücke aus Bruns' Fontes iuris Romani. Anfang 1888 wurde der Lehrkörper um den Privatdozenten Friedrich

38 Das Erste Beiblatt zu Nr. 382 der National-Zeitung vom 27.7.1893 zitiert insoweit einen Bericht der »Moskovskie Vedomosti« über das Seminar, in Acta Nr. 61. Einen Nachruf auf Pernice aus russischer Sicht verfaßte El'jaševič, Pamjati Al'freda Pernisa, Sp. 1736-1737.

39 Brief Georgievskij an Eck, 18./30.10.1886, in Acta Nr. 60. Dernburg leitete das Seminar nicht etwa allein, so aber Baum, Leon Petrazycki, S. 15.

40 Brief Georgievskij an Eck, 18./30.10.1886, in Acta Nr. 60; vgl. Maurer, Hochschullehrer, S. 180.

41 Art. Bernštein (Karl Il'ič), S. 577.

42 Schreiben des Ministers für geistliche, Unterrichts- und Medicinalangelegenheiten Gossler, in Acta Nr. 41, Bl. 10.

43 Zitelmann, Schreiben vom 10.8.1886, Bl. 4 r, in Acta Nr. 60.

44 Zitelmann, Schreiben vom 10.8.1886, Bl. 1, in Acta Nr. 60.

45 Zitelmann, Schreiben vom 10.8.1886, Bl. 2 v in Acta Nr. 60.

46 An die Lehrtätigkeit Ecks am Berliner Seminar erinnert Nikonov in seinem Nachruf, Sp. 97.

Endemann (1857-1936) erweitert. Die Mitglieder wurden bald, abhängig vom Stand ihrer Fähigkeiten, in zwei Klassen unterteilt. Neben ihrem Studium am Seminar waren sie an der Universität immatrikuliert und besuchten ergänzende Vorlesungen. Erste Berichte nach Sankt Petersburg zeugten von beachtlichen Fortschritten. Im Juni 1888 konnte das Direktorium bereits vermelden, daß die Hörer Horowitz, Grimm, Dynovskij, Guljaev und Svatkovskij beabsichtigten, Dernburgs Lehrbuch der Pandekten ins Russische zu übersetzen. Dernburg selbst habe sich zur Unterstützung bereit erklärt und namentlich angekündigt, die Fahnen der gerade erscheinenden zweiten Auflage zur Verfügung zu stellen.[47] Zu dieser Übersetzung kam es indessen nicht, nachdem Deljanov erwiderte, eine Übersetzung des Werks sei bereits im Druck und werde bald erscheinen.[48]

Den Schwerpunkt der Studien bildeten auch in den folgenden Semestern Spezialvorlesungen und exegetische Übungen. Nachdem Endemann im November 1888 nach Königsberg berufen worden war, veranstaltete in seiner Nachfolge Johann Christoph Schwartz (1842-1915) dogmatische Besprechungen einzelner Partien des klassischen römischen Rechts. Eck hielt jetzt Vorlesungen über römisches Erbrecht, Gradenwitz las über römischen Zivilprozeß, Hübner über Ciceros Gerichtsreden. Im Sommersemester 1889 las Rudolf von Gneist die Geschichte des Corpus Iuris, Eck die Pandekten und das römische Familienrecht. Als tüchtigste Kandidaten stellten sich Dynovskij und Grimm heraus. Sie wurden der Abschlußprüfung unterzogen und waren die ersten Absolventen; die anderen Mitglieder wurden für ein drittes Jahr zugelassen. Ende 1891 hatten bereits sieben Absolventen das Zeugnis der Reife erhalten und waren an den juristischen Fakultäten in Dorpat, Odessa, Kiev und Moskau tätig.[49]

Die russische Regierung war mit den Ergebnissen der Ausbildung äußerst zufrieden. Katkovs »Moskovskie Vedomosti« begrüßten das Studium der russischen Juristen an der Berliner Universität und bezeichneten das Seminar als eine nützliche Einrichtung, die den russischen juristischen Fakultäten professionell befähigte Hochschullehrer schenke.[50] Das Seminar erfüllte seine Aufgabe und arbeitete gerade dadurch seinem Ende entgegen, denn durch den Einsatz vieler Absolventen an den Universitäten des Reiches wurde der bisherige chronische Mangel an Lehrkräften für das römische und das bürgerliche Recht überwunden. Nachdem das Seminar insoweit die mit seiner Einrichtung in erster Linie verfolgten Ziele erreicht hatte, ordnete Deljanov zum 1./13. April 1896 die Schließung an, da der Bedarf an romanistischem Nachwuchs vorläufig gedeckt sei und man künftige Absolventen nicht mehr ohne weiteres anstellen könne.[51] Möglich ist auch, daß die

47 Bericht der Direktion des russischen Instituts bei der Universität Berlin an das Kaiserlich Russische Ministerium der Volksaufklärung, Sankt Petersburg vom 13.7.1888, in Acta Nr. 60.

48 Brief Deljanovs an Eck, 10.7.1888, in Acta Nr. 60.

49 Beilage zum Juristischen Litteraturblatt (1991), Nr. 26, S. 122.

50 Karcov, Rimskoe pravo kak učebnaja disciplina, S. 87-88.

51 Brief Georgievskijs an Eck vom 5./17.9.1895, in Acta Nr. 61.

hohen Kosten des Seminars und die »gekränkte Eigenliebe der russischen Gelehrtenwelt« mit eine Rolle gespielt haben könnten.[52] Die Schließung erfolgte dann mit Ablauf des Wintersemesters 1895/96 am 7. März.[53] Die Vermutung »gekränkter Eigenliebe« läßt offenbar außer acht, daß die Einrichtung des Seminars durchaus ernsthafte Bemühungen um eine wissenschaftliche Lehre im Zarenreich als marginal erscheinen lassen mochte. Besonders von dem Moskauer Professor Nikolaj P. Bogolepov (1846-1901)[54] ist bekannt, daß er frühzeitig die Versendung zahlreicher geeigneter Nachwuchskräfte in das Ausland mißbilligte. Zwar hatte Bogolepov selbst vor seiner Berufung auf die Moskauer Professur für Römisches Recht zwei Jahre lang im Ausland studiert, doch setzte er sich nun für die Nachwuchsförderung im eigenen Land ein und sah diese durch die Abkommandierungen behindert. Auch erhob er Einwände dagegen, daß die Absolventen eines jahrelangen Studiums des römischen Rechts in Moskau bei der Vergabe von Dozentenstellen zurückgesetzt werden sollten gegenüber den Berliner Stipendiaten, die ein kürzeres und nach Bogolepovs Meinung allzu verengtes Programm durchliefen.[55] Den Vorwurf unzureichender Vorbereitung der Absolventen des Berliner Seminars auf das akademische Lehramt erhob auch Zagorovskij. Er machte dem Universitätsbetrieb seiner Zeit allgemein den Vorwurf, nicht hinreichend vorbereitete Hochschullehrer mit Lehrstühlen zu versehen,[56] und bezog sich damit auch auf die Berliner Stipendiaten. Er kritisierte, daß allein die Teilnahme an diesem Kurs Personen ohne irgendeinen konventionellen akademischen Grad die Berufung auf eine Professur ermöglicht habe. Im übrigen wandte sich Zagorovskij dagegen, daß die

52 Vgl. den anonymen Bericht bei Leonhard (Hrsg.), Stimmen des Auslands, S. 75 und Kartsov, Das Russische Seminar, S. 321.

53 Brief an Georgievskij vom 11.3.1896, in Acta Nr. 61.

54 Nikolaj Pavlovič Bogolepov war seit 1881 Professor für römisches Recht in Moskau, Rektor der Moskauer Universität und seit 1895 als Nachfolger Deljanovs Volksaufklärungsminister bis zu seiner Ermordung durch einen Studenten (dazu Bauer, Russische Studenten, S. 28-32). Vgl. Jankowski, Le droit romain, S. 44. Als Wissenschaftler hing er Jherings Vorstellungen von einer Entwicklung des Rechts unter dem Eindruck gesellschaftlicher Bedürfnisse und Interessen an und betrachtete auch das römische Recht unter diesem Gesichtspunkt. Über ihn vgl. Šilochvost, Russkie civilisty, S. 21 f. Bogolepov verfaßte mehrere Gesamtdarstellungen und Monographien über römisches Recht: Značenie obščenarodnogo rimskogo prava (ius gentium) v klassičeskoj rimskoj jurisprudencii (Die Bedeutung des römischen Völkergemeinrechts [ius gentium] in der klassischen römischen Rechtswissenschaft), Moskva 1876; Formal'nye ograničenija svobody zaveščanii v rimskoj klassičeskoj jurisprudencii (Formale Grenzen der Testierfreiheit in der römischen klassischen Rechtswissenschaft), Moskva 1881; Učebnik istorii rimskogo prava (Lehrbuch der Geschichte des römischen Rechts), Moskva 1895.

55 Vgl. Kartsov, Das Russische Seminar, S. 326-331. Bogolepov stellte in seinem Lehrbuch der Geschichte des römischen Rechts den historischen Stoff nach Perioden und nicht nach Institutionen dar. Das sollte das volle Bild des juristischen Lebens des Volkes und die Entwicklungszusammenhänge für die verschiedenen Rechtsbereiche zeigen. Vgl. Bogolepov, Učebnik istorii rimskogo prava, S. III ff.

56 S. oben S. 332. Über Zagorovskij s. unten S. 366 mit Fn. 246.

Absolventen nicht nur zur Lehre des Römischen Rechts, sondern auch zu der anderer Fächer zugelassen wurden, obwohl sie sich mit diesen Fächern an der Berliner Universität gar nicht beschäftigt hatten.[57]

b.) Absolventen des Seminars

Die wissenschaftliche Ausstrahlung des Berliner Seminars war bedeutend.[58] Insgesamt wurden 17 junge Dozenten erfolgreich ausgebildet. Sie stehen für die letzte Generation von Hochschullehrern, die im Zarenreich noch einige Wirkung über akademischen Unterricht und wissenschaftliches Schrifttum entfalten konnte. Der sowjetische Romanist Ivan Pereterskij[59] erkannte rückblickend an: »Mitten im vorrevolutionären russischen Studienwesen wirkte eine Reihe von für die damalige Zeit erstrangigen Spezialisten des römischen Rechts.«[60] Zahlreiche der Berliner Stipendiaten nahmen in der romanistischen Wissenschaft im letzten Vierteljahrhundert des Zarenreiches eine herausragende Stellung ein und beteiligten sich gleichzeitig an der Debatte um den richtigen Stellenwert des römischen Rechts im Verhältnis zum geltenden Recht:

David Davidovič Grimm[61] (1864-1941) stammte aus einer ursprünglich bäuerlichen, in der deutschen Siedlung Grimm (russ. Lesnoj Karamyš) an der Wolga beheimateten Familie,[62] die eine beachtliche Reihe bedeutender Persönlichkeiten hervorbrachte.[63] Er hatte seine Studien an der Universität Sankt Petersburg 1881-1885 betrieben und war auf Vorschlag von Djuvernua an das Berliner Seminar geschickt worden, dessen Programm er von Oktober 1887 bis August 1889 durchlief. Grimm war nach Anfertigung einer wissenschaftlichen Arbeit »Zur Lehre vom Wesen und von den Rechtsfolgen der Bereicherung« zusammen mit Dynovskij erster Absolvent des Seminars. Im Jahre 1889 wurde er Privatdozent an der Universität Dorpat, bevor ihm 1893 die Universität Sankt Petersburg nach

57 Zagorovskij, O prepodavanii i izučenii graždanskogo prava (1899), Nr. 12, S. 146.

58 Grau, Institutionen und Personen, S. 133 f. mit Hinweis auf Feyl, Die Universität Berlin, S. 57 f. Für die Gesamtbilanz mit Rücksicht auf den beschränkten Einfluß der Absolventen auf das Recht des Zarenreiches, dessen Untergang nicht verhindert werden konnte, vgl. unten S. 350-354.

59 Über Ivan Sergeevič Pereterskij (1889-1956) vgl. Šilochvost, Russkie civilisty, S. 123 f.

60 Pereterskij, Digesty Justiniana, S. 100.

61 Zur Biographie vgl. den Art. Grimm, David Davidovič, in: Biografičeskij Slovar' professorov i prepodavatelej imperatorskogo S.-Peterburgskogo universiteta 1869-1894, Bd. 1, S. 218 f. sowie Biografičeskij Slovar' professorov i prepodavatelej imperatorskogo Jur'evskogo, byvšego Derptskogo, universiteta 1802-1902, S. 614-616; Šilochvost, Russkie civilisty, S. 51 f.; Amburger, Aus der Geschichte, S. 37 f.; Kolbinger, Im Schleppseil Europas?, S. 209 ff.; Alexeeva, L'insegnamento, S. 568-570; ferner (aus Anlaß einer Exegese) Manthe, Die libri ex Cassio, S. 124, Fn. 24.

62 Grimm war Neffe des Romanisten Ottomar Meykow (Ottomar Fridrichovič Mejkov, 1823-1894), des mehrfachen Rektors der Universität Dorpat. Vgl. Kartsov, Das Russische Seminar, S. 339.

63 Vgl. Amburger, Aus der Geschichte, S. 37 f.

Verteidigung einer Dissertation »Očerki po učeniju ob obogaščenii« (»Beiträge zur Lehre von der Bereicherung«) den Grad eines Magisters des römischen Rechts verlieh. 1894 wurde er Privatdozent in Sankt Petersburg, wo er 1899 zum außerordentlichen Professor ernannt wurde. 1900 erarbeitete er eine Doktordissertation aus dem römischen Recht mit dem Titel »Grundlagen der Lehre vom Rechtsgeschäft«[64] und wurde 1901 ordentlicher Professor für Römisches Recht.[65]

Aleksej Michajlovič Guljaev[66] (1863-1923) kam, nachdem er zunächst philologische, dann juristische Studien an der Universität des Heiligen Vladimir in Kiev betrieben hatte, im Oktober 1887 nach Berlin, fertigte eine wissenschaftliche Arbeit über die »*Donatio ante nuptias*« und blieb am Seminar bis zum Ende des Sommersemesters 1890. Nach seiner Rückkehr wurde er in Dorpat Privatdozent und 1891 außerordentlicher Professor. Im Jahre 1894 legte er an der Kiever Universität eine Doktordissertation vor und wurde dort außerordentlicher Professor für bürgerliches Recht, bevor er 1895 einen Lehrstuhl übertragen bekam.[67] Seit 1896 war er neben seinem Lehramt Richter am Bezirksgericht in Kiev gewesen, wurde dann 1908 zum Mitarbeiter des Oberprokurors der Kassationsabteilung in Zivilsachen berufen und erhielt eine Professur an der Kaiserlichen Rechtsschule in Sankt Petersburg. Von 1911 bis 1916 versah er eine Professur in Moskau und lehrte sowohl an der Universität als auch am Cesarevič-Nikolaj-Gedächtnis-Lyzeum. In seiner Funktion als Mitarbeiter des Oberprokurors und seit 1916 selbst als Senator in der Kassationsabteilung in Zivilsachen wurde er prägend für die höchstrichterliche Praxis auf diesem Rechtsgebiet. 1919 als Professor für Bürgerliches Recht an die Universität Saratov berufen, wechselte er 1920 an die Juristische Fakultät der Kiever Universität für Volkswirtschaft.

64 Grimm, Osnovy učenija o juridičeskoj sdelke v sovremennoj nemeckoj doktrine pandektnogo prava (Grundlagen der Lehre vom Rechtsgeschäft in der gegenwärtigen deutschen Doktrin des Pandektenrechts), S.-Peterburg 1900; weitere Werke: Očerki po učeniju ob obogaščenii (Beiträge zur Lehre von der Bereicherung), Teil 1, Dorpat 1891, Teil 2, Dorpat 1891, Teil 3, S.-Peterburg 1893; Kurs rimskogo prava (Kurs des römischen Rechts), Teil 1, S.-Peterburg 1904; Sootnošenie meždu juridičeskimi institutami i konkretnymi otnošenijami (Das Verhältnis zwischen Rechtsinstituten und konkreten Beziehungen), Moskva 1914; Zur Frage über den Begriff der Societas im klassischen römischen Rechte, Tartu 1933; div. Aufsätze.

65 Der Plan seiner Vorlesung im Römischen Privatrecht ergibt sich aus dem Programma kursa dogmy rimskogo prava professora D. D. Grimma.

66 Zu Guljaev vgl. Biografičeskij Slovar' professorov i prepodavatelej imperatorskogo Jur'evskogo, byvšego Derptskogo, universiteta 1802-1902, Bd. 1, S. 617 f.; Kolbinger, Im Schleppseil Europas?, S. 209 ff.; Šilochvost, Russkie civilisty, S. 52 f.; Avenarius, Das russische Seminar, S. 899; Donnert, Die Universität, S. 105.

67 Werke: Predbračnyj dar v rimskom prave i v pamjatnikach vizantijskogo zakonodatel'stva (Die voreheliche Schenkung im römischen Recht und in den Überlieferungen der byzantinischen Gesetzgebung), Dorpat 1891; Dogovor najma uslug (Der Dienstvertrag), Dorpat 1893; Ob otnošenii russkogo prava k pravu rimskomu (Über die Beziehung des russischen bürgerlichen Rechts zum römischen Recht), Kiev 1894; div. Aufsätze.

Aleksandr Sergeevič Krivcov[68] (1868-1910) schloß 1890 seine juristischen Studien an der Moskauer Universität ab und kam im Herbst 1891 an das Seminar, wo er bis Ostern 1894 blieb und eine wissenschaftliche Arbeit »Beiträge zur Lehre von den juristischen Personen nach römischem Recht. I. Die Deliktsfähigkeit der Gemeinde« schrieb. Im Jahre 1894 wurde er Privatdozent an der Neurußländischen Universität in Odessa, wo er bürgerliches Recht und Verfahrensrecht lehrte. Im Jahre 1896 wechselte er an die Universität Dorpat, wo er von 1897 an eine Professur für Römisches Recht versah.[69]

Evgenij Vjačeslavovič Passek[70] (1860-1912) betrieb zunächst mathematische, dann juristische Studien an der Universität Moskau und schloß diese 1886 als Kandidat ab. Im November 1888 trat er dem Seminar bei und fertigte eine wissenschaftliche Arbeit »Über den Vermögenswerth der Leistung bei Kontraktsobligationen«. Passek blieb in Berlin bis zum Ende des Sommersemesters 1890 und wurde anschließend Privatdozent in Moskau. Im Jahre 1893 legte er das Magisterexamen an der Dorpater Universität ab und wurde dort zum außerordentlichen, 1901 schließlich zum ordentlichen Professor für Römisches Recht ernannt.[71] Sinajskij würdigte seinen akademischen Lehrer Passek nach dessen Tod als einen jener Gelehrten, für die, was als Besonderheit wahrgenommen werden konnte, das Recht einen Eigenwert habe.[72] Passeks Hauptarbeitsgebiet bildete die Forschung über das immaterielle Interesse, und zwar sowohl im Schuld- als auch im Sachenrecht, einschließlich des Rechtsschutzes im Rahmen des römischen Formularprozesses.[73] Passek erkannte das römische Recht als Privatrechtstheorie an und zielte mit seiner Arbeit daher gleichzeitig auf die Bereicherung der Dogmatik des geltenden Rechts.[74] Einer der Hauptgedanken in seinem Werk zum nichtvermögensrechtlichen Interesse im Schuldrecht besteht darin, daß das Interesse des Berechtigten das Kriterium für die Abgrenzung zwischen vermögensrechtlichen und nichtvermögensrechtlichen Beziehungen bilden solle. Wich-

68 Zu Krivcov vgl. Biografičeskij Slovar' professorov i prepodavatelej imperatorskogo Jur'evskogo, byvšego Derptskogo, universiteta 1802-1902, Bd. 1, S. 619 f.; Šilochvost, Russkie civilisty, S. 89 f.

69 Werke: Die Delictsfähigkeit der Gemeinde, Berlin 1894; Abstraktnye i material'nye objazatel'stva v rimskom i sovremennom prave (Abstrakte und materielle Verpflichtungen im römischen und heutigen bürgerlichen Recht), Jur'ev 1898 (Ndr. Moskva 2003); Obščee učenie ob ubytkach (Die allgemeine Lehre vom Schaden), Jur'ev 1902.

70 Zu Passek vgl. Biografičeskij Slovar' professorov i prepodavatelej imperatorskogo Jur'evskogo, byvšego Derptskogo, universiteta 1802-1902, Bd. 1, S. 616 f.; Šilochvost, Russkie civilisty, S. 119 f.; Em/Berdnikov, Evgenij Vjačeslavovič Passek, S. 7-42. Sein Schwiegersohn war V. Ė. Grabar' (1865-1956); über beide Juristen vgl. Donnert, Die Universität, S. 104 f.

71 Werke: Neimuščestvennyj interes v objazatel'stve (Das immaterielle Interesse im Schuldverhältnis), Jur'ev 1893, neu abgedruckt in dem Band: Passek, Neimuščestvennyj interes i nepreodolimaja sila v graždanskom prave (Moskva 2003); diverse Aufsätze, u. a. zu *vis maior* und *custodia*.

72 Sinajskij, Pamjati professora E. V. Passeka, Sp. 2346 f.

73 Em/Berdnikov, Evgenij Vjačeslavovič Passek, S. 25 f.

74 Em/Berdnikov, Evgenij Vjačeslavovič Passek, S. 18.

tige Anregungen verdankte diese Auffassung Jherings Interessenkonzept.[75] Passeks Arbeiten an der Fassung des Rechtsbegriffs der immateriellen Interessen erwiesen sich nicht nur als anregend für die Dogmatik seiner Zeit.[76] Sie wiesen auch in die Zukunft, nämlich auf die spätere Herausbildung des Schutzes des Persönlichkeitsrechts.[77]

Leon Petrażycki (1867-1931)[78] hatte schon während seiner Studienzeit in Kiev Julius Barons Lehrbuch der Pandekten ins Russische übersetzt.[79] Nach Abschluß seines Studiums in Kiev 1890 war er aufgrund eines von dem Romanisten Leonid N. Kazancev[80] entwickelten Studienplanes zur weiteren Ausbildung in den juristischen Fächern ins Ausland geschickt worden.[81] 1891 wurde er nach Berlin abkommandiert mit der Weisung, mindestens zwei Semester am russischen Seminar für Römisches Recht zu verbringen.[82] Dort erwies er sich bald als eines der tüchtigsten Mitglieder. Von 1893 an beschäftigte er sich mit der Ausarbeitung seines umfangreichen Werkes über die Lehre vom Einkommen, bei dessen Konzeption er sich von den Leitern des Berliner Seminars beraten ließ.[83] Am Seminar blieb Petrażycki bis August 1894. Von 1898 bis 1917 war er Professor in Sankt Petersburg, bevor er nach erfolgter Emigration 1918 bis zu seinem Tod 1931 an der Warschauer Universität lehrte.

Iosif Alekseevič Pokrovskij[84] (1868-1920) absolvierte sein Studium von 1886 bis 1890 an der juristischen Fakultät der Kiever Universität, die zwei Jahre vor seinem Eintritt ihr fünfzigjähriges Jubiläum gefeiert hatte und gerade eine Blüte-

75 Vgl. Em/Berdnikov, Evgenij Vjačeslavovič Passek, S. 22.

76 Em/Berdnikov, Evgenij Vjačeslavovič Passek, S. 38-39.

77 Em/Berdnikov, Evgenij Vjačeslavovič Passek, S. 41.

78 Zu Petrażycki vgl. Süss, Heinrich Dernburg, S. 79-86 mit Nachweisen; Baum, Leon Petrazycki, S. 14ff.; Art. Petražickij, Lev Iosifovič, Sp. 1419-1420; Baberowski, Art. Petrazickij, S. 480f.; Šilochvost, Russkie civilisty, S. 124f.; Dajczak, Art. Leon Petrażycki, S. 837-839; Timasheff, Petrazhitsky's Philosophy of Law, S. 736-740.

79 Baron, Sistema rimskogo graždanskogo prava, Teil 1-4, Kiev 1888-1889, 2. Auflage, Teile 1-2, Moskva 1898, Teil 3, Sankt-Peterburg 1899, 3. Auflage, Sankt-Peterburg 1909. Vgl. Baum, Leon Petrazycki, S. 15.

80 Der Kiever Romanist Kazancev (1854-1896) hatte von 1873 bis 1877 am Demidovschen Juristischen Lyzeum in Jaroslavl' studiert, also gerade zu der Zeit, als Djuvernua dort römisches Recht lehrte. Er legte mehrere Arbeiten über die Stellvertretung im römischen Recht vor. Über ihn vgl. Biografičeskij slovar' professorov i prepodavatelej imperatorskogo universiteta Sv. Vladimira, S. 234f. sowie Šilochvost, Russkie civilisty, S. 77.

81 In diese Zeit fallen Studienaufenthalte Petrażyckis in Heidelberg und Paris.

82 Brief von A. Georgievskij an Ernst Eck vom 27.5. bzw. 7.6.1891, in Acta Nr. 60.

83 Vgl. Kartsov, Das Russische Seminar, S. 338.

84 Zu Pokrovskij vgl. seine kurze Selbstdarstellung im Biografičeskij Slovar' professorov i prepodavatelej imperatorskogo Jur'evskogo, byvžego Derptskogo, universiteta 1802-1902, Bd. 1, S. 618f. sowie Nečaev, Art. Pokrovskij (Iosif Alekseevič), S. 248, ferner den Nachruf von Zimeleva, Reč' pamjati, S. 320-326, Poljanskij, Iosif Alekseevič Pokrovskij, S. 327-340, Lappa-Starženeckaja, Pamjati, S. 604-605, Pergament, Pokrovskij, S. 244-247 sowie Semënova, I.A. Pokrovskij, S. 473-475. Für Würdigung von Leben und Werk aus moderner Sicht vgl. Makovskij, Vypavšee zveno, S. 7-36, Šilochvost, Russkie civilisty, S. 127-129, Kolbinger, Im

zeit erlebte. Pokrovskij wurde Schüler Kazancevs, durch den er in das römische Recht und den Umgang mit dessen Quellen eingeführt wurde. Unter Kazancevs Anleitung schrieb Pokrovskij auch seine erste wissenschaftliche Arbeit über den Werkvertrag im römischen und geltenden bürgerlichen Recht: »*Locatio-conductio operis* v rimskom i sovremennom graždanskom prave«. Pokrovskijs Leistungen fanden Anerkennung, und er erhielt ein Stipendium, um sich auf die Übernahme einer Professur vorzubereiten. Von Januar 1892[85] bis Mai 1894 besuchte er das Berliner Seminar, wo er eine wissenschaftliche Arbeit »Über die *actiones in factum* des Römischen Rechts« anfertigte.[86] So stieg auch Pokrovskij in seine rechtswis-

Schleppseil Europas?, S. 239-247 und Alexeeva, L'insegnamento, S. 570-572. Vgl. näher unten S. 442 ff.

85 Pokrovskij soll, wie Makovskij, Vypavšee zveno, S. 11 meint, schon 1891 am Berliner Seminar studiert haben. Nach den Akten des Berliner Seminars im Archiv der Humboldt-Universität trat Pokrovskij dem Kreis der Hörer allerdings erst im Januar 1892 bei. Vgl. die Acta Nr. 61. Die gedruckten Studenten-Verzeichnisse der Berliner Universität führen Pokrovskij mit dem Eintrittstermin »Ostern 1892«. Weitere, den hier zugrundegelegten Zeitraum stützende Hinweise gibt Rudokvas, I. A. Pokrovskij, bei Fn. 3.

86 Auf dieser Arbeit beruhen Pokrovskijs Aufsatz Die Actiones in factum des classischen Rechts (1895), seine Arbeit Pravo i fakt v rimskom prave, Čast' 1. Pravo i fakt, kak material'noe osnovanie iskov (Recht und Tatsache im römischen Recht, Teil 1. Recht und Tatsache als materieller Klagegrund, 1898) sowie sein Aufsatz Zur Lehre von den actiones in ius und in factum (1899). Pokrovskijs Lehre besteht im Kern darin, daß er die (in der Tendenz nicht neue) Vorstellung, der Dualismus von *actiones in ius conceptae* und *actiones in factum conceptae* entspreche dem Gegensatz zwischem zivilem und prätorischem Recht, zur Konsequenz treibt. Er meint, die *actio in ius concepta* sei immer eine zivile Klage, die *actio in factum* immer eine prätorische. Besonders scharf wurde Pokrovskijs Standpunkt von Heinrich Erman angegriffen, der zutreffend auf zahlreiche entgegenstehende Quellen hinwies. In seiner Monographie Servus vicarius (1896), S. 498-518 widmete er Pokrovskijs Standpunkt ein eigenes Kapitel und sprach in polemischer Ironie von »thèses révolutionnaires« (S. 498). Außerdem schrieb er eine kritische Rezension über Pokrovskijs Arbeit Die Actiones in factum … (1896) sowie einen langen Aufsatz über dasselbe Thema, der fast völlig der Widerlegung von Pokrovskijs Theorie gewidmet ist (Conceptio formularum, 1898). Zur richtigen Einordnung der Schärfe von Ermans Angriffen muß allerdings berücksichtigt werden, daß dieser allgemein den Ruf eines leidenschaftlichen Kritikers und Polemikers genoß (Bartošek, Rimskoe Pravo, S. 353). Seine Kritik zielte indessen nicht auf reine Destruktion, vgl. unten S. 354, Fn. 169. Hugo Krüger verteidigte in seiner Rezension (1896) zu Ermans Buch Pokrovskijs These, der er, wenn auch in Anerkennung von Korrekturbedürftigkeit in verschiedener Hinsicht, grundsätzlich zuneigte. Krüger führte aus, wenn man die *actio in ius concepta* nicht als auf das *ius civile* im objektiven Sinne gestützt sehe, sondern auf das subjektive zivile Recht des Klägers, dann könne, wo ein solches nicht bestehe und der Prätor erst eine Klage schaffen müsse, dieselbe nur *in factum* konzipiert sein (aaO., S. 420-421). Man wird heute ferner darauf hinweisen dürfen, daß Pokrovskijs überzeichnender Standpunkt insoweit lehrreich ist, als er auf eine Konsequenz der servianischen *partitio* zwischen *ius* und *factum* hinweist, welche dem spezifisch klassischen, im Recht des Prinzipats freilich nicht in reiner Form verwirklichten Rechtsdenken zugrundeliegt. Während Erman immerhin anerkannte, daß Pokrovskij brauchbare Denkanstöße geliefert habe, wurde dessen Dissertation Pravo i fakt v rimskom prave ausgesprochen kri-

senschaftliche Forschung als Romanist ein.[87] Nach seiner Rückkehr wurde er – schon vor der Verteidigung seiner Magisterdissertation – Privatdozent für Römisches Recht an der damaligen Jur'ever Universität (Dorpat/Tartu). 1898 wurde er auf eine Professur an der Universität Kiev berufen. Nach seinem Wechsel nach Sankt Petersburg 1903 lehrte er bis 1912 an der Universität sowie am Alexander-Lyzeum und an den Bestužev-Kursen.[88]

Wilhelm v. Seeler[89] (1861-1925) studierte von 1881 bis 1886 in Dorpat und wurde für eine Arbeit über »Die Lehre von der Urkundenfälschung« mit einer Goldmedaille ausgezeichnet. Zwischen 1886 und 1887 war er Auskultator des Rats in Riga. Seeler kam im Oktober 1887 nach Berlin und studierte am Seminar bis zum Ende des Sommersemesters 1890. Seine Abschlußarbeit widmete er dem Thema: »Über den Begriff und die Voraussetzungen des Verfalls der Pönalstipulation nach römischem Recht«. Nach seiner Rückkehr fertigte er in Dorpat eine Magisterarbeit »Zur Lehre von der Conventionalstrafe nach römischem Recht« an. Nachdem er im Jahre 1892 Privatdozent für römisches Recht geworden war, wurde er 1895 in Char'kov zum stellvertretenden außerordentlichen Professor ernannt. Er wurde 1896 aufgrund einer Dissertation »Učenie o prave obščej sobstvennosti po rimskomu pravu« (Die Lehre vom Miteigentum im römischen Recht) promoviert und zum ao. Professor in Kiev ernannt. Hier versah Seeler von 1897 bis 1901 eine ordentliche Professur, wechselte dann aber nach Berlin, wo er sich im Jahre 1901 habilitierte. Er wirkte dort von 1902 bis 1912 als ao. Professor und war gleichzeitig Mitglied der juristischen Prüfungskommission beim Kammergericht. 1912-13 war er o. Professor für Baltisches Privatrecht in Dorpat, 1913-17 o. Professor für Römisches Recht in Sankt Petersburg, seit 1920 wieder Professor in Dorpat.[90]

tisch rezensiert von Nikol'skij (1898), der dem Autor nicht nur Irrtümer, sondern auch mangelnde Redlichkeit vorwarf. Die Intensität dieses Angriffs war offenbar jedenfalls *auch* dadurch veranlaßt, daß der Rezensent zu jenen im Zarenreich qualifizierten Hochschullehrern gehörte, die die privilegierten Karriereaussichten der »Berliner Absolventen« kritisierten (s. oben S. 335). In einer Replik (Otvet g. B. V. Nikol'skomu, 1899) konnte Pokrovskij einige Vorhaltungen als auf sachfremde Erwägungen zurückgehend kennzeichnen und andere richtigstellen.

87 Vgl. Poljanskij, Iosif Alekseevič Pokrovskij, S. 327; Ioffe, Rossija dosovetskaja, S. 319.

88 S. unten S. 355 f.

89 Zu Karl-Wilhelm v. Seeler (Karl-Vil'gel'm Fridrichovič fon Zeler) (1861-1925) vgl. Juridičeskij Fakul'tet Char'kovskogo universiteta, S. 182 f., mit Portrait im Anhang; Šilochvost, Russkie civilisty, S. 71 f.

90 Vgl. Siimets-Gross, Die Lehre, S. 351 f. Werke: Zur Lehre von der Conventionalstrafe nach römischem Recht (Magisterarbeit Univ. Dorpat, Halle 1890 und 1891, rezensiert von Friedrich Endemann in: Juristisches Litteraturblatt [1891], Nr. 26, S. 114); Učenie o prave obščej sobstvennosti po rimskomu pravu, Char'kov 1895; Die Lehre vom Miteigenthum nach römischem Recht, Halle 1896; Das publicianische Edikt. Ein neuer Reconstructionsversuch, in: SavZRG (Rom. Abt.) 21 (1900), S. 58-61; System des römischen Privatrechts. Grundriß zu Vorlesungen, Dorpat 1924; weitere Werke zum deutschen bürgerlichen Recht.

Paul Ernst Emil v. Sokolowski (Pavel Emel'janovič [bzw. Ėmil'evič] Sokolovskij) (1860-1934), aus einer baltischen Familie stammend,[91] studierte von 1879 bis 1884 Geschichte und Rechtswissenschaft an der Universität in Dorpat. Im September 1887 sollte er in das Berliner Seminar aufgenommen werden, mußte dann jedoch wegen einer Verurteilung zu neunmonatiger Festungshaft in Warschau (1886/87) seine Studienpläne verschieben. Im Oktober 1888 konnte er in Berlin vorläufig am Unterricht teilnehmen, und wegen seines großen Eifers bat Eck um seine Aufnahme in das Seminar,[92] was von russischer Seite genehmigt wurde.[93] Bereits im April 1890 prüfungsreif, blieb er noch bis Ende des Sommersemesters und schrieb eine wissenschaftliche Arbeit »Über das Bürgschaftsmandat (mandatum qualificatum)«. 1891 legte er die Magisterprüfung ab, 1894 wurde er promoviert. Bis 1896 war Sokolowski ao. Professor für Römisches Recht in Kiev, bis 1906 dann ordentlicher Professor in Moskau, von 1906 bis 1907 ao. Professor in Berlin und seit 1907 o. Professor für Römisches Recht in Königsberg. Diese Professur, sein erstes Ordinariat in Deutschland,[94] gab Sokolowski 1908 auf, um im Herbst desselben Jahres Kurator des Char'kover »südwestrussischen« Lehrbezirkes zu werden.[95] Es handelte sich um das höchste für das Bildungswesen zuständige Amt des Bezirks, dessen Inhaber den Minister vertrat.[96] Im Jahre 1919 wurde

91 Über Sokolowski vgl. Šilochvost, Russkie civilisty, S. 139; Donnert, Die Universität, S. 65 f. Für Jugend und Studienzeit vgl. seine postum erschienenen Lebenserinnerungen (1957/58).

92 Brief Eck an Georgievskij, 10.1.1889, in Acta Nr. 60.

93 Schreiben vom 29.1. bzw. 10.2.1889, in Acta Nr. 60. Daß Sokolowski relativ bald nach seiner Festungshaft Stipendiat der Regierung werden konnte, wird u.a. dadurch zu erklären sein, daß die Festungshaft für nicht ehrlose Straftaten (wie etwa Duelle) verhängt wurde; vgl. Schultz, Russische Rechtsgeschichte, S. 228. Duelle waren verboten, doch war die Strafandrohung allmählich derartig herabgesetzt worden, daß dies geradezu als Anerkennung der Praxis des Duellwesens gesehen werden kann.

94 Die Heidelberger Fakultät hatte 1904 erwogen, Sokolowski (aus Moskau!) als Nachfolger Otto Karlowas zu berufen, doch gelangte dieser Plan nicht zur Verwirklichung; vgl. Schroeder, Eine Universität, S. 310 f.

95 Zum Lehrbezirk Char'kov vgl. Kusber, Eliten- und Volksbildung, S. 394-400.

96 Kolbinger, Im Schleppseil Europas?, S. 146. Kolbinger meint, die Übertragung des Amtes auf Sokolowski zeige, welch hohes Vertrauen man ihm im Ministerium entgegengebracht habe. Umgekehrt habe Sokolowski – im Gegensatz zu den meisten seiner Kollegen – hinter der Politik des Ministeriums gestanden (aaO., S. 196). Es war allerdings keineswegs nur loyale Gesinnung gegenüber Sankt Petersburg, die Sokolowski zur Aufgabe seines Lehrstuhls bewog, sondern eine höchst eigenwillige und heikle Motivation, wie er in einem vertraulichen Schreiben vom 12.5.1908 an Friedrich Althoff, den einflußreichen Ministerialdirektor im preußischen Unterrichtsministerium, darlegte; abgedruckt in: Voigt, Rußland in der deutschen Geschichtsschreibung, S. 342-343. Sokolowski erwartete nämlich, nach Übernahme des Amtes in absehbarer Zeit den baltischen Lehrbezirk übertragen zu bekommen, um insbesondere an der Universität Dorpat »der deutschen Kultur wieder dienen zu können«, nachdem diese durch die Russifizierung – seit 1893 trugen Stadt und Universität den altrussischen Namen »Jur'ev« – schwer gelitten hatte. Vgl. Anepaio, Die russische Universität in Jur'jev, S. 400-425; Donnert, Die Universität, S. 58 ff. Gegenwärtig

Sokolowski Justizminister der Republik Lettland. Er war 1921 Mitbegründer des Herderinstituts sowie der Herdergesellschaft in Riga und anschließend deren 1. Vorsitzender.[97] Bei der Wahrnehmung dieser Aufgabe bewies Sokolowski, daß er sich nun – nicht anders als vor der Revolution – der Bewahrung deutscher Kultur verpflichtet fühlte.[98] In den 1920er und 30er Jahren engagierte er sich publizistisch gegen Gefahren, die er, von Sowjetrußland ausgehend, für Europa wahrnahm.[99] Zuletzt wurde er 1933 Professor an der Universität in Kaunas (Kowno), der damals provisorischen Hauptstadt Litauens. Sokolowski wurde der deutschen Romanistik bekannt durch seine Arbeiten über den Einfluß der Philosophie auf das römische und moderne deutsche Privatrecht.[100] Bedeutung erlangte er ferner als Schüler Dernburgs, dessen Pandektenlehrbuch er ins Russische übersetzte.[101] Schließlich brachte er unter dem Titel »System des römischen Rechts« die überarbeitete achte (deutsche) Auflage von Dernburgs Pandekten heraus (1911).[102]

sei an die Übertragung dieses Postens mit Rücksicht auf die »chauvinistische Presse« noch nicht zu denken. Dies änderte sich in den folgenden Jahren allerdings nicht. Sokolowskis Plan ging daher nicht in Erfüllung. Der Brief an Althoff zeigt auch, daß sich Sokolowski alle Türen offenhalten wollte. Er bat Althoff darum, seinen Einfluß dafür einzusetzen, »daß man mir im Ministerium meinen Fortgang nicht übel nimmt«.

97 Die Herdergesellschaft zu Riga war 1921 als deutsche gelehrte Gesellschaft gegründet worden, um an dem von ihr eingerichteten Herderinstitut Lehrveranstaltungen zu betreiben und insbesondere die deutsche wissenschaftlicher Forschung zu verbreiten. Das Herderinstitut, zu dessen ersten Studenten der spätere Romanist Gerhard Dulckeit gehörte, wurde 1927 offiziell als private deutsche Hochschule anerkannt und bestand bis 1939. An seiner Juristisch-Staatswissenschaftlichen Abteilung las Sokolowski von 1924 bis 1926 Bürgerliches Recht und Rechtsphilosophie.

98 Vgl. den Brief vom 12.3.1923, mit dem er den Heidelberger Germanisten Friedrich Panzer, einen deutschnational gesinnten Mediävisten, um Mitwirkung an einem Ferienhochschulkurs bat: »Wir hoffen keine Fehlbitte zu tun in der Ueberzeugung, dass Ihre Lebensarbeit Ihnen eine Stellung in der gelehrten Welt gesichert hat, die es Ihnen nahelegen wird, dort in die Bresche zu treten, wo deutschen Kulturwerten Gefahr droht. Ist es uns doch vor allem darum zu tun, die alten ruhmvollen Traditionen der ehemals blühenden Hochschulen von Dorpat und Riga weiter zu pflegen und neu zu beleben, um aus den Drangsalen der Gegenwart unser Vätererbe hinüber zu retten in eine, so hoffen wir bestimmt, bessere Zukunft«.

99 Kolbinger, Im Schleppseil Europas?, S. 210f., unter Hinweis auf die Schriften »Die Versandung Europas … eine andere, große russische Gefahr« (Berlin 1929) und »Baltikum / Rußland (Deutschland von draußen gesehen)« (Berlin 1934). Vor allem in der letztgenannten Schrift (S. 7ff.) beschreibt Sokolowski ein zwischen dem deutschen und dem slavischen Einfluß bestehendes kulturelles Gefälle.

100 Sokolowski, Die Philosophie im Privatrecht, 2 Bde. 1, Halle 1907.

101 Genrich Dernburg, Pandekty. Objazatel'stvennoe pravo. Ein Exemplar mit Widmung Sokolowskis »seinem hochverehrten Lehrer und Freund« befindet sich im Nachlaß Dernburg im Archiv der Berliner Humboldt-Universität.

102 Weitere Werke: Das Garantiemandat nach römischem und gemeinem Recht, Halle 1890; Zur sog. exceptio divisionis, in: SavZRG (Rom. Abt.) 11 (1890), S. 278-301; Die Mandatsbürgschaft nach römischem und gemeinem Recht unter Berücksichtigung des Entwurfs

Zu nennen ist darüber hinaus eine Anzahl wissenschaftlich etwas weniger bedeutender Absolventen des Seminars, die jedoch gleichfalls nach ihrer Rückkehr als Rechtslehrer an russischen Universitäten wirkten oder sich durch Forschungen hervortaten: Michail Pavlovič Bobin (geb. 1866), der bereits 1891 eine russische Übersetzung der ersten beiden Bücher der Institutionen des Gaius hergestellt hatte,[103] kam im November 1894 zum Seminar und wirkte später als Professor in Jaroslavl' und Abgeordneter in der 2. Duma.[104] Konrad Konradovič Dynovskij (Konrad v. Dynowski, 1863-1930) gehörte dem Seminar von 1887 bis 1889 an.[105] Er wurde nach seiner Rückkehr zunächst Professor in Odessa und lehrte anschließend an der Sankt Petersburger Universität sowie am Alexander-Lyzeum.[106] Dynovskij war Anhänger der Freirechtslehre. Neben dem Lehramt nahm er praktische Aufgaben wahr, u.a. als Mitarbeiter des Oberprokurors am Dirigierenden Senat sowie als Senator. Nach dem Krieg versah er eine Professur für Zivilprozeßrecht an der Universität Warschau.[107] Benedikt (Benno) Frese (Freze, 1866-1942)[108] war nach seinem Studium in Dorpat von 1894 bis 1897 Mitglied des Berliner Seminars,[109] arbeitete anschließend als Rechtsanwalt und Dozent am Polytechnikum in Riga, bevor er 1901 Professor für Römisches Recht am Demidovschen Juristischen Lyzeum in Jaroslavl' wurde. Er wurde 1917 zum Professor für Römisches Recht in Moskau ernannt und lehrte von 1919 bis 1933 Römisches Recht am Herderinstitut in Riga.[110]

Der Pole Wiktor Juszkiewicz (Juškevič)[111] (gest. 1908)[112] hatte wohl als einziger Berliner Stipendiat die Kaiserliche Rechtsschule absolviert.[113] Aufgenommen auf Vorschlag des Sankt Petersburger Romanisten Ludol'f Dorn, studierte er am Berliner Seminar von 1888 bis 1891 und fertigte eine wissenschaftliche Arbeit über das Recht der *alluvio*, des *alveus derelictus* und die *insula in flumine nata* (1893), die zur Grundlage für seine erste Monographie »Učenija Pandektov: o namyve, juridičeskoj prirode rusla pybličnych rek, ob ostrovach v publičnych rekach

eines Bürgerlichen Gesetzbuches für das Deutsche Reich, Halle 1891 (rezensiert durch F. Endemann in: Juristisches Litteraturblatt [1891], Nr. 26, S. 114f.); Issledovanie v oblasti prava tovariščestva. Dogovor tovariščestva po rimskomu graždanskomu pravu (Untersuchung im Bereich des Gesellschaftsrechts. Der Gesellschaftsvertrag im römischen Privatrecht), Kiev 1893.

103 Vgl. Juridičeskij Fakul'tet Char'kovskogo universiteta, S. 132.

104 Über Bobin vgl. Šilochvost, Russkie civilisty, S. 20.

105 Dynovskij schrieb am Seminar eine wissenschaftliche Arbeit »*Negotia in fraudem legis*«.

106 Kolbinger, Im Schleppseil Europas?, S. 197.

107 Šilochvost, Russkie civilisty, S. 63f.

108 Über Frese vgl. Šilochvost, Russkie civilisty, S. 154.

109 Freses wissenschaftliche Arbeit trug den Titel »Zur Lehre von der Quittung«.

110 Werke u.a.: Zur Lehre von der Quittung, in: SavZRG (Rom. Abt.) 18 (1897), S. 241-284; Aus dem gräko-ägyptischen Rechtsleben. Eine papyrologische Studie, Halle 1909.

111 Über Wiktor Juszkiewicz (Viktor Adamovič Juškevič) (1867-1908) vgl. Šilochvost, Russkie civilisty, S. 166.

112 Vgl. Oberkofler, Die Vertreter des Römischen Rechts, S. 32.

113 Vgl. Kartsov, Das Russische Seminar, S. 339.

voznikajuščich, i sočinenija rimskich zemlemerov« (»Die Lehren der Pandekten vom Schwemmland, der juristischen Natur des Bettes öffentlicher Flüsse, von den in öffentlichen Flüssen entstehenden Inseln, und die Schriften der römischen Feldmesser«) wurde.[114] Er wurde Hochschullehrer am Lyzeum in Jaroslavl' und wechselte 1906 an die Kaiserliche Rechtsschule in Sankt Petersburg.[115] Hier wurde Guljaev sein Nachfolger.[116] In Jaroslavl' wirkte auch Michail Mefodievič Katkov (1861-1941), ein Neffe des konservativen Publizisten, der dem Berliner Seminar von 1887 bis 1890 angehört hatte.[117] Er lehrte anschließend in Kiev und nach erfolgter Emigration in Prag. Nikolaj Diomedovič Kolotinskij (1867-1927) hatte sein Studium in Kazan' von 1891 bis 1893 am Berliner Seminar fortgesetzt.[118] Er erwarb 1893 die venia legendi und wurde Privatdozent am Lehrstuhl für Römisches Recht in Kazan'.[119]

Sergej Pavlovič Nikonov (geb. 1868), am Seminar von 1891 bis 1894,[120] wurde Professor für Römisches Recht in Char'kov, Odessa und Jaroslavl'. Während des 1. Weltkriegs lehrte er Handels- und Zivilprozeßrecht an der Universität Petrograd.[121] Michail Jakovlevič Pergament[122] (1866-1932) hatte den juristischen Studienkurs an der Neurußländischen Universität in Odessa durchlaufen. Auf Vorschlag seines akademischen Lehrers Ivan G. Tabašnikov besuchte er das Berliner Seminar von 1893 bis 1896, wo er eine wissenschaftliche Arbeit mit dem Titel »Konventionalstrafe und Interesse in ihrem Verhältnis zueinander« anfertigte. Anschließend setzte er seine Studien in Heidelberg fort. Im Jahre 1900 wurde er

114 Teil 1, Sankt Petersburg 1895, Teil 2, Sankt Petersburg 1897; von Juszkiewicz erschien ferner die Arbeit: O priobretenii vladenija po rimskomu pravu (Vom Erwerb des Besitzes im römischen Recht), Moskau 1908.

115 Kolbinger, Im Schleppseil Europas?, S. 196, Fn. 48.

116 Guljaev, Sovremennye zadači, S. 119-130.

117 Über den Romanisten Michail Mefodievič Katkov vgl. Šilochvost, Russkie civilisty, S. 85 f.

118 Kolotinskij fertigte am Seminar eine wissenschaftliche Arbeit »Über die Anwendung der ädilizischen Klagen bei Fehlerhaftigkeit einer einzelnen von mehreren zusammen gekauften Sachen«.

119 Zu Kolotinskij vgl. Biografičeskij Slovar' professorov i prepodavatelej imperatorskogo Kazanskogo universiteta, S. 39; Šilochvost, Russkie civilisty, S. 88. Werke: Programma čtenij po istorii rimskogo prava (Programm der Vorlesung der Geschichte des römischen Rechts), Kazan' 1893; Kurs istorii rimskogo prava (Kurs der Geschichte des römischen Rechts), Teile 1-2, Kazan' 1894-95.

120 Seine wissenschaftliche Arbeit betraf »Die Lehre von der Sequestration nach Römischem Recht«.

121 Zu Nikonov vgl. Šilochvost, Russkie civilisty, S. 113 f.; Juridičeskij Fakul'tet Char'kovskogo universiteta, S 183 f., mit Portrait im Anhang. Werke: *Bonae fidei possessor fructus suos facit*, Berlin 1894; Die Lehre von der Sequestration nach Römischem Recht, Berlin 1894; Sekvestracija v graždanskom prave (Die Sequestration im bürgerlichen Recht), Jaroslavl' 1900 (Sankt Petersburger Dissertation; vgl. den Bericht über die Disputation); verschiedene Schriften zum russischen Recht.

122 Über ihn vgl. Kolbinger, Im Schleppseil Europas?, S. 209 ff.; Šilochvost, Russkie civilisty, S. 121 f.; vgl. ferner den Bericht über die Verteidigung seiner Magisterdissertation: Disput M. Ja. Pergamenta, Sp. 2165-2172 mit weiteren Angaben zu Werdegang und Werk.

Professor in Jur'ev und lehrte dort Bürgerliches Recht, bevor er 1906 nach Sankt Petersburg berufen wurde.[123] Konstantin Michajlovic Smirnov (geb. 1864) studierte am Seminar von 1888 bis 1891[124] und wurde später Professor in Odessa.[125]

August Ferdinand (Ferdinand Avgustovič) Till (1851-1898) studierte 1874-75 Geschichte und 1875-79 Volkswirtschaft in Dorpat. Er legte 1879 das Oberlehrerexamen in Pleskau (Pskov) ab und arbeitete anschließend als Hauslehrer. In Dorpat legte er 1887 das Kandidatenexamen ab und studierte danach bis 1890 am Berliner Seminar. Till bewarb sich anschließend erfolglos um eine Dozentur in Dorpat. Stattdessen wurde er 1891 Privatdozent für Römisches Recht mit den Rechten eines ao. Professors an der Universität Kazan'.[126] Friedrich Trampedach (1868-1903) wurde nach seinem Studium in Dorpat Hörer am Berliner Seminar von 1893 bis 1895.[127] Von 1896 bis 1903 in Sankt Petersburg mit Fortsetzung der Fachstudien beschäftigt, stand er seit 1900 im Dienst der Ersten Russischen Assecuranz-Gesellschaft von 1827.[128]

Als weitere Mitglieder nennen die Akten Dorobec, J. Eksempljarskij, S. Gorovic (Horowitz), M. Grebennikov,[129] Lichotinsky, Th. Semiradskij, N. v. Stackelberg und V. Svatkovskij. Insgesamt schlossen 17 Mitglieder ihre Studien erfolgreich ab und wurden Professoren. Bei den Seminarmitgliedern, die ihren Aufenthalt abbrachen, geschah dies in mehreren Fällen wegen Krankheit, in einem Fall aber auch infolge Rückberufung wegen »politischer Unzuverlässigkeit«.[130]

123 Aus seinen Werken: Konventionalstrafe und Interesse in ihrem Verhältniss zu einander. Von der juristischen Fakultät der Universität Berlin gekrönte Preisschrift, Berlin 1896 (rezensiert durch Geib, in: SavZRG [Rom. Abt.] 17 [1896], S. 354-357); Rez. Nikol'skij, Sistema i tekst XII tablic, in: SavZRG (Rom. Abt.) 19 (1898), S. 374-383; Dogovornaja neustojka i interes v rimskom i sovremennom graždanskom prave (Vertragsstrafe und Interesse im römischen und heutigen bürgerlichen Recht), Odessa 1899; Dogovornaja neustojka i interes (Vertragsstrafe und Interesse), 2. Aufl., Moskva 1905; K voprosu o pravosposobnosti juridičeskogo liza (Zur Frage der Rechtsfähigkeit der juristischen Person), S. Peterburg 1909.

124 Smirnovs wissenschaftliche Arbeit betraf das *depositum irregulare*.

125 In Odessa 1916 emeritiert, emigrierte Smirnov und wurde nochmals Professor in Belgrad; Hausmann, Universität und städtische Gesellschaft, S. 575.

126 Zu Till vgl. Biografičeskij Slovar' professorov i prepodavatelej imperatorskogo Kazanskogo universiteta 1804-1904, S. 81 f.

127 Trampedach schrieb seine wissenschaftliche Arbeit über die römischen *legisactiones* und *condictiones*.

128 Werke: Die condictio incerti, in: SavZRG (Rom. Abt.) 17 (1896), S. 97-154; Die Form der Litiscontestation im Formularprocess, in: SavZRG (Rom. Abt.) 18 (1897), S. 114-145.

129 Am Seminar von 1889 bis 1891, wiss. Arbeit: »Pignus in causa iudicati captum«.

130 Politische Unzuverlässigkeit (političeskaja neblagonadežnost‹) war ein häufiger Grund dafür, daß jemand in Ungnade fiel. Dies betraf Tadeusz Siemiradski (Foma Semiradskij), der als Vertreter der polnischen Sozialdemokratie seinen Berliner Aufenthalt zu politischer Tätigkeit genutzt haben soll. Vgl. Rudokvas/Kartsov, Der Rechtsunterricht, S. 315; Kartsov, Das Russische Seminar, S. 336 f.; Zieliński, Rosyjskie seminarium, S. 129 f.

Lev Kasso (1865-1914)[131] hatte in Berlin zeitgleich mit dem Bestand des Seminars studiert, ohne diesem jedoch anzugehören.[132] Er wirkte später als Zivilrechtslehrer u. a. in Moskau, bevor er von 1910 bis 1914 das Amt des Unterrichtsministers bekleidete.[133] In dieser Eigenschaft veranlaßte Kasso im Zusammenhang mit der Universitätskrise von 1910/11 die Entlassung mehrerer seiner früheren Kollegen. Leonhards anonymer Gewährsmann nennt außer Kasso noch Chvostov,[134] Efimov[135] und Gusakov.[136] Auch diese waren aber offenbar nicht förmliche Mitglieder des Seminars.

Die russische Regierung ehrte die Direktoren des Seminars durch die Verleihung des Annenordens. Dernburg wurde Ehrenmitglied von fünf Universitäten des Zarenreiches. Das hohe Ansehen, daß er sich in Rußland erwarb, geht zu einem wesentlichen Teil auf seine Wirkung am Berliner Seminar zurück. In einem Glückwunschschreiben heißt es: »Jedoch nicht allein durch Ihre wissenschaftlichen Werke haben Sie die Rechtswissenschaft in Rußland gefördert, es ist den jungen russischen Juristen das hohe Glück auch Ihrer unmittelbaren Leitung zu teil geworden. Ihre Tätigkeit am russischen romanistischen Institut in Berlin wird Ihren Schülern stets unvergesslich sein. [...] Fast an allen Hochschulen des Reiches sind Zöglinge des russischen romanistischen Instituts thätig [...]«.[137] Der Einfluß, den

131 Kasso (eigentl. Leon Viktor Casso) stammte aus einer in Bessarabien lebenden, griechisch-rumänischen Adelsfamilie. Zur Person vgl. ausführlich Em/Rogova, Doktor prava, S. 3-20; Anepaio, Leon Victor Constantin Casso, S. 313-341; dens., Die russische Universität in Jur'jev, S. 394 f. u. 405-407; Šilochvost, Russkie civilisty, S. 84 f.; Kolbinger, Im Schleppseil Europas?, S. 194 ff.

132 Die Berliner Promotion erfolgte 1889 aufgrund einer Dissertation über die Erbenhaftung; sie erschien im Druck unter dem Titel: Leon Casso, Die Haftung des Benefizialerben nach römischem und heutigem Rechte, Berlin 1889. An der Kiever Fakultät wurde Kasso abermals promoviert, diesmal über den Begriff des Pfandes im geltenden Recht; die Arbeit erschien unter dem Titel: Ponjatie o zaloge v sovremennom prave (1898, Ndr. Moskva 1999). Bibliographie bei Anepaio, Leon Victor Constantin Casso, S. 340 f.

133 Tomsinov, Istorija juridičeskogo fakul'teta, S. 180 f.

134 Über den Romanisten und Soziologen Veniamin Michajlovič Chvostov (1868-1920) vgl. Jankowski, Le droit romain, S. 44. Chvostovs Istorija rimskogo prava (Geschichte des Römischen Rechts), letzte Ausgabe Moskva 1919, zählt zu denjenigen Werken, die, obwohl zum »bourgeoisen« Schrifttum zählend, auch in der sowjetischen Literatur regelmäßig als Standardwerk angeführt worden sind. Vgl. für das sowjetische Schrifttum Pereterskij, Vseobščaja istorija gosudarstva i prava, Čast' 1: Drevnij mir, Vypusk 2: Drevnij Rim, S. 9; Novickij/Pereterskij, Rimskoe častnoe pravo, S. 15; Novickij, Osnovy rimskogo graždanskogo prava, S. 9; Pereterskij, Digesty Justiniana, S. 128; Nersesjanc, Pravoponimanie rimskich juristov, S. 84. Für die neuere Literatur vgl. Chutyz, Rimskoe častnoe pravo, S. 153 und Doždev, Rimskoe častnoe pravo, S. 612.

135 Vgl. unten S. 361.

136 Vgl. bei Leonhard (Hrsg.), Stimmen des Auslands, S. 75 f.

137 Glückwunschschreiben anläßlich der fünfzigjährigen akademischen Lehrtätigkeit vom Demidovschen Juristischen Lyceum, Jaroslavl', 2./15.4.1905, unterzeichnet u. a. von Frese und Bobin. Vgl. ferner das Glückwunschschreiben der juristischen Fakultät der kaiserlichen Universität Moskau zum 50. Jahrestage der akademischen Wirksamkeit: »Von Berlin aus

Dernburg, Eck, Pernice und die anderen Lehrer des Seminars auf die Entwicklung der römischen Rechtswissenschaft in Rußland nahmen, ist also nicht nur durch die unmittelbare Ausbildung der Seminarmitglieder im kleinsten Kreis gekennzeichnet,[138] sondern ferner dadurch, daß sie (im Rahmen der von der russischen Regierung überhaupt nach Berlin geschickten Kandidaten) unmittelbar über deren Eignung zur Übernahme eines Lehrstuhls für römisches Recht und damit über deren direkte Aufnahme an russischen Fakultäten entscheiden konnten. Zwar hatten sie damit nicht, wie Süss meint, »das alleinige Auswahlrecht für große Teile des juristischen akademischen Nachwuchses in Rußland«,[139] denn dafür war die Zahl der Absolventen zu gering. Es scheint aber nicht übertrieben, wenn man in den Absolventen des Berliner Seminars nach ihrer Rückkehr in das Zarenreich wichtige Repräsentanten einer Generation von Romanisten und am römischen Recht ausgerichteten Zivilrechtslehrern sieht. Unter den Bedingungen der Russifizierungspolitik Alexanders III. galten sie – mit unterschiedlichem Gewicht – als Vertreter der »russischen« Zivilrechtswissenschaft. Hier wird allerdings zu bedenken sein, daß unter den Seminaristen die Nichtrussen dominierten: Der Gruppe gehörten Polen wie Petrażycki und Juszkiewicz, mit Grimm ein Wolgadeutscher sowie mehrere deutschstämmige Balten an. Dies ist schon dem äußeren Grund geschuldet, daß dieser Personenkreis typischerweise über die notwendigen Deutsch- und Lateinkenntnisse verfügte. Gleichzeitig aber herrschte auch hier teilweise das Bewußtsein, daß man eine Sonderrolle im Zarenreich ausfüllte, indem man einer anderen Kultur zugehörte, nämlich der – in profaner wie religiöser Hinsicht – lateinischen. Insofern wäre die Vorstellung unrichtig, es habe sich um in der Wolle gefärbte russische Juristen gehandelt, die in Berlin mit bestimmten, ihnen zunächst völlig fremden Anregungen konfrontiert worden wären und dieselben dann nach ihrer Rückkehr unter hermetischen Bedingungen und ohne Möglichkeit der eigenständigen Weiterentwicklung verarbeitet hätten. Sie verfügten vielmehr über Bildungsvoraussetzungen, die sie in die Lage versetzten, Anschluß an die Pandektenwissenschaft und die europäische historische Erforschung des römischen Rechts zu finden und die entsprechenden Verbindungen später auch vom Zarenreich aus aufrechtzuerhalten. Es handelte sich also um Wissenschaftler, deren Eigenart man sicherlich zutreffender beschreibt, wenn man auf die Verwandtschaft ihres methodischen Denkens mit dem der Pandektistik bzw. dem der deutschen historischen Forschung zum römischen Recht hinweist, als wenn man sie allein als »russische Juristen« wahrnimmt.

gewannen Sie einen tiefen Einfluß auf das Rechtsstudium in Rußland. Ihrem Vorgänger Savigny gleichend, haben auch Sie durch Ihre glanzvolle Lehrtätigkeit im Verein mit Ihren unvergeßlichen Collegen Eck und Pernice zum Nutzen und Frommen der russischen Hochschulen und des russischen Staates eine ganze Generation von Rechtslehrern hier nicht nur gefördert, sondern zum Theil sogar herangebildet.«

138 Mehrere der Absolventen können mit gutem Recht als Schüler Dernburgs, der sonst keine eigentlichen geistigen Nachfolger hervorbrachte, betrachtet werden; vgl. Süss, Heinrich Dernburg, S. 75.

139 Süss, Heinrich Dernburg, S. 79.

c.) Das gesellschaftliche und kulturelle Umfeld des Seminars

Aufgrund der kulturellen Bedingungen ihrer Herkunft brachten die Stipendiaten aus dem Zarenreich überdies gute Voraussetzungen dafür mit, um Anschluß an das Geistesleben Berlins zu finden. Sie wurden in dieser Hinsicht relativ gut integriert und gerieten über ihre Professoren in Kontakt mit einem Kreis der bedeutendsten Persönlichkeiten aus Wissenschaft und Kunst. Im Unterschied zu zahlreichen aus dem Zarenreich »abkommandierten« Gruppen früherer Zeiten, die vergleichsweise isoliert gelebt hatten, waren die Stipendiaten am Berliner Seminar nicht durch Überwachungsmaßnahmen an der Begegnung mit unerwünschten geistigen Anregungen gehindert. Der Anschluß an die deutsche Kultur und ihre Repräsentanten, den sie in Berlin fanden, verschuf sogar manchem Juristen Kontakte, die ihm später – nach der Emigration – einen Neuanfang erleichtern konnten.

Die ungewöhnlich privilegierte gesellschaftliche Einbindung der Stipendiaten ermöglichte ausgerechnet jener Dozent, der unter den am Seminar tätigen Hochschullehrern den geringsten Status hatte, nämlich Carl Bernstein. Zusammen mit seiner aus Sankt Petersburg stammenden Frau Felicie (1850-1908) lebte er, begünstigt durch erhebliches Vermögen, bis 1890 in der repräsentativen »Präsidentenwohnung« mit Blick auf den Tiergarten.[140] Die topographisch herausragende Lage der Wohnung korrespondierte mit einer besonderen Bedeutung ihrer Bewohner für das kulturelle Leben der Stadt. Carl Bernstein betätigte sich als Kunstsammler und wurde insbesondere als Förderer des erst aufkommenden und noch umstrittenen französischen Impressionismus bekannt.[141] Seine Frau wiederum betrieb einen der bedeutendsten Salons der Zeit,[142] den viele Gelehrte frequentierten. Die Namen derjenigen, die Felicie Bernsteins Einladungen folgten, nehmen sich wie ein »Who is Who« der damaligen Berliner Gelehrten- und Künstlerwelt aus. Zu dem Kreis gehörten u.a. die Künstler Adolph Menzel, Max Liebermann, Joseph Joachim, Richard Strauß, Adolf Furtwängler sowie die Gelehrten Theodor Mommsen, Ernst Curtius, Ernst Eck, Alfred Pernice, Rudolf von Gneist, Georg Brandes und Otto Brahm. Außerdem verkehrten hier, begünstigt durch die engen Beziehungen beider Bernsteins nach Sankt Petersburg, zahlreiche »Russen«.[143] Für

140 Die sog. »Präsidentenwohnung« war in der Erwartung gebaut worden, sie, solange das Gebäude des Reichstags noch nicht fertiggestellt war, an dessen Präsidenten vermieten zu können, was sich allerdings zerschlug. Die Adresse (In den Zelten 23) befand sich in einem nicht mehr existierenden Stadtviertel etwas östlich von der heutigen Kongreßhalle.

141 Max Liebermann portraitierte ihn 1892. Vgl. Dollinger, Die internationale Vernetzung, S. 56; dies., Die jüdische Salontradition, S. 92. Liebermann wohnte in Berlin-Tiergarten in der Beethovenstraße, also in unmittelbarer Nachbarschaft der Bernsteins.
Der Versteigerungskatalog zu Bernsteins Bibliothek (Katalog der von dem verstorbenen Herrn Dr. Carl Bernstein hinterlassenen Büchersammlung, Berlin 1895) enthält überwiegend literarische Werke, aber keine Juridica.

142 Vgl. dazu Wilhelmy, Der Berliner Salon, S. 311-314.

143 V.d. Mühll-v. Tuhr, Erinnerungen, S. 422f.

die Angehörigen des Berliner Seminars, diesen »Kreis strebsamer Gelehrter«, war Bernstein insoweit »der gegebene Mittelpunkt«.[144]

d.) Wirkungen des Seminars

Die Bedeutung des Berliner Seminars insgesamt, also die Wirkung, die die Absolventen durch ihre wissenschaftliche Tätigkeit im Zarenreich oder auch auf längere Sicht durch ihre Schriften entfalteten, wird unterschiedlich beurteilt.

Von einzelnen Autoren wird die Wirkung des Seminars nur als gering eingeschätzt. So meint Ebel schlicht, hier sei eine Reihe von Romanisten ausgebildet worden, die moderne akademische Entwicklungen in das Zarenreich einbringen sollten. Es habe sich aber um eine »zu spät eingeleitete Initiative« gehandelt, zu spät nämlich, um das Zarenreich durch eine geeignete Umgestaltung des Rechts noch vor dem Untergang retten zu können.[145] Auch Süss bezweifelt die weitreichende Wirkung der Tätigkeit des Berliner Seminars. Er führt zur Begründung aus, die zaristische Rechtsgeschichte werde in den sowjetischen Lehrbüchern über russische Rechtsgeschichte entweder ausgeklammert oder nur kursorisch behandelt, und nennt verschiedene Werke zur russischen Rechtsgeschichte (aus vorrevolutionärer Zeit wie aus dem Westen), die das Seminar gar nicht erwähnen.[146] Man wird jedoch bedenken müssen, daß Ausbildung und Wirken von Romanisten an russischen Universitäten auch nur mittelbar mit der eigentlichen Geschichte des russischen Rechts zu tun haben. Während die Stipendiaten das römische Recht in Berlin als geltendes Recht kennengelernt hatten, unterrichteten sie es in der Heimat unter ganz anderen Vorzeichen, nämlich als Theorie des Privatrechts oder als Grundlagenfach. Es handelt sich daher um einen die Geschichte der römischen Rechtswissenschaft im Zarenreich betreffenden Vorgang. Immerhin wird von seiten des sowjetischen Schrifttums zum römischen Recht eingeräumt, daß die Pandektendoktrin gerade in der zweiten Hälfte des 19. Jahrhunderts wesentlichen Einfluß auf die Theorie des bürgerlichen Rechts und die allgemeine Rechtstheorie des zaristischen Rußland gewonnen habe.[147] Die moderne rechtshistorische Forschung kann diesen Befund bestätigen und den wesentlichen Anteil beschreiben, der dem wissenschaftlichen Werk der Absolventen des Berliner Seminars in diesem Rahmen zuzuerkennen ist.

Kolbinger hat die Auffassung vertreten, die Bemühungen um eine Verankerung des römischen Rechts in der russischen Rechtswissenschaft seien letztlich gescheitert. Er führt dies im wesentlichen auf den Versuch der Regierung zurück, das römische Recht im Sinne ihrer rechtspolitischen Absichten zu instrumentalisieren. Kolbinger meint, nach ihren Vorstellungen habe das römische Recht nur zur Orientierung, als Theorie des Rechts in Rußland Eingang finden sollen.

144 Vgl. Treu, Carl und Felicie Bernstein, S. 26.
145 Ebel, Rechts- und Verfassungsgeschichte, S. 476.
146 Süss, Heinrich Dernburg, S. 75 f., Fn. 334.
147 Pereterskij, Digesty Justiniana, S. 99 f.

Gleichzeitig habe es mit dem Fehlen einer Gesellschaft gleichberechtigter Bürger in Rußland an einer für die weitergehende Wirkung des römischen Rechts entscheidenden Voraussetzung gemangelt.[148] Das trifft unzweifelhaft zu. Gleichwohl ist, wie noch zu zeigen sein wird, über eben diese Theorie durchaus auch das russische bürgerliche Recht weiterentwickelt worden, und zwar institutionell und methodisch.[149] Schließlich darf nicht vergessen werden, daß es im wesentlichen die Universitätskrise und die Oktoberrevolution waren, die die meisten Absolventen des Seminars ihrer Arbeitsmöglichkeiten beraubten.

Wir wollen also den genannten Einwendungen zum Trotz dem Wirken des Berliner Seminars zugestehen, daß es einen wichtigen Beitrag zur Entwicklung des römischen Rechts – und damit der Zivilrechtswissenschaft – in Rußland leistete. Was tatsächlich scheiterte, war die Bemühung, durch eine Professionalisierung der Rechtspflege unter den spezifischen Rahmenbedingungen des Zarenreiches eine grundsätzliche Verbesserung der Rechtswirklichkeit und dauerhafte Befriedung der Gesellschaft herbeizuführen. Es wäre unangemessen, ließe man in die Beurteilung romanistischer oder zivilrechtswissenschaftlicher Arbeiten einfließen, daß sie ihre praktische Wirkung nur begrenzt und nur für kurze Zeit entfalten konnten, weil der Staat außerstande war, den gesellschaftlichen Anforderungen zu genügen, und schließlich insgesamt hinweggefegt wurde. In der historischen Distanz erweist sich immerhin, daß diese Juristengeneration ein wissenschaftliches Vermächtnis hinterlassen hat, das nicht nur in das bürgerliche Recht der Sowjetunion ausstrahlte,[150] sondern auch noch aus heutiger russischer Sicht als bereichernd wahrgenommen wird.

Was die Eigenart der Auswirkung der Tätigkeit des Berliner Seminars auf das Recht des Zarenreiches betrifft, hat Kolbinger den Standpunkt vertreten, daß die am Seminar geschulten Professoren die insbesondere von Jhering formulierte »Sichtweise des römischen Rechts« nach Rußland mitbrachten.[151] Er meint allerdings, ohne dies auf die Seminarabsolventen zu beschränken, daß eine eigenständige Weiterentwicklung dieser Lehren auf dem Gebiet der Romanistik nicht zu erkennen sei. Nun mag man Leon Petrażyckis kritische Auseinandersetzung mit Jhering[152] in der Tat womöglich nicht als Weiterentwicklung gerade von dessen Lehren anerkennen; auch liegen die Hauptverdienste des ersteren nicht auf dem Gebiet des römischen Rechts. Man wird allerdings insgesamt berücksichtigen müssen, daß Berlin in dieser Zeit keineswegs von Jherings Lehren dominiert war, der in Göttingen eine bestimmte, originelle Ausrichtung des Rechtsdenkens vertrat, die allerdings mit anderen konkurrierte. Während Jherings Lehren, wie noch zu zeigen sein wird, auf anderem Wege in das Zarenreich vordrangen, hing man in Berlin weit mehr dem pandektistischen Mainstream an. Diesen vermittelten

148 Kolbinger, Im Schleppseil Europas?, S. 257 f.

149 S. unten S. 482 ff.

150 Vgl. die Entwicklung zum Graždanskij Kodeks von 1922, s. unten S. 611 ff.

151 Kolbinger, Im Schleppseil Europas?, S. 176.

152 Vgl. Kolbinger, Im Schleppseil Europas?, S. 209 ff.

die Stipendiaten an das Zarenreich, und zwar auch durch einige unmittelbar oder mittelbar auf sie zurückgehende Übersetzungen deutscher Pandektenlehrbücher.[153]

Es wäre allerdings ungerecht, wollte man die Berliner Stipendiaten ungeachtet ihrer teilweise langjährigen produktiven Tätigkeit im Zarenreich auf die Rolle von Epigonen reduzieren, die in unselbständiger Weise die erlernte Pandektenwissenschaft fortführten, in weitgehender Isolation von der Fachwelt und mit womöglich dürftigen Erträgen. Die in einem Bericht Petrażyckis und Sokolowskis über die Arbeit des Seminars aufgeworfene Frage, wie lange Rußland noch »im Schleppseil Europas« (na buksire Evropy) liegen werde, bezieht sich auf Stimmen, die die fehlende Eigenständigkeit des russischen Wissenschaftsbetriebs beklagten.[154] Mit Recht führt Kolbinger besonders die Werke Petrażyckis und Pokrovskijs als Beleg dafür an, daß die ehemaligen Stipendiaten des Berliner Seminars nicht mehr von der westlichen Rechtswissenschaft »geschleppt« zu werden brauchten. Sie rezipierten nicht nur die aus dem Ausland kommenden Beiträge zu ihrem jeweiligen Spezialgebiet und kommentierten diese, sondern arbeiteten eigenständig aufgrund ihrer Kenntnis der im Ausland vertretenen wissenschaftlichen Standpunkte.[155] Man darf allerdings vermuten, daß die mit dem Bild vom Schleppseil beschriebene Rollenverteilung anders gemeint gewesen war. Petrażycki, Sokolowski und ihre Kollegen mußten sicherlich nicht »geschleppt« werden, sondern vielmehr die russische Rechtspflege, deren Personal sie qualifizieren sollten. Die Berliner Absolventen selbst gehörten insoweit zu den »Schleppern«.

Zu den Gelehrten, die mit Carl und Felicie Bernstein in Berlin besonders engen Kontakt pflegten,[156] gehörte auch Andreas von Tuhr (1864-1925).[157] Geboren in Sankt Petersburg als Sohn des späteren Oberprokurors Nikolai Eduard von Tuhr (1834-1905),[158] unterhielt er zahlreiche Kontakte nach Rußland und behielt

153 Koschaker, Europa, S. 133. Dazu s. unten S. 381 ff.

154 Kolbinger, Im Schleppseil Europas?, S. 126.

155 Kolbinger, Im Schleppseil Europas?, S. 257.

156 A. v. Tuhr verheiratete sich mit Johanna v. Rentzell, der Pflegetochter des Ehepaars Bernstein. Die gemeinsame Tochter, die schweizerische Malerin und Schriftstellerin Johanna von der Mühll-von Tuhr (1894-1974), gab die Brautbriefe A. v. Tuhrs heraus, in denen die Verhältnisse »In den Zelten« (oben Fn. 140) thematisiert werden.

157 Zur Biographie vgl. Fleiner, Andreas von Tuhr, S. 214-216; Heck, Andreas von Tuhr, S. 257-262; Schwarz, Andreas von Tuhr (1938); Falk, Art. Tuhr, S. 622 f.; Fasel, Auf den Spuren von Tuhrs, S. 129-144.

158 N. v. Tuhr (Nikolaj Andreevič Tur) hatte sich nach dem Rechtsstudium an der Sankt Petersburger Fakultät 1850-55 zum Spezialisten für Handels- und Wechselrecht sowie Insolvenzrecht entwickelt und auf diesen Gebieten – einschließlich der entsprechenden ausländischen Rechtsordnungen – zahlreiche Publikationen verfaßt. Er war beteiligt an den Vorarbeiten zur russischen Wechsel- und Konkursordnung; vgl. Heck, Andreas v. Tuhr, S. 257. Ein Brief N. v. Tuhrs an L. v. Stein vom 8. (20.) 6. 1882 begleitete die Übersendung der amtlichen deutschen Übersetzung des Entwurfs einer Wechselordnung für das Zarenreich. Seit 1881 Mitglied im Zivil-Kassationsdepartement, zuletzt als Oberprokuror, war

die russische Staatsbürgerschaft auch noch bei, als er später die deutsche erwarb. Andreas von Tuhr meinte, von den Absolventen des Berliner Instituts seien einige, insbesondere Petrażycki und Sokolowski, auch für die deutsche Wissenschaft von Bedeutung.[159] In der Tat werden als wichtigste Absolventen des Berliner Seminars Sokolowski, dessen zweibändiges Werk »Die Philosophie im Privatrecht« und weitere Arbeiten im Ausland die größte Bedeutung gewannen, und Petrażycki wegen seines rechtssoziologischen Werks anzusehen sein.[160] Letzterer ist derjenige Absolvent des Seminars, dessen Lehren weltweit am meisten Bekanntheit erlangten. Einen direkten Einfluß der Berliner Lehrer auf den Inhalt des Werkes von Petrażycki kann Kolbinger nicht feststellen.[161] Er betont daher die wissenschaftliche Eigenständigkeit von Petrażyckis Werk. Gelegentlich wird auch die Bedeutung Seelers herausgehoben.[162] Auch er konnte später mit Erfolg im Ausland arbeiteten. Aus Sicht der nachrevolutionären rußländischen Wissenschaft vom römischen Recht wird Grimm besonders bedeutend sein: Seine Schriften zählen zu den wenigen Werken aus der Zarenzeit, auf die noch im offiziösen sowjetischen Schrifttum als Grundlage verwiesen wird.[163] Was die Originalität des Zivilrechtsdenkens betrifft, tritt schließlich Pokrovskij hervor. Mit vollem Recht stuft Kolbinger diesen außerhalb Rußlands kaum bekannten Juristen als neben Petrażycki besonders bedeutend ein.

Der reiche Erfahrungsschatz der westlichen Romanistik konnte die russische juristische Schule in der Folgezeit dank der Vermittlung durch die Berliner Stipendiaten verschiedentlich befördern.[164] Während in Deutschland die Ablösung des Gemeinen Rechts durch das BGB die Wissenschaft vom römischen Recht in die Defensive zwang, erschienen die ersten, vielversprechenden Arbeiten der jungen russischen Romanisten. Sie standen auf der Höhe der romanistischen Forschung ihrer Zeit. Die Pandektenwissenschaft entwickelte sich gleichsam zu einem »Kodifikationsersatz« und nahm damit eine Rolle ein, die sie noch nach der Jahrhundertwende erfüllte, als in Deutschland bereits das Bürgerliche Gesetzbuch in Kraft getreten war.[165] Entsprechender Rang kam den historischen Beiträgen über das

N. v. Tuhr einer der ranghöchsten Juristen des Zarenreiches; Schwarz, Andreas von Tuhr, S. 9; v. d. Mühll-v. Tuhr, Erinnerungen, S. 417.

159 Bei Treu, Carl und Felicie Bernstein, S. 26.

160 So Heymann, Hundert Jahre Berliner Juristenfakultät, Sp. 1163. Zur Sache vgl. Motyka, Law and Sociology, S. 119-140 sowie Lande, The Sociology of Petrazycki, S. 23-37.

161 Kolbinger, Im Schleppseil Europas?, S. 222 f.

162 So Süss, Heinrich Dernburg, S. 80. Er meint, bei Heymann sei nur das Wirken der Absolventen in Deutschland und durch deutschsprachige Schriften berücksichtigt worden; vgl. S. 80, Fn. 353. Richtig ist, daß dies zu kurz griffe. Heymanns Kriterien sind indessen gar nicht zu erkennen.

163 Vgl. Novickij/Pereterskij, Rimskoe častnoe pravo, S. 15; Pereterskij, Digesty Justiniana, S. 127.

164 Vgl. Hammer, Russia and the Roman Law, S. 7-13.

165 Vgl. Giaro, Europäische Privatrechtsgeschichte, S. 16.

römische Recht des Altertums zu.[166] Czyhlarz stellte 1900 fest, zuletzt hätten »insbesondere russische Gelehrte« hervorragende Arbeiten zum römischen Recht geliefert.[167] Angesichts dieser Entwicklung sah sich Heinrich Erman[168] 1898 sogar zu der Prognose veranlaßt:

> Für einige Generationen wenigstens, wird Deutschland die Führung im römischen Rechtsstudium wohl an andere Länder abgeben müssen, zum guten Theil voraussichtlich an Russland.[169]

Daß es anders kam, wird man dieser hoffnungsvollen Forschergeneration nicht anlasten können. Mit dieser zugleich produktivsten Gruppe russischer Romanisten sollte die Wissenschaft vom römischen Recht in diesem Land zugleich ein vorläufiges Ende finden: Viele der Absolventen des Seminars verloren mit dem Untergang der Zarenherrschaft ihre Arbeitsmöglichkeiten.

II.) Die Lehre des Römischen und des Bürgerlichen Rechts in Sankt Petersburg am Ende des 19. Jahrhunderts

Die Examensordnung von 1885[170] und die Aufstockung des Lehrpersonals waren Teile einer Bildungsoffensive, die die Zarenadministration angesichts der Professionalisierungsanforderungen der 1860er und 70er Jahre unternahm. Sie ging außerdem mit der Neugründung einiger höherer Lehranstalten sowie der institutionellen Aufwertung bestehender Einrichtungen einher, die in den Rang von Universitäten erhoben wurden. Letzteres geschah etwa im Falle der in Odessa, Nežin und Jaroslavl' bestehenden Lehranstalten. Nun existierte also eine Vielzahl an Einrichtungen, an denen juristische Studien betrieben werden konnten. Wir wollen als herausragenden Fall das Lehrangebot in den Blick nehmen, das inzwischen in der Hauptstadt Sankt Petersburg bestand.

166 Die selbstverständliche Anteilnahme der Fachöffentlichkeit im Zarenreich an der europäischen Romanistik zeigt ein Bericht über das Projekt des Index Interpolationum, der an prominenter Stelle publiziert wurde: Liozner, Sbornik po ukazaniju interpoljacii v digestach (1912).

167 Czyhlarz, Vorwort des Verfassers, in: ders., Učebnik institucii rimskogo prava, 1901 u. 1906.

168 Der Romanist Heinrich Erman (1857-1940), ein Schüler Dernburgs, war verheiratet mit einer Enkelin Alexander Herzens. Vgl. Holzhauer, Walter Erman (1904-1982), S. 32.

169 Erman, Conceptio formularum, S. 267. Erman, der Pokrovskijs Forschungsergebnisse zu den *actiones in factum* im einzelnen ablehnte (s. oben S. 340, Fn. 86), trug seine Kritik gerade deswegen besonders ausführlich und teilweise polemisch vor, weil er zur methodischen Korrektur und Festigung der aufstrebenden russischen Romanistik beitragen wollte.

170 Ekzamennye trebovanija (1885), S. 60-74.

1.) Die institutionellen Rahmenbedingungen

In Sankt Petersburg gab es am Ende des 19. Jahrhunderts in erster Linie folgende Einrichtungen, an denen Rechtsunterricht unter Einschluß der Lehre des römischen Rechts stattfand:[171] die Juristische Fakultät der Universität, die Kaiserliche Rechtsschule, das Alexander-Lyzeum und die Bestužev-Kurse.

Verglichen mit den anderen Lehranstalten, an denen ein Rechtsstudium möglich war, entfaltete das Rechtsstudium an der Juristischen Fakultät der Universität die größte Außenwirkung. Der wichtigste Grund dafür lag darin, daß die Absolventen der Universität, anders als die derjenigen Lehranstalten, die in erster Linie der Ausbildung künftiger Staatsbeamter dienten, vergleichsweise häufig nicht unmittelbar in den Verwaltungsdienst eintraten, sondern ihre Wirksamkeit in anderen, vielfach öffentlicheren Bereichen entfalteten. Unter den Einrichtungen, die in Sankt Petersburg dem Rechtsstudium gewidmet waren, war die Juristische Fakultät der Universität die größte. Sie verfügte über die meisten Dozenten und Studierenden.[172] Im Jahre 1902 zählte die Fakultät 1970 Immatrikulierte, etwas mehr als die Hälfte der Studenten an der Universität insgesamt. Die 1835 gegründete Kaiserliche Rechtsschule (Imperatorskoe Učilišče Pravovedenija) bestand noch immer neben der Universität als prestigeträchtige Ausbildungsstätte einer Elite an künftigen Staatsdienern.[173] Das 1811 in Carskoe Selo gegründete Lyzeum war 1844 in »Alexander-Lyzeum« (Aleksandrovskij Licej) umbenannt und 1849 nach Sankt Petersburg verlegt worden.[174] Auch hier diente das Studium der Vorbereitung auf den Staatsdienst: Das Lyzeumsstatut von 1848 bestimmte, daß die Absolventen in erster Linie im Bereich des Innenministeriums eingesetzt werden sollten. Der Unterricht war über insgesamt neun Jahre konzipiert.[175] Mit Rücksicht auf das Ausbildungsziel richtete sich der Unterricht in den letzten drei Klassen zum Großteil auf juristische Gegenstände und entsprach insoweit dem an der

171 Juristische Vorlesungen fanden darüber hinaus auch an der 1867 in Sankt Petersburg eingerichteten Militär-Rechtsakademie (Voenno-juridičeskaja akademija) statt. Diese spielte aber für die Ausbildung ziviler Juristen keine unmittelbare Rolle. Zu den allgemeinen Studienbedingungen um die Jahrhundertwende, die durch Studentenunruhen und gewaltsame Auseinandersetzungen mit den Staatsorganen belastet waren, vgl. für die zeitgenössische Wahrnehmung im Ausland Bauer, Russische Studenten, S. 19ff.
In Moskau gab es weitere Lehranstalten, an denen Rechtsunterricht erteilt wurde, ohne daß das römische Recht hier eine nennenswerte Rolle gespielt hätte. Zu nennen sind das seit 1868 bestehende »Cesarevič-Nikolaj-Gedächtnis-Lyzeum« (Licej v pamjat' Cesareviča Nikolaja), die Petr-Šanjavskij-Universität sowie das Moskauer Handels-Institut (Moskovskij kommerčeskij Institut). Vgl. Rudokvas/Kartsov, Der Rechtsunterricht, S. 288f. mit Nachweisen.

172 Im Studienjahr 1880/81 hatte die Sankt Petersburger Juristische Fakultät 675 Studenten; die insoweit zweitstärkste Fakultät – Moskau – wies 381 Studenten auf. Vgl. Rudokvas/Kartsov, Der Rechtsunterricht, S. 289.

173 S. oben S. 248 u. 278.

174 Pavlova, Imperatorskij Aleksandrovskij (Byvšij Carskosel'skij) Licej, S. 9ff.

175 Rudokvas/Kartsov, Der Rechtsunterricht, S. 284.

juristischen Fakultät einer Universität.[176] Frauen hatten seit 1878 die Möglichkeit zum Studium im Rahmen der Sankt Petersburger Höheren Frauen-Kurse (Vysšee ženskie kursy).[177] Diese wurden nach ihrem Initiator, dem Historiker K. Bestužev-Rjumin, üblicherweise »Bestužev-Kurse« (Bestuževskie kursy) genannt.[178] Es handelte sich um eine fest etablierte, in ihrer Organisation mit einer Universität vergleichbare Einrichtung. Die Lehrveranstaltungen befanden sich auf wissenschaftlichem Niveau und wurden von Universitätsprofessoren abgehalten. Seit 1906 bestand innerhalb der Bestužev-Kurse sogar eine Juristische Fakultät.[179] 1918 wurden die Höheren Frauen-Kurse in die Universität eingegliedert.

2.) Einzelne Sankt Petersburger Hochschullehrer für Römisches und Bürgerliches Recht

Ebenso wie alle Juristischen Fakultäten des Reiches hatte auch die Sankt Petersburger Fakultät bis in die 1870er Jahre unter einem Mangel an Lehrkräften gelitten, der besonders dringlich auf den Gebieten des Römischen Rechts und des Zivilrechts gewesen war. So wirkten an ihr im Jahre 1865 zwar Pëtr Redkin als Professor für encyklopädische Rechtskunde und Ludol'f Dorn als Privatdozent für Römisches Recht; an Vertretern des geltenden Zivilrechts mangelte es allerdings.[180] Nun brachte, wie gesehen, der Studienplan, der auf die Examensanforderungen von 1885 ausgerichtet war, einen gesteigerten Bedarf an Dozenten mit sich, die das römische Recht mit Rücksicht auf dessen Bedeutung für das geltende Zivilrecht vertreten konnten. Nachdem das Russische Seminar für Römisches Recht in Berlin eine Reihe gut qualifizierter Absolventen hervorgebracht hatte, konnte ein Teil von ihnen an die Sankt Petersburger Universität berufen werden.

Die Sankt Petersburger Romanisten bekannten sich überwiegend zu den wissenschaftlichen Standpunkten der Historischen Rechtsschule, unter deren Ein-

176 Das Fächerprogramm entsprach annähernd dem, welches durch das Universitätsreglement von 1884 vorgesehen war, mit dem Römischen Recht an erster Stelle. Vgl. Pavlova, Imperatorskij Aleksandrovskij (Byvšij Carskosel'skij) Licej, S. 47f.

177 Turgenev erklärte bei einem Besuch des Newnham College (für Frauen) in Cambridge gegenüber dessen Mitbegründerin Millicent Fawcett: »What would I not give to see colleges like this for women in my own country.« Vgl. Chainey, A literary History of Cambridge, S. 173 sowie Waddington, Turgenev and England, S. 241. Im Zarenreich bestanden allerdings durchaus relativ moderne Einrichtungen für die Frauenbildung. Editha von Rahden, die 1879 die Oberaufsicht über alle Frauenbildungsanstalten Rußlands übertragen bekommen hatte, wurde beim Regierungsantritt Alexanders III. 1881 »eine Art Minister für den weiblichen Unterricht«. Vgl. Stoyanoff-Odoy, Die Großfürstin Helene von Rußland, S. 61f. mit Nachweisen. Zu Frauenstudium und Frauenkursen in Rußland vgl. nun Maurer, Emanzipierte Untertaninnen, S. 108-146.

178 Krasinskaja-El'jaševa/Rubašova-Zorochovič, Juridičeskij fakul'tet, S. 148-155; Chlytčieva, Vospominanija juristki pervogo vypuska, S. 249-255; Olesič, Gospodin Student, S. 41-55; vgl. Rudokvas/Kartsov, Der Rechtsunterricht, S. 289; Maurer, Hochschullehrer, S. 528f.

179 Krasinskaja-El'jaševa/Rubašova-Zorochovič, Juridičeskij fakul'tet, S. 148.

180 Woldemar (Hrsg.), Geschichte und Statistik, S. 61.

fluß sie teilweise während ihrer Studienaufenthalte in Deutschland geraten waren, teilweise auch in Sankt Petersburg selbst, wo die Grundsätze der Historischen Rechtsschule hauptsächlich durch den Einfluß Kavelins schon um die Mitte des Jahrhunderts etabliert worden waren.[181] Sie unterrichteten teilweise unmittelbar die Geschichte des römischen Rechts und dessen privatrechtliche Lehren, teilweise lehrten sie das russische bürgerliche Recht nach pandektistischen Grundsätzen. Es kam auch vor, daß einzelne Professoren innerhalb dieser Fächer wechselten oder beide parallel betrieben. Von den um die Jahrhundertwende lehrenden Persönlichkeiten[182] waren folgende besonders bedeutend:

Nikolaj L'vovič Djuvernua[183] (1836-1906) hatte von 1853 bis 1857 in Moskau studiert, wo sein Lehrer im Römischen Recht Nikita Krylov gewesen war.[184] Nach erster Tätigkeit als Gehilfe des Inspektors der Moskauer Universität und als Gymnasiallehrer für Gesetzeskunde[185] setzte Djuvernua seine Studien von 1865 an zwei Jahre lang in Heidelberg fort, wo er bei Karl A. von Vangerow ergänzende Studien trieb.[186] Nach Abschluß des Magisterexamens 1869 in Moskau studierte Djuvernua noch

181 Kavelin (1818-1885) hatte seit 1844 an der Moskauer und seit 1857 an der Sankt Petersburger Universität gelehrt. Seit 1877 unterrichtete er Rechtsgeschichte und Zivilrecht an der Militär-Rechtsakademie. Sein wissenschaftliches Hauptinteresse galt der rechtlichen Ordnung des Grundeigentums und der Bodennutzung allgemein. Er wandte die Grundsätze der Historischen Rechtsschule Savignys auf die russischen Rechtstraditionen an. Vgl. Meduschewskij, Art. Kavelin, S. 341 f.; Grothusen, Die Historische Rechtsschule, S. 90 ff. (106).

182 Vgl. Tomsinov, Juridičeskoe obrazovanie ... »velikich reform«, S. 110-153.

183 Zur Biographie Markevič (Hrsg.), Dvadcatipjatiletie Imperatorskogo Novorossijskogo Universiteta, S. 500 f.; Šilochvost, Russkie civilisty, S. 64; Nečaev, Art. Djuvernua (Nikolaj L'vovič), S. 366; Biografičeskij Slovar' professorov i prepodavatelej imperatorskogo S.-Peterburgskogo universiteta 1869-1894, Bd. 1, S. 241-244; Nol'de, Nikolaj L'vovič Djuvernua, S. 101-110; Hausmann, Universität und städtische Gesellschaft, S. 563; Alexeeva, L'insegnamento, S. 564 f.; vgl. schließlich den Nachruf im Istoričeskij Vestnik 27 (1906), Bd. 5, S. 689.
Djuvernua schrieb seinen Namen im Ausland »Duvernoy«; vgl. etwa den Eintrag in die Wiener Matrikel unter den »außerordentlichen Juristen« des SS 1870 und WS 1870/71. Gleichwohl muß hier korrekterweise die russifizierte Schreibweise des ursprünglich französischen Namens transliteriert werden. Mit Recht hat Maurer, Hochschullehrer, S. 872 darauf hingewiesen, daß allenfalls bei Personen, die selbst oder deren Eltern nach Rußland eingewandert sind, sowie bei nichtrussischen Angehörigen des Zarenreiches die ursprüngliche Schreibweise verwendet werden sollte, während dies bei mittelbaren Nachfahren der Einwanderer nicht mehr überzeugen kann.

184 Nikita Ivanovič Krylov (1807-1879) hatte 1831 zu den von der Zweiten Abteilung der Kaiserlichen Kanzlei zum Studium nach Berlin geschickten Studenten gehört (s. oben S. 245). Seit 1835 lehrte er als Professor in Moskau.

185 Vgl. oben S. 242.

186 Djuvernuas Aufenthalt in Heidelberg ist für den Zeitraum von 1865 bis 1866 nachgewiesen; vgl. Birkenmaier, Biographisches Lexikon, S. 27 und Svatikov, Russische Studenten, S. 69. Für weitere, von dem Verfassungsrechtler (Jellinek-Schüler), Historiker und revolutionären Politiker Sergej G. Svatikov (1880-1942) aufgezeichnete Erinnerungen Djuvernuas an seine Heidelberger Zeit vgl. den Heidelberger Almanach aus dem Jahr 1912, S. 103 f.

zwei Semester in Wien bei Unger und vor allem bei Jhering, der, wie noch zu zeigen sein wird,[187] für seine wissenschaftliche Ausrichtung prägend werden sollte.[188] Von 1871 an lehrte er Geschichte und Dogmatik des römischen Rechts am Demidovschen Juristischen Lyzeum in Jaroslavl'.[189] 1875 wurde er Professor in Odessa, zunächst für Römisches, später für Bürgerliches Recht, bevor er 1882 nach Sankt Petersburg wechselte, wo er an der Universität[190] sowie am Alexander-Lyzeum lehrte.

David Grimm (1864-1941),[191] der 1894 Privatdozent in Sankt Petersburg geworden war und dort seit 1901 einen Lehrstuhl für Römisches Recht innehatte, war 1906-1910 Dekan der juristischen Fakultät und 1910-1911 sogar Rektor der Universität. Daneben unterrichtete er 1891-1905 an der Kaiserlichen Rechtsschule, ferner die Enzyklopädie des Rechts an der Militär-Rechtsakademie (1896-1906), und war Professor an den Bestužev-Kursen (1906-1013). Grimm engagierte sich politisch als führendes Mitglied der Kadetten-Partei[192] und wurde in diesem Zusammenhang mehrfach Opfer staatlicher Maßregelung.[193] 1913 wechselte er auf einen Lehrstuhl an der Char'kover Universität.

Michail Jakovlevič Pergament (1866-1932)[194] war nach seiner Lehrtätigkeit in Jur'ev 1906 an die Sankt Petersburger Universität berufen worden, wo er bis 1911 lehrte. 1912 wurde er Professor und Dekan an der juristischen Fakultät der Bestužev-Kurse.[195]

Den größten Bekanntheitsgrad unter den Sankt Petersburger Romanisten erlangte Leon Petrażycki,[196] wenngleich er die ihm bis heute entgegengebrachte Anerkennung nicht seinen Arbeiten auf dem Gebiet des römischen Rechts verdankt. Er war seit 1898 Professor in Sankt Petersburg und hatte hier seit 1901 den Lehrstuhl für juristische Enzyklopädie und Geschichte der Rechtsphilosophie inne. Seine Dissertation über die *bona fides* im bürgerlichen Recht hatte den Weg dafür bereitet, daß er als Nachfolger Korkunovs auf diese prestigeträchtige Stelle berufen wurde.[197] Auch lehrte er im Rahmen der Bestužev-Kurse. Besondere, auch internationale Bedeutung erlangte Petrażycki auf dem Gebiete der Rechtsso-

187 S. unten S. 408 ff.

188 Im Anschluß an sein Studienjahr in Wien begleitete Djuvernua Jhering sogar auf dessen Reise nach Italien. Vgl. den Brief Jherings an Windscheid aus Wien vom 2.7.1871, in: Kroeschell (Hrsg.), Jherings Briefe an Windscheid, Nr. 4, S. 24-27 (25).

189 S. dazu oben S. 279 f.

190 Der Maler M. V. Dobužinskij (1875-1857), der an der Petersburger Universität bei Djuvernua Bürgerliches Recht gehört hatte, berichtet, er sei durch das eindrucksvolle Erscheinungsbild des Professors zu einer Darstellung desselben am Katheder inspiriert worden – ein Plan, der allerdings nicht zur Ausführung kam; Dobužinskij, Vospominanija, S. 124 f. und 140.

191 S. oben S. 336 f.

192 S. unten S. 581.

193 Vgl. Maurer, Hochschullehrer, S. 803.

194 S. oben S. 345 f.

195 Krasinskaja-El'jaševa/Rubašova-Zorochovič, Juridičeskij fakul'tet, S. 149 und 152.

196 S. bereits oben S. 339 u. 353.

197 Meyendorff, The Tragedy of Modern Jurisprudence, S. 537.

ziologie, nämlich als Begründer der psychologisch-soziologischen Rechtsschule in Rußland[198] und, vermittelt vielfach durch Emigranten, in zahlreichen Ländern.[199] In seinen Arbeiten stellte Petrażycki eine Theorie auf, die auf psychologischer Basis Recht, Moral und Staat zu einem harmonischen Ganzen zu verbinden versprach. Unter den privatrechtsdogmatischen Werken Petrażyckis befinden sich mehrere Schriften zum Sachenrecht. Der Schwerpunkt dieser Arbeiten liegt auf dem Recht der Früchte und sonstiger Nutzungen.[200]

198 Meduševskij, Istorjia russkoj sociologii, S. 206 ff.

199 Vgl. Schlüchter, Recht und Moral, S. 115-213; Sproede, »Rechtsbewußtsein«, S. 465-476. Zur Verbreitung der Rechtstheorie Petrażyckis in England trug vor allem Alexander Meyendorff (unten S. 382 f., Fn. 58) bei, der in seiner Eigenschaft als Dozent an der London School of Economics and Political Science u. a. über »The Psychological Theory« las. Vgl. die Ankündigung einer Vorlesungsreihe »Modern Theories of Law« für Frühjahr und Sommer 1932. Meyendorff, der im hohen Alter auf an ihn gerichteten Briefen gelegentlich Bemerkungen zur Gedächtnisunterstützung notierte, vermerkte auf einem Brief der Warschauer Petrażycki-Gesellschaft vom 9.3.1939: »Ich bin Anhänger der psycholog. Rechtstheorie Petrazycki's«. Ein weiterer Vermittler von Petrażyckis Lehre war Aleksandr Jul'evič Bloch (geb. 1878), der sich in der Emigration in Frankreich und später England »Alexander Block« (russisch sogar »Blok«) nannte und dadurch mit dem bekannten Dichter (s. unten S. 364 u. 377, Fn. 30) verwechselt werden kann. Meyendorff schrieb über ihn: »At my suggestion, Professor Ginsberg is passing on to you Alexander Block's paper on sociology. [...] Block was introduced to me as a student 45 years ago by the late Petrazycki, for whom I had always had a great admiration. Block has remained a faithful pupil of this great scholar to the present day. I sincerely wish to help him in the task he has set himself: to incorporate Petrazycki's social philosophy into the Western spiritual heritage to which it belongs. [...]«; Brief an Alexander Carr-Saunders vom 31.5.1948. Aus dem Kontakt mit Meyendorff war Blochs Mitarbeit an der Übersetzung von Dernburgs Pandekten hervorgegangen. Seine Briefe an Meyendorff von 1943 bis 1952 enthalten immer wieder Mitteilungen über Petrażyckis Werk, dessen Übersetzungen sowie andere Anhänger der Lehre. Für die zustimmende Verarbeitung verschiedener Lehren Petrażyckis vgl. Blochs (»Block«) vergleichende Darstellung über das Bausparen (1931), S. 370, 385 u. 390. Wichtig für die Vermittlung von Petrażyckis Rechtsdenken in die U. S.A. wurde George Guins (G. K. Gins, 1887-1971).

200 Die Fruchtvertheilung beim Wechsel der Nutzungsberechtigten, Berlin 1892 (rezensiert von Endemann, Juristisches Litteraturblatt [1892], Nr. 40, S. 186 ff. [188], Leonhard, SavZRG [Rom. Abt.] 14 [1893], S. 275-285; Oertmann, GrünhutsZ 20 [1893], S. 575-585); Die Lehre vom Einkommen, 2 Bde. Berlin 1893/95, davon Bd. 1 zum römischen Recht; Raspredelenie dochodov pri perechode pol'zovanija s točki zrenija graždanskogo prava, 1: Delenie dotal'nych plodov po rimskomu pravu (Die Verteilung der Einkünfte beim Übergang der Nutzung vom Standpunkt des bürgerlichen Rechts, 1: Die Teilung der Dotalfrüchte im römischen Recht), Kiev 1896; Bona fides v graždanskom prave, S.-Peterburg 1897, 2. Auflage, S.-Peterburg 1902. Über Petrażyckis Eigentumslehre aus der »Fruchtvertheilung« nun Frick, Lev Petražickij und das Eigentum, S. 527-539. Für Petrażyckis wissenschaftliches Gesamtwerk vgl. jetzt die von Kojder erarbeitete, umfangreiche Bibliografia prac Leona Petrażyckiego (2010).

Iosif Alekseevič Pokrovskij kann als der bedeutendste russische Zivilrechtler um die Wende zum 20. Jahrhundert gelten.[201] Nach seiner Rückkehr aus Berlin[202] hatte er als Hochschullehrer in Dorpat neben dem Vorlesungsprogramm – abwechselnd jeweils über die Geschichte des römischen Rechts und dessen Institutionen – Vorträge gehalten über die Rolle, die dem römischen Recht in der Rechtsgeschichte des Menschen insgesamt zukam. Dies war auch das Thema seiner ersten gedruckten Arbeit.[203] Nur zwei Jahre nach seinem Antritt in Dorpat wechselte er bereits ins heimatliche Kiev, wo er 1898 eine Magisterdissertation vorlegte und zum außerordentlichen Professor ernannt wurde. 1902 verteidigte er eine Doktordissertation an der Sankt Petersburger Universität und erhielt dort bald einen Lehrstuhl für Geschichte des römischen Rechts. Neben seiner Lehrtätigkeit an der Universität las Pokrovskij von 1904 bis 1907 am Alexander-Lyzeum die »Encyklopädie des Rechts und des römischen Rechts«. Von 1907 bis 1913 unterrichtete er das »Dogma«[204] des römischen Rechts sowie die Grundlagen des Bürgerlichen Rechts im Rahmen der Bestužev-Kurse.[205] Wegen der starken Belastung in der Lehre sind in Pokrovskijs Petersburger Zeit nur wenige Schriften erschienen. 1912 mußte Pokrovskij seinen Abschied von der Sankt Petersburger Universität nehmen.[206] Er wurde 1913 Professor am Moskauer Handels-Institut.[207]

Ludol'f Borisovič Dorn (1840-1891) beendete 1860 sein Studium an der Sankt Petersburger Fakultät[208] und wurde nach Deutschland abkommandiert, um sich auf die Übernahme einer Professur für römisches Recht vorzubereiten. Er studierte die Pandekten bei Vangerow in Heidelberg[209] und anschließend französisches Privatrecht in Paris, bevor er 1863 nach Rußland zurückkehrte. Nach der

201 Suchanov, Ausgewählte Probleme der Entwicklung des Privatrechts, S. 555.

202 S. oben S. 340f.

203 Pokrovskij, Rol' rimskogo prava v pravovoj istorii čelovečestva (1894).

204 S. unten S. 372ff.

205 Über die Bestužev-Kurse vgl. oben S. 356.

206 Vgl. Maurer, Hochschullehrer, S. 800f.

207 Von seinen Werken zum römischen Recht sind über die oben S. 340f., Fn. 86 genannten Titel hinaus zu nennen: Pravo i fakt v rimskom prave (Recht und Tatsache im römischen Recht), Teil 2: Genesis pretorskogo prava (Die Entstehung des prätorischen Rechts) (Doktordissertation, 1902) sowie Istorija rimskogo prava, 4. Aufl., Petrograd 1918. Ein von Šilochvost erstelltes Verzeichnis seiner Werke enthält der Nachdruck der Osnovnye problemy (2003), S. 341-346.

208 Zur Biographie: Efimov, Art. Dorn, Ludol'f Borisovič, in: Biografičeskij Slovar' professorov i prepodavatelej imperatorskogo S.-Peterburgskogo universiteta 1869-1894, Bd. 1, S. 239; Art. Dorn (Ludol'f Borisovič), S. 50; Šilochvost, Russkie civilisty, S. 61; Alexeeva, L'insegnamento, S. 562-564.

209 Die Heidelberger Matrikel (Sechster Teil von 1846 bis 1870, S. 427) führt »Adolf« Dorn aus Sankt Petersburg unter dem 30.4.1862 mit der Altersangabe 22 Jahre; er ist als Student der Rechte für das SS 1862 und das WS 1862/63 nachgewiesen. Vgl. Birkenmaier, Biograph. Lexikon, S. 28.

Rückkunft lehrte er Geschichte und »Dogma« des römischen Rechts an der Sankt Petersburger Universität sowie an der Kaiserlichen Rechtsschule.[210]

Zu nennen ist schließlich Vasilij Vladimirovič Efimov (1857-1902),[211] der nach seinem Studium an der Sankt Petersburger Fakultät für eine Arbeit über die *institutio ex re certa* ausgezeichnet worden war. Er legte 1882 das Magisterexamen ab und wurde von der Fakultät zum Dozenten für Geschichte des Römischen Rechts bestimmt. 1885 verteidigte er eine Magisterdissertation mit dem Titel »Grundriß der Geschichte der altrömischen Verwandtschaft und Erbfolge« (»Očerki po istorii drevnerimskogo rodstva i nasledovanija«). Er schrieb seine Doktordissertation über die Haftung des Schuldners nach römischem Recht (»Posil'naja otvetstvennost' dolžnika po rimskomu pravu«, 1888) und wurde zunächst außerordentlicher, 1891 dann ordentlicher Professor für Römisches Recht.[212] Nach dem Tode Dorns las er darüber hinaus auch noch über das »Dogma« des Römischen Rechts. Efimov war der erste – und bald einzige – Professor, der den Grad eines Doktors des bürgerlichen Rechts erreicht hatte und einen Lehrstuhl für Römisches Recht einnahm, ohne eine ausländische Universität besucht zu haben.[213] Dies zeigt den hohen Grad, in dem die Sankt Petersburger Zivilrechtler romanistischer Ausrichtung im übrigen unter dem Einfluß der westeuropäischen, insbesondere der deutschen Privatrechtswissenschaft standen.

An der Kaiserlichen Rechtsschule wurde das Römische Recht zeitweise durch Boris Vladimirovič Nikol'skij (1870-1919) vertreten, der durch Arbeiten über das Zwölftafelgesetz hervortrat.[214]

210 Dorn veröffentlichte vergleichsweise wenig, darunter seine Magisterdissertation »Über den Nießbrauch nach römischem Recht« (Ob usufrukte po rimskomu pravu, Bd. 1, Sanktpeterburg 1871). Später entstand eine auf seine Vorlesungen zurückgehende Gesamtdarstellung der Lehren des römischen Rechts, die merklich unter dem Einfluß Vangerows stand, bei dem Dorn in Heidelberg gehört hatte: Dogma rimskogo prava, 1. Aufl., S.-Peterburg 1880, 2., postum erschienene Aufl. 1891. Daneben verfaßte Dorn verschiedene Arbeiten über das Partikularrecht der Baltischen Provinzen.

211 Biografičeskij Slovar' professorov i prepodavatelej imperatorskogo S.-Peterburgskogo universiteta 1869-1894; Bd. 1, S. 251; Šilochvost, Russkie civilisty, S. 66 f.; Nečaev, Art. Efimov (Vasilij Vladimirovič), S. 692; Alexeeva, L'insegnamento, S. 565-568.

212 Über seine beiden Dissertationen hinaus veröffentlichte Efimov u. a.: Lekcii istorii rimskogo prava (Vorlesungen der Geschichte des Römischen Rechts), S.-Peterburg 1891; Dogma rimskogo prava (Das Dogma des Römischen Rechts), S.-Peterburg 1901.

213 Kolbinger, Im Schleppseil Europas?, S. 45 mit Nachweisen.

214 Bei Nikol'skijs 1897 erschienener Monographie Sistema i tekst XII tablic (System und Text des Zwölftafelgesetzes) handelt es sich um eine eingehende Auseinandersetzung mit Überlieferung und Eigenart der Zwölf Tafeln, die der westlichen Romanistik offenbar ausschließlich über die Rezension von Pergament, SavZRG (Rom. Abt.) 19 (1898), S. 374-383 bekannt geworden ist. Ferner erschien: XII tablic. Svodnyj tekst otryvkov (Die Zwölf Tafeln. Gesammelter Text der Fragmente), Sankt-Peterburg 1897; eine Doktordissertation mit dem Titel K istorii darenija meždu suprugami (Zur Geschichte der Schenkungen unter Ehegatten, 1915) wurde von der Juristischen Fakultät der Universität Petrograd abgelehnt. Vgl. Šilochvost, Russkie civilisty, S. 112 f.

3.) Grundsätze des Unterrichts und Atmosphäre des Studiums

Das Ziel des Studiums bestand in der Vermittlung des breitgefächerten Stoffkanons, der sich aus der Studienordnung und den Examensanforderungen von 1884/85 ergab. Ein stark verschulter Frontalunterricht diente der Vermittlung von Wissen und (mit Einschränkungen) von Kompetenz im methodischen Umgang mit dem Recht, während die praktische Anwendung erworbener Rechtskenntnisse nur eine geringe Rolle spielte. Obwohl man sich im Rahmen des Universitätsunterrichts jedenfalls überwiegend nicht mehr darauf beschränkte, stereotyp Gesetze vorzulesen, sondern in einem freieren Vortrag Rechtslehren entwickelte, blieb doch zunächst – sieht man von Einzelfällen wie dem praktischen Unterricht Mejers ab – die Vorlesung der beherrschende Typ der Lehrveranstaltung. Eine Neuerung ergab sich insoweit, als 1899 im Einvernehmen mit dem Volksaufklärungsminister Nikolaj P. Bogolepov, einem Romanisten,[215] die Veranstaltungsform des Seminars in die Lehrpläne aufgenommen wurde.[216] Die Einführung des Seminars diente dem Ziel, das Studium durch Förderung der selbständigen Mitarbeit der Studenten zu verbessern. Gleichwohl zielte die Universitätslehre unter den Bedingungen einer ausgesprochen reaktionären Hochschulpolitik zu keinem Zeitpunkt auf eine Befähigung zum selbständigen, schöpferischen, womöglich kritischen Umgang mit dem Recht ab. Das Ausbildungsziel war nach wie vor der angepaßte Jurist. Viele Studenten ließen sich bereitwillig darauf ein, weil sie anstrebten, nach ihren Abschlußprüfungen in den Staatsdienst übernommen zu werden. Ihre Einvernahme durch den Staat schon während des Studiums fand äußerlich darin Ausdruck, daß sie Uniform trugen.

Dem verschulten Unterrichtskonzept zum Trotz ließ das Studium zahlreiche Studenten heranreifen, die sich offensichtlich nicht mit der Rolle passiver Rezipienten des Lehrstoffs zufrieden gaben.[217] Durch Bildungsgrad und Arbeitsbereitschaft, vor allem aber durch ihre Fremdsprachenkompetenz boten sie gute Voraussetzungen dafür, sich – außerhalb des Rechtsunterrichts – in einem ungewöhnlichen, aber für den werdenden Juristen überaus lehrreichen Bereich zu engagieren: der Übersetzung ausländischer Fachliteratur in das Russische. Das Studium vollzog sich offensichtlich in einer Atmosphäre, die fruchtbar genug war, um diese jungen Studenten – im Alter von Anfang bis Mitte zwanzig – zu einer Vielzahl von Übersetzungs- und Herausgabeprojekten zu veranlassen, die freilich nicht alle zur Veröffentlichung gelangten: So hatte Petrażycki noch während seines Studiums Barons Pandekten übersetzt. Auch die von Sokolowski geleitete Übersetzergruppe, die sich Dernburgs Pandekten vorgenommen hatte, bestand

215 S. oben S. 335.

216 Für verschiedene von den Professoren geleitete Arbeitskreise vgl. unten S. 637.

217 Nicht verallgemeinert werden darf das Vorurteil, mit dem bei Solženicyn, Avgust četyrnadcatogo (August Vierzehn), ein Absolvent der Sankt Petersburger Juristenfakultät konfrontiert wird: Das universitäre Rechtsstudium beschränke sich doch wohl darauf, daß lediglich eine geringe Anzahl an Lehrbüchern auswendig gelernt werde (Kap. 15).

aus Studenten.[218] Außerdem arbeitete der Student Pavel Muljukin an einer Übersetzung von Jherings »Entwicklungsgeschichte des Römischen Rechts«,[219] sein Kommilitone Ruben Orbeli[220] übersetzte Otto Bärs Werk »Die Anerkennung als Verpflichtungsgrund«.[221] Andere Studenten widmeten sich Editionsprojekten. So bereiteten mehrere die Herausgabe des Zivilrechts des Svod Zakonov X/1 mit vollständigen historischen Materialien und Registern (in mehreren Bänden) aufgrund eines von Boris V. Nikol'skij ausgearbeiteten Plans vor.[222] Eine bedeutende Rolle spielte auch die Veröffentlichung von Gesamtdarstellungen nach den Vorlesungen verschiedener Professoren durch deren Hörer.

Nicht nur durch wissenschaftliche Leistungen, wie sie besonders in den Übersetzungsprojekten zum Ausdruck kamen, traten Studenten hervor. An der Sankt Petersburger Fakultät herrschte vielmehr ein noch vielfältiger anregendes Klima. Zahlreiche Persönlichkeiten, die sich später durch künstlerische Leistungen hervortraten, verbrachten hier ihre Jugendjahre, erfuhren in einer Atmosphäre anregenden kulturellen Austauschs Prägungen, die ihr beginnendes künstlerisches Schaffen befruchteten, und knüpften Kontakte, die später teilweise zu fruchtbarer Zusammenarbeit mit ihren ehemaligen Kommilitonen führten.[223] Die relative Häufung gebildeter Studenten mit schöpferischen Neigungen geht sicherlich darauf zurück, daß die Grundlagen für künstlerische Leistungen besonders unter den Bedingungen des allmählich aufkommenden städtischen Bürgertums gelegt wurden, und hier gleichzeitig die Neigung zu einem »Brotstudium« bestand, das Aussicht auf eine Karriere im Staatsdienst bot.[224] Der lettische Dichter Jānis Rainis

218 Auch am Berliner Seminar hatten 1888 mehrere Studenten beabsichtigt, Dernburgs Pandekten ins Russische zu übersetzen. Das Projekt wurde eingestellt, als die Beteiligten erfuhren, daß schon eine andere Übersetzung in Vorbereitung war. Vgl. oben S. 334 und Rudokvas/Kartsov, Der Rechtsunterricht, S. 301.

219 Lavrov, Otčet o sostojanii, S. 65.

220 Der Armenier Ruben Orbeli (1880-1943), Absolvent der Sankt Petersburger Juristischen Fakultät, fand nach 1917 zu einer beruflichen Neuorientierung und wurde zum Begründer der sowjetischen Unterwasser-Archäologie.

221 Lavrov, Otčet o sostojanii, S. 69.

222 Lavrov, Otčet o sostojanii, S. 65.

223 Kazantsev, Die Geschichte der juristischen Fakultät, S. 159.

224 Auf die bürgerliche Neigung, Bildungsgang und Lebensplanung unter Zurückstellung individueller Begabungen oder Bedürfnisse auf eine Verwendung im Staatsdienst auszurichten und dafür auch ganz selbstverständlich die Beschäftigung mit Gegenständen in Kauf zu nehmen, deren Wahl zur Lebensaufgabe vielen – insbesondere Nichtjuristen – als wenig naheliegend erschien, bezieht sich die literarische Schilderung des Werdegangs eines Offiziers durch Michail Bulgakov (»Belaja Gvardija«/»Die weiße Garde«, 2. Teil, Kap. 8, am Anfang): »Gekommen war es, weil der Krieg für Kozyr' die Berufung war und die Lehrertätigkeit nur ein lang dauernder großer Irrtum. So geht es oft im Leben. Einer hält zum Beispiel zwanzig Jahre lang Vorlesungen über römisches Recht, und im einundzwanzigsten Jahr stellt sich plötzlich heraus, daß ihm das römische Recht vollkommen fremd ist, er es nicht versteht und nicht liebt, daß er in Wirklichkeit ein guter Gärtner und von brennender Leidenschaft für Blumen erfaßt ist. Das liegt wahrscheinlich an der Unvollkommenheit unserer Gesellschaftsordnung, bei der die Menschen häufig erst gegen Ende

(Pliekšāns, 1865-1929) studierte an der Sankt Petersburger Rechtsfakultät seit 1884. Neben der Aufnahme seines eigenen künstlerischen Schaffens sammelte und publizierte Rainis gemeinsam mit seinem Schwager, dem späteren bol'ševistischen Politiker Pēteris Stučka,[225] Werke der lettischen Dichtkunst. Aleksandr Blok (1880-1921), als Dichter später ein bedeutender Vertreter des russischen Symbolismus, hatte seit 1898 Jura an der Universität in Sankt Petersburg studiert,[226] seit August 1901 außerdem Philologie, bevor er 1906 seine Studien abschloß.[227] Schon vom Gymnasium her kannte Blok Nikolaj Konstantinovič Rerich (Roerich) (1874-1947). Dieser schrieb sich 1893 sowohl an der juristischen Fakultät der Petersburger Universität als auch an der Akademie der Künste ein.[228] Roerich schloß das Jurastudium im Jahr 1898 erfolgreich ab und fertigte eine Abschlussarbeit zum Thema: »Pravovoe položenie chudožnikov drevnej Rusi« (»Die Rechtsstellung der Künstler in der alten Rus'«).[229] Seine juristische Qualifikation nutzte Roerich später u. a., indem er das Washingtoner Übereinkommen über den internationalen Schutz von Kulturgütern von 1935 (Roerich-Pakt) initiierte und entwarf, einen Vorläufer der Haager Konvention zum Schutz von Kulturgut bei bewaffneten Konflikten.[230] An der Fakultät lernte er Sergej Pavlovič Djagilev (Diaghilev, 1872-1929) und die anderen Gründer der Zeitschrift »Mir Iskusstva« (»Welt der Kunst«) kennen. Djagilev hatte damals bereits zwei Studienjahre durchlaufen,[231] ohne eine besondere Neigung zu seinem Fach entwickelt zu haben. Allerdings konnte er, obgleich er sein juristisches Studium zugunsten von Gesangs- und Kompositionsunterricht einschränkte,[232] Ende 1893 das Examen ablegen.[233] Roerich verwirklichte mit Djagilev zahlreiche gemeinsame Projekte. Durch Vermittlung des letzteren wurde Roerich auch mit Igor Fëdorovič Stravinskij (Strawinsky) (1882-1971) bekannt und begann eine Zusammenarbeit, zu deren Erträgen z. B. Strawinskys Ballett »Le Sacre du Printemps« gerechnet werden darf.[234] Strawinsky selbst hatte 1900 das Rechtsstudium auf Wunsch der Eltern

ihres Lebens auf den richtigen Platz gelangen«. Daß Bulgakov gerade das römische Recht als Beispiel wählte, dürfte abermals dessen verbreitete Wahrnehmung als fremde und wenig lebensnahe Materie widerspiegeln, insbesondere vor dem Hintergrund der Erfahrungen aus dem Bürgerkrieg, die in den 1923/24 entstandenen Roman eingingen.

225 Über Stučka s. unten S. 603 f.

226 Pyman, The Life of Alexandr Blok, S. 62, 223.

227 Pyman, The Life of Alexandr Blok, S. 301.

228 Decter, Nicholas Roerich, S. 18; Betjen, Poetische Struktur, S. 4.

229 Betjen, Poetische Struktur, S. 5; Decter, Nicholas Roerich, S. 38 f.

230 Gupta (Hrsg.), Nicholas Roerich, Memorial Volume, S. 14, 39.

231 Decter, Nicholas Roerich, S. 36; Buckle, Diaghilev, S. 15. Vgl. Donnert, Sankt Petersburg, S. 301.

232 Buckle, Diaghilev, S. 16.

233 Buckle, Diaghilev, S. 27-29.

234 Decter, Nicholas Roerich, S. 83; vgl. Betjen, Poetische Struktur, S. 9.

aufgenommen, ohne eigenes Interesse daran zu entwickeln.[235] Im Frühling 1905 schloß er sein Universitätsstudium im Alter von 23 Jahren ab.[236]

Die Beobachtung von Persönlichkeiten, die ihre künstlerischen Neigungen erst nach Abschluß eines Rechtsstudiums als Vorbereitung auf einen »Brotberuf« voll entfalten konnten, ergibt nach allem nicht lediglich das Bild von schöpferischen Geistern, die im Interesse der Versorgung oder um bürgerlicher Ordnungsvorstellungen willen ihre Berufung zeitweise hintanstellen mußten. Womöglich war es gerade umgekehrt kein Zufall, daß so viele der Begründer und zentralen Vertreter der russischen Moderne in Kunst und Dichtung römisches Recht studiert hatten. Besonders an Vasilij Kandinskijs Äußerungen offenbart sich das fruchtbare Spannungsfeld, in das ihn die Auseinandersetzung mit dem römischen Recht geführt hatte.[237] Nachdem er 1892 das Examen im Moskau abgelegt hatte, bot sich ihm die Möglichkeit einer Weiterentwicklung als Hochschullehrer in Dorpat,[238] doch entschied sich Kandinskij für die Malerei und ging nach Deutschland, um seine künstlerische Bildung fortzusetzen.[239]

III.) Die Diskussion um den Stellenwert des Römischen Rechts in der universitären Lehre

Die Studienordnung von 1885 hatte dem römischen Recht einen herausragenden Stellenwert eingeräumt. Es war an den Universitäten in den letzten drei Jahrzehnten des Zarenreiches fest etabliert und an Lehrstühlen institutionell verankert. Unumstritten war es allerdings nie. Besonders bis in die achtziger Jahre hinein hatten die Angriffe gegen eine Orientierung am römischen Recht auch auf dessen Lehre an der Universität abgezielt. Aber auch nach der Reform von 1884/85 setzte sich die Auseinandersetzung fort. Umso mehr mußten sich die Vertreter des Faches – einschließlich natürlich der Zivilrechtler romanistischer Ausrichtung – immer wieder veranlaßt sehen, ihren Standpunkt offensiv zu vertreten.

1.) Die Befürwortung eines hohen Stellenwerts des Römischen Rechts im Rechtsstudium

Als Kiever Hochschullehrer und »Berliner Absolvent« trat Aleksej Guljaev 1894 für einen hohen Rang des römischen Rechts im Studium ein. Er begründete dies mit den Interessen der Lehre des geltenden Rechts. Sein Rechtsunterricht behandelte nicht das Privatrecht in seiner historischen Entwicklung, sondern das in

235 Strawinsky, Leben und Werk, S. 25.

236 Druskin, Igor Strawinsky, S. 45; Strawinsky, Leben und Werk, S. 32. Das vom Dekan Petrażycki unterzeichnete Zulassungsdokument sowie das Abschlußzeugnis sind abgedruckt bei Stravinsky/Craft, Stravinsky in Pictures and Documents, S. 45.

237 S. bereits oben S. 90 f. u. 114.

238 Vgl. Garofalo, Kandinsky, S. 49. N. Kandinsky, Kandinsky und ich, S. 30 und Grohmann, Kandinsky, S. 8 berichten sogar, man habe ihm die Übernahme einer Professur in Dorpat angeboten.

239 Vgl. Tomsinov, Istorija juridičeskogo fakul'teta, S. 366.

Rußland geltende Recht. Er erklärte, das Ziel seines Kurses sei das Erlernen der Grundlagen und Prinzipien des Rechts, die im Wege der Auslegung, des Vergleichs zwischen verschiedenen Bestimmungen, der Analogie und der praktischen Anwendung einzelner Gesetze herausgearbeitet werden müßten. Auf diese Weise seien diejenigen abstrakten juristischen Begriffe zu gewinnen, die in den Gesetzen Ausdruck fänden. Diese Begriffe würden ferner in ein System gebracht. So stelle sich im Ergebnis das dogmatische Erlernen des Rechts dar.[240] Guljaev bedauert, daß eine eigentlich dogmatische Bearbeitung des Rechts in Rußland im Gegensatz zu Deutschland und Frankreich fehle. Als Grund dafür nennt er, daß sich die Juristen in Deutschland und Frankreich seit langer Zeit intensiv mit dem Studium des römischen Rechts befaßten.[241] Die Bedeutung des römischen Rechts in Westeuropa führt Guljaev nicht nur auf die unmittelbare Geltung seiner Normen, sondern auf sein theoretisches Potential zurück. Er führt aus, die Entwicklung der Rechtswissenschaft erfolge nämlich über das Erlernen der Zivilrechtstheorie, deren Grundlage die Quellen des römischen Rechts seien.[242] Nach Guljaev liegt vielen Elementen des Zivilrechts römisches Recht zugrunde, wenn auch nicht in seiner ursprünglichen Form, so doch als Produkt einer langen historischen Entwicklung.[243] Er meint, für jeden Juristen müsse die Auseinandersetzung mit dem römischen Recht essentiell sein, weil sich die Praxis zur Rechtsfortbildung der am römischen Recht entwickelten Zivilrechtstheorie bediene[244] und weil alle jüngeren Kodifikationen auf die Quellen des römischen Rechts zurückgingen.[245]

2.) Kritische Stimmen

Von verschiedenen Seiten wurde dagegen Kritik an den Studienbedingungen und insbesondere am Stellenwert des römischen Rechts in diesem Rahmen geäußert. Bei Aleksandr Zagorovskij[246] steht dies im Zusammenhang mit einer umfassenderen Kritik, die er am Verfahren der Besetzung von Lehrstühlen und an der

240 Guljaev, Ob otnošenii, S. 3.
241 Guljaev, Ob otnošenii, S. 4.
242 Guljaev, Ob otnošenii, S. 4-5.
243 Guljaev, Ob otnošenii, S. 14.
244 Dazu s. unten S. 461 ff.
245 Guljaev, Ob otnošenii, S. 15; ders., Sovremennye zadači, S. 128 f.
246 Aleksandr Ivanovič Zagorovskij (1850 bis nach 1910) studierte in Kiev, unterrichtete Handelsrecht am Demidovschen Juristischen Lyzeum in Jaroslavl', später Zivilrecht an der Char'kover Universität, bevor er 1891 Professor an der Universität in Odessa wurde. Er war Experte auf den Gebieten des Zivil- und Familienrechts. Seine Werke sind dadurch gekennzeichnet, daß er bei der Analyse der Rechtsinstitute im russischen Recht diese mit den entsprechenden Rechtsinstituten anderer Rechtordnungen verglich. Sein Hauptwerk ist der Kurs des Familienrechts (Kurs semejnogo prava, 2. Aufl., Odessa 1909), in dem er die vergleichende, dogmatische und historische Methode vereinte. Über Zagorovskij vgl. Šilochvost, Russkie civilisty, S. 68 f.; Juridičeskij Fakul'tet Char'kovskogo universiteta, S. 202-204.

Studienordnung von 1884 übt. Zagorovskij wendet sich u.a. gegen die übliche Praxis, daß das Ministerium für Volksaufklärung über die Berufung von Professoren entscheide und nicht die Fakultäten selbst.[247] Er meint, dieses Verfahren führe dazu, daß nicht selten unzureichende Anforderungen an den Hochschullehrernachwuchs gestellt würden. So werde nicht immer genügend Rücksicht darauf genommen, daß die Aufgabe eines Hochschullehrers sei nicht nur in der Wiedergabe von Lehrstoff bestehe, sondern auch in der aktiven Teilnahme an der Wissenschaft.[248] Das berühmte Humboldtsche Konzept einer Verbindung von Forschung und Lehre sieht Zagorovskij im Zarenreich nur in unbefriedigendem Maße verwirklicht. Er setzt sich ferner mit der Praxis des Hochschulunterrichts auseinander und nimmt Anstoß an zahlreichen Merkmalen.[249] Zagorovskij fordert mehr »Lernfreiheit«[250] im Studium für die Studenten, also eine Reduktion der Verschulung, und weniger, dafür aber ernsthaftere Prüfungen,[251] außerdem freie Entwicklung des Stoffs in der Lehre anstatt des Vorlesens vorbereiteter Texte, die zudem erst erworben werden müßten.[252] Ferner kommentiert er die Anforderungen an die juristischen Prüfungen des Ministeriums der Volksbildung von 1885. Er meint, diese stellten zu sehr auf die Vermittlung von Lehrstoff ab anstatt von Theorie und allgemeinen Grundsätzen. Keine Wissenschaft könne sich jedoch in der Darstellung von Lehrstoff erschöpfen und ohne Theorien und allgemeine Grundsätze existieren.[253] Dies betreffe die Lehre des römischen Rechts insoweit, als dasselbe in den Prüfungsanforderungen als »allgemeine Rechtstheorie« betrachtet werde und den Schwerpunkt des Studiums bilde. Für Zagorovskij liegt dem ein falscher Ansatz zugrunde. Er meint, kein gebildeter Jurist könne das römische Recht als allgemeine Rechtstheorie ansehen. Mit Rücksicht auf den historischen Entstehenskontext des römischen Rechts meint Zagorovskij, es sei für die Erfordernisse der Zeit als Theorie nicht ausreichend. Angesichts dessen sei es unangemessen, daß für dieses Fach mehr Wochenstunden als für die Dogmatik des geltenden Rechts angesetzt seien.[254] Für das Studium des Zivilrechts fordert Zagorovskij demgegenüber, daß die Lehre unter Berücksichtigung der Erfahrungen des Auslands aus theoretischem Unterricht und praktischen Übungen bestehen müsse.[255] Die theoretische Darstellung des Zivilrechts müsse die Studenten an die

247 Zagorovskij, O prepodavanii i izučenii graždanskogo prava, v svjazi s nekotorymi drugimi, sjuda otnosjaščimisja, voprosami, in: ŽMNP 1899, Nr. 12, S. 142-143. Die Abhandlung ist im Journal des Volksaufklärungsministeriums über mehrere Hefte verteilt erschienen.

248 Zagorovskij, O prepodavanii i izučenii, in: ŽMNP 1899, Nr. 12, S. 144-145.

249 Zagorovskij, O prepodavanii i izučenii, in: ŽMNP 1900, Nr. 3, S. 32 ff.

250 Die Fremdheit dieser Vorstellung findet darin Ausdruck, daß Zagorovskij das deutsche Wort verwendet.

251 Zagorovskij, O prepodavanii i izučenii, in: ŽMNP 1900, Nr. 3, S. 33, 36 und ŽMNP 1900, Nr. 4, S. 96 f.

252 Zagorovskij, O prepodavanii i izučenii, in: ŽMNP 1900, Nr. 3, S. 37.

253 Zagorovskij, O prepodavanii i izučenii, in: ŽMNP 1900, Nr. 4, S. 113.

254 Zagorovskij, O prepodavanii i izučenii, in: ŽMNP 1900, Nr. 4, S. 114-115.

255 Zagorovskij, O prepodavanii i izučenii, in: ŽMNP 1900, Nr. 5, S. 39.

aktuelle Entwicklung der Wissenschaft und an deren Methoden heranführen.[256] Gegenstand dieses Kurses müsse selbstverständlich das russische Zivilrecht in seiner historischen Entwicklung sein, ergänzt um des besseren Verstehens willen um den Vergleich mit dem Recht des Auslands.[257] Was die praktischen Übungen betrifft, so sollten diese parallel zu den Vorlesungen stattfinden, damit die Theorie anhand der Praxis erklärt werde.[258] Nach Zagorovskijs Überzeugung sollte der Universitätsunterricht nicht in erster Linie der Vorbereitung auf die praktische Tätigkeit des Juristen dienen, sondern die praktische Unterweisung der umfassenderen Vermittlung von Verständnis für das Recht.[259] Daher stellte sich Zagorovskij kritisch zu Dmitrij Mejers Konzept der praktischen Übungen, weil dieses zu sehr auf die Rechtspraxis ziele.[260] Er meinte, gegen ein solches Konzept sei auch einzuwenden, daß praktische Übungen nicht geeignet seien, auf die vielfältige juristische Wirklichkeit vorzubereiten. Deshalb gehörten die von Mejer vorgeschlagenen nachgebildeten Gerichtsverfahren und »juristischen Kliniken« nicht an die Universität.[261]

Die relative Dominanz des römischen Rechts im Studium stand in den Augen einiger Kritiker dem Ziel entgegen, an der Universität auf die Rechtspraxis vorzubereiten. Während Zagorovskij, wie gesehen, die Dominanz des römischen Rechts kritisierte und gleichzeitig forderte, eine auf die Praxis ausgerichtete Lehre im Interesse der besseren Vermittlung des geltenden Rechts einzusetzen, traten andere Autoren umgekehrt dafür ein, die Lehre mehr in den Dienst der juristischen Praxis zu stellen. Dies gilt etwa für den Sankt Petersburger Rechtsanwalt Genrich Borisovič Sliozberg.[262] Er kritisierte 1892 in einem Aufsatz »Römisches Recht und praktische Übungen an den juristischen Fakultäten«, daß das Studium nicht hinreichend auf die Anforderungen der außeruniversitären Praxis vorbereite. Ein praktizierender Jurist müsse das Recht methodisch weiterentwickeln und vervollständigen können. Dafür aber müßten die Studenten lernen, die allgemeinen Grundlagen auf die einzelnen Fälle anzuwenden, und außerdem wissen, wie diese Grundlagen entstehen. In diesem Zusammenhang wandte sich Sliozberg nicht grundsätzlich gegen die Lehre des römischen Rechts oder auch

256 Zagorovskij, O prepodavanii i izučenii, in: ŽMNP 1900, Nr. 5, S. 40-41 und 48.

257 Zagorovskij, O prepodavanii i izučenii, in: ŽMNP 1900, Nr. 5, S. 42-44.

258 Zagorovskij, O prepodavanii i izučenii, in: ŽMNP 1900, Nr. 7, S. 9.

259 Zagorovskij, O prepodavanii i izučenii, in: ŽMNP 1900, Nr. 6, S. 105; vgl. ŽMNP 1900, Nr. 7, S. 7.

260 Zagorovskij, O prepodavanii i izučenii, in: ŽMNP 1900, Nr. 6, S. 101 ff.

261 Zagorovskij, O prepodavanii i izučenii, in: ŽMNP 1900, Nr. 6, S. 106 f.

262 Sliozberg (1863-1937), der nach Abschluß seines Rechtsstudiums in Sankt Petersburg seine juristischen Bildung von 1886 bis 1887 in Heidelberg (vgl. Birkenmaier, Das russische Heidelberg, S. 78), Leipzig und Lyon erweitert hatte, war mit den Verhältnissen an der Universität hervorragend vertraut. Eine Karriere als Hochschullehrer war ihm verwehrt, weil er Jude war und sich weigerte, zum Christentum zu konvertieren; auch seine Zulassung als Rechtsanwalt war nur ausnahmsweise erfolgt. Zahlreiche seiner Schriften behandeln die rechtliche und wirtschaftliche Lage der im Zarenreich gesetzlich benachteiligten Juden.

nur gegen dessen Stellenwert im Studienplan. Er forderte allerdings, daß es anders als bisher gelehrt werden müsse. Dem römischen Recht komme nämlich eine Schlüsselfunktion zu. Das Ziel der juristischen Ausbildung dürfe nicht nur die Aneignung von Kenntnissen, sondern müsse das Erfassen des juristischen Denkens sein.[263] Dieses lasse sich am besten durch den Unterricht im römischen Recht und im Rahmen von Seminaren nach dem Beispiel deutscher Universitäten bewirken.[264] Sliozberg meint, während den Studenten an den russischen juristischen Fakultäten grundsätzlich die eher passive Rolle von »Hörern« zukomme, könne ihnen der Unterricht im Rahmen eines Seminars eine aktive Einübung des Stoffes ermöglichen.[265] Das Erlernen römischen Rechts soll also nach seiner Vorstellung nicht das Ziel, sondern ein Weg zur Vermittlung der zentralen Kompetenzen des Juristen sein. Er meint, mit Hilfe der Geschichte des römischen Rechts ließen sich die Entwicklungsprozesse einzelner Rechtsinstitute exemplarisch veranschaulichen. Das klassische römische Recht offenbare nicht nur die Grundzüge der Rechtsinstitute, sondern auch kleinste Details ihrer praktischen Anwendung. So bildeten die Digesten eine reiche Quelle von Recht, Gesetzgebung und vor allem praktischer Erfahrung. Aus diesem Grund sei das römische Recht das beste Mittel, um die Rechtsstudenten in die Kunst der juristischen Techniken und in die praktische Anwendung allgemeiner Grundlagen einzuführen und sie mit den Entwicklungsprozessen der Rechtsinstitute vertraut zu machen. Aus den verschiedenen Teilen des Corpus iuris sollten die Studenten lernen, juristische Vorgänge zu analysieren, das Aufeinandertreffen verschiedener Rechtsverhältnisse zu bewältigen und konkrete Fälle zu entscheiden.[266] Hier sei die Fähigkeit zu Analyse und Synthese zu erwerben, also Elemente des juristischen Denkens, dessen Erlernen das Ziel der juristischen Ausbildung sei. Allerdings müsse das römische Recht, um diesem Zweck dienlich zu sein, anders unterrichtet werden. Der Erfolg hänge nicht vom Umfang der Kenntnisse auf diesem Gebiet, sondern von Qualität und Gründlichkeit der Vermittlung des Faches ab. Sliozberg hält es für besser, nur einen Teil des Rechtsstoffs detailliert aufgrund von Codex oder Digesten zu unterrichten, als das ganze System des römischen Rechts nur unvollständig und oberflächlich darzustellen. Er meint, eine gründliche Vermittlung setze jedenfalls Quellenstudium voraus.

Auch Sergej Muromcev tritt dafür ein, das römische Recht auf andere Weise als im Studienplan vorgesehen zu unterrichten. Er befürwortet eine historische Herangehensweise.[267] Muromcev meint, auch das Pandektensystem, welches nach deutschem Vorbild der Darstellung des römischen Privatrechts zugrundegelegt wurde, sei grundsätzlich veränderlich, so daß es nur unterrichtet werden solle,

263 Sliozberg, Rimskoe pravo i praktičeskie zanjatija, S. 36-37.
264 Sliozberg, Rimskoe pravo i praktičeskie zanjatija, S. 40.
265 Sliozberg, Rimskoe pravo i praktičeskie zanjatija, S. 42-43.
266 Sliozberg, Rimskoe pravo i praktičeskie zanjatija, S. 41 f.
267 Muromcev, Čto takoe dogma prava?, S. 763.

soweit es Element des geltenden Rechts sei.[268] Grundsätzlich müsse das römische Recht kritisch und in seiner historischen Entwicklung dargestellt werden. Die didaktische Hauptaufgabe, den Juristen an das schöpferische Rechtsdenken heranzuführen, könne allein durch die Vermittlung des bisher zugrundegelegten Systems nicht bewältigt werden.[269] Während Muromcev insoweit für die Offenheit gegenüber einer neuen Systematik eintritt, wendet Holmsten dagegen ein, dies berge die Gefahr einer unsystematischen und fragmentarischen Darstellung des römischen Rechts. Löse man Rechteinrichtungen aus ihrem tradierten systematischen Rahmen, um sie in bestimmte zeitliche Kontexte einzuordnen, dann gehe der Zusammenhang der römischen Rechtsdogmatik verloren.[270]

268 Muromcev, Čto takoe dogma prava?, S. 763.

269 Muromcev, Eščë po voprosu o dogme, S. 689 f.

270 Gol'msten, Ėtjudy o sovremennom sostojanii nauki prava, S. 233 ff.

Kapitel 13: Das russische wissenschaftliche Schrifttum zum Zivilrecht und zum römischen Recht sowie sein Zusammenhang mit der westlichen Literatur

I.) Einführung

Die lange Tradition der Lehre des römischen Rechts, neben der sich der Unterricht im russischen Recht zeitweise nur mit Mühe behaupten konnte,[1] hatte schon zu Beginn des Jahrhunderts einzelne Gesamtdarstellungen entstehen lassen. Es handelte sich dabei um Lehrmaterialien, die in erster Linie dafür gedacht waren, den Rechtsunterricht ihrer jeweiligen Verfasser zu begleiten, nicht aber als Beiträge zur wissenschaftlichen Diskussion. In Sankt Petersburg hatte Vasilij Kukol'nik 1810 »Elementare Grundlagen des römischen bürgerlichen Rechts« und 1821 einen »Leitfaden zum Unterricht des römischen Rechts« verfaßt.[2] Nikolaj Fëdorovič Roždestvenskij behalf sich damit, daß er 1829 eine Übersetzung von Mackeldeys Lehrbuch unter dem Titel »Rimskoe graždanskoe pravo izložennoe po Makkel'deju« herausbrachte.[3]

Den Schritt zu Schaffung wissenschaftlicher Literatur auf den Gebieten des römischen und des bürgerlichen Rechts vollzogen die Juristen des Zarenreiches erst um die Mitte des 19. Jahrhunderts.[4] Wenn Letjaev, der die »Russische Schule des römischen Rechts«[5] am Ende des 19. Jahrhunderts und deren Bedeutung für die auf der Basis des römischen Rechts entwickelte Rechtswissenschaft beschrieben hat, meint, daß die Qualität der russischen Wissenschaft in der zweiten Hälfte des 19. und zu Beginn des 20. Jahrhunderts mit derjenigen der westeuropäischen vergleichbar sei, setzt er den genannten Schritt voraus.[6] Tatsächlich leisteten die Rechtslehrer an den juristischen Fakultäten, die das Bürgerliche Recht zu einer Lehrdisziplin von wissenschaftlichem Gehalt umformten, in diesen Jahrzehnten einen überaus wichtigen Beitrag dazu, die Rückständigkeit des russischen Rechts zu überwinden. Dies geschah allenthalben unter Berücksichtigung der zivilrechtlichen Lehren Westeuropas. Die russischen Zivilisten betrieben insoweit Rechtsvergleichung unter der Fragestellung, welche Einrichtungen und methodischen Grundsätze des ausländischen Rechts sich für die Einführung in das eigene

1 S. oben S. 155.

2 Kukol'nik, Načal'nye osnovanija rimskogo graždanskogo prava, Sanktpeterburg 1810; ders., Rukovodstvo k prepodavaniju rimskogo prava, Sanktpeterburg 1821.

3 Vgl. Alexeeva, L'insegnamento, S. 562.

4 Qualifikationsschriften entstanden freilich seit der Einrichtung russischer Universitäten. Eine Bibliographie vorrevolutionärer juristischer Dissertationen bietet Kričevskij, Magisterskie i doktorskie dissertacii (1998).

5 Eine ähnliche Formulierung wählt Rudokvas, I. A. Pokrovskij, bei Fn. 1.

6 Letjaev, Recepcija rimskogo prava, S. 74. Der Autor stützt sich maßgeblich auf die Darstellung bei Meduševskij, Istorija russkoj sociologii, S. 73-79.

Rechtssystem eignen könnten.[7] Dabei steht also teilweise die Übernahme bestimmter Rechtseinrichtungen im Vordergrund, nach deren Vorbild das russische Recht fortentwickelt werden soll, teilweise die Durchdringung des tradierten Rechts durch den »Geist« des römischen Rechts. Beide Vorgänge gingen zwar keineswegs notwendigerweise miteinander einher, doch vermittelte die Bildung im römischen Recht russischen Juristen den Zugang auch zu denjenigen ausländischen Rechtsordnungen, die aus der Tradition desselben in Westeuropa hervorgegangen waren.

Wieacker hat die Bedeutung des römischen Rechts mit Blick auf Westeuropa einmal dahingehend beschrieben, daß es nicht so sehr in einer kontinuierlich fortgeltenden Rechtsordnung bestehe, sondern vielmehr in der »Wirkungsgeschichte« einer geistigen Tradition.[8] An diese geistige Tradition knüpften zahlreiche russische Juristen nun an. Die Ergebnisse ihrer Arbeit sind durch die westliche Rechtswissenschaft auch insoweit, als ihre Bedeutung über den Zusammenhang des russischen Rechts hinausging, kaum anerkannt worden. Soweit sie nicht überhaupt ignoriert worden sind,[9] wurden sie nicht selten mit herablassenden Bemerkungen abgetan.[10]

II.) Die wissenschaftliche Bearbeitung des bürgerlichen Rechts und das Konzept des »Dogmas«

Wenn es russischen Juristen trotz der dürftigen Grundlagen, die das positive Recht bot, und angesichts der engen Vorgaben für eine Rechtsfortbildung gelang, auf Grundlage des römischen Rechts ein wissenschaftliches Zivilrecht zu entwik-

7 Razvitie russkogo prava vo vtoroj polovine XIX – načale XX veka, S. 145.

8 Wieacker, Zum heutigen Stand, S. 199.

9 Auf dieses Versäumnis verweist überzeugend Schöndorf, Sollen wir slavisches Recht studieren?, S. 165.

10 Ein erstaunliches Beispiel bietet jetzt Kettler, Eigentumsvorbehalt, S. 45f. Er zitiert Josef Kohlers vernichtende Kritik an der russischen Rechts*geschichts*wissenschaft, in der angeblich »dilettantisch im schlimmsten Sinne ist, was auch die Besten von ihnen [scil.: den russischen Autoren] geleistet haben«; Die Russkaja Prawda, S. 289. Kettler, der immerhin berücksichtigt, daß die Äußerung aus dem Kontext des Ersten Weltkriegs herrührt, versteht Kohler dahingehend, daß dieser die russische *Rechtswissenschaft* insgesamt als mangelhaft beschreibe, und stimmt ihr mit der Feststellung zu: »[…] die Worte Kohlers waren schon zutreffend, lange bevor sie geschrieben wurden, haben seither nur wenig an Aktualität eingebüßt und werden vermutlich auch in der nächsten Generation russischer Juristen Gültigkeit besitzen.« Sofern man diesem für den Verfasser einer Dissertation erstaunlich selbstbewußt formulierten Pauschalurteil überhaupt Beachtung schenken will, wird man einwenden müssen, daß seit den ersten Jahrzehnten des 19. Jahrhunderts, in denen es in der Tat an einer wissenschaftlichen Bearbeitung des Rechts gefehlt hatte, viel erreicht worden war. Die Blütezeit der russischen Rechtswissenschaft über ein halbes Jahrhundert seit 1864 mit ihrer teils latenten, teils offenkundigen Fortwirkung bis in die Gegenwart wird von Kettler einfach übergangen.

keln, wurde dies dadurch ermöglicht, daß sich das »Dogma des Römischen Rechts« als Konzept etablieren konnte. Es bildete den Rahmen dafür, daß sich eine Privatrechtsdogmatik herausbildete, die rein als Theorie verstanden wurde, also nicht den Anspruch erhob, für das geltende Recht zu stehen.[11] Durch diesen Kunstgriff vermied das »Dogma«-Konzept die Schwierigkeiten, die der Widerspruch zwischen dem wissenschaftlich ausgearbeiteten Privatrecht und dem geltenden Recht des Svod Zakonov aufwarf. Der Ausdruck »Dogma« fand in der Rechtswissenschaft große Verbreitung.[12] Zahlreiche Werktitel nahmen ihn auf.

In welcher Beziehung dieses als Theorie entwickelte und im Universitätsunterricht gelehrte Recht zum positiven Recht einerseits und zu den tatsächlichen Lebensverhältnissen der Menschen andererseits stehen sollte, wurde verschieden aufgefaßt. Zunächst einmal wurde das Dogma, weil die spezifisch wissenschaftliche Herangehensweise russischer Juristen an das Recht im 19. Jahrhundert maßgeblich von der deutschen Rechtswissenschaft befruchtet wurde, vielfach in die Nähe des »Heutigen römischen Rechts« gerückt. Von der historischen Behandlung des römischen Rechts unterschied sich das Dogma natürlich grundsätzlich. Dies kam auch durch eine getrennte Behandlung im Universitätsunterricht zum Ausdruck.[13] Professoren, die das »Dogma des Römischen Rechts« lehrten, verstanden hierunter nicht selten die »systematische Lehre von Rechtseinrichtungen und Konzepten, welche spezielle gesellschaftliche Beziehungen verallgemeinert«. Nach Meinung David Grimms stand dieses Dogma für den Kern der Rechtswissenschaft, welche per definitionem nicht die gesellschaftlichen Beziehungen als solche, sondern die abstrakten Typen derselben untersuche.[14] Dies schuf Raum für die Vorstellung, das Dogma könne dem geltenden Recht hilfreiche Anregungen vermitteln. Vasilij Efimov meinte, es arbeite auf Grundlage von Rechtsprinzipien, um alle Arten rechtlicher Erscheinungen erklären zu können. Auf diese Weise bereite es Hilfsmittel für gesellschaftliche Schieflagen vor, ebenso wie die Medizin den Ärzten ermögliche, die richtigen Arzneimittel zu verabreichen.[15] Insoweit schuf das Dogma einen Rahmen, in dem sich die Rechtspraxis entwickeln mochte.[16]

11 Den Ausdruck »Dogma« für den Inbegriff überlieferter Rechtssätze und Begriffe hatte auch Jhering gebraucht; vgl. Geist, Bd. 1, S. 47.

12 Poldnikov, Dogma, S. 63; vgl. dens., Dogovornye teorii klassičeskogo ius commune, S. 30 ff.

13 David Grimm teilte (und zitierte) Dernburgs Standpunkt: Die »Pandekten« zielten darauf, eine allgemeine Theorie des Privatrechts zu präsentieren. Sie dienen diesem Zweck, indem sie »gemeines Recht« behandeln, soweit dieses auf der römischen Rechtstradition beruht. »Und so bildet dieses Recht (d. h. das römische) die Grundlage, auf der unser heutiges Zivilrecht ruht«. Vgl. Grimm, Lekcii po dogme rimskogo prava, S. 4 mit Dernburg, Pandekten, Bd. 1, S. 1.

14 Vgl. Grimm, Lekcii po dogme rimskogo prava, S. 2-5.

15 Efimov, Dogma rimskogo prava, S. 3.

16 Poldnikov, Dogma, S. 64.

Sowohl Grimm als auch Efimov konzipierten das privatrechtliche Dogma auf Grundlage des römischen Rechts. Zahlreiche Autoren schlossen sich ihrem Beispiel an, brachten allerdings ihre jeweilige Vorstellung von Stellenwert und Funktion des Dogmas nicht immer klar zum Ausdruck. Einer der wenigen, der die Frage offen aufwarf und näher erörterte, was das Dogma für das Recht eigentlich bedeute, war Sergej Muromcev. In seinem Artikel »Was ist das Rechtsdogma?« vertrat er den Standpunkt, daß jener methodische Umgang mit dem Recht, der im Wege des Definierens, Systematisierens und Verallgemeinerns erfolge, keineswegs im Interesse der Lehre stattfinde, sondern um praktischer Ziele willen. Das Dogma solle im Sinne einer juristischen *ars* ermöglichen, die Anforderungen der Rechtspraxis zu bewältigen.[17] Mit dem Ausdruck *ars*, den Muromcev als Romanist treffend für die spezifisch wissenschaftliche Herangehensweise an das Recht (*ars iuris*) verwendet,[18] kennzeichnet er gerade den Bereich des Dogmas als Einfallstor der Wissenschaft in den Umgang mit dem Recht. Vom Dogma in diesem praxisorientierten Sinne unterschied Muromcev die Theorie des Rechts, der es um die Entwicklung abstrakterer Konzepte, also Grundanschauungen vom Recht

17 Muromcev, Čto takoe dogma prava?, S. 759, offenbar unter dem Eindruck der Idee vom Dogma als praktischer Rechtswissenschaft, die sein Göttinger Lehrer Jhering entwikkelt hatte. Vgl. Azarkin, Istorija juridičeskoj mysli Rossii, S. 336.

18 Die klassische Tradition des römischen Rechtsdenkens hatte die ideale Verfahrensweise des Juristen mit dem Recht als *ars iuris* aufgefaßt. Hierauf bezieht sich bereits Ciceros Programmschrift »*De iure civili in artem redigendo*« (»Über das *auf Wissenschaft* zurückzuführende *ius civile*«), die zwar nicht überliefert ist, deren ehemalige Existenz aber Gellius, *Noct. Att.* 1,22,7 bezeugt. In einem Schlüsseltext für die Anfänge des spezifisch wissenschaftlich behandelten Rechts, einer Passage aus seinem dem späteren Caesarmörder Brutus gewidmeten Dialogwerk (*Brutus* 41,152), hebt Cicero außerdem, wie bekannt, seinen Freund und Studienkollegen Servius Sulpicius Rufus (Consul 51 v. Chr.) deswegen unter den Juristen heraus, weil dieser eine methodische Herangehensweise für das Recht entwikkelt habe. Hierfür steht der Ausdruck *ars*, ein Äquivalent zur griechischen *téchnē*; vgl. Avenarius, Universelle Hermeneutik, S. 80 f. mit Nachweisen. Cicero berichtet, diese *ars* lehre es, »*rem universam tribuere in partis, latentem explicare definiendo, obscuram explanare interpretando; ambiguam primum videre, deinde distinguere; postremo habere regulam, qua vera et falsa iudicarentur, et quae quibus propositis essent, quaeque non essent consequentia. Hic enim attulit hanc artem omnium artium maximam, quasi lucem, ad ea, quae confuse ab aliis aut respondebantur, aut agebantur.*« Die dargestellte Methode besteht also darin, ein Ganzes in seine verschiedenen Teile zu zerlegen (*rem universam tribuere in partis*), durch Definition einen verborgenen Gedanken herauszulösen (*latentem explicare definiendo*), durch Interpretation einen dunklen Sinn zu klären (*obscuram explanare interpretando*), Zweideutigkeiten wahrzunehmen und aufzulösen (*ambiguam primum videre, deinde distinguere*), schließlich eine Regel zu gewinnen, die es erlaubt, über Geltung und Nichtgeltung zu entscheiden und darüber, ob die Rechtsnorm auf den Fall paßt oder nicht (*postremo habere regulam, qua vera et falsa iudicarentur, et quae quibus propositis essent, quaeque non essent consequentia*). Für die wissenschaftsgeschichtliche Bedeutung der von Cicero referierten Auffassung aus moderner Sicht vgl. grundlegend Behrends, Gesetz und Sprache, S. 194-196 (= Institut und Prinzip, Bd. 1, S. 160-162).

schlechthin gehe.[19] Auch Muromcev sprach allerdings nur von einem *möglichen* Rückgriff der Praxis auf das Dogma. Auch nach seiner Meinung wurde also weder das Dogma des römischen Rechts noch das des bürgerlichen Rechts mit dem Anspruch betrieben, Aussagen darüber zu liefern, wie das geltende Recht aufzufassen sei. Diese Auffassung bot Gewähr für den zu seiner Entwicklung notwendigen Freiraum, und damit die Chance, mittelbar Verbesserungen gegenüber dem defizitären positiven Recht einzuführen. Sie blieb für lange Zeit vorherrschend.

III.) Das theoretische Potential des römischen Rechts

Nicht selten heben russische Juristen am römischen Recht hervor, dessen »Theorie« sei bedeutend bzw. dasselbe sei »als Theorie« relevant. Diese Ausdrucksweise deutet zunächst auf einen potentiellen Zusammenhang mit dem geltenden Recht hin. Die Beschreibung des römischen Rechts als »Theorie« des Rechts eröffnete die Möglichkeit, darauf im Rahmen des Art. 9 ZPO zurückzugreifen, welcher es einem Gericht unter Umständen gestattete, im Falle der Unvollständigkeit, Unklarheit, Mängel oder Widersprüchlichkeit der Gesetze die Entscheidung auf den »allgemeinen Sinn« derselben zu gründen. Eine »Theorie« des Rechts mochte über diesen »allgemeinen Sinn« Aufschluß geben. Bei einem anderen Verständnis vom römischen Recht wäre dies ausgeschlossen gewesen.

Als »Theorie« wurde das römische Recht in zweierlei Hinsicht wahrgenommen. Hier ist zunächst in Rechnung zu stellen, daß sich russische Juristen mit dem Ausdruck »römisches Recht« oftmals auf das »Heutige römische Recht« des 19. Jahrhunderts bezogen, das in Deutschland in Geltung stand und im Rahmen der Pandektenwissenschaft ausgearbeitet wurde. Insoweit ist das von den russischen Juristen wahrgenommene theoretische Potential durchaus mit der pandektistischen Dogmatik zu identifizieren, die, wenngleich ursprünglich aus den Quellen entwickelt, inzwischen in zahlreichen Ländern Europas ein gefestigtes Eigenleben führte.[20]

Theoretisches Potential erkannten russische Juristen allerdings auch in den Quellen des römischen Rechts. In ihrer Wahrnehmung besaßen diese ihren Wert also gerade nicht deswegen, weil sie Dokumente einer in bestimmter Weise überzeugenden Entscheidungspraxis oder Beleg für einen Reichtum an Erfahrung mit Einzelfällen seien. Sicherlich war diese Sichtweise begünstigt durch den Umstand, daß das römische Recht nicht »in Geltung« stand. Jedenfalls aber setzt die Vorstellung die Bereitschaft voraus, überhaupt »Theorie« in den römischen Quellen wahrzunehmen. Dies unterscheidet sich von einer verbreiteten Arbeitsvorstellung der Romanistik in den Jahrzehnten um die Wende zum 20. Jahrhundert, die in

19 Muromcev, Čto takoe dogma prava?, S. 237.
20 Vgl. Silvestri, Contrast, S. 5.

abgemilderter Form bis in die Gegenwart fortwirkt.[21] Nach dieser letztgenannten Vorstellung soll die Jurisprudenz der klassischen Zeit im wesentlichen durch Kasuistik gekennzeichnet gewesen sein.[22] Die römischen Juristen waren angeblich brillante Fallrechtler, die aufgrund einer »angeborenen juristischen Begabung«[23] Einzelfälle entschieden und auf Theorie weitgehend mochten verzichten können.[24] Diese Ansicht räumt den rechtstheoretischen Grundlagen, die etwa bei Cicero für die späte Republik belegt sind, im Hinblick auf die Rechtswissenschaft der klassischen Zeit keine oder jedenfalls keine nennenswerte Bedeutung ein.[25]

Russischen Juristen, die ihre Wahrnehmung des römischen Rechts etwas freier von der Wirkungsmacht dieser theoriefeindlichen Konzepte entwickelten, konnten sich die Quellen dagegen mit der ganzen Vielfalt des in ihnen enthaltenen theoretischen Potentials der Rechtswissenschaft entfalten. Auf Grundlage ihrer Bereitschaft, die theoretischen Dimensionen des römischen Rechts jedenfalls grundsätzlich in Betracht zu ziehen, konnte die russische Rechtswissenschaft von einer Mehrheit an Systemen ausgehen. Sie kannte also neben dem geltenden und angewandten Recht theoretische Systeme, deren Ausarbeitung mit Rücksicht auf das geltende Recht erfolgte, und zwar mit dem Ziel, dasselbe zu verbessern, ohne aber von demselben in seiner begrifflichen Enge abhängig zu sein. Gerade in dieser Hinsicht konnten sich russische Juristen durch die Erfahrungen der klassischen Zeit des römischen Rechts bereichert fühlen. Dieses hatte seinen Reichtum und seine Vielfalt nicht zuletzt dem Umstand verdankt, daß es ein Nebeneinander mehrerer theoretischer Konzepte kannte, die miteinander konkurrierten und Modelle für die Einordnung des geltenden Rechts, seine Interpretation und Weiterentwicklung anboten, ohne dabei zwangsläufig eine Identität mit dem angewandten Recht zu behaupten.[26] Dies eröffnete ebenso die Möglichkeit zur wechselseitigen Bereicherung unter den Systemen, wie es im Zarenreich später der Fall sein sollte.

21 Die Verbreitung dieser Vorstellung geht auf die enorme Autorität Savignys im Rahmen der Historischen Rechtsschule und die Ausstrahlung seines Werkes bis in das 20. Jahrhundert zurück; vgl. Avenarius, Das »gaiozentrische« Bild, S. 115-117.

22 Vgl. Kaser, Das römische Privatrecht, Bd. 1, S. 2 f.; Hausmaninger/Selb, Römisches Privatrecht, S. 27; Waldstein/Rainer, Römische Rechtsgeschichte, § 24 Rn. 18; Litewski, Jurysprudencja rzymska, S. 108.

23 Kaser/Knütel, Römisches Privatrecht, § 1 Rn. 1.

24 Vgl. nur Kaser, Das römische Privatrecht, Bd. 1, S. 2 f.

25 Avenarius, »*neque id sine magna Servii laude*«, S. 78 f. Behrends hat in mehreren Abhandlungen den Fallrechtsmythos als solchen herausgearbeitet, seinen Ursprung mit einer romantischen Fehldeutung des römischen Rechts im Rahmen der deutschen Historischen Rechtsschule erklärt und sein Weiterleben im 20. Jahrhundert auf den fortwirkenden Einfluß derselben zurückgeführt. Vgl. nun die kritische Auseinandersetzung mit der Auffassung vom römischen »Fallrecht« bei Behrends, Wir haben wir uns die römischen Juristen vorzustellen?, S. 83-129.

26 Für dieses Spannungsverhältnis vgl. Avenarius, Marc Aurel, S. 207 ff.

IV.) Die Entwicklung der zivilrechtlichen Gesamtdarstellungen

Wir haben die Anfänge einer wissenschaftlichen Bearbeitung des bürgerlichen Rechts in Rußland mit dem Werk Dmitrij Mejers verbunden.[27] Auf ihn geht auch die erste Gesamtdarstellung zurück. Zwar verhinderte sein früher Tod, daß er seine Privatrechtslehre selbst publizieren konnte, doch redigierten seine Schüler den Text seiner Vorlesungen und gaben ihn 1858/59 erstmals im Druck heraus, zunächst noch unter der Bezeichnung als »Vorlesungen« (»Čtenija«). Nachdem Mejer seinen Unterricht nach dem Pandektensystem aufgebaut hatte, folgte auch die im Druck erscheinende Fassung diesem Aufbau. Mit Mejers Gesamtdarstellung stand der russischen Zivilistik ein erstes umfassendes und abgeschlossenes Lehrbuch der allgemeinen Theorie des bürgerlichen Rechts auf der Grundlage des römischen Rechts zur Verfügung, welches auf die Anwendung dieser Theorie auf das geltende russische Recht sah.[28] Die Systematisierung, die, wie sich hier erwies, unter dem Einfluß des römischen Rechts möglich war, bereitete den Boden für die weitere Entwicklung der Wissenschaft.[29] Über die »Čtenija« wurde Mejers Konzept von einem wissenschaftlich betriebenen bürgerlichen Recht über Kazan' hinaus an die russische Zivilistik vermittelt. Der Erfolg des Werks ist nicht nur seinem wissenschaftlichen Niveau zuzuschreiben, sondern auch dem Umstand, daß vorläufig nichts auch nur annähernd Vergleichbares zur Verfügung stand. Der Mangel an juristischen Lehr- und Handbüchern in russischer Sprache hatte sich noch zu Beginn der zweiten Hälfte des 19. Jahrhunderts besonders an den Universitäten bemerkbar gemacht. So wurde der Lehrstoff außerhalb des Hochschulunterrichts hauptsächlich durch Vorlesungsmitschriften repräsentiert, die, sorgfältig ausgearbeitet, von Hand zu Hand gingen. Diese auch im Ausland gängige, aber angesichts des zunehmenden Schrifttums rückläufige Praxis herrschte in Rußland sogar noch in den siebziger und achtziger Jahren des 19. Jahrhunderts vor. Die verschriftlichten Vorlesungen bildeten für die Studenten lange Zeit fast das einzige Arbeitsmaterial.[30] Deshalb veröffentlichten viele Professoren ihre Vorlesungen im Wege der Lithographie oder arbeiteten sie zu Büchern aus. Diese teilweise auch von den Studenten herausgegebenen Texte waren von unterschiedlicher Qualität.[31] Mejers Darstellung jedenfalls sollte erhebliche Fortwirkung ent-

27 S. oben S. 284ff.

28 Mejer, Čtenija o russkom graždanskom prave, Kazan' 1858/59.

29 Vgl. Letjaev, Recepcija rimskogo prava, S. 54.

30 Alexandr L'vovič Blok (1852-1910), Professor für bürgerliches Recht in Warschau, schickte seinem Sohn, dem späteren Dichter Aleksandr Aleksandrovič Blok, zu Beginn von dessen Rechtsstudium 1898 Kopien eigener Vorlesungsskripten, von denen der Sohn allerdings offenbar nicht den erwarteten Gebrauch machte. Vgl. Pyman, The Life of Alexandr Blok, S. 64

31 Die Reform der Russischen Universitäten nach dem Gesetz vom 23. August 1884, S. 90, 100f. u. 165. Vgl. Maurer, Hochschullehrer, S. 358f.

falten und noch nach der Jahrhundertwende viel benutzt werden.[32] Wenn Dumaševskij 1867 beklagte, man finde in Rußland nicht ein einziges zeitgenössisches Lehr- oder Handbuch zum geltenden russischen Zivil- bzw. Zivilprozeßrecht, und er sogar von einer »tabula rasa« hinsichtlich der wissenschaftlichen Literatur sprach,[33] dann ist diese Wahrnehmung angesichts des Erfolgs von Mejers »Čtenija« sicherlich durch das Spannungsverhältnis zu erklären, welches zwischen Mejers theoretisch ausgearbeitetem bürgerlichen Recht und dem in Rußland geltenden und angewandten Recht bestand. In Mejers Werk dominierte, wie gesehen, das römische Element, während das russische Recht des Svod Zakonov hier dagegen nur einen bescheidenen Platz einnahm.

Die Vorherrschaft der historischen Ausrichtung der Zivilistik bildete zunächst ein Hindernis für die dogmatische Bearbeitung des russischen bürgerlichen Rechts. Diese konnte erst nach den Justizreformen der 1860er Jahre mehr Raum gewinnen und in Gesamtdarstellungen einmünden, die – anders als im Falle Mejers – eigens zur Publikation ausgearbeitet wurden.[34] So trat neben Mejers »Čtenija« seit 1868 Konstantin Pobedonoscevs »Kurs des bürgerlichen Rechts«.[35] Dieses Werk kam den Interessen, die Mejer noch unbefriedigt gelassen hatte, insoweit ein Stück weit entgegen, als es im Vergleich mit Mejers Gesamtdarstellung etwas mehr auf die Praxis des geltenden Rechts ausgerichtet war.[36] Andererseits blieb Pobedonoscevs Werk hinter Mejers Darstellung insoweit zurück, als der Autor keinen Allgemeinen Teil ausarbeitete.[37] Immerhin bildet der »Kurs« die erste eingehende Bearbeitung des russischen bürgerlichen Rechts, wie es sich nach den Justizreformen entwickelte, wobei der konservative Pobedonoscev dessen Eigenart im Vergleich mit dem römischen und dem westeuropäischen Recht herauszustreichen bemüht ist. Die historisch-vergleichende Methode der Ausarbeitung und Profilierung des Rechts ist auch in zahlreichen Einzeluntersuchungen erfolgreich angewandt worden.[38] Seit dieser Zeit schritt die wissenschaftliche Bearbeitung des russischen bürgerlichen Rechts in erhöhtem Tempo fort.

32 X, Das römische Recht in Rußland, S. 73. Mejers Gesamtdarstellung des russischen Zivilrechts erlebte im Zarenreich 10 Auflagen (letztmals 1914/15). Vgl. die eingehende Würdigung der 7. Auflage (1897) durch K. Kosseckij. Die 8. Auflage (1902) von Mejers Russkoe graždanskoe pravo wurde sogar im Jahre 2000 in Moskau nochmals nachgedruckt.

33 Dumaševskij, Naše pravovedenie, S. 3-5.

34 Sinajskij, Russkoe graždanskoe pravo, S. 49.

35 Pobedonoscev, Kurs graždanskogo prava, 3 Teile (S.-Peterburg 1868-80; Neuausgabe S.-Peterburg 1896). Die einzelnen Bände des Werks wurden mehrfach neu aufgelegt.

36 Šeršenevič, Učebnik russkogo graždanskogo prava, S. 20. Neubecker, der über die Verhältnisse in der russischen Zivilrechtswissenschaft ausgezeichnet informiert war – er war Dernburgs Assistent gewesen und mit Michail Pergament befreundet –, bezeichnet Pobedonoscev als den besten russischen Zivilisten seiner Zeit; Die Grundzüge, S. 51.

37 S. oben S. 308; vgl. Šeršenevič, Učebnik russkogo graždanskogo prava, S. 20; Neubecker, Die Grundzüge, S. 51.

38 Vgl. Letjaev, Recepcija rimskogo prava, S. 65f.; vgl. Rajewsky, Changes, S. 24 mit Nachweisen.

Kronid Malyšev gab 1878 den ersten Band seines »Kurs des allgemeinen bürgerlichen Rechts Rußlands« heraus, in dem er, wie die Benennung des Werkes zeigt,[39] das ganze bürgerliche Recht Rußlands – einschließlich des Gewohnheitsrechts – einzubeziehen versuchte. Zur selben Zeit veröffentlichte Pëtr P. Citovič den ersten Band seines »Kurs russkogo graždanskogo prava«, der der Lehre von den Rechtsquellen gewidmet war (Odessa 1878), und später seine erfolgreichen Zusammenfassungen (konspekty) des russischen bürgerlichen Rechts (Schuldverhältnisse, Kazan' 1887; Allgemeiner Teil, Kazan' 1889 und nochmals 1894). Waśkowski verfaßte ein Lehrbuch des Bürgerlichen Rechts (1894/96), in dem der Stoff des Allgemeinen Teils und des Sachenrechts in den Zusammenhang des römischen und westeuropäischen Rechts eingefügt wird.[40] Gleichzeitig mit dem ersten Teil dieses Werks erschien auch das »Učebnik russkogo graždanskogo prava« von Gabriel Szerszeniewicz (Kazan' 1894). Nachdem sich der Erfolg dieser Gesamtdarstellung anfangs nur zögerlich eingestellt hatte, gelangte Szerszeniewicz dann doch zu verbreiteter Anerkennung, und er brachte in vergleichsweise kurzer Zeit zehn Ausgaben heraus, so daß sein Werk zu einem viel benutzten und zitierten Standardwerk russischer Juristen wurde.[41] Für den Autor war das russische bürgerliche Recht einschließlich seiner Geschichte und Gerichtspraxis vor allem »bürgerliches Recht im Allgemeinen« (»graždanskoe pravo voobšče«). Szerszeniewicz war in erster Linie Theoretiker des bürgerlichen Rechts. Als solcher führte er das Recht – ähnlich wie Mejer – auf Grundlagen im zeitgenössischen westeuropäischen Recht sowie im römischen Recht zurück. Zahlreiche Forschungen Nikolaj Djuvernuas über das russische bürgerliche Recht gingen in dessen publizierte »Vorlesungen über Bürgerliches Recht« ein (1898/99),[42] die, hauptsächlich im Bereich des Allgemeinen Teils, in monographischer Tiefe ausgearbeitet sind.[43]

Unmittelbare Erfahrung mit der höchstrichterlichen zivilrechtlichen Praxis floß in Aleksej Guljaevs »Russkoe graždanskoe pravo« (seit 1907) ein. Dieser Autor integrierte gleichermaßen die geltende Gesetzeslage, die Praxis der Kassationsabteilung

39 Malyšev, Kurs obščego graždanskogo prava Rossii, S.-Peterburg 1878 mit der Beilage »Graždanskie zakony i obyčnoe pravo Rossii v obščem ich svode so vključeniem zakonov Finljandii, Carstva Pol'skogo, Ostsejskogo kraja, Bessarabskich, Evrejskich i Musul'manskich« (Bürgerliche Gesetze und Gewohnheitsrecht Rußlands in ihrer umfassenden Sammlung unter Einschluß der Gesetze Finnlands, des polnischen Königreichs, des Ostseegebiets, Bessarabiens, der Juden und der Muslime) (1880).

40 Vas'kovskij, Učebnik graždanskogo prava, 2 Bde., S.-Peterburg 1894 u. 1896.

41 Szerszeniewicz' Werk wurde vor 1917 elfmal aufgelegt, zuletzt 1914. Vgl. Rudokvas/Kartsov, The Development, S. 309. Wir legen hier durchgehend die Ausgabe von 1907 in der Fassung des Moskauer Nachdrucks von 1995 zugrunde.

42 Djuvernua, Čtenija po graždanskomu pravu, S.-Peterburg 1898/99. Das Werk war zuvor unter dem Titel »Iz kursa lekcij po graždanskomu pravu« (2. Auflage, S.-Peterburg 1895) erschienen.

43 Vgl. Sinajskij, Russkoe graždanskoe pravo, S. 48.

des Senats und die Entwürfe zu einem Bürgerlichen Gesetzbuch.[44] Der »Kurs graždanskogo prava« des Jhering-Schülers Jurij S. Gambarov (Bd. 1, Allgemeiner Teil, 1911) strebte wiederum eher danach, eine allgemeine Theorie des bürgerlichen Rechts zu geben, als das russische bürgerliche Recht darzustellen.[45] Eine wichtige praktische Unterstützung bei der Erforschung des russischen bürgerlichen Rechts bildete das »System des russischen bürgerlichen Rechts« von Konstantin Annenkov.[46] Dieses Werk konnte bereits auf einige Jahrzehnte der russischen Zivilrechtswissenschaft und Senatspraxis zurückblicken, deren Erträge der Autor ausführlich – allerdings nicht sehr übersichtlich – einarbeitet.[47] Die letzte Gesamtdarstellung, die noch vollständig im Zarenreich erschien, war Vasilij Sinajskijs »Russisches bürgerliches Recht« von 1914/15.[48]

Nachdem die teilweise Befreiung der Rechtsprechung von der Bindung an den Wortlaut des Gesetzes durch die Reformgesetze von 1864 bewirkt hatte, daß auf Grundlage der positiven Bestimmungen Rechtsfortbildung stattfinden konnte, war zudem Raum für Kommentare zum Svod Zakonov X/1 entstanden. Viel be-

44 Guljaevs 1913 in 4. Auflage erschienene Gesamtdarstellung trägt den Untertitel: Obzor dejstvujuščego zakonodatel'stva, kassacionnoj praktiki Pravitel'stvujuščego Senata i proekta Graždanskogo uloženija (Abriß der geltenden Gesetzgebung, der Kassationspraxis des Dirigierenden Senats und des Entwurfs eines Bürgerlichen Gesetzbuchs). Der Autor stellte dem Werk die Worte aus Justinians c. Omnem § 6 voran: »*Discipuli igitur omnibus eis legitimis arcanis reseratis nihil habeant absconditum, sed omnibus perlectis* […] *et oratores maximi et iustitiae satellites inveniantur et iudiciorum optimi tam athletae quam gubernatores in omni loco aevoque felices.*« (»Für die Schüler des Rechts wird es also, da ihnen alle Geheimnisse des Rechts erschlossen worden sind, nichts Verborgenes geben; sie werden vielmehr, wenn sie alles durchgelesen haben werden […], sich als die tüchtigsten Sachwalter und Diener der Gerechtigkeit und auch in den Gerichten als die Besten erweisen, ebenso als kämpferische Anwälte wie als streitschlichtende Richter, allerorten und allzeit vom Glück begünstigt.«).

45 Gambarov, Kurs graždanskogo prava, Bd. 1: Obščaja čast' (Allgemeiner Teil), S.-Peterburg 1911. Die Darstellung geht, wie viele andere, auf die Lehrveranstaltungen des Verfassers zurück; vgl. Gambarov, Graždanskoe pravo (1897/98) für den Vorlesungstext.

46 Annenkov, Sistema russkogo graždanskogo prava (System des russischen Bürgerlichen Rechts), Bd. 1: Vvedenie i Obščaja čast' (Einleitung und Allgemeiner Teil), 2. Aufl., S.-Peterburg 1899; Bd. 2: Prava veščnye (Sachenrecht), 2. Auflage, S.-Peterburg 1900; Bd. 3: Prava Objazatel'stvennye (Schuldrechte), 2. Aufl., S.-Peterburg 1901; Bd. 4: Otdel'nye objazatel'stva (Einzelne Schuldverhältnisse), S.-Peterburg 1904. Über Konstantin Nikanorovič Annenkov (1843-1910) vgl. Šilochvost, Russkie civilisty, S. 12 f.

47 Vgl. Neubecker, Die Grundzüge, S. 51.

48 Sinajskij, Russkoe graždanskoe pravo, 2 Teile, Kiev 1914/15. Vasilij Ivanovič Sinajskij (1876-1949) hatte 1904 das Rechtsstudium in Jur'ev (Dorpat) abgeschlossen und sich dort anschließend, gefördert durch E. V. Passek, auf eine Hochschullaufbahn im römischen Recht vorbereitet. Er wurde 1910 ao. Professor für Römisches Recht in Warschau, 1911 in Kiev. 1913 verteidigte Sinajskij seine Doktordissertation zum Thema »Očerki iz istorii zemlevladenija i prava v drevnem Rime« (Studien aus der Geschichte von Landbesitz und Recht im alten Rom). Von 1922 bis 1944 war er Professor in Riga. Zur Biographie vgl. Sinajskaja, Kratkaja biografija, S. 17-21.

nutzt wurde der wissenschaftliche Kommentar von Vorms und El'jaševič. Er enthält nicht nur die Entwicklung der bürgerlichen Gesetzgebung, der Senatspraxis und der Wissenschaft, sondern eine eigenständige, kritische Betrachtung des gesamten bürgerlichen Rechts. Verbreitet waren ferner die jeweils mehrfach aufgelegten Kommentare zum Zivilrecht des Svod Zakonov von Aleksandr L. Borovikovskij (Zakony graždanskie (Svod Zakonov Tom X čast' I) s objasnenijami po rešenijam graždanskogo kassacionnogo departamenta pravitel'stvujuščego senata) und Igor M. Tjutrjumov (Zakony graždanskie s rasjasnenijami senata i kommentarijami).

Auf Grundlage der Zivilrechtswissenschaft, die das pandektistische Rechtsdenken vermittelte, konnte sich die pandektistische Rechtsdogmatik gewissermaßen als Kodifikationsersatz entwickeln und damit eine Leerstelle füllen, die der Abbruch von Speranskijs Kodifikationsplänen hinterlassen hatte.[49] Es gelang der Zivilrechtswissenschaft insbesondere, die Fortentwicklung des geltenden Rechts durch die Kassationsabteilung des Senats in ein dogmatisches System zu integrieren. Dadurch lieferte sie wiederum, was an der Rechtsprechung noch zu zeigen sein wird, den Gerichten fruchtbare Konzepte. So entwickelte sich das bürgerlichrechtliche Schrifttum allmählich vom abstrakten »Dogma« zur wissenschaftlichen Darstellung des geltenden bürgerlichen Rechts, während auf der anderen Seite die Rechtsprechung an Wissenschaftlichkeit gewann. Mit der Annäherung von Zivilrechtswissenschaft und Rechtspraxis konnte die Selbstwahrnehmung der Literatur als »Theorie« des bürgerlichen Rechts allmählich überwiegend durch den Anspruch ersetzt werden, die wissenschaftliche Bearbeitung des geltenden Rechts zu repräsentieren. Dies bedeutete gleichzeitig, daß das römische Recht, von dem die Impulse zur Verwissenschaftlichung des russischen Rechts ausgegangen waren, jetzt sogar gelegentlich als Hemmnis gegenüber einer produktiven Rechtsfortbildung wahrgenommen wurde. Soweit die Rechtsfortbildung nicht – wie oft – gerade unter Zugrundelegung römischer Konzepte erfolgte, mochte man hier das Festhalten an schablonenhaften, stereotypen Denkstrukturen beobachten, was einer fortschreitenden Entwicklung der Rechtswissenschaft zuwiderlief.[50]

V.) Die Übersetzungen des romanistischen bzw. pandektistischen Schrifttums

Da es noch bis in die 1860er Jahre kaum Gesamtdarstellungen des Zivilrechts (geschweige denn des römischen Rechts) von russischen Autoren gab und außerdem nur sehr wenige Monographien, dominierten unter den in der Lehre herangezogenen Druckwerken vorläufig die Übersetzungen westeuropäischer, insbesondere deutscher Lehrbücher.[51] Die starke Nachfrage nach russischen Fassungen

49 Vgl. Kupiszewski, Prawo rzymskie, S. 81.
50 Vgl. Tkačenko, Pravovye reformy v Rossii, S. 169.
51 Hierzu vgl. ausführlich Rudokvas/Kartsov, Der Rechtsunterricht, S. 296-309.

dieser Werke bewirkte, daß in den achtziger Jahren bereits zahlreiche Übertragungen deutscher Darstellungen des Pandektenrechts oder der Institutionen existierten. Ihre Zahl nahm weiter zu, so daß insbesondere die Universitätsbibliotheken bald hervorragend mit pandektistischer Literatur im Original sowie in russischer Übersetzung ausgestattet waren.[52]

Von besonderem Einfluß[53] war Petrażyckis Übersetzung von Julius Barons Pandekten, die, unter dem Titel »Sistema rimskogo graždanskogo prava« erstmals 1889 erschienen, im Zarenreich noch zweimal gedruckt wurde.[54] Ihr Erfolg beschränkte sich nicht auf die Nutzung in der universitären Lehre. Barons »Sistema« wurde im zeitgenössischen Schrifttum vielmehr überaus häufig zitiert und sogar in zahlreichen höchstrichterlichen Entscheidungen als Nachweis für dogmatische Konzepte genannt.[55] Gelegentlich ist das Werk so unmittelbar als Grundlage von Entscheidungsbegründungen herangezogen worden, daß man im Rückblick eine »gesetzesgleiche Geltung« wahrgenommen hat.[56] Die Verbreitung von Barons Pandekten auch in Konkurrenz zu anderen Gesamtdarstellungen dieses Rechtsgebiet dürfte dadurch begünstigt worden sein, daß der Autor verschiedentlich darauf verzichtet hat, im zeitgenössischen Schrifttum erörterte Probleme in seine Darstellung aufzunehmen, was der Klarheit der Darstellung und damit der Eignung für didaktische Zwecke zugute kam.[57]

Sehr wichtig wurde auch die von Sokolowski, Meyendorff[58] und anderen Hochschullehrern verantwortete russische Fassung der Pandekten Dernburgs, de-

52 Für die Sankt Petersburger Universitätsbibliothek vgl. neben dem Online-Katalog nur die reichen Angaben zu den älteren Beständen im Inventar' Biblioteki Universiteta No VII. za 1885-1890. Catalogus accessionum Bibliothecae Imperialis Litterarum Universitatis Petropolitanae, S.-Peterburg 1893.

53 Wir beschränken uns hier auf die wichtigsten Werke. Für ein umfassenderes Verzeichnis vgl. die von Ščegolev zusammengestellte Bibliografija russkoj literatury po rimskomu pravu.

54 Baron, Sistema rimskogo graždanskogo prava (vgl. bereits oben S. 339) Für den großen Erfolg und die – angesichts der Alleinstellung – verbreitete Nutzung der Übersetzung vgl. Timasheff, Petrazhitsky's Philosophy of Law, S. 737; ferner Bajbak, Predislovie, S. 5. Es korrespondiert mit dem großen Erfolg dieses Werkes im Zarenreich, daß die 3. Auflage der Übersetzung 2005 nachgedruckt worden ist.

55 Annenkov gibt die Beobachtung wieder, die deutschen Darstellungen des Pandektenrechts seien entweder als »Systeme« konzipiert (Thibaut, Savigny) oder als Lehrbücher (Windscheid, Vangerow). Vgl. Annenkov, Sistema, Bd. 1, S. 1. Annenkov selbst konzipiert seine Gesamtdarstellung als »System«; aaO., S. 2. Der Verfasser stellt das russische Recht vielfach im Lichte des »römischen Rechts in der Form der Erläuterungen Barons« dar; vgl. Annenkov, Sistema, Bd. 1, Vvedenie S. 1-34, sowie Guljaev, Isk o svobode sobstvennosti, S. 102.

56 Vgl. Rudokvas/Kartsov, Der Rechtsunterricht, S. 296 u. 302.

57 Vgl. Rudokvas/Kartsov, Der Rechtsunterricht, S. 298 u. 308 f. mit Nachweisen.

58 Der deutschbaltische Jurist Alexander (Aleksandr Feliksovič, Baron von) Meyendorff (1869-1964) war nach dem Studium an der Sankt Petersburger Universität dort Privatdozent geworden. Nach der Revolution von 1905 engagierte er sich politisch als Oktobrist. 1907 wurde er Duma-Abgeordneter, bis 1909 auch Vizepräsident der Duma. Noch 1917 zum Mitglied des Senats berufen, emigrierte er 1918 nach Lettland, 1919 nach London, wo

ren einzelne Teile, übersetzt von Sankt Petersburger Studenten, seit 1900 in mehreren Auflagen erschienen.[59] Der Erfolg von Dernburgs Pandekten dürfte zumindest auch dadurch zu erklären sein, daß zahlreiche Rechtsprofessoren aus den letzten beiden Jahrzehnten der Zarenherrschaft gerade bei diesem Gelehrten in Berlin studiert hatten und seine Gesamtdarstellung ihren Arbeiten als Standardwerk zugrundelegten.[60]

Es gab zahlreiche weitere Gesamtdarstellungen in russischer Übersetzung,[61] u. a. von Puchtas Vorlesungen über das Heutige römische Recht (1874)[62] Marezolls Lehrbuch (1867)[63] Windscheids Pandekten (Teilübersetzung 1874/75)[64], Sohms Institutionen (seit 1888)[65] und Salkowskis Institutionen (1910).[66] Sehr guten Erfolg hatte eine Übersetzung von Czyhlarz' Institutionen (1901[67]).[68] Übersetzte Auszüge aus Savignys System erschienen im Juridičeskij Vestnik 1867/68, Savignys Obligationenrecht auf Russisch als selbständige Schrift.[69]

er Dozent an der London School of Economics wurde. Nach Aufgabe seiner Lehrtätigkeit wegen Alters übersiedelte er 1933 nach Wyborg, mußte allerdings 1939 wegen des sowjetisch-finnischen Winterkriegs wieder nach London fliehen.

59 Genrich Dernburg, Pandekty. Objazatel'stvennoe pravo (Schuldrecht), unter der Redaktion von P. Sokolowski, Moskva 1900; 3., anhand der 7. deutschen durchgesehene Auflage von A. Ė. Vorms und I. I. Vul'fert, Moskva 1911; Pandekty. Obligazionnoe pravo (Obligationenrecht), Moskva 1901, 2. Aufl., S.-Peterburg 1904; Pandekty, Veščnoe pravo (Sachenrecht), übersetzt von den Sankt Petersburger Studenten A. Ju. Bloch, A. Ja. Gal'pern, D. N. Utnelov, und K. A. Šnejder unter der Redaktion des Privatdozenten A. F. Meyendorff, S.-Peterburg 1905; Pandekty, Semejstvennoe i nasledstvennoe pravo (Familien- und Erbrecht), übersetzt nach der 7. deutschen Auflage von A. G. Gojchbarg und B. I. Ėl'kin unter der Redaktion von A. S. Krivcov, S.-Peterburg 1911; Pandekty, Obščaja čast' (Allgemeiner Teil), Moskva 1906. Zur Wirkung dieser Übersetzung vgl. Rudden, Soviet Civil Law, S. 33.

60 S. oben S. 330 ff.

61 Das viel ältere »System des Pandekten-Rechts« von Thibaut war bereits für die Zwecke der Reformbestrebungen der späteren Regierungszeit Alexanders I. teilweise übersetzt worden. Vgl. oben S. 189.

62 G. Puchta, Kurs rimskogo graždanskogo prava, Moskva 1874.

63 F. Marecoll', Učebnik rimskogo graždanskogo prava, Moskva 1867.

64 B. Vindšejd, Učebnik pandektnogo prava, Obščaja čast', Bd. 1, Sankt-Peterburg 1874, übersetzt unter der Redaktion von S. Pachman; ders., Ob objazatel'stvach po rimskomu pravu, Sankt-Peterburg 1875, übersetzt von A. B. Dumaševskij.

65 R. Zom, Institucii rimskogo prava, Moskva 1888, übersetzt von Nečaev. Eine weitere Übersetzung erschien seit 1908: R. Zom, Institucii. Učebnik istorii i sistemy rimskogo graždanskogo prava, in Teilen erschienen Sankt-Peterburg 1908/10 und 1916.

66 K. Sal'kovskij, Institucii. Osnovy sistemy i istorii rimskogo graždanskogo prava, Kiev 1910, übersetzt von V. V. Karpek.

67 K. F. Čilarž, Učebnik institucii rimskogo prava, Moskva 1901, 2. Aufl., Moskva 1906, übersetzt von O. K. Gaveman unter der Redaktion von W. A. Juszkiewicz.

68 X, Das römische Recht in Rußland, S. 76.

69 F. K. Savin'i, Objazatel'stvennoe pravo, übers. von V. Fuks und N. Mandro, Moskva 1876. Wesentliche andere Teile von Savignys Werk wurden im 19. Jhdt. nicht in russischer Sprache publiziert. Vgl. dagegen heute die unter dem Titel »Sistema sovremennogo rimskogo

Die Bedeutung der von Pandektenlehrbüchern gefertigten Übersetzungen kann nicht hoch genug eingeschätzt werden. Pachman meinte, sie könnten sogar u. U. die Theorie des bürgerlichen Rechts ersetzen. Sie seien nämlich geeignet, an das Recht moderner Kodifikationen heranzuführen, weil sich eine wahrhaft wissenschaftliche und praktische Kenntnis des bürgerlichen Rechts nicht ohne enge Bekanntschaft mit dem römischen Recht einstellen könne.[70] Die Übersetzungen bildeten die Grundlage dafür, daß manche der erst allmählich entstehenden Lehrwerke *russischer* Autoren zur Dogmatik des römischen Rechts stark vom pandektistischen Schrifttum abhängig sind. Dies gilt z. B. für das seit 1887 erschienene »System des römischen Rechts« von Azarevič.[71] Es erschienen ferner didaktische Schriften, die mehrere Gesamtdarstellungen verkürzt zusammenfassen. Dies ist der Fall bei dem von Belogrud vorgelegten Werk »Rimskoe pravo«, einem »Wiederholungskurs« zur Verwendung an der Kiever Universität, in dem u. a. Texte von Dydyński, Sohm, Kapustin, Mitjukov und Schulin verwertet werden, sowie bei dem »Konspekt po dogme rimskogo prava« von Balašov, einer »Übersicht« auf Grundlage der Lehrbücher von Efimov, Grimm und Baron, ohne daß die integrierten Bestandteile der Ursprungswerke jeweils im einzelnen nachgewiesen wären.[72]

Übersetzt wurde selbstverständlich auch rechts*historisch* ausgerichtete Literatur, wobei hier in höherem Maße auch nicht-deutsche Schriften herangezogen wurden. Schon 1835 erschien eine Übersetzung von Gibbons Darstellung des römischen Rechts,[73] und 1838 publizierte Butovič-Butovskij eine russische Paraphrase von Teilen aus Savignys »Geschichte des römischen Rechts im Mittelalter«.[74] 1864 erschien Puchtas »Geschichte des römischen Rechts«,[75] 1893 Schulins »Geschichte des römischen Rechts«,[76] 1901 Kipps »Geschichte der Quellen«.[77] Moddermans Darstellung der Rezeption des römischen Rechts erschien in zwei Teilen 1888 und 1902.[78]

prava« erschienene Übersetzung von G. Žigulin (bislang 3 Bde. unter der Redaktion von O. Kutateladse und V. Zubar', Moskva, Odessa 2011-13), welche u. a. die fünf ersten Bände des »System«, die beiden Programmschriften der Historischen Rechtsschule sowie die Gönner-Rezension enthält.

70 S. V. Pachman, Predislovie, in: Vindšejd, Učebnik pandektnogo prava, Bd. 1: Obščaja čast', Sankt-Peterburg 1874, S. V. Vgl. Bajbak, Predislovie, S. 7; Rudokvas/Kartsov, Der Rechtsunterricht, S. 298.

71 Azarevič, Sistema rimskogo prava (1887/88).

72 V. Balašov, Konspekt po dogme rimskogo prava, Sankt-Peterburg 1902.

73 Ė. Gibbon, Istoričeskoe obozrenie rimskogo prava, S.-Peterburg 1835, übersetzt von A. Greč.

74 A. N. Butovič-Butovskij, Rimskoe pravo v srednie veka (iz Savin'i), in: ŽMNP 1838, Nr. 10, S. 65-135.

75 G. Puchta, Istorija rimskogo prava, Moskva 1864, übersetzt von V. Lickij.

76 Fr. Šulin, Učebnik istorii rimskogo prava, Moskva 1893, übersetzt von I. Ščukin, unter der Redaktion von V. Chvostov.

77 F. Kipp, Istorija istočnikov rimskogo prava, Sankt-Peterburg 1908.

78 V. Moderman, Recepcija rimskogo prava, Bd. 1, S.-Peterburg 1888, übersetzt von N. Djuvernua, Bd. 2, S.-Peterburg 1902, übersetzt von Kaminki.

Besonders viele Übersetzungen entstanden zu den Werken Jherings.[79] Dies betraf seine Hauptwerke »Geist des Römischen Rechts auf den verschiedenen Stufen seiner Entwicklung«,[80] »Der Zweck im Recht«,[81] »Über den Grund des Besitzschutzes«[82] und »Der Kampf um's Recht«[83] ebenso wie seine »Jurisprudenz des täglichen Lebens«,[84] die »Zivilrechtsfälle ohne Entscheidungen«[85] und andere wichtige Arbeiten.[86]

Die Bedeutung der Übersetzungen ausländischer Werke beschränkte sich insbesondere bei dogmatischen Schriften nicht darauf, daß sie die Arbeiten russischer Juristen ergänzten. Angesichts des lange Zeit bescheidenen russischen Schrifttums wurden viele der übersetzten Arbeiten unumwunden als Standardwerke wahrgenommen. Die Gründe dafür kommen beispielhaft in Tabašnikovs[87] Rezension der russischen Übersetzung von Savignys Obligationenrecht von 1876 zum Ausdruck.[88] Der Rezensent, der das dogmatische Werk Savignys als vorbildlich und maßgebend herausstellt,[89] meint, noch sei in Rußland die Rechtspraxis

79 Losano, Bibliographie, S. 293 weist für die Zeit vor 1912 insgesamt 23 Übersetzungen verschiedener Werke Jherings ins Russische nach, mehr als in jede andere Sprache. Nachfolgend sind einzelne, verbreitete Übersetzungen genannt; nicht alle sind bei Losano angeführt. Für weitere übersetzte Arbeiten vgl. unten im Jhering-Kapitel (S. 400 ff.).

80 Auszüge enthalten R. Iering, Charakter i soderžanie rimskogo prava, übersetzt von N. Tagancev in: ŽMJu 1867, Bd. 33, S. 365-386; ders., Metody razrabotki istorii prava, in: ŽMJu 1867, Bd. 34, S. 63-92; ders., Duch rimskogo prava na različnych stupenjach ego razvitija, Teil 1, S.-Peterburg 1875; ders., Značenie rimskogo prava dlja novogo mira, S.-Peterburg 1875; ders., Juridičeskaja technika, S.-Peterburg 1905.

81 R. Iering, Cel' v prave, Teil 1, S.-Peterburg 1881, übersetzt von V. R. Lickij, N. V. Murav'ev und N. F. Derjužinskij.

82 R. Iering, Ob osnovanii zaščity vladenija, Moskva 1883; vgl. auch die unter dem Titel »Teorija vladenija«, S.-Peterburg 1895 erschienene, gekürzte Fassung von Jherings Besitzlehre, übersetzt von E. V. Vas'kovskij (= Waśkowski). Vgl. Muromcev, Očerki obščej teorii graždanskogo prava, S. 167 ff.

83 R. Iering, Bor'ba za pravo, S.-Peterburg 1895, übersetzt von O. Vert, unter der Redaktion von M. Svešnikov; ders., Bor'ba za pravo, Moskva 1906, nach der 13. deutschen Auflage übersetzt von S. Eršov.

84 R. fon-Iering, Jurisprudencija obydennoj žiznii, Moskva 1881, übersetzt nach der 4. deutschen Auflage durch N. Derjužinskij.

85 R. Iering, Graždansko-pravovye kazusy bez rešenii, Teil 1, Moskva 1883, nach der 4. deutschen Auflage übersetzt von V. Ognev, unter der Redaktion von S. Muromcev, Teil 2, Moskva 1908, übersetzt nach der 10. deutschen Auflage durch V. Ognev und I. Novickij.

86 R. Iering, Interes i pravo, Jaroslavl' 1880, Sammelband mit mehreren Arbeiten Jherings in russischer Übersetzung.

87 Ivan Grigor'evič Tabašnikov (1844-1913), Richter und Professor für römisches Recht am Demidovschen Lyzeum, in Odessa und 1899-1906 in Tomsk, wo er erster Dekan der Juristischen Fakultät war. Er war Übersetzer von Windscheids Lehrbuch ins Russische. Vgl. Rudokvas/Kartsov, The Development, S. 310 ff.

88 F. K. Savin'i, Objazatel'stvennoe pravo, übers. von V. Fuks und N. Mandro, Moskva 1876.

89 Tabašnikov, Novie knigi, F. K. Savinji: Objazatel'stvennoe pravo, in: Sudebnij Vestnik 29 (1876), S. 1.

unbeständig, es fehle an analytischer Kompetenz. Umso wichtiger seien die Übersetzungen wissenschaftlicher Werke. Die Auseinandersetzung mit wissenschaftlicher Literatur vermittele ein Verständnis vom Recht, welches es dem Juristen erspare, die Lösung aller Rechtsfragen vom Staat zu erwarten. Sie befähige ihn, sich vom Buchstaben des Gesetzes zu lösen, und dies nicht nur ohne Verletzung von dessen Sinn, sondern gerade unter Beachtung seines Regelungsanspruchs. Hierin sieht Tabašnikov die wichtigste Mission eines Juristen.[90] Er meint, der Jurist habe die genannten Fähigkeiten besonders nötig, weil das positive Recht so rückständig sei und sich die russische Wirtschaft gleichzeitig stark entwickele und damit zahlreiche neue Rechtsprobleme hervorbringe, die bei der Schaffung der geltenden Gesetze nicht hatten vorausgesehen werden können. Der Rezensent sieht die russischen Juristen insoweit in derselben Lage, in der die Deutschen waren, als sie das römische Recht in der Fassung der justinianischen Sammlung als geltendes Recht übernahmen. Er meint, Rußland könne diesem Beispiel in angemessener Weise folgen, indem es sich nun an einem römischen Recht orientiere, das nicht in Justinians Sammlung enthalten, sondern weiterentwickelt, modernisiert und auf das Niveau einer Wissenschaft gehoben worden sei, die zeitlos richtige Grundsätze und Strukturen herausgearbeitet habe. Allerdings stellt Tabašnikov fest, daß die Juristen die ihnen zu Gebote stehenden Anregungen aus dem römischen Recht vielfach nicht annähmen, sondern im Zweifel der bisherigen Praxis folgten und dadurch zahlreiche Mängel perpetuierten. Wo die Entwicklung eigener wissenschaftlicher Literatur wünschenswert sei, dominierten daher Entscheidungssammlungen und Schrifttum aus dem Westen.[91]

VI.) Das Beispiel des Sachenrechts

Zu den in der rechtsliterarischen Diskussion besonders intensiv behandelten Gebieten des Privatrechts gehörte das Sachenrecht.[92] Dies lag hauptsächlich darin begründet, daß das geltende russische Sachenrecht mit seiner spezifischen Prägung durch die feudalen Verhältnisse vormodern war und aus Sicht bürgerlicher Juristen als rückständig und praktisch teilweise unbrauchbar wahrgenommen wurde. Zugleich wiesen die positiven Regelungen dieses Rechtsgebiets grundsätzliche technische Mängel auf, unter denen besonders die mangelnde begriffliche Trennung zwischen Eigentum und Besitz hervortrat.[93] Hier sollte sich also die Orientierung an der römischen Begrifflichkeit als besonders dringlich und zu-

90 Tabašnikov, Novie knigi, F. K. Savinji: Objazatel'stvennoe pravo, in: Sudebnij Vestnik 29 (1876), S. 1 ff.

91 Vgl. Rudokvas/Kartsov, The Development, S. 313.

92 Vgl. bereits Avenarius, Das pandektistische Rechtsstudium in St. Petersburg, S. 64-66.

93 Eingehend zur Geschichte des Sachenrechts in Rußland Vladimirskij-Budanov, Obzor, S. 509-589.

gleich fruchtbar erweisen.[94] Dies zeigte sich in der literarischen Diskussion an mehreren wichtigen Gegenständen.

Weil es im positiven Recht an der Differenzierung zwischen Eigentum und Besitz fehlte, kannte der Text des Svod Zakonov X/1 keine der *rei vindicatio* entsprechende Einrichtung.[95] Gleichwohl entwickelte Oks 1874 den Gedanken, die *vindicatio* könne auch im russischen Sachenrecht als zentrales Element des geltenden Eigentumsrechts verstanden werden. Der Autor stellt zunächst die Bedeutung der Vindikation dar und zeigt, daß bestimmte andere, das römische Eigentum kennzeichnende Grundsätze inzwischen auch im russischen Recht durchaus anerkannt waren.[96] Anschließend versucht Oks, das von ihm befürwortete Eigentumskonzept an den Bestimmungen des positiven Rechts wie etwa Art. 609 SZ X/1 zu verankern, die allerdings, wie er einräumen muß, nur sehr wenige Anknüpfungspunkte für die Vindikation geben.[97] Während seine Anregung de lege lata nur wenig Akzeptanz im Schrifttum fand, bereitete sie die Aufnahme der Vindikation durch die Senatsrechtsprechung sowie den Eingang in die späteren Entwürfe zu einem Bürgerlichen Gesetzbuch vor.[98]

Im Wege einer kreativen Interpretation gesetzlicher Bestimmungen arbeitete das Schrifttum nun auch auf eine Etablierung der *actio negatoria* hin.[99] Annenkov, der vielfach bereit war, das russische Recht im Lichte des römischen Rechts, insbesondere in der Weise, in der es in Barons Pandekten dargestellt war, wahrzunehmen, betrachtete die *actio negatoria* (ebenso wie die *actio prohibitoria*) als unabhängig vom jeweiligen sprachlichen Ausdruck im geltenden Recht anerkannt. Als Grundlage sah er Art. 574 SZ X/1 an, dessen Rechtsfolge unmittelbar nur auf Schadensersatz wegen Verletzung des Eigentums lautet. Annenkov erkennt in dieser Bestimmung den Rechtsgedanken eines allgemeinen Schutzes vor beliebigen Beeinträchtigungen des Eigentums.[100]

Für Guljaev war dies nicht möglich. Er berief sich darauf, daß aus Art. 574 nur obligatorische Rechte hervorgehen, nicht aber dingliche, auf deren Verwirklichung sich die Eigentumsfreiheitsklage richtet.[101] Er war daher nicht bereit, eine Ausdehnung der Rechtsfolge der Vorschrift über Schadensersatz hinaus anzuerkennen. Die Bedeutung der genannten Abgrenzung ergibt sich für Guljaev auch daraus, daß die Bestimmung vor dem Hintergrund des vorreformatorischen Verfahrensrechts geschaffen worden war, das zwischen dem Klageverfahren (iskovoe

94 Vgl. Letjaev, Recepcija rimskogo prava, S. 75 ff.

95 Silvestri, Contrast, S. 17.

96 Oks, Vindikacija, in: ZGiUP 1874, Nr. 2, S. 49-95; dazu Chaskel'berg, O vindikacii imuščestva, S. 121-123.

97 Oks, Vindikacija, in: ZGiUP 1874, Nr. 3, S. 1-94.

98 Vgl. Annenkov, Sistema, Bd. 2, S. 299 und 308 ff.

99 Vgl. Guljaev, Isk o svobode sobstvennosti, in: ZMJu 1907, Nr. 8. Auch dieser Rechtsbehelf ging in die Entwürfe zu einem Graždanskoe Uloženie ein (vgl. E 1905 Art. 773; s. unten S. 560 f.).

100 Annenkov, Sistema, Bd. 2, S. 297 f.; vgl. Guljaev, Isk o svobode sobstvennosti, S. 103.

101 Guljaev, Isk o svobode sobstvennosti, S. 103 f.

proizvodstvo) und dem Verfahren über sachenrechtliche Streitigkeiten (votčinnoe proizvodstvo) unterschied.[102] Der Eigentumsschutz unterfiel dem letzteren.[103] Dies mußte also ggf. auch für die *actio negatoria* maßgeblich sein.[104] Während das durch die alexandrinischen Reformen geschaffene Verfahrensrecht »Klagen« kannte, deren Gegenstand beliebige Privatrechte sein konnten, blieb das materielle Recht durch die Fortwirkung der begrifflichen Unterscheidung gekennzeichnet. Die Rechtsprechung reagierte darauf, indem sie auf Konzepte zurückgriff, die in der deutschen Rechtswissenschaft ausgearbeitet worden waren. Der Senat unterschied zwischen persönlichen und dinglichen Klagen, kehrte also zu der alten Begrifflichkeit zurück, die zwischen *actiones in personam* und *actiones in rem* differenzierte. Auch unter dieser Voraussetzung war die Eigentumsfreiheitsklage nach Guljaev also dem sachenrechtlichen Bereich (*actio in rem*) zuzuordnen.[105] Er meint, als Grundlage für dieses Rechtsschutzinstrument komme daher nicht Art. 574 SZ X/1, sondern allenfalls Art. 420, der den Eigentumsbegriff regelt, oder eine andere, Sachenrechte schützende Bestimmung in Betracht.[106] Guljaev kann hier bereits auf die Absicht der Gesetzgebungskommission hinweisen, in einem künftigen Graždanskoe Uloženie Regelungen für *rei vindicatio* und *actio negatoria* zu schaffen.[107]

Ein weiteres Grundproblem bestand in der Regelung der beschränkten dinglichen Rechte an Grundstücken – der Servitutenfrage.[108] Hier bestand dringlicher Ergänzungsbedarf, weil das Recht des Svod Zakonov insoweit unvollständig war. In Verhältnissen, in denen das Eigentum an Grund und Boden zum Großteil in den Händen von Staat, Kirche und Landadel konzentriert war, erwies sich die Ersetzung feudaler Abhängigkeitsverhältnisse durch eine dauerhafte, dingliche Sicherung der Nutzung durch Nichteigentümer als überfällig, insbesondere nach der Aufhebung der Leibeigenschaft. Der Einfluß der pandektistischen Doktrin machte sich hier daher besonders bemerkbar. Zahlreiche Juristen erörterten nun *ususfructus*, *emphyteusis* und *servitus* im Hinblick darauf, ob es sich um geeignete Instrumente zur Regelung der Nutzungsbefugnis an fremdem Grund und Boden handele und wie diese Einrichtungen ggf. mit dem geltenden Gesetzesrecht zu harmonisieren seien.[109]

Soweit die Herrschaft über Grund und Boden begriffsnotwendig als umfassendes und absolutes Recht konzipiert wurde, herrschte in der Literatur eine eher kritische Einstellung gegenüber den Servituten vor.[110] Günstiger war der Standpunkt Leškovs, der unbewegliche Sachen mit Hilfe von Besitzrechten zuweisen

102 Guljaev, Isk o svobode sobstvennosti, S. 103.
103 Guljaev, Isk o svobode sobstvennosti, S. 104.
104 Guljaev, Isk o svobode sobstvennosti, S. 105 f.
105 Guljaev, Isk o svobode sobstvennosti, S. 106.
106 Guljaev, Isk o svobode sobstvennosti, S. 107 u. 117.
107 Guljaev, Isk o svobode sobstvennosti, S. 117 f.
108 Vgl. Mullov, Voprosy Mejera o servitutach, S. 3-12.
109 Meduševskij, Pravovoj dualizm, S. 188-191.
110 Karcov, K voprosu o pravotvorčeskoj dejatel'nosti (Teil 1), S. 162.

wollte, wobei der Besitz grundsätzlich mochte eingeschränkt werden können.[111] Hierzu sollten die dem positiven Recht bekannten beschränkten dinglichen Rechte dienen. Dabei wollten Leškov und andere Autoren das »Recht der privaten Teilhabe« (»pravo učastija častnogo«) mit den römischen Servituten gleichsetzen. Der Unterschied zwischen »pravo učastija častnogo« und »pravo ugodij« entsprach nach dieser Vorstellung dem, der zwischen den Instituten *servitus* und *usus cum usufructu* bestand.[112] Die Identifikation der Grunddienstbarkeiten des Svod Zakonov X/1 mit den Servituten fand im Schrifttum lebhafte Zustimmung und wurde nach 1882 bei den Vorarbeiten zum Immobiliarsachenrecht im Rahmen der Vorarbeiten zu einem neuen Bürgerlichen Gesetzbuch aufgegriffen.

Den im Bereich des Sachenrechts besonders ausgeprägten Entwicklungsrückstand suchte die russische Zivilrechtswissenschaft also vielfach in Anlehnung an das Pandektenrecht auszugleichen.[113] Von besonderer Bedeutung waren insoweit – neben dem entsprechenden Band von Dernburgs Pandekten[114] – die Institutionen Rudolf Sohms, deren sachenrechtlicher Teil 1916 nochmals gesondert übersetzt erschien. Der große Einfluß, den Rudolf von Jhering auf die russischen Juristen ausübte, wurde auf dem Gebiet des Sachenrechts vermittelt durch die Übersetzung seiner Schrift »Über den Grund des Besitzesschutzes«[115] sowie die unter dem Titel »Teorija vladenija« erschienene, gekürzte Darstellung der Jheringschen Besitzlehre.[116]

Schrifttum speziell zum *römischen* Sachenrecht existierte selbstverständlich auch aus der Feder russischer Wissenschaftler.[117] Hier ist auf die Gesamtdarstellung von Nersesov[118] sowie auf die sachenrechtlichen Teile der jeweils unter dem Titel »System des römischen Rechts: Sachenrecht« erschienenen Lehrwerke von Dormidontov[119] und Chvostov zu verweisen.[120] Besonders seit den achtziger Jahren entstanden zahlreiche monographische Abhandlungen, verfaßt vielfach von solchen Wissenschaftlern, die im Ausland studiert hatten und nun versuchten, das russische Recht mit Begrifflichkeit und Terminologie des römischen oder westlichen Rechts zu behandeln oder jedenfalls die historischen Grundlagen da-

111 Leškov, O častnom pozemel'nom prave, S. 30 f.

112 Karcov, K voprosu o pravotvorčeskoj dejatel'nosti (Teil 1), S. 163-164.

113 Vgl. Emel'kina, Sistema ograničennych veščnych prav, S. 13.

114 Dernburg, Pandekty, Bd. 1, Teil 2: Veščnoe pravo (Sachenrecht), 6. Ausgabe, S. Peterburg 1905.

115 Ob osnovanii zaščity vladenija, Moskva 1883. Vgl. daran anknüpfend heute Doždev, Osnovanie zaščity vladenija v rimskom prave, Moskva 1996 und dazu Avenarius, Römisches Recht in slavischen Sprachen (II), S. 757-759.

116 S. oben S. 385.

117 Eine Bibliographie des russischen Schrifttums zum römischen Recht bis 1917 ist abgedruckt in IA 2 (1997), S. 136-147. Vgl. ferner Povorinskij, Sistematičeskij ukazatel', S. 8-10.

118 N. I. Nersesov, Rimskoe veščnoe pravo (Römisches Sachenrecht), Moskva 1894 und 1896.

119 Über Grigorij Fëdorovič Dormidontov (1852-1919), einen Romanisten in Kazan', vgl. Šilochvost, Russkie civilisty, S. 60 f.

120 G. F. Dormidontov, Sistema rimskogo prava (1909-1915); darin: Veščnoe pravo (Sachenrecht); Kazan' 1913; V. M. Chvostov, Sistema rimskogo prava (1907/08, Ndr. Moskva 1996).

für zu erschließen.[121] Für das Sachenrecht vermittelt eine Auswahl einiger Werke einen Eindruck von der Vielfalt des Schrifttums zu einzelnen Themen: Das Eigentum und dessen Erwerb behandeln etwa die Monographien von W. v. Seeler »Die Lehre vom Recht des gemeinschaftlichen Eigentums im römischen Recht«[122] und B. P. Ivanov[123] »Res mancipi et nec mancipi. Grundriß über die Geschichte des römischen Rechts«,[124] N. Kremlevs Werke[125] »Zur Lehre vom Recht des gutgläubigen Besitzers an den Früchten nach römischem Recht« und »Die Abtrennung als Art des Eigentumserwerbs durch den gutgläubigen Besitzer nach klassischem römischem Recht«,[126] sowie ferner die Schriften von Ivan N. Trepicyn[127] »Der Übergang des Eigentumsrechts an beweglichen Sachen mittels Übergabe und Einigung« und »Der Erwerb beweglicher Sachen zu Eigentum von einer nicht zu ihrer Veräußerung berechtigten Person«.[128] Auf dem Gebiet des Besitzrechts erschienen z. B. Arbeiten von W. Juszkiewicz, wie etwa seine Schrift »Die Bewachung (custodia) als Grundlage des Besitzes an beweglichen Sachen: Eine Studie aus der römischen Theorie des Besitzes«.[129] Aus dem Recht der Grundpfandrechte ist A. Sopovs Arbeit »Die Hypothek im römischen Recht und in der neuesten Gesetzgebung« zu nennen.[130] Eine wissenschaftliche Rezeption des römischen Rechts betrieben vor allem Hochschullehrer, die, nachdem sie zunächst auf dem Gebiet des römischen Rechts tätig gewesen waren, anschließend das russische Zivilrecht bearbeiteten und lehrten, wobei sie sich dogmatischer Elemente des römischen Rechts bedienten.

121 Vgl. Wagner, Marriage, S. 16.
122 V. Zeler, Učenie o prave obščej sobstvennosti po rimskomu pravu, Char'kov 1895.
123 Über Boris Pavlovič Ivanov (1888-1933) vgl. Šilochvost, Russkie civilisty, S. 73.
124 B. P. Ivanov, Res mancipi et nec mancipi (Očerk po istorii rimskogo prava), Kazan' 1914.
125 Über Nikolaj Aleksandrovič Kremlev (1833-1910) vgl. Šilochvost, Russkie civilisty, S. 89.
126 N. Kremlev, K učeniju o prave dobrosovestnogo vladel'ca na plody po rimskomu pravu, Kazan' 1866; ders., Separacija kak sposob priobretenija sobstvennosti dobrosovestnym vladel'cem po klassičeskomu rimskomu pravu, Kazan' 1868.
127 Über Ivan Nikolaevič Trepicyn (geb. 1869) vgl. Šilochvost, Russkie civilisty, S. 147 f.
128 I. N. Trepicyn, Perechod prava sobstvennosti na dvižimye imuščestva posredstvom peredači i soglašenija, Odessa 1903; ders., Priobretenie dvižimostej v sobstvennost' ot lic, ne imejuščich prava na ich otčuždenie, Varšava 1907.
129 V. A. Juškevič, Chranenie (custodia) kak osnovanie vladenija dvižimost'ju: Očerk iz rimskoj teorii vladenija, Moskva 1907.
130 A. Sopov, Ipoteka po rimskomu pravu i po novejžim zakonodatel'stvam, Varšava 1889.

Kapitel 14: Die Kontroverse unter den Juristen um das richtige Verständnis von der Bedeutung des römischen Rechts. Modernisierung durch römisches Recht sowie Konkurrenz und Wechselwirkung mit anderen Modernisierungstendenzen

Im letzten Drittel des 19. Jahrhunderts wurde die Debatte um die Bedeutung, die das römische Recht für das Recht und die Rechtswissenschaft im Zarenreich habe, unter neuen Rahmenbedingungen geführt. Römisches Recht war nun allen Juristen mehr oder weniger bekannt. Es war als Grundlagenfach im Studienplan etabliert, und dieser Stellenwert wurde sogar, wie gesehen, durch den neuen Studienplan von 1884/85 noch gefestigt. Darüber hinaus hatten die Reformen der sechziger Jahre nun wichtige Voraussetzungen für eine Modernisierung des Privatrechts durch die Rechtspraxis geschaffen.

Diese Entwicklung schuf die Grundlage dafür, daß bestimmte Elemente des römischen Rechts, die das geltende Recht sinnvoll ergänzen mochten, wie etwa wichtige Einrichtungen, die das Privatrecht des Svod Zakonov nicht enthielt, nun – wenn auch zunächst nur langsam und vereinzelt, so doch insgesamt unter erleichterten Bedingungen – in das geltende und angewandte Recht aufgenommen werden konnten, ohne daß vorgegebene Überzeugungen vom Geltungsgrund des Rechts bewirkt hätten, daß die integrierten Einrichtungen zwangsläufig als »fremd« angesehen werden mußten. Darauf wirkte insbesondere die Rechtsprechung der Kassationsabteilung des Dirigierenden Senats hin, die mit dem römischen Recht argumentierte und, wie zu zeigen sein wird,[1] zunehmend Lösungen unter Orientierung an demselben entwickelte. Insgesamt hatte der Bedarf der Rechtspraxis nach Professionalisierung die Verbreitung der Überzeugung gefördert, daß aus dem römischen Recht jedenfalls bestimmte Anregungen erwartet werden durften.

I.) Die rechtsliterarische Diskussion

Gegenstand der wissenschaftlichen und rechtspolitischen Diskussion blieb allerdings die Frage, inwieweit genau die Einbeziehung des römischen Rechts in die wissenschaftliche Bearbeitung des geltenden Rechts richtig und wünschenswert sei, und ob sich die Orientierung am römischen Recht auf Rechtseinrichtungen, auf Methoden oder nur auf das römische Recht als juristisches Bildungsgut oder Grundlagenfach beziehen solle. Mit Rücksicht auf die Wahrnehmung von Rezeptionsvorgängen beobachten wir hier die zeitgenössische Auseinandersetzung um die theoretische Rechtfertigung als ersten Schritt auf dem Wege zu einer praktischen Rezeption römischer Rechtseinrichtungen in das geltende Recht. Unter

1 S. unten S. 461 ff.

diesen Umständen finden sich nun überaus zahlreiche Äußerungen, wenn auch vielfach nur nebenbei und nicht ex professo formuliert. Sie zeigen verschiedene Vorstellungen von der Art und Weise des Einflusses römischen Rechts auf das russische und zur Bewertung dieses Vorgangs. In vielen Fällen wird dabei die Meinung vom richtigen gegenwärtigen Stellenwert des römischen Rechts im Zarenreich mit der jeweiligen Vorstellung von der historischen Beziehung zwischen Rußland und dem römischen Recht begründet.

Dmitrij Ivanovič Azarevič (1848-1920),[2] ein dezidiert rechtshistorisch orientierter Romanist,[3] setzte sich mit dem Verhältnis des russischen Rechts zum römischen aus rechtshistorischer Perspektive auseinander. In seinem Aufsatz »Die Bedeutung des römischen Rechts« von 1883 entwickelte er einen die Rezeption befürwortenden Standpunkt.[4] Für den Westen, also vor allem für Deutschland und Frankreich, beschrieb Azarevič die »Geschichte der Aneignung (Rezeption) des Römischen Rechts«.[5] Dabei verrät die Wortwahl »Istorija usvoenija (recepcija) rimskogo prava«,[6] daß sich Azarevič Rezeption als Zueigenmachen von etwas vorstellte, über das man bereits verfügt (usvoenie) und das man auf dieser Grundlage bearbeitet, das also nicht »fremd« ist und erst beschafft werden muß.[7] Das durchaus gebräuchliche, aber für den russischen Adressaten weniger präzise Fremdwort »recepcija« wird nur ergänzend hinzugefügt. Azarevič stellte die Rezeption des römischen Rechts insofern in einen Zusammenhang mit der Entwicklung der zivilisierten oder kultivierten Völker, als es nach seiner Auffassung die Grundlage einer einheitlichen Wissenschaft des Zivilrechts in Europa bildete.[8] Er sah die Bestimmung des Rechts in der Festlegung des Verhaltens des Menschen, indem es eine Grenze für die Freiheit kennzeichne: »Recht ist das

2 Über Azarevič vgl. Šilochvost, Russkie civilisty, S. 11; Tomsinov, Rossijskie pravovedy, Bd. 1, S. 605-617.

3 An seinem »System des Römischen Rechts« (1887-89) wurde insoweit von dogmatisch interessierter Seite kritisiert, daß sich der Autor u. a. mit Rechtseinrichtungen befasse, die keine Bedeutung mehr für das gegenwärtige Recht besäßen. Vgl. Gol'msten, Rez. Azarevič, S. 131-138 und nun Tomsinov, Rossijskie pravovedy, Bd. 1, S. 615. Das rechtshistorische Erkenntnisinteresse prägt auch weitere Werke von Azarevič: O različii meždu opekoj i popečitel'stvom po rimskomu pravu (Über die Unterscheidung zwischen Vormundschaft und Pflegschaft nach römischem Recht), Sanktpeterburg 1872; Patricii i plebei v Rime (Patrizier und Plebejer in Rom), S.-Peterburg 1875; Prekarium po rimskomu pravu (Die Bittleihe nach römischem Recht), Jaroslavl' 1877; Antičnij mir i christianstvo (Antike Welt und Christentum), Jaroslavl' 1880; Iz lekcij po rimskomu pravu (Aus den Vorlesungen zum römischen Recht), Odessa 1885.

4 Azarevič, Značenie rimskogo prava, S. 415-461.

5 Azarevič, Značenie rimskogo prava, S. 415-440.

6 Vgl. ebenso Azarevič, Sistema rimskogo prava, Bd. 1, S. 24.

7 Vgl. Gol'msten, Rez. Azarevič, S. 134. Das spezifische Bedeutungsprofil erweist sich im Vergleich mit dem Ausdruck »osvoenie«. Dieser bezeichnet das »Aneignen« von etwas, was man bislang nicht hatte; er wurde z. B. mit Rücksicht auf die Expansion des Zarenreichs in nichtrussische Gebiete verwendet. Vgl. Osterhammel, Die Verwandlung der Welt, S. 529.

8 Azarevič, Značenie rimskogo prava, S. 458 ff.

Maß der Freiheit« (»pravo est' mera svobody«).[9] Azarevič wies dem Recht überhaupt und dem römischen Recht als Grundlage desselben eine zivilisierende Rolle (civilizujuščaja rol') im Laufe der historischen Entwicklung der Völker zu. Dies galt nach seiner Meinung auch für das Zarenreich. Zwar betrachtete Azarevič das Recht grundsätzlich als jeweils nationales, das auf die spezifischen Eigenarten eines jeweiligen Volkes Rücksicht zu nehmen habe.[10] Im Hinblick auf das russische bürgerliche Recht meinte er jedoch, daß es sich unter dem durch die Kirche vermittelten Einfluß des griechisch-römischen Rechts entwickelt habe, weshalb es richtig sei, das Studium des byzantinischen Rechts als Grundvoraussetzung für das Verständnis des russischen Rechts sowie des Rechts anderer slavischer Völker zu betrachten.[11] Auf dieser Grundlage mochte das römische Recht nach seiner Vorstellung auf dem Umweg über die »Theorie« des bürgerlichen Rechts auf das russische Recht ausstrahlen.

Für den Kiever Romanisten Leonid Nikolaevič Kazancev (1854-1896)[12] bildete die Wissenschaft vom römischen Privatrecht die »sorgfältigste« und »wahrhaftigste« von allen Bereichen der Zivilrechtswissenschaften.[13] Er führte das römische Recht geradezu als Argument gegen die Vorstellung von einer Unwissenschaftlichkeit der Jurisprudenz an.[14] Den Zweck der Wissenschaft sah er darin, die inneren Zusammenhänge des Rechts aufzuzeigen.[15] Kazancev hob die grundlegende theoretische Systematisierung, das »System« des römischen Rechts hervor, und den rein theoretischen Charakter des wissenschaftlichen Systems des römischen Rechts.[16] Das Verhältnis zwischen den Wissenschaften von den einzelnen nationalen Rechtsordnungen und der vom römischen Recht beschrieb Kazancev als das von angewandten Wissenschaften gegenüber der reinen Wissenschaft.[17] Als inneren Grund für die historische Bedeutung des römischen Rechts benannte Kazancev die besondere Qualität der römischen Rechtsregeln, die der »juristische Genius der Römer« hervorgebracht habe.[18] So sei die Auseinandersetzung mit dem Recht

9 Azarevič, Sistema rimskogo prava, Bd. 1, S. 43.

10 Tomsinov, Rossijskie pravovedy, Bd. 1, S. 613 f.

11 Azarevič, Istorija vizantijskogo prava, Bd. 1, Teil. 1, S. V-XV; vgl. ders., Sistema rimskogo prava, Bd. 1, S. 24.

12 Kazancev war nach Rechts- und Philologiestudium in Jaroslavl' und Moskau seit 1881 Privatdozent, seit 1892 Professor für römisches Recht in Kiev. Weitere Werke des Autors: Svobodnoe predstavitel'stvo v rimskom graždanskom prave, Kiev 1884; O razvode po rimskomu pravu v svjazi s istoričeskimi formami rimskogo braka (Über die Scheidung nach römischem Recht im Zusammenhang mit den historischen Formen der römischen Ehe), Diss. Kiev 1892.

13 Kazancev, Značenie nauki rimskogo prava, S. 1 u. 7.

14 Kazancev, Značenie nauki rimskogo prava, S. 7 f.

15 Der Autor knüpft hier an Überlegungen an, die Jhering (Geist, Bd. 2,1) im Kapitel über die »Theorie der juristischen Technik« entwickelt hatte; vgl. Kazancev, Značenie nauki rimskogo prava, S. 2, Anm. 1.

16 Kazancev, Značenie nauki rimskogo prava, S. 10.

17 Kazancev, Značenie nauki rimskogo prava, S. 7 f.

18 Kazancev, Značenie nauki rimskogo prava, S. 9 f.

eines längst untergegangenen Volkes wichtig, weil das grundlegende rechtliche Material weiter Gültigkeit besitze.[19] Als Beleg für den universellen Charakter des römischen Rechts sieht er dessen historische Rezeption.[20] Er meint, die »zivilisierten Völker Europas« hätten sich die universellen Normen des römischen Rechts angeeignet und ihren Gegebenheiten angepaßt. Als Folge wirke das römische Recht in vielen modernen Rechtsordnungen fort, wobei es lediglich ein jeweils »nationales Gewand« trage. Kazancev weist ferner auf die didaktischen Vorzüge der Beschäftigung mit dem römischen Recht hin.[21] Er meint, Kenntnisse im römischen Recht beförderten nicht nur das Verständnis vom Zivilrecht und seinen Bestimmungen, sondern befähigten darüber hinaus zum spezifisch juristischen Denken,[22] zur Vertrautheit mit der juristischen Begrifflichkeit und Terminologie sowie mit der juristischen Arbeitsweise, die den Juristen in die Lage versetze, sich in Rechtspraxis und Gesetzgebung zu bewähren.[23] Dahingehende Einwände, daß das römische Recht spezifisch bourgeois oder etwa unvereinbar mit den russischen Lebensverhältnissen oder dem tradierten russischen Recht sei, weist Kazancev zurück. Er bestreitet eine grundsätzliche Unvereinbarkeit mit dem russischen Recht aufgrund der Auffassung, manche römischen Regelungen stünden denen des tradierten russischen Rechts näher als denen jüngerer Bestimmungen, die aus ausländischen Kodifikationen entlehnt seien. Ähnlich wie Azarevič führt auch Kazancev dies auf die historische Einwirkung des römischen bzw. byzantinischen Rechts auf das russische zurück. Er meint, aus diesem Grund biete das römische Recht sogar die Möglichkeit, zwei parallele Rechtsordnungen in Rußland, nämlich geltende Gesetze und Gewohnheitsrecht, miteinander zu harmonisieren.[24]

Vasilij Vladimirovič Efimov[25] stellte 1891 fest, das römische Recht und seine Lehre hätten in Rußland bislang nicht dieselbe Bedeutung wie in Westeuropa erlangt. Die Denkweise römischer Juristen sei lange Zeit als der russischen fernliegend erschienen. Daher sei das römische Recht an russischen Universitäten und in der russischen Fachliteratur vernachlässigt worden. Die Beschäftigung mit dem römischen Recht sei allerdings notwendig für jeden gebildeten Juristen. Im Rah-

19 Vgl. Azarevič, Sistema rimskogo prava, Bd. 1, S. 39 f. Kazancev (S. 10) denkt hier an seine eigene Untersuchung über die römische Stellvertretung (Svobodnoe predstavitel'stvo; oben Fn. 12). Dieses Thema hatte er, anknüpfend an die gemeinrechtliche Doktrin, auch für das geltende Recht bearbeitet: Učenie o predstavitel'stve v graždanskom prave (Die Lehre von der Stellvertretung im bürgerlichen Recht, Jaroslavl' 1878).

20 Kazancev, Značenie nauki rimskogo prava, S. 11. Hier wird ein weiterer zentraler Gedanke Jherings aufgegriffen; vgl. unten S. 414 f.

21 Kazancev, Značenie nauki rimskogo prava, S. 13 f.

22 Kazancev, Značenie nauki rimskogo prava, S. 14; hier verweist Kazancev u. a. auf Bethmann-Hollweg, Ueber Gesetzgebung und Rechtswissenschaft als Aufgabe unserer Zeit, S. 61 f., wo dieser Autor die Aufgabe der Vermittlung der Methode klassischer Juristen an Studenten erörtert.

23 Kazancev, Značenie nauki rimskogo prava, S. 14.

24 Kazancev, Značenie nauki rimskogo prava, S. 15-17.

25 S. oben S. 361.

men seiner rechtshistorischen Darstellung entwickelte Efimov den Gedanken, daß das römische Recht kosmopolitische Ideen ausgebildet habe, die in das gesellschaftliche Leben aller zeitgenössischen Völker eingegangen seien. Hierin liege ein zivilisatorischer Erfolg.[26] Sicherlich dürfe man das römische Recht nicht als der Weisheit letzten Schluß betrachten, doch biete es einen ersten rationalen Zugang zum Zivilrecht. Dies galt nach Efimov auch für das Zarenreich, welches im 19. Jahrhundert – im Anschluß an die frühere Phase der Geschichte des römisch-byzantinischen Rechts in Rußland – eine neue Ära der Aneignung des römischen Rechts erlebe.[27] Besonders seit der Einrichtung der Kommission zur Erarbeitung eines neuen Bürgerlichen Gesetzbuches (1882) habe man anderen Rechtsordnungen mehr Aufmerksamkeit geschenkt, und dieser Tatsache sei es zukünftig wohl auch zu danken, wenn das römische Recht nicht mehr fremd bleibe.[28] In seiner Darstellung der Dogmatik des römischen Rechts hob Efimov die Zweckdienlichkeit und praktische Nutzanwendung des römischen Rechts und seiner Lehre hervor.[29]

Wie zu erwarten, äußerten sich auch zahlreiche Absolventen des Berliner Seminars in dem Sinne, daß in Rußland eine fortschreitende Rezeption des römischen Rechts stattfinden solle. Hier überwogen pragmatische Vorstellungen, deren Richtigkeit mit historischen Argumenten unterstützt wurde.

Paul Sokolowski[30] wies in seiner Kiever Antrittsvorlesung (1891) darauf hin, daß die mittelalterliche Rezeption des römischen Rechts unter dem Einfluß des orthodoxen Klerus nicht alle Rechtsgebiete gleichermaßen, sondern in erster Linie Familien- und Erbrecht betroffen habe. Er meinte, wichtige andere Rechtsgebiete wie Pfand-, Vertrags- und Obligationenrecht seien nicht von der früheren Rezeption des römischen Rechts erfaßt gewesen worden. Sokolowski hielt die tradierten Regelungen dieser juristischen Gegenstände für mangelhaft und meinte, diese würden den Bedürfnissen der Gesellschaft nicht gerecht. Daher sollte nach seiner Auffassung dem römischen Privatrecht große praktische Bedeutung zukommen. Er forderte, es möglichst *caput et fundamentum* der Juristenausbildung werden zu lassen.[31] Damit bediente er sich treffend jener Metapher, mit der Gaius die Erbeinsetzung als »Haupt und Grundlage« des Testaments beschrieben hatte,[32] und die sich wahrscheinlich letztlich an das anlehnt, was nach dem frühen klassischen Juristen Capito die *rogatio* für ein Gesetz sein soll, nämlich *caput et origo et fons*.[33] Sokolowski trat dafür ein, daß das römische Recht Grundlage für

26 Efimov, Lekcii istorii rimskogo prava, S. 447.

27 Efimov, Lekcii istorii rimskogo prava, S. 474. Auch dieser Autor spricht von einer »usvoenie« des westlich-römischen Rechts; vgl. bereits oben S. 392.

28 Efimov, Lekcii istorii rimskogo prava, S. 474.

29 Efimov, Dogma rimskogo prava, S. 3.

30 S. oben S. 342 f.

31 Sokolovskij, Recepcija rimskogo graždanskogo prava, S. 10.

32 Gaius, *inst.* 2,229; zur Sache Avenarius, Formularpraxis, S. 26 f.

33 Gaius, *inst.* 2,229: *velut caput et fundamentum intellegitur totius testamenti heredis institutio*; Capito bei Gellius, *Noct. Att.* 10,20,7: *Sed totius huius rei iurisque, sive cum populus*

den Aufbau des neuen Bürgerlichen Gesetzbuchs und besonders des Schuldrechts werden solle.[34]

Michail Pergament[35] ging davon aus, daß ohne römisches Recht weder der Zivilrechtswissenschaftler noch die Lehre des Zivilrechts Erfolg haben werde, und daß die Theorie des bürgerlichen Rechts auf nichts anderes gegründet sein könne als auf die durch das römische Recht hervorgebrachten Grundsätze.[36] Er meinte daher, die Wissenschaft müsse darauf hinarbeiten, die Denkweise der römischen Juristen zu verstehen.[37] An eine direkte Übertragung römischen Rechts auf die russischen Verhältnisse sei allerdings nicht zu denken, weil die wirtschaftlichen und sozialen Verhältnisse in Rom und Rußland zu unterschiedlich seien.[38]

Aleksej Guljaev[39] meinte, es habe der westeuropäischen Zivilrechtswissenschaft zum Vorteil gereicht, daß sie ihre Entwicklung auf Grundlage des römischen Rechts durchlaufen habe und es dank dieses Umstands eine lange Tradition der rechtswissenschaftlichen Lehre gebe. Demgegenüber sei die Entwicklung in Rußland gehemmt gewesen, weil es an den entsprechenden günstigen Bedingungen bislang gefehlt habe.[40] Guljaev verknüpfte also gerade die Tradition von Forschung und Lehre im römischen Recht mit dem Fortschrittsgedanken. Er meinte, erst im späten 19. Jahrhundert finde Rußland insoweit durch wissenschaftliche Bearbeitung des geltenden Rechts mit Rücksicht auf das römische Recht und als Folge der Aufnahme dieses Einflusses durch die Senatsrechtsprechung und die Kodifikationsarbeiten Anschluß.[41] Für Guljaev unterlag es keinem Zweifel, daß die zeitgenössische, vom römischen Recht ausgehende Rechtswissenschaft machtvollen Einfluß auf das Rechtsbewußtsein ausgeübt habe, was sich besonders greifbar in dem Entwurf eines Bürgerlichen Gesetzbuches zeige.[42] Hier stellte Guljaev, der sonst konservativ auf die Wahrung der russischen Rechtstradition bedacht war, eine Hinwendung zu den Bestimmungen des römischen Rechts fest. Er meint, die römischen Grundsätze würden in Rußland nicht unmittelbar aufgenommen, sondern vermittelt über Gesetze jener westeuropäischen Staaten, in denen sich die römischen Bestimmungen lange bewährt hätten. Die Aneignung der römischen Normen fand nach Meinung Guljaevs also nicht deswegen statt, weil diese römisch waren, sondern weil sie das Ergebnis jahrhundertelanger Er-

sive cum plebs rogatur, <sive quod ad singulos> sive quod ad universos pertinet, caput ipsum et origo et quasi fons ›rogatio‹ est.

34 Sokolovskij, Recepcija rimskogo graždanskogo prava, S. 10.

35 S. oben S. 345 f. u. 358.

36 Pergament, K voprosu o zadačach, Sp. 2075.

37 Pergament, K voprosu o zadačach, Sp. 2074 f.; vgl. Kartsov, Das Russische Seminar, S. 349.

38 Vgl. Letjaev, Recepcija rimskogo prava, S. 21 f. mit Nachweisen.

39 S. oben S. 337.

40 Guljaev, Ob otnošenii, S. 5. Vgl. zu Guljaevs Standpunkt bereits oben S. 65.

41 Vgl. Tkačenko, Problemy opredelenija, S. 65-66.

42 Guljaev, Sovremennye zadači, S. 127.

fahrung bildeten. Die Übernahme erfolge also nicht aus äußeren Gründen, sondern um des überzeugenden Inhalts der römischen Rechtseinrichtungen willen.[43] Guljaev meinte, allein dieser versetze den Juristen in die Lage, im Falle von Unvollständigkeit, Unklarheit oder Widersprüchlichkeit des positiven Rechts gemäß Art. 9 ZPO im Sinne der Rechtsordnung zu entscheiden. Im übrigen trage römisches Recht zum Erlernen des russischen Rechts bei, wenn dieses – unter Wahrung seiner spezifischen Eigenart – durch Stoffdisposition, Methoden und spezifische Rechtserfahrungen, die aus dem römischen Recht stammen, bereichert werde.[44]

Wiktor Juszkiewicz[45] unterschied in seinem Vortrag »Die historisch-analytische Richtung in der Wissenschaft vom römischen Recht« zwei wichtige Richtungen in der Wissenschaft, deren erste die Ausarbeitung und Gliederung des Stoffes zum Ziel habe, während die zweite die Ergebnisse der Erörterung einzelner Probleme nutze, sie verallgemeinere und neue Entwicklungen befördere. Die beiden Richtungen ergänzten einander, denn ohne ausgearbeiteten Stoff sei keine Systematisierung möglich, und allein die Ansammlung des Stoffes sei ohne weitere Systematisierung sinnlos.[46] Als Beispiel verwies Juszkiewicz auf die Arbeit der Glossatoren, die den historischen Stoff gesammelt und Vergleiche zwischen verschiedenen Stellen aus Justinians Codex und den Werken klassischer Juristen angestellt hätten. Er meinte, die deutsche Historische Schule habe hieran anknüpfen und neue Perspektiven zur Entstehung und weiteren Erforschung des Rechts entwickeln können. Die allgemeine Systematisierung wiederum, die von der Historischen Schule betrieben worden sei, habe ihrerseits Anstoß zu zahlreichen Einzeluntersuchungen gegeben. Als Folge dieser wissenschaftlichen Forschungen beobachtete Juszkiewicz die Entstehung neuer allgemeiner Ausrichtungen des Interesses.[47] Zu diesen gehöre das von einigen Autoren verfolgte Ziel, das justinianische Recht in seinen einzelnen Elementen zu analysieren, um die von den Kompilatoren Justinians vorgenommenen Interpolationen zu identifizieren und so das prätorische Edikt, die ursprünglichen Schriften der klassischen Juristen und sogar das System des klassischen römischen Rechts wiederherzustellen. Dies erlaubt es nach Juszkiewicz, die Lehren römischer Juristen auf diejenigen Ideen, die sie ursprünglich geprägt hatten, zurückzuführen. Als wichtigsten Vertreter dieser wissenschaftlichen Richtung, die er die historisch-analytische nennt, bezeichnete Juszkiewicz seinen Berliner Lehrer Alfred Pernice.[48] Die Bedeutung der historisch-analytischen Richtung sah er darin, daß sie ein besseres und vollständigeres Verstehen des römischen Rechts sowie dessen rein historische Bewertung als Ergebnis der römischen Kultur und Geschichte – und nicht als *ratio scripta* – erlau-

43 Guljaev, Ob otnošenii, S. 12.
44 Guljaev, Ob otnošenii, S. 15.
45 S. oben S. 344 f.
46 Juškevič, Istoriko-analitičeskoe napravlenie, S. 3.
47 Juškevič, Istoriko-analitičeskoe napravlenie, S. 3-4.
48 Juškevič, Istoriko-analitičeskoe napravlenie, S. 5.

be.[49] Im Hinblick auf Rußland bemerkte Juszkiewicz, daß das römische Recht hier zwar niemals geltendes Recht gewesen sei, doch habe es als Mittel zur Entwicklung des juristischen Denkens gedient. Auch dies werde durch die historisch-analytische Richtung der Wissenschaft gefördert.[50]

Für manche Autoren trat die Frage nach einer womöglich historisch zu begründenden Richtigkeit der Orientierung am römischen Recht so weit zurück, daß sie allein oder jedenfalls fast ausschließlich auf Zweckmäßigkeitsüberlegungen abstellten. So meinte der Kiever Romanist Andrej K. Mitjukov,[51] daß im römischen Recht und in der Wissenschaft des Zivilrechts, die sich auf seiner Grundlage entwickelt habe, eine lebendige und kraftvolle Quelle für die Reformen und Verbesserungen liege, die angesichts der unbefriedigenden zivilrechtlichen Strukturen Rußlands dringend benötigt würden.[52] Maksim Vinaver verwies auf die Bedeutung des Wissens um die Ursprünge der Einrichtungen des bürgerlichen Rechts. Er meinte, dies habe insoweit praktische Relevanz, als die Kenntnis von der Herkunft der Institute für die Interpretation derselben ausschlaggebend sei.[53] Adolf Holmsten meinte, daß sich der russische Gesetzgeber vor dem Rückgriff auf ausländische Rechtserfahrung nicht scheuen dürfe. Entlehnungen aus dem römischen Recht böten sich gerade darum an, weil dasselbe erprobt sei, was man im Westen auch schon lange erkannt habe. Daher müsse auch die Juristenausbildung mit dem römischen Recht beginnen.[54]

Die vorstehenden Äußerungen zum römischen Recht stehen nicht für Einzelfälle, sondern für ein Spektrum weit verbreiteter Überzeugungen vom Nutzen des römischen Rechts und von der Richtigkeit der Auseinandersetzung seitens der Zivilrechtler des Zarenreichs mit demselben. Um die Standpunkte richtig zu bewerten, muß allerdings daran erinnert werden, daß es sich bislang fast ausschließlich um Theorie handelte, also Forderungen, Lehrmeinungen und Werturteile, die erst langsam Eingang in das angewandte russische Recht fanden. Von einem Geltungsanspruch römischen Rechts in Rußland ging keiner der Autoren aus. Der Durchbruch zu einer Diskussion der konkreten und bewußten Aufnahme römisch-westlichen Rechts, wie sie in der höchstrichterlichen Rechtsprechung der Kassationsabteilung des Dirigierenden Senats und seit 1882 auch im Rahmen der Kodifikationsarbeiten stattfinden sollte, geht auf weitere Impulse zurück. Diese wurden maßgeblich durch die Auseinandersetzung mit dem römischen Recht gefördert, gingen über dasselbe aber in jeweils neuartiger Weise hinaus.

49 Für die in dieser Weise ausgerichteten Einzeluntersuchungen steht z. B. Delarov, Očerk istorii ličnosti v drevne-rimskom graždanskom prave (1895).

50 Juškevič, Istoriko-analitičeskoe napravlenie, S. 6.

51 Über Andrej Kalinnikovič Mitjukov (1871-nach 1927) vgl. Šilochvost, Russkie civilisty, S. 103.

52 Mitjukov, Obščnost' imuščestva v sem'e, S. 2.

53 Vinaver, K voprosu ob istočnikach (1894/95), S. 1 ff.

54 Gol'msten, Pozitivizm, metafizika i rimskoe pravo (= Ėtjudy 2), S. 231-240.

II.) Neue Auffassungen von den Grundlagen des Rechts

Nachdem das römische Recht einige Jahrzehnte lang die Grundlage für die Herausbildung und Fortentwicklung einer »Theorie« des bürgerlichen Rechts gebildet hatte, war das mit seiner Hilfe wissenschaftlich bearbeitete »Dogma« des russischen Rechts immer mehr dem seinerseits fortentwickelten geltenden Recht angenähert worden.[55] Gleichzeitig kamen mit den 1880er Jahren neue Grundauffassungen vom Recht und seiner Bearbeitung auf, um dem bürgerlichen Recht als Theorie zur Seite gestellt zu werden. Diese wurden nicht nur für die Wissenschaft, sondern auch als Lehrgebiete entwickelt, um an die Stelle der Dogmatik des römischen Rechts zu treten.[56] Mehr und mehr wurde die russische Zivilrechtswissenschaft von einer philosophischen Ausrichtung in verschiedenen Konzeptionen erfaßt.[57] Sinajskij nennt als wichtigste Herausforderung für diese neuen Auffassungen die Aufgaben der Zeit auf dem Gebiet der Gesetzgebung, die sich im Zarenreich ebenso wie in anderen Staaten aufgrund gesellschaftlicher Veränderungen und schwerwiegender sozialer Probleme ergaben. Außerdem zieht er in Erwägung, daß die genannte Tendenz vielleicht – neben anderen Gründen – auf eine allgemeine Neigung der russischen Intelligenz zum Philosophieren zurückgehe.[58] Wenngleich diese Bemerkung in ihrer Allgemeinheit kaum überzeugen kann, trifft Sinajskij im Kern gerade für die hier in Rede stehende Juristengeneration ein zutreffendes Merkmal ihrer geistigen Orientierung. In dem Bemühen, sich von der Vätergeneration, den Menschen der sechziger Jahre (šestdesjatniki)[59] abzugrenzen, die einen materialistischen, positivistischen oder auch »nihilistischen« Skeptizismus entwickelt hatte – Turgenevs »Söhne« waren ihrerseits zu »Vätern« geworden –, begann diese Generation, die Konzentration auf Grundlagen in den Mittelpunkt ihrer Bemühungen zu stellen. Die Suche nach geistigen Fundamenten, die ebenso zur Aufdeckung künstlerischer Prinzipien wie sozialer Realitäten, daneben schließlich zur Entwicklung philosophischer und religiöser Theorien führte, erfolgte in erster Linie durch Studien.[60] Sie beförderte auch die Überwindung des Gesetzespositivismus und die Gewinnung wissenschaftlicher Fundamente des Rechts. Wichtige Anregungen erhielt sie, wie nachfolgend zu zeigen sein wird, aus dem westlichen Ausland, Anregungen, die letztlich ebenso aus der Beschäftigung mit dem römischen Recht hervorgegangen waren wie diejenigen Konzepte, die die Rechtswissenschaft des Zarenreiches auf ihrer Grundlage in der Folge entwickelte.

55 Vgl. oben S. 381 für die Hinwendung zur Praxis und umgekehrt der Praxis zur »Theorie des bürgerlichen Rechts«.

56 Rudokvas/Kartsov, Der Rechtsunterricht, S. 295 mit Nachweisen.

57 Der philosophische Bereich erfaßt sowohl die Lehren des Naturrechts als auch die Rechtspolitik; Sinajskij, Russkoe graždanskoe pravo, S. 50.

58 Sinajskij, Russkoe graždanskoe pravo, S. 49.

59 Vgl. Azarkin, Istorija juridičeskoj mysli Rossii, S. 341-351.

60 Näher Tschižewskij, Rußland zwischen Ost und West, S. 109 ff.

III.) Jherings Ausstrahlung auf die Rechtsdogmatik im Zarenreich

In den letzten Jahrzehnten des 19. Jahrhunderts erfuhren mehrere herausragende Zivilrechtslehrer in Westeuropa in besonderer Weise die Aufmerksamkeit von seiten der Juristen des Zarenreichs. Zu diesen gehörten sicherlich Vangerow in Heidelberg (der schon 1870 verstarb, aber bis an sein Lebensende las), Windscheid in Leipzig sowie Dernburg in Berlin. Während diese allesamt als bedeutende Dogmatiker hervortraten, war es Rudolf von Jhering, der seinen Hörern in besonders wirkungsmächtiger Weise originelle und tiefere Anregungen vermitteln konnte. Es ist sicherlich kein Zufall, daß Jhering einen außerordentlich starken Eindruck auf Russen machte und im Zarenreich viele treue Anhänger gewann.[61] Seine Lehren fanden zwar auch entschiedene Kritiker, erregten aber dadurch gleichfalls Aufmerksamkeit, denn sie wirkten auch insoweit, als sie insgesamt oder in bestimmten Teilen Widerspruch hervorriefen.[62] Azarevič bemerkte 1882, kein juristischer Autor des Westens sei in Rußland so populär wie der Göttinger Gelehrte.[63] Obwohl er selbst kein uneingeschränkter Jhering-Anhänger war,[64] meinte Azarevič, besonders überzeuge die Vorstellung vom »Kampf um's Recht«, durch die sich Jherings Lehre von der Auffassung der Historischen Rechtsschule Savignys und Puchtas unterscheide, welche die Rechtsentwicklung auf »stillwirkende Kräfte« zurückgeführt hatte.[65] Hermann Kantorowicz stellte 1914 fest, daß neben dem romanischen besonders das slavische Ausland in Jhering die zentrale Gestalt der neueren Rechtswissenschaft sehe.[66] Jhering hatte die Aufnahme des römischen Rechts in Ländern, deren Privatrechtsentwicklung zuvor nicht oder nur

61 Vgl. nun Lloredo Alix, Ideología, S. 120-129. Ein Portrait Jherings aus russischer Sicht hat Semënova geliefert. Ihre Arbeit K charakteristike Rudol'fa Ieringa (1914) wertet den zum 20. Todestage Rudolf von Jherings (1912) erschienenen Band »Rudolf von Ihering in Briefen an seine Freunde« aus.
Die Bedeutung von Jherings Sichtweise für die verbreitete Wahrnehmung des römischen Rechts veranschaulicht der (an ein breites Publikum gerichtete) Artikel »Rimskoe pravo« in der Bol'šaja Ėnciklopedija, S. 316 f. Hier wird mitgeteilt, der Individualismus des römischen Rechts (der Reflex [otraženie] des nationalen Egoismus des römischen Volkes) sei sein progressiver Ursprung. Als ohne weiteres gültig wird die Vorstellung von der Universalität des römischen Rechts behandelt, für die der Artikel den »kosmopolitizm« und die »elastičnost'« (also »Anpassungsfähigkeit«) desselben nennt. Es ist nur konsequent, wenn Jherings Schriften unter den Literaturnachweisen (aaO., S. 317) an erster Stelle genannt werden.

62 Vgl. Korkunov, Rez. Igering, Duch rimskogo prava, S. 272-274. Nikolaj Michajlovič Korkunov (1853-1904), der das von Muromcev nach Jhering entwickelte soziologische Rechtsdenken aufgriff, vermittelte die Ergebnisse an die westliche Rechtstheorie über die englischsprachige Darstellung seiner Lehre (General Theory of Law, 1909). Vgl. Lloredo Alix, Ideología, S. 127; Übersicht der neueren rechtsphilosophischen Literatur, S. 113.

63 Azarevič, Rudol'f fon Iering, S. 79.

64 Vgl. Butler/Tomsinov, Russian Legal Biography, S. 71.

65 Azarevič, Rudol'f fon Iering, S. 88.

66 Kantorowicz, Die Epochen der Rechtswissenschaft, S. 14.

wenig mit demselben in Berührung gekommen war, durch seine Lehre vom Universalismus des römischen Rechts gefördert.[67] Die Verbreitung dieser Gedanken wurde dadurch begünstigt, daß sie, wie gesehen, auch in russischer Sprache publiziert wurden. Losano hat – wohl zutreffend – darauf hingewiesen, daß die vergleichweise meisten Übersetzungen der Werke Jherings in Rußland veröffentlicht wurden.[68] So erschien 1880 ein Sammelband mit mehreren Arbeiten Jherings in russischer Übersetzung unter dem Titel »Interes i pravo« (Interesse und Recht). Im Vorwort des Bandes schrieb der Zivilrechtler Aleksandr A. Borzenko,[69] es sei in den vorausgegangenen zehn Jahren kaum eine russische juristische Abhandlung erschienen, für die Jherings Lehre nicht von herausragender Bedeutung gewesen sei.[70] Es ist sogar behauptet worden, Jhering habe »in der slavischen Welt weit geräuschvollere Erfolge gehabt als in Deutschland«.[71] Jhering selbst hat den Erfolg seiner Lehren im Zarenreich mit einer Tabula-rasa-Vorstellung erklärt. Er meinte, anders als in Deutschland, wo seine Ideen auf etabliertes Rechtsdenken gestoßen seien, dessen Beharrungskräfte sich teilweise in Kritik und Unverständnis Ausdruck verschafft hätten, seien dieselben Ideen im Zarenreich auf unberührten Boden gefallen und dort von einer erst im Entstehen begriffenen Rechtswissenschaft aufgegriffen worden.[72]

Jhering gilt in Deutschland als Vollender und Überwinder der Historischen Rechtsschule, der die Rechtsentwicklung des 20. Jahrhunderts vorbereitete. Durch ihn bekamen Juristen des Zarenreichs ein Denken vermittelt, das sie in die Lage versetzte, der russischen Historischen Rechtsschule und ihrer Verweigerungshaltung gegenüber der Rezeption von Neuerungen aus dem Ausland eigene, positive Konzepte entgegenzuhalten. Im Unterschied zum Denken der Historischen Rechtsschule steht in diesen Konzepten gerade nicht das tradierte, eigene Recht im Vordergrund, sondern ein Recht, dessen Grundsätze Jhering als »universell« beschreibt.[73] Hinzu kam, daß Jhering den Gesichtspunkt der Entwicklungsfähigkeit des römischen Rechts herausarbeitet: Weist bereits das römische Recht »verschiedene Stufen« einer Entwicklung auf, die eine weitere Anpassung an neue historische Kontexte in Betracht ziehen lassen, so ergibt sich ein zusätzlicher, auch aus konservativer Sicht teilweise akzeptierter Zugang zum römischen Recht dadurch, daß Jhering nicht einfach dessen Regelungen behandelt, sondern

67 Vgl. S. 414f.

68 Losano, Studien zu Jhering und Gerber, S. 165.

69 Zu dieser Veröffentlichung Jherings vgl. dessen Kommentar bei Behrends (Hrsg.), Rudolf von Jhering, Beiträge und Zeugnisse, S. 80, Nr. 48. Über Aleksandr Aleksandrovič Borzenko (1847-1915) vgl. Šilochvost, Russkie civilisty, S. 22.

70 Borzenko, Neobchodimoe ob'jasnenie, S. IX.

71 X, Das römische Recht in Rußland, S. 74.

72 Jhering, Pismo R. Ieringa k russkim izdateljam, S. 2.

73 Jhering, Geist, Bd. 1, S. 1 und 318ff. Jhering hatte bereits das antike *ius civile* als nicht mehr als spezifisch »national« aufgefaßt; er meinte vielmehr, es habe eine Entwicklung der »Entnationalisierung« durchlaufen (aaO., S. 84); ähnlich Mommsen, Die Bedeutung des römischen Rechts, S. 596.

auf den »Geist« desselben verweist. Nach seiner Vorstellung sollte man am römischen Recht das Recht schlechthin erforschen und veranschaulichen können.[74] Russische Juristen, die seit den sechziger Jahren die Möglichkeit hatten, »allgemeine Grundsätze« des Privatrechts zu berücksichtigen, konnten auf dieser Grundlage den Blick auf römisches Rechtsdenken richten, um die »allgemeinen Grundsätze« des Rechts zu ermitteln, ohne sich damit notwendigerweise auf »ausländisches Recht« einlassen zu müssen.

Die Bedeutung Jherings beschränkte sich jedoch nicht auf die Entwicklung der Dogmatik des bürgerlichen Rechts. In seinem Werk nahmen russische Juristen Grundsätze der Rechtsstaatlichkeit wahr, die viele von ihnen mittelfristig im Zarenreich zu etablieren suchten. Dazu gehört, daß die Rechte des einzelnen im Staat durch Regeln gewahrt werden, die wechselseitig bindend sind: nicht nur die Menschen sind insoweit gebunden, sondern auch der Staat. Diese Regeln schaffen damit einen »Rechtszustand«, in dem die Staatsgewalt ihren eigenen Bestimmungen unterworfen ist.[75]

Jherings Einfluß wirkte sich auch auf die Entwicklung der Rechtswissenschaft schlechthin aus.[76] Daß er die theoretische Grundlage für die Auffassung lieferte, das Recht sei auf *Zwecke* ausgerichtet, erwies sich für russische Juristen als attraktiv.[77] Jherings spektakuläre Umorientierung von der historischen Entwicklung des Rechts als Geltungsgrund sowie von der Begriffsgläubigkeit hin zur Zweckorientierung eröffnete ihnen neue Perspektiven. Diese beschränkten sich nicht auf die Emanzipation gegenüber den Überzeugungen der Historischen Rechtsschule vom Geltungsgrund des Rechts. Darüber hinaus half Jherings berühmter Standpunkt: »Der Maßstab des Rechts ist nicht der absolute der Wahrheit, sondern der relative des Zwecks«[78] russischen Juristen, kritischen Abstand zu gewinnen zu der tradierten und offiziell aufgrund des Konzepts der Selbstherrschaft noch immer aufrechterhaltenen Vorstellung von einer hinter dem Recht stehenden »Wahrheit«, die der Zar vermittele.

In seinem Spätwerk »Der Zweck im Recht« gelangte Jhering zu einer soziologischen Rechtsbetrachtung. In diesem Zusammenhang setzte er sich kritisch mit dem Individualismus der Eigentumsordnung seiner Zeit auseinander und stellte ihr eine »gesellschaftliche Eigentumslehre« gegenüber.[79] Im Vergleich zum Individualismus des klassischen römischen Rechts bedeutete dieses Konzept eine Abmilderung, die manchen Einwänden aus russischer Sicht entgegenkommen konnte.

74 Jhering, Vorwort zur fünften Auflage des »Geist« (S. VII).

75 Vgl. Kucherov, Courts, S. 301.

76 Vgl. Muromcev, Rudol'f fon-Iering, S. 18.

77 Dies gilt selbstverständlich nicht schrankenlos. So kritisierte Novgorodcev, der die Zweckorientierung grundsätzlich günstig beurteilte, daß Jhering Gerechtigkeit, Moral und Recht womöglich zu sehr nur aus der praktischen Sicht sehe. Auch trete die Sitte gegenüber der Zweckmäßigkeit zu stark zurück; Istoričeskaja škola juristov, S. 160.

78 Jhering, Zweck, Bd. 1, S. 342.

79 Vgl. Wieacker, Privatrechtsgeschichte, S. 452 f.

So bot sich Raum für neue Lehren wie die Entwicklung der Soziologie im Recht sowie die Interessenjurisprudenz, zu denen russische Juristen wesentliche Beiträge leisteten. Die Ausrichtung auf Zwecke und Interessen bot außerdem Spielraum dafür, das im Zarenreich geltende Recht an der Verwirklichung gesellschaftlicher Zwecke und an der Eignung für einen Interessenausgleich zu messen und es bei Bedarf an anderes, gegebenenfalls auch römisches Recht anzupassen. Nachfolgend werden wir das Spektrum der Rechtsentwicklungen auch insoweit skizzieren, als einzelne Konzepte nicht mehr unmittelbar die Bearbeitung des römischen Rechts voraussetzen. An ihnen erweist sich indessen immerhin die mittelbare Fruchtbarkeit desselben. Es ist kein Zufall, daß die Begründer und wichtigsten Förderer dieser wissenschaftlichen Orientierungen Romanisten waren. Die neuen Richtungen der theoretischen Bearbeitung des Rechts konkurrierten im Lehrprogramm der juristischen Fakultäten mit dem römischen Recht. Gleichwohl dürfte die Beschreibung des zwischen der wissenschaftlichen Bearbeitung des Privatrechts auf Grundlage des römischen Rechts einerseits und einer soziologischen Herangehensweise andererseits bestehenden Verhältnisses als »Alternative« an einen zu stark akzentuierten Gegensatz denken lassen.[80]

1.) Unmittelbarer und mittelbarer Einfluß Jherings

Jherings Lehre fand im Zarenreich nicht nur über sein wissenschaftliches Werk Verbreitung; vielmehr wurde sie durch zahlreiche unmittelbare Schüler aufgenommen und fortentwickelt. Seine Vorlesungen waren, vor allem in Wien und später in Göttingen, von vielen Hörern aus Rußland besucht worden.[81] Ihr späteres Wirken an russischen Universitäten sowie ihr wissenschaftliches Schrifttum trug dazu bei, daß Jhering unter den Juristen des Zarenreiches als Autorität allerersten Ranges und bedeutender Lehrer für die entstehende russische Rechtswissenschaft galt.[82] Jhering wußte um die Wertschätzung, die ihm im Zarenreich entgegengebracht wurde. In einem Brief an die Herausgeber der russischen Fassung seines Buches »Der Zweck im Recht« wies er dankbar darauf hin:

> Mir scheint, daß meine Tendenz und meine Ideen nirgendwo einen solch empfänglichen Boden wie in Rußland bekommen. Die russischen Studenten waren die ersten ausländischen Hörer meiner Vorlesungen. […] So kann ich sagen, daß ich mit keinem anderen Land solche engen Beziehungen wie mit Rußland habe.[83]

80 Vgl. aber (für die zeitgenössische Sichtweise) Rudokvas, I. A. Pokrovskij, bei Fn. 6.

81 Borzenko, Neobchodimoe ob'jasnenie, S. IX f.; vgl. Rudolf von Jhering in Briefen an seine Freunde, S. 295.

82 Kantorowicz, Die Epochen der Rechtswissenschaft, S. 14. Zur Bedeutung Jherings in Rußland vgl. Muromcev, Rudol'f fon-Iering, S. 18 ff.

83 Jhering, Pismo R. Ieringa k russkim izdateljam, S. 1 f.

Unter diesen Umständen blieben formale Ehrungen selbstverständlich nicht aus. Jhering wurde zum Ehrenmitglied mehrerer russischer Universitäten und juristischer Gesellschaften ernannt.[84]

2.) Lev S. Golicyn

Einen Eindruck von der herausragenden Wertschätzung, die Jhering von seiten russischer Juristen entgegengebracht wurde, liefert das Beispiel Lev Sergeevič Golicyns (1845-1915).[85] Aus einer schwerreichen Fürstenfamilie stammend, wurde er nach Paris zum Studium an der Sorbonne geschickt, welches er 1862 als bachelier des sciences abschloß, bevor er nach Rußland zurückkehrte, um seine offenbar ungenügenden Russischkenntnisse zu verbessern.[86] 1864 trat er in den Dienst des Außenministeriums ein, verließ diesen aber 1867 wieder,[87] um in Moskau das Rechtsstudium aufzunehmen. Die Moskauer juristische Fakultät verfügte in den 1860er Jahren über 12 Lehrstühle. Den für Römisches Recht hatte seit 1835 Nikita Ivanovič Krylov inne, der inzwischen älteste Gelehrte der Universität, der in seinen Arbeiten versuchte, die historische Bedingtheit der Entwicklung der Rechtsnormen in der Gesellschaft zu zeigen.[88] Neben dem gleichfalls aus altem Adel stammenden Sergej Muromcev[89] gehörte Golicyn zu denjenigen Schülern Krylovs, die diesem Rechtslehrer am nächsten standen.[90] Golicyn besorgte die lithographische Vervielfältigung und Herausgabe der Vorlesungen Krylovs (Istorija 1868/69 und Sistema 1871).[91] Nicht nur als Herausgeber, sondern auch als Autor publizierte Golicyn über römisches Recht. Im Jahre 1869 erschien sein »Konspekt istorii rimskogo prava«, eine kurze Zusammenfassung der Geschichte des römischen Rechts auf Grundlage der Vorlesungen Krylovs, die als Arbeitsmittel von den Moskauer Studenten genutzt wurde.[92] Im

84 Vgl. Muromcev, Rudol'f fon-Iering, S. 18 für die langjährige Mitgliedschaft Jherings in der Moskauer Juristischen Gesellschaft; ferner die Nachweise bei Behrends (Hrsg.), Rudolf von Jhering. Beiträge und Zeugnisse, S. 80.

85 Die moderne Biographie von Laman/Borisova, Knjaz' Lev Sergeevič Golicyn (2000) behandelt Golicyn in erster Linie mit Rücksicht auf dessen Bedeutung als Weinproduzent.

86 Laman/Borisova, Knjaz' Lev Sergeevič Golicyn, S. 25; vgl. die Darstellung bei Nikolaj Vasil'evič Davydov (1848-1920), einem Studienkollegen und Freund Golicyns und Muromcevs, in seinem Erinnerungsbuch über den letzteren; K charakteristike S. A. Muromceva, S. 68.

87 Laman/Borisova, Knjaz' Lev Sergeevič Golicyn, S. 26.

88 Emel'janova, Vseobščaja istorija prava, S. 43 ff. S. oben S. 264.

89 Dieser schrieb im Brokgauz/Efron den Artikel Krylov (Nikita Ivanovič).

90 Davydov, K charakteristike S. A. Muromceva, S. 68.

91 N. I. Krylov, Istorija rimskogo prava. Lekcii 1868/69 g., Moskva 1869; ders., Sistema rimskogo graždanskogo prava. Kurs lekcij, Moskva, Izd. knjazja L. S. Golicyna, 1871, T. 1, Moskva 1871. Vgl. Laman/Borisova, Knjaz' Lev Sergeevič Golicyn, S. 28 f. mit Nachweisen. Es war seine langjährige, vielgerühmte Vorlesungstätigkeit, durch die Krylov hauptsächlich Wirkung entfaltete; vgl. Muromcev, Art. Krylov (Nikita Ivanovič), S. 870.

92 L. S. Golicyn, Konspekt istorii rimskogo prava. I. period, Moskva 1868/69 (32 S.)

dritten Studienjahr fertigte Golicyn eine Arbeit über die römischen Tributkomitien, die mit einer Goldmedaille ausgezeichnet wurde.[93] 1871 schloß er seine Studien an der Moskauer Universität ab.[94] Anschließend bereitete er sich, ebenso wie Muromcev, auf die Hochschullaufbahn vor und ging, wie unter diesen Umständen üblich, zur weiteren Vertiefung seiner wissenschaftlichen Kenntnisse ins westliche Ausland. Zusammen mit seinem Freund Muromcev verbrachte er ein Semester in Leipzig und hörte den dortigen Romanisten Kuntze,[95] bevor sich beide Russen 1873 gemeinsam in Göttingen immatrikulieren ließen, um bei Jhering und bei Thöl zu hören, dessen Ruf als Handelsrechtler längst in das Zarenreich vorgedrungen war.[96] Golicyn studierte drei Semester in Göttingen und brachte Jhering leidenschaftliche Verehrung entgegen. Sicherlich begünstigt durch den gesellschaftlichen Rang des Studenten (»Fürst Gallitzin«) entwickelte sich sogar ein privater Umgang mit Jhering.[97] Bei einem Kommers am 8. März 1874 hielt Golicyn eine Ansprache, in der er sich an Jhering mit den Worten wandte:

> Ich trete hier auf, um Ihnen zu sagen, daß Sie uns gegeben haben, was uns kein Anderer geben kann: den Funken Ihres Geistes, einen Funken, der jetzt das Beste ist, was wir haben; einen Funken, der uns die ganze Welt erleuchtet hat. Ja! Wenn es eine wahre Rechtswissenschaft giebt, so haben Sie sie uns gegeben […].[98]

Wenn man bei der Bewertung dieser Äußerung auch sicherlich den Stil einer Festrede mit der formal geschuldeten Honoratioren-Ehrung in Rechnung stellen muß, konzentriert sich in der von Golicyn verwendeten Funken-Metapher doch offenbar die auch schon bei anderen Autoren wahrgenommene Vorstellung von einer wissenschaftlichen Inspiration, die russische Juristen von westeuropäischen Gelehrten empfingen. Golicyn blieb ein besonders leidenschaftlicher Jhering-Anhänger, doch konnte er selbst keine wissenschaftliche Bedeutung erlangen.[99] Als Angehöriger des Hochadels förderte er den Einfluß Jherings auf das Zarenreich immerhin mittelbar, indem er Jherings Ruf in Kreise vordringen ließ, denen es nicht an Einfluß, wohl aber normalerweise an Interesse für die Rechtswissenschaft fehlte. Auch kommt Golicyn immerhin das Verdienst zu, dem wissenschaftlich unvergleichlich bedeutenderen Sergej Muromcev »den Weg nach Göttingen

93 L. S. Golicyn, O sud'bach narodnych sobranij v Rime po tribam, Moskva 1869.

94 Laman/Borisova, Knjaz' Lev Sergeevič Golicyn, S. 33.

95 Miljukov, Sergej Andreevič Muromcev, S. 22.

96 Davydov, K charakteristike S. A. Muromceva, S. 69.

97 Vgl. Laman/Borisova, Knjaz' Lev Sergeevič Golicyn, S. 36 mit Nachweisen. Vgl. ferner die Abbildung bei Behrends (Hrsg.), Rudolf von Jhering. Beiträge und Zeugnisse, S. 78.

98 Abgedruckt bei Behrends (Hrsg.), Rudolf von Jhering. Beiträge und Zeugnisse, S. 77 f.

99 Zeugnisse der Verehrung Jherings durch Golicyn in: Rudolf von Jhering in Briefen an seine Freunde, Nrn. 92, 94 u. 98 sowie bei Behrends (Hrsg.), Rudolf von Jhering. Beiträge und Zeugnisse, S. 77 f.

gezeigt« zu haben.[100] Im Frühjahr 1874 nach Moskau zurückgekehrt, legte er noch seine Magisterprüfung im Bürgerlichen Recht ab. Golicyn plante nun, eine Professur in Moskau anzustreben,[101] und näherte sich der Fertigstellung seiner Dissertation, doch war es dieser »nicht vergönnt, abgeschlossen zu werden«.[102] Er mußte sich daher ein neues Aufgabengebiet suchen. Nachdem Golicyn schon in Frankreich Interesse an der Weinkultur entwickelt hatte, kaufte er 1878 in der Nähe von Sudak auf der Krim ein Landgut und begann dort mit der Sektherstellung. Als erster Großproduzent der Gegend etabliert, verhalf ihm internationale Anerkennung auf der Pariser Weltausstellung von 1900 zur Geltung als »Stammvater des Krimsekts«.[103] Mit Jhering blieb er in gegenseitiger Wertschätzung verbunden. Der Göttinger Rechtslehrer widmete ihm den 1. Band seines »Zweck im Recht« (1877).[104] In Golicyns Arbeitszimmer hing ein Portrait Jherings, von welchem er oft und gerne seinen Gästen erzählte.[105]

3.) Nikolaj P. Ljapidevskij

Nikolaj Pavlovič Ljapidevskij (1841-1885), Dozent für Römisches Recht an der Moskauer Universität,[106] trat bereits als Anhänger Jherings auf, bevor er im Rahmen eines Auslandsstudiums unter dessen persönlichen Einfluß geriet.[107] In seinem auf einen Vortrag vor der Moskauer Juristischen Gesellschaft zurückgehenden Aufsatz »Die Bedeutung des römischen Rechts« entwickelte er 1873 seine Vorstellungen in teilweise enger Anlehnung an bestimmte Abschnitte aus Jherings »Geist des römischen Rechts«. Ljapidevskij legt dies zwar nicht gleich zu Anfang offen, doch konnte das Fachpublikum, dem Jhering im Original oder vermittelt durch die ersten bereits existierenden Übersetzungen gut vertraut gewesen sein dürfte, bereits die Eingangsworte als Signal verstehen, in denen der Autor bemerkt, Weltreich, Christentum und Recht seien die drei Momente gewesen, durch die Rom die Menschheit vereint habe, drei Formen seiner »gesetz-

100 Vgl. Miljukov, Sergej Andreevič Muromcev, S. 23, Fn. 1.

101 Rudolf von Jhering in Briefen an seine Freunde, S. 289.

102 Laman/Borisova, Knjaz' Lev Sergeevič Golicyn, S. 37.

103 Der bei Behrends (Hrsg.), Rudolf von Jhering, Beiträge und Zeugnisse, S. 78 f. erwähnte Wein »Jherings Andenken« gehört offenbar zu dem von Golicyn erstmals erzeugten Krimsekt.

104 Im Nachlaß Muromcevs wurde ein Manuskript von Jherings Werk »Der Zweck im Recht« verwahrt mit einer unter dem 8. August 1873 geschriebenen Widmung an Golicyn: »Dem Fürsten Leo Gallitzin vom Verfasser überreicht zum Andenken an ihn. Rd. Jhering, Göttingen, 8 Aug[ust] 1873«. Vgl. Miljukov, Sergej Andreevič Muromcev, S. 23-26; Laman/Borisova, Knjaz' Lev Sergeevič Golicyn, S. 36.

105 Laman/Borisova, Knjaz' Lev Sergeevič Golicyn, S. 36.

106 Über Ljapidevskij vgl. Šilochvost, Russkie civilisty, S. 97. Wegen seines frühen Todes blieb sein Hauptwerk seine Dissertation über die Geschichte des Notariats (1875).

107 Ljapidevskij hielt sich erst 1873-1875 im Westen auf (in Heidelberg, Göttingen und später Paris).

lichen« Beherrschung der Welt.[108] Ljapidevskij ist davon überzeugt, daß jedem Volk eine besondere historische Aufgabe zukomme, und als historische Berufung der Römer nennt er die Entwicklung des Rechts.[109] Mit der Vorstellung von der Universalität des römischen Rechts, dessen Grundlagen in ihrer Relevanz von Zeit und Raum unabhängig seien, greift Ljapidevskij bei Jhering einen zentralen und aus russischer Sicht besonders wichtigen Gedanken auf.[110] An Jherings Konzept der »Selbstsucht« als Motiv der Universalität knüpft Ljapidevskij an, wenn er als Grundlage des römischen Geistes den »Egoismus« (egoizm) beschreibt, der nicht etwa als klein und kurzsichtig in geistiger und moralischer Hinsicht, sondern als großartig verstanden wird.[111] In diesem Sinne hätten die Römer, erfüllt von Leitideen, ihr Bestreben nach denselben ausgerichtet und die Zweckmäßigkeit als Teil ihres Wesens herausgearbeitet.[112] Ljapidevskij beschreibt, wie im Rahmen eines spezifischen »Nationalegoismus« der Nutzen des einzelnen mit dem des Staates derart zusammengefallen sei, daß sich die Republik als richtige Staatsform angeboten habe.[113] Auch habe diese Ausrichtung des Egoismus die Bereitschaft hervorgebracht, das Individuelle dem Allgemeinen und den Einzelfall einer abstrakten Regelung zu unterwerfen.[114] Diese Ausrichtung auf höhere Ziele ließ das Recht als »Religion des Egoismus« auftreten.[115] Der Autor erörtert ferner das Verhältnis zwischen Moral und Recht. Als Spezifikum des römischen Rechts arbeitet er heraus, daß die formalen Bestimmungen des Privatrechts frei von moralischen Motiven seien. Er meint, so gewährleiste das Privatrecht eine Sphäre der privaten Herrschaft des einzelnen, dessen Freiheit nur insoweit Grenzen gesetzt sind, als die Interessen anderer berührt werden.[116]

Ljapidevskij geht schließlich auf die Gründe ein, aus denen dem römischen Recht allgemeine Bedeutung zukomme. Er führt dies in erster Linie auf dessen Wissenschaftlichkeit zurück. Er meint, die Prinzipien des römischen Rechts besäßen nicht den ausgeprägt nationalen Charakter, der dem Recht anderer Völker anhafte.[117] Es sei vielmehr universell und könne daher als verbindlich für das juristische Denken aller Völker gelten.[118] Es ermögliche bürgerliche Freiheit und Gleichheit, habe die Differenzierung zwischen Eigentum und Besitz hervorge-

108 Ljapidevskij, Značenie rimskogo prava, S. 42 nach Jhering, Geist, Bd. 1, S. 1.

109 Ljapidevskij, Značenie rimskogo prava, S. 44 nach Jhering, Geist, Bd. 1, S. 1.

110 Ljapidevskij, Značenie rimskogo prava, S. 44 nach Jhering, Geist, Bd. 1, S. 1 und 318 ff.

111 Vgl. Jhering, Geist, Bd. 1, S. 319 ff. Ähnlich, offensichtlich angeregt durch Jhering, Efimov, Lekcii istorii rimskogo prava, S. 448.

112 Ljapidevskij, Značenie rimskogo prava, S. 44 f.; vgl. Jhering, Geist, Bd. 1, S. 322-324.

113 Ljapidevskij, Značenie rimskogo prava, S. 46.

114 Jhering, Geist, Bd. 1, S. 326 spricht insoweit vom »disziplinierten Egoismus«.

115 Ljapidevskij, Značenie rimskogo prava, S. 47; vgl. Jhering, Geist, Bd. 1, S. 326: »Das Recht ist die Religion der Selbstsucht«.

116 Ljapidevskij, Značenie rimskogo prava, S. 54 f.

117 Ljapidevskij, Značenie rimskogo prava, S. 57-59.

118 Ljapidevskij, Značenie rimskogo prava, S. 59-61.

bracht und zahlreiche andere Einrichtungen des Privatrechts entwickelt.[119] Allerdings könne es in der Gegenwart nicht einfach als geltendes Recht eingeführt werden, weil es nicht dem letzten Entwicklungsstand des Rechts entspreche. Es müsse vielmehr für eine juristische Schule stehen.[120]

4.) »Durch das römische Recht, aber über dasselbe hinaus« – Nikolaj Djuvernua und die Rechtfertigung der Einbeziehung des römischen Rechts in die dogmatische Bearbeitung des geltenden Rechts auf Grundlage der Lehre Jherings

Im Unterschied zu der Mehrzahl der um die Jahrhundertwende lehrenden Sankt Petersburger Juristen, deren akademisches Wirken erst in den achtziger Jahren begonnen hatte, also parallel zu den bereits laufenden Kodifikationsarbeiten, gehörte der Jhering-Anhänger Nikolaj Djuvernua[121] einer älteren Generation an, die sich noch im besonderen Maße zur grundlegenden Rechtfertigung der Erforschung des römischen Rechts und des Unterrichts in diesem Fach herausgefordert gesehen hatte. Djuvernua betrachtete Jhering, bei dem er 1870/71 in Wien studiert hatte,[122] als den bedeutendsten Rechtslehrer seiner Zeit. Szerszeniewicz berichtet, Djuvernua sei nach seiner Promotion »voll vom Geist des römischen Rechts« gewesen – eine Wortwahl, die unverkennbar auf Jhering verweist. Zwar habe Djuvernua russisches Zivilrecht gelehrt, allerdings, sieht man auf seine Vorlesungen, aus der Sicht eines Romanisten.[123] Djuvernua betrieb das russische Zivilrecht auf konventionell pandektistische Weise, überzeugt von der Richtigkeit dieses Verfahrens durch die Lehre Jherings.

a.) Grundgedanken der Rechtslehre Djuvernuas

Wie Mejer – und in bewußter Anlehnung an dessen Vorbild[124] – lehrte auch Djuvernua das russische Zivilrecht nicht einfach nach dem Gesetz: Er erklärte, daß es sich angesichts der zahlreichen problematischen Eigenschaften des positiven Rechts nicht empfehle, von vornherein darin selbst Antworten auf die wissenschaftlichen und praktischen Fragen zu suchen. Man müsse sich zunächst Klarheit über die allgemeine Lage der russischen Rechtswissenschaft verschaffen.[125] Diese betrachtete Djuvernua im Zusammenhang mit der übrigen Entwicklung des europäischen Privatrechts unter besonderer Berücksichtigung der Rezeption des römischen Rechts.

119 Ljapidevskij, Značenie rimskogo prava, S. 61-64.
120 Ljapidevskij, Značenie rimskogo prava, S. 67.
121 S. oben S. 357 f.
122 Djuvernua, Značenie rimskogo prava, S. 46.
123 Vgl. Rudokvas/Kartsov, The Development, S. 308 mit Nachweis.
124 Djuvernua, Iz kursa lekcij po graždanskomu pravu, S. 12 f.
125 Djuvernua, Iz kursa lekcij po graždanskomu pravu, S. 6.

Nach Djuvernuas Überzeugung bildete der Einfluß des römischen Rechts eine historische Erfahrung aller Kulturen des bürgerlichen Rechts, einschließlich also der russischen.[126] Auf dieser Grundlage bekannte er sich zur rechtsvergleichenden Methode. Er wandte sie unter historischer und dogmatischer Betrachtungsweise nicht nur auf Fragen grundsätzlicher Art an, sondern auch bei der Erforschung der einzelnen Rechtseinrichtungen.[127] Dabei griff er bei der Lehre des geltenden Rechts jeweils auf den Stoff zurück, den er in den vorangegangenen Kursen des römischen Privatrechts vermittelt hatte.[128] Auch in seiner Dissertation von 1874 über die Korrealobligation behandelte Djuvernua das Thema paradigmatisch.[129] Die Lehre von den Gesamtschuldverhältnissen selbst trat für Djuvernua im wesentlichen als Mittel auf, um die Methoden der Konstruktion von Instituten aufzuzeigen, die zum Vermächtnis des römischen Rechts gehören.[130] Für diesen Zweck eignete sich das Thema angesichts seiner Schwierigkeit und der differenzierten römischen Dogmatik ausgezeichnet.[131]

b.) »Die Bedeutung des römischen Rechts für russische Juristen«

Nach seiner Übersiedlung von Wien nach Jaroslavl' veröffentlichte Djuvernua 1872 seinen programmatischen Aufsatz »Die Bedeutung des römischen Rechts für russische Juristen«.[132] Er behandelt grundlegend die Beziehung des römischen Rechts zur russischen Rechtswissenschaft, Gesetzgebung und Justiz sowie seine Bedeutung für die Juristenausbildung. Im Mittelpunkt der Überlegungen steht die Frage, welche Mittel den Juristen an die Hand zu geben seien, damit diese die völlig neuen Aufgaben würden bewältigen können, vor die sie durch die Reform von 1864 gestellt worden waren.[133]

Djuvernua argumentiert in drei Schritten. Zunächst stellt er unter dem Einfluß der Historischen Schule dar, was das Recht sei und wodurch es sich vom Gesetz unterscheide. Anschließend entwickelt er den Standpunkt, daß das römische Recht nicht irgendein besonderes Recht sei, das allein deswegen aus russischer Sicht als fremd betrachtet werden müsse, sondern eine Erscheinungsform des Rechts an sich, und zwar eine besonders hochentwickelte, der allgemeine Relevanz zukomme. Schließlich zeigt Djuvernua, in welcher Beziehung nach seiner

126 Djuvernua, Iz kursa lekcij po graždanskomu pravu, S. 11.
127 Djuvernua, Iz kursa lekcij po graždanskomu pravu, S. 10.
128 Djuvernua, Iz kursa lekcij po graždanskomu pravu, S. 10.
129 Djuvernua, Osnovnaja forma korreal'nogo objazatel'stva (1874).
130 Vgl. Nol'de, Djuvernua (Nekrolog), S. 101 f.
131 Auf den Reichtum des Stoffes deutet es hin, daß sich, ausgelöst durch G. J. Ribbentrops »Lehre von den Korrealobligationen« (1831), zahlreiche Autoren an der Diskussion beteiligten, bis die Debatte gegen Ende des 19. Jahrhunderts an Erschöpfung zusammenbrach. Vgl. Avenarius, Georg Julius Ribbentrop, S. 266.
132 Djuvernua, Značenie rimskogo prava, S. 33-57.
133 Djuvernua, Značenie rimskogo prava, S. 35-37.

Ansicht Forschung, Lehre und Praxis in Rußland zum römischen Recht stehen sollten.

Die Überlegungen nehmen ihren Ausgang von einer Unterscheidung zwischen Recht und Gesetz, die sich unmittelbar an der Rechtsentstehungslehre Savignys orientiert. Von diesem übernimmt Djuvernua die Vorstellung, daß die Entstehung des Rechts jeder Gesetzgebung vorausgehe, indem es zunächst ein Produkt langer historischer Entwicklung des Volkslebens sei. Dabei hänge es mit Wesen und Charakter des jeweiligen Volkes unmittelbar zusammen.[134] Savigny hatte gelehrt, daß sich mit der Fortentwicklung des Rechts von den Grundsätzen der privatrechtlichen Herrschaftsbeziehungen zum verfeinerten System sodann eine Lösung der unmittelbaren Verbindung des Rechts mit dem gemeinsamen Bewußtsein des Volkes, dem sog. Volksgeist einstelle.[135] Die Aufgabe, dem Ausdruck des Volksgeistes zu dienen, übernähmen dann die Juristen. Mit Blick auf Rußland stellte Djuvernua aber fest, hier sei die lebendige Beziehung des Rechts zum Bewußtsein des Volkes seit langem abgerissen.[136] Die Praxis konzentriere sich in den Händen einiger Spezialisten, die allerdings gerade nicht das Volksbewußtsein repräsentierten. Sie wendeten das Recht vielmehr zur Festigung und Ausnutzung der bestehenden Machtverhältnisse an, während große Teile der Bevölkerung aus verschiedenen Gründen vom Recht ganz ausgeschlossen seien.[137]

Von seiten des Gesetzgebers erwartet Djuvernua keine Verbesserung der Rechtslage. Er meint, in einer Zeit, in der das Zivilrecht dem uneingeschränkten Einfluß der Obrigkeit ausgesetzt sei, die auf die Errungenschaften von Wissenschaft und Rechtsprechung keine Rücksicht nehmen müsse, könne man von Gesetzen keinen Fortschritt erwarten.

Djuvernua sieht die Juristen vielmehr selbst aufgerufen, Abhilfe zu schaffen. Er fordert, sie sollten sich einer geschichtlichen Rechtswissenschaft zuwenden. Nur die historische Methode könne nämlich unveränderliches, von der zufälligen

134 Savigny, Vom Beruf, S. 102-104; vgl. dens., System, Bd. 1, S. 13-21.

135 Savigny, Vom Beruf, S. 104. Vgl. Gale, A Very German Legal Science, S. 132.

136 Der Widerspruch ist erklärlich. Bei Savigny handelt es sich um die romantische Vorstellung von einem wirkungsmächtigen »Geist«, die, um in Savignys Theorie die Rechtsgeltung zu begründen, der empirischen Bestätigung nicht bedarf. Blickt man auf die tatsächlichen Überzeugungen der Menschen, gelangt man leicht zu anderen Ergebnissen und hätte dies womöglich auch in Deutschland getan, wo das römische Recht keineswegs schon immer tatsächlich im gemeinsamen Bewußtsein des Volkes verwurzelt gewesen war.

137 Diese Einschätzung entspricht der illusionslosen Feststellung, die Tolstoj 1909 in seinem »Brief an einen Studenten über das Recht« traf: Wenn man nicht vom Standpunkt der Wissenschaft frage, sondern danach, was nach der allgemeinen Vorstellung der Bevölkerung mit dem Ausdruck »Recht« bezeichnet werde, »dann wird die Antwort auf die Frage, was das Recht sei, sehr einfach und klar sein: Für die Menschen, die Macht haben, bedeutet das Recht in Wirklichkeit die selbstverliehene Erlaubnis, diejenigen Menschen, über die sie die Macht haben, zu zwingen, dasjenige zu tun, was ihnen – den Machthabern – nützlich ist; für die Machtunterworfenen bedeutet das Recht die Erlaubnis, alles das zu tun, was ihnen nicht verboten ist.« Tolstoj, Pis'mo studentu o prave, S. 55; vgl. oben S. 86 u. unten S. 433.

Richtung des gesetzgeberischen Willens unabhängiges Material für die Forschung erschließen. Nichts könne auf so belebende Weise auf das Recht wirken, wie eine ständige und vielfältige Berührung zwischen der Rechtswissenschaft und dem Recht der Vergangenheit.[138] Auch in dieser Hinsicht zeigt sich der Einfluß der historischen Methode Savignys.[139]

Die Grundlage, aus der eine historisch betriebene Rechtswissenschaft die notwendigen Erkenntnisse gewinnen könnte, bildet für Djuvernua das römische Recht.[140] Als bedeutendes Problem stellt sich für ihn allerdings dar, daß sich das römische Recht nicht im eigenen, also russischen Volk entwickelt hatte. Djuvernua knüpft hier an Speranskijs Äußerung an, das Recht sei eine historische und nationale Erscheinung, und das römische Recht den Russen daher fremd.[141] Bei Savigny findet Djuvernua keine überzeugende Erklärung dafür, daß ein in einem bestimmten Volk historisch gewachsenes Recht in einem fremden Staat angenommen werden könne. Savigny hatte in seiner Schrift »Vom Beruf unsrer Zeit für Gesetzgebung und Rechtswissenschaft« (1814) das Problem der Fremdheit behandelt, aber bei der Auseinandersetzung mit dem Vorwurf, das römische Recht habe das nationale Recht überfremdet, seiner Meinung nach bewältigt. Dabei hatte er sich zweier Argumente bedient: Erstens habe der Rezeption »innere Notwendigkeit« zugrundegelegen. Dem deutschen Recht hätten nämlich sonst die Voraussetzungen für eine annähernd so günstige Entwicklung gefehlt. Zweitens vollziehe sich die Entwicklung moderner Völker nicht in gleichem Maße abgeschlossen, wie es bei den Völkern des Altertums der Fall gewesen sei. Daher erscheine »ihnen auch ein fremdes und gemeinsames bürgerliches Recht nicht unnatürlich«.[142] Darin sieht Djuvernua aber keine befriedigende Erklärung. Dem Argument der Notwendigkeit pflichtet er, wie noch zu zeigen sein wird, bei. Allein das kann für ihn allerdings nichts daran ändern, daß das römische Recht aus russischer Sicht ein fremdes ist. Zwar spielt Djuvernua die Gründe für den Sonderweg Rußlands herunter und verweist etwa auf die mit der räumlichen Entfernung zu Westeuropa bislang verbundenen Schwierigkeiten.[143] Aber er kann die Fremdheit des römischen Rechts nicht leugnen.

Gleichwohl sieht Djuvernua einen Weg, sich das römische Recht zum Nutzen des geltenden Rechts zu eigen zu machen. Er verweist auf eine aus Sicht der

138 Djuvernua, Značenie rimskogo prava, S. 42-44.

139 Vgl. Razvitie russkogo prava vo vtoroj polovine XIX – načale XX veka, S. 143 f.

140 Entsprechend meint Guljaev, für die russischen Juristen habe »das römische Recht die Bedeutung einer juristischen Schule«; Ob otnošenii, S. 15.

141 Djuvernua, Značenie rimskogo prava, S. 45; vgl. oben S. 212.

142 Savigny, Vom Beruf, S. 119; vgl. Gale, A Very German Legal Science, S. 134.

143 Djuvernua, Značenie rimskogo prava, S. 53: »Unsere Beziehung zu diesem Reichtum der klassischen Wissenschaft hat sich nicht eingestellt aus unserer Vergangenheit, und sicherlich war der wichtigste Grund unsere Entfernung von den Zentren der Zivilisation, welche die neue Zeit so leicht überwindet.« Vgl. bereits dens., Iz kursa lekcij po graždanskomu pravu, S. 11: »[...] sein Fehlen [d. h. des Einflusses des römischen Rechts] oder seine geringe Bedeutung [muß] angesehen werden wie eine vorübergehende Zufälligkeit«.

Wissenschaft »stolze« Bemerkung seines Heidelberger Lehrers Vangerow, das römische Recht sei, »obgleich auf fremdem Boden gewachsen, durch die Kraft des Lebens und noch mehr durch die *Kraft der Wissenschaft* zum unbestrittenen Gut des deutschen Volkes geworden«.[144] Ermöglicht wird eine solche Aneignung nach Djuvernua durch den »universellen Charakter« des römischen Rechts. Er schreibt:

> Man muß an ihm [d.h.: dem Recht] die Momente unterscheiden, ohne die kein Recht denkbar ist, man muß seine Grundlagen finden in der Natur des Menschen und in der Geschichte. Wenn wir auf diese Weise auf das Recht von einem universalen Standpunkt aus gesehen haben, dann machen wir uns die Bedeutung des römischen Rechts klar, welches frei, ohne alle äußere Autorisation, *nur mit der Kraft seines inneren Wertes*, im 15. Jahrhundert die deutsche Welt eroberte, und frei, ungeachtet der finsteren Prophezeihungen Speranskijs, bei uns eine neue Eroberung macht.[145]

Djuvernua war der Ansicht, daß Savigny den Gesichtspunkt der Universalität nicht angemessen berücksichtigt habe. Er meinte, die Vorstellung vom organischen Wachsen des Rechts innerhalb einer Nation, wie sie bei Savigny zum Ausdruck komme, liefere keine hinreichende Erklärung für die Herrschaft eines fremden Rechts in Staaten der Neuzeit.[146] Diese Auffassung, in der Vorstellungen der Historischen Rechtsschule anklingen, wird der Lehre Savignys nicht gerecht. Dieser betrachtete das Recht nämlich, wie gesehen, durchaus als universales Kulturphänomen.[147] Er glaubte an allgemeinverbindliche Rechtsprinzipien, die nur deshalb in den einzelnen Völkern zur konkreten Erscheinung kommen, weil die

144 Djuvernua, Značenie rimskogo prava, S. 44 (Hervorhebung im Original). Djuvernua verdankt diese rezeptionstheoretisch wichtige Bemerkung Vangerows offenbar dessen Heidelberger Vorlesungen. Nachschriften belegen, daß sich Vangerow offenbar auf den Beitrag der in Bologna ausgebildeten deutschen Juristen zur Rezeption bezogen hatte. Vgl. Pandecten Erste Hälfte (Allgemeine Lehren, Familien- und dingliche Rechte) von K. v. Vangerow Winter-Semester 1867/68 (16/10 67-20/3 68) K[arl] Becker, S. 6: »Nichts destoweniger macht das 12. Jahrh[undert] Epoche d[u]rch d[ie] Entst[e]h[un]g der weltberühmten Glossatorenschule in Bologna. Während des 12ten u[nd] 13ten Jahrh[underts] erstanden daselbst eine Masse berühmter Rechtslehrer, die das röm[ische] R[echt] vor tausenden von Zuhörern vortrugen, mit einem noch größeren Einfluß d[u]rch ihre Lehrvorträge, als d[u]rch ihre literärische Arbeiten. D[a]durch wurde der Same des röm[ischen] R[echts] d[u]rch ganz Europa verbreitet.« Vgl. ferner Institutionen des römischen Rechts. Vorgetragen von Geh. Hofrath v. Vangerow. Im Sommer-Semester 1847. Ludwig Benz Stud. cam., S. 31: »Durch die Glossatoren Schule wurde der Uebergang des röm[ischen] Rechts auf fast alle gebildeten Länder Europas vermittelt, namentlich wurde es durch deutsche Juristen die in Bologna studirten größtentheils in Deutschland zu Ansehen gebracht. [...] Dazu wirkte freilich auch mit die hohe Ausbild[un]g des röm[ischen] Rechts, während das deutsche Recht sich noch in seinem Aufkommen befand«.

145 Djuvernua, Značenie rimskogo prava, S. 46 (Hervorhebung im Original). Für die Äußerungen Speranskijs, auf die sich Djuvernua hier bezieht, vgl. oben S. 212.

146 Djuvernua, Značenie rimskogo prava, S. 45 f.

147 S. oben S. 258 f.

menschliche Rechtskompetenz an die Völker gebunden ist.[148] Djuvernua hatte sich offenbar einseitig an Savignys Schrift »Vom Beruf unsrer Zeit« orientiert. In dieser war der Gesichtspunkt der Universalität – anders als später im 1. Band des »System des heutigen Römischen Rechts« – tatsächlich noch kaum erörtert worden.[149]

In seinem programmatischen Aufsatz »Die Bedeutung des römischen Rechts für russische Juristen«[150] stellte Djuvernua schon am Beginn seiner wissenschaftlichen Tätigkeit Grundsätze auf, nach denen die Juristenausbildung unter Zugrundelegung des römischen Rechts reformiert werden müsse:

> Das russische Recht kann nicht verlieren, sondern kann nur gewinnen durch den Kontakt mit dem römischen Recht, wie das deutsche Recht gewonnen hat. [...] Dies ist der Weg der Reform unserer juristischen Ausbildung nach dem Muster der europäischen juristischen Schulen [...] Nur von Juristen, die an einer solchen Schule gebildet worden sind, kann man fordern, daß sie wirklich Juristen sind, und nicht nur dem Namen nach. Nur Menschen von diesem Schlag sind fähig, auf dem Niveau der Aufgabe zu sein, welche den russischen Juristen auferlegt worden ist durch den lichtvollen Geist des Gesetzgebers [...].[151]

148 Savigny, System des heutigen Römischen Rechts, Bd. 1, S. 21: »Was in dem einzelnen Volk wirkt, ist nur der allgemeine Menschengeist, der sich in ihm auf individuelle Weise offenbart. Allein die Erzeugung des Rechts ist eine That, und eine gemeinschaftliche That. Diese ist nur denkbar für diejenigen, unter welchen eine Gemeinschaft des Denkens und Thuns nicht nur möglich, sondern auch wirklich ist. Da nun eine solche Gemeinschaft nur innerhalb der Gränzen des eigenen Volkes vorhanden ist, so kann auch nur hier das wirkliche Recht hervorgebracht werden [...].« Vgl. bereits oben S. 258.

149 Vgl. Savigny, Vom Beruf, S. 73: »Die Vertheidiger des Römischen Rechts haben nicht selten den Werth desselben darin gesetzt, daß es die ewigen Regeln der Gerechtigkeit in vorzüglicher Reinheit enthalte [...] Erkundigt man sich genauer, so wird freylich wieder der größte Theil als Beschränktheit und Spitzfindigkeit aufgegeben [...].« Im System Bd. 1, S. 20f. wird Savigny deutlicher: »Diese Ansicht, welche das individuelle Volk als Erzeuger und Träger des positiven oder wirklichen Rechts anerkennt, dürfte Manchen zu beschränkt erscheinen, welche geneigt seyn möchten, vielmehr dem gemeinsamen Menschengeist, als dem individuellen Volksgeist, jene Erzeugung zuzuschreiben. In genauerer Betrachtung aber erscheinen beide Ansichten gar nicht als widerstreitend.« Es folgen die oben Fn. 148 zitierten Sätze. Anschließend führt Savigny aus, daß »in der Erzeugung desselben [d.h. des Rechts] die Äußerung eines allgemein menschlichen Bildungstriebes wahrzunehmen ist, also nicht etwa die eigenthümliche Willkühr mancher besonderen Völker.« Es erweist sich auch hier, daß Kunkel mit Recht gefordert hat, nicht allein auf den Entstehungshorizont von Savignys Programmschrift abzustellen, sondern dieselbe im Lichte seines (späteren) wissenschaftlichen Werks zu verstehen; Savignys Bedeutung, S. 460.
Djuvernuas Mißverständnis der Lehre Savignys könnte noch dadurch bestärkt worden sein, daß er bei Abfassung seines programmatischen Aufsatzes gerade aus Wien zurückgekehrt war und noch frisch unter dem Eindruck der Lehre Jherings stand, der Savignys Standpunkt ebenfalls unrichtig aufgefaßt hatte. Vgl. unten S. 414.

150 Djuvernua, Značenie rimskogo prava, S. 33-57.

151 Djuvernua, Značenie rimskogo prava, S. 54f.

Die »Aufgabe«, auf die Djuvernua Bezug nimmt, liegt darin begründet, daß das Verbot der Gesetzesauslegung, dem die russischen Juristen bislang unterworfen gewesen waren, durch die Justizreformgesetze von 1864 aufgehoben worden war.[152] Nachdem die Befugnis zur Gesetzesinterpretation bislang den obersten Institutionen des Reiches vorbehalten gewesen war, sollten nun auch die Instanzgerichte in Auslegungsfragen selbständig entscheiden können.[153] Darauf mußten deren Angehörige freilich vorbereitet werden. Djuvernua forderte daher eine Ausrichtung der russischen Juristenausbildung nach dem Vorbild der deutschen, weil diese grundlegend in der Erforschung des römischen Rechts sei:

> Es war leicht, den Geist des römischen Rechts zu umgehen, als es dem Gericht erlaubt war, jederzeit die Unterstützung des Gesetzgebers zu fordern. Anders ist die Lage der Dinge jetzt, wo das Gericht selbst verpflichtet ist, immer auf alles eine fertige Antwort zu haben. [...] Es bedarf ernster und langwieriger Arbeit an den Quellen. [...] Unsere Schule steht dann in der richtigen Beziehung zu ihren Aufgaben, sobald die inneren Kräfte des römischen Rechts sich spüren lassen im Leben wie in der Praxis non ratione imperii sed rationis imperio – nicht durch die Vernunft der Macht, sondern durch die Macht der Vernunft.[154]

c.) Djuvernua als Schüler Rudolf von Jherings

Eine befriedigende Ausarbeitung des Gesichtspunkts der Universalität des römischen Rechts findet Djuvernua nun im Werk Jherings. Schon dieser hatte der Historischen Schule Savignys vorgeworfen, sie habe den Gedanken der Nationalität zum alleinigen und ausschließlichen Prinzip der Rechtsbildung erhoben.[155] Die Lehre vom nationalen Charakter des Rechts mache aber ein richtiges geschichtsphilosophisches Verständnis der Rezeption unmöglich.[156] Jhering meinte also, daß die Historische Rechtsschule die Rezeption gerade nicht habe rechtfertigen können.[157] Insoweit verkannte auch er Savignys in Wahrheit universalistischen Standpunkt.[158] Daß Jhering allerdings die praktischen Konsequenzen, zu denen eine einseitige Auffassung des Rechts als nationales Gut führen kann, zutreffend einschätzte, hatte sich schon an Speranskijs Dilemma gezeigt: Dieser

152 Dies hatte Art. 65 der Staatsgrundgesetze (Osnovnye gosudarstvennye zakony) bestimmt: »Gesetze müssen angewandt werden nach ihrem genauen und buchstäblichen Sinn, ohne jede Änderung oder Ausdehnung«; vgl. Pokrovskij, Osnovnye problemy, S. 94 f.; Mejer, Russkoe graždanskoe pravo, S. 67 und bereits oben S. 204.

153 S. bereits oben S. 317.

154 Djuvernua, Značenie rimskogo prava, S. 57.

155 Jhering, Geist, Bd. 1, S. 12.

156 Jhering, Geist, Bd. 1, S. 3.

157 Jhering, Geist, Bd. 1, S. 5.

158 Jhering hatte, wie Behrends gezeigt hat, nicht erkannt, daß Savignys Prinzipienlehre nicht weniger universalistisch angelegt war als seine eigene pragmatisch-evolutionäre Theorie. Zur Sache Behrends, Rudolph von Jhering, S. 235, Fn. 14; ders., Geschichte, S. 257 ff.

hätte die offene Aufnahme fremden Rechts nicht rechtfertigen können, ohne sich gegen jene Rechtsentstehungslehre aufzulehnen, die konservative Kräfte unter dem Einfluß der Historischen Schule durchgesetzt hatten. In dieser Situation war Speranskij darauf beschränkt, eine behutsame Kryptorezeption zu betreiben.[159] Er war genötigt, die vorsichtige Anpassung der überkommenen Gesetze für einen rein internen Vorgang zu erklären, und gleichzeitig zu verkünden, das neugeordnete Recht sei genuin russisch.

Jhering fordert demgegenüber, den Gedanken der Nationalität in das richtige Verhältnis zu dem der Universalität zu setzen. Nach seiner Lehre liegt die richtige Begründung für die Rezeption darin, daß die Völker nicht isoliert stehen, sondern in gegenseitigem Austausch, der sich nach Zweckmäßigkeit und Bedürfnissen richtet.[160] Jhering wandte sich gegen die Vorstellung, die Entwicklung des Rechts erfolge als konfliktloser Prozeß ohne menschlichen Einfluß aus dem Volksgeist.[161] Diese Gedanken fanden großen Anklang bei russischen Juristen. Auch Djuvernua nimmt sie zustimmend auf und meint, von der Voraussetzung der Universalität ausgehend, die Grundlagen für eine Bewältigung der neuen Aufgaben könnten durch historische Arbeiten und Erfahrungen mit der vergleichenden Erforschung des Rechts aus dem reichen geschichtlichen Material erarbeitet werden. Diesen Weg habe Jhering gewiesen. Djuvernua schreibt:

> Die Aufgabe des großen Juristen und Denkers in seinem bemerkenswerten Werk über den Geist des römischen Rechts bildet nicht das römische Recht, sondern das Recht an sich, zutagegetreten und folgend aus dem römischen Recht. Die Aufgabe ist in ihrer wesentlichen Gestalt eine dogmatische und philosophische, keine historisch-juristische.[162] Sie kann namentlich besser mit dem römischen Recht erfüllt werden, weil sich in ihm die abstrakten Ideen des Rechts historisch auf die vollkommenste Weise verwirklicht haben. Das heißt nicht, daß das römische Recht etwas unabänderliches, unbedingt richtiges für alle Zeiten bildet, oder daß allein mit dem römischen Recht jede der heutigen Nationen umgehen könnte; es bedeutet nur, daß sich in ihm das hauptsächliche und allgemeine Element, das die Grundlage allen Rechts bildet, in solchen Stufen entwickelt, wie sonst nirgends.[163]

Jhering hatte seine Pandektenvorlesung, die Djuvernua im Sommer 1870 gehört hatte, nach jener berühmt gewordenen Maxime ausgerichtet, von der er in seinem »Geist des römischen Rechts« erklärt hatte, daß sie die Bedeutung des römischen

159 S. bereits oben S. 211ff.

160 Vgl. Jherings berühmtes Krautacker-Argument; Geist, Bd. 1, S. 8f.; oben bereits S. 119, Fn. 7; ensprechend Rudol'f Iering, Charakter i soderžanie, S. 369 u. 372. Zur Sache ferner Sturm, Brennpunkte einer Ellipse, S. 40f.

161 Rudol'f Iering, Charakter i soderžanie, S. 372.

162 Djuvernua gibt insoweit fast wörtlich eine Äußerung Jherings aus der Vorrede zur 2. Auflage des Geist des römischen Rechts (1866) wieder.

163 Djuvernua, Značenie rimskogo prava, S. 52; dazu Meduševskij, Istorjia russkoj sociologii, S. 73.

Rechts für die Gegenwart ausmache: »Durch das römische Recht, aber über dasselbe hinaus!«[164] Aus diesem Grunde behandelte er hauptsächlich Materien, die vergleichsweise wenig mit spezifisch römischen Kulturverhältnissen zusammenhängen, aber der modernen Rechtsanschauung am meisten entsprechen.[165] Auf diese Weise konnte er seine Hörer davon überzeugen, daß das römische Recht solide Grundlagen für die wissenschaftliche Konstruktion oder dogmatische Ausarbeitung moderner Rechtsinstitute bieten könne.[166]

Djuvernua fordert die russischen Juristen daher zu intensiver Arbeit an den Quellen auf, um die juristische Materie der klassischen Welt zu erschließen. Er meint, wie gesehen, auf diese Aufgabe müsse die Juristenausbildung solange vorbereiten, bis die inneren Kräfte des römischen Rechts schließlich *non ratione imperii sed rationis imperio* im Leben wie in der Praxis Wirkung zeigten.[167] Die Ausbildung müsse nach westeuropäischem Muster reformiert werden, damit die Juristen das erforderliche Niveau erreichten, das sie zur Bewältigung der anstehenden Aufgaben befähige.[168] Tatsächlich hatten sich die Richter, solange sie an den Wortlaut des positiven Rechts gebunden und im übrigen gehalten waren, sich in Zweifelsfällen an die Obrigkeit zu wenden, über den Geist des römischen Rechts keine Gedanken machen müssen.[169] Die Situation stellte sich aber nach 1864 ganz anders dar, seit die Richter das anwendbare Recht selbständig ermitteln mußten. Daß diese das erforderliche Rüstzeug erst langsam erwerben mußten, galt für die Instanzgerichte ebenso wie für die Kassationsabteilung des Dirigierenden Senats. Es ist nicht verwunderlich, daß der Senat erst frühestens zehn Jahre, nachdem ihm die Reformgesetze die Aufgabe eines obersten Gerichts zugewiesen hatten,[170] wirklich Rechtsfortbildung zu betreiben begann.[171]

Jhering hat an der Historischen Schule einmal kritisiert, die auf Savigny zurückgehende Vorstellung vom »organischen Werden« des Rechts unterschätze die »Bedeutung der menschlichen Tatkraft, die Rolle, die der freie Entschluß, die

164 Jhering, Geist, Bd. 1, S. 14.

165 Vgl. den Bericht: Von der Wiener Universität. Rudolf Jhering, S. 5; vgl. dazu Hofmeister, Jhering in Wien, S. 39 f.

166 Djuvernua nennt Beispiele aus dem Wertpapierrecht; Značenie rimskogo prava, S. 52.

167 Djuvernua, Značenie rimskogo prava, S. 57.

168 Djuvernua, Značenie rimskogo prava, S. 54 f. und bereits oben S. 311 u. 317. Durch Kavelins Abhandlung »Čto est' graždanskoe pravo i gde ego predely?« (oben S. 321) war Djuvernua offenbar von der Notwendigkeit überzeugt worden, daß die anstehenden Aufgaben nicht von einzelnen Spezialisten, sondern von einer ganzen Generation bewältigt werden müßten. Vgl. Djuvernua, Art. Kavelin, S. 291.

169 Djuvernua, Značenie rimskogo prava, S. 57. Vgl. aaO., S. 53: »In der finsteren Geschichte unseres Staatswesens konnte lange Zeit von einer freien Entwicklung des Denkens und der Wissenschaft keine Rede sein. Aber kann sich aus dieser Vergangenheit unsere Zukunft entwickeln?«.

170 Kaiser, Die russische Justizreform, S. 316; Reich, Art. Rußland, S. 2284; vgl. Cečoev/Orlova, Istorija gosudarstva i prava, S. 31.

171 Schöndorf, Gerichtspraxis, S. 1 mit Nachweisen; vgl. Ajani, Alcuni esempi di circolazione, S. 974 f.

Reflexion und Absicht in der Geschichte spielen.«[172] Er meinte, die Rechtsentstehungslehre der Historischen Schule lähme geradezu die Arbeit der Juristen.[173] Im Falle Djuvernuas, der sich diesem Aspekt von Savignys Rechtsentstehungslehre, wie wir gesehen haben, eng verbunden fühlt, zeigt sich aber, daß von einer Lähmung nicht die Rede sein kann. Hier ist auch daran zu erinnern, daß selbst Savigny gerade dann eingreifende, sogar gesetzgeberische Maßnahmen befürwortet hatte, wenn es um die Überwindung feudaler Strukturen ging.[174] Dieser Gedanke muß auf russische Juristen, die mit der anachronistischen Regelung des Eigentumsrechts im Svod Zakonov umzugehen hatten, überaus reizvoll gewirkt haben. Dennoch hat auch Jherings Betonung des menschlichen Tätigseins, der Glaube an den Fortschritt, den der Mensch selbst herbeiführe,[175] Djuvernua offenbar fasziniert. So stellte dieser die Verknüpfung der Rezeption des römischen Rechts mit dem Fortschrittsgedanken her. Sie wird im russischen Schrifttum bis heute oft herangezogen.

Als russischer Hochschullehrer, also als Vertreter des geltenden russischen Zivilrechts, entwickelte Djuvernua später auch einige Distanz zu bestimmten Seiten von Jherings Werk. Er wandte sich gegen verschiedene aufkommende Lehren aus der Perspektive eines an der Pandektistik orientierten Privatrechtsdogmatikers.[176] Ziel seiner Kritik waren neue Grundauffassungen vom Recht, deren Entstehung, wie anschließend zu zeigen sein wird, durch eine anders wirkende Rezeption von Jherings Rechtsdenken bei russischen Juristen begünstigt wurde und die eine teilweise Abwendung von der konventionellen Rechtsdogmatik hin zu neuen Herangehensweisen an das Recht auslösten.

IV.) Neue Einflüsse auf das Privatrechtsdenken: Die Bezüge zu Rechtssoziologie, Zivilrechtspolitik und anderen Konzepten

Die Vertreter des russischen Zivilrechts kamen mit dem westeuropäischen Rechtsdenken nicht nur durch das römische Recht als Inbegriff eines Bestandes an Privatrechtsregeln und Methoden in Kontakt; sie erwarben auch Anregungen für die Entwicklung des Privatrechtsdenkens überhaupt, die vielfach in Deutschland

172 Jhering in seinem Nachruf: Friedrich Karl von Savigny, S. 368 f. Vgl. dagegen das Zitat oben Fn. 148 aus Savignys System Bd. 1, S. 21 und die in diesem Zusammenhang stehende Äußerung: »Allein die Erzeugung des Rechts ist eine That, und eine gemeinschaftliche That.« Jherings Kritik an Savigny in seinem Nachruf ist nicht nur in diesem Punkte überzogen.

173 Vgl. Luig, Rudolf von Jhering, S. 257; vgl. dens., Jherings Evolutionstheorie, S. 161-183.

174 Vgl. Savigny, Vom Beruf, S. 106. Dazu Behrends, Geschichte, S. 273 f., 281 und Avenarius, Savignys Lehre, S. 62-65.

175 Vgl. Jhering, Entwicklungsgeschichte, S. 24 (»die Geschichte des Rechts ist die des zielbewußten Denkens und der menschlichen Thatkraft«); S. 26 (zum Fortschrittsgedanken im Recht). Vgl. Behrends, Jherings Evolutionstheorie, S. 102 f.

176 Vgl. Rudokvas/Kartsov, The Development, S. 309.

unter den Bedingungen der Geltung des Pandektenrechts entwickelt worden waren. Aber die russische Zivilrechtsdoktrin beschritt auch grundsätzlich neue Wege. Stepanov meint, die Suche nach Kriterien und Argumenten habe die Zivilrechtler an die Grenzen des »dogmatischen empirischen Materials« geführt. Aus anderen Wissenschaftsbereichen – insbesondere aus Geschichte, Ökonomie, Philosophie und Soziologie – seien Erträge und Methoden in das Rechtsdenken eingegangen.[177] Unter diesen Einflüssen kam es (in teilweise ausgeprägter Abgrenzung gegenüber dem westlichen Denken) zur Entwicklung besonderer Auffassungen vom Recht.[178] Am Ende des 19. Jahrhunderts faßten zahlreiche Zivilrechtler ihre Aufgabe dahingehend auf, daß sie ihren Gegenstand keineswegs nur dogmatisch, sondern vielmehr auch historisch, philosophisch, soziologisch, rechtspolitisch oder auf andere Weise würden bearbeiten müssen. Sie dokumentierten gleichwohl vielfach ihren Anschluß an eine weit zurückreichende Tradition, die eng mit der Wirkungsgeschichte des römischen Rechts zusammenhing.[179]

1.) Die Entstehung der Rechtssoziologie in Rußland, die Auseinandersetzung um ihren Zusammenhang mit dem geltenden Zivilrecht und die Bedeutung des römischen Rechts

Im Mittelpunkt der insoweit fruchtbar gemachten Anregungen stand die Aufnahme soziologischer Methoden in die Privatrechtswissenschaft.[180] Die Einbeziehung der Soziologie in die Behandlung des Rechts und seiner Geschichte sollte, wie noch zu zeigen sein wird, bedeutende Gelehrte zur Betrachtung des Rechts unter dem Gesichtspunkt seiner Entwicklung veranlassen, wie z. B. den Rechtshistoriker Michail N. Kapustin,[181] den Rechtssoziologen Sergej A. Muromcev und den Dogmatiker Adolf Ch. Holmsten.[182] Hinsichtlich der Bedeutung des römischen Rechts wurden dabei verschiedene Standpunkte vertreten. Teils wurde es als allgemeine Grundlage des geltenden Rechts, teils als selbständige Theorie, teils als in das russische Recht integriert und Stoff der dogmatischen Fortentwicklung desselben betrachtet.

177 Stepanov, O tradicijach i netradicijach, S. 108 f.

178 Vgl. Stepanov, O tradicijach i netradicijach, S. 109.

179 Sinajskij, Russkoe graždanskoe pravo, S. 45.

180 Die Entstehung der russischen Soziologie des Zivilrechts ist von Zieliński beschrieben worden; Der Transfer juristischen Gedankenguts, S. 55 ff. Hier erfolgt die Konzentration auf den Zusammenhang mit der Sicht auf das römische Recht, und es kommt darauf an, welche Wahrnehmung des römischen Rechts den verschiedenen Standpunkten jeweils zugrundelag.

181 Michail Nikolaevič Kapustin (s. oben S. 280), seit 1870 Direktor des Demidovschen Juristischen Lyzeums in Jaroslavl', war Autor verschiedener Bücher über Völkerrecht und rechtshistorische Gegenstände, darunter: Institucii rimskogo prava (Institutionen des römischen Rechts), Moskva 1880.

182 Letjaev, Recepcija rimskogo prava, S. 64.

Die zahlreichen Juristen, welche sich von soziologischen Überlegungen leiten ließen, nahmen überwiegend in der einen oder anderen Weise Anregungen Jherings auf.[183] Er gilt insoweit als geistiger Begründer der Rechtssoziologie und förderte gleichzeitig eine soziologisierende Rechtswissenschaft, die bei der Auslegung von Normen auf Interessen abstellte. Von ihm ausgehend kann man die Entwicklung nachzeichnen, weil auch diejenigen Autoren, die sich zu ihm und seinen russischen Anhängern ablehnend äußerten, ihre eigenen, alternativ vorgebrachten Konzepte zum nicht geringen Teil der Auseinandersetzung mit Jhering verdankten.[184]

Während Jherings Einfluß im Falle Djuvernuas im wesentlichen darin bestand, die Überzeugung von der Richtigkeit der Übertragung des römischen Rechts als Grundlage der juristischen Bildung und der wissenschaftlichen Bearbeitung des Privatrechts im Zarenreich zu vermitteln, regte er also bei anderen Gelehrten die Entwicklung von Konzepten an, die die Grundlagen des Rechts in noch allgemeinerem Sinne betreffen. Auch in dieser Hinsicht begegnete seine Lehre gerade im Zarenreich einer besonderen Aufnahmebereitschaft. Sie ist zu verstehen vor dem Hintergrund von Verhältnissen, in denen elementare Grundfragen des Rechts für einen großen Teil der Bevölkerung bislang unbeantwortet geblieben waren. Dies stand Juristen vor Augen, die keineswegs blind für die Bedürfnisse der Menschen waren, sondern vielmehr, an den zeitgemäßen Rechtsordnungen des Auslands geschult, unter den teilweise unerträglichen Verhältnissen in ihrer Heimat litten. Zu grundsätzlichen Neuentwürfen forderte in den letzten Jahrzehnten des Zarenreiches auch die tiefverwurzelte Überzeugung von der mangelnden Legitimation der bestehenden Ordnung heraus. Aus diesen Gründen kann es nicht überraschen, daß gerade aus dem Zarenreich in seiner Endphase wichtige Impulse für die wissenschaftliche Bearbeitung der Grundlagen des Rechts hervorgingen. So haben manche Traditionen des rechtstheoretischen Denkens, die man üblicherweise auf west- und mitteleuropäische Ursprünge zurückführt, in ihren Ursprüngen wichtige Anregungen von Juristen des Zarenreiches erhalten oder wurden doch durch deren Beiträge später bereichert.

Diese Beiträge gehen vielfach nicht unmittelbar auf die Arbeit am römischen Recht zurück. Sie beruhen aber auf dessen Aufnahme insoweit, als die von diesem repräsentierte Rechtsauffassung das Spannungsverhältnis mit den herrschenden Verhältnissen zutage treten ließ, und gerade das Potential des römischen Rechts an Rechtserfahrung und wissenschaftlichem Rechtdenken die Juristen in die Lage versetzte, neue Ansätze zu entwickeln. Es kam zu großen russischen Entwürfen auf dem Gebiet der juristischen Grundlagenforschung. Sie konnten teilweise nach dem Umsturz von 1917 Wirkung entfalten weil sie nun als grundsätzliche Neuentwürfe auf die Auffassung trafen, daß Raum für eine völlige Umgestaltung

183 Medauševskij, Istorjia russkoj sociologii, S. 47 ff.; vgl. Rudokvas/Kartsov, The Development, S. 316.

184 Dies dürfte besonders für Petrażycki gelten, der sich mit Jhering kritisch auseinandersetzte. Seine psychologische Rechtslehre verdankt Jhering gerade darum wichtige Impulse.

der Verhältnisse bestehe. Dies äußerte sich dann in manchen radikalen Maßnahmen der Bol'ševiki, welche sich verschiedentlich auf die rechtswissenschaftlichen Konzepte beriefen, ohne freilich ihrem Geist oder ihren Zielsetzungen gerecht zu werden.

a.) Sergej Muromcev

Zum Begründer der Rechtssoziologie in Rußland wurde folgerichtig ein Romanist, nämlich Sergej A. Muromcev (1850-1910).[185] Am selben Tag wie Golicyn in Göttingen immatrikuliert, hatte er im Sommer 1873 bei Jhering studiert und war daraufhin zum Jheringianer (»ieringianec«) geworden.[186] Seit 1875 Dozent, wurde er 1877 außerordentlicher Professor und folgte 1878 Krylov auf dessen Lehrstuhl für Römisches Recht an der Moskauer Universität.[187] Als führende Persönlichkeit in der Moskauer Juristischen Gesellschaft, der ersten professionellen Juristenorganisation Rußlands,[188] öffentlich für rechtsstaatliche Strukturen eintretend, wurde er 1884 wegen des Vorwurfs der »Verbreitung des Liberalismus« und der »politischen Unzuverlässigkeit« aus dem Universitätsdienst entlassen.[189]

Muromcevs in mehreren Arbeiten entwickelte Lehre ist in konzentrierter Form in dem Aufsatz »Was ist das Rechtsdogma?« (»Čto takoe dogma prava?«) enthalten.[190] Die Schrift, deren Kernaussagen auf eine Verarbeitung Jheringscher Gedanken zurückgehen, wurde zum Manifest einer neuen Richtung innerhalb der russischen Rechtstheorie, der soziologischen Rechtsschule. Ausgehend von dieser teilweise polemisch gehaltenen Arbeit entwickelte sich eine Kontroverse mit Repräsentanten der dogmatischen Ausrichtung der Rechtswissenschaft wie Holmsten und Pachman. In dieser Debatte wurden Fragen zum Gegenstand der Rechtswissenschaft und zu den Kategorien des Rechts erörtert, wie sie in der westeuropäischen Rechtswissenschaft später im 20. Jahrhundert von Kelsen und Ehrlich behandelt wurden.[191] Hier entstand neues Rechtsdenken, das, soweit russische Rechtswissenschaft wahrgenommen wurde, nach West- und Mitteleuropa

185 Zu Muromcevs Biographie vgl. Šilochvost, Russkie civilisty, S. 107 f.; persönliche Erinnerungen bei Davydov, K charakteristike S. A. Muromceva, S. 65-74.

186 Vgl. Tarchov, Rimskoe častnoe pravo, S. 9; Maurer, Hochschullehrer, S. 755.

187 Meduschewskij, Konstitutionelle Projekte, S. 248; Tomsinov, Istorija juridičeskogo fakul'teta, S. 156 f.

188 Tomsinov, Istorija juridičeskogo fakul'teta, S. 158 ff.; vgl. dens., Juridičeskoe obrazovanie … »velikich reform«, S. 191-212.

189 Vgl. Heuman, Perspectives, S. 9.

190 Muromcevs Kritik an Holmsten erschien 1884 zunächst in zwei Teilen, betitelt »Čto takoe dogma prava?« mit einem Nachtrag »Ešče po voprosu o dogme«. Wir zitieren nachfolgend überwiegend die deutsche Fassung der Arbeit, weil Muromcev selbst diese als besser ansah. Er führt im Vorwort dazu aus, der Text liege nun auf deutsch in »verbesserter und vervollständigter Gestalt« vor, auch habe er die Polemik der Ursprungsfassung etwas abgemildert. Vgl. Muromtzeff, Was heißt Rechtsdogmatik?, Vorwort des Verfassers, o. S.. Zum Zusammenhang vgl. Meduševskij, Istorjia russkoj sociologii, S. 46 ff.

191 Vgl. Meduschewskij, Konstitutionelle Projekte, S. 248.

ausstrahlte.[192] Karl Esmarch, durch seine eigene akademische Laufbahn in besonderer Weise in die Lage versetzt, den spezifischen Beitrag der slavischen Autoren zur Rechtswissenschaft einzuschätzen, schreibt angesichts der Arbeit Muromcevs, die Zeit sei vorüber, in der die russische Rechtsliteratur, wo sie mit derjenigen anderer Kulturvölker in Kontakt trete, überwiegend rezipiert habe. Längst mache sich in Rußland auf allen Gebieten der Rechtswissenschaft ein Drang nach wissenschaftlicher Initiative geltend und »immer zahlreicher werden die Werke, in denen aus der Fremde Entlehntes mit Wucher heimgezahlt wird.«[193] Man wird die Zuversicht des Krakauer Romanisten im historischen Rückblick nicht uneingeschränkt gerechtfertigt finden, doch weist Esmarch in der Grundtendenz auf etwas Wahres hin.

Muromcevs Werk gründet sich auf eine eigenständige Jhering-Rezeption.[194] Er meinte, aus der Entwicklung des römischen Rechts im Wege einer historisch-vergleichenden Untersuchung Material für eine Soziologie des Zivilrechts gewinnen und deren soziologische Gesetze herausarbeiten zu können, also jene Gesetzmäßigkeiten, nach denen Sachverhalte aufgrund ihrer spezifischen Beschaffenheit bestimmte Wirkungen auslösen.[195] Dieser Standpunkt war durch Jherings Überzeugung vorbereitet worden, man könne auf der Grundlage des römischen Rechts das Recht schlechthin erforschen.[196] Muromcev ging davon aus, daß sich das römische Recht in besonderer Weise als Grundlage für die Erforschung soziologischer Gesetze eigne, weil es im Unterschied zu anderen Rechtsordnungen jahrhundertelang Gegenstand der Bearbeitung gewesen sei und vielfach eine Auseinandersetzung mit bestimmten Lebenssachverhalten als Ursprünge von einzelnen Rechtseinrichtungen und deren Entwicklung aufweise.[197] So erscheint die Beschäftigung mit dem römischen Recht der Vergangenheit bei Muromcev wie eine retrospektive Soziologie des Rechts. In dieser Hinsicht begegnen sich in seiner Interessenausrichtung rechtshistorische Forschung und Bedürfnisse des geltenden Rechts.

In Abgrenzung zu einer rein dogmatischen Behandlung des Zivilrechts trat Muromcev für eine »Jurisprudenz der Wirklichkeit« ein, also für eine empirische Herangehensweise an das historische Material.[198] Dieses am wissenschaftlichen Positivismus orientierte Programm war offenbar durch Comtes Lehre von der Erarbeitung soziologischer Gesetze auf historischer Grundlage angeregt worden. Den unmittelbaren Anstoß zur Einführung dieser Methode in die Rechtswissenschaft verdankte Muromcev aber Jhering.[199] Dieser hatte in seinem »Geist des

192 In diesem Sinne hinsichtlich Petrażyckis vgl. Kolbinger, Im Schleppseil Europas?, S. 223.

193 Esmarch, Vorwort des Übersetzers, in: Muromtzeff, Was heißt Rechtsdogmatik?.

194 Vgl. Hamza, Entstehung und Entwicklung, S. 532.

195 Muromtzeff, Was heißt Rechtsdogmatik?, S. 1 und 19; Übersicht der neueren rechtsphilosophischen Literatur, S. 112.

196 Jhering, Vorwort zur fünften Auflage des »Geist« (S. VII).

197 Muromcev, Opredelenie i osnovnoe razdelenie prava, S. 32 ff.

198 Meduschewskij, Konstitutionelle Projekte, S. 247.

199 Muromcev, Opredelenie i osnovnoe razdelenie prava, S. 27 ff.

römischen Rechts« gefordert, die Rechtsdogmatik nicht isoliert zu bearbeiten, sondern mit Rücksicht auf die Vorgaben der Lebensverhältnisse:

> Sprengen wir die Fesseln, in denen der Irrwahn uns gefangen hält. Jener ganze Kultus des Logischen, der die Jurisprudenz zu einer Mathematik des Rechts hinaufzuschrauben gedenkt, ist eine Verirrung und beruht auf einer Verkennung des Wesens des Rechts. Das Leben ist nicht der Begriffe, sondern die Begriffe sind des Lebens wegen da. Nicht was die Logik, sondern was das Leben, der Verkehr, das Rechtsgefühl postuliert, hat zu geschehen, möge es logisch deduzierbar oder unmöglich sein.[200]

Jhering hatte die Wechselwirkung zwischen dem Recht und den Lebensverhältnissen verschiedentlich dahingehend beschrieben, daß das Recht nicht allein Ausgangspunkt für die Regelung menschlichen Verhaltens sei, sondern seinerseits vielmehr Ergebnis gedanklicher Prozesse. Die Auseinandersetzung zwischen juristischen Ideen bewirke die Rechtsentwicklung. Dabei entwickele sich das Recht mit Rücksicht auf die damit verfolgten Zwecke. In Anlehnung an Jhering tritt Muromcev dafür ein, die Aufgabe des Rechts in der Verwirklichung in der Gesellschaft auftretender Interessen zu sehen.[201] Muromcev meint, der Streit zweier Parteien oder der Konflikt verschiedener Interessen rufe jeweils einen Prozeß der unmittelbaren Rechtsschöpfung, etwa des Richters oder des Gesetzgebers, hervor.[202] Dabei treten die hinter dem Recht stehenden Zwecke jeweils wieder zutage.[203] Aus den Lebensverhältnissen ergeben sich also Regelungsbedürfnisse, die das Recht zu bewältigen habe, und zwar mit Rücksicht auf die verschiedenen Interessen und deren Gewichtung. Letztere wirken folglich im Rahmen soziologischer Gesetze auf das Recht ein. Die Erforschung derselben erlaubt es dabei, aus historischem Recht auf die angemessene Ordnung der Lebensverhältnisse zu schließen.[204]

Um nun das römische Recht für die soziologische Bearbeitung des geltenden Rechts nutzbar zu machen, will Muromcev eine allgemeine dogmatische Theorie des Zivilrechts auf Grundlage einer vergleichenden Betrachtung des römischen Rechts und verschiedener Rechtssysteme seiner Zeit erarbeiten. Er konzipiert die Zivilrechtswissenschaft insoweit deskriptiv.[205] Muromcev meint, hieraus seien allgemeine Begriffe zu gewinnen, welche die allgemeine dogmatische Theorie des

200 Jhering, Geist, Bd. 3, Abt. 1, S. 321.

201 Meduschewskij, Art. Muromcev, S. 447.

202 Muromtzeff, Was heißt Rechtsdogmatik?, S. 25 f.

203 Muromtzeff, Was heißt Rechtsdogmatik?, S. 26.

204 Angesichts des traditionellen Spannungsverhältnisses zwischen dem staatlich gesetzten Recht und den tradierten Rechtsvorstellungen der Bevölkerung kann es nicht verwundern, daß gerade in Rußland die Vorstellung auf Interesse stieß, das Recht sei richtigerweise nicht als Inbegriff von Normen aufzufassen, sondern als Gesamtheit einer Ordnung, die sich aus Rechtsverhältnissen ergebe. Vgl. Butler, Russian Law, S. 64. In diesem Zusammenhang sind die wiederholten Hinweise auf Paulus und das *ius quod est* zu verstehen; vgl. S. 587, Fn. 50 u. S. 630.

205 Vgl. Muromcev, Čto takoe dogma prava?, S. 764.

Zivilrechts konstituieren könnten.[206] Er verweist darauf, daß auch die römischen Juristen die Einrichtungen ihres Rechts mit Bestimmungen anderer Rechte verglichen und auf diese Weise allgemeine Begriffe gewonnen hätten. Er meint, dies sei auch gegenwärtig durch den Vergleich zwischen dem römischen Recht und den jeweiligen nationalen Rechten möglich.[207]

Mit Muromcevs Programm einer soziologischen Bearbeitung des Rechts gehen spezifische Vorstellungen über die wünschenswerte Art der Darstellung des römischen Rechts einher. So enthält sein historisches Hauptwerk »Bürgerliches Recht des Alten Rom« (Graždanskoe pravo drevnego Rima, 1883) eine Schilderung der geschichtlichen Entwicklung des römischen Rechts unter Berücksichtigung seiner sozialen Dimension.[208] Nach Esmarchs Urteil eignet sich dieses Werk, um den Leser in den »inneren Schöpfungsprocess« des römischen Rechts einzuführen.[209] Hier arbeitet Muromcev die universelle Seite der Rechtsentwicklung heraus und die Bedeutung des römischen Rechts innerhalb derselben, wie es Jhering in seinem »Geist des römischen Rechts« exemplarisch getan hatte. Der Grundgedanke der sozialen Dimension des Rechts kennzeichnet auch Muromcevs Schrift »Die Rezeption des römischen Rechts im Westen«.[210] Wie Jhering bedient er sich der rechtsvergleichenden Betrachtung und eher der sozialgeschichtlichen als der ausgeprägt rechtshistorischen Perspektive.

Entsprechende Vorstellungen entwickelt Muromcev auch für die universitäre Lehre. Eine konventionelle Pandektenvorlesung lehnt er für russische Verhältnisse ab, weil das Pandektenrecht hier nicht gelte. Er tritt demgegenüber dafür ein, das Pandektenrecht in die Vorlesung des russischen Zivilrechts einbeziehen, um aus der vergleichenden Betrachtung Gewinn zu ziehen[211] und schließlich die Rezeption des römischen Rechts in Rußland zu befördern. Muromcev selbst las seine Vorlesung des Pandektenrechts als Geschichte des römischen Rechts. Entsprechend forderte er, den Unterricht des römischen Rechts an russischen Universitäten[212] auf die historische Systematik des Gegenstandes auszurichten.[213]

206 Muromcev, Čto takoe dogma prava? (Okončanie), S. 237. Vgl. Šerševič, S. A. Muromcev, kak učenyj, S. 84.

207 Muromtzeff, Was heißt Rechtsdogmatik?, S. 12 f.

208 Vgl. Meduschewskij, Konstitutionelle Projekte, S. 247 f.

209 Esmarch, Vorwort des Uebersetzers, in: Muromtzeff, Was heißt Rechtsdogmatik?, S. I, Fn. 1. Esmarch ist gleichzeitig einer der wenigen deutschsprachigen Autoren, die Muromcevs historisches Hauptwerk der römischen Rechtsgeschichte rezipierten. Er arbeitete es in der dritten Auflage seiner Römischen Rechtsgeschichte wie selbstverständlich als Referenzwerk ein; vgl. aaO., S. 84 ff. und passim.

210 Muromcev, Recepcija rimskogo prava na zapade (1886), vgl. Meduschewskij, Konstitutionelle Projekte, S. 248.

211 Vgl. Muromcev, Graždanskoe pravo drevnego Rima, S. V.

212 Seit dem Universitätsgesetz von 1863 wurden an russischen Universitäten sowohl die »Geschichte des römischen Rechts« als auch das »Römische Recht« selbst unterrichtet; die letztere Vorlesung entsprach in etwa der deutschen Vorlesung über das Pandektenrecht. Vgl. Nečaev, Art. Pandekty, S. 688 f.

213 Vgl. Muromcev, Očerki obščej teorii graždanskogo prava, S. 187-190.

Dabei sei das Erkenntnisinteresse keinesfalls ein rein rechtshistorisches, sondern ein historisch-dogmatisches. Auch die dogmatische Darstellung des römischen Rechts müsse die Entwicklung desselben berücksichtigen und dürfe sich nicht auf eine Epoche beschränken.[214] Diese Vorstellung ist sicherlich durch Jherings »Geist des römischen Rechts auf den verschiedenen Stufen seiner Entwicklung« angeregt, mit dem sich Muromcev während seiner Göttinger Zeit intensiv beschäftigt hatte.[215] Eine ähnlich konzipierte Vorlesung wie die von Muromcev geforderte hatte schon Nikita Krylov gehalten, sein Moskauer Lehrer und Lehrstuhlvorgänger.[216] Dieser hatte unter der Bezeichnung »Römisches Recht« die Geschichte der einzelnen Institute vorgetragen.[217]

b.) Die Kritik an der soziologischen Betrachtung des Rechts und die Verteidigung der dogmatischen Rechtswissenschaft

Die Zarenadministration begegnete dem soziologischen Ansatz im Umgang mit dem Recht mit Mißtrauen. Als Ausdruck der Ablehnung dieses Rechtsdenkens darf sicherlich auch der Entschluß zur Einrichtung des Russischen Seminars in Berlin gelten, durch das man sich, wie gesehen, eine Stärkung der konventionellen Privatrechtslehre, vor allem auf Grundlage des Pandektenrechts, versprach. Teilweise erfüllte sich diese Erwartung. So konnte der der soziologischen Jurisprudenz Muromcevs nahestehende Vasilij M. Nečaev[218] später feststellen, die Berliner Absolventen hätten die deutsche Pandektistik allzu sehr verinnerlicht und neigten zu sehr zu dogmatischen Konstruktionen. Die Beschäftigung mit dem Recht unter historischen, sozialen und wirtschaftlichen Gesichtspunkten komme dabei zu kurz.[219] In der Tat unterschied sich Muromcevs Standpunkt von der konventionellen Dogmatik des Pandektenrechts grundsätzlich. Diese diente der Praxis und setzte eigentlich voraus, daß das römische Recht in Geltung stand.

214 Vgl. Muromcev, Čto takoe dogma prava?, S. 764; ders., Graždanskoe pravo drevnego Rima, S. VII f.

215 Rudolf von Jhering in Briefen an seine Freunde, S. 289; Semënova, K charakteristike Rudol'fa Ieringa, Sp. 2691, Fn. 2.

216 Muromcev, Čto takoe dogma prava?, S. 764.

217 Muromcev, Čto takoe dogma prava?, S. 764. Über Krylovs Vorlesung berichtet Anatolij Fëdorovič Koni (1844-1927), daß die Darstellung der einzelnen Rechtseinrichtungen hier auf ihre historische Entwicklung hin ausgerichtet gewesen sei. Vgl. Koni, Art. Krylov Nikita Ivanovič, S. 496 f.; Nečaev, Art. Nauka graždanskogo i rimskogo prava, S. 844; dens., Art. Pandekty, S. 689. Auch Krylov war offenbar durch Jherings »Geist des römischen Rechts« angeregt worden.

218 Über Vasilij Michajlovič Nečaev (1860-1935), den Verfasser zahlreicher Artikel in der Enzyklopädie von Brokgauz/Efron und Übersetzer von Sohms »Institutionen« ins Russische (1888) vgl. Šilochvost, Russkie civilisty, S. 111 f.

219 Vgl. Kartsov, Das Russische Seminar, S. 352 mit Nachweis. Ausschließlich auf die konventionelle Privatrechtsdogmatik blieben die Anregungen, die die nach Berlin »Abkommandierten« erwarben, freilich auch nicht beschränkt. Das beste Beispiel dafür, daß der Berliner Aufenthalt originelle Früchte trug, bietet, wie noch zu zeigen sein wird, Petrażycki.

Außerhalb Deutschlands, wo diese Voraussetzung nicht bestand, wurde die Bedeutung des Pandektenrechts aus der Vorstellung abgeleitet, daß es sich gewissermaßen um ein »Normalrecht« handele und das jeweils geltende Recht in seinem Lichte zu betrachten sei.[220] Auf dieser Grundlage entwickelte sich im wissenschaftlichen Schrifttum, wie gesehen, das »Dogma« des bürgerlichen Rechts. Verschiedene Juristen zogen auf dieser Grundlage das römische Recht bei der Entwicklung des russischen Rechts heran, ohne Muromcevs soziologische Betrachtungsweise des Rechts zu teilen oder gar seine methodischen Anregungen aufzugreifen.

aa.) Semën V. Pachman

Zu diesen Vertretern des rechtswissenschaftlichen Positivismus gehörte Semën Vikent'evič Pachman (1825-1910).[221] Er galt als ein Hauptvertreter der dogmatischen Jurisprudenz. In seiner Kritik an Muromcev spiegeln sich gewissermaßen die Anfänge der soziologischen Betrachtung des Zivilrechts aus der Sicht eines strenger auf die Privatrechtsdogmatik konzentrierten Wissenschaftlers.[222] Im Mittelpunkt von Pachmans Kritik steht seine Rede »Über die gegenwärtige Bewegung in der Rechtswissenschaft«[223] von 1882. Pachman sah in der soziologischen Jurisprudenz, wie sie sich, angeregt durch die Jhering-Rezeption, auszubreiten begann, eine Gefahr für die Eigenständigkeit der Rechtsdogmatik.[224] Die Berechtigung dieser Autonomie des Rechts leitet Pachman aus seiner Auffassung her, selbständige Bedeutung habe die Rechtswissenschaft erstmals bei den römischen

220 Muromtzeff, Was heißt Rechtsdogmatik?, S. 5f.

221 Pachman hatte als junger Jurist eine Arbeit über altrussisches Recht geschrieben, von der Dmitrij Mejer erfuhr, so daß er ihren Verfasser nach Kazan' einlud. Dort fertigte Pachman eine Dissertation »De dominio privato nec non publico apud Romanos historica commentatio«, wurde 1853 Professor und übernahm nach Mejers Weggang nach Sankt Petersburg 1856 dessen Lehrstuhl für Bürgerliches Recht und Verfahren. 1859 wurde er Professor für Sozialgesetzgebung und Zivilrecht in Char'kov, und 1866 folgte er einem Ruf auf einen Lehrstuhl für Zivilrecht und Rechtspflege an der Universität Sankt Petersburg. Pachman war Mitglied des Dirigierenden Senats und der Kommission zur Ausarbeitung eines Bürgerlichen Gesetzbuches. Vgl. Gol'msten, Semën Vikent'evič Pachman. Nekrolog, in: ŽMJu 1911, Nr. 3, S. 220-226 (221); über Leben und Werk ferner Šilochvost, Russkie civilisty, S. 120f.; Juridičeskij Fakul'tet Char'kovskogo universiteta, S. 196-198.

222 Vgl. Rudokvas/Kartsov, The Development, S. 300f.

223 S. Pachman, O sovremennom dvizenii v nauke prava (1882). Die von Rehbinder herausgegebene deutsche Fassung der Rede (»Über die gegenwärtige Bewegung in der Rechtswissenschaft«, Berlin 1986) ist nicht aus dem Russischen übersetzt, sondern nur eine sprachlich geglättete Fassung der deutschen Übersetzung aus dem 19. Jahrhundert: S. Pachmann, Ueber die gegenwärtige Bewegung in der Rechtswissenschaft. Rede, gehalten in der Jahresversammlung der bei der St. Petersburger Universität bestehenden juristischen Gesellschaft am 14./26. Februar 1882, Berlin 1882.

224 Rehbinder, Einleitung aaO., S. 7.

Juristen erlangt, wo sie als System anwendbarer Rechtsnormen entwickelt worden sei. Er meint, diesen Charakter habe sich die Rechtswissenschaft mehr oder weniger bis in die Gegenwart bewahrt.[225] Pachman postuliert im Unterschied zu Muromcev die unabhängige Existenz beständiger Rechtsprinzipien, die dem positiven Recht zugrundeliegen. Er meint, die Aufgabe der Jurisprudenz beschränke sich auf die Erforschung der inneren Natur des Rechts und auf den logischen Aufbau der Rechtsbegriffe; sie ziele nur darauf, die innere, logische Wechselbeziehung zwischen denselben zu erörtern.[226]

Pachman meint, es sei keineswegs Aufgabe der Rechtswissenschaft, die Begründung des Rechts aus den Lebensverhältnissen zu erklären; Muromcev sei insoweit zu sehr Jhering-Anhänger.[227] Mit seiner Sichtweise bestreite Muromcev der Rechtsdogmatik die Qualität einer eigenständigen Wissenschaft.[228] Pachman hält dies für sachlich ungerechtfertigt und angesichts der ohnehin schweren Lage der russischen Jurisprudenz gefährlich.[229] Er meint, eine Ausrichtung der Rechtsdogmatik auf Zwecke schaffe nicht etwa erst die Wissenschaft des Rechts, sie zerstöre diese vielmehr.[230] Des weiteren kritisiert er Muromcevs Forderung, die Stellung des Richters müsse im Verhältnis zur Gesetzgebung eine schöpferische sein, denn dies vertausche die Rollen von Richter und Gesetzgeber.[231]

Im übrigen stellt Pachman klar, daß sich seine Polemik keineswegs gegen Jhering richte, sondern nur gegen die Mißdeutung von dessen Lehre.[232] Auch er selbst ist von Jherings Einfluß nicht frei, wie sich an seiner Darstellung der »lebendigen« Entwicklung von Rechtsverhältnissen zeigt, welche entstehen, sich verändern und untergehen. Pachman verweist zur Begründung darauf, daß auch die römischen Quellen diesen Gedanken widerspiegelten, nämlich in Ulpians Satz (2 *institutionum* D. 1,3,41): »*Totum* [...] *ius consistit aut in adquirendo aut in conservando aut in minuendo.*«[233]

bb.) Adolf Ch. Holmsten

Zu den Kritikern der soziologischen Betrachtung des Rechts durch Muromcev gehörte auch Adolf Christian Holmsten (Adol'f Christianovič Gol'msten, 1848-

225 Pachmann, Ueber die gegenwärtige Bewegung in der Rechtswissenschaft, S. 9 f.
226 Pachmann, Ueber die gegenwärtige Bewegung in der Rechtswissenschaft, S. 90 f.
227 Pachmann, Ueber die gegenwärtige Bewegung in der Rechtswissenschaft, S. 36.
228 Pachmann, Ueber die gegenwärtige Bewegung in der Rechtswissenschaft, S. 29 u. 37.
229 Pachmann, Ueber die gegenwärtige Bewegung in der Rechtswissenschaft, S. 120.
230 Pachmann, Ueber die gegenwärtige Bewegung in der Rechtswissenschaft, S. 104.
231 Pachmann, Ueber die gegenwärtige Bewegung in der Rechtswissenschaft, S. 61.
232 Pachmann, Ueber die gegenwärtige Bewegung in der Rechtswissenschaft, S. 105 f.
233 Pachman gestand dem römischen Recht eine herausragende Bedeutung für das Recht aller zivilisierten Völker zu, warnte aber davor, es als *ratio scripta* juristischer Ordnung zu übernehmen, weil sich die Verhältnisse grundlegend geändert hätten; Istorija kodifikacii, Bd. 1, S. 1-2.

1920).[234] Sein Rechtsdenken war zunächst das Ziel grundsätzlicher Angriffe von seiten Muromcevs gewesen, und nun verteidigte er seinen Standpunkt in dem Aufsatz »Studien über die gegenwärtige Lage der Rechtswissenschaft«. Im Gegensatz zu Muromcev, der meint, man solle das System des römischen Rechts im Rahmen einer historischen Darstellung lehren, ist Holmsten überzeugt, die Bedeutung desselben sei nur dann verständlich, wenn man es auch als Theorie vermittele.[235] Er betrachtet das Pandektenrecht als allgemeine Rechtstheorie (obščaja teorija prava).[236] Für Holmsten ist die Pandektenvorlesung als Grundlage für eine umfassende Juristenausbildung unersetzlich.[237] Er meint, daß Juristen ohne die systematische Vorlesung des römischen Privatrechts Dilettanten bleiben müßten. Im übrigen erlaube die Kenntnis des Systems des Pandektenrechts dem Juristen, andere Rechtssysteme einfach und schnell zu erlernen.[238] Holmsten bemängelt daher die an russischen Universitäten verbreitete Vorlesungspraxis, in der die historische Vermittlung des römischen Rechts gegenüber dem Unterricht in »römischer Rechtswissenschaft« dominierte und das Pandektenrecht, wie er fand, überhaupt nur unzureichend vermittelt werde.[239]

2.) Bestandskraft und Fruchtbarkeit des auf Jhering zurückgehenden Denkens

Den kritischen Stimmen zum Trotz ging Jherings Saat im Zarenreich auf. Sie gab nicht nur den Anstoß zu bedeutenden wissenschaftlichen Leistungen auf dem Gebiet der Romanistik wie etwa die am Entwicklungsgedanken ausgerichtete Gesamtdarstellung des römischen Rechts durch Muromcev.[240] Sie erbrachte vielmehr darüber hinaus Erträge, aus denen auch die westeuropäische Rechtswissenschaft Früchte ziehen konnte. Dies gilt, soweit gerade das römische Recht den Nährboden bildete, besonders für den Beitrag Muromcevs zur soziologischen Bearbeitung des Rechts.

Auf die Aufnahmebereitschaft, die zahlreiche Juristen des Zarenreiches Jherings Lehren entgegenbrachten, deutet es auch hin, daß der Gedanke, das Recht sei mit Rücksicht auf die durch dasselbe geschützten Interessen aufzufassen, hier großen Erfolg hatte. Dies erweist sich etwa an der Mitteilung Philipp Hecks, er habe den Anstoß zur Begründung der Interessenjurisprudenz von seinem Sankt Petersburger Onkel, dem Senator Nikolai von Tuhr, erhalten.[241]

234 Šilochvost, Russkie civilisty, S. 46 f.; Gordon, Professor Adol'f Christianovič Gol'msten, mit Bibliographie S. 14-21.
235 So Zieliński, Der Transfer juristischen Gedankenguts, S. 131.
236 Gol'msten, Ėtjudy o sovremennom sostojanii nauki prava, S. 234.
237 Vgl. Zieliński, Der Transfer juristischen Gedankenguts, S. 126-132.
238 Gol'msten, Ėtjudy o sovremennom sostojanii nauki prava, S. 125.
239 Gol'msten, Ėtjudy o sovremennom sostojanii nauki prava, S. 125.
240 Muromcev, Graždanskoe pravo drevnego Rima (1883).
241 Philipp Heck (1858-1943), dem üblicherweise die Entwicklung der Interessenjurisprudenz zugeschrieben wird, berichtet zwar zunächst, Jhering habe ihn zum Interessenjuristen gemacht; vgl. Heck, Begriffsbildung und Interessenjurisprudenz, S. 30 f. Jhering hatte in

Die Bedingungen, die Jherings Lehren im Zarenreich vorfanden, eigneten sich offenbar in besonderer Weise dafür, daß das durch sie begründete Rechtsdenken fruchtbar weiterentwickelt werden konnte. Die Begegnung modern gebildeter Juristen mit einer Rechtsordnung, in der die elementaren Anforderungen des Rechts kaum ansatzweise erfüllt waren, mußte den Entwurf neuer Privatrechtskonzepte geradezu herausfordern, zumal sich bei vielen Juristen der Eindruck verfestigt hatte, daß sich das höchstentwickelte Recht der Zeit, nämlich das Pandektenrecht, für die Anwendung im Zarenreich womöglich auch dann nicht ohne weiteres eignen mochte, wenn hierfür theoretisch Raum gewesen wäre. Unter diesen Umständen wird man den Beitrag der Juristen des Zarenreichs zwar sicherlich nicht als die wahre Quelle des neuen Zivilrechtsdenkens um die Jahrhundertwende ansehen wollen, zumal sie in vielem von der deutschen Rechtswissenschaft angeregt worden waren. Ihr Beitrag zur Fortentwicklung der neuen Anregungen war aber immerhin originell und ein Ertrag eigenständiger, produktiver Wissenschaft, der in Westeuropa zu Unrecht kaum aufgegriffen worden ist.[242]

3.) Konkurrierende Konzepte

Dies erweist sich nicht nur an den Beiträgen zur soziologischen Bearbeitung des Rechts. Auf Grundlage der Auseinandersetzung mit dem römischen Recht und zum Teil angeregt durch die westeuropäische Literatur entstanden vielmehr noch weitere wissenschaftliche Konzepte, die nur teilweise auch außerhalb des Zarenreiches Beachtung fanden.

a.) Petrażyckis Lehre von der Zivilrechtspolitik und die Bedeutung des römischen Rechts

Von der Auseinandersetzung mit dem römischen Recht ging auch das Zivilrechtsdenken Leon Petrażyckis aus.[243] Er meinte, nicht alles im Recht sei kontextabhängig;

seinem »Geist des römischen Rechts« auf die Bedeutung der Interessen als Grundlage der vorhandenen Rechtsnormen hingewiesen; Geist, Bd. 2, Abt. 2 a. E.. Heck aaO. meinte allerdings, genau genommen habe Jhering eine »genetische« Interessentheorie vorgetragen, während für ihn selbst der Anstoß zu einer eigentlich »produktiven« Interessenjurisprudenz von anderer Seite gekommen sei. Als Quelle dieser Anregung benennt Heck Nikolai v. Tuhr (1834-1905). Heck selbst hatte seine ersten 12 Lebensjahre bis 1870 in Sankt Petersburg verbracht, war dort zur Schule gegangen und hatte auch anschließend engen Kontakt zu seinem (öfters für längere Zeit in Baden-Baden lebenden) Onkel halten können. Heck berichtet, er habe v. Tuhr einen konstruktiven Entwurf des Seevermögens als Zweckvermögen vorgestellt, worauf dieser – als erfahrener Praktiker des Wirtschaftsrechts – erklärt habe, er lege auf »solche konstruktiven Entdeckungen« keinen Wert. Die Hochschätzung begrifflicher Konstruktionen sei eine Eigentümlichkeit der deutschen Rechtswissenschaft und gelte bei anderen Nationen als Schwäche. Vgl. Heck, Begriffsbildung und Interessenjurisprudenz, S. 33, Anm. 3 und nun Hofer, Andreas von Tuhr, S. 10 mit Fn. 37.

242 So zutreffend Schöndorf, Sollen wir slavisches Recht studieren?, S. 165 f.

243 Zu Petrażycki s. oben S. 61, 339 u. 358 f.

vielmehr seien bestimmte Grundsätze, insbesondere im Zivilrecht, unabhängig von Zeit und Ort gültig. Dieser absolute Geltungsanspruch setze allerdings eine dezentral strukturierte Wirtschaft voraus, die auf Privateigentum beruhe. Alle anderen historischen Umstände seien insoweit für das Zivilrecht irrelevant. Nach Petrażycki liegt hier der Grund für die universelle Bedeutung des römischen Rechts. Es habe sich spontan und ungezielt entwickelt, wie Savigny es beschrieben hatte, und im Laufe einer langen Rechtserfahrung universell brauchbare Lösungen hervorgebracht. Es sei daher keine Übertreibung, das römische Recht als wahre ratio scripta zu betrachten.[244] Gegenüber Bemühungen, aus seinen Quellen Gewinn für das *geltende* Recht zu erzielen, wendet Petrażycki allerdings ein, hier werde nicht selten willkürlich interpretiert.[245] Man ermittele öfters nicht wirklich Erkenntnisse aus den römischen Rechtstexten, sondern lese die gewünschten Ergebnisse in dieselben hinein.[246] So komme es um praktischer Zwecke willen zu einer Verfälschung der Texte im Wege der Interpretation und zu unrichtigen Schlußfolgerungen.[247] Aber auch grundsätzlich hält Petrażycki die wissenschaftliche Bearbeitung der Zivilrechtsdogmatik allein nicht für geeignet, um das Recht in fortschrittlicher und humaner Weise zu entwickeln. Er meint, es bedürfe stattdessen gesetzgeberischer Reformen.[248] Er führt aus, die wichtigsten gesellschaftlichen Reformen würden auf diesem Wege erreicht und nicht durch Wissenschaft, nicht einmal durch die hervorragende und oft bewunderte Jurisprudenz der römischen Juristen.[249]

Speziell mit Jhering setzt sich Petrażycki insbesondere im Rahmen des zweiten Bandes seiner »Theorie von Staat und Recht in Verbindung mit der Theorie der Moral« auseinander.[250] Er kritisiert an Jherings Lehre nicht nur dessen Begründung für die Auffassung von der Universalität des römischen Rechts. Petrażycki nimmt ferner Anstoß daran, daß es denjenigen dogmatisch orientierten Juristen, die sich an Jherings Lehre orientierten, nicht um eine angemessene und ausgeglichene Anwendung der Rechtssätze gehe, sondern zu sehr um den Schutz der Interessen von Eigentümern, Kreditgebern und anderen, in ähnlicher Weise Berechtigten.[251] Er meint, damit werde zu einseitig die Seite des »Starken« gegenüber der des »Schwachen« vertreten.

Petrażycki publizierte nach seiner Rückkehr aus Deutschland mehrere Arbeiten, in denen er ein neues, eigenständiges System der Rechtswissenschaft entwarf. Darin räumte er der Rechtsdogmatik nur eine bescheidene Bedeutung ein. Die Funktion des römischen Rechts sah er auch nicht in diesem Zusammenhang,

244 Vgl. Walicki, Legal Philosophies, S. 230f.
245 Petražickij, Rol' zakonov v istorii graždanskogo prava, Sp. 812.
246 Petražickij, Rol' zakonov v istorii graždanskogo prava, Sp. 819.
247 Grimm, Rez. Petražickij, S. 470.
248 Petražickij, Rol' zakonov v istorii graždanskogo prava, Sp. 812ff.; Grimm, Rez. Petražickij, S. 471.
249 Petražickij, Rol' zakonov v istorii graždanskogo prava, Sp. 818.
250 Petražickij, Teorija prava i gosudarstva v svjazi s teoriej nravstvennosti, 2. Aufl. (1910).
251 Petražickij, Rol' zakonov v istorii graždanskogo prava, Sp. 819.

sondern er wies demselben eine andere Rolle zu.[252] An ihm entwickelt Petrażycki nämlich die Grundgedanken seiner Lehre von der Zivilrechtspolitik. Erstmals hatte Muromcev in seinen »Studien einer allgemeinen Theorie des bürgerlichen Rechts« (1877) von einer »theoretischen Politik des Zivilrechts« gesprochen.[253] Petrażycki arbeitet nun eine eigenständige Lehre heraus und nahm dabei Anregungen auf, die er an den Quellen hatte gewinnen können. Im römischen Recht ausgezeichnet orientiert,[254] stieß er bei der Exegese auf einen Aspekt, von dem er meinte, daß er bis dato nicht hinreichend beachtet worden sei: Petrażycki fiel am Recht die Bedeutung von dessen Einwirkung auf das Verhalten der Menschen, auf die Bildung des menschlichen Charakters sowie auf Entwicklung und Strukturen der Volkswirtschaft auf. Er begann, das Recht als Faktor der Kultur zu begreifen, der deren Entwicklung beeinflussen kann. Petrażycki forderte daher, daß der Gesetzgeber das Recht nutzen solle, um auf die Menschen rechtspädagogisch, also erzieherisch einzuwirken und die Entfaltung der Menschheit zu befördern. Hiervon ausgehend, schuf er die Grundlagen für eine psychologische Rechtslehre.[255] In diesem Zusammenhang unterschied er zwischen dem positiven und dem intuitiven Recht.[256] Diese Differenzierung beschnitt den Geltungsanspruch des staatlichen Rechts und stellte diesem ein auf die Gerechtigkeit bezogenes Intuitivrecht gegenüber.

Im Zentrum der wissenschaftlichen Bearbeitung des Rechts sollte nach Petrażyckis Konzept die Zivilrechtspolitik als neue Disziplin stehen. Sie sollte die wünschenswerten Instrumente zur Erreichung rechtspolitischer Ziele sowie Wege zu deren Einführung in das geltende Recht erforschen. Dadurch sollten fortschrittliche gesellschaftliche Tendenzen gefördert werden. Petrażycki nahm in erster Linie die Gesellschaft in den Blick und betrachtete – im Unterschied zu Jhering – hauptsächlich deren Interesse als maßgeblich für die Ausgestaltung des Privatrechts. Daher lehnte er Jherings Sichtweise vom subjektiven Recht als geschütztes Individualinteresse ab. Mit diesem Standpunkt entsprach Petrażycki einer gerade in Rußland vielfach geäußerten Kritik an der Vorstellung von einem subjektiven Recht, auf das sich der einzelne auch gegenüber dem Staat berufen kann.[257] Bei Petrażycki fand die Ablehnung des subjektiven Rechts in zahlreichen Stellungnahmen zum geltenden Recht Ausdruck. So kritisierte er z. B. die Regel des deutschen BGB, die dem Schuldner ein Leistungsverweigerungsrecht gibt, wenn sich abzeichnet, daß die Gegenleistung nicht erbracht werden wird,

252 Vgl. Rudokvas/Kartsov, The Development, S. 320.

253 Muromcev, Očerki obščej teorii graždanskogo prava, S. 42-43. Vgl. Motyka, Leon Petrażycki, S. 48.

254 Zu seiner Bildung am Berliner Seminar für römisches Recht siehe oben S. 339.

255 Zu Petrażyckis psychologischer Rechtslehre und Zivilpolitik vgl. Sproede, »Rechtsbewußtsein«, S. 465 ff.

256 Meduševskij, Istorjia russkoj sociologii, S. 215 ff.

257 Viel beachtet worden war in dieser Hinsicht die Auseinandersetzung Čičerins mit Jherings »Kampf um's Recht«. Vgl. v. Gall, Die Konzepte »staatliche Einheit« und »einheitliche Macht«, S. 84 ff.

weil sie Individualinteressen dient.[258] Ihm ging es um die Verwirklichung moralischer Grundsätze und des allgemeinen Interesses. Mit diesem Ziel betrachtete Petrażycki das römische Recht als umfassende Sammlung empirischen Materials, das seine Brauchbarkeit bewiesen hatte und sich anbieten mochte, wo modernes Recht keine Lösungen bereithielt. Er wies darauf hin, daß das römische Recht auch in der Vergangenheit die Einführung humanen Rechts begünstigt habe, indem im Laufe der Rezeption Entlehnungen aus dem römischen Recht an die Stelle von weniger humanem Gewohnheitsrecht getreten seien. Soweit im neuen Europa bestimmte Gewohnheitsrechte nicht durch das römische Recht abgelöst worden seien, könne man bis in die Gegenwart den Unterschied zwischen zwei Rechtssystemen beobachten, der humanen und ausgleichenden Prinzipien des römischen Rechts sowie neuerer Gesetzgebung auf der einen Seite, und der Reste eines entgegengesetzten Typs auf der anderen.[259]

b.) Kritik am Recht schlechthin: Tolstoj und der »Rechtsnihilismus«

Die Rechtswirklichkeit im Zarenreich rief keineswegs nur Forderungen nach der Einführung neuer Regelungen oder der Entwicklung moderner wissenschaftlicher Ansätze im Umgang mit dem Recht hervor. Vielmehr bildeten die schwindende Akzeptanz, die der Zarenherrschaft und dem staatlich gesetzten Recht in den letzten Jahrzehnten des Reiches entgegengebracht wurde sowie gleichzeitig die zunehmende Entfremdung zahlreicher Menschen von den aus der Vormoderne stammenden Ordnungsvorstellungen den historischen Zusammenhang dafür, daß anarchistische und das Recht schlechthin ablehnende Konzepte Zustimmung fanden und zu einer ernstzunehmenden Tendenz in der gesellschaftskritischen Auseinandersetzung wurden.[260]

Als Vertreter des Rechtsnihilismus in dem Sinne, daß das Recht überhaupt abgelehnt wird, wird gemeinhin der spätere Tolstoj bezeichnet. Spezifische, überwiegend negative Erfahrungen mit dem Recht hatten aus dem Jurastudenten, der in Kazan' die für Rußland modernste Privatrechtslehre der 1840er Jahre kennengelernt hatte, im Laufe der Jahre einen leidenschaftlicher Kritiker des Rechts überhaupt werden lassen.[261] Im Unterschied zu gemäßigten Standpunkten, nach denen das Recht nicht schlechthin abgelehnt, sondern die Gerechtigkeit der Rechtswirklichkeit angezweifelt wurde, war Tolstojs Rechtsnihilismus radikal. Er verlieh der grundsätzlichen Kritik am staatlich gesetzten Recht und dessen Durchsetzung eine prominente Stimme, insbesondere in seinem Roman »Die Auferste-

258 Es handelt sich um die sog. Unsicherheitseinrede gemäß § 321 BGB. Sie steht im gegenseitigen Vertrag dem zur Vorleistung Verpflichteten zu, wenn sich nach Abschluß des Vertrags zeigt, daß der Anspruch auf die Gegenleistung durch mangelnde Leistungsfähigkeit des anderen Teils gefährdet wird.

259 Petražickij, Rol' zakonov v istorii graždanskogo prava, Sp. 815.

260 Für die grundsätzliche Ablehnung des Rechts bei Anarchisten wie Michail Bakunin und Pëtr Kropotkin vgl. Heuman, Perspectives, S. 6 f. mit Nachweisen.

261 Vgl. Smoljarčuk, L. N. Tolstoj o prave, S. 88 ff.

hung« (»Voskresenie«).[262] Es handelt sich hauptsächlich um eine vernichtende Abrechnung mit der russischen Strafrechtspflege seiner Zeit, doch macht Tolstojs Polemik auch vor dem römischen Recht nicht Halt,[263] von dem er sich unter dem Einfluß Dmitrij Mejers immerhin eine Zeitlang angezogen gefühlt hatte.[264] Nirgendwo formulierte er seine Rechtskritik so explizit wie in seinem »Brief an einen Studenten über das Recht« (1909).[265] Der Sankt Petersburger Jurastudent I. Krutik[266] hatte sich brieflich an Tolstoj gewandt und erklärt, er sei bislang ein Anhänger von dessen Lehre gewesen und habe einzig an die Maßgeblichkeit der Sitte geglaubt, sei dann aber unter dem Eindruck der psychologischen Rechtslehre Petrażyckis in Zweifel geraten. Krutik referiert nun den Standpunkt Petrażyckis, das Recht habe eine wichtige erzieherische Wirkung, und ohne die »imperativ-attributive Grundlage« des Rechts könne es keine gesunde Ethik geben.[267] Tatsächlich hatte Petrażycki gemeint, eine solche Ethik benötige ein »imperativ-attributives« Fundament, und dieses liefere das Recht.[268] In Petrażyckis psychologischer Rechtslehre ist damit die Empfindung einer rechtlich bindenden Verpflichtung gemeint, die der Mensch auf sich selbst, auf andere Personen oder auf Sachen bezieht.[269] Krutik folgerte nun, wenn das Recht insoweit ein wesentlicher Faktor nicht nur des sozialen Lebens, sondern auch der individuellen, menschlichen Entwicklung sei, dann entspreche das doch offenbar Tolstojs Forderung, den sittlichen Idealen der Menschheit eine ähnlich umfassende Rolle in der Leitung jeglichen menschlichen Tuns einzuräumen. Um Aufklärung gebeten, baut Tolstoj seine Argumentation nun auf einer gesetzespositivistischen (und gleichzeitig von

262 Davydov, Lev Nikolaevič Tolstoj i sud, S. 39 ff. Der der Romanhandlung zugrundeliegende Sachverhalt war Tolstoj von Koni geschildert worden, mit dem er befreundet war. Zur »Auferstehung« vgl. Lauer, L. N. Tolstojs »Auferstehung«, S. 292 ff.; Schroeder, Tolstojs »Auferstehung« aus der Sicht des Juristen, S. 312 ff.

263 Tolstoj, Auferstehung, Kap. 21: »Der Vertreter der Staatsanwaltschaft war von Natur aus sehr dumm, aber außerdem hatte er das Unglück gehabt, das Gymnasium mit der goldenen Medaille zu absolvieren und in der Universität einen Preis für seine Arbeit über die Servituten nach dem römischen Recht (o servitutach po rimskomu pravu) zu erhalten; deswegen war er im höchsten Grade eingebildet und selbstüberzeugt (was seine Erfolge bei den Damen noch mehr begünstigten), und infolgedessen war er außerordentlich dumm.«

264 S. oben S. 289 f.

265 Tolstoj, Pis'mo studentu o prave, S. 61. Tolstojs »Brief an einen Studenten über das Recht« wurde sofort nach seiner Veröffentlichung ins Deutsche übersetzt und von Eugen Heinrich (= Jenő Henrik) Schmitt 1910 publiziert. In der von dem slowakischen Tolstoianer Skarvan gefertigten Übersetzung geht die technische Ausdrucksweise des Originals teilweise verloren. Über den Brief vgl. die von Schmitt verfaßte Einleitung zur vorgenannten Übersetzung, zur Debatte um den Brief noch Schlüchter, Recht und Moral, S. 131 ff., zur Rechtskritik Tolstojs allgemein Sapir, Dostojewsky und Tolstoj über Probleme des Rechts, S. 48 ff.

266 Vgl. Smoljarčuk, L. N. Tolstoj o prave, S. 92; Walicki, Legal Philosophies, S. 80 u. 256.

267 Zu diesem Rechtsbegriff vgl. Kistjakovskij, Social'nye nauki i pravo, S. 285 und Baum, Leon Petrazycki, S. 30 ff.

268 Vgl. insbesondere Petrażycki, Law and Morality, S. 57-66 und passim.

269 Baum, Leon Petrazycki, S. 41.

einer in der russischen Geschichte tradierten Auffassung getragenen) Begrifflichkeit auf, die unter »Recht« nur das staatlich gesetzte Recht versteht,[270] und verurteilt dasselbe als Instrument der Gewalt, das Unterdrückung ermöglichen und rechtfertigen solle:

> Wenn man die Dinge nicht »wissenschaftlich« betrachtet, d. h. nicht nach attributiv-imperativen Grunderlebnissen, sondern nach dem allgemeinen gesunden Menschenverstand bestimmen will, was in Wirklichkeit unter dem Wort »Recht« zu verstehen ist, dann wird die Antwort auf die Frage, was das Recht sei, sehr einfach und klar sein: Für die Menschen, die Macht haben, bedeutet das Recht in Wirklichkeit die selbstverliehene Erlaubnis, diejenigen Menschen, über die sie die Macht haben, zu zwingen, dasjenige zu tun, was ihnen – den Machthabern – nützlich ist; für die Machtunterworfenen bedeutet das Recht die Erlaubnis, alles das zu tun, was ihnen nicht verboten ist.[271]
> [...]
> Das ist klar für jeden Menschen, der nicht in attributiv-imperativen Grunderlebnissen denkt, sondern nach dem allen Menschen gemeinsamen, gesunden Verstand. Für solche Menschen ist klar, daß das, was sich in dem »Recht« verbirgt, nichts anderes ist als nur die gröbste Rechtfertigung von Gewalttaten, welche die einen Menschen an den anderen verüben.
> »Aber diese Rechte werden doch durch die Gesetze bestimmt«, entgegnen darauf die »Gelehrten«. Durch Gesetze? Ja, aber diese Gesetze werden von denselben Menschen erdacht, ob es nun Kaiser, Könige, Ratgeber der Kaiser und Könige oder Parlamentsmitglieder sind, die ihre Existenz auf Gewalt gründen und deshalb diese Gewalttaten durch die von ihnen verordneten Gesetze sanktionieren. Sie, dieselben Menschen sind es auch, die diese Gesetze zum Vollzug bringen,[272] und sie vollziehen sie so lange, wie sie für sie nützlich sind, sobald aber die Gesetze ihnen unnütz zu werden beginnen, denken sie sich neue aus, solche, wie sie sie benötigen.[273]
> [...]
> Man sollte meinen, es könne keine Sittlichkeit geben ohne Gerechtigkeit, Güte, Mitleid, Verzeihung. Hier wird all dies verletzt im Namen des »Rechts«. Und solche Handlungen, die auf Grundlage des »Rechts« täglich tausendfach vorgenommen werden, sollen die Menschen sittlich erziehen![274]

Tolstoj geht nun auf die eigene Entwicklung ein und schildert, wie er, als Suchender an das Recht herantretend, enttäuscht dessen unzureichende Überzeugungskraft

270 Vgl. oben S. 85.
271 Tolstoj, Pis'mo studentu o prave, S. 55.
272 Es handelt sich um eine Vorstellung, die durch die Erfahrung mit den Verhältnissen im Zarenreich geprägt worden war, wo die Gewaltenteilung im Sinne Montesquieus nicht durchgeführt war.
273 Tolstoj, Pis'mo studentu o prave, S. 56.
274 Tolstoj, Pis'mo studentu o prave, S. 59.

erkannt habe, so daß er sich von diesem ihm als untauglich und potentiell schädlich erscheinenden Gegenstand abgewandt habe:[275]

> Ich war ja selbst ein Jurist und erinnere mich, wie mich im zweiten Kurs die Theorie des Rechts interessierte, und ich begann, sie nicht nur für das Examen zu studieren, weil ich dachte, daß ich in ihr eine Erklärung dessen finden würde, was mir an der Organisation der Lebensverhältnisse der Menschen seltsam und unklar erschien. Doch ich erinnere mich, daß je tiefer ich damals in den Sinn der Theorie des Rechts eindrang, ich desto mehr die Überzeugung gewann, daß entweder etwas an dieser Wissenschaft nicht in Ordnung sei oder daß ich nicht in der Lage sei, sie zu verstehen; einfacher gesagt, ich überzeugte mich allmählich davon, daß einer von uns beiden sehr dumm sein müsse: entweder Nevolin, der Autor der »Enzyklopädie des Rechts«, welche ich studierte, oder ich, der ich nicht fähig war, alle Wahrheit dieser Wissenschaft zu erfassen. Ich war damals achtzehn Jahre alt und konnte nicht anders denken, als daß ich der Dumme wäre, und deswegen entschied ich, daß die Beschäftigung mit der Jurisprudenz über meine Verstandeskräfte hinausgehe, und ich brach diese Beschäftigung ab. Jetzt aber, nachdem ich mich über Jahrzehnte mit ganz anderen Interessen beschäftigt habe, habe ich fast vergessen, daß es eine Wissenschaft vom »Recht« gibt, und habe mir sogar verworren vorgestellt, daß die Mehrheit der Menschen unserer Zeit diesem Betrug bereits entwachsen seien. Aber aus Ihrem Brief sehe ich leider, daß diese »Wissenschaft« noch immer existiert und ihr schädliches Wirken weiter treibt.[276]

Dem positiven Recht und seiner wissenschaftlichen Bearbeitung stellt Tolstoj eine von ihm befürwortete Ordnung gegenüber, die am Gebot der Nächstenliebe ausgerichtet ist, welche in Tolstojs Weltanschauung das höchste ethische Prinzip bildet. Da das Recht diesem Prinzip entgegensteht, verdient es grundsätzliche Ablehnung:

> Sie schreiben, daß Herr Petrażycki in seinen Vorlesungen auch von dem spreche, was er als meine Lehre bezeichnet. Ich habe keine Lehre und hatte niemals eine. Ich weiß nichts, was nicht alle Menschen wüßten. Doch weiß ich gemeinsam mit allen Menschen, mit der großen Mehrheit der Menschen auf der ganzen Welt, daß alle Menschen freie, vernünftige Wesen sind, in deren Seele ein höheres, sehr einfaches, klares und allen zugängliches Gesetz eingeprägt ist, das nichts gemein hat mit denjenigen Vorschriften der Menschen, die Rechte und Gesetze genannt werden. Dieses höhere Gesetz, das einfachste und jedem Menschen zugängliche, besteht darin, den Nächsten zu lieben, wie sich selbst, und deshalb anderen nichts zufügen, was du für dich selbst nicht wünschst.[277]

275 Es sind diese Textpassagen, auf deren Grundlage die sowjetische Forschung Tolstoj speziell als Kritiker des »bourgeoisen« Rechts hat darstellen wollen; vgl. Smoljarčuk, L. N. Tolstoj o prave, S. 91 f.

276 Tolstoj, Pis'mo studentu o prave, S. 60.

277 Tolstoj, Pis'mo studentu o prave, S. 60 f. Für den Fortgang des Zitats s. oben S. 87.

Mit seiner radikalen Kritik an Staat und Rechtssystem stand Tolstoj nicht allein. Wie Walicki in seiner Studie zum russischen Liberalismus gezeigt hat, war der »Rechtsnihilismus« in diesem Sinne im Zarenreich verbreitet.[278] Er hatte sowohl in slavophilen als auch in revolutionär gesinnten Kreisen viele Anhänger und wird sogar vielfach als eine typisch russische Erscheinung bezeichnet. Da Tolstoj das Recht als solches in Frage stellte, war sein Verhältnis zu den Juristen gespannt. Von den mit den Grundlagen des Rechts befaßten Juristen wurde Tolstoj allerdings nicht etwa als exzentrischer Schriftsteller abgetan, der sich ohne ausreichendes Fachwissen in juristische Diskussionen einmischte. Denn Tolstoj wußte, wovon er sprach. Seine Überlegungen konnten vielmehr als ernstzunehmende Aufforderung begriffen werden, auf die Kritik am Rechtssystem vertiefter einzugehen und das Recht mit neuen Argumenten zu verteidigen.

Verschiedentlich ist vermutet worden, Tolstoj übe immanente Kritik am Recht,[279] deren Anlaß entfiele, sobald das Recht an ethischen Maßstäben ausgerichtet würde. Sapir weist allerdings darauf hin, daß das Recht nach Tolstojs Überzeugung dem Prinzip der Nächstenliebe so grundsätzlich entgegensteht, daß seine Kritik nicht als immanent aufgefaßt werden kann.[280] Im Grunde schließe Tolstoj hier an das Denken der Nihilisten der 1860er Jahre an, allerdings mit der Einschränkung, daß er für eine ausgeprägte Wertordnung eintrete.[281] Im übrigen bezieht sich Tolstojs »Rechtsnihilismus« natürlich nur auf ein isoliert betrachtetes, positives Recht; gemeint ist also etwas anderes als jener zynische »Rechtsnihilismus«, den man heute beklagen muß. Bei Tolstoj liegt eine differenzierte Wertordnung zugrunde, nur eben – auf Grundlage der traditionellen russischen Begrifflichkeit von der »inneren« Wahrheit – eine vom positiven Recht unabhängige.[282]

278 Walicki, Legal Philosophies, S. 255 ff.

279 Vgl. z. B. Davydov, Lev Nikolaevič Tolstoj i sud, S. 35 ff.; Goldenweiser, Tolstois Kampf gegen das Recht, S. 113 f.

280 Sapir, Dostojewsky und Tolstoj, S. 51 u. 65; vgl. Schroeder, 74 Jahre Sowjetrecht, S. 9. Sapir ist Schüler Gustav Radbruchs, auf dessen Anregung und mit dessen Unterstützung der Tolstoj gewidmete Teil entstanden ist. Radbruch pflegte lebhaften Umgang mit den russischen Studenten in Heidelberg; Weill, Étudiants russes en Allemagne, S. 152. Er wurde selbst als besonders russenfreundlich wahrgenommen. Vgl. seinen Brief an Hermann Kantorowicz vom 7.2.1914, abgedruckt in: Radbruch, Briefe 1 (1898-1918), S. 168: »Über Kbg. [Königsberg, wo er sich ein Extraordinariat erhoffte] höre ich auffälligerweise nichts. Es ist also noch nicht einmal die Liste fertig. Sollte die Fakultät vielleicht umfallen? Ich weiß jetzt, daß mich Elster [der Berliner Universitätsreferent Ludwig E.] das vorige Mal auch wegen meiner Russophilie nicht berufen hat«.

281 Sapir, Dostojewsky und Tolstoj, S. 91.

282 Darin liegt der wichtigste Unterschied zum Nihilismus, wie er an seinem literarischen Ursprung, im 5. Kapitel von Turgenevs »Väter und Söhne«, definiert worden war. Hier nennt der jüngere Kirsanov als zentrales Merkmal des Nihilisten, daß er »kein einziges Prinzip auf Treu und Glauben gelten läßt« (ne prinimaet ni odnogo principa na veru), also als apriorisch gültig anerkennt. Gerade dies ist bei Tolstoj anders. Im übrigen steht »Rechtsnihilismus« für eine heterogene Begrifflichkeit. Vielfach bezieht sich der Ausdruck auf die Erfahrung, daß das geltende Recht, so differenziert seine Regeln auch sein mögen,

Max Weber deutet Tolstojs Vorstellungen so, daß aus der »Liebe« ein »Naturrecht« hervorgehe.[283] Sieht man davon ab, daß Tolstoj seine an der »Liebe« orientierten Ordnungsvorstellungen gerade nicht als Recht verstanden wissen wollte, kann die begriffliche Nähe zum Naturrecht nicht von der Hand gewiesen werden. Denn es ist durchaus möglich, ein an der Liebe ausgerichtetes Recht zu konzipieren. Dies lehren nicht nur Gemeinschaften wie etwa geistliche Orden, die sich an einer solchen Ordnung orientieren. Konservative mochten die nach orthodoxen Grundsätzen lebende Dorfgemeinschaft in diesem Sinne idealisieren. Sogar Juristen wie ausgerechnet der von Tolstoj angegriffene Petrażycki entwarfen ein Recht der Liebe.[284] Daß sich auch dieser entschieden gegen den Rechtspositivismus gewandt hatte, wird von Tolstoj nicht gewürdigt.[285] In der Nähe zum Naturrechtsdenken liegt die Ursache dafür, daß Tolstojs Lehre, seinem »Rechtsnihilismus« zum Trotz, von der Rechtsphilosophie aufgegriffen und fruchtbar weiterentwickelt worden ist.[286]

c.) Die »Wiedergeburt des Naturrechts«

Enttäuschung und Opposition gegenüber dem positiven Recht brachte um die Wende zum 20. Jahrhundert zahlreiche Vorstellungen davon hervor, wie das Recht überpositiv zu verankern bzw. unter welchen Voraussetzungen es gar abzulösen sei. Die Ausrichtung trat, wie gesehen, nach den Erfahrungen des 19. Jahrhunderts nicht zum ersten Mal auf, doch hatte die Theorie des Naturrechts zunächst keine große Wirkung auf die russische Zivilistik entfalten können, während, begünstigt durch die entsprechende Präferenz der Zarenadministration, die Anschauungen der Historischen Rechtsschule jahrzehntelang beherrschenden Einfluß ausüben konnten.[287] Nun allerdings, fast ein Jahrhundert später, knüpfte man unter neuen Bedingungen an das Naturrechtsdenken an und sprach sogar von einer »Wiedergeburt des Naturrechts« (vozroždenie estestvennogo prava).[288] Es handelt sich dabei um eine Hinwendung zu überpositiven Konzepten, wie sie

jener Prinzipien entbehrt, die seine Eigenart als Wertordnung verbürgen könnten (s. oben S. 100, Fn. 22).

283 Vgl. Weber, Gesammelte Aufsätze, S. 467; vgl. Radkau, Max Weber, S. 395.

284 Petrażycki, Die Lehre vom Einkommen Bd. 1, S. 339 f.; vgl. Frick, Lev Petražickij und das Eigentum, S. 535; Baum, Leon Petrazycki, S. 65-68. Er konnte insoweit eine spezifische Tradition in der Ostkirche ansprechen, als die Gemeinschaft der Gläubigen im orthodoxen Wertesystem von größerer Bedeutung ist als die Individualität. Nach ihrer Vorstellung gilt in der Gemeinschaft das in Anlehnung an den Apostel Paulus (1. Kor. 13) konzipierte Prinzip der Liebe bzw. Nächstenliebe. Vgl. Brang, Fortschrittsglauben in Rußland, S. 37 und Goehrke, Russland, S. 287.

285 Vgl. Walicki, Legal Philosophies, S. 82.

286 Vgl. für Radbruchs Rechtsphilosophie Sproede, »Rechtsbewußtsein«, S. 464, Fn. 50.

287 Vgl. oben S. 199 u. 214 ff.

288 Den Ausdruck prägte damals offenbar Gessen in seiner entsprechend betitelten Arbeit Vozroždenie estestvennogo prava (1902); vgl. dazu Meduschewskij, Art. Gessen, S. 231 f. Ein ähnliches Konzept einer »renaissance du droit naturel« wurde in der französischen Rechtsphilosophie (R. Saleilles, J. Charmont) erörtert.

in der Rechtsgeschichte nicht selten angesichts eines wahrgenommenen Versagens des angewandten Rechts vorgekommen ist.[289] Auch Petrażycki arbeitete auf eine »Wiedergeburt des Naturrechts« hin.[290] Er vertrat den Standpunkt, daß die von ihm entwickelte Zivilrechtspolitik früher in Gestalt des Naturrechts bestanden habe.[291] Wie die Lehre vom Naturrecht diene auch die Zivilrechtspolitik der Verbesserung des Rechts, einer Aufgabe also, die die praktisch-dogmatische Bearbeitung des geltenden Rechts nicht erfüllen könne. Die sich daraus ergebende Neigung zu einer Abkehr vom Rechtspositivismus verschuf sich besonders 1895 in Petrażyckis Werk »Die Lehre vom Einkommen« Ausdruck. Entsprechende Bestrebungen gelangten zeitgleich in Deutschland zum Durchbruch. Hier war es Rudolf Stammler, der forderte, die Rechtswissenschaft mit einer angemessenen philosophischen Grundlage zu versehen, und seine Auffassungen genauer in seiner Arbeit »Wirtschaft und Recht nach der materialistischen Geschichtsauffassung« (1896) entwickelte, womöglich sogar unter dem Einfluß Petrażyckis.[292]

4.) Zwischenergebnis

Wenn man im allgemeinen beobachten kann, daß kaum eine nennenswerte Entwicklung, die die Jurisprudenz in Deutschland im 19. Jahrhundert durchlief, ohne Auswirkungen auf das Zarenreich blieb, bedeutet dies nicht, daß die russischen Juristen durchweg nur als Epigonen wahrgenommen werden dürften. Rudokvas und Karcov weisen in dieser Hinsicht mit Recht auf den wertvollen Beitrag hin, den Muromcev und Petrażycki für die europäische Rechtswissenschaft geleistet haben. Zahlreiche andere Juristen trugen zur Fortentwicklung dogmatischer Fragen in der Erforschung des Zivilrechts und des römischen Rechts bei.[293]

Auch im Zarenreich wurden die Sichtweisen von Muromcev und Petrażycki, trotz ihrer inhaltlichen Unterschiede und der jeweils verschiedenen Einstellung gegenüber Jhering vielfach zustimmend bewertet. Ihre Einwände gegen eine Bearbeitung des Zivilrechts im Wege einer in erster Linie dogmatisch ausgerichteten

289 Den bekanntesten Fall in Deutschland bildet die »Renaissance des Naturrechts« nach 1945, die sich etwa bei Radbruch, Gesetzliches Unrecht und übergesetzliches Recht (1946), Coing, Die obersten Grundsätze des Rechts (1947) und Welzel, Naturrecht und materiale Gerechtigkeit (1951) niedergeschlagen hat. Vgl. Wieacker, Europa und das römische Recht, S. 83; dens., Eclipse, S. 70.

290 Petrażycki, Die Lehre vom Einkommen, Bd. 2, S. 579, Fn. 1.

291 Petražickij, Bona fides v graždanskom prave, S. 419.

292 Petrażycki behauptete, seine »Lehre vom Einkommen« sei die Quelle gewesen, der Stammler den Gedanken der Wiedergeburt des Naturrechts verdanke; vgl. Zieliński, Der Transfer juristischen Gedankenguts, S. 139 mit Nachweisen. Von Petrażycki nahestehenden Autoren ist diese Darstellung verschiedentlich bestätigt worden; Timasheff, Petrazhitsky's Philosophy of Law, S. 747. Kolbinger, Im Schleppseil Europas?, S. 223 nennt Petrażyckis Rechtslehre als Beispiel für eine »Rückwirkung« von im Zarenreich entwickelten Konzepten in den Westen.

293 Vgl. Rudokvas/Kartsov, The Development, S. 332.

Erforschung der römischen Quellen auf Grundlage der Überzeugung, daß dies der gesellschaftlichen Entwicklung entgegenstehe, fanden Verbreitung. So traten namhafte Zivilrechtler wie Szerszeniewicz und Pokrovskij dafür ein, das Studium des Systems des römischen Rechts im Lehrplan durch die allgemeine, weniger einseitig auf das römische Recht konzentrierte Theorie des Zivilrechts zu ersetzen, die die Grundlage für Gesetzgebung und Lehre bilden solle.[294] Ähnliche Überlegungen fanden zeitgleich in Deutschland statt, und hierdurch wurden die russischen Kritiker offenbar zusätzlich inspiriert. Es ist möglich, daß die Streichung des römischen Rechts als selbständiges Fach aus dem Curriculum und die Unterwerfung der Dogmatik unter die kommunistische Ideologie, wie sie die Bol'ševiki nach der Revolution unternahmen, wenigstens teilweise durch die vorausgegangene Entwicklung der Rechtstheorie vorbereitet worden war.[295]

Um die Wende zum 20. Jahrhundert gabe es starke und ganz verschiedene Tendenzen zur »Verteidigung des Rechts«.[296] Angesichts der Erfahrung, daß kein allgemeines Einverständnis über den Wert des Rechts schlechthin bestand, zielten sie darauf ab, denselben überhaupt nachzuweisen. Damit reagierten sie nicht nur auf die verbreitete Geringschätzung des Rechts, die sich besonders radikal – aber keineswegs ausschließlich – im Rechtsnihilismus äußerte, gleichzeitig aber auf bestimmte Gefahren, die sich aus der praktisch uneingeschränkten Verfügbarkeit des gesetzten Rechts durch den Staat ergaben.

Teilweise wurde diese »Verteidigung« durch Hinwendung zu einem ausgeprägten rechtswissenschaftlichen Positivismus betrieben. Wissenschaftlich gebildete Juristen, die am römischen Recht den Wert einer selbständigen und freiheitlichen Privatrechtsordnung kennengelernt hatten, mußten das ihnen vertraute Instrumentarium natürlich mit aller Entschiedenheit für den Erhalt des Rechts einsetzen. So setzte sich in der Rechtspraxis der letzten Jahrzehnte des 19. Jahrhunderts zunächst die konventionelle, dogmatische Ausrichtung des Rechtsdenkens durch. Der soziologische Ansatz, so wichtig er für die Grundlagenforschung werden sollte, war für die praktischen Anforderungen, die sich im Zarenreich an das Recht richteten, kaum brauchbar. Im Westen freilich trug er unter dem Einfluß Jherings wesentlich dazu bei, der Pandektistik neue Konzepte an die Seite zu stellen, die schrittweise an Bedeutung gewannen. Hätte man allerdings im Zarenreich damit ernst gemacht, wäre vom römischen Recht wohl kaum etwas übrig geblieben. Denn die Lebensverhältnisse in Rußland, auf die eine soziologische Bearbeitung des Rechts hätte abstellen müssen, unterschieden sich zu sehr von denjenigen, unter denen sich das Pandektenrecht entwickelt hatte. Hierzu kam es nicht, und so konnte das römische Recht im Zarenreich, obwohl vielfach angegriffen und in seiner Bedeutung unterschiedlich aufgefaßt, seinen über die Theorie des Privatrechts vermittelten Einfluß auf das geltende Recht festigen.

294 Vgl. Rudokvas/Kartsov, The Development, S. 321.
295 Diesen Zusammenhang stellen Rudokvas und Karcov her; The Development, S. 321.
296 Vgl. Schlüchter, Recht und Moral, insbes. S. 15 ff.

V.) Die praktische Umsetzung des römischen Rechts als Theorie des geltenden Rechts

Es war also mehr oder weniger der konventionelle, dogmatische Ansatz, der sich in der Privatrechtswissenschaft um die Jahrhundertwende behaupten konnte. Im Schrifttum setzte sich die Darstellung des geltenden russischen Privatrechts auf Grundlage der historisch-vergleichenden Methode durch. Römisches Recht wurde als theoretische Grundlage des Rechts wahrgenommen, in die Dogmatik des geltenden Rechts rezipiert und schließlich, wie noch zu zeigen sein wird,[297] in das angewandte Recht integriert, wo es sich als nützlich erwies. Damit war der Schritt zur Verwissenschaftlichung des russischen Rechts, zur begrifflichen Konsolidation, zur Ergänzung der Lücken im positiven Privatrecht mit Hilfe des römischen Rechts weitgehend vollzogen worden. Die Interpretation der russischen Regelungen im Lichte der römischen Begrifflichkeit und die Ergänzung der gesetzlichen Bestimmungen um bisher fehlende Rechtseinrichtungen hatte eine durchaus brauchbare Dogmatik entstehen lassen. Wir begegnen hier einer Vorgehensweise, die als »pandektistische« Bearbeitung des russischen Privatrechts beschrieben worden ist. Es handelt sich um eine Bearbeitung des geltenden Rechts, wie sie Dernburg ähnlich am preußischen Recht des ALR vorgenommen hatte. Obwohl die positive Grundlage des russischen Privatrechts nach wie vor defizitär war, stand den Juristen des Zarenreiches nun eine Privatrechtsdogmatik zur Verfügung, die derjenigen anderer Länder an Differenziertheit und Zwecktauglichkeit nicht mehr grundsätzlich nachstand.

Angesichts der offiziell nach wie vor herrschenden Identifikation des geltenden Rechts mit dem Gesetz waren diejenigen Juristen, die auf diese Weise die Privatrechtsdogmatik entwickelten, genötigt, ihre Methoden eingehend zu rechtfertigen und zu entwickeln, was sie als Theorie des Rechts betrachteten. So entstanden mehrere bedeutende Gesamtdarstellungen des Zivilrechts, deren Programm erklärtermaßen über die Darstellung des positiven Zivilrechts Rußlands hinausging.

Ein Beispiel bietet der von Jurij Stepanovič Gambarov 1911 vorgelegte »Kurs des Bürgerlichen Rechts«.[298] Gambarov erklärt einleitend, er stelle nicht lediglich das russische, sondern das allgemeine Zivilrecht dar, wie es sich aus den Rechtseinrichtungen all jener Völker ergebe, die über einigermaßen ähnliche Lebensbedingungen verfügten. Die Ermittlung dieser allgemeinen Rechtseinrichtungen erfolgt dabei auf Grundlage dessen, was sich in der historischen Entwicklung des Rechts etabliert habe.[299] Auch in anderen Gesamtdarstellungen dringt die histo-

297 S. unten S. 461 ff.

298 Zu Gambarov (1850-1926) vgl. Šilochvost, Russkie civilisty, S. 37.

299 Vgl. Baranowski, Über den Nutzen einer Lehrdisziplin »Allgemeine Rechtsgeschichte«, S. 10 mit Nachweisen, ferner die einführenden Bemerkungen bei Gambarov, Graždanskoe pravo, S. 3 ff.

risch-vergleichende Methode nun vor. Pobedonoscevs »Kurs« etwa, dem sie schon früher zugrundegelegen hatte, erfährt in dieser Zeit große Verbreitung.[300]

1.) Gabriel Szerszeniewicz

Auch der Moskauer Zivilrechtslehrer Gabriel Szerszeniewicz (1863-1912)[301] legt seinem »Lehrbuch des russischen bürgerlichen Rechts« die vergleichende Rechtswissenschaft zugrunde, ist allerdings – im Unterschied zu anderen Autoren – relativ aufgeschlossen gegenüber einer Berücksichtigung soziologischer Methoden. Auch bei ihm hat die soziologische Betrachtung der Rechtswirklichkeit nicht nur ein einzelnes Volk im Blick. Szerszeniewicz schreibt, das Material für die soziologische Forschung beschränke sich nicht auf das Recht eines bestimmten Volkes in der Gegenwart (dogmatische Ausrichtung) oder in historischer Perspektive (historische Ausrichtung). Es werde vielmehr durch das Recht aller Völker zu allen Zeiten ihres jeweiligen Bestehens konstituiert. Es sei Aufgabe der vergleichenden Rechtswissenschaft, dieses Material zusammenzustellen und auszuwerten.[302] Der Vergleich erlaubt dann, allgemeine Grundsätze aufzudecken.[303] Szerszeniewicz war Jherings Art des Umgangs mit der Rechtsdogmatik gegenüber weit aufgeschlossener als diejenigen seiner Kollegen, die entschiedener der deutschen Pandektistik oder der Verteidigung der spezifischen Eigenarten des russischen Rechts anhingen.[304]

Ungeachtet dieser grundsätzlichen methodischen Offenheit in der wissenschaftlichen Bearbeitung des Rechts äußert sich Szerszeniewicz kritisch gegenüber einer leichtfertigen Verpflanzung ausländischer Theorien nach Rußland.[305] Er steht damit insgesamt für diejenige Richtung der russischen Zivilrechtswissenschaft am Ende des 19. Jahrhunderts, die sich im geltenden Recht überwiegend durchsetzen konnte. Szerszeniewicz verteidigt das Recht als Gesamtheit der vom Staat gesetzten und ggf. zwangsweise durchsetzbaren Normen.[306] Er nimmt daher ablehnend zu anarchischen und rechtskritischen Tendenzen und dabei insbesondere zu deren prominenten Wortführer Tolstoj Stellung.[307] Der von diesem vor-

300 Über Pobedonoscevs »Kurs graždanskogo prava« vgl. oben S. 307-309.

301 Über Gabriel Szerszeniewicz (Gabriėl' [Gavriil] Feliksovič Šeršenevič, 1863-1912) vgl. Šilochvost, Russkie civilisty, S. 160 f.

302 Szerszeniewicz, Učebnik russkogo graždanskogo prava, S. 17 f.; vgl. Tille, Socialističeskoe sravnitel'noe pravovedenie, S. 47.

303 Vgl. Baranowski, Über den Nutzen einer Lehrdisziplin »Allgemeine Rechtsgeschichte«, S. 10.

304 Vgl. Rudokvas/Kartsov, The Development, S. 309.

305 Arslanov, Zur Einwirkung ausländischen Rechts, S. 22.

306 Šeršenevič, Opravdanie prava, S. 111-125; vgl. Schlüchter, Gabriėl Feliksovič Šeršenevič, S. 568. Welchen Anteil an Szerszeniewicz' Rechtsdenken in dieser Hinsicht der rechtswissenschaftliche Positivismus hat und welchen der Gesetzespositivismus, ist nicht sicher zu bestimmen. Eine Restunsicherheit ist hier nicht nur durch die methodische Aufgeschlossenheit des Autors bedingt, sondern auch durch die offiziell das Recht mit dem Gesetz identifizierende Rechtssprache, S. oben S. 242.

307 Šeršenevič, Opravdanie prava, S. 112 f., 116-118 u. 121.

gebrachten Auffassung, der Zwang sei geradezu Kennzeichen des Rechts, kann Szerszeniewicz durchaus zustimmen. Er hält dies allerdings für notwendig, weil sonst ein *bellum omnium contra omnes* drohe.[308] Szerszeniewicz läßt keinen Zweifel daran, daß das Recht dem Staat untergeordnet sei, und fügt sich damit ohne weiteres in die Rahmenbedingungen der Selbstherrschaft ein. Gleichzeitig war er politisch engagiert, Mitglied der Kadetten-Partei[309] und Abgeordneter in der 1. Duma, doch hielt er auch im Engagement für den Wandel grundsätzlich an der Orientierung am geltenden Recht fest. Ihm war es wichtiger, überhaupt klare Regeln anstelle des von ihm als unsicher und mehrdeutig empfundenen Naturrechts zu haben.[310] Ebenso klar formulierte er auch seinen Standpunkt zum Verhältnis zwischen Wissenschaft und Rechtsprechung, wenn er feststellte, daß eine »blinde Befolgung von Kassationsentscheidungen« dazu führe, daß die »Notwendigkeit eines selbständigen Denkens beseitigt« werde. Um aber die Selbständigkeit im Umgang mit dem Recht zu erreichen, um sich also wissenschaftlich mit dem Recht zu beschäftigen, müsse der Jurist natürlich zunächst einmal das Gesetzesrecht beherrschen. Eine unselbständige Handhabung zivilrechtlicher Fragen durch einen Richter oder Rechtsanwalt, der die auf der Universität erworbene Fähigkeit zum systematischen Umgang mit dem Zivilrecht vergessen habe, sei unerträglich. Szerszeniewicz wies freilich auch auf die Grenzen der praktischen Relevanz von wissenschaftlichem Rechtsdenken hin, wenn er feststellte, daß selbst die feinsten historischen oder systematischen Erläuterungen des Gesetzes gegen eine Kassationsentscheidung, die der Prozeßgegner zu seinen Gunsten heranziehen könne, nichts auszurichten vermochten.[311]

2.) Der schöpferische Jurist und die Bedeutung des römischen Rechts für die Rechtsfortbildung

Jhering hatte gefordert, daß sich die Aufgabe des Juristen nicht in der bloßen Anwendung des positiven Rechts erschöpfen dürfe, sondern vielmehr kritische, auf wissenschaftlichem Denken und eigenem Rechtsgefühl basierende Rechtsfortbildung umfassen müsse.[312] Nach seiner Auffassung beschränkte sich diese Aufgabe nicht auf die Theorie; sie stellte sich vielmehr der Praxis. Er wies hier eine zentrale Rolle dem Richter zu.[313] Dabei kam dem römischen Recht insoweit, als dasselbe aus Jherings Sicht das Recht schlechthin repräsentierte, »überpositive Geltung« zu.[314]

308 Šeršenevič, Opravdanie prava, S. 114.
309 S. unten S. 581.
310 Zum Ganzen vgl. Schlüchter, Gabriėl Feliksovič Šeršenevič, S. 563 ff.
311 Arslanov, Zur Einwirkung ausländischen Rechts, S. 20 mit Nachweis.
312 Zur schöpferischen Aufgabe der Rechtswissenschaft bei Jhering vgl. Levin, Idejnye sud'by, Sp. 89 f.
313 Behrends, Jherings Evolutionstheorie des Rechts, S. 97.
314 K. Schmidt, Jherings Geist, S. 85.

Diese Überzeugungen spiegeln sich nicht nur, wie gesehen, in Djuvernuas Lehre, sondern auch im Denken anderer Juristen. Im Falle von Leonid Kazancev haben wir bereits die Fortwirkung von verschiedenen Auffassungen Jherings beobachten können.[315] Dies gilt etwa für die Ansicht, der Zweck der Wissenschaft bestehe darin, die inneren Zusammenhänge des Rechts zu verstehen,[316] sowie für die Meinung, das römische Recht habe universellen Charakter.[317] Kazancev meinte, die Isolation eines Volkes gegenüber anderen sei ein Fehler, die Verallgemeinerung der Gesetzgebung und Wissenschaft in diesem Sinne vielmehr wünschenswert.[318] Was nun die Bedeutung des römischen Recht für die Rechtsfortbildung betrifft, wies Kazancev darauf hin, daß das Studium des römischen Rechts den Juristen zum »schöpferischen Umgang mit dem Recht« befähige, was sowohl für die Rechtspraxis als auch für die Gesetzgebung von großer Bedeutung sei.[319] Muromcev hatte unter Jherings Einfluß sogar die Rolle des Richters als Rechtsschöpfer neu bestimmen wollen. Er sah den Richter als berufen an, nicht nur die Rechtsordnung im Sinne des Gesetzes fortzubilden, sondern unter Umständen von demselben abzuweichen und contra legem zu urteilen. So sollten Richter, um Gerechtigkeit zu verwirklichen, sogar neues Recht schaffen können.[320] Petrażycki wandte gegen diese Auffassung Muromcevs später ein, eine solche Kompetenz zur richterlichen Rechtsfortbildung verletze den Grundsatz der Gewaltenteilung.[321]

Eine Kompromißlinie vertrat Kazancevs Schüler Iosif Pokrovskij. Er trat dafür ein, daß ein Jurist das Recht nicht nur anzuwenden habe, sondern dasselbe auch selbst fortentwickeln müsse, um es den in ständigem Wandel begriffenen Anforderungen des Lebens anzupassen.[322] Eine über das positive Recht hinausgehende, freie Rechtsschöpfung lehnte er indessen ab.[323]

3.) Iosif Pokrovskij und sein wissenschaftliches Programm

a.) Die Kiever Antrittsvorlesung

Pokrovskij[324] hielt seine Antrittsvorlesung als Professor in Kiev über das Thema: »Die wünschenswerte Stellung des bürgerlichen Rechts in Forschung und Lehre«.[325] In ihr entwarf der junge Hochschullehrer sein wissenschaftliches Pro-

315 S. oben S. 393f.
316 Kazancev, Značenie nauki rimskogo prava, S. 2.
317 Kazancev, Značenie nauki rimskogo prava, S. 11; vgl. bereits oben S. 394.
318 Vgl. Kazancev, Značenije nauki rimskogo prava, S. 13.
319 Kazancev, Značenije nauki rimskogo prava, S. 14.
320 Zieliński, Der Transfer juristischen Gedankenguts, S. 83ff.
321 Zieliński, Der Transfer juristischen Gedankenguts, S. 157.
322 Makovskij, Vypavšee zveno, S. 13.
323 Kritisch insoweit Lappa-Starženeckaja, Rez. Pokrovskij, S. 226-236.
324 Zu Person und Werk s. bereits oben S. 339-341 u. 360.
325 Pokrovskij, Želatel'naja postanovka graždanskogo prava v izučenii i prepodavanii (1896).

gramm. Pokrovskij fordert den schöpferischen Juristen, der das Recht aus seinen Grundlagen heraus zu verstehen sucht und selbständig fortentwickelt:

> Der Jurist muß nicht nur Richter und Anwender des Rechts sein, sondern oftmals auch *Schöpfer des Rechts, Gesetzgeber, wenn auch nicht im formellen Sinne*. Auf seiner Schulter liegt immer wieder die Verpflichtung, eine neue Norm für neu entstandene Verhältnisse zu erarbeiten, eine alte den wechselnden Bedingungen des Lebens anzupassen, und manchmal eine ganze bürgerliche Ordnung, ein ganzes bürgerliches Gesetzbuch durchzusehen und zu erneuern.[326]

Der Unterricht an den Rechtsfakultäten erfüllte die Aufgabe der Heranbildung solcher Juristen bislang nur unzureichend. Pokrovskij hält daher eine Neuausrichtung der Rechtswissenschaft für notwendig. Ähnlich wie Djuvernua tritt er für eine Verwissenschaftlichung der Jurisprudenz im Wege der Historisierung ihres Gegenstandes ein. Er fordert, man müsse sich der Erforschung der geschichtlichen Entwicklung des Rechts zuwenden, und zwar nicht nur im Hinblick auf das russische Recht, sondern auf die rechtliche Vergangenheit der Menschheit insgesamt. Um die allgemeinen Entwicklungslinien des Rechts zu verstehen, sei es aber nicht ausreichend, die Geschichte des römischen Rechts, die Geschichte des russischen bürgerlichen Rechts und schließlich die Privatrechtsgeschichte anderer Völker isoliert voneinander zu betrachten:

> Die Geschichte des Rechts steht nur dann auf der Höhe ihrer Berufung, wenn sie erforscht und gelehrt wird als einheitliche Wissenschaft, als *allgemeine Geschichte des bürgerlichen Rechts*.[327]

Als zweites plant Pokrovskij die theoretische Durchdringung des geltenden Privatrechts. Dies setzt die theoretische Betrachtung der grundlegenden bestehenden Privatrechtsverhältnisse voraus, und zwar unter verschiedenen Gesichtspunkten. So fordert Pokrovskij

> zum einen die Aufklärung des tatsächlichen, alltäglichen Inhalts dieser Verhältnisse, zum zweiten der Aufgabe, welche diese Verhältnisse für das Recht bereithalten, zum dritten der Prinzipien, durch welche das Recht diese Aufgaben zu erfüllen erstrebt, und zum Schluß eine kritische Beleuchtung dieser Prinzipien [...].[328]

Damit dieses Programm verwirklicht werden kann, bedarf es nach Pokrovskijs Ansicht der Begründung einer neuen Wissenschaft. Pokrovskij entwirft diese als eine allgemeine Theorie des bürgerlichen Rechts, die sich durch ihre Universalität von den jeweiligen Lehren der einzelnen nationalen Rechte abhebe.[329]

326 Pokrovskij, Želatel'naja postanovka, S. 20f. (Hervorhebung im Original).
327 Pokrovskij, Želatel'naja postanovka, S. 23 (Hervorhebung im Original).
328 Pokrovskij, Želatel'naja postanovka, S. 23.
329 Pokrovskij, Želatel'naja postanovka, S. 23f.

Im Mittelpunkt von Pokrovskijs Konzept steht das römische Recht, das er für die Heranbildung der Juristen im Zivilrecht als unentbehrlich betrachtet.[330] Dabei kommt es ihm nicht in erster Linie auf die einzelnen Institutionen des Privatrechts an. Pokrovskij sieht die Bedeutung des römischen Rechts vielmehr darin, daß es »für uns die allgemeine Theorie des bürgerlichen Rechts vertritt«.[331] Er erklärt weiter:

> Das römische Recht ist noch nicht die höchste Theorie des bürgerlichen Rechts [...] Das römische Recht ist [...] eines von den einzelnen bürgerlichen Rechten, es bedarf selbst grundlegender theoretischer Beleuchtung; seine Prinzipien müssen ebenso der theoretischen und kritischen Bewertung unterworfen sein wie die Prinzipien anderer Rechte.[332]

Die dritte Stufe im System der theoretischen Wissenschaft vom Bürgerlichen Recht bildet in Pokrovskijs Konzept die »Politik des bürgerlichen Rechts«. Sie richtet sich auf die Schaffung des künftigen Privatrechts. Nach Pokrovskij muß sie

> das bürgerliche Recht erforschen als Instrument in unseren Händen für die Erreichung unserer Ideale, sie muß wirksame Rechtsnormen erforschen im Hinblick auf die Entwicklung der Erscheinungsformen des gesellschaftlichen Lebens und der gesellschaftlichen Psychologie und [...] uns die Kunst verleihen, vermittels des bürgerlichen Rechts der Sache der allgemeinen Entwicklung der Menschheit zu dienen.[333]

330 Auch in seiner Abhandlung »Rol' rimskogo prava v pravovoj istorii čelovečestva i v sovremennoj jurisprudencii« hatte Pokrovskij das römische Recht als »ausgezeichnete Schule für den Zivilrechtler« bezeichnet; aaO., S. 27. Vgl. für den entsprechenden Standpunkt Guljaevs oben S. 411, Fn. 140.

331 Pokrovskij, Želatel'naja postanovka, S. 28 (Hervorhebung im Original). In der Einleitung zu seiner Istorija rimskogo prava (S. 2-5) beschreibt Pokrovskij kurz die geschichtliche Entwicklung des römischen Rechts als Universalrecht. Er meint, diese Eigenschaft desselben und die wirtschaftliche Entwicklung in Europa begünstigten die Rezeption und die praktische Anwendung des römischen Rechts. Gleichzeitig sei das römische Recht auch für die Rechtstheorie von Bedeutung. Die jahrhundertelange wissenschaftliche Erforschung der römischen Rechtsliteratur habe das juristische Denken in Westeuropa geformt und sei zur Grundlage der Rechtstheorie geworden. Um die für lange Zeit unterbrochene Verbindung zwischen Rußland und Westeuropa wieder herzustellen, sei die Kenntnis der Grundlage des europäischen Rechts, also des römischen Rechts, notwendig. Es bilde die Basis schlechthin für die juristische Ausbildung, und deshalb sei sein Studium in Rußland unverzichtbar.

332 Pokrovskij, Želatel'naja postanovka, S. 30.

333 Pokrovskij, Želatel'naja postanovka, S. 25. Pokrovskij steht insoweit unter dem Einfluß der Vorstellungen Petrażyckis von einer »Civilpolitik«, die bestimmten »hohen Idealen« dienen soll. Vgl. dessen Lehre vom Einkommen, Bd. 2, S. 477f.

b.) Die anwendungsorientierte Erforschung der Grundlagen des Privatrechts

Das wissenschaftliche Programm Pokrovskijs nahm, wie gesehen, seinen Ausgang von der geschichtlichen Entwicklung des Rechts unter Einbeziehung des römischen Rechts, das an ihrem Anfang und in ihrem Mittelpunkt steht. Dabei bildete die Erforschung des römischen Rechts für ihn keinen »Selbstzweck«.[334] Auf Grundlage seines Programms arbeitete Pokrovskij mit dem römischen Recht vielmehr anwendungsbezogen.[335] Pokrovskij war kein rein historisch ausgerichteter Wissenschaftler, der sein Interesse auf das Recht als Kulturphänomen der Vergangenheit beschränkt hätte. Es ist insoweit bezeichnend, daß seit dem Erscheinen des zweiten Teils seines Werkes »Pravo i fakt v rimskom prave« (1902)[336] auf dem Gebiet des römischen Rechts anstelle auf spezifisch geschichtswissenschaftliche Forschungen zurückgehender Arbeiten fast ausschließlich didaktische Schriften erschienen. Obwohl Pokrovskij bis zu seinem Lebensende im Bereich der Geschichte des römischen Rechts gearbeitet hat, sind alle seine später gedruckten Werke keine im engeren Sinne historischen Arbeiten. Auch die erst 1913 erschienene Geschichte des römischen Rechts (»Istorija rimskogo prava«), die bis 1918 drei Neuauflagen erlebte, bildet davon keine Ausnahme, weil sie in erster Linie nicht wissenschaftlichen Zwecken, sondern denen des Hochschulunterrichts diente.[337]

Die konsequente Verknüpfung des römischen Rechts mit dem geltenden prägte auch Pokrovskijs Lehrvortrag. Wie Hörer seiner Vorlesungen über die Lehren des römischen Rechts berichten, beschränkte er sich nicht darauf, lediglich die Dogmatik darzustellen. Er entwickelte vielmehr eine »allgemeine Theorie des Bürgerlichen Rechts«, dargelegt »am Gegenstand des römischen Rechts«.[338] Indem Pokrovskij die Institutionen des römischen Privatrechts vortrug, erläuterte er diesen Gegenstand also, um die Hörer über die Grundlagen des Bürgerlichen Rechts allgemein zu unterrichten.[339] So entsprach Pokrovskij den programmatischen Postulaten Djuvernuas: Durch die Verknüpfung des geltenden Rechts mit seinen historischen Grundlagen verlieh er dem Rechtsunterricht wissenschaftliches Niveau. Dies ermöglichte ihm der von ihm wahrgenommene universelle Charakter des römischen Rechts.[340]

334 Semënova, I. A. Pokrovskij (K 5-letiju so dnja smerti), S. 474.
335 Vgl. Poljanskij, Iosif Alekseevič Pokrovskij, S. 328-329.
336 Es handelt sich um Pokrovskijs Doktordissertation: Pravo i fakt v rimskom prave (Recht und Tatsache im römischen Recht), Teil 2: Genesis pretorskogo prava (Die Entstehung des prätorischen Rechts) (1902).
337 Vgl. Semënova, I. A. Pokrovskij (K 5-letiju so dnja smerti), S. 474.
338 Semënova, I. A. Pokrovskij (K 5-letiju so dnja smerti), S. 474.
339 »Wenn wir das römische Recht wissenschaftlich untersuchen, also die römische Rechtsliteratur, untersuchen wir gleichzeitig die wichtigsten Grundlagen der Theorie des Bürgerlichen Rechts«; Pokrovskij, Rol' rimskogo prava, S. 26.
340 Zu der Frage, inwieweit Elemente des Zivilrechts national oder aber universell seien, äußerte sich Pokrovskij eingehend; vgl. Osnovnye problemy, S. 53 ff.; ders., Rol' rimskogo prava, S. 3. Vgl. Meduševskij, Istorjia russkoj sociologii, S. 74.

Die applikative Methode wandte Pokrovskij auch mit Rücksicht auf die gesetzgeberische Praxis seiner Epoche an. Sein Studienaufenthalt in Berlin war in eine Zeit gefallen, in der sich die Aufmerksamkeit der deutschen Rechtswissenschaft auf die Arbeiten an der Schaffung des neuen Bürgerlichen Gesetzbuchs richtete. Nachdem dieses 1896 fertiggestellt und veröffentlicht worden war, begann es sogleich, großen Einfluß auf die bürgerliche Gesetzgebung vieler Staaten auszuüben, auch auf diejenige Rußlands.[341] Pokrovskij wurde zu einem maßgeblichen Vermittler dieses Einflusses. Er begann 1898, sich aktiv an der wissenschaftlichen Diskussion der Entwürfe zu einem russischen Bürgerlichen Gesetzbuch (Graždanskoe Uloženie) zu beteiligen. Die Arbeiten an einer neuen russischen Zivilrechtskodifikation führten in den folgenden Jahren zum Erscheinen mehrerer, von Motiven begleiteter Teilentwürfe.[342] Pokrovskij trug zu der öffentlichen Erörterung der Entwürfe auch bei, indem er Vorträge in der Kiever Juristischen Gesellschaft hielt. In diesen Vorträgen, die er anschließend zu Spezialaufsätzen ausarbeitete, setzte sich Pokrovskij mit einzelnen dogmatischen Fragen sowohl des BGB wie des russischen Kodifikationsprojekts auseinander.[343] Dabei stützte er sich auf die Erfahrung und die Kenntnisse, die er in Deutschland erworben hatte, und widmete sich dem Vergleich der Schwierigkeiten des russischen Projekts mit den Problemen, die bei der Vorbereitung des deutschen BGB aufgetreten waren. Die mehrjährige, intensive Beteiligung Pokrovskijs an der Entwicklung des Projekts eines russischen Bürgerlichen Gesetzbuches ließ neben den dogmatischen Einzelfragen die Rechtsschöpfung an sich zu einem seiner Interessenschwerpunkte werden.[344]

c.) Die »Grundprobleme des Bürgerlichen Rechts« (1917) und der Stellenwert des Individuums

Dem Programm, das Pokrovskij in seiner Kiever Antrittsvorlesung entworfen hatte, blieb er in seinen späteren wissenschaftlichen Arbeiten treu. Sein Hauptwerk, die »Grundprobleme des Bürgerlichen Rechts« (»Osnovnye problemy graždanskogo prava«), besteht in der Darstellung einer Geschichte und allgemeinen Theorie des bürgerlichen Rechts. Pokrovskij gibt dieser Wissenschaft ein System und konzipiert ihre grundlegenden Ideen. Er entwickelt damit gleichzeitig seine Vorstellungen von der Zukunft des bürgerlichen Rechts: Es solle nämlich auf den alten Fundamenten der zivilistischen Prinzipien eine Entwicklung der Menschheit im Einklang mit höheren Ideen ermöglichen. In dieser Hinsicht bil-

341 Semënova, I.A. Pokrovskij (K 5-letiju so dnja smerti), S. 474.

342 S. unten S. 527 ff.

343 Vgl. etwa die beiden Abhandlungen Pokrovskijs über den Besitz: Vladenie v russkom proekte graždanskogo uloženija (1902) sowie Osnovnye voprosy vladenija v novom germanskom uloženii (1899).

344 Semënova, I.A. Pokrovskij (K 5-letiju so dnja smerti), S. 474; vgl. oben S. 443.

den die »Osnovnye problemy graždanskogo prava« die Summe langjähriger Forschungen ihres Verfassers.[345]

Die »Osnovnye problemy« enthalten eine auf Geschichte und Theorie zurückgreifende, originelle Darstellung des bürgerlichen Rechts.[346] Pokrovskij stellt die Entwicklung der wichtigsten Institute des bürgerlichen Rechts dar, um »Perspektivlinien der Entwicklung« dieses Rechtsgebiets aufzuzeigen.[347] Die Darstellung nimmt ihren Ausgang bei einem universalistischen, überpositiven Ansatz, wenn Pokrovskij »höhere Wahrheiten« voraussetzt und auf ein »an den höchsten Punkten rechtlichen Strebens« (»na vysšich punktach pravovych iskanij«) ausgerichtetes Privatrecht hinarbeitet.[348] Es wird ihm dadurch möglich, die theoretischen Probleme des bürgerlichen Rechts unter durchgehender Berücksichtigung des ausländischen Rechts zu erörtern.[349]

Zu den leitenden Gedanken im Werk Pokrovskijs gehören die Idee der selbständigen und autonomen Persönlichkeit, die zentral für das römische Recht der klassischen Zeit gewesen war, die Idee des Naturrechts, die bei römischen Juristen zu praktischer Bedeutung gelangt war und es anschließend begünstigte, daß sich das römische Recht als universelles ausbreiten konnte, sowie schließlich die Idee der Bestimmtheit des Rechts als Antwort auf die Frage nach dem Verhältnis zwischen Richter und Gesetz.[350]

Dabei dient Pokrovskij die vergleichende Berücksichtigung etwa des österreichischen, französischen oder schweizerischen Rechts nicht nur als Folie, vor der sich die russischen Rechtseinrichtungen abzeichnen. Sie hat bei der Erörterung der Einzelfragen vielmehr selbständige Bedeutung, weil Pokrovskij aus dem ausländischen Recht jeweils spezifische Argumente gewinnt. So kann er beispielsweise für das Konzept des Juristen, der selbst wie ein »Gesetzgeber« rechtsschöpferisch tätig sei,[351] auf den berühmten Art. 1 des schweizerischen ZGB verweisen,[352] nach dem der Richter in Ermangelung von Gesetzes- oder Gewohn-

345 Bereits in seiner Erstlingsschrift »Rol' rimskogo prava v pravovoj istorii čelovečestva i v sovremennoj jurisprudencii« hatte Pokrovskij den Standpunkt vertreten, daß das Recht »ein Produkt der allgemeinen (!) menschlichen Natur, individualisiert inmitten eines jeden Volkes unter dem Einfluß seines nationalen Geistes« sei; aaO., S. 20.

346 Eine Übersetzung der »Osnovnye problemy« ins Deutsche ist abgeschlossen und wird zum Druck vorbereitet.

347 Pokrovskij, Osnovnye problemy, S. 38.

348 Pokrovskij, Osnovnye problemy, S. 38.

349 Zur Begründung dieser Methode beruft sich Pokrovskij auf Jherings Lehre vom gegenseitigen Austausch unter den Völkern. Vgl. Osnovnye problemy S. 62, wo Pokrovskij Bezug nimmt auf Jherings Äußerung: »Das Leben der Völker ist kein isoliertes Nebeneinanderbestehen, sondern es ist wie das der Individuen im Staat eine Gemeinschaft, ein System der gegenseitigen Berührung und Einwirkung, friedlicher und feindlicher, ein Geben und Nehmen, Entlehnen und Mitteilen, kurz ein großartiges, alle Seiten des menschlichen Daseins umfassendes Austauschgeschäft«; Geist des römischen Rechts, Bd. 1, S. 5.

350 Poljanskij, Iosif Alekseevič Pokrovskij, S. 330.

351 Vgl. oben S. 443.

352 Pokrovskij, Osnovnye problemy, S. 97 ff.

heitsrecht »nach der Regel entscheiden [soll], die er als Gesetzgeber aufstellen würde«. Er selbst verhielt sich zu diesem Konzept kritisch und plädierte für eine konsequente Orientierung am Gesetzesrecht.[353] Im Unterschied zu zeitgenössischen Vertretern der Freirechtslehre[354] sah er auch in der rechtsfortbildenden Tätigkeit des Prätors kein Vorbild.[355]

Im Mittelpunkt des Werkes steht ein Kernproblem, mit dem sich Pokrovskij sein ganzes Leben lang beschäftigte: die Stellung des Menschen im bürgerlichen Recht, im Recht insgesamt und schließlich insbesondere im Verhältnis zum Staat.[356] Daß Pokrovskij die menschliche Person in das Zentrum des Privatrechts stellte, geht auf eine grundlegende Wertordnung zurück: Für ihn zählte zu den elementaren Grundsätzen des bürgerlichen Rechts, daß dieses »von jeher und in seiner spezifischen Struktur das Recht der einzelnen menschlichen Persönlichkeit, der Sphäre ihrer Freiheit und Selbstbestimmung« sei: »Hier entstand zum ersten Mal die Vorstellung vom Menschen als Rechtssubjekt, d.h. die Vorstellung von der Persönlichkeit als einer juristisch selbständigen und unabhängigen, sogar im Verhältnis zum Staat und seinen Gewalten.«[357]

Es überrascht nicht, daß mit Pokrovskij gerade ein im römischen Recht gebildeter Jurist darauf insistierte, daß der einzelne Mensch als Rechtspersönlichkeit im Zentrum des Privatrechts stehen müsse. Es handelt sich um ein grundlegendes Merkmal der klassischen römischen Rechtswissenschaft. Es liegt der Dreiteilung des Institutionensystems in *personae, res* und *actiones* zugrunde: An erster Stelle steht der Mensch (*persona*), dem anschließend Vermögensgegenstände zugeordnet werden (*res*) und der schließlich Rechtsschutz genießt (*actiones*).[358] Dieses Grund-

353 Poljanskij, Iosif Alekseevič Pokrovskij, S. 335; Zimeleva, Reč' pamjati, S. 325.

354 Zu den wichtigsten Vermittlern der deutschen Beiträge zur Freirechtslehre nach Rußland gehört A. V. Zavadskij, dessen unvollendete Darstellung »K učeniju o tolkovanii graždanskich zakonov« 1916 aus seinem Nachlaß herausgegeben wurde. Vgl. dort S. 6-61.

355 Poljanskij, Iosif Alekseevič Pokrovskij, S. 328-329; vgl. Zimeleva, Reč' pamjati, S. 323. Der liberale Pokrovskij, der das Freiheitsprinzip durch streng regelhaftes Recht gewährleisten wollte, mußte den eigenen Standpunkt in kritischer Auseinandersetzung mit seinen Zeitgenossen Ernst Fuchs, Eugen Ehrlich und anderen Vertretern der Freirechtsschule entwikkeln. Vgl. die Übersicht der neueren rechtsphilosophischen Literatur, S. 125. Für die russische Kritik, die Pokrovskij mit seiner ablehnenden Haltung nicht folgen wollte, vgl. Lappa-Starženeckaja, Rez. Pokrovskij, S. 336; eingehende Kritik übt auch Gessen, Rez. Pokrovskij, Sp. 233-245.

356 Pokrovskij, Osnovnye problemy, S. 307ff.

357 Pokrovskij, Osnovnye problemy, S. 307; vgl. Makovskij, Vypavšee zveno, S. 22f. Dieser zentrale Gesichtspunkt der Lehre Pokrovskijs besitzt nach wie vor uneingeschränkte Aktualität. Dadurch wiederum wird die Pokrovskij-Rezeption in der jüngsten russischen Zivilrechtsliteratur begünstigt. Vgl. Suchanov, Ausgewählte Probleme der Entwicklung des Privatrechts, S. 555.

358 An den Anfang des Systems und damit in seinen Mittelpunkt stellt die Dreiteilung den Menschen, der als Person durch seine Rechtsfähigkeit definiert ist. Vgl. näher Behrends, Die rechtsethischen Grundlagen, S. 16ff.; ders., Die Person oder die Sache, S. 46. Die Vorstellung, daß das Recht um der Menschen willen existiert, formuliert für die klassische

schema war besonders im juristischen Elementarschrifttum der römischen Antike mit großem Erfolg rezipiert worden.[359] Pokrovskij trat nicht als einziger Romanist für die Stärkung des Individualismus im geltenden Recht ein. Auch sein Berliner Studienkollege Guljaev setzte sich mit der Individualität des römischen Bürgers im Recht auseinander, um Konzepte für das geltende Recht und dessen wünschenswerte Entwicklung zu gewinnen. Er stellt fest, eine hohe Wertschätzung der Persönlichkeit (ličnost') trete bei den Römern auf jeder Ebene, in jedem Bereich des Rechts auf, und weist auf die unbegrenzte Individualität (neograničennaja individual'nost') des *pater familias* hin.[360] Guljaev begründet die Wichtigkeit einer Auseinandersetzung mit dem römischen Recht damit, daß die Macht des individuellen Willens hier besonders ausgeprägte Berücksichtigung finde, während die gegenwärtige Entwicklung den Individualismus eher in den Hintergrund zu drängen drohe.[361]

Pokrovskij tritt für den Schutz der Rechtssphäre der einzelnen Person durch das positive Recht ein,[362] indem er sowohl eine Ausdehnung des Anwendungsbereichs des bürgerlichen Rechts als auch dessen qualitativen Ausbau fordert:

> Mit der Stärkung der menschlichen Persönlichkeit, mit der Entwicklung des individuellen Selbstbewußtseins wächst die Sphäre der subjektiven Rechte; aber zusammen mit ihr verschieben sich die Grenzen des bürgerlichen Rechts, und es nimmt mehr und mehr einen individualistischen Charakter an: Die Interessen der Persönlichkeit stehen im Zentrum seiner Aufmerksamkeit.[363]

Indem Pokrovskij die Gewährleistung der Freiheit des einzelnen durch das Privatrecht postuliert, tritt er gleichzeitig für die Emanzipation des letzteren vom öffentlichen Recht ein.[364] Nach seiner Vorstellung geht die Entwicklung des Privatrechts allgemein unmittelbar einher mit der Entwicklung des Verhältnisses zwischen dem Individuum, dessen Persönlichkeitsrechte im Wege des Rechtsschutzes gewährleistet werden müßten, und dem Staat, dessen Einfluß entsprechend zu begrenzen sei.[365] Pokrovskij vertritt den Standpunkt, »daß eine der

Rechtswissenschaft Hermogenian 1 *iuris epitomarum* D. 1,5,2: *hominum causa omne ius constitutum*.

359 Die Dreiteilung liegt nicht nur den Gaius-Institionen sowie dem (insoweit unvollständig erhaltenen) pseudo-ulpianischen *liber singularis regularum* zugrunde, sondern, abhängig von dieser Tradition, auch den Institutionen Justinians. Zur Sache vgl. Wieacker, Griechische Wurzeln, S. 93-126; Kupisch, Institutionensystem und Pandektensystem, S. 293-301.

360 Guljaev, Sovremennye zadači, S. 121.

361 Guljaev, Sovremennye zadači, S. 122.

362 Vgl. Pribytkova, Rechtssubjekt, S. 215.

363 Pokrovskij, Osnovnye problemy, S. 307.

364 Vgl. grundsätzlich oben S. 319 ff.

365 Pokrovskij, Osnovnye problemy, S. 80 ff. und 122 ff. Wichtige Anregungen gewinnt Pokrovskij z. B. aus dem römischen Recht der Popularklage. In dem Grundsatz, daß ein Interesse erst dann zum öffentlichen wird, wenn jemand öffentlich für dasselbe eintritt, sieht Pokrovskij sowohl die gesellschaftliche Mitverantwortung als auch den Respekt vor dem Individuum ausgedrückt; vgl. Pokrovskij, Častnaja zaščita, S. 27-43.

Grundlinien der Entwicklung des bürgerlichen Rechts bei den neuen Völkern die *individualistische* war [...]. In diese Richtung wirkten sowohl das römische Recht wie auch die Naturrechtslehren«.[366] Seine Hauptideen, der Wert der individuellen Freiheit und deren Gewährleistung durch das Recht, ließen ihn als Gegner derjenigen Gelehrten auftreten, die, wie etwa der in jener Zeit vielbeachtete französische Staatstheoretiker Léon Duguit (1859-1928), den Gedanken des subjektiven Rechts ablehnten.[367]

Gleichzeitig mit der Entwicklung zu einer immer vollkommener gewährleisteten Freiheit des einzelnen konnte sich Pokrovskij allerdings auch eine allmähliche Hinwendung zu einer an solidarischen Gesichtspunkten orientierten *ökonomischen* Ordnung der Gesellschaft vorstellen: »›Individualisierung‹ dort, ›Vergesellschaftung‹ hier.«[368] Solange sich die Vergesellschaftung auf die wirtschaftlichen Verhältnisse beschränkte und die geistige Freiheit der Person nicht antastete, war Pokrovskij, seiner Neigung zum Individualismus zum Trotz, teilweise auch solchen Ideen gegenüber aufgeschlossen, die von sozialistischer Seite vertreten wurden.[369] Es kann nicht überraschen, daß Semënovas Darstellung von Pokrovskijs Werk, die im Kontext der frühen Sowjetunion entstand, gerade diese Äußerung aufgreift.[370] Die Autorin bedenkt ihren akademischen Lehrer zwar mit einigen freundlichen Worten, tritt ihm im übrigen aber als Marxistin entgegen und sucht an seinem Werk grundsätzliche bourgeoise Irrlehren nachzuweisen.[371]

Pokrovskij schrieb über sein Buch »Osnovnye problemy«, es richte sich nicht an die spezialisierten Juristen, sondern an ein weiteres, nicht fachlich gebildetes Publikum, und habe zum Ziel, eine allgemeine Darlegung der grundlegenden

366 Pokrovskij, Osnovnye problemy, S. 82 (Hervorhebung im Original). Schon in seiner Dorpater Erstlingsschrift hatte Pokrovskij den individualistischen Charakter des römischen Rechts hervorgehoben; Rol' rimskogo prava, S. 4. Er hatte sich dort u. a. mit Heinrich Heine auseinandergesetzt, der gerade diese Eigenschaft des römischen Rechts (polemisch überzeichnend) mit der Bemerkung angegriffen hatte, das Corpus iuris sei eine »Bibel des Egoismus«, und bestimmte Rechtsinstitute dienten nur der Sicherung ungerechtfertigter Interessen einzelner (»jenen Dieben verdanken wir die Theorie des Eigenthums«); vgl. die Memoiren, in: Heine, Historisch-kritische Gesamtausgabe, Bd. 15, S. 64. Für Pokrovskij liegt dieser Vorstellung »ein naiver Irrtum«, »eine Kurzsichtigkeit« zugrunde (aaO., S. 29 f.).

367 Vgl. Pokrovskij, Osnovnye problemy, S. 110 ff., wo sich der Verfasser mit Duguits Werken »Le droit social, le droit individuel et la transformation de l'état« (1908) und »Les transformations générales du droit privé depuis le Code Napoléon« (1912, 2. Aufl. 1920) auseinandersetzt. Duguit lehnt als »subjektive Rechte« konzipierte Rechtspositionen Privater ab und meint, jegliches »droit« des einzelnen dürfe nur in den Grenzen, die dessen Funktion in der Gesellschaft vorgebe, bestehen. Für die Kritik am subjektiven Recht vgl. insbesondere Duguit, Les transformations générales, S. 1 ff. und 34 ff.

368 Pokrovskij, Osnovnye problemy, S. 89.

369 Poljanskij, Iosif Alekseevič Pokrovskij, S. 332; vgl. Zimeleva, Reč' pamjati, S. 324.

370 Semënova, I. A. Pokrovskij (K 5-letiju so dnja smerti), S. 474.

371 Semënova, I. A. Pokrovskij (K 5-letiju so dnja smerti), S. 473-475.

Probleme des bürgerlichen Rechts zu geben.[372] So war sein bedeutendstes Werk für eine breitere Leserschaft konzipiert, ähnlich wie es bei Jhering der Fall ist, dessen bekannteste Schrift, der »Kampf um's Recht« (1872), seine überaus weite Verbreitung in einer Fassung erlebte, die an ein nicht-wissenschaftliches Publikum gerichtet war.[373] Aus moderner russischer Sicht sind die »Osnovnye problemy« sogar auf eine Stufe mit den ersten unter den großen rechtswissenschaftlichen Arbeiten auf der Welt gestellt worden, gleichrangig etwa mit Jherings »Geist des römischen Rechts« (1852), Duguits »Les transformations générales du droit privé depuis le Code Napoléon« (1912) und Kelsens »Reiner Rechtslehre« (1934).[374]

Während die letztgenannten Werke auf der ganzen Welt bekannt und in andere Sprachen übersetzt wurden, gelangten die »Osnovnye problemy« sogar in Rußland für lange Zeit nur einem begrenzten Kreis an wissenschaftlich interessierten Juristen zur Kenntnis. Die Gründe dafür, daß Pokrovskijs Hauptwerk vergleichsweise wenig Beachtung gefunden hat, liegen angesichts seines Erscheinungsdatums auf der Hand: Nachdem eine erste Fassung schon 1916 gedruckt, aber nur einigen wenigen Spezialisten zugänglich geworden war,[375] erschien die selbständige Ausgabe Ende 1917, möglicherweise ausgerechnet im Oktober.[376] Die unmittelbar folgenden Umwälzungen ließen das Buch wie einen zivilrechtlichen Schwanengesang erscheinen.[377]

Pokrovskij teilte das Schicksal vieler Angehöriger seiner Generation, die als Liberale zunächst in Opposition zu der reaktionären Regierung des Zarenreiches standen, bevor sie später als Repräsentanten des bürgerlichen Systems in Konflikt mit den Protagonisten der Revolution gerieten. Schon am Anfang des Jahrhunderts hatte Pokrovskij politisch hervorzutreten begonnen. Er war Mitglied der Kadetten-Partei[378] und hatte sich bereits 1905 auf seiten der liberalen Kräfte exponiert. Als er in der Universitätskrise von 1911/12 für liberale Forderungen eintrat,[379]

372 Pokrovskij, Osnovnye problemy, S. 38.

373 Vgl. die Vorrede von Ermacora in dessen Neuausgabe von Jhering, Der Kampf um's Recht, S. 56.

374 Makovskij, Vypavšee zveno, S. 7.

375 Eingearbeitet wurde diese Ausgabe des Textes z. B. bereits in Kistjakovskijs Social'nye nauki i pravo, S. 578-579 sowie bei Taranovskij, Ėnciklopedija prava, passim; für die erste Kritik vgl. die Rezension von Lappa-Starženeckaja (1916).

376 Makovskij, Vypavšee zveno, S. 7.

377 In diesem Sinne Lappa-Starženeckaja, Pamjati, S. 604; Pergament, Pokrovskij, S. 245 verwendet dieselbe Metapher für Pokrovskijs Spätwerk Gosudarstvo i čelovečestvo (Staat und Menschheit) von 1919, Poljanskij, Iosif Alekseevič Pokrovskij, S. 340 für dessen unveröffentlichte und offenbar verlorene Schrift Pravo. Ego dejstvitel'nost' i ego stremlenija (Das Recht. Seine Geltung und seine Bestrebungen).

378 S. unten S. 581.

379 Nicht wenige Zivilrechtler romanistischer Ausrichtung waren politisch engagiert. Als (in politischer Hinsicht) Liberale traten im Universitätskonflikt etwa Aleksej Guljaev, Michail Pergament sowie David Grimm hervor. Vgl. dazu Maurer, Hochschullehrer, S. 795 ff. Sergej Muromcev war Haupt der russischen Verfassungsbewegung, führendes Mitglied

wurde er wie viele seiner Kollegen durch die wiedererstarkende Reaktion abgestraft: Unter der Verantwortung des Volksaufklärungsministers L. A. Kasso nötigte man ihn 1912, seinen Abschied von der Sankt Petersburger Universität zu nehmen.[380] Die anschließende Zeit Pokrovskijs am Moskauer Handels-Institut war eine in wissenschaftlicher Hinsicht produktive Phase, aber zugleich die schwerste Zeit seines Lebens.[381] In diesen Jahren entstanden nicht nur die »Osnovnye problemy«, sondern auch eine Reihe politischer Schriften, in denen er – letztlich vergeblich – zur Wahrung von Individualismus und Rechtsstaatlichkeit sowie zur Mäßigung in der gesellschaftlichen Auseinandersetzung aufrief.

Mit der Machtübernahme der Bol'ševiki im Oktober 1917 wurden die Gedanken, für die Pokrovskij eintrat, mitsamt der ihnen zugrundeliegenden Wissenschaft verdrängt. Das neue Regime begann alsbald, den Anwendungsbereich des Zivilrechts einzuschränken und insbesondere die wirtschaftlichen Beziehungen durch öffentlichrechtliche Planvorgaben zu gestalten.[382] Die Tradition der bürgerlichen Rechtswissenschaft brach ab, und zusammen mit seiner Juristengeneration verstummte allmählich auch Pokrovskij.[383] Aleksandr L. Makovskij hat dies in seiner Würdigung Pokrovskijs mit dem Bild des abgerissenen (»herausgefallenen«) Kettenglieds (vypavšee zveno) treffend zum Ausdruck gebracht.

Pokrovskijs Werk war in sowjetischer Zeit keineswegs verboten.[384] Der Autor wurde in sowjetischen Enzyklopädien als bürgerlicher Wissenschaftler aufgeführt.[385] Sein Werk wurde, wenn auch mit dem caveat, es stamme von einem »bourgeoisen« Juristen, in offiziösen Zivilrechtsdarstellungen zitiert und verschie-

der Kadetten-Partei und 1905 sogar Vorsitzender der 1. Duma gewesen. Vgl. Meduschewskij, Konstitutionelle Projekte, S. 246 ff. und oben S. 420 u. unten S. 581.

380 Vgl. Maurer, Hochschullehrer, S. 800 f.

381 Lappa-Starženeckaja, Pamjati, S. 604; Pergament, Pokrovskij, S. 245.

382 Für Lenins Forderung nach einer öffentlichrechtlich gestalteten Wirtschaftsordnung vgl. unten S. 604 f.

383 Vgl. dazu die im slowenischen Exil erschienene Schrift Stoletie Kievskogo Universiteta Sv. Vladimira, S. 29.

384 Makovskij, Vypavšee zveno, S. 31.

385 Makovskij, Vypavšee zveno, S. 32. Vgl. Pereterskij, Vseobščaja istorija gosudarstva i prava, S. 9; Novickij, Osnovy rimskogo graždanskogo prava, S. 9. In dem verbreiteten, von M. Docenko herausgegebenen Lehrbuch des Wirtschaftsrechts setzt sich Georgij N. Amfiteatrov kritisch mit zentralen Konzepten des »bourgeoisen« Rechts wie Vertragsfreiheit und Willenstheorie auseinander und stellt als Repräsentanten des angegriffenen Rechtsdenkens Pokrovskij heraus, den er mit Marx, Engels und Lenin zu widerlegen sucht; Kurs sovetskogo chozjajstvennogo prava, Bd. 2, S. 14-20. Über die Rezeption Pokrovskijs in der Sowjetunion vgl. Makovskij, Vypavšee zveno, S. 31 ff. Zu den Vermittlern von Pokrovskijs Rechtsdenken gehört insbesondere seine Schülerin Ekaterina Abramovna Flejšic (1888-1968; über sie vgl. Šilochvost, Russkie civilisty, S. 152 f.), Mitverfasserin des von Novickij und Pereterskij herausgegebenen Lehrbuchs Rimskoe častnoe pravo (vgl. Avenarius, Römisches Recht in slavischen Sprachen III, S. 643 f.) sowie mehrerer zivilrechtlicher Kommentierungen und Lehrwerke. Vgl. auch Kantorovič, Osnovnye idei graždanskogo prava, S. 38, 48 u. passim. A. L. Makovskij (geb. 1930), der im Hinblick auf Pokrovskij das Bild vom »herausgefallenen Kettenglied« verwendet hat, ist selbst, vermittelt über E. A. Flejšic, dessen »Enkelschüler«.

dentlich öffentlich anerkennend erwähnt.[386] Dabei werden Pokrovskijs Schriften jedenfalls teilweise zum Beleg für Standpunkte herangezogen, die durch seine Äußerungen, wie sich bei unbefangener Betrachtung derselben ergibt, nicht gestützt werden.[387] Im Stalinismus dürfte dies Vorbedingung dafür gewesen sein, daß der »bourgeoise« Autor überhaupt positiv erwähnt werden konnte. Pokrovskij wurde im übrigen als Historiker des römischen Rechts und Kritiker des Dogmatismus und Positivismus der bürgerlichen Rechtswissenschaft wahrgenommen.[388]

386 Semënova wies auf die Verdienste Pokrovskijs im Privatrecht hin und sprach mit Respekt über seine »meisterhafte Analyse« und »brillante Arbeit« sowie seinen »weiten philosophischen Horizont«. Im selben Artikel bezeichnet sie Pokrovskij allerdings in denunziatorischer Weise als Anhänger von Idealismus und Individualismus sowie Vertreter der kleinbürgerlichen Intelligenz; Semënova, I. A. Pokrovskij (k 5-letiju so dnja smerti), S. 475. Flejšic berief sich in der aus ihrer Dissertation hervorgegangenen Monographie »Ličnye prava v graždanskom prave Sojuza SSR i kapitalističeskich stran« (Moskva 1941) als Grundlage für ihre Ansichten mehrmals auf die Arbeiten Pokrovskijs. Die Autorin erörtert Persönlichkeitsrechte, und zwar auch im Wege einer ausführlichen Auseinandersetzung mit dem »bourgeoisen« Recht. Es folgen besondere Kapitel zu Namensrecht, Recht auf Ehre und Recht des Urhebers literarischer, wissenschaftlicher und künstlerischer Werke. Gleich zu Beginn verweist sie auf die »Osnovnye problemy graždanskogo prava«. Offenbar war bereits das Thema der Dissertation unter dem Einfluss von Ideen Pokrovskijs ausgesucht worden. Im Rahmen eines Konferenzbeitrags an der Moskauer Universität pries Flejšic ihren Lehrer 1944 als »Vertreter der besten Traditionen des fortschrittlichen russischen wissenschaftlichen und gesellschaftlichen Denkens« und stellte dessen Buch »Osnovnye problemy graždanskogo prava« als herausragendes Werk der Rechtsliteratur des 20. Jahrhunderts überhaupt dar; I. A. Pokrovskij i ego vklad, S. 101-102. Pokrovskijs Arbeit auf dem Gebiet des Personenrechts wurde verschiedentlich von Sergej Bratus' aufgegriffen, z. B. in dessen Monographie »Subekty graždanskogo prava« (1950), in der Pokrovskij als Vertreter einer »realistischen« (der »Theorie der realen Verbandspersönlichkeit« nahestehenden) Auffassung vom Wesen der juristischen Person zitiert und diskutiert wird; aaO., S. 178. Vgl. dafür ferner Agarkov/Bratus' u. a., Graždanskoe pravo, S. 204 f. Pokrovskijs Konzept von einem »körperschaftlichen Willen«, über den die juristische Person verfüge (Osnovnye problemy, S. 140), war in der an Kollektiven orientierten sowjetischen Wirtschaftsrechtsdogmatik durchaus anschlußfähig. Entsprechendes galt für seine Forderung, das Familienrecht auf gelebte und nicht allein auf formal bestehende Beziehungen auszurichten und die Ehescheidung liberal zu handhaben; Osnovnye problemy, S. 176. Für die von sowjetischer Seite erfolgende Berufung auf diesen Standpunkt des »bourgeoisen« Autors Pokrovskij vgl. Schlesinger, The Family, S. 352.

387 Die offiziöse sowjetische Rechtsliteratur ist bekanntlich nicht frei von der Neigung, Zitate im Hinblick auf eine bestimmte angestrebte Wirkung aus ihrem Ursprungszusammenhang herauszulösen sowie Äußerungen allgemein in tendenziöser Weise wiederzugeben. So ist es z. B. sicherlich abwegig, Pokrovskij, der dem sozialen Element des Rechts mit Wertschätzung begegnet und der sogar dem Gedanken der Vergemeinschaftung von Gütern Raum gibt, auf dieser Grundlage zum radikalen Gegner des Kapitalismus oder einseitigen Kritiker westlicher Rechtssysteme zu stilisieren, wie es Flejšic in ihrem zuletzt genannten Beitrag teilweise versucht. In dem offiziösen Lehrbuch von Agarkov/Bratus' u. a. werden Pokrovskijs »Osnovnye problemy« sogar in eine Reihe mit sowjetischer Literatur gestellt, die durch einen Beitrag Andrej Ja. Vyšinskijs, des berüchtigten Chefanklägers Stalins, eröffnet wird; aaO., S. 26.

388 Makovskij, Vypavšee zveno, S. 33.

Kapitel 15: Rechtsanwendung und -fortbildung durch die Kassationsabteilung des Dirigierenden Senats unter dem Einfluß des römischen Rechts und der Pandektistik

Die ersten wissenschaftlichen Bearbeiter des Zivilrechts hatten danach gestrebt, das geltende Recht des Svod Zakonov X/1 methodisch und begrifflich zu durchdringen und demselben auf diesem Wege wissenschaftliche Grundlagen zu geben. Als wohl wichtigsten Beitrag zu den Erträgen dieser Juristengeneration haben wir das Werk Dmitrij Mejers behandelt. Um die Bemühungen Mejers angemessen zu bewerten, wird man sich daran erinnern müssen, daß seine Entwürfe wegen des Auslegungsverbots nichts unmittelbar mit dem geltenden Recht zu tun hatten.[1] Erst die Gerichtsreform von 1864 ermöglichte den Richtern, die Rechtsfragen der Praxis auf der Grundlage wissenschaftlicher Systeme und Methoden zu behandeln.[2] Der amerikanische Historiker Wortman schreibt, »the new judges would create the judicial practice [...] that Dmitrij Mejer had *envisioned*«.[3] In der Tat hatte sich ein wissenschaftlich denkender Jurist wie Mejer vor 1864 im wesentlichen noch auf Visionen beschränken müssen. Unter den neuen Rahmenbedingungen konnte sich das ändern. Sie gaben Raum dafür, daß die besten Zivilrechtsjuristen des Zarenreiches die Modernisierung des Rechts betreiben konnten. Bei diesen Bemühungen ließen sie sich, wie gesehen, vielfach vom römischen Recht anregen.[4] Den wichtigsten Schritt zur Vermittlung des Eingangs römischen Rechts in das geltende Recht bildete nun die Aufnahme jener Zivilrechtslehren, die durch das römische Rechtsdenken geprägt und um dessen Einrichtungen ergänzt worden waren, durch die Rechtsprechung.[5]

I.) Einführung

Während die wissenschaftlichen Zivilrechtsentwürfe der Zeit, wie sie Mejer und später andere Rechtslehrer entwickelten, wichtige Beiträge zur Vorbereitung der Rechtsentwicklung im Rahmen der Zivilrechtstheorie bildeten, blieb die Fortentwicklung des unmittelbar geltenden Rechts, sieht man vom Gewohnheitsrecht ab, staatlichen Institutionen vorbehalten. Im Mittelpunkt dieses Vorgangs stand

1 Der praktischen Ausrichtung seiner Lehre zum Trotz wird Mejer von Djuvernua aus diesem Grunde in einen Gegensatz zu den »Praktikern« gesetzt, die das positive Recht der geltenden Gesetze lehrten; Iz kursa lekcij po graždanskomu pravu, S. 13.

2 Teslja, Istočniki graždanskogo prava, S. 34.

3 Wortman, The Development, S. 266 (Hervorhebung von mir).

4 Vgl. oben S. 371 ff. sowie Hammer, Russia and the Roman Law, S. 10, der sich anschließend auf die Kodifikationsarbeiten bezieht.

5 Vgl. Silvestri, Contrast, S. 3 u. 9. Für das Folgende im Überblick vgl. Avenarius, »*Non ambigitur senatum ius facere posse*« (im Druck).

die Rechtsprechung des obersten Gerichts in Zivilsachen, also der Zivilrechtlichen Kassationsabteilung des Dirigierenden Senats (Graždanskij Kassacionnyj departament Pravitel'stvujuščego senata).[6]

Der Senat hatte seine Stellung als oberste Regierungsinstanz bereits im 18. Jahrhundert verloren und sich zu einer Behörde gewandelt, die den Zaren bei Verwaltung, Gesetzgebung und Rechtsprechung unterstützte.[7] Die Neuorganisation der Befugnisse durch Alexander I. hatte dann zu einer Konzentration der Aufgaben auf die eines obersten Gerichts geführt. Diese Stellung des Senats wurde durch die Justizreform von 1864 förmlich festgelegt.[8] Nachdem in diesem Zusammenhang eine grundsätzlich professionelle Richterschaft eingerichtet worden war, bestand auch der Senat aus Berufsrichtern.[9] Die Reform bewirkte durch die Erweiterung der Kompetenzen der Gerichtsbarkeit, daß die Bedeutung des Senats erheblich zunahm.[10] Dies betrifft insbesondere die am Senat bestehende Kassationsabteilung. Obwohl diese keine legislativen Aufgaben hatte, brachte sie in den letzten Jahrzehnten des Zarenreiches zahlreiche Regelungen hervor, die im Wege der Auslegung des Gesetzes nicht zu begründen und dem geltenden Recht daher neu waren. Die Entscheidungen gelangten nicht selbst in Gesetzeskraft.[11] Sie prägten allerdings nicht nur faktisch die nachfolgende Rechtsprechung des Senats und der Instanzgerichte,[12] sie gingen vielmehr gleichzeitig in die offiziösen »Anmerkungen« in den amtlichen oder halbamtlichen Ausgaben des Gesetzestextes ein. Vor dem Hintergrund, daß es im Zarenreich ohnehin keine Gewal-

6 Die Kassationsentscheidungen (Kass.) werden jeweils zitiert nach Jahr und laufender Nummer. Es gibt mehrere Entscheidungssammlungen, die die einzelnen Urteile fortlaufend numeriert enthalten. Benutzt wird hier, soweit Seitenzahlen genannt sind, die in der Senatsdruckerei erschienene, offizielle Ausgabe: Rešenija Graždanskogo Kassacionnogo departamenta Pravitel'stvujuščego Senata, S.-Peterburg, in anderen Fällen – worauf es bei der o. a. Zitierweise nicht ankommt – die Ausgabe: Rešenija Graždanskogo Kassacionnogo departamenta Pravitel'stvujuščego Senata, Izdanie 2-e neoficial'noe, Izdanie kandidata prav L. M. Rotenberga, Ekaterinoslav 1866-1916. Es gibt schließlich noch eine erste, von Waśkowski herausgegebene inoffizielle Ausgabe: Rešenija Graždanskogo Kassacionnogo departamenta Pravitel'stvujuščego Senata, pod redakciej E. V. Vas'kovskogo, Odessa. Diese Ausgabe gibt die Entscheidungen aber regelmäßig nur beschränkt auf den Kern der Entscheidungsbegründung wieder. In den letzten Jahren des Zarenreiches wurden die Kassationsentscheidungen – mit entsprechender Zählung – abgedruckt in einer Beilage zur Zeitschrift »Vestnik Prava«. Dort wurden den Entscheidungen regelmäßig Anmerkungen beigegeben, die nicht selten rechtsvergleichende Erörterungen enthielten.

7 Vgl. Liessem, Verwaltungsgerichtsbarkeit, S. 6 ff. u. 21 ff.

8 Vgl. Baberowski, Das Justizwesen im späten Zarenreich, S. 163; Reich, Art. Rußland, S. 2284.

9 Küpper, Rechtsgeschichte Osteuropas, S. 128; vgl. Liessem, Verwaltungsgerichtsbarkeit, S. 108 ff.

10 Vgl. Slystschenkow, Der Entwurf, S. 192.

11 Karcov, K voprosu o pravotvorčeskoj dejatel'nosti (Teil 2), S. 165-166.

12 Wagner, Civil Cassation Department, S. 36 u. 46.

tenteilung gab, führte die Bedeutung dieser produktiven Praxis der Gerichts dazu, daß sich die Auffassung verfestigen konnte, der Senat »schaffe Recht«.[13]

Die Kassationsabteilung in Zivilsachen fällte ihre Entscheidungen entweder im Rahmen des Kollegiums (prisutstvie), das aus sieben Senatoren bestand, oder in der Kammer (otdelenie), die mit drei Richtern besetzt war. Gemäß Art. 802 ZPO war das Kollegium für die Streitigkeiten zuständig, bei denen es auf die Gesetzesauslegung oder die Ermittlung des »Sinnes der Gesetze« gemäß Art. 9 ZPO ankam, in allen anderen Verfahren entschied die Kammer.

Die Verfahren wurden vorbereitet unter der Verantwortung des Oberprokurors.[14] Seine Mitarbeiter (tovarišči) stellten das Tatsachenmaterial zusammen und holten erforderlichenfalls Auskünfte bei Ministerien oder Behörden ein.[15] Sie sichteten das einschlägige Schrifttum, holten ggf. Gutachten spezialisierter Rechtslehrer ein und fertigten zum Abschluß eine eigene gutachterliche Stellungnahme (zaključenie) mit einem Entscheidungsvorschlag.[16] Kam unter diesen Umständen schon dem jeweils zuständigen Mitarbeiter des Oberprokurors erheblicher Einfluß auf die rechtliche Würdigung des Falles zu, galt dies umso mehr für den berichterstattenden Senator, der die Beratungen des jeweils zuständigen Spruchkörpers einleitete. Der Senat entschied nach Anhörung des mit der Sache befaßten Mitarbeiters des Oberprokurors.[17] Dem Berichterstatter oblag es schließlich, die Entscheidung einschließlich der tragenden Gründe auszuformulieren.[18] Die Entscheidung fiel nicht immer im Sinne des Berichterstatters, doch bewirkte die hohe Arbeitsbelastung des Senats, daß der Standpunkt des Berichterstatters meistens faktisch den Ausschlag gab.[19]

Daß sich die vorliegende Untersuchung auf die oberste Instanz der Gerichtsbarkeit konzentriert, liegt zunächst deswegen nahe, weil deren Entscheidungen (anders als die der Instanzgerichte) in amtlichen und halboffiziellen Sammlungen relativ gut dokumentiert sind. Es ist darüber hinaus sachlich dadurch gerechtfertigt, daß wir zahlreichen Juristen, die uns als Romanisten oder romanistisch gebildete Zivilrechtler

13 Vgl. S. 518. Diese Auffassung stützte sich auf Art. 815 ZPO, nach dem alle Senatsentscheidungen, in denen das Gesetz interpretiert wurde, zu veröffentlichen waren »als Handreichung zur einheitlichen Auslegung und Anwendung der Gesetze«. Vgl. Schöndorf, Sollen wir slavisches Recht studieren?, S. 165.

14 Beim Senat (anders als beim Heiligen Synod) war der Oberprokuror unmittelbar dem Generalprokuror unterstellt, also dem obersten Überwachungsbeamten der Behörde. Das Amt des Generalprokurors versah im 19. Jahrhundert regelmäßig der Justizminister. Vgl. Kaiser, Der europäische Anteil, S. 143; Filippov, Učebnik, S. 652 und (für den Generalprokuror) Latkin, Učebnik istorii russkogo prava, 2. Aufl., S. 288 f.

15 Karcov, K voprosu o pravotvorčeskoj dejatel'nosti (Teil 2), S. 159-160; ders., Transplants, S. 247 f.

16 Isačenko, Vzaimodejstvie juridičeskich sil, S. 53 f.; Rudokvas/Kartsov, The Development, S. 327.

17 Karcov, K voprosu o pravotvorčeskoj dejatel'nosti (Teil 2), S. 160.

18 Karcov, K voprosu o pravotvorčeskoj dejatel'nosti (Teil 2), S. 161; vgl. nun ders., Transplants, S. 247.

19 Vgl. Karcov, K voprosu o pravotvorčeskoj dejatel'nosti (Teil 2), S. 162 u. 164.

begegnet sind, in der Funktion als Senator, als Oberprokuror oder als Mitarbeiter (tovarišč) desselben begegnen. Dies gilt etwa für Semën Pachman (1825-1910), Konrad Dynovskij (1862-1930) und, worauf noch einzugehen sein wird, Aleksej Guljaev (1863-1923). Diese personelle Überschneidung von Wissenschaft und oberster Gerichtsbarkeit erlaubt es jedenfalls teilweise, die Zusammenhänge genauer zu erschließen, in denen es zum Eingang römischen Rechts in die Rechtsprechungspraxis kam.

Der Umstand, daß zahlreiche Senatoren zugleich Universitätsprofessoren waren, hat den Eingang römischen Rechtsdenkens aus der Wissenschaft in die Praxis des Gerichts sicherlich begünstigt.[20] Wenn Entscheidungen von Gelehrten vorbereitet oder ausgearbeitet werden, kann es nicht verwundern, wenn deren Lehrmeinungen gelegentlich in den Urteilen zum Ausdruck kommen. Was also Aufnahme in die Dogmatik des Zivilrechts gefunden hatte, konnte so in einem weiteren Schritt in die Rechtspraxis eingehen. Auch römisches Recht als Teil der Theorie des Privatrechts tritt insoweit in zahlreichen Fällen auf. Es kam allerdings auch vor, daß beteiligte Hochschullehrer, die sich mit ihren Rechtsauffassungen nicht durchgesetzt hatten, anschließend in Rechtszeitschriften Urteile kritisierten, die auf ihren eigenen Entwürfen beruhten.[21]

Die publizierten Entscheidungen, die der Untersuchung zugrundeliegen, enthalten jeweils regelmäßig nur relativ kurze Begründungen, die sich über wenige Druckseiten erstrecken. Sie geben das Bild einer Rechtsprechung ab, die hauptsächlich die Rechtsbeziehungen der entstehenden, relativ dünnen, bürgerlichen Schicht der Gesellschaft betrifft.[22] Parteien sind sehr häufig Unternehmen (insbesondere Erdöl- und Eisenbahngesellschaften), Einzelkaufleute und Gutsbesitzer. Es sind Personen, die sich als Beteiligte an bürgerlichen Rechtsverhältnissen wahrnehmen, deren Rechtsbeziehungen ökonomisch hinreichend nennenswert sind, um den Gegenstand von Prozessen bilden zu können, und die schließlich über die notwendigen Mittel verfügen, um einen Prozeß bis zur obersten Instanz führen zu können.

II.) Rechtsfortbildung durch den Senat

Der Senat hatte seit der Reform von 1864 die Möglichkeit, die Gesetze auszulegen und auf diesem Wege Mängel im positiven Recht auszugleichen.[23] Insbesondere

20 Römisches Recht geht also nicht zufällig in die Rechtsprechung der Kassationsabteilung des Dirigierenden Senats ein und bildet, wie noch zu zeigen sein wird, die Folie, vor der zahlreiche Merkmale des »Bürgerlichen Gesetzbuchs« Sowjetrußlands von 1922 zu verstehen sind. Hier wirkt sich vielmehr der Einfluß bestimmter Persönlichkeiten aus, die zuvor oder gleichzeitig als Romanisten oder am römischen Recht gebildete Zivilrechtswissenschaftler aufgetreten waren. Zur Bedeutung der Individualität der rechtliche Einflüsse vermittelnden Personen vgl. Avenarius, Das pandektistische Rechtsstudium, S. 51, Anm. 1 sowie jetzt Luts-Sootak, Die baltischen Privatrechte, S. 268, Anm. 3.

21 Vgl. Rudokvas/Kartsov, The Development, S. 328.

22 Ch. Schmidt, Russische Geschichte, S. 190.

23 Ausführlich Slyščenkov, Proekt Graždanskogo uloženija, S. 47 ff.

unzureichend vernetzte Bestimmungen konnte das Gericht auf diesem Wege an den Zusammenhang des Rechts anpassen.[24] Die Systematik des Privatrechts des Svod Zakonov war allerdings nicht nur wegen der Versatzstücke, sondern auch wegen der Zusammenstellung tradierter Bestimmungen aus ganz verschiedenen historischen Kontexten unvollkommen. Der erste Teil des zehnten Bandes des Svod Zakonov war ja kein Zivilgesetzbuch, sondern eine Kompilation auf Grundlage des Polnoe Sobranie. Es handelte sich, wie gesehen,[25] um einen Auszug aus der Sammlung der noch geltenden Bestimmungen des Zaren und seiner zahlreichen Vorgänger. In der Terminologie findet dies insoweit Ausdruck, als der Abschnitt mit der Pluralform »Bürgerliche Gesetze« (»Zakony Graždanskie«) überschrieben ist. Vinaver meinte, daß die systematische Auslegung der Normen des Svod Zakonov eigentlich unmöglich sei, denn er bestehe aus Einzelfällen, und die wenigen Verallgemeinerungen seien entweder Übernahmen aus fremdem Recht oder Schöpfungen der Redaktoren.[26] Zusätzlich wurde die Wahrnehmung des Svod Zakonov X/1 im Zusammenhang dadurch erschwert, daß strenggenommen nicht diesem, sondern den ursprünglichen, im Polnoe Sobranie versammelten Bestimmungen unmittelbare Gesetzesgeltung zukommen sollte.[27]

Offener war der Senat gegenüber der historischen Argumentation. Die Bereitschaft des Gerichts zur Auseinandersetzung mit der Genese bestimmter Rechtseinrichtungen und der historischen Entwicklung des Rechts wurde durch die genannte Eigenart des positiven Rechts begünstigt. Es kam daher durchaus vor, daß das Gericht sich nicht darauf beschränkte, Artikel aus dem Svod Zakonov X/1 zu zitieren, sondern explizit Rechtsakte heranzog, die etwa auf Aleksej Michajlovič oder Katharina II. zurückgingen.[28]

Da die Redaktion des Svod Zakonov nur teilweise eine Harmonisierung der verschiedenen Versatzstücke bewirkt hatte, war die Kompilation insgesamt kaum geeignet, zur Ermittlung des »allgemeinen Sinnes der Gesetze« im Sinne des Art. 9 ZPO beizutragen. Unter diesen Umständen lag es nahe, daß der Senat an die durch die Wissenschaft entwickelte und im Schrifttum ausgebreitete Theorie anknüpfte, um den »allgemeinen Sinn der Gesetze« zu ermitteln. Diese Neigung war allerdings im Laufe der Zeit unterschiedlich ausgeprägt gewesen.

In den ersten Jahren nach der Justizreform hatte der Senat die begrenzten Freiräume zur selbständigen Interpretation und Fortentwicklung des Rechts, die sich ihm jetzt boten, nur zurückhaltend ausgeschöpft, weil die Richter die notwendige methodische Kompetenz erst erwerben mußten. An den frühen Entscheidungen erweist sich daher nicht selten, daß das Gericht kurz und knapp das Gesetz

24 Dies ermöglichte bald auch die Integration von Versatzstücken aus anderen Rechtsordnungen; vgl. Karcov, K voprosu o pravotvorčeskoj dejatel'nosti (Teil 2), S. 139, 141 u. 145.

25 S. oben S. 197 ff.

26 Karcov, K voprosu o pravotvorčeskoj dejatel'nosti (Teil 2), S. 142 mit Nachweis.

27 S. oben S. 201.

28 Vgl. etwa Kass. 1880, Nr. 207.

anwandte. Erst in den siebziger Jahren ging der Senat in nennenswertem Umfang zu anspruchsvollerer Auslegung über, bevor sich anschließend vielfältige Argumentationsstrategien entwickelten, die schließlich auch vergleichende Betrachtungen zum römischen und ausländischen Recht umfaßten. In diesem Zusammenhang wies der Senat zeitweise relativ oft auf wissenschaftliches Schrifttum und sogar nichtrussisches Recht hin.[29] Dagegen übte das Gericht in dieser Hinsicht während der konservativen Regierungszeit Alexanders III. (1881-1894) Zurückhaltung. In den letzten zwei Jahrzehnten seines Bestehens wiederum verwies das Gericht abermals offen auf die Rechtsliteratur und behandelte die Zivilrechtswissenschaft praktisch wie eine Rechtsquelle.[30] Diese Praxis war nicht unumstritten, und z. B. Guljaev erhob Einwände dagegen.[31] Demgegenüber meinte Lev S. Tal',[32] daß die notwendige Bestimmung der Begriffe ohne die Hilfe der Rechtswissenschaft unmöglich sei. Auch er äußerte allerdings die Besorgnis, daß der Senat bestimmte ausländische Elemente in das russische Recht übertragen könnte, die in das Rechtssystem nicht passen mochten.[33] Waśkowski beschrieb die dem Senat durch die Gerichtsreformen eingeräumten Befugnisse 1914 rückblickend als Kompromiß. Zwar hätten die Richter die Kompetenz zur Rechtsschöpfung im Fall der Unvollständigkeit und Unklarheit der Gesetze eingeräumt bekommen, doch sei diese begrenzt, weil die Ausübung einer gesetzgeberischen Befugnis durch die Gerichte gefährlich sei und Uneinheitlichkeit der Rechtsprechung sowie richterliche Willkür drohe.[34] Aus diesem Grunde seien die Gerichte gehalten, sich von dem allgemeinen Sinn und allgemeinen Prinzipien der Gesetze leiten zu lassen.[35] Allerdings beobachtet Waśkowski den Widerspruch, daß sich der Senat zwar an eindeutige Bestimmungen des positiven Rechts gebunden sah, sich allerdings nicht konsequent daran hielt und das Recht vielmehr auch in Fällen fortentwickelte, in denen an sich klare gesetzliche Regelungen bestanden.[36] Das Gericht sah sich also nicht daran gehindert, das defizitäre Recht des Svod Zakonov verschiedentlich in dringend gebotener Weise zu verbessern.[37]

29 Karcov, K voprosu o pravotvorčeskoj dejatel'nosti (Teil 2), S. 149.
30 Karcov, K voprosu o pravotvorčeskoj dejatel'nosti (Teil 2), S. 150 f.
31 Guljaev, Obščie učenija, S. 334.
32 Lev Semënovič Tal' (Louis Thal, 1866-1933), Spezialist für Zivilrecht und Handelsrecht, war Professor am Demidovschen Lyzeum in Jaroslavl', nach der Revolution Professor für Wirtschafts- und Arbeitsrecht in Moskau, bevor er 1926 nach Paris emigrierte. Über ihn vgl. Šilochvost, Russkie civilisty, S. 144.
33 Karcov, K voprosu o pravotvorčeskoj dejatel'nosti (Teil 2), S. 154 f. mit Nachweis.
34 Vas'kovskij, Pravotvorčeskaja dejatel'nost', S: 377 f.
35 Vas'kovskij, Pravotvorčeskaja dejatel'nost', S. 379.
36 Vas'kovskij, Pravotvorčeskaja dejatel'nost', S. 382.
37 Vas'kovskij, Pravotvorčeskaja dejatel'nost', S. 385-387.

III.) Römisches Recht in der Senatsrechtsprechung

In der Frage nach den Grundlagen für die Rechtsfortbildung in der Praxis des Senats ist in der Literatur mehrfach der Standpunkt vertreten worden, hier habe sich der Einfluß des römischen Rechts Geltung verschafft. So wird im modernen Schrifttum die Vorstellung vertreten, der Einfluß des römischen Rechts habe den Senat zu zahlreichen Rechtsfortbildungsschritten befähigt. Silvestri meint, der Rückgriff des Senats auf Rechtseinrichtungen aus dem römischen Recht »resulted in a sophisticated and almost totally romanized case-law«.[38] Ioffe schreibt, das Gericht habe sich bei der »Auslegung« – in Wahrheit bei der Schaffung – zivilrechtlicher Bestimmungen an das römische Recht angelehnt.[39] Letjaev ist der Auffassung, zu Beginn des 20. Jahrhunderts sei neben die anderen Wege des Vordringens römischen Rechts in das russische Rechtsbewußtsein wie etwa Universitätslehre und Wissenschaft nun auch die gerichtliche Praxis getreten, und hier besonders die Praxis der Kassationsabteilung des Senats in Zivilsachen.[40] Auch Makarova weist darauf hin, daß die Einwirkung des römischen Rechts im Zarenreich durch Rechtsprechung, namentlich durch die des Senats, gefördert worden sei.[41] Slyščenkov schließlich meint, der Senat habe in die russische Rechtpraxis Konstruktionen, Begriffe und Klassifikationen eingeführt, die in Westeuropa teilweise »noch von der Zeit des römischen Rechts her« bekannt gewesen seien.[42] In dieser letztgenannten Äußerung tritt besonders deutlich zutage, daß mit dem »römischen« Recht keineswegs lediglich das zeitgenössische Pandektenrecht gemeint ist.

Hier wird etwas Richtiges gesehen, und doch ist eine Differenzierung geboten. Wenn heutige Autoren mit einem rechtshistorischen Erkenntnisinteresse an die Rechtsprechung des Senats in Zivilsachen herantreten und Parallelen zwischen einzelnen Grundsätzen und bestimmten Regelungen des römischen Rechts beobachten, dann hat dies, für sich genommen, nur geringe Aussagekraft. Denn Rechtsprobleme können ohne weiteres in verschiedenen Rechtsordnungen auf entsprechende Weise gelöst werden, ohne daß dies den Schluß auf einen Wirkungszusammenhang oder gar eine »Rezeption« erlaubte. Insbesondere ergibt sich dies vor dem Hintergrund von Mayer-Malys berühmter Beobachtung der »Wiederkehr der Rechtsfiguren«, also einer jeweils begrenzten Zahl möglicher Lösungen bestimmter Rechtsprobleme, die immer wieder gewählt werden.[43]

Aussagekräftiger ist es demgegenüber, wenn Zeitzeugen des Geschehens, also Juristen des Zarenreichs, die Rechtsentwicklung in den Zusammenhang des römischen Rechts rücken. Denn die Diskussion der Entscheidungen im juristischen

38 Silvestri, Contrast, S. 29.
39 Ioffe, Rossija dosovetskaja, S. 319.
40 Letjaev, Recepcija rimskogo prava, S. 208 f.
41 Makarova, Vlijanie rimskogo prava, S. 14.
42 Slyščenkov, Proekt Graždanskogo uloženija, S. 15.
43 Mayer-Maly, Wiederkehr, S. 1-3.

Schrifttum spiegelt dasjenige Rechtsdenken, in dem auch die Richter der Kassationsabteilung verhaftet sind und das daher die Grundlage ihrer Rechtsfortbildung ist. Ein eindrucksvolles Bild von der Fähigkeit und der Bereitschaft der Juristen zur rechtsvergleichenden Betrachtung und gleichzeitig von der Verbreitung von Bildung im römischen Recht und schließlich von der Selbstverständlichkeit, mit der diese Bildung im Umgang mit dem geltenden Recht herangezogen wurde, liefern z. B. zahlreiche Urteilsanmerkungen zu jenen Kassationsentscheidungen, die in der Beilage zu der Zeitschrift »Vestnik Prava« abgedruckt wurden.

Unmittelbare Schlüsse darauf, daß der Rückgriff auf Konzepte des römischen Rechts die Grundlage für bestimmte Entscheidungen ist, ergeben sich freilich, soweit die beteiligten Juristen dies selbst in ihren wissenschaftlichen Schriften einräumen. Hier ist insbesondere Guljaev zu nennen, der als romanistisch gebildeter Hochschullehrer die höchstrichterliche Rechtsprechung seiner Zeit in den dogmengeschichtlichen Kontext einordnen konnte. Wenn er verschiedentlich berichtet, daß der Senat jeweils auf das römische Recht zurückgegriffen habe, dann handelt es sich nicht um die Meinung irgendeines juristischen Schriftstellers. Guljaev bot auch keinen Anlaß für den vielleicht naheliegenden Verdacht, hier sei ein Spezialist womöglich überempfänglich für die Wahrnehmung seines Gegenstandes gewesen, habe also ein Romanist vielleicht vorschnell römisches Recht wahrgenommen, wo man vorsichtiger von ähnlichen Strukturen sprechen könnte. Denn Guljaev war Insider: Seit 1896 war er neben seinem Lehramt Richter am Bezirksgericht (okružnoj sud) in Kiev gewesen, bevor er 1908 zum Mitarbeiter des Oberprokurors der Kassationsabteilung in Zivilsachen berufen wurde. Er konnte seitdem unmittelbar aus der Praxis des Senats berichten. Sowohl sein wissenschaftliches und praktisches Wirken als auch die Entwicklung der Senatsrechtsprechung, über die er, auch soweit er jeweils nicht selbst die Entscheidungen vorbereitet hatte, aus eigener, unmittelbarer Erfahrung berichtet, liefern Beispiele für die Berechtigung, mit der der Kernaspekt von Wieackers Rezeptionsbegriff auf Rußland übertragen werden kann. Guljaev hatte, wie gesehen, die Rezeption des römischen Rechts in Rußland, was die Vergangenheit betrifft, geleugnet, weil es an der erforderlichen Berührung zwischen dessen Tradition und Rußland gefehlt habe.[44] In seiner Funktion als Mitarbeiter des Oberprokurors und später Senator prägend für die Rechtsprechung der Kassationsabteilung des Senats, trat er in konservativer Weise für eine Orientierung am russischen Recht und gegen fremdrechtliche Einflüsse auf.[45] Als romanistisch ausgerichteter Zivilrechtler verfügte er allerdings gleichzeitig über das zeitgenössische begriffliche und methodische Instrumentarium des Pandektenrechts, und seine rechtsliterarischen Werke, in denen die Rechtsprechung behandelt wird, geben zu erkennen, daß, mögen die Regelungen auch russisch sein, das Rechtsdenken längst stark der römischen Tradition verpflichtet ist. In seiner breit angelegten Untersuchung »Allgemeine Lehren des Systems des bürgerlichen Rechts in der

44 S. oben S. 65.
45 S. oben S. 396.

Praxis der Kassationsabteilung in Zivilsachen des Dirigierenden Senats im Laufe von fünfzig Jahren« setzt Guljaev zahlreiche in den Senatsentscheidungen auftretende Konzepte in einen Entwicklungszusammenhang mit dem römischen Recht. Guljaev zieht hier eine Zwischenbilanz – im Rückblick wird man sagen dürfen: die Gesamtbilanz – einer jahrzehntelangen Senatsrechtsprechung. Er zeigt auf Grundlage einer Vielzahl an Entscheidungen, wie das Gericht Rechtsfortbildung betrieb, wobei in zahlreichen Fällen römisches Recht zur Grundlage neuer juristischer Konzepte wurde.[46] Wir werden seine Beobachtungen durch die Analyse der Urteile selbst prüfen und ergänzen.

Den Eingang römischen Rechts in die Praxis des Senats anhand der Urteilsbegründungen aufzuzeigen ist, jedenfalls was die Rechtsprechung zum russischen Recht betrifft, nicht einfach. Denn das Gericht gibt, sei es (anfangs) mangels entsprechender Methodenfestigkeit, sei es aus einer traditionellen Distanz gegenüber »fremdem« Recht, oder sei es schließlich – besonders in der Herrschaftszeit Alexanders III. – aus politisch motivierter Zurückhaltung, nicht immer klare Hinweise darauf. Hier ist daher teilweise nur eine indirekte Beweisführung möglich. Wir werden aber beobachten, daß sich die auf wissenschaftlicher Grundlage fortentwickelte Rechtsprechung des Senats unvergleichlich differenzierter darstellte als das positive Recht. Wenn wir auf dieser Grundlage untersuchen, inwieweit verschiedene Neuerungen im russischen Recht, die keine Grundlage im positiven Recht hatten, auf römisch inspiriertes Rechtsdenken zurückgehen, werden wir sehen, daß die Konzepte im Schrifttum längst bekannt waren und dies – teils wegen der Identität der Autoren mit den Richtern, teils durch Zitate belegt – den Schluß auf eine Übernahme in die Rechtsprechung erlaubt.

IV.) Die Entscheidungspraxis im einzelnen

In der Rechtsprechung des Senats zum russischen Recht bewirkten sowohl die Defizite des Svod Zakonov als auch die mehr oder weniger engen Vorgaben bei der Anwendung des positiven Rechts und schließlich auch die Zurückhaltung mit der Heranziehung ausländischen Rechtsdenkens, daß der Senat auch in den späteren Jahren sein methodisches Potential nicht immer – und gegebenenfalls nicht immer in offener Weise – entfalten konnte. Wir werden, um uns dieses Potentials gleichwohl zu vergewissern, zunächst die Tätigkeit des Gerichts in einem Zusammenhang vergleichend heranziehen, in dem die genannten Hindernisse nicht in dieser spezifischen Weise bestanden, also die Rechtsprechung auf bestimmten Gebieten des Partikularrechts, bevor wir anschließend die Rechtsprechung zum eigentlich russischen Recht in dem Blick nehmen.

46 Guljaev, Obščie učenija, S. 333-409.

1.) Die Bedeutung der Rechtsprechung zum Partikularrecht

Die Kassationsabteilung war oberste Instanz für das gesamte Zarenreich, nicht nur für den Geltungsbereich des Svod Zakonov. Ihre Zuständigkeit erstreckte sich also auch auf Gebiete, in denen ein anderes als das russische Reichsrecht galt, z. B. für den zum Zarenreich gehörenden Teil Polens, die baltischen Gouvernements und Bessarabien. Das Gericht hatte demnach verschiedene Rechte anzuwenden, die dem römischen Recht unterschiedlich nahe standen.[47] Hier interessieren mit Rücksicht auf den untersuchten Zusammenhang die dem römischen Recht vergleichsweise eng verbundenen Rechtsordnungen.

In dieser Hinsicht wäre zunächst an Rechtsprechung zum polnischen Recht zu denken. Aber in Ostpolen (Grodno, Wolhynien, Minsk) und anderen »Westprovinzen« des Zarenreiches waren 1840 das tradierte partikulare Gewohnheitsrecht und das Litauische Statut außer Kraft gesetzt und der Svod Zakonov eingeführt worden. In Zentralpolen war 1825 eine russische Fassung des Code Civil in Kraft getreten, die einzelne Anpassungen an das russische Recht im Personen- und Familienrecht aufwies. Verschiedenen späteren Rechtsänderungen zum Trotz blieb das Recht Zentralpolens auf dieser Grundlage bis zum Ende des Zarenreiches grundsätzlich französisch dominiert.[48] Hier stand also letztlich »westliches« Recht in Geltung, das mittelbar auf römisches zurückging. Da in Polen allerdings ein relativ modernes Gesetzbuch existierte, gibt die Senatsrechtsprechung auf diesem Gebiet nur wenige Hinweise darauf, daß das Gericht auf Grundlagen des Rechts, wie sie aus den römischen Quellen zu gewinnen waren, zurückgegriffen hätte.

Das baltische Privatrecht ist bekanntlich in ausgeprägter Weise Ergebnis der Rezeption römischen Rechts, und zwar über den mitteleuropäischen Rezeptionszusammenhang. Es wurde erst 1864 kodifiziert. Es handelt sich um eine der Pandektistik verpflichtete Kodifikation auf Höhe der Zeit, so daß nicht viel Anlaß zur Ergänzung aus anderen Quellen bestand. Immerhin werden wir hier einzelne Beispiele für den Rückgriff des Gerichts auf römisches Recht benennen können.

Grundsätzlich anders stellten sich die Rahmenbedingungen für die Rechtsprechung auf dem Gebiet des bessarabischen Rechts dar. Hier standen Rechtstexte in Geltung, deren Anwendung nicht selten Auseinandersetzung mit den zugrundeliegenden Quellen erforderten. Sie waren (aus neuzeitlicher Sicht) defizitär und bargen sprachliche Probleme; außerdem wiesen die in mehreren Sammlungen enthaltenen Regelungen zahlreiche Widersprüche auf. Die Texte enthielten noch unmittelbar römisch-byzantinisches Recht, so daß der Rückgriff auf ihre Quellen, also die Basiliken und Teile der justinianischen Kodifikation, methodisch besonders nahe lag. Hier konnte das Gericht offen zeigen, wie es im Wege historischer und systematischer Argumente mit den Schwierigkeiten umging, die das positive bessarabische Recht bot.

47 Vgl. Pereterskij, Digesty Justiniana, S. 99.
48 Vgl. Kraft, Europa, S. 42 f.

Um das wissenschaftliche Niveau und insbesondere die methodische Kompetenz zu belegen, über die der Senat in den Jahren verfügte, in denen seine Entscheidungspraxis den höchsten Entwicklungsstand erreicht hatte, werden wir anhand ausgewählter Entscheidungen die Rechtsprechung zum baltischen sowie zum bessarabischen Partikularrecht betrachten. Vor dem Hintergrund der dabei gewonnenen Erkenntnisse werden wir anschließend die Vorgehensweise des Gerichts in der Rechtsprechung zum russischen Recht untersuchen.

a.) Römisches Recht in der Rechtsprechung zum baltischen Partikularrecht

Das baltische Partikularrecht,[49] das in weiterentwickelter Form in den »Ostseeprovinzen« des Zarenreiches fortgelten konnte, bestand im Kern aus römischem Recht.[50] Dieses war in bedeutendem Umfang rezipiert worden und schließlich in das baltische Recht in seiner durch Friedrich Georg von Bunge reformierten und kodifizierten Fassung eingegangen, die am 1. Januar 1865 in Kraft getreten war.[51] Dies lag für Rechtswissenschaft und Praxis offen zutage.[52] Für den hier verfolgten Untersuchungszweck wird es genügen, die Rechtsprechung zum baltischen Recht kurz anhand zweier Beispiele zu betrachten.

Ein typisches Beispiel für die Bereitschaft des Gerichts, das geltende Recht unter Rückgriff auf die römischen Quellen – also nicht etwa lediglich auf Grundlage pandektistischen Schrifttums – zu ermitteln, bietet Kass. 1914, Nr. 32. Hier hatte der Senat u.a. die Frage zu entscheiden, ob der Beklagte als gutgläubiger Besitzer gem. Art. 819 Balt. Privatrecht das Eigentum durch Ersitzung erworben habe. Während § 820 die allgemeinen Voraussetzungen der Ersitzung nennt, fordert Art. 829 einen tauglichen Rechtstitel, wie etwa ein auf Eigentumserwerb gerichtetes Rechtsgeschäft oder ein Erbrecht, aufgrund dessen Besitz an einer fremden Sache erworben wird (Art. 830). Als im positiven Recht nicht hinreichend geklärt erwies sich das Putativtitelproblem. Die bloße Vermutung, es bestehe ein

49 Allgemein Teslja, Istočniki graždanskogo prava, S. 68-78. Zur Rechtsprechung vgl. nun grundsätzlich Luts-Sootak, Die baltischen Privatrechte (2012).

50 Vgl. bereits ausführlich Nol'de, Očerki po istorii kodifikacii mestnych graždanskich zakonov, Bd. 2 (1914); ferner Rosshirt, Rez. Speranskij, S. 414; Blaese, Bedeutung und Geltung, S. 70-74; für das moderne Schrifttum Teslja, Istočniki graždanskogo prava, S. 69.

51 Vgl. ausführlich Siimets-Gross, Das »Liv-, Est- und Curländische Privatrecht« (2011); Steinke, Die Zivilrechtsordnungen des Baltikums, S. 159-177. Auch Bunge hatte eine »*structura nova veterum legum*« erarbeiten sollen, wie Speranskij es getan hatte; vgl. Küpper, Rechtsgeschichte Osteuropas, S. 194.

52 In den offiziellen Ausgaben des Baltischen Privatrechts sind die einzelnen Bestimmungen regelmäßig mit der Angabe der jeweils zugrundeliegenden römischen Quellentexte versehen. Hier wurde das Ergebnis eines Rezeptionsvorganges gesehen. Vgl. ausdrücklich L. S. Tal', Anmerkung zu Kass. 1914, Nr. 29, S. 87, der eine Bemerkung Erdmanns referiert, »daß die im lokalen Recht rezipierte (!) römische *hereditatis petitio* zulässig nur gegen Personen ist, die den Nachlaß besitzen (oder den *fictus possessor*), und gerichtet werden muß auf die Zuerkennung des Nachlasses selbst und nicht nur auf die Anerkennung eines Rechts am Nachlaß.« Vgl. Erdmann, System, Bd. 3, S. 439 f.

Rechtstitel, genügte nur ausnahmsweise dann, wenn besondere Umstände dies rechtfertigten (Art. 835). Das Gericht weist zutreffend darauf hin, daß das Gesetz nicht offenlege, welche Anforderungen an die eine Ausnahme rechtfertigenden Umstände zu stellen seien. Daher sei es geboten, die Quellen des Art. 835 heranzuziehen, welche genauer mitteilen, unter welchen Voraussetzungen der *titulus putativus* als Erwerbsgrundlage gelten kann. An diesen Quellen erweise sich, daß eine Sache ersessen werden könne, wenn sie 1) von einem Minderjährigen oder Geisteskranken gekauft wurde, den der Käufer irrtümlich für volljährig oder geistig gesund hielt (D. 41,4,2,15 u. 16), wenn sie 2) gutgläubig von Todes wegen empfangen wurde, bevor sich später herausstellte, daß sie z. B. dem Testator nicht gehört hatte, die Verfügung widerrufen worden war oder eine Namensverwechslung den Empfänger als Begünstigten erscheinen ließ (D. 41,8,4 u. 9), wenn sie 3) sonst irrtümlich dem Erben als hinterlassen übergeben wurde (D. 41,10,4,2) oder wenn sie 4) von einem Rechtsvorgänger in der Vorstellung, dieser habe sie erworben, übernommen wurde (D. 41,10,5). Auf dieser Grundlage schließt das Gericht darauf, daß bestimmte Formen des Irrtums dem Besitzer die erforderliche Rechtsgrundlage für den Erwerb verschaffen könnten: Nur der entschuldbare Irrtum und außerdem der Irrtum *über das Vorhandensein einer rechtsbegründende Tatsache*, aber nicht über deren rechtsbegründende Kraft, diene als *wirklicher Scheintitel.* Entsprechendes gelte für die Gutgläubigkeit des Besitzers, dessen guter Glaube gemäß Art. 839 u. 840 in der mangelnden Kenntnis *von Tatsachen* bestehe, die die Erstarkung des Besitzes zum Eigentum verhinderten, aber nicht *vom Recht selbst.* Der Senat folgert, dies sei zweifellos der Sinn des Gesetzes, der auf den Rechtsansichten von Pomponius (D. 22,6,4) und Paulus (D. 41,3,31 pr) beruhe.[53]

Wie selbstverständlich – und ohne weiteren Begründungsaufwand zu betreiben – der Senat bei der Ermittlung des baltischen Rechts Digestentexte heranzieht, um eine bestimmte Auslegung einer Gesetzesbestimmung in ihrem Lichte zu begründen, erweist sich auch an Kass. 1915, Nr. 11. Das Gericht behandelt die Frage, ob der Erwerber eines Grundstücks verpflichtet ist, einen auf seiten des Voreigentümers angelaufenen Abgabenrückstand zu begleichen, wenn dessen Bestehen nicht in förmlicher Weise offengelegt worden war. Der Senat geht von Art. 1306 Balt. Privatrecht aus, nach dem für »Rückstände des Vorgängers« das Grundstück selbst haftet und jeder neue Besitzer dieselben begleichen muß. Vom Wortlaut ausgehend stellt der Senat fest, der Gesetzestext lasse nicht erkennen, an welche Rückstände gedacht sei, doch ergebe sich aus dem Titel des Abschnitts (»Von den Reallasten«) und aus den vorausgehenden Artikeln, daß hier *die rückständigen Grundbesitzabgaben* gemeint seien. Diese Rechtslage ergebe sich auch aus den zugrundeliegenden römischen Quellen,[54] die anschließend im Wortlaut

53 Zum römischen Recht des Putativtitels im Ersitzungsrecht sowie zum Erfordernis der *bona fides* vgl. Kaser, Das römische Privatrecht, Bd. 1, S. 421-423; ausführlich Mayer-Maly, Das Putativtitelproblem bei der Usucapio (1962).

54 Es handelt sich in diesem Falle um die in der amtlichen Textausgabe des Baltischen Gesetzbuchs genannten Digestenstellen.

wiedergegeben werden: (D. 39,4,7 pr.) *Imperatores Antoninus et Verus rescripserunt in vectigalibus ipsa praedia, non personas conveniri et ideo possessores etiam praeteriti temporis vectigal solvere debere eoque exemplo actionem, si ignoraverint, habituros*; (D. 49,14,36) *Praediis a fisco distractis praeteriti temporis tributum eorundem praediorum onus emptorem spectare placuit.*

b.) Römisches Recht in der Rechtsprechung zum bessarabischen Partikularrecht

Bevor der Rückgriff des Senats auf römisches Recht bei der Anwendung des russischen Rechts untersucht werden wird, wollen wir als zweiten Zusammenhang, in dem das Gericht seine Kompetenz im Umgang mit dem römischen Recht beweisen konnte, die Rechtsprechung zum bessarabischen Recht in den Blick nehmen. Dieses Partikularrecht geht auf einen ganz anderen Traditionsstrang des römischen Rechts zurück, das hier in der Gestalt des byzantinischen Rechts im Zarenreich in Geltung stand. Bestandteil der russischen Rechtsordnung war dieses Recht freilich nicht. Es war vielmehr, wie anschließend zunächst zu zeigen sein wird, aus der Rechtsgeschichte in den lange Zeit rumänisch besiedelten Gebieten der unteren Donau, nämlich Walachei, Moldau und Bessarabien, hervorgegangen.

aa.) Das römisch-byzantinische Recht in Bessarabien

Die Herrschaft über Bessarabien, das Land zwischen den Flüssen Pruth und Dnjestr, hatte Rußland bereits im 18. Jahrhundert vorübergehend gegenüber dem Osmanischen Reich behaupten können, hatte das Gebiet aber noch einmal zurückgeben müssen, bevor es 1812 im Friedensvertrag von Bukarest wieder an das Zarenreich abgetreten wurde. Es handelte sich um eine dünn und ethnisch heterogen besiedelte Gegend. Der relativ größte Bevölkerungsanteil war rumänisch. Besonders die Hauptstadt Kišinëv (rum. Chişinău) war ein Zentrum jüdischer Kultur, denn Bessarabien war eines der Gouvernements am Rande des Reiches, in denen Juden überhaupt leben durften.[55] Im übrigen führten Besiedlungsmaßnahmen der Zarenadministration, die die durch Flucht und Vertreibung reduzierte Bevölkerung ergänzen sollten, Moldauer, Walachen, Bulgaren, Russinen, Armenier und Griechen ins Land.[56] Manche, wie z. B. Puškin, kamen hierher als Verbannte. Andere zogen sich nach Bessarabien zurück, um sich faktisch der Kontrolle der Zentralgewalt zu entziehen, denn hier, an der Peripherie des Zarenreiches, funktionierten die Institutionen der Staatsgewalt nur eingeschränkt.[57]

Als sich Kiev, Moskau und andere ostslavische Zentren nicht nur staatlich, sondern auch bereits in weitgehender religiöser und kirchlicher Unabhängigkeit

55 S. unten S. 530, Fn. 53.

56 Vgl. Figes, Krimkrieg, S. 52.

57 Schattenberg, Die korrupte Provinz?, S. 138 u. passim. Vgl. die Beschreibung der unzureichenden Erfassung der entlegenen Gebiete durch die zentrale Verwaltung des Zarenreiches durch Starr, Decentralization and Self-Government, S. 3 ff.; vgl. oben S. 271 u. 314.

hatten etablieren können, war das Gebiet Bessarabiens noch lange Zeit Teil des byzantinischen Reichs gewesen.[58] So hatte sich auch das hier geltende Recht[59] jahrhundertelang unter dem unmittelbaren Einfluß von Byzanz entwickeln und in der gerichtlichen Praxis behaupten können.[60] Unter der Herrschaft der Osmanen wurde dies weiterhin begünstigt. Um nämlich den andrängenden slavischen Einfluß einzudämmen, gestatteten die Osmanen den zur Verwaltung eingesetzten Phanarioten, das Griechische als Amtssprache zu etablieren und die griechischen Rechtstexte durchzusetzen.[61] Diese Praxis konnte sich sogar noch behaupten, nachdem Bessarabien 1812 an das Zarenreich gelangt war. Nun wiederum erwartete nämlich die Zarenadministration, daß das starke griechische Element in Bessarabien den Stellenwert der orthodoxen Religion bei gleichzeitiger Zurückdrängung der muslimischen Bevölkerung begünstigen werde. Die Phanarioten wiederum,[62] die über eine ausgezeichnete Lobby in Sankt Petersburg verfügten, verstanden sich als Erben des byzantinischen Reichs und hofften, die griechische Kultur mit russischer Hilfe behaupten zu können.[63] Für das Recht gelang dies insoweit, als mehrere byzantinische Rechtstexte noch im 19. Jahrhundert in Geltung standen.[64]

Im Mittelpunkt dieser Texte, die aus russischer Sicht als »Bessarabische Gesetze« bezeichnet wurden, steht die Hexabiblos, die Sechsbüchersammlung (russ. šestiknižie) des thessalonischen Richters Konstantinos Armenopulos von 1345.[65] Die Hexabiblos hatte große Bedeutung im gesamten südslavischen Raum erlangt.[66] Sie ging auf eine

58 Küpper, Rechtsgeschichte Osteuropas, S. 20.

59 Allgemein vgl. Gins, Art. Bessarabskoe mestnoe pravo, Sp. 256-265; Art. Bessarabskie mestnye zakony i ustrojstvo sudebnoj časti v Bessarabii, S. 608-614; Pachman, Istorija kodifikacii, Bd. 2, S. 463-474; Kasso, Vizantijskoe pravo v Bessarabii (1907); O. Pergament, O primenenii bessarabskich zakonov (1904). Für das moderne Schrifttum Teslja, Istočniki graždanskogo prava, S. 78-84.

60 Kasso, Vizantijskoe pravo v Bessarabii, S. 16-25.

61 Maksimovič, Byzantinische Rechtsbücher, S. 25 mit Nachweisen.

62 Einer Phanariotenfamilie gehörte auch Savignys Schwiegersohn Konstantinos D. Schinas an. Seine Familie war beim Griechenaufstand von 1821 aus Konstantinopel nach Bessarabien geflohen; Schinas war also während seiner Zeit in Kišinëv Angehöriger des Zarenreiches; vgl. Kugea, Oikogeneiakoi desmoi tu Savigny, S. 292. Er war mit anderen Phanarioten (Mavrokordatos, Ypsilantis u. a.) ausgezeichnet vernetzt. Über die Beziehungen vgl. Steffen, Leben in Griechenland, S. 16-18. Als Gabriel Katakazis (Gavriil Antonovič Katakazi), der Gesandte des Zarenreiches bei König Otto von Griechenland, 1837 einen Erzieher für seine Kinder suchte, konnte Schinas seine Kontakte zu Savigny nutzen, welcher in Berlin nach geeigneten Kandidaten Ausschau hielt. Gegenüber August Boeckh erklärte er, »daß es der Russische Gesandte in Athen, Catacazy ist, der diesen Lehrer sucht, und daß mir derselbe nach sehr zuverlässigen Zeugnissen als ein sehr vortrefflicher und gebildeter Mann geschildert wird« [Brief Savignys an Boeckh vom 19.8.1837]. Nach einem Hinweis Bettina v. Arnims konnte schließlich Emanuel Geibel auf die Stelle vermittelt werden. Vgl. Werner, Maxe von Arnim, S. 50f.

63 Vgl. Figes, Krimkrieg, S. 66 u. 71.

64 Kasso, Vizantijskoe pravo v Bessarabii, S. 5.

65 Vgl. Pieler, Rechtsliteratur, S. 474f.

66 Vgl. Trōianos, Hoi peges tu Byzantinu dikaiu, S. 290.

Zusammenstellung römisch-byzantinischen Rechts zurück. Der Verfasser nennt im Vorwort die Basiliken als Quelle und daneben andere byzantinische Texte. Zwar war im 19. Jahrhundert nicht mehr die gesamte Hexabiblos in Gebrauch, doch standen große Teile des Zivilrechts nach wie vor in Geltung.[67] Als subsidiäres Recht galt seit 1818 auch das Manualul Juridic des moldauischen Adligen Andronache Donici (Andronaki Donič, 1760-1829) von 1814.[68] Auch dieser »Sbornik Doniča« ist hauptsächlich das Ergebnis einer Rezeption römisch-byzantinischen Rechts; er bildete, wie der Senat es einmal ausdrückte, ein Handbuch für die Anwendung des Rechts der Basiliken und anderer byzantinisch-römischer Quellen.[69] Zu diesen zählen nach Kasso die Institutionen und Novellen Justinians sowie die Hexabiblos.[70] Zum bessarabischen Partikularrecht gehörte ferner ein eigenes Gewohnheitsrecht, doch bewirkte der Umstand, daß dieses ungeschrieben und nur fragmentarisch gesichert war, daß der Hexabiblos sowie dem Donič-Rechtsbuch praktisch der Vorrang zukam.[71]

Die praktische Anwendung der bessarabischen Rechtstexte barg zahlreiche Schwierigkeiten.[72] Um ihre Bewältigung zu erleichtern, wurde die Abteilung des Außenministeriums für asiatische Angelegenheiten vom Senat mit der Übersetzung ins Russische beauftragt.[73] Die Übersetzungen[74] wurden 1831 publiziert.[75] Der Senat verfuhr allerdings nach dem Grundsatz, daß als authentisch

67 Triantaphyllopulos, Sēmeiōma peri tōn ellēnikōn en Rumania kōdikopoiēseōn, S. XVI; vgl. dens., Ē Hexabiblos tu Armenopulu, S. 937; Giaro, Pravovaja tradicija, S. 139.

68 Kasso, Vizantijskoe pravo v Bessarabii, S. 28; Triantaphyllopulos, Sēmeiōma peri tōn ellēnikōn en Rumania kōdikopoiēseōn, S. XVI. Das Manualul Juridic liegt (einschließlich einer Basiliken-Konkordanz) in der »kritischen« Ausgabe von Andrei Rădulescu u. a. (1959) vor. Vgl. Soloviev, Einfluß, S. 457.

69 Vgl. in diesem Sinne Kass. 1909, Nr. 35, S. 90.

70 Kasso, Vizantijskoe pravo v Bessarabii, S. 28 f.

71 Kasso, Vizantijskoe pravo v Bessarabii, S. 38.

72 Dieses aus wissenschaftlicher – und insbesondere rechtshistorischer – Perspektive reizvolle Recht war, bedingt durch die Genese der Texte, durch zahlreiche Unzulänglichkeiten gekennzeichnet. Neubecker, Die Grundzüge, S. 44 faßt dies 1913 in die Worte: »Dieses bessarabische Recht bietet natürlich manches Interessante, praktisch ist seine Geltung bedauerlich«.

73 Maksimovič, Byzantinische Rechtsbücher, S. 27.

74 Hier wird nachfolgend die 1831 in der Senatsdruckerei hergestellte russische Übersetzung zugrundegelegt: Perevod Ručnoj knigi zakonov, ili tak nazyvaemogo Šestiknižija, sobrannogo otvsjudu i sokraščennogo dostopočtennym Nomofilaktom i Sud'eju v Thessalonike Konstantinom Armenopulom, pri čem prilagaetsja i ručnaja kniga o brakach, sočinennaja Aleksiem Spanom. Ihr wiederum hatte die neugriechische Übersetzung zugrundegelegen, die Alexios Spanos 1744 in Venedig publiziert hatte und die in der griechischen Rechtspraxis im Osmanischen Reich verbreitet war. Vgl. zu diesem Text Pieler, Entstehung und Wandel, S. 720 und Maksimovič, Byzantinische Rechtsbücher, S. 23. Auch Spyridon Destunis fertigte eine Übersetzung der Hexabiblos, die 1931 erschien; vgl. Prousis, The Destunis Collection, S. 400. Über die Übersetzungen vgl. ferner Pachman, Istorija kodifikacii, Bd. 2, S. 467 f.

75 Papastathis, Zur Verbreitung der Hexabiblos, S. 74 f.; Medvedev, »Russkij Armenopul« i ego kritika, S. 193-203. Während seiner Verbannung nach Bessarabien war womöglich auch

immer der fremdsprachige Wortlaut des Textes, nicht aber die russische Fassung anzusehen sei. Dies kam insbesondere bei der Anwendung der Hexabiblos zum Tragen, denn zwischen den griechischen Texten dieses Gesetzbuches und denen der russischen Übersetzung bestanden Unstimmigkeiten.[76]

Während das russische Zivilrecht seit 1840 durch entsprechende Rechtsanwendungsnormen sukzessiv auf die westlichen Gouvernements des Zarenreiches ausgedehnt wurde, entfaltete das etablierte Verfahren der bessarabischen Gerichte, auf die tradierten Rechtsquellen zurückzugreifen, derartig starke Beharrungskräfte, daß der »russische Armenopulos« noch lange Zeit als geltendes Recht angesehen wurde.[77] Von der Fortgeltung desselben ging auch der Senat aus, der in den hier betrachteten – allesamt späteren – Entscheidungen ohne weiteres die »bessarabischen Gesetze« anwendet. Man nutzte insoweit den Spielraum, den auch der Svod Zakonov für die Anwendung des Gewohnheitsrechts ließ, großzügig aus.[78] Das Gericht ging, wie wir noch genauer sehen werden, davon aus, daß als Gewohnheitsrecht solche Rechtsregeln betrachtet werden müßten, die zwar im Gesetz nicht ausgedrückt seien, denen sich die Bewohner einer bestimmten Gegend aber dauerhaft unterwerfen und die sie als bindend anerkennen.[79]

Sowohl mit Rücksicht auf das Alter der Hexabiblos als auch wegen der sprachlichen Tradition und des Sammlungscharakters beider Haupttexte des bessarabischen Rechts konnten bei der praktischen Anwendung leicht Widersprüche oder andere Unklarheiten auftreten.[80] Für diese Fälle waren die Gerichte angewiesen,

Puškin mit der Übertragung von Teilen der Hexabiblos ins Russische befaßt, allerdings nicht direkt, sondern auf Grundlage einer französischen Fassung; dazu Medvedev, Metephrase ho Puskin tēn »Hexabiblo« tu Armenopulu; S. 237-244.

76 Vgl. Guljaev, Obščie učenija, S. 374. Auf S. 375 verweist Guljaev als Beispiel auf Kass. 1909, Nr. 73, eine Entscheidung, die er selbst für den Oberprokuror vorbereitet hatte, und in deren Gründen die Odessaer Sudebnaja Palata als Vorinstanz mit der Bemerkung korrigiert wird, sie habe die *querella inofficiosi testamenti* nur unter der Voraussetzung der Richtigkeit der Übersetzung der Hexabiblos heranziehen können, dabei aber den Originaltext des Armenopulos in der altgriechischen Sprache nicht beachtet und, weil die russische Übersetzung insoweit fehlerhaft sei, gegen Art. 9 ZPO verstoßen. Der bessarabische Jurist Ivan Tanskij aus Kišinëv hatte schon 1850 gegenüber dem Staatssekretär Dmitrij N. Bludov, dem damaligen Leiter der Zweiten Abteilung der Kaiserlichen Kanzlei, auf erhebliche Mängel des »russischen Armenopulos« hingewiesen. Dazu Medvedev, »Russkij Armenopul« i ego kritika, S. 195-203 und Maksimovič, Byzantinische Rechtsbücher, S. 28.

77 Maksimovič, Byzantinische Rechtsbücher, S. 29. Zum Konkurrenzverhältnis der verschiedenen Rechtsquellen am Beispiel des Kreises Ismail vgl. Bugaevskij, Voprosy našego jus particulare, Sp. 443-447.

78 Vgl. Slystschenkow, Der Entwurf, S. 191.

79 Kass. 1878, Nr. 225; Schöndorf, Gerichtspraxis, S. 3.

80 Das bessarabische Recht wird, jedenfalls in späteren russischen Texten, als in vieler Hinsicht defizitär dargestellt. Für die Verzweiflung über das »Chaos« vgl. die Zitate bei Kasso, Vizantijskoe pravo v Bessarabii, S. 34 f. Auch bessarabische Juristen erkannten, daß eine Ersetzung der traditionellen Rechtsquellen durch ein modernes Gesetzbuch geboten sein mochte. Es kam zu einem Projet de Code Civil pour la Bessarabie, das, von Petru Manega in Paris auf Grundlage des französischen Code Civil ausgearbeitet, 1825 vorlag. Vgl. Trian-

sich wegen der Ermittlung des geltenden Rechts zunächst an höhere Instanzen zu wenden.[81] Anstatt in dieser Weise zu verfahren, behalfen sie sich in solchen Fällen allerdings oftmals mit dem Rückgriff auf das russische Recht.[82] Der Senat wies mehrfach darauf hin, daß dieses Vorgehen rechtswidrig sei.[83] In ihrer Entscheidungspraxis hielt die Kassationsabteilung, soweit irgend möglich, am bessarabischen Partikularrecht fest. Soweit ein Rechtsproblem aus dessen Regelungsapparat nicht gelöst werden konnte, griff das Gericht zur Auslegung auf die Basiliken oder die Texte der justinianischen Sammlung zurück, die für ihre historische Quelle, also das römische Recht standen.[84] Auch soweit Fehlinterpretationen von Instanzgerichten korrigiert werden mußten, die sich regelmäßig auf die russischen Fassungen der Texte verließen, ermittelte der Senat das geltende Recht aus den spätantiken Quellen. Dabei verfuhr er nicht selten ähnlich wie die Wissenschaft im Umgang mit den Schwierigkeiten, die der Svod Zakonov bot: Man verbesserte defizitäres geltendes Recht, indem man ihm am römischen Recht gewonnene Begrifflichkeit und Strukturen »unterlegte«. Grundsätzlich aber vermittelten Hexabiblos und Donič-Rechtsbuch die Geltung römisch-byzantinischen Rechts in Bessarabien.[85] Der Senat erklärte in einem Urteil von 1909 sogar, in Bessarabien stehe die Verbindlichkeit der Basiliken außer Frage, gleichrangig mit der Hexabiblos und dem Donič-Rechtsbuch.[86]

taphyllopulos, Sēmeiōma peri tōn ellēnikōn en Rumania kōdikopoiēseōn, S. XVI; Maksimovič, Byzantinische Rechtsbücher, S. 26 f.; Sontis, Das griechische Zivilgesetzbuch, S. 361; ausführlich Kasso, Pëtr Manega (1914). Der Entwurf trat allerdings nicht in Kraft, weil er zu sehr eine Modernisierung nach westlichem Vorbild bewirkt hätte, während die Zarenregierung mittelfristig eher eine Einführung des russischen Rechts in Bessarabien anstrebte.

81 Kasso, Vizantijskoe pravo v Bessarabii, S. 49.

82 Kasso, Vizantijskoe pravo v Bessarabii, S. 58 f.; vgl. aaO., S. 48.

83 Kasso, Vizantijskoe pravo v Bessarabii, S. 49.

84 Kasso, Vizantijskoe pravo v Bessarabii, S. 67.

85 Kasso, Vizantijskoe pravo v Bessarabii, S. 37.

86 Kass. 1909, Nr. 35, S. 90. Sowohl diese Auffassung von der Rangordnung der Normtexte als auch die allgemeine Bereitschaft, bestimmte Regelungen gleichermaßen aus aus römischen, bessarabischen und ausländischen Normen abzuleiten und schließlich das breite Spektrum an Rechtsquellen, das der Senat vergleichend in den Blick nimmt, erweisen sich z. B. an dem Urteil Kass. 1910, Nr. 74, an dessen Vorbereitung Guljaev für den Oberprokuror mitgewirkt hatte. Hier führt das Gericht aus: »Nach römischem Recht, der Grundlage der Gesetzeslage, die in den kaiserlichen Büchern [carskie knigi, also den Basiliken; vgl. Kass. 1909, Nr. 35] enthalten ist, sowie der moldauischen Gesetze, die jetzt in Bessarabien gelten (Armenopulos Buch 5 Art. 120-124, Donič-Rechtsbuch Titel 38, §§ 1-9, was dem Inhalt von Bas. 44,4 und 45,1,8 und Tit. 3 entspricht), und auch nach einigen Gesetzen Westeuropas (Frankreich Code Civil Art. 739-744, Italien Gesetzbuch §§ 736-742 u. a.) ist die Erbfolge wie folgt geregelt […]«. Es folgen Grundsätze der Intestaterbfolge.

bb.) Einzelne Entscheidungen

Wenn wir nachfolgend einige Kassationsentscheidungen als Beispiele näher betrachten wollen, dann dient dies nicht dem Ziel, auf die Besonderheiten und Schwierigkeiten des bessarabischen Rechts hinzuweisen. Ziel des Abschnitts ist es vielmehr, den differenzierten Umgang der Kassationsabteilung des Senats mit dem römisch-byzantinischen Recht zu belegen, der hier, da es sich um unmittelbar geltende Rechtsquellen handelt, offen zum Ausdruck kommt, während er in der Rechtsprechung zum russischen Recht seltener explizit hervortritt.

Im Verfahren Kass. 1885, Nr. 59, bei dem Semën Pachman als Berichterstatter fungierte, hatte die Klägerin von ihrer Mutter, der verstorbenen Kaufmannsfrau Sima Kogan aus Kišinëv, im Wege testamentarischer Erbfolge nur einen Teil des unbeweglichen Vermögens erhalten, der zudem durch ein dauerndes Veräußerungsverbot festgelegt war, so daß sein Wert weniger als 1/10 des Nachlasses betrug. Ihr Bruder, der Beklagte, hatte dagegen den größeren Teil des unbeweglichen Vermögens sowie alles bewegliche Vermögen und Wertpapiere bekommen. Die Klägerin beanspruchte nun einen Anteil von 1/3 allen unbeweglichen und beweglichen Vermögens. Sie berief sich auf den »gesetzlichen Mindestanteil der Kinder am Nachlaß (*falkidion*)«, der, wenn weniger als vier Kinder vorhanden sind, 1/3 des Nachlasses betrug (Arm. 5,9,153 u. 159 [vgl. Arm. 5,9,2 ed. Heimbach][87] und Sbornik Doniča 35,7 und 36,13). Der Beklagte wandte ein, daß bei der Berechnung des fraglichen Anteils das unbewegliche Vermögen wegen Arm. 5,9,161 (vgl. Arm. 5,9,29 ed. H.) außer Betracht bleiben müsse. Dieser bestimmt für den Fall der testamentarischen Erbfolge, daß das falzidische Gesetz keine Anwendung finde, soweit unbewegliches Vermögen vermacht und vom Testator mit einem Veräußerungsverbot belegt worden ist. Der Beklagte meinte, wenn nun der Wert des Grundvermögens vom Gesamtwert des Nachlasses abgezogen werde, betrage das, was die Klägerin erhalten habe, nicht weniger als der ihr gesetzlich zustehende Anteil. Die Instanzgerichte gaben ihm Recht. Der Senat sieht nun keine Rechtsgrundlage dafür, daß die Sudebnaja Palata den »falzidischen« Anteil allein auf Grundlage des beweglichen Vermögens bemessen hatte. Er weist darauf hin, daß schon die Klägerin nicht hinreichend zwischen zwei Rechtsinstituten unterscheide, nämlich zwischen dem gesetzlichen Pflichtteil und dem falzidischen Anteil.[88] Den Anlaß zu dieser Vermengung der Begriffe hatte freilich der Wortlaut der Hexabiblos gegeben: Die von der Vorin-

87 Der Senat verwendet verschiedene Ausgaben der Hexabiblos, zumeist allerdings die russische Übersetzung, bei der die Binnengliederung der Titel von derjenigen abweicht, die in der Ausgabe von G. E. Heimbach (1851) befolgt wird. Da die russische Übersetzung nicht leicht zugänglich ist, wird nachfolgend im Interesse der Leserfreundlichkeit jeweils auch der Nachweis des sachlich entsprechenden Textes in der Heimbach-Ausgabe der Hexabiblos (»ed. H.«) angegeben.

88 Es handelt sich um das Ergebnis der im byzantinischen Recht mehrfach belegten Zusammenführung von *pars* bzw. *portio legitima* und falzidischer Quart. Vgl. Zachariä v. Lingenthal, Geschichte, S. 202 f. und Kaser, Das römische Privatrecht, Bd. 2, S. 478 u. 515.

stanz, der Sudebnaja Palata in Odessa, herangezogene Bestimmung Arm. 5,9,161 (vgl. Arm. 5,9,29 ed H.) ist, ebenso wie andere Regelungen im Erbrecht der Hexabiblos, aus den Quellen des römischen Rechts entlehnt.[89] Das Gericht erläutert nun die Differenzierung zwischen der *quarta falcidia*, dem Anteil, der dem Erben gegenüber Vermächtnissen verbleibt, und der *pars legitima*, dem Pflichtteil der Erben aufgrund Gesetzes, der testamentarischen Verfügungen nicht unterliegt. In der Hexabiblos wird zwar, ebenso wie in den zugrundeliegenden Texten des byzantinischen Rechts, für beide Begriffe der Ausdruck »*falkidion*« verwendet, doch handelt es sich, wie der Senat ausführt, gleichwohl um verschiedene Rechtseinrichtungen. So bezieht sich Arm. 5,9,161 (vgl. Arm. 5,9,26 ed. H.) auf den Regelungsmechanismus der *lex Falcidia,* wenn er bestimmt, daß das als *falkidion* vorgesehene Drittel von den Zuwendungen an die Legatare abgezogen werde.[90] Die Vorschrift hat nichts zu tun mit der *pars legitima*. Um diese aber – und nicht etwa um die Kollision der Rechte der Legatare mit denen der Testamentserben – ging es in dem zu entscheidenden Fall. Das Gericht hebt die vorangegangene Entscheidung der Sudebnaja Palata Odessa daher wegen unrichtiger Anwendung von Arm. 5,9,161 auf und verweist die Sache zur erneuten Entscheidung an die Kiever Sudebnaja Palata.

Ebenfalls durch Pachman als Berichterstatter war die Entscheidung Kass. 1886, Nr. 25 vorbereitet worden: Der 23jährige und damit minderjährige[91] Ivan

89 Die Herkunft eines Teils der Regeln aus dem Recht der *lex Falcidia* wird bereits am Beginn des Titels Arm. 5,9 »*Peri Falkidiou*« verschleiert. Er beginnt mit einer Definition: »*falkidios*« heiße es im Rechtssinne, wenn von gemeinsamem Vermögen, an dem mehrere teilhaben, jedem von diesen ein Teil gegeben werde. Die Griechen verwendeten, wie sich aus Arm. 5,9,1 ergibt, sowohl die maskuline Form »*falkídios*« als auch die neutrale »*falkídion*«. Der Text teilt mit, es handele sich eigentlich um ein lateinisches Wort und werde bei manchen von der *falx* hergeleitet, als ob ein »Sichelschnitt« vorgenommen werde, also gewissermaßen eine Teilung des Vermögens, das dabei zwangsläufig wie mit einer Sichel zerschnitten werde. Diese recht grobe Pseudoetymologie läßt in der Tat offen, wie der »Anteil« dogmatisch richtig zu verstehen ist.

90 Was sachlich richtig ist, wird vom Gericht allerdings u. a. aus dem Wortlaut der russischen Übersetzung begründet, die hier lautet: »tret'ja čast', potrebnaja dlja falkidiona, vyčitaetsja iz otkazov vsech legatariev« (»Das für das *falkidion* erforderliche Drittel wird von den Abzügen [scil. zugunsten] aller Legatare einbehalten«). Daß das *falkidion* hier angesichts von Vermächtnissen zugestanden wird und damit der Sachzusammenhang mit der *lex Falcidia* besteht, schließt der Senat nicht aus der Erwähnung der Legatare, sondern daraus, daß der russische Text das Vermächtnis als »Abzug« (otkaz) vom Nachlaß bezeichnet; vgl. Tit. 5,10: »Ob otkazach po zaveščaniju, ili o Legate« (»Von den Abzügen durch Testament, oder vom Legat«). Dies kommt dem Verständnis des klassischen Rechts nahe, für das das Vermächtnis in einer Minderung des Nachlasses (*delibatio hereditatis*) bestanden hatte (vgl. Florentin 11 *inst.* D. 30,116 pr.). Demgegenüber beschränkt sich der griechische Text auf die Mitteilung, das Drittel werde von den Vermächtnisnehmern »zurückbehalten« (*katéchetai*), ohne daß die Bezeichnung der Vermächtnisse selbst als Abzüge, mit der der Senat anhand des russischen Textes argumentiert, hier aufträte.

91 Gemäß Arm. 1,12,1 tritt – wie im klassischen Recht – die Mündigkeit mit 14 bzw. 12 Jahren und die volle Geschäftsfähigkeit mit 25 Jahren ein.

Koršmarjuk hatte gegen Beibringung von Sicherheiten einen Ratenkredit aufgenommen. Um den Vertragsschluß einschließlich der notariellen Beurkundung herbeiführen zu können, hatte Koršmarjuk mit Hilfe geeigneter Dokumente vorgetäuscht, daß er bereits volljährig sei. Nachdem er in Zahlungsrückstand geraten war, wurde er (vertragsgemäß) auf Rückzahlung der Gesamtsumme mit Zinsen in Anspruch genommen und machte nun unter Hinweis auf seine Minderjährigkeit die Unwirksamkeit des Vertrags geltend. Der Kläger meinte, auf eine Unwirksamkeit des Vertrags könne sich nur derjenige berufen, zu dessen Nachteil eine Täuschung verübt worden sei. Hier aber sei es gerade der Beklagte gewesen, der bei Vertragsschluß getäuscht habe, nämlich über die Voraussetzungen seiner Geschäftsfähigkeit. Der Senat stellt hier auf Arm. 1,12,107 u. 108 in der russischen Ausgabe des Senats von 1854 ab, der systematisch Arm. 1,12,45-48 (ed. H.) entspricht (aber nicht inhaltlich identisch ist). Nach dieser Bestimmung muß ein Minderjähriger, der vorgetäuscht hat, daß er schon älter aus 25 Jahre sei, daraufhin empfangene Leistungen nicht zurückgeben, und zwar sogar in dem Fall, daß er sein Alter beschworen hat. Im übrigen kann nicht jedes vom Minderjährigen vorgenommene Rechtsgeschäft rückabgewickelt werden, sondern nur das, was aufgrund Täuschung oder großer Unvorsichtigkeit zustande gekommen war. Um genauer zu klären, unter welchen Voraussetzungen dem Minderjährigen die Lösung vom Rechtsgeschäft versagt ist, greift der Senat auf Quellentexte des römischen Rechts zurück, in denen er die historische Grundlage der Bestimmungen der Hexabiblos sieht: Aus C. 2,41(42),1 ergibt sich, daß sich der Minderjährige, um die materielle Wiedereinsetzung in den vorigen Stand (*restitutio in integrum*) beanspruchen zu können, selbst gewissenhaft verhalten haben muß. Nach C. 2,42(43),2 u. 3 bekommt der Minderjährige, der vorsätzlich vorgetäuscht hat, volljährig zu sein, keine *restitutio* (§ 3: *malitia suppleat aetatem*). Bei Paulus 1 *sententiarum* D. 4,4,24,1 und Ulpian 5 *opinionum* D. 4,4,44 wird der Grundsatz ausgeführt, daß nicht bei allen Rechtsgeschäften mit *minores* die Rückabwicklung beansprucht werden kann, sondern nur bei denen, durch die der *minor* benachteiligt worden ist. Auf dieser Grundlage befindet der Senat, daß der Beklagte wegen seines betrügerischen Verhaltens keine Restitution verlangen könne.

Die Entscheidung Kass. 1900, Nr. 72[92] betrifft den Nachlaß des Vikentij Staržinskij, der verstorben war, ohne eheliche Kinder zu hinterlassen. Da er kein Testament errichtet hatte, war der Nachlaß an seine Seitenverwandten gelangt. Der Erblasser hatte allerdings mit einer Frau zusammengelebt, die ihm mehrere Kinder geboren hatte. Diese Frau und die gemeinsamen Kinder nahmen nun die Seitenverwandten im Klagewege auf Leistung eines Sechstels vom Nachlaß in Anspruch und beriefen sich auf ein Intestaterbrecht nichtehelicher Kinder und ihrer Mutter. Das Klagebegehren stützte sich auf Arm. 5,8,139 (Arm. 5,8,66 ed. H.). Danach steht, wenn der Erblasser intestat und ohne überlebende eheliche

92 Zitiert nach der 2. inoffiziellen Ausgabe: Rešenija Graždanskogo Kassacionnogo departamenta Pravitel'stvujuščego Senata za 1900 god, Izdanie 2-e neoficial'noe, Izdanie kandidata prav L. M. Rotenberga, Ekaterinoslav, 1911. Die Entscheidung ist abgedruckt auf S. 164-171, der Kern der Begründung auf S. 170-171.

Kinder, aber unter Hinterlassung nichtehelicher (*physikoi*) verstirbt, den letzteren ein Anteil von 2/12 (d.h. 2 *unciae*) zu, den sie sich mit ihrer Mutter teilen, und zwar so, daß die Mutter den Teil bekommt, der dem eines Kindes entspricht. Schwierigkeiten bereitete es, daß das geltende Recht unterschiedliche Kategorien nichtehelicher Kinder kannte, an die (in anderen Bestimmungen) auch die Hexabiblos anknüpfte. So mochte dem Klagebegehren eine Vorschrift des Donič-Rechtsbuchs (36,4) entgegenstehen, die einem Erblasser ermöglichte, falls keine gesetzesgemäß geborenen Kinder (zakonnoroždennych detej) oder deren Abkömmlinge existierten, die ihn aufgrund Gesetzes beerben, einen Teil seines Nachlasses seinen »ungesetzlich« geborenen Kindern zuwenden, die andernfalls leer ausgehen. Waren die vorliegend klagenden Kinder also im Sinne dieser Vorschrift »ungesetzlich« geboren, so hatten sie in Ermangelung einer letztwilligen Zuwendung keine Ansprüche. Mit dem Ziel einer Präzisierung des Begriffs der im Sinne des Sbornik Doniča »ungesetzlich« geborenen Kinder stellt das Gericht auf den zugrundeliegenden Basilikentext 32,2,4 ab und erörtert die genannten natürlichen Kinder.[93] Die Basiliken regeln hier das Konkurrenzverhältnis zwischen ehelichen Abkömmlingen und Aszendenten des Erblassers auf der einen und nichtehelichen Kindern sowie deren Mutter auf der anderen Seite, wobei unterschieden wird zwischen den Kindern, die der Erblasser mit der bei ihm lebenden Konkubine hat,[94] und sonstigen, die ihm beliebige Frauen geboren haben. Die erstgenannten bekommen, wenn der Erblasser intestat verstirbt, zwei *unciae*, die sie sich mit ihrer Mutter teilen sollen, die letztgenannten Kinder nicht.[95] Für den Senat kommt es also in der Frage, ob dem Anspruch der Kläger möglicherweise der Ausschluß aus dem Sbornik Doniča 36,4 entgegensteht, auf dessen Auslegung im Lichte der Differenzierung der Basiliken an. Dabei ergibt sich, daß der Ausschluß nicht diejenigen Kinder betrifft, die von einer Konkubine abstammen, mit der der Erblasser zusammenlebte, sondern nur solche, die von anderweitigen Partnerinnen stammten (*spurii, vulgo quaesiti*). Da die Ansprüche der Kläger und ihrer Mutter also davon abhängen, ob das zwischen ihren Eltern bestehende Verhältnis ein zur Lebensgemeinschaft verfestigter Konkubinat war oder nicht, verlangt das Gericht nun weitere Sachverhaltsaufklärung. Es hebt daher die Entscheidung der Sudebnaja Palata Odessa auf und verweist die Sache zur erneuten Entscheidung an die Palata in Kiev.

Kass. 1909, Nr. 35[96] betraf die Erbfolge nach Vasilij Konstantinovič Vartik, dessen Nachlaß von zahlreichen Personen beansprucht wurde. Mit Rücksicht auf das hier verfolgte Erkenntnisinteresse kommt es auf die Erwägungen des Gerichts zur

93 Benutzt sind die Basiliken nach der Ausgabe Heimbach Leipzig 1843, Bd. 3, S. 526; der Senat beruft sich auf die dort abgedruckte lateinische Übersetzung.

94 Ebenso wohl Nov. 18,5 und Nov. 89,12.

95 Der Konkubinat ist im justinianischen Recht eine vom Recht anerkannte Beziehung zwischen Mann und Frau, die im Vergleich zu völlig freien Verbindungen privilegierte Rechtsfolgen auslöst. Vgl. Kaser, Das römische Privatrecht, Bd. 2, S. 183 f.

96 Zitiert nach der 2. inoffiziellen Ausgabe: Rešenija Graždanskogo Kassacionnogo departamenta Pravitel'stvujuščego Senata za 1909 god, Izdanie 2-e neoficial'noe, Izdanie kandidata prav L. M. Rotenberga, Ekaterinoslav, 1912, S. 87-102.

Kassationsklage des Dmitrij Vartik an.[97] Dieser gründete sein Erbrecht nach Vasilij Vartik darauf, daß er ein unehelicher Sohn der Mutter des Erblassers war, zu diesem also im Verhältnis eines Halbbruders von der Mutter (»edinoutrobnyj«; *uterinus*) stand. In der Frage, ob die im bessarabischen Gouvernement geltenden Gesetze ein Erbrecht einer Person geben, die auf solche Weise mit dem Erblasser blutsverwandt ist, hatte die Sudebnaja Palata in Odessa als Vorinstanz befunden, daß Hexabiblos und Sbornik Doniča »nur insoweit verbindlich sind, als sie wahrhaftig Vorschriften überliefern, die in ihren Texten des byzantinischen Rechts enthalten waren, und daher müssen sie nicht nur erklärt, sondern sogar entwickelt werden auf Grundlage der Gesetze ihrer Quellen«; gemeint sind die entsprechenden Bestimmungen in Codex Iustinianus, Novellen und Basiliken. Das Gericht hatte ferner erklärt, daß die Gesamtheit der justinianischen Bestimmungen eindeutig für das in Frage stehende Erbrecht spreche, während die entsprechenden Abschnitte der Hexabiblos und des Sbornik Doniča, ohne eindeutig zu lauten, eher entgegenstünden. Die Palata konnte auf dem vom Senat als richtig anerkannten methodischen Weg keine eindeutige Rechtsgrundlage für das fragliche Erbrecht erkennen und wies die Klage ab. Auch der Senat behandelt die Rechtsfrage auf Grundlage der Hexabiblos und des Donič-Rechtsbuchs in Verbindung mit Codex Iustinianus und Basiliken.[98] Er stellt zunächst eine Bedeutungsverschiebung zwischen den unterschiedlichen Fassungen der Hexabiblos fest. Der neugriechische Text[99] Arm. 5,8,140 lautet dahingehend, daß der Nichteheliche nicht von den Verwandten seines Vaters beerbt wird, weil sein Vater unbekannt ist; nur seine Mutter und die Brüder *der Mutter* (οἱ Ἀδελφοὶ τῆς Μητρὸς)[100] beerben ihn. Im alten griechischen Text weicht die entsprechende Stelle Arm. 5,8,70 (ed. H.) im entscheidenden Punkt ab: Hier geht der Nachlaß eines *spourios* nicht auf die Verwandten von seiten seines Vaters über, weil er keinen Vater hat; der Mutter aber und den uterinen Brüdern (τοῖς μητρῴοις ἀδελφοῖς – den Brüdern »mütterlicherseits«) wird als Verwandten Hilfe gegeben; gemeint ist ein

97 Es handelt sich in der vorgenannten Ausgabe um die Seiten 92-98.

98 In einer Anmerkung zu den Entscheidungsgründen legt der Senat die zugrundeliegenden Textfassungen offen: Die Bestimmungen des Armenopulos im neugriechischen Text werden zitiert in der 1831 in der Senatsdruckerei erschienenen und 1854 neu gedruckten russischen Übersetzung; diejenigen aus dem altgriechischen Text werden gleichfalls in einer russischen Übersetzung herangezogen, die eigens für das Verfahren auf Anforderung des Kišinëver Okružnyj Sud an der Petersburger Universität gefertigt worden war; die Bestimmungen des Sbornik Doniča werden in der Übersetzung herangezogen, die in der Drukkerei des Senats 1831 hergestellt worden war; der Text des Corpus Iuris Civilis Justinians wird zitiert in Übersetzung aus der Ausgabe der Brüder Kriegel (Leipzig »1871«; gemeint ist entweder die 13. [1870] oder die 14. Aufl. [1872]). Die Texte aus den Basiliken sind wiedergegeben in der Übersetzung aus der Heimbach-Ausgabe.

99 Die Hexabiblos wurde im 19. Jahrhundert mehrfach in einer dem zeitgenössischen Sprachgebrauch angepaßten Textfassung herausgegeben. Es gab u.a. eine 1805 in Venedig gedruckte Ausgabe und eine weitere Fassung des Textes, die Klonaris 1833 in Nafplio herausbrachte. Vgl. Chertsog, Pragmateia peri tu procheiru, S. 74. Vorliegend wird die Ausgabe von Alexios Spanos (Venedig 1744) zugrundegelegt.

100 Vgl die Spanos-Ausgabe, S. 337.

Erbrecht der Blutsverwandten. Der Senat prüft nun, ob durch die Formulierung im neugriechischen Text von dieser Erbfolge alle Personen außer der Mutter und den Onkeln mütterlicherseits ausgeschlossen werden, also sogar die nächsten blutsverwandten Personen, nämlich die Kinder der Mutter. Er fragt, ob man es nicht als wirklichen Sinn des Gesetzes auffassen könne, daß im Sinne des altgriechischen Textes der Hexabiblos nicht die Brüder der Mutter, sondern die Brüder von seiten der Mutter gemeint sind. Auch erwägt das Gericht, ob nicht die Bestimmung in Arm. 5,8,70, nach der ein Erbrecht an die Eigenschaft als Blutsverwandte angeknüpft wird, auf ein wechselseitiges Erbrecht unter uterinen Brüdern ohne Unterscheidung zwischen unehelicher und ehelicher Geburt schließen läßt. Allerdings zieht der Senat auch in Betracht, daß der Sbornik Donič̌a 37,7 Verwandte in aufsteigender Linie und Seitenverwandte von der Erbfolge nach »ungesetzlich geborenen« Kindern ganz ausschließt. Zur Hinführung auf die Lösung des Problems erklärt er, daß die Bestimmungen der Hexabiblos und das Donič-Rechtsbuch im Lichte der ihnen zugrundeliegenden Quellen anzuwenden seien. Hiervon ausgehend stellt das Gericht fest, daß in der justinianischen Gesetzgebung die Blutsverwandtschaft die Grundlage des römischen Erbfolgesystems bildete, nachdem das agnatische System stufenweise zurückgetreten war. Dies entspreche auch dem natürlichen Gerechtigkeitsgefühl. Zwar sei das kognatische System des römischen Rechts auf Grundlage der Vermutung entwickelt worden, daß Verwandtschaftsbeziehungen grundsätzlich im Wege der Geburt in gesetzmäßiger Ehe (C. 5,27,7) entstehen, doch sei mit dem Abstellen auf die Blutsverwandtschaft durch die römischen Juristen eine konsequente Ausdehnung des Systems auf die Nichtehelichen vorgenommen worden. Nicht also allein das Gefühl der Humanität und Gerechtigkeit, also die höchsten Prinzipien, auf die das kognatische System überhaupt zurückgeht, sondern vielmehr die strenge Logik, die der römischen Jurisprudenz eigentümlich war, habe die Anerkennung gefordert, daß der Nichteheliche in demselben Blutsverhältnis zu den Verwandten steht wie der gesetzlich geborene, und der Unterschied in ihrer jeweiligen Lage nur darin liegt, daß beim gesetzlich Geborenen der Vater aufgrund der Ehe mit der Mutter feststeht, während der Nichteheliche in diesem Sinn keinen Vater hat. Kraft dieser Unterscheidung sei der gesetzlich Geborene Kognat seiner Mutter und der ihres Mannes sowie aller Personen, die mit ihm durch Blutsverwandtschaft verbunden seien, während Kognaten des Nichtehelichen nur dessen Mutter und alle ihre Blutsverwandten seien. Für die Richtigkeit dieses Grundsatzes beruft sich der Senat auf zahlreiche Quellen.[101] Er führt aus, alle diese Bestimmungen zeigten völlig klar, daß nach den in Bessarabien geltenden Gesetzen der nichteheliche Bruder des

101 Inst. 3,5,4 (*vulgo quaesiti* sind Kognaten ihrer Mutter, haben aber keine Agnaten); Gaius 16 *ad ed. prov.* D. 38,8,2 (*vulgo quaesiti* bekommen als *cognati* im Verhältnis zu ihrer Mutter und ihren Geschwistern von dieser die *bonorum possessio unde cognati*); Paulus *lb. sg. de grad. et adfin. et nom. eorum* D. 38,10,10,6 (*cognatio* wird durch die Mutter, *agnatio* durch den Vater vermittelt); Bas. 45,2,7 u. 9 (*bonorum possessio unde cognati* bei *vulgo quaesiti* und *spurii*); C. 6,57,5 (Gleichstellung der *legitimi* mit sonstigen Kindern einer *concubina* in der Rechtsnachfolge nach derselben); Nov. 12 (vermögensrechtliche Sanktionen bei Kindern aus verbotener Ehe); Nov. 89,15 (Rechtsstellung der Abkömmlinge aus verbotenen Verbindungen).

ehelich geborenen Erblassers das Recht habe, diesen zu beerben, und die Richtigkeit dieser Rechtsauffassung werde bestätigt durch die Ansichten zahlreicher Autoren des römischen Rechts in Westeuropa und teilweise auch durch die russische Literatur, nach der aufgrund der römischen Bestimmungen über die Erbfolge der Blutsverwandten nichteheliche Kinder nach Kognaten ihrer Mutter erbten.[102] In demselben Sinne seien auch die Bestimmungen der Hexabiblos und des Donič-Rechtsbuchs zu verstehen.

Die Entscheidung Kass. 1910, Nr. 65 betraf die Wirkungen eines Familienfideikommisses (famil'nyj fideikomiss) nach bessarabischem Recht und insbesondere die Reichweite der damit verbundenen Verfügungsgeschränkungen. Evgenij Purčel hatte dem Kišinëver Kreis-Zemstvo, der regionalen Selbstverwaltungskörperschaft, letztwillig Immobiliarvermögen zugewandt, welches ihm zuvor, belastet mit einem Veräußerungsverbot und mit der Pflicht zur Weitergabe an seine Nachkommen, sein Vater hinterlassen hatte. Die nächste Stammverwandte des Vaters machte nun die Unwirksamkeit der Verfügung geltend. Die Odessaer Sudebnaja Palata hatte als Vorinstanz den Standpunkt vertreten, aus der justinianischen Novelle 159 ergebe sich, daß der eingesetzte Erbe sogar im Falle fehlender Nachkommenschaft nicht berechtigt sei, durch Familienfideikommiß gebundenes Vermögen zu veräußern, und unter den Begriff der Veräußerung falle auch die letztwillige Verfügung zugunsten stammfremder Begünstigter (Papinian 19 *quaestionum* D. 31,69,3). Daraus folge, daß die testamentarische Verfügung des Purčel als rechtswidrig gelten und das Vermögen der Klägerin zufallen müsse. Dies setze allerdings voraus, daß der Wille des Vaters auf die Errichtung eines Familienfideikommisses gerichtet gewesen sei. Das wiederum müsse ggf. in aller Klarheit aus dem Testament selbst hervorgehen, wie aus C. 6,42,16 und D. 31,69,1-3 folge. Die von Aleksej Guljaev als Vertreter des Oberprokurors vorbereitete Entscheidung des Senats setzt sich nun mit der Frage auseinander, ob ein Familienfideikommiß nach bessarabischem Recht überhaupt wirksam sei. Das Gericht verweist auf verschiedene Bestimmungen aus dem 5. Buch der Hexabiblos (Arm. 5,9,29 ed H.), aus denen sich ergibt, daß, wenn jemand ein Testament errichtet und seiner Familie oder einem Außenstehenden unbewegliches Vermögen zuwendet und dabei ausdrücklich verfügt, daß es zu keiner Zeit von seinem Empfänger veräußert werden dürfe, sondern vielmehr für immer den jeweiligen Nachfolgern zukommen müsse, das falkidische Recht keine Anwendung finde. Der Senat sieht hier eine Anknüpfungsmöglichkeit für die Auffassung, daß dem bessarabischen Recht das Familienfideikommiß bekannt sei. Zur näheren Bestimmung der Begrifflichkeit verweist der Senat auf das römische Recht und führt aus, dieses habe zwar das Familienfideikommiß gekannt, doch sei dessen Funktion eine andere gewesen: Hier sei eine Unveräußerlichkeit des Vermögens angeordnet worden, um die Kon-

102 Der Senat belegt diesen Standpunkt mit Vangerow, Lehrbuch der Pandekten, Bd. 2, § 413; Dernburg, Pandekten, Bd. 3, § 135; Keller, Pandekten, § 467; Windscheid, Pandekten, Bd. 3, § 571; Glück, Hermeneutisch-systematische Erörterung, § 138; Kasso, Vizantijskoe pravo v Bessarabii, § 135.

tinuität der Weitergabe innerhalb der Familie zu gewährleisten. Ursprünglich sei dies nur für zwei Generationen möglich gewesen, später für vier, aber jedenfalls habe es immer einer genauen Angabe im Testament des Begründers bedurft. Ferner sei mit »*familia*« in der römischen Kaiserzeit ein viel weiterer Begriff, ein umfassenderer und über die Blutsverwandten hinausgehender Kreis an Personen gemeint gewesen. Diese Merkmale unterschieden sich von dem Konzept, das den Bestimmungen der Hexabiblos zugrundeliege. Wenn man aber im Zweifel sei, ob das Familienfideikommiß von den geltenden Gesetzen anerkannt sei, könne man nicht einfach das römische Recht anwenden. Denn römisches Recht dürfe nur zur Erklärung des Sinnes des als grundsätzlich geltend festgestellten bessarabischen Rechts herangezogen werden. Wo dieses im übrigen unklar sei, komme Reichsrecht zur Anwendung, und dieses kenne das Familienfideikommiß nicht.

Die Entscheidung Kass. 1889, Nr. 22, die Pachman als Berichterstatter vorbereitet hatte, betraf die Wirksamkeit einer erbrechtlichen Substitution. Die Palata hatte eine letztwillige Verfügung als Anordnung einer Substitution (substitucija) qualifiziert, wie es nach Reichsrecht zwar ausgeschlossen, nach bessarabischem Recht jedoch möglich sei. Der Senat bestätigte diese Rechtsauffassung grundsätzlich unter Hinweis auf Arm. 5,8,119 (vgl. Arm. 5,8,3 ed. H.), wo ausdrücklich die sukzessive Einsetzung vorgesehen ist, und auf das Donič-Rechtsbuch 36,7, nach dem der Testator, der einen Erben bestimmt hat, »in seinem Testament ihm einen anderen Erben bestimmen kann, und diesem einen dritten«. Nun hatte die Palata eine der testamentarischen Verfügungen als Fideikommiß qualifiziert und den Standpunkt vertreten, daß Substitution und Fideikommiß nicht miteinander vereinbar seien. Insoweit weist der Senat darauf hin, daß diese Begriffe aus dem römischen Recht herrührten und in das bessarabische Recht in zwei Bestimmungen eingegangen seien. Eine davon, Arm. 5,8,118-119 (vgl. Arm. 5,8,2 ed. H.), lautet: »Der Erbe wird entweder einfach Erbe oder Fideikommissar genannt. Es mag z. B. jemand angeordnet haben: Georgij wird mein Erbe, und gleichzeitig soll er mein Vermögen nicht auf Lebenszeit kraft Erbrechts haben, sondern es nur verwalten, bewahren und erhalten für Fëdor als meinen eigentlichen Erben; in diesem Fall wird Fëdor Fideikommissar genannt und empfängt zwei Drittel des Nachlasses aufgrund Erbrechts, aber Georgij wird Erbe genannt und empfängt ein Drittel des Nachlasses.« Der Senat führt aus, hier spreche man vom Fideikommiß wie von derjenigen Einsetzung des Erben, kraft der der letztere (Fiduziar) verpflichtet ist, den Nachlaß noch zu seinen Lebzeiten an einen anderen weiterzugeben (den Fideikommissar), und für sich selbst nur einen bestimmten Teil des Nachlasses behält, und daher sei hier von der Substitution im Sinne eines aufeinanderfolgenden Überganges des Nachlasses beim Tod eines Erben auf einen anderen[103] nicht die Rede, so daß das Fideikommiß im Sinne des genannten Gesetzes selbständige Bedeutung habe, unabhängig von einer Substitution. Daraus folge aber nicht, daß nach den bessarabischen Gesetzen eine Bestimmung über ein Fideikommiß völlig unvereinbar mit einer Substitution wäre. Daher bestimmte das Donič-Rechtsbuch im Anschluß an Regelungen über

103 Das Gericht identifiziert diesen Fall (sachlich unrichtig) mit der *substitutio pupillaris.*

die Substitution (36,8), wenn jemand seinen Nachlaß einem anderen hinterlasse und diesen durch eindeutige Erklärung verpflichte, den Nachlaß ganz oder teilweise für einen bestimmten Erben zu bewahren (dieser Teil werde »Fideikommiß« genannt), dann könne der insoweit belastete Empfänger des Fideikommisses unter keinen Umständen daraus einen Gegenstand veräußern, weil er diesen als Vertrauensperson für einen anderen bewahre; denn wenn er irgendeinen Gegenstand veräußerte, würde dieser dem Nachlaßteil entzogen, der ihm zugewandt wurde und bewahrt werden müsse. Der Senat weist darauf hin, daß in dieser Vorschrift keine Bestimmung über eine Verpflichtung zur *Übergabe* des ganzen Nachlasses oder eines Teils davon an eine andere Person enthalten sei, sondern daß vielmehr ein späterer Erwerb durch den Rechtsnachfolger vorausgesetzt werde, zu dessen Gunsten die Verfügungsbefugnis des Erstempfängers ausgeschlossen sei. Dabei handele es sich offensichtlich um eine Substitution, mit der nur die genannten Beschränkungen verbunden sind. Substitution und Fideikommiß seien also keineswegs unvereinbar. Vielmehr gehe aus den genannten Quellen hervor, daß der Sinn der Verfügungsbeschränkungen gerade darin liege, den angestrebten Erfolg der Substitution zu sichern. Daraus folgt auch, wie der Senat erklärt, das richtige Verständnis vom Begriff jener »Veräußerung« (otčuždenie), an der der Erstempfänger des Vermögens gehindert ist. Gemeint sei keineswegs nur die Übertragung des Eigentums auf einen Dritten; vielmehr seien alle möglichen Verfügungen erfaßt, die das Vermögen schmälern. Dies schließt der Senat aus römischen Quellen wie der justinianischen Konstitution C. 4,51,7, wo es heißt, daß der Ausschluß einer *alienatio* durch gesetzliches Verbot oder Anordnung eines Testators den Betroffenen nicht nur an der Übertragung des Eigentums hindere, sondern ebenso an der Bestellung von Servituten, Pfandrechten oder Emphyteusen.[104] Der Senat erklärt, in den Gesetzen und öfters in auf Griechisch errichteten Testamenten sei zu dem Wort »Veräußerung« oftmals noch hinzugefügt: »Belastung mit Verbindlichkeiten«, wie z.B. durch Scaevola 3 *responsorum* D. 31,1,88,14 belegt sei (»*non vendi neque foenerari*«).[105] Eine solche Ergänzung entspreche durchaus dem Zweck des Veräußerungsverbots.

Erneut mußte sich der Senat in Kass. 1891, Nr. 112 mit der Geltung der erbrechtlichen Substitution auseinandersetzen. Hier erörterte der Senat die Frage, ob die allgemeine Regel des Art. 1086 SZ X/1, nach der der Testator den Erben seines wohlerworbenen (blagopriobretennyj) Vermögens zu Geldzahlungen nur zu dessen Lebzeiten verpflichten kann, in das bessarabische Recht ausstrahle und dort insoweit einer Substitution entgegenstehe. In diesem Verfahren hatte nämlich der Antragsteller den Standpunkt vertreten, daß Art. 1086 mit der Unterscheidung zwischen Stammvermögen und wohlerworbenem Vermögen dem bessarabischen

104 Das bessarabische Recht kennt den in Arm. 3,4 behandelten Vertrag über die ewige Nutzung unbeweglichen Vermögens (dogovor o večnom pol'zovanii), der »ėmfitevzis« genannt wird (Kass. 1885, Nr. 129).

105 Für den Testamentswortlaut bezieht sich das Gericht auf § 15. Die Übertragung der Verfügung »μὴ πωλεῖσθαι […] μηδὲ δανείζεσθαι« mit »*non vendi* […] *neque foenerari*« folgt der Kriegel-Ausgabe.

Recht grundsätzlich fremd sei, und daß, während das Reichsrecht in Art. 1011 SZ X/1 die Substitution ausschließe,[106] nach Partikularrecht dem Testator gestattet sei, Geldzahlungsverpflichtungen auch für die Zeit nach dem Tod des Testamentserben anzuordnen. Der Senat meint, da das bessarabische Recht nicht zwischen wohlerworbenem Vermögen und Stammvermögen unterscheide, sei hier alles Vermögen als wohlerworben zu betrachten. Dies stehe der Anwendung des Ausschlusses der Substitution mit Rücksicht auf wohlerworbenes Vermögen in Art. 1086 gerade nicht entgegen. Gleichwohl erkennt der Senat die Möglichkeit der Anordnung einer Substitution grundsätzlich an, allerdings aufgrund der vorrangigen Geltung des Partikularrechts, für das die Hexabiblos die Substitution vorsieht (Arm. 5,8). Das Wesen dieser Einrichtung bestimmt der Senat, römisches Recht zugrundelegend, dahingehend, daß mehrere vom Testator selbst genau angeordnete sukzessive Übergänge des nachgelassenen Vermögens von jeweils einem Erben auf einen anderen stattfinden.[107]

Die Rechtsprechung zum bessarabischen Recht erlaubt nur mittelbare Schlüsse auf den Umgang der Kassationsabteilung mit dem russischen Recht. Mit Rücksicht auf das hier verfolgte Erkenntnisinteresse ist allerdings bemerkenswert, daß die Richter nicht nur in differenzierter Weise im römischen Recht orientiert sind – wir haben sie teilweise als Romanisten kennengelernt –, sondern daß ihnen die praktische Nutzung desselben für die Zwecke des geltenden Rechts vertraut ist. Sie sind in der Lage, das Recht der bessarabischen Gesetzbücher mit dem Instrumentarium des römisch-byzantinischen Rechts zu bearbeiten, wie sie in den Entscheidungsgründen zu diesem Rechtsgebiet auch in differenzierter Weise offenlegen. Entsprechend lassen sich auch in der Rechtsprechung des Gerichts zum russischen Recht – es waren dieselben Richter, die die Verfahren nach Reichsrecht entschieden – methodische und begriffliche Merkmale des Rechtsdenkens der römischen Tradition schlüssig nachweisen. Wir werden anschließend an einigen Beispielen zeigen, daß der Nachweis öfters jedenfalls mittelbar geführt werden

106 Vgl. Klibanski, Handbuch, Bd. 2, S. 36.

107 Vgl. bereits Kass. 1889, Nr. 22. Das klassische Recht bot keine Grundlage für die Anordnung einer gestuften Erbfolge über mehrere Generationen hinweg; Kaser, Das römische Privatrecht, Bd. 1, S. 688. Das führte zur Kritik an dieser Rechtsprechung. Offenbar ging die allgemeine Anerkennung der Substitution darauf zurück, daß man das Recht der Hexabiblos und des Donič-Rechtsbuches im Lichte des Pandektenrechts auslegte, wie es bei Puchta (Pandekten, §476) und Baron (Pandekten, §454) dargestellt war. Dieses kannte über die Substitutionstatbestände des klassischen Rechts hinaus weitere Gestaltungsinstrumente, insbesondere die fideikommissarische Substitution. So konnte sich offenbar die Auffassung durchsetzen, zwar sei in Hexabiblos und Sbornik Doniča die römische Substitution übernommen worden, doch müsse zwischen verschiedenen Entwicklungsstufen des römischen Rechts unterschieden werden. Die genannten Rechtsbücher bezogen sich nach dieser Ansicht keineswegs auf jede Form der Substitution, die inzwischen als römisch wahrgenommen wurde. Vgl. Rudokvas/Kartsov, Der Rechtsunterricht, S. 303-304; vgl. O. Pergament, Očerki bessarabskogo nasledstvennogo prava, S. 112-114. Über Osip Jakovlevič Pergament (1868-1909), den Bruder von Michail Pergament, vgl. Šilochvost, Russkie civilisty, S. 122 f.

kann, und daß das Gericht in einigen Fällen den Rückgriff auf römisches Rechtsdenken sogar ausdrücklich offenlegt.

2.) Römisches Recht in der Rechtsprechung zum russischen Recht

Im Unterschied zu seiner Rechtsprechung auf den Gebieten des baltischen und des bessarabischen Partikularrechts konnte der Senat im räumlichen Geltungsbereich des russischen Rechts das römische Recht nicht ohne weiteres in das geltende Recht einbeziehen. Hier ist der Einfluß des römischen Rechts auf die Entscheidungen daher weniger klar ersichtlich. Vor dem Hintergrund der Geltung des Svod Zakonov neigt das Gericht nicht dazu, diejenigen Anregungen, die es fremdem Rechtsdenken verdankt, ausdrücklich zu benennen. Dies ist vielmehr regelmäßig verschleiert. Soweit z. B. Schrifttum angeführt wird, kann damit die Zugrundelegung von Lehren verbunden sein, die aus anderen, nicht-russischen Zusammenhängen entlehnt worden waren. Besonders wichtig für die Beurteilung, inwieweit der Senat »römisches« Gedankengut rezipiert hat, ist nun aber – neben der Quellenkenntnis und der methodischen Befähigung der Richter, die wir am Beispiel der bessarabischen Entscheidungen gesehen haben – die Verwendung systematischer und teleologischer Elemente, die aus Sicht des westlichen Juristen vertraut sind und im russischen Kontext deshalb auffallen, weil sie im Gesetz und in der Rechtstradition keine Grundlage haben. Hier entwickelt das Gericht das russische Recht im Wege der Rechtsprechung in Bereichen fort, die zuvor entweder überhaupt nicht oder nur unsystematisch geregelt waren.

a.) Die Fortbildung des russischen Rechts durch den Senat

Die Fortbildung des Rechts durch den Senat ist insoweit besonders bemerkenswert, als noch Art. 9 der ZPO von 1864 die Gerichte ausdrücklich verpflichtete, »die Fälle nach dem genauen Sinn der geltenden Gesetze zu entscheiden, aber im Falle ihrer Unvollständigkeit, Unklarheit, Mängel oder Widersprüchlichkeit die Entscheidung auf den allgemeinen Sinn der Gesetze (na obščem smysle zakonov) zu gründen.« Der mit dieser Formel gebotene Raum für die Rechtsentwicklung war noch immer ziemlich eng begrenzt, erwies sich aber, verglichen mit dem Auslegungsverbot der vorangegangenen Zeit, als Einfallstor für teilweise durch fremdes Recht angeregte Dogmatik sowie für eigenständige Konzepte, und damit als wichtiges Instrument für die Rechtsfortbildung.[108] In zahlreichen Fällen kann man beobachten, daß das Gericht, wo es mit der unmittelbaren Anwendung der gesetzlichen Bestimmungen nicht weiterkommt, unter Hinweis auf Art. 9 den »allgemeinen Sinn des Gesetzes« in den Blick nimmt und dann zur Rechtsfortbildung schreitet. Es handelt sich um das wichtigste gesetzlich vorgegebene Einfallstor für die Rezeption von Anregungen aus der Lehre und andere Neuerungen.

108 Dieser Gesichtspunkt leitet die Darstellung bei Schöndorf, Die Gerichtspraxis in Rußland als Rechtsschöpferin (1922).

Durch seine rechtsschöpferische Tätigkeit entwickelte der Senat zahlreiche Institute in neuer Begrifflichkeit; andere Rechtseinrichtungen wurden völlig neu in das russische Recht eingeführt.[109] Die meisten Neuerungen wurden in Anlehnung an fremde Rechtsordnungen etabliert. Dies betrifft z.B. Eigentum, Ersitzung, Vorkaufsrecht, Verjährung, Besitz, Verpfändung und Versteigerung.[110] Der Senat ergänzte die allgemeinen Lehren des russischen Privatrechts durch Ausarbeitung der Unterscheidung zwischen Privatrecht und öffentlichem Recht, des Begriffs der Rechtsquellen sowie der Lehre von den Rechtssubjekten (vor allem der juristischen Person) und Rechtsobjekten. Das Gericht trug ferner zur Ausarbeitung der Begrifflichkeit von Rechtsakt und Rechtsgeschäft bei und entwickelte eine differenzierte Irrtumslehre. Manche Grundsätze über Rechtsausübung und Auslegung konnte das Gericht auf Grundlage des Digestentitels »*De diversis regulis iuris antiqui*« (D. 50,17) in das russische Recht einführen.[111] Der Rückgriff auf das römische Recht bezieht sich teilweise auf die Quellen, oft aber auf die Dogmatik des »Heutigen römischen Rechts« des 19. Jahrhunderts, also auf die Errungenschaften der deutschen Pandektenwissenschaft.

Dieses Verfahren diente natürlich nicht einem selbständig verfolgten Interesse an einer Romanisierung des russischen Rechts. Sein Ziel war vielmehr die Verbesserung und Ergänzung des geltenden Rechts im Interesse gerechter und zweckmäßiger Lösungen. Ausgehend von der Feststellung, daß bestimmte Einrichtungen fremder Rechtsordnungen allgemeinen Grundsätzen entsprachen, konnte das Gericht dieselben an das russische Recht anpassen. Die Adaptation westlicher Rechtsnormen und Institute durch den Senat wurde keineswegs immer in der Zivilrechtswissenschaft begrüßt, die vielfach eher eine Herausbildung entsprechender Institute im Wege der authentischen Interpretation des Gesetzes verlangte.[112] Manche Wissenschaftler sahen sogar in der Modifikation einer ausländischen Rechtseinrichtung mit dem Ziel, dieselbe mit dem russischen Recht zu harmonisieren, einen Rückschritt in der Rechtsentwicklung.[113]

Daß die Kassationsabteilung des Senats im Laufe der Jahre eine außerordentlich produktive Rechtsfortbildung betreiben sollte, beruht zunächst sicherlich darauf, daß derjenige Teil der Bevölkerung, der nach seinen Verhältnissen in der Lage war, den Rechtsweg bis zum obersten Gericht auszuschöpfen (z.B. Unternehmer und Grundbesitzer), seine privatrechtlichen Regelungsbedürfnisse besonders unzureichend durch die Gesetzeslage befriedigt sehen mußte. Der reiche Ertrag der Rechtsprechung geht aber gleichzeitig darauf zurück, daß hervorragende Richter, die offenbar das Beste aus ihrer juristischen Bildung machen wollten, auf eine mangelhafte Gesetzeslage trafen, die zur Verbesserung und Ergänzung des

109 Vgl. Schöndorf, Sollen wir slavisches Recht studieren?, S. 165.
110 Karcov, K voprosu o pravotvorčeskoj dejatel'nosti (Teil 2), S. 175 mit Nachweisen.
111 Karcov, K voprosu o pravotvorčeskoj dejatel'nosti (Teil 2), S. 175-176.
112 Vgl. Karcov, K voprosu o pravotvorčeskoj dejatel'nosti (Teil 2), S. 177 mit Nachweisen.
113 Karcov, K voprosu o pravotvorčeskoj dejatel'nosti (Teil 2), S. 182.

Rechts geradezu aufforderte. Soweit der Senat jeweils bereit war, das positive Recht fortzuentwickeln, war er maßgeblich auf die Doktrin angewiesen.

In dieser Hinsicht durchlief die Entscheidungspraxis eine Entwicklung.[114] Zunächst faßte der Senat seinen Auftrag restriktiv auf. In zwei frühen Entscheidungen erklärte er, sogar Gesetzesmotive seinen nicht als »Ergänzung zum Text der Gesetze« aufzufassen.[115] Ebenso war das Gericht zunächst zurückhaltend gegenüber der Anerkennung »allgemeiner Grundsätze«, die auf das geltende russische Recht hätten übertragen werden können. So ist auch die Inanspruchnahme unterstützender Gedanken aus dem römischen Recht zunächst kaum zu beobachten. Nur gelegentlich greift der Senat auf einzelne Termini zurück. Insgesamt erweist sich an der Rechtsprechung der 1860er Jahre, daß das Gericht im Rahmen des Rückgriffs auf den »allgemeinen Sinn der Gesetze« gemäß Art. 9 ZPO nur solche »allgemeinen Grundsätze« heranzuziehen bereit war, die sich auf irgendeine Weise aus dem positiven Recht herleiten ließen.

b.) Das Erbe der Julija Šenrok

Zu einer Neuorientierung kam es 1869, als ein Verfahren an den Senat gelangte, bei dem die Vorinstanz ihre Entscheidung auf die Heranziehung »allgemeiner Grundsätze des Rechts« gestützt hatte.[116] Dem Verfahren, welches das im Svod Zakonov X/1 nur teilweise geregelte Recht der Erbenhaftung betraf,[117] lag folgender Sachverhalt zugrunde: Fëdor Šenrok war Inhaber einer Darlehensforderung gegen seine Frau Julija. Später beerbte er dieselbe anteilig neben ihrer Nichte Elisaveta Vonsovičeva, zu deren Gunsten vier weitere Nichten die Ausschlagung der Erbschaft erklärt hatten. Nach zwei sukzessiven Abtretungen der Darlehensforderung erhob der Konkursverwalter des Fürsten Putjatin, des Letzt-Zessionars, beim Sankt Petersburger Kreisgericht Klage auf Leistung gegen Fëdor Šenrok und sämtliche Nichten als Erben der Julija Šenrok.[118] Die Nichten hielten der Klage die Rechtsansicht entgegen, daß die Schulden der Erblasserin von Elisaveta Vonsovičeva und Fëdor Šenrok den Erbanteilen entsprechend zu begleichen seien. Außerdem sahen sich diejenigen Nichten, die die Ausschlagung erklärt hatten, dem Grunde nach von der Haftung befreit.

Das Bezirksgericht gab der Klage statt. Es vertrat die Auffassung, der Einwand der Beklagten Elisaveta Vonsovičeva, die Schuld sei entsprechend den Erbanteilen einzufordern, betreffe nicht die Rechte des Klägers, sondern nur Fëdor Šenrok. Gemeint war offenbar, daß Elisaveta Vonsovičeva und Fëdor Šenrok Gesamtschuldner seien und der Kläger jeden der Schuldner auf Leistung in voller Höhe

114 Vgl. Rudokvas/Kartsov, The Development, S. 321.

115 Vgl. Kass. 1869, Nr. 642; ferner Kass. 1879, Nr. 82.

116 Kass. 1869, Nr. 1292. Es handelt sich um eine der für die Entwicklung der Senatsrechtsprechung folgenreichsten Entscheidungen.

117 Zur Ausdifferenzierung des Rechts der Erbenhaftung durch den Senat s. unten S. 514f.

118 Kass. 1869, Nr. 1292, S. 2713.

in Anspruch nehmen könne. Im übrigen müßten auch die anderen Nichten für die Schulden der Verstorbenen einstehen, weil sie sich zunächst in den Besitz von Nachlaßbestandteilen gesetzt hätten und die spätere Ausschlagungserklärung sie von der Erbenhaftung nicht befreit habe.[119]

Die bei der Sankt Petersburger Sudebnaja Palata eingelegte Berufung der Beklagten hatte insoweit Erfolg, als das Gericht die Auffassung vertrat, daß die ursprünglich Fëdor Šenrok zustehende Forderung in dem Moment, als dieser in sich die Stellungen von Gläubiger und – aufgrund Erbfolge – Schuldner vereinigt habe, entsprechend seinem Anteil am Nachlaß erloschen sei. Diese Rechtsansicht stützte das Gericht auf Art. 1260 SZ X/1 in Verbindung mit allgemeinen Grundsätzen des Rechts.[120] Die genannte Vorschrift gibt einem Sohn, der seinem Vater Geld zur Verwahrung überlassen hatte, nach dessen Tod das Recht, vor der Teilung des väterlichen Nachlasses von den anderen Söhnen zunächst die jeweils anteilige Rückzahlung des in Verwahrung gegebenen Betrages zu verlangen. Hierbei wird auch der auf ihn selbst entfallende Anteil berücksichtigt, so daß die Forderung insoweit zum Teil erlischt. Das Gericht übertrug diesen Rechtsgedanken auf den zur Entscheidung stehenden Fall und stellte fest, daß die Forderung, soweit sie jetzt gegen Fëdor Šenrok geltend gemacht werde, aufgrund des Klägervortrags offenbar nicht bestehe. Zur Begründung meint das Gericht, nach den allgemeinen Grundsätzen des Rechts könnten »nicht mehr Rechte abgetreten werden, als die, die jemandem zustehen«. Der Kläger habe die Forderung also im Wege der Abtretung nur abzüglich des auf Fëdor Šenroks Erbteil entfallenden Teilbetrags erwerben können. Da Miterben im Außenverhältnis nur nach Maßgabe ihrer Anteile (also nicht gesamtschuldnerisch) hafteten, könne dieser Beklagte also nicht in Anspruch genommen werden. Ferner entschied das Gericht, daß Elisaveta Vonsovičeva gemäß Art. 1259 SZ X/1 für die Nachlaßverbindlichkeiten nur entsprechend ihrem Erbanteil für die Forderung einstehen müsse, die anderen Beklagten dagegen nicht hafteten.[121]

Der Konkursverwalter des Fürsten Putjatin beantragte die Revision beim Senat. Er meinte, das Berufungsgericht habe Art. 1259 verletzt, indem es über die Haftungsquoten entschieden habe, obwohl es erkannt habe, daß die Forderung des Gläubigers nicht vollständig beglichen werde. Der Revisionskläger verwies auf Art. 1259 Teil 2 Ziff. 1 SZ X/1, nach dem die Erben mit ihrem eigenen Vermögen hafteten, wenn die Forderungen der Gläubiger aus dem Nachlaß nicht befriedigt werden konnten. Er meinte, wenn eine Forderung nicht in vollem Umfang beglichen werden könne, dürfe über die Haftungsquoten gar nicht entschieden werden.[122] Auch Art. 1260 SZ X/1 sei vom Berufungsgericht falsch ausgelegt worden,

119 Kass. 1869, Nr. 1292, S. 2713.
120 Kass. 1869, Nr. 1292, S. 2714-2715.
121 Kass. 1869, Nr. 1292, S. 2715.
122 Kass. 1869, Nr. 1292, S. 2715.

denn aus ihm ergebe sich nicht, daß die Rechte des Gläubigers im Falle der Vereinigung von Erben- und Gläubigerstellung in einer Person erlöschten.[123]

Der Senat verwirft die Revision. Bezüglich des Art. 1259 SZ X/1 stellt das Gericht fest, daß auf einen Erben mit den Vermögensgegenständen auch die Verpflichtung übergehe, für die Schulden des Erblassers entsprechend dem Erbanteil einzustehen und, wenn die Schulden die Erbschaft übersteigen, mit eigenem Vermögen zu haften (Art. 1259 Ziff. 1). Die Verteilung der Verantwortung für die Nachlaßverbindlichkeiten auf die Erben finde sowohl im Falle der Haftung mit dem Nachlaß als auch im Falle der Haftung mit dem eigenen Vermögen des Erben Anwendung. Die Rechtsauffassung des Berufungsgerichts widerspreche insoweit nicht dem Sinn des Gesetzes.[124] Was das Revisionsvorbringen einer falschen Anwendung des Art. 1260 SZ X/1 betrifft, argumentiert der Senat, die Bestimmung betreffe zwar einen speziellen Fall,[125] doch erlaube und verpflichte Art. 9 ZPO die Gerichte, bei einer Unvollständigkeit, Unklarheit, Unvollkommenheit oder eines Widerspruchs der Gesetze die Entscheidungen auf den allgemeinen Sinn der Gesetze (na obščem smysle zakonov) zu stützen. Daraus folge, daß eine auf die allgemeinen Grundsätze des bürgerlichen Rechts gestützte Entscheidung nur dann falsch sei, wenn die entsprechende Auslegung unter Zugrundelegung des allgemeinen Gesetzesinhalts nicht möglich sei oder dieselbe mit den klaren gesetzlichen Regelungen oder dem allgemeinen Geist der Gesetze im Widerspruch stehe.[126] Das sei vorliegend nicht der Fall. Vielmehr stehe der Standpunkt, wenn ein Erbe gleichzeitig Gläubiger sei, erlöschten seine Forderungen nach Maßgabe seiner Erbquote, in Einklang mit der Haftung des Erben für die Nachlaßverbindlichkeiten. Dies werde exemplarisch in Art. 1260 SZ X/1 bestätigt, nach dem der Sohn als Gläubiger und Miterbe nicht den gesamten Betrag von seinen Brüdern erstattet bekomme, sondern nur abzüglich des auf ihn selbst entfallenden Anteils.[127] Da Fëdor Šenrok nun im Moment der Zession sowohl Erbe als auch Gläubiger einer Nachlaßverbindlichkeit gewesen sei, und da niemand mehr Rechte abtreten könne, als er habe, sei die anteilige Herabsetzung der Forderung mit Rücksicht auf die Erbquote des Fëdor Šenrok durch das Berufungsgericht nicht rechtsfehlerhaft gewesen.[128]

Die Entscheidung ist in zweierlei Hinsicht bemerkenswert. Erstens bedeutete sie eine Umkehrung der Prüfung der Zulässigkeit von Rechtsfortbildung: Sie galt

123 Kass. 1869, Nr. 1292, S. 2716.

124 Kass. 1869, Nr. 1292, S. 2717.

125 Das Argument betrifft die von Vinaver betonte Eigenart des Svod Zakonov, daß die Sammlung aufgrund ihrer Zusammensetzung aus vielen Spezialvorschriften kaum eine systematische Auslegung oder Verallgemeinerungen zulasse. Vgl. oben S. 459.

126 Vgl. Mazor, Rol' nauki prava v sudebnoj praktike, S. 16 und nun Rudokvas/Kartsov, The Development, S. 322.

127 Kass. 1869, Nr. 1292, S. 2718.

128 Kass. 1869, Nr. 1292, S. 2718-2719.

nun als zulässig, sofern sie dem positiven Recht nicht widersprach.[129] Dieser Standpunkt stieß das Tor zu einer schöpferischen Rechtsfortbildung auf Grundlage allgemeiner Grundsätze des Zivilrechts weit auf.[130] Zwar wurde, wie noch zu zeigen sein wird, in der Senatsrechtsprechung der nachfolgenden Jahrzehnte von den damit verbundenen Möglichkeiten nicht durchgehend Gebrauch gemacht, doch stand von nun an ein Freiraum zu Gebote, in dem das Gericht eine auf Wissenschaft gegründete Rechtsprechung etablieren und dabei eine Begrifflichkeit in das geltende Recht integrieren konnte, die mit den Bestimmungen des positiven Rechts teilweise kaum noch Verbindungen aufwies.

Zu dieser Rechtsprechung gibt Waśkowski zu bedenken, Rechtswissenschaft und Gerichtspraxis dienten zweifellos als mächtige Hilfe bei der Auslegung der geltenden Gesetze. Die Rechtswissenschaft erscheine als Leitstern, der den richtigen Ausweg aus der Verlegenheit weise, welche durch Unklarheit, Unvollständigkeit oder Mängel des Gesetzes herbeigeführt werde, und die Praxis bringe ein reiches Fallmaterial hervor, dessen Übersicht zu diesem Zweck außerordentlich nützlich sei. Nur dürften sich die Gerichte, wenn sie sich dieser beiden Hilfsquellen bedienten, nicht in Widerspruch zum allgemeinen Sinn des geltenden Rechts setzen. Wie die Rechtswissenschaft, so beziehe sich auch die Gerichtspraxis bei der Auslegung auf eine Zahl äußerlicher Quellen, durch welche die Normen des geltenden Rechts weder ergänzt noch verändert werden könnten.[131] Bei der Herausarbeitung jener den »allgemeinen Sinn der Gesetze« zum Ausdruck bringenden Regeln kam also der Zivilrechtswissenschaft eine zentrale Rolle zu. Kennzeichnenderweise nannte Waśkowski nicht allgemein die Jurisprudenz (»pravovedenie«), sondern die Rechts*wissenschaft* (»nauka prava«) als Quelle jener Elemente, um die das Recht fortgebildet werden konnte.

Der Prozeß um die Haftung der Erben der Julija Šenrok ist aber noch in einer zweiten Hinsicht bemerkenswert. Er liefert nämlich einen Hinweis darauf, wo die Praxis geeignete Regelungen suchen mochte, um sie als allgemeine Grundsätze des bürgerlichen Rechts zu identifizieren und anzuwenden. Sowohl das Berufungsgericht als auch der Senat hatten, wie gesehen, das Bestehen der Klageforderung von der Frage abhängig gemacht, ob diese vor der Zession erloschen war, weil nach den allgemeinen Grundsätzen des Rechts »nicht mehr Rechte abgetreten werden könnten als die, die jemandem zustehen«.[132] Das positive Recht kannte eine solche Bestimmung nicht. Was hier in den dogmatischen Zusammenhang des Art. 1260 eingeführt wird, ist vielmehr, wie sich durch die parallele Formulierung klar erweist, nichts anderes als die für Ulpian (46 *ad edictum* D.

129 Was insoweit in der Entscheidung Kass. 1869, Nr. 1292 zum Ausdruck kommt, wird bestätigt in Kass. 1907, Nr. 18.

130 Justizminister und Generalprokuror war seit 1868 Graf Pahlen (Konstantin Ivanovič Palen), der zu Beginn seiner Amtszeit noch an jenem vergleichsweise liberalen Kurs festhielt, der die Reformen der 1860er Jahre ermöglicht hatte. Zum Reaktionär wurde er erst später.

131 Vas'kovskij, Rukovodstvo k tolkovaniju i primeneniju zakonov, Kap. VII, § 1 a. E..

132 Kass. 1869, Nr. 1292, S. 2714 f. u. 2718.

50,17,54) überlieferte Regel »*nemo plus iuris ad alium transferre potest, quam ipse habet*«. Daß der Ursprung der Regel das römische Recht ist, wird weder im Referat der Entscheidungsgründe des Berufungsgerichts noch in der Urteilsbegründung des Senats offengelegt. Dies ist charakteristisch für die behutsame Annäherung der Rechtsprechung an Regelungen außerhalb des Svod Zakonov X/1 in den ersten Jahren nach der Gerichtsreform.[133] Es zeigt sich auch hier, daß die Aufnahme römischen Rechts nicht selten diskret erfolgt und erst bei genauerem Hinsehen erkennbar ist.

c.) Der Rückgriff auf römisches Recht als Quelle des »allgemeinen Sinns der Gesetze«, gegenläufige Tendenzen und das Problem der Verschleierung

Dies wird auch mit Rücksicht auf die Beobachtung zu bedenken sein, daß der Senat die Reichweite des Art. 9 ZPO und damit die Bedeutung der allgemeinen Grundsätze des bürgerlichen Rechts für die Praxis später gelegentlich restriktiver formulierte. Insbesondere während der konservativen Herrschaft Alexanders III. (1881-1894) griff das Gericht, wie teils offen erklärt wird, teils jedenfalls an den Entscheidungsgründen erkennbar ist, nur zurückhaltend auf die Zivilrechtslehre zurück. Man wird nicht fehlgehen, wenn man in dieser Praxis Auswirkungen der reaktionären Tendenz sieht, für die Konstantin Pobedonoscev eintrat, der nicht nur selbst eine der einflußreichsten Persönlichkeiten des Senats war, sondern seit 1881 als persönlicher Berater des Zaren und »Graue Eminenz« den reformfeindlichen Kurs Alexanders III. förderte.[134] Seine Neigung, nach Möglichkeit jedes Abweichen von der Tradition verhindern zu wollen, wirkte sich offenbar auch auf die Bereitschaft des Senats aus, Anstöße zur Fortbildung und Modernisierung des Rechts zuzulassen. So wies das Gericht in Kass. 1890, Nr. 40 ausdrücklich darauf hin, daß Art. 9 ZPO eine Auslegung nach dem allgemeinen Sinn der Gesetze allein im Falle einer Lücke (nedostatka) in der einzelnen gesetzlichen Bestimmung erlaube. Noch deutlicher tritt die defensive Haltung des Senats in Kass. 1891, Nr. 62 zutage: Der Senat bezweifelte die Maßgeblichkeit einer »Theorie des Rechts« und erklärte es für unzulässig, sich im Urteil darauf zu berufen.[135] Das Gericht kanzelte die Wilnaer Sudebnaja Palata, gegen deren Urteil sich die Revision in diesem Rechtsstreit gerichtet hatte, mit der Feststellung ab, sie sei von der üblichen rechtlichen Methode der Darstellung gerichtlicher Entscheidungen abgewichen, habe unter Verstoß gegen Art. 9 ZPO unangebrachte Verweisungen auf die Grundlagen »der sogenannten Theorie des Rechts«, auf die Lehren des römischen und französischen Rechts, auf die Werke ausländischer Juristen u.s.w. vorgenommen und schließlich wiederholt und ohne Notwendigkeit Ausdrücke ver-

133 Für die allmähliche Begründung der Geltung dieser allgemeinen Regel unter Hinweis auf einzelne Bestimmungen des SZ X/1 vgl. Chaskel'berg, O vindikacii imuščestva, S. 122.

134 Vgl. Pobedonoscev, Juridičeskie proizvedenija, S. 98ff. und nun Poldnikov, The Legacy, S. 74f.

135 Vgl. Guljaev, Obščie učenija, S. 339; Schöndorf, Gerichtspraxis, S. 3.

wendet, die der russischen Sprache fremd seien (wie etwa »absoljutnaja i reljativnaja simuljativnost'«, »fiktivnost'«).[136] Der Senat weist hier also darauf hin, daß Art. 9 nur Raum für die Anwendung des Gesetzes und ggf. den Rückgriff auf dessen »allgemeinen Sinn« zulasse; vom »allgemeinen Sinn des Gesetzes« sei die »allgemeine Theorie des Rechts« aber streng zu unterscheiden.[137]

Diese Äußerungen des Gerichts haben manchen Beobachter den Eindruck gewinnen lassen, als seien sie für die gesamte Senatsrechtsprechung kennzeichnend. Im Rückblick auf 50 Jahre Rechtsprechungspraxis seit den Gerichtsreformen formulierte Lev S. Tal' den Eindruck, obwohl dem Senat Persönlichkeiten wie K. P. Pobedonoscev, N. S. Tagancev,[138] I. Foinickij, K. I. Malyšev,[139] P. Citovič,[140] S. V. Pachman und andere Universitätsprofessoren angehörten,[141] stehe das Gericht doch der Rechtslehre als unabhängiger Quelle für Recht ablehnend entgegen. Diese Auffassung dürfte allerdings insgesamt der wechselhaften Handhabung dieser Frage in der Senatsrechtsprechung nicht genügend Rechnung tragen. Auch ist hier die schon mehrfach erwähnte Erfahrung in Betracht zu ziehen, daß russische Juristen – und insbesondere die Richter des Senats – nicht selten ihren Umgang mit den ihnen gesetzten Grenzen des positiven Rechts verschleiern, restriktive Formeln also keineswegs zwingend die Vorgehensweise des Gerichts widerspiegeln müssen.[142] Schließlich dürften die Vorbehalte gegenüber der Berücksichtigung der Theorie des Rechts auch mitunter aus von Instanzgerichten jeweils gegebenem Anlaß erfolgt sein. Sogar aus der vorgenannten Entscheidung Kass. 1891, Nr. 62, die unter der Herrschaft Alexanders III. erging, hat Makarova erkennen wollen, daß die Gerichte durchaus, der beschränkenden Formulierung des Art. 9 ZPO zum Trotz, auf römisches Recht und die damit verbundene Ausdrucksweise zurückgriffen[143] – freilich wird diese Praxis dort gerade höchstrichterlich für rechtswidrig erklärt. Am Gesamteindruck der Senatsrechtsprechung erweist sich allerdings, daß die Kassationsabteilung in Zivilsachen bemerkenswert aufgeschlossen gegenüber der zivilrechtlichen Doktrin und ihren am römischen Recht entwickelten Grundlagen war. Dies betraf in erster Linie Standardwerke wie Mejers »pandektistische« Gesamtdarstellung, Pobedonoscevs »Kurs des Zivilrechts« sowie das

136 Vgl. Slyščenkov, Proekt Graždanskogo uloženija, S. 52 f.; Salogubova, Osnovnye graždanskie processual'nye instituty, S. 34. Das Schrifttum sah sich freilich nicht daran gehindert, diese Terminologie zu verwenden; vgl. etwa Isačenko/Isačenko, Objazatel'stva po dogovoram, S. 42-47.

137 Vgl. Guljaev, Obščie učenija, S. 338 f.

138 Über den Strafrechtler und Mittermaier-Schüler Nikolaj Stepanovič Tagancev (1843-1923) vgl. Birkenmaier, Das russische Heidelberg, S. 38; Tomsinov, Juridičeskoe obrazovanie … »velikich reform«, S. 149-151.

139 Über Kronid Ivanovič Malyšev (1841-1907) vgl. Šilochvost, Russkie civilisty, S. 98 f.

140 Über Pëtr Pavlovič Citovič (1843-1913), den Lehrstuhlvorgänger Guljaevs in Kiev, vgl. Šilochvost, Russkie civilisty, S. 158 f.

141 Rudokvas/Kartsov, The Development, S. 322.

142 Vgl. Silvestri, Contrast, S. 9.

143 Makarova, Vlijanie rimskogo prava, S. 48.

Zivilrechtslehrbuch von Annenkov.[144] Das Gericht orientierte sich ferner an Meinungen ausländischer Autoritäten auf dem Gebiet der Rechtswissenschaft sowie an Regelungen ausländischer Gesetze.[145] So gingen die meisten Neuerungen, um die die Senatsrechtsprechung das geltende russische Zivilrecht ergänzte, auf Anleihen bei der Zivilrechtsdoktrin zurück, und zwar nicht allein der Theorie des russischen Zivilrechts, sondern auch der fremder Rechte, also des westlichen Auslands und des römischen Rechts.[146]

Große Bedeutung hatten derartige Ergänzungen des Rechts z. B. auf dem Gebiet des Handelsrechts. Es handelte sich um ein Rechtsgebiet, auf dem man häufig auf westliches Rechtsdenken zurückgriff,[147] weil das tradierte russische Recht des Svod Zakonov für die Verhältnisse in einem Agrarstaat entwickelt worden war, und der an Umfang und Formenvielfalt stark zunehmende Handel der zweiten Hälfte des 19. Jahrhunderts damit nicht zu bewältigen war.[148] Ein Beispiel bietet die Entscheidung eines vielbeachteten Rechtsstreits zwischen der Russischen Erdöl-Genossenschaft und der Gesellschaft der südöstlichen Eisenbahnen (Kass. 1907, Nr. 18). Das Gericht hatte über die Rechtsfolgen eines Kontokorrentvertrags (dogovor kontokurenta) zu entscheiden, eines Vertragstyps, der im Svod Zakonov nicht vorgesehen war. Dies bildete insoweit ein Problem, als das Gesetz keinen allgemeinen Grundsatz der Inhaltsfreiheit von Verträgen kannte, so daß es im Sinne der strengen Orientierung am Gesetz nahelag, sich allein an den vorgegebenen Formen zu orientieren. Der Senat führte nun allerdings aus, obwohl dieser Vertrag unter keine der vom Gesetz vorgegebenen Kategorien passe, sei er insoweit verbindlich, als er nicht gegen das Gesetz verstoße. Wie in früheren Entscheidungen ausgeführt (Kass. 1869, Nr. 1292; 1893, Nr. 50), könne das Gericht das Gesetz interpretieren und sich dabei auf allgemeine Grundlagen des Rechts stützen. Der Senat sieht es insoweit als geboten an, sich auf die Definition zu beziehen, die für diesen Vertragstyp durch die Rechtswissenschaft entwickelt worden war.[149] Es folgt dann eine Begriffsbestimmung auf Grundlage mehrerer einschlägiger Abhandlungen aus der russischen und deutschen Rechtswissenschaft.[150]

144 Vgl. Guljaev, Obščie učenija, S. 403. Manchmal holten Gerichte vor der Entscheidung auch unmittelbar die einschlägigen Meinungen von Hochschullehrern ein. Vgl. Rudokvas/Kartsov, The Development, S. 316.

145 Vgl. Rudokvas/Kartsov, The Development, S. 321.

146 Vgl. Slystschenkow, Der Entwurf, S. 192 f. und aus dem zeitgenössischen Schrifttum Guljaev, Obščie učenija, S. 342 ff. sowie Vas'kovskij, Pravotvorčeskaja dejatel'nost, S. 385 ff.

147 Führend war hier die deutsche Doktrin, weil Deutschland mit Goldschmidt über den wichtigsten Handelsrechtler seiner Generation und mit dem ADHGB außerdem über eine zeitgemäße Kodifikation verfügte.

148 Rudokvas/Kartsov, Der Rechtsunterricht, S. 293.

149 Schöndorf, Gerichtspraxis, S. 3.

150 Vgl. Rudokvas/Kartsov, The Development, S. 323 sowie dies., Der Rechtsunterricht, S. 293.

Es sind besonders die Entscheidungen aus dem 20. Jahrhundert, in denen die Kassationsabteilung die zivilrechtliche Doktrin als hochrangige Quelle der Rechtsfortbildung behandelt. Guljaev, nicht nur als Mitarbeiter des Oberprokurors des Senats einflußreiches Mitglied des Gerichts, sondern gleichzeitig rechtsliterarischer Begleiter der Rechtsprechung vor romanistischem Hintergrund, weist 1914 darauf hin, daß dem Svod Zakonov von Beginn an allgemeine Lehren gefehlt hätten. Er meint, diese hätten bei weitem nicht nur theoretische Bedeutung; vielmehr komme ohne allgemeine juristische Grundsätze auch die gerichtliche Praxis nicht aus. Daher habe die Kassationspraxis zahlreiche allgemeine Grundsätze etablieren müssen, die in Kodifikationen des bürgerlichen Rechts und in theoretischen Darstellungen zum »Allgemeinen Teil« gehören.[151]

Durch die Zurückweisung der »allgemeinen Theorie des Rechts«, wie sie der Senat in Kass. 1891, Nr. 62 formuliert hatte, sahen sich also weder die Instanzgerichte noch sogar der Senat selbst auf die Dauer daran gehindert, in der Rechtsprechungspraxis neu eingeführte theoretische Konzepte zu etablieren.[152] Guljaev merkt dazu kritisch an, daß eine zu weitgehende Anerkennung der russischen und sogar ausländischen Zivilrechtslehre dem Ansehen des Kassationsgerichts geschadet habe. Er meint, Erwägungen auf Grundlage fremder Gesetze und Monographien hätten ihren Platz in der theoretischen Forschung, hinter der nicht die Autorität der Kassationsinstanz stehen könne, sondern nur das mehr oder weniger umstrittene Gewicht der Meinung eines juristischen Autors. Das russische Recht kenne nun einmal keine *lex allegatoria* (gemeint ist das spätantike »Zitiergesetz« CTh 1,4,3), die bestimmten juristischen Schriftstellern jeweils Autorität zubillige.[153] Guljaev gibt eine Auffassung wieder, die ähnlich für viele Senatoren zu vermuten ist. Man erkennt, daß er an der geltenden Gesetzeslage festhalten und diesen Standpunkt auch mit dem Instrument der Rechtsfortbildung nicht aufweichen will. Er würde nicht leichthin fremdes Recht rezipieren wollen und ist auch gegenüber der Doktrin zurückhaltend. Gleichzeitig verrät Guljaevs Bemerkung aber, daß seine Kategorien, seine methodischen Grundsätze und womöglich auch seine Begrifflichkeit stark vom römischen Rechtsdenken beeinflußt sind.

Die Einbeziehung der Doktrin in die Rechtsfindung führte zur Entstehung eines »Rechts der juristischen Praxis«, das wegen seines rechtsschöpferischen Charakters gelegentlich die Assoziation mit dem römischen *ius honorarium* hervorrief.[154] Auch Guljaev fühlte sich zum Vergleich mit dem zwischen *ius civile* und *ius honorarium* bestehenden Verhältnis herausgefordert. Er wies darauf hin, daß die Rechtsfortbildung des Senats im Laufe der Zeit Eingang in die dem Gesetzestext beigegebenen Anmerkungen (primečanija) fand, und beschrieb deren Bedeutung mit Hinweis auf diejenige der prätorischen Regelungen: Diese seien kein Gesetz

151 Guljaev, Obščie učenija, S. 338.

152 Guljaev, Obščie učenija, S. 338 f.

153 Guljaev, Obščie učenija, S. 339-340. Vgl. Rudokvas/Kartsov, The Development, S. 325.

154 Vgl. Rudokvas/Kartsov, The Development, S. 323 mit Nachweisen.

im strengen Sinne des Wortes, aber tatsächlich sogar weitreichender als dasselbe gewesen, soweit sie »*adiuvandi vel supplendi vel corrigendi iuris civilis gratia*« geschaffen worden seien, im Interesse des allgemeinen Nutzens – »*propter utilitatem publicam*«.[155]

Die Praxis des Senats, das Recht eigenständig durch neue Regelungen fortzubilden, wurde nach einiger Zeit offiziell anerkannt. So referiert Guljaev eine Bemerkung des Justizministers Dmitrij N. Nabokov von 1882, die Kassationsabteilung des Dirigierenden Senats, deren eigentlicher Zweck in der Gesetzesauslegung bestehe, sei angesichts der geltenden Sammlung von Zivilgesetzen außerstande, sich auf diese Aufgabe zu beschränken: Sehr häufig habe es mit der Auslegung der bestehenden Gesetze nicht sein Bewenden, sondern müsse der Senat vielmehr selbst eigene Regelungen schaffen.[156] Für Instanzgerichte nahm der Senat gelegentlich sogar gleichsam die Stellung eines Gesetzgebers ein.[157] In dieser Hinsicht meinte Waśkowski, die Kassationsabteilung beanspruche eine Kompetenz, die ihr gegenüber den Instanzgerichten nicht zustehe, wenn sie davon ausgehe, daß ihre Entscheidungen für die letzteren verbindlich seien. Durch die Behauptung einer Monopolstellung in der Rechtsschöpfung verhindere der Senat die Rechtsentwicklung durch andere Gerichte, die sich, anstatt selbst das positive Recht logisch zu entwickeln und auszulegen, nicht selten darauf beschränkten, nach jeweils passenden Senatsentscheidungen zu suchen.[158]

d.) Rechtsgebiete und Rechtsquellenlehre

Zu den grundlegenden systematischen Klärungen gehörte, daß der Senat eine begriffliche Trennung zwischen öffentlichem und privatem Recht anerkannte. Hierauf kam es schon deswegen an, weil spezifisch öffentlichrechtliche Streitigkeiten nicht der Zuständigkeit der ordentlichen Gerichte unterlagen. Da die Gesetzeslage keine brauchbaren Kriterien für die Bestimmung des Unterschieds zwischen öffentlichen Recht und Privatrecht zur Verfügung stellte, nahm der Senat die Abgrenzung zwischen beiden Gebieten in Anlehnung an die berühmte Definition Ulpians vor.[159]

Die begriffliche Auseinandersetzung mit der Rechtsquellenlehre erwies sich als besonders wichtig im Hinblick auf das Gewohnheitsrecht. Die lokalen Rechtsüberzeugungen, die mit dem Reichsrecht des Svod Zakonov konkurrierten,

155 Guljaev, Obščie učenija, S. 334. Vgl. Papinian 2 *def.* D. 1,1,7,1.

156 Guljaev, Russkoe graždanskoe pravo, S. 16, Fn. 3.

157 Vas'kovskij, Pravotvorčeskaja dejatel'nost, S. 384 f.

158 Vas'kovskij, Pravotvorčeskaja dejatel'nost', S. 384-385.

159 Ulpian 1 *inst.* D. 1,1,1,2: *publicum ius est quod ad statum rei Romanae spectat, privatum quod ad singulorum utilitatem.* Vgl. Guljaev, Obščie učenija, S. 366; vgl. Slystschenkow, Der Entwurf, S. 192 f. Wo im Schrifttum um einzelner dogmatischer Fragestellungen willen die begriffliche Abgrenzung zwischen Privatrecht und öffentlichem Recht vorgenommen wurde, ging man regelmäßig von den Grundsätzen des römischen Rechts aus. Vgl. Ja. Šeftel', Podležat' li sroki iskovoj davnosti, Sp. 843-844.

konnten selbstverständlich nur im juristischen Sinne »gelten«, soweit sie die Qualität von Gewohnheitsrecht hatten. Nach der vom Senat entwickelten Definition handelte es sich um Gewohnheitsrecht im Falle einer solchen Regel, die zwar im Gesetz nicht niedergelegt war, der aber die Bewohner eines bestimmten Gebietes sich ständig unterwarfen, in der Vorstellung, sie sei für sie bindend (Kass. 1878, Nr. 225). Die Definition des Senats entsprach weitgehend derjenigen, die Windscheid in seinem Lehrbuch der Pandekten vertrat: »Unter Gewohnheitsrecht versteht man dasjenige Recht, welches, ohne vom Staate gesetzt worden zu sein, thatsächlich geübt wird. In der Übung tritt hervor die Überzeugung der Übenden, daß das, was sie üben, Recht sei.«[160] Daß der vom Senat zugrundegelegte Gewohnheitsrechtsbegriff nicht nur in der Pandektistik etabliert, sondern durch die Historische Rechtsschule vorbereitet worden war, erweist sich besonders an einer anschließenden Feststellung des Senats, die sich bei Windscheid nicht findet: »Das Gewohnheitsrecht lebt im Bewußtsein des Volkes wie ein Gesetz, aber ein vorgegebenes Gesetz.« Während der Rückgriff auf das Bewußtsein des Volkes als Geltungsgrund der Historischen Rechtsschule geschuldet ist, verweist die Vorstellung, das Gewohnheitsrecht gelte »wie ein Gesetz«, auf Julian 84 *digestorum* D. 1,3,32 (*pro lege* [...] *custoditur*).

In der Frage nach dem Verhältnis, das zwischen dem gesetzten Recht des Svod Zakonov und dem lokalen Gewohnheitsrecht bestand, beschränkte sich das Gesetz darauf, in verschiedenen Vorschriften wie etwa Art. 130 ZPO die Zulassung geltenden Gewohnheitsrechts zu erwähnen. Der Senat formulierte die Voraussetzungen der Anwendung örtlichen Gewohnheitsrechts dahingehend (Kass. 1878, Nr. 225), daß entweder das Gesetz selbst (ohne Rücksicht auf eigene einschlägige Bestimmungen) die Anwendung von Gewohnheitsrecht gestatten oder es an gesetzlichen Vorschriften, auf deren Grundlage die Sache würde entschieden werden können, fehlen müsse. Im Rahmen einer vergleichenden Betrachtung meint Guljaev, in den Quellen des römischen Rechts und in ihrer Folge auch in der Theorie des bürgerlichen Rechts[161] gelte die Regel, daß Bestimmungen des Gewohnheitsrechts solche des geschriebenen Rechts nicht aufheben könnten: *non usque adeo sui valitura momento ut aut rationem vincat aut legem*.[162] In dieser Frage sei

160 Windscheid, Pandekten, Bd. 1, § 15; entsprechend in Pachmans Übersetzung S. 37 f. Vgl. Guljaev, Obščie učenija, S. 368 f. Vgl. Rudokvas/Kartsov, The Development, S. 330; Slystschenkow, Der Entwurf, S. 193; dens., Proekt Graždanskogo uloženija, S. 53; Karcov, K voprosu o pravotvorčeskoj dejatel'nosti (Teil 2), S. 178 sowie dens., Transplants, S. 250.

161 Guljaev setzt es als selbstverständlich voraus, daß die Quellen des römischen Rechts letztlich die Grundlage der Privatrechtstheorie bildeten.

162 C. 8,52(53),2. Julian allerdings teilt für das 2. Jahrhundert das Gegenteil mit (84 *dig.* D. 1,3,32,1: *rectissime etiam illud receptum est, ut leges non solum suffragio legis latoris, sed etiam tacito consensu omnium per desuetudinem abrogentur*). Bereits für die hochmittelalterlichen Glossatoren, die sich, wenngleich unter völlig anderen historischen Umständen, gleichfalls mit dem Konkurrenzverhältnis zwischen geschriebenem Recht und Gewohnheitsrecht hatten auseinandersetzen müssen, war hieraus eine praktisch überaus bedeutende wissenschaftliche Kontroverse hervorgegangen.

der Senat vom Standpunkt der Jurisprudenz abgewichen und habe anerkannt, daß Gewohnheitsrecht durchaus dem Gesetz mit der Folge widersprechen könne, daß das letztere gegenüber gewohnheitsrechtlichen Bestimmungen zurücktrete.[163]

Für die Gesetzesauslegung griff der Senat auf zahlreiche Regeln zurück, die im Digestentitel 50,17 *De diversis regulis iuris antiqui* enthalten und von dort in die Theorie des bürgerlichen Rechts übergegangen waren. Der Senat verstand unter Gesetzesauslegung die Aufklärung des Sinnes, wobei es nicht ausschließlich auf den Willen ankommen sollte, den der Gesetzgeber im legislatorischen Akt zum Ausdruck gebracht hatte.[164] Das Gericht unterschied vielmehr darüber hinaus zwischen grammatischer und teleologischer, zwischen einschränkender und extensiver Auslegung in Anlehnung an die westeuropäische Lehre.[165] Öfters wies der Senat darauf hin, daß Spezialgesetze keiner ausdehnenden Auslegung zugänglich seien.[166] Das positive Recht enthielt eine solche Regel nicht. Eine Begründung für ihre Geltung mochte hier die subjektiv-teleologische Auslegung liefern, nach der diejenige Bedeutung maßgeblich war, die der historische Gesetzgeber mit dem Spezialgesetz verbunden hatte. In der Theorie aber hatte sich die Regelung etabliert: *leges speciales stricte sunt interpretandae.*[167]

e.) Allgemeine Grundsätze des bürgerlichen Rechts

aa.) Die Juristische Person

Als Resultat der Arbeit des Senats nahm das russische Zivilrecht den aus der deutschen Rechtswissenschaft stammenden Terminus »Juristische Person« (»juridičeskoe lico«) auf. In Kass. 1874, Nr. 597 stellt der Senat die juristische Person der natürlichen (»physischen«) Person (fisičeskoe lico) in einer Weise gegenüber, die den Eindruck erwecken mochte, es handele sich um einen längst etablierten Begriff. Das war in Wahrheit allerdings noch nicht der Fall,[168] und erst in Kass. 1880, Nr. 246 definiert das Gericht die juristische Person als Rechtssubjekt, das nicht unter den Begriff der physischen Person zu fassen sei, sondern vielmehr künstlich und mit Genehmigung der zuständigen Behörde zur Verwirklichung

163 Vgl. Guljaev, Obščie učenija, S. 369.

164 Vgl. Guljaev, Obščie učenija, S. 372.

165 Slystschenkow, Der Entwurf, S. 193 f. Vgl. Guljaev, Obščie učenija, S. 376.

166 Vgl. Kass. 1881, Nr. 6; 1881, Nr. 142 und weitere Nachweise bei Guljaev, Obščie učenija, S. 380.

167 Vgl. Guljaev, Obščie učenija, S. 380. Vgl. den gemeinrechtlichen Grundsatz: »*statuta stricte sunt interpretanda*«.

168 Den Gesetzen war der Ausdruck »juridičeskoe lico« bis zu den Grundgesetzen des Rußländischen Reiches von 1906 unbekannt, wo der Ausdruck in Art. 81 erstmals auftritt. Vgl. Guljaev, Obščie učenija, S. 381. In der Literatur war der Begriff der juristischen Person mehrfach erörtert und sein Anschluß an die Dogmatik des russischen Rechts vorbereitet worden. Dies war maßgeblich auf Grundlage des pandektenwissenschaftlichen Schrifttums erfolgt. Vgl. insbesondere Aleksandrov, Učenie o licach juridičeskich, S. 12 ff.

bestimmter Zwecke entstehe.[169] Dies bedeute, daß juristischen Personen nicht alle diejenigen Rechte zustehen könnten, die physischen Personen zustehen, sondern nur solche, die für sie zur Verwirklichung ihrer spezifischen Zwecke notwendig seien, so daß es jeweils auf den konstitutiven Akt ankomme. In Anlehnung an die deutsche Theorie entwickelte der Senat das Konzept der juristischen Person dahingehend fort, daß er ihr Wesen im Sinne eines rechtsfähigen Zweckvermögens auffaßte.[170] Hier werden in eigentümlicher Weise zwei Konzepte zusammengeführt, nämlich die »juristische Person«, die auf rechtlichem Wege fingiert werden muß und daher nur in gesetzlich vorgegebenen Formen anerkannt wird (dies setzte sich im BGB durch), und die von Brinz entwickelte, konkurrierende Lehre vom »Zweckvermögen«, nach der ein Verein u. s.w. gerade nicht als »juristische Person«, sondern als »Vermögen, das für etwas gehört« und insoweit als »Zweckvermögen« wahrgenommen wird.[171]

bb.) Die Kategorien der Rechtsgeschäfte

Guljaev berichtet über die Grundsätze, nach denen der Senat die Rechtsgeschäfte verschiedenen Kategorien zuordnete. Da die möglichen Inhalte der Rechtsgeschäfte, die grundsätzlich freier Parteivereinbarung unterliegen, nicht erschöpfend geregelt werden können, weil der Inhalt immer von den jeweiligen Willensakten abhängt, werden die Rechtsgeschäfte nach ihren wesentlichen Merkmalen klassifiziert, z. B. als Geschäfte unter Lebenden und von Todes wegen (*negotia inter vivos* oder *mortis causa*), als verlustträchtige oder gewinnträchtige Geschäfte (*negotia onerosa* oder *lucrativa*) oder schließlich als einseitige oder zweiseitige Akte. Diese Systematisierung machte sich die Rechtsprechung des Senats zu eigen.[172] Was die einzelnen inhaltlichen Elemente des Rechtsgeschäfts betrifft, werden im Sinne der pandektenrechtlichen Doktrin *essentialia*, *naturalia* und *accidentalia negotii* bestimmt. Guljaev weist darauf hin, auch der Svod Zakonov X/1 bestimme in Art. 1425, daß beim beurkundeten Kauf zwei Arten von »Voraussetzungen« zu unterscheiden seien, nämlich notwendige und willkürlich festgesetzte. So müsse bei jedem Rechtsgeschäft nach seiner Art und seinem Zweck bestimmt werden, welche Voraussetzungen jeweils notwendige und welche willkürliche seien; vom Gesetz hänge ab, welche Elemente für bestimmte Rechtsgeschäfte zwingend seien.[173]

169 Vgl. Pergament, K voprosu o pravosposobnosti, S. 18-20.

170 Vgl. Rudokvas/Kartsov, The Development, S. 331; Slystschenkow, Der Entwurf, S. 194; ders., Proekt Graždanskogo uloženija, S. 53 mit Hinweis auf Guljaev, Obščie učenija, S. 381 u. 383.

171 Diese Lehre war 1857/60 von Alois Brinz (1820-1887) entwickelt worden. Zum Zweckvermögen als dem realen Substrat der juristischen Person vgl. daher insbesondere Brinz, Pandekten, Bd. 1, § 60 f., Bd. 3, §§ 432 ff. und ferner Bekker, System, Bd. 1, §§ 41 f.

172 Guljaev, Obščie učenija, S. 399.

173 Guljaev, Obščie učenija, S. 399.

cc.) Willensmängel

Den Irrtum kannte das positive Recht nicht als solchen Willensmangel, der zur Lösung von einem Rechtsgeschäft berechtigt hätte. Dem tradierten, in den Svod Zakonov X/1 eingegangenen Recht hatten nämlich die allgemeinen willenstheoretischen Grundlagen für ein solches Konzept gefehlt. Mejer, der dogmatischen Neuerungen in Anlehnung an das Pandektenrecht gegenüber aufgeschlossen war, hatte einräumen müssen, daß der Irrtum nach russischem Recht der Geltung eines Rechtsgeschäfts grundsätzlich nicht entgegenstehe, wo dies nicht, wie z. B. im Erbrecht, ausnahmsweise angeordnet sei.[174] Jahrzehnte später konnte der Senat dann in mehreren Entscheidungen willenstheoretisch argumentieren und den freien Willen zur Grundlage des Rechtsgeschäfts erklären.[175] In Kass. 1890, Nr. 9 meinte das Gericht, daß die Täuschung (obman) und sogar der einfache Fehler oder Irrtum im Gegenstand des Vertrags (ošibka i zabluždenie) als Grundlage für dessen Beseitigung dienen könnten.[176] Auf diese Rechtsprechung berief sich der Senat auch in Kass. 1899, Nr. 60, wo er ausführte, Täuschung, Fehler und Irrtum, genauso wie die im Gesetz genannten Fälle von Zwang und Fälschung, die die Freiheit des Willens und des Einverständnisses als elementare Merkmale des Rechtsgeschäfts verletzen, könnten Grundlage für die Unwirksamkeit desselben im Sinne von Art. 700 und 701 SZ X/1 sein.[177]

Im heutigen rechtshistorischen Schrifttum wird diese Entwicklung auf den Einfluß des römischen Rechts zurückgeführt. So vermutet Slyščenkov, daß das im Wege der Rechtsfortbildung entwickelte Konzept des Irrtums auf Grundlage des römischen Rechts geschaffen worden sei.[178] Rudokvas und Kartsov meinen, der Senat habe bei der Schaffung einer Begrifflichkeit von Irrtum und Täuschung die Konzepte von *error* und *dolus* herangezogen.[179] Diese Vermutungen sind, wie bei Guljaev näher ausgeführt wird, richtig:[180] Das Recht des Svod Zakonov stellte in bestimmten Einzelkonstellationen, wie etwa im Fall von Zwang (Art. 702), darauf ab, daß der rechtsgeschäftliche Wille nicht frei gebildet worden sei. Dabei durchlief der Begriff des Zwanges (prinuždenie) im Verständnis des Senats eine Entwicklung. Zunächst meinte der Senat, daß nur ein solcher Zwang Willensfrei-

174 Vgl. Schöndorf, Gerichtspraxis, S. 6.

175 Grundsätzlich konnte das unter der Wirkung eines Willensmangels abgeschlossene Rechtsgeschäft nicht durch eine private Erklärung vernichtet werden; es bedurfte vielmehr einer gerichtlichen Aufhebung. Der Grundsatz der gerichtlichen Geltendmachung von Willensmängeln verdankte der Svod Zakonov dem Einfluß des Code Civil, hinter dessen Bestimmungen hier die (materielle) *restitutio in integrum* steht. Vgl. Neubecker, Die Grundzüge, S. 53.

176 Das Gericht verweist auf vorbereitende Rechtsprechung, nämlich u. a. auf Kass. 1875, Nr. 858 und 1883, Nr. 78. Vgl. Isačenko/Isačenko, Objazatel'stva po dogovoram, S. 154 f., sowie Vas'kovskij, Pravotvorčeskaja dejatel'nost', S. 393.

177 Guljaev, Obščie učenija, S. 391.

178 Slystschenkow, Der Entwurf, S. 193 f.; ders., Proekt Graždanskogo uloženija, S. 54.

179 Vgl. Rudokvas/Kartsov, The Development, S. 329.

180 Guljaev, Obščie učenija, S. 390-392.

heit und Einwilligung verletze, der strafrechtlich zu qualifizieren sei.[181] Später ging dann auch die Kassationspraxis (Kass. 1901, Nr. 21) zu der Auffassung über, daß »nach dem Sinn der Art. 700-702 unter dem Zwang, der Willensfreiheit und Einverständnis beim Geschäftsabschluß verletzt, nicht nur gewaltsame, physische Handlungen strafrechtlich relevanter Art zu verstehen seien, sondern auch moralischer Zwang mittels Drohung«.[182] Ein unter dem Einfluß von Zwang abgeschlossenes Rechtsgeschäft konnte nun entweder im Klageweg angefochten werden – hier liegt, wie Guljaev berichtet, das Konzept der *actio quod metus causa* zugrunde – oder es griff eine Einrede gegen die erhobene Forderung ein, die auf den verübten Zwang verweist, also gewissermaßen eine *exceptio quod metus causa*.[183] Unterstützt durch das Schrifttum knüpfte der Senat hier eine Irrtumslehre an, für die er auf eine im Schrifttum längst vorbereitete Dogmatik zurückgriff, die sich der römischen Konzepte von *error* und *dolus* bediente.[184]

dd.) Das Verdeckungsgeschäft

Der Senat führte auch eine Lehre vom Verdeckungsgeschäft (pritvornyj dogovor) in das geltende Recht ein: Gemeint ist ein solches Geschäft, das ein anderes, von den Parteien eigentlich gewolltes Geschäft verdecken soll. Das Gericht stellt in Kass. 1912, Nr. 33 fest, der Begriff des Verdeckungsgeschäfts erfasse ggf. das Scheingeschäft, dessen Geltung nicht gewollt sei, ebenso wie das »Strohmann-Geschäft«, das im Interesse eines Dritten abgeschlossen werden soll. Der Senat führt aus, nicht jeder Vertrag, durch den in Wahrheit ein Dritter begünstigt werden solle und der insoweit ein Verdeckungsgeschäft bilde, sei unwirksam. Guljaev erklärt, es komme insoweit auf die Gründe für das Auseinanderfallen von Inhalt und Ausdruck des Willens an. Nur solche Akte, in denen die Unstimmigkeit zwischen dem Willen und seiner Äußerung auf Absicht beruhe, fielen unter die Kategorien von Schein- oder Verdeckungsgeschäft. Beim Scheingeschäft träten keine Vermögenswirkungen auf, beim Verdeckungsgeschäft solche, die bei den Vertragsabreden nicht zum Ausdruck kämen. Die Frage, ob es hier auf das Gesagte oder das Gedachte ankommt, sei von Diokletian in dem Sinne entschieden worden: *plus valere quod agitur quam quod simulate concipitur* (C. 4,22 rubr. u. 2-4). Guljaev berichtet, es sei dieser Gedanke, den sich die Kassationsrechtsprechung zu eigen gemacht habe.[185]

181 Kass. 1868, Nr. 785, 1875, Nr. 258, 1876, Nr. 398 u. 582, 1878, Nr. 154; vgl. Graždanskoe uloženie. Objazatel'stva 1899, Bd. 1, S. 77.

182 Kass. 1901, Nr. 21; vgl. Vas'kovskij, Pravotvorčeskaja dejatel'nost', S. 393.

183 Guljaev, Obščie učenija, S. 390.

184 Guljaev, Obščie učenija, S. 391.

185 Guljaev, Obščie učenija, S. 396.

ee.) Bedingung und Befristung

Der Ausdruck »Bedingung« ist im Deutschen bekanntlich mehrdeutig und kann sich sowohl darauf beziehen, daß die Wirksamkeit eines Rechtsgeschäfts vom Eintritt eines künftigen ungewissen Ereignisses abhängen soll, als auch auf eine »Bestimmung« im weiteren Sinne. Ähnlich liegt es bei dem russischen Terminus »uslovie«. Dieser wird regelmäßig mit »Bedingung« wiedergegeben, und wie das deutsche Recht weist auch das Zivilrecht des Svod Zakonov eine Mehrdeutigkeit auf. Hier steht »uslovie« nämlich in verschiedenen Bedeutungen, in einem Fall sogar für »Bestimmungen« über Frist, Zahlung, Vertragsstrafe usw. (Art. 1530 SZ X/1). Eine vollständig festliegende Begrifflichkeit im technischen Sinne des Bedingungsrechts kennt das Gesetz nicht.

Daher sah sich der Senat 1875 zunächst einmal veranlaßt, überhaupt festzustellen, daß mit dem Ausdruck eine Regelung gemeint sein könne, die bestimmte Rechtsfolgen von einem zukünftigen und ungewissen Ereignis abhängig mache (vgl. Kass. 1875, Nr. 414). Der Eintritt des Ereignisses könne vom Willen eines Menschen abhängen oder aber davon unabhängig sein (*conditio potestativa, conditio casualis*). Die unmögliche Bedingung führe zur Unwirksamkeit des gesamten Rechtsgeschäfts (Kass. 1879, Nr. 223).

Bedurfte schon der Begriff der Bedingung einer ausdrücklichen Feststellung, war umso mehr fraglich, welcher Art die Wirkung der Bedingung war, auf welche Weise also der Urheber eines Rechtsgeschäfts die Wirkung seines Willens einschränken konnte. Hier bekannte sich der Senat 1908 zu der aus dem Gemeinen Recht bekannten Differenzierung, daß eine angeordnete Rechtsfolge erst wirksam wird, wenn ein künftiges ungewisses Ereignis eintritt, oder sofort in Wirksamkeit tritt, aber bei Eintritt eines ungewissen Ereignisses seine Wirksamkeit verliert. Das Gericht, das sich auf keine gesetzliche Grundlage für diese Unterscheidung stützen konnte, sprach nun für den ersten Fall von aufschiebenden (suspensivnye), für den zweiten von auflösenden (rezoljutivnye) Bedingungen (vgl. Kass. 1908, Nr. 77). Hier mußten also, wie öfter, auch die entsprechenden Ausdrücke erst aus der römischen Terminologie entlehnt und russifiziert werden. Guljaev teilt mit, das Gericht habe sich bei der Übernahme der Begrifflichkeit dadurch ermutigen lassen, daß der seit 1882 erarbeitete Entwurf zu einem Graždanskoe Uloženie beide Arten der Bedingung kannte. Daher habe es den Standpunkt zugrundelegen dürfen, schon nach der bisherigen Gesetzeslage bestehe Raum für die Vornahme dieser Differenzierung.[186]

Was die Befristung betrifft, geht der Senat von dem gesetzlichen Terminus »Bestimmungen über eine Frist« (uslovija o sroke) aus (vgl. Kass. 1879, Nr. 223). Allerdings kennt das Gesetz keinen Fristbegriff mit klaren begrifflichen Konturen. Hier mußte erst die Praxis des Senats Regeln für das materielle Recht aufstellen. Die Frist wird insoweit in zweifachem Sinn aufgefaßt: als ein bestimmter

186 Guljaev, Obščie učenija, S. 401.

Zeitpunkt und als ein bestimmter Zeitabschnitt.[187] Der Senat entwickelte eine differenzierte Fristenlehre auf Grundlage der Kategorien des Gemeinen Rechts. Diese Rechtsprechung gipfelte 1912 in einer Entscheidung (Kass. 1912, Nr. 47), in der das Gericht ausführlich die Kategorien des Gemeinen Rechts entwickelt: *dies a quo* und *dies ad quem*, ferner *dies certus an, incertus quando* und *dies incertus an et quando*).[188]

ff.) Das Angeld

Der Svod Zakonov X/1 enthielt keine allgemeinen Vorschriften über die rechtliche Bedeutung des Angeldes (zadatok) und dessen Folgen, sondern sprach dieses nur hinsichtlich einzelner Verträge an (z. B. in Art. 1685 und 1688 SZ X/1).[189] Nach allgemeiner Meinung[190] diente das Angeld nicht nur der Bekräftigung des Vertragsschlusses, sondern auch der Sicherstellung der Vertragserfüllung.[191] Der Senat machte sich diese Ansicht zu eigen.[192] Er ging davon aus, daß die Leistung des Angeldes den Vertrag gewissermaßen »sanktioniere«, derselbe damit also als abgeschlossen gelte und sich keine Partei anschließend davon mehr lösen könne. Das Gericht bemaß dem Angeld ferner die Bedeutung bei, die Erfüllung der vertraglichen Verpflichtungen abzusichern; es unterschied das Angeld in dieser Hinsicht von einem Vorschuß, welcher als Teilbetrag auf die Kaufpreisforderung bezahlt werde, ohne daß ihm eine Sicherungsfunktion zukomme.[193] Letjaev weist in diesem Zusammenhang zutreffend darauf hin, daß auch das Angeld des römischen Rechts (*arra*) zwei Zwecken diente: zum einen dem Beweis des Vertragsschlusses, zum anderen der Sicherstellung der Vertragserfüllung.[194] Die Frage, was mit dem Angeld im Falle einer Nichterfüllung des Vertrags in Ermangelung einer Parteiabrede zu geschehen habe, war im positiven Recht nicht geregelt.[195] Der Senat erklärte, daß die Nichterfüllung aufgrund Verschuldens derjenigen Partei, die das Angeld geleistet hatte, den Verlust desselben nach sich ziehe,[196] wobei das Angeld auf einen möglichen Schadensersatzanspruch des Empfängers anzurechnen sei. Im Falle der Nichterfüllung durch Verschulden des Empfängers müsse das Angeld

187 Vgl. Guljaev, Obščie učenija, S. 402.

188 Vgl. Guljaev, Obščie učenija, S. 402 f. Diese Terminologie konnte sich auch im praktischen Schrifttum zum Recht der Frist behaupten; vgl. Isačenko/Isačenko, Objazatel'stva po dogovoram, S. 256.

189 Graždanskoe uloženie. Objazatel'stva 1899, Bd. 1, S. 122.

190 Vgl. Pachman, Obyčnoe pravo, Bd. 1, S. 86; Annenkov, Sistema, Bd. 3, S. 233.

191 Graždanskoe uloženie. Objazatel'stva 1899, Bd. 1, S. 123.

192 Für Kass. 1888 Nr. 33 vgl. Muromcevs Bemerkungen in der Moskauer Juristischen Gesellschaft am 18. März 1891, S. 506. Vgl. Vas'kovskij, Pravotvorčeskaja dejatel'nost', S. 392.

193 Kass. 1888 Nr. 33; 1892 Nr. 12 und 1892, Nr. 40 – Berichterstatter: S. V. Pachman; vgl. Graždanskoe uloženie. Objazatel'stva 1899, Bd. 1, S. 123.

194 Vgl. Letjaev, Recepcija rimskogo prava, S. 160-162.

195 Graždanskoe uloženie. Objazatel'stva 1899, Bd. 1, S. 124.

196 Für Kass. 1888 Nr. 33 vgl. Muromcev aaO., S. 506.

zurückerstattet und ggf. zusätzlich Schadensersatz geleistet werden.[197] Traf keine der Parteien eine Schuld an der Nichterfüllung des Vertrags, so sei – entsprechend dem römischen Recht – nur das Angeld zurückzugeben,[198] denn der Zurückbehaltung von Vermögenswerten stand in diesem Fall Art. 574 SZ X/1 entgegen. Der Senat sah die Begründung für dieses Prinzip darin, daß sich niemand auf Kosten eines anderen ohne rechtlichen Grund bereichern dürfe.[199]

gg.) Die Übertragung beschränkter oder belasteter Rechte

Im positiven Recht ungenügend geregelt war, unter welchen Voraussetzungen Beschränkungen oder Belastungen von Rechten auch deren Erwerber treffen. Der Senat äußerte sich hierzu bei der Entscheidung eines Falles, in dem der Erblasser ein Haus von dessen Voreigentümer geschenkt bekommen hatte, wobei sich dieser gleichzeitig ein lebenslanges Wohnrecht hatte einräumen lassen. Nach dem Tod des Erblassers verweigerte der Erbe dem Voreigentümer die Ausübung des Wohnrechts (Kass. 1886 Nr. 21). Die Klage des Voreigentümers hatte in der ersten Instanz Erfolg, und der Senat hielt die Entscheidung aufrecht.[200] Beide Gerichte zogen jedoch unterschiedliche Begründungen heran. Das Friedensgericht hatte seine Entscheidung darauf gestützt, daß der Erblasser mit der Bestellung des Wohnrechts eine Verpflichtung eingegangen sei, welche auf dessen Erben übergegangen sei. Der Senat argumentiert dagegen sachenrechtlich: Da das Eigentumsrecht des Erblassers mit dem Wohnrecht belastet gewesen sei, müsse dies auch für das des Erben gelten.[201] Zur Begründung dieser dogmatischen Lösung zieht der Senat einen Grundsatz aus dem Digestentitel D. 50,17 heran, nämlich die seit Kass. 1869, Nr. 1292[202] auf den »allgemeinen Sinn der Gesetze« gestützte Regel »*nemo plus iuris ad alium transferre potest, quam ipse habet*« (Ulpian 46 *ad edictum* D. 50,17,54).[203] Brun hat diese Entscheidung zum Anlaß für kritische Bemerkungen über den Einfluß der römischen Rechtstradition auf das Rechtsdenken der Zeit genommen.[204] Er nimmt die Dogmatik des römischen Rechts als maßgeblichen Entwicklungsfaktor des Rechts wahr, meint aber, die Orientierung an ihr führe gelegentlich zu Irrtümern und unrichtigen Auffassungen vom geltenden Recht. Brun ist mit der Argumentation des Senats nicht einverstanden und meint, obwohl die

197 Vgl. Kass. 1892, Nr. 12 und Nr. 40; 1888, Nr. 33. Vgl. Graždanskoe uloženie. Objazatel'stva 1899, Bd. 1, S. 124 und für Kass. 1888 Nr. 33 Muromcev aaO., S. 506.

198 Vgl. Letjaev, Recepcija rimskogo prava, S. 161.

199 Kass. 1892, Nr. 12, 1888, Nr. 33. Vgl. Graždanskoe uloženie. Objazatel'stva 1899, Bd. 1, S. 125. Diesem Standpunkt liegt offenkundig das von Pomponius 9 *ex variis lectionibus* D. 50,17,206 formulierte Prinzip des allgemeinen Bereicherungsverbots zugrunde: *Iure naturae aequum est neminem cum alterius detrimento et iniuria fieri locupletiorem.* Vgl. ähnlich Pomponius 21 *ad Sabinum* D. 12,6,14.

200 Brun, Chronika graždanskogo suda, S. 101.

201 Brun, Chronika graždanskogo suda, S. 101-102.

202 S. oben S. 484 ff.

203 Brun, Chronika graždanskogo suda, S. 102.

204 Brun, Chronika graždanskogo suda, S. 101.

praktischen Folgen der Heranziehung von Ulpians Regel im vorliegenden Fall völlig zweckmäßig seien, sei die Anwendung dieser Regel hier falsch. Seine Kritik richtet sich auf die Vorstellung, es handele sich um eine »allgemeine« Regel. Er meint nämlich, diese Regel sei nicht das Resultat der Beobachtung juristischer Erscheinungen; sie sei nicht auf jenem rechtlichen Wege gefunden worden, der von den Römern selbst gewiesen worden sei: *ex jure, quod est, regula fiat* (Paulus 16 *ad Plautium* D. 50,17,1). Zur Begründung verweist Brun auf Beispiele, in denen durchaus mehr Rechte übertragen werden können als der Veräußerer selbst hat. Dazu nennt er unter anderem den Erwerb aufgrund guten Glaubens sowie die Verpfändung einer fremden Sache und verweist auf die Diskussion der Frage, inwieweit ein Schuldner seine Einwendungen auch nach einer Abtretung dem neuen Gläubiger gegenüber geltend machen könne.[205] Diese und andere Beispiele sollen die »Allgemeinheit« der Regel, die die Grundlage ihrer Anwendung durch den Senat bildet, widerlegen.[206]

f.) Schuldrecht

aa.) Das Schuldverhältnis

Besonders bedeutend war die Fortentwicklung des Rechts im Bereich des Schuldrechts. Dessen zentraler Begriff, das Schuldverhältnis, war im positiven Recht nicht definiert. Der Senat schuf in Kass. 1871, Nr. 788 folgende Begriffsbestimmung:

> »Das Schuldverhältnis (dolgovoe otnošenie) ist eine Beziehung zwischen nicht weniger als zwei Personen, kraft der eine Person als Kreditor (Forderungsinhaber, Geldgeber) berechtigt ist, eine bestimmte Leistung (dejstvie [eigentl.: Handlung]) zu fordern, und die andere Person als Schuldner zur Bewirkung der Leistung verpflichtet ist. Schuldverhältnisse nehmen ihren Ursprung entweder aus Verträgen oder aus unerlaubten Handlungen, die zur Verletzung fremder Rechte führen. Verträge, die Schuldverhältnisse durch gegenseitiges Einverständnis der an ihnen beteiligten Parteien hervorbringen, erzeugen für diese: Verpflichtungen für die Person, die sich im Vertrag verpflichtet hat zur Bewirkung einer rechtsgeschäftlichen Leistung, die seinen Gegenstand bildet (Art. 569 SZ X/1), und eine Forderung (trebovanie) (ein Recht) für die andere Person, zu deren Gunsten die erstere übernommen hat, die Leistung zu bewirken (Art. 570). Wenn im Vertrag Verpflichtungen nur für eine Seite vereinbart sind, ist der Vertrag seinem Wesen nach einseitig, wenn aber die Parteien wechselseitig die Erfüllung von Verpflichtungen übernommen und Rechte ausbedungen haben, ist das Wesen des Vertrags gegenseitig. Daraus folgt, daß Verpflichtungen in den Verträgen enthalten sind, aus denen sie hervorgehen (Art. 568), und ihrem Wesen nach nichts anderes sind als Bestandteile der Verträge.«

205 Brun, Chronika graždanskogo suda, S. 102.

206 Brun selbst tritt rechtspolitisch dafür ein, daß nicht allgemeine Grundsätze, sondern die Bedürfnisse des Rechtsverkehrs für die Argumentation ausschlaggebend sein sollten; Chronika graždanskogo suda, S. 103.

Man merkt dem geradezu lehrbuchhaften Stil, in dem die Ausführungen des Senats gehalten sind, die Anlehnung an die Doktrin an. Während die Unterscheidung zwischen Vertrag und Delikt als verschiedenen Ursprüngen von Schuldverhältnissen unmittelbar auf die römischen Quellen zurückgeht,[207] hat der abstrakte Begriff des Schuldverhältnisses, wie ihn die gemeinrechtliche Dogmatik entwikkelt hatte, hier immerhin seine Anfangsgründe.[208] Es handelt sich jedenfalls um Ordnungsmerkmale aus der römischen Tradition. Hier liegt ein exemplarischer Fall für die oft zu gewinnende Beobachtung vor, daß das Rechtsdenken in römischen Kategorien in das geltende Recht einsickert, aus Gründen, die vor dem Hintergrund der Rechtsliteratur leicht erklärlich sind, ohne daß dies notwendigerweise offengelegt wird.[209]

bb.) Natürliche Verbindlichkeiten

Die natürliche Verbindlichkeit, die das tradierte Recht nicht kannte, wurde vom Senat verschiedentlich erörtert, z. B. in Kass. 1886, Nr. 1:[210] Der Kläger eines vorausgegangenen Prozesses hatte erfolglos auf Erstattung von Verfahrenskosten geklagt, weil er insoweit eine Ausschlußfrist versäumt hatte.[211] Nun wollte er mit derselben Forderung gegen eine Kostenforderung aufrechnen, die der Beklagte gegen ihn erhob. Nachdem er in den Vorinstanzen keinen Erfolg gehabt hatte, gab der Senat ihm Recht. Das Gericht, das überhaupt erst Klarheit in das Recht der Erstattung von Verfahrenskosten bringen muß, stellt zunächst fest, daß beiden Parteien ein (jeweils auf anteilige Erstattung der Kosten gerichtetes) klagbares Recht zustehe. Der Senat meint, bei wechselseitigen Klagen gleicher Art sei das Gericht verpflichtet, eine Anrechnung (začet) der Forderungen vorzunehmen.[212] Zwar habe die Partei, die die Frist zur Klageerhebung versäumte, ihr Klagerecht verloren, doch könne sie ihre Forderung zumindest als Gegenrecht erheben. Dies bedeutete die Anerkennung der Aufrechnung mit einer wegen Fristablaufs nicht mehr durchsetzbaren, also verjährten Forderung, wie sie das geltende Recht zuvor nicht gekannt hatte. In seiner Entscheidungsanmerkung erläutert Brun, daß hier der Begriff der Naturalobligation (estestvennoe objazatel'stvo) in das geltende Recht eingegangen sei, wie er ausländischen Rechtsordnungen bekannt und als

207 Vgl. Gaius, *inst.* 3,88: *<Nunc transeamus> ad obligationes. Quarum summa divisio in duas species deducitur: omnis enim obligatio vel ex contractu nascitur vel ex delicto.*

208 Vgl. Avenarius, Struktur und Zwang im Schuldvertragsrecht, S. 492-496.

209 Entsprechendes gilt für die auch in der russischen Literatur der Zeit längst etablierten Kategorien der Real- und Konsensualverträge, der ein- und zweiseitigen Verträge sowie der Nominat- und Innominatkontrakte. Diese Begrifflichkeit liegt erkennbar der Entscheidungspraxis zugrunde, ohne freilich explizit benannt zu werden; vgl. Kass. 1881, Nr. 110 und anschließend im Text; ferner Schöndorf, Gerichtspraxis, S. 14.

210 Brun, Chronika graždanskogo suda, S. 92.

211 Es war im Verfahren zur Hauptsache keine Kostenentscheidung ergangen.

212 Brun, Chronika graždanskogo suda, S. 93-94.

obligatio naturalis ein Erbe des römischen Rechts sei.[213] Der Eintritt der Verjährung einer Forderung läßt also eine natürliche Verbindlichkeit fortbestehen, mit der aufgerechnet werden kann.[214]

cc.) Gegenseitige Verträge

Der Senat führte differenzierte Regelungen für den gegenseitigen Vertrag in das geltende Recht ein, die die Abhängigkeit der Leistungspflicht einer Partei von der Gegenleistungspflicht ausgestaltete. Wenn danach in gegenseitigen Verträgen eine Partei eine Handlung unterließ, mit der »eine Handlung oder die Bezahlung« der anderen Partei in einem synallagmatischen Verhältnis verbunden ist, war die letztere von der Leistungspflicht frei.[215] In diesem Sinne entschied der Senat, den Pächter einer Mühle treffe keine Pflicht zur Zahlung des Pachtzinses für einen Zeitraum, in dem die Mühle infolge eines Brandes nicht genutzt werden konnte (Kass. 1874, Nr. 275). Das Gericht führte aus, es sei zwar richtig, daß es dem Pächter grundsätzlich freistehe, die Sache zu nutzen oder dies zu unterlassen, und daß eine Nichtausübung dieses Rechts nicht etwa von der Verpflichtung befreie, den Pachtzins zu zahlen. Diese allgemeine Regel könne aber nur gelten, soweit der Pächter an der Nutzung nicht durch seinen Vertragspartner oder dessen Rechtsnachfolger gehindert sei. Nun ergebe sich aus den Feststellungen der Sudebnaja Palata, daß der Pächter deswegen keine Möglichkeit gehabt habe, den Besitz an der Mühle auszuüben, weil der Verpächter dieselbe nach dem Brand nicht wieder aufgebaut habe. Eine unrichtige Anwendung derjenigen gesetzlichen Bestimmungen durch die Vorinstanz, die den Kontrahenten die Erfüllung ihrer vertraglichen Pflichten auferlegen (Art. 569 u. 570 SZ X/1), wenn eine Seite ihre Rechte freiwillig aufgibt (Art. 1547), sei unter diesen Umständen nicht festzustellen. Nach dem Sinn des Vertrags (po smyslu dogovora) sei der Pächter nicht verpflichtet, den Pachtzins für die Zeit zu bezahlen, in der ihm die Mühle ohne sein Verschulden nicht zur Verfügung stand.

Ähnliche Erwägungen stellte der Senat in Kass. 1877, Nr. 45 an, einem Verfahren, das die Rechtsfolgen von Leistungsstörungen im Mietvertrag betraf. Hier hatte sich der Kläger berufen auf »eine allgemeine Regel des bürgerlichen Gesetzes, daß eine Verletzung auf seiten einer der Vertragsparteien hinsichtlich irgendeiner

213 Brun, Chronika graždanskogo suda, S. 94f.

214 Brun, Chronika graždanskogo suda, S. 92-93. Theoretische Bedeutung kommt in diesem Zusammenhang auch Kass. 1889, Nr. 43 zu. Hier versagte das Gericht einem Minderjährigen, der auf eine ihm gegenüber unwirksame Forderung geleistet hatte, den Anspruch auf Rückerstattung des Gezahlten. Zur Begründung verweist das Gericht auf den »Sinn« der gesetzlichen Regelungen. Muromcev erklärt die Entscheidung damit, daß der Senat ein Prinzip umgesetzt habe, das die *obligatio naturalis* des römischen Rechts voraussetze. Vgl. Muromcevs Bemerkungen in der Moskauer Juristischen Gesellschaft am 18. März 1891, S. 506.

215 Kass. 1874, Nr. 275; 1875, Nr. 326; 1877, Nr. 45; 1878, Nr. 154; 1880, Nr. 214; 1895, Nr. 62; 1910, Nr. 40.

von ihr übernommenen Verpflichtung der anderen Seite nicht das Recht gibt, sich allein deswegen schon als von den ihr obliegenden vertraglichen Verpflichtungen befreit und die Wirksamkeit des Vertrags als beendet zu betrachten.« Diesem Argument liegt zugrunde, daß das zwischen synallagmatischen Verpflichtungen bestehende Abhängigkeitsverhältnis, welches mit dem Wegfall einer Verpflichtung grundsätzlich auch die Gegenleistungspflicht entfallen läßt, nicht Bestandteil des positiven Rechts war.[216] Daß selbst der entsprechende Rechtsgedanke noch nicht etabliert war, zeigt sich an der Formulierung des Senats sowie an dem von demselben getriebenen Begründungsaufwand, wenn er dem Kläger entgegenhielt:

> »Aber diese allgemeine Regel kann nicht unbedingt und als auf alle Streitfälle anwendbar anerkannt werden, die aus Mietverträgen entstehen, zum Beispiel in dem Fall, wenn der Gegenstand des Vertrags durch Verschulden der Seite, die zu seiner Leistung in einem gebrauchstauglichen Zustand verpflichtet ist, oder vielleicht unabhängig von ihrer Veranlassung, aber ohne Verschulden des Mieters, in eine solche Lage übergeht, daß diesem der Gebrauch unmöglich wird. Dieser Zustand tritt namentlich auf bei der Erfüllung von Mietverträgen über Wohnungen und andere Räume. Der Mietvertrag über Vermögensgegenstände ist ein gegenseitiger (wörtl.: beiderseitiger – obojudostoronnyj) Vertrag, in dem das Recht einer Seite abhängig ist von der Erfüllung derjenigen Verpflichtungen, die sie gegenüber der anderen Seite übernommen hat, so daß die für die Nutzung des Vermögensgegenstandes vereinbarte Verpflichtung des Mieters zu zahlen abhängig ist von der Verpflichtung des Eigentümers, dem Mieter die Nutzung zu ermöglichen; daraus folgt, daß das Gericht, wenn der Mieter den Vertragsgegenstand ohne sein Verschulden nicht mehr nutzen kann, das Ende von dessen Verpflichtung zur Zahlung des Mietzinses feststellen kann.«

Von diesem Standpunkt ausgehend, kann der Senat in Kass. 1880, Nr. 214 konstatieren, die Rechtsprechung erkenne für gegenseitige Verträge allgemein als Grundsatz an, daß die Nichterbringung einer Leistung, von der irgendeine Leistung oder Zahlung der anderen Vertragspartei abhänge, die letztere von der Pflicht zur Bewirkung der korrespondierenden Leistung befreie und ihr ggf. sogar das Recht auf Rückempfang einer von ihr bereits gezahlten Summe gebe.

Angesichts der Selbständigkeit, mit der der Senat hier die Fortbildung des geltenden Rechts betrieb, wird die Vermutung nicht fehlgehen, daß dem Gericht nicht nur – wie ausdrücklich erklärt – die Dogmatik des gegenseitigen Vertrags zur Orientierung gedient hat, sondern gleichermaßen das Recht der *exceptio non adimpleti contractus* des Gemeinen Rechts.[217] Schöndorf hat vermutet, der Senat habe in der genannten Rechtsprechung die Einrede des nichterfüllten Vertrags anerkannt.[218] Daran ist richtig, daß das Gegenseitigkeitsverhältnis zwischen den

216 Dies korrespondierte mit der tradierten Vorstellung, daß es sich bei Kauf und Verkauf um zwei verschiedene Verträge handele. Hiergegen hatte sich schon Mejer gewandt; vgl. oben S. 294f.

217 Kritisch Slyščenkov, Proekt Graždanskogo uloženija, S. 176.

218 Schöndorf, Gerichtspraxis, S. 14.

Leistungspflichten sanktioniert wird. Der Wegfall der Gegenleistungspflicht erfolgt allerdings nicht bereits aufgrund einseitiger Gestaltungserklärung; das Gegenrecht muß vielmehr vor Gericht erhoben werden. Es wirkt auch nicht nur hemmend, sondern rechtsvernichtend. Entsprechend erklärte das Gericht in Kass. 1910, Nr. 40:

> »Auf Grundlage von Art. 1183 und 1184 SZ X/1 hebt die Nichterfüllung in einem zweiseitigen Vertrag durch eine Seite den Vertrag nicht ohne weiteres auf, sondern gibt nur das Recht, dessen Auflösung durch das Gericht zu fordern. Daher behält ein Vertrag, der vom Gericht nicht aufgelöst worden ist, seine verpflichtende Kraft für die Parteien bei [...]. Mit Rücksicht aber auf seine Eigenschaft als juristische Grundlage, die sich letztlich aus der Natur der zweiseitigen (dvuchstoronnyj) Verträge ergibt, in denen gegenseitige Verpflichtungen (vzajmnye objazatel'stva) der Parteien einander gegenüber begründet sind, kann eine Seite nicht zur Erfüllung des Vertrags gezwungen werden, wenn die andere ihn nicht erfüllt [...].«

dd.) Der Vertrag zugunsten Dritter

Auf die Rechtsprechung des Senats geht auch die Anerkennung des Vertrags zugunsten Dritter zurück.[219] In Kass. 1877, Nr. 372 wandte sich das Gericht gegen die Auffassung der Vorinstanz, ein Dritter könne kein selbständiges Recht aus einem Vertrag erworben haben.[220] Der Senat führt aus, den Artikeln 569 und 570 SZ X/1, die zur Begründung herangezogen worden waren, sei dieser Ausschluß nicht zu entnehmen: Gemäß Art. 569 ist jede Vertragspartei zur Erfüllung verpflichtet, und in Art. 570 ist bestimmt, daß die Gegenseite die Leistung ggf. verlangen könne. Aus Sicht des Senats ergibt sich aus diesen Bestimmungen nur, daß die Nichterfüllung der vertraglichen Verpflichtungen zur zwangsweisen Durchsetzung führen kann, nicht aber, daß dies nur den Kontrahenten zustehe und daß ein Dritter, zu dessen Gunsten Rechte begründet worden waren, dieses Forderungsrecht nicht haben sollte. Mit dem Ziel, den Vertrag zugunsten Dritter zu etablieren, führt das Gericht aus, der Beweggrund, aus dem ein Kontrahent ein

219 Vas'kovskij, Pravotvorčeskaja dejatel'nost', S. 395. Guljaev behauptet, auch die Anerkennung des Vertrags zugunsten Dritter bilde ein Beispiel dafür, daß sich der Senat bei der Rechtsfortbildung am römischen Recht orientiert hätte; Sovremennye zadači, S. 127. Diese Behauptung wird sich kaum auf das antike Recht beziehen, weil das klassische römische Recht den Vertrag zugunsten Dritter grundsätzlich abgelehnt hatte; vgl. Behrends, Überlegungen zum Vertrag zugunsten Dritter, S. 839 ff. mit Nachweisen. Die Pandektistik ging erst in der zweiten Hälfte des 19. Jahrhunderts zur Anerkennung über. Die praktisch wichtigste Konstellation bildete der Lebensversicherungsvertrag. Vgl. Windscheid, Pandekten, Bd. 2, § 316, der noch mitteilt, der Vertrag zugunsten Dritter sei keineswegs gewohnheitsrechtlich anerkannt (S. 303). Auf Grundlage der bei Windscheid referierten Diskussion dürfte der Senat das Rechtsinstitut eingeführt haben. Ihm wurden im E 1899 die Art. 45-48 gewidmet, entsprechend Art. 1589-1592 E 1905, mit Ausnahme von Art. 45 S. 2 des E 1899, der in Art. 1589 des E 1905 nicht übernommen ist.

220 Vgl. Isačenko/Isačenko, Objazatel'stva po dogovoram, S. 98 f.

bestimmtes Recht zugunsten eines am Vertragsschluß nicht teilnehmenden Dritten begründe, könne sich entweder aus irgendeiner Verpflichtung des Kontrahenten gegenüber dem Dritten ergeben oder aus dem Wunsch des Kontrahenten, dem Dritten irgendetwas unentgeltlich zuzuwenden. Im einen wie im anderen Fall hänge vom Einverständnis des Dritten ab, ob das ihm Zugewandte angenommen werde. Bis zur Erklärung des Einverständnisses durch den Dritten könnten die Parteien den Vertrag abändern oder aufheben (Art. 1545).

ee.) Der Kauf und funktional verwandte Vertragstypen

Der Svod Zakonov hatte die kuplja i prodaža, wie gesehen, nicht als obligatorischen Vertrag konzipiert, sondern als zwei Tatbestände des Eigentumserwerbs.[221] Immerhin wurden diese im späteren 19. Jahrhundert nicht, wie es Mejer kritisiert hatte, als völlig unabhängig voneinander bestehende Tatbestände aufgefaßt. Der Senat weist vielmehr in Kass. 1890, Nr. 41 darauf hin, daß der Kauf (kuplja) gemäß Ziff. 3 der primečanie zu Art. 699 SZ X/1 ein beiderseitiges (obojudnyj) Instrument des Erwerbs von Vermögen sei, nämlich desjenigen, das beide Seiten jeweils erwerben: der Käufer den Vermögensgegenstand, der Verkäufer dessen Preis, was auch für den beurkundeten Kauf in Art. 1426 SZ X/1 bestimmt ist.

Gleichwohl ist der Senat mehrfach vom Bestehen eines schuldrechtlichen Kaufs ausgegangen.[222] Anders als ein Teil des Schrifttums identifiziert das Gericht allerdings nicht einfach die kuplja-prodaža mit dem schuldrechtlichen Kauf, sondern führt dessen gesetzliche Regelung mit der der zaprodaža zusammen. Bei dem letztgenannten Vertragstyp handelt es sich um einen Verpflichtungsvertrag, der kuplja und prodaža vorausgeht.[223] Der Senat führt aus (Kass. 1880, Nr. 94): »Beim ›Verkaufsvertrag‹ (dogovor zaprodaži) verpflichtet sich eine Seite, der anderen zu einer festgelegten Frist gegen einen ausbedungenen Preis einen bestimmten unbeweglichen oder beweglichen Vermögensgegenstand zu verkaufen (Art. 1679 SZ X/1). Insoweit stellt sich die zaprodaža dar als Vertrag über den Abschluß eines anschließenden Kaufvertrags (dogovor kupli-prodaži).« Das Gericht beschreibt anschließend die Voraussetzungen des Vertragsschlusses beim Kauf unbeweglicher Sachen, insbesondere die Anwendung des Art. 66 NotO, und diejenigen, die beim Mobiliarkauf gelten. Beim Immobiliarkauf kommt es nach der Gesetzeslage erst zur »Vollendung« (soveršenie) des Rechtsgeschäfts mit der Beurkundung.[224] Hier

221 S. oben S. 293.

222 Kass. 1880, Nr. 94, 1886, Nr. 83, 1890, Nr. 41; vgl. Schöndorf, Gerichtspraxis, S. 15.

223 In der Frage nach der Funktion der zaprodaža wurden verschiedene Standpunkte vertreten, abhängig davon, wie die kuplja-prodaža jeweils verstanden wurde. Soweit man kuplja und prodaža im Sinne des Gesetzes als Tatbestände der Eigentumsübertragung auffaßte, bildete die zaprodaža einen (der Schriftform bedürftigen) Verpflichtungsvertrag. Wurde dagegen im Sinne der vordringenden Meinung im Schrifttum die kuplja-prodaža als schuldrechtlicher Kauf verstanden, dann war die zaprodaža ein obligatorischer Vorvertrag dazu. Vgl. Neubecker, Die Grundzüge, S. 55.

224 Vgl. Avenarius, Geschichte des Notariats, S. 501; Slyščenkov, Dogovor kupli-prodaži, S. 59.

liegt der wichtigste Anwendungsfall der vorausgehenden Verpflichtung durch die zaprodaža.[225] Das Gericht fährt fort: »Für den Verkauf eines beweglichen Vermögensgegenstandes ist nur die Übereinkunft über die zu veräußernde Sache und über den Preis erforderlich, weshalb die zaprodaža über bewegliches Vermögen sehr selten vorkommt. Man kann sich nur sehr wenige Fälle der zaprodaža über bewegliches Vermögen vorstellen.« Der Senat führt dies wie folgt aus:

> »Die Person, der irgendeine Sache nicht zu Eigentum gehört und die nicht das Recht zum Verkauf hat (Art. 1384 SZ X/1), kann sich verpflichten, im Rahmen einer bestimmten Frist die Sache anzuschaffen und sie dann zum vereinbarten Preis zu ›verkaufen‹ (prodat'). Ein entsprechendes Rechtsgeschäft über den Abschluß eines Verkaufs nach dem Erwerb einer Sache muß ebenfalls als zaprodaža-artig anerkannt werden. Und so stellt sich die zaprodaža als Übereinkunft über den Abschluß eines nachfolgenden Verkaufs dar. Beim Verkauf beweglichen Vermögens übergibt der Verkäufer dem Käufer einen ihm gehörenden Vermögensgegenstand zu Eigentum oder er verpflichtet sich dazu. Der Verkäufer überträgt dem Käufer das Eigentumsrecht an dem Vermögensgegenstand unverzüglich, im Moment des Verkaufs, wenn ein bestimmter, individuell festgelegter Vermögensgegenstand verkauft wird. Wenn aber der Verkaufsgegenstand nach Art und Güte festgelegt ist, oder in bedingter Hinsicht (v uslovlennym obrazom) (Art. 1516 SZ X/1), oder wenn ein Teil einer Menge verkauft wird (Art. 1515 SZ X/1), dann geht das Eigentumsrecht vom Verkäufer auf den Käufer über mit der Übergabe der Sache, d.h. mit der Aushändigung der Sache an den Käufer oder mit ihrem Eintreffen in seiner Verfügungsgewalt (Art. 1510, 1515-1519 SZ X/1).«

Hier zeigt sich, wie die Einrichtung der der kuplja-prodaža vorausgehenden zaprodaža herangezogen wird, um den schuldrechtlich wirkenden Kaufvertrag anzuerkennen, der nicht mit dem sofortigen Vollzug der Leistungen einhergeht. Terminologisch bedeutet dies, daß die Ausdrücke »Kauf« und »Verkauf« im Sinne des Gesetzes für den Vollzug verwendet werden.

Die dem Vollzug der Leistung vorausgehende schuldrechtliche Verpflichtung kann auch im Wege des dem Kauf funktional verwandten Lieferungsvertrags (podrjad, postavka) gemäß Art. 1737 ff. SZ X/1 eingegangen werden. Durch ihn verpflichtet sich der Lieferant, »in einer bestimmten Frist eine bestimmte Menge an Sachen zu einem festgesetzten Preis zu liefern (d.h. zu Eigentum zu übertragen).«[226] Den Anwendungsbereich dieses Vertragstyps beschreibt der Senat in Kass. 1886, Nr. 83 im Anschluß an frühere Stellungnahmen zur Rechtsnatur von Kauf- und Lieferungsvertrag (z.B. Kass. 1880, Nr. 94) dahingehend, daß beim Lieferungsvertrag der Sachschuldner üblicherweise zunächst nicht Eigentümer der Sache sei, während der Verkauf nur über eine eigene Sache abgeschlossen werden könne. In Kass. 1868, 788 wird als kennzeichnendes Merkmal des Lieferungsvertrags genannt, daß zwischen Vertragsschluß und Erfüllung immer eine

225 Vgl. Abramov, Priobretenie i otčuždenie, S. 45.
226 Kass. 1880, Nr. 94.

bestimmte Zeitspanne liege, während der die Rechtsbeziehung zwischen den Vertragsparteien hinsichtlich des Leistungsgegenstandes in der Lage bleibe, in der sie bei Vertragsschluß gewesen sei, daß der Gegenstand gewöhnlich keine individuell bestimmte Sache sei, sondern eine solche, die nur nach Art, Güte und Wert bestimmt werde, und daß der Leistungsverpflichtete daher bei Vertragsschluß nicht immer ihr Eigentümer sei. Hier liege der Unterschied zur kuplja-prodaža, bei der der Verkäufer Eigentümer der Sache sein müsse (Art. 1384 SZ X/1).

Über die Qualifikation eines jeweiligen Vertrages entscheidet, wenn die Parteiabreden insoweit Raum gelassen haben, das Gericht.[227] So ist es ggf. möglich, die Wirksamkeit des Vertrags oder ggf. dessen obligatorische Wirkung durch entsprechende Einordnung als Lieferungsvertrag zu wahren.

ff.) Ungerechtfertigte Bereicherung

Das Bereicherungsrecht hat der Senat im wesentlichen erst schaffen müssen, denn insoweit bot der Svod Zakonov keine spezifische Grundlage. Das Gericht knüpfte an Art. 574 an[228] und bemerkte: »Da nach dem allgemeinen Gesetz niemand ohne Gerichtsentscheidung des ihm zustehenden Rechts verlustig gehen kann, erlegt einerseits jeder Verlust am Vermögen und der jemandem verursachte Schaden die Pflicht auf, Ersatz zu leisten, andererseits erzeugt er das Recht, Ersatz zu fordern.« Der Senat geht also bei der Entwicklung des Bereicherungsrechts von einer Bestimmung über Schadensersatzpflicht aus.[229] Diese versteht er allerdings als allgemeine, über das Schadensersatzrecht hinausreichende Regel, und zwar in dem Sinne, daß sich niemand auf fremde Kosten bereichern dürfe.[230] In Kass. 1893, Nr. 73 knüpft das Gericht die Erstattungspflicht sogar an den »allgemeinen Gedanken der Art. 569 und 574« an. Der Senat führt aus, er habe »schon öfters aus dem Gedanken dieser Artikel den allgemeinen Grundsatz abgeleitet, daß sich niemand auf fremde Kosten bereichern (obogaščat'sja) darf [...]«. Das als Prinzip aufgefaßte Bereicherungsverbot entspricht jenem naturrechtlichen Grundsatz, den Pomponius in eine allgemeine Formel gebracht hatte[231] und der

227 Kass. 1886, 83; 1868, Nr. 788.

228 Klibanski, Handbuch, Art. 574, Anm. 4; eingehend Petražickij, Iski o »nezakonnom obogaščenii«, Nr. 1, S. 3 ff.

229 Diese gilt, wie Klibanski unter Hinweis auf die Senatsrechtsprechung mitteilt, selbstverständlich mit der Maßgabe, daß denjenigen keine Ersatzpflicht trifft, der einen anderen in Ausübung eines eigenen Rechts schädigt: »*qui suo jure utitur neminem laedit*«; vgl. Klibanski, Handbuch, Art. 574, Anm. 1.

230 Kass. 1891, Nr. 18, vgl. 1893, Nr. 73, 1894, Nr. 76. Da das Gesetz keine Bereicherungstatbestände kennt, muß sogar die entsprechende russische Terminologie erst in das geltende Recht eingeführt werden; der Senat verwendet die entsprechenden Ausdrücke (obogaščat'sja bzw. obogatit'sja von bogatyj = reich) daher gelegentlich in Anführungsstrichen.

231 Pomponius 9 *ex variis lectionibus* D. 50,17,206: »*Iure naturae aequum est neminem cum alterius detrimento et iniuria fieri locupletiorem*«. Vgl. Pomponius 21 *ad Sabinum* D. 12,6,14 und bereits oben S. 500, Fn. 199.

etwa zeitgleich mit der russischen Entwicklung in der französischen Rechtsprechung als in dieser Allgemeinheit zuvor nicht anerkanntes Verbot des »s'enrichir au détriment d'autrui«[232] verwirklicht wurde. An der begrifflichen Einordnung des Bereicherungsausgleichs als Schadensersatz hielt der Senat anschließend fest. In Kass. 1896, Nr. 49 erklärte das Gericht, daß die Bereicherung auf fremde Kosten (»ohne gesetzlichen Grund dazu«) eine Klage auf Schadensersatz begründe.[233] Durch diesen Anspruch sei die Forderung auf Ersatz weiteren Schadens nicht ausgeschlossen.

In Kass. 1887, Nr. 13 lag der Sachverhalt zugrunde, daß jemand auf Veranlassung eines anderen Geld geleistet hatte, das dem Vermögen eines unwissenden Dritten zugute kam. Der Senat erklärte den Dritten für ersatzpflichtig, weil Art. 574 den Grundsatz enthalte, daß sich niemand ohne gesetzliche Grundlage den Nutzen aus fremdem Vermögen oder fremden Handlungen aneignen und einen Gewinn zum Nachteil eines anderen behalten dürfe. Das Gericht führt aus, es bestehe kein Zweifel, daß denjenigen, in dessen Interesse das Geld gezahlt worden war, die Ersatzverpflichtung treffe. Schöndorf meint, hier stütze das Gericht auf Art. 574 einen Anspruch auf Aufwendungsersatz aus Geschäftsführung ohne Auftrag.[234] Tatsächlich scheint hier das Konzept der Versionsklage zugrundezuliegen, wie sie in der gegenüber Ulpian 29 *ad edictum* D. 15,3,3,2 verallgemeinerten Form Bestandteil des Gemeinen Rechts war.

In dem Kass. 1915, Nr. 38 zugrundeliegenden Fall war eine Zahlungsklage, obwohl der beklagte Schuldner während des Prozesses einen großen Teil des Betrags gezahlt hatte, in voller Höhe weiterbetrieben worden und hatte Erfolg; da Rechtsmittel ausblieben, erwuchs die Entscheidung in Rechtskraft. Nachdem der Beklagte seine Teilleistung während des Verfahrens nicht zur Geltung gebracht hatte, ergriff er auch keine Rechtsbehelfe gegen die Zwangsvollstreckung wegen des bereits geleisteten Teilbetrags. Er erhob vielmehr eine selbständige Klage gegen seinen Gläubiger auf der Grundlage, daß die gerichtliche Verfolgung des Zahlungsbegehrens in der Konsequenz zu einem doppelten Empfang des Geldes geführt habe. Hier konkurrierte also der materielle Gesichtspunkt der Bereicherung mit dem verfahrensrechtlichen der Rechtskraft. Das Revisionsverfahren, in dem der Senator Konrad K. Dynovskij Berichterstatter war, führte im Sinne des Schuld-

232 In Frankreich hat die Cour de Cassation die engen Voraussetzungen des Bereicherungsanspruches aus Art. 1235 und 1277 CC erst mit dem berühmten arrêt Boudier (Cass. 15. Juni 1892, Sirey 1893. 1. 281) durch ein dem Billigkeitsprinzip entnommenes allgemeines Verbot des s'enrichir au détriment d'autrui ersetzt. In dieser Entscheidung ließ der Kassationshof unter ausdrücklicher Berufung auf Billigkeitsrecht eine *actio de in rem verso* zu: »Attendu que cette action, derivant du principe d'équité, qui défend de s'enrichir au detriment d'autrui, et n'ayant été réglementée par aucun texte de nos lois, son exercice n'est soumis à aucune condition determinée; qu'il suffit, pour la rendre recevable, que le demandeur allègue et offre d'etablir l'existence d'un avantage qu'il aurait; par un sacrifice ou un fait personnel, procuré à celui contre lequel il agit«.

233 Schöndorf, Gerichtspraxis, S. 30.

234 Schöndorf, Gerichtspraxis, S. 30.

ners zu der Entscheidung, daß dieser unter den gegebenen Umständen berechtigt sei, insoweit Rückzahlung des von ihm erbrachten Betrags zu verlangen, als die Forderung aufgrund der Vollstreckung des Urteils doppelt erfüllt worden war. In einer Anmerkung wandte sich Vladimir M. Gordon[235] gegen die Entscheidung.[236] Er meinte, die Klage auf Rückzahlung einer ausgeurteilten Summe unter dem *allgemeinen* Gesichtspunkt der ungerechtfertigten Bereicherung dürfe grundsätzlich nicht zulässig sein, weil sonst die Wirkung einer rechtskräftigen Entscheidung unterlaufen werde. Möglich sei allerdings ein Anspruch auf Ersatz der ungerechtfertigten Bereicherung auf Grundlage eines der besonderen Tatbestände, wie sie das Corpus iuris kenne. Gordon geht aus von Reichel, der das Spannungsverhältnis zwischen Rechtskraft und Bereicherungsausgleich so lösen wollte, daß eine Kondiktion bei Vorliegen *besonderer* materieller Voraussetzungen durchaus im Wege einer selbständigen Klage geltend gemacht werden könne.[237] Gordon sucht nun die vorliegende Konstellation in das System der Bereicherungstatbestände einzuordnen. Er lehnt also das Prinzip des allgemeinen Bereicherungsausgleichs ab und will sich an jenem regelhaften System des Bereicherungsrechts orientieren, welches das klassische Recht entwickelt hatte.[238] Weil sich Gordon mit der Entscheidung vor dem Hintergrund einer bereicherungsrechtlichen Systematik auseinandersetzt, die sich nicht im Gesetz findet, sondern nur in einer vom römischen Recht geprägten Dogmatik, sieht er sich veranlaßt, den *dolo-petit*-Einwand sowie ein reiches Spektrum an pandektistischer Begrifflichkeit des Bereicherungsrechts zu erörtern. Er sieht im Sachverhalt die Voraussetzungen der *condictio causa data, causa non secuta* oder *condictio ob causam datam* erfüllt und meint, eine Rückforderung müsse richtigerweise deswegen im Hinblick auf den doppelt geleisteten Teilbetrag befürwortet werden, weil es für diesen an einer *causa* als Behaltensgrund fehle. Er führt aus: »Sicherlich sind dies Institute, von denen unsere Gesetzgebung nicht spricht. Man muß sie im Corpus juris civilis suchen. Um sie auf unseren Boden zu übertragen, genügt es, zu einem bewährten Mittel zu greifen und sich nochmals von der ›Dehnbarkeit‹ (rastjažimost') des Art. 574 unserer Bürgerlichen Gesetze zu überzeugen.«[239] Gordon setzt also ohne weiteres voraus, daß die römische Dogmatik in das geltende Recht Eingang finden könne.

235 Vladimir Michajlovič Gordon (1871-1926) war Professor für Zivilprozeßrecht am Demidovschen Lyzeum in Jaroslavl' und seit 1907 für Handelsrecht in Char'kov. Vgl. Šilochvost, Russkie civilisty, S. 47 f.

236 Gordon, Anmerkung zu Kass. 1915, Nr. 38, S. 116-118.

237 Reichel, Rechtskraft und ungerechtfertigte Bereicherung, S. 10-21.

238 Dies entspricht Windscheids Standpunkt, der das allgemeine Bereicherungsverbot, wie es in Pomponius 9 *ex variis lectionibus* D. 50,17,206 eingegangen war, für unrichtig und als Ergebnis einer falschen Abstraktion erklärte; Pandekten Bd. 2, § 421, Anm. 1. Windscheid stellt – entsprechend Gordons Lösungsvorschlag zu Kass. 1915, Nr. 38 – auf das Fehlen einer *causa* ab.

239 Gordon, Anmerkung zu Kass. 1915, Nr. 38, S. 118.

g.) Sachenrecht

aa.) Vindikation und Schadensersatz

Die Vindikation, die im Svod Zakonov X/1 nicht vorgesehen, deren Einführung in das russische Recht jedoch vom Schrifttum vorbereitet worden war,[240] erkannte der Senat zusammen mit der Differenzierung zwischen Eigentum und Besitz schrittweise an.[241] Das Gericht stützte sich auf eine Interpretation der Art. 609, 691 und 420 SZ X/1.[242] Kass. 1886, Nr. 2 behandelte das Verhältnis zwischen Vindikation und Schadensersatz. In diesem Verfahren entschied der Senat über den Schadensersatzanspruch des Eigentümers in dem Fall, daß der Beklagte vor einer bevorstehenden Vindikation die Sache veräußert.[243] Die Sache war gestohlen worden und später an den Beklagten gelangt, der zur Herausgabe bereit war, die Sache dann aber aufgrund eines Versehens weiterveräußerte. Nachdem die Voraussetzungen für eine Vindikation nun entfallen waren, klagte der Eigentümer auf Schadensersatz. Das Gericht verneint den Anspruch mit der Begründung, daß kein Schuldverhältnis zwischen den Parteien bestanden habe, aus dem der Beklagte zur Verwahrung der Sache verpflichtet gewesen wäre.[244] Eine unerlaubte Handlung hatte der Beklagte nicht begangen, auch war er nicht vor der Weiterveräußerung rechtskräftig zur Herausgabe verurteilt worden.[245] Nach russischem Recht hätte gemäß Art. 1213 ZPO und Art. 612 SZ X/1 nur dann ein Schadensersatzanspruch bestanden, wenn dem zur Herausgabe rechtskräftig verurteilten Beklagten die Leistung der Sache unmöglich geworden wäre.[246] In seiner Anmerkung stellt Brun diese Rechtslage der aufgrund anderer Rechtsordnungen gegenüber, von denen einige einen Schadensersatzanspruch als Surrogat der Vindikation vorsahen. Im römischen Recht bot hier, wie Brun referiert, die Vindikation (vindikacija) selbst Rechtsschutz; dabei führte die dolose (doloznoe) Veräußerung einer fremden Sache durch den Beklagten im Vorfeld einer *litis contestatio* dazu, daß der Beklagte als *fictus possessor* behandelt wurde.[247]

bb.) Servituten und private Teilhaberechte

Der Svod Zakonov X/1 unterschied zwischen den privaten Teilhaberechten (prava učastija častnogo; Art. 442 ff.) und den eigentlichen Dienstbarkeiten (Art. 452). Servituten im engeren Sinne (Dienstbarkeiten, ugod'ja) sind im Gesetz also vorgesehen, aber nicht durch Einzelregelungen näher ausgeführt. Ein differenziertes

240 Vgl. insbesondere Oks, Vindikacija (1874) und dazu oben S. 387.

241 Vgl. Silvestri, Contrast, S. 19.

242 Vgl. Kass. 1879, Nr. 31, 1880, Nr. 272, 1882, Nr. 65, 1883, Nr. 79, 1887, Nr. 34.

243 Brun, Chronika graždanskogo suda, S. 90.

244 Brun, Chronika graždanskogo suda, S. 91-92.

245 Brun, Chronika graždanskogo suda, S. 92.

246 Brun, Chronika graždanskogo suda, S. 91.

247 Brun, Chronika graždanskogo suda, S. 90; zum römischen Recht vgl. Kaser, Das römische Privatrecht, Bd. 1, S. 433.

Servitutenrecht hat der Senat daher überhaupt erst geschaffen.[248] Dabei orientierte er sich vielfach am römischen Recht.[249] Der Senat konzipierte die Servitut als dingliches Nutzungsrecht (veščnoe pravo pol'zovanija) an fremdem Vermögen (čužoe imuščestvo) in einer festgelegten Beziehung (v opredelennom otnošenii).[250] Ein kennzeichnendes Merkmal ist, daß Servituten im Interesse bestimmter Personen bestehen.[251] Der Senat setzte sich auch im Servitutenrecht oft in Widerspruch zu den besonderen Vorschriften des positiven Rechts, verfuhr dabei aber in Übereinstimmung mit allgemeinen Regeln, die er dem ausländischen Recht entnahm.[252] Insgesamt ging die Rechtsprechung in diesem Bereich nicht sehr konsequent vor.[253] So lehnte der Senat etwa – anders als das römische Recht – eine Ersitzung von Servituten ab.[254] Dagegen gestaltete das Gericht den Rechtsschutz der Servitut (zaščita servitutnogo prava) teilweise nach römischem Vorbild.[255] Das Gericht bestimmte insbesondere, daß der Inhalt einer Servitut nur gegenüber dem Eigentümer des dienenden Grundstücks durchgesetzt werden könne.[256]

Problematisch war die Bestimmung des Verhältnisses zwischen der Servitut und dem privaten Teilhaberecht, einem besonderen Institut des russischen Rechts, das die Inanspruchnahme eines Grundstücks z. B. durch Wege- und Ufernutzung sowie durch Abwehrrechte gegenüber bestimmten, benachbarte Grundstücke beeinträchtigenden Nutzungsformen vorsieht (Art. 442 SZ X/1).[257] Die dogmatische Einordnung dieser »prava učastija častnogo« war umstritten. In der Literatur wurde überwiegend angenommen, es handele sich um eine gesetzliche Beschränkung des Eigentumsrechts im Interesse der Nachbarn.[258] Hierfür ließ sich anführen, daß der betreffende Abschnitt des Gesetzes vom »beschränkten« Eigentumsrecht (hinsichtlich Nutzung, Besitz oder Verfügung) handelte.[259] Demgegenüber ordnete Djuvernua diese Rechte als Servituten ein.[260] Der Senat stellte sich auf den Standpunkt, es handele sich hier um grundsätzlich verschiedene Kategorien von Rechten an fremden Sachen (Kass. 1910, Nr. 8). Dies war insoweit konsequent, als das Konzept der privaten Teilhaberechte an die feudalrechtliche Vor-

248 Schöndorf, Gerichtspraxis, S. 11.

249 Kopylov, Servituty, S. 106; vgl. Farian, Dingliche Nutzungsrechte, S. 69.

250 Sinajskij, Russkoe graždanskoe pravo, S. 256-259; vgl. Kopylov, Servituty, S. 99 f.

251 Angesichts dessen meint Kopylov, daß das Institut der bodenrechtlichen Servituten des rußländischen bürgerlichen Rechts seiner rechtlichen Natur nach dem römischen *ius in re* entsprochen habe; Servituty, S. 100.

252 Vgl. Karcov, K voprosu o pravotvorčeskoj dejatel'nosti (Teil 2), S. 184; ders., Transplants, S. 237 ff.

253 Karcov, K voprosu o pravotvorčeskoj dejatel'nosti (Teil 2), S. 189.

254 Karcov, K voprosu o pravotvorčeskoj dejatel'nosti (Teil 2), S. 188 mit Nachweisen.

255 Kopylov, Servituty, S. 103 f.

256 Kopylov, Servituty, S. 103.

257 Kopylov, Servituty, S. 100 f.; vgl. Leuthold, Russische Rechtskunde, S. 119.

258 Šeršenevič, Učebnik russkogo graždanskogo prava, S. 180 f.; Sinajskij, Russkoe graždanskoe pravo, S. 254-259; Vas'kovskij, Učebnik graždanskogo prava, S. 359 ff.

259 Dies ergibt der Wortlaut von Art. 432 SZ X/1; vgl. Kopylov, Servituty, S. 100 f.

260 Djuvernua, Posobie k lekcijam po graždanskomu pravu, S. 154 f.

stellung vom teilbaren Eigentum anknüpfte, während die Servituten ja gerade in ihrer römischen Ausgestaltung rezipiert wurden.

h.) Erbrecht

Von einer besonders defizitären Regelung im positiven Recht ausgehend, rang das Gericht um eine Herausdifferenzierung erbrechtlicher Strukturen.[261] Die Praxis bezeugt auch hier immer wieder die Auseinandersetzung mit Begriffen, die völlig neu eingeführt werden mußten, nicht selten aus dem römischen Recht.

aa.) Die Rechtsnatur der letztwilligen Zuwendung

Das Gericht erörterte etwa die Rechtsnatur der testamentarischen Erbfolge. Nach Art. 1010 ist eine letztwillige Verfügung »die gesetzmäßige Willenserklärung« des Eigentümers[262] »über sein Vermögen für den Fall seines Todes.« Dabei müssen der Begünstigte und das ihm zugewandte Vermögen genau bezeichnet werden (Art. 1026). Die Nachlaßverbindlichkeiten werden nicht erwähnt. Angesichts dieser Gesetzeslage wandte sich der Senat gegen die Auffassung, es liege hier das römische Konzept der Gesamtrechtsnachfolge zugrunde. Das Gericht stellte demgegenüber fest, ein Testament (zaveščanie) sei »nichts anderes als eine Zuwendung zugunsten des Erben, den ihm vom Testator hinterlassenen Nachlaß zu nutzen, nicht aufgrund des Gesetzes, sondern aufgrund der besonderen Anordnungen des Testators«; der Begünstigte bekomme also nur gerade die Rechte, die ihm speziell vom Berechtigten zugewiesen worden seien (Kass. 1881, Nr. 16).

Dieser Standpunkt erlaubte dem Gericht, fast jede testamentarische Anordnung anzuerkennen, die nicht ausdrücklich vom Gesetz untersagt war. Der Senat ging sogar so weit zu erklären, Fälle, in denen die Handlungsfreiheit des Testators eingeschränkt sei, bildeten Ausnahmen von dem allgemeinen Grundsatz, nach dem der Eigentümer ererbten Vermögens bei letztwilligen Verfügungen darüber freie Hand habe, und seien ausdrücklich im Gesetz bestimmt (Kass. 1875, Nr. 429). Solche Ausnahmen waren im Gesetz aber kaum genannt.[263] Die Testierfreiheit wurde damit als (von Ausnahmen durchbrochener) Grundsatz festgestellt.[264] In diesem Zusammenhang führte das Gericht in Kass. 1908, Nr. 77 aus, das Gesetz schränke, wie sich an den Art. 1010, 1011 und 1029 SZ X/1 erweise, den Willen des Testators in bezug auf Vermögensverfügungen von Todes wegen nicht ein, es verbiete auch grundsätzlich keine bedingten Zuwendungen, solange die Verfügungen nicht anderweitig gegen Bestimmungen verstießen.

261 Silvestri, Contrast, S. 15.

262 Der Text spricht vom »Besitzer« (vladelec), meint aber natürlich den Vermögensinhaber.

263 Wagner, Marriage, S. 352. Das Gericht nennt an dieser Stelle die Art. 1028, 1067 u. 1068 SZ X/1.

264 Vgl. Wagner, Marriage, S. 355.

Da der Senat eine Gesamtrechtsnachfolge aufgrund Testaments ablehnte, konnte der Fall eintreten, daß Vermögensgegenstände, über die nicht ausdrücklich verfügt worden war, den Intestaterben zufielen. Wie unklar die Rechtslage war, zeigt sich in Kass. 1870, Nr. 917. Hier war die Sankt Petersburger Sudebnaja Palata als Vorinstanz von einer Gesamtrechtsnachfolge ausgegangen. Demgegenüber stellte der Senat in aller Deutlichkeit heraus, ein Testament enthalte Verfügungen über Vermögen, aber *nicht* die Bestimmung eines Erben. In der Tat schwieg das positive Recht zu der Frage nach der Rechtsstellung des im Testament Begünstigten.

bb.) Die Erbenhaftung

Daß die Senatsrechtsprechung keinen konsequenten Standpunkt befolgte, erweist sich mit Rücksicht auf das Recht der Erbenhaftung. Die Haftung für die Nachlaßverbindlichkeiten war im Gesetz nur für Intestaterben geregelt,[265] nicht aber, wie gesehen, für den im Testament Begünstigten.[266] Allerdings behandelt der Senat den im Testament Begünstigten in *diesem* Zusammenhang sehr wohl als Erben, um nämlich die Interessen der Gläubiger zu wahren. In Kass. 1868, Nr. 777 erklärt das Gericht: »Wer testamentarisch Vermögen zugewiesen bekommt, erlangt dieses als Erbe des Testators. Mit der Wahrnehmung des Erbrechts übernimmt der Erbe, der Eigentümer des Vermögens aus dem Nachlaß geworden ist, gleichzeitig die Haftung für die Verbindlichkeiten, die seinem Anteil am Nachlaß entsprechen, und ist, falls dieser nicht ausreicht, sogar mit seinem eigenen Vermögen verantwortlich.« Auch in der Folge behandelte der Senat den durch Testament Begünstigten *mit Rücksicht auf seine Haftung* wie einen Erben.[267]

Instrumente zur Beschränkung der Haftung auf den Nachlaß, wie sie das römische und das deutsche Recht kannten, standen dabei nicht zur Verfügung. Vielmehr kam es zur Vermischung des Nachlasses mit dem Vermögen des Erben und infolgedessen zur unbegrenzten Haftung des letzteren für die Schulden des Erblassers auch mit seinem Eigenvermögen.[268] Der Senat erklärte ausdrücklich

265 Art. 1259 SZ X/1; eine entsprechende Bestimmung hatte auch das Sobornoe Uloženie in Kap. X Art. 245 gekannt.

266 Vgl. oben S. 484.

267 Vgl. Wagner, Marriage, S. 354.

268 In seiner Anmerkung zu Kass. 1914, Nr. 40 in der Beilage zum Vestnik Prava S. 118-119 (119) vergleicht Rozenbljum diesen Standpunkt des Senats mit den Bestimmungen anderer Rechte: »Bekanntlich kennt der Svod Zakonov Graždanskij weder das römische Institut der Absonderung der Nachlaßmasse vom Vermögen des Erben (*separatio bonorum*) mit der Beschränkung der Gläubiger des Erblassers, die das *beneficium separationis* genutzt haben (vospol'sovavšichsja), darauf, nur aus dem Nachlaß Befriedigung zu erlangen (Dernburg, Pandekten, Bd. 3, § 170), noch das deutsche System der Festsetzung einer Pflegschaft (popečitelstvo) über den Nachlaß (Nachlaßverwaltung), durch das der Erbe für ererbte Schulden nur mit dem Nachlaß haftet (§ 1975). Für unser Gesetzbuch ist die Vermischung des Nachlasses mit dem Vermögen des Erben und die unbegrenzte Haftung

(Kass. 1878, Nr. 32), nach dem Sinn von Art. 1259 gehe auf den Erben zusammen mit dem Vermögen und den Rechten des Erblassers auch die Verpflichtung zur Bezahlung der von diesem herrührenden Schulden über, wobei die Schulden des Erblassers zu solchen des Erben werden, entsprechend wie das Vermögen des Erblassers. Der Erbe müsse für diese Schulden sogar mit seinem eigenen Vermögen einstehen, unabhängig von dem Wert, den er mit dem Nachlaß bekommen habe, folglich in gleichem Maße wie für seine persönlichen Schulden.

cc.) Die Unterscheidung zwischen Erben und Vermächtnisnehmer

Dieses Konzept, nach dem der Empfänger letztwillig zugewandten Vermögens in Ansehung der Haftung als Erbe behandelt wurde, konnte sich deswegen zunächst durchsetzen, weil das Gesetz den Begriff des Legats nicht kannte[269] und daher keine grundsätzliche Unterscheidung zwischen einem universellen Rechtsnachfolger und einem Empfänger bestimmter Vermögensgegenstände traf. Die Herausbildung der Begrifflichkeit mußte also erst die Wissenschaft leisten.[270] Der Senat erklärte 1879, bei der Anwendung des Art. 1259 über die Erbenhaftung sei zu beachten, daß es im Gesetz keine Unterscheidung zwischen Erben und Vermächtnisnehmer gebe.[271] Das Gericht allerdings bezeichnet den letzteren als »legatarij« und signalisiert mit dem Ausdruck die Einführung des Vermächtnisbegriffs. Dies erweist sich auch an einem Urteil von 1909, in dem sich das Gericht zur Unterscheidung der Kategorien von Bedingungen äußerte (Kass. 1909, Nr. 40): »Nach unseren Gesetzen sind gleichbedeutend die Erbschaft aufgrund Testaments und die Geldsummen (legaty – also Legate), welche der Erbe, der im Nachlaß bestimmtes Vermögen empfangen hat, nach dem Willen des Testators einer anderen Person (legatariju – dem Legatar) auszahlen muß.«[272] Der mangelnden Differenzierung im Gesetz zum Trotz wird hier immerhin begrifflich zwischen der Zuwendung des Nachlasses und der einer Geldforderung zulasten des Erben unterschieden.

des letzteren für die Schulden des Erblassers auch mit seinem Eigenvermögen kennzeichnend. Daher hat der Senat für lange Zeit jede Unterscheidung zwischen Schulden des Erblassers und persönlichen Schulden des Erben in Beziehung auf die Ordnung ihrer Befriedigung verworfen (Kass. 1878, Nr. 32, 1879, Nr. 294) und sich darauf berufen, daß das Gesetz diese Unterscheidung nicht kenne (Kass. 1880, Nr. 23)«.

269 Vgl. Guljaev, Obščie učenija, S. 402; Rosenberg, System, Sp. 606. Vgl. bereits Kass. 1879, Nr. 294 (s. oben).

270 Byčkova, Recepcija rimskogo prava, S. 191; vgl. auf Grundlage der Herausdifferenzierung der Begrifflichkeit Ginkul, O legatach (1912).

271 Vgl. Kass. 1879, Nr. 294. Hier wurde in aller Klarheit ausgesprochen, was in Kass. 1868, Nr. 619 u. 777 sowie Kass. 1877, Nr. 373 vorbereitet worden war.

272 Die »fideikommissarische« Pflicht des Begünstigten, das letztwillig zugewandte Vermögen zu einem späteren Zeitpunkt herauszugeben, hat der Senat nur in Ausnahmekonstellationen der Sache nach anerkannt. Vgl. Kass. 1879, Nr. 27 zur Auslegung einer testamentarischen Wiederverheiratungsklausel und Wagner, Civil Cassation Department, S. 53 f.

dd.) Erbschaftsantritt und Transmission

Nach Art. 1254f. SZ X/1 fällt die Erbschaft mit dem Erbfall dem Berufenen an, doch muß dieser, um dinglich an den Nachlaßgegenständen berechtigt zu werden, den Antritt vollziehen. Kass. 1914, Nr. 44 behandelt nun den Fall, daß der durch Testament Berufene verstorben war, ohne zuvor den Antritt vorgenommen zu haben. Hier stand in Frage, ob das Vermögen als Erbvermögen im Wege der gesetzlichen Erbfolge an den Erben des Berufenen gelange. Das Gericht stellte darauf ab, ob der Berufene es vor dem eigenen Tod lediglich nicht mehr geschafft habe, seinen Annahmewillen zu äußern. In diesem Fall sei der Nachlaß bei ihm zu Erbvermögen geworden, welches auf allgemeiner Grundlage auf seine Erben übergehen könne.

In seiner Anmerkung zu der Entscheidung schreibt Beljackin, die Entscheidung des Senats betreffe die sogenannte erbrechtliche Transmission (nasledstvennaja transmissija), also die Ordnung des Übergangs bei eröffneter, aber nicht angenommener Erbfolge. Beljackin meint, wo das geltende Recht den Vonselbsterwerb (nasledstvennaja sezina, also die frz. saisine) kenne, sei die Sache klar: Mit der Eröffnung der Erbfolge gebe es bereits einen wirklichen Erben, der das Vermögen seinerseits weiter vererben könne. In Rußland sei dies aber nicht der Fall. Insoweit sei es nur möglich, die entstandene Rechtsposition, soweit sie vermögensrechtlichen Charakter habe, als Gegenstand erbrechtlichen Erwerbs anzusehen. Damit gehe also das Recht zur Annahme und Ausschlagung auf die Erben über.[273] Mit dem Ziel, die Entscheidung dogmatisch einzuordnen und abzusichern, erörtert Beljackin das Recht der *transmissio*, also der Übertragung des Rechts des Berufenen. Das römische Recht hatte sie zunächst grundsätzlich nicht gekannt, weil das Recht der Erbschaftsannahme als höchstpersönlich galt: Es erlosch mit dem Tod seines Inhabers.[274] Nur für die gewaltunterworfenen Kinder existierte eine *transmissio* in der Form, daß sie das Erbe mit ihrer Berufung zur Erbfolge unmittelbar von ihrem *pater familias* erwarben (die später sog. *transmissio ex iure suitatis*). Die weitere Entwicklung führte zur Anerkennung zusätzlicher Fälle der Transmission. Beljackin weist nun darauf hin, daß weder der französische Code Civil noch der Svod Zakonov die Vorstellung von der Höchstpersönlichkeit des Antrittsrechts übernommen habe. Er meint, daraus ergebe sich konsequent, daß die erbrechtliche Transmission möglich sein müsse. Das russische Recht erkenne in weitem Umfang den erbrechtlichen Übergang der Vermögensrechte an, der bedingten und befristeten Vermögenspositionen und sogar manchmal persönlicher Rechte, wenn sie nur irgendein wirtschaftliches Element enthielten. Nur mit der Transmission, deren Möglichkeit sich aus Art. 1254 SZ X/1 ergebe, könne man zahlreiche Einzelbestimmungen befriedigend erklären. Insgesamt meint Beljackin, daß die Senatsentscheidung klar das Prinzip der erbrechtlichen Transmission bestätige.[275] Man wird im übrigen durchaus vermuten dürfen, daß der Senat, indem er darauf abstellte, ob der Berufene lediglich an der Äußerung seines An-

273 Beljackin, Anmerkung, S. 143f.

274 Vgl. Kaser, Das römische Privatrecht, Bd. 1, S. 723.

275 Beljackin, Anmerkung, S. 146.

trittswillens gehindert gewesen sei, das römische Recht im Blick hatte: Unter dieser Voraussetzung hatte auch der Prätor ausnahmsweise eine *transmissio* zugelassen, indem er dem Erben des Berufenen eine *in integrum restitutio* ermöglichte.[276]

3.) Die Bewertung der Rechtsprechung im Schrifttum

Im zeitgenössischen Schrifttum ist die Rechtsfortbildung des Senats einschließlich der Bedeutung, die dem Rückgriff auf das römische Recht zukam, anerkannt und grundsätzlich begrüßt worden. In einem Sitzungsbericht der Moskauer Juristischen Gesellschaft vom März 1891 wurde die Entwicklung der Kassationsentscheidungen, die zur dogmatischen Analyse der Gesetze beitrugen, als Fortschritt (progress) bezeichnet.[277] Im übrigen haben verschiedene Autoren nicht allein die Bedeutung des römischen Rechts für den Beitrag des Senats zur Fortentwicklung des Privatrechts anerkannt, sondern darüber hinaus weitere Assoziationen mit der römischen Rechtsfortbildung in der Antike hergestellt.

So verglich der Zivilrechtler Boris V. Čredin[278] die Bedeutung der Rechtsfortbildung durch die Ziviljustiz des Zarenreiches mit der historischen Fortentwicklung des römischen Rechts auf Grundlage des Zwölftafelgesetzes. Obwohl dieses Gesetz durch Unvollständigkeit und fragmentarischen Charakter gekennzeichnet gewesen sei – hier mag der Autor vergleichend Eigenschaften des Svod Zakonov vor Augen gehabt haben –, habe es doch zu einer Quelle des römischen Rechts noch in der klassischen Zeit werden können. An der Ausarbeitung neuer Rechtsnormen seien dann Juristen, Richter und Prätoren beteiligt gewesen. Eine ähnliche Entwicklung beobachtet Čredin auch in Rußland und Europa.[279]

Guljaev meint, die Bedeutung der Rechtsprechung unter Einfluß des römischen Rechts zusammenfassend, nach der Schaffung des Svod Zakonov sei es mit den Anfängen der wissenschaftlichen Jurisprudenz in Rußland zu einer Hinwendung der Zivilrechtler zum römischen Recht gekommen. Zahlreiche dogmatische Konzepte, die die Juristen aus dem Pandektenrecht entlehnen konnten, hätten dann über die universitäre Lehre Verbreitung gefunden und seien in die Praxis des Senats und damit in das angewandte Recht eingegangen.[280] Als Beispiele nennt Guljaev die Unterteilung der Rechte in dingliche und persönliche, den Begriff der *vis maior*, den Vertrag zugunsten Dritter, die *hereditas iacens*, die aufschiebende und die auflösende Bedingung, den *modus* sowie die Begriffe des treuhänderischen, des fiktiven und des simulierten Rechtsgeschäfts.[281] Er berichtet, alle diese Begriffe eines entwickelten Zivilrechts hätten im Gesetz keinen

276 Kaser, Das römische Privatrecht, Bd. 1, S. 723 mit Nachweisen.

277 Moskovskoe Juridičeskoe Obščestvo v 1891-92 g.. Zasedanie 18 marta 1891 goda, S. 505.

278 Boris Vasil'evič Čredin (1885-1928) unterrichtete seit 1914 Zivil- und Zivilprozeßrecht sowie Institutionen des römischen Rechts am Demidovschen Juristischen Lyzeum. Seit 1917 unterrichtete er an der Moskauer Staatsuniversität, später wieder in Jaroslavl'.

279 Čredin, Graždanskoe pravo i graždanskij sud, S. 8-10.

280 Guljaev, Obščie učenija, S. 333-409.

281 Guljaev, Sovremennye zadači, S. 127.

eindeutigen Niederschlag gefunden, so daß die Praxis im Hinblick auf Art. 9 und 10 ZPO genötigt gewesen sei, auf die in der Wissenschaft vorbereiteten Lösungen zuzugreifen.[282] Guljaev räumt offen ein, daß der Senat *neues Recht* schuf, indem er Rechtsfortbildung betrieb, wobei in zahlreichen Fällen römisches Recht zur Grundlage neuer Konzepte wurde.[283] Er stellt daher seinem Aufsatz »Allgemeine Lehren des Systems des bürgerlichen Rechts [...]« als Motto die Feststellung Ulpians (16 *ad edictum* D. 1,3,9) voran: *Non ambigitur senatum ius facere posse*. Die kategorische Feststellung hatte für das antike Recht darauf reagiert, daß *senatusconsulta* noch im frühen klassischen Recht keineswegs derselben Rechtsschicht angehört hatten wie das zivile *ius*, und erst Gaius, *inst.* 1,1 im zweiten Jahrhundert die Gleichstellung belegt. Entsprechend nimmt Guljaev mit dem Zitat darauf Rücksicht, daß die Schaffung neuen Rechts durch den Senat durchaus hätte in Zweifel gezogen werden können. Auch er selbst neigte, wie gesehen, dazu, die Konzentration auf die heimische Gesetzgebung anzumahnen.[284]

Diesen Standpunkt vertrat nicht nur der mit Rücksicht auf die Rechtsentwicklung vergleichsweise konservativ eingestellte Guljaev. Entsprechendes forderte vielmehr auch der eher progressive Tal'. Er meinte, der Senat schaffe gelegentlich zu frei neue Rechtsbegriffe, die überhaupt kein Vorbild im russischen Recht hätten.[285] Tal' vermißte eine hinreichend kritische Einstellung gegenüber fremden rechtlichen Konstrukten. Es sei z. B. nicht überzeugend, wenn der Senat vielen Berechtigten die Instrumente des Besitzschutzes vorenthalte, indem er die römische Unterscheidung zwischen *possessio* und *detentio* eingeführt habe. Auch habe das Gericht ohne zureichenden Grund eine zivilrechtliche Lehre übernommen, nach der ein Dritter, zu dessen Gunsten ein Vertrag abgeschlossen wurde, seiner Rechte verlustig gehen kann, bevor er sein Einverständnis erklärte.[286] Kritik übt Tal' auch daran, daß der Senat im Widerspruch zu Art. 698 SZ X/1, nach dem nicht nur natürliche Personen, sondern auch Personen- und Kapitalgesellschaften sowie andere Institutionen Vermögen innehaben können, die Konstruktion einer »juristischen Person« heranzieht. Er bemängelt schließlich die Bereitschaft des Senats, die Gesellschaft, also eine vertragliche Verbindung zwischen natürlichen Personen, als juristische Person zu qualifizieren.[287]

Morduchai-Boltovskoj meint, daß die Kassationsentscheidungen, in denen der Senat offene Rechtsfragen klärt, insoweit dem Wesen nach den Gutachten römischer Juristen (*responsa prudentium*) ähnelten, als sie sowohl zur Auslegung des geltenden Gesetzes beitrügen als auch die wissenschaftliche Durchbildung des geltenden Rechts beförderten, so daß sie verbindlich seien *non ratione imperii sed*

282 Guljaev, Sovremennye zadači, S. 126 f.
283 Guljaev, Obščie učenija, S. 333-409.
284 S. oben S. 396.
285 Vgl. Rudokvas/Kartsov, The Development, S. 325.
286 S. oben S. 505 f.
287 Lev Semënovič Tal', Sudebnye Ustavy i graždanskoe pravo, in: Vestnik Prava 50 (1914), S. 1485-1490, referiert bei Rudokvas/Kartsov, The Development, S. 326.

rationis imperio. In dieser Hinsicht seien jene Auslegungen, die in der juristischen Literatur vorbereitet worden waren und nun in der Rechtsprechung aufgegriffen wurden, oftmals wichtiger geworden als die trocken-formalen Kassationsentscheidungen selbst. Der Autor meint, es herrsche die Überzeugung, daß sich das russische Zivilrecht nur fortentwickeln werde, wenn auch der Senat dazu rechtsfortbildend beitrage und die Wissenschaft dies berücksichtige.[288]

Auch in der Rückschau auf die Rechtsentwicklung im Zarenreich ist die Bedeutung der Rechtsfortbildung durch den Senat überwiegend anerkannt worden. Im Urteil der marxistischen Rechtswissenschaft, der im allgemeinen daran gelegen war, die Fortbildung des zaristischen Rechts als nicht zukunftsträchtig und durch den revolutionären Umsturz grundsätzlich überwunden darzustellen, mußte sich die historische Leistung des Senats freilich als unbedeutend ausnehmen. Stučka etwa hat hier nur aussichtslose Versuche der Richter sehen wollen, das Recht »in der Art von Prätoren« weiterzubilden, um die drohende Revolution abzuwenden.[289]

Die jüngere, von diesen ideologischen Verstehensvoraussetzungen freie Forschung ist demgegenüber zu Bewertungen gelangt, die dem historischen Stellenwert der Senatsrechtsprechung gerechter werden dürften. So erkennt Letjaev an, daß es die Senatspraxis gewesen sei, durch die letztlich der Schritt von der wissenschaftlichen Ausarbeitung zeitgemäßer juristischer Konzepte zu deren Einführung in das geltende Recht erfolgte. Er weist auf die wichtige Rolle hin, die gerade das römische Recht als Grundlage europäischer Gesetzgebung in jenem Prozeß der Rechtsvereinheitlichung, der im Zarenreich des 19. Jahrhunderts betrieben wurde, gespielt hat.[290]

Wieacker, der sich mit Rußland nur am Rande beschäftigt hat,[291] meint, die in der europäischen Rechtsentwicklung gelegenen Tendenzen zur staatlichen Rationalisierung des Rechts hätten sich im Zarenreich bis zum Ende des Jahrhunderts – jedenfalls außerhalb der politischen Justiz – vollständig durchgesetzt.[292] Sicherlich hat unter den staatlichen Stellen der Senat mit seiner Rechtsprechung diese Tendenz besonders weitgehend gefördert, und Wieackers Ansicht ist insoweit zutreffend, als immerhin die höchstgerichtliche Rechtsprechung – man wird diese Feststellung nicht uneingeschränkt auf die Instanz- und Friedensgerichte übertragen können – Anwendung und Fortbildung des Rechts auf wissenschaftliche Weise betrieb.

288 Morduchai-Boltovskoj, Mysli po povodu dvuch voprosov, S. 97. Vgl. zustimmend Rudokvas/Kartsov, The Development, S. 327.

289 Stučka, Die revolutionäre Rolle, S. 145.

290 Letjaev, Recepcija rimskogo prava, S. 53.

291 Gleichwohl hat Wieacker die wirkungsmächtige Ausstrahlung der deutschen Rechtswissenschaft seit Beginn des 19. Jahrhunderts selbstverständlich auch für Rußland anerkannt; vgl. sein Vorlesungsmanuskript »Hauptströmungen der Rechtswissenschaft seit 1800«, S. 5.

292 Wieacker, Privatrechtsgeschichte, S. 507.

Kapitel 16: Römisches Recht in den Kodifikationsarbeiten an der Wende zum 20. Jahrhundert

Bei der Untersuchung der in den letzten Jahrzehnten des Zarenreiches betriebenen Kodifikationsarbeiten ist es nur noch mit Einschränkungen möglich, »römisches Recht« neben dem Recht west- und mitteleuropäischer Staaten als eigenständigen Faktor der Rechtsentwicklung im Zarenreich zu isolieren. Denn die Arbeiten an der Vorbereitung eines russischen Bürgerlichen Gesetzbuchs orientierten sich sehr bald an Gesetzen und Gesetzentwürfen des Auslands, insbesondere Deutschlands. So rezipierte man etwa bestimmte Regelungen des deutschen BGB als solche, auch wenn hinter diesen vielfach, wie selbstverständlich klar zutage lag, römisches Recht stand. Unter dem genannten Vorbehalt soll das Erkenntnisinteresse der Arbeit auch in diesem Zusammenhang noch verfolgt werden, weil mit »römischem Recht« auch im Rahmen der Arbeiten an den Entwürfen nicht selten noch argumentiert wird. In der Wahrnehmung der Beteiligten stand, wie die Ausdrucksweise dokumentiert, nicht die Ablösung des römischen Rechts durch das des BGB, sondern die Kontinuität der romanistischen Tradition im Vordergrund.

I.) Der Hintergrund des Modernisierungsbedarfs im Privatrecht

Im letzten Viertel des 19. Jahrhunderts wurde der Modernisierungsdruck auf dem Gebiet des Privatrechts so stark, daß Arbeiten an einer modernen Privatrechtskodifikation in Angriff genommen wurden, welche – im Unterschied zu den Vorgaben, die für die zahlreichen früheren Gesetzgebungskommissionen bestanden hatten – nun erstmals neues und der russischen Tradition bislang fremdes Recht aufnehmen sollte. Die Gründe dafür sind vielfältig. Die Vorbereitungen zu einer zeitgemäßen Zivilrechtskodifikation für das Zarenreich wurden nicht allein unter dem Eindruck aufgenommen, daß eine hochentwickelte Zivilrechtswissenschaft über die höchstrichterliche Rechtsprechung das geltende Recht so sehr weiterentwickelt hatte, daß die Distanz zur Gesetzeslage den Eindruck der Rückständigkeit derselben verstärkt hatte und ein großer Teil der Zivilrechtswissenschaftler des Zarenreichs den Svod Zakonov ablehnte.[1] Wichtiger noch war, daß der Reformbedarf im Privatrecht auf der Veränderung der tatsächlichen und rechtlichen Rahmenbedingungen für das Leben der Landbevölkerung beruhte, also des größten Teils der Angehörigen des Zarenreichs. Unter der Herrschaft des Svod Zakonov waren diese Menschen auch noch nach der Aufhebung der Leibeigenschaft (1861) aufgrund gesetzlicher Beschränkungen ihrer Privatrechtsstellung, Anerkennung abweichenden Gewohnheitsrechts sowie ineffizienter Verwirklichung des

1 Slystschenkow, Der Entwurf, S. 194.

Rechts in ländlichen Gebieten nicht zu gleichrangigen Privatrechtssubjekten geworden. Der Gesetzgeber stand nun vor der Aufgabe, ein neues Zivilrecht zu schaffen, das auch den Interessen und Bedürfnissen der bäuerlichen Landbevölkerung Rechnung tragen sollte.[2] Der Reformdruck ergab sich schließlich aus einem tiefgreifenden Strukturwandel in der russischen Wirtschaft. Hier erweist sich eine scheinbar widersprüchliche Entwicklung. Bis in die zweite Hälfte des Jahrhunderts hinein war Rußland ein weitgehend durch bäuerliche Lebensverhältnisse geprägter Staat, dessen wirtschaftlicher Entwicklungsstand hinter dem Westeuropas zurückgeblieben war.[3] Seine mangelnde Leistungsfähigkeit wurde durch die Niederlage im Krimkrieg 1856 nicht nur der Weltöffentlichkeit, sondern vor allem in schockierender Weise der russischen Bevölkerung vor Augen geführt. Es fehlte an Industrie und an modernen Verkehrswegen, mit denen die großen Entfernungen innerhalb des Reiches schnell und unabhängig von der Jahreszeit hätten überwunden werden können. Beides hätte eine Konzentration von Kapital erfordert. Kapitalgesellschaften aber, die diese Entwicklung hätten vorantreiben können, etablierten sich erst allmählich in der zweiten Hälfte des 19. Jahrhunderts. Lange Zeit hatten die rechtlichen Rahmenbedingungen für die notwendige Bündelung von Investitionen nicht bestanden, weil Bankwesen und Kreditwirtschaft unterentwickelt waren, das Vertrags- und Sachenrecht im Svod Zakonov unbefriedigend geregelt war, die Institute des Gesellschaftsrechts überhaupt erst geschaffen werden mußten und schließlich potentielle Geldgeber aus dem In- und Ausland keine hinreichende Absicherung gegenüber staatlichen Maßnahmen sahen, die in die Strukturen der privaten Wirtschaftsorganisation eingreifen und Investitionen dadurch gefährden konnten.[4]

Obgleich der Mangel an modernen rechtlichen Rahmenbedingungen der wirtschaftlichen Entwicklung ernsthafte Hinternisse bereitete, konnte der Rückstand innerhalb weniger Jahrzehnte teilweise ausgeglichen werden. Nachdem das Trauma des Krimkriegs die Regierung Alexanders II. zu wirtschaftsfördernden Maßnahmen veranlaßt hatte, zeichnete sich eine längerfristige ökonomische Aufwärtsentwicklung ab, die, teilweise erst durch die Reformgesetze der 1860er Jahre ermöglicht,[5] um die Wende zum 20. Jahrhundert in einen überaus dynamischen Aufschwung mündete.[6] Dieser führte das Reich 1913 zum höchsten Entwicklungsstand seiner Geschichte. Mit Recht hat der englische Historiker Peter Gatrell die Vorstellung zurückgewiesen, die Wirtschaft des Zarenreiches sei in den letzten Jahrzehnten vor der Revolution noch grundsätzlich rückständig gewe-

2 Slonimskij, K voprosu, S. 783 u. 789.

3 Vgl. Reich, Art. Rußland, S. 2282.

4 Goehrke, Russland, S. 124f.

5 Anners, Istorija evropejskogo prava, S. 363.

6 Vgl. Barel, Le développement économique, S. 149ff. (198): »Après 1890, l'allure de l'industrialisation s'accélère brusquement«.

sen.[7] Rußland erlebte vielmehr ein Wirtschaftswunder.[8] Kein anderes Land konnte zwischen 1897 und 1913 so hohe Zuwachsraten in so vielen ökonomischen Sektoren aufweisen. Der steigende Abbau von Bodenschätzen und die Investition in neue Produktionsanlagen ließen das Zarenreich um 1913 über die weltweit fünftgrößte Industriekapazität verfügen. Die Kohlegewinnung stieg zwischen 1909 und 1913 um ein Drittel, Erzgewinnung und Stahlproduktion konnten sogar fast verdoppelt werden. Wichtigste Erwerbsquelle blieb die Landwirtschaft. Ihre Erträge, die durch die Einbeziehung bisher ungenutzter Gebiete ständig stiegen, übertrafen bald diejenigen anderer Agrarerzeugnisse exportierender Länder wie Argentinien, Kanada und die U.S.A. bei weitem.[9] Auch diese Entwicklung wurde teilweise durch Großinvestitionen begünstigt, insbesondere durch den Ausbau des Eisenbahnnetzes. Der wirtschaftliche Aufschwung führte zu einer starken Zunahme des privaten Kapitalvermögens und mittelbar zu einem Anstieg der Staatseinnahmen.[10] Dies wiederum ermöglichte umfangreiche Investitionen in kulturelle Entwicklung und technische Neuerungen. Der Ausbau des Bildungswesens ließ die Analphabetenquote zurückgehen.[11] Dabei nahm die Bevölkerung des Reiches stark zu. Sie wuchs zwischen 1880 und 1910 etwa von 74 auf 164 Millionen Menschen.[12] Während man diese Entwicklung in Deutschland nicht in ihrer vollen Tragweite wahrnahm,[13] wurde sie in Frankreich aufmerksam verfolgt. Der französische Ökonom Edmond Théry äußerte 1914 die Erwartung, Rußland werde, wenn sich die Dinge in den großen europäischen Nationen

7 Gatrell, The Tsarist Economy, S. 231.

8 Die Resultate umfänglicher statistischer Erhebungen aus dem Jahr 1913 sind unlängst von der Rußländischen Akademie der Wissenschaften und dem Institut für Rußländische Geschichte in einem umfangreichen »statistisch-dokumentarischen Handbuch« erneut vorgelegt worden: Korelin u. a. (Red.), Rossija: 1913 god, hier zitiert nach S. 3 u. 27 f. Vgl. Ingold, Der große Bruch, S. 12, 21 u. 34. Zum wirtschaftlichen Aufschwung am Ende des Zarenreiches vgl. Hosking, Rußland, S. 371 ff.

9 Für Zahlenangaben vgl. neben Korelin aaO. noch Tèri, Rossija v 1914 g. Ekonomičeskij obzor, S. 12 f., 157 u. passim; Gatrell, The Tsarist Economy, S. 98 ff. (Landwirtschaft), 141 ff. (industrielle Produktivität), 188 ff. (Kapital und Investitionen); Ingold, Der große Bruch, S. 31.

10 Zur Entwicklung des Staatsbudgets seit dem Ende des 17. bis zum Beginn des 20. Jahrhunderts vgl. Platonova, Le budget de l'État, S. 505-536.

11 Vgl. Troyat, Nikolaus II., S. 217 f.

12 Ch. Schmidt, Russische Geschichte, S. 85; vgl. Osterhammel, Die Verwandlung der Welt, S. 186 mit Nachweisen.

13 Dieser Umstand bildete den Hintergrund dafür, daß die Streitkräfte des Zarenreiches bei Ausbruch des 1. Weltkriegs keineswegs, wie vom deutschen Oberkommando erwartet, mehrere Wochen zur Mobilisierung benötigen und der deutschen Seite damit zunächst eine Konzentration auf die Westfront erlaubten, sondern daß sie vielmehr unmittelbar nach Kriegsbeginn in Ostpreußen einmarschieren konnten. Für die allgemeine Beobachtung einer in Deutschland unangemessen geringen Wahrnehmung der Entwicklung Rußlands um die Wende zum 20. Jahrhundert vgl. Delbrück, Russisch-Polen, S. 104-106. In dieser Abhandlung von 1899 meinte der Historiker, wenn künftig irgendein Anstoß zur Veränderung der Welt erfolge, dann könne dieser »nur von Rußland ausgehen« (S. 106).

zwischen 1912 und 1950 weiterhin so entwickelten wie in den Jahren 1900 bis 1912, Europa um die Jahrhundertmitte politisch, wirtschaftlich und finanziell dominieren.[14]

Daß sich trotz der ungünstigen rechtlichen Rahmenbedingungen im letzten Viertel des 19. Jahrhunderts eine zunehmende Investitionsbereitschaft einstellte und damit den wirtschaftlichen Aufschwung ermöglichte, wird auf mehrere Gründe zurückzuführen sein. Hier wirkten sich nicht nur die ständig wachsenden Ertragsaussichten aus, die sich in dem Riesenreich im Hinblick auf Bereiche wie landwirtschaftliche Erzeugnisse, Bodenschätze und Asienhandel ergaben. Auch aus politischen Gründen floß Geld ins Land. Insbesondere strebte Frankreich danach, seine in den 1890er Jahren begründete strategische Allianz mit dem Zarenreich gegenüber Deutschland durch die Finanzierung der russischen Industrialisierung aufzuwerten, und beförderte den Zufluß französischen Kapitals nach Rußland.[15] Wahrscheinlich aber wurde der Aufschwung zumindest auch dadurch begünstigt, daß die Reformgesetze der 1860er Jahre und die Rechtsprechung der Kassationsabteilung des Dirigierenden Senats den Eindruck vermittelten, daß sich allmählich eine Privatrechtsordnung etablierte, mit Institutionen, die sich in anderen europäischen Rechten bewährt hatten, und – nach den Justizreformen – mit einer jedenfalls theoretischen Gewährleistung von Rechtsschutz. So mochte ein investitionsfreundliches Klima herrschen.

In vieler Hinsicht aber hatte die Rechtsentwicklung mit dem wirtschaftlichen Aufschwung kaum Schritt halten können. Zwar war das Privat- und Wirtschaftsrecht durch Einzelgesetze und Senatsrechtsprechung um verschiedene moderne Institutionen ergänzt worden, doch fehlte es an einer Systematisierung des positiven Rechts. Bereits 1869 war eine Kommission eingerichtet worden, die einen Entwurf über ein modernes Recht der Verträge und Obligationen entwickeln sollte. Die Bemühungen dieser Kommission blieben allerdings erfolglos. Pachman hat als Grund des Scheiterns die Schwierigkeit benannt, nur einen Teil des Zivilrechts zu überarbeiten, ohne die anderen Bereiche der Zivilgesetzgebung einzubeziehen.[16] Angesichts dieser Erkenntnis wurden 1882 erneut Arbeiten an einer umfassenden privatrechtlichen Kodifikation eingeleitet.[17]

II.) Die Kodifikationsarbeiten seit 1882 und ihre Ergebnisse

Die Frage, ob eine Modernisierung des Rechts richtigerweise im Wege der Schaffung eines neuen Bürgerlichen Gesetzbuchs (Graždanskoe Uloženie) zu betreiben sei, wurde auch in dieser Zeit durchaus kontrovers diskutiert. Angeregt durch

14 Tëri, Rossija v 1914 g. Ekonomičeskij obzor, S. 13.

15 Eine Schlüsselrolle spielte hier der seit 1879 als erste ausländische Bank in Rußland engagierte Crédit Lyonnais.

16 Siehe dazu Rozenberg, Art. Uloženie graždanskoe, S. 692-694.

17 Meduševskij, Proekt graždanskogo uloženija, S. 155.

Savignys insbesondere im »Beruf« vertretenen Standpunkt traten einige Juristen dafür ein, daß zunächst eine umfassende wissenschaftliche Erschließung des russischen Zivilrechts stattfinden müsse. Ein künftiges Gesetzbuch solle dann auf »induktivem« Wege aus dem tradierten Recht gewonnen werden und nicht im Wege einer Übertragung von Prinzipien aus fremden Rechtsordnungen. So erklärte 1875 Vasilij N. Leškov, Professor für Staatliche Gesetze in Moskau, das Zivilrecht sei in besonderem Maße national, weil es mit allen Lebensbereichen eines Volkes eng verbunden sei.[18] Es müsse daher als lebendiger Ausdruck der gestalterischen Tätigkeit einer jeden Nation auf dem Gebiet des Rechts aufgefaßt werden.[19] Als lehrreiches Beispiel für die Bedeutung dieses Zusammenhangs könne Rom dienen, wo die Rechtsordnung solange unerschütterlich geblieben sei, wie sie national blieb, bis später zersetzende und schwächende Elemente darin Aufnahme gefunden hätten.[20] Wenn sich das Interesse an einer Privatrechtskodifikation gleichwohl durchsetzte, ließen die entsprechenden Bemühungen das zweite Hauptproblem, die Gewährleistung des Schutzes der privatautonomen Rechtsgestaltung gegenüber staatlichen Eingriffen, unberührt. Diese Grundfrage des Rechts war selbstverständlich Gegenstand der rechtspolitischen Diskussion geblieben. Hier vertrat Leškov den Standpunkt, das Privatrecht könne überhaupt nur insoweit Recht genannt werden, als seine Grundlage der Wille des einzelnen sei. Anders als andere Rechte, wie etwa das Strafrecht, sei es durch Subjektivität charakterisiert, und sein »Banner« sei die Freiheit.[21] Die Durchsetzung dieses Privatrechtsverständnisses und damit die Schaffung eines an diesen Vorstellungen ausgerichteten Privatrechts blieb allerdings angesichts des Konflikts mit dem Grundsatz der »Selbstherrschaft« des Zaren kaum möglich.[22] Als nun Alexander III. 1882 eine »Allerhöchst eingesetzte Redaktionskommission zur Abfassung eines Bürgerlichen Gesetzbuches« ins Leben rief, war die Entscheidung zugunsten einer sofortigen Aufnahme umfassender privatrechtlicher Gesetzgebungsarbeiten gefallen, ohne daß allerdings eine Lösung des Problems der verfassungsrechtlichen Gewährleistung des Privatrechts angestrebt worden wäre.[23] Die Tätigkeit der

18 Über Vasilij Nikolaevič Leškov (1810-1881) vgl. Šilochvost, Russkie civilisty, S. 94f.

19 Zasedanie sezda russkich juristov v Moskve 6 ijunja 1875 goda, S. 19; vgl. ferner Leškov, Neskol'ko slov, S. 2. Dazu Slystschenkow, Der Entwurf, S. 195; ferner Kalačov, Programma razrabotki načal, S. 3-13.

20 Zasedanie sezda russkich juristov v Moskve 6 ijunja 1875 goda, S. 19.

21 Zasedanie sezda russkich juristov v Moskve 6 ijunja 1875 goda, S. 19.

22 Für das spätere Eintreten Szerszeniewicz' zugunsten einer Verselbständigung des Privatrechts vgl. oben S. 320f.

23 Vgl. die Pribavlenie k proektu Graždanskogo Uloženija, S. 4f. Zum Ablauf der Redaktionsarbeiten und allgemeinen Merkmalen der Entwürfe vgl. Budkevič, Graždanskoe Uloženie (1905); Slonimskij, K voprosu, S. 781-797; dens., Novoe graždanskoe uloženie, S. 248-264; Vinaver, Obščaja čast', S. 91-125; Gorodyskij, Zamečanija, Nr. 4, S. 226-261 u. Nr. 5, S. 234-258; Val'ter, O položenii rabot, S. 293-305; Gorin, O kodifikacii, S. 57-64 (aus marxistischer Perspektive); ausführlich aus moderner Sicht Slyščenkov, Proekt Graždanskogo uloženija, S. 92ff.; ders., Der Entwurf, S. 189-201; Meduševskij, Pravovoj dualizm, S. 184; Reich, Art. Rußland, S. 2295; Neubecker, Der Entwurf, S. 200-203. Kritische Bemerkungen W. v. Seelers

Kommission dauerte bis zum Ausbruch des Ersten Weltkriegs an. In territorialer Hinsicht sollte sich der Geltungsbereich des zukünftigen bürgerlichen Rechts auf den größten Teil des Reiches ausdehnen, doch sollte es in Polen und in den baltischen Provinzen, die über eigene Zivilgesetze verfügten, nur hilfsweise zur Anwendung kommen.

Die Kommissionsarbeiten sind insoweit letztlich gescheitert, als das Ziel einer Privatrechtskodifikation für das Zarenreich nicht erreicht wurde. Um sie und ihre Ergebnisse angemessen zu bewerten, muß man sich allerdings vor dem hüten, was Jacob Burckhardt »retrospektive Ungeduld« genannt hat:[24] Das Wissen der Späteren darum, worauf die historische Entwicklung hinauslief, verleitet leicht dazu, mit Ungeduld alles nur noch auf dieses Ziel hinauslaufen zu sehen und manches, was in diese Fluchtlinie nicht hineinpaßt, als »eigentlich schon damals unmöglich« abzutun. Diese teleologische, vom historischen Resultat her erfolgende Beurteilung verzerrt jedoch die Perspektive und verstellt den Blick auf die Bedeutung und die Qualität der von der Kommission vorgelegten Reformentwürfe. Diese müssen vielmehr unabhängig davon bewertet werden, daß sie aufgrund von Krieg und Revolution nicht mehr in Kraft treten konnten.[25]

Die Kommission umfaßte zahlreiche hochrangige und wissenschaftlich profilierte Juristen.[26] Mitglieder waren u. a. die Senatoren Semën V. Pachman und Nikolai v. Tuhr[27] sowie die Geheimen Staatsräte Kronid I. Malyšev und Andrej F. Povorinskij.[28] An den Kommissionsarbeiten waren zudem weitere Juristen beteiligt, ohne Kommissionsmitglieder zu sein, unter ihnen z. B. Leon Petrażycki.[29]

(Der Entwurf, 1911) werden ihrerseits erörtert in der Rezensionsabhandlung von Gojchbarg, Nemeckij trud o našem proekte graždanskogo uloženija, Sp. 558-565.

24 Burckhardt, Weltgeschichtliche Betrachtungen, S. 528.

25 Als in dieser Beziehung vorbildlich darf die Darstellung des Sozialhistorikers Felix Philipp Ingold über die russische Kultur des Jahres 1913 gelten, die die Wahrnehmung des Gegenstandes von der Rücksicht auf den unmittelbar bevorstehenden Untergang zu trennen sucht (Der große Bruch, 2000).

26 Meduševskij, Proekt graždanskogo uloženija, S. 156.

27 N. v. Tuhr war zunächst beauftragt worden, einen eigenständigen Entwurf eines Handelsgesetzbuchs zu entwerfen. Die Kommission stand einer dualistischen Lösung der Kodifikationsfrage allerdings ablehnend gegenüber. Zu dem geplanten Handelsrechtsentwurf kam es daher in der Folge nicht. Vgl. Tille, Die Kodifikation, S. 7. Das Handelsrecht des Svod Zakonov XI/2 wurde in Übersetzung herausgegeben von Zwingmann (1889).

28 Reich, Art. Rußland, S. 2322; vgl. Budkevič, Graždanskoe Uloženie, S. 44. Zu den Genannten vgl. Šilochvost, Russkie civilisty, S. 98 f. (Malyšev), S. 120 f. (Pachman) und S. 127 (Povorinskij).

29 Der Kommission gehörten zwischen 1882 bis 1902 als Mitglieder an: A. A. Knirim, S. I. Luk'janov, S. V. Pachman, I. Ja. Golubev, A. A. Saburov, V. I. Golevinskij, P. A. Mullov, A. K. Richter, I. I. Karnickij, K. I. Malyšev, P. A. Jurenev, A. F. Povorinskij, Ė. Ė. Pirvic, N. v. Tuhr, V. S. Sadovskij, A. I. Lykošin. Weitere Mitarbeiter waren: V. F. Gel'bke, V. A. Gedrimovič, S. V. Ilimov, V. V. Ilimov, A. O. Rennenkampf, L. V. Gantover, K. P. Zmirlov, V. F. Muchin, I. E. Il'jašenko, M. P. Šafir, F. A. Val'ter, V. Ė. Grevs, N. A. Kremlev. Zur Teilnahme an den Arbeiten wurden ferner aufgefordert: E. G. Šajkevič, A. A. Brandt, V. P. Šejn, A. A. Kvačevskij, M. V. Andreevskij, L. Petrażycki. Vgl. Rozenberg, Art. Uloženie graždanskoe, S. 693. Unter den Spezialisten, deren Beiträge die Kommission im Rahmen

Zwischen 1899 und 1903 entstanden fünf Teilentwürfe für ein Russisches Bürgerliches Gesetzbuch: zunächst 1899 das Obligationenrecht (objazatel'stvennoe pravo),[30] dann 1902 Familienrecht (semejstvennoe pravo) und Sachenrecht (votčinnoe pravo), schließlich 1903 Erbrecht (nasledstvennoe pravo) und Allgemeine Bestimmungen (položenija obščie). Nach einer erneuten redaktionellen Durchsicht konnte die Kommission die verschiedenen Teile als Sammelentwurf 1905 vorlegen. Wir können hierbei für das Obligationenrecht bereits vom »Zweiten Entwurf« sprechen. Der in Anlehnung an das Pandektensystem gegliederte Sammelentwurf umfaßt 2640 Artikel.[31] Im übrigen unterscheidet sich der Entwurf vom deutschen Bürgerlichen Gesetzbuch im Hinblick auf den enthaltenen Stoff nicht nur dadurch, daß die Rechtsgebiete in abweichender Reihenfolge angeordnet sind (Allgemeiner Teil, Familien-, Erb-, Sachen- und Schuldrecht), sondern auch insoweit, als er handelsrechtliche Vorschriften enthält.[32]

Die revolutionären Ereignisse von 1905 bewirkten allerdings, daß die weitere Förderung des Kodifikationsprojekts gegenüber dringlicheren Angelegenheiten zurückgestellt wurde.[33] Da die politische Situation den Abschluß der Arbeiten am Gesamtentwurf in absehbarer Zeit nicht erwarten ließ, bot es sich an, wenigstens eine Teilkodifikation anzustreben.[34] Die Wahl fiel auf das Schuldrecht. Daß eine vorab erfolgende Kodifikation dieses Rechtsgebiets sinnvoll sein konnte, lehrte das Beispiel der Schweiz, wo 1883 ein selbständiges Obligationenrecht in Kraft getreten war.[35] Auch bedurfte dieses Rechtsgebiet am dringendsten der Reform.[36]

der zweiten Redaktion des Entwurfs heranzog, befand sich sogar Andreas v. Tuhr, inzwischen Professor in Straßburg; vgl. Pribavlenie k proektu Graždanskogo Uloženija, S. 61.

30 Der Entwurf eines Obligationenrechts von 1899 liegt in deutscher Übersetzung vor; N. v. Seeler (Hrsg.), Bürgerliches Gesetzbuch. Buch V. Das Recht der Forderungen (1900).

31 Eine Gesamtdarstellung des Sammelentwurfs von 1905 mit Übersetzung zahlreicher Vorschriften enthält W. v. Seeler, Der Entwurf (1911).

32 Vgl. W. v. Seeler, Der Entwurf, S. 9f. An der Zusammenführung der grundsätzlich verschiedenen Elemente des bürgerlichen Rechts und des Handelsrechts im E 1899 nahm der mit den Initialen D. L. zeichnende Kritiker Anstoß; Proekt graždanskogo uloženija, Sp. 1717.

33 Reich, Sozialismus und Zivilrecht, S. 77f. Vgl. X, Das römische Recht in Rußland, S. 77; Schultz, Russische Rechtsgeschichte, S. 222f.; Schlosser, Neuere Europäische Rechtsgeschichte, S. 332. Aus marxistischer Sicht wird die Vorstellung vertreten, der Entwurf habe »nicht mehr« den Erfordernissen der Zeit entsprochen. Dem liegt die Auffassung zugrunde, daß sich seit der Revolution von 1905 die Notwendigkeit, eine bürgerliche Rechtsordnung zu entwickeln, im Grunde erledigt habe. Vor diesem Hintergrund verwendet Tille, Die Kodifikation, S. 8 noch im Jahr 1989 das bedenkliche Bild vom »totgeborenen Kind«. Richtig dürfte immerhin sein, daß sich die Reform der Bodenordnung als so dringlich erwiesen hatte, daß man sie vor dem Abschluß der Kodifikationsarbeiten angehen mußte.

34 Hamza, Entstehung und Entwicklung, S. 533.

35 Vgl. Pokrovskij, Osnovnye problemy, S. 75.

36 Slystschenkow, Der Entwurf, S. 196. Text des Schuldrechtsentwurfs bei Gercenberg/Peterskij sowie in der Ausgabe: Graždanskoe uloženie. Kn. 5: Objazatel'stvennoe pravo, 1913. In diesem ausgegliederten Schuldrechtsentwurf beginnt die Artikelzählung mit 1, wo der

So war z. B. das Recht über den Abschluß des Vertrags, seine inhaltlichen Ausgestaltung, seine Erfüllung sowie seine sonstigen Erlöschensgründe bisher in nur wenigen Bestimmungen abgehandelt. Außerdem wurden mehrere wichtige Verträge, wie z. B. Fracht-, Versicherungs- und Kommissionsvertrag, sowie die ungerechtfertigte Bereicherung, Geschäftsführung ohne Auftrag und Inhaberpapiere in der geltenden Fassung des Gesetzes überhaupt nicht erwähnt.[37] Der neue Schuldrechtsentwurf enthielt nun als Frucht der Rechtsentwicklung der vorangegangenen Jahrzehnte besonders viele letztlich auf römisches Recht zurückgehende Rechtsinstitute, die dem Zivilrecht des Svod Zakonov völlig unbekannt gewesen waren. So mochte sich aufgrund der intensiven Bearbeitung des russischen Zivilrechts des ausgehenden 19. und beginnenden 20. Jahrhunderts auf Grundlage des römischen Rechts Aussicht auf praktische Resultate in den Gesetzgebungsarbeiten bieten.[38] Andererseits nahm sich der Teilentwurf unter den Bedingungen der nach 1905 einsetzenden Reaktion aus der Sicht ihrer Protagonisten als zu reformatorisch und zu wenig national aus. Von anderen Autoren wiederum wurde eingewandt, daß eine nur teilweise Modernisierung des Privatrechts dem Reformbedarf nicht würde gerecht werden können.[39] Schließlich waren die Bedenken, die gegenüber den 1869 begonnenen Arbeiten an einer Teilkodifikation des Obligationenrechts erhoben worden waren, in der Diskussion noch präsent.[40] Der Teilentwurf zum Schuldrecht wurde dann 1913 noch in die Duma eingebracht,[41] doch vereitelte der Ausbruch des Ersten Weltkrieges den Abschluß des Gesetzgebungsverfahrens.[42]

Zentrale Quellen des Entwurfs sind einerseits wichtigere jüngere Gesamtdarstellungen des russischen Zivilrechts sowie Lehrbücher des Pandektenrechts,

Text im Schuldrechtsentwurf von 1899 mit Art. 1, im Entwurf von 1903 ebenfalls mit Art. 1 und im Entwurf von 1905 mit Art. 1567 zu zählen begonnen hatte.

37 Vgl. Graždanskoe uloženie. Objazatel'stva 1899, Bd. 1, S. II und N. v. Seeler, Bürgerliches Gesetzbuch. Buch V., S. II.

38 Zu Unrecht meint Losano, Grandi sistemi, S. 138, der Abstand zwischen dem Pandektenrecht und dem geltenden russischen Recht sei zu groß gewesen, so daß es den Absolventen des Berliner Seminars nicht gelungen sei, einen Anknüpfungspunkt (punto d'aggancio) zu finden. Dies erweist sich spätestens an den praktischen Ergebnissen.

39 »Es versteht sich aber, daß das Land nicht Teilnovellen und Teilkodifikationen will, sondern ein vollständiges und umfassendes, nach den modernsten Prinzipien geschaffenes bürgerliches Gesetzbuch«; Pokrovskij, Osnovnye problemy, S. 77; vgl. Reich, Art. Rußland, S. 2297.

40 S. oben S. 524.

41 Vgl. Gercenberg/Pereterskij (Hrsg.), Objazatel'stvennoe pravo, Kniga V Graždanskogo Uloženija. Proekt, vnesennyj 14 Oktjabrja 1913 g. v Gosudarstvennuju Dumu, c predisloviem i predmetnym ukazatelem, S.-Peterburg 1914.

42 Hamza, Entstehung und Entwicklung, S. 533; Tille, Die Kodifikation, S. 8; Sacco, Romanist Substratum, S. 76. Einen Überblick über die Kodifikationsarbeiten bietet nun Slystschenkow, Der Entwurf, S. 189-201. Auch der Schuldrechtsentwurf wurde allerdings noch zum Gegenstand literarischer Diskussion; vgl. Vinaver, Proekt objazatel'stvennogo prava, S. 65-68.

andererseits die modernsten Kodifikationen der Zeit, also in erster Linie das deutsche BGB,[43] dessen Erarbeitung jahrelang parallel zu den russischen Kodifikationsarbeiten erfolgte. Im Schuldrecht legten die Bearbeiter daneben hauptsächlich das schweizerische Obligationenrecht von 1881 und später dessen revidierte Fassung von 1911 zugrunde. Dies geschah, wie die Gesetzesmaterialien ebenso belegen wie die Diskussion in Fachkreisen, in aller Offenheit. Dabei beschränkten sich die Überlegungen zur Aufnahme von Anregungen aus dem Ausland nicht auf einzelne Bestimmungen, sondern bezogen auch die Systematik mit ein, für die es in der russischen Rechtstradition kein brauchbares Vorbild gab. So trat z. B. Pachman zu Beginn der Kodifikationsarbeiten dafür ein, das neue Gesetzbuch nach der Stoffdisposition »*personae, res, actiones*« zu gliedern, gemeint in Sinne des Code Civil als »Personenrecht, Vermögensrecht und Schuldrecht«.[44] Zwar konnte sich dieser Vorschlag nicht durchsetzen, doch weist auch die fünfteilige Gliederung, für die sich die Kommission letztlich entschied, auf das Ausland, nämlich auf die deutsche Pandektenvorlesung und das entstehende BGB.[45]

Der relativ starke Einfluß westeuropäischer Kodifikationen ist im zeitgenössischen Schrifttum verschiedentlich zum Anlaß von Kritik genommen worden.[46] Nečaev meinte, die Arbeiten hätten nur den theoretischen Charakter einer Sammlung von Bestimmungen aus westeuropäischen Gesetzen.[47] M. Pergament erklärte, der Teilentwurf zum Schuldrecht sei zwar vielfach kritisiert worden, allerdings nicht einfach deswegen, weil man das BGB »übersetzt« habe, sondern weil die Übersetzung schlecht gelungen sei.[48] In ähnlicher Weise bemängelte Petrażycki verschiedene technische Schwächen des Schuldrechtsentwurfs im Vergleich mit den Bestimmungen des BGB, die dem Entwurf mutmaßlich zugrundegelegen hatten.[49]

43 Für das Schuldrecht vgl. N. v. Seeler, Bürgerliches Gesetzbuch. Buch V., S. II.

44 Gol'msten, Semën Vikent'evič Pachman, S. 224.

45 Um den Charakter der Arbeitsergebnisse der Kommission unter dem Eindruck der Ähnlichkeit mit dem deutschen BGB zu beschreiben, spricht Giaro, Pravovaja tradicija, S. 146 von Entwürfen des »BGB-Typs« (Tuzov verwendet als Übersetzer des Textes das erstaunliche Adjektiv »bėgėbėšnyi«).

46 Vgl. Tille, Die Kodifikation, S. 8.

47 Nečaev, Art. Kodifikacija, S. 550.

48 M. Pergament, K predstojaščemu vneseniju v Gosudarstvennuju Dumu proekta Graždanskogo Uloženija, S. 12; Slyščenkov, Proekt Graždanskogo uloženija, S. 114; vgl. auch W. v. Seeler, Der Entwurf, S. 15; Tille, Die Kodifikation, S. 8.

49 Grundsätzliche Kritik übte Petrażycki z. B. an den Eingangsartikeln des Schuldrechtsentwurfs von 1899; Načalo proekta knigi pjatoj graždanskogo uloženija, in: Pravo 1899, Sp. 2179-2190 und Sp. 2229-2241. Hier deckt er ebenso terminologische wie begriffliche Mängel auf, die dem Entwurf – im Unterschied zum BGB – anhaften. Diese betreffen so grundsätzliche Punkte wie den Begriff des Schuldverhältnisses (Art. 1), die Entstehungsgründe der Schuldverhältnisse (Art. 2) und das Verhältnis zwischen den Bestimmungen über Vertrag und Delikt (Art. 3). Die Eingangsworte von Petrażyckis Kritik kündigen den teilweise sarkastischen Stil an, in dem der Angriff ausgeführt wird: »Der Text handelt von den ersten fünf Artikeln des Schuldrechtsentwurfs oder namentlich davon, was an ihnen gestrichen

In der Regel übernahm die Kommission die ausländischen Vorschriften nicht schematisch.[50] Man orientierte sich an ihnen vielmehr, wenn ihre ratio scripta den eigenen Überzeugungen entsprach. In der Erörterung dieser Fragen war die Kommission immerhin unvergleichlich viel freier, als es Speranskij und seine Mitarbeiter bei den Beratungen zum Zivilrecht des Svod Zakonov gewesen waren. Allerdings wurden nicht alle Rechtsgebiete in den Entwürfen einer wirklichen Modernisierung zugeführt. Die Einschränkung muß insbesondere für das Familienrecht gelten, das man nicht hatte säkularisieren wollen.[51] Der Entwurf schrieb hier im wesentlichen die tradierten, dem Kirchenrecht verpflichteten Bestimmungen fort.[52] Außerdem blieben gegenüber einzelnen Personengruppen bestimmte Beschränkungen von Reise- und Gewerbefreiheit sowie Eigentumserwerb aufrechterhalten. Diese Vorschriften betrafen insbesondere Juden, Polen und Bauern.[53]

III.) Die Materialien zu den Gesetzentwürfen

Zusammen mit den Teilentwürfen entstanden umfangreiche Gesetzgebungsmaterialien mit den begleitenden Erwägungen der Kommissionsmitglieder. Die Materialien der Redaktionskommission – Motive, Kommentare und Erklärungen zu den einzelnen Artikeln – hatten ursprünglich in zahlreichen Fällen zusammenhängende Erläuterungen an verschiedenen Stellen wiedergegeben, was den systematischen Zugang zu den Entwürfen erschwerte.[54] Sie wurden in der Folge mehrfach redigiert und in Auswahl zu verschiedenen Ausgaben zusammengestellt. Die Motive bilden die Hauptquelle für die hier nachfolgende Untersuchung, inwieweit die Redaktoren bei ihrer Arbeit »römisches« Recht vor Augen hatten.

werden muß.« (aaO, S. 2179). Vgl. hierzu näher Avenarius, Die Enttäuschung des Rechtstheoretikers (im Druck). Der Kritiker D. L. meinte, es sei Aufgabe der Wissenschaft, die Fackel der Kritik in das entworfene Gebäude hineinzutragen; Proekt graždanskogo uloženija, Sp. 1721. Die Metapher bringt angesichts der Schärfe mancher Angriffe auf den E 1899 treffend zum Ausdruck, daß dasselbe Mittel, welches zur Erhellung beitrug, leicht auch alles in Schutt und Asche legen mochte.

50 Vgl. W. v. Seeler, Der Entwurf, S. 11; bei Slystschenkow, Der Entwurf, S. 197.

51 Vgl. Slystschenkow, Der Entwurf, S. 197.

52 Vgl. Slystschenkow, Der Entwurf, S. 199.

53 Vgl. Slystschenkow, Der Entwurf, S. 197 f. In seiner Übersicht über die Kassationsrechtsprechung von 1888 und 1889 stellt Muromcev z. B. fest: »Sehr viele Entscheidungen beziehen sich auf örtliche Gesetze, z. B. über die Beschränkung des Eigentumserwerbs an unbeweglichem Vermögen im Westen.« Gemeint sind die Polen und Juden treffenden Beschränkungen. Vgl. Moskovskoe Juridičeskoe Obščestvo v 1891-92 g., S. 502. Dasjenige Gebiet im Westen des Zarenreiches, in dem sich Juden niederlassen durften (Čerta postojannoj evrejskoj osedlosti), umfaßte in etwa Ostpolen, Weißrußland, Bessarabien und einen Teil der Ukraine. Zum Ausschluß der Polen vom Recht auf Grunderwerb vgl. nun Zieliński, Ograniczenia Polaków, S. 140-149.

54 Vgl. Meduševskij, Proekt graždanskogo uloženija, S. 155.

In der Ausgabe des zweiten Entwurfes mit Motiven unter der Redaktion von Igor' Tjutrjumov,[55] dem Oberprokuror der Zweiten Abteilung des Dirigierenden Senats, sind die Erläuterungen und Überlegungen der Redaktionskommission systematisch geordnet. In diesem Werk finden sich auch Vergleiche mit den vorherigen Fassungen des Entwurfes. Wir legen nachfolgend diese Ausgabe der Gesetzesmaterialien zugrunde.[56] Herangezogen wird auch die hauptsächlich in formaler Hinsicht überarbeitete Fassung der von Tjutrjumov herausgegebenen Materialien zu den Teilen Allgemeine Bestimmungen, Familienrecht, Sachenrecht und Erbrecht, die 2007/08 neu gedruckt worden ist.[57]

Für das mehrfach überarbeitete Schuldrecht werden hier mit dem ersten Entwurf von 1899, dem entsprechenden, bereits überarbeiteten Abschnitt des Sammelentwurfs von 1905 und schließlich dem 1913 in die Duma eingebrachten Entwurf drei Fassungen unterschieden. Auch bei Artikeln, deren Wortlaut im E 1899 dem des E 1905 entspricht, wird gelegentlich auf beide Fassungen verwiesen, weil die Einfügung des Schuldrechts in den Sammelentwurf zu einer Veränderung der Artikelzählung geführt hat. Wir werden unsere Betrachtungen hier hauptsächlich auf den E 1899 richten. Zum einen spiegelt die erste Fassung nämlich bereits den entscheidenden Schritt zur Schaffung eines modernen, am römisch-westlichen Recht ausgerichteten Gesetzes wider, zum anderen wurde aus Anlaß des ersten Entwurfs noch intensiver und offener die Auseinandersetzung um die Einführung bestimmter Regelungen geführt. Die Motive zum E 1899 sind schon vor der Sammlung von Tjutrjumov selbständig publiziert worden.[58]

IV.) Römisches Recht in den Entwürfen

Die Entwürfe sollten einen Anschluß der russischen Rechtsentwicklung an das Recht der römischen Tradition in seinem in Westeuropa erreichten Entwicklungsstand herbeiführen und auf diesem Wege das russische Zivilrecht modernisieren.[59] Daß zur Erreichung dieses Ziels auf römisches Recht und dessen mo-

55 Über Igor' Matveevič Tjutrjumov (1855-1943) vgl. Šilochvost, Russkie civilisty, S. 148 f.

56 Es handelt sich um die zweibändige Ausgabe: Saatčian A. L. (Hrsg.), Tjutrjumov I. M. (Red.): Graždanskoe Uloženie. Proekt Vysočajše učreždennoj Redakcionnoj Kommisii po sostavleniju Graždanskogo Uloženija (S objasnenijami, izvlečennymi iz trudov Redakcionnoj Kommisii), Bd. 1 und Bd. 2, Sankt-Peterburg 1910. Dieser Text wird nachfolgend als »Tjutrjumov, Graždanskoe Uloženie 1910« zitiert.

57 Diese Fassung wird nachfolgend mit der Angabe »Ndr.« (Neudruck) zitiert.

58 Graždanskoe uloženie. Kniga pjataja. Objazatel'stva. Proekt Vysočajše učreždennoj Redakcionnoj Kommisii po sostavleniju Graždanskogo uloženija. Tom pervyj, St. 1-276; Tom vtoroj, St. 277-504; Tom tretij, St. 505-718; Tom četvertyj, St. 719-921, s objasnenijami, S.-Peterburg 1899. Die Ausgabe wird nachfolgend zitiert: Graždanskoe uloženie. Objazatel'stva 1899.

59 Slyščenkov, Proekt Graždanskogo uloženija, S. 14.

derne Interpretation einschließlich der Formen, die es in neuzeitlichen Kodifikationen erhalten hatte, zurückgegriffen wurde, war auch in der Gesetzgebung nichts Ungewöhnliches mehr. Auch zwischenzeitlich ergangene Novellen zum Svod Zakonov X/1 hatten westlich-römisches Recht zugrundegelegt.[60]

Bei der Darstellung des Eingangs von Rechtseinrichtungen und Rechtsdenken der römischen Tradition werden wir grundsätzlich in ähnlicher Weise differenzieren müssen wie hinsichtlich der Rechtsprechung.[61] Die Suche nach römischrechtlichen Einflüssen in den Entwürfen zu einem Zivilgesetzbuch muß also zum einen davon ausgehen, daß die Aufnahme römischen Rechts nicht selten indirekt erfolgte, nämlich durch Orientierung an Zivilgesetzbüchern der westlichen Staaten, an einer russischen und ausländischen Zivilrechtslehre, welche sowohl das Rechtsdenken als auch die Begrifflichkeit des römischen Rechts verarbeitet hatte, sowie an einer höchstrichterlichen Rechtsprechung, die dieses durch die Literatur vermittelte Recht seit einigen Jahrzehnten schrittweise zu geltendem Recht erstarken ließ.[62] Dies bedeutet, daß die Redaktoren fast überall solchen aus dem römischen Recht hervorgegangenen Stoff aufnehmen konnten, der bereits für die Bedürfnisse der Zeit verarbeitet war und insoweit überhaupt nur noch mittelbar – und zwar vor allem aus der »Außensicht« auf diese Tradition – als »römisch« wahrgenommen werden konnte. Soweit die Redaktoren eine Orientierung am römischen Recht offenlegen, beziehen sie sich oftmals auf das zeitgenössische Pandektenrecht, welches sich immerhin auf die Quellen des klassischen Rechts berief und eine führende Rolle in der Entwicklung der Zivilrechtsdoktrin einnahm. Pandektenwerke werden in den Entwürfen also öfter erwähnt als die Quellen des antiken römischen Rechts. Gleichwohl werden wir sehen, daß sich die Redaktoren in zahlreichen Fällen unmittelbar auf das römische Recht berufen und dabei auch die Quellen selbst in bezug nehmen.[63] Diesem Verfahren liegt die Vorstellung zugrunde, daß das römische Recht jeweils allgemeingültige Grundsätze hervorgebracht habe, die infolgedessen auch im Zarenreich zu beachten seien. Wie selbstverständlich sich die Relevanz des römischen Rechts auch für Juristen des Zarenreiches ausnehmen mußte, wird deutlich, wenn Čižov 1886 historische Gründe für die Richtigkeit der Auffassung entwickelt, daß es der Menschheit – Rußland selbstverständlich eingeschlossen – noch immer nicht gelungen sei, sich aus der »Gefangenschaft« des römischen Rechts zu befreien.[64] Infolgedessen ist auch nicht selten zu beobachten, daß beteiligte Juristen, Zeitge-

60 Guljaev, Ob otnošenii, S. 14.

61 S. oben S. 461 ff.

62 Vgl. Guljaev, Ob otnošenii, S. 12.

63 Soweit nachfolgend in den Fußnoten römische Quellentexte genannt werden, handelt es sich um solche, auf die sich auch die Motive der Kommission beziehen.

64 Als maßgebliche Gründe für die langfristige Wirkung des römischen Rechts nennt der Autor neben zahlreichen römischen »Tugenden« die Hochschätzung der individuellen Persönlichkeit sowie die Neigung, das Recht durch Rechtswissenschaft herauszubilden. Vgl. Čižov, K voprosu o sisteme prava u Rimljan, S. 11.

nossen der Kodifikationsarbeiten oder spätere Betrachter auf römisches Recht in den Bestimmungen hinweisen.

Grundlage für die Beobachtung von Einflüssen des römischen Rechts auf die Kodifikationsentwürfe sind also nicht allein die bereits genannten Gesetzgebungsmaterialien. Es existieren vielmehr verschiedene Stellungnahmen zeitgenössischer Zivilrechtler, die die Entwürfe im Kontext der romanistisch geprägten Zivilrechtsdogmatik erörtern. Schließlich stehen zahlreiche Beobachtungen über Zusammenhänge oder jedenfalls bemerkenswerte Parallelen zum römischen Recht aus der Sicht heutiger Autoren zur Verfügung. Die Frage nach einer Ausrichtung der Entwürfe am römischen Recht wird also aus verschiedenen Blickwinkeln beurteilt. Dabei kommt den einzelnen Äußerungen unterschiedliches Gewicht zu. Besonders wichtig sind hier die Motive zu den Entwürfen, weil sich in ihnen die Feststellungen zeitgenössischer, beteiligter Juristen widerspiegeln.[65] Unmittelbare Schlüsse darauf, inwieweit das Rechtsdenken in der Tradition des römischen Rechts zur Grundlage für bestimmte Entscheidungen wurde, ergeben sich ferner, soweit die beteiligten Juristen dies selbst in ihren Werken einräumen. Von Interesse ist es schließlich, wenn aus russischer Sicht – auch in der jüngeren Literatur – ein Zusammenhang eingeräumt wird. Solche Aussagen müssen als rechtshistorische Stellungnahmen keineswegs immer überzeugen, doch lassen sie auf das fortwirkende Bewußtsein vom Wirkungszusammenhang der Tradition schließen. Im übrigen können »Parallelen« für das betrachtete Stadium der Entwicklung des russischen Zivilrechtsdenkens nach einigen Jahrzehnten pandektistischen Einflusses nicht mehr besonders bemerkenswert sein. Wenn also Autoren wie z. B. Letjaev und Slyščenkov feststellen, bestimmte Regelungen entsprächen dem römischen Recht, dann ist dies nicht selten ebenso richtig wie unspezifisch, weil es vielfach auf eine Vermittlung von Rechtsfiguren durch westeuropäische Kodfikationen zurückgeht und insoweit nicht, was hier wichtiger wäre, auf eine bewußte Auseinandersetzung der Zeitgenossen mit römischem Recht. Daher wird nachfolgend verschiedentlich darauf verzichtet, solche beobachteten »Parallelen« in die Betrachtung aufzunehmen.

V.) Die Vorarbeiten zum Schuldrecht

Bereits der Schuldrechtsentwurf von 1899 hatte umfangreiche Vorbereitungsarbeiten erfordert. Als Ursachen dafür wurden der Mangel an russischer juristischer

65 Auch insoweit ist allerdings gelegentlich Vorsicht geboten. So neigt z. B. W. v. Seeler, Der Entwurf (1911) dazu, öfters recht großzügig bestimmte Regelungen des Entwurfs auf eine Übernahme römischen Rechts zurückzuführen. Dies wird von Gojchbarg, Nemeckij trud, Sp. 564 richtigerweise kritisch bemerkt. Ungeachtet seiner späteren Bemühungen um ein sozialistisches Privatrecht dürfte Gojchbarg im römischen Recht gut orientiert gewesen sein. Er hatte zusammen mit B. I. El'kin den dritten Band der letzten (7.) Auflage von Dernburgs Pandekten (Familien- und Erbrecht) übersetzt.

Literatur und die nach wie vor erhebliche Streuung des tradierten Gesetzesmaterials genannt.[66] So umfaßten die Vorbereitungen unter anderem die Systematisierung des Gesetzesstoffes sowie der juristischen Literatur, die Auseinandersetzungen mit Mängeln des geltenden Rechts sowie die Feststellung einschlägiger Gewohnheitsrechte. Die Vorbereitungen umfaßten auch die Erschließung zahlreicher ausländischer Zivilgesetzbücher;[67] einige wurden übersetzt und, wie im Falle des deutschen BGB, in russischer Sprache publiziert.[68]

Anschließend arbeitete die Kommission einen ersten Schuldrechtsentwurf aus. Als Quellen des Entwurfs 1899 nannte die Kommission selbst zunächst das Schuldrecht des Svod Zakonov X/1, ferner ausländische Zivilgesetzbücher, also hauptsächlich Kodifikationen Westeuropas[69] und einzelner Staaten der U.S.A., schließlich das Partikularrecht Polens und der baltischen Provinzen. Wie im Falle der Motive zum BGB werden die jeweils herangezogenen älteren und ausländischen Bestimmungen bei den Erläuterungen der einzelnen Artikel des Entwurfs angeführt. Nicht selten arbeitet die Kommission aus den Gesetzesbestimmungen »allgemeine Grundsätze des Rechts« heraus, deren Übertragbarkeit auf die russischen Verhältnisse anschließend festgestellt wird. Oftmals wird dies damit belegt, daß der entsprechende Grundsatz in der Rechtsprechung anerkannt worden sei, also in den Entscheidungen der Kassationsabteilung des Dirigierenden Senats, die die Kommission auch unter ihren Quellen nennt. Viele der Konzepte, die der Senat zur Ergänzung und Erklärung des bestehenden positiven Rechts entwickelt oder rezipiert hatte, wurden vom E 1899 übernommen. Dies gilt etwa für die Regeln über die Rechtsfolgen der Täuschung und des wesentlichen Irrtums beim Vertragsabschluß (Art. 27-31), die Bedingungen (Art. 35-42), die verbindliche Kraft eines Vertrages für die an ihm beteiligten Personen (Art. 43), die *exceptio non adimpleti contractus* (Art. 71), die Abtretung von Forderungen (Art. 139) sowie die Aufteilung der Verträge in *contractus nominati* und *innominati* (Art. 185).[70]

66 Tjutrjumov, Graždanskoe Uloženie 1910, Bd. 1, Vorwort, S. III.

67 Vgl. die Pribavlenie k proektu Graždanskogo Uloženija, S. 5 ff.

68 Tjutrjumov, Graždanskoe Uloženie 1910, Bd. 1, Vorwort, S. III. Die russische Ausgabe des deutschen BGB erschien als Beilage zum Journal des Justizministeriums unter dem Titel: Graždanskoe Uloženie Germanskoj Imperii. Perevod s nemeckogo, Sankt-Peterburg 1898. In der Einleitung werden dem russischen Leser die Kategorien der Muß- und Sollvorschriften unter Zuhilfenahme des Begriffspaares der *lex perfecta* und der *lex minus quam perfecta* erläutert (aaO., S. VI). Auf S. V f. wird die Nutzung des Ausdrucks »kreditor« (anstatt des neueren russischen Ausdrucks »veritel'«) befürwortet, im Unterschied zu einigen Darstellungen des russischen bürgerlichen Rechts und sogar neueren Gesetzentwürfen (wie z. B. dem E 1899), die den Ausdruck »veritel'« verwenden. Für den Terminus »kreditor« wird angeführt, *credere* könne im Sinne von »etwas jemandem kreditieren« verwendet werden, während das russische Äquivalent »verit'« diese Bedeutungsvariante nicht hat. Für die Neigung der Kommision, im E 1899 fremdsprachige Ausdrücke wie »kreditor« künstlich zu vermeiden, vgl. D. L., Proekt graždanskogo uloženija, Sp. 1721.

69 Für den Einfluß des BGB auf das Schuldrecht vgl. N. v. Seeler, Bürgerliches Gesetzbuch. Buch V., S. II.

70 Graždanskoe uloženie. Objazatel'stva 1899, Bd. 1, S. XLI.

VI.) Die Untersuchung der Bestimmungen im einzelnen

1.) Schuldrecht

Wir wenden uns nun ausgewählten Bestimmungen der ersten zwei Schuldrechtsentwürfe zu, also des Ersten Entwurfs von 1899 (E 1899) und des schuldrechtlichen Teils des Sammelentwurfs von 1905 (E 1905), weil uns insoweit die Überlegungen der Kommission zugänglich sind.[71]

a.) Das Schuldverhältnis

Am Beginn des Entwurfs steht eine Definition des Begriffs des Schuldverhältnisses. Art. 1 E 1899 lautet (entsprechend Art. 1567 E 1905):[72]

> Schuldverhältnis (objazatel'stvo) wird die gesetzliche Verbindlichkeit (zakonnaja objazannost') einer Person zur Übergabe von Vermögen oder zur Vollziehung oder Unterlassung einer Handlung zugunsten einer anderen Person genannt. Die verpflichtete Person heißt Schuldner und die Person, welche aus dem Schuldverhältnis ein Forderungsrecht hat, Gläubiger.

Während N. v. Seeler den Ausdruck »zakonnaja objazannost'« mit »rechtliche Verbindlichkeit« wiedergibt, ist die Bezeichnung »zakonnaja« (»gesetzliche«) im Entwurf sicherlich bewußt gewählt worden. Hier offenbart sich ein etatistisches Privatrechtsverständnis, das auch im Falle vertraglicher Schuldverhältnisse nicht die privatautonome Rechtssetzung, sondern das Gesetz als Grundlage der Rechtsfolgen ansieht.[73]

71 Über Eigenarten des Obligationenrechts-Entwurfs 1899 und Kritik daran vgl. Vinaver, Obščaja čast', S. S. 91-125; Gorodyskij, Zamečanija, Nr. 4, S. 226-261 u. Nr. 5, S. 234-258; M. Pergament, K predstojaščemu vneseniju v Gosudarstvennuju Dumu proekta Graždanskogo Uloženija (1913). Vgl. ferner Petrazickij, Načalo proekta, S. 2179-2241 und über Petrażyckis Auseinandersetzung mit den ersten Artikeln des Entwurfs Avenarius, Die Enttäuschung des Rechtstheoretikers (im Druck).
Für die Literatur zum historischen Rechtsvergleich unter Einbeziehung des römischen Rechts zum Schuldrecht vgl. Varfolomeev, Istoričeskie aspekty, S. 53; Rybalov, Spory o prirode prav nanimatelja, S. 29-38; Makarova, Vlijanie rimskogo prava (2005); Ljadaščeva-Il'ičeva, Razvitie objazatel'stvennogo prava (2002).

72 Wir erörtern den Entwurfstext nachfolgend in deutscher Übersetzung. Dabei liegt öfters die Übersetzung N. v. Seelers zugrunde, von der allerdings insoweit abgewichen wird, als seine Sprache aus heutiger Sicht teilweise antiquiert wirkt und in einzelnen Fällen spezifische Merkmale verdeckt, die im Rechtsverständnis der Kommission vermutet werden dürfen.

73 Die traditionelle Identifikation des Rechts mit der Gesetzeslage wirkte insoweit fort. Das Justizministerium brachte dies u. a. dadurch zum Ausdruck, daß es in zahlreichen Zusammenhängen ein Signet führte, das aus einer mit »zakon« (»Gesetz«) gekennzeichneten Säule bestand, auf der die Zarenkrone ruhte. Dieses Kennzeichen fand sich z. B. auf Uniformen sowie auf den Titelblättern des seit 1894 erscheinenden Žurnal Ministerstva Justicii, des wichtigsten staatlicherseits herausgegebenen juristischen Periodikums.

Das Schuldverhältnis wird also bestimmt als die gesetzliche Verbindlichkeit a) zur Übergabe von Vermögen oder b) zur Vollziehung oder Unterlassung einer Handlung zugunsten einer anderen Person. Statt eine bewährte Regelung zu übernehmen, ist die Kommission um eine möglichst klare Profilierung der mit ihrer Wortwahl verbundenen Begrifflichkeit bemüht, und zwar in erster Linie mit Hilfe des römischen Rechts.[74] Sie setzt sich zunächst mit der Vielfalt der Begrifflichkeit des Schuldverhältnisses auseinander:[75] Während § 241 BGB, die Kassationsabteilung des Senats (Kass. 1871, Nr. 788) und zahlreiche russische und ausländische Autoren[76] davon ausgingen, kraft des Schuldverhältnisses sei der Gläubiger berechtigt, vom Schuldner die Vornahme oder Unterlassung einer Handlung zu fordern, beschreibe das römische Recht – die Motive berufen sich auf Inst. 3,13 sowie auf Paulus 2 *institutionum* D. 44,7,3 pr. – das Schuldverhältnis als juristische Bindung (*vinculum iuris*), die eine Person gegenüber einer anderen verpflichtet, etwas zu tun oder zu unterlassen; ein Verständnis, welches von verschiedenen anderen Autoren[77] übernommen worden sei. Schließlich definierten einige ausländische Gesetzesbestimmungen das Schuldverhältnis als *Verpflichtung*, welche der persönlichen Forderung entspricht.[78]

Auf Bedeutungsvarianten weisen die Motive auch für die mit dem Ausdruck »*obligatio*« in den römischen Quellen verbundene Begrifflichkeit hin.[79] Geleitet durch das pandektistische Schrifttum[80] unterscheidet die Kommission zwischen 1) dem *juristischen Verhältnis*, dessen spezifisches Merkmal in der Verpflichtung einer Person besteht, zugunsten einer anderen Person etwas zu tun, zu unterlassen oder zu erfüllen, 2) der *Verpflichtung* einer Person selbst, die aus einem Vertrag, einer unerlaubten Handlung oder aus sonstigen gesetzlichen Gründen entsteht, 3) dem *Forderungsrecht*, welches dieser Verpflichtung entspricht, sowie 4) dem *Schuldschein, Vertrag oder anderen Akt,* der die Verpflichtung begründet.

Vor dem Hintergrund dieses Reichtums an begrifflichen Varianten erklärt die Kommission, daß sie unter dem Begriff »Schuldverhältnis« die rechtliche Verbindlichkeit einer Person zugunsten einer anderen verstehe, mit welcher das Forderungsrecht des entsprechenden Gläubigers korrespondiert. Auf den besonderen Hinweis darauf, daß das Schuldverhältnis eine *juristische Bindung* (*vinculum iuris*, lien de droit) darstelle, verzichtet die Kommission mit der Begründung, daß bereits Bartolus festgestellt habe: »*obligatio non potest dici ipsum vinculum, imo magis id*

74 Tjutrjumov, Graždanskoe Uloženie 1910, Bd. 2, S. 173.

75 Graždanskoe uloženie. Objazatel'stva 1899, Bd. 1, S. 7-8.

76 Zum Beleg verweisen die Materialien hier auf die ältere Gesamtdarstellung von Mejer und für das Schrifttum der Zeit auf Šeršenevič, Učebnik russkogo graždanskogo prava, S. 265, Puchta, Pandekten, § 219; Baron, Pandekten, § 208, Dernburg, Pandekten, Bd. 2, § 1 und Hasenöhrl, Das oesterreichische Obligationenrecht, Bd. 1, § 1.

77 Aubry/Rau, Cours, Bd. 4, § 296; Demolombe, Cours, Bd. 24, §§ 4 und 384; Laurent, Principes, Bd. 15, § 424.

78 Vgl. etwa das Preuß. ALR I, 2 § 122 und 123.

79 Graždanskoe uloženie. Objazatel'stva 1899, Bd. 1, S. 8-9.

80 Dernburg, Pandekten, Bd. 2, § 1, Anm. 4; Brinz, Pandekten, Bd. 2, § 206.

quod resultat ex vinculo« (Super Inst. III, 14).[81] Sie stellt sich auf den Standpunkt, die Verpflichtung, von der die in den römischen Quellen gebräuchlichen Ausdrücke *nexum, nectere, obligare, contrahere, obstringere, solvere* und *vinculum iuris* eine bildhafte Vorstellung gäben, habe den gleichen Sinn wie die russischen Ausdrücke »objazatelstvo« (Schuldverhältnis) und »objazannost'« (Verpflichtung)«.[82]

Die Kommission meint ferner, das Merkmal der »Übergabe von Vermögen« habe nicht unbedingt erwähnt werden müssen, weil die Übergabe vom allgemeinen Begriff der Handlung umfaßt sei (*verbum facere omnem omnino faciendi causam complectitur dandi solvendi, numerandi*).[83] Auch sei das Recht, die Übergabe von Vermögen zu fordern, kein Recht am jeweiligen Vermögensgegenstand, sondern lediglich das Recht auf die Handlung einer verpflichteten Person.[84] Gleichwohl entschied sich die Kommission dafür, die Übergabe ausdrücklich zu nennen, weil Schuldverhältnisse in der Praxis meistens darauf gerichtet seien. Immer, wenn sich eine Forderung auf Geldzahlung oder die Übertragung von Vermögensgegenständen zu Eigentum oder Nutzung richte, stehe das Vermögen im Vordergrund und nicht die persönliche Handlung.[85] Schließlich wird auch auf das Merkmal der *Bestimmtheit der Person* ausführlich eingegangen:[86] Das Schuldverhältnis richtet sich auf eine bestimmte Person, die aufgrund einer bestimmten Tatsache (*factum obligatorium*) als Schuldner verpflichtet ist.

Petrażycki hält die Begriffsbestimmung für mißlungen, weil Art. 1 E 1899 nach seiner Auffassung keineswegs einen besonderen Begriff des Schuldverhältnisses definiert, sondern einen allgemeinen Begriff der Verpflichtung.[87] Das Wort »gesetzliche« Verpflichtung, so bemerkt er, bedeute nach der dem Entwurf zugrundeliegenden Vorstellung nicht die Verpflichtung, die auf das Gesetz gegründet sei (etwa im Unterschied zu den Normen des Gewohnheitsrechts); es handele sich nicht einmal um eine genaue Abgrenzung der juristischen Verpflichtung »im Unterschied zu den sittlichen (natürlichen) Verbindlichkeiten«. Richtigerweise setzten die Motive voraus, daß das Schuldverhältnis (objazatel'stvo) im allgemeinen eine vermögensrechtliche Beziehung zwischen Personen sei, die sich auf das Verhalten einer derselben richte, und – im Unterschied zum Sachenrecht – nicht auf irgendeinen Vermögensgegenstand, wie es in Wissenschaft und Gesetzgebung unstreitig sei.[88] Petrażycki meint allerdings, das Hauptproblem der begrifflichen Erfassung der Schuldverhältnisse bestehe nicht in der Bestimmung des Unterschieds im

81 Vgl. Bartolus' Kommentierung von Inst. 3,13 pr.: »*obligatio non est vinciens, imò id quod resultat ex facto quod vincit vel ligat cum iuris vinculo*«; Super Institutionibus (1559), S. 456.

82 Graždanskoe uloženie. Objazatel'stva 1899, Bd. 1, S. 9.

83 Nachweise sind hier Savigny, Obligationenrecht, Bd. 1, § 28; Windscheid, Pandekten, Bd. 2, § 252, Anm. 4 sowie die Motive zum deutschen BGB, Bd. 2, S. 5.

84 Graždanskoe uloženie. Objazatel'stva 1899, Bd. 1, S. 3.

85 Graždanskoe uloženie. Objazatel'stva 1899, Bd. 1, S. 3-4.

86 Graždanskoe uloženie. Objazatel'stva 1899, Bd. 1, S. 6.

87 Petražickij, Načalo proekta, Sp. 2180.

88 Graždanskoe uloženie. Objazatel'stva 1899, Bd. 1, S. 2.

Verhältnis zu den Sachenrechten, sondern darin, sie von den sonstigen relativen Rechten abzugrenzen.

Für Petrażycki enthält die Bestimmung überdies eine zirkuläre Definition: Er meint, soweit Art. 1 eine Begriffsbestimmung der juristischen Verpflichtungen (juridičeskie objazannosti) bilde, werde nur mitgeteilt, daß die juristischen Verpflichtungen eben juristische Verpflichtungen seien.[89] Nun könnte der Wortlaut zwar vermuten lassen, daß hier womöglich zwei begriffliche Ebenen in Bezug genommen werden, denn immerhin fallen zwei verschiedene Ausdrücke: Das scheinbar spezielle »objazatel'stvo« wird erklärt als gesetzliche »objazannost'«. Allerdings erklären die Motive zum Entwurf ausdrücklich, beide Termini drückten den Gedanken der Verbindlichkeit in gleicher Weise aus.[90] Auf dieser Grundlage erweist sich Petrażyckis Kritik als schlüssig.

b.) Entstehungsgründe der Schuldverhältnisse

Art. 2 E 1899 lautet:

> Schuldverhältnisse entstehen aus Verträgen, unerlaubten Handlungen und anderen im Gesetz angegebenen Gründen.

Bei der Vorbereitung des E 1899 hatten sich die Kommissionsmitglieder eingehend mit den Entstehungsgründen von Schuldverhältnissen und deren im römischen Recht entwickelten Vorbildern auseinandergesetzt.[91] Als ein Ergebnis nennt Art. 2 *drei* Entstehungsgründe der Schuldverhältnisse: Verträge, unerlaubte Handlungen und andere im Gesetz angegebene Gründe. Die Kommission entwickelte diese Unterscheidung in Anlehnung an eines der in den Quellen überlieferten Konzepte:[92] Die Motive verweisen hier zunächst auf die Grundlagen der Systematik, wie sie bei Gaius entwickelt sind – *omnis obligatio vel ex contractu nascitur vel ex delicto* (Gaius, *inst.* 3,88 ff.). Sie stützen sich darüber hinaus auf die gleichfalls von Gaius wiedergegebene Beobachtung römischer Juristen, daß die genannten zwei Kategorien nicht alle Entstehungsgründe erfassen können, d. h. daß es auch Schuldverhältnisse gibt, die aus anderen Gründen entstehen (*proprio quodam iure ex variis causarum figuris*; Gaius 2 *aureorum* D. 44,7,1 pr).[93]

Eine Klassifikation der Entstehungsgründe mit Hilfe der vier Kategorien *ex contractu*, *ex delicto*, *quasi ex contractu* und *quasi ex delicto*), wie sie der Code Civil (Art. 1370) in Anlehnung an die Institutionen Justinians 3,13,2 zugrundegelegt hatte, wies die Kommission zurück. Diese Kategorienbildung war von zahlreichen Ko-

89 Petražickij, Načalo proekta, Sp. 2180.

90 Graždanskoe uloženie. Objazatel'stva 1899, Bd. 1, S. 9.

91 Graždanskoe uloženie. Objazatel'stva 1899, Bd. 1, S. 10-16.

92 Graždanskoe uloženie. Objazatel'stva 1899, Bd. 1, S. 10 f.; vgl. Letjaev, Recepcija rimskogo prava, S. 152.

93 Graždanskoe uloženie. Objazatel'stva 1899, Bd. 1, S. 11.

difikationen ebenso abgelehnt worden wie vielfach in der Wissenschaft.[94] Insbesondere wurden Quasivertrag und Quasidelikt als dem russischen Recht vollkommen fremd wahrgenommen.[95] Die Ablehnung der Vierteilung wurde ferner damit begründet, daß man nicht alle Schuldverhältnisse hätte erfassen können.[96]

Petrażycki sieht in Art. 2 den Versuch einer grundlegenden Klassifikation der Entstehensgründe von Schuldverhältnissen, meint allerdings, die Worte »und anderen im Gesetz angegebenen Gründen« zeigten, daß dies nicht gelungen sei.[97] Zur Begründung verweist er auf die Motive: Petrażycki versteht die dem Entwurf zugrundeliegende Anschauung so, daß einzig Verträge und unerlaubte Handlungen *allgemeine* Entstehensgründe für Schuldverhältnisse bildeten, während alle übrigen Schuldverhältnisse, die aus anderen Verhältnissen oder anderen Ereignissen erwachsen und nicht unter die Begriffe von Vertrag oder unerlaubter Handlung passen, ihre Grundlage im Gesetz hätten.[98] Das heißt, daß die verpflichtende Folge eines Lebenssachverhalts, der nicht geradezu unter den Begriff eines Vertrags oder einer unerlaubten Handlung paßt, nur durch das Gesetz bestimmt sein könnte. Petrażycki sieht hier den Gedanken ausgedrückt, daß »andere Gründe« als jeweiliges ius singulare neben einem ius generale stehen, also neben einer allgemeinen ratio iuris, die die Grundlage für Schuldverhältnisse aus Verträgen und Delikten bildet. Er wendet ein, daß dies gegebenenfalls eine sehr zweifelhafte Neuerung wäre. Dies dürfte überzeugen, denn der Artikel setzte dann ggf. eine überpositive Verortung der deliktischen Schadensersatzpflicht voraus. Petrażycki wies allerdings darauf hin, die Absicht des Gesetzgebers sei an dieser Stelle gar nicht die Reform, sondern die Reproduktion des bisherigen Rechts gewesen.[99] Klärung schuf später der E 1905, in dem den Schuldverhältnissen aus Verträgen nur noch solche aus anderen im Gesetz genannten Gründen gegenübergestellt wurden (Art. 1568).[100] Zu diesen gesetzlichen Schuldverhältnissen gehörten auch die unerlaubten Handlungen.[101]

94 Die Kommission beruft sich auf Dernburg, Pandekten, Bd. 2, § 6; Baron, Pandekten, § 210 und Pobedonoscev, Kurs graždanskogo prava, Teil 3, § 72.

95 Tjutrjumov, Graždanskoe Uloženie 1910, Bd. 2, S. 174; Graždanskoe uloženie. Objazatel'stva 1899, Bd. 1, S. 12.

96 Wächter, Pandekten, Bd. 2, § 183 (S. 342).

97 Petražickij, Načalo proekta, Sp. 2181.

98 Petrażycki beruft sich abermals auf die Motive der Kommission: Graždanskoe uloženie. Objazatel'stva 1899, S. 14.

99 Petražickij, Načalo proekta, Sp. 2182.

100 W. v. Seeler, Der Entwurf, S. 188 meint, daß die Vorschrift in dieser Fassung »ebensogut hätte wegbleiben können«.

101 Tjutrjumov, Graždanskoe Uloženie 1910, Bd. 2, S. 175.

c.) *Verträge*

aa.) Begriff des Vertrags

Art. 4 E 1899 lautet:

> Vertrag wird die Übereinkunft zweier oder mehrerer Personen über den Erwerb, die Abänderung oder Aufhebung eines Rechts genannt.

Die vorgeschlagene Definition entspricht nach der Meinung der Kommission dem in der Rechtswissenschaft ausgearbeiteten Vertragsbegriff.[102] Die Kommission erörtert hier Gemeinsamkeiten und Unterschiede im Verhältnis zwischen dem schuldrechtlichen und dem dinglichen Vertrag.[103] Gemeinsam haben beide Kategorien, daß sie dem Bereich der vermögensrechtlichen Verhältnisse angehören. Schwierigkeiten bereite gelegentlich die Abgrenzung, nämlich ob ein Vertrag mit Rücksicht auf seinen Inhalt schuldrechtlicher oder dinglicher Natur sei.[104] Auch könne die Begründung eines dinglichen Rechtsverhältnisses unter den allgemeinen Begriff der Erfüllung (*solutio*) subsumiert werden, die insoweit, wie die Kommission meint, notwendig stattfinde.[105] Daher müßten die allgemeinen Regeln über schuldrechtliche Verträge auch für dingliche Verträge gelten, vorbehaltlich allerdings bestimmter Sonderregeln, die nur für die letzteren gelten.

Die Kommission hatte erwogen, zur Abgrenzung der Kategorien auf das Merkmal der tatsächlichen Übergabe (*traditio*) des Vermögensgegenstandes abzustellen, verzichtet aber letztlich darauf. Sie meint, die *traditio* könne theoretisch als Element verstanden werden, welches in Verbindung mit dem schuldrechtlichen Element einen dinglichen Vertrag zustande bringe.[106] Allerdings könne sie auch bei der Begründung von schuldrechtlichen Verhältnissen stattfinden. Die genannten Beispiele (Sachmiete, Leihe, Darlehen) zeigen, daß sich die Kommission nicht auf den Realvertrag bezieht, sondern auf die zusammenhängende Vornahme von Verpflichtung und Übergabe. Die Motive führen ferner aus, daß das Merkmal der Übergabe auch darum ungeeignet sei, weil sie im eigentlichen Sinne bei Immobilien nicht stattfinden könne; bei Grundpfandrechten habe nicht einmal das römische Recht die Entstehung des dinglichen Rechts durch die Übergabe von Vermögen vorgesehen.[107] In anderen Fällen könne die Übergabe nicht stattfinden, weil der Erwerber die Sache aufgrund eines schuldrechtlichen Vertrages (z. B. Miete) bereits besitze oder der Veräußerer gemäß dem gleichzeitig abgeschlosse-

102 Die Kommission beruft sich u. a. auf Savigny, System, Bd. 3, § 140; Dernburg, Pandekten, Bd. 1, § 92; Hasenöhrl, Das oesterreichische Obligationenrecht, Bd. 1, § 24; Šerševič, Učebnik russkogo graždanskogo prava, S. 304; Vas'kovskij, Učebnik graždanskogo prava, § 11 (S. 151 ff.); Pobedonoscev, Kurs graždanskogo prava, Teil 3, § 1; vgl. Graždanskoe uloženie. Objazatel'stva 1899, Bd. 1, S. 22.

103 Graždanskoe uloženie. Objazatel'stva 1899, Bd. 1, S. 22-28.

104 Vgl. Graždanskoe uloženie. Objazatel'stva 1899, Bd. 1, S. 23.

105 Graždanskoe uloženie. Objazatel'stva 1899, Bd. 1, S. 23.

106 Graždanskoe uloženie. Objazatel'stva 1899, Bd. 1, S. 24.

107 Graždanskoe uloženie. Objazatel'stva 1899, Bd. 1, S. 25.

nen Vertrag im Besitz bleibe. Hier müsse die äußere Handlung durch *brevi manu traditio* oder *constitutum possessorium* ersetzt werden.

Die Kommission stellt fest, aus diesen Gründen seien in modernen Gesetzen andere, dem römischen Recht unbekannte Möglichkeiten zugrundegelegt, um dingliche Verträge von schuldrechtlichen abzugrenzen.[108] Für Immobilien sei die Übergabe durch die Eintragung (votčinnaja zapiska) ins Grundbuch (votčinnaja kniga) ersetzt worden. Die Eintragung habe nur eine einzige Gemeinsamkeit mit der römischen *traditio*, daß sie nämlich ein formales Element bilde, welches mit der Einigung über den Übergang eines dinglichen Rechtes einhergehen müsse.[109]

bb.) Gegenstand des Vertrags

Art. 21 E 1899 lautet:

> Ein Vertrag, der eine unmögliche oder eine dem Gesetz, den guten Sitten oder der öffentlichen Ordnung zuwiderlaufende Handlung zu seinem Gegenstand hat, ist nichtig.

Die Kommission meint, es sei nicht notwendig, im Gesetz zu erwähnen, welche Form der Unmöglichkeit die Nichtigkeit eines Vertrags bewirke. Es handele sich selbstverständlich um die anfängliche objektive Unmöglichkeit.[110] Letjaev sieht hier eine Entlehnung aus dem römischen Recht,[111] in welchem sich die Regel des Celsus (8 *digestorum* D. 50,17,185) »*impossibilium nulla obligatio est*« auch nur auf objektive Unmöglichkeit bezogen hatte;[112] im Pandektenrecht war dies beibehalten worden.[113]

Zusammen mit der Unmöglichkeit behandelt der Entwurf die Nichtigkeit wegen Verstoßes gegen ein Gesetz, gegen die guten Sitten oder die öffentliche Ordnung. Als Fall des Sittenverstoßes hatte die Rechtsprechung die Vermittlung einer Heirat gegen Entgelt angesehen, weil dies der Reinheit des Ehebundes widerspreche und folglich nicht zum Gegenstand des Vertrages im Sinne von Art. 1528 und 1529 SZ X/1 werden dürfe.[114]

Der E 1905 behandelt an systematisch entsprechender Stelle (Art. 1584) die Unmöglichkeit, während die Nichtigkeitsgründe im übrigen in das erste Buch (Allgemeine Bestimmungen) verlegt sind. Die Bestimmung über die Nichtigkeit wegen Unmöglichkeit wurde allerdings um die Ersatzpflicht derjenigen Partei, welche bei Abschluß des Vertrages wußte, daß er auf eine unmögliche Leistung gerichtet war, hinsichtlich des Vertrauensschadens der anderen Seite ergänzt.

108 Graždanskoe uloženie. Objazatel'stva 1899, Bd. 1, S. 25.
109 Graždanskoe uloženie. Objazatel'stva 1899, Bd. 1, S. 26.
110 Graždanskoe uloženie. Objazatel'stva 1899, Bd. 1, S. 61.
111 Letjaev, Recepcija rimskogo prava, S. 191 f.
112 Kaser, Das römische Privatrecht, Bd. 1, S. 489 f.
113 Vgl. Dernburg, System des Römischen Rechts, 2. Teil, S. 571.
114 Letjaev, Recepcija rimskogo prava, S. 192 mit Nachweisen.

Art. 24 E 1899 lautet:

> Ein nur zur Schein geschlossener Vertrag (Scheinvertrag) ist nichtig. Ein unter dem Anschein eines anderen Vertrages geschlossener Vertrag (verdeckter Vertrag) wird nach den Regeln über den Vertrag, welchen die Parteien in Wirklichkeit zu schließen beabsichtigten, beurteilt.

Die Kommission geht davon aus, daß die Nichtigkeit des Scheinvertrags sowohl in der Wissenschaft als auch in den Gesetzen allgemein anerkannt sei: *cum nihil agitur, aliquid simulatur.*[115] Auch die Kassationsabteilung des Senats hatte diesen Standpunkt in mehreren Entscheidungen vertreten.[116] Verdeckte Verträge, bei denen die Parteien zwar beabsichtigen, einen Vertrag abzuschließen, allerdings unter dem Deckmantel eines anderen Vertragstyps (*aliud agitur, aliud simulatur*), sollen nach der Meinung der Gesetzgebungskommission nach dem Grundsatz *plus valere quod agitur, quam quod simulatur* (vgl. die Rubrik C. 4,22) beurteilt werden. Wenn also derjenige Vertrag, den die Parteien in Wirklichkeit hatten abschließen wollen, keine besonderen Nichtigkeitsgründe aufweist, so gilt er als wirksam.[117]

cc.) Zwang, Täuschung und Irrtum

Die Regelungen über den Vertragskonsens sowie über den Einfluß von Zwang, Täuschung und Irrtum sind in Art. 26-28 E 1899 enthalten:[118]

> Art. 26. Zur Gültigkeit eines Vertrages ist die bewußte und freie Willenseinigung der vertragsschließenden Personen erforderlich.
> Art. 27. Die Willenserklärung einer Person gilt nicht als bewußt und frei, wenn sich dieselbe bei Abschluß des Vertrages unter dem Einfluß von Zwang, Täuschung oder eines wesentlichen Irrtums befunden hat.
> Art. 28. Ein Vertrag gilt als unter dem Einfluß von Zwang geschlossen, wenn die Willenserklärung der Person durch Gewalt, Freiheitsberaubung, Folterung oder durch Erregung von Furcht im Wege der Drohung, dem Vertragsschließenden oder einem seiner Angehörigen einen persönlichen oder das Vermögen betreffenden Schaden zuzufügen, erzwungen worden ist.

Bereits das auf Grundlage des Svod Zakonov X/1 geltende Vertragsrecht hatte die freie Willenseinigung der Parteien als Voraussetzung der Gültigkeit des Vertrags gekannt (Art. 571, 700, 1528 u. a.),[119] und folglich hatte auch die Kassationsabteilung des Senats dies vorausgesetzt.[120] Die Feststellung Letjaevs, insoweit bestehe

115 Vgl. Cosack, Lehrbuch des Deutschen bürgerlichen Rechts, Bd. 1, § 64.
116 Graždanskoe uloženie. Objazatel'stva 1899, Bd. 1, S. 71; vgl. Kass. 1892, Nr. 28, 1891, Nr. 62 u. a..
117 Graždanskoe uloženie. Objazatel'stva 1899, Bd. 1, S. 71.
118 Vgl. Art. 60-64 E 1905.
119 Graždanskoe uloženie. Objazatel'stva 1899, Bd. 1, S. 75.
120 Kass. 1890, Nr. 9; vgl. Graždanskoe uloženie. Objazatel'stva 1899, Bd. 1, S. 75.

grundsätzliche Übereinstimmung mit dem römischen Recht,[121] trifft zu, ist aber wenig signifikant. Entsprechend galt die Regelung des Art. 27 E 1899 sowohl im geltenden Gesetz als auch in der Rechtsprechung.[122] Dies galt auch für Art. 28 E 1899 (vgl. Art. 702 SZ X/1).[123] Anfänglich hatte der Senat die Auffassung vertreten, daß unter Zwang nur strafbare Handlungen zu subsumieren seien.[124] Das vierte Departement des Senats erklärte allerdings, daß Zwang im Sinne des Art. 702 SZ X/1 auch psychischer Natur sein könne und außerdem keineswegs erforderlich sei, daß das Verhalten die Voraussetzungen eines Straftatbestandes erfülle.[125]

Was den physischen Zwang (*vis absoluta*) anbelangt, ergaben sich für die Kommission keine Zweifel daran, daß kein wirksamer Vertrag zustande komme, weil derjenige, der dem Zwang ausgesetzt sei, keinen freien Willen entwickele.[126] Anders sei es im Falle des psychischen Zwanges (*vis compulsiva*): Dieser schließe die Willensfreiheit nicht notwendig aus. Während hier teilweise eine begründete Furcht verlangt werde, stellten andere auf das Maß des angedrohten Schadens ab. In weiteren Fällen werde schließlich die Abgrenzung dadurch vorgenommen, daß die Nichtigkeit eine Bedrohung für Leben, Gesundheit oder Ehre erfordere.[127] Die Kommission vertritt den Standpunkt, daß die Furcht vor der Drohung begründet und der angedrohte Schaden schwerwiegend sein müsse. Sie verzichtet allerdings auf die Aufnahme dieser Merkmale in den Entwurfstext, weil man in der Frage nach dem Einfluß von Furcht auf die Willensfreiheit auf die Besonderheiten jedes konkreten Falles sowie auf die individuellen Eigenschaften der betroffenen Person abstellen müsse.[128] Die Kommission grenzt den hier behandelten Tatbestand ferner von dem Fall ab, daß der Vertragsschluß aus Ehrfurcht vor Vater, Mutter oder anderen Verwandten erfolgte. Sie erklärt, dies allein gelte nicht schon als Abschluß unter Zwang (*metus reverentialis*, C. 2,20,6).[129]

Es ist ferner nicht erforderlich, daß der Zwang von der anderen Vertragspartei ausgeht; er kann vielmehr auch von einer dritten Person ausgeübt werden. Dabei ist es nicht relevant, ob die andere Vertragspartei darüber in Kenntnis war.[130]

121 Letjaev, Recepcija rimskogo prava, S. 185.

122 Graždanskoe uloženie. Objazatel'stva 1899, Bd. 1, S. 76.

123 Graždanskoe uloženie. Objazatel'stva 1899, Bd. 1, S. 77.

124 Kass. 1868, Nr. 785, 1875, Nr. 258, 1876, Nr. 398 u. 582, 1878, Nr. 154; vgl. Graždanskoe uloženie. Objazatel'stva 1899, Bd. 1, S. 77.

125 Graždanskoe uloženie. Objazatel'stva 1899, Bd. 1, S. 77; vgl. Isačenko/Isačenko, Objazatel'stva po dogovoram, S. 146 f. S. bereits oben S. 496 f.

126 Graždanskoe uloženie. Objazatel'stva 1899, Bd. 1, S. 77.

127 Ulpian 11 *ad ed.* D. 4,2,1 u. 5; vgl. die Verweisung auf Art. 70 Dresdener Entwurf in Graždanskoe uloženie. Objazatel'stva 1899, Bd. 1, S. 77.

128 Vgl. Art. 1112 Code Civil; Art. 94 Sächs. BGB; Hasenöhrl, Das oesterreichische Obligationenrecht, Bd. 1, § 44; Cosack, Lehrbuch des Deutschen bürgerlichen Rechts, Bd. 1, § 65.

129 Graždanskoe uloženie. Objazatel'stva 1899, Bd. 1, S. 78.

130 Cosack, Lehrbuch des Deutschen bürgerlichen Rechts, Bd. 1, § 65; Arndts, Pandekten, § 237; Windscheid, Pandekten, § 80; vgl. Graždanskoe uloženie. Objazatel'stva 1899, Bd. 1, S. 78.

Die Art. 30 und 31 E 1899 (vgl. Art. 63 u. 64 E 1905) sind der Täuschung gewidmet. Die Definition der Täuschung im Art. 30 E 1899 entspricht derjenigen, die die Senatspraxis zugrundelegte.[131] Das Gericht behandelte als Täuschung nicht nur die jeweils strafrechtlich sanktionierten Verhaltensformen, sondern jedes vorsätzliche Handeln und Schweigen, das die Täuschung bezweckt oder eine erfolgte Täuschung aufrechterhalten soll.[132]

Bei der Entwicklung ihres Konzepts verweist die Kommission auf die historische Entwicklung der Rechtsfolgen der Täuschung im Privatrecht. Das ältere römische Recht habe nämlich zunächst weder Gegenrechte noch Klagen mit dem Ziel des Schutzes gegen Täuschung gekannt; diese – nämlich *exceptio doli* und *actio doli* – seien erst später als Rechtsschutzinstrumente durch die Rechtsprechung eingeführt worden.[133] Der Heraushebung dieses Entwicklungsschrittes liegt offenbar Ciceros Bericht zugrunde, daß erst seit C. Aquilius Gallus der Prätor dem durch Täuschung Geschädigten eine *actio de dolo* gegeben habe.[134]

Bestimmte Fälle der Ausnutzung einer Machtstellung oder von Vertrauen, Leichtsinn, Willensschwäche, Unerfahrenheit, Not oder Unglück eines anderen werden gemäß Art. 31 E 1899 der Täuschung gleichgestellt. Die Kommission erklärt außerdem, hier sei nach dem Vorbild von § 138 BGB der Begriff der *laesio enormis* eingeführt worden. Gemeint ist allerdings nicht die Verkürzung über die Hälfte (vgl. C. 4,44,2 u. 8), sondern allgemein ein auffälliges Mißverhältnis zwischen Leistung und Gegenleistung.[135] Diese Regelung findet im Entwurf darin Ausdruck, daß es nach den abschließenden Worten des Art. 31 als Täuschung gilt, wenn jemand unter Ausnutzung von Vertrauen, Unerfahrenheit u. a. eines anderen mit demselben »einen für diesen offenbar unvorteilhaften Vertrag schließt«.

131 Graždanskoe uloženie. Objazatel'stva 1899, Bd. 1, S. 80.

132 In der Entscheidung Kass. 1890, Nr. 9 meint der Senat, ein Vertrag könne für nichtig erkannt werden, wenn der freie Wille einer Partei untergraben worden sei, und zwar nicht nur im Wege eines Betrugs im strafrechtlichen Sinne, »sondern auch im Fall der Verleitung der betrogenen Seite zu einem Irrtum, um sie zum Abschluß eines unvorteilhaften Geschäfts geneigt zu machen«. Das Gericht verweist auf Kass. 1883, Nr. 78. Die Klärung erfolgt, weil der Ausdruck »obman« im Russischen sowohl für »Täuschung« als auch für »Betrug« steht.

133 Graždanskoe uloženie. Objazatel'stva 1899, Bd. 1, S. 81; vgl. dazu Letjaev, Recepcija rimskogo prava, S. 186-188.

134 Cicero, *de off.* 3,14,60; *de nat. deor.* 3,30,74; vgl. unten S. 627 f. mit Fn. 208 und zur Sache Kaser, Das römische Privatrecht, Bd. 1, S. 208 u. 246.

135 Graždanskoe uloženie. Objazatel'stva 1899, Bd. 1, S. 81. Man wird einwenden müssen, daß das BGB die *laesio enormis* ebensowenig kennt wie das Prinzip materieller Vertragsgerechtigkeit. Der Einfluß des materiellen Äquivalenzprinzips auf die Wirksamkeit vertraglicher Verpflichtungen ist erst durch die Rechtsprechung des Reichsgerichts zu Kriegsfolgen und Inflation anerkannt worden.

dd.) Bedingungen

Die Art. 35-42 E 1899 behandeln das Recht der Bedingung.[136] Art. 35 E 1899 lautet:

> Die Wirksamkeit des Vertrages kann nach der Übereinkunft der Parteien von einem Ereignis abhängig gemacht werden, das in Zukunft eintreten oder nicht eintreten kann, oder das, obgleich es eingetreten ist, den Parteien unbekannt geblieben ist (Bedingungen). Die Bedingungen können aufschiebende oder auflösende sein.

Im Svod Zakonov X/1 gibt es keine besonderen Vorschriften über die Bedingungen. Im Art. 1530 wird der Ausdruck »Bedingung« allgemein im Sinne einer Vertragsbestimmung gebraucht, wobei sich diese immerhin auch darauf richten kann, daß die Wirksamkeit eines Schuldverhältnisses von einem Ereignis abhängig sein soll, welches in Zukunft eintreten oder nicht eintreten kann, oder, falls es eingetreten ist, den Parteien unbekannt geblieben ist, und welches daher die Bedingung jenes Schuldverhältnisses im technischen Sinne (*condicio*) darstellt.[137] Entsprechend behandelte der Senat ohne weiteres die Vereinbarung von Bedingungen als wirksam.[138] Als Bedingung (uslovie) galt dem Gericht »nach dem Sinn unserer Gesetze« jeder Umstand, der den Parteien unbekannt war und von dem das Bestehen der rechtsgeschäftlichen Verpflichtungen der Parteien abhängig gemacht wurde (Kass. 1875, Nr. 414).[139] Soweit für die in dieser Weise konzipierte Bedingung der Ausdruck »*condicio*« verwendet wird, ist zu beachten, daß das Abstellen der Parteien auf ein *vergangenes* Ereignis, über daß sie allerdings keine Gewißheit haben, im römischen Recht gerade nicht die Voraussetzungen einer echten Bedingung erfüllte.[140] Die Abhängigkeit der intendierten Rechtswirkungen wurde im Gemeinen Recht (sog. *conditio in praesens vel in praeteritum collata*, unechte Bedingung) gelegentlich im Wege der Auslegung auf anderer dogmatischer Grundlage anerkannt.[141] Die Verschiedenheit der Konzepte spiegelt sich in der von der Kommission wiedergegebenen Diskussion der Frage, welche Anforderungen an das Ereignis zu stellen seien, von dem die Wirkungen des Rechtsgeschäfts abhängig gemacht werden konnten. Die Kommission stellt fest, daß das römische Recht verlangt habe, das entsprechende Ereignis müsse in der Zukunft liegen. Sie belegt diesen Standpunkt zutreffend mit Papinian 1 *definitionum* D.

136 Vgl. Art. 72-85 E 1905.

137 Graždanskoe uloženie. Objazatel'stva 1899, Bd. 1, S. 91-92; vgl. Isačenko/Isačenko, Objazatel'stva po dogovoram, S. 253 f.

138 Vgl. Kass. 1875, Nr. 414, 1879, Nr. 223; Graždanskoe uloženie. Objazatel'stva 1899, Bd. 1, S. 92.

139 Graždanskoe uloženie. Objazatel'stva 1899, Bd. 1, S. 92.

140 Kaser, Das römische Privatrecht, Bd. 1, S. 253.

141 Wegen der funktionalen Parallelen wurde die Differenzierung im pandektistischen Schrifttum angegriffen; vgl. Windscheid, Pandekten, § 87, Fn. 6 mit Nachweisen. Das deutsche BGB (§§ 158 ff.) hielt gleichwohl an ihr fest.

12,1,37; Modestin 8 *regularum* D. 45,1,100; Papinian 2 *quaestionum* D. 45,1,120 und Bas. 23,1,39. Diese Auffassung, nach der es zu einem objektiven Schwebezustand kommen muß, findet die Kommission auch in der Literatur überwiegend vertreten.[142] Sie stellt fest, das positive Recht lasse demgegenüber teilweise auch solche Bedingungen zu, die die Wirkungen der Verträge von Ereignissen abhängig machen, die womöglich eingetreten sind, ohne daß dies den Parteien aber bekannt geworden wäre.[143] Während nun die Kommissionsmitglieder K. I. Malyšev und I. E. Iljašenko dafür eintraten, daß sich Bedingungen im engeren Sinne nur auf zukünftige Ereignisse beziehen dürften,[144] setzte sich die Mehrheit der Kommissionsmitglieder mit dem Standpunkt durch, daß *conditiones in praesens* oder *in praeteritum collatae* in ihrem Wesen die gleichen Bedingungen darstellten wie diejenigen, die der Zukunft angehörten. Denn auch wenn ein Ereignis, durch welches das Rechtsgeschäft bedingt ist, bereits eingetreten ist, habe es im subjektiven Sinne die Bedeutung eines zukünftigen Ereignisses, solange der Eintritt den Parteien unbekannt sei.[145]

Art. 35 E 1899 enthält also eine rein technische Definition des zugrundegelegten Bedingungsbegriffs, ebenso wie der denselben Gegenstand behandelnde Art. 72 des E 1905.[146] Diese Vorschrift wurde gegenüber Art. 35 E 1899 abgeändert. Die Kommission verzichtet in der späteren Fassung auf die – nun als falsch wahrgenommene – Formulierung des Art. 35, daß »die Wirksamkeit des Vertrages« von einer Bedingung abhängig gemacht werden könne. Stattdessen lautet der Text nun dahingehend, daß »die Folgen eines Rechtsgeschäftes« von einer Bedingung abhängig gemacht werden können, denn ein unter einer Bedingung abgeschlossenes Rechtsgeschäft schaffe gewisse Rechtsfolgen unverzüglich und trete folglich auch unverzüglich in Kraft.[147] Entsprechend änderte die Kommission auch den Art. 36 E 1899 ab, nach dem ein unter einer aufschiebenden Bedingung geschlossener Vertrag erst zum Zeitpunkt des Eintritts der Bedingung in Kraft treten und ein unter einer auflösenden Bedingung geschlossener Vertrag zum Zeitpunkt des Eintritts der Bedingung seine Wirksamkeit verlieren sollte. Im

142 Savigny, System, Bd. 3, § 116; Laurent, Principes, Bd. 17, § 35; Regelsberger, Pandekten, Bd. 1, § 151; Dernburg, Pandekten, Bd. 1, § 107. Vgl. Tjutrjumov, Graždanskoe Uloženie 1910, Buch 1 (Ndr. 2007), S. 135; Graždanskoe uloženie. Objazatel'stva 1899, Bd. 1, S. 93.

143 Art. 1181 Code Civil (ausdrücklich); Art. 1530 SZ X/1 (offen formuliert); Art. 3150 f. Baltisches Privatrecht (Parteien müssen das Ereignis zumindest für künftig und ungewiß *halten*).

144 Tjutrjumov, Graždanskoe Uloženie 1910, Buch 1 (Ndr. 2007), S. 136.

145 Tjutrjumov, Graždanskoe Uloženie 1910, Buch 1 (Ndr. 2007), S. 136.

146 Die Motive berufen sich zur Begründung u. a. auf Vas'kovskij, Učebnik graždanskogo prava, § 14 (S. 166 ff.); Šeršenevič, Učebnik russkogo graždanskogo prava, S. 122-124; Kass. 1875, Nr. 414. Vgl. Tjutrjumov, Graždanskoe Uloženie 1910, Buch 1 (Ndr. 2007), S. 135.

147 Es handelt sich der Sache nach um eine Hinwendung zu dem für Servius belegten, wirkungsmächtigen Standpunkt, daß die Wirkungen der Bedingung nicht das Zustandekommen des Rechtsgeschäfts, sondern nur dessen Rechtsfolgen betreffen. Vgl. dazu näher Effer-Uhe, Die Wirkung der *condicio*, S. 23 ff.

E 1905 änderte die Redaktion die entsprechende Norm und behandelte im neuen Art. 73 »die Rechte und Pflichten, die von einer Bedingung abhängig gemacht wurden«. Damit hängt also nicht das ganze Rechtsgeschäft vom Eintritt einer Bedingung ab, sondern nur die betreffenden Rechte und Pflichten.[148]

Art. 37 E 1899 lautet:

> Ein Vertrag, dessen Wirksamkeit von einer unmöglichen oder dem Gesetz, den guten Sitten oder der öffentlichen Ordnung entgegenstehenden Bedingung abhängt, ist nichtig.

Unter einer unmöglichen Bedingung wird hier selbstverständlich eine aufschiebende und zugleich positive Bedingung (*affirmativa*) verstanden. Die Feststellung, daß eine *conditio negativa impossibilis* keine Unwirksamkeit zur Folge hat, ist hier nach der Meinung der Kommission überflüssig, weil es sich dabei um eine *conditio quae omnimodo exitura est* handele.[149] Aus dem gleichen Grunde schweigt der Entwurf darüber, daß eine auflösende Bedingung dieser Art keine Folgen hat.[150] Was sitten- oder gesetzwidrige Bedingungen anbelangt, so macht die Aufnahme solcher Bedingungen in einen Vertrag diesen unwirksam, unabhängig davon, ob solche Bedingungen aufschiebender oder auflösender Natur sind.[151]

Art. 41 E 1899 lautet:

> Wenn diejenige Vertragspartei, welcher der Nichteintritt der Bedingung einen Vorteil verschafft, den Eintritt der Bedingung arglistig verhindert hat, so gilt die Bedingung als eingetreten. Wenn diejenige Vertragspartei, welcher der Eintritt der Bedingung einen Vorteil verschafft, den Eintritt der Bedingung arglistig herbeigeführt hat, so gilt sie als nicht eingetreten.

Die Kommission geht davon aus, daß jede Handlung einer Partei, die darauf gerichtet ist, eine Leistungspflicht zu vermeiden, indem der Eintritt einer Bedingung vereitelt wird, die Rechte der anderen Partei ebenso verletzt wie die direkte gesetzwidrige Verweigerung der Erfüllung. Daher wäre hier, wie die Kommission meint, grundsätzlich an eine Schadensersatzpflicht zu denken.[152] Sie entscheidet sich aber für eine andere Lösung, die sie mit Windscheid aus den Quellen des römischen Rechts ableitet (Paulus 75 *ad edictum* D. 45,1,85,7; Ulpian 77 *ad edictum* D. 50,17,161).[153] Die Bedingung, deren Eintritt von einer Vertragspartei verhindert wird, gilt als eingetreten.[154] Die Kommission sieht in dieser Lösung eine strengere, aber wirksamere Maßnahme gegenüber einer an die vertraglichen

148 Tjutrjumov, Graždanskoe Uloženie 1910, Buch 1 (Ndr. 2007), S. 137.

149 Die Kommission beruft sich auf Laurent, Principes, Bd. 17, § 48.

150 Graždanskoe uloženie. Objazatel'stva 1899, Bd. 1, S. 97.

151 Graždanskoe uloženie. Objazatel'stva 1899, Bd. 1, S. 97.

152 Graždanskoe uloženie. Objazatel'stva 1899, Bd. 1, S. 107; Tjutrjumov, Graždanskoe Uloženie 1910, Buch 1 (Ndr. 2007), S. 145-146.

153 Windscheid, Pandekten, Bd. 1, § 92 (S. 482).

154 Graždanskoe uloženie. Objazatel'stva 1899, Bd. 1, S. 107; Tjutrjumov, Graždanskoe Uloženie 1910, Buch 1 (Ndr. 2007), S. 146.

Abreden gebundenen Partei. Diese Vorschrift findet keine Verwendung auf die Potestativbedingung.[155]

ee.) Angeld

Das Angeld wird in Art. 49-51 E 1899 behandelt. Art. 49 E 1899 lautet:

> Eine Geldsumme, welche ein Vertragsschließender dem anderen zum Beweis des Vertragsschlusses und zur Sicherstellung seiner Erfüllung übergeben hat, ist als Angeld anzusehen.

Der Svod Zakonov X/1 hatte keine allgemeinen Vorschriften über die rechtliche Bedeutung des Angeldes (zadatok) enthalten, sondern dasselbe nur hinsichtlich einzelner Verträge erwähnt (z. B. Art. 1685 und 1688).[156] Mehrfach wird in den Materialien auf die Schwierigkeiten hingewiesen, die sich für die Rechtsprechung aus diesem Umstand ergaben.[157] Daher hält die Kommission es für notwendig, allgemeine Regeln festzulegen.[158] Letjaev meint, die dabei zugrundegelegte Begrifflichkeit entspreche der der römischen *arra*. Auch diese habe nämlich zum Beweis des Vertragsschlusses sowie zur Sicherung der Vertragserfüllung gedient.[159]

Verfall und Rückerstattung des Angelds sowie das Verhältnis zum Schadensersatz regelt Art. 50 E 1899:

> Wenn der Vertrag durch Verschulden derjenigen Person nicht erfüllt wird, die das Angeld gegeben hat, so verliert sie dasselbe; wenn der Vertrag durch Verschulden des Empfängers nicht erfüllt wird, so muß derselbe das Angeld in doppelter Höhe zurückerstatten. Unabhängig davon ist der Schuldige der anderen Partei zum Ersatz des Schadens verpflichtet, soweit dieser das Angeld übersteigt.

Die Frage nach den das Angeld betreffenden Regeln stellt sich in der Praxis hauptsächlich dann, wenn der Vertrag durch Verschulden einer der Parteien nicht erfüllt wird und die Parteien das Schicksal des Angeldes nicht vereinbart haben. Das geltende Recht hatte hierzu keine Bestimmung getroffen.[160] Die Rechtsprechung bezog das Angeld daher in die Bestimmung des Schadensersatzes ein. Der Senat erklärte, daß die Nichterfüllung durch Verschulden des Gebers den Verlust

155 Graždanskoe uloženie. Objazatel'stva 1899, Bd. 1, S. 107-108; Tjutrjumov, Graždanskoe Uloženie 1910, Buch 1 (Ndr. 2007), S. 146.

156 Graždanskoe uloženie. Objazatel'stva 1899, Bd. 1, S. 122.

157 S. oben S. 499 f.

158 Graždanskoe uloženie. Objazatel'stva 1899, Bd. 1, S. 123.

159 Vgl. Letjaev, Recepcija rimskogo prava, S. 160. Von der *arra* unterscheidet sich der russische zadatok freilich insoweit, als die Entwürfe als Angeld ausschließlich eine Geldsumme vorsahen, während im vorklassischen und klassischen römischen Recht auch die Übergabe einer Sache, z. B. eines Ringes, zur Bekräftigung des Vertragsschlusses in Frage kommen konnte; vgl. Kaser, Das römische Privatrecht, Bd. 1, S. 547 f.

160 Graždanskoe uloženie. Objazatel'stva 1899, Bd. 1, S. 124.

des Angeldes zur Folge habe, wobei dem Empfänger Schadensersatz nur in dem Umfang zustehe, in dem der Schaden das Angeld übersteige. Demgegenüber habe die Nichterfüllung durch Verschulden des Empfängers sowohl die Rückerstattung des Angeldes als auch Schadensersatz zur Folge (Kass. 1892, Nr. 12 und Nr. 40; 1888, Nr. 33).[161] Die Kommission weicht von der Rechtsprechung ab. Ohne an dieser Stelle auf die Quellen des römischen Rechts zu verweisen, entscheidet sie sich für eine Lösung, wie sie das nachklassische Recht gekannt hatte. Eine Konstitution Justinians aus dem Jahre 528 hatte nämlich dem Angeld eine selbständige Straffunktion zugewiesen (*arra poenalis*).[162] Infolgedessen brachte die Nichterfüllung jeweils rechtliche Nachteile mit sich: der Geber verlor ggf. das Angeld, der Empfänger war ggf. verpflichtet, es in doppelter Höhe zurückzuzahlen.[163] Die Kommission befürwortet den Gedanken, dem Angeld im Sinne des römischen Rechts eine strafende Funktion neben dem Schadensersatz zuzuweisen. Sie meint, nur so eigne es sich dazu, die Vertragserfüllung hinreichend zu sichern.[164]

Die Rückerstattung des Angelds in den Fällen von einverständlicher Vertragsaufhebung oder unverschuldeter Unmöglichkeit regelt Art. 51 E 1899:

> Im Falle der Aufhebung des Vertrages durch gegenseitige Übereinkunft der Parteien oder infolge der ohne Verschulden einer der Parteien eingetretenen Unmöglichkeit der Erfüllung wird das Angeld zurückerstattet.

Diese Regel hatte der Senat in seiner Rechtsprechung angewandt, ohne sich allerdings auf eine spezielle Grundlage im Svod Zakonov X/1 berufen zu können. Das Gericht hatte sich daher bislang auf das allgemeine Bereicherungsverbot gestützt. In diesem Sinne mußte die Nichterfüllung eines Vertrages ohne Verschulden einer der Parteien eine einfache Rückerstattung des Angeldes zur Folge haben (Art. 574 SZ X/1).[165]

ff.) Vertragsstrafe

Die Vertragsstrafe hatte in Rußland im 19. Jahrhundert breite Anwendung gefunden.[166] Der Svod Zakonov hatte sie als Sicherungsinstrument für Verbindlichkeiten gekannt.[167] Art. 1585 SZ X/1 definierte die Vertragsstrafe wie folgt:

> Die Strafe, die im Vertrag selbst geregelt ist, wird in dem Umfang gefordert, der bestimmt ist, allerdings unabhängig von der Forderung wegen der

161 Graždanskoe uloženie. Objazatel'stva 1899, Bd. 1, S. 124.

162 C. 4,21,17,2; Kaser, Das römische Privatrecht, Bd. 2, S. 388; Letjaev, Recepcija rimskogo prava, S. 161.

163 Letjaev, Recepcija rimskogo prava, S. 165.

164 Graždanskoe uloženie. Objazatel'stva 1899, Bd. 1, S. 124.

165 Graždanskoe uloženie. Objazatel'stva 1899, Bd. 1, S. 125; vgl. Kass. 1892, Nr. 12, 1888, Nr. 33.

166 Letjaev, Recepcija rimskogo prava, S. 160.

167 Art. 1554 und 1583 SZ X/1; Graždanskoe uloženie. Objazatel'stva 1899, Bd. 1, S. 128.

> Nichterfüllung des Vertrages selbst, welcher auch im Falle der Forderung der Vertragsstrafe in Kraft bleibt, es sei denn der Inhalt des Vertrages bestimmt, daß dieser mit der Zahlung der Vertragsstrafe erlischt.[168]

Die Zahlung der Vertragsstrafe befreite also den Schuldner de lege lata grundsätzlich nicht von der Pflicht zur Erfüllung des Vertrages und ggf. zum Schadensersatz.[169] Somit sah der Svod Zakonov X/1 hinsichtlich des Wesens der Vertragsstrafe die Kumulation mit den weiteren vertraglichen Verpflichtungen vor.[170] Der Zweck der Vertragsstrafe bestand in der Bestrafung der »neispravnost'« (»Störung«).[171] Auch die Rechtsprechung definierte die Vertragsstrafe als Strafe für die »Störung« der Erfüllung eines Vertrages. So bemerkte der Senat (Kass. 1903, Nr. 71), nach den geltenden Bestimmungen (Art. 1574 u. 1583 SZ 10/1) sei »die Vertragsstrafe nichts anderes als eine Strafe für die Störung in der Erfüllung des Vertrags, festgesetzt im bestimmten Maß des Gesetzes oder Vertrags zur Bestärkung der Kraft der Verpflichtungen«.[172]

Der E 1899 konzipierte den Inhalt der Vertragsstrafe offen. Gedacht war offenbar in erster Linie an eine Geldsumme (Art. 57), doch sollte auch die Lieferung von Sachen oder sogar die Ausführung einer Arbeit als Vertragsstrafe vereinbart werden können.[173]

Die Kommission führt den Grundsatz ein, daß sich die Nichtigkeit der Hauptverbindlichkeit direkt und unmittelbar auf die Vereinbarung über eine Vertragsstrafe auswirke.[174] Der Schuldner werde allerdings nicht nur in diesem Fall von der Pflicht zur Zahlung der Vertragsstrafe befreit, sondern u. U. auch dann, wenn die von ihm nicht erfüllte Verbindlichkeit wirksam sei. Die Kommission faßt beide Gedanken in Art. 59 E 1899 zusammen:

168 Nach Letjaev stimmte die Auffassung von der rechtlichen Natur der Vertragsstrafe im russischen Recht mit derjenigen überein, welche im römischen Recht bestanden hatte. Im römischen Recht konnte eine Geldzahlung für den Fall versprochen werden, daß eine bestehende Verbindlichkeit nicht oder nicht ordnungsgemäß erfüllt wurde. Dies geschah allerdings in der Form der Stipulation; Recepcija rimskogo prava, S. 164. Vgl. Papinian 2 *quaest.* D. 45,1,115,2 und Kaser, Das römische Privatrecht, Bd. 1, S. 519.

169 Graždanskoe uloženie. Objazatel'stva 1899, Bd. 1, S. 129.

170 M. Pergament, Dogovornaja neustojka, S. 313; ders., Anmerkung zu Kass. 1914, Nr. 56, S. 193.

171 Vgl. Graždanskoe uloženie. Objazatel'stva 1899, Bd. 1, S. 129.

172 Vgl. dazu Letjaev, Recepcija rimskogo prava, S. 164.

173 Graždanskoe uloženie. Objazatel'stva 1899, Bd. 1, S. 149. Pergament verstand Art. 57 E 1899 offenbar als abschließende Definition und wies darauf hin, daß die insoweit vermutete Beschränkung der Vertragsstrafe auf eine Geldsumme Art. 64 E 1899 widerspreche, nach dem auch andere Leistungen strafweise versprochen werden könnten. Vgl. Pergament, Dogovornaja neustojka, S. 314f. Der Autor sieht hier eine undurchdachte Übertragung von §§ 336ff. BGB.

174 Graždanskoe uloženie. Objazatel'stva 1899, Bd. 1, S. 136.

> Die Vertragsstrafe kann weder aus einem nichtigen Vertrag gefordert werden noch in dem Fall, daß die Verbindlichkeit ohne Verschulden des Schuldners nicht oder nicht gehörig erfüllt worden ist.

Der Schuldner wird von der Pflicht zur Zahlung einer Vertragsstrafe also auch im Falle einer von ihm nicht verschuldeten Nicht- oder Schlechterfüllung frei.[175] Nach Meinung der Kommission hätte es den Anforderungen der Gerechtigkeit widersprochen, den Schuldner von der Haftung nur in den Fällen von höherer Gewalt oder Gläubigerverschuldens zu befreien, weil dies bedeutet hätte, daß er die Vertragsstrafe auch dann hätte bezahlen müssen, wenn ihm hinsichtlich der Nichterfüllung keinerlei Fahrlässigkeit vorzuwerfen sei, z. B. im Falle eines zufällig eintretenden Leistungshindernisses.[176]

Im Rahmen der umfassenden Kritik, die Pergament an Art. 59 E 1899 äußert,[177] berührt seine Auseinandersetzung mit dem zweiten in der Vorschrift behandelten Fall unsere Fragestellung, denn sie findet vor dem Hintergrund des römischen Rechts statt. Pergament meint, die Bestimmung sei überflüssig, daß die Vertragsstrafe nicht gefordert werden könne, wenn die Verbindlichkeit ohne Verschulden des Schuldners nicht oder nicht gehörig erfüllt worden sei. Mit der Beschränkung der Haftung des Schuldners auf Fälle eigenen Verschuldens sei nichts zum Ausdruck gebracht worden, was nicht für die Verträge im Allgemeinen gelte. Zwar weiche das römische Recht ab, denn dort habe eine *poena* u. U. auch ohne Verschulden als *commissa* gegolten.[178] Dies aber sei dadurch bedingt gewesen, daß die Vertragsstrafe in Form der Stipulation versprochen worden sei, bei der es lediglich auf die bloße Tatsache des Eintretens oder Nichteintretens bestimmter Ereignisse angekommen sei.[179] Dieser Zusammenhang bestehe aber nicht mehr, und das

175 Graždanskoe uloženie. Objazatel'stva 1899, Bd. 1, S. 137 unter Berufung auf Hasenöhrl, Das oesterreichische Obligationenrecht, Bd. 1, S. 513; Windscheid, Pandekten, Bd. 2, § 285 (S. 168).

176 Graždanskoe uloženie. Objazatel'stva 1899, Bd. 1, S. 138.

177 Pergament, Dogovornaja neustojka, S. 317-318. Der Verfasser, der sich in seiner (in Berlin vorbereiteten) Monographie mit dem Verhältnis zwischen Vertragsstrafe und Interesse auseinandergesetzt hatte, ergänzte seine Arbeit in der zweiten Auflage um die kritische Auseinandersetzung mit den einschlägigen Vorschriften des Entwurfs.

178 Pergament, Dogovornaja neustojka, S. 322.

179 Pergament, Dogovornaja neustojka, S. 268 f. verweist zum Beleg auf Paulus 58 *ad ed.* D. 45,1,77; Labeo 5 *pithanon a Paulo epit.* D. 22,2,9 und Paulus 22 *ad ed.* D. 9,2,22 pr. Während die ersten beiden Quellen davon ausgehen, daß bei Fristablauf kein Schuldner vorhanden ist, den ein Verschulden treffen könnte, versteht Pergament den letztgenannten Text dahingehend, daß der Schuldner, der seinen Sklaven nicht hatte leisten können, weil dieser von einem Dritten getötet worden war, gegen denselben mit der *actio legis Aquiliae* nicht nur Ersatz für den Wert des Sklaven, sondern zusätzlich den Betrag einklagen könne, den er an den Gläubiger als Vertragsstrafe habe leisten müssen: *utilitas venit in hoc iudicium.* Danach hätte der Schuldner also die *poena* verwirkt, ohne daß ihn am Tod des Sklaven – und damit an seinem Unvermögen zur Leistung – ein Verschulden traf.

Gesetz brauche keine Bestimmungen zu enthalten, welche ausschließlich der Widerlegung römischer Normen dienten.[180]

In der Frage nach dem Verhältnis zwischen Vertragsstrafe und Schadensersatz sah das positive Recht die Kumulation vor.[181] Der Gläubiger konnte also sowohl die Zahlung der Vertragsstrafe als auch die Erfüllung der Verbindlichkeit fordern. Die Rechtsprechung des Senats bestätigte den Standpunkt der Kumulation und vertrat die Auffassung, nach Art. 1585 SZ X/1 »schließe die Einforderung der Strafe nicht das Recht aus, die Bezahlung des Schadens zu fordern, der infolge der Nichterfüllung des Vertrags entstanden ist« (Kass. 1869, Nr. 310, 1870, Nr. 572). Pergament wiederum kritisierte die Regelung des Art. 1585 SZ X/1 als mißlungen. Er forderte, von der Kumulation abzugehen.[182] Der Entwurf regelt das Verhältnis in Art. 61 E 1899 differenzierter, als es bisher der Fall gewesen war:

> Wenn die Vertragsstrafe für den Fall der Nichterfüllung seitens des Schuldners festgesetzt ist, so hat der Gläubiger das Recht, entweder Zahlung der Vertragsstrafe oder aber Erfüllung der Verbindlichkeit und im Fall der Nichterfüllung Schadensersatz zu fordern. Sowohl die Vertragsstrafe als auch die Erfüllung der Verbindlichkeit kann der Gläubiger nur in dem Fall fordern, wenn dies im Vertrag bestimmt oder die Vertragsstrafe für die nicht rechtzeitige oder nicht gehörige Erfüllung der Verbindlichkeit festgesetzt worden ist. Wenn ein Gläubiger die verspätete oder nicht gehörige Erfüllung der Verbindlichkeit ohne Vorbehalt hinsichtlich der Bewahrung seines Rechts auf die Vertragsstrafe angenommen hat, so wird dies als Verzicht auf die Vertragsstrafe angesehen.

Pergament versteht den hier vorgesehenen, teilweisen Ausschluß der Kumulation in Verbindung mit dem römischen Recht, welches die Kumulation für den Regelfall nicht anerkannt hatte, so daß der Schuldner insoweit grundsätzlich nicht verpflichtet war, sowohl die Vertragsstrafe zu zahlen als auch die Verbindlichkeit zu erfüllen, wenn nichts anderes vereinbart wurde.[183] Er weist darauf hin, daß Labeo und Ulpian denselben Standpunkt vertraten.[184] Das römische Recht ließ allerdings dann die Kumulation zu, wenn dies von den Parteien vereinbart worden war.[185]

180 Pergament, Dogovornaja neustojka, S. 323.

181 Pergament, Dogovornaja neustojka, S. 244; vgl. Letjaev, Recepcija rimskogo prava, S. 167.

182 Pergament, Dogovornaja neustojka, S. 233; vgl. Letjaev, Recepcija rimskogo prava, S. 167.

183 Paulus 3 *epitomarum Alfeni digestorum* D. 17,2,71 pr; vgl. Letjaev, Recepcija rimskogo prava, S. 164.

184 Ulpianus 66 *ad ed.* D. 44,4,4,7; vgl. auch Letjaev, Recepcija rimskogo prava, S. 164 f.

185 Letjaev, Recepcija rimskogo prava, S. 165 f.; Nachweise bei Pergament, Dogovornaja neustojka, S. 97 ff. Ausgehend von der Entscheidung der Kommission, die Kumulation in bestimmten Fällen zuzulassen, setzt sich Pergament im folgenden mit verschiedenen Konzepten der Ermittlung der Gesamtforderung auseinander und entwickelt einen eigenen differenzierteren Vorschlag für die künftige gesetzliche Regelung; Dogovornaja neustojka, S. 100 f. und 329-331.

gg.) Auslegung der Verträge

Der Auslegung der Verträge sind die Art. 65-70 E 1899 gewidmet:

> Art. 65. Verträge sind nach ihrem genauen Sinn sowie nach Treu und Glauben und der Absicht der Parteien auszulegen.
> Art. 68. Dunkle Ausdrücke sind aufgrund derjenigen Ausdrücke, welche keinem Zweifel unterliegen, und überhaupt im Geist des ganzen Vertrages, sowie nach den vorangegangenen, schriftlich niedergelegten Verhandlungen und nach den früheren Verträgen derselben Personen auszulegen; in jedem Fall sind dunkle Ausdrücke in dem der Erhaltung der Gültigkeit des Vertrages günstigsten Sinn auszulegen.
> Art. 69. Wenn die Rechte und Verbindlichkeiten der Parteien in irgendeiner Beziehung im Vertrag nicht festgesetzt sind, so wird der Inhalt desselben aufgrund des Gesetzes oder der Verkehrssitte ergänzt.
> Art. 70. Zweifel, welche aufgrund der in Art. 66-69 dargelegten Regeln nicht beseitigt werden können, werden zugunsten des Schuldners entschieden.

Das bisher geltende Zivilrecht (Art. 1536 in Verbindung mit Art. 1539 SZ X/1) bestimmte, daß die Verträge nach ihrem genauen Sinn (razum), ohne Rücksicht auf Begleitumstände und andere Personen, gemäß den verfolgten Absichten nach Treu und Glauben (po […] dobroj sovesti) zu erfüllen seien.[186] Diese Bestimmung wurde mit geringen Änderungen in den E 1899 aufgenommen.[187] Für den Fall des Zweifels, ob die im Vertrag verwendeten Ausdrücke den tatsächlichen Absichten der Parteien entsprechen, obliegt es dem Gericht, wie Pobedonoscev es ausgedrückt hatte, »aus dem toten Buchstaben den lebendigen Sinn der Willensübereinstimmung, welche im Vertrag ausgedrückt wurde, wiederherzustellen«.[188]

Eine Erforschung der wirklichen Absichten der Parteien soll aus Sicht der Kommission ausgeschlossen sein, wenn der wörtliche Sinn eines Vertrages keine Zweifel entstehen läßt, denn *cum in verbis nulla ambiguitas est, non est movenda voluntatis quaestio.*[189] Für eine ergänzende Vertragsauslegung besteht unter diesen Umständen kein Raum.

Soweit der Vertrag schließlich Zweifel aufwirft, die mit den genannten Auslegungsregeln nicht beseitigt werden können, so sollen die betreffenden Vertragsabreden

186 Graždanskoe uloženie. Objazatel'stva 1899, Bd. 1, S. 151; vgl. Isačenko/Isačenko, Objazatel'stva po dogovoram, S. 294 u. 480f. Es handelt sich, dem durch die russische Ausdrucksweise bewirkten Anschein zum Trotz, selbstverständlich nicht um den »guten Glauben«, sondern um die schuldrechtliche *bona fides*. Mit entsprechenden Wendungen wie »po dobroj sovesti« oder »dobrosovestno« wird in der Übersetzung des deutschen BGB »Treu und Glauben« wiedergegeben.

187 Graždanskoe uloženie. Objazatel'stva 1899, Bd. 1, S. 151.

188 Pobedonoscev, Kurs graždanskogo prava, Teil 3, § 16, S. 132; vgl. Graždanskoe uloženie. Objazatel'stva 1899, Bd. 1, S. 151.

189 Graždanskoe uloženie. Objazatel'stva 1899, Bd. 1, S. 151. Die Kommission begründet den genannten Standpunkt also mit dem (leicht abweichenden) Zitat aus Paulus 1 *ad Neratium* D. 32,25,1: *cum in verbis nulla ambiguitas est, non debet admitti voluntatis quaestio.*

zugunsten des Schuldners ausgelegt werden. Nach bisherigem Recht (Art. 1539 Ziff. 5 SZ X/1) war dies daraus gefolgt, daß es dem Gläubiger oblegen hätte, den Gegenstand der Verbindlichkeit genauer zu bestimmen. Die Kommission führt dies auf die allgemeinere Regel des Gemeinen Rechts[190] zurück: *contra eum est interpretatio facienda, qui clarius loqui debuisset.*[191]

Letjaev führt den Grundsatz der Auslegung des Vertrags nach dessen Sinn und nach Treu und Glauben auf eine Übernahme römischen Rechts zurück. Er meint, hier sei in das russische Recht jener Entwicklungsstand eingegangen, den das römische Recht erreicht habe, nachdem die Auslegung der Verträge nach dem Wortlaut allmählich der nach den Absichten der Parteien und der *bona fides* gewichen sei.[192]

hh.) Erfüllung der Verträge

Für das Recht der Erfüllung weist Letjaev auf zahlreiche »Parallelen« zwischen den Bestimmungen des Svod Zakonov X/1 und dem römischen Recht hin. Da hier ein spezifischer Rezeptionszusammenhang kaum nachweisbar sein wird, genügen Beispiele. Der Bestimmung des Erfüllungsortes sind Art. 81 und 82 E 1899 gewidmet:

> Art. 81. Die Verbindlichkeit muß an dem Ort und zu der Zeit erfüllt werden, welche im Vertrage festgesetzt sind oder sich aus der Natur desselben ergeben.
> Art. 82. Wenn es im Sinne des vorhergehenden Artikels unmöglich ist, den Erfüllungsort der Verbindlichkeit festzustellen, so hat die Erfüllung an dem Ort zu geschehen, an welchem der Schuldner zur Zeit des Vertragsschlusses seinen Wohnsitz hatte; bei einer Geldschuld aber ist am Wohnort des Gläubigers Zahlung zu leisten.

Letjaev zeigt, daß diese Bestimmungen dem römischen Recht entsprechen.[193] Sofern der Erfüllungsort nicht vertraglich vereinbart worden war, galt als *locus opportunus* der Ort, wo die Klage aus der betreffenden Verbindlichkeit eingereicht werden konnte. Dies hatte Pomponius für die Erfüllung eines Vermächtnisses vertreten.[194] Der Ort der Gerichtszuständigkeit wurde entweder nach der Gemeindezugehörigkeit oder nach dem Wohnort des Schuldners bestimmt.[195] Dies

190 Sie ist der Sache nach (mit anderer Formulierung) überliefert bei Papinian 5 *quaestionum* D. 1,14,39.

191 Graždanskoe uloženie. Objazatel'stva 1899, Bd. 1, S. 153.

192 Letjaev, Recepcija rimskogo prava, S. 197 f.

193 Vgl. den Digestentitel 13,4; Letjaev, Recepcija rimskogo prava, S. 156; vgl. Šeršenevič, Učebnik russkogo graždanskogo prava, S. 282.

194 Pomponius 5 *ad Sabinum* D. 33,1,1: *Cum* […] *neque adscriptum, quo loco detur: quocumque loco petetur dari debet*; Rozental', in: Novickij/Pereterskij, Rimskoe častnoe pravo, S. 270 und näher Kaser/Hackl, Das römische Zivilprozeßrecht, S. 246; Letjaev, Recepcija rimskogo prava, S. 156.

195 Rozental', in: Novickij/Pereterskij, Rimskoe častnoe pravo, S. 270; vgl. Letjaev, Recepcija rimskogo prava, S. 156.

entspricht insoweit der mit dem E 1899 projektierten Rechtslage, als gemäß Art. 32 und 203 ZPO der Wohnsitz des Schuldners Grundlage für die Bestimmung der allgemeinen Zuständigkeit für Klagen auf Erfüllung war.[196]

Die Erfüllungszeit behandeln Art. 81 und 84-88 E 1899. Art. 84 lautet:

> Aus einem unbefristeten Schuldverhältnis sind Gläubiger und Schuldner berechtigt, sofort nach Abschluß des Vertrages Erfüllung zu fordern bzw. zu leisten. Wenn nach der Natur der Verbindlichkeit die unverzügliche Erfüllung unmöglich ist, so ist dem Schuldner die zur Erfüllung notwendige Frist einzuräumen.

Für den Fall, daß die Erfüllungsfrist nicht vertraglich festgelegt wurde, hatte Pomponius in seinem Sabinuskommentar formuliert: »*In omnibus obligationibus, in quibus dies non ponitur, praesenti die debetur*«.[197] Diese Bestimmung übernahm als Grundsatz auch Art. 84. Sollte allerdings ein an einem bestimmten Ort geschlossener Vertrag an einem anderen Ort erfüllt werden, dann setzten die Parteien regelmäßig voraus, daß dies nicht sofort geschehen konnte. Für den Fall, daß hier die Erfüllungszeit nicht vertraglich festgelegt worden war, hatte Venuleius die Regel eingeführt, daß die Fristbestimmung dem *iudex* überlassen wurde: Dieser sollte darauf abstellen, welche Frist ein *diligens pater familias* für die Erfüllung brauchen würde.[198] Auch die Kommission erkennt, daß die Anwendung der Grundregel über die sofortige Erfüllung nicht immer möglich sei, und sieht es als nötig an, die Natur der Verbindlichkeit zu berücksichtigen und dem Schuldner eine angemessene Frist einzuräumen.[199]

Dem Gegenstand der Erfüllung sind Art. 89-93 E 1899 gewidmet. Art. 89 Abs. 1 lautet:

> Der Gläubiger ist berechtigt, eine teilweise Erfüllung der Verbindlichkeit seitens des Schuldners abzulehnen.

196 Graždanskoe uloženie. Objazatel'stva 1899, Bd. 1, S. 182.

197 Pomponius 5 *ad Sabinum* D. 50,17,14; vgl. Letjaev, Recepcija rimskogo prava, S. 158.

198 Venuleius 1 *stipulationum* D. 45,1,137,2 und Letjaev, Recepcija rimskogo prava, S. 158, der für den *diligens pater familias* vom sorgfältigen Hausvater (zabotlivyj chozjain) spricht. Der Begriff des *diligens pater familias* wurde offenbar rezipiert und unmittelbar übertragen. So behandelt z. B. A. Ė. Vorms 1914 die Kriterien für die Grenzen der Leistungspflicht im Mietrecht und referiert den Art. 124 des Schuldrechtsentwurfs: »Der Schuldner ist verpflichtet, bei der Erfüllung der Verbindlichkeit die Umsicht (osmotritel'nost') an den Tag zu legen, die charakteristisch ist für einen sorgfältigen Chozjain.« Vorms meint, diese Formel, herausgebildet in vielhundertjähriger Arbeit aufgrund von Bestimmungen des römischen Rechts, gebe die Möglichkeit, mit den allgemeinen Anforderungen die konkreten – nach dem Ausdruck des Senats: die »örtlichen« – Bedingungen in Zusammenhang zu stellen, die die typischen Pflichten der Kontrahenten modifizieren. Vgl. Vorms, Anmerkung, S. 206.

199 Vgl. Graždanskoe uloženie. Objazatel'stva 1899, Bd. 1, S. 184 f.; vgl. Šeršenevič, Učebnik russkogo graždanskogo prava, S. 283 f.

Letjaev stellt insoweit eine Parallele zum römischen Recht fest, als der Gläubiger dort, wenn die Teilbarkeit der Erfüllung nicht vorhergesehen war, berechtigt war, eine teilweise Erfüllung abzulehnen, auch wenn der Gegenstand der Verbindlichkeit eine Teilung zuließ.[200]

2.) Sachenrecht

a.) Allgemeine Bestimmungen

Die allgemeinen Regelungen (Art. 740-754 E 1905) beginnen mit der Benennung der Sachenrechte im Art. 740:

> Sachenrechte (votčinnye prava)[201] sind: 1) das Eigentumsrecht; 2) die Rechte am fremden Vermögen; 3) Hypothek (zalog) und Pfand (zaklad).[202]

Zu den Sachenrechten gehören außerdem das Urheberrecht, die Privilegien an Erfindungen sowie gleichermaßen die Rechte an einer Firma und an Warenzeichen.

Die allgemeinen Vorschriften enthalten auch eine Bestimmung über den gutgläubigen Erwerb vom Nichtberechtigten.[203] Art. 752 E 1905 lautet in diesem Zusammenhang:

> Der Erwerb dinglicher Rechte an beweglichen Sachen ist nicht bestandskräftig: 1. wenn das Recht unentgeltlich erworben ist, 2. wenn der Erwerber zur Zeit des Erwerbes nicht in gutem Glauben war, sondern wußte, daß die Sache nicht der Person gehörte, von der er das Recht erwarb, und 3. wenn die Sache eine gestohlene oder verlorene war.

Der Svod Zakonov X/1 hatte in der Frage des gutgläubigen Erwerbs vom Nichtberechtigten keine eindeutige Regelung vorgesehen. Daher herrschte hier in der Literatur Streit.[204]

Gemäß Art. 1384 und Art. 1386 SZ X/1 war es für den rechtmäßigen Erwerb des Eigentumsrechts an einer beweglichen Sache erforderlich, daß der entsprechende

200 Letjaev, Recepcija rimskogo prava, S. 153; zur Sache Kaser, Das römische Privatrecht, Bd. 1, S. 637.

201 Für Sachenrecht und Sachenrechte wurde in der Literatur des 19. Jahrhunderts üblicherweise der Ausdruck »veščnoe pravo« verwendet, der der deutschen Bezeichnung entspricht. Um dem möglichen Mißverständnis entgegenzuwirken, es seien nur bewegliche Sachen erfaßt, zogen die Verfasser des Entwurfs den etwas altertümlichen Ausdruck »votčinnoe pravo« vor, der sich historisch auf das Erbgut bezogen hatte und nun vermuten lassen mochte, es gehe um Immobilien. Gleichwohl bezieht Art. 740 die Rechte umfassend in den Begriff mit ein. Vgl. W. v. Seeler, Der Entwurf, S. 135.

202 »Zalog« bezieht sich im Entwurf auf Immobilien, »zaklad« ist das Faustpfand an beweglichen Sachen.

203 Vgl. Chaskel'berg, O vindikacii imuščestva, S. 134 f.

204 Vgl. Slystschenkow, Der Entwurf, S. 199 mit Hinweis auf Bardzkij, Dobrosovestnoe priobretenie dvižimosti, S. 32 ff.; Šeršenevič, Učebnik russkogo graždanskogo prava, S. 163; vgl. auch Trepicyn, Priobretenie dvižimostej, S. 408 ff.

Vertrag mit deren Eigentümer geschlossen wurde. Hatte ein Dritter die Veräußerung vorgenommen, so konnte der Eigentümer die Sache vom Erwerber oder ggf. anderen Personen herausverlangen. Die Kommission sieht hier richtigerweise ein der römischen Vindikation entsprechendes Recht. Sie meint, der Grundsatz, nach dem man das Eigentum nicht von einer Person erwerben könne, welche dieses Recht selbst nicht innehabe, beruhe auf der Regel, daß niemand auf einen anderen mehr Rechte übertragen könne, als er selbst habe (*nemo potest transferre in alterum plus juris quam ipse habet*).[205]

Demgegenüber ließen neuere Gesetze (z. B. Art. 923 Balt. Privatrecht) den gutgläubgen Erwerb vom Nichtberechtigten zu.[206] Die Kommission sieht diese Abweichung von der strengen Konsequenz des römischen Rechts dadurch gerechtfertigt, daß das Vertrauen des Erwerbers geschützt und das Verkehrsinteresse gewahrt werde.[207] Ansätze zur Anerkennung des Gutglaubenserwerbs sieht die Kommission sowohl im positiven Recht (Art. 534 und 710 SZ X/1; Art. 9 und 1213 ZPO) als auch in der Senatsrechtsprechung.[208] In der Ausgestaltung des Entwurfs folgt die Kommission den vom Senat entwickelten Erwägungen:[209] Als gutgläubig gilt nach den »allgemeinen Rechtsgrundsätzen«[210] derjenige, der von Rechten Dritter am erworbenen Vermögen nichts weiß. Der Erwerber muß sich gehörig vergewissern, ob der Veräußerer verfügungsberechtigt ist. Regelmäßig genügt der Besitz des Veräußerers als Anhaltspunkt. Anders als in § 932 BGB, der Nichtwissen aufgrund grober Fahrlässigkeit der Bösgläubigkeit gleichgestellt, sieht der Entwurf diese Differenzierung nicht vor. Die Kommission hält es vielmehr für ausreichend, die Prüfung der Gutgläubigkeit jeweils im Einzelfall dem Gericht zu überlassen.[211] Ausgeschlossen ist der gutgläubige Erwerb bei Unentgeltlichkeit, weil hier im Eviktionsfall kein Verlust der erbrachten Gegenleistung droht. Zur Begründung der Entscheidung, das Interesse des Erwerbers hier gegenüber dem des Eigentümers zurückzustellen, beruft sich die Kommission auf die Überzeugungskraft des gemeinrechtlichen Grundsatzes: *melior est causa certantis de damno vitando quam de lucro captando*.[212] Art. 753 E 1905 enthält die Vermutung der Gutgläubigkeit:

205 Über die mehrfach erfolgte Anerkennung dieses Rechtssatzes in der Rechtsprechung des Senats vgl. oben S. 484-488 u. 500.

206 Tjutrjumov, Graždanskoe Uloženie 1910, Buch 3 (Ndr. 2008), S. 29.

207 Tjutrjumov, Graždanskoe Uloženie 1910, Buch 3 (Ndr. 2008), S. 29.

208 Tjutrjumov, Graždanskoe Uloženie 1910, Buch 3 (Ndr. 2008), S. 29.

209 Vgl. insbesondere Kass. 1880, Nr. 291 u. Nr. 303 und 1884, Nr. 6.

210 Hier liegt ein Hinweis darauf, daß auch die Senatsrechtsprechung diesen Gesichtspunkt ursprünglich in der Doktrin vorgefunden hatte.

211 Tjutrjumov, Graždanskoe Uloženie 1910, Buch 3 (Ndr. 2008), S. 29-30. Dies übersieht offenbar Slystschenkow, Der Entwurf, S. 199, der den Standpunkt vertritt, der Erwerb vom Nichtberechtigten sei in »Übereinstimmung« mit den §§ 932, 933 BGB geregelt worden.

212 Tjutrjumov, Graždanskoe Uloženie 1910, Buch 3 (Ndr. 2008), S. 31. Es handelt sich um einen zwar nicht römischen, aber in der frühneuzeitlichen Literatur in verschiedenen Varianten zitierten Rechtsgrundsatz.

> Die Gutgläubigkeit des Erwerbes von dinglichen Rechten (Art. 747, 748 und 752) wird immer vermutet, und derjenige, der sich auf die Bösgläubigkeit beruft, muß diese beweisen.

Die Regel, daß der gute Glaube im Zweifelsfall vermutet werde, findet die Kommission in allen modernen Gesetzen vor, die den gutgläubigen Erwerb vom Nichtberechtigten kennen. Ihre Richtigkeit beruht nach der Überzeugung der Kommission auf dem allgemeinen, aus dem römischen Recht stammenden Grundsatz: *quisque praesumitur bonus ac honestus, donec probetur contrarium.*[213] Im übrigen entspreche es den allgemeinen Grundsätzen der Beweislastverteilung (Art. 81 und 366 ZPO), daß derjenige, der sich auf die Bösgläubigkeit eines anderen berufe, diese beweisen müsse.[214]

b.) Das Recht des Eigentums

Das Recht des Eigentums ist in Abschnitt 2 des Sachenrechts geregelt; Kapitel 1 enthält dort allgemeine Vorschriften (Art. 755-776 E 1905). Begriff und den Inhalt des Eigentumsrechts sind in Art. 755-757 festgelegt:

> Art. 755. Das Eigentumsrecht ist das Recht der vollen und ausschließlichen Herrschaft einer Person über eine Sache, soweit dieses Recht nicht durch das Gesetz oder durch die Rechte anderer Personen beschränkt ist.
> Art. 756. Der Eigentümer hat das Recht, die Sache zu besitzen und jede von außen kommende Einwirkung oder Störung abzuwehren.
> Art. 757. Der Eigentümer hat das Recht, die Sache zu benutzen: er ist berechtigt, sämtliche Erträge aus der Sache zu ziehen und die Sache überhaupt nach seinem Ermessen zu gebrauchen.
> Die Erträge sind entweder die Früchte, d.h. die Erzeugnisse einer Sache, oder der Mietzins, die Zinsen vom Kapital oder andere wiederkehrende Zahlungen. Zu den Früchten gehört auch der Zuwachs an Tieren. Der Zuwachs gehört dem Eigentümer des Muttertieres.

Es handelt sich um einen individualistisch konzipierten Eigentumsbegriff.[215] Als Gegenstand des Eigentums wird im Art. 755 strenggenommen die »Habe« (imuščestvo) und nicht die Sache (vešč') genannt. Die Kommission zieht in Betracht, daß Objekte des Eigentumsrechts in zahlreichen ausländischen Gesetzen

213 Auch hierbei handelt es sich um ein nicht etwa römisches, aber im Gemeinen Recht etabliertes Rechtssprichwort.

214 Tjutrjumov, Graždanskoe Uloženie 1910, Buch 3 (Ndr. 2008), S. 32.

215 Seine unterschiedslose Einführung im Zarenreich hätte erfordert, ihn auf jene Formen des vergemeinschafteten Vermögens (vor allem an Grund und Boden) zu beziehen, die im Zarenreich verbreitet waren. Insoweit gestalteten sich die rechtstatsächlichen Verhältnisse für die Einführung des Individualeigentums ungünstig. Die von dem Ministerpräsidenten Pëtr A. Stolypin angestrebte Bodenreform (vgl. unten S. 585) hätte, wenn sie verwirklicht worden wäre, dieses Spannungsverhältnis abgemildert. Vgl. Silvestri, Contrast, S. 22 ff.

als »Sache« bezeichnet werden, worunter teilweise nur die körperlichen Gegenstände (*res corporales*) gefaßt sind, allerdings sowohl bewegliche als auch unbewegliche. In diesem Sinne wurde das Wort »vešč'« auch in der russischen juristischen Literatur verwendet.[216] Im tradierten positiven Recht war der Ausdruck »vešč'« allerdings nur auf bewegliche Sachen bezogen worden, wogegen Immobilien (von Ausnahmen abgesehen) als »imenie« (von imet' = haben) bezeichnet wurden. Mit der Entscheidung für den Ausdruck »imuščestvo« wählte die Kommission eine Kompromißlösung,[217] die nicht auf der Terminologie der ausländischen Gesetze beruhte, sondern die tradierte russische Ausdrucksweise variierte.[218] In der Sache erweist sich jedoch an den Motiven zum Entwurf, daß der zweite Abschnitt des dritten Buches das Eigentum an *res corporales* insgesamt behandelt.[219]

Der Entwurf geht von einer klareren Differenzierung zwischen Eigentum und Besitz aus als das Recht des Svod Zakonov. Das Eigentum im Sinne des Art. 755 ist in erster Linie ein Recht. Insoweit hat die Herrschaft des Eigentümers über eine Sache rechtliche und nicht lediglich faktische Bedeutung. Dadurch unterscheidet sich das Eigentumsrecht von der einfachen Sachherrschaft, denn der Besitzer hat nur die tatsächliche Möglichkeit, über die Sache zu verfügen, der Eigentümer hingegen hat eine gesetzlich begründete Rechtsstellung.[220]

Art. 755 E 1905 sollte an die Stelle der Art. 420, 421 und 423 SZ X/1 treten. Im Gegensatz zu der Formulierung des Art. 420 SZ X/1 verzichtete die Kommission in ihrer Definition auf die Benennung der Erwerbsgründe sowie auf die Erwähnung der »Ewigkeit und Vererblichkeit« der Rechtsposition.[221] Anders als in Art. 420 SZ X/1 werden in Art. 755 des Entwurfs insbesondere nicht einfach die aus dem Eigentum folgenden Einzelbefugnisse aufgezählt. Dies lehnte die Zivilrechtswissenschaft inzwischen ab.[222] Die Kommission schließt sich diesem Standpunkt an, weil sie meint, daß es unmöglich sei, vollständig alle Befugnisse des Eigentümers aufzuzählen. Das Eigentumsrecht sei vielmehr ein einheitliches Ganzes und nicht bloß die Summe bestimmter Befugnisse. Die Möglichkeit, Einzelbefugnisse fallweise auszugliedern, stehe dem Fortbestand des Eigentums nicht entgegen. Dies gelte selbst dann, wenn man auf diesem Wege das Eigentumsrecht

216 Vgl. z. B. Mejer, Russkoe graždanskoe pravo, S. 158; Pobedonoscev, Kurs graždanskogo prava, Teil 1, S. 80 ff.; vgl. Tjutrjumov, Graždanskoe Uloženie 1910, Buch 3 (Ndr. 2008), S. 36-37.

217 Tjutrjumov, Graždanskoe Uloženie 1910, Buch 3 (Ndr. 2008), S. 37; Tjutrjumov, Graždanskoe Uloženie 1910, Bd. 1, S. 608.

218 W. von Seeler, Der Entwurf, S. 21.

219 Tjutrjumov, Graždanskoe Uloženie 1910, Buch 3 (Ndr. 2008), S. 36-37; W. v. Seeler, Der Entwurf, S. 145.

220 Tjutrjumov, Graždanskoe Uloženie 1910, Buch 3 (Ndr. 2008), S. 34.

221 Tjutrjumov, Graždanskoe Uloženie 1910, Buch 3 (Ndr. 2008), S. 33-34.

222 Windscheid, Pandekten, Bd. 1, § 167 (S. 857); Dernburg, Pandekten, Bd. 1, § 192 (S. 452); Förster/Eccius, Preußisches Privatrecht, Bd. 3, S. 133-135; Šeršenevič, Učebnik russkogo graždanskogo prava, S. 166 ff.; Motive zum deutschen BGB, Bd. 3, S. 262.

auf ein *nudum ius* reduziere.[223] Die besonders wichtigen Einzelbefugnisse zu Besitz, Nutzung und Verfügung werden nur darum erwähnt, weil es als hilfreich erscheint.[224] Hinter diesem Eigentumskonzept steht offenkundig das private Eigentum der romanistischen Tradition, das mittelbar auf das Recht der römischen Quellen zurückgeht.[225] Entsprechend enthält der Entwurf Bestimmungen über die allgemeinen Voraussetzungen der Vindikation (Art. 773 E 1905) sowie Vorschriften, welche den Anspruch auf Herausgabe entwendeter oder verlorener Sachen betreffen (Art. 774-776):[226]

> Art. 773. Der Eigentümer ist berechtigt, seine Sache aus fremdem ungesetzlichen Besitz herauszuverlangen und vom Beklagten Schadensersatz zu fordern. Der Eigentümer ist berechtigt, die Beseitigung auch solcher Verletzungen seines Eigentumsrechts zu verlangen, die nicht mit Entziehung des Besitzes verbunden sind. Er kann vor Gericht beantragen, dem Beklagten derartige Verletzungen für die Zukunft unter Androhung einer neben dem Schadensersatz an den Eigentümer zu leistenden Geldstrafe bis zum Betrag von dreihundert Rubel für jede einzelne Störung zu untersagen.
> Art. 774. Der Eigentümer ist berechtigt, eine Sache, die ihm gestohlen worden oder verlorengegangen ist, von jedem, auch von dem gutgläubigen Erwerber herauszuverlangen, von letzterem jedoch nur während eines Zeitraums von drei Jahren seit der Entwendung oder dem Verlust.
> Art. 775. Der Besitzer einer gestohlenen oder verlorenen Sache, der dieselbe gutgläubig auf einer öffentlichen Versteigerung erworben hat, oder von einer Person, die mit Sachen der betreffenden Art Handel treibt, ist zur Herausgabe der Sache an den Eigentümer nur dann verpflichtet, wenn dieser ihm den gezahlten Kaufpreis und die auf die Sache gemachten notwendigen und nützlichen Verwendungen ersetzt.
> Art. 776. Geld und überhaupt vertretbare Sachen sowie Inhaberpapiere können von dem Besitzer, der sie gutgläubig erworben hat, nicht herausverlangt werden, auch wenn sie gestohlen oder verlorengegangen sind.

Zum Inhalt des Eigentumsrechts gehört auch das Recht der Veräußerung. Die Veräußerung ist grundsätzlich nur dann rechtmäßig, wenn sie vom Eigentümer vorgenommen wird. Denn grundsätzlich geht auch der Entwurf davon aus, daß niemand auf einen anderen mehr Rechte übertragen kann, als er selbst hat. Wenn die Sache vom Nichteigentümer rechtswidrig gegen den Willen des Eigentümers veräußert wurde, so ist der Eigentümer berechtigt, die betreffende Sache von jedem Besitzer herauszuverlangen. Die Kommission weist darauf hin, daß dieser

223 Tjutrjumov, Graždanskoe Uloženie 1910, Buch 3 (Ndr. 2008), S. 34-35.

224 Vgl. Art. 756-758. Dabei folgt der Entwurf den Beispielen vieler ausländischer Gesetze (z. B. Art. 362 Österreichisches ABGB; Art. 219-221 Sächsisches BGB); Tjutrjumov, Graždanskoe Uloženie 1910, Buch 3 (Ndr. 2008), S. 39.

225 Vgl. Letjaev, Recepcija rimskogo prava, S. 83; Silvestri, Contrast, S. 14.

226 Silvestri, Contrast, S. 17.

Grundsatz im römischen Recht keine Ausnahmen gekannt hatte,[227] Einschränkungen des Vindikationsrechts allerdings in der deutschen Rechtstradition bestanden: Hatte der Eigentümer den Besitz an der Sache freiwillig abgegeben, stand ein gutgläubiger Erwerb vom Nichtberechtigten der Vindikation entgegen.[228] Diese Regelung wurde von modernen westeuropäischen Gesetzen und nun auch vom Entwurf übernommen.[229] Im Falle des Besitzverlusts ohne Willen sollte dem Eigentümer immerhin ein auf drei Jahre befristetes Vindikationsrecht gegenüber dem gutgläubigen Erwerber zustehen (Art. 774). Das Vindikationsrecht nach römischem Modell war im Entwurf also nicht uneingeschränkt vorgesehen. Neben diesem Recht standen dem Eigentümer allerdings weitere Rechtsschutzinstrumente zur Verfügung. Für den Fall, daß das Eigentum auf eine Weise verletzt wird, durch die der Eigentümer am Gebrauch seiner Rechte gehindert wird, ohne daß der Besitz entzogen würde, war die Unterlassungsklage (*actio negatoria, prohibitoria*) vorgesehen.[230] Der Svod Zakonov X/1 hatte diese nicht gekannt, allerdings war sie im russischen Schrifttum auf Grundlage der römischen Quellen für das geltende Recht dogmatisch vorbereitet worden.[231]

c.) Der Eigentumserwerb an beweglichen Sachen

Entsprechend dem römischen Recht ging auch der Entwurf von der grundsätzlichen Unterscheidung zwischen originärem und derivativem Eigentumserwerb aus. Den Arten des Eigentumserwerbs sind Art. 839-876 gewidmet. Das Kapitel beginnt mit der Regelung des Eigentumserwerbes durch Vertrag (Art. 839-844):

> Art. 839. Das Eigentumsrecht an einer beweglichen Sache wird aufgrund des zwischen dem Eigentümer und dem Erwerber geschlossenen Vertrages zum Zeitpunkt der Übergabe der Sache erworben.
> Die Übergabe der Sache wird durch die Aushändigung der Sache oder durch eine andere Einweisung des Erwerbers in den Besitz vollzogen.
> Art. 841. Das Eigentumsrecht an einer Sache, die sich bei einem Dritten aufgrund von Pfand, Miete, Leihe, Fracht oder eines anderen Vertrags befindet, gilt als ohne Übergabe erworben zum Zeitpunkt der Benachrichtigung dieser Person durch den Eigentümer vom zustandegekommenen Vertrag über die Veräußerung.
> Art. 842. Das Eigentumsrecht an der Sache gilt als erworben zum Zeitpunkt des zustandegekommenen Vertrages über die Veräußerung ohne Aushändigung:

227 Tjutrjumov, Graždanskoe Uloženie 1910, Buch 3 (Ndr. 2008), S. 59-60.
228 Vgl. Stobbe, Handbuch des Deutschen Privatrechts, Bd. 2, § 146 (S. 614); Randa, Eigentumsrecht, § 13 (S. 299); vgl. Tjutrjumov, Graždanskoe Uloženie 1910, Buch 3 (Ndr. 2008), S. 60.
229 Tjutrjumov, Graždanskoe Uloženie 1910, Buch 3 (Ndr. 2008), S. 60.
230 Tjutrjumov, Graždanskoe Uloženie 1910, Buch 3 (Ndr. 2008), S. 62; Tjutrjumov, Graždanskoe Uloženie 1910, Bd. 1, S. 624.
231 Vgl. Guljaev, Isk o svobode sobstvennosti, S. 102-119; vgl. oben S. 387 f.

1) wenn sich die Sache bereits beim Erwerber befindet und
2) wenn die Sache vom Erwerber dem Veräußerer aufgrund von Verpfändung, Miete, Leihe, Verwahrung oder aufgrund eines anderen Vertrages belassen wird.

Von den drei Tatbeständen, die das römische Recht für die Übertragung des Eigentums gekannt hatte (*mancipatio, in iure cessio* und *traditio*), war im Recht Justinians nur die *traditio* erhalten geblieben. Die Kommission geht davon aus, daß das römische System der *traditio*, nach dem der Eigentumsübergang neben der Einigung auch die Übergabe erfordert, in den modernen Gesetzgebungen vorherrsche.[232] Demgegenüber hatte der Svod Zakonov X/1 keine allgemeine Regel über den Eigentumsübergang aufgrund Vertrags enthalten; vielmehr erwähnten einzelne Bestimmungen die Übergabe der Sache zum Vertragsvollzug.[233] An die Übergabe knüpfte auch das russische Gewohnheitsrecht den Eigentumsübergang.[234] Die Rechtsprechung folgte dieser Regel nicht in allen Fällen, doch äußerte sich die Mehrheit der Autoren in der russischen juristischen Literatur zugunsten des Traditionsgrundsatzes.[235]

Art. 839 des Entwurfs behandelt die Übergabe ähnlich dem bisherigen Art. 1510 SZ X/1. Erforderlich ist demnach die Einräumung des Besitzes.[236] Die Verschaffung der physischen Gewalt über die Sache oder auch nur die Berührung durch den Erwerber ist nicht erforderlich, vielmehr kann die Übergabe auch auf andere Weise erfolgen. Dazu gehören nach dem Standpunkt der Kommission alle Arten der »symbolischen« Übertragung (unröm. *traditio symbolica*), also der Übereignung unter Anwendung von Zeichen. Die Kommission denkt insoweit z. B. an die Aushändigung eines Schlüssels oder die Überreichung einer Erwerbsurkunde.[237]

Nach Art. 841 erfolgt der Eigentumsübergang ausnahmsweise ohne Besitzübertragung im Wege der Benachrichtigung des Pfandgläubigers, Mieters usw. von dem Veräußerungsgeschäft.[238] Art. 842 des Entwurfes enthält zwei weitere Ausnahmen, bei denen die Übergabe nicht nötig ist.[239] Der erste Fall beinhaltet die *traditio brevi manu*.[240] Hier geht das Eigentum mit dem Abschluß des auf die

232 Tjutrjumov, Graždanskoe Uloženie 1910, Buch 3 (Ndr. 2008), S. 175.

233 Vgl. Art. 416 und 707 SZ X/1; hinsichtlich einzelner Fälle war die Übergabe in den Art. 993, 1380, 1510, 1737, 1744 SZ X/1 für Schenkung, Tausch, Kauf und Lieferungsvertrag vorgesehen.

234 Vgl. Pachman, Obyčnoe pravo, Bd. 1, S. 130.

235 Mejer, Russkoe graždanskoe pravo, S. 390 ff.; Pobedonoscev, Kurs graždanskogo prava, Bd. 1, §§ 36 u. 43; vgl. Tjutrjumov, Graždanskoe Uloženie 1910, Buch 3 (Ndr. 2008), S. 176.

236 Vgl. Letjaev, Recepcija rimskogo prava, S. 117.

237 Tjutrjumov, Graždanskoe Uloženie 1910, Buch 3 (Ndr. 2008), S. 177.

238 Entgegen W. v. Seeler, Der Entwurf, S. 152 handelt es sich nicht um einen Fall der Vindikationszession. Es wird nicht etwa der Herausgabeanspruch isoliert abgetreten, sondern der Anspruch folgt dem Eigentum.

239 Tjutrjumov, Graždanskoe Uloženie 1910, Buch 3 (Ndr. 2008), S. 179.

240 Slyščenkov, Proekt Graždanskogo uloženija, S. 113.

Veräußerung gerichteten Vertrags über.[241] Den zweiten Ausnahmefall bildet das *constitutum possessorium*.[242] In diesem Fall bleibt die Sache bei dem Veräußerer aufgrund eines zwischen ihm und dem Erwerber geschlossenen Vertrages.

d.) Verarbeitung

Die Art. 847-851 regeln Verbindung, Vermischung und Verarbeitung.[243] Der Spezifikation ist Art. 851 gewidmet:

> Derjenige, der eine fremde Sache in der Weise verarbeitet hat, daß aus ihr eine neue Sache entstanden ist, erwirbt das Eigentumsrecht an dieser Sache, ist aber verpflichtet, den vorherigen Eigentümer der verarbeiteten Sache nach Art. 848 zu entschädigen.

Im Unterschied zur sabinianischen Lehre, nach der die Herstellung einer neuen Sache aus fremdem Stoff für das Recht folgenlos blieb, erkannte das klassische Recht den Eigentumserwerb des Verarbeiters an der neu entstandenen Sache an.[244] Von diesem Recht der *specificatio* geht auch Art. 851 aus.[245] Die hochklassische *media sententia*, nach der der Eigentumserwerb ausnahmeweise nicht stattfinden sollte, wenn die neue Sache das verarbeitete Material in rückführbarer Gestalt bewahrte, wird vom Entwurf nicht aufgenommen, ebensowenig die vom deutschen BGB (§ 950) im Anschluß an Jhering vorgesehene Einschränkung des Erwerbs durch Verarbeitung für den Fall, daß »der Wert der Verarbeitung oder der Umbildung erheblich geringer ist als der Wert des Stoffes«.[246]

e.) Der Besitz

Im Svod Zakonov waren Eigentum und Besitz, wie bereits dargestellt,[247] nicht konsequent voneinander unterschieden worden.[248] Die Kommission räumt die terminologischen Mängel und die damit verbundene Schwierigkeit einer begrifflichen

241 So W. v. Seeler, Der Entwurf, S. 152.

242 Slyščenkov, Proekt Graždanskogo uloženija, S. 113; vgl. Letjaev, Recepcija rimskogo prava, S. 120. Die von W. v. Seeler, Der Entwurf, S. 152 und Schöndorf, Gerichtspraxis, S. 9 vertretene Auffassung, der Entwurf lehne das Besitzkonstitut ab, ist unrichtig.

243 Tjutrjumov, Graždanskoe Uloženie 1910, Buch 3 (Ndr. 2008), S. 184.

244 Aus Sicht des vorklassischen Naturrechts, das dem sabinianischen Standpunkt zugrundelag, umfaßte die Zuordnung einer Sache im Rahmen der *proprietas* auch die Zuordnung der Verarbeitungsmöglichkeit. Dies stand einem Eigentumserwerb durch Verarbeitung entgegen. Die Prokulianer gingen dagegen vom Entstehen einer neuen Sache aus; diese unterfiel, da zunächst herrenlos, der Aneignung durch den ersten Besitzer, also den Verarbeiter (Inst. 2,1,25).

245 Ausführlich Letjaev, Recepcija rimskogo prava, S. 97-99.

246 Vgl. Jhering, Geist, Bd. 3, Abt. 1, S. 323 und dazu Behrends, War Jhering ein Rechtspositivist?, S. 152.

247 S. oben S. 206 u. 291.

248 Zamečanija o nedostatkach dejstvujuščich graždanskich zakonov, § 330. Es handelt sich um ein Sammelwerk mit Stellungnahmen von Spezialisten, vielfach Praktikern, zu Mängeln

Differenzierung ein.[249] Sie stellt fest, daß der Begriff des Besitzes aufgrund des alltäglichen Sprachgebrauchs öfters mit dem des Eigentums verwechselt werde, zumal im Besitz regelmäßig die Verwirklichung des Eigentumsrechts Ausdruck finde.[250] Im rechtlichen Sinn aber habe der Besitz (*possessio*) eine besondere Bedeutung, welche vom Begriff des Rechtes zum Besitz, der im Begriff des Eigentums enthalten sei, präzise abgegrenzt werden solle. Denn eine Person könne das Eigentumsrecht und das Recht zum Besitz haben, ohne aber den Besitz selbst auszuüben.[251] Die Kommission kann bereits davon ausgehen, daß der Eigentumsbegriff in der Praxis in der vom Senat in Kass. 1871, Nr. 1219 formulierten Weise aufgefaßt worden war: »Das Eigentumsrecht ist das Recht einer Person auf die vollständige Herrschaft über einen Vermögensgegenstand, bei Freiheit von jedem fremden Eingriff, und es besteht aus drei Rechten: dem Recht zum Besitz, dem Recht zur Nutzung und dem Recht, darüber zu verfügen.«[252] Im übrigen war die mit »vladenie« bezeichnete Begrifflichkeit bislang nur unzureichend ausdifferenziert. So bezeichnete man mit dem Ausdruck auch die tatsächliche Inhabung der Sache (*detentio*), die ohne einen Rechtsgrund oder manchmal sogar dem Recht zuwider bestand, aber ungeachtet dessen vom Gesetz geschützt wurde. Damit umfaßte der Ausdruck »vladenie« der Sache nach den römischen Begriff der *possessio* sowie die deutschen Begriffe von Besitz und Inhabung.[253] In den Senatsentscheidungen finden sich unterschiedliche Versuche, das Wesen des Besitzes begrifflich zu definieren. Dabei wurden öfters die Ausdrücke »tatsächlicher« oder »faktischer Besitz« verwendet.[254] Im Rahmen der fachöffentlichen Erörterung des Entwurfs wies der Richter Popov vom Bezirksgericht (okružnoj sud) in Izjum bei Char'kov darauf hin, daß es im Svod Zakonov keine Begriffsbestimmung des Besitzes gebe. Er bemerkte mit Recht, obwohl aus den Artikeln 513, 514, 533 und 560 SZ X/1 hervorgehe, daß das positive Recht einen Besitz als Bestandteil des Eigentums von einem selbständigen Besitz unterscheide, sei die Differenzierung nicht vollständig durchgeführt. Popov meinte, der Hauptunterschied zwischen der bloßen Inhabung (detencija) und dem juristischen Besitz müsse richtigerweise im Besitzschutz und in der Fähigkeit, sich unter bestimmten Bedingungen in Eigentumsrecht umzuwandeln, gesehen werden. Nur der juristische Besitzer

des geltenden positiven Rechts; die Stellungnahmen sollten bei den Kodifikationsarbeiten berücksichtigt werden. Vgl. ferner Hammer, Russia and the Roman Law, S. 12.

249 Tjutrjumov, Graždanskoe Uloženie 1910, Bd. 1, S. 720.

250 Tjutrjumov, Graždanskoe Uloženie 1910, Buch 3 (Ndr. 2008), S. 230.

251 Tjutrjumov, Graždanskoe Uloženie 1910, Buch 3 (Ndr. 2008), S. 230.

252 Zamečanija o nedostatkach dejstvujuščich graždanskich zakonov, Nr. 330 = S. 228.

253 Tjutrjumov, Graždanskoe Uloženie 1910, Bd. 1, S. 720 f. Die heterogene Begrifflichkeit, für die der Ausdruck »vladenie« im Svod Zakonov X/1 stand, bildet die Grundlage dafür, daß in der russischen Zivilrechtswissenschaft – weitgehend unabhängig von der in Deutschland ausgefochtenen Debatte um den Besitzbegriff – eine eigene Kontroverse um die Frage stattfand, ob die »vladenie« ein Faktum oder ein Recht sei. Vgl. Vasil'ev, Rukovodstvo, S. 19.

254 Tjutrjumov, Graždanskoe Uloženie 1910, Buch 3 (Ndr. 2008), S. 231.

habe das Recht auf Besitzschutz; dem *detentor*, der keinen *animus* im Sinne des Eigenbesitzwillens habe, sei dieses Recht versagt.[255]

Die allgemeinen Vorschriften des Entwurfs über den Besitz sind im Abschnitt 3 in Art. 877-881 des E 1905 enthalten:

> Art. 877. Gegenstand des Besitzes können Grundstücke und bewegliche Sachen sein.
> Art. 878. Der Besitz wird erworben durch die Erlangung der Gewalt über eine Sache mit dem Willen, die Sache für sich selbst zu besitzen.
> Art. 879. Wer eine Sache als eigene besitzt, hat selbständigen Besitz (im Hinblick auf das Eigentum). Jeder andere Besitz kraft eines dinglichen oder vertraglichen Rechts gilt als abgeleitet.
> Dieselbe Sache kann sich im selbständigen Besitz einer Person und zugleich im abgeleiteten Besitz einer anderen Person befinden.
> Art. 880. Der Besitz kann durch den Besitzer selbst oder seinen Stellvertreter erworben werden.
> Der Besitz, der durch einen Stellvertreter erworben ist, ist nach den Handlungen und dem Willen des letzteren zu beurteilen.
> Der Besitz, der für einen anderen ohne eine Bevollmächtigung von dessen Seite erworben ist, gilt erst mit dessen ausdrücklicher oder stillschweigender Genehmigung als durch diesen erworben.
> Art. 881. Der Besitz gilt als fortdauernd vom Zeitpunkt des Erwerbs bis zum Zeitpunkt seines Verlustes, auch wenn weder ein sich unausgesetzt erneuernder Wille, die Sache zu besitzen, noch eine ununterbrochene Nutzung der Sache gegeben war.

Abschnitt 3 behandelt den Besitz nicht als Bestandteil des Eigentumsbegriffs (vgl. Art. 420, 513 SZ X/1) und nicht als besonderes, vom Eigentum abgeleitetes Recht. Hier geht es vielmehr um den Besitz schlechthin und um die an sein Bestehen anknüpfenden Rechtswirkungen.[256]

In einer früheren Rechtslehre, wie sie die Kommission mit Gans und Puchta verbindet, war der Besitz als *jus possessionis* bzw. *possessio civilis* angesehen worden, ausgestattet mit Merkmalen wie dem *animus domini* oder *animus rem sibi habendi*, welche Voraussetzung für den gesetzlichen Schutz waren.[257] In den modernen Kodifikationen wurden dagegen sowohl *possessio civilis* als auch *detentio* mit dem Besitzschutz ausgestattet. Dabei vertritt die Kommission den Standpunkt, es sei nicht richtig, den Besitz als Recht einzustufen, nicht einmal vom Standpunkt der

255 Zamečanija o nedostatkach dejstvujuščich graždanskich zakonov, Nr. 360 = S. 249.

256 Vgl. Tjutrjumov, Graždanskoe Uloženie 1910, Bd. 1, S. 720 f.

257 Die Kommission beruft sich auf Puchta, Cursus der Institutionen, § 224 und nennt daneben pauschal »Gans, Besitz«. Gemeint ist jene Besitzlehre, die E. Gans in seinem »System des römischen Civilrechts im Grundrisse«, S. 202-215 und in seiner Arbeit »Ueber die Grundlage des Besitzes« (1839) in Auseinandersetzung mit Savignys »Recht des Besitzes« entwickelt hatte. Vgl. Meduševskij, Proekt graždanskogo uloženija, S. 202.

vorherigen »römischen« Doktrin aus. Der Besitz könne mit dem Recht zum Besitz einhergehen, könne aber auch rechtswidrig sein. Im letzteren Fall sei es abwegig, von einem Recht zu sprechen.[258] Daher betrachtet die Kommission den Besitz als ein bestimmtes Verhältnis einer Person zu dem Vermögen, als Herrschaft einer Person über eine Sache. Es handelt sich nach der Auffassung der Kommission um eine von einem Recht zu unterscheidende »Rechtsposition« – ein Standpunkt, der in der Doktrin verbreitet war.[259]

f.) Der Besitzerwerb und sein subjektiver Tatbestand

Den Beispielen des Zürcher Zivilgesetzbuchs und des deutschen BGB folgend, verzichtet der Entwurf auf eine Definition des Besitzes. Er regelt allerdings den Zeitpunkt des Besitzerwerbes, um Praxis und Wissenschaft eine Handhabe in der Frage zu geben, ob jeweils Besitz besteht oder nicht.[260] Gemäß Art. 878 E 1905 sollen zwei Voraussetzungen für den Besitzerwerb gelten: die Herstellung der tatsächlichen Gewalt über eine Sache (*corpus possessionis*) sowie der Wille der Person, die Sache für sich selbst zu besitzen (*animus possidendi* bzw. *animus rem sibi habendi*).[261] Es handelt sich also um ein Konzept des Besitzerwerbs *corpore et animo*, wie es Paulus formuliert hatte.[262] Letjaev beobachtet insoweit mit Recht eine Übereinstimmung mit dem römischen Recht.[263] Die Aufnahme dieses Konzepts in den Entwurf war durch eine Senatsrechtsprechung vorbereitet worden, die einen Besitzschutz nur dann zuerkannte, wenn ein *animus rem sibi habendi* vorlag. Die Rechtsprechung hatte ihrerseits auf die pandektistische Theorie des rechtlich konzipierten Besitzes zurückgegriffen.[264]

Das Hauptargument zugunsten des *animus possidendi* besteht nach der Kommission in folgenden Überlegungen:

> »Was dem Verhältnis des Menschen gegenüber einer Sache juristische Bedeutung verleiht, ist die Willensausrichtung des Menschen. Wenn ich bei einem Bekannten weile, habe ich offensichtlich weder die Absicht, mir seinen Garten anzueignen, noch denke ich daran, die vorübergehende Nutzung zu ergreifen, daher werde ich durch eine solche Berührung weder Besitzer im engsten Sinne

258 Tjutrjumov, Graždanskoe Uloženie 1910, Buch 3 (Ndr. 2008), S. 224f.; Tjutrjumov, Graždanskoe Uloženie 1910, Bd. 1, S. 724.

259 Tjutrjumov, Graždanskoe Uloženie 1910, Buch 3 (Ndr. 2008), S. 225; Tjutrjumov, Graždanskoe Uloženie 1910, Bd. 1, S. 724 mit Verweisung auf Dernburg, Preußisches Privatrecht, Bd. 1, § 166, S. 362 (gemeint ist § 161, wo allerdings der Rechtsbesitz behandelt wird); Jhering, Ueber den Grund, S. 76; Motive zum BGB, Bd. 3, S. 78, 80; Pobedonoscev, Kurs, Bd. 1, S. 221ff.

260 Tjutrjumov, Graždanskoe Uloženie 1910, Buch 3 (Ndr. 2008), S. 231.

261 Tjutrjumov, Graždanskoe Uloženie 1910, Buch 3 (Ndr. 2008), S. 231f.; Tjutrjumov, Graždanskoe Uloženie 1910, Bd. 1, S. 728.

262 Paulus 54 *ad ed.* D. 41,2,3,1: *apiscimur possessionem corpore et animo, neque per se animo aut per se corpore*; vgl. Ps.-Paul., *sent.* 5,2,1.

263 Vgl. Letjaev, Recepcija rimskogo prava, S. 77.

264 Vgl. Rudokvas/Kartsov, The Development, S. 331 mit Nachweisen.

des Wortes (*possessor*) noch Inhaber (*detentor*), weil mein Wille dazu nicht vorhanden ist. Wenn ich ein fremdes Buch in die Hand nehme, weil ich denke, es sei mir verpfändet oder geliehen, dann kommt hier mein Wille zur Nutzung dieser Sache zum Ausdruck; und nach dem römischen, französischen und deutschen Recht kommt in dieser Nutzung die *detentio* (Inhabung) zum Vorschein. Wenn schließlich diese Handlungen vollzogen werden mit der Absicht, diese Sachen mir anzueignen, und ich diese Absicht verwirklicht habe, indem ich die Sachen meiner Herrschaft unterworfen habe, so werde ich Besitzer, erlange also Besitz im strengen Sinne (*animo domini possessio*).«[265]

Die Lösung der Kommission war im Schrifttum starker Kritik ausgesetzt. Guljaev, der feste methodische Grundsätze bei der Rezeption von Elementen des römischen Rechts in das geltende Zivilrecht anmahnte, hatte bereits an der entsprechenden Senatsrechtsprechung Anstoß genommen.[266] Er meinte, das aus dem römischen Recht stammende Tatbestandsmerkmal des Eigenbesitzwillens sei dem russischen Recht fremd.

Besonders eingehend setzte sich Pokrovskij mit der subjektiven Seite des Besitzerwerbs nach dem Konzept des Entwurfs auseinander.[267] Im Vergleich mit der Entwicklung des Besitzbegriffs in Deutschland, wo das über das Gemeine Recht tradierte Willenserfordernis jedenfalls in der gesetzlichen Regelung des Besitzerwerbs nicht mehr genannt wurde,[268] wies er darauf hin, daß der russische Entwurf an dem alten Standpunkt festhalte.[269] Er führte den »Willen, die Sache für sich selbst zu besitzen« auf eine direkte Übertragung des römischen *animus rem sibi habendi* zurück, wies allerdings darauf hin, daß alle Probleme, die dem römischen Ausdruck angehaftet hatten, auch den modernen russischen Ausdruck beträfen. Daß der Besitz überhaupt einen Willen erfordert, steht immerhin außer Zweifel. Unter Hinweis auf die Erläuterungen zum Gesetzentwurf, die sich auf den Standpunkt der Willenstheorie stellen, legt Pokrovskij dar, daß der zufällige oder ungewollte Kontakt eines Menschen mit einer Sache keine Rechtsfolgen hervorbringe: Was der Beziehung eines Menschen zu einem Vermögensgegenstand rechtliche Bedeutung verleihe, sei die Willensrichtung des Menschen.[270]

Angesichts der anspruchsvollen Erörterungen, die die deutschen BGB-Kommissionen hinsichtlich des Besitzwillens angestellt hatten, und die der russischen Kommission selbstverständlich bekannt waren, fand Pokrovskij deren Standpunkt nicht überzeugend. Ihr leitender Gedanke hatte darin bestanden, daß der

265 Tjutrjumov, Graždanskoe Uloženie 1910, Buch 3 (Ndr. 2008), S. 232.

266 Guljaev, Tolkovanie zakona, S. 47; vgl. dens., Russkoe graždanskoe pravo, S. 159 f.

267 Pokrovskij, Vladenie v russkom proekte graždanskogo uloženija, S. 33 ff. Pokrovskij erörtert Art. 878 auf Grundlage der vor Einfügung des Abschnitts in den Sammelentwurf von 1905 gültigen Zählweise als Art. 136. Zu der Debatte vgl. Avenarius, Das pandektistische Rechtsstudium, S. 68 ff.

268 Vgl. § 854 BGB im Unterschied zu § 797 des Ersten Entwurfs; Pokrovskij, Vladenie v russkom proekte graždanskogo uloženija, S. 35.

269 Pokrovskij, Osnovnye problemy, S. 230.

270 Pokrovskij, Vladenie v russkom proekte graždanskogo uloženija, S. 38.

Besitz im Interesse des *Eigentums* geschützt werden sollte. Besitzschutz findet insoweit statt, weil das Eigentum des Besitzers vermutet wird. Dies ließe nun, wie Pokrovskij meint, darauf schließen, daß die Kommission den Rechtsschutz für den Besitz *cum animo domini* (Art. 878) gewähren wollte. In zahlreichen Fällen bestehe allerdings nicht nur kein Eigenbesitzwille, auch verhalte sich der Besitzer äußerlich nicht wie ein Eigentümer. Die Kommission selbst hatte anerkannt, daß etwa im Falle des Spediteurs oder Mieters ersichtlich sei, »daß er kein Eigentümer ist, daß er nicht als Eigentümer den Besitz ausübt (*non se gerit ut dominus*), und die Vermutung des Eigentumsrechtes aus solchen Verhältnissen nicht folgen kann«.[271] Pokrovskij weist nun darauf hin, daß der Entwurf diesen Personen den possessorischen Schutz keineswegs vorenthalte, denn in Art. 879 sei der abgeleitete Besitz kraft eines dinglichen oder obligatorischen Rechtes, also die *detentio*, dem Besitz aufgrund des Eigentums (*possessio*) gleichgestellt. Diese Gleichstellung bezwecke die Schutzgewährung auch für den *detentor*.[272] Der Ausdruck »mit dem Willen, die Sache für sich selbst zu besitzen« (Art. 878) sei daher, so Pokrovskij, unklar und irreführend. Für Pokrovskij hätte die Kommission, statt auf den Besitzwillen zu verweisen, nach einem anderen Kriterium suchen sollen, so wie es das BGB in § 855 vorsieht, wo der Besitzdiener vom Besitzer aufgrund objektiver Merkmale unterschieden wird. Die Grenzlinie sollte nach Pokrovskij nicht aufgrund des *animus*, sondern aufgrund der objektiven Besonderheiten der Verhältnisse, so wie es im BGB der Fall ist, gezogen werden.[273] Pokrovskij vermißt auch eine angemessene Auseinandersetzung mit der Frage nach dem Besitzschutz zugunsten Minderjähriger und Geisteskranker, die in der Beschäftigung der deutschen Kommissionen mit der römischen Doktrin eine wichtige Rolle gespielt und das Abrücken vom Eigenbesitzwillen mit bewirkt hatte. In den Motiven findet sich darüber kein Wort, als ob die Frage überhaupt nicht existierte, doch kann Pokrovskij darauf verweisen, daß das römische Recht im Falle von Minderjährigen eine Begünstigung vorgesehen hatte.[274]

Wenn der Eigenbesitzwille in Art. 878 gleichwohl genannt blieb, kann man es so verstehen, daß sich die Kommission an der am römischen Recht verhafteten Doktrin noch weitergehend orientierte als der deutsche Gesetzgeber. Weil sich die

271 Pokrovskij, Vladenie v russkom proekte graždanskogo uloženija, S. 36 ff.; vgl. Tjutrjumov, Graždanskoe Uloženie 1910, Buch 3 (Ndr. 2008), S. 230.

272 Vgl. Tjutrjumov, Graždanskoe Uloženie 1910, Bd. 1, S. 728-731.

273 Pokrovskij, Vladenie v russkom proekte graždanskogo uloženija, S. 33 ff.

274 Aus der epiklassischen Zeit ist eine Konstitution des Kaisers Decius überliefert, die es dem Kleinkind gestattet, Besitz lediglich aufgrund körperlicher Übergabe zu erwerben (*vacua possessio tradita corpore*). Diese Begünstigung wurde, ausdrücklich in Abweichung von der Ansicht bestimmter Juristen, um des Ergebnisses willen als ratsamer (*consultius*) angesehen (C. 7,32,3 [a. 250]): »*Donatarum rerum a quacumque persona infanti vacua possessio tradita corpore quaeritur. quamvis enim sint auctorum sententiae dissentientes, tamen consultius videtur interim, licet animi plenus non fuisset adfectus, possessionem per traditionem esse quaesitam: alioquin, sicuti viri consultissimi Papiniani responso continetur, ne quidem per tutorem possessio infanti poterit adquiri*«.

Verfasser des russischen Entwurfs, allen Ergebnissen der Besitzdebatte des 19. Jahrhunderts zum Trotz, grundsätzlich auf den Standpunkt des römischen Rechts zurückziehen, gleichzeitig aber die in den Quellen überlieferten Ausnahmen nicht zulassen, meint Pokrovskij sogar, sie erwiesen sich insoweit als größere Romanisten als die Römer selbst.[275]

g.) Die Ausgestaltung des Besitzschutzes

Dem Schutz des Besitzes sind die Art. 882-890 des E 1905 gewidmet. Diese Artikel enthalten die Normen über die »vladel'českije iski« (»*interdicta possessoria*, actions possessoires, Besitzklagen«):[276]

> Art. 882. Jeder Besitz, auch der ungesetzliche, wird durch das Gesetz gegen eigenmächtige Verletzung geschützt, solange dieser Besitz nicht aufgehoben ist infolge einer dem Gesetz entsprechenden Verfügung betreffend die Übergabe der Sache vom Besitzer an eine andere Person.
> Art. 883. Als Verletzung des Besitzes gilt die eigenmächtige Wegnahme der Sache beim Besitzer sowie auch jede eigenmächtige Handlung, die dem Besitzer die Nutzung der Sache unmöglich macht oder ihn in der Nutzung beeinträchtigt.

Im Mittelpunkt der Rechtswirkungen des Besitzes steht der Besitzschutz. Er wird zunächst unabhängig vom Recht und manchmal sogar dem Recht zuwider bis zur Entscheidung des Rechtsstreits vorübergehend gewährt. Der Besitzschutz hat u. U. auch gegenüber der Ausübung des Eigentumsrechts Bestand.[277] Der Grundsatz, daß der Besitz unabhängig vom Recht zum Besitz durch das Gesetz geschützt wird, war schon in Art. 531 SZ X/1 verankert. Diese Bestimmung wurde in den Entwurf fast wörtlich übernommen,[278] um die historische Verbindung der neuen Norm mit dem tradierten Recht und dessen Quellen aufrechtzuerhalten: Bereits das Sobornoe Uloženie hatte das Institut des Besitzschutzes geregelt (Kap. X Art. 213).[279]

275 Pokrovskij, Vladenie v russkom proekte graždanskogo uloženija, S. 39.

276 Tjutrjumov, Graždanskoe Uloženie 1910, Buch 3 (Ndr. 2008), S. 245 f.; Tjutrjumov, Graždanskoe Uloženie 1910, Bd. 1, S. 739.

277 Die Kommission beruft sich insoweit u. a. auf Savigny, Das Recht des Besitzes (gemeint sind offenbar die §§ 34 ff.).

278 Die Kommission entschied sich für geringfügige Änderungen in der Fassung der neuen Norm. Wichtig ist, daß der Entwurf nun, nachdem Art. 531 SZ X/1 den »Besitzschutz durch die Regierung« (vladenie ochranjaetsja pravitel'stvom) vorgesehen hatte, das »Gesetz« als Grundlage nennt. Hierdurch kommt ebenso der Normcharakter der Regelungen zum Ausdruck wie die allgemeine Neigung der Kommission, im Rahmen der Kodifikationsarbeiten zur Stärkung des abstrakten Geltungsanspruchs des Rechts beizutragen. Vgl. Tjutrjumov, Graždanskoe Uloženie 1910, Bd. 1, S. 737.

279 Tjutrjumov, Graždanskoe Uloženie 1910, Bd. 1, S. 737.

Die Kommission sieht einen der wichtigsten Gründe für den Besitzschutz in der Gewährleistung des öffentlichen Friedens. Sie meint, es verhalte sich insoweit wie mit den prätorischen *interdicta prohibitoria* des römischen Rechts (*vim fieri veto*).[280] Das Ziel sei jeweils die Wiederherstellung der tatsächlichen Besitzlage, die durch Gewalt beeinträchtigt wurde, und die Beseitigung der Gewalt (*spoliatus ante omnia restituendus*), wobei der Einwand des Beklagten, er habe das ihm Gehörende zurückerlangt, nicht beachtet wurde. Einen ähnlichen Charakter habe, so die Kommission, das sogenannte *possessorium summarissimum* im deutschen Recht.[281]

Gleichwohl rechtfertigt die Kommission die Regelung des Besitzschutzes mit Rücksicht auf das *Eigentum*. Das Recht zum Besitz stehe nämlich vor allem dem Eigentümer zu, denn das Eigentumsrecht enthalte u. a. das Recht zum Besitz (vgl. Art. 420 SZ X/1), also das Recht, eine Sache in der Gewalt zu haben, um aus derselben Nutzen und Früchte ziehen zu können. Somit komme im Besitz der wirtschaftliche Wert des Eigentumsrechts zum Ausdruck. Wenn aber nun das Recht zum Besitz nicht gewährleistet sei, so würde das Eigentumsrecht jede praktische Bedeutung verlieren. Überhaupt korrespondiere meistens die Tatsache der Besitzausübung mit der Eigentümerstellung. Daher sei die Vermutung berechtigt, daß der Besitz auf dem Eigentum beruhe, daß er gesetzmäßig sei und als Verwirklichungsform des Eigentums den Schutz der Rechtsordnung verdiene.[282] Selbst wenn fallweise der unrechtmäßig bestehende Besitz geschützt wird (Art. 531 SZ X/1), geschieht dies nach der Meinung der Kommission auch im Interesse der Mehrheit der Eigentümer und rechtmäßigen Besitzer. Denn gäbe es keine Vermutung einer Gesetzmäßigkeit des Besitzes, so wäre jeder Besitzer, auch der rechtmäßige, gezwungen, im Falle der eigenmächtigen Verletzung des Besitzes sein Recht zu beweisen. Dies aber könne zur Schutzlosigkeit des Eigentums führen.[283]

In Art. 883 wird näher ausgeführt, worin die Verletzung des Besitzes bestehen kann. Hier werden zwei Arten der Verletzungen genannt: der vollständige bzw. teilweise Verlust des Besitzes und Eingriffe oder Störungen, welche den Besitzer an der Nutzung der Sache hindern. Der Besitzer kann in den beiden Fällen die ihm zustehende Gewalt über die Sache nicht oder jedenfalls nicht in vollem Umfang ausüben. Hier erklärt es die Kommission im Falle der Entziehung des Besitzes für notwendig, mit der Besitzklage die Wiederherstellung des Besitzes zu verfolgen und etwa die Herausgabe eines Grundstückes (*interdictum recuperandae*

280 Ulpian 68 *ad ed.* D. 11,8,1,1-5; vgl. Tjutrjumov, Graždanskoe Uloženie 1910, Bd. 1, S. 721.

281 Tjutrjumov, Graždanskoe Uloženie 1910, Bd. 1, S. 721 unter Verweisung auf Dernburg, Preußisches Privatrecht, Bd. 1, § 158. Nachweise zu dem genannten gemeinrechtlichen Institut des provisorischen Besitzschutzes einschließlich seiner deutschrechtlichen Elemente auch bei Windscheid, Pandekten, Bd. 1, § 159, Anm. 12.

282 Tjutrjumov, Graždanskoe Uloženie 1910, Buch 3 (Ndr. 2008), S. 222; Tjutrjumov, Graždanskoe Uloženie 1910, Bd. 1, S. 722 f. Die Kommission verweist auf Jhering, Ueber den Grund, S. 45 ff., und die dessen Standpunkt bereits verarbeitende Darstellung bei Mejer, Russkoe graždanskoe pravo, S. 329 ff.

283 Tjutrjumov, Graždanskoe Uloženie 1910, Buch 3 (Ndr. 2008), S. 222.

possessionis) zu erwirken.[284] Mache der Störer dem Berechtigten den Besitz nicht streitig, dann sei das Besitzschutzrecht nicht einschlägig, sondern man könne ggf. Ersatz wegen deliktischer Schädigung verlangen. Andernfalls stehe dem Berechtigten eine Schutzklage zu (*interdictum retinendae possessionis*).[285] Damit lehnt sich die Kommission an zwei Rechtsbehelfe aus dem römischen Recht an.[286]

h.) Servituten

Den Servituten sind die Art. 994-1028 E 1905 gewidmet.[287] Dieser Abschnitt des Entwurfs vereinigt verschiedene Bestimmungen über Rechte, welche in Rußland als Teilhaberecht (pravo učastija), als Recht der Ländereien (pravo ugodij) und als Nutzungsrecht (pravo pol'zovanija) bekannt waren (Art. 422-466, 513 und 536 SZ X/1). Da es im tradierten Recht keinen allgemeinen Begriff für die Bezeichnung der genannten Rechte gab, mußte die Kommission den römischen Terminus »Servitut« in die Gesetzessprache einführen.[288]

Nicht nur Grunddienstbarkeiten, sondern auch persönliche Dienstbarkeiten werden in diesem Zusammenhang behandelt, weil sie öfters mit Grunddienstbarkeiten verbunden sind und einen ähnlichen rechtlichen Charakter aufweisen. Zu den persönlichen Dienstbarkeiten gehören neben solchen, die normalerweise als Grunddienstbarkeiten bestellt werden und daher im gemeinen Recht als *servitutes irregulares* (z. B. Durchgangsrecht und Weideservitut) bezeichnet wurden, auch die Nutznießung (*usus*) und das Wohnrecht (*habitatio*). Die letzteren beiden sind ihrer rechtlichen Natur nach mit dem Nießbrauch (*ususfructus*) eng verbunden, weisen aber Gemeinsamkeiten mit den Servituten auf, so daß sie nach Meinung der Kommission zusammen mit den Servituten behandelt werden sollten.[289] Dem Nießbrauch widmet die Kommission dagegen einen besonderen Abschnitt.[290]

Der Aufbau des Servitutenrechts im E 1905 gleicht dem der meisten ausländischen Kodifikationen.[291] Zuerst werden die allgemeinen Grundlagen (Art. 994-1004) dargestellt, welche das rechtliche Wesen sowohl der Grunddienstbarkeiten als auch der persönlichen Dienstbarkeiten bestimmen. Ihnen folgen spezielle Normen über die Grunddienstbarkeiten mit Unterfällen (Art. 1005-1018) sowie die Bestimmungen über die persönlichen Servituten und deren Arten (Art. 1019-

284 Tjutrjumov, Graždanskoe Uloženie 1910, Bd. 1, S. 738.

285 Tjutrjumov, Graždanskoe Uloženie 1910, Bd. 1, S. 738.

286 Letjaev, Recepcija rimskogo prava, S. 79 f.

287 Vgl. noch Kopylov, Servituty, S. 93-109; Meduševskij, Proekt graždanskogo uloženija, S. 207 ff.

288 Tjutrjumov, Graždanskoe Uloženie 1910, Buch 3 (Ndr. 2008), S. 440. In der Literatur war der Ausdruck, wie gesehen, längst etabliert.

289 Tjutrjumov, Graždanskoe Uloženie 1910, Buch 3 (Ndr. 2008), S. 442.

290 Tjutrjumov, Graždanskoe Uloženie 1910, Buch 3 (Ndr. 2008), S. 442.

291 Es war auch vorgeschlagen worden, das Institut der Servituten nach dem Beispiel des deutschen BGB zu verbessern. Vgl. Tribus, O servitutach po germanskomu proektu, S. 1-19.

1028). Dabei beschränkt sich die Kommission darauf, nur diejenigen Formen der Servituten anzuführen, die praktisch am häufigsten vorkommen. Sie sieht es nicht als ihre Aufgabe an, sämtliche Arten der Dienstbarkeiten aufzuzählen, weil es kaum möglich sei vorherzusehen, welche neuen Arten im Zuge der gesellschaftlichen Entwicklung entstehen.[292] Ein numerus clausus der Sachenrechte steht dieser Vorstellung offenbar nicht entgegen. Die Definition der Servitut enthält Art. 994:[293]

> Die Servitut (Recht der privaten Teilhabe und Grundstücksrecht) ist ein solches Recht am fremden Grundstück (imenie), welches den Eigentümer dieses Grundstücks verpflichtet, etwas zu dulden oder etwas nicht zu tun.

Art. 994 enthält wesentliche Merkmale einer Servitut. Sie kann sich auf ein Dulden oder ein Unterlassen richten. Insoweit werden positive und negative Servituten unterschieden. In positivem Tun kann der Inhalt nicht bestehen.[294] Die Servitut ist stets das Recht an einer fremden Sache. Daraus folgt, daß niemand eine Servitut am eigenen Grundstück haben kann.[295] Art. 995 lautet:

> Eine Servitut, welche zugunsten eines bestimmten Grundstücks bestellt ist, wird Grunddienstbarkeit genannt; diejenige aber, welche zugunsten einer bestimmten natürlichen oder juristischen Person bestellt ist, wird Personalservitut genannt.

Daß eine Servitut nicht nur zugunsten eines Grundstücks, sondern auch zugunsten einer bestimmten Person bestellt werden kann, entspricht der römischen Aufteilung der Dienstbarkeiten in Prädial- und Personalservituten (*servitutes praediorum* und *servitutes personarum*).[296] Eine Servitut zugunsten eines Grundstücks erlischt mit dem Tode des Eigentümers des betreffenden Grundstücks nicht, sie bleibt vielmehr bestehen, solange das Grundstück existiert. Personalservituten hingegen erlöschen mit dem Tode des Berechtigten.[297] Auch insoweit kann Letjaev mit Recht eine Parallele zum römischen Recht feststellen.[298]

> Art. 996. Der Eigentümer des belasteten Grundstücks ist verpflichtet, die Person, zu deren Gunsten die Servitut bestellt ist, alle Handlungen ausführen zu lassen, welche für die Ausübung der Servitut notwendig sind.
> Art. 997. Bei der Ausübung der Servitut können die Interessen des Eigentümers des belasteten Grundstücks nur in dem Maße eingeschränkt werden, wie es für das Erreichen des Zieles notwendig ist, zu welchem die Servitut bestellt ist.

292 Tjutrjumov, Graždanskoe Uloženie 1910, Buch 3 (Ndr. 2008), S. 443.
293 Meduševskij, Proekt graždanskogo uloženija, S. 208.
294 Tjutrjumov, Graždanskoe Uloženie 1910, Buch 3 (Ndr. 2008), S. 443.
295 Paulus 15 *ad Sabinum* D. 8,2,26: *nulli res sua servit.*
296 Vgl. Marcian 3 *regularum* D. 8,1,1.
297 Vgl. Tjutrjumov, Graždanskoe Uloženie 1910, Buch 3 (Ndr. 2008), S. 444.
298 Letjaev, Recepcija rimskogo prava, S. 124.

Die in den Art. 996-997 enthaltenen Normen folgen aus dem allgemeinen Wesen des Servitutenrechts. Eine Einschränkung der Interessen des Eigentümers ist nur zur Ausübung der Servitut gerechtfertigt. Andererseits ist der Eigentümer verpflichtet, dem Berechtigten die Ausübung seines Rechtes zu ermöglichen. Für diese Grundsätze beruft sich die Kommission auf die römische Jurisprudenz.[299]

> Art. 998. Die Person, der die Servitut zusteht, trägt alle Einrichtungs-, Unterhaltungs- und Wiederherstellungskosten für die Anlagen, die für die Ausübung der Servitut notwendig sind, wenn das Gegenteil nicht vereinbart worden ist.

Diese Norm wird als Weiterentwicklung des Grundsatzes *servitus in faciendo consistere non potest* verstanden.[300]

3.) Erbrecht

Im Teilentwurf zum Erbrecht[301] lassen sich vielfach Anhaltspunkte für den Eingang römischen Rechts nachweisen.[302] So sah der Entwurf eine gegenüber dem bisherigen Recht ausgeprägte Aufwertung der Testierfreiheit vor. Man wird hier eine Rezeption derjenigen Einrichtung sehen dürfen, die in Europa wohl wie keine andere allein und spezifisch römische Ursprünge hat. Ein wichtiger Schritt, der die Einführung der Testierfreiheit ermöglichte, bestand in der Aufhebung grundsätzlicher Unterschiede, die bisher zwischen den Regelungen der jeweiligen Erbfolge in Stammvermögen und in erworbenes Vermögen bestanden hatten (vgl. Art. 1406).[303] Die Beschränkungen hinsichtlich der Verfügungen am ererbten Grundvermögen, die der Svod Zakonov noch vorgesehen hatte, waren längst als Anachronismus wahrgenommen und durch zwischenzeitliche Rechtsänderungen erleichtert worden.[304]

Die Definition des Testaments enthält Art. 1379:

> Eine Verfügung, die von jemandem für den Fall seines Todes über sein gesamtes Vermögen oder einen Teil desselben getroffen worden ist, heißt Testament.

299 Tjutrjumov, Graždanskoe Uloženie 1910, Buch 3 (Ndr. 2008), S. 446. Die Kommission verweist auf Elvers, Die römische Servitutenlehre, S. 29-84; Sohm, Institutionen des Römischen Rechts, 2. Aufl., § 56; Baron, Sistema rimskogo graždanskogo prava, § 156.

300 Tjutrjumov, Graždanskoe Uloženie 1910, Buch 3 (Ndr. 2008), S. 447. Der Satz, auf den sich die Kommission beruft, ist zwar unrömisch, entspricht aber grundsätzlich der Regel des klassischen Rechts, daß nur ein Dulden oder Unterlassen, nicht aber ein positives Tun Inhalt einer Dienstbarkeit sein kann. Vgl. Möller, Servituten, S. 199 f.

301 Zur Vorgeschichte vgl. Kaminka, Proekt nasledsvennogo prava, Sp. 2638-2648.

302 Leider geht Byčkovas Untersuchung über die Rezeption des römischen Rechts im russischen Erbrecht über die Entwürfe deswegen hinweg, weil diese nicht Gesetzeskraft erlangten; Recepcija rimskogo prava, S. 191.

303 W. v. Seeler, Der Entwurf, S. 88; vgl. Reich, Art. Rußland, S. 2296.

304 Vgl. Taylor, Roman Influences in Russian Wills, S. 434.

Mit einem »Teil« des Vermögens ist nicht nur ein Bruchteil gemeint; möglich ist vielmehr auch, daß nur über einzelne Vermögensgegenstände verfügt wird. Es muß nicht etwa (im Sinne des römischen Rechts) eine Erbeinsetzung stattfinden.[305] Das Erbrecht kennt auch in der Fassung des Entwurfs keine Gesamtrechtsnachfolge.[306] Zentrale Vorschrift über die Testamentserrichtung ist Art. 1406:

> Eine testamentarische Verfügung kann in der Zuwendung von Vermögen zu Eigentum und in der Begründung eines Nießbrauchs oder anderer Sachenrechte bestehen. Im Testament können auch andere Verfügungen jeder Art getroffen werden, soweit sie nicht dem Gesetz, den guten Sitten oder der öffentlichen Ordnung entgegenstehen. Der Erblasser kann auch demjenigen, dem er Vermögen zuwendet, die Erfüllung einer Verbindlichkeit zugunsten einer anderen Person auferlegen.

Die Senatsrechtsprechung hatte die Ausdifferenzierung der verschiedenen Typen letztwilliger Verfügungen im Sinne der Tradition des römischen Rechts vorangebracht, indem sie die begriffliche Unterscheidung zwischen Erbeinsetzung und Vermächtnis herausgearbeitet hatte.[307] Demgegenüber kennt der Entwurf, entsprechend dem tradierten russischen Recht, keine Unterscheidung zwischen diesen Rechtsfiguren.[308] Spezifisch russische Typen letztwilliger Verfügungen, auf die man stattdessen hätte zurückgreifen können, standen nicht zur Verfügung. Stattdessen entschied sich die Kommission dafür, an den jeweiligen Verfügungen *essentialia* und *accidentalia* zu unterscheiden.[309] Zu den ersteren gehört etwa die Angabe der begünstigten Person und des zugewandten Vermögens, zu den letzteren gehören *condicio*, *dies* und *modus* (Auflage).[310] Neu ist im Recht des Entwurfs die in Art. 1416 vorgesehene Möglichkeit der *substitutio vulgaris*.[311] Das bisherige Gesetz kannte keine dahingehende Regel, wie sie die Rechtsprechung im Sinne einer Substitution zugelassen hatte[312] und wie sie andere moderne Kodifikationen und das römische Recht kennen. Der Entwurf sanktioniert insoweit die Gerichtspraxis. Die Funktion der *substitutio vulgaris* erklärt die Kommission dahingehend, daß der Testator einen zweiten Erben für den Fall benennt, daß der erste ihn nicht überlebt oder die Erbschaft nicht annimmt (*casus voluntaris*), oder sie wegen irgendeines Hindernisses, das von seinem Willen unabhängig ist, nicht annehmen kann (*casus impotentiae*).[313]

305 W. v. Seeler, Der Entwurf, S. 97.
306 Reich, Art. Rußland, S. 2296.
307 Für die Differenzierung zwischen Erbeinsetzung und Vermächtnis s. oben S. 515.
308 Tjutrjumov, Graždanskoe Uloženie 1910, Buch 4 (Ndr. 2008), S. 95 f.; vgl. W. v. Seeler, Der Entwurf, S. 103.
309 Tjutrjumov, Graždanskoe Uloženie 1910, Buch 4 (Ndr. 2008), S. 96.
310 Tjutrjumov, Graždanskoe Uloženie 1910, Buch 4 (Ndr. 2008), S. 103 f.
311 Tjutrjumov, Graždanskoe Uloženie 1910, Buch 4 (Ndr. 2008), S. 111 u. 216.
312 Kass. 1882, Nr. 83; vgl. Pobedonoscev, Kurs graždanskogo prava, Teil 2, § 64.
313 Tjutrjumov, Graždanskoe Uloženie 1910, Buch 4 (Ndr. 2008), S. 111.

Während sich also die Formen, mit denen die gewillkürte Erbfolge nach dem Entwurf ausgestaltet werden kann, der von der Kommission verwendeten Terminologie zum Trotz von denen des römischen Rechts in wichtigen Punkten grundsätzlich unterscheiden, gleichen die wichtigsten Strukturen der Intestaterbfolge den Grundsätzen des römischen Rechts.

Der Entwurf sieht eine Beseitigung der bisherigen Zurücksetzung der Frauen in der Intestaterbfolge vor.[314] Im Recht des Svod Zakonov waren weibliche Angehörige aufgrund eines stark betonten Stammesprinzips gegenüber männlichen benachteiligt gewesen.[315] Nun soll ihre Rechtsstellung der der Männer angeglichen werden (Art. 1356).[316] Auch Verwandte in mütterlicher und väterlicher Linie sollen gleich behandelt werden. Das Verwandtenerbrecht wird (entsprechend §§ 1924 ff. BGB) nach Ordnungen gestaffelt (Art. 1357). Wie viele europäische Rechtsordnungen des 19. Jahrhunderts, die, anders als das BGB, entfernte Verwandte von der Erbfolge ausnahmen, schließt der Entwurf Verwandte der sechsten und fernerer Ordnungen aus (Art. 1357).[317]

Nach dem Vorbild westlicher Gesetzbücher wird ein Pflichtteilsrecht (objazatel'naja dolja, *portio legitima*) eingeführt, welches das positive Recht bislang nicht gekannt hatte (Art. 1460).[318]

Die Regelung des Erbschaftserwerbs durch den berufenen Erben folgt im wesentlichen dem römischen Recht.[319] Der Anfall der Erbschaft begründet das Recht des Berufenen, die Annahme zu erklären (Art. 1507). Der Entwurf kennt den Übergang des Rechts, eine Erbschaft anzunehmen oder auszuschlagen, auf den Rechtsnachfolger des Erben, der zuvor verstirbt (transmissija, *transmissio*) (Art. 1508).[320]

VII.) Die Kodifikationsarbeiten und die fortdauernde Orientierung am römischen und am deutschen Recht

Die Kodifikationsarbeiten konnten von seiten zeitgenössischer Juristen als ein Prozeß wahrgenommen werden, durch den der jahrzehntelang entwickelten Theorie des bürgerlichen Rechts und damit dem römischen Recht als deren Kern zum Eingang in das geltende Recht verholfen werden sollte. Guljaev, der die Tätigkeit der Kommission kritisch verfolgte, bemerkte, für seine Generation sei

314 Vgl. näher Wagner, Marriage, S. 224 ff. und die Rezension von Baranowski, S. 257-259. Die Beseitigung der Zurücksetzung von Frauen in der Erbfolge war ein Grundprinzip des justinianischen Erbrechts; vgl. Inst. 3,2,3b.

315 Wagner, Civil Cassation Department, S. 38; Gebhard, Russischen Familien- und Erbrecht, S. 93 f.

316 Für die Entwicklung zur erbrechtlichen Gleichstellung der Frauen im geltenden Recht vgl. Wagner, Legislative Reform, S. 167 ff.

317 Vgl. Slystschenkow, Der Entwurf, S. 200.

318 Vgl. Slystschenkow, Der Entwurf, S. 199; Reich, Art. Rußland, S. 2296.

319 Vgl. W. v. Seeler, Der Entwurf, S. 117.

320 Tjutrjumov, Graždanskoe Uloženie 1910, Buch 4 (Ndr. 2008), S. 46.

das römische Recht vor allem als Grundlage für Systematisierungen und Kodifizierungen von Interesse,[321] besonders als Material für die Herausbildung eines »Allgemeinen Teils« des bürgerlichen Rechts.[322] Wenn es seiner Generation gelinge, die Entwürfe bis zur Inkraftsetzung als Zivilgesetzbuch voranzubringen, so werde man sehen, wie sich die wissenschaftlichen Grundsätze des römischen Rechts nicht nur auf Umwegen, etwa durch die Autorität gerichtlicher Entscheidungen, Geltung im Leben verschafften, sondern unmittelbar durch das Gebot des Gesetzgebers.[323]

Die gleichzeitig mit den Kodifikationsarbeiten im Zarenreich stattfindenden Arbeiten der deutschen BGB-Kommissionen sind von russischen Zivilrechtlern frühzeitig aufmerksam beobachtet worden. Dies begünstigte das Entstehen zahlreicher rechtsvergleichender Studien, in denen die Verfasser römisches, deutsches und russisches Recht miteinander in Beziehung setzten.[324] Die Juristen des Zarenreiches gewannen nicht nur mit dem römischen Recht, sondern auch mit dem Bürgerlichen Gesetzbuch vielfältige Erfahrungen. Es entsprach dem großen Interesse der russischen Fachöffentlichkeit an der deutschen Kodifikation, daß schon 1898 eine russische Übersetzung in Sankt Petersburg erschien, als das erst zwei Jahre zuvor fertiggestellte Gesetz noch nicht einmal in Kraft getreten war.[325]

Maßgebliche Vermittler des Einflusses des BGB auf das russische Privatrecht waren naheliegenderweise einige der Absolventen des Berliner Seminars für Römisches Recht. Neben Guljaev haben sich z.B. Pokrovskij und Petrażycki verschiedentlich an der wissenschaftlichen Diskussion der russischen Entwürfe beteiligt.[326] Diese Autoren konnten auf die Erfahrungen zurückgreifen, die sie in Deutschland erworben hatten, und widmeten sich dem Vergleich zwischen den von der russischen Kommission erörterten Rechtsfragen und den Problemen, die bei der Vorbereitung des deutschen BGB zu bewältigen gewesen waren. Trotz dieser ausgeprägten Orientierung am Rechtsdenken Westeuropas, das, wie gesehen, auch in den russischen Entwürfen vielfach zur Geltung kommt, bestand das Spannungsverhältnis zwischen dem modernen, wissenschaftlich konzipierten Recht und dem positiven Recht des Svod Zakonov unter den durch die Selbstherrschaft gekennzeichneten Geltungsbedingungen bis zum Ende des Zarenreiches fort. Wenn Rajewsky meint, Rußland habe am Vorabend der Oktoberrevolution über ein »legal system which formed part of Continental European Law

321 Guljaev, Sovremennye zadači, S. 123.

322 Guljaev, Sovremennye zadači, S. 126.

323 Guljaev, Sovremennye zadači, S. 127.

324 Mit dem Vergleich zwischen den Vorschriften des BGB und denen des russischen Entwurfs von 1905 arbeiten z.B. W.v. Seeler, Der Entwurf (1911) und Sinajskij, Neobchodimo li nam spešit' (1911).

325 S. oben S. 534 mit Fn 68. Vgl. Baranowski, Über den Nutzen einer Lehrdisziplin »Allgemeine Rechtsgeschichte«, S. 10.

326 Vgl. für das Sachenrecht Pokrovskijs Abhandlungen über den Besitz: Vladenie v russkom proekte graždanskogo uloženija (1902) sowie Osnovnye voprosy vladenija v novom germanskom uloženii (1899). S. oben S. 567-569.

and had its origins in Roman law« verfügt, handelt es sich daher um eine stark vereinfachende Beschreibung.[327] Immerhin enthält sie einen zutreffenden Kern.

Unter dem Eindruck der nach wie vor bestehenden Wahrnehmung des Einflusses wissenschaftlichen Rechtsdenkens als deutscher Einfluß kam nach 1905 abermals verschiedentlich die Forderung auf, Studienaufenthalte junger Juristen des Zarenreiches in Deutschland zu organisieren. Diese sollten nicht lediglich dem Ziel dienen, Juristen zu Kenntnissen im römischen oder deutschen Recht als einer wichtigen Quelle für die jüngste russische Rechtsentwicklung zu verhelfen. Vielmehr war die universitäre Lehre im Zarenreich abermals in eine Krise geraten. Zwar bestanden, wie gesehen, inzwischen zahlreiche Hochschulen, an denen seit den 1880er Jahren viele bewährte und teilweise herausragende Wissenschaftler tätig waren, doch engagierten sich nicht wenige dieser Juristen für Liberalisierung und Verfassungsbewegung. Das Spannungsverhältnis zwischen diesem Engagement und den Erwartungen der Zarenadministration wuchs sich im Umfeld der Revolution von 1905 zu einer Krise aus, die die Universitäten allgemein, besonders aber die juristischen Fakultäten betraf. Die wiedererstarkende Reaktion versuchte nicht nur, Wissenschaft und Lehre zur Linientreue zu zwingen, sondern nötigte, worauf noch einzugehen sein wird, zahlreiche Professoren wegen ihrer politischen Aktivitäten zur Aufgabe des Lehramtes.[328] Das Ausscheiden namhafter Wissenschaftler wie Muromcev, Pokrovskij und anderer Rechtslehrer aus der Universität führte zu einem neuerlichen Mangel an qualifiziertem Personal. Leonhards anonymer Gewährsmann[329] hatte bereits vor der Revolution von 1905 geäußert, es sei »sehr zweifelhaft, ob man jemals wieder zu ernster Pflege historischer Rechtsstudien zurückkehren« werde.

So kam es zu mehreren Initiativen, an das Russische Seminar für Römisches Recht in Berlin anzuknüpfen, das 1896 geschlossen worden war, und dasselbe womöglich wieder aufleben zu lassen. Dieser Gedanke wurde naheliegenderweise besonders aus dem Kreis der Absolventen des Seminars geäußert, die die Berliner Einrichtung als Keimzelle ihrer persönlichen Erfolgsgeschichte wahrnahmen. So setzte sich z. B. Sokolowski in seiner Eigenschaft als Kurator des Char'kover Lehrbezirks 1908 für eine Wiedererrichtung des Seminars ein, weil er denjenigen Lehrkräften, die an die Stelle der Entlassenen getreten waren, teilweise die Eignung für ihre Aufgabe absprach. Mit der Skepsis stand Sokolowski nicht allein. Insbesondere für die wissenschaftliche Auseinandersetzung mit den Grundlagen des Rechts waren schwere Zeiten angebrochen. Auch L. A. Kasso, gleichfalls ehemaliger Stipendiat, der zeitgleich mit dem Seminar in Berlin studiert hatte, trat für eine Wiederbelebung der Organisation des Unterrichts in Deutschland ein.

So wurde im Frühjahr 1912 an der Berliner Universität ein neues »Institut zur Ausbildung künftiger russischer Universitäts-Docenten« ins Leben gerufen, diesmal

327 Rajewsky, Changes, S. 26. Die Vereinfachung mag begünstigt worden sein durch die vom englischen Entstehungszusammenhang der Arbeit bedingte »Außenperspektive«. Vgl. oben S. 54.

328 Vgl. oben S. 451 f.

329 X, Das römische Recht in Rußland, S. 77.

freilich mit anderen inhaltlichen Schwerpunkten als zuvor.[330] Für die Organisation wählte man nun eine entsprechende Einrichtung zum Vorbild, die inzwischen in Paris gegründet worden war.[331] An das Institut sollten zwei Gruppen zu jeweils fünf Stipendiaten abgeordnet werden.[332] Sie sollten in Berlin für zwei oder ggf. drei Jahre studieren und u. a. vier Semester lang im römischen Recht unterrichtet werden.[333] Im Unterschied zu dem bis 1896 bestehenden Seminar erstreckte sich die Ausbildung nun allerdings auf alle Rechtsgebiete, weil an den russischen Fakultäten vielfältiger Bedarf bestand.[334] Das Institut wurde von Emil Seckel (1864-1924) geleitet. Im übrigen waren die Professoren Wilhelm Kahl (1849-1932), Theodor Kipp (1862-1931), Viktor Bruns (1884-1943), Ernst Delaquis (1878-1951) und Georg Kuttner (1877-1916) in der Lehre tätig.[335] Kipp, Seckel und Kuttner unterrichteten bürgerliches und römisches Recht. Kahl und Delaquis lehrten Strafrecht, Bruns Völkerrecht.

Der Autor eines kritischen Beitrags über das Institut von 1912 hebt hervor, daß die Einrichtung einzig dem Zweck diene, willfährige Staatsdiener mit tadelloser politischer Gesinnung heranzuziehen, wie sie das zuständige Ministerium in Rußland gewinnen wolle. Bereits die Auswahl der Stipendiaten sei nicht im Hinblick auf ihre wissenschaftliche Vorbildung erfolgt, sondern mit Rücksicht auf ihre politische Gesinnung.[336] Im Interesse einer Absicherung der mit dem Auslandsstudium verbundenen Erwartungen des Ministeriums sei der Studienplan in allen Einzelheiten festgelegt, seine Befolgung werde streng überwacht.[337] Mit derart strengen Vorgaben suche das Ministerium »Beamte, nicht Gelehrte« heranzubilden.[338] Einwände von seiten der Akademie der Wissenschaften in Rußland hätten nichts gefruchtet, und auch die Weigerung der von vergleichsweise gemäßigten Kräften dominierten Duma, finanzielle Mittel für das Seminar zu bewilligen, habe an den Plänen der Regierung nichts ändern können, weil diese für die Finanzierung nicht auf die Duma angewiesen sei.

Die Ausbildung der Stipendiaten am neuen »Institut zur Ausbildung künftiger russischer Universitäts-Docenten« mußte vorzeitig abgebrochen werden, als der Betrieb mit der Mobilmachung am 1.8.1914 eingestellt wurde. Die Wirkungen der Initiative blieben unbedeutend.

330 Weill, Étudiants russes en Allemagne, S. 119 f. Kartsov meint irrtümlich, es sei nicht mehr zur Gründung eines Seminars gekommen; Das Russische Seminar, S. 356.

331 K. E., Die Ausbildung russischer Professoren, S. 119.

332 Weill, Étudiants russes en Allemagne, S. 120.

333 Weill, Étudiants russes en Allemagne, S. 120. Eine ähnliche Einrichtung, die sich aber mit der Ausbildung von Naturwissenschaftlern befasste, wurde zeitgleich in Tübingen gegründet; vgl. Weill, aaO., S. 121.

334 Kolbinger, Im Schleppseil Europas?, S. 233.

335 Kolbinger, Im Schleppseil Europas?, S. 233.

336 K. E., Die Ausbildung russischer Professoren, S. 121.

337 K. E., Die Ausbildung russischer Professoren, S. 121.

338 K. E., Die Ausbildung russischer Professoren, S. 122.

Kapitel 17: Das Ringen der Juristen um Rechtsstaatlichkeit, Liberalismus und Individualismus

Die Bemühungen zahlreicher Juristen um eine Modernisierung des Rechts durch Aufnahme von Einrichtungen des römischen Rechts in die höchstrichterliche Rechtsprechung und die Entwürfe zu einem Graždanskoe Uloženie hatten nicht nur, wie gesehen, zum Ziel, das russische Recht um bewährte Einrichtungen der römisch-westlichen Rechtstradition zu bereichern. Vorbereitet durch akademische Lehre und juristisches Schrifttum erscheint die Hinwendung zum römischen Recht, wie es seinen Niederschlag in den modernen Gesetzbüchern sowie in der Zivilrechtsliteratur Europas einschließlich des Zarenreiches gefunden hatte, als Teil einer Gesamtentwicklung, in deren Rahmen russische Juristen rechtsstaatliche Verhältnisse zu etablieren versuchten.

Mit den Reformen der 1860er Jahre hatte der Staat Bedingungen geschaffen, die Hoffnung auf einen jedenfalls relativen Erfolg solcher Bemühungen erwecken mochten. Insbesondere durch die Zemstvo- und Gerichtsreformen von 1864 waren rechtsstaatliche Strukturen in Gemeinden und Justiz eingeführt worden. Von ihrer Verwirklichung im praktischen Rechtsleben wird man allerdings nur unter deutlichen Vorbehalten sprechen können. Diese richten sich hauptsächlich auf die nach wie vor bestehende Möglichkeit staatlicher Eingriffe in private Rechte sowie ferner darauf, daß nur ein begrenzter Teil der Bevölkerung Zugang zu jenen Institutionen hatte, die die Durchsetzung von Rechten gewährleisten konnten. Insbesondere war dies bei den Bauern – auch nach der inzwischen erfolgten Abschaffung der Leibeigenschaft – nur mit Einschränkungen der Fall. Besonders schwer wog das verbreitete Gefühl, daß es de facto kein staatlicherseits garantiertes Recht gab.[1]

Das Bedürfnis zahlreicher Menschen nach einer Stärkung und Erweiterung der rechtsstaatlichen Strukturen hatte sich über Jahre hinweg Ausdruck verschafft, in denen staatliche Maßnahmen als Willkürakte wahrgenommen, aber nicht mehr einfach hingenommen, sondern mit Protesten beantwortet und oft auch in der Presse angegriffen oder lächerlich gemacht wurden. Breite Teile der – jedenfalls stadtbürgerlichen – Öffentlichkeit entwickelten ein erstarktes Rechtsbewußtsein. Dies fand bekanntlich 1878 Ausdruck in der öffentlichen Wahrnehmung des Strafverfahrens gegen die revolutionäre Aktivistin Vera Zasulič, die für ihr Attentat auf den Sankt Petersburger Gouverneur nach dem erklärten Bestreben der Regierung hatte verurteilt werden sollen, vom Sankt Petersburger Bezirksgericht allerdings unter großer öffentlicher Zustimmung freigesprochen wurde.[2] Einen

1 Ingold, Der große Bruch, S. 54.

2 Justizminister Graf Pahlen hatte, wie der Vorsitzende Richter Koni berichtet, die Verurteilung verlangt, was Koni zurückwies. Der Vorfall bildete den Hauptanlaß für den Rücktritt Pahlens im Mai 1878. Vgl. Litzinger, »Doch für einen Schuldspruch garantieren kann ich nicht!...«, S. 59-71 und oben S. 313, Fn. 11.

ähnlichen Fall der Destruktion eines unter obrigkeitlichem Erwartungsdruck stattfindenden Verfahrens bot im Herbst 1913 ein antisemitisch motivierter Prozeß in Kiev, in mancher Hinsicht das russische Gegenstück zur Dreyfus-Affäre.[3] Hier drang die Regierung auf Verurteilung des jüdischen Arbeiters Mendel Bejlis, der des Ritualmords beschuldigt wurde, um chauvinistische Emotionen auszulösen, von denen sie sich wiederum systemstabilisierende und minderheitenfeindliche Auswirkungen erwartete. Gleichwohl wurde Bejlis freigesprochen. Darin erwies sich ein erstarktes Selbstbewußtsein der beteiligten Richter und Schöffen, hinter denen breite Kreise einer Bevölkerung standen, die nicht mehr bereit waren, sich manipulieren zu lassen.[4]

Wenn sich um die Wende zum 20. Jahrhundert der Unmut großer Teile der Bevölkerung im offenen Protest Ausdruck verschaffte, bestand der Anlaß also nicht allein in schwierigen materiellen Lebensbedingungen oder Unzufriedenheit mit der Rückständigkeit der gesellschaftlichen Strukturen.[5] Die Unzufriedenheit galt auch dem Recht, an dem nicht nur bestimmte Regelungen als defizitär kritisiert wurden, sondern die Rahmenbedingungen ihrer Geltung überhaupt.

1.) Romanisten und Rechtsstaat

Das Bestreben vieler Juristen dieser Zeit, die Formen des römischen Rechts, wie sie die Rechtsprechung teilweise bereits aufgenommen hatte, nun auch in die Zivilrechtsgesetzgebung einzuführen, bildet insoweit nur einen Teilaspekt der Errichtung einer modernen Rechtsordnung, der seinen spezifischen Wert erst durch einen zweiten Schritt erlangt, den das römische Recht gleichermaßen vorgibt: die Wahrnehmung des Privatrechts als staatlicherseits garantiertes Regelungsinstrumentarium, das den Ausgleich privater Interessen und die Verwirklichung der Rechte des einzelnen gewährleisten kann.[6] Denn eine Privatrechtsordnung kann ihre Aufgaben auch mit Hilfe von zeitgemäßen, differenzierten und auf wissenschaftlicher Grundlage begrifflich strukturierten Regelungen nicht erfüllen, solange private Rechte nicht verläßlich durchsetzbar und insbesondere vor Eingriffen des Staates geschützt sind und solange es gleichzeitig an Bürgern fehlt, die einem gelebten Privatrecht als Träger einer Rechtskultur Legitimation und Überzeugungskraft verschaffen. In Rußland fehlte es bislang an beidem.

Wenn sich also zahlreiche Juristen im Interesse der Modernisierung der Gesetzeslage auf Grundlage des römischen Rechts engagierten und sich (über die Fachöffentlichkeit hinaus) an der Diskussion der Kodifikationsentwürfe beteilig-

3 Bartlett/Edmondson, Collapse and Creation, S. 168; vgl. Ingold, Der große Bruch, S. 41.

4 Zum Fall Bejlis s. zusammenfassend Löwe, Antisemitismus und reaktionäre Utopie, S. 134-138 sowie Kucherov, Courts, S. 243-268.

5 Ingold, Der große Bruch, S. 51.

6 Zum Ringen der Juristen um Rechtsstaatlichkeit und zur Vechi-Debatte vgl. Schlüchter, Recht und Moral, S. 215 ff.

ten, ging es ihnen nicht nur um die Einbringung dogmatischen Sachverstands in die redaktionellen Arbeiten. Sie entwarfen vielmehr das Modell einer an Individualismus und Liberalismus ausgerichteten Zivilgesellschaft, deren Mitglieder als Träger des Privatrechts auftreten mochten, und traten mit entsprechenden Forderungen an die Öffentlichkeit. Zahlreiche Professoren und juristische Praktiker, unter ihnen herausragende Romanisten und Zivilrechtler wie Muromcev, Grimm, Szerszeniewicz, Pokrovskij, M. M. Vinaver und Petrażycki,[7] engagierten sich politisch auf seiten der Konstitutionellen Demokraten, die nach ihrem Namenskürzel »KD« als »KD-ler« (»kadety«), also »Kadetten« bezeichnet wurden. Die Kadetten-Partei bildete eine der maßgeblichen Säulen der Verfassungsbewegung. Ihre Doktrin war in einzigartiger Weise auf die als europäisch verstandene Rechtswissenschaft gegründet.[8] Vor diesem Hintergrund ist die zunehmende Akzeptanz der Theorie des subjektiven Rechts zu verstehen, für die etwa Grimm und Pokrovskij im Anschluß an Jellinek eintraten.[9] Grimms Engagement für Rechtsstaat und bürgerliche Gleichheit schloß die Forderung ein, offen das Problem der gesetzlichen Benachteiligung der Juden zu erörtern.[10]

Das seit 1905 bestehende Parlament, die Erste Duma, wurde von gemäßigten Kräften dominiert, unter denen die Konstitutionellen Demokraten die Mehrheit stellten. Zum Vorsitzenden wählten die Abgeordneten Muromcev, der sich als führendes Mitglied der Kadetten-Partei und überzeugter Anhänger der konstitutionellen Monarchie hervorgetan hatte.[11] Als Haupt der russischen Verfassungsbewegung war er (Mit-)Autor eines liberalen Verfassungsentwurfs, des sog. »Muromcev-Entwurfs« (1905).[12] Man betrachtete ihn als »Symbolfigur des rechtlichen Ausweges aus der Revolution«.[13] Muromcev hatte sich in einem Beitrag zur Feier von Puškins hundertstem Geburtstags 1899 mit dem Dichter auseinandergesetzt und dessen Werk als poetischen Ausdruck der Forderung nach Freiheit und Individualismus beschrieben.[14] Damit drückte er nicht nur Puškins Geist

7 Vgl. die Erinnerungen der Kadettin Tyrkova-Williams, Na putjach v svobode, S. 255, 275 u. 283 ff.

8 Tyrkova-Williams, Na putjach v svobode, S. 388 ff.

9 Vgl. Grimm, Juridičeskoe otnošenie i subektivnoe pravo (Schluß), S. 1-23; für Pokrovskij dessen Osnovnye problemy, S. 108 ff.

10 »Wir wollen, daß Rußland den Weg eines Rechtsstaats geht. Eine Nichterwähnung (der Judenfrage) ist die Verneinung dieses Prinzips.« Zit. nach Löwe, Antisemitismus und reaktionäre Utopie, S. 159.

11 Tyrkova-Williams, Na putjach v svobode, S. 267; Meduschevskij, Konstitutionelle Projekte, S. 248; ders., Art. Muromcev, S. 447; Leontovitsch, Geschichte des Liberalismus, S. 322 ff.

12 Meduschevskij, Konstitutionelle Projekte, S. 246-256.

13 Meduschevskij, Art. Muromcev, S. 447.

14 Für diese Tendenz steht in Puškins Werk besonders dessen berühmtes, mit dem Motto »Exegi monumentum« versehenen Vermächtnisgedicht von 1836. Epitaph und Thema des Gedichts gehen auf Horaz' berühmte Ode an Melpomene (*carm.* 3,30) zurück. Diese war von Russen traditionell als Manifest des Individualismus verstanden worden. Bereits Lomonosov hatte die Ode übersetzt, Deržavin sie für sein Gedicht »Pamjatnik« (Das Denk-

aus,[15] sondern auch die Hoffnung liberaler Juristen und vieler Zeitgenossen. Dies hat, wie sich gerade in Muromcevs Wirken erweist, nicht nur eine politische Seite, sondern auch eine juristische.[16]

In der Staatsordnung, die die Verfassung (Osnovnye zakony) vom 23. April 1906 eingeführt hatte,[17] stand die Duma im Rahmen eines Zweikammersystems einem reformierten Reichsrat gegenüber, den Zar und grundbesitzender Adel beherrschten.[18] Die Einrichtung einer gewählten Volksvertretung beruhte auf einem halbherzigen Zugeständnis des Zaren gegenüber der Forderung vor allem der bürgerlichen Gesellschaftsschicht nach politischem Einfluß – Radikale verweigerten die Teilnahme –, dessen Rücknahme allerdings jederzeit drohte.[19] Nur dem Anschein nach war das Zarenreich zur Herrschaftsform der konstitutionellen Monarchie übergegangen. Denn die Verfassung sprach in Art. 4 noch immer vom Zaren als Selbstherrscher (samoderžec), der niemandem Rechenschaft schuldete. Dem geltenden Recht treu, erkannten viele Juristen diese Rahmenbedingungen an. Diesen Standpunkt haben wir z. B. bei Szerszeniewicz feststellen können.[20] Hieraus ergab sich jene zwiespältige Ordnung, die Max Weber als »Scheinkonstitutionalismus« bezeichnete.[21] Dieser berühmten, in polemischer Absicht geäußerten, aber nichtsdestoweniger treffenden Bezeichnung zum Trotz konnte Weber auch eine Hinwendung des Zarenreiches zu staatlichen und rechtlichen Strukturen westeuropäischen Stils beobachten. Für ihn gehörte Rußland nicht nur selbst-

mal) verarbeitet. Puškin verbindet mit der Verherrlichung des Individualismus einen Angriff auf die Überhöhung des Zaren: Die riesige, 1834 auf dem Sankt Petersburger Schloßplatz errichtete Alexandersäule, die diese Überhöhung verkörpert, wird von seinem imaginierten Denkmal noch überragt: Я памятник себе воздвиг нерукотворный / К нему не зарастет тропа, / Вознесся выше он главою непокорной / Александрийского столпа. [...] (Ein Denkmal, nicht von Hand geschaffen, habe ich mir errichtet, / des Volkes Pfad zu ihm wird nicht zuwachsen, / es hat sein trotziges Haupt noch höher erhoben / als Alexanders Säule. [...]). Alexander I. wird von Puškin nicht als der Hoffnungsträger wahrgenommen, als der er sich vielen in der ersten Hälfte seiner Herrschaftszeit präsentiert hatte, sondern als der enttäuschend reformfeindliche Herrscher seiner letzten Jahre. Puškins »Freiheitssinn« richtet sich insbesondere gegen die Selbstherrschaft des Zaren, wie sich an seiner Versepistel »An Čaadaev« (wohl 1818) erweist: Россия вспрянет ото сна, / И на обломках самовластья / Напишут наши имена! (Rußland wird sich aus dem Schlaf erheben, / und auf die Trümmer der Autokratie / wird man unsere Namen schreiben!). Vgl. Muromcev, 26 maja, S. 27-29 und die Memoiren des Historikers und Kadetten-Politikers Kizevetter, Na rubeže dvuch stoletij, S. 241 f.

15 Vgl. Walicki, Legal Philosophies, S. 82.

16 Über Nabokov und seine juristische Tätigkeit vgl. Tyrkova-Williams, Na putjach v svobode, S. 269 ff.

17 Deutscher Text der Verfassung bei Palme, Die Russische Verfassung, S. 91 ff.

18 Goehrke, Russland, S. 214 f.

19 Tatsächlich wurde die 1. Duma nach wenigen Monaten wieder aufgelöst, ebenso wie anschließend die 2. Duma. Vgl. Sczaniecki, Powczechna historia, S. 488 ff.

20 Zum Ganzen vgl. Schlüchter in: Rechtstheorie, S. 563 ff.

21 Vgl. Weber, Rußlands Übergang zum Scheinkonstitutionalismus (1906) und Ch. Schmidt, Russische Geschichte, S. 134.

verständlich zum christlichen Kulturkreis, er betrachtete es vielmehr als inzwischen vom römischen Recht durchdrungen und geprägt. So konnte er am Ende seiner Arbeit »Zur Lage der bürgerlichen Demokratie in Rußland« die Erwartung äußern, Rußland trete, wenn auch »in nächster Zeit« Rückschläge zu erwarten seien, endgültig in die Bahn spezifisch europäischer Entwicklung.[22]

Unter diesen Voraussetzungen war es nur eine Frage der Zeit, wann es zur Gewissensprobe kommen würde. Viele Rechtslehrer waren bereits in Konflikt mit der Staatsmacht geraten, als sie in der Universitätskrise von 1905 öffentlich für die Autonomie der Wissenschaft eingetreten waren.[23] Die angesichts der beibehaltenen Selbstherrschaft formal rechtmäßige Auflösung der Ersten Duma durch den Zaren 1906 veranlaßte dann zahlreiche Konstitutionelle Demokraten, im sog. Wyborger Manifest öffentlich zur Verweigerung von Steuer- und Wehrpflicht aufzurufen. Die nachfolgende strafrechtliche Verfolgung[24] kostete einige Professoren das Recht, erneut in die Duma gewählt zu werden. Dies betraf auch Petrażycki, der eigentlich nicht ausgerechnet auf illegalem Wege das Ziel eines Rechtsstaats hatte verfolgen wollen und gegen seine Überzeugung aus Solidarität unterzeichnet hatte.[25]

Die Reformen, denen die Revolution von 1905 die Bahn zu brechen versprochen haben mochte, scheiterten fast vollständig. Daß die Rechtsformen, die eine individualistische Rechtsordnung gewährleisten sollen, pervertierte Wirkungen entfalten können, wenn sie unter falschen Rahmenbedingungen mißbraucht werden, sollte sich in der kurzen Zeit des Bestehens der Ersten Duma ausgerechnet am wohl wichtigsten Beispiel erweisen, dem Privateigentum. Anlaß für die Auflösung der Duma war letztlich die von ihr vertretene Forderung nach einer Bodenreform, die im Wege der Enteignung von Staat, Kirche und Großgrundbesitzern einem großen Teil der Landbevölkerung überhaupt eine unabhängige Existenzgrundlage verschaffen sollte. Diesem sozialen Reformbestreben trat der Zar ausgerechnet unter Hinweis auf die Unverletzlichkeit des Privateigentums entgegen. Ein umfassend garantiertes, allgemein vor staatlichen Eingriffen geschütztes Privateigentum wäre über alles hinausgegangen, was Herrscher wie Katharina II. und Alexander II. für den privilegierten Adel unter Ausschluß der Landbevölkerung gewährleistet hatten. Jetzt wurde dieses Konzept ins Feld geführt, um den status quo im Interesse Privilegierter zum Nachteil eines großen Teils der Bevölkerung zu festigen.

Ein prominenter Jurist und Verfechter des Rechtsstaates war der Strafrechtler und Kriminologe Vladimir Dmitrievič Nabokov (1870-1922). Er war zunächst als Jurist in der Kaiserlichen Kanzlei tätig gewesen, bevor er nach einem ergänzenden Studienaufenthalt in Leipzig und Halle 1896 die juristische Lehrtätigkeit aufnahm

22 Weber, Zur Lage der bürgerlichen Demokratie in Rußland, S. 272 und Dahlmann, Max Weber und Rußland, S. 275.

23 S. oben S. 451 f. u. 577.

24 Kucherov, Courts, S. 239-243.

25 Vgl. Timasheff, Petrazhitsky's Philosophy of Law, S. 739.

und bis 1904 an der Kaiserlichen Rechtsschule Strafrecht und Kriminologie lehrte. Nabokov war ein Verfechter rechtsstaatlicher Strukturen und strebte nach dem Niveau von Recht, Justiz und Demokratie, wie er es in westeuropäischen Staaten verwirklicht sah. Er glaubte, daß die dort etablierten Gerechtigkeitsmaßstäbe nicht nur relative Standards von lokaler Bedeutung seien, sondern Anspruch auf universelle Geltung hätten. Er war überzeugt, daß das Gesetz die Rechte aller Bürger ohne Ausnahme zu schützen habe, und daß die Verfassung und ein vom Volk gewähltes Parlament diese Rechte garantieren müßten. Der Geist verfassungsmäßiger Ordnung nach dem Vorbild Englands prägte die politischen Versammlungen in Nabokovs häuslichem Salon,[26] wie dessen Sohn, der bekannte Romancier, in seinen Erinnerungen berichtet: »Um acht Uhr abends beherbergte der Flur eine Ansammlung von Wintermänteln und Galoschen. In einem Konferenzzimmer neben der Bibliothek kamen an einem langen, mit Flanell bezogenen Tisch (auf dem wunderbar spitze Bleistifte verteilt worden waren) mein Vater und seine Kollegen zusammen [...] Über dem Stimmengewirr ließ eine hohe Standuhr in einer dunklen Ecke ihre Westminster-Glockenschläge hören.«[27]

Bereits in seiner Einführungsvorlesung an der Kaiserlichen Rechtsschule sprach Nabokov von den Rechten des Individuums vor dem Gesetz und seiner Verantwortung gegenüber dem Gesetz. Für ihn war das Recht keine akademische Angelegenheit; es kam ihm vielmehr auf die politische Bedeutung der Rechtspraxis an. Er betrachtete die Rechte des Individuums nicht nur als abstrakt und theoretisch, sondern als »die Frucht langen politischen Kampfes für politische Freiheit«. Zusammen mit Gleichgesinnten wie u. a. Petrażycki gab Nabokov die Zeitschrift »Pravo« heraus, die sich als Organ liberaler Juristen etablierte.[28] Nachdem er als Konstitutioneller Demokrat zum Mitglied der Ersten Duma berufen und vorübergehend sogar mit Regierungsämtern betraut worden war, mußte er 1919 emigrieren.[29] Er starb 1922 bei dem Versuch, ein Attentat auf Pavel N. Miljukov zu verhindern. Dieser Historiker und Schüler des Mediävisten Pavel G. Vinogradov[30] war als ebenfalls politisch engagierter Wissenschaftler mit Muromcev befreundet gewesen und dessen Biograph geworden.[31]

26 Als im November 1904 in Sankt Petersburg der erste Allrussische Kongreß der Zemstvo-Verbände stattfand und vom Justizminister verboten wurde, trafen sich die Zemstvo-Deligierten in Nabokovs Haus in der Bol'šaja-Morskaja-Straße 47.

27 Nabokov, Speak, Memory, S. 188.

28 Über diese Zeitschrift vgl. Walicki, Legal Philosophies, S. 220-222; Schlüchter, Recht und Moral, S. 305 f.; Litzinger, Russland vor der Oktoberrevolution, S. 132-138.

29 Für das Vorstehende vgl. Boyd, Vladimir Nabokov, S. 27 ff.

30 Es handelt sich um einen der bedeutendsten Wissenschaftler der Emigrantengeneration (1854-1925), der seit 1903, zuletzt als Sir Paul Vinogradoff, den einst von Maine versehenen Lehrstuhl für Jurisprudence an der Universität Oxford innehatte. Vgl. Butler, Art. Russia, S. 178; ders., Russian Law, S. 12 u. 69 f.; Stein, Legal Evolution, S. 115 f. Er wurde auch aus marxistischer Sicht als der erste russische Mediävist im strengen Sinne anerkannt; vgl. Vajnštejn, Istoriografija, S. 308.

31 Vgl. Grau, St. Petersburg, S. 237.

II.) Die Reaktion der Konservativen

Im Rahmen der zwischen 1905 und 1917 stattfindenden Bemühungen, Grundsätze des Rechtsstaates in Rußland einzuführen, mochte das römische Recht nach Meinung zahlreicher liberaler Juristen Aussicht darauf bieten, zu einer geordneten und zweckmäßigen Regelung privatrechtlicher Verhältnisse beitragen zu können. Weniger eindeutig war die Position konservativer Juristen. Zwar fehlt es nicht an positiven Äußerungen über das römische Recht, doch propagierten die »Moskovskie Vedomosti«, vielfach repräsentativ für die Anschauungen der Konservativen, nicht uneingeschränkt die Tauglichkeit des am römischen Recht entwickelten Privatrechts für alle sozialen Schichten. Ihre Wortführer traten vielmehr für die Erhaltung des Gewohnheitsrechts der bäuerlichen Landbevölkerung ein.[32] Dieser Standpunkt wurde nicht nur mit der Maßgeblichkeit tradierter Rechtsüberzeugungen begründet, sondern mit ganz konkreten Interessen. Die Konservativen wandten sich insbesondere gegen die Einführung des »römischen« Eigentumsbegriffs.[33] Dieses Konzept mochte – unterschiedslos auf alle Menschen angewandt – die traditionelle Ordnung des ländlichen Grundeigentums gefährden, das durch die Konzentration von Ländereien in der Hand von Staat, Kirche und Adel sowie durch die Vergemeinschaftung landwirtschaftlich genutzter Flächen gekennzeichnet war. Eine Gefährdung dieser Ordnung durch Einführung eines allgemeinen individualistischen Eigentums und einer freien Verkehrsfähigkeit von Grund und Boden drohte die hergebrachte Gesellschaftsordnung zu untergraben und letztlich die Selbstherrschaft des Zaren in Frage zu stellen.[34] Dem Ministerpräsidenten Pëtr Arkad'evič Stolypin (1862-1911), der im Wege der Bodenreform die Ablösung der dörflichen Gemeindeverfassung durch ein selbständiges Einzelbauerntum bewirken wollte,[35] wurde in diesem Sinne vorgeworfen, er betreibe eine Ersetzung des gemeinschaftlichen Landbesitzes durch römische Rechtsinstitute und opfere den friedlichen status quo dem Eigeninteresse einzelner Personen. Nach konservativer Überzeugung war das römische Eigentum für die russischen Verhältnisse ungeeignet, weil die dörfliche Gesellschaft nach moralischen Regeln funktioniere. Eine Gesellschaftsordnung, in der im Sinne des individualistischen Geistes des römischen Rechts privates Bodeneigentum bestehe, lasse keinen Raum für jene wechselseitige Liebe und Fürsorge, die nach einer verbreiteten, stark idealisierenden Vorstellung unter den Mitgliedern ländlicher Gemeinden herrschen sollte; römisches Recht fördere vielmehr ein Konkurrenzverhalten.[36] Durch eine liberale Rechtsordnung, die den Wettbewerb zwischen den Menschen ermöglichte, sahen Konservative einen Grundsatz des Egoismus verwirklicht, den sie als charakteristisch für das römische Recht betrachteten: »*jus*

32 Karcov, Rimskoe pravo kak učebnaja disciplina, S. 88.

33 Karcov, Pandektnoe pravo, S. 182.

34 Karcov, Pandektnoe pravo, S. 178-179.

35 Vgl. Silvestri, Contrast, S. 1.

36 Karcov, Pandektnoe pravo, S. 186 f. mit Nachweisen.

civile sibi vigilantibus scriptum est«, verstanden in dem Sinne, daß im Rahmen der Rechtsordnung jeder in erster Linie für sich selbst zu sorgen habe.[37]

Nach dem Inkrafttreten der Verfassung von 1906 wurden die Bauern mit den Angehörigen anderer Stände in vieler Hinsicht gleichgestellt, die örtlichen volost'-Gerichte, die nach dem Gewohnheitsrecht entschieden, wurden abgeschafft. Volksbildungsminister Kasso trat noch immer öffentlich für die Förderung des römischen Rechts als Grundlage des geltenden Rechts ein,[38] doch ließen die Angriffe gegen dasselbe nicht nach. Die Konservativen sahen in der stufenweisen Aufhebung des Gewohnheitsrechts ein Vordringen des römisch geprägten Rechts.[39] Dies mochte, wie sie befürchteten, zu einer Zurückdrängung der Vorrechte des Staates im Privatrechtsverkehr und damit womöglich zum Ende der Selbstherrschaft führen, mit deren Erhaltung die Konservativen die territoriale Einheit Rußlands und die nationale, durch das orthodoxe Christentum geprägte Kultur verbanden.[40] So lebte auch das Argument, das römische Recht sei als unchristlich anzulehnen, in der Diskussion fort. Konservative nahmen die Orientierung an einem menschengeschaffenen Recht, wie es dem klassischen Konzept entsprach,[41] als atheistisch wahr, und traten dafür ein, das Recht nach jenen überpositiven Grundsätzen auszurichten, wie sie die Religion vorgab. Vor dem Hintergrund dieser Rechtsvorstellungen mußten Grundsätze wie »*summum jus summa injuria*« und »*fiat justitia pereat mundus*«, die angeblich das römische Recht charakterisierten, abgelehnt werden.[42]

Schließlich knüpften manche Konservative an das Vordringen des römischen Rechts auch irrationale Vorstellungen von Bedrohungsszenarien an. Nachdem Mystizismus und Esoterik in elitären Kreisen des Zarenreiches seit langem gepflegt worden waren,[43] begünstigte das Gefühl einer Bedrohung der tradierten Verhältnisse durch den Modernisierungsdruck das Aufblühen von Verschwörungstheorien, in deren Zentrum nicht nur, wie bekannt, antisemitische Vorurteile standen,[44] sondern auch dem römischen Recht, das als international vordringender Katalysator von Veränderungen wahrgenommen werden konnte, eine verhängnisvolle Rolle zugewiesen wurde.[45]

37 Karcov, Rimskoe častnoe pravo, S. 113. Vgl. Scaevola *lb. sg. quaest. publice tractatarum* D. 42,8,24. Demgegenüber stellt Vasil'ev seinen verfahrensrechtlichen Leitfaden gerade zustimmend unter das Motto »Non dormientibus – vigilantibus jura subveniunt«.

38 Karcov, Rimskoe častnoe pravo, S. 109 mit Nachweisen.

39 Karcov, Pandektnoe pravo, S. 191.

40 Karcov, Rimskoe častnoe pravo, S. 108.

41 Hermogenian 1 *iuris epitomarum* D. 1,5,2: *hominum causa omne ius constitutum.*

42 Karcov, Rimskoe častnoe pravo, S. 114.

43 S. oben S. 191.

44 Für die rechtspolitische Mobilisierung antisemitischer Vorurteile durch konservative Autoren vgl. Karcov, Rimskoe častnoe pravo, S. 109-112 mit Nachweisen.

45 Karcov, Rimskoe častnoe pravo, S. 111 u. 114.

III.) Die Vechi-Debatte

Die Jahre nach 1905 enttäuschten nicht nur die Erwartung, die zahlreiche Juristen und andere Intellektuelle in die Verwirklichung einer auf eine Verfassung gestützten rechtsstaatlichen Ordnung gesetzt hatten; vielmehr erstickte die wiedererstarkende Reaktion auch die verbreitete Hoffnung, daß ein Aufbrechen der gesellschaftlichen Strukturen überhaupt möglich sei. In dieser Lage gab eine Gruppe kritischer Autoren 1909 den Band »Wegmarken« (»Vechi«) heraus, eine »Sammlung von Abhandlungen über die russische Intelligenz«. Der Band, der in rascher Folge mehrfach aufgelegt wurde, löste eine lebhafte Debatte innerhalb der russischen »Intelligencija« – zwischen »Vechovcy« und »Kontrvechovcy« – aus.[46] Er enthält u. a. einen Aufsatz des Soziologen und Staatsrechtlers Bogdan Kistjakovskij,[47] der sich unter dem Titel »Zur Verteidigung des Rechts (Die Intelligencija und das Rechtsbewußtsein)« mit dem russischen Rechtsnihilismus auseinandersetzt.[48] Der Autor, der im Westen durch den wissenschaftlichen Austausch mit Max Weber bekannt wurde,[49] engagierte sich politisch auf seiten der Konstitutionellen Demokraten; ihn sollte nach dem Umsturz das Schicksal vieler Intellektueller treffen, die im Chaos des revolutionären Rußland physisch zugrundegingen. Kistjakovskijs Aufsatz spiegelt beispielhaft die in der Reformbewegung herrschende Ratlosigkeit angesichts des Fehlens elementarer Voraussetzungen für die Schaffung eines von der Gesellschaft getragenen und auf ihre Lebensverhältnisse ausgerichteten Rechts.[50] Der Autor beklagt, die russische

46 Vechi. Sbornik statej o russkoj intelligencii (1909); deutsche Ausgabe von Schlögel (1990); zur Sache vgl. Oberländer, Die Vechi-Diskussion (1965); Goldt, Die Revolution und ihre Intellektuellen, S. 383-411; Neumann, Russia, S. 82 ff.; zur Fortwirkung Scherrer, Persönlichkeit, S. 199 ff.

47 Bogdan (Theodor) A. Kistjakovskij (1868-1920), der der Soziologie Simmels und Tönnies' und im Staatsrecht den Positionen Jellineks nahestand, war 1903 Privatdozent an der Universität Moskau, 1906 Dozent für Staats- und Handelsrecht am Handelsinstitut Moskau, 1911 Professor am Demidov-Lyzeum in Jaroslavl' sowie 1917 in Kiev. Vgl. Oberländer, Die Vechi-Diskussion, S. 40; Schroeder, Eine Universität, S. 295.

48 Kistjakovskij, V zaščitu prava (Intelligencja i pravosoznanie); nachfolgend benutzt wird die deutsche Fassung »Zur Verteidigung des Rechts«, bei Schlögel, aaO., S. 212-250. Zu Kistjakovskijs Aufsatz vgl. Sproede, »Rechtsbewußtsein«, S. 439 ff.

49 Kistjakovskij hatte in Heidelberg u. a. bei Jellinek studiert und war in diesem Zusammenhang mit Weber bekannt geworden, der in Heidelberg überhaupt viel Umgang mit den dortigen Russen pflegte; vgl. Weill, Étudiants russes en Allemagne, S. 152 f.; Birkenmaier, Das russische Heidelberg, S. 145 ff. Von Kistjakovskij war Weber veranlaßt worden, sich dem Gegenstand der zweiten seiner Rußland gewidmeten Arbeiten (»Rußlands Übergang zum Scheinkonstitutionalismus«) zuzuwenden. Vgl. Radkau, Max Weber, S. 392.

50 Kistjakovskij knüpft an Muromcev als russischen Gründer der Rechtssoziologie an und beruft sich für die Richtigkeit der Wahrnehmung einer Abhängigkeit des Rechts von den gesellschaftlichen Verhältnissen auf Paulus 16 *ad Plautium* D. 50,17,1: *non ex regula ius sumatur, sed ex iure quod est regula fiat*; Kistjakovskij, Social'nye nauki i pravo, S. 338 f. und S. 361; vgl. Walicki, Legal Philosophies, S. 357-359.

Intelligencija habe das Recht von allen kulturellen Werten am nachlässigsten behandelt. Dies sei das Resultat des Mangels einer rechtlichen Ordnung im Alltagsleben des Volkes.[51] Kistjakovskij fordert für Rußland eine höhere Wertschätzung des Rechts. Er meint, in der Intelligencija habe sich kein gefestigtes Rechtsbewußtsein ausbilden können.[52] Er beklagt das Fehlen russischer juristischer Literatur von herausragender gesellschaftlicher Bedeutung, wie es im Westen etwa Savignys Programmschrift »Vom Beruf unsrer Zeit« oder Jherings »Kampf um's Recht« gewesen seien.[53] So sei das Recht in Rußland eine Spezialistenangelegenheit ohne *gesellschaftliche* Resonanz geblieben.[54] Kistjakovskij führt die Neigung zum Rechtsnihilismus also auf das Fehlen solcher juristischer Programmschriften zurück, die das Bewußtsein von den Grundlagen des Rechts hätten verbreiten und festigen können. Es gehört in dieser Hinsicht zur Tragik der russischen Rechtsgeschichte, daß Pokrovskijs Werk »Grundprobleme des Bürgerlichen Rechts«, das dieses Postulat auch über das Zivilrecht hinaus ein Stück weit hätte erfüllen können, erst 1917 erschien und im Zarenreich keine nennenswerte Wirkung mehr entfalten konnte.[55]

Kistjakovskij trat für die Schaffung einer rechtsstaatlichen Ordnung ein.[56] Von der Überzeugung ausgehend, daß die Grundlage einer stabilen Rechtsordnung in der Freiheit und Unantastbarkeit der Person bestehe, beschreibt Kistjakovskij insbesondere das Fehlen der Idee der *Rechts*persönlichkeit im öffentlichen Bewußtsein Rußlands. Er meint, sogar der Intelligencija sei die Vorstellung fremd, daß die Rechtsordnung einerseits für die Person verbindlich sei, und daß diese andererseits über umfassende Rechte verfüge, die sie frei in Anspruch nehmen könne.[57]

Kistjakovskij meint, die Gerichtsreformen von 1864 hätten zwar rechtsstaatliche Rahmenbedingungen geschaffen, doch befinde sich die Justiz noch immer in einem beklagenswerten Zustand.[58] Insbesondere die Zivilgerichtsbarkeit werde in der Öffentlichkeit nicht hinreichend wahrgenommen. Aufmerksamkeit erran-

51 Kistjakovskij, Zur Verteidigung des Rechts, S. 218-220.

52 Kistjakovskij, Zur Verteidigung des Rechts, S. 213.

53 Kistjakovskij, Zur Verteidigung des Rechts, S. 214, Hervorhebung im Original.

54 Kistjakovskij, Zur Verteidigung des Rechts, S. 216 f., Hervorhebung im Original. Der Autor beobachtet insoweit, was Max Weber mit Rücksicht auf die Verwaltung des Rechts durch Spezialisten (»Rechtshonoratioren«) beschrieben hatte. Zwar hat der Staat das Recht in der Hand, doch bürgerliche Reformen finden in einem kleinen Kreis statt und erreichen – darauf kommt es an – das Bewußtsein der Bevölkerung nicht.

55 S. oben S. 451.

56 Kistjakovskij zeigt sich offen für die Integration moralischer Prinzipien in die Rechtsordnung, wie es Petrażycki vorgeschlagen hatte. Er meint, wenn eines Tages nach dem Beispiel Justinians neue Pandekten aus den Fragmenten der modernen Rechtsliteratur geschaffen werden sollten, müsse die entsprechende Passage aus Petrażyckis »Teorija prava i gosudarstva« (»Theorie von Staat und Recht«) aufgenommen werden. Vgl. Kistjakovskij, Social'nye nauki i pravo, S. 285 und Walicki, Legal Philosophies, S. 256 f.

57 Kistjakovskij, Zur Verteidigung des Rechts, S. 220 f., Hervorhebung im Original. Dazu Goldt, Die Revolution und ihre Intellektuellen, S. 409.

58 Kistjakovskij, Zur Verteidigung des Rechts, S. 243 f.

gen allenfalls Sensationsprozesse. Dabei biete doch gerade die relativ unabhängige Zivilgerichtsbarkeit die Chance, Einfluß auf die Festigung und Entwicklung der Rechtsordnung ausüben und insbesondere das mangelhafte Gesetzesrecht systematisch fortzubilden. So hätten Völker mit entwickeltem Rechtsbewußtsein wie die Römer und die Engländer ein schlüssiges System des ungeschriebenen Rechts entwickelt, während die Zivilrechtsordnung Rußlands bislang instabil geblieben sei. Sogar die höchstrichterliche Rechtsprechung nimmt Kistjakovskij als inkonsequent wahr. Er behauptet, keine ausländische Kassationsrechtsprechung sei derart schwankend und widersprüchlich wie die des Dirigierenden Senats. Die Verantwortung hierfür trage hauptsächlich eine indifferente Öffentlichkeit, der eine verläßliche Zivilrechtsordnung gleichgültig sei. Mangelndes Interesse am Funktionieren der Zivilgerichtsbarkeit wirft Kistjakovskij sogar den Vertretern der Rechtswissenschaft vor, weswegen die Kassationspraxis des Senats unentwickelt geblieben sei – ein Vorwurf, dem wir nach der vorstehenden Auseinandersetzung mit Zivilrechtswissenschaft und Senatsrechtsprechung sicherlich nicht uneingeschränkt werden zustimmen können. Schließlich stellt Kistjakovskij eine Verbindung zwischen dem in der Bevölkerung fehlenden Rechtsbewußtsein und dem Mangel an geeigneten Richtern her. Er meint, nur anfänglich habe es an den reformierten Gerichten einzelne Persönlichkeiten gegeben, die einen heilsamen Einfluß auf das gesellschaftliche Rechtsbewußtsein ausgeübt hätten.

Es ist zu vermuten, daß Kistjakovskij mit den »einzelnen Persönlichkeiten« weniger jene Zivilrechtslehrer bezeichnet, die die Rechtsprechung des dirigierenden Senats auf wissenschaftliche Grundlagen stellten, als vielmehr in erster Linie prominente Juristen wie Anatolij Fëdorovič Koni, der einer breiten Öffentlichkeit als Vorsitzender Richter im Zasulič-Prozeß bekannt geworden war und sich durch vielbeachtete rechtspolitische Publikationen Gehör verschafft hatte. Bekannt wurde z. B. sein Eintreten für die Berufsausübung weiblicher Juristen: Obgleich seit 1878 an den Sankt Petersburger Höheren Frauen-Kursen die Möglichkeit zum Rechtsstudium bestand, durften Frauen nur wenige Berufe wie etwa den der Unternehmensjuristin ausüben.[59] Koni setzte sich öffentlich – und letztlich erfolgreich – dafür ein, ihnen den Zugang zur Anwaltschaft zu eröffnen.[60] Außerdem betonte er in seiner Monographie »Väter und Söhne der Gerichtsreform« (1914) die herausragende Bedeutung der Schwurgerichte und ihre Nähe zur Lebenswirklichkeit.[61] Schwurgerichte erschienen ihm als »kämpferische Form« des Gerichts. Im Rahmen seiner Auseinandersetzung mit Jherings »Kampf um's Recht« lieferte er eine prägnante Gegenüberstellung mit den von ihm abgelehnten Schöffengerichten in Deutschland.

59 Krasinskaja-El'jaševa/Rubašova-Zorochovič, Juridičeskij fakul'tet, S. 148-155; Chlytčieva, Vospominanija juristki, S. 249-255.

60 Koni, O dopuščenii ženščin v advokaturu, S. 426-442. Die erste russische Juristin, die immerhin als Hilfs-Rechtsanwältin tätig werden konnte, dabei allerdings auf erhebliche Widerstände stieß, war 1909 die Pokrovskij-Schülerin Ekaterina A. Flejšic. Die Zulassung der Frauen zur Anwaltschaft erfolgte nach der Februarrevolution von 1917; vgl. Kucherov, Courts, S. 124.

61 Koni, Otcy i deti sudebnoj reformy (1914).

Kapitel 18: »Römisches« Rechtsdenken nach der Revolution

Der Sturz der Provisorischen Regierung Aleksandr F. Kerenskijs durch die bol'ševistische Oktoberrevolution von 1917 traf die Juristen mit besonderer Härte. Von den Wissenschaftlern, die sich als Spezialisten für Privatrecht oder römisches Recht hervorgetan hatten, war nur ein kleiner Teil willens und in der Lage, sich mit dem revolutionären Regime zu arrangieren oder sogar einen sinnvollen juristischen Beitrag zur Neugestaltung der Verhältnisse in Rußland zu leisten.[1] Viele Juristen sahen unter den Bedingungen der Diktatur des Proletariats keine Zukunft für sich. Manche wurden als tatsächliche oder vermeintliche Repräsentanten der alten Ordnung verfolgt, andere, die als bürgerliche Opponenten im Zarenreich hervorgetreten waren, sahen sich nun aufgrund eines politischen Engagements ausgegrenzt, das auch die neuen Machthaber ablehnten. Zahlreiche Juristen hatten infolge Entlassung aus dem Dienst oder Vermögensenteignung ihre materielle Lebensgrundlage verloren. Infolge des radikalen Wandels der herrschenden Rechtsüberzeugungen sahen viele ihre spezifische, am Recht des Zarenreiches erworbene Qualifikation entwertet. Andere konnten es nicht ertragen, unter einem Regime zu leben, das den Gedanken einer freiheitlichen, bürgerlichen Ordnung als überwunden ansah und das Recht überhaupt abschaffen wollte.

I.) Das Nachwirken der russischen Pandektisten in der Emigration nach 1917

Unter diesen Bedingungen verließen zahlreiche Juristen Rußland mehr oder weniger notgedrungen und suchten – mit unterschiedlichem Erfolg – Arbeitsmöglichkeiten in der Fremde.[2] Sie fanden ihr neues Wirkungsfeld teilweise an Orten wie Riga oder Warschau, die, vormals zum Zarenreich gehörig, nun in selbständigen Staaten lagen. Teilweise aber emigrierten sie in das fernere Ausland, wobei sie sich hauptsächlich auf Zentren der slavischen Kultur wie Prag, Belgrad und Ljubljana (Laibach) orientierten. Weitere Schwerpunkte der Emigration bildeten Berlin und Paris. Beides waren Orte, an denen die russische Kultur traditionell stark vertreten war und an denen Sprachen gesprochen wurden, in denen sich viele bürgerliche Russen zurechtfinden konnten. Zahlreiche Juristen suchten im Ausland nicht lediglich ein neues Auskommen, sondern publizierten über juristische Gegenstände. Während dezidiert konservative Wortführer auch in der Emigration an ihren zunehmend als wirklichkeitsfern

1 Diese Erwartung erfüllte sich kaum. Von den in Rußland verbliebenen Juristen gingen viele, auch ohne Opfer von Verfolgungsmaßnahmen geworden zu sein, alsbald zugrunde, entweder als Folge schwierigster materieller Lebensbedingungen (z. B. Pokrovskij) oder aus Verzweiflung (z. B. Chvostov).

2 Butler, Russian Law, S. 5 f. und 68-70.

erscheinenden Vorstellungen festhielten,[3] suchten gemäßigte Kritiker der revolutionären Verhältnisse, Einfluß auf das Rechtsdenken zu nehmen, anfangs in der Erwartung, die Verhältnisse in Rußland könnten sich dafür in absehbarer Zeit öffnen.

Da die praktischen Tätigkeitsfelder für emigrierte russische Juristen sehr begrenzt waren, versuchten nicht wenige, darunter selbstverständlich auch qualifizierte Wissenschaftler, sich im Bereich des Hochschulunterrichts zu engagieren. So kam es, nachdem die Bol'ševiki an zahlreichen Orten Rußlands die bisherigen juristischen Fakultäten durch sozialwissenschaftliche ersetzt hatten, zunächst an der von ihnen nicht kontrollierten Peripherie des ehemaligen Reiches zur Gründung privater Rechtsfakultäten (u. a. in Vladivostok und Sevastopol') und sogar Universitäten (u. a. in Vladivostok, Simferopol' und Ekaterinoslav).[4] Als diese Initiativen infolge der Ausdehnung der revolutionären Zentralgewalt zum Erliegen kamen, wuchs die Bedeutung des russischen Hochschulunterrichts im Ausland.[5] In Prag, einem Sammelpunkt emigrierter russischer Juristen,[6] wurde am 18. Mai 1922 eine juristische Fakultät gegründet, die sich als Herzstück einer regelrechten russischen Universität entwickelte.[7] Die Russische Juristische Fakultät besaß nicht den Status einer tschechoslowakischen Hochschule, so daß sich ihre Absolventen nicht für die Ausübung juristischer Berufe in der ČSR qualifizieren konnten.[8] Vor dem Hintergrund der Erwartung, das revolutionäre Regime in Rußland werde sich nicht lange behaupten können, zielte die Einrichtung auch vielmehr darauf, künftiges russisches Verwaltungspersonal und Juristen für Rußland auszubilden. Die Verwaltung der Prager Russischen Juristischen Fakultät, die zunächst Pavel I. Novgorodcev (1866-1924) geleitet hatte, versah nach dessen Tod der Romanist David D. Grimm,[9] der nach der Revolution zunächst nach Finnland emigriert war.[10] Die Fakultät verfügte 1922 über 13 Professoren und 255 (1924 sogar 488) Studenten.[11] Sie vereinigte namhafte Persönlichkeiten wie z. B. Michail M. Katkov,[12] Georgij V. Vernadskij (1887-1973),[13] Pëtr N. Savitskij (1895-

3 Karcov, Rimskoe častnoe pravo, S. 116-118 mit Nachweisen.

4 Butler, Russian International Lawyers, S. 236.

5 In Berlin kam es am 17.2.1923 zur Gründung eines Russischen Wirtschaftlichen Instituts. Die Abteilung für Rechtswissenschaft wurde geleitet von J. A. Il'in. Es gab 59 Studenten und 18 freie Hörer; im Sommersemester 1923 wurden 353 Vorlesungsstunden abgehalten. Vgl. Hoetzsch, Karl Stählin, S. 274-278 und Schlögel, Berlin: »Stiefmutter unter den russischen Städten«, S. 244.

6 Vgl. Raeff, Russia Abroad, S. 61-64.

7 Andreyev/Savický, Russia Abroad, S. 89-92; Chinyaeva, Russians outside Russia, S. 57 f.; Starodubcev, Meždunarodno-pravovaja nauka, S. 67 ff.; Tomsinov, Istorija juridičeskogo fakul'teta, S. 460.

8 Sládek, Prag: Das »russische Oxford«, S. 224.

9 S. oben S. 336 f., 358 u. 581.

10 Nach seiner Zeit als Dekan der Prager Fakultät lehrte er 1927-1934 als Professor in Dorpat/Tartu. Vgl. Chinyaeva, Russians outside Russia, S. 57 f.; Siimets-Gross, Die Lehre, S. 352-354.

11 Chinyaeva, Russians outside Russia, S. 57 f. nennt für 1922/23 sogar 568 Studenten.

12 S. oben S. 345.

13 Weill, Étudiants russes en Allemagne, S. 233.

1968) sowie Georgij D. Gurvič (1894-1965). Mehrere Prager Emigranten verfaßten ein Sammelwerk über »Das Recht Sowjetrußlands«.[14]

Als der sowjetischen Führung unter den Bedingungen der sog. Neuen Ökonomischen Politik eine Konsolidierung gelang und sich abzeichnete, daß an eine Rückkehr der Emigranten nach Rußland nicht mehr zu denken war, verließen viele Akademiker Prag, und die Russische Juristische Fakultät wurde 1926 geschlossen.[15] Unter denen, die von Prag aus in den Westen gelangten, war der junge Gurvič, ein indirekter Schüler Petrażyckis,[16] der sich als Georges Gurvitch zu einem bedeutenden französischen Soziologen entwickelte. Seine breiten Interessen umfaßten Recht, Soziologie, Philosophie und Ideengeschichte. Er leistete auf allen diesen Gebieten wichtige und originelle Beiträge.[17] Nikolaj S. Timašev konnte in die U.S.A. auswandern und sich dort neue Beschäftigungsfelder erschließen. Gleiches gilt für mehrere Juristen, die zuvor bereits einige Jahre im anderweitigen Exil gelebt hatten, wie etwa George Guins (G. K. Gins, 1887-1971), dessen Arbeiten Petrażyckis Lehre an emigrierte Juristen vermittelten. Ihn hatte es zunächst in das mandschurische Harbin – seit Jahren praktisch eine russische Kolonie – verschlagen.[18] Dort gab es von 1920 bis 1937 eine russische juristische Emigrantenfakultät.[19] M. Ja. Pergament, der vorübergehend nach China emigriert war, arbeitete und publizierte in Harbin, ohne jedoch eine Professur für bürgerliches Recht, für die er 1925 vorgeschlagen worden war, anzutreten.[20] Das römische Recht wurde in Harbin von 1920 bis 1930 durch Michail Ėmmanuilovič Gil'čer (geb. 1874) vertreten, einen ehemaligen Rechtsanwalt, der in Odessa, Heidelberg, Marburg und Paris studiert hatte.[21] Vasilij B. El'jaševič (1875-1956), ein führender Praktiker des öffentlichen Rechts und des Zivilrechts im vorrevolutionären Rußland, erwarb sich in Frankreich hohe Anerkennung, indem er als Spezialist Gerichte und Behörden beriet.[22] Aleksandr Ju. Bloch betätigte sich in mehreren Ländern als Publizist auf den Gebieten von Bauspar- und Wohnungswesen, während Alexander Meyendorff an der London School of Economics große Bekanntheit errang.[23]

14 Das Werk wurde 1925 herausgegeben von Aleksandr Vasil'evic Maklecov (1864-1948), Nikolaj Sergeevič Timašev (1886-1970), Nikolaj Nikolaevič Alekseev (1879-1964) und Sergej V. Zavadskij (1871-1935).

15 Andreyev/Savický, Russia Abroad, S. 89-92.

16 Timasheff, Petrazhitsky's Philosophy of Law, S. 747.

17 Vgl. Raeff, Russia Abroad, S. 106; Weill, Étudiants russes en Allemagne, S. 232.

18 Butler, Russian International Lawyers, S. 239; Starodubcev, Meždunarodno-pravovaja nauka, S. 241-245.

19 Starodubcev, Meždunarodno-pravovaja nauka, S. 204 ff.

20 Starodubcev, Meždunarodno-pravovaja nauka, S. 230-233 u. 261-263.

21 Starodubcev, Meždunarodno-pravovaja nauka, S. 264.

22 Weill, Étudiants russes en Allemagne, S. 232. El'jaševič' romanistisches Hauptwerk ist die kaum rezipierte Monographie »Juridičeskoe lico, ego proizchoždenie i funkcii v rimskom častnom prave« (»Die Juristische Person, ihre Herkunft und Funktion im römischen Privatrecht«), S.-Peterburg 1910.

23 S. oben S. 359, Fn. 199.

II.) Kontinuität im Umbruch: »Zivilrecht« in der Sowjetunion

Diejenigen Juristen, die in Rußland geblieben waren, mußten sich mit einem tiefgreifenden Wandel ihrer Lebens- und Arbeitsbedingungen arrangieren. Die Oktoberrevolution hatte den Westminster-Glockenschlag in Nabokovs väterlichem Salon verstummen lassen; Rußland orientierte sich fortan am Geläut der Kreml-Uhr. Der Wille zum Bruch mit den alten Verhältnissen drückte sich, wie bei Revolutionen nicht unüblich, durch radikale Eingriffe in jene Grundparameter aus, durch die die Ordnung der Welt konstituiert ist.[24] Rußland wurde neugeordnet: der Raum im Wege umfangreicher Enteignungen von Grund und Boden, welche später in die Kollektivierung einmündeten, die Zeit durch die Einführung des gregorianischen Kalenders. Sogar erstrangige kulturelle Leistungen wie die Schrift erfuhren eine Neuregelung.[25] So war es nur konsequent, wenn sich der Wille zur Neugestaltung in besonders ausgeprägter Weise auch auf das Recht richtete, das bislang die Ordnung unter den Menschen in einer nach den Vorstellungen der alten Herrschaft gestalteten Weise hatte regeln sollen.[26]

Die Sowjetunion hat bekanntlich von Anfang an eine Kontinuität im Verhältnis zum untergegangenen Zarenreich grundsätzlich geleugnet.[27] Mit dieser völkerrechtlichen Auffassung ging auf dem Gebiet der Rechtspflege das berühmte Gerichtsdekret Nr. 1 vom 22.11./5.12.1917 einher, auf dessen Grundlage die alten Gerichte durch revolutionäre Volksgerichte ersetzt wurden. Umstritten war zunächst die Frage, welches Recht die Volksgerichte anzuwenden hätten.[28] Während anfangs teilweise die Vorstellung vertreten worden war, das alte Recht müsse ersatzlos beseitigt werden,[29] setzte sich später ein Kompromiß durch, der als Art.

24 Haxthausen, Studien über die inneren Zustände, Bd. 1, S. 157 berichtet bereits über »kommunistische« Forderungen nach Zerstörung der herrschenden Verhältnisse mit der auf Leibniz verweisenden Begründung, »auf einer Tabula rasa könne man am besten neue Gebäude aufführen«.

25 Die Rechtschreibreform von 1918 ging allerdings auf Vorarbeiten aus dem Zarenreich zurück; vgl. Grau, St. Petersburg, S. 239.

26 Vgl. David in: David/Hazard, Le droit soviétique, Bd. 1, S. 13.

27 Insbesondere die Weigerung, für die von der Zarenadministration hinterlassenen Schulden einzustehen (Halpérin, Histoire, S. 213), wurde mit der Ablehnung einer Nachfolge in dessen Rechtsstellung begründet. Dieser aus sozialistischer Sicht vertretene Standpunkt (vgl. Kirsten, Einige Probleme der Staatennachfolge, S. 49 f.) wird im nicht-sozialistischen Völkerrecht ganz überwiegend abgelehnt; vgl. Ipsen, Völkerrecht, S. 67. Zu den historischen Bedingungen für die Entwicklung der »Diskontinuitätsthese« Geistlinger, Revolution und Völkerrecht, S. 153 ff.

28 Vgl. Hattenhauer, Europäische Rechtsgeschichte, Rn. 2051 f.

29 Stučka trat z. B., Goethes bekanntes Wort über »Gesetz und Rechte« zitierend (Izbrannye proizvedenija, S. 246), für die völlige Beseitigung der alten Gesetze zugunsten der Dekrete der Bol'ševiki und des revolutionären Rechtsbewußtseins ein; aaO., S. 269. Er beschreibt in gewaltgetränkter Metaphorik, wie das alte Recht »Schlag auf Schlag« abgeschafft worden sei. Die Dekrete über die Sozialisierung des Grundbesitzes, die Nationalisierung der Industrie, die Abschaffung des Erbrechts sowie andere revolutionäre Bestimmungen hätten »die

5 des Gerichtsdekrets dahingehend formuliert wurde, daß die alten Gesetze nur insoweit anzuwenden seien, als sie »nicht durch die Revolution abgeschafft sind und nicht dem revolutionären Gewissen und revolutionären Rechtsbewußtsein widersprechen«.[30] Auch diese abgeschwächte Formel brachte deutlich den Willen zum Ausdruck, eine klare Zäsur gegenüber dem vorrevolutionären Recht zu setzen.[31] Daß die neuen Machthaber entschlossen waren, die Rechte der Menschen nicht einmal auf dem bescheidenen Niveau zu gewährleisten, auf dem dies das Zarenreich vermocht hatte, brachten sie durch die Brutalität zum Ausdruck, mit der sie gegen jene vorgingen, die gegen ihre Pläne opponierten oder sich deren Vollzug zu entziehen suchten.

Auf Grundlage der Überzeugung, daß die wesentlichen Prinzipien des Privatrechts nicht durch den Gesetzgeber geschaffen, sondern durch die natürlichen Verhältnisse, die *naturalis ratio*, vorgezeichnet seien, hat der Zivilrechtler Hugo Kreß die revolutionäre Rechtsordnung als Versuch wahrgenommen, nicht nur die Rechtsordnung umzustürzen, sondern die natürlichen Verhältnisse überhaupt zu revolutionieren, also einen Kampf gegen die Natur der Menschheit zu führen. Er begründet seine Ansicht damit, daß hier ausnahmsweise – anders als etwa im Falle der revolutionären Umwälzungen am Ende der römischen Republik – nicht nur die Verfassung betroffen, sondern sogar das Privatrecht erfaßt worden sei.[32] Dies ist insoweit richtig, als die Revolution über die Veränderung der Verhältnisse zu einer Veränderung der Gesellschaft gelangen wollte, und daß der Grundsatz, nach dem eine Neuordnung der Staatsorganisation die Privatrechtsordnung normalerweise unangetastet läßt, hier nicht gelten sollte.

Die Vorstellung von der Diskontinuität im Verhältnis zum Zarenreich hatte keineswegs lediglich pragmatische Gründe, also etwa das Interesse daran, sich den vom alten Regime hinterlassenen Verbindlichkeiten zu entziehen. Hier verrät sich vielmehr eine tradierte Sichtweise, die staatliche Strukturen nicht als abstrakt wahrnahm.[33] Die Rechtsvorstellung, daß ein Herrschaftswechsel und sogar ein grundlegender Systemwechsel nichts an der fortbestehenden Identität des Staates ändert, setzt voraus, daß der Staat als Körperschaft aufgefaßt wird. Diese dem römischen Recht entstammende Begrifflichkeit hatte sich im russischen Staatsrecht nicht durchsetzen können. Denn solange der Zar Selbstherrscher war, verkörperte

Seiten des Gesetzbuches zerrissen«. »Mit dem ersten Schlag der Revolution fielen der bourgeoise Jurist und das bourgeoise Recht«; aaO., S. 274.

30 Vgl. Reich, Art. Rußland, S. 2311.

31 Ioffe, Soviet Law and Roman Law, S. 701; Völkl, Die Rechtsentwicklung, S. 747.

32 Kreß, Natürliche Grundlagen des Privatrechts, S. XXXVIII und XLVI f. Tatsächlich hatte die »römische Revolution« (Syme) das Privatrecht keineswegs unberührt gelassen. Die Erosion der Prinzipien, die das Staatsgefüge der Republik getragen hatten, führte vielmehr zum Niedergang des Naturrechtsdenkens, das der vorklassischen Jurisprudenz zugrundegelegen hatte. An ihre Stelle trat die klassische Rechtswissenschaft, die das Recht als Produkt der Zivilisation auffaßte. Dieser radikale Wechsel in der Grundauffassung vom Recht war freilich nicht von den Protagonisten des politischen Umbruchs betrieben worden.

33 Von Halem, Recht oder Gerechtigkeit?, S. 36 ff. u. 50 ff.

er den Staat allein und unmittelbar. Mit seiner Beseitigung war nach dieser vom revolutionären Denken geteilten Sichtweise auch der Staat untergegangen.[34]

Ähnliche Vorstellungen mochten Raum dafür geben, daß man eine ganze Rechtsordnung mit Hilfe weniger Dekrete für abgeschafft erklärte, ohne sich um jene bewährten Grundsätze des intertemporalen Rechts zu kümmern, wie sie in neuzeitlichen Übergangsrechten zum Ausdruck kommen. Aus der Sicht des marxistischen Entwicklungsdenkens mochte sich dies 1917 tatsächlich als umfassender und gerade insoweit historisch notwendiger Schritt darstellen. In einzigartiger Weise wurden, um es mit Julius v. Kirchmanns berühmten Worten auszudrükken, »ganze Bibliotheken [...] zu Makulatur«.[35]

Auch im historischen Rückblick wird dieser Standpunkt vertreten. Entsprechend schreibt Coing, Rußland nach der Oktoberrevolution sei womöglich der einzige historische Fall, in dem »eine Zeit vor der Aufgabe gestanden habe, alle Ordnungsprobleme ihrer Gesellschaft neu zu lösen.«[36] Coing äußerte dies 1976, also zu einer Zeit, da die marxistische Weltanschauung als Grundlage gesellschaftlicher Ordnungen fest etabliert war und der revolutionäre Schritt zu ihrer Verwirklichung tatsächlich als einzigartiger, grundsätzlicher und dauerhaft fortwirkender Umbruch erscheinen konnte. Sogar heute, nachdem die Neuorientierung Rußlands nach dem Systemwechsel von 1989/91 wahrzunehmen erlaubt hat, daß die Konjunktur des Marxismus-Leninismus in Rußland vorübergehend war und in den Zusammenhang längerfristig wirkender Kontinuitäten eingeordnet werden muß, wird gelegentlich die Vorstellung von einer grundsätzlichen Zäsur im Recht vertreten. So meint S. A. Stepanov, man habe 1917/22 eine einzigartige Gelegenheit genutzt und das »freie Feld« (čistoe pole) besetzt, das durch das Dekret

34 Noch kurz vor dem Untergang der Sowjetunion vertrat der Moskauer Rechtstheoretiker Anatolij A. Tille die Auffassung, die Oktoberrevolution von 1917 habe die Aufgabe, Staat und Recht des Zarenreiches zu zerstören, »erfolgreich gelöst«; Tille, Die Kodifikation, S. 8.

35 Kirchmann, Die Werthlosigkeit der Jurisprudenz, S. 23; vgl. Kelmann, in: Kelmann/Freund, Die juristische Literatur, S. 5. Das Bild von Bibliotheken, die zu »Makulatur« werden, wurde unzweifelhaft verwirklicht, indem historische Buchbestände in großem Stil physisch vernichtet oder in das Ausland verkauft wurden. Dieser für Rußland verlustreiche Vorgang hat dazu geführt, daß Stätten akademischer Bildung, die zum Zarenreich, aber nicht zum revolutionären Rußland gehörten (wie etwa Helsinki) sowie Zentren der Emigration (wie z. B. Prag) mit ihren Sammlungen vorrevolutionären Schrifttums große wissenschaftliche Bedeutung gewonnen haben.
Was immerhin erhalten blieb, dominierte noch für längere Zeit in den juristischen Bibliotheken gegenüber der erst langsam entstehenden revolutionären Rechtsliteratur. So wurde 1924 aus dem früheren Arbeitszimmer und der Bibliothek für Privatrecht an der Moskauer Universität ein Arbeitszimmer für Wirtschaftsrecht gebildet, das der Romanist I. S. Pereterskij verwaltete. Es handelte sich um einen Bestand von mehr als 14.000 Bänden, im wesentlichen solcher Werke, die nun als Schriften zur Geschichte der Theorie des »bourgeois-kapitalistischen« Rechts wahrgenommen wurden; vgl. Tomsinov, Istorija juridičeskogo fakul'teta, S. 468.

36 Coing, Aufgaben des Rechtshistorikers, S. 22.

Nr. 1, durch welches pauschal alle bourgeoisen Gesetze abgeschafft worden waren, entstanden war.[37]

In der modernen rechtshistorischen Perspektive erscheint es aber überzeugender, jene Elemente rechtlicher Kontinuität angemessen in den Blick zu rücken, die durch das revolutionäre Programm und die entsprechende Vorstellung der Beteiligten aus der Betrachtung gerieten. Wir werden zeigen, daß auf dem Gebiet des Rechts auch mit der russischen Revolution nicht etwa »alles von vorn begann«. Zwar ist diese Auffassung naheliegenderweise während des siebzigjährigen Bestehens der Sowjetunion gefestigt worden, sie ist aber dennoch historisch unzutreffend.[38] Man erklärte Rechtsnormen und Institutionen im großen Stil für abgeschafft.[39] Aber Regelungsbedürfnisse und Ordnungsvorstellungen bestanden latent weiter.[40] Denn was man womöglich per Dekret für nichtig erklären kann, mag trotzdem weiterhin Wirkung entfalten. Weiter bestanden insbesondere die grundlegenden Denkstrukturen der Juristen.

Was sich also im 20. Jahrhundert zunächst als bedeutendste Zäsur in der russischen Geschichte ausnahm, erscheint nach dem Untergang der Sowjetunion in anderem Licht. Dies gilt zumal in der weiteren historischen Perspektive.[41] So bietet sich uns ein differenzierteres Bild von der Tradition, in der das russische zivilrechtliche Denken der ersten nachrevolutionären Jahre bei allen historischen und ideologischen Besonderheiten noch immer verhaftet war. Daher können wir diese Entwicklung nicht nur als Bruch, sondern auch in der Perspektive einer Kontinuität im Rechtsdenken sehen.[42] Beide Gesichtspunkte, also Bruch und Kontinuität, äußern sich gleichermaßen in der Auseinandersetzung mit dem römischen Recht. Kontinuität werden wir im Hinblick auf eine Vielzahl von Regelungen beobachten,[43] nicht aber im Hinblick auf jenes Privatrechtskonzept, das den Regelungen ursprünglich zugrundegelegen hatte.[44]

37 Stepanov, O tradicijach i netradicijach, S. 107 f.

38 Vgl. in diesem Sinne Ioffe, Soviet Law and Roman Law, S. 702, 723 u. 728; David in: David/Hazard, Le droit soviétique, Bd. 1, S. 66 ff.

39 Angesichts der historischen Erfahrung mit der Einstellung großer Teile der russischen Bevölkerung zum Recht erstaunt die offenbar bestehende Erwartung, die Menschen, die das staatlich gesetzte Recht des Zarenreichs nicht akzeptiert hatten, würden das nun vom neuen Regime gesetzte Recht bereitwillig annehmen.

40 In seinem Roman »Doktor Živago« schildert Boris Pasternak einen Rechtsanwalt, der sich im Hinblick auf die revolutionsbedingte Unterbrechung der Gerichtsverfahren dahingehend äußert, daß die Rechtsstreitigkeiten (und damit der Beratungsbedarf) allem Wandel zum Trotz weitergingen (2. Buch, 5. Kap.). Der Autor weist hier darauf hin, daß (im Widerspruch zur Ideologie) auch in der revolutionären Gesellschaft keineswegs grundsätzlich »neue« Menschen lebten, die frei vom Bedürfnis nach geordneter Regelung privater Konflikte gewesen wären.

41 In diesem Sinne überzeugend Giaro, Europa und das Pandektenrecht, S. 341.

42 Vgl. Minale, Dottrina tedesca, S. 452.

43 Zutreffend Halpérin, Histoire, S. 211.

44 Wenn hier der Vorstellung von der grundsätzlichen Besonderheit des marxistischen Rechts der Sowjetunion das offenkundige oder latente Fortwirken bestimmter tradierter

III.) Neuanfang und Rückbesinnung

In der frühen Sowjetunion hat sich die Kritik am römisch-westlichen Recht und Rechtsdenken in besonders ausgeprägter Weise Gehör verschafft.[45] Sie richtete sich gegen die Tradition des römischen Rechts, womit allerdings nicht irgendeine theoretische Relevanz der römischen Rechtstexte oder des neuzeitlichen Pandektenrechts gemeint war, sondern das römische Recht als Quelle und Inbegriff des westlich geprägten Rechts, das man als »bourgeois« wahrnahm und aus ideologischen Gründen ablehnte.[46] Lenin betrachtete das römische Recht als Grundlage jener tradierten Rechtsordnung, die es zu überwinden galt,[47] um die angestrebte neue Gesellschaftsordnung mit Hilfe spezifisch sozialistischer Regelungssysteme zu gestalten. Die Vorstellung, das Recht sei in der sozialistischen Gesellschaft ohnehin nur vorübergehender Natur, stand auch einer künftigen Lehre des römischen Rechts, etwa zur Vermittlung allgemeiner Grundlagen des Rechts, zunächst entgegen.[48]

Aus marxistischer Sicht wurde gegen das römische Recht u. a. eingewandt, es befördere den Kapitalismus und damit die Ausbeutung der Menschen. Diese Vorstellung begegnete in Rußland einer schon länger währenden, kritischen Auseinandersetzung mit der Geldwirtschaft und den Chancen und Risiken einer libera-

Merkmale des Rechtsdenkens an die Seite gestellt wird, geschieht dies keinesfalls in der Absicht, die Eigenart des sowjetischen Rechts und die schwerwiegenden Konsequenzen für die demselben unterworfenen Menschen als nebensächlich abzutun. Wenn demgegenüber in dem durch Verordnung des Präsidenten El'cin vom 7. Juli 1994 gebilligten Programm einer »Entstehung und Entwicklung des Privatrechts in Rußland« der Standpunkt vertreten wird, die Tradition jener Schule des Zivilrechts, die sich in Rußland vor 1917 entwickelt habe, sei »auch während der sowjetischen Periode nicht gebrochen worden«, handelt es sich um eine offenbar politischen Rücksichten geschuldete, unzutreffend vereinfachende Behauptung. Dies muß auch Makovskij, Vypavšee zveno, S. 34 entgegengehalten werden, der ihr zustimmt und auf die Verdienste sowjetischer Juristen hinweist, dabei allerdings pro domo spricht. Die Forderung nach einer gerechten Bewertung der Leistung dieser Juristen im Kontext ihrer Arbeits- und Lebensbedingungen darf jedenfalls nicht dazu verleiten, die historischen Folgen der programmatischen Abkehr von einer auf das subjektive Recht des Individuums, Freiheit und Privatautonomie ausgerichteten Rechtstradition zu marginalisieren.

45 Für den folgenden Abschnitt vgl. bereits Avenarius, Pandektystyczna myśl prawna (2008), bzw. ders., Continuità nel radicale cambiamento (2009).

46 Vgl. Bergmann, Zivilgesetzbuch, S. 43 f.; Wołodkiewicz, Il diritto romano ed i regimi autoritari, S. 263.

47 Geschichte und Institutionen des römischen Rechts waren 1891 Gegenstand seines juristischen Examens gewesen. Das Thema seiner Examensaufgabe bildeten die *edicta magistratuum*; seine Prüfer waren u. a. Djuvernua im Bürgerlichen Recht und Efimov im Römischen Recht. Lenin hatte in diesen wie in allen anderen Fächern das gute Ergebnis »ves'ma udovletvoritel'nyj« (»äußerst befriedigend«) erzielt. Dazu Rebro, Società socialista, S. 4 sowie Sternik, V. I. Lenin – Jurist, S. 65 f. Vgl. ferner das dort nach S. 16 abgebildete Diplom und für die Einzelergebnisse die in 275 let Sankt-Peterburgskij Gosudarstvennyj Universitet, S. 232, abgedruckte Liste.

48 Ostrouch, La personne du romaniste, S. 177.

len Wirtschaftsordnung, wie sie in Westeuropa herrschte. Das Vordringen eines liberalen Rechts wie des römischen stieß in Rußland u.a. insoweit auf Schwierigkeiten, als das Ziel ökonomischen Verhaltens, also des Vermögenserwerbs durch geschäftliche Tätigkeit, weit weniger konsentiert war als in der modernen Welt. Mit diesem Konzept, das von einer relativ dünnen Schicht erfolgreicher Kaufleute vertreten wurde und dem das moderne Privatrecht römischer Prägung dienlich war, konkurrierten bestimmte traditionelle Lebensentwürfe, nämlich teils ständische, teils bäuerliche Ordnungsvorstellungen, in denen Naturalwirtschaft vorherrschte, während Gelderwerb als nachrangig oder bedeutungslos galt. Die Vorstellung, das römische Recht habe den Kapitalismus befördert, konnte jenen plausibel erscheinen, aus deren Sicht sich schon eine einfache wirtschaftliche Tätigkeit als Kapitalismus ausnahm.

Die hohe gesellschaftliche Relevanz dieser Auseinandersetzung in einem Staat, in dem ein rasanter Aufschwung wichtiger Wirtschaftszweige einer Bevölkerung gegenüberstand, die überwiegend in vormodernen Verhältnissen und Vorstellungen lebte, hatte den Konflikt in zahlreichen Fällen zum Gegenstand literarischer Verarbeitung werden lassen. Berühmt geworden war Gogol's Schilderung des Čičikov in den »Toten Seelen« (»Mertvye duši«), der unter formal korrekter Ausnutzung des gerichtlichen Verfahrens der Registrierung Leibeigener den Anschein eigener Kreditwürdigkeit zu Betrugszwecken erweckt.[49] Das zynische Verhalten des Handels mit Verstorbenen wird vor der Folie einer orthodoxen Wirtschaftsethik entlarvt. Wie ein dunkles Leitmotiv tritt in Dostoevskijs Werk das Geld auf, insbesondere in den Romanen »Der Spieler« (»Igrok«) und »Schuld und Sühne« (»Prestuplenie i nakazanie«), in denen es eine Schlüsselfunktion beim Niedergang der Hauptfiguren einnimmt. Wiederholt wird dabei die schädliche Wirkung des Geldes als westlicher Einfluß gekennzeichnet. Demgegenüber schildert Gončarov in seinem Roman »Oblomov« den Gegensatz zwischen der konservativen Agrarökonomie seines Titelhelden und einer unternehmerischen Einstellung nach westlichem Vorbild, welche die Figur des Štol'c repräsentiert. Der Autor, der nach einer Annäherung beider Positionen strebt, besetzt beide genannten Figuren positiv,[50] im Gegensatz zu der des verhinderten Juristen Tarant'ev, dessen Lebenseinstellung durch Vorurteile geprägt ist und der auf die »Aktien« schimpft, welche metonymisch für die Erwerbsquellen des Štol'c stehen.[51]

Wenn nun, wie gesehen, auch der Marxismus einen Zusammenhang zwischen dem römischen Recht und dem Kapitalismus herstellte, dann nicht um einer romantischen Verherrlichung vormoderner Verhältnisse willen, sondern vor dem Hintergrund eines ökonomischen Konzepts. Dahinter steht die Beobachtung,

49 Vgl. Avenarius, Geschichte des Notariats, S. 501 f.

50 Vgl. Jedig, »Vsjak na Rusi – bezdomnyj«, S. 272.

51 Natürlich hatten Kapitalismus und Börsenhandel im späten Zarenreich eine ständig wachsende Rolle gespielt. Börsen hatte es in Sankt Petersburg, Moskau, Odessa und Rybinsk gegeben. Ihre wichtigste Funktion hatte darin bestanden, ausländisches Kapital ins Land zu ziehen. Vgl. Avenarius, Geschichte des Notariats, S. 510 f.

daß das römische Recht seit jeher eine liberale Rechts- und Marktordnung begünstigte, die Freiräume für eine gewinnträchtige Nutzung von Produktionsmitteln bot. Hiervon hatte im Zarenreich nur eine dünne Schicht an Gewerbetreibenden profitieren können, von denen manche – etwa einige erfolgreiche Eisenbahnunternehmer – über gewaltiges Vermögen verfügten. Nun hat schon Max Weber die Vorstellung, daß ausgerechnet das römische Recht den Kapitalismus befördert habe, widerlegt und als »dilettantische Literatenvorstellung« bezeichnet. Zwar räumte er ein, daß das römische Recht Instrumente zur Verfügung stelle, mit deren Hilfe zur wirtschaftlichen Macht gelangte Klassen ihre Interessen durchsetzen könnten,[52] doch wies er darauf hin, daß alle charakteristischen Rechtsinstitute des modernen Kapitalismus, von der Aktie bis zu den kapitalistischen Assoziationsformen von Industrie, Bergbau und Handel dem römischen Recht unbekannt und anderen, viel späteren Ursprungs seien.[53] Man wird Weber grundsätzlich zustimmen können.[54] Was aus der römischen Welt an Organisationsformen für Kapital und Wirtschaftskraft bekannt ist, unterscheidet sich nach Art und Bedeutung grundsätzlich von jenen neuzeitlichen Strukturen, die Marx im Blick hatte. Das sowjetische Schrifttum hielt gleichwohl an der ökonomisch begründeten Kritik am römischen Recht fest. Hierzu trug bei, daß das römische Recht auf andere Weise durchaus ermöglichte, Menschen auszubeuten, nämlich durch die Anerkennung der Sklaverei. Der Marxismus ordnete diesen Umstand in die Logik des Klassenkampfs ein und führte ihn als weiteren wichtigen Grund dafür an, daß das römische Recht als historisch überwunden anzusehen sei.[55]

52 Capogrossi Colognesi, Max Weber und die Wirtschaft der Antike, S. 109-111 mit Nachweisen.

53 Weber, Parlament und Regierung im neugeordneten Deutschland, S. 454, Fn. 1.

54 An der grundsätzlich überzeugenden Argumentation Webers ändert es nichts, daß das römische Recht bestimmte Formen der Kapitalvereinigungen kannte. Diese sind aber, wie jetzt auch Fleckner, Antike Kapitalvereinigungen, S. 87ff. zeigt, im Hinblick auf Struktur, Funktion und Größe kaum ernsthaft als Vorläufer moderner Aktiengesellschaften anzusehen.

55 Hierin liegen selbstverständlich die Gründe für die Schwerpunktsetzung marxistischer Rechtshistoriker auf dem Gebiet des Sklavenrechts. Sicherlich ist in diesem Zusammenhang auch zu erklären, daß der sowjetische Historiker Robert Ju. Vipper (1859-1954) den hochklassischen Juristen Gaius als bedeutendsten Reformer des römischen Rechts wahrgenommen hat, weil dieser der Nachwelt die Lehre vom *ius naturale* vermacht habe, die mit derjenigen von der angeborenen Gleichheit und Freiheit aller Menschen zu identifizieren sei; Prosvetitel'nyj vek Rimskoj imperii, S. 45. Hinter dieser zweifellos überzogenen Vorstellung steht immerhin als wahrer Kern, daß sich die Verbesserung, die die Stellung des Sklaven im Recht der Prinzipatszeit erfuhr, in systematischer Hinsicht gerade in der Einordnung in das Personenrecht niederschlug, für die die Gaius-Institutionen das früheste erhaltene Zeugnis sind. Wer die Antike im wesentlichen als Zeit der Sklavenhaltung wahrnimmt und dabei im Sinne des Konzepts des historisch notwendigen Fortschritts die gewaltige Bedeutung der neuzeitlichen Sklaverei (vgl. nun Flaig, Weltgeschichte der Sklaverei, S. 83ff.) ausblendet, wird bei Gaius konsequenterweise einen herausragenden Entwicklungsschritt sehen.

Kaum ein marxistischer Autor erwähnte das römische Recht, ohne dasselbe (wenigstens einmal pflichtschuldigst) als Recht einer Sklavenhaltergesellschaft zu brandmarken.[56]

Im Hinblick auf die frühere Sowjetunion wollen wir mit Tkačenko zwei Phasen unterscheiden, in denen sich die vorherrschende, offiziöse Haltung gegenüber dem römischen Recht jeweils unterschiedlich darstellte: In einer ersten Phase (1917-1922) wurde das römische Recht als Recht der Sklavenhalter- und Klassengesellschaft angesehen und grundsätzlich zurückgewiesen. Es wurde ausschließlich im Lichte der marxistischen Formationstheorie aufgefaßt, also der Vorstellung von der progressiven Entwicklung ökonomischer Gesellschaftsformationen.[57] Für die Bestätigung dieser Theorie war die Auseinandersetzung mit der Kodifikation Justinians und der Theorie des römischen Rechts entbehrlich, was zum Niedergang der wissenschaftlichen Beschäftigung mit dem römischen Recht führte.[58] Die zweite Phase (1922-1937), die bereits auf Erfahrungen mit der Schaffung und Anwendung einer Zivilrechtskodifikation aufbauen konnte, war durch eine etwas abgemilderte Haltung zum römischen Recht gekennzeichnet.[59] Nun konnte die Auseinandersetzung mit dem antiken Rom und dem römischen Recht der Profilierung bestimmter Errungenschaften dienen, durch deren Verwirklichung sich die Sowjetunion als fortschrittlich erweisen wollte. Ein Beispiel bietet der in der UdSSR propagierte Gedanke der Gleichheit unter den Menschen, insbesondere unter den Angehörigen der zahlreichen in diesem Staat miteinander verbundenen Ethnien. Im Vergleich mit diesem in der sozialistischen Gesellschaft angeblich verwirklichten Grundsatz wurde das römische Recht als rückständig dargestellt. So behauptete der marxistische Rechtsphilosoph Evgenij B. Pašukanis (1891-1937),[60] die Vorstellung, der Fremde trete dem römischen Bürger auf Augenhöhe entgegen, sei dem letzteren durch die Praxis des Handelsverkehrs geradezu aufgenötigt worden, und mit der Vorstellung von »*aequitas*« habe der »primitive Römer« nichts als Abscheu verbunden.[61]

56 Für die rechtshistorische bzw. romanistische Literatur vgl. Ioffe/Musin, Osnovy, S. 6; für die historische vgl. Vajnštejn, Istoriografija, S. 7.

57 Tkačenko, Problemy opredelenia, S. 10 u. 72.

58 Tkačenko, Problemy opredelenia, S. 72-73.

59 Tkačenko, »Rimskoe pravo« v Rossii, S. 165-166.

60 Zur Biographie Harms, Warenform, S. 16-21.

61 Paschukanis, Allgemeine Rechtslehre und Marxismus, S. 138, der sich insoweit auf Maine, Ancient Law (ohne Seitenangabe, gemeint ist offenbar S. 57) beruft. Daß sich gerade das klassische Recht als Ordnung unter freien, gleichberechtigten Personen auszeichnete, wird dabei grundsätzlich verkannt. Die historische Existenz der Sklaverei mag hier verunklarend wirken. Aber der Widerspruch ist nur ein scheinbarer. Gerade die Existenz der Sklaverei schärfte (im übrigen!) das Bewußtsein für die Gleichheit der Bürger. Vgl. oben S. 23, Fn. 11. Und sowohl das Konzept des *ius gentium* als auch Einrichtungen wie die Fremdenprätur sind nicht Ausdruck von Zwang, sondern der Richtigkeitsüberzeugung, daß der römische Bürger dem Nichtrömer im Rechtsverkehr (grundsätzlich) von gleich zu gleich begegne.

Wir wollen nachfolgend das erste sowjetische Zivilgesetzbuch unter dem Gesichtspunkt der Fortwirkung von Regelungen des römischen Rechts behandeln, wobei wir gleichzeitig jenen Zusammenhang des Rechtsdenkens in Betracht ziehen müssen, in dem es geschaffen wurde, und der den Blick auf die Diskontinuität lenkt.[62]

IV.) Das »Bürgerliche Gesetzbuch« der RSFSR von 1922

Am ersten Zivilgesetzbuch der Russischen Sowjetrepublik (RSFSR), dem Graždanskij Kodeks von 1922, zeigt sich in aller Deutlichkeit, daß ein bisheriges Recht auch dann nicht einfach erledigt ist, wenn seine formale Außerkraftsetzung mit einem programmatischen, grundsätzlichen Bruch mit der Rechtsauffassung der Vergangenheit einhergeht. Als die russische Führung Anfang 1922 die Schaffung einer zivilrechtlichen Kodifikation initiierte, stellte sich angesichts der grundlegenden Herausforderungen, die der Wunsch nach einem Neuanfang im Recht mit sich brachte, sowie der in politischer und ökonomischer Hinsicht schwierigen Bedingungen nach dem Ende des Kriegskommunismus keine leichte Aufgabe. Dennoch konnte das Gesetzbuch bereits zum 1. Januar 1923 in Kraft treten.[63] Zieht man die langjährige Dauer der Kodifikationsarbeiten Westeuropas sowie des Zarenreichs im 19. und 20. Jahrhundert in Betracht, dann liegt die Frage nahe, wie man das Projekt bereits nach so kurzer Frist abschließen konnte. Nachdem sich die revolutionäre Führung über Jahre hinweg gewaltsam gegen jene durchzusetzen hatte, die sich ihr (tatsächlich oder vermeintlich) entgegenstellten, und militärische und administrative Maßnahmen zur Verelendung großer Teile der Landbevölkerung geführt hatten, mutet die Dringlichkeit, mit der man nun private Rechtsverhältnisse im engeren Sinne – das Wirtschaftsrecht also im Sinne des eingeschränkten Zivilrechtsbegriffs ausschließend – zu ordnen bestrebt war, eigentümlich an. Vollends bemerkenswert erscheint, daß das Ergebnis der Arbeiten auch noch »Graždanskij Kodeks«, also »Bürgerliches Gesetzbuch« hieß:[64] Das terminologische Zugeständnis angesichts der grundsätzlichen Zurückdrängung alles »Bourgeoisen« korrespondierte mit der Vorstellung, auf dem Weg zum Kommunismus könne in einer ersten Phase vorläufig – und in einem begrenzten Rahmen – noch »bürgerliches Recht« bestehen.[65]

62 Schmidt, Soviet Civil Law As Legal History, S. 45-62 weist richtigerweise auf die kontradiktorischen Elemente im sowjetischen Recht hin.

63 Vgl. Wenger, Zum Zivilrecht Sowjetrußlands, S. 19.

64 In seiner (gegenüber dem sowjetischen Recht günstig ausgerichteten) Darstellung nennt Kelmann den Graždanskij Kodeks denn auch »Bürgerliches Gesetzbuch«; Kelmann, in: Kelmann/Freund, Die juristische Literatur, S. 74 u. passim.

65 Vgl. Reich, Sozialismus und Zivilrecht, S. 44 u. 82.

1.) Voraussetzungen der Kodifikation

Der Graždanskij Kodeks entstand im Kraftfeld der Auseinandersetzung zwischen alten und neuen Konzepten. Als er in der zweiten Jahreshälfte 1922 erarbeitet wurde, waren gerade erst fünf Jahre seit der Oktoberrevolution vergangen. In dieser Zeit hatten ganz unterschiedliche Standpunkte in der Frage, ob und ggf. welche Rolle das Zivilrecht im Sozialismus werde spielen können, miteinander gerungen, die, in verschiedenen Schattierungen verfochten, letztlich auf die führenden Vertreter des sozialistischen Denkens zurückgingen.

Der Marxismus geht und ging davon aus, daß Staat und Recht historisch zum Absterben verurteilt seien. Inwiefern sich dies nach der Revolution unmittelbar auswirken sollte, war allerdings umstritten. Nach Friedrich Engels sollte in der neuen, durch die Revolution ermöglichten Gesellschaftsform kein Raum mehr für Zivilrecht sein. Die Aufgaben desselben sollten sofort durch staatliche Planung übernommen werden. Dagegen sollte für Lenin ähnlich wie für Marx das »bürgerliche Recht« zur Verteilung der Konsummittel auch nach der Revolution noch für eine Übergangszeit bestehen bleiben.[66] Seine Institutionen, also etwa der Vertrag, sollten vorläufig fortgelten, allerdings beschränkt auf bestimmte Funktionen wie z. B. den Warenaustausch. Diesen Standpunkt teilten mehrere maßgebliche Juristen. So war der Jurist und Politiker Pēteris Stučka (1865-1932)[67] zunächst auf Grundlage der These vom Absterben des Rechts für eine konsequente Abschaffung des bisher geltenden Rechts, insbesondere des alten Svod Zakonov, eingetreten.[68] Er fügte sich später jedoch in die Notwendigkeit, vorläufig noch eine Rechtsordnung zu etablieren, und meinte, daß der Übergang von der zivilrechtlichen Gestaltung der Rechtsbeziehungen zur staatlich gelenkten Ordnung nur langsam und stufenweise erfolgen dürfe, so daß das Zivilrecht bis auf weiteres einen Platz im sowjetischen Rechtssystem behalten müsse.[69] So wirkte in vielem fort, was sich Stučka ebenso wie andere Juristen der frühen Sowjetunion durch seine Ausbildung im »bürgerlichen« Kontext angeeignet hatte, doch polemisierte er gegen diese Jurisprudenz, die er – zum Spott Ulpian zitierend – als »Erkenntnis göttlicher und menschlicher Dinge, Wissenschaft vom

66 Lenin schrieb: »Wir sind daher auch nur berechtigt, von dem unvermeidlichen Absterben des Staates zu sprechen. Dabei betonen wir, daß dieser Prozeß von langer Dauer ist und vom Entwicklungstempo der *höheren Phase* des Kommunismus abhängt [...]. Das bürgerliche Recht setzt natürlich in bezug auf die Verteilung der *Konsumtions*mittel unvermeidlich auch den *bürgerlichen Staat* voraus, denn Recht ist nichts ohne einen Apparat, der imstande wäre, die Einhaltung der Rechtsnormen *zu erzwingen*. So ergibt sich der Schluß, daß unter dem Kommunismus nicht nur das bürgerliche Recht eine gewisse Zeit fortbesteht, sondern sogar auch der bürgerliche Staat, ohne Bourgeoisie!«; Staat und Revolution, S. 101 u. 104.

67 Stučka entwarf das Gerichtsdekret Nr. 1 vom November 1917, das die Justiz des Zarenreiches durch Volksgerichte ersetzte, bekleidete für kurze Zeit hohe politische Positionen und war von 1922 bis zu seinem Tod oberster Richter. Zur Biographie vgl. Reich, Einleitung, in: Stučka, Die revolutionäre Rolle, S. 20-22.

68 Vgl. oben S. 594, Fn. 29.

69 Vgl. Loeber, Unbewältigte Vergangenheit im sowjetischen Zivilrecht, S. 129-150.

Recht und der Gerechtigkeit« bezeichnete und tatsächlich als unwissenschaftliche Disziplin mit inhaltslosen Formeln ansah.[70] In den theoretischen Grundüberzeugungen verband Stučka vieles mit Pašukanis. Er faßte das Recht nicht allein normativ auf, sondern immer auch als Abbild der tatsächlichen gesellschaftlichen Verhältnisse, wobei er von einem Primat des Zivilrechts ausging. So entwickelte sich Stučka zu einem der maßgeblichen Begründer der sowjetischen Zivilrechtslehre.[71]

Die sog. Neue Ökonomische Politik (Novaja Ėkonomičeskaja Politika, NĖP), die den Kriegskommunismus im Jahre 1922 ablöste, gab Raum für eine vorsichtige Abmilderung der radikalsten Vorstellungen zur Zukunft von Recht und Wirtschaft. So rückte die Grundsatzfrage nach einer Neuordnung des Zivilrechts in den Blick. Die Entscheidung, daß das endgültige »Absterben« des Rechts erst für einen späteren Zeitpunkt erwartet werden dürfe, gehörte in den Zusammenhang der für das Programm der NĖP kennzeichnenden Abmilderung revolutionärer Grundsätze. Vorläufig also sah man sich auf das Recht noch angewiesen. Nachdem nun aber die frühere Rechtsordnung abgeschafft worden war, mußte ein »bürgerliches Recht« erst neu eingeführt werden. Bei den Vorbereitungen zu einer Kodifizierung zeigte sich, daß unterschiedliche Auffassungen vom Charakter des anzustrebenden Rechts miteinander rangen. So entspann sich eine Diskussion darum, inwieweit das neue Zivilrecht eigenständig sein könne bzw. inwieweit ein spezifisch sozialistisches Zivilrecht mit weitreichenden staatlichen Eingriffsmöglichkeiten in private Rechtsverhältnisse geschaffen werden solle. In einem bekannten Brief an den Justizkommissar Kurskij vom 20. Februar 1922 sah sich Lenin zu einer Klarstellung seines Standpunkts genötigt. Das Schreiben wirft ein Licht auf die miteinander ringenden Kräfte:

> Man soll sich nicht den alten kapitalistischen Begriff vom Zivilrecht zu eigen machen (oder richtiger gesagt, man soll sich nicht von den bornierten bürgerlichen Juristen, die ihn sich zu eigen machen, hereinlegen lassen), sondern man muß ein neues Zivilrecht, ein neues Verhältnis zu »Privat«-Verträgen schaffen. Wir erkennen nichts »privates« an; für uns ist *alles* im Bereich der Wirtschaft *öffentlich-rechtlich* und nicht privat. Wir lassen *nur* einen staatlichen Kapitalismus zu.

Lenin verlangte daher,

> die Anwendung der staatlichen Einmischung in »privatrechtliche« Verhältnisse auszudehnen; das Staatsrecht auszudehnen, um »private« Verträge abzuändern.[72]

Anschließend erhob Lenin die oft zitierte Forderung,

> nicht das corpus iuris romani, sondern unser revolutionäres Rechtsbewußtsein auf »bürgerliche Rechtsverhältnisse« anzuwenden.[73]

70 Stučka, Die revolutionäre Rolle, S. 66; vgl. Ulpian 1 *regularum* D. 1,1,10,2.

71 Vgl. Osipova, Baltische Rechtstradition, S. 9 f.

72 Übersetzung bei Reich, Sozialismus und Zivilrecht, S. 133.

73 Vgl. den Brief vom 20.2.1922 an den Volkskommissar der Justiz D. I. Kurskij (»primenjat' ne corpus iuris romani k ›graždanskim pravootnošenijam‹, a naše revoljucionnoe pravoso-

Im seinem Brief trat Lenin also für eine Zurückdrängung der Privatautonomie zugunsten staatlicher Lenkung und für eine öffentlichrechtlich gestaltete Wirtschaftsordnung ein. Den Hintergrund bildet eine Auseinandersetzung zwischen Lenin, dem Vorsitzenden des Rats der Volkskommissare, und dem Volkskommissariat der Justiz: Während sich dieses gegenüber dem Einfluß der traditionellen Zivilrechtslehre in beschränktem Maße offen gezeigt hatte, forderte Lenin eine stärker politische Ausrichtung des Zivilrechts.[74] Die Stoßrichtung des Briefes geht aber noch weiter. Hinter den traditionellen Zivilrechtskonzepten, deren Vordringen Lenin kritisiert, standen ja bestimmte Juristen. Hier deutet sich etwas Wichtiges an: Lenin nimmt auf den Einfluß solcher Juristen Bezug, die eine spezifische Prägung durch bürgerliche Rechtsvorstellungen aufwiesen. Tatsächlich fanden die Vorarbeiten am Gesetz in einem Umfeld statt, das wesentlich durch Juristen geprägt war, die dem traditionellen Zivilrecht in latenter Weise nahestanden und demselben daher Einfluß verschaffen mochten.

Mit der Ablehnung einer Heranziehung des »corpus iuris romani« wendet sich Lenin natürlich nicht gegen einen möglichen Einfluß des Rechts der römischen Quellen. Dieses hatte seine Geltung inzwischen selbst in Deutschland verloren, wo das Pandektenrecht durch das BGB abgelöst worden war. Lenins Wortwahl verrät vielmehr eine bestimmte Wahrnehmung des »bürgerlichen« Rechts: Es wurde inzwischen nicht mehr mit dem im Zarenreich geltenden Recht des Svod Zakonov, sondern mit jenem Recht identifiziert, welches, aus der russischen Perspektive als »römisch« wahrgenommen, aus dem Westen nach Rußland gelangt war und Aufnahme in die Kodifikationsentwürfe des Zarenreiches gefunden hatte. Dieses den Juristen längst als »bürgerliches Recht« geläufige Recht und Rechtsdenken sollte zurückgedrängt werden.

Im Juli 1922 wurde im Justizkommissariat eine Kommission zur Kodifikation des Zivilrechts gebildet, die aus Vertretern verschiedener Kommissariate und anderer Institutionen bestand. Den Vorsitz führte Vasilij A. Krasnokutskij (1873-1945),[75] ein im Dienst des Justizkommissariats stehender Hochschullehrer.[76]

znanie«), in: Lenin, Sočinenija, Bd. 45, S. 410; vgl. dazu Suchanov, in: Suchanov (Hrsg.), Graždanskoe pravo, Bd. 1, S. 7; Suchanov/Kofanov, Vlijanie rimskogo prava, S. 8; Chutyz, Rimskoe častnoe pravo, S. 11; Novickij, Osnovy rimskogo graždanskogo prava, S. 5; Novickaja, Grazdanskij kodeks, S. 42; Geilke, Sowjetrecht, S. 67 f.; Boguslawskij, Die Internationalisierung, S. 170.

74 Reich, Sozialismus und Zivilrecht, S. 133.

75 Zum Werdegang Krasnokutskijs s. untern S. 625.

76 Vgl. Tille, Die Kodifikation, S. 9; Halpérin, Histoire, S. 217. Die Bedeutung Vasilij Aleksandrovič Krasnokutskijs für die Gesetzgebungsarbeiten wird im sowjetischen Schrifttum regelmäßig entweder verschwiegen oder marginalisiert. Es war das Ergebnis der von ihm geleiteten Arbeiten, das im Nachhinein als »bourgeois« wahrgenommen und einer spezifisch sozialistischen Korrektur unterzogen wurde. Salogubova, Osnovnye graždanskie processual'nye instituty, S. 40 bezeichnet Krasnokutskij treffend als Juristen der »alten Schule«. Vgl. noch die Darstellung von Novickaja, Graždanskij kodeks RSFSR 1922 goda, S. 41; es handelt sich hierbei um eine überarbeitete sowie um den Gesetzeswortlaut und

Schon im Herbst 1922 konnte die Kommission einen Entwurf vorlegen. Dieser wurde zum Ziel grundsätzlicher Kritik, hauptsächlich mit der Stoßrichtung, daß hier ein rein »bourgeoiser« Kodex erarbeitet worden sei. An dem Entwurf wurde insbesondere bemängelt, daß die Vorbehalte zugunsten des Staates zu kurz gekommen seien. Um den erhobenen Einwänden Rechnung zu tragen, wurde Aleksandr G. Gojchbarg (1883-1962) beauftragt, den Entwurf zu revidieren.[77] Dieser Hochschullehrer an der Petrograder Universität hatte sich 1917 den Bol'ševiki angeschlossen und anschließend verschiedene Funktionen in der revolutionären Administration ausgefüllt. Er nahm 1921-24 an der Bearbeitung der sowjetischen Gesetzgebung der ersten Periode der NĖP teil und entwickelte sich zu einer prägenden Gestalt für die frühe Entwicklung der sowjetischen Rechtstheorie.[78] Gojchbarg zeigte zunächst ein außerordentlich distanziertes Verhältnis zum Recht. Er bemerkte einmal, auf den berühmten Marxschen Aphorismus[79] anspielend, das Recht sei für das Volk ein »noch gefährlicheres Opium« als die Religion.[80] Diese ablehnende Haltung beruhte im Falle Gojchbargs wie bei Stučka, Pašukanis[81] und anderen Juristen der Bol'ševiki auf der marxistischen These vom Absterben von Staat und Recht. Wenn nun also durchaus ein sowjetisches Zivilrecht geschaffen werden mußte, durfte diesem nur ein Übergangscharakter beigemessen werden. Auf dieser Grundlage bewirkte Gojchbarg nun den Eingang sozialistischer Elemente in den Gesetzesentwurf.[82]

2.) Das »Bürgerliche Gesetzbuch«, seine sozialistischen und seine bürgerlichen Elemente

Das Gesetzbuch wurde bereits am 31. Oktober 1922 erlassen und trat am 1. Januar 1923 in Kraft. Es umfaßt nur 435 Artikel. Seinen Regelungsbereich bilden fast ausschließlich die unter Privaten bestehenden vermögensrechtlichen Beziehungen. Es ist wie folgt gegliedert: Allgemeiner Teil (Art. 1-51), Sachenrecht (Art. 52-105), Schuldrecht (Art. 106-415) und Erbrecht (Art. 416-435).[83]

weitere Materialien ergänzte Fassung der erstmals 1989 unter dem Titel »Kodifikacija graždanskogo prava v sovetskoj Rossii 1920-1922 gg.« erschienenen Arbeit.

77 Über Aleksandr Grigor'evič Gojchbarg vgl. Šilochvost, Russkie civilisty, S. 44f.

78 Vgl. Goichbarg, Einige Bemerkungen über das Recht, S. 87-92.

79 Marx, Zur Kritik der Hegelschen Rechtsphilosophie. Einleitung, S. 378.

80 Vgl. Schlesinger, Soviet Legal Theory, S. 147; Ioffe, Soviet Law and Roman Law, S. 726.

81 Vgl. Paschukanis, Allgemeine Rechtslehre und Marxismus, S. 174 und passim. Zur Biographie des Juristen vgl. Melkevik, Art. Paschukanis, S. 236-239.

82 Schlesinger, Soviet Legal Theory, S. 148.

83 Außer Betracht bleiben muß hier die Frage nach der Gesamtbewertung der Kodifikation. Hier sind sehr verschiedene Urteile gefällt worden. Ein kritisches Bild der russischen Gesetzgebung nach 1917 bieten begreiflicherweise die Beiträge verschiedener Prager Emigranten zu dem von Maklecov herausgegebenen Sammelwerk »Das Recht Sowjetrußlands« (1925); dazu die Anzeige von v. Tuhr, Das Recht Sowjetrußlands, in: DJZ 1925, Sp. 76. Die Autoren vergleichen das bürgerliche Recht mit den vorrevolutionären Entwürfen und stellen dabei einerseits die Abhängigkeit des Graždanskij Kodeks fest, andererseits bei Abweichungen die Unrichtigkeit oder Unzweckmäßigkeit der neuen Regelung. Positiv ausgefallen sind natür-

Das Gesetzbuch hat gewissermaßen zwei Gesichter: Einerseits bildet es – im Unterschied zu vielen anderen Kodifikationen – in der offiziellen Sicht nicht den Abschluß einer wissenschaftlichen Entwicklung, sondern soll vielmehr am Anfang einer solchen stehen und den Übergang zu einem künftigen Fortschreiten im Recht ermöglichen, welches das Gesetz schließlich möglichst entbehrlich machen soll. Daher weist das Gesetz, wie wir sehen werden, selbstverständlich charakteristische Elemente des sozialistischen Rechtsdenkens auf (a.). Andererseits blickt der Graždanskij Kodeks zurück, und zwar in doppelter Hinsicht. So ist er zunächst einmal Folge einer Umkehr,[84] nämlich eines »Rückzugs« der Revolution, der im Gesetz besonders dadurch Ausdruck findet, daß die in der Phase des Kriegskommunismus beabsichtigte Abschaffung der zentralen Einrichtungen der bürgerlichen Privatrechtsordnung wie Privateigentum, Vertrag und Erbrecht nicht durchgeführt, sondern diese Gegenstände vielmehr von neuem aufgenommen sind: Das Privateigentum ist stark zurückgedrängt, aber immerhin vorgesehen,[85] auch private Austauschgeschäfte sind geregelt.[86] Das 1918 im wesentlichen abgeschaffte Erbrecht[87] wurde seit 1922 stufenweise wieder eingeführt und ist im Graždanskij Kodeks daher auch durch – jedenfalls elementare – Bestimmungen repräsentiert.[88] Im übrigen konnte das Gesetz unter dem bestehenden Zeitdruck nicht von Grund auf wissenschaftlich vorbereitet werden; die Kommission mußte daher auf bereits existierende Materialien zurückgreifen (b.).

a.) Sozialistische Merkmale des Zivilrechts

Als Ergebnis der maßgeblich durch Gojchbarg betriebenen Überarbeitung des Krasnokutskij-Entwurfs weist der Graždanskij Kodeks (im folgenden: GK) wich-

lich die sowjetischen Stellungnahmen in dem von Kelmann und Freund herausgegebenen bibliographischen Sammelwerk. Vgl. Wenger, Zum Zivilrecht Sowjetrußlands, S. 9. Insgesamt ist der Graždanskij Kodeks einigermaßen unsorgfältig redigiert und lückenhaft. Leopold Wenger fühlt sich an die *leges Romanae* erinnert, die gleichfalls auf einem zerbrochenen Staat mit Bausteinen des alten Gebäudes errichtet worden seien; aaO., S. 20.

84 Wenger, Zum Zivilrecht Sowjetrußlands, S. 7.

85 Vgl. Hause, Das Privateigentum in Sowjetrußland, S. 15ff.

86 Die Vorstellung, daß private Austauschgeschäfte verbindlich seien, war den Menschen nicht abzugewöhnen. Den besten Beweis hierfür lieferte der Schwarzmarkt. Vgl. Reich, Art. Rußland, S. 2310.

87 Die Abschaffung erfolgte in der RSFSR durch ein Dekret vom 27.4.1918. Das Dekret bestimmte in Art. 1 gleichzeitig, daß das mit dem Tod einer Person freiwerdende Vermögen – von unbedeutenden Vorbehalten zugunsten Verwandter abgesehen – Staatseigentum werde. Es handelte sich nicht um ein Erbrecht des Fiskus, wie es § 1936 BGB vorsieht, sondern um einen hoheitlich konzipierten Vermögensanfall. Vgl. Gabain, Das Erbrecht in Sowjetrussland, S. 8 u. 13; Novickaja, Grazdanskij kodeks, S. 102; Berman, Recht und Revolution, S. 57.

88 Die erste Stufe der Wiedereinführung, die dem Erbrecht des Graždanskij Kodeks vorausging, erfolgte mit dem Dekret über die privatrechtlichen Grundrechte in vermögensrechtlicher Beziehung vom 22.5.1922; vgl. Gabain, Das Erbrecht in Sowjetrussland, S. 21f.

tige Merkmale auf, die einem am Marxismus orientierten Gestaltungswillen geschuldet sind. Dies erweist sich in augenfälliger Weise zunächst daran, daß bereits die Stoffdisposition dem marxistischen Konzept des Rechts Rechnung trägt, indem das Familienrecht aus dem Gesetzbuch ausgelagert ist.[89]

Das von Gojchbarg vertretene etatistische Konzept war so radikal, daß er sogar die Rechtsfähigkeit des Menschen als vom Staat verliehen auffaßte (vgl. Art. 4 GK).[90] Er war ein Anhänger der Lehre Léon Duguits von der »fonction sociale« bürgerlicher Rechte und hatte sich wie dieser gegen das subjektive Recht ausgesprochen.[91] Duguit hatte sein Konzept in seinem Hauptwerk »Le droit social, le droit individuel et la transformation de l'état« (1908) entwickelt.[92] Jetzt führte Gojchbarg diese Lehre, marxistisch-kollektivistisch interpretiert, in das positive Sowjetrecht ein. So verweist bereits Art. 1 GK, ein wichtiges Einfallstor des Marxismus in das positive Recht, auf die Grenzen des Rechtsschutzes Privater: »Zivile Rechte werden vom Gesetz geschützt, außer wenn sie im Widerspruch zu ihrer sozial-ökonomischen Bedeutung verwendet werden.«[93] Die Gewährleistung der privaten Rechte steht also unter dem Vorbehalt staatlicher Bestimmung des Zwecks derselben.[94] Diese unmittelbare Abhängigkeit der Regelungen, die die Rechtsverhältnisse unter Privaten ordnen, von staatlichen Eingriffen ging mit der von sowjetischen Autoren teilweise vertretenen Vorstellung einher, der Graždanskij Kodeks enthalte überhaupt kein Privatrecht, sondern öffentliches Recht.[95] Auch Freund meinte, das Gesetzbuch enthalte »nur öffentliches Recht unter Benutzung privatrechtlicher Formen«.[96] Konsequenterweise war Gojchbarg grundsätzlich gegen eine Abgrenzung zwischen Privatrecht und öffentlichem Recht eingetreten.[97] Die Forderung nach einer Überwindung der Unterscheidung zwischen offentlichem Recht und Privatrecht erhoben allerdings keineswegs nur Marxisten. Auch der aus sowjetischer Sicht zweifellos als »bourgeois« zu klassifizierende Jakov A.

89 Das Familienrecht bildete ein zentrales Gebiet des Angriffs auf die bürgerliche Ordnung und den Einfluß der Kirche. Es ging der revolutionären Führung hauptächlich um die Einführung der Zivilehe, des Scheidungsrechts sowie die Stärkung der Rechte der Frauen und der nichtehelichen Kinder. Insbesondere sollte die Ehe als vermögensrechtliche Institution der bürgerlichen Gesellschaft entwertet werden. Vgl. Reich, Art. Rußland, S. 2315.

90 Vgl. Kelmann, in: Kelmann/Freund, Die juristische Literatur, S. 75f.; Freund, Art. Rußland, S. 215.

91 Reich, Sozialismus und Zivilrecht, S. 153.

92 Für die kritische Auseinandersetzung mit dem Begriff des subjektiven Rechts vgl. Duguit, Le droit social, S. 14ff., für die anschließende Ausführung der Lehre insbesondere dens., Les transformations générales, S. 1ff. und 34ff.

93 Tille, Die Kodifikation, S. 11.

94 Vgl. David in: David/Hazard, Le droit soviétique, Bd. 1, S. 134f.

95 Vgl. Freund, Das Zivilrecht Sowjetrußlands, S. 29.

96 Freund, Das Zivilrecht Sowjetrußlands, S. 24.

97 Gojchbarg meinte, die Unterteilung des Rechts in öffentliches und privates Recht sei den Juristen niemals gelungen und werde nurmehr von den rückständigsten Juristen anerkannt, darunter auch von russischen; Chozjajstvennoe pravo, S. 5.

Kantorovič (1859-1925),[98] der in seinen 1928 postum erschienenen »Grundideen des bürgerlichen Rechts«[99] ausdrücklich Ulpians Dualismus der Rechtsbereiche erörtert, stellt fest, diese habe »in der heutigen Zeit mit der Komplikation des gesellschaftlichen Lebens und der Ausweitung der staatlichen Aufgaben ihre Bedeutung verloren«. Er meint, in vielen Fällen erhielten private Beziehungen und der Schutz privater Interessen allgemein-staatliche Bedeutung und öffentlichen Charakter, weswegen sie nicht vollständig der Initiative und der freien Willensbetätigung von Privatpersonen überantwortet werden könnten. Sie sollten richtigerweise nicht dem System der juristischen Dezentralisation unterliegen, sondern müßten in den Bereich der zwangsweisen Reglementierung von seiten der Staatsmacht eingehen und dem System der juristischen Zentralisation unterfallen.[100] Kelmann faßt die Auffassung, das gesamte sowjetische Privatrecht habe öffentlichen Zwecken zu dienen, zustimmend in die Worte »jus privatum latet sub tutela juris publici«.[101] Dem kritischen Betrachter wird als Pointe auffallen, daß die *tutela* hier keineswegs eine Schutzfunktion erfüllt, sondern im Gegenteil einen grundsätzlichen Vorbehalt und in diesem Sinne eine »Bevormundung« kennzeichnet.

Konsequent bezog sich Gojchbarg auch im Eigentumsrecht auf Duguits Eigentumstheorie der sozialen Funktionen.[102] Duguit betrachtete im Anschluß an den Soziologen Durkheim, seinen Kollegen in Bordeaux, das objektive Recht als auf gesellschaftliche Solidarität gegründet.[103] Nach seiner Auffassung ist der Eigentümer nur schutzwürdig, soweit er mit dem Eigentumsgegenstand Nutzen

98 Jakov Abramovič Kantorovič war vor der Revolution Rechtsanwalt in Sankt Petersburg und Herausgeber verschiedener juristischer Zeitschriften gewesen. Er hatte zwischen 1906 und 1917 zahlreiche zivilrechtliche Arbeiten publiziert, die in seinen »Grundideen des bürgerlichen Rechts« verwertet werden. Vgl. etwa Kantorovič, »Nevozmožnost'« ispolnenija objazatel'stv (1917).

99 Der Titel erinnert an Pokrovskijs »Grundprobleme des Bürgerlichen Rechts«. Belov vermutet, daß Kantorovič' Arbeit zunächst auch »Osnovnye problemy« und nicht »idei« habe heißen sollen, und meint, zu jedem der beiden Bücher passe eigentlich der Titel des jeweils anderen, weil Pokrovskijs Werk von Ideen und anderen philosophischen Gegenständen handele, während Kantorovič' im engeren Sinne »juristische« Abhandlung eher privatrechtliche Institute und Probleme betreffe; »...Umel izbirat'«, S. 31 f. In der Tat liefert der Vergleich beider Werke Anhaltspunkte für diese Wahrnehmung.

100 Kantorovič, Osnovnye idei graždanskogo prava, S. 38. Der Autor knüpft mit dieser Bemerkung an Pokrovskij an, der den grundsätzlichen Unterschied zwischen dem öffentlichen Recht und dem Privatrecht darin gesehen hatte, daß das öffentliche Recht durch eine Zentralisation der Rechtsbeziehungen gekennzeichnet sei, während das Privatrecht für juristische Dezentralisation stehe; Osnovnye problemy, S. 44.

101 Kelmann, in: Kelmann/Freund, Die juristische Literatur, S. 73. Der Satz wird in leicht abweichender Form auf Francis Bacon zurückgeführt.

102 Schlesinger, Soviet Legal Theory, S. 148; Ioffe, Soviet Law and Roman Law, S. 715; vgl. Duguit, Les transformations générales, S. 147 ff. (148: »la propriété se socialise [...] la propriété individuelle cesse d'être un droit de l'individu pour devenir une function sociale«).

103 Vgl. Pashukanis, Leon Duguit, S. 166. Duguit hatte die zentralen Schriften 1908 und 1912 publiziert.

für die Gesellschaft stiftet.[104] Diesem Konzept entsprechend unterscheidet sich das Sachenrecht des Graždanskij Kodeks grundlegend von dem der bürgerlichen Tradition.[105] Das Gesetz kennt drei verschiedene Eigentumsarten: Staatseigentum an nationalisierten und munizipalisierten Gegenständen, Genossenschaftseigentum und Privateigentum (Art. 52). Über die Regelung des Eigentums hinaus beschränkt sich das Sachenrecht auf Gebäuderecht (Art. 71 ff.) und Pfandrecht (Art. 85 ff.). Auch im Schuldrecht haben sich Tendenzen der NĖP niedergeschlagen. So ist der Mietvertrag (imuščestvennyj naëm, Art. 152) dem Kaufvertrag (kuplja-prodaža, Art. 180) vorangestellt, weil die Führung beabsichtigte, die Vermögensverhältnisse künftig vorwiegend auf der Basis von Verträgen zu regeln, die die Überlassung von Gütern zum Gebrauch – und nicht mit dem Ziel der Veräußerung – zum Inhalt haben.[106]

Nach verbreiteter Vorstellung ist der Graždanskij Kodeks von 1922 dementsprechend grundlegend von der marxistischen Ideologie geprägt.[107] Insbesondere im juristischen Schrifttum der UdSSR ist er oftmals als spezifisch sowjetisches Recht dargestellt worden.[108] Hier ist allerdings eine Differenzierung geboten: Nachdem man das Gesetzbuch in den ersten Jahren seiner Geltung im Zusammenhang mit der Vorstellung, daß es ohnehin nur vorläufig sei, als Kodifikation des »bürgerlichen« Rechts akzeptiert hatte, wird man die Versuche, seinen spezifisch sozialistischen Charakter hervorzuheben, als Bemühungen aus der Zeit der konsolidierten Sowjetunion verstehen dürfen, das Gesetzbuch in diesem Sinne neu zu interpretieren.[109] Richtig ist jedenfalls, daß der Graždanskij Kodeks zwar, wie zu zeigen sein wird, vieles aus dem traditionellen Bestand an bürgerlichrechtlichen Formen übernommen hat, gleichzeitig aber im Lichte der Rechtsauffassung der marxistischen Gesellschaftslehre verstanden wurde und dadurch mit einer Privatrechtsauffassung einherging, für die die übernommenen Einrichtungen bislang nicht gestanden hatten.[110] Wir werden insoweit – ebenso wie im Recht des Zarenreichs – unterscheiden müssen zwischen rechtlichen Formen einerseits, also bestimmten Regelungen und den zu ihrer sprachlichen Fassung verwendeten

104 Vgl. Duguit, Les transformations générales, S. 34 ff. u. 147 ff. Duguits Standpunkt wurde in der sowjetischen Literatur, wo nicht zustimmend diskutiert, so doch weiterführend verwertet. Vgl. neben Gojchbarg noch Kantorovič, Osnovnye idei graždanskogo prava, S. 22-24.

105 Dieser Umstand liegt Beselers Assoziation zugrunde, der zu Wieackers 1935 im Sinne der herrschenden Ideologie pflichtenhaltigem und insbesondere auf die Gemeinnützigkeit ausgerichtetem Eigentumsbegriff (Wandlungen der Eigentumsverfassung, S. 42 f.) bemerkt, der Autor verfälsche den Nationalsozialismus »ins Russische«; Römisches Recht, S. 213, Fn. 59.

106 Vgl. Novickij, Istorija sovetskogo graždanskogo prava, S. 104; Reich, Sozialismus und Zivilrecht, S. 146 f.

107 Hamza, Entstehung und Entwicklung, S. 539 f.

108 Vgl. Novickij, Istorija sovetskogo graždanskogo prava, S. 104.

109 Näher Reich, Sozialismus und Zivilrecht, S. 164-169.

110 Zutreffend Wieacker, Privatrechtsgeschichte, S. 507.

Ausdrücken, und ihrer nun jeweils angenommenen Bedeutung andererseits. Während die Formen also vielfach aus der vorrevolutionären Tradition entlehnt wurden,[111] so daß der Wortlaut zahlreicher Vorschriften an die vorrevolutionären Entwürfe oder gar das deutsche BGB erinnert, waren sie als Bestandteile des neuen Rechts gleichwohl in ein anderes Licht gestellt worden, in dem sie abweichende Bedeutungen annahmen.[112] Blieb auch die Sprache in weiten Bereichen dieselbe, änderten sich doch die Begriffe oder sie wurden jedenfalls grundsätzlichen Vorbehalten unterworfen. Der Kiever Professor Kelmann hat die Beobachtung, daß die Rechtsbegriffe nicht autonom feststehen, sondern flexibel sind und in ihrer Bedeutung von außerrechtlichen Wertungen abhängen, mit der Bemerkung zum Ausdruck gebracht, die sowjetische Jurisprudenz stehe »zu einer Begriffsjurisprudenz im entschiedensten Gegensatze«.[113]

b.) Der Einfluß der römisch-westeuropäischen Rechtstradition[114]

Wenn wir die Voraussetzungen näher betrachten, unter denen der Graždanskij Kodeks entstand, zeigt sich auch unter Berücksichtigung der vorstehenden Beobachtungen, daß marxistische Juristen hier – ein Zugeständnis aus Sicht der reinen Lehre – ein im tradierten Privatrechtsdenken stark verhaftetes Gesetzbuch in Kraft setzten und dieses insoweit auch konsequent als »Bürgerliches Gesetzbuch« (Graždanskij Kodeks) bezeichneten. So erweisen sich die spezifisch sozialistischen Merkmale des Gesetzbuches genaugenommen nicht als konsequente Durchbildung eines sozialistischen Privatrechts, sondern eher als auf einen Grundbestand an konventionellem Privatrecht »aufgepfropfte«, wenngleich selbstverständlich wirkungsmächtige Versatzstücke sozialistischen Rechtsdenkens.[115] Die Kodifikation belegt trotz der Korrekturen noch deutlich den Einfluß der konventionellen, westlich-kontinentaleuropäisch geprägten Zivilrechtstradition.[116] Das Gesetzbuch

111 Vgl. David in: David/Hazard, Le droit soviétique, Bd. 1, S. 132.

112 Wieacker hat – insoweit überzeugend einschränkend – bemerkt, in den »formalen Zügen« (!) ständen die sozialistischen Rechte in Gerichtsverfassung, Verfahrensgestaltung und Gesetzesverständnis den Rechtsfamilien des west- und mitteleuropäischen Kontinents nahe; Konstituentien, S. 357. Um die neue Bedeutung der Bestimmungen abzusichern, wurde ausdrücklich verboten, sie im Sinne vorrevolutionären Rechts auszulegen; vgl. Art. 5 und 6 des Einführungsgesetzes zum GK.

113 Kelmann, in: Kelmann/Freund, Die juristische Literatur, S. 6.

114 Dazu Wenger, Der heutige Stand, S. 2 und ausführlicher ders., Zum Zivilrecht Sowjetrußlands, S. 3-56.

115 Vgl. Reich, Sozialismus und Zivilrecht, S. 153.

116 Einen Traditionszusammenhang gab es auch zwischen den vorrevolutionären Entwürfen und dem frühen sowjetischen Familienrecht. Was hier übernommen wurde (Zivilehe, liberales Scheidungsrecht, Beseitigung von Rechtsnachteilen zu Lasten von Frauen und nichtehelichen Kindern usw.), entsprach nicht nur revolutionärer Ideologie, sondern war längst vorbereitet worden durch Forderungen der Liberalen. Vgl. Antokolskaia, De ontwikkeling van het russische familierecht, S. 137-151.

ist also, blickt man auf die enthaltenen Regelungen, keineswegs vollkommen marxistisch, auch wenn dies selbstverständlich nicht offen eingestanden wurde.[117]

Die zumindest äußerlich auffallende Anlehnung an die im Zarenreich dominierende, »bürgerliche« Rechtstradition ist zunächst, wie gesagt, schon aus praktischen Gründen dem Umstand geschuldet, daß das Gesetz unter großem Zeitdruck erarbeitet wurde.[118] Eine wissenschaftliche Vorbereitung der Kodifikation durch die Rechtsliteratur, etwa eine wenigstens fachöffentliche Diskussion, wie sie andere Gesetzgebungsprojekte zu begleiten pflegt, fand kaum statt. So mußten sich die Kodifikatoren naheliegenderweise an bereits bestehende Zivilrechtsmodelle anlehnen. Die Artikel orientierten sich insbesondere einerseits an den vorrevolutionären Gesetzentwürfen, hauptsächlich am Entwurf eines Obligationenrechts von 1913, andererseits am deutschen BGB.[119] Beide Hauptquellen des Graždanskij Kodeks sind mehr oder weniger eng dem Entwicklungszusammenhang der römisch-westeuropäischen Rechtstradition verbunden.[120]

Mit den teilweise abgeschlossenen, teilweise jedenfalls weit fortgeschrittenen Entwürfen zu einer Kodifikation des bürgerlichen Rechts für das Zarenreich standen den Juristen nach der Revolution umfangreiche moderne Gesetzgebungsmaterialien zur Verfügung. Der Graždanskij Kodeks erscheint in weiten Teilen als

117 Vgl. Gabain, Das Erbrecht in Sowjetrussland, S. 2. Der Einfluß des tradierten römischen Rechts war selbstverständlich wahrgenommen worden, wie sich an der Diskussion um den entstehenden Graždanskij Kodeks erwies. Daß sich die Bemühungen um eine weitergehende Eliminierung dieses Einflusses in Grenzen hielten, dürfte, wie Ioffe überzeugend vermutet, mit der Vorstellung zu erklären sein, daß das Recht ohnehin im Absterben begriffen sei; Soviet Law and Roman Law, S. 726. Die Vermutung wird bestätigt durch die Mitteilung Stučkas von 1925, man durchlebe in der RSFSR gegenwärtig eine Phase der Rezeption (!), allerdings des westlichen, »bourgeoisen« Rechts. Dies ist im Zusammenhang mit der Auffassung zu verstehen, daß jede Rezeption Veränderung zum Fortschritt hin bewirke, die Phase des bürgerlichen Rechts also auch nur ein Schritt hin zur Abschaffung des Rechts überhaupt sei; vgl. Stučka, Art. Rimskoe pravo, Sp. 752. Auch das römische Recht interessiert Stučka insoweit hauptsächlich im Hinblick auf dessen »revolutionäre« Rolle; aaO., Sp. 741. Für die Praxis gewährleisteten freilich zahlreiche von Exekutivorganen erlassene Anwendungs- und Auslegungsbestimmungen den marxistischen Charakter des auf Grundlage des GK angewandten Rechts. Vgl. nur die Erläuterung der ersten Artikel des GK bei Abramov/Ganin/Zajcev/Lebedev, Praktičeskij kommentarij Graždanskogo Kodeksa RSFSR, S. 9 ff.

118 David in: David/Hazard, Le droit soviétique, Bd. 1, S. 132.

119 Zur Rezeption von Normen des BGB und des Entwurfs von 1913 vgl. Reich, Sozialismus und Zivilrecht, S. 155 ff. Für den starken Einfluß der Entwürfe auf den Graždanskij Kodeks vgl. Rebro, Società socialista, S. 57; Ajani, By Chance and Prestige, S. 94, Fn. 3; Suchanov, Predislovie, in: G. F. Šeršenevič, Učebnik, S. 6. Der Umstand, daß der Schuldrechtsentwurf von 1913 seinerseits stark vom BGB abhing, läßt erklären, daß der GK teilweise fast allein auf die deutsche Kodifikation zurückgeführt wird. Vgl. Tille, Die Kodifikation, S. 10 mit Nachweisen.

120 Darauf ist allgemein schon mehrfach hingewiesen worden, etwa von Reich, Sozialismus und Zivilrecht, S. 155-157.

eine stark abgekürzte Fassung der Entwürfe.[121] Darauf ist es zurückzuführen, daß sowohl die Struktur als auch eine Anzahl von Rechtsinstituten ausgeprägte Ähnlichkeit mit dem Entwurf des Graždanskoe Uloženie aufweisen.[122] Von diesem Umstand ausgehend meint Makarova, das Gesetzbuch von 1922 habe sich, obwohl der sowjetische Staat die Idee des Privatrechts nie anerkannt habe, technischer Merkmale der römischen Rechtstradition bedient.[123] Sie meint sogar, trotz der Ablehnung des Privatrechts hätten viele Normen des vorrevolutionären Rechts ihre Wirksamkeit beibehalten. Das Privatrecht habe schließlich auch deswegen nicht vollständig zu bestehen aufgehört, weil kein Staat Handel und Warenaustausch ausschließen könne.[124] Daß diese Beobachtung bestimmten Vorbehalten zum Trotz, auf die noch einzugehen sein wird, grundsätzlich richtig ist, zeigt sich besonders im Bereich des Schuldrechts. Erstaunlicherweise meint der sowjetische Autor Kantorovič sogar, hier herrsche mehr als in anderen Bereichen das Prinzip der Privatautonomie (»častnoj avtonomii«), welches schon von der Naturrechtslehre postuliert worden sei und Ausdruck finde in der Formel »*pacta sunt servanda*«. Hier werde dem individuellen Willen »allergrößter Freiraum« (naibol'šij prostor) gegeben.[125]

Das deutsche Bürgerliche Gesetzbuch übte nicht nur mittelbar über die vorrevolutionären Entwürfe Einfluß auf die Arbeiten am Graždanskij Kodeks aus; es wurde vielmehr auch direkt herangezogen. Stučka, dem natürlich nicht daran gelegen sein konnte, einen bedeutenden Einfluß der vorrevolutionären Entwürfe einzuräumen, wies darauf hin, daß aufgrund der kurzen Zeit, die für die Abfassung des Graždanskij Kodeks zur Verfügung gestanden hatte, die Bestimmungen fast vollständig und wörtlich von den Kodifikationen des Westens übernommen worden seien.[126] Der Grund für die Bedeutung des BGB dürfte nicht nur darin zu sehen sein, daß es sich um das vergleichsweise modernste Gesetzbuch eines größeren europäischen Staates handelte, sondern auch darin, daß, worauf anschließend noch einzugehen sein wird, das Studium vieler Juristen unter dem Einfluß der Pandektenwissenschaft gestanden hatte, wie sie in Deutschland vorherrschend gewesen war. Das BGB war längst übersetzt worden, und aus der Zeit um die Jahrhundertwende rührten zahlreiche Publikationen her, die sein Recht an russische Juristen vermittelten.[127]

121 Hamza, Entstehung und Entwicklung, S. 539; vgl. Sacco, Romanist Substratum, S. 76.

122 Giaro, Pravovaja tradicija, S. 145.

123 Makarova, Vlijanie rimskogo prava, S. 69.

124 Makarova, Vlijanie rimskogo prava, S. 61, 71 und 201.

125 Kantorovič, Osnovnye idei graždanskogo prava, S. 50.

126 Stučka, 13 let bor'by za revoljucionno-marksistskuju teoriju prava, S. 125; vgl. Tkačenko, »Rimskoe pravo« v Rossii, S. 155

127 Vgl. oben S. 534 und Baranowski, Über den Nutzen einer Lehrdisziplin »Allgemeine Rechtsgeschichte«, S. 10.

c.) Einzelne Regelungen des Graždanskij Kodeks von 1922 und das römische Recht

Mit der Revolution wurde eine Ordnung abgelöst, die jahrhundertelang als unumstößlich angesehen worden war. Nachdem sich diese als unfähig erwiesen hatte, die dringenden gesellschaftlichen Anforderungen des 19. Jahrhunderts zu bewältigen, hatte sie die ihr lange Zeit entgegengebrachte Akzeptanz überwiegend verloren. Ihre als korrumpiert wahrgenommenen Grundsätze wurden nun ersetzt durch solche, die, ausgewählt von dem revolutionär-materialistischen Denken verpflichteten Juristen, für die neue, sozialistische Gesellschaft geeignet zu sein versprachen. An die Stelle des tradierten Rechts, wie es, unterstützt durch die orthodoxe Kirche, entweder in den Formen der Rechtssetzung der Zaren bewahrend fortgeschrieben worden war oder unmittelbar als Gewohnheitsrecht galt, trat nun also ein nach rationalen Gesichtspunkten durchgebildetes Recht. Es ist insoweit kein Zufall, daß die Neuordnung des Zivilrechts durch den Graždanskij Kodeks von 1922 auf das Material zu den Kodifikationsentwürfen zurückgriff und damit auf den Stoff eines Rechts, das gleichfalls dezidiert rational konzipiert war.[128] Dieser Rückgriff gehorchte also keineswegs nur »praktischen« Bedürfnissen. Es scheint vielmehr nicht abwegig, hier einen Vorgang wahrzunehmen, wie ihn die Rechtsgeschichte auch in anderen Fällen erweist, in denen traditionelles durch neugeschaffenes Recht ersetzt wird.[129] Es war das klassische, durch formale Einrichtungen und rationale Methoden der Rechtsermittlung gekennzeichnete Recht, das im ersten vorchristlichen Jahrhundert an die Stelle des Rechts der vorklassischen *veteres* getreten war, als dessen Prinzipien ihre Überzeugungskraft in einer schweren Krise verloren hatten, deren radikaler Ausdruck der Bürgerkrieg und der Untergang des römischen Freistaats bildeten. Das klassische Recht aber, das aus dieser Krise hervorging, bildet den Hauptbestand des Rechts der justinianischen Sammlung, aus dem sich wiederum das westeuropäische Recht entwickelte. Daß es nach langen, vergeblichen Bemühungen bürgerlicher Juristen ausgerechnet die Bol'ševiki waren, die das römisch-westliche Recht in Kraft setzten, erscheint nur auf den ersten Blick als grotesk. In Wahrheit folgt es aus der Notwendigkeit einer Rationalisierung.

Nun sind gesetzliche Bestimmungen, zumal unter den Bedingungen totalitärer Systeme, nicht gleichzusetzen mit dem geltenden Recht. Ohne diesen Vorbehalt außer acht zu lassen, werden wir nun fragen, inwieweit sich der Rückgriff der Gesetzgebungskommission auf Materialien des römisch-westlichen Rechts im einzelnen im Graždanskij Kodeks niedergeschlagen hat. Nicht wenige Romanisten haben

128 Vgl. Wieacker, Privatrechtsgeschichte, S. 508.

129 Von Halem, Recht oder Gerechtigkeit?, S. 85 nennt als Beispiel für diese Beobachtung die Ersetzung einer Wertordnung im Wege der Neuordnung durch rationales Recht nach der Reconquista in Spanien. Dies kann allerdings kaum überzeugen, denn Ketzerverfolgung und Inquisition, die v. Halem entsprechend den stalinistischen »Säuberungen« als Folge der Neuordnung nach rein rechtlichen (und nicht moralischen) Regeln ansieht, sind keineswegs als rational zu erklären, sondern gehen zumindest teilweise auf irrationale Vorstellungen zurück: Im einen Fall herrscht Aberglaube, im anderen Paranoia.

an der Kodifikation Merkmale des römisch-westlichen Rechts identifiziert. Ihre ausdrücklichen Hinweise auf diesen Umstand sind sicherlich dem Umstand geschuldet, daß es hier ein bestimmtes offizielles Bild zu korrigieren galt. So stellte Andreas Bertalan Schwarz 1935 fest, auch nach Rußland sei der Einfluß der deutschen romanistischen Ziviljurisprudenz gedrungen, und auch das Bürgerliche Gesetzbuch des Sowjetstaates zeige in Aufbau und Inhalt enge Anlehnung an das deutsche Vorbild.[130] Unter den vergleichenden Arbeiten über die Kodifikation ist für die hier verfolgte Fragestellung besonders Leopold Wengers Untersuchung wichtig.[131] Er hat aus romanistischer Sicht sogar Beobachtungen zu vielen einzelnen Bestimmungen des Gesetzes angestellt.[132] Wenger beobachtet zahlreiche »Parallelen« zum römischen Recht, ohne daß es ihm jedoch auf einen historischen (Rezeptions-) Zusammenhang ankäme.[133] Er will vielmehr auf Züge im Laufe der römischen Rechtsgeschichte hinweisen, an denen sich erweist, wie unangemessen es ist, jenes Recht als ein durchweg individualistisch-kapitalistisches Gläubiger- und Herrenrecht zu stigmatisieren, dem jeder soziale Zug fehle. Wengers Ausführungen weisen zum Teil eine apologetische Tendenz auf, offenbar in Reaktion auf jene Vorhaltungen, denen schon Max Weber entgegengetreten war.[134]

Die Bedeutung von Wengers Untersuchung erhellt zweifellos aufgrund seiner Vertrautheit mit dem römischen Recht. Gleichwohl begegnen seine Feststellungen in mehrerer Hinsicht Bedenken. Um die Ergebnisse der Betrachtungen Wengers angemessen bewerten zu können, ist es notwendig, sich auf die erhebliche historische Distanz zwischen den Regelungen des Graždanskij Kodeks und den von Wenger zum Vergleich herangezogenen Einrichtungen des (antiken) römischen Rechts zu besinnen. Man kann es für dieses Stadium der Rechtsentwicklung gerade aus romanistischer Sicht als übertrieben und künstlich ansehen, »Parallelen« noch mit dem Eingang »römischen« Rechts erklären zu wollen. Denn die russische Privatrechtsentwicklung hatte – jedenfalls was die Juristen betrifft; etwas anderes ist die Einstellung zum Recht bei staatlichen Instanzen und der Bevölkerung – den Anschluß an die west- und mitteleuropäische Privatrechtsentwicklung inzwischen vollzogen. Wengers Feststellungen liegt jedenfalls teilweise eine Bezeichnung bekannter und in zahlreichen Rechtsordnungen etablierter Konzepte mit lateinischen, teilweise auf antike Verhältnisse verweisenden

130 Schwarz, Einflüsse deutscher Zivilistik im Auslande, S. 66; vgl. Freund, Art. Rußland, S. 215.

131 Wenger, Zum Zivilrecht Sowjetrußlands, S. 3-56.

132 Wenger, Zum Zivilrecht Sowjetrußlands, S. 5. Seinem Vergleich liegen Übersetzungen zugrunde, die er teilweise mit Mutmaßungen über deren Richtigkeit kommentiert.

133 In der sowjetischen Wahrnehmung tritt dagegen natürlich nicht die Parallelität mit westlichen Konzepten hervor, sondern die spezifische sozialistische Eigenart. So weist z. B. Novickaja auf Einrichtungen des BGB weniger im Falle von Parallelen hin als vielmehr gerade dort, wo der Graždanskij Kodeks anders lautet. Vgl. Novickaja, Graždanskij kodeks, S. 89 u. 91. Die dieser Publikation zugrundeliegenden Vorarbeiten hatten noch in sowjetischer Zeit stattgefunden.

134 S. oben S. 600; vgl. Wenger, Zum Zivilrecht Sowjetrußlands, S. 6 f.

Ausdrücken zugrunde. Dies macht die Konzepte in den meisten Fällen jedoch nicht zu *spezifisch* römischen. Die Detailanalyse zeigt immerhin Nuancen. Außerdem beziehen sich, was Wenger nicht in aller Klarheit herausstellt, die Beobachtungen nur auf den sprachlichen Ausdruck des Gesetzes, nicht aber ohne weiteres auf die Begrifflichkeit. Hier ist allerdings Vorsicht geboten bei zahlreichen Einzelbestimmungen, die, isoliert betrachtet, im Kontext der römischen Rechtstradition, wie sie in den Jahrzehnten zuvor auch den Juristen des Zarenreiches bekannt geworden war, ein vertrautes Bild abgeben. Ihre Bedeutung ist nur zu verstehen unter Berücksichtigung der Vorbehalte zugunsten des Staates sowie der »sozialwirtschaftlichen Bestimmung« der Rechte, die in den ersten Artikeln des Graždanskij Kodeks niedergelegt worden sind.

Der Einfluß der deutschen Pandektenwissenschaft auf den Text des Graždanskij Kodeks ist derartig deutlich,[135] daß Rodolfo Sacco die Pandektistik als Substrat des Gesetzes bezeichnet hat.[136] Stellt man auf sprachliche Entlehnungen ab, dann ist dies besonders klar an der im Allgemeinen Teil geregelten Rechtsgeschäftslehre ersichtlich. So findet sich eine Definition des Rechtsgeschäfts in Art. 26: »Rechtsgeschäfte, d.h. Handlungen, die auf die Begründung, Veränderung oder Aufhebung von bürgerlichen Rechtsverhältnissen gerichtet sind, können einseitige sein und gegenseitige (Verträge).« Im Unterschied zur deutschen Begrifflichkeit werden hier alle Verträge als gegenseitige (vzaimnymi) Rechtsgeschäfte bezeichnet, ohne Rücksicht auf die unvollkommen zweiseitigen Verhältnisse.[137] Ausgesprochen pandektistisch klingt in dem den Rechtsobjekten gewidmeten Abschnitt der Art. 25 über Zubehör: »Das Zubehör folgt dem Schicksal der Hauptsache, wenn nicht in einem Vertrag oder Gesetz das Gegenteil bestimmt ist.«[138]

Im Mittelpunkt der Privatrechtsordnung steht das Eigentum. Allerdings strebt das Gesetz danach, die privatrechtliche Eigentumsordnung weitgehend zurückzudrängen. Wenger drückt dies mit der Bemerkung aus, man habe immer mehr Sachen *extra commercium* gestellt und das Privateigentum daran ausgeschlossen.[139] Dies betrifft insbesondere Grund und Boden. Die Beseitigung jedes privaten Grundeigentums, wie sie die Dekrete von 1917 und 1918 ausgesprochen hatten, ist im Graždanskij Kodeks aufrechterhalten.[140] Art. 21 erklärt apodiktisch: »Der Boden ist Eigentum des Staates und kann nicht Gegenstand des Privatverkehrs sein.« Entsprechend lautet Art. 53.[141] Der Gesetzgeber verkündet in der offiziellen »An-

135 Vgl. Wołodkiewicz, The Continuity, S. 1100 f.

136 Sacco, Art. Circolazione e mutazione, S. 367; ders., Romanist Substratum (1988) und die ältere italienische Fassung der Abhandlung Il sustrato romanistico (1969); vgl. ähnlich Hamza, Das römische Recht und die Privatrechtsentwicklung, S. 22 mit Fn. 21.

137 Wenger, Zum Zivilrecht Sowjetrußlands, S. 25 mit Fn. 56.

138 Wenger, Zum Zivilrecht Sowjetrußlands, S. 25.

139 Wenger, Zum Zivilrecht Sowjetrußlands, S. 11.

140 Farian, Dingliche Nutzungsrechte, S. 16-19.

141 Wenger, Zum Zivilrecht Sowjetrußlands, S. 28. Wenger drückt dies mit den Worten aus, man habe das Privateigentum an *praedia urbana* durch Dekret vom 20. August 1918 aufgehoben.

merkung« zu Art. 21: »Mit der Aufhebung des Privateigentums am Boden ist die Einteilung der Sachen in bewegliche und unbewegliche abgeschafft.«[142] Bei der Erörterung des Art. 21 hatte Stučka vorgeschlagen, trotz der Vorentscheidung, daß alles private Vermögen beweglich sei, die besondere Behandlung unbeweglichen Vermögens ausdrücklich auszuschließen, damit es in der Folge nicht zu Mißverständnissen komme.

Nicht nur das private Grundeigentum, sondern auch andere Immobiliarsachenrechte wie Servituten, Reallasten und Grundpfandrechte sind im Gesetz nicht vorgesehen.[143] Grundstücke können im Rahmen anderer Nutzungsrechte zugewiesen werden. Werden auf dieser Grundlage Gebäude errichtet, können diese durchaus in anderweitigem Eigentum stehen als dem des Staates. Der römische Grundsatz »*superficies solo cedit*« findet also keine Anwendung.[144] Der verbreiteten Vorstellung zum Trotz, das Sachenrecht des Graždanskij Kodeks sei grundsätzlich nur Mobiliarsachenrecht, kann man die Sonderbestimmungen über Grundstücke durchaus zum Anlaß nehmen, ein Immobiliarsachenrecht zu erkennen, in dem sich die Fortwirkung von *possessio* und *superficies* widerspiegeln.[145]

Im Eigentumsrecht kennt der Graždanskij Kodeks die Kategorien Staats-, Genossenschafts- und Privateigentum. Zur Inhaltsbestimmung wurde für alle drei Tatbestände die angeblich römische, in Wahrheit feudalrechtliche Auffassung des Eigentumsrechtes als Triade des Besitzes, der Nutzung und der Verfügung in Art. 58 aufgenommen, natürlich ohne die Bezugnahme auf den »ewigen und vererblichen« Besitz.[146] Die Fortschleppung des um den »ewigen und vererblichen« Besitz kupierten feudalrechtlichen Eigentumsbegriffs war insofern konsequent, also hier bewußt kein unteilbares Eigentum als Freiraum eines berechtigten Individuums eingerichtet wurde, sondern – wie in der Vormoderne – Nutzungsrechte gewährt wurden. Das Prinzip, daß sich Rechte an Sachen grundsätzlich nur auf deren vorübergehende Nutzung richten, folgt für Grund und Boden bereits aus dem alleinigen Eigentum des Staates. Im übrigen sind Nutzungsrechte an Gütern allgemein als Regelfall gewollt,[147] wie sich im Gesetz am bereits erwähnten systematischen Vorrang des Mietvertrags gegenüber dem Kaufvertrag erweist. Es ist in diesem Sinne folgerichtig, wenn das Eigentum auf jene Weise aufgefaßt wird, die in der Vormoderne seine Teilbarkeit in Einzelbefugnisse ausdrückte.

Die Rechtsstellung des Eigentümers ist in Art. 59 durch Einrichtungen ausgestaltet, in denen Wenger, sachlich richtig, *rei vindicatio* und *actio negatoria*

142 Vgl. Letjaev, Recepcija rimskogo prava, S. 82.

143 Wenger, Zum Zivilrecht Sowjetrußlands, S. 34.

144 Novickaja, Grazdanskij kodeks, S. 73; Letjaev, Recepcija rimskogo prava, S. 82.

145 Wenger, Zum Zivilrecht Sowjetrußlands, S. 38.

146 Vgl. Genkin/Bratus/Lunz/Novizki, Sowjetisches Zivilrecht, Bd. 1, S. 309-312 sowie Art. 92 GK RSFSR 1964; entsprechend ist die Trias auch in Art. 209 Abs. 1 des Graždanskij Kodeks von 1994 eingegangen; vgl. Solotych, Das neue russische ZGB aus rechtsvergleichender Sicht, S. 33; Suchanov, in: Suchanov (Hrsg.), Graždanskoe pravo, Bd. 1, S. 485 f.

147 Die »*nuda proprietas*« tritt demgegenüber zurück; vgl. Freund, Art. Rußland, S. 216.

wiedererkennt.[148] Auch Makarova sieht hier ein Ergebnis der Rezeption römischen Rechts.[149] Den gutgläubigen Eigentumserwerb vom Nichtberechtigten regelt Art. 60, der (in revidierter Fassung) lautet: »Von einer Person, die gutgläubig eine Sache nicht unmittelbar vom Eigentümer erworben hat, kann letzterer die Sache nur in dem Fall zurückfordern (Art. 59), wenn sie ihm (dem Eigentümer) verlorengegangen oder ihm entwendet worden ist. Staatliche Anstalten und Unternehmungen können von jedem Erwerber eine Sache, die ihnen gehört und die auf irgendeine Weise ihnen gesetzwidrig weggenommen worden ist, zurückfordern.«[150] Novickaja meint, hier nutze das Gesetz bestimmte schon im antiken römischen Recht entwickelte Regeln über den gutgläubigen Erwerb, die als Teil der tradierten Rechtskultur in das sozialistische Recht aufgenommen worden seien. Allerdings seien hier nicht etwa Bestimmungen des bougeoisen Rechts blind in den Graždanskij Kodeks übernommen worden. Vielmehr seien die Verfasser des Gesetzes vom absoluten Schutz des Eigentümers ausgegangen, d. h. von seinem Schutz jedem gegenüber, der ihn an der Ausübung seines Rechts behindert. Art. 60 schütze allerdings die Interessen des gutgläubigen Erwerbers, der keinen Grund zur Annahme hatte, daß die Person, die ihm das Vermögen übergab, nicht berechtigt war, darüber zu verfügen.[151] Novickajas Herleitung der Regelung aus dem römischen Recht, zumal aus dem der Antike, ist allerdings unrichtig, denn dort war der gutgläubige Erwerb vom Nichtberechtigten unbekannt gewesen.[152] Hier erweist sich mit Rücksicht auf unsere Fragestellung nur abermals die oberflächliche Identifikation des »römischen« mit dem westlichen Recht,[153] das, von russischer Rechtsprechung und Doktrin vorbereitet, in Art. 752 des vorrevolutionären Entwurfs eingegangen war.[154]

148 Ebenso aus sowjetischer Sicht Agarkov, Objazatel'stvo po sovetskomu graždanskomu pravu, S. 24 f.; vgl. für das nicht-sowjetische Schrifttum Freund, Das Zivilrecht Sowjetrußlands, S. 33.

149 Makarova, Vlijanie rimskogo prava, S. 68.

150 Vgl. Freund, Art. Rußland, S. 216.

151 Die offizielle Anmerkung (primečanie) zu Art. 60 definiert den guten Glauben wie folgt: »Ein Erwerber wird als gutgläubig angesehen, wenn er nicht wußte und nicht wissen mußte, daß die Person, von der er die Sache erwarb, nicht das Recht hatte, sie zu veräußern.« Vgl. Novickaja, Graždanskij kodeks, S. 78. Während in Art. 752 des GU-Entwurfs noch keine Differenzierung hinsichtlich der groben Fahrlässigkeit vorgesehen war, ist dies hier – vielleicht unter dem Einfluß des BGB – der Fall.

152 So richtig Tuzov, L'acquisto, S. 5685-5688, der gleichfalls den Bogen vom klassischen Recht zu den Bestimmungen des 20. Jahrhunderts spannt, aber eine sorgfältige Differenzierung zwischen den Regelungsmodellen vornimmt.

153 In Deutschland waren es maßgeblich die Einflüsse des Deutschen Privatrechts gewesen, die im 19. Jahrhundert zu einer Erweiterung der Ausnahmen vom *Nemo-plus-iuris*-Grundsatz geführt hatten. Vgl. Coing, Europäisches Privatrecht, Bd. 2, S. 398 f.

154 Bei der Beratung des Graždanskij Kodeks kritisierte Stučka dessen Autoren, weil seiner Meinung nach in dem Gesetz zahlreiche wichtige Regelungen fehlten. Er meinte, ein Volksrichter könne damit nichts anfangen. Dies liege auch an Spitzfindigkeiten des bürgerlichen Rechts wie der »Gutgläubigkeit«. Die Menschen interessierten sich aber nicht

Das Schuldrecht beginnt mit allgemeinen Bestimmungen (Art. 106ff.) und fährt dann fort mit Regelungen über vertragliche Schuldverhältnisse (Art. 130ff.). Die Vorschriften dieses Teils weisen klar auf den tradierten Regelbestand der römisch-westeuropäischen Tradition. Im übrigen sind zahlreiche schuldrechtliche Bestimmungen aus den Entwürfen zu einem Graždanskoe Uloženie übernommen worden, so etwa die Bestimmung des Art. 130 aus Art. 6 des Schuldrechtsentwurfs. Andere Regelungen sind aus westeuropäischen Gesetzen entlehnt, wie z. B. Art. 131 GK, der in etwa dem Art. 4 Abs. 1 des Schweizerischen Obligationenrechts entspricht.[155] Wenger beobachtet am Schuldrecht des Graždanskij Kodeks kaum Neuerungen gegenüber jenem Privatrecht, welches sich vor der Revolution in Dogmatik und Entwürfen niedergeschlagen hatte.[156] Was ihm auffällt, ist ein Niedergang im Niveau der Umsetzung, der ihn den Kritikern der Kodifikation beipflichten läßt.[157] So vergleicht Wenger §241 BGB (heute: Abs. 1) mit Art. 107 GK. Dieser lautet: »Kraft des Schuldverhältnisses hat eine Person (Gläubiger) das Recht, von einer anderen Person (Schuldner) eine bestimmte Handlung, insbesondere die Übergabe von Sachen oder die Zahlung von Geldern oder das Unterlassen einer Handlung zu fordern.« Die inhaltliche Parallele ist evident, doch ist die russische Fassung laienhafter, da umständlicher gehalten. Wenger hält sie vorsichtig für »römischer«.[158] Aus moderner russischer Sicht führt Makarova den Begriff der Verpflichtung in Art. 107 auf römisches Recht zurück.[159] Sie beruft sich insoweit auf Agarkovs Arbeit von 1940 über schuldrechtliche Verpflichtungen nach dem sowjetischen Zivilrecht.[160] Dieser Autor hatte festgestellt und anhand zahlreicher Quellentexte aus dem allgemeinen Obligationenrecht ausgeführt, daß das sowjetische Recht die Begrifflichkeit des tradierten bourgeoisen Rechts insoweit übernommen habe.[161]

Den Eigentumsübergang aufgrund Rechtsgeschäfts läßt Art. 66 GK – ebenso wie der Entwurf zu einem Graždanskoe Uloženie[162] – grundsätzlich nach dem Vorbild des französischen Rechts mit dem verpflichtenden Kausalgeschäft erfolgen, welches zugleich die Einigung enthält. Die Bestimmung lautet: »Das Eigentumsrecht an einer Sache geht auf Grundlage eines Vertrags über, der zwischen Veräußerer und Erwerber geschlossen wurde. Das Eigentumsrecht des Erwerbers entsteht in Beziehung auf eine individuell-bestimmte Sache im Moment

für die Frage, ob jemand ein Rechtsgeschäft gutgläubig abgeschlossen habe oder nicht. Vgl. Novickaja, Graždanskij kodeks, S. 78.

155 Novickaja, Graždanskij kodeks, S. 90.

156 Wenger, Zum Zivilrecht Sowjetrußlands, S. 43.

157 So etwa Sawadsky, in: Maklezow u. a. (Hrsg.), Das Recht Sowjetrußlands, S. 281ff.

158 Wenger, Zum Zivilrecht Sowjetrußlands, S. 43f.

159 Makarova, Vlijanie rimskogo prava, S. 66.

160 Agarkov, Objazatel'stva po sovetskomu graždanskomu pravu, S. 9.

161 Agarkov, Objazatel'stva po sovetskomu graždanskomu pravu, S. 14f.; vgl. Makarova, Vlijanie rimskogo prava, S. 67.

162 Sawadsky, in: Maklezow u. a. (Hrsg.), Das Recht Sowjetrußlands, S. 287.

des Vertragsschlusses, aber in Beziehung auf Sachen, die nach Gattungsmerkmalen bestimmt werden (nach Zahl, Gewicht, Maß), im Moment der Übergabe.«[163]

Schenkungen sind an Formen gebunden und der Höhe nach beschränkt. Diese neue »*lex Cincia*« (Wenger) hängt systematisch mit der Aufhebung des privaten Erbrechts im Jahre 1918 zusammen: Umgehungen durch Schenkungen unter Lebenden sollten ausgeschlossen bleiben.[164] Das Erbrecht war in Verwirklichung einer marxistischen Forderung durch Dekret vom 27. April 1918 weitgehend aufgehoben worden.[165] An die Stelle der gesetzlichen oder gewillkürten Erbfolge unter Privaten trat der Anfall des Nachlasses an den Staat.[166] Die Abschaffung des Erbrechts hatte in besonders deutlicher Weise den bloß vorübergehenden, prekären Charakter des Privateigentums unterstrichen.[167] Die Maßnahme erwies sich als Fehlschlag. Nicht nur blieb der erwartete Ertrag für den Staat aus.[168] Gleichzeitig beobachtete man, daß die Menschen das Interesse an einer geordneten Vermögensbildung verloren, was zu Versorgungsproblemen führte. So wurde das Erbrecht durch das Dekret über die privatrechtlichen Grundrechte vom 22. Mai 1922 in beschränktem Maße wieder eingeführt. Das auf dieser Grundlage geschaffene Erbrecht des Graždanskij Kodeks kennt nun wieder die Delationsgründe Testament und Gesetz.[169] Beide Regelungsbereiche sind grundsätzlich klar an das Recht der römisch-westeuropäischen Tradition angelehnt.[170] Allerdings ist die Erbfolge in beiden Fällen starken Einschränkungen ausgesetzt.[171]

Wir können vorläufig festhalten, daß der Text des Graždanskij Kodeks von 1922 zahlreiche Bestimmungen enthält, die aus der Tradition des westlich-römischen Rechts vertraut sind.[172] Viele Regelungen lauten, sieht man nur auf den sprachlichen Ausdruck, ganz oder weitgehend entsprechend zu bestimmten Rechtseinrichtungen, die aus der Tradition des römischen Rechts ebenso in west-

163 Wenger, Zum Zivilrecht Sowjetrußlands, S. 44.

164 Wenger, Zum Zivilrecht Sowjetrußlands, S. 13. Vgl. Freund, Das Zivilrecht Sowjetrußlands, S. 15, 36 u. 189. Sawadsky, in: Maklezow u. a. (Hrsg.), Das Recht Sowjetrußlands, S. 301 findet die Vorschrift originell und in ihrer Schenkungsfeindlichkeit unverständlich. Mit der Aufhebung der Erbrechtsbeschränkungen 1926 wurden auch die Wertobergrenzen für Schenkungen (Art. 138 u. 416 GK) beseitigt. Vgl. Kelmann, in: Kelmann/Freund, Die juristische Literatur, S. 76.

165 Vgl. Kantorovič, Osnovnye idei graždanskogo prava, S. 306 f.; Ioffe, Soviet Law and Roman Law, S. 710. Die Einschränkung bezieht sich auf einen Sockelbetrag, der intestat vererbt werden konnte und die Weitergabe persönlicher Gegenstände, nicht aber regelrechter Vermögenswerte erlaubte.

166 Reich, Art. Rußland, S. 2309. Vgl. oben S. 607, Fn. 87.

167 Vgl. Gabain, Das Erbrecht in Sowjetrussland, S. 11 f.

168 Wenger, Zum Zivilrecht Sowjetrußlands, S. 52 mit Nachweisen.

169 Vgl. die Erläuterungen bei Movčanovskij, Nasledstvennoe pravo po graždanskomu kodeksu R. S. F. S. R., S. 12 ff.

170 Byčkova, Recepcija rimskogo prava, S. 191.

171 Wenger, Zum Zivilrecht Sowjetrußlands, S. 53 ff. mit Einzelheiten.

172 Vgl. nun allgemein Zoll, Das »Ostrecht«, S. 38.

europäische Kodifikationen wie in die vorrevolutionären Entwürfe eingegangen waren.[173]

V.) Der Einfluß des römisch-westeuropäischen Rechtsdenkens auf das frühe nachrevolutionäre Rußland

Die Gründe dafür, daß jenes römisch-westlich geprägte Rechtsdenken, das unter Juristen des Zarenreiches inzwischen einige Jahrzehnte lang tradiert worden war, über die Revolution hinaus teilweise fortwirken konnte, sind vor allem in der personellen Kontinuität über den Untergang des Zarenreiches hinaus zu sehen. Trotz der offiziellen Ablehnung und der mangelnden Vereinbarkeit mit der herrschenden Ideologie wäre es unrichtig, wollte man die fortwirkende Bedeutung des römischen Rechts für das Rechtsdenken der Juristen leugnen.[174] Zwar war der russische Juristenstand zu Beginn der zwanziger Jahre infolge von Krieg, Bürgerkrieg, Verfolgung und Emigration schwer dezimiert. Juristen des Zarenreiches waren als typischerweise konservativ oder liberal zum Ziel von Repressionen der neuen Machthaber geworden.[175] Diejenigen aber, die im Lande bleiben und sich an der Neuordnung des Rechts beteiligen konnten, hatten ihr Fach selbstverständlich noch an den Universitäten des Zarenreiches studiert. Sie konzipierten das Recht, mochte das positive Recht auch wesentliche Veränderungen durchlaufen haben, auf Grundlage der tradierten Begrifflichkeit.[176] Diese Juristen hatten sich, sei es aus Überzeugung, sei es in der Erwartung einer baldigen Ablösung des revolutionären durch einen pragmatischeren Kurs oder sei es auch nur, um Arbeitsmöglichkeit und Erwerbsgrundlage nicht zu verlieren, mit den neuen Verhältnissen arrangiert, die Strukturen des ihnen vertrauten Rechtsdenkens dabei aber nicht ohne weiteres abgelegt.[177] Dieses war nicht nur am Recht des Zarenreiches geschult, sondern, bedingt durch die Gewichtung der Fächer im Studienplan, vergleichsweise intensiv am römischen Recht und in den Grundlagenfächern, die ihre praktische Relevanz in der Debatte um die soziologische Ausrichtung der Rechtswissenschaft erwiesen hatten. Zudem hatte sich die Juristenausbildung des Zarenreiches am Ende des 19. Jahrhunderts, wie gesehen, stark an Deutschland orientiert. Zahlreiche Juristen hatten überdies unmittelbar an

173 Freund, Art. Rußland, S. 215.

174 Dazu kurz Kazimirova, La révolution du droit en Russie, S. 85-103.

175 Die Wortführer des Liberalismus, die sich im Zarenreich zahlreichen Sanktionen ausgesetzt gesehen hatten, wurden nun unter den neuen politischen Vorzeichen verfolgt. Vgl. Pivovarov, Der ungeliebte Liberalismus, S. 97 und oben S. 591.

176 Dies konnte David 1954 feststellen; vgl. David/Hazard, Le droit soviétique, Bd. 1, S. 76. Zajtay behauptet 1966 (!) sogar, ähnlich wie in anderen sozialistischen Ländern hätten die Juristen auch hier daran festgehalten, in Kategorien wie *locatio-conductio operis*, Obligation *lato sensu*, Rechtsgeschäft usw. zu denken. Vgl. Zajtay, La permanence, S. 362 f.

177 Vgl. Quigley, Romanist Character, S. 37: »Their predilection was to stay with familiar law«.

deutschen Fakultäten studiert und waren mit dem Pandektenrecht vertraut geworden.

Einzelne Juristen, die sich bereits im Zarenreich hervorgetan hatten, konnten also auch noch persönlich aktiv Einfluß auf die Rechtswissenschaft der frühen Sowjetunion nehmen. Dies galt auch für diejenigen, die am Graždanskij Kodeks von 1922 mitarbeiteten. Nun mag man fragen, wie sich Juristen, die das pandektistisch betriebene Zivilrecht des Zarenreiches studiert und seit einigen Jahrzehnten die Erneuerung des Rechts in Anlehnung an das westliche Recht als wichtigen Schritt der Modernisierung und der Annäherung an die bürgerlichen Gesellschaften Westeuropas erlebt hatten, nun plötzlich in den Dienst einer revolutionären Bewegung stellen konnten, die nicht nur die bürgerliche Ordnung, sondern das Recht insgesamt ablehnte und ihre Richtigkeitsvorstellungen mit Gewalt durchsetzte. Man wird hier keinesfalls vermuten dürfen, daß es sich unterschiedslos um amoralische Zyniker gehandelt habe, deren Einstellungen zu den Grundanforderungen des Rechts völlig indifferent gewesen wären.[178] Mit Rücksicht auf den hier verfolgten Gedanken des Fortschritts im Recht, nach dem der wissenschaftlich arbeitende Jurist notwendig strebt, ist vielmehr zu beachten, daß es eine Kontinuität des Fortschrittsdenkens gab. Bereits das vorrevolutionäre Rußland hatte eine starke Affinität zum Fortschrittsglauben besessen, eine tiefe, wenn auch sehr unterschiedlich ausgeprägte Überzeugung, daß die Geschichte ein zielgerichteter Prozeß sei, an dessen Ende irgendeine Form der Erlösung des Menschen stehen würde.[179] Gerade die Juristen waren im Zarenreich vielfach Träger des Fortschrittsdenkens gewesen. Die bedrückenden Verhältnisse, in denen zahllose Menschen im Zarenreich lebten, denen bürgerliche Freiheiten, ein rechtlicher Rahmen gesicherter Lebensbedingungen und ein effektiver Rechtsschutz vorenthalten geblieben waren, hatten Generationen von Juristen nach rechtlichen Wegen zur Verbesserung der Lage suchen lassen. Nach dem Umsturz nun verstand sich die Sowjetunion als geistiges und machtpolitisches Zentrum einer Bewegung, die sich ihrerseits mit dem Fortschritt identifizierte und die Menschen auf ihre Fortschrittsideologie verpflichtete.[180] Die neuen Bedingungen mochten Freiräume für neue Lösungswege versprechen.

Ein Beispiel für das Schicksal eines romanistisch ausgerichteten Zivilrechtlers bietet Aleksandr Markovič Vinaver (1883-1947). Nach einem Studium in Jaroslavl' und Moskau war er unter der Anleitung von Chvostov und Muromcev an die Wissenschaft herangeführt worden, bevor er 1909 persönlicher Sekretär des letzteren wurde. Vom Januar 1910 an unterrichtete er an verschiedenen Moskauer Hochschulen. Nach dem Umbruch wurde er Professor an der Moskauer Staat-

178 Kein Beweis, aber immerhin ein Hinweis darauf dürfte sein, daß mehrere jener Juristen, die sich in den Dienst der frühen Sowjetunion gestellt hatten (frühere Juristen des Zarenreichs ebenso wie jüngere), in der mörderischsten Phase von Stalins Herrschaft in Ungnade fielen und verfolgt wurden. S. unten Fn. 181.

179 Brang, Fortschrittsglauben in Rußland, S. 29 f.

180 Brang, Fortschrittsglauben in Rußland, S. 29.

lichen Universität, wo er 1919-21 das Dekanat der Fakultät für Gesellschaftswissenschaften versah. Seine Lehrgebiete waren Bürgerliches Recht und insbesondere Schuldrecht. Er war einer der Redaktoren eines Praxiskommentars zum Graždanskij Kodeks. Wie viele Juristen, die unter der alten Ordnung noch tätig gewesen waren und sich später nicht gerade als willfährige Instrumente des Machtapparats hervortaten, wurde Vinaver zum Opfer stalinistischer Verfolgungsmaßnahmen.[181]

Mittelbar fortwirken konnte auch Petrażycki, dessen psychologisch-soziologische Rechtslehre auch unter den sozialistischen Juristen aufmerksam studiert wurde. Besonders auf seinen Schüler Michail A. Rejsner (1868-1928),[182] der nach der Oktoberrevolution vorübergehend stellvertretender Justizkommissar und später Professor für öffentliches Recht in Moskau war, wirkte Petrażyckis Einfluß so prägend, daß er versuchte, die psychologische Rechtstheorie seines Lehrers auf die Bedingungen des Marxismus auszurichten[183] und im Rahmen seiner Lehre vom »Intuitivrecht« der Arbeiterklasse und der Massenerfahrung soziologisch fortzuentwickeln.[184] Er trat dafür ein, daß sich die Arbeiterklasse und überhaupt jede gesellschaftliche Klasse in jeder Epoche ihr jeweils eigenes Recht schaffen solle, welches auf ihren intuitiven Rechtserlebnissen beruhen müsse.[185] Für den Begriff des »sozialistischen Rechtsbewußtseins«, der der Rechtsprechung zur Orientierung dienen sollte, bildete die psychologische Rechtslehre Petrażyckis damit die rechtsphilosophische Grundlage.[186]

Was nun die Schaffung des Graždanskij Kodeks betrifft, so war es also nicht allein der Zeitdruck, unter dem die Gesetzgebungsarbeiten stattfanden, der die Erklärung für die starke systematische und inhaltliche Abhängigkeit des Graždanskij Kodeks von den vorrevolutionären Entwürfen und dem deutschen BGB liefert, sondern – zumindest auch – die personelle Kontinuität unter den

181 A. M. Vinaver wurde 1938 verhaftet und wegen des (routinemäßig erhobenen) Vorwurfs der »Mitgliedschaft in einer antisowjetischen Kadettenorganisation« bis 1944 gefangengehalten. Der Terror des Hochstalinismus machte im übrigen auch vor solchen Juristen nicht Halt, die sich in der frühen Sowjetunion an exponierter Stelle für das Regime oder die Entwicklung des sowjetischen Rechts engagiert hatten. Dies betraf etwa Pašukanis, der 1937 verhaftet und erschossen wurde. Er wurde – wie auch Vinaver – 1956 postum rehabilitiert.

182 Kurzbiographie bei Schlüchter, Recht und Moral, S. 310 f. Bei Rejsner (Michael v. Reusner) handelt es sich um den Vater der revolutionären Schriftstellerin Larisa Rejsner (Larissa Reissner, 1895-1926).

183 Vgl. Timasheff, Petrazhitsky's Philosophy of Law, S. 747; Schlüchter, Recht und Moral, S. 168 f. und Walicki, Legal Philosophies, S. 285-288, der mit Recht darauf hinweist, daß Rejsners Mitwirkung an der revolutionären Abschaffung des Rechts Petrażyckis Vorstellungen immerhin grundsätzlich zuwiderlief.

184 Vgl. dessen Teoria L. I. Petražickogo, Marksizm i social'naja ideologija (1908) und Reich, Sozialismus und Zivilrecht, S. 121. Für die Zustimmung zu wesentlichen Standpunkten Petrażyckis vgl. Reisner, Law, Our Law, S. 83-109 und Baum, Leon Petrazycki, S. 69 ff.

185 Harms, Warenform, S. 26 f.

186 Vgl. Schroeder, 74 Jahre Sowjetrecht, S. 10 f. mit Nachweisen.

Juristen.[187] Denn auch speziell im Hinblick auf das tradierte römisch-westlich geprägte Privatrechtsdenken beobachten wir Kontinuität. Sie erlaubt es, im Zivilrecht der frühen Sowjetunion pandektistisches Denken zu beobachten.[188] Dabei bedarf es einer genaueren Bestimmung, was am Denken der nunmehr maßgeblichen Juristen eigentlich noch »pandektistisch« sein konnte. Hier geht es selbstverständlich nicht einfach um die Anwendung römisch-gemeinen Rechts. In der modernen rechtsgeschichtlichen Forschung wird diese Vorstellung eher von denjenigen Autoren beschrieben, die sie anschließend widerlegen, weil sie die Rezeption des römischen Rechts in Rußland leugnen oder aber marginalisieren.[189] In Wahrheit handelte es sich bei dem Transfer eines bestimmten wissenschaftlichen Denkens um einen weit subtileren Vorgang. Zu Beginn der zwanziger Jahre äußerte er sich in der Fortwirkung eines spezifischen Rechtsdenkens, das sich unter dem Einfluß der Pandektistik entwickelt hatte. In Deutschland und anderen Staaten Westeuropas hatte sich die Pandektistik in der 2. Hälfte des 19. Jahrhunderts zum rechtswissenschaftlichen Positivismus fortentwickelt. Diese Rechtsanschauung ging davon aus, daß die Rechtssätze und ihre Anwendung aus einem bestimmten System, aus Begriffen und Lehrsätzen der Rechtswissenschaft abzuleiten sei, ohne daß dabei außerjuristischen, etwa sozialen oder politischen Wertungen oder Zwecken rechtserzeugende oder rechtsändernde Kraft zukomme.[190] Prominentester Vertreter dieses Denkens war Windscheid gewesen, und um die Wende zum 20. Jahrhundert hatte es sich auch unter den Juristen des Zarenreichs etabliert. Nun bestand unter den Bedingungen der revolutionären Ordnung kein Raum für das Konzept der Autonomie des Rechts gegenüber politischen und anderen außerjuristischen Wertungen. Was sich allerdings in den gewandelten Verhältnissen Geltung verschaffen konnte, waren etablierte Formen. Dies gilt z. B. für den sprachlichen Ausdruck von Recht, so daß, wie vorstehend beobachtet, zahlreiche Tatbestände im Gesetz in einer Gestalt niedergelegt sind, die unmittelbar aus dem (westlichen) tradierten Recht übernommen zu sein scheint, ohne daß dies freilich hieße, daß über die äußere Form hinaus eine inhaltliche Identität gewahrt wäre. Dies gilt auch für das Streben nach Systematisierung, dem der Graždanskij Kodeks seine Stoffdisposition verdankt und das sich angesichts der Vorstellung, es gelte, der revolutionären Gesellschaft eine völlig neue Rechtsordnung zu verschaffen, entfalten konnte. Die Wahrung dieses Erbes ging schließlich mit der Neigung einher, bestimmte vertraute Privatrechtsbegriffe in das neue Recht aufzunehmen, freilich nicht als römische Einrichtungen, sondern als Bestandteile der vertrauten Rechtskultur. Hier entfalteten etablierte juristische Denkstrukturen Beharrungskräfte.

Daß die Orientierung der Kodifikationsarbeiten an den der Pandektenwissenschaft verpflichteten Texten mit einer grundlegenden wissenschaftlichen Orien-

187 Dazu Ioffe, Soviet Law and Roman Law, S. 726.

188 Vgl. Giaro, Pravovaja tradicija, S. 145.

189 Vgl. Giaro, Modernisierung durch Transfer, S. 306 u. 326.

190 Wieacker, Privatrechtsgeschichte, S. 430 f.

tierung an der romanistischen Tradition zusammenhing, läßt sich nun an dem Kommissionsvorsitzenden Krasnokutskij (1873-1945) zeigen.[191] Dieser Jurist ist heute kaum noch bekannt, was unter anderem dadurch bedingt ist, daß die sowjetische Literatur seine Bedeutung für die Kodifikation gegenüber dem Anteil Gojchbargs regelmäßig heruntergespielt hat. Krasnokutskij hatte 1907 in Moskau die Magisterprüfung im römischen Recht abgelegt. Als Hochschullehrer im Zarenreich war er Spezialist für baltisches und polnisches Partikularrecht gewesen, also für Partikularrechtsordnungen, die dem römischen Recht besonders nahe standen. Im russischen Recht hatte er sich 1915 durch die Bearbeitung der 11. Auflage des Lehrbuchs seines Lehrers Gabriel Szerszeniewicz hervorgetan, einer der herausragenden Gesamtdarstellungen des späten vorrevolutionären Zivilrechts.[192] Nach der Revolution war er von 1917 bis 1919 sowie von 1942 bis 1945 Inhaber eines zivilrechtlichen Lehrstuhls an der Moskauer Universität. Besonders in den vierziger Jahren studierten einige einflußreiche Vertreter der späteren sowjetischen Zivilrechtswissenschaft bei ihm, nämlich u.a. Mark M. Boguslavskij,[193] Michail G. Rozenberg[194] und Vladimir A. Tumanov.[195] Die Beschäftigung mit dem römischen Recht gab Krasnokutskij indessen nicht auf. Für die seit den 30er Jahren erscheinende Große Sowjetische Enzyklopädie verfaßte er den Artikel über Römisches Recht.[196] In dem Lehrbuch von Novickij und Pereterskij, einer der wichtigsten sowjetischen Darstellungen der Materie, verfaßte er die Abschnitte über die Quellen des römischen Rechts, Rechtsausübung und Rechtsschutz sowie Rechte an fremden Sachen.

Wie sehr die Begrifflichkeit der am römischen Recht entwickelten, »bürgerlichen« Privatrechtswissenschaft fortwirkte, erweist sich auch an Evgenij Pašukanis.[197] Nach seinem 1929 niedergelegten Konzept sollten die tradierten Strukturen im Rahmen des Privatrechts, in erster Linie des Vermögensrechts, vorläufig ihre Berechtigung behalten. Pašukanis bezeichnet es als »Tatsache [...], daß

191 Vgl. den Artikel Krasnokutskij in: Rjabuchin, Professora Moskovskogo universiteta, 1755-2004, Bd. 1. Zu den Kodifikationsarbeiten wurde Krasnokutskij als Mitarbeiter des Justizkommissariats hinzugezogen. Vgl. Novickaja, Kodifikacija graždanskogo prava, S. 45; Kupeckij (Red.), Razvitie kodifikacii sovetskogo zakonodatel‹stva, S. 102-107 (106).

192 S. oben S. 379. Krasnokutskij legte ferner Monographien über das Recht der GmbH (1925) und den Kommissionsvertrag (1925) sowie eine Darstellung der Vertragspraxis (2. Aufl. 1926) vor.

193 Mark Moiseevič Boguslavskij (geb. 1924), Spezialist für Internationales Privatrecht, war noch 1994-97 kommissarischer Leiter des Instituts für Ostrecht an der Universität Kiel.

194 Der Zivilrechtler Michail Grigor'evič Rozenberg (geb. 1923), in der UdSSR Spezialist für Außenhandel, publizierte vor allem über das Internationale Kaufrecht und war beteiligt an der Vorbereitung der Entwürfe zum GK der Rußländischen Föderation.

195 Vladimir Aleksandrovič Tumanov (1926-2011) versah von 1995-1997 das Amt des Präsidenten des Verfassungsgerichts der Russischen Föderation.

196 Krasnokutskij, Art. Rimskoe Pravo, S. 842-846. Die Darstellung ist im Vergleich zu den entsprechenden Artikeln in den nachfolgenden Ausgaben der BSË wesentlich ausführlicher.

197 Vgl. Paschukanis, Allgemeine Rechtslehre und Marxismus, S. 20f.

die grundlegenden Gedankengänge der römischen Juristen ihre Bedeutung bis zum heutigen Tage bewahrt haben und die ratio scripta jeder warenproduzierenden Gesellschaft geblieben sind«.[198] Selbstverständlich übt Pašukanis entschiedene Kritik am Rechtsdenken »bourgeoiser« Juristen, insbesondere auf dem Gebiet des Privatrechts.[199] Allerdings übt er immanente Kritik. Mit Ablehnung begegnet er auch verschiedenen jüngeren, aus der »bürgerlichen« Rechtswissenschaft hervorgegangenen Versuchen, das Recht fortzuentwickeln, wie den Bemühungen um eine soziologische Fortentwicklung der Rechtstheorie (Duguit, Hedemann) und der psychologischen Rechtslehre, die Petrażycki und in dessen Nachfolge Rejsner vertreten hatten.[200] Obwohl der Sowjetstaat, wie mit anderen marxistischen Juristen auch Pašukanis erklärt, keine unantastbaren subjektiven Privatrechte gelten ließ,[201] tritt dieser Autor doch immerhin – anders als Gojchbarg – für die Bedeutung einer grundsätzlichen Unterscheidung zwischen öffentlichem Recht und Privatrecht ein.[202] Pašukanis kann insgesamt nicht verleugnen, wie sehr er noch im Banne des bürgerlichen Rechtsdenkens steht. Er erwartet erst für die Zukunft das Absterben des Rechts, wenn er bemerkt, sobald erst die tradierten Rechtsbegriffe überwunden würden, »wird dies das beste Zeichen dafür sein, daß der enge bürgerliche Rechtshorizont sich endlich vor uns erweitert«.[203] Vorläufig ist das noch nicht der Fall; vielmehr sind die Begriffe, mit denen er ringt und an denen er seinen marxistischen Standpunkt profilieren will, die aus der Pandektenwissenschaft hervorgegangenen Konzepte. Die Auseinandersetzung mit den Standpunkten der pandektistischen Autoren durchzieht sein ganzes Werk »Allgemeine Rechtslehre und Marxismus«.

Unter diesen Umständen, die durch unterschiedliche Standpunkte hinsichtlich des Stellenwerts des bürgerlichen Rechtsdenkens gekennzeichnet waren, war es in einzelnen Fällen sogar möglich, daß in der frühen Sowjetunion Werke nichtmarxistischer Autoren erscheinen konnten. Dies gilt etwa für die oben bereits erwähnten »Grundideen des bürgerlichen Rechts« von Jakov A. Kantorovič.[204] Gedruckt im Juristischen Verlag des Volkskommissariats für Justiz der Ukraini-

198 Paschukanis, Allgemeine Rechtslehre und Marxismus, S. 57.

199 Paschukanis, Allgemeine Rechtslehre und Marxismus, S. 54 f.

200 Paschukanis, Allgemeine Rechtslehre und Marxismus, S. 6.

201 Paschukanis, Allgemeine Rechtslehre und Marxismus, S. 7. Die Bedeutung dieser Verweigerung der Qualifikation der Rechte des einzelnen als subjektive Rechte erweist sich besonders handgreiflich an den Folgen der Wohnungswirtschaft. Die in der Sowjetunion von Anfang an betriebene Unterbringung der Menschen in »Kommunal-Wohnungen«, also auf engem Raum mit mehreren Parteien, war keineswegs allein der Wohnraumknappheit geschuldet, sondern diente dem Zweck, die Bevölkerung zu kommunistischem Verhalten zu erziehen, bourgeoise Strukturen wie »Familie« durch andere Kollektive zu ersetzen, in denen »alles« geteilt werden sollte. So wurde der Inanspruchnahme privater Rechte, sogar der Behauptung minimaler Freiräume, auf tatsächlicher Ebene planmäßig entgegengewirkt.

202 Paschukanis, Allgemeine Rechtslehre und Marxismus, S. 82 f.

203 Paschukanis, Allgemeine Rechtslehre und Marxismus, S. 174.

204 S. oben S. 608 f.

schen SSR und mit Rücksicht auf die herrschende Ideologie eingeleitet durch ein Vorwort des Professors A. Malickij,[205] handelt es sich um ein sowjetisches Werk, das sich eingehend mit der Tradition des römischen Rechts befaßt und ebenso eine vergleichende Analyse des sowjetischen Zivilrechts wie dessen dogmatische Ausarbeitung bezweckt. Kantorovič entwickelt seine »Ideen«, monographisch Schwerpunkte setzend, in kritischer Auseinandersetzung mit römischen Rechtseinrichtungen und einem relativ breiten Spektrum an »bourgeoiser« Zivilrechtsliteratur. So entwickelt er den Stellenwert des rechtsgeschäftlichen Willens an dem römischen Satz »*quamvis incoactus noluissem, tamen coactus volui*«,[206] den er auf stoisches Denken zurückführt.[207] Die Überzeugung, daß ein aufgrund von Täuschung eingegangenes Rechtsgeschäft nicht wirksam sein dürfe, kontrastiert Kantorovič eingehend mit dem berühmten, von Cicero *de off.* 3,14,58-60 referierten Fall der Veräußerung eines in der Nähe von Syrakus gelegenen Parks, bei dem der Interessent Canius dadurch zum Einverständnis mit einem überhöhten Kaufpreis veranlaßt wird, daß der Eigentümer Pythius eine – wie es der Autor vor dem Hintergrund des russischen Erfahrungshorizonts treffend wahrnimmt – geradezu »potemkinsche« Szenerie aufbaut.[208] Das Bemühen des Autors, in Anlehnung an

205 Die erstaunlichen Umstände des Erscheinens dieser »bourgeoisen« Schrift erklärt Malickij im Vorwort damit, daß das Werk für sowjetische Juristen »nicht gefährlich« sei. Er vereinnahmt Kantorovič vielmehr geradezu für das sowjetische Rechtsdenken, indem er behauptet, dieser sehe im sowjetischen Recht die »Quintessenz« des westeuropäischen Rechtsdenkens, jene Ordnung also, auf die auch das westliche System zusteuere. Malickij meint, die »Grundideen« bewiesen gegenüber den Anhängern des Individualismus im Recht, daß dieser dem Kollektivismus nachstehe und seine Bedeutung für das Recht vollständig verschwinden werde. Kantorovič zeige, daß die Zulassung von Vertragsfreiheit sowie freier Märkte und Wirtschaftsbeziehung notwendig zur Schaffung eines besonderen Zivilrechts führen werde, welches staatliche Eingriffe in den Vermögensverkehr, eine Regulierung der Vertragsfreiheit sowie eine Kontrolle der Willensfreiheit der Parteien vorsehe. Vgl. Malickij, Predislovie, S. 3-4. Kantorovič selbst konnte sich zu dieser Darstellung nicht mehr äußern. In seinem Einleitungsaufsatz zum Nachdruck des Werks stellt der Moskauer Zivilrechtler Belov 2009 rückblickend mit Bedauern fest, daß Kantorovič' Arbeit in sowjetischer Zeit ignoriert wurde. Er erklärt die postume Publikation des nichtmarxistischen Werks 1928 damit, daß die Behörden gegenüber dem westlichen Ausland das Bestehen von Meinungsfreiheit in der UdSSR hätten dokumentieren wollen. Die in dem Vorwort, ohne das das Buch sicherlich nicht gedruckt worde wäre, formulierte Distanzierung hat, wie Belov beobachtet, offenbar nur rein formale Bedeutung, weil Malickij Kantorovič' Leistung aufrichtig bewundert und seine Standpunkte im einzelnen nicht etwa zurückweist, sondern sogar als Anregung für den Umgang mit Problemen des sowjetischen Rechts versteht; »… Umel izbirat'«, S. 6-7 u. 9.

206 Es handelt sich um ein Brocardicum, das auf Paulus 11 *ad ed.* D. 4,2,21,5 zurückgeht: *Si metu coactus adii hereditatem, puto me heredem effici, quia quamvis si liberum esset noluissem, tamen coactus volui.*

207 Kantorovič, Osnovnye idei graždanskogo prava, S. 75-78.

208 Kantorovič, Osnovnye idei graždanskogo prava, S. 82 f. Der Autor begründet die Wirksamkeit der vertraglichen Verpflichtung damit, daß damals noch nicht das berühmte »zakon« (»Gesetz«) des C. Aquilius Gallus gegen den *dolus* gegolten habe. Gemeint ist die

die »bourgeoise« Rechtsliteratur und das römische Recht Zivilrechtslehren herauszuarbeiten, wird durch die Dürftigkeit der Bestimmungen des vergleichsweise knapp gehaltenen Graždanskij Kodeks sowie das vielfach völlig unzureichende Niveau des frühen Schrifttums zum sowjetischen Zivilrecht zu erklären sein; seine Aufgabe war insoweit nicht unähnlich der, die sich der Zivilrechtslehre des Zarenreiches gestellt hatte.

VI.) Neuer Wein in alten Schläuchen: Sozialistische Konzepte in tradierten Formen

Die Beobachtung einer Fortwirkung auf das römische Recht weisender zivilrechtlicher Formen und Konzepte über die Revolution hinaus scheint für die Berechtigung der noch zur Zeit der Sowjetunion entwickelten Vorstellung Harold Bermans zu sprechen, in Wahrheit bildeten auch Sowjetunion und Osteuropa (trotz der Prägung des dort geltenden Rechts durch den Sozialismus) Zweige desselben Baumes: »Alle westlichen Rechtssysteme – das englische, das französische, [...] und andere (darunter seit dem 19. Jahrhundert auch das russische) – haben gemeinsame geschichtliche Wurzeln, aus denen sie nicht nur eine gemeinsame Terminologie und gemeinsame Methoden beziehen, sondern auch gemeinsame Begriffe, gemeinsame Grundsätze, gemeinsame Werte.«[209] Aber für das nachrevolutionäre Recht täuscht dieser Eindruck. Es ist gerade nicht möglich, aus sprachlichen Parallelen auf gemeinsame Begriffe zu schließen.[210] Zwar hat die Behauptung, das russische Recht stehe »seit dem 19. Jahrhundert« dem westeuropäischen nahe, für die letzten Jahrzehnte des Zarenreiches, wie gesehen, einige Berechtigung, ohne uneingeschränkt zuzutreffen. Für das revolutionär konzipierte Recht der frühen Sowjetunion erweckt sie dagegen unrichtige Vorstellungen. Hier wurde das Recht, der sprachlichen Form zum Trotz, völlig anders verstanden. Es ist ganz richtig, daß zahlreiche Formen des Rechts der römischen Tradition übernommen, bestimmte »technische« Merkmale desselben also beibehalten worden waren. Daß aber bei der Übertragung von Rechtseinrichtungen aus einer Rechtsordnung in eine andere – ganz gleich, ob man diesen Vorgang jeweils als Rezeption, Rechtstransfer oder »legal transplants« qualifiziert – das übernommene Recht im neuen Kontext niemals gleich bleibt, sondern sich wandelt, ist eine Binsenwahrheit. Sie gilt selbstverständlich auch für Rußland.

actio de dolo, die der Mucius-Schüler Aquilius Gallus, ein Servius nahestehender Jurist und Vertreter des von diesem begründeten neuen, frühen klassischen Rechtsdenkens, als Prätor (66 v. Chr.) proponierte; vgl. Kaser, Das römische Privatrecht, Bd. 1, S. 627. Vgl. bereits oben S. 544.

209 Berman, Recht und Revolution, S. 820 f.; grundsätzlich zustimmend Giaro, The East of the West, S. 195 f.

210 Ioffe, Soviet Law and Roman Law, S. 707 ff.

Wenn die Bestimmungen der neuen Zivilrechtskodifikation auch ihrer sprachlichen Form nach stark an Einrichtungen des römisch-westlichen Rechts denken ließen, nahm sich ihre Bedeutung im sozialistischen Zusammenhang gleichwohl ganz anders aus. Makarova meint im Anschluß an Tkačenko, daß die römischen Prinzipien und Institute in der UdSSR Verwendung fanden, jedoch mit anderem »philosophischem« Inhalt erfüllt wurden.[211] Während wir diesen Standpunkt mit Rücksicht auf juristische *Prinzipien* gerade nicht teilen können, trifft die Beobachtung, soweit regelhafte Rechtseinrichtungen betroffen sind, vielfach zu.[212] Die Bestimmungen wurden nun im Lichte einer Grundauffassung vom Recht verstanden, die sich von der ihres Ursprungskontextes radikal unterschied. Eine Rechtsauffassung, nach der die zwischen Privaten herrschenden Rechtsbeziehungen nicht von denselben eigenverantwortlich gestaltet und in ihrer Wirksamkeit behauptet werden konnten, sondern praktisch unbeschränkt dem Vorbehalt staatlicher Gestaltung und Eingriffe ausgesetzt waren, mußte zentrale Begriffe entwerten, die die westlich-römische Rechtstradition jedenfalls in ihrer in der Neuzeit entwickelten Gestalt kennzeichneten.[213] Kein Raum blieb für das subjektive Recht,[214] das ein ungeschriebenes, aber zentrales Element eines freiheitlich und individualistisch konzipierten Privatrechts ist. Insbesondere das Eigentum wurde entwertet.[215] Aus Sicht der marxistischen Rechtslehre ist der liberale Eigentumsbegriff, der dem Berechtigten einen Freiraum verschafft, ohne Zwecke zu formulieren oder Einzelbefugnisse zuzuweisen, entschieden abgelehnt worden.[216] Die »Zerstörung des Rückgrates des vorrevolutionären Zivilrechts – des kapitalistischen Privateigentums«, war daher ein zentrales Ziel der Revolution der Bol'ševiki gewesen.[217] So setzte sich gerade am Eigentumsrecht ein neues Verständnis durch, nach dem das Eigentum in erster Linie dem gesellschaftlichen Nutzen dienen sollte.[218] Ähnlich hatte Duguit gedacht, der den Menschen als

211 Makarova, Vlijanie rimskogo prava, S. 65 mit Tkačenko, Problemy opredelenija, S. 202.

212 Für die sachenrechtliche Terminologie und Begrifflichkeit im späteren sowjetischen Zivilrecht bringt Ioffe, Soviet Civil Law, S. 48 dies auf die Formel: »The classification of things in Soviet law and in Soviet doctrine employs, in the first part, ancient Roman classification together with its legal consequences; and it repeats, in the second part, ancient Roman classification but with modified legal results; in the third part, it establishes a specific Soviet classification, which has its specific legal effects«.

213 Vgl. Völkl, Die Rechtsentwicklung, S. 751.

214 Paschukanis, Allgemeine Rechtslehre und Marxismus, S. 7.

215 Es kann gerade nicht überzeugen, wenn Dekkers, Le droit romain, S. 72, jedenfalls das persönliche Eigentum als »une notion traditionelle, dérivée du *dominium* romain« bezeichnet.

216 Vgl. Paschukanis, Allgemeine Rechtslehre und Marxismus, S. 101.

217 Novickij, Istorija sovetskogo graždanskogo prava, S. 68.

218 Eindrucksvoll beschreibt Rudden, Soviet Civil Law, S. 40 die neuartige, sinnentstellende Verwendung der tradierten Formen des Rechts: »After the French Revolution, it is the Civil Code which forms the citizen's fortress with its canonisation of private property (CC arts. 544-545) and its elevation of contract to the status of statute (CC art. 1134). In the Soviet Code [scil. von 1964] this fortress is quite destroyed, State and Plan prowl the ruins«.

soziales Wesen verstehen und daher auch das Eigentumsrecht nicht als Ausfluß einer apriorischen Autonomie des Willens begreifen wollte, sondern als eine empirisch erfahrbare Notwendigkeit des sozialen Zusammenlebens.[219] Er hatte die Rechtsordnung zunächst nicht als System von Rechten, sondern von Pflichten konzipiert.[220] Es ist durchaus möglich, ein Privatrecht unter dem leitenden Gesichtspunkt pflichtenhaltiger Prinzipien zu konzipieren, doch geht dies mit einem Abrücken von Freiheit und Privatautonomie einher. Dies lehren totalitäre Ordnungen verschiedener Couleur. Auch im Zarenreich, dessen Recht Freiheit und Privatautonomie ohnehin nur in beschränktem Maße gewährleistete, war eine solche Ausrichtung der Privatrechtsordnung teilweise gefordert worden. Bereits Pokrovskij hatte sich dagegen ausgesprochen.[221]

Wenn wir diese modifizierende Übernahme von Elementen des tradierten Rechts vor dem Hintergrund der Vorstellung von Rezeption betrachten, beobachten wir hier einen besonders radikalen Fall der Abänderung des Übernommenen. Aus marxistischer Sicht war dies mit Rücksicht auf die zu regelnden Verhältnisse nicht nur richtig, es ergab sich oft geradezu zwangsläufig, und zwar im einzelnen vielfach unbeabsichtigt. So meinte Stučka, bei der Rezeption fremden Rechts wie etwa des römischen seien »Mißverständnisse« des übernehmenden Gesetzgebers möglich.[222] Marx hatte dies sogar für einen häufig vorkommenden Fall gehalten und diesen Gedanken am Beispiel des Verhältnisses zwischen dem römischen Testament und demjenigen erläutert, das in der bürgerlichen Gesellschaft existiere.[223] Nach dieser Meinung beruht die Auffassung von der »Übernahme« eines älteren Rechtsinstituts in einen neuen Zusammenhang insofern auf einer unrichtigen Vorstellung, als jede Rechtseinrichtung ihre Geltung mit einer spezifischen Bedeutung den jeweils herrschenden Verhältnissen verdanke. So hafte etwa die Geltung einer bestimmten Testamentsform notwendig der bürgerlichen Gesellschaft an. Die realen Verhältnisse sind insoweit stärker als die Formen des Rechts.[224] Maßgebend ist in erster Linie nicht, was – womöglich nach dem Vorbild etablierter Einrichtungen – als positives Recht gesetzt wird, sondern, was sich unter dem Eindruck der realen Verhältnisse als »richtig« erweist. Vor dem Hintergrund der russischen Erfahrung, daß das staatliche Gesetz als grundsätzlich fragwürdig gelten konnte, stieß dieser Standpunkt auf Akzeptanz. Stučka beruft sich hier wiederholt auf Paulus 16 *ad Plautium* D. 50,17,1: *non ex regula ius sumatur, sed ex iure quod est regula fiat.*[225] Dies wirft ein Licht auf die Wahrnehmung des frühen sowjetischen Rechts als »Rezeption« von »römischem«, also inzwischen tradiertem bürgerlichem Recht: Wo positives Recht, den übernommenen, eta-

219 Vgl. Legaz y Lacambra, Rechtsphilosophie, S. 692 f.
220 Vgl. Pashukanis, Leon Duguit, S. 166.
221 S. oben S. 447-451.
222 Stučka, Die revolutionäre Rolle, S. 166.
223 Brief an Ferdinand Lassalle vom 22.7.1861; in: Marx/Engels, Werke, Bd. 30, S. 613-615 (614).
224 Stučka, Die revolutionäre Rolle, S. 166 f.
225 Stučka, Die revolutionäre Rolle, S. 68 u. 141.

blierten Formen zum Trotz, dem widerspricht, was den Verhältnissen angemessen ist, da gilt es auf unter Umständen völlig neuartige Weise. Es handelt sich um eine Konsequenz der materialistischen Geschichtsauffassung. »Rezipiert« ist in diesem Falle nichts als die äußere Form der Bestimmungen. Vor diesem Hintergrund ist der Standpunkt sowjetischer Juristen, ihre Rechtsordnung habe mit dem römischen Recht nichts zu tun, auch angesichts der zahlreichen, traditionelles Recht aufgreifenden Bestimmungen des Graždanskij Kodeks folgerichtig.

VII.) Römisches Recht in der konsolidierten Sowjetunion

Auch in der späteren Sowjetunion verzichtete die Rechtswissenschaft nicht vollständig auf die Auseinandersetzung mit dem römischen Recht.[226] Tkačenko beschreibt den Stellenwert des römischen Rechts in dieser Phase, indem er mehrere Entwicklungsstufen in der Haltung des Staates zu der Rezeption des römischen Rechts unterscheidet. Er schildert, wie in der Zeit zwischen 1937 und 1961 die Anknüpfung des sowjetischen Privatrechts an die Tradition des römischen Rechts noch bestritten worden war. Nachdem man allerdings eingesehen hatte, daß die sowjetische Rechtswissenschaft defizitär gewesen sei, habe man gestattet, auf die Theorie des römischen Rechts zuzugreifen. Nicht selten wurden Regeln und Prinzipien des römischen Rechts zitiert. Wer sich allerdings auf das römische Recht berief, um für bestimmte, durch dasselbe repräsentierte Werte einzutreten, lief unter den Bedingungen des Stalinismus Gefahr, als Abweichler wahrgenommen und verfolgt zu werden. Erst seit 1961 konnte die Beschäftigung mit dem römischen Recht wieder an Anerkennung gewinnen.

1.) Theoretische statt praktischer Bedeutung

Das im Sinne der Ideologie aufrechterhaltene Bekenntnis zum Bruch mit der bürgerlichen Ordnung ging auch in der konsolidierten Sowjetunion mit der grundsätzlichen Leugnung einer Rezeption römischen Rechts sowie mit der Behauptung einher, daß die sowjetische Gesetzgebung frei von dessen Einflüssen sei und keine Ursprünge in der Vergangenheit habe.[227] In diesem Sinne hat auch das spätere sowjetische Schrifttum eine Bedeutung des römischen Rechts für das eigene Privatrecht regelmäßig abgestritten. Die Romanisten Novickij und Pereterskij wiesen ausdrücklich darauf hin, daß das römische Recht »für den sowjetischen Juristen keinerlei praktische Bedeutung« habe.[228] Diese Autoren hatten

226 Tkačenko, »Rimskoe pravo« v Rossii, S. 158. Ausführlich Rebro, Socialistická spoločnosť (1979) sowie ders., Società socialista, S. 1-82.

227 Tkačenko, »Rimskoe pravo« v Rossii, S. 155-158.

228 Novickij/Pereterskij, Rimskoe častnoe pravo (1948), S. 3; Novickij, Osnovy rimskogo graždanskogo prava, S. 5; vgl. im Rückblick ähnlich Charitonov, Osnovy rimskogo častnogo prava, S. 4f. Zum sowjetischen Standpunkt vgl. im übrigen Pólay, Das römische

natürlich nicht nur die Bestimmungen des Pandektenrechts im Blick, sondern vor allem die Grundsätze des der römischen Tradition verbundenen westeuropäischen Zivilrechts. Die Vorstellung, das römische Recht könne aus marxistischer Sicht keine praktische Bedeutung für die sowjetischen Verhältnisse haben, folgt nicht aus der Beobachtung der Rechtswirklichkeit. Diese hätte nämlich – insbesondere angesichts der Kodifikation von 1922 – bei aller grundsätzlichen Eigenart des sozialistischen Rechts auch das mit der römischen Tradition Verbindende in Rechnung stellen müssen. Den Hintergrund bildet vielmehr die marxistische Ideologie.[229]

Im Gegensatz zu diesen Vorstellungen, die das *geltende* sowjetische Recht betreffen, ist allerdings das Bewußtsein von der grundlegenden Bedeutung des römischen Rechts in anderen Zusammenhängen erhalten geblieben. Die Konsolidierung der Sowjetherrschaft und die Etablierung eines sozialistischen Rechts gaben Raum für eine gewisse Beruhigung des Bedürfnisses nach ideologischer Profilierung und schufen die Möglichkeit zu differenzierteren Stellungnahmen. Dies betrifft zunächst das römische Recht als Quelle theoretischer Anregungen für die Wissenschaft. Bereits Stučka, immerhin einer der einflußreichsten Juristen der frühen Sowjetunion, hatte bekannt, daß ihn und andere »Revolutionäre des Rechts« das römische Recht – auch angesichts der erklärten Überzeugung, daß dasselbe für die herrschenden Verhältnisse irrelevant sei – immer wieder in »wissenschaftliche Begeisterung« versetze.[230] Sogar das Erbe des römischen Rechts im Zarenreich wurde in seiner fortdauernden Bedeutung nicht völlig verkannt. Suchanov und Em erklären im Vorwort zur Neuausgabe der Werke des Zivilrechtlers Veniamin P. Gribanov (1921-1990), dieser habe sie und seine anderen zahlreichen Schüler gelehrt, daß die klassische russische Zivilrechtswissenschaft mit der Gesamtdarstellung Dmitrij Mejers begonnen habe.[231] Im Rückblick beschreibt Makarova, wie die Fortbildung des Schuldrechts in der Sowjetunion durch wissenschaftliche Forschungen über die Theorie dieses Rechtsgebiets mit Rücksicht auf die grundlegenden Prinzipien des römischen Rechts erfolgt sei.[232]

Recht in den sozialistischen Ländern, S. 361-376, Bosiacki, Roman Law in Totalitarian Systems, S. 131-138 sowie oben S. 55 f.
Für das sowjetische Schrifttum zum römischen Recht vgl. Földis ausführliche Bibliographia selecta operum sovieticorum ad ius Romanum pertinentium (1917-1987); besprochen und ergänzt von Skripilev (1991). Eine umfangreiche Zusammenstellung des Schrifttums findet sich nun auch bei Ščegolev, Bibliografija russkoj literatury, S. 147 ff.

229 Nach marxistischer Lehre gehört das Recht schlechthin zum »Überbau«, der den in einer Gesellschaft jeweils herrschenden ökonomischen Verhältnissen (der sog. »Basis«) entsprechen muß. Da die »Basis« aber in einer Entwicklung begriffen ist, muß ein vor langer Zeit angemessenes Recht inzwischen richtigerweise überwunden sein. Vgl. Jankowski, Le droit romain, S. 46; Wołodkiewicz, The Continuity, S. 1096 f.

230 Stučka, Art. Rimskoe pravo, Sp. 741. Zum Einfluß Jherings auf Stučka vgl. Losano, Studien zu Jhering und Gerber, Teil 2, S. 157 ff.

231 Suchanov/Em, Professor Moskovskogo universiteta, S. 3.

232 Makarova, Vlijanie rimskogo prava, S. 14.

Sie vertritt den Standpunkt, dies sei für die Formulierung neuer Gesetze von Bedeutung gewesen, da der Gesetzgeber die Errungenschaften des römischen Rechts in Theorie und Begrifflichkeit habe verwenden können.[233]

Das Bürgerliche Gesetzbuch von 1964 beruhte – im Unterschied zu dem am Beginn der NĖP relativ eilig fertiggestellten Graždanskij Kodeks von 1922 – auf langer, sorgfältiger Vorarbeit sowjetischer Juristen. Dennoch haben Zweigert und Kötz mit einiger Berechtigung festgestellt, daß auch in diesem Gesetzbuch »ein mit den römischen Kategorien vertrauter Jurist sich in den ›Allgemeinen Bestimmungen‹ [...] sofort zu Hause fühlt«.[234] Es sind auch hier vor allem der systematische Aufbau der Kodifikation und die sprachliche Form der Bestimmungen, die diesen Eindruck vermitteln.[235] Auch soweit ein spezifisch sozialistischer »Rechtskreis« anerkannt wird, wie es Zweigert/Kötz vertreten haben,[236] kann man also – mit den vorstehend erörterten Vorbehalten – an den Formen des Rechts das Fortwirken der römisch-westlichen Rechtstradition beobachten.[237] Die Kodifikation von 1964 weist ebenso in der Stoffdisposition wie in zahlreichen Einzelbestimmungen Regelungen der auf das römische Recht zurückgehenden, »technischen« Seite des Privatrechts auf.[238] Diese im sowjetischen Schrifttum regelmäßig geleugneten oder marginalisierten Zusammenhänge bilden die Grundlage dafür, daß Földi zu Recht auf die über den Code Civil und die deutsche Pandektistik

233 Makarova, Vlijanie rimskogo prava, S. 71.

234 Zweigert/Kötz, Rechtsvergleichung, Bd. 1, S. 355; vgl. ähnlich Hamza, Das römische Recht und die Privatrechtsentwicklung, S. 22 mit Fn. 21; Rudden, Soviet Civil Law, S. 32; Ioffe, Soviet Civil Law, S. 14. Giaro, Pravovaja tradicija, S. 145 f. spricht in dieser Hinsicht sogar von einem Fortwirken pandektistischer Einflüsse.

235 Vgl. Rajewsky, Changes, S. 26 mit Nachweisen.

236 Zweigert/Kötz, Rechtsvergleichung, Bd. 1, S. 72 ff.; in diesem Sinne vgl. Sacco, Romanist Substratum, S. 65 und, zwischen tradierten Elementen und spezifisch sozialistischem Rechtsverständnis ausgewogen differenzierend, Zajtay, La permanence, S. 362 f. Merkwürdigerweise nehmen Zweigert/Kötz in der 3. Aufl. ihrer »Einführung in die Rechtsvergleichung« (1996) den Systemwechsel in Osteuropa zum Anlaß dafür, den ganzen »sozialistischen Rechtskreis« in der Gesamtdarstellung einfach ersatzlos entfallen zu lassen. Giaro zieht in Betracht, daß dieser Schritt mit Kötz' späterer Zurückhaltung gegenüber der Rechtskreislehre zusammenhängen könnte; vgl. Rez. Miglietta/Santucci, S. 711. Bekanntlich hat sich Kötz zu der Lehre von den Rechtskreisen inzwischen kritisch geäußert; Abschied von der Rechtskreislehre?, S. 493-505. Wenn diese Neuausrichtung von Kötz' Standpunkt die Ursache für die Streichung des sozialistischen Rechtskreises in der Gesamtdarstellung gewesen wäre, dann hätte man allerdings erwarten dürfen, daß der Autor noch weitere, grundsätzliche Eingriffe in die Darstellung vorgenommen hätte. Ein enger als für die sozialistischen Rechtssysteme konzipierter, spezifisch sowjetischer Rechtskreis ist von Völkl in Betracht gezogen, aber verworfen worden mit Rücksicht auf die Rückorientierung der Sowjetunion auf die konventionelle Auffassung vom Recht als normative und formelle Ordnung; Völkl, Die Rechtsentwicklung, S. 746 f.

237 Vgl. Osipova, Baltische Rechtstradition, S. 9 f.

238 Vgl. Sacco, Romanist Substratum, S. 65-86; Rudden, Soviet Civil Law, S. 31-42. Vgl. noch Hamza, Römisches Recht und Kodifikation des Privatrechts in Rußland, S. 244 f.; ders., Die Rezeption, S. 223.

vermittelte Bedeutung des römischen Rechts für die Dogmatik des sowjetischen Zivilrechts hingewiesen hat.[239]

2.) Die Lehre des römischen Rechts

Was die Lehre des römischen Rechts anbelangt, zeigt sich ein bemerkenswerter Umschwung im Übergang zur konsolidierten Sowjetunion der Nachkriegszeit. Während des Stalinismus war das römische Recht zeitweise zum Ziel schärfster Angriffe geworden.[240] Als besonders anstößig wurde die mit ihm traditionell verbundene Selbständigkeit des Rechts in wissenschaftlicher Hinsicht wahrgenommen. Diese Kritik war in den dreißiger Jahren nicht anders als in der ersten nachrevolutionären Zeit vorgebracht worden.[241] Zahlreiche Juristen wie etwa der Petrażycki-Schüler Rejsner hatten den Standpunkt vertreten, Rechtssetzung sei im Kern nicht juristisch, sondern politisch aufzufassen.[242] Das Eintreten für Recht, das nicht der Durchsetzung ideologischer Ziele diente, sondern als autonom aufgefaßt wurde – etwa im Sinne von »Rechtsstaatlichkeit« – galt insoweit als »Rechtsnihilismus«.[243] Nachdem das Römische Recht unter den Bedingungen des Stalinismus bis in die vierziger Jahre nicht gelehrt worden war,[244] wurde es 1945 wieder in das Studienprogramm der Rechtsfakultäten aufgenommen und sogar vergleichsweise konsequent und zeitaufwendig unterrichtet.[245] Nach Stalins Tod gestalteten sich die Rahmenbedingungen allmählich noch günstiger. Die Sicherung der Nachkriegsordnung, die Wiederbelebung des Kurses einer »friedlichen Koexistenz zwischen Staaten mit verschiedenartiger sozialer Struktur«

239 Für Földi bildet das römische Recht sogar eine »Erkenntnisquelle« (gnoseologičeskij istočnik/fonte gnoseologica) des sowjetischen Privatrechts; Bibliographia, S. XVII u. XXV. Zur Sache allgemein Reich, Art. Rußland, S. 2297; vgl. Osakwe, Russian Civil Code, S. 45; Sadikov, Das neue Zivilgesetzbuch, S. 259; Roggemann, Grundzüge und Entwicklung, S. 36 f.; Gsovski, Soviet Civil Law, Bd. 1, S. 432; Zweigert/Kötz, Rechtsvergleichung, Bd. 1, S. 351.

240 Dazu Kačanovskij, Rimskoe pravo v XXI veke (2001).

241 Auch in anderen Ländern wurde unter marxistisch-leninistischem Einfluß gefordert, das Recht als überflüssig und schädlich abzuschaffen. In China versuchte man in den sechziger und siebziger Jahren, die Forderung umzusetzen. Vgl. Berman, Recht und Revolution, S. 71.

242 Vgl. Reich, Sozialismus und Zivilrecht, S. 83-85.

243 Smith, Reforming the Russian Legal System, S. 33; vgl. Sharlet, Stalinism and Soviet Legal Culture, S. 172-173.

244 Ostrouch, La personne du romaniste, S. 178; vgl. Koschaker, der 1938 – also in der finstersten Zeit des Stalinismus – verständlicherweise den Eindruck wiedergibt, das römische Recht scheine in Sowjetrußland »erledigt zu sein«; Rez. Georgescu, S. 425. Jankowski berichtet, erst 1943 sei das römische Recht aus dem Studienplan entfernt worden; vgl. Jankowski, Le droit romain, S. 46.

245 Vgl. Catalano, Introduzione, S. 496 f., Suchanov/Kofanov, O proekte izučenija prepodavanija rimskogo prava, S. 122-130 sowie das in der Bibliotheca Classica Orientalis 4 (1959), Sp. 188-191 abgedruckte, umfangreiche »Programm zu den Grundlagen des römischen bürgerlichen Rechts für die juristischen Fakultäten der staatlichen Universitäten« (der Sowjetunion) von 1956, redigiert von I. Novickij.

durch Chruščëv 1956 und der allgemeine Eindruck, der Marxismus habe unter den konkurrierenden Gesellschaftsordnungen eine dauerhaft gesicherte Stellung errungen, gaben Raum für die Vorstellung, das sowjetische Recht werde längerfristig neben dem »bourgeoisen« bestehen.[246] Man verband die Auseinandersetzung mit dem römischen Recht nun mit der Kritik am bourgeoisen Recht als Klassenrecht und bediente sich seiner zur Begründung der marxistischen Rechtsentstehungslehre.[247] Die Vermittlung des römischen Rechts mochte insbesondere insoweit als Grundlage für die ideologische Selbstvergewisserung dienen, als die kritische Auseinandersetzung mit dem Recht der Sklavenhaltergesellschaft das Bewußtsein für die historische Notwendigkeit seiner Überwindung und die Fortschrittlichkeit des eigenen Entwicklungsstandes zu schärfen half.[248]

Der Umstand, daß das römische Recht, welches doch nach dem offiziellen Standpunkt keine praktische Bedeutung innerhalb der sozialistischen Ordnung hatte, gleichwohl dauerhaft an den Rechtsfakultäten gelehrt worden ist, wurde auch mit der Vermittlung juristischer Kompetenz begründet. Offen wurde die Lehres des Faches ferner damit gerechtfertigt, daß es an die juristische Terminologie heranführen solle.[249] Als wichtig galt das römische Recht auch für Juristen, die im Bereich der Außenwirtschaft tätig sein wollten: Hier sollte die Lehre des Faches dem Ziel dienen, Verständnis für die Grundlagen der »bürgerlichen« Privatrechtsordnungen zu erzeugen, um die sowjetischen Juristen auf den Rechtsverkehr mit dem westlichen Ausland vorzubereiten.[250] In der Sowjetunion ist sogar immer wieder »bourgeoise« Rechtsliteratur ins Russische übersetzt und publiziert worden, freilich mit ausführlichen Einführungen, die den Leser auf den Widerspruch ihres Inhalts zur marxistischen Doktrin und auf bestimmte Zwecke der Beschäftigung damit hinwiesen.[251]

Den aus juristischer Sicht womöglich wichtigsten, wenn auch nicht immer offen eingestandenen Grund für den Stellenwert des Faches in den Lehrplänen bildete offenbar die Erkenntnis, daß aus dem römischen Recht auch für den Umgang mit dem *sowjetischen* Recht etwas zu gewinnen sei. Insoweit wurde dem Fach, der offiziellen Leugnung eines Zusammenhanges zwischen dem sowjetischen und dem römischen Recht zum Trotz, offenbar eine propädeutische Bedeutung beigemessen.[252]

246 Ostrouch, La personne du romaniste, S. 178.

247 Ostrouch, La personne du romaniste, S. 178 f. mit Nachweisen.

248 Vgl. Makarova, Vlijanie rimskogo prava, S. 64.

249 Für die Ausstrahlung der aus Deutschland übernommenen, letztlich an die Terminologie der römischen Tradition angelehnten Rechtssprache vgl. Sacco, Romanist Substratum, S. 78.

250 Tkačenko, »Rimskoe pravo« v Rossii, S. 165-166; Charitonov, Osnovy rimskogo častnogo prava, S. 4 f.

251 Vgl. das Vorwort von D. M. Genkin und I. B. Novickij zu der von ihnen verantworteten Übersetzung von Enneccerus' Allgemeinem Teil (nach der »letzten vorfaschistischen Ausgabe«), S. 5-16.

252 Ioffe, der aus eigener Erfahrung berichten und sich nach der Emigration offen äußern konnte, teilt mit, dies sei inoffiziell eingestanden worden; Soviet Law and Roman Law, S. 727.

Insbesondere wurde die Lehre des Faches damit gerechtfertigt, daß sie die Entwicklung des logischen juristischen Denkens fördere. Mehrere der hier genannten Motive faßt eine Bemerkung des sowjetischen Romanisten Pereterskij zusammen, die durch Vermittlung Koschakers bekannt geworden ist. Pereterskij schrieb 1945, die »Notwendigkeit, das römische Recht zu lehren« ergebe sich aus dessen »ungeheurer Bedeutung«:

> Wir können natürlich das römische Recht als »geschriebene Vernunft« (*ratio scripta*), wie man es früher bezeichnet hat, nicht anerkennen. Wir leugnen aber seine ungeheure Bedeutung sowie den Umstand, daß es einen Fortschritt im Vergleich zu den älteren Rechtssystemen bildet, nicht. Rom hat viel Neues im Bereich des Rechts geschaffen und hatte starken Einfluß auf die weitere Entwicklung des Rechts. Darauf gründet sich auch die Notwendigkeit, das römische Recht zu lehren, insbesondere – das römische Privatrecht. Dieses Recht hat nicht bloß historische Bedeutung als das Recht eines großen Sklavenhalterstaates, sondern stellt auch eine geschichtlich hochstehende Errungenschaft im Bereich der juristischen Technik dar. Die Genauigkeit und Klarheit seiner Bestimmungen, die strenge Logik und Konsequenz des juristischen Denkens, verbunden mit der Lebendigkeit der Schlußfolgerungen bezeugt die große Meisterschaft der römischen Juristen, die eine bedeutende Rolle in der Entwicklung des juristischen Denkens gespielt haben.[253]

Die Lehre des römischen Rechts und die Vermittlung westlicher Standardwerke in russischer Sprache an die sowjetische Zivilrechtswissenschaft hinterließen in den Werken der letzteren vielfach Spuren. So ist mehrfach beobachtet worden, daß in der Literatur zum sowjetischen Zivilrecht auch das pandektistische Systemdenken unterschwellig fortwirkte.[254]

253 Pereterskij, Vseobščaja istorija gosudarstva i prava, Teil 1, S. 5. Zustimmend Koschaker, Europa, S. 356 f.

254 Dies zeigt Rudden, Soviet Civil Law, S. 35 ff. an dem von O. N. Sadikov herausgegebenen Band Soviet Civil Law (1988) mit dem Hinweis darauf, daß der Kauf (kuplja-prodaža) am Beginn der Tatbestände des besonderen Schuldvertragsrechts abgehandelt wird und solche Tatbestände, die sich nicht in das System der römischen Tradition einfügten (Urheberrecht, Entdeckerrecht, Erfinderrecht) zwischen Obligationen und Erbrecht eingeordnet sind. Dies ist allerdings dem Aufbau des GK 1964 geschuldet. Im Vergleich zu dem vorgenannten Werk hebt Rudden das Niveau von O. S. Ioffes Soviet Civil Law (1988) hervor. Dieser nach unfreiwilliger Emigration in den U. S.A. schreibende Autor (1920-2005; vgl. den Nachruf von Tuzov) ist dem sowjetischen Zivilrecht keineswegs grundsätzlich ablehnend gegenüber eingestellt, übt an diesem allerdings eine Kritik, die insoweit als immanent aufgefaßt werden kann, als er an den pandektistischen Eckpfeilern des Zivilrechts anknüpft und Unzulänglichkeiten an deren Ausarbeitung nachweist. Befähigt war er dazu durch seine Spezialisierung auf das römische Recht. Überzeugend meint Rudden S. 35: »His approach is that of the pandectist at his best«.
Im Bereich des monographischen Schrifttums bietet S. N. Bratus', Juridičeskie lica v sovetskom graždanskom prave (1947) ein bemerkenswertes Beispiel für die eingehende Verarbeitung des russischen »bürgerlichen« Schrifttums (z. B. Djuvernua u. Szerszeniewicz)

Wieacker konnte 1971 feststellen, man sei in den sozialistischen Ländern nach anfänglicher Ablehnung des bürgerlichen und einem »Ausbeuterstaat« entwachsenen römischen Rechts zunehmend bereit, die Bedeutung desselben nicht nur für den dialektischen Geschichtsprozeß anzuerkennen, sondern auch für die Rechtskultur schlechthin und damit auch für die Schulung des sozialistischen Juristen.[255] Im Falle Pereterskijs freilich darf vermutet werden, daß er seine Auffassung von der Wichtigkeit des römischen Rechts nicht erst in den 1940er Jahren entwickelt hat. Sein Studium an der Sankt Petersburger Fakultät seit 1907 hatte ihn bald Anschluß an jene wissenschaftlichen Zirkel finden lassen, die die Fakultät damals auszeichneten[256] und unter denen der Kreis um Petrażycki besonders bekannt wurde. Aktiv beteiligte sich Pereterskij an einem Arbeitskreis, den M. Ja. Pergament zum bürgerlichen Recht leitete, einem zweiten, in dem I. A. Pokrovskij neue Entwicklungen auf dem Gebiet der Theorie des bürgerlichen Rechts erörterte, sowie schließlich einem dritten, dessen Gegenstand das Verfahrensrecht unter der Betreuung durch I. M. Tjutrjumov war.[257] Solchermaßen unter der Anleitung erstrangiger, am römischen Recht gebildeter Hochschullehrer des Zarenreiches an das Recht herangeführt, repräsentierte Pereterskij die letzte Generation sowjetischer Zivilrechtslehrer und Romanisten, die ihre juristische Bildung noch unter dem Einfluß der pandektistischen Zivilrechtswissenschaft erhalten hatte.[258]

3.) Das Schrifttum zum römischen Recht

Mit der Ausschaltung des Römischen Rechts als Lehrfach hatte in der frühen Sowjetunion auch die historische Erforschung desselben am Boden gelegen. Sie teilte das Schicksal der russischen Altertumswissenschaft, die vor 1917 beachtliche Erträge hervorgebracht hatte,[259] während es in der Sowjetunion regelmäßig bereits

sowie umfangreicher pandektistischer Literatur, zwar selbstverständlich nicht im Rahmen der Darstellung des sowjetischen Rechts, wohl aber bei der Entwicklung von Grundlagen und Begrifflichkeit (besonders im 1. und 3. Kapitel), also keineswegs nur im Zusammenhang mit überwundenen Rechtszuständen. Sogar das römische Recht der Personenvereinigungen wird behandelt und Ulpian 10 *ad ed.* D. 3,4,7,1 nach der noch unpublizierten Übersetzung Pereterskijs zitiert. Vgl. ferner dens., Subekty graždanskogo prava, S. 21 ff., wo sich Bratus' (1950!) mit Savigny, Jhering und einer ganze Reihe vorrevolutionärer russischer Juristen auseinandersetzt, freilich mit der gegenüber »bourgeoisen« Autoren gebotenen Distanz.

255 Wieacker, Die Bedeutung des römischen Rechts, S. 202.

256 Kazantsev, Die Geschichte der juristischen Fakultät, S. 156.

257 Vgl. Boguslavskij, Učenik, S. 157.

258 Sein Einfluß auf die sowjetische Zivilrechtswissenschaft ging über eigene Publikationen hinaus. Er war es z. B., der die von Bratus' herausgegebene Gesamtdarstellung des sowjetischen Zivilrechts vor der Drucklegung begutachtet hatte.

259 Während die Arbeiten aus dem Zarenreich – entsprechend den romanistischen Forschungsbeiträgen – nicht immer die verdiente Beachtung gefunden haben, legen besonders die Leistungen derjenigen russischen Altertumswissenschaftler, die, wie etwa Michail I. Rostovcev, nach erfolgter Emigration internationale Bedeutung erlangten, Zeugnis über

an den notwendigen Sprachkenntnissen fehlte.[260] So entstand auch zunächst keine Gesamtdarstellung des Römischen Rechts, und erst 1948 konnte ein sowjetisches Lehrbuch im Druck erscheinen. Verfaßt von einem Autorenkollektiv und herausgegeben von Ivan B. Novickij (1880-1958) und Ivan S. Pereterskij (1889-1956), trug es den Titel »Rimskoe častnoe pravo«. Er bedeutet »Römisches Privatrecht«, was angesichts der ausdrücklichen Ablehnung des »privaten« Rechts durch Lenin gewagt war.[261] Die Autoren gingen sogar so weit, eigens einen Abschnitt der Erläuterung des Ausdrucks »Privatrecht« zu widmen und die Unterscheidung zwischen dem antiken römischen Privatrecht und demjenigen zu erläutern, das in den modernen bourgeoisen Staaten in Geltung stand.[262]

Autoren der einzelnen Abschnitte waren neben den Herausgebern der GK-Redaktor Vasilij Krasnokutskij, die Pokrovskij-Schülerin Ekaterina A. Flejšic (1888-1968) sowie der Dozent Iosif Solomonovič Rozental' (1879-1956). Sie hatten ihre juristische Bildung überwiegend noch vor der Revolution erhalten und berücksichtigten zahlreiche westliche Schriften, wobei sie sowohl historische Darstellungen wie Ludwig Mitteis' »Römisches Privatrecht« sowie Wlassaks »Prozeßgesetze« als auch Werke zum neuzeitlichen römischen Recht wie die Pandekten von Windscheid/Kipp heranzogen. Die beste ausländische Darstellung der römischen Rechtsgeschichte sahen sie in Girards Manuel élémentaire de Droit Romain (8. Aufl. 1929) enthalten.[263]

Selbstverständlich führen die Autoren das römische Recht als das Recht einer Sklavenhaltergesellschaft ein.[264] Sie stellen es als radikalen Ausdruck einer indivi-

das wissenschaftliche Niveau der Verhältnisse ab, in denen sie sich hatten entwickeln können. Unter den im Zarenreich entstandenen Arbeiten zur Geschichte der Antike bilden diejenigen einen Schwerpunkt, welche die Themenbereiche Wirtschaftsgeschichte und Sklaverei betreffen. Mit Recht weist Maximova darauf hin, daß dieser Interessenschwerpunkt durch spezifische Probleme gefördert wurde, mit denen das Zarenreich umzugehen hatte; Die antike Sklaverei, S. 45 u. 48-52. So förderte die Auseinandersetzung um die Leibeigenschaft das Interesse an Sklaverei und Kolonat einschließlich der Bedeutung des letzteren für den Niedergang des römischen Reiches. Unter diesen Bedingungen entstanden die bekannten Forschungsbeiträge von Vinogradov und Rostovcev. Die notorische »Bauernfrage« sowie die Debatte um Bodenreformen bildeten den Nährboden für Forschungen über die von den Gracchen betriebenen Reformen.

260 Zum katastrophalen Abbruch der russischen »antikovedenie« nach der Oktoberrevolution vgl. Frolov, Russkaja nauka ob antičnosti, S. 5 und 401ff. Seit der Perestrojka haben die »Studia classica« in Rußland einen neuen Aufschwung genommen, den z. B. die Aktivitäten der »Bibliotheca Classica Petropolitana« mit der in Sankt Petersburg und München erscheinenden Zeitschrift »Hyperboreus« oder der Serie »Drevnij mir i my« belegen. Vgl. Thiergen, Begriffsgeschichte, S. XXII.

261 Ostrouch, La personne du romaniste, S. 179.

262 Novickij/Pereterskij, Rimskoe častnoe pravo (1948), S. 3-12.

263 Novickij/Pereterskij, Rimskoe častnoe pravo, S. 15; Ostrouch, La personne du romaniste, S. 180.

264 Der Neuabdruck von 1996 ist hinsichtlich der Einkleidung des Textes in marxistische Standpunkte entschärft. Vgl. Avenarius, Römisches Recht in slavischen Sprachen (III), S. 644.

dualistischen Rechtsordnung dar, deren Grundlage das unbeschränkte Privateigentum sei.[265] Während das Werk also insoweit Linientreue beweist, als der marxistischen Sicht auf seinen Gegenstand Rechnung getragen wird, zeigen sich bei genauerem Hinsehen doch Eigenschaften, die, wie bei sowjetischen Schriften nicht selten, seine Tauglichkeit auch für den nicht-marxistischen Leser gewährleisten und die Grundlage für seine Wertschätzung bis in die Gegenwart bilden.[266] So bleibt die ideologisch bedingte Kritik an der Oberfläche und konzentriert sich zudem auf die Anfangskapitel. Ihr fehlt jeder auf Diffamierung oder Entlarvung gerichteter Impetus. Zwischen den Zeilen spürt man, wie Ostrouch mit Recht feststellt, die »nostalgie de la romanistique classique«. An differenzierten Erörterungen der Standpunkte der römischen Juristen und der spezifischen Natur der Rechtsinstitute erweist sich, daß die Autoren noch im Traditionszusammenhang der konventionellen Romanistik stehen. Dem Leser werden sogar zahlreiche, auch längere Quellenzitate präsentiert, zwar selbstverständlich übersetzt, aber immerhin zusätzlich im Original.[267]

Auf ein Kapitel, in dem – wie in einem Lehrbuch zum römischen Recht üblich – ein Überblick über die Rezeption desselben seit der Spätantike gegeben wird, haben die Autoren wohl nicht zufällig verzichtet. Sie wären andernfalls nämlich genötigt gewesen darzustellen, wie sich das römische Recht als wandlungsfähig und vielseitig genug erwies, um in so unterschiedlichen historischen Kontexten wie in der mittelalterlichen hierarchischen Lehensordnung, den auf Gleichheit unter den Bürgern beruhenden Rechten der Städte bis hin zu den nationalen Rechtsordnungen der neuzeitlichen Staaten brauchbar zu sein. Dieses durch Wandlungsfähigkeit ermöglichte Fortleben des römischen Rechts hätte wahrscheinlich dem marxistischen Standpunkt widersprochen, daß jede gesellschaftliche und wirtschaftliche Entwicklungsstufe ihr eigenes Recht hervorbringe, welches jeweils nur ein Reflex der ökonomischen Verhältnisse einer jeweiligen Epoche sei. Novickij und Pereterskij handeln diesen heiklen Punkt mit der Bemerkung ab, die Fortwirkung des römischen Rechts gehöre zum Lehrgegenstand der »Geschichte des Staates und des Rechts«.[268]

Acht Jahre nach Erscheinen des Lehrbuchs publizierte Novickij eine eigene, selbständige Darstellung der Grundlagen des römischen Rechts (Osnovy rimskogo graždanskogo prava, 1956).[269] Der Titel der Arbeit signalisiert eine terminologische Veränderung. Man vermied fortan bis zum Ende der Sowjetunion den Ausdruck »Privatrecht« und sprach stattdessen nun vom römischen »bürgerlichen

265 Novickij/Pereterskij, Rimskoe častnoe pravo, S. 7; Ostrouch, La personne du romaniste, S. 180.

266 Vgl. Nersesjanc, Predislovie, in: Doždev, Rimskoe častnoe pravo, S. XI.

267 Ostrouch, La personne du romaniste, S. 181.

268 Novickij/Pereterskij, Rimskoe častnoe pravo (1948), S. 13.

269 Das Buch ist später unter dem Titel »Rimskoe pravo« mehrfach wiederaufgelegt worden. Vgl. demgegenüber Novickijs vorangegangene, noch mit dem Titel »Rimskoe častnoe pravo« ausgewiesene Darstellung von 1948.

Recht«.[270] Pereterskij wiederum arbeitete seit den vierziger Jahren an einer Übersetzung ausgewählter Digestentexte, einem Projekt, das insoweit Torso blieb, als es nur bis zum 26. Buch gelangte.[271] Eine Publikation der Ergebnisse kam weder zu Lebzeiten des Autors noch zunächst nach dessen Tod in Betracht.[272] Aus der jahrelangen Arbeit Pereterskijs am Text ging allerdings 1956 seine Monographie über die Digesten Justinians (»Digesty Justiniana«) hervor.[273]

Die Anzahl der in dieser Zeit erschienenen Arbeiten zum römischen Recht ist relativ gering.[274] Einen gewissen Schwerpunkt bildete aus ideologischen Gründen das Recht der antiken Sklaverei, zu der besonders die Altertumswissenschaftlerin Elena M. Štaerman mehrere Arbeiten beitrug, welche aus dem Russischen übersetzt und daher in Westeuropa rezipiert wurden.[275] Es entstanden nur sehr wenige Qualifikationsschriften. So fertigte I. S. Rozental', einer der Autoren des Lehrbuchs von 1948, eine Dissertation über Grundfragen der Quellenkritik des römischen Rechts;[276] A. A. Podoprigora legte eine Dissertation über den Schutz des Sklavenhaltereigentums im römischen Recht mit Mitteln des Sachenrechts vor.[277]

Das Ende der politischen »Stagnation«, das sich mit dem Tod Leonid I. Brežnevs abzeichnete, brachte günstigere Rahmenbedingungen auch für die Arbeit am römischen Recht mit sich. Den Beginn eines allmählichen Wiederauflebens signalisierte 1984 die Publikation von Pereterskijs Teilübersetzung der Digesten. Eine Initiative von E. A. Skripilev und V. S. Nersesjanc ermöglichte so die Verbreitung des wichtigsten römischen Rechtstextes in russischer Sprache.

270 Ostrouch, La personne du romaniste, S. 179 f.

271 Von den ersten 26 Büchern der Digesten ist ein Großteil des Textes übersetzt; zur Auswahl der Texte vgl. die Rezension von Hausmaninger, S. 633-634. Die Übersetzung war unter den schwierigen Lebens- und Arbeitsbedingungen des Kriegswinters 1941/42 begonnen worden. In Ermangelung von Papier soll Pereterskij sie zunächst auf Zigarettenschachteln niedergeschrieben haben; vgl. die Kurzbiographie in der Ausgabe der Übersetzung Iustiniani Digesta/Digesty Justiniana, S. 445.

272 Bratus', dessen Aufgabenfeld mit dem Pereterskijs zahlreiche Berührungspunkte aufwies, konnte die Übersetzung immerhin schon bei der Arbeit an seiner Monographie über die juristischen Personen (»Juridičeskie lica«, 1947) nutzen.

273 Vgl. die Rezension von Flejšic, die bereits auf die unpublizierte Digestenübersetzung als Frucht jahrelanger Arbeit hinweist (S. 141); ferner die Rezension von Rubanov/Boguslavskij, S. 390.

274 Vgl. die Bibliographien oben S. 632, Fn. 228.
Nicht wenige Arbeiten über das römische Recht konnten nicht im Druck erscheinen, sei es wegen erkennbar politischer Bedenken oder wegen (tatsächlichen bzw. angeblichen) »Papiermangels«. Dies gilt z. B. für I. B. Novickijs Aufsatz über die Querela non numeratae pecuniae, der, 1950 verfaßt, erst 2006 im Rahmen seiner ausgewählten Werke zum Bürgerlichen Recht gedruckt wurde.

275 Vgl. Heinen, Art. Štaerman mit Nachweisen.

276 Rozental', Osnovnye voprosy kritiki istočnikov rimskogo prava, Moskva 1948.

277 Podoprigora, Veščno-pravovie sposoby zaščity rabovladelčeskoj sobstvennosti v rimskom prave, Kiev 1962.

Gleichzeitig erschien hier noch ein letztes Mal ein Ertrag der Arbeit eines jener Wissenschaftler, die im fortdauernden Traditionszusammenhang mit der russischen romanistischen Forschung gestanden hatten. Im übrigen fand der Neubeginn also auch insoweit unter gewandelten Vorzeichen statt, als die Grundlagen der nun unterbrochenen romanistischen Forschungen erst von neuem erworben werden mußten und einschlägige Arbeiten daher zunächst nicht selten von (nicht spezialisierten) Juristen oder Althistorikern verfaßt wurden.[278] Der Erfolg der Übersetzung legte Zeugnis darüber ab, daß die Nachfrage nach einer zugänglichen Fassung der Quellentexte beachtlich geblieben war.[279] Gleiches zeichnete sich für die Literatur ab. So wurde 1989 das Nachschlagewerk des Prager Romanisten Bartošek ins Russische übersetzt.[280] Die Wertschätzung der Romanistengeneration von I. B. Novickij und I. S. Pereterskij drückte sich nicht nur in zahlreichen Nachdrucken ihres »Rimskoe častnoe pravo« aus, sondern auch darin, daß 1997 Novickijs Vorlesungen »Grundlagen des römischen Privatrechts« im Druck erschienen.[281] Seit 1986 wurden zahlreiche neue Gesamtdarstellungen des Römischen Rechts veröffentlicht.[282]

278 Einen kurzen Abschnitt über die Rechtsquellen enthält Bokščanin, Istočnikovedenie drevnego Rima, S. 147-150.

279 Waldstein meint sogar, die Übersetzung habe »maßgeblich zur Entwicklung und Beschleunigung der Perestroika beigetragen«; Rez. Behrends u. a. Corpus Iuris civilis, S. 462.

280 Bartošek, Rimskoe pravo. Ponjatija, terminy, opredelenija, Moskva 1989.

281 Novickij, Osnovy rimskogo častnogo prava, hrsg. von T. E. Novickaja.

282 A. A. Podoprigora brachte z. B. eine Darstellung der »Grundlagen des römischen bürgerlichen Rechts« (»Osnovy rimskogo graždanskogo prava«) heraus (Kiev 1990). Dieses Werk, das noch durch die sowjetische Sichtweise auf das römische Recht gekennzeichnet ist, sollte didaktischen Zwecken dienen und verfügt daher über keinen wissenschaftlichen Apparat. Vgl. ferner u.a. Černilovskij, Lekcij po rimskomu častnomu pravu, Moskva 1991; Kosarev, Rimskoe pravo, Moskva 1986; Chutyz, Rimskoe častnoe pravo, Krasnodar 1993; Omel'čenko, Osnovy rimskogo prava, Moskva (Manuskript) 1994; Skripilev, Osnovy rimskogo prava, Moskva 1998. Dazu Ostrouch, La personne du romaniste, S. 183.

Kapitel 19: Gegenwart und Ausblick: Modernes Recht der Russischen Föderation nach dem Systemwechsel von 1989/91

I.) Die Behauptung des Einflusses römischen Rechts auf die Privatrechtsgesetzgebung

Anknüpfend an jene günstigeren politischen Rahmenbedingungen, die sich in den letzten Jahren des Bestehens der Sowjetunion eingestellt hatten, und mit dem Systemwechsel befreit durch den Wegfall ideologischer Schranken erfuhr die Beschäftigung mit dem römischen Recht zu Beginn der 1990er Jahre bedeutende Förderung. Teilweise herrschte offenbar die Erwartung, man werde sich beim Aufbau des modernen russischen Privatrechts womöglich am römischen Recht orientieren.[1] So wurde verschiedentlich darauf hingewiesen, daß das römische Recht wertvolle Anregungen bieten mochte, die bei den Bemühungen um die Begründung eines modernen Privatrechts für die Russische Föderation würden herangezogen werden können. In der Tat fanden die Arbeiten an dem neuen, seit 1994 in einzelnen Teilen erscheinenden Graždanskij Kodeks in einem Umfeld statt, in dem nicht nur – jedenfalls teilweise und mit wechselhafter Konsequenz – die Bereitschaft herrschte, sich an ausländischen Rechtsordnungen zu orientieren, sondern auch Offenheit gegenüber den Erfahrungen des römischen Rechts. Das Ergebnis dieser Arbeiten mag als Abschluß von fast dreihundertjährigen Bemühungen um ein modernes Gesetzbuch nach kontinentaleuropäischem Vorbild erscheinen.[2] Tatsächlich konnten unter den krisenhaften Bedingungen der frühen 1990er Jahre zahlreiche Elemente aus dem römisch-westeuropäischen Recht in den Graždanskij Kodeks eingehen. Wie tiefgreifend sich diese Entwicklung auswirkte, wird zurückhaltend beurteilt werden müssen.[3] So stellt z. B. Tkačenko, nach dessen Meinung der Graždanskij Kodeks das »Wertvollste aus der Theorie des römischen Rechts« aufgenommen hat, fest, ein »Aufblühen« des Privatrechts sei in Rußland nicht zu bemerken; viele von diesem Autor als »römisch« wahrgenommene Rechtsinstitute drängen nur schwer in das Rechtsbewußtsein der Menschen ein.[4]

1 Vgl. Waldstein, Rez. Behrends u. a., Corpus Iuris civilis, S. 461, der für einen Zeitpunkt zu Beginn der 1990er Jahre seinen Eindruck berichtet, als einzige Grundlage, auf der eine den besonderen rechtlichen Bedürfnissen Rußlands nach dem Systemwechsel gerecht werdende Privatrechtsordnung erarbeitet werden könne, habe man die Digesten erkannt.

2 So Kettler, Eigentumsvorbehalt, S. 82.

3 Von zentraler Bedeutung dürfte sein, welchen Rang man dem Konzept des subjektiven Rechts einräumt. An wissenschaftlicher Auseinandersetzung mit demselben fehlt es jedenfalls nicht. Vgl. Vlasova, Struktura subektivnogo graždanskogo prava (1998).

4 Tkačenko, »Rimskoe pravo« v Rossii, S. 164 f.

Immerhin erschienen bereits in den 1990er Jahren zahlreiche Abhandlungen, die sich mit dem Verhältnis zwischen dem römischen und dem neuen russischen Recht befaßten. Ein Beispiel bietet der Aufsatz »Der Einfluß des römischen Rechts auf das neue Bürgerliche Gesetzbuch der Russischen Föderation«, den Evgenij Suchanov, einer der Verfasser des neuen Graždanskij Kodeks, gemeinsam mit dem Rechtshistoriker Leonid Kofanov publiziert hat, und der von der Vorstellung ausgeht, daß das moderne russische Recht vielfach vom römischen Recht beeinflußt sei.[5] Zwar leugnen die Verfasser eine direkte Rezeption, doch stellen sie Parallelen zum römischen Recht fest. Zahlreiche weitere Arbeiten entstanden, die – nicht immer sehr überzeugend – Bestimmungen des Graždanskij Kodeks mit Regelungen des römischen Rechts vergleichen. Da die Vorstellung verbreitet ist, daß das moderne russische Privatrecht wichtige Elemente der Privatrechtswissenschaft des 19. Jahrhunderts verdanke, welche ihrerseits viel vom römischen Recht übernommen habe, wird bei vergleichenden Untersuchungen dieser Art nicht selten die Rechtsentwicklung des späten Zarenreiches in die Betrachtung mit einbezogen. In diesem Zusammenhang wird heute oftmals etwas künstlich auf entwicklungsgeschichtliche Zusammenhänge zwischen dem modernen Recht der Russischen Föderation und dem römischen Recht hingewiesen.[6]

Bekanntlich gingen die Bemühungen, einen neuen Graždanskij Kodeks als zeitgemäße Privatrechtskodifikation unter Berücksichtigung der modernsten Elemente zu schaffen, nicht nur mit der Konsultation von Experten des westlichen Auslands[7] und einem geradezu kompetitiven Beratungsbetrieb einher; sie führten vielmehr auch tatsächlich zur Aufnahme zahlreicher Rechtseinrichtungen, die aus dem U.S.-amerikanischen Recht sowie aus westeuropäischen Rechten entlehnt wurden, und hier besonders aus dem niederländischen Nieuw Burgerlijk Wetboek als dem damals neuesten Privatrechtsgesetzbuch. Dies läßt fragen, warum es mit dem Hinweis auf bestimmte Entlehnungen aus dem geltenden Recht des Auslands nicht sein Bewenden hat und man vielmehr öfters hervorhebt, bestimmte Regelungen rührten aus dem römischen Recht her.

Der Umstand, daß die verschiedentliche Orientierung an der römisch-westeuropäischen Rechtstradition auf die Einarbeitung ausländischen Gedankenguts und natürlich nicht auf exegetische Arbeit an den römischen Quellen zurückgeht, läßt darauf schließen, daß rechtshistorische Überlegungen hier keine Rolle spie-

5 Suchanov/Kofanov, Vlijanie rimskogo prava, S. 7-20.

6 Dies gilt z. B. für die umfangreiche Darstellung von Jakovlev, Drevnerimskoe častnoe pravo i sovremennoe rossijskoe graždanskoe pravo (2010) und die Rezension einer früheren Fassung dieser Arbeit von Šemšučenko/Kaljužnyj, S. 285f. Bočkarev/Letjaev/Melichov/Šaronov, die den Besitzschutz mit einem klar am geltenden russischen Recht ausgerichteten Erkenntnisinteresse erörtern, widmen immerhin ein Viertel ihrer Monographie dem römischen Recht und den auf dasselbe zurückgehenden Besitztheorien des 19. Jahrhunderts; Zaščita vladenija, S. 6-66.

7 Bergmann/Glöckner, Der Zweite Teil des ZGB, S. 445; vgl. die Berichte über die Tätigkeit der Deutschen Stiftung für internationale rechtliche Zusammenarbeit in WiRO 1994, S. 104 und S. 367f. und Kettler, Eigentumsvorbehalt, S. 90-93 mit Nachweisen.

len. Autoren, die über den Eingang des westlichen Rechts hinaus einen Einfluß des römischen Rechts auf den Graždanskij Kodeks behaupten, wollen auch sicherlich keine Aussage über eine womöglich »jüngste« Rezeption des römischen Rechts treffen. Der Hinweis, dasselbe sei der Ursprung bestimmter Rechtseinrichtungen, erfolgt vielmehr jedenfalls teilweise aus politischen Rücksichten. Auch nach dem Systemwechsel waren erhebliche Teile der Bevölkerung in ihren Überzeugungen dem sozialistischen Ordnungsdenken verhaftet, so daß eine offene Übernahme von Recht aus dem »kapitalistischen« Ausland nicht leicht zu vermitteln gewesen wäre. Auch mochten sich für diesen Fall Schwierigkeiten mit nationalistischen Kräften befürchten lassen, die den Verlust von Rußlands Status als Weltmacht ohnehin als nationale Kränkung empfanden und diese Niederlage im Ringen der Systeme durch eine offen westlich-bürgerlich geprägte Kodifikation zusätzlich betont sehen mochten. So bot sich ein Ausweg in dem Hinweis darauf, daß das neue Recht mit dem Rückgriff auf »römisches« Recht ein kulturelles Erbe antrat, welches auch bisher nicht allein dem Westen vorbehalten gewesen war, sondern an dem Rußland, wie an seiner Geschichte gut belegt werden konnte, eigenen Anteil hatte.[8] In diesem Sinne meint die Moskauer Rechtshistorikerin Tat'jana E. Novickaja, die Enkelin des Romanisten Ivan B. Novickij, daß die Versuche heutiger Wissenschaftler, russisches Recht in der Nachfolge des römischen zu verstehen, ihren Grund darin hätten, daß man die direkte Übernahme westlichen Rechts teilweise nicht eingestehen wolle. Um das Zivilrecht nach dem Untergang der Sowjetunion an bürgerliche Rechts- und Eigentumsverhältnisse anzupassen, habe man auf Rechtsinstitute aus dem westlichen Recht zurückgegriffen, denn die Rückkehr zum Recht des Zarenreichs sei aufgrund seines feudalen Charakters unmöglich gewesen. Um aber Unzufriedenheit der Öffentlichkeit zu vermeiden, habe man die Rezeption aus dem westlichen Recht verschleiern wollen und nach den gemeinsamen Wurzeln des russischen und europäischen Rechts gesucht. Der Hinweis darauf, daß das neue Recht den Anschluß an das römische Recht herstelle, habe die Vorstellung von einer Rückkehr zu den »gemeinsamen Quellen« evozieren sollen.[9]

Die Vorstellung, das westliche Recht sei mit dem römischen zu identifizieren, drückt sich gelegentlich darin aus, daß Verordnungen, die auf westliches Recht Bezug nehmen, dahingehend verstanden werden, als wiesen sie auf das römische Recht hin. So begründet etwa Kajumova die Vorstellung, das moderne russische Recht entlehne Einrichtungen aus dem antiken römischen Recht, damit, daß dies politischen Zielsetzungen entspreche. Sie verweist auf die Verordnung des Präsidenten El'cin vom 7. Juli 1994 über das Programm einer »Entstehung und Entwicklung des Privatrechts in Rußland« und meint, dem römischen Privatrecht werde in diesem Zusammenhang begrifflich, rechtstechnisch und kulturell der Status eines abstrakten Privatrechts für Rußland zuerkannt.[10] Diese Auffassung dürfte allerdings

8 Ostrouch, La personne du romaniste, S. 184.

9 Novickaja, K voprosu o tak nazyvaemoj recepcii, S. 121-122.

10 Kajumova, Razvitie ėkonomičeskich otnošenij, S. 22f.

mehr über das Vorverständnis der Autorin verraten als über die rechtspolitischen Ziele der El'cin-Administration, denn weder die Verordnung noch das mit derselben gebilligte Programm erwähnt eine derartige Rolle des römischen Rechts auch nur mit einem Wort.[11] Ähnlich liegt es, wenn Arslanov auf Grundlage der am 7. Oktober 2009 durch den Rat beim Präsidenten der RF zur Kodifikation und Vervollkommnung der bürgerlichen Gesetzgebung angenommenen »Konzeption zur Entwicklung der bürgerlichen Gesetzgebung der Russischen Föderation« nachzuweisen versucht, daß die weitere Entwicklung des russischen Privatrechts in erster Linie an der historischen Erfahrung mit dem russischen Recht, an den historischen Grundlagen desselben sowie »an den Rechtssystemen des europäischen Rechts (römisches Recht)« orientiert sein solle.[12] Die Identifikation der als Orientierung dienenden »Rechtssysteme des europäischen Rechts« wird in der »Konzeption« keineswegs direkt vorgenommen. Arslanov meint in diesem Zusammenhang allerdings erkennen zu können, daß das römische Recht seinen hohen Stellenwert dem Umstand verdanke, daß es als »allgemeines« Kulturgut verstanden werde. Im übrigen beobachtet der Autor, daß der Text unspezifische Formulierungen für das Recht des Auslands verwende, wie etwa »europäische Rechtsordnungen«, »europäische Rechtstraditionen« oder »ausländische Erfahrungen«, was er auf das Interesse daran zurückführt, die Nennung bestimmter Staaten zu vermeiden.[13]

Wenn sich die Bezugnahme auf die Tradition des römischen Rechts auch, wie gesagt, kaum anhand der beiden vorstehend angeführten Texte nachweisen läßt, beobachten die genannten Autoren allerdings grundsätzlich durchaus mit Recht, daß in Konzepten zur Vorbereitung neuer Gesetzgebung der Anschluß an das römische Recht und seine Tradition vollzogen wird. So nimmt eine vom Kodifikationsrat beim Präsidenten der RF (s. o.) am 18. März 2009 vorgelegte »Konzeption der Entwicklung der Gesetzgebung zum Sachenrecht« nicht nur verschiedentlich auf die historische Entwicklung der behandelten Rechtseinrichtungen Bezug. Auch ist die Terminologie weitgehend römisch. Die gesellschaftliche Bedeutung eines entwickelten Besitzschutzrechts wird unter Hinweis auf Jhering und Pokrovskij unterstrichen.[14] Bei der Erörterung von Superficies und Emphyteusis wird ausgeführt, wenn man das eine oder andere sachenrechtliche Institut, welches im römischen Recht entstanden sei und mit verschiedenen Modifikationen in heutigen ausländischen Rechtsordnungen genutzt werde, in den GK einzuführen erwäge, müsse man davon ausgehen, daß nicht die Rede sein könne von der Entlehnung fertiger Konstruktionen oder Modelle, sondern vielmehr von ihrer Nutzung als Prototypen.[15] Im Hinblick auf die beschränkten dinglichen

11 Vgl. zutreffend Tkačenko, Pravovye reformy v Rossii, S. 189.

12 Arslanov, Zur Einwirkung ausländischen Rechts, S. 18.

13 Arslanov, Zur Einwirkung ausländischen Rechts, S. 18 f.

14 Konzeption aaO., Abschnitt »Vladenie« (Besitz), Ziff. 1.1.

15 Konzeption aaO., Abschnitt »Pravo zastrojki (superficii) i pravo postojannogo vladenija i pol'zovanija (ėmfitevzis)« (Das Recht des Überbaus [Superficies] und das Recht zu dauerhaftem Besitz und Nutzung [Emphyteusis]), Ziff. 2.1.

Rechte weisen die Autoren darauf hin, daß jenen Bestimmungen, die das Eigentum zugunsten anderer Berechtigter beschränken und die ihren Ausgang vom römischen Recht genommen haben, doppelte Bedeutung zukomme: Einerseits böten sie eine taugliche Grundlage für die Regelung der Rechtsbeziehungen unter Nachbarn, andererseits dienten sie als Maßstab für die Rechtswidrigkeit einer Handlung des Beklagten bei Erhebung einer negatorischen Klage.[16]

II.) Stellungnahmen zur tatsächlichen Bedeutung des römischen für das moderne russische Recht

Die in einem Teil des Schrifttums zum Ausdruck kommende Bereitschaft, die Grundlagen des modernen russischen Privatrechts (über die Gesetzgebung hinaus) als »römisch« wahrzunehmen, findet Niederschlag in verschiedenen Stellungnahmen.[17] Sie werden nicht in jedem Fall substantiiert begründet,[18] verdienen

16 Konzeption aaO., Abschnitt »Pravo sobstvennosti« (Das Eigentumsrecht), Ziff. 2.5.1.

17 Astapenko, Rimskoe častnoe pravo, S. 3-8; Prudnikov, Rimskoe pravo, S. 9-10; Borisevič, Rimskoe častnoe pravo, S. 3f.; Pašaeva, Rimskoe pravo, S. 5. Die allgemeine Vorstellung, das römische Recht sei für das Recht der Gegenwart bedeutend, weil es Grundbegriffe des Rechts, Methoden und Terminologie historisch vermittelt habe, existiert ähnlich auch im ukrainischen Schrifttum; vgl. Kaljužnyj/Vovk, Ryms'ke pryvatne pravo, S. 6 u. 33f.; Šala, Recepcija ryms'kogo prava, S. 28f.; Borysova/Baranova, Osnovy ryms'kogo pryvatnogo prava, S. 3-15; Makarčuk, Osnovy ryms'kogo pryvatnogo prava, S. 20; Izarova/Bachonjeva/Pavlovs'ka, Ryms'ke pryvatne pravo, S. 5f.

18 Die Beobachtung, daß nicht selten ein Zusammenhang zwischen dem geltenden russischen Recht und dem römischen Recht behauptet wird, wo dies weder von historischen Nachweisen begleitet wird noch auch nur besonders naheliegt, beschränkt sich nicht auf den Bereich des Privatrechts. So hat Bojko ein Kapitel seiner Arbeit über das römische und das heutige (russische) Strafrecht mit dem Titel »Der Geist des römischen Rechts und das heutige Strafrecht« versehen; Rimskoe i sovremennoe ugolovnoe pravo, S. 92-179. Unter dem »Geist des römischen Rechts« versteht der Autor das Rechtsdenken im römischen Reich, das sich in Maximen, Präsumtionen und Sentenzen äußerte. Diesen schreibt der Autor einen positiven Einfluß auf das russische Recht zu (S. 95). Für das Strafrecht weist Bojko darauf hin daß bestimmte Grundsätze des römischen Rechts – allerdings in nicht sehr spezifischer Weise – im russischen Recht Niederschlag gefunden hätten. Dies gelte etwa für den Grundsatz der »Gesetzlichkeit«, den Bojko auf Maximen wie »*nulla crimen, nulla poena, sine lege; quid sit jus, et in quo consistit injuria, legis est definire; judicis est jus dicere non dare; judicandum est legibus, non exemplis*« zurückführt, und den er in Art. 3 des Strafgesetzbuchs niedergelegt sieht. Bojko nennt ferner das Prinzip der Gleichheit aller Bürger vor dem Gesetz, welches er im römischen Recht (...*quod ad jus naturale attinet, omnes homines aequales sunt* – Ulp. D. 50,17,32) und gleichermaßen in Art. 4 des russischen Strafgesetzbuchs vorfindet. Ein weiteres Beispiel für die Darstellungsweise des Verfassers bietet das Schuldprinzip, welches Bojko auf den Satz »*ubi culpa est, ibi poena subesse debet*« zurückführt, bevor er für das russische Recht entsprechend auf Art. 5 des Strafgesetzbuchs verweist (S. 121-129). Bojko nennt noch weitere Beobachtungen dieser Art, verzichtet aber auf den Versuch, historische Entwicklungszusammenhänge zwischen den jeweils miteinander in Beziehung gesetzten Texten

aber gleichwohl der Erwähnung, weil sie einen Eindruck von der Präsenz des römischen Rechts in der Diskussion um die heutige Rechtsentwicklung vermitteln oder, soweit sie in Schriften mit didaktischer Zielsetzung geäußert werden, über die Lehre Verbreitung finden. So meint Tkačenko, aus Sicht der Zivilrechtswissenschaft werde das römische Recht als eine universelle Privatrechtstheorie betrachtet, die, auf der Kodifikation Justinians beruhend, sich fortwährend entwikkele und ergänze.[19] Makarova hält den Einfluß des römischen Rechts im modernen Rußland für aktuell, weil sich das russische Rechtssystem in der Entwicklung vom sozialistischen hin zum romano-germanischen befinde.[20] Sie meint, die Bedeutung der Rezeption des römischen Rechts bestehe darin, daß sie die Entwicklung der Rechtsdoktrin in modernem Rußland beeinflusse. Die von den römischen Rechtsgrundsätzen geprägte Doktrin komme durch Gesetzesauslegung, Rechtsanwendung und Gesetzgebung zum Ausdruck.[21] Dieser Einfluß habe heute zur umfassenden Bedeutung bestimmter Grundsätze des »römischen« Rechts geführt, wie etwa von »Gleichheit« und »Gerechtigkeit«.[22] Wir begegnen hier abermals der Identifikation des römischen Rechts mit dem »Recht schlechthin«.

Soweit die Notwendigkeit einer weiteren Professionalisierung und Verwissenschaftlichung der russischen Juristenausbildung erörtert wird,[23] kommt selbstverständlich auch in der Gegenwart der Gedanke zum Tragen, daß der Unterricht im römischen Recht elementarer Bestandteil einer professionellen Heranbildung der Juristen sei.[24] Dies wird nicht nur in dem allgemeinen Sinne vertreten, daß die Lehre des römischen Rechts grundsätzlich durch dessen Fortwirkung in modernen Privatrechtsordnungen gerechtfertigt sei.[25] Manche Autoren stellen speziell für das russische Recht fest, daß dasselbe ohne Kenntnis vom römischen Recht nicht verstanden werden könne.[26] So bezieht sich Piljaeva speziell auf die russi-

herzuleiten. An seinem Beitrag dürfte weniger interessieren, ob er über historisch Zutreffendes berichtet, als die Beobachtung, daß er überhaupt so aufwendig die Verbindung gerade mit dem römischen Recht aufzuzeigen versucht.

19 Tkačenko, Problemy opredelenija, S. 86.

20 Makarova, Vlijanie rimskogo prava, S. 5, 111.

21 Makarova, Vlijanie rimskogo prava, S. 77, 109.

22 Makarova, Vlijanie rimskogo prava, S. 73, 110. Die pauschale Vorstellung, das moderne Recht beruhe gerade deshalb auf bestimmten elementaren Prinzipien, weil es diese dem Einfluß des römischen Rechts verdanke, wird regelmäßig geäußert. Vgl. Astapenko, Rimskoe častnoe pravo, S. 3-8, Borisevič, Rimskoe častnoe pravo, S. 3, Pašaeva, Rimskoe pravo, S. 5; für das ukrainische Recht vgl. Borysova/Baranova, Osnovy ryms'kogo pryvatnogo prava, S. 3-15; Izarova/Bachonjeva/Pavlovs'ka, Ryms'ke pryvatne pravo, S. 5 u. 34.

23 Den Ausdruck »Verwissenschaftlichung« verwendet sogar Topornin, Verwissenschaftlichung in der russischen Juristenausbildung, S. 291 und passim.

24 Sehr weitgehend in dieser Hinsicht Kudinov, Rimskoe pravo, S. 16, der die Vermittlung des römischen Rechts mit dessen Eigenschaft als Grundlage der Theorie des geltenden Rechts begründet und als »Losung« der modernen (!) Rechtswissenschaft Jherings Devise »Durch das römische Recht, aber über dasselbe hinaus« bezeichnet.

25 Borisevič, Rimskoe častnoe pravo, S. 3 f.; Pašaeva, Rimskoe pravo, S. 5.

26 Vgl. Prudnikov, Rimskoe pravo, S. 10.

schen Verhältnisse, wenn sie in der Auseinandersetzung mit dem römischen Recht ein Instrument zur Erschließung verschiedener juristischer Disziplinen sieht, »insbesondere des bürgerlichen Rechts der Russischen Föderation«.[27] Besonders drastisch formulieren es Šemšučenko und Kaljužnyj: »Nicht zufällig nennt man das römische Recht heute die »Schmiede« des juristischen Denkens. Ohne Kenntnis des anfänglichen Wesens der Rechtsinstitute, die im heutigen Recht fest etabliert sind, kann sich ein professionelles Rechtsdenken nicht herausbilden, an dem es bei einigen unserer heutigen Pseudojuristen manchmal so mangelt.«[28]

III.) Einzelne aus der Tradition des römischen Rechts hervorgegangene Bestimmungen

Natürlich ist auch im einzelnen nachweisbar, daß die Anleihen des Graždanskij Kodeks von 1994 am westlichen Recht vielfach einen Anschluß an die römisch-westeuropäische Rechtstradition hergestellt haben.[29] Man kann dies, sofern man insoweit spezifische Zusammenhänge sieht, unter Hinweis auf jene Grundlagen des Privatrechts behaupten, die Art. 1 nennt, wo das Gesetz z.B. mit der privatrechtlichen Gleichheit der Personen, der Unverletzlichkeit des Eigentums, der Vertragsfreiheit und der Privatautonomie verschiedene allgemeine Grundsätze garantiert, die letztlich auf das römische Recht zurückgehen.[30]

Naheliegenderweise geben auch im Graždanskij Kodeks bestimmte Rechtsgebiete besonderen Anlaß für die Wahrnehmung von Merkmalen, die man auf römisches Recht zurückführen kann. Dies gilt neben dem Erbrecht besonders für das Schuld- und Sachenrecht. Nicht in jedem Fall wird damit allerdings eine signifikante Aussage zu treffen sein.[31] Makarova, die zur Wahrnehmung von Zusammenhängen zwischen dem römischen und dem modernen russischen Recht neigt, nennt z.B. Begriff und Inhalt der Verpflichtung, die Unterscheidung der verschiedenen Parteien im Schuldverhältnis, die Personenmehrheit auf einer Seite des Schuldverhältnisses, die Grundsätze des Entstehens und Erlöschens von Verpflichtungen, die

27 Piljaeva, Rimskoe častnoe pravo, S. 7.

28 Šemšučenko/Kaljužnyj, Rez. Jakovlev, S. 285; für die Metapher der Juristenschmiede vgl. Egorov, Kuznica juristov (2003).

29 In diesem Sinne mit Rücksicht auf das Recht der Eigentumsübertragung zutreffend Pérez Simeón, La transmision de la propiedad, S. 983 f. Fn. 9; vgl. Makarova, Vlijanie rimskogo prava, S. 16 f. u. 75 f.

30 Vgl. Makarova, Vlijanie rimskogo prava, S. 75.

31 Rybakov z.B. benennt zahlreiche erbrechtliche Einrichtungen als Belege für die Rezeption römischen Rechts. Hierfür verweist er z.B. auf den Ursprung der dem modernen russischen Recht selbstverständlich bekannten Unterscheidung zwischen gesetzlicher und gewillkürter Erbfolge im Zwölftafelgesetz. Ähnlich unspezifisch ist Rybakovs Beobachtung einer Ähnlichkeit zwischen den Bestimmungen des GK über die Intestaterbfolge und Justinians Novellen 118 und 127. Vgl. Rybakov, Recepcija prava, S. 212.

Sicherung der Verpflichtungen sowie die Haftung bei Leistungsstörungen.[32] Sie meint, auch der Grundsatz des Guten Glaubens (»*bona fides*«) sei rezipiert worden.[33] Für das besondere Schuldrecht stellt Kettler[34] fest, »noch« aus dem römischen Recht[35] stammten die »traditionellen« Erfüllungssicherheiten des russischen Zivilrechts, namentlich Bürgschaft (poručitel'stvo, Art. 361-367 GK),[36] Vertragsstrafe (neustojka, *stipulatio poenae*, Art. 330-333 GK)[37] und Angeld (zadatok, *arra*, Art. 380 f. GK);[38] aus dem Sachenrecht nennt dieser Autor das Pfand (zalog, *pignus*, *hypoteca*, *fiducia*, Art. 334-358 GK).[39]

Daß die Begrifflichkeit durchaus in der Tradition des römischen Rechts steht, vor allem aber – was wichtiger ist – liberale Konzepte an die Stelle von sozialistischen setzt, zeigt sich besonders eindrücklich im Vertragsrecht: Der Begriff des Vertrags (dogovor) in Art. 420 Abs. 1 ist an die römische Privatrechtstradition angelehnt: »Ein Vertrag ist eine Übereinkunft zweier oder mehrerer Personen über die Begründung, Abänderung oder Auflösung zivilrechtlicher Rechte und Pflichten.« Aus historischer Sicht überrascht es, wenn sich die Kommentierung bei Gapeev, Zinčenko und Luk'jancev auf die Bemerkung beschränkt, die Vorschrift bedürfe keiner Erläuterung.[40] Vor dem Hintergrund des früheren sozialistischen Vertragsrechts liegt die entscheidende Neuerung darin, daß es nur auf den frei gebildeten Willen der Parteien ankommen soll, und diese nicht an planwirtschaftliche Vorgaben gebunden sind.[41]

Der Kaufvertrag (dogovor kupli-prodaži) ist – im Unterschied zum sowjetischen System – am Beginn der Tatbestände des besonderen Schuldvertragsrechts geregelt und in Art. 454 Abs. 1 GK definiert. Durch ihn »verpflichtet sich eine Seite (der Verkäufer), eine Sache (die Ware) in das Eigentum der anderen Seite (des Käufers) zu übertragen, der Käufer aber verpflichtet sich, diese Ware anzu-

32 Makarova, Vlijanie rimskogo prava, S. 17 u. 207-209.

33 Makarova, Vlijanie rimskogo prava, S. 78.

34 Kettler, Eigentumsvorbehalt, S. 118 f.

35 Suchanov/Kofanov, Vlijanie rimskogo prava, S. 14.

36 Kettler sieht insoweit einen Entwicklungszusammenhang mit der römischen *adpromissio*, für die er auf Rozental', in: Novickij/Pereterskij, Rimskoe častnoe pravo, n. 405 (S. 338) und n. 445 (S. 377-380) verweist.

37 Rozental', in: Novickij/Pereterskij, aaO., n. 404 (S. 336-338).

38 Rozental', in: Novickij/Pereterskij, aaO., n. 403 (S. 335 ff.).

39 Kettler weist selbst auf die Vielfalt der römischen Pfandrechte hin. Angesichts der langen, bis auf das Pskover Gerichtsbuch (14./15. Jhdt.) nachweisbaren Geschichte des Pfandrechts in Rußland kann es insoweit kaum überzeugen, heutiges russisches Pfandrecht mit »dem« römischen Pfand in Verbindung bringen zu wollen.

40 Gapeev/Zinčenko/Luk'jancev, Novyj Graždanskij Kodeks Rossijskoj Federacii, Anm. zu Art. 420 Abs. 1 (S. 404).

41 So zutreffend Makovsky/Khokhlov, Introduction, S. xciv; Sadikov, Das neue Zivilgesetzbuch, S. 268. Barbier, Römisches Recht, weist cum grano salis richtigerweise darauf hin, daß es die Tradition des römischen Rechts gewesen sei, aus der sich die Grundlagen der Marktwirtschaft entwickeln konnten.

nehmen und für sie eine bestimmte Geldsumme (den Preis) zu bezahlen«.[42] Angesichts des Kontrastes zum traditionellen russischen Verständnis vom Kauf trifft es sicherlich zu, wenn Osakwe feststellt, daß gerade das moderne russische Vertragsrecht tief im römischen Recht verwurzelt sei: »Modern Russian theory of contract is deeply rooted in Roman law which it received through continental European civil law by way of pre-revolutionary Russian law.«[43] In einer der jüngsten Darstellungen des bürgerlichen Rechts wird der Begriff des Vertrags denn auch wie selbstverständlich unter Heranziehung der römischen Terminologie erläutert.[44] Überzeugend meint Solotych, das russische Recht – die Autorin bezieht sich auf das Privatrecht – sei und bleibe kontinentaleuropäisch.[45]

Daran, daß die Formen der römisch-westlichen Rechtstradition also auch heute wieder etabliert sind, erweist sich, daß Rußland in regelungstechnischer Hinsicht Anschluß an die westeuropäische Entwicklung gefunden hat. Insoweit treibt aus den oft beschworenen »gemeinsamen Wurzeln des europäischen Privatrechts« also auch eine russische Pflanze. Es handelt sich nicht etwa um einen hybriden Sproß, der erst bei der Schaffung des neuen Bürgerlichen Gesetzbuchs künstlich geschaffen worden wäre. Die verbindende Tradition weist vielmehr auf das 19. Jahrhundert. In dieser Logik liegt es, wenn bei den Vorarbeiten zum Graždanskij Kodeks ebenso wie bei der Fortentwicklung des auf seiner Grundlage geltenden Zivilrechts die an der Wende zum 20. Jahrhundert entstandenen zivilrechtlichen Kodifikationsentwürfe als Grundlage herangezogen worden sind.[46] Auf diesem Wege sind die historisch gewachsenen Strukturen des kontinentaleuropäischen Rechts dem modernen russischen Zivilrecht nicht lediglich aus dem westlichen Ausland, sondern auch über eine eigene russische Wissenschaft vermittelt worden.

Ebenso wie die Anknüpfung an die Kodifikationsentwürfe weist die Besinnung auf die eigene wissenschaftliche Tradition auf das 19. und beginnende 20. Jahrhundert. Mit der Hinwendung des modernen russischen Rechts zu einem Privatrechtskonzept, wie es grundsätzlich der römisch-westlichen Rechtstradition entspricht, ist auch das Interesse an den eigenen historischen Beiträgen zur Privatrechtswissenschaft gestiegen. So erleben die Schriften zahlreicher russischer Zivilrechtler romanistischer Ausrichtung aus dem 19. Jahrhunderts eine Renaissance. Noch heute beruft man sich teilweise auf ihre Schriften, wenn Grundlagen der

42 Vgl. die Erläuterungen zum 30. Kapitel (»kuplja-prodaža«) bei Sadikov (Hrsg.), Kommentarij k Graždanskomu Kodeksu, 2. Teil (1996); ferner Kettler, Eigentumsvorbehalt, S. 131.

43 Osakwe, Russian Civil Code, S. 45.

44 Vgl. Suchanov, in: Suchanov (Hrsg.) Graždanskoe pravo, Bd. 2, Halbbd. 1, S. 151; für den Kaufvertrag vgl. die Ausführungen von Vitrjanskij in demselben Werk S. 203 f.

45 Solotych, Das neue russische ZGB aus rechtsvergleichender Sicht, S. 38. Zur Sache vgl. ferner Suchanov/Kofanov, Vlijanie rimskogo prava, S. 7-20.

46 Vgl. Silvestri, Contrast, S. 1 ff.; Giaro, Pravovaja tradicija, S. 146.

Rechtswissenschaft in Rede stehen.[47] Man sieht in den vorrevolutionären Arbeiten eine »klassische« Tradition.[48] Die Schriften dieser Juristen – darunter viele Spezialisten für römisches Recht – gelten heute als die Klassiker der russischen Zivilrechtswissenschaft.[49] Nicht zufällig werden einige der Werke gegenwärtig nachgedruckt: neben Pokrovskijs »Grundproblemen des Bürgerlichen Rechts«[50] betrifft dies auch die Gesamtdarstellungen von Mejer, Pobedonoscev, Szerszeniewicz, Sinajskij und zahlreiche andere Standardwerke.[51]

Die Frage nach den *praktischen Wirkungen* des Einflusses römisch-westlichen Rechtsdenkens stellt sich bis in die Gegenwart. Wenn uns mit dem zwischen 1994 und 2008 schrittweise in Kraft getretenen Graždanskij Kodeks der Russischen Föderation eine Kodifikation im westlichen Gewand entgegentritt, bedeutet dies keineswegs, daß sie beantwortet wäre und Rußland sich jetzt – rezeptionsgeschichtlich betrachtet – auf demselben Stand wie der Westen befände. Inwieweit das neue Gesetzesrecht nämlich angenommen und angewandt wird und damit tatsächlich zur Grundlage eines von individuell gewährleisteter Freiheit und Privatautonomie getragenen Privatrechtssystems werden kann, wird sich erst erweisen müssen. Von Halem hat darauf hingewiesen, daß historische Einschnitte, die zur Erledigung zuvor verbindlicher Werte führen, bis zur Etablierung von neuen erfahrungsgemäß eine Periode des Übergangs entstehen lassen, während der

47 Zahlreiche Monographien, die allein einer Ausarbeitung der Dogmatik des geltenden Rechts dienen, greifen wie selbstverständlich auf die pandektistische Literatur und anderweitige privatrechtswissenschaftliche Schriften aus dem 19. Jahrhundert zurück, und zwar sowohl aus dem Zarenreich als auch aus Westeuropa. Vgl. etwa Tuzovs Arbeit »Die Theorie der Unwirksamkeit von Rechtsgeschäften« (2007), in der der Verfasser die Lehre von den Rechtsfolgen solcher Geschäfte für das moderne russische Recht entwickelt und dabei aufwendig die Dogmatik des Pandektenrechts zu Nichtigkeit, Unwirksamkeit und Anfechtbarkeit von Rechtsgeschäften einarbeitet. Die entsprechende Neigung besteht natürlich besonders bei solchen Gegenständen, die im russischen Schrifttum nach 1917 nicht oder kaum behandelt worden sind. Als Beispiel für den Umgang mit dieser Lücke in der »Bearbeitungstradition« eines Rechtsproblems mag Tarikanovs Monographie »Die Rechtspersönlichkeit von Organisationsformen des Handels im bürgerlichen Recht Rußlands« (2006) dienen. Bei seiner Auseinandersetzung mit Rechtssubjektivität und juristischer Person kann der Autor an keinem großen Dogmatiker des 19. Jahrhunderts vorbeigehen. In diesem Bereich hat die sowjetische Literatur angesichts jahrzehntelanger staatlicher Steuerung der Wirtschaft und eines öffentlichrechtlich geprägten Wirtschaftsrechts nicht viel hervorgebracht, an das heute angeknüpft werden könnte.

48 Vgl. Suchanov/Kofanov, Vlijanie rimskogo prava, S. 7-20; vgl. Ioffe, Soviet Law and Roman Law, S. 701-728.

49 So Wagner, Marriage, S. 79 im Hinblick auf Mejer. Vgl. die im Moskauer Verlag »Statut« gegenwärtig erscheinende Reihe von Nachdrucken unter dem Serientitel »Klassika Rossijskoj Civilistiki« (»Klassik der rußländischen Zivilistik«).

50 Von diesem Grundlagenwerk, das keineswegs Anlaß gibt, wegen besonderer Praxisrelevanz nachgefragt zu werden, sind seit 1998 bereits drei Nachdrucke erschienen.

51 Stepanov, O tradicijach i netradicijach, S. 111, Anm. 23, der zutreffend auf die Darstellung der modernen russischen Zivilrechtswissenschaft bei N. D. Egorov, in: Sergeev/Tolstoj, Graždanskoe pravo, S. 56 verweist.

keine verbindliche Wertordnung herrscht und Raum für mißbräuchliche Verwirklichung der Rechtseinrichtungen besteht.[52] In dieser Hinsicht meint Tkačenko, der auch gegenwärtig eine Rezeption des römischen Rechts in Rußland beobachtet,[53] zuversichtlich, das römische Recht sei stabil genug, um sich auch nach Phasen seiner Einordnung in ideologische Zusammenhänge wieder zu seiner ursprünglichen Bedeutung zurückzuwenden.[54]

IV.) Historische Erforschung des antiken römischen Rechts

Die Wiedergeburt (vozroždenie) der romanistischen Tradition in der russischen Rechtswissenschaft wurde nach dem Systemwechsel durch den Umstand erschwert, daß das Römische Recht als wissenschaftliche Disziplin in sowjetischer Zeit – verglichen mit Aufwand und Erträgen der west- und mitteleuropäischen Wissenschaft und sogar mit der vorrevolutionären russischen Romanistik – nur eine bescheidene Rolle gespielt hatte.[55] Die letzten Repräsentanten jener Romanistengeneration, die noch aus der Wissenschaftstradition des Zarenreiches hervorgegangen war und deren späten Ertrag das »Römische Privatrecht« von 1948 bildete, waren bis zum Ende der 1960er Jahre verstorben. Die post-sowjetische Romanistik konnte insoweit nur an die vorsichtigen Ansätze eines Wiederauflebens ihres Faches in den 1980er Jahren anknüpfen, ohne gleichzeitig über eine nennenswerte Anzahl erfahrener Romanisten zu verfügen, die die Entwicklung des Faches unter den neuen Bedingungen hätten befördern können.[56] Daß russische Romanisten ihren Forschungsgegenstand heute im Anschluß an den Stand der europäischen Wissenschaft bearbeiten, geht maßgeblich auf erneute Anläufe zur Bildung des Nachwuchses im Westen zurück.

52 Von Halem, Recht oder Gerechtigkeit?, S. 123.

53 Tkačenko, »Rimskoe pravo« v Rossii, S. 166.

54 Tkačenko, Problemy opredelenija, S. 12. Man ist versucht, an Goethes berühmte Enten-Metapher zu denken. Soweit Tkačenko allerdings als Beispiel auf die »vorübergehende« Instrumentalisierung des Rechts in der Sowjetunion und im nationalsozialistischen Deutschland verweist, darf nicht vergessen werden, daß die Umwertung der Begriffe nicht lediglich ein zeitweilig bestehender Schönheitsfehler war, den ein langfristig »stabiles« römisches Recht einfach wieder korrigieren konnte, sondern daß die genannte Entwicklung immerhin zur radikalen – und schließlich mörderischen – Perversion des Rechts führte.

55 Rudokvas, O prepodavanii rimskogo prava, S. 197; vgl. Suchanov/Kofanov, O roli izučenija i prepodavanija, S. 9-16, und dies., O proekte izučenija, S. 122-130.

56 T. E. Novickaja rechtfertigt 1997 die Publikation der Vorlesungen ihres Großvaters I. B. Novickij mit der Auffassung, auf diesem Gebiet habe ja inzwischen »keine Revolution stattgefunden«; Novickij, Lekcii 1, S. 89. Was mit Rücksicht auf die zu propädeutischen Zwecken regelhaft vermittelten »Grundlagen des römischen Privatrechts« immerhin als vertretbare Vorstellung erscheint, läßt im Hinblick auf die Wissenschaft vom römischen Recht insgesamt die bedeutenden Entwicklungsschritte außer Betracht, die das Fach seit der Vorkriegszeit durchlaufen hat, und belegt die zwischenzeitliche Stagnation der russischen Forschung.

Frucht dieses Neuanfangs war das Lehrbuch »Römisches Privatrecht«, das Dmitrij V. Doždev 1996 vorlegte.[57] Es steht am Beginn einer Entwicklung, die inzwischen zum Erscheinen einer Vielzahl an Gesamtdarstellungen des römischen Rechts geführt hat, von denen die meisten unselbständig sind und wissenschaftlichen Ansprüchen nicht oder kaum genügen. Im Unterschied zu diesen Schriften nimmt Doždevs Werk, obwohl auch für didaktische Zwecke verfaßt, eine Sonderstellung ein, die nicht nur durch das gehobene Niveau der Darstellung, sondern auch dadurch gekennzeichnet ist, daß es Gegenstand einer kritischen Diskussion geworden ist. Es ist selbständig erarbeitet, entwickelt den Stoff an Quellen und bezieht, was zum Zeitpunkt seines Erscheinens neu war, die europäische romanistische Literatur in weitem Umfang mit ein. Das von Doždev in diesem Werk verfolgte Interesse ist kein rein rechtshistorisches. Neben der Darstellung des antiken Rechts sucht der Verfasser vielmehr teilweise modernes Rechtsdenken unter Zuhilfenahme von Termini und Beispielen aus dem römischen Recht zu erklären.[58]

In den 1990er Jahren wurden mehrere Institutionen ins Leben gerufen, die der Wissenschaft vom römischen Recht einen festen Rahmen verschaffen sollten. An der Juristischen Fakultät der Sankt Petersburger Universität besteht seit 1992 ein »Zentrum für die Erforschung des Römischen Rechts« (»Centr Izučenija Rimskogo Prava«). In Moskau entstand 1994/95 eine entsprechende Einrichtung, die gemeinsam vom Institut für Allgemeine Geschichte der Rußländischen Akademie der Wissenschaften und der Juristischen Fakultät der Lomonosov-Universität gegründet wurde und von Leonid L. Kofanov geleitet wird.[59] An dieser Einrichtung wird seit 1996 die Zeitschrift »Ius Antiquum / Drevnee pravo« herausgegeben. Dieses erste gesamtrussische Periodikum für römisches und antikes Recht[60] enthält regelmäßig Beiträge zum »Römischen Recht im Osten« (Rimskoe pravo na vostoke) und weist damit auf den historischen Einfluß des römischen Rechts auf die russische Rechtsentwicklung als Forschungsgegenstand hin. Ein weiteres an dem Zentrum betriebenes Großprojekt war die inzwischen abgeschlossene Übersetzung der gesamten Digesten ins Russische.[61]

57 Ostrouch, La personne du romaniste, S. 186. Vgl. Avenarius, Römisches Recht in slavischen Sprachen (II), S. 756 f.

58 Hiergegen ist z. B. eingewandt worden, daß Doždev die römische Vertragstheorie zu sehr im Sinne der modernen zivilrechtlichen Dogmatik darstelle. Vgl. Poldnikov, Dogovornye teorii glossatorov, S. 23; zustimmend Tkačenko, Pravovye reformy v Rossii, S. 188.

59 Vgl. Thiergen, Begriffsgeschichte, S. XXIII; Mitjukov, Lettera dal Parlamento, S. 507.

60 Rudokvas, O prepodavanii rimskogo prava, S. 198; Suchanov/Kofanov, Informacija o dejatel'nosti, S. 210-214.

61 Die von L. L. Kofanov herausgegebene Übersetzung aller 50 Bücher ist unter dem Titel »Digesty Justiniana« in 7 Teilen erschienen, verteilt auf 10 Bände (2002-2005). Ein weiterer Band (2006) enthält Aufsätze und Register. Vgl. die Rezension von Frolov/Egorov/Veržbickij, Ratio scripta et lingua rossica translata, S. 208-210 sowie die kritische Auseinandersetzung mit der Übersetzung bei Tuzov, Concetti e terminologie, S. 79-95 bzw. dems., Ponjatija i terminologija, S. 263-295.

Die Aktivitäten der russischen Romanistik sind inzwischen vielfältig.[62] Zahlreiche Übersetzungen ausländischer Werke wurden gefertigt, früher entstandene Übersetzungen der Quellentexte neu publiziert.[63] Jedes Jahr erscheinen nicht nur didaktische Schriften, sondern auch Monographien, deren Wert für die Entwicklung des Faches nur angemessen zur Geltung käme, wenn sie auch außerhalb Rußlands die verdiente Beachtung fänden. Mit diesen verschiedenen Unternehmungen verbindet sich die Hoffnung, daß die russische Forschung zum römischen Recht wieder den Rang und die Anerkennung erringen werde, die ihr in der fruchtbaren Phase der vorrevolutionären Wissenschaft zugekommen waren.[64]

Die dezidiert historische Forschung am römischen Recht verfolgt zumeist nicht zugleich Erkenntnisinteressen, die sich auf das geltende Recht richten. Gleichwohl wird sich kaum bestreiten lassen, daß die Ausrichtung der Forschungen – womöglich jedenfalls auch mit Rücksicht auf die Rechtfertigung des Faches – gelegentlich mit einem Seitenblick auf die zivilrechtliche Dogmatik erfolgt. Dies gilt nicht nur für die zahlreichen Arbeiten, in denen bestimmte Rechtsinstitute im römischen, vorrevolutionären und modernen russischen Recht miteinander verglichen werden.[65] Es gilt wahrscheinlich gleichermaßen für solche Schriften, die dezidiert dem antiken römischen Recht gewidmet sind. So liegt es etwa im Falle zweier vielbeachteter romanistischer Dissertationen aus den 1990er Jahren, nämlich Vjačeslav A. Savel'evs an der Lomonosov-Universität entstandener Arbeit »Juridičeskaja konstrukcja sobstvennosti v rimskom prave klassičeskogo perioda« (»Die rechtliche Konstruktion des Eigentums im römischen Recht der klassischen Periode«, Moskau 1997)[66] und Dmitrij V. Doždevs am Institut für Staat und Recht der Rußländischen Akademie der Wissenschaften entstandener Dissertation »Institut vladenija v rimskom prave« (»Das Institut des Besitzes im römischen Recht«, Moskau 1997).[67] Die thematische Ausrichtung ist wohl nicht zufällig erfolgt, sondern dürfte durch die besonderen Schwierigkeiten herausgefordert worden sein, die sich bei der Ausrichtung des modernen russischen Rechts

62 Man wird in diesen Zusammenhang auch Bemühungen einbeziehen dürfen, welche innerhalb der Russischen Föderation, aber an dezidiert nicht-russischen Forschungseinrichtungen stattfinden. Vgl. etwa die an der Tatarischen Verwaltungs-Universität »TISBI« in Kazan' entstandenen Arbeiten von O. V. Aksenova, Aequitas, S. 100-105 sowie Principy, S. 54-61.

63 Vgl. vor allem die in Moskau erscheinende Schriftenreihe »Pamjatniki rimskogo prava«.

64 Rudokvas, O prepodavanii rimskogo prava, S. 203.

65 Vgl. etwa die verschiedenen Arbeiten Kopylovs über Grunddienstbarkeiten jeweils »im römischen, russischen vorrevolutionären und heutigen russischen bürgerlichen Recht«. Manchmal wird das sowjetische Recht in die Betrachtung einbezogen; vgl. Byčkovas Aufsatz über die Rezeption des römischen Rechts im rußländischen vorrevolutionären, sowjetischen und heutigen Erbrecht (2000).

66 Vgl. zusammenfassend Savel'ev, Dejstvujuščee pravo sobstvennosti, S. 19-23.

67 Vgl. zur Sache ferner Doždev, Osnovanie zaščity vladenia v rimskom prave (1996).

auf ein Sachenrecht stellten, das im Kern am individualistischen, westlich-römischen Eigentumsbegriff orientiert sein sollte.

Die historische Auseinandersetzung mit zentralen Rechtseinrichtungen eines an der Freiheit der Person orientierten Privatrechts könnte von besonderem Erkenntniswert für die moderne Rechtsentwicklung in einer Gesellschaft sein, in der das entsprechende Rechtskonzept in der Vergangenheit meistens nicht verwirklicht gewesen ist. Gleichwohl ist das Gewicht der geschichtlichen Vergewisserung über das Recht und die Bedeutung, die dem Verständnis von seinen Einrichtungen zukommt, begrenzt. So kommt etwa dem historischen Argument in der russischen Privatrechtsdogmatik (wie in der deutschen) nur untergeordnete Bedeutung zu. Poldnikov meint sogar, in Forschungen zum modernen russischen Privatrecht diene das historische Argument nur als Ornament.[68] Wenn insoweit zahlreiche jüngere Forschungsbeiträge zum römischen Recht nichts mehr mit dem geltenden Recht zu tun haben, so dann bedeutet dies, daß der Dogmatik des geltenden Rechts jene Perspektiven verschlossen sind, die sich aus der überindividuellen, am römischen Recht gewonnenen Rechtserfahrung ergeben, und zwar gerade vor der Folie der russischen Rechtsentwicklung.

Wenn umgekehrt der romanistischen Forschung heute nicht mehr eigens die Aufgabe gestellt ist, zur »Theorie« des geltenden Rechts beizutragen, erfährt die spezifisch historische Ausrichtung der Forschung immerhin eine Befreiung, wie sie entsprechend in Deutschland eine Folge des Inkrafttretens des BGB gewesen ist. Diese Lösung von der Rücksicht auf die Theorie des geltenden Rechts hatte in Rußland zwar bereits 1917 stattgefunden, ihre befreiende, auf den historischen Erkenntnisgewinn gerichtete Wirkung jedoch unter den Bedingungen der Sowjetunion nicht entfalten können. Jedenfalls insoweit bestehen nun günstige Aussichten für die rechtshistorische Forschung. Eine spezifische Chance für die Romanistik schlechthin dürfte sich daraus ergeben, daß russische Betrachter gerade wegen ihrer historischen Distanz zur Wirkungstradition des römischen Rechts auf Grundlage eines anderen Erfahrungshorizonts an dasselbe herantreten und seine Bedeutung sowie die Sinnzusammenhänge seiner Entwicklung auf eigentümliche Weise kritisch beschreiben könnten.[69]

V.) Römisches Recht in der rechtspolitischen Diskussion

Unabhängig von der spezifisch historischen Forschung dauert die Diskussion um die wünschenswerte Bedeutung des römischen Rechts für das geltende Recht, für dessen Interpretation und Weiterentwicklung sowie für die Juristenausbildung an. Mehrere Autoren erwarten vom römischen Recht eine Förderung der Rechts-

68 Poldnikov, Dogma, S. 61f.

69 Vgl. grundsätzlich Avenarius, Vlijanie rimskogo prava, S. 145f. Für die Bedeutung der historisch-vergleichenden Auseinandersetzung mit dem römischen Recht vgl. etwa Rassolov/Gorbunov, Rimskoe pravo, S. 4-8.

entwicklung im Privatrecht der Russischen Föderation. Hierbei handelt es sich um pragmatische Vorschläge, bestimmte in spezifischer Weise aufgefaßte Elemente des römischen Rechts auf das Recht der Gegenwart in Theorie und Praxis zu übertragen. In diesem Sinne meint Kačanovskij, daß dem Studium des römischen Rechts und der Nutzbarmachung des römischen Erbes in Verbindung mit der Errichtung einer Marktwirtschaft höchster Stellenwert zukomme. Im Unterschied zu zahlreichen Autoren, die mit dem Ausdruck »römisches Recht« letztlich das fortentwickelte Recht der römischen Tradition in Westeuropa bezeichnen, wie es sich auch in Kodifikationen verschiedener Staaten niedergeschlagen hat, hat Kačanovskij das Recht der römischen Quellen vor Augen. Für das Vertragsrecht nimmt er die Entstehung neuer Kategorien von Vereinbarungen, die im Recht bislang kein Vorbild haben, als Regelungsproblem wahr. Hier schlägt der Autor vor, an eine von ihm als »römisch« beschriebene Differenzierung zwischen *contractus* (kontrakty) als Kategorie formalisierter Verträge (dogovory) und *pacta* (pakty) als Kategorie nicht-formeller Vereinbarungen anzuknüpfen.[70] Bei letzteren differenziert er noch zwischen »pakty golye« (*pacta nuda*) und »odetye pakty« (*pacta vestita*). Kačanovskij schlägt vor, zwischen kontrakty (für Vereinbarungen im Rahmen der vom positiven Recht bereitgehaltenen Begriffe) und pakty (für Vereinbarungen in neu entstehenden und zu regelnden Bereichen) zu unterscheiden. Der Autor fordert, daß man für das 21. Jahrhundert aus dem römischen Recht das Prinzip übernehmen solle, daß neue Vertragstypen nicht ohne eine im objektiven Recht verankerte Regelung bleiben dürften. Eine Grundlage für den Schutz der pakty sieht Kačanovskij in Art. 421 GK RF, wonach die Parteien Vereinbarungen nach ihren Vorstellungen treffen dürfen, solange sie im Einklang mit den Gesetzen stehen. Kačanovskij schlägt vor, den Rechtsschutz auf dieser Grundlage kasuistisch zu entwickeln. Als Vorbild schwebt ihm dabei das prätorische Recht vor, welches er als Fallrecht wahrnimmt.[71]

Kačanovskij repräsentiert keine bedeutende Tendenz in der rechtspolitischen Diskussion. Seine Vorstellungen vom römischen Recht sind ungenau, und zudem ist kaum zu erwarten, daß sich die russische Zivilrechtspflege ausgerechnet das *antike* römische Recht als weiterführend entgegenhalten lassen wird. Andere Vorschläge sind, soweit römisches Recht überhaupt eine Rolle spielt, allgemeiner gehalten und gleichzeitig pragmatischer. So befürwortet Arslanov für das russische Recht – seiner Eigenständigkeit zum Trotz – die Orientierung an den Erfahrungen ausländischer Rechtsordnungen. Er beruft sich für die Richtigkeit dieses Standpunkts sogar – noch 2010! – auf Jherings Krautacker-Argument.[72] Stepanov merkt an, daß sich die Zivilrechtswissenschaft den jeweils veränderten Gegebenheiten der Wirklichkeit (auch vor dem Hintergrund der Globalisierung) anpassen

70 Angeregt ist die Differenzierung offensichtlich durch Ulpian 4 *ad ed.* D. 2,14,1 und die gemeinrechtliche Begrifflichkeit der *pacta.*

71 Kačanovskij, Rimskoe pravo v XXI veke (2001).

72 Arslanov, Zur Einwirkung ausländischen Rechts, S. 23. Für Jherings Argumentation vgl. oben S. 119, Fn. 7.

müsse. Dies bedeute aber keineswegs eine Abkehr von den Traditionen mehrerer hundert Jahre, sondern vielmehr eine Rückbesinnung – selbst auf römische Ursprünge wie z. B. die Institutionen.[73] Auch nach Ansicht von Makarova ist das Thema der Rezeption des römischen Rechts besonders im Zusammenhang mit der Erneuerung und Überarbeitung des Rechtsystems in Rußland aus politischer, wissenschaftlicher und praktischer Sicht nach wie vor aktuell.[74]

VI.) Stellungnahmen von politischer Seite

Über die Relevanz der referierten Vorstellungen für die Rechtsentwicklung Rußlands wird man sich keinen Illusionen hingeben dürfen. Unter den Bedingungen der »gelenkten Demokratie« ist der Stellenwert der fachöffentlichen rechtspolitischen Diskussion gering. An Hinweisen auf das römische Recht fehlt es allerdings auch im Rahmen politischer Stellungnahmen keineswegs, ebensowenig an kalkulierten Gesten.[75] Die Berührung zwischen Spitzenpolitik und römischem Recht hat in den vergangenen Jahren besonders in der Person Dmitrij A. Medvedevs, des gegenwärtigen Ministerpräsidenten der Russischen Föderation, Ausdruck gefunden. Man wird ihn im weiteren Sinne als Romanisten bezeichnen können. Vor seinem politischen Aufstieg lehrte er an der Universität in Sankt Petersburg Zivilrecht, Rechtsvergleichung und Römisches Recht.[76] Er wurde mit einer Arbeit über »Probleme der Verwirklichung der bürgerlichen Rechtsfähigkeit staatlicher Unternehmen« zum Kandidaten der Rechtswissenschaft promoviert und verfaßte das sachlich verwandte Kapitel über »Staatliche und kommunale Unternehmen« in dem von Sergeev und Tolstoj herausgegebenen Lehrbuch des Bürger-

73 Stepanov, O tradicijach i netradicijach, S. 112.

74 Makarova, Vlijanie rimskogo prava, S. 5.
Eine Diskussion wird in Rußland auch speziell um die Einführung römischer Terminologie geführt. Vor dem Hintergrund der Sensibilität, die hinsichtlich der Ausdrucksweise unter sowjetischen Bedingungen geherrscht hatte, beobachtet man eine signifikante Zunahme der Verwendung aus der lateinischen Rechtssprache entlehnter Termini. Vgl. etwa die vom Kodifikationsrat beim Präsidenten der RF am 18. März 2009 vorgelegte »Konzeption der Entwicklung der Gesetzgebung zum Sachenrecht« (oben S. 646). Viele Autoren begrüßen diese Entwicklung und befürworten die Rezeption lateinischer Ausdrücke in das russische Recht. Dies gilt z. B. für Bojko, Rimskoe i sovremennoe ugolovnoe pravo, S. 17 und Poldnikov, Dogovornye teorii glossatorov, S. 24-25. Tkačenko äußert sich entschieden dagegen; vgl. »Rimskoe pravo« v Rossii, S. 79-81. Er meint, die Befürworter des römischen Rechts – dies bezieht sich u. a. auf Bojko – betrachteten die römische Rechtsterminologie als eine Art Wundermittel gegen den Rechtsnihilismus in Rußland. Offenbar nimmt Tkačenko auch hier ein Beispiel für die Gefahr nur »dekorativer« Rezeption wahr.

75 So erhielt der nach unfreiwilliger Emigration in den U. S. A. lebende und dort an verschiedenen Universitäten das Römische Recht lehrende Olimpiad S. Ioffe 2000 zu seinem 80. Geburtstag ein Glückwunschtelegramm von V. V. Putin. Vgl. Tuzov, O. S. Ioffe, S. 681.

76 Vgl. Alexeeva, Da San Pietroburgo, S. 504 f.

lichen Rechts.[77] Medvedev gehörte 1992 zu den Gründern des Sankt Petersburger »Zentrums für die Erforschung des Römischen Rechts«. Er hat in seinen öffentlichen Äußerungen verschiedentlich Bezug auf die Bedeutung des römischen Rechts als »Brücke« zwischen Rußland und der westlichen Welt genommen. Nach seiner Wahl zum Präsidenten der Russischen Föderation erklärte er bei der Zeremonie der Amtsübernahme am 7. Mai 2008, Rußland müsse alles tun, um die Gesetze zu wahren und den Rechtsnihilismus zu überwinden. Medvedevs wissenschaftlicher Werdegang läßt darauf schließen, daß er mit dieser zweifellos politischen Rücksichten geschuldeten Bemerkung durchaus differenzierte Vorstellungen verband. Die Erwartung, Medvedev werde womöglich eine Liberalisierung Rußlands und eine jedenfalls teilweise Abkehr von den durch seinen Vorgänger Vladimir V. Putin geschaffenen Strukturen herbeiführen, hat sich spätestens mit dem neuerlichen Amtsantritt Putins zerschlagen.[78] Inwieweit sich in absehbarer Zeit gegenüber der »Diktatur des Rechts« (Putin) ein Rechtsverständnis etablieren kann, in dessen Mittelpunkt nicht der Machtapparat, sondern das Individuum steht, ist völlig offen. Entsprechende Forderungen sind verschiedentlich erhoben worden, z. B. von Medvedevs akademischem Lehrer an der Universität Sankt Petersburg, dem Zivilrechtler Anatolij A. Sobčak, der als Politiker und von 1991-1996 als Bürgermeister von Sankt Petersburg für die Schaffung marktwirtschaftlicher Verhältnisse eingetreten war. Er erklärte 1991, das Recht dürfe nicht als Instrument verstanden werden, das den Umgang des Staates mit dem Menschen in der Weise regele, daß dieser als »Schräubchen« in die Staatsmaschinerie integriert sei. Es diene vielmehr der Hinwendung des Staates zum Menschen um der Bedürfnisse desselben willen.[79] Die hierin liegende Forderung, daß das Recht als für den Menschen bestehend verstanden werden müsse, entspricht einem zentralen Grundsatz des klassischen römischen Rechts.[80] Es handelt sich bei Sobčaks Bemerkung um eine Äußerung aus jener Zeit der postsowjetischen Neuordnung Rußlands in den frühen 1990er Jahren, die man gelegentlich als »romantische« Phase bezeichnet hat. Dieser Prozeß mochte darauf hoffen lassen, daß eine Ausrichtung der rechtlichen Neuordnung Rußlands an Strukturen, die sich aus der gemeinsamen Rechtserfahrung Europas entwickelt hatten, im traditionellen romantischen Sinne mit einer Orientierung am jenem »Geist« einhergehen werde, aus dem sie hervorgegangen waren und dem sie seither dienen.[81] Die Frage, inwieweit Aussicht darauf besteht, daß dies Niederschlag in der Rechtswirklichkeit finden könnte, wird heute zurückhaltend beantwortet werden

77 Medvedev, in: Sergeev/Tolstoj, Graždanskoe pravo, S. 160-165.

78 Auf das Spannungsverhältnis zwischen programmatischen Erklärungen Medvedevs und den geringen Auswirkungen derselben in der Rechtswirklichkeit der Russischen Föderation weist jetzt Engelke, Die Transformation, S. 131 ff. hin.

79 Sobtschak, Für ein neues Rußland, 1991, S. 11. Sobčak hatte – wie Putin – als Student bei Ioffe gehört; vgl. Tuzov, O. S. Ioffe, S. 679.

80 S. oben S. 53, 448 f. u. passim.

81 Vgl. Jankowski, Le droit romain, S. 50.

müssen. Die »romantische« Phase der Neuordnung Rußlands ist sicherlich vorüber.[82]

82 Vgl. Nußberger, Ende des Rechtsstaats in Russland?, S. 63. Mit dem Hinweis auf »kanonisierte« Persönlichkeiten aus der Geschichte des russischen Rechts schmückt man sich jedenfalls gern, ungeachtet des offensichtlichen Spannungsverhältnisses zwischen ihrem Vermächtnis und der in der Russischen Föderation herrschenden Rechtswirklichkeit. Heute vergibt das russische Justizministerium z. B. »für wertvolle Beiträge zur Entwicklung der Justiz« eine Auszeichnung, die man nach dem bedeutenden Verfechter des Rechtsstaats und der Unabhängigkeit der Justiz »Anatolij-Koni-Medaille« benannt hat.

Kapitel 20: Schlußbetrachtungen

Der Überblick über die neuzeitliche Wirkungsgeschichte des römischen Rechts in Rußland lehrt, daß die historische Erfolgsgeschichte der römischen Rechtstradition durch verschiedene Merkmale derselben begünstigt worden ist, welche in der Begegnung mit einem nicht von vornherein aus derselben Tradition hervorgegangenen Recht klarer hervortreten als unter anderen Bedingungen.

Aufklärerisches Denken ließ im 18. Jahrhundert nach Anstößen für eine modernere Gestaltung des russischen Rechts fragen und fand, gefördert durch die Erwartung, im Wege der Rezeption westeuropäischer Kultur zur Modernisierung zu gelangen, Anregungen im Regelungsinstrumentarium des römischen Rechts. Vor der Folie der Rechtsordnung des Zarenreiches, welche durch eine verfließende Begrifflichkeit, durch einen ungenauen und mehrdeutigen sprachlichen Ausdruck und sogar durch das Fehlen verschiedener wichtiger Konzepte gekennzeichnet war, über die andere neuzeitliche Privatrechtsordnungen selbstverständlich verfügten, mußte das römische Recht sowohl in der durch die Quellen dokumentierten Entwicklungsstufe als auch in der durch die Pandektistik des 19. Jahrhunderts hervorgebrachten Gestalt für seine differenzierte Begrifflichkeit und technische Rechtssprache Bewunderung und das Interesse an einer Aneignung hervorrufen. Zur Begründung dieser Hinwendung auf römisches Recht und der Vorstellung, dasselbe sei für russische Verhältnisse geeignet, konnte ein älterer, eigenständiger Rezeptionsstrang dienen, der römisch-byzantinisches Recht bereits in frühneuzeitliche Rechtstexte hatte eingehen lassen.

Die Vielfalt der Zusammenhänge, in denen Begriffe und Wertungen aus dem römischen Recht in das Denken zahlreicher Juristen des Zarenreiches eingingen, erlaubt es, mit Recht von einem komplexen Rezeptionsvorgang zu sprechen und den oft erhobenen Einwand, das römische Recht sei nicht rezipiert worden, weil es formal nicht »gegolten« habe, durch eine differenziertere Vorstellung zu ersetzen.

Das Interesse am römischen Recht beschränkte sich nicht auf dessen Formenbestand. Gleichzeitig entwickelte das Denken der Aufklärung nämlich Sinn für den Stellenwert, der dem einzelnen Menschen richtigerweise in einer Rechtsordnung zukommen sollte, und stieß im römischen Recht auf Grundsätze, die diese Wertentscheidung zum Ausdruck brachten und eine Festigung des »Status« des einfachen Menschen im Recht zu ermöglichen versprachen. Beide Aspekte wurden im Schrifttum und in den Beratergremien der Zaren erörtert. Einzelne Konzepte wurden vorsichtig in das geltende Recht aufgenommen, doch blieb die Einstufung des Individuums als Rechtssubjekt Theorie. Es kam zur Ausbreitung der Kenntnis vom römischen Recht, das seit Mitte des 18. Jahrhunderts auch Gegenstand von Universitätsunterricht war.

Die Hinwendung zum römischen Recht im Sinne der Aufklärung blieb jedoch auch insoweit, als sie nicht nur in halbherziger Koketterie mit dem Reformgedanken bestand, sondern eine ernsthafte Erneuerung zum Ziel hatte, überwiegend ohne praktische Auswirkungen. Die im Auftrag der Herrscher entfalteten Aktivitäten trugen, je stärker sich der Reformbedarf Ausdruck verschuf, immer defensiveren Charakter. Insbesondere seit der Wende zum 19. Jahrhundert waren Reformansätze, die das römische Recht berücksichtigten, teilweise keineswegs von fortschrittlichem Gestaltungswillen getragen, sondern von dem Interesse, den status quo möglichst zu wahren.

Durch die amtliche und zunehmend öffentliche Auseinandersetzung mit dem römischen Recht sowie durch dessen Lehre und aufkommende Literatur fanden allmählich Konzepte Verbreitung, die eine Aufwertung des Individuums im Recht zu fördern versprachen. Vor dem Hintergrund der Rechtswirklichkeit im Zarenreich konnte das römische Recht besonders deutlich als Träger des Gedankens wahrgenommen werden, daß die Lebensverhältnisse der Person um ihretwillen geordnet werden sollten, also durch die Anerkennung effektiv gewährleisteter privater Rechte und den Schutz individueller Freiheiten. Wenn die Verwirklichung dieser Konzepte auch in weiter Ferne zu liegen schien, wirkten sie doch latent fort, und immer wieder brach sich der Wunsch nach einer bürgerlichen, an Freiheit und Gleichheit ausgerichteten Rechtsordnung Bahn, wie sie das römische Recht repräsentierte. Mutig erhobene Forderungen wie die Radiščevs oder an verantwortlicher Stelle ausgearbeitete Vorschläge zu grundlegenden Reformen, wie sie der frühe Speranskij vorgelegt hatte, waren durch das fortschrittliche Recht Westeuropas angeregt, hinter dem, wie die Beteiligten wußten, die Tradition des römischen Rechts stand. Die entsprechenden Initiativen wurden durch die Obrigkeit allerdings entschieden zurückgedrängt. So wird die Annahme nicht fehlgehen, daß die später durch Speranskij betriebene, uneingestandene Aufnahme verschiedener Einrichtungen des römischen Rechts in das positive Recht des Zarenreiches einen Weg bildete, auf dem ein von der Richtigkeit seines Kurses überzeugter Jurist der Modernisierung die Bahn bereiten wollte.

Im 19. Jahrhundert kam es zu zahlreichen Formen des Umgangs mit dem römischen Recht, die eine Trennung seiner formalen und technischen Elemente von der zugrundeliegenden Wertordnung anstrebten. So wurde die Verbreitung von Kenntnissen im römischen Recht auf verschiedene Weise offiziell gefördert, um das Rechtsdenken der Juristen daran zu schulen. Die Einrichtungen des geltenden Rechts sowie die hierarchisch durchorganisierte Gesellschaftsordnung des Zarenreiches sollten davon allerdings unberührt bleiben. Als sich unter diesen Bedingungen auf Grundlage des römischen Rechts eine Privatrechtswissenschaft zu entwickeln begann, mußte sich diese zunächst als selbständige Disziplin neben der Bearbeitung des geltenden bürgerlichen Rechts verstehen, welches aus sich heraus noch kaum wissenschaftlich betrieben werden konnte. So wurde das »Dogma« des römischen Rechts etabliert. Dieses wurde in hohem Maße durch das Rechtsdenken der Pandektenwissenschaft angeregt, wobei der eigenständige Beitrag von Juristen des Zarenreiches an Bedeutung gewann. Schließlich ließen sich die am »Dogma« des römischen Rechts entwickelten Denkstrukturen der Juristen auf die Dauer nicht hermetisch von der Behandlung des geltenden Rechts trennen, und so kam es schrittweise zum Eingang wissenschaftlicher Methoden und Begrifflichkeit in das geltende russische Recht.

Die Besetzung wichtiger Positionen in Verwaltung und Justiz mit Juristen, die ihren anspruchsvollsten Rechtsunterricht im römischen Recht erfahren hatten, bot die personelle Voraussetzung dafür, daß, als mit den Gerichtsreformen der 1860er Jahre die entsprechenden rechtlichen Rahmenbedingungen geschaffen worden waren, zahlreiche Einrichtungen des römischen Rechts offen in das geltende Recht integriert und praktisch angewandt werden konnten. Auf dieser Grundlage betrieb die Kassationsabteilung des Dirigierenden Senats, die oberste Gerichtsinstanz für Zivilsachen, die Rezeption zahlreicher Einrichtungen des römisch-westeuropäischen Rechts in das geltende Recht des Zarenreiches. Die Vorbereitung und dogmatische Begleitung dieser Entwicklung durch die Wissenschaft bereitete den Weg dafür, daß sich die seit 1882 stattfindenden Arbeiten am Entwurf einer Zivilrechtskodifikation offen am römischen Recht in der in westeuropäischen Staaten erreichten Entwicklungsstufe orientieren konnten.

Die Übernahme von am römischen Recht entwickelten Elementen rief eine Erörterung der Frage nach der Eignung des römischen Rechts für die spezifischen, im Zarenreich herrschenden Lebensverhältnisse und nach der Berechtigung seiner Aneignung hervor. Dies gilt besonders für die kritische Auseinandersetzung mit dem liberalen Eigentumsbegriff, den man mit der römischen Tradition verband. Die Erkenntnis, daß er dem Berechtigten einen Freiraum gewährt, barg Konfliktstoff für das Verhältnis zwischen Individuum und Staat, der in der frühen Neuzeit ein hierarchisch organisiertes Eigentum zugelassen hatte, welches allerdings in besonders eingeräumten Befugnissen bestand: Hier mußte ein als Vollrecht konzipiertes Eigentum im Widerspruch zu dem Vorbehalt staatlicher Eingriffe stehen. Schließlich stellte sich die Erfahrung ein, daß Rechte, die als Freiraum ihres Inhabers konzipiert sind, die Gefahr der Bedrängung anderer Privater bergen, insbesondere im Verhältnis zwischen Grundeigentümern und bäuerlichen Bewohnern und Nutzern des Bodens. Dies ließ in Rußland die Vorstellung entstehen, subjektive Rechte begünstigten einzelne Privilegierte zum Nachteil anderer Menschen.

Der Einfluß des römischen Rechts wirkte sich keineswegs nur in Einzelfragen der russischen Privatrechtsdogmatik aus, also insbesondere durch die Erweiterung des Spektrums der privatrechtlichen Institutionen. Aus der Kenntnis des römischen Rechts zog die Wissenschaft vielmehr noch auf andere Weise Früchte, die sich seit den 1860er Jahren im privatrechtswissenschaftlichen Schrifttum des Zarenreiches Ausdruck verschufen. Gerade diese Zeit, in der sich das Spannungsverhältnis verschärfte, das sich zwischen den dem römischen Privatrecht zugrundeliegenden Prinzipien und Werten einerseits und der Rechtswirklichkeit unter den Bedingungen der Autokratie im Zarenreich andererseits ergab, erlebte einen Rückgang der Akzeptanz für die bestehende Ordnung, an die Recht und Rechtsgeltungsanspruch anknüpften, und führte zu einer lebhaften Auseinandersetzung mit den Grundlagen des Rechts. Anhaltspunkte zu ihrer Bearbeitung gab das römische Recht, welches – anders als die jetzt auch in Betracht gezogenen Gewohnheitsrechte des Zarenreichs – ungleich differenzierter ausgearbeitet war. So konnten neben den Einrichtungen des römischen Rechts auch methodische Grundsätze desselben und schließlich Elemente eines dem römischen Recht entlehnten Wertesystems an Einfluß gewinnen. Die Wahrnehmung der Rechtserfahrung, die in den römischen Quellen verkörpert ist und in dem jahrhundertelangen Umgang mit demselben zum Ausdruck kam, begünstigte u. a. die Entwicklung soziologischer Konzepte des Rechts (Muromcev, Kistjakovskij u. a.). Die Haupttendenz der verschiedenen Strömungen des Rechtsdenkens bestand allerdings in der Bemühung um eine Verwissenschaftlichung des Privatrechts mit dem Ziel, seine Anwendung und Fortbildung zu professionalisieren (Mejer, Guljaev u. a.), auf seiner Grundlage die Durchsetzung rechtsstaatlicher Verhältnisse zu gewährleisten und schließlich die Autonomie des Privatrechts gegenüber dem Vorbehalt staatlicher Eingriffe zu fördern. In dieser Hinsicht wirkten besonders konsequent die Vertreter positivistischen Rechtsdenkens (Szerszeniewicz, Passek u. a.). Sowohl auf dem Gebiet der Grundlagen des Rechts als auch im Bereich der Privatrechtswissenschaft und der Romanistik leisteten Juristen des Zarenreiches nun Beiträge, die nicht nur auf der Höhe der europäischen Diskussion ihrer Zeit waren, sondern die, in einem besonderen Kontext entstanden, der westeuropäischen Diskussion originelle, wenn auch nur teilweise aufgegriffene Anregungen vermitteln konnten (Petrażycki, Pokrovskij u. a.). Diesen Arbeiten lag wirkungsgeschichtlich bedingt eine spezifische Wahrnehmung des römischen Rechts zugrunde. Aus der Sicht einer Rechtsordnung, die – abgesehen von einzelnen vor langer Zeit aufgenommenen Elementen – überwiegend nicht historisch aus der Tradition des kontinentaleuropäischen römischen Rechts hervorgegangen war, sondern sich demselben gegenübersah, mußten diejenigen Merkmale in besonderer Deutlichkeit hervortreten, die das römische Recht der klassischen Zeit, von dem das Corpus iuris und damit die Rezeption in West- und Mitteleuropa ausgegangen waren, auszeichneten und die letztlich den Erfolg seiner Wirkungsgeschichte begründen: interessengerechte Regelungen, auf Ausgleich unter Gleichgestellten gerichtete Prinzipien, die Anpassungsfähigkeit an unterschiedliche Gesellschaftsformen sowie die Ausrichtung auf die individuelle Person.

Die Wirkung des römischen Rechts auf das positive Recht war gekennzeichnet durch die eigentümliche Bereitschaft zur Trennung zwischen den verschiedenen Merkmalen. Diese Neigung fiel sicherlich nicht zufällig zusammen mit der bewußten Auseinandersetzung mit den Folgen von Rezeptionsvorgängen. War schon die Zarenadministration darauf bedacht gewesen, die Orientierung am römischen Recht auf dessen technische Elemente zu beschränken und diese, die Anpassungsfähigkeit derselben nutzend, auf kontrollierte Weise in ein tradiertes, nach wie vor vom Grundsatz der Selbstherrschaft ausgehendes Recht zu implementieren, so stellte das revolutionäre Rußland ein ähnlich eklektisches Verfahren in den Dienst der Schaffung einer sozialistischen Rechtsordnung. Man wies das »bourgeoise« Recht zurück, behielt dessen letztlich römische Formen hingegen bei, um sie allerdings mit neuem, der marxistischen Ideologie entsprechendem Inhalt zu versehen. So suchte auch das sowjetische Recht die technische Seite des römischen Rechts zu nutzen und Rechtseinrichtungen der Form nach zu übernehmen, unterwarf diese allerdings durch ideologische Vorbehalte einem grundsätzlichen Bedeutungswandel. Man war sogar aus marxistischer Sicht am wissenschaftlichen Potential des römischen Rechts interessiert und behielt die Lehre des römischen Rechts jahrzehntelang bei, trennte dasselbe aber von der zugrundeliegenden Wertordnung.

Heute hat Rußland mit den Privatrechtseinrichtungen den Anschluß an die römisch-westeuropäische Tradition überwiegend vollzogen. Wenn die Offenheit des römischen Rechts gegenüber an dasselbe herangetragenen Wertsystemen nach dem Systemwechsel von 1989/91 nicht mehr zum Vorrang der Interpretation privatrechtlicher Einrichtungen im Lichte sozialistischer Konzepte führt, bedeutet dies freilich nicht, daß man es jetzt mit einem uneingeschränkt liberalen Privatrecht zu tun hätte, das ohne weiteres die Rechtsverhältnisse der einzelnen Menschen im Rahmen einer freiheitlichen Ordnung unter den Bedingungen bürgerlicher Gleichheit regelte. Das moderne russische Privatrecht ist abermals der Gefahr ausgesetzt, höher bewerteten Zwecken untergeordnet zu werden, insbesondere Interessen, die von seiten des Staates oder mit diesem verflochtener wirtschaftlicher Konglomerate verfolgt werden. Die Einschränkung des subjektiven Rechts bildet insoweit eine konstante Vorstellung, die, im Zarenreich etabliert und in der Sowjetunion selbstverständlich, heutigen Juristen als Normalität vorkommen dürfte. Eine andere Einschränkung der Gewährleistung einer liberalen Privatrechtsordnung dürfte im Hinblick auf effektiven Rechtsschutz gelten.

Ungeachtet der genannten Vorbehalte, die gegenüber der Vorstellung von einem Anschluß des modernen russischen Privatrechts an die römisch-westeuropäische Tradition beachtet werden müssen, besteht im russischen Schrifttum bis heute eine ausgeprägte Bereitschaft, in unterschiedlichen Zusammenhängen einen »Geist des römischen Rechts« zu beschwören. Vor dem Hintergrund der historischen Erfahrung, daß eine angemessene Regelung der menschlichen Lebensverhältnisse keineswegs selbstverständlich ist, wird mit dieser Wortwahl die Anschauung verbunden, daß das russische Recht nunmehr von verschiedenen »gerechten« Prinzipien erfaßt worden sei, die an die russische Rechtsentwicklung von außen herangetreten seien und als »römisch« wahrgenommen werden könnten. Die entsprechenden Vorstellungen sind mitunter äußerst diffus. So ist man geneigt, die Berufung auf den »Geist des römischen Rechts« in manchen Fällen nicht als Tatsachenbehauptung zu verstehen, sondern vielmehr als Ausdruck einer Zuversicht, zu der die Rechtsgeschichte Rußlands – trotz allem – auch Anlaß gibt.

Чуждые традиции римского права

Влияние, восприятие и значение аргументации »римского права« в Российской Империи XIX века

(Заключение)

Хроника знакомства России с римским правом в новое время доказывает, что последовательному восприятию римской правовой традиции способствовали определенные ее черты, наиболее заметные именно при взаимодействии с правовой системой, основанной изначально на иной традиции, чем при любых других обстоятельствах.

Вдохновленное возможностью модернизации путем восприятия западноевропейской культуры, просвещенное мышление XVIII века, пребывавшее в поиске отправных точек для обновления существовавшей правовой системы, нашло вдохновение в инструментарии римского права. На фоне действовавшего в царской России правопорядка, характеризовавшегося нечетким понятийным аппаратом, неопределенными и многозначными формулировками и даже нехваткой различных важных концепций, уже имевшихся, разумеется, в других частноправовых системах нового времени, римское право – как его зафиксированная в античных источниках форма, так и переосмысление пандектистикой XIX века – с присущими ему многообразием понятий и четкостью юридической аргументации, не могло не вызвать восхищения и желания его перенять. Объяснить обращение к римскому праву и уверенность в том, что оно применимо к существующим в России общественным отношениям, можно было давней связью, обусловленной влиянием римско-византийского права на правовые источники уже в раннее новое время.

Многообразие контекстов, в которых понятия и суждения, присущие римскому праву, определяли ход мысли множества юристов Российской Империи, позволяет с полной уверенностью говорить о сложном процессе рецепция римского права и представить новый взгляд на данный процесс, взамен часто высказываемого мнения, согласно которому никакого рецепция не было, так как римское право формально »не действовало«.

Интерес к римскому праву не ограничивался его формальными характеристиками. Просвещенное мышление подхватило также идеи о положении, которое по справедливости должна занимать личность в правовой системе, и обнаружило в римском праве принципы, выражающие подобные ценностные суждения и позволяющие юридически закрепить »статус« отдельного человека. Оба аспекта нашли отражение в литературе, а также озвучивались в кругах, приближенных к императору. Отдельные концепции были осторожно воплощены в действующем законодательстве, но признание за индивидом статуса субъекта права по прежнему было лишь предметом теоретических дискуссий. Постепенно знания о римском праве распространялись – с середины XVIII века оно вошло в перечень университетских дисциплин.

Обращение к римскому праву в смысле просвещения, однако, если иметь ввиду именно серьезные изменения, а не просто игра с мыслью о возможности реформ, почти что не имело практических последствий. Чем более явной становилась необходимость реформ, тем более »оборонительный характер« носила деятельность, осуществляемая по приказу правителя. Особенно для начала XIX века характерна ситуация, в которой начавшиеся было реформы, учитывавшие опыт римского права, имели целью скорее сохранение существующего status quo, нежели прогрессивное изменение существующего порядка.

Дискуссия, которая разворачивалась вокруг римского права и в которой все активнее участвовали как общество, так и публично-правовые субъекты, а также преподавание его основ в университетах и появление соответствующей литературы способствовали распространению идей, предусматривающих занятие индивидом более важной позиции, чем та, которая отводилась ему в существовавшей на тот момент системе общественных отношений. На фоне правовой действительности царского времени римское право явилось воплощением идеи, согласно которой регулировать уклад жизни человека нужно, исходя из его интересов, путем признания за ним подкрепленных эффективными гарантиями личных прав и защиты индивидуальных свобод. Даже если претворение подобных идей в жизнь в обозримом будущем представлялось немыслимым, они, тем не менее, продолжали будоражить умы, и то и дело озвучивалась мечта о гражданском обществе, как оно представлено в римском праве – обществе, основанном на принципах свободы и формального равенства. Смелые требования, высказанные, например, Радищевым, так же как и предложения о проведении глубоких реформ раннего Сперанского, стали результатом влияния прогрессивного права стран западной Европы, за которым, как знали все непосредственные участники процесса, стояла традиция римского права. Верхи, однако, решительно отвергали любые подобные инициативы. Можно предположить, что позже Сперанский, как юрист убежденный в правильности выбранного им курса, путем скрытого внедрения отдельных институтов римского права в позитивное право Российской Империи хотел подготовить почву для модернизации.

В XIX веке появилось множество форм взаимодействия с римским правом, направленных на отделение его формальных и технических элементов от лежащей в его основе системы ценностей. Так, распространение знаний о римском праве официально всячески стимулировалось с той целью, чтобы эффективно учить юристов навыкам правового мышления. Это, однако, ни в коем случае не должно было затронуть основанную на строгом подчинении иерархическую организацию общества и существующие правовые институты. Наука частного права, развивавшаяся в этих условиях на основе римского права, изначально вынуждена была позиционировать себя как отдельная дисциплина, существующая независимо от существующей практики гражданского права, которое само по себе уже едва ли могло быть предметом научного изучения. Так появилась »догма« римского права. В значительной мере это было обусловлено влиянием пандектистики, но и вклад юристов царской России был весьма значителен. В какой-то момент стало невозможным четко разделять сформировавшиеся на основе »догмы« римского права логические структуры, выработанные юристами, и применение действующего права, которое, таким образом, постепенно стало испытывать на себе влияние научных методов и концепций.

Замещение ключевых административных и судебных должностей юристами, познавшими науку римского права, стало важным условием возможности инкорпорации в действующее право и практического применения, после создания подходящих правовых рамок в процессе проведения судебных реформ в 1860-х годах, множества институтов римского права. Это позволило кассационному департаменту Правительствующего Сената, высшей судебной инстанции по гражданским делам, внедрить в действующее право Российской Империи множество институтов римско-западноевропейского права. Эти изменения готовились и догматически сопровождались видными деятелями науки, что немало повлияло на возможность в дальнейшем, во время начавшихся в 1882 г. работ по составлению гражданского уложения, открыто ориентироваться на римское право на той стадии его развития, которая к тому времени была достигнута в странах западной Европы.

Восприятие правовой системой элементов, присущих римскому праву, заставило участников этого процесса задаться вопросом о том, насколько оно применимо к существующим в царской России общественным отношениям, и насколько оправдана его рецепция. В особенности это касалось либерального понятия собственности, которое ассоциировалось с римской правовой традицией. Осознание того, что обладателю соответствующего права предоставляется определенная свобода, таило в себе опасность возникновения конфликтов между индивидом и государством. Последнее признало в раннее новое время право на иерархически организованную собственность, которая, однако, существовала в жестких рамках – исключительное право собственности выступало как противовес государственному вмешательству. В существовавшей системе права, представляющие собой свободу усмотрения их обладателя, неизбежно таили в себе опасность ущемления прав других лиц, в особенности в отношениях между землевладельцами и крестьянами и пользователями земельных участков. Все это привело к формированию в России убеждения, что субъективные права наделяют дополнительными преимуществами определенные привилегированные слои в ущерб другим лицам.

Римское право оказало влияние не только на отдельные сферы российской частноправовой догматики, в особенности посредством расширения спектра частноправовых институтов. Наука пожинала и иные плоды распространения знаний о римском праве, которые, начиная с 1860-х годов, находили отражение в литературе, посвященной частному праву. Именно в этот период, когда росло напряжение между принципами и ценностями, на которых основывалось римское частное право, с одно стороны, и правовой действительностью, определяемой автократией, существовавшей в царской России, с другой стороны, началось отторжение существующего порядка, который определял право и механизмы его действия, и обращение к основам права как такового. Отправной точкой для их изучения стало римское право, которое было намного детальнее проработано, чем обычное право царской империи, к которому также обращались в данной связи. Так, помимо правовых институтов, все более важную роль играли методология и, наконец, элементы системы ценностей, присущие римскому праву. Восприятие правового опыта, закрепленного в римских источниках и развитого путем обращения к последним на протяжении многих веков, способствовало, среди прочего, развитию социологических концепций права (Муромцев, Кистяковский и др.). Основной тенденцией, объединявшей различные правовые школы того времени, однако, было возведение частного права в ранг самостоятельной научной дисциплины (его »онаучнивание«) с целью структуризации его применения и развития (Мейер, Гуляев и др.), построения на этой основе системы общественных отношений, согласующейся с идеями правового государства, и, наконец, утверждения большей автономии частного права в противовес государственному регулированию. Особенно активно в этом направлении работали представители позитивизма (Шершеневич, Пассек и др.). Как в сфере теории права, так и в сфере науки частного права и романистики юристы царской России уже не только наравне принимали участие в общеевропейской дискуссии, но и, благодаря той особой действительности, современниками которой они были, добавляли к этой дискуссии новые, доселе никем не высказанные идеи, пусть и не всегда целиком воспринятые (Петражицкий, Покровский и др.). В основе этих работ лежало особое понимание римского права. Перспектива правовой системы, которая, не считая отдельных, давно ставших частью ее элементов, не относится исторически к традиции континентального римского права, а скорее противопоставлялась ей, определила ту особую четкость, с которой проявились черты, присущие римскому праву классического периода, из которого берет начало Corpus iuris и, вместе с ним, рецепция римского права западно- и среднеевропейскими государствами, и в наибольшей степени определившие успех его восприятия: учет различных групп интересов, принципы, направленные на установление формального равенства, применимость к различным формам общественного устройства, а также центральная роль, отводимая отдельной личности.

Влияние римского права на позитивное право характеризовалось отделением друг от друга различных признаков первого, которое не случайно сопровождало изучение последствий его рецепции. Уже царский режим сознательно стремился использовать исключительно технические разработки римского права при адаптации его к традиционному, опирающемуся на самодержавие, праву. Революционные силы прибегли к столь же эклектичному механизму инкорпорации – уже с целью создания социалистического правопорядка. »Буржуазное« право было отвергнуто, отдельные его формы однако, по сути происходящие из римской правовой традиции, были сохранены, с тем, чтобы наполнить их новым содержанием, согласующимся с марксистской идеологией. Таким образом, и советское право также пользовалась техническими разработками римского права и перенимало формы соответствующих правовых институтов, при этом придавая им, с учетом господствующей идеологии, качественно новое значение. Даже для марксистского мировосприятия научный потенциал римского права представлял ценность, и оно было сохранено как дисциплина, хотя и отделено от лежащей в его основе системы ценностей.

На сегодняшний день восприятие Россией римско-западноевропейской традиции через ее частноправовые институты практически завершено. Именно открытость римского права по отношению к различным системам ценностей сделала возможным как интерпретацию частноправовых институтов в основном в свете социалистических концепций, так и отказ от подобной интерпретаций после смены режимов в 1989/1991 гг.. Это, однако, не означает, что сегодня мы имеем дело с неограниченно либеральным частным правом, которое регулирует межличностные отношения в рамках саморегулируемой системы, исходя из формального равенства их участников. Современному российскому частному праву постоянно грозит опасность быть подчиненным принимаемым за более важные интересам, как то интересы государства или связанных с ним экономических сообществ. Ограничение субъективных прав, таким образом, есть некое устоявшееся представление, сформировавшееся в царской империи и естественное для СССР, которое и современным юристам не кажется чем-то неестественным. Еще одно препятствие на пути к становлению либерального частного правопорядка – отсутствие эффективных механизмов защиты прав.

Несмотря на перечисленные факторы, которые необходимо учитывать, когда речь идет о преемственности между современным российским частным правом и римско-западноевропейской традицией, российская литература по сей день охотно обращается в различных контекстах к »духу римского права«. С учетом исторического опыта, который подтверждает, что наличие подобающего регулирования межличностных взаимодействий не есть нечто само собой разумеющееся, с данным словосочетанием связано представление о существовании неких »справедливых« принципов, привитых российскому праву в его развитии извне и воспринятых им как »римские«. Конкретные представления при этом подчас довольно туманные. Бесспорно то, что обращение к »духу римского права« в ряде случаев нужно понимать не как констатацию факта, а скорее как выражение уверенности, порождаемой, не смотря ни на что, историей российского права.

Schrifttumsverzeichnis

Das Verzeichnis beschränkt sich auf die tatsächlich verwendete Literatur. Soweit bestimmte Schriften einzelner Juristen im Text nur mit dem Ziel erwähnt werden, das wissenschaftliche Werk des Autors zu beschreiben, werden sie hier nicht nochmals aufgeführt. Auf die Nennung bestimmter Ausgaben antiker oder neuzeitlicher literarischer Werke wird, soweit es nicht darauf ankommt, verzichtet.

Russische Druckwerke sind mitunter nur unter Schwierigkeiten zugänglich. Dieses Problem wird inzwischen teilweise dadurch entschärft, daß zahlreiche Texte online zur Verfügung stehen. Dabei bleiben Seitenspiegel bzw. -zählweise gelegentlich nicht erhalten. Hier ist, soweit irgend möglich, die Druckfassung der Texte zitiert worden. Nur wo dies ausnahmsweise nicht möglich war, wird auf anderweitig verfügbare Textfassungen verwiesen.

Slavischen Werktiteln ist eine Übersetzung beigegeben. Kyrillische und griechische Titel sind nach Maßgabe der Bibliotheksumschrift transliteriert. Gelegentlich weicht die Schreibweise eines Namens bei der Autorenangabe von der Originalschreibweise desselben (bzw. deren wissenschaftlicher Transliteration) ab. In diesem Falle wird die Transliteration der Originalschreibweise ergänzt, z. B.: Timasheff (= Timašev). Soweit der jeweils zweite oder ein weiterer Titel unter »ders.« angegeben, in der jeweiligen Autorenangabe aber anders geschrieben ist, wird die abweichende Schreibweise, um die Auffindung des Werks zu erleichtern, gleichfalls in Klammern genannt. Wenn also unter dem Autor Muromcev neben anderen auch eine deutschsprachige Arbeit verzeichnet ist, wird angegeben, daß der Name dort »Muromtzeff« geschrieben wird.

Gesetzesausgaben, Gesetzentwürfe und Materialien

Die Titel sind in der chronologischen Ordnung des Erscheinens der Originaltexte aufgeführt.

Sobornoe Uloženie (**1649**): Tichomirov, Michail Nikolaevič/Pëtr Pavlovič Epifanov: Sobornoe Uloženie 1649 g. (Das Sobornoe Uloženie von 1649), Moskva 1961.

Sobornoe Uloženie (**1649**): Meiske, Christian: Das Sobornoe Uloženie von 1649, Halle (Saale) 1985.

Sobornoe Uloženie (**1649**): Allgemeines Russisches Land-Recht Wie solches Auf Befehl Ihr. Czaar. Majest. Alexei Michailowicz zusammen getragen worden Damit allen Ständen Des Moscovitischen Reichs vom Höchsten biß zum Niedrigsten Gleichmäßiges Recht und Gerechtigkeit in allen Dingen wiederfahren möge. Aus dem Rußischen ins Teutsche übersetzt Nebst einer Vorrede Burcard Gotthelff Struvens, Dantzig 1723.

Hexabiblos-Übersetzung Spanos (**1744**): Kōnstantinu Harmenopulu kritu Thessalonikēs Procheiron, to legomenon hē hexabiblos, eis kionēn glōssan metaphrastheisa. Diorthōdeisa de kai ektetheisa kata tēn taxin to hyphos kai noēma tēs prōtotypu hellēnikēs hexabiblu para Alexiu Spanu tu ex Iōanninōn. Hyph' oÿ kai to peri tōn synoikesiōn encheiridion prosetethē, ho te kata alphabeton pinax. Protropē kai tu [...] metropolitu Hērakleias k. k. Geradimu, Enetiēsi (= Venedig) 1744.

Nakaz (**1768**): Nakaz imperatricy Ekateriny II dannyj kommissii o sočinenii proekta novogo uloženija (Anweisung der Kaiserin Katharina II., der Kommission zur Erarbeitung des Entwurfs eines neuen Gesetzbuches gegeben), Red.: N. D. Čečulin, S.-Peterburg 1907.

Nakaz (**1768**): Butler, William E./Vladimir A. Tomsinov (Hrsg.): The Nakaz of Catherine the Great. Collected Texts, Clark, New Jersey 2010.

Načertanie (**1768**): Načertanie o provedenii k okončaniju Komissii proekta novogo Uloženija (Darstellung über die Hinführung zum Abschluß gegenüber der Kommission zum Entwurf eines neuen Gesetzbuches), in: V. A. Tomsinov (Hrsg.): Zakonodatel'stvo imperatora Petra III 1761-1762 gody – Zakonodatel'stvo imperatricy Ekateriny II 1762-1782 gody, Moskva 2011, S. 111-125.

Entwurf eines Graždanskoe uloženie (**1809/12**): Proekt Graždanskogo uloženija Rossijskoj Imperii, sostavlennyj v kommissii zakonov, čast' I., v Sanktpeterburge 1809, čast' vtoraja: ob imuščestvach, 1810, čast' tret'ja: o dogovorach, 1812 (Entwurf eines bürgerlichen Gesetzbuchs für das Rußländische Reich, erstellt in der Gesetzgebungskommission, Teil 1, in Sankt Petersburg, 1809, zweiter Teil: vom Vermögen, 1810, dritter Teil: von den Verträgen, 1812).

Donič-Rechtsbuch (**1814**): Manualul Juridic al lui Andronachi Donici. Ediţie critică, hrsg. von Andrei Rădulescu u. a., Bucureşti 1959.

Institutionen des Russischen Rechts (**1819**): Institutionen des Russischen Rechts. Auf Allerhöchsten Befehl von der Gesetzcommision herausgegeben, und für die Ostseeprovinzen zum Behuf der Darstellung ihres Partikularrechts deutsch bearbeitet, Bd. 1, St. Petersburg 1819.

Polnoe sobranie zakonov (seit **1830**): Polnoe sobranie zakonov Rossijskoj Imperii (Vollständige Sammlung der Gesetze des Rußländischen Reiches), Sobranie pervoe s 1649 po 12 dekabrja 1825, Bd. 1-45, Sankt-Peterburg 1830; Sobranie vtoroe, Bd. 1-55, Sankt-Peterburg 1830-1881; Sobranie 3-e, Bd. 1-33, Sankt-Peterburg 1885-1916.

Hexabiblos, russische Übersetzung (**1831**): Perevod Ručnoj knigi zakonov, ili tak nazyvaemogo Šestiknižija, sobrannogo otvsjudu i sokraščennogo dostopočtennym Nomofilaktom i Sud'eju v Thessalonike Konstantinom Armenopulom, pri čem prilagaetsja i ručnaja kniga o brakach, sočinennaja Aleksiem Spanom. S izdanija, pečatannogo v Venecii v 1766 godu. Pečatano pri senatskoj tipografii v 1831 godu (Sankt-Peterburg) (Übersetzung des Handbuchs der Gesetze oder der von überall zusammengestellten und durch den ehrenwerten Rechtsbewahrer und Richter in Thessaloniki Konstantin Armenopulos gekürzten sogenannten Sechsbücher, welchem auch das Handbuch über die Ehe beigefügt ist, erarbeitet von Alexios Spanos. Nach der in Venedig 1766 gedruckten Auflage. Gedruckt in der Senatsdruckerei 1831).

Svod zakonov (**1833**): Svod zakonov Rossijskoj Imperii poveleniem gosudarja imperatora Nikolaja Pavloviča sostavlennyj (Sammlung der Gesetze des Rußländischen Reiches, zusammengestellt auf Befehl des Herrn und Kaisers Nikolaj Pavlovič), 15 Bde., Sanktpeterburg 1833.

Baltisches Privatrecht (**1864**): Liv-, Est- und Curlaendisches Privatrecht. Zusammengestellt auf Befehl des Herrn und Kaisers Alexander II. (= Provincialrecht der Ostseegouvernements. Dritter Theil. Privatrecht), St. Petersburg 1864.

Dresdener Entwurf (**1866**): Dresdener Entwurf: Entwurf eines allgemeinen deutschen Gesetzes über Schuldverhältnisse, im Auftrage der Commission herausgegeben von B. Francke, Dresden 1866.

Examensanforderungen (**1885**): Ekzamennye trebovanija, koim dolžny udovletvorjat' ispytuemye v kommissii juridičeskoj (Examensanforderungen, denen die Prüflinge vor der juristischen Kommission genügen müssen), in: ŽMNP, Bd. 241, Oktober 1885, S. 60-74.

Russisches Handelsgesetzbuch (**1887**): Zwingmann, Victor v. (Hrsg.): Russisches Handelsgesetzbuch. Die Handelsordnung des Russischen Reiches nach der Ausgabe von 1887 aus dem XI. Bande des Codex der Reichsgesetze, Riga 1889.

Motive zum BGB (**1896**): Motive zu dem Entwurfe eines Bürgerlichen Gesetzbuches für das Deutsche Reich, Bd. 2: Recht der Schuldverhältnisse, Bd. 3: Sachenrecht, 2. Aufl., Berlin 1896.

Bürgerliches Gesetzbuch, russische Übersetzung (**1898**): Graždanskoe Uloženie Germanskoj Imperii. Perevod s nemeckogo (Das Bürgerliche Gesetzbuch des Deutschen Reiches. Übersetzung aus dem Deutschen), Sankt-Peterburg 1898 (erschienen als Beilage zum Žurnal Ministerstva Justicii 4 [1898]).

Graždanskoe uloženie. Schuldrechtsentwurf (**1899**): Graždanskoe uloženie. Kniga pjataja. Objazatel'stva. Proekt Vysočajše učreždennoj Redakcionnoj Kommisii po sostavleniju Graždanskogo uloženija (Bürgerliches Gesetzbuch. Fünftes Buch. Schuldverhältnisse. Entwurf der allerhöchst eingesetzten Redaktionskommission für die Ausarbeitung eines Bürgerlichen Gesetzbuchs). Tom pervyj, St. 1-276; Tom vtoroj, St. 277-504; Tom tretij, St. 505-718; Tom četvertyj, St. 719-921, s objasnenijami, S.-Peterburg 1899.

Bürgerliches Gesetzbuch. Buch V. (**1900**): Seeler, Nicolaus von (Hrsg.): Bürgerliches Gesetzbuch. Buch V. Das Recht der Forderungen. Entwurf der Allerhöchst eingesetzten Redactionscommission zur Abfassung eines Bürgerlichen Gesetzbuchs, Riga 1900.

Ergänzung zum Entwurf eines Graždanskoe uloženie (**1906**): Pribavlenie k proektu Graždanskogo Uloženija. Vvedenie k sostavlennomu vysočajše učreždennoju Redakcionnoju Kommisieju proektu Graždanskogo Uloženija i Kratkie objasnenija izmenenij, posledovavših v tekste statej pri svodke pjati knig proekta Graždanskogo Uloženija (Ergänzung zum Entwurf eines Bürgerlichen Gesetzbuchs. Einleitung zu dem von der allerhöchst eingesetzten Redaktionskommission ausgearbeiteten Entwurf eines Bürgerlichen Gesetzbuchs und kurze Erläuterungen der Änderungen, die bei der Zusammenstellung des fünften Buchs eines Bürgerlichen Gesetzbuchs am Text der Artikel erfolgt sind), S.-Peterburg 1906.

Motive zum Entwurf eines Graždanskoe uloženie (**1910**): Saatčian A. L. (Hrsg.)/ Tjutrjumov Igor' M. (Red.): Graždanskoe Uloženie. Proekt Vysočajše učreždennoj Redakcionnoj Kommisii po sostavleniju Graždanskogo Uloženija (S objasnenijami, izvlečennymi iz trudov Redakcionnoj Kommisii) (Entwurf der Allerhöchst eingesetzten Redaktionskommission zur Abfassung eines Bürgerlichen Gesetzbuches [Mit Erläuterungen, entnommen den Werken der Redaktionskommission]), Bd. 1 und Bd. 2, Sankt-Peterburg 1910.

Graždanskoe uloženie. Schuldrechtsentwurf (**1913**): Graždanskoe uloženie. Kn. 5: Objazatel'stvennoe pravo (Bürgerliches Gesetzbuch. Buch 5: Schuldrecht), 1913.

Graždanskoe uloženie. Schuldrechtsentwurf (**1913**): Gercenberg V. Ė./I. S. Pereterskij (Hrsg.), Objazatel'stvennoe pravo, Kniga V Graždanskogo Uloženija. Proekt, vnesennyj 14 Oktjabrja 1913 g. v Gosudarstvennuju Dumu, s predisloviem i predmetnym ukazatelem (Schuldrecht. Buch 5 des Bürgerlichen Gesetzbuchs. Entwurf, eingebracht am 14. Oktober 1913 in die Staatliche Duma, mit Vorwort und Sachregister), S.-Peterburg 1914.

Programm zu den Grundlagen des römischen bürgerlichen Rechts (**1956**): Ministerstvo vysšego obrazovanija SSSR, Glavnoe upravlenie universitetov, ėkonomičeskich i juridičeskich vuzov: Programma po osnovam rimskogo graždanskogo prava dlja juridičeskich fakul'tetov gosudarstvennych universitetov (Ministerium für Hochschulbildung der UdSSR, Hauptverwaltung der Universitäten, der ökonomischen und juristischen Hochschulen: Programm zu den Grundlagen des römischen bürgerlichen Rechts für die juristischen Fakultäten der staatlichen Universitäten) (1956), in: BCO 1959, Sp. 188-191.

Verordnung des Präsidenten (**1994**): Ukaz Prezidenta Rossijskoj Federacii ot 7 ijulja 1994 goda No. 1473 o programme »Stanovlenie i razvitie častnogo prava v Rossii« (Verordnung des Präsidenten der Russischen Föderation vom 7. Juli 1994 Nr. 1473 über das Programm »Entstehung und Entwicklung des Privatrechts in Rußland«) (http://docs.pravo.ru/document/view/4444/).

Programma »Stanovlenie i razvitie častnogo prava v Rossii« (Programm »Entstehung und Entwicklung des Privatrechts in Rußland«) (**1994**). Priloženie k Ukazu ot 7 ijulja 1994 goda No. 1473 (Beilage zur Verordnung vom 7. Juli 1994 Nr. 1473) (http://docs.pravo.ru/document/view/4444/).

Entwurf des Rates bei dem Präsidenten (**2009**): Sovet pri Prezidente Rossijskoj Federacii po kodifikacii i soveršenstvovaniju graždanskogo zakonodatel'stva. Proekt rekomendovan Prezidiumom Soveta k opublikovaniju v celjach obsuždenija (protokol N° 3 ot 18 marta 2009 g.). Koncepcija razvitija zakonodatel'stva o veščnom prave (Rat bei dem Präsidenten der Russischen Föderation zur Kodifikation und Vervollkommnung der Bürgerlichen Gesetzgebung. Vom Ratspräsidium zur Publikation zum Zweck der Erörterung empfohlener Entwurf [Protokoll Nr. 3 vom 18. März 2009]. Konzeption der Entwicklung der Gesetzgebung zum Sachenrecht), Moskva 2009 (http://www.privlaw.ru/vs_info4.html).

Konzeption zur Entwicklung der bürgerlichen Gesetzgebung (**2009**): Koncepcija razvitija graždanskogo zakonodatel'stva Rossijskoj Federacii, prinjata Sovetom pri Prezidente RF po kodifikacii i soveršenstvovaniju graždanskogo zakonodatel'stva 07 oktjabrja 2009 goda (Konzeption zur Entwicklung der bürgerlichen Gesetzgebung der Russischen Föderation, angenommen durch den Rat beim Präsidenten der RF zur Kodifikation und Vervollkommnung der bürgerlichen Gesetzgebung am 7. Oktober 2009) (http://docs.pravo.ru/document/view/5031270/).

Literatur

Abramov, Jakov Vasil'evič: Priobretenie i otčuždenie imuščestv (Erwerb und Veräußerung von Vermögen), S.-Peterburg 1904.

Abramov, S./A. Ganin/S. Zajcev/V. Lebedev: Praktičeskij kommentarij Graždanskogo Kodeksa RSFSR (Praxiskommentar zum Bürgerlichen Gesetzbuch der RSFSR), Red.: F. M. Nachimson, Moskva 1931.

Abramovič, Kopel' Girševič: O krestjanskich servitutach v gubernijach Zapadnych, Pribaltijskich i Carstva Pol'skogo (Über die bäuerlichen Servituten in den westlichen und baltischen Gouvernements und im Polnischen Reich), S.-Peterburg 1896.

Adam, Alfred: Erweckungsbewegung und Romantik im Aufbau der preußischen Landeskirche, in: ders., Sprache und Dogma. Untersuchungen zu Grundproblemen der Kirchengeschichte, hrsg. von G. Ruhbach, Gütersloh 1969, S. 208-219.

Agarkov, Michail Michajlovič: Objazatel'stva po sovetskomu graždanskomu pravu (Schuldverhältnisse nach sowjetischem bürgerlichem Recht), Moskva 1940.

ders./S. N. Bratus'/D. M. Genkin/V. I. Serebrovskij/Z. I. Škundin: Graždanskoe pravo (Bürgerliches Recht), Bd. 1, Moskva 1944.

Ajani, Gianmaria: Alcuni esempi di circolazione di modelli romano-germanici nella Russia imperiale, in: »Scintillae iuris«. Studi in memoria di Gino Gorla, Bd. 2, Milano 1994, S. 963-977.

ders.: By Chance and Prestige: Legal Transplants in Russia and Eastern Europe, in: The American Journal of Comparative Law 43 (1995), S. 93-117.

Akčurina, Natalija Viktorovna: Istoričeskoe napravlenie v russkom pravovedenii XIX veka (Die historische Richtung in der russischen Rechtswissenschaft des 19. Jahrhunderts), Saratov 2000.

Aksakov, Konstantin Sergeevič: O drevnem byte u slavjan voobšče i u Russkich v osobennosti (Über die alte Lebensweise bei den Slaven allgemein und bei den Russen im Besonderen) (1852), in: Polnoe sobranie sočinenij Konstantina Sergeeviča Aksakova (Vollständige Sammlung der Werke K. S. Aksakovs), Bd. 1, Moskva 1861, S. 59-124.

Aksenova, Ol'ga Vasil'evna: Aequitas kak važnejšij princip rimskogo prava (Aequitas als wichtigstes Prinzip des römischen Rechts), in: Vestnik TISBI 2005/3, S. 100-105.

dies.: Principy rimskogo prava (Prinzipien des römischen Rechts), in: Vestnik TISBI 2007/1, S. 54-61.

Aleksandrenko, V.: Iz žizni russkich studentov v Oksforde v carstvovanie Ekateriny II. (Aus dem Leben russischer Studenten in Oxford während der Herrschaft Katharinas II.), in: ŽMNP 285 (1893) (Januar), S. 1-14.

Aleksandrov, Viktor: Učenie o licach juridičeskich, po načalam nauki (Die Lehre von den juristischen Personen, auf Grundlage der Wissenschaft), Moskva 1865.

Alexeeva, Tatiana A. (Tat'jana Anatol'evna Alekseeva): Da San Pietroburgo: professori di Diritto romano al vertice della Federazione Russa, in: Index 38 (2010), S. 504-509.

dies.: L'insegnamento del diritto romano nell'Università Imperiale di San Pietroburgo, in: Index 41 (2013), S. 561-573.

Alexeiev, Nikolaj N.: Beiträge zur Geschichte des russischen Absolutismus im 18. Jahrhundert, in: FOG 6 (1958), S. 7-81.

Amburger, Erik: Aus der Geschichte eines eingeborenen Gelehrtenstandes ausländischer Herkunft in Rußland, in: M. Woltner/H. Bräuer (Hrsg.), Festschrift für Max Vasmer zum 70. Geburtstag (1956), 28-38.

ders.: Geschichte des Behördenorganisation Rußlands von Peter dem Großen bis 1917, Leiden 1966.

Andreev, Andrej Jur'evič: Russkie studenty v nemeckich universitetach XVIII – pervoj poloviny XIX veka (Russische Studenten an deutschen Universitäten vom 18. bis zur ersten Hälfte des 19. Jahrhunderts), Moskva 2005.

ders.: Das Ministerium für Volksaufklärung und die Entwicklung der Bildungs- und Wissenschaftspolitik im Russischen Reich (1802-1917), in: Kulturstaat und Bürgergesellschaft. Preußen, Deutschland und Europa im 19. und frühen 20. Jahrhundert, hrsg. von Wolfgang Neugebauer und Bärbel Holtz, Berlin 2010, S. 121-135.

Andreyev, Catherine/Ivan Savický: Russia Abroad. Prague and the Russian Diaspora, 1918-1938, New Haven, London 2004.

Anepaio, Toomas: Leon Victor Constantin Casso (1865-1914). Ein russischer (?) Jurist an der Universität Tartu, in: Jörn Eckert/Kjell Å. Modéer (Hrsg.), Juristische Fakultäten und Juristenausbildung im Ostseeraum, Stockholm 2004, S. 313-341.

ders.: Die russische Universität in Jur'jev (1889-1918), in: Zoran Pokrovac (Hrsg.), Juristenausbildung in Osteuropa bis zum Ersten Weltkrieg, Frankfurt a. M. 2007, S. 391-425.

Annenkov, Konstantin Nikanorovič: Sistema russkogo graždanskogo prava (System des russischen Bürgerlichen Rechts), Bd. 1: Vvedenie i Obščaja časť (Einleitung und Allgemeiner Teil), 2. Aufl., S.-Peterburg 1899; Bd. 2: Prava veščnye (Sachenrechte), 2. Auflage, S.-Peterburg 1900; Bd. 3: Prava Objazatel'stvennye (Schuldrechte), 2. Aufl., S.-Peterburg 1901; Bd. 4: Otdel'nye objazatel'stva (Einzelne Schuldverhältnisse), S.-Peterburg 1904.

Annenkova, Ėmma Aleksandrovna: Imperatorskoe Učilišče Pravovedenija (Die Kaiserliche Rechtsschule), Sankt-Peterburg 2006.

Anners, Ėrik: Istorija evropejskogo prava (Geschichte des europäischen Rechts), Moskva 1996.
Antokolskaia, Masha: De ontwikkeling van het russische familierecht vanaf de bolsjewistische revolutie: een poging tot verklaring, in: TR 70 (2002), S. 137-151.
Aragon, Louis: Le droit romain n'est plus, in: Oeuvres romanesques croisées d'Elsa Triolet et Aragon. 4. Servitude et grandeur des Français, Paris 1964, S. 183-223.
Arndts, Ludwig: Lehrbuch der Pandekten, 7. Aufl., Stuttgart 1870.
Arnswaldt, Wolf-Christian von: Savigny als Strafrechtspraktiker. Ministerium für die Gesetzrevision (1842-1848), Baden-Baden 2003.
Arslanov, Kamil: Zur Einwirkung ausländischen Rechts auf die Entwicklung des modernen russischen Privatrechtssystems, in: Patrick Gödicke/Horst Hammen/Wolfgang Schur/Wolf-Dietrich Walker (Hrsg.), Festschrift für Jan Schapp zum siebzigsten Geburtstag, Tübingen 2010, S. 17-23.
Art. Balug'janskij, Michail Andreevič, in: A. A. Polovcov (Hrsg.), Russkij biografičeskij slovar' (Russisches Biographisches Wörterbuch), Bd. 2 (1900), S. 451-455.
Art. Bernštein (Karl Il'ič), in: F. A. Brokgauz/I. A. Efron (Hrsg.), Ėnciklopedičeskij slovar', Bd. 3 A, S.-Peterburg 1891, S. 577.
Art. Bessarabskie mestnye zakony i ustrojstvo sudebnoj časti v Bessarabii (Bessarabische örtliche Gesetze und Einrichtung der Gerichtsbarkeit in Bessarabien), in: F. A. Brokgauz/I. A. Efron (Hrsg.), Ėnciklopedičeskij slovar', Bd. 3 A, S.-Peterburg 1891, S. 608-614.
Art. Dorn (Ludol'f Borisovič), in: F. A. Brokgauz/I. A. Efron (Hrsg.), Ėnciklopedičeskij slovar', Bd. 11, S.-Peterburg 1893, S. 50.
Art. Petražickij, Lev Iosifovič, in: Bol'šaja Sovetskaja Ėnciklopedija, Bd. 19, Moskva 1975, Sp. 1419-1420.
Art. Rimskoe pravo (Römisches Recht), in: Bol'šaja Ėnciklopedija. Slovar' obščedostupnych svedenij po vsem otrasljam znanija, Bd. 16, S.-Peterburg 1904, S. 316-317.
Art. Rimskoe Pravo, in: Bol'šaja Sovetskaja Ėnciklopedija, 2. Aufl., Bd. 36, Moskva 1955, S. 533.
Arzanuchin, Vladislav V.: Art. Gesetz, in: Norbert Franz (Hrsg.), Lexikon der russischen Kultur, Darmstadt 2002, S. 166-167.
Astapenko, Pavel Nikolaevič: Rimskoe častnoe pravo (Römisches Privatrecht), Moskva 2001.
Aubry, Charles/Charles Frédéric Rau: Cours de droit civil français d'après la méthode de Zachariae, 4. Aufl., Bd. 4, Paris 1871.
Avenarius, Alexander: Die byzantinische Kultur und die Slawen. Zum Problem der Rezeption und Transformation (6. bis 12. Jahrhundert), Wien u. a., 2000.
Avenarius, Martin: Savignys Lehre vom intertemporalen Privatrecht, Göttingen 1993.
ders.: Ut liceat vobis prima legum cunabula discere (Rezension von: Bojarski/Dajczak/Sokala, Verba Iuris), in: Index 24 (1996), 407-409.

ders.: Struktur und Zwang im Schuldvertragsrecht – Zur funktionellen Bedeutung des § 241 S. 1 BGB, in: Juristische Rundschau 1996, S. 492-496.
ders.: Römisches Recht in slavischen Sprachen, in: SavZRG (Rom. Abt.) 114 (1997), S. 635-644.
ders.: Das russische Seminar für römisches Recht in Berlin (1887-1896), in: ZEuP 6 (1998), S. 893-908.
ders.: Römisches Recht in slavischen Sprachen (II), in: SavZRG (Rom. Abt.) 115 (1998), S. 753-761.
ders.: Georg Julius Ribbentrop. Ein Rechtslehrer der Historischen Schule, in: SavZRG (Rom. Abt.) 116 (1999), S. 259-278.
ders.: Römisches Recht in slavischen Sprachen (III), in: SavZRG (Rom. Abt.) 116 (1999), S. 638-646.
ders.: Römisches Recht in slavischen Sprachen (IV), in: SavZRG (Rom. Abt.) 117 (2000), S. 809-816.
ders.: Rezeption des römischen Rechts in Rußland – Dmitrij Mejer, Nikolaj Djuvernua und Iosif Pokrovskij, Göttingen 2004.
ders.: Römisches Recht in slavischen Sprachen (V), in: SavZRG (Rom. Abt.) 121 (2004), S. 723-734.
ders.: Rezension von: Kolbinger, Im Schleppseil Europas? Das russische Seminar für römisches Recht bei der juristischen Fakultät der Universität Berlin in den Jahren 1887-1896 (2004), in: SavZRG (Germ. Abt.) 122 (2005), S. 789-794.
ders.: Der pseudo-ulpianische *liber singularis regularum*. Entstehung, Eigenart und Überlieferung einer hochklassischen Juristenschrift, Göttingen 2005.
ders.: Das pandektistische Rechtsstudium in St. Petersburg in den letzten Jahrzehnten der Zarenherrschaft, in: Wojciech Dajczak/Hans-Georg Knothe (Hrsg.): Deutsches Sachenrecht in polnischer Gerichtspraxis. Das BGB-Sachenrecht in der polnischen höchstrichterlichen Rechtsprechung in den Jahren 1920-1939: Tradition und europäische Perspektive, Berlin 2005, S. 51-75.
ders.: Savin'i i ego russkie učeniki. Peredača naučnogo juridičeskogo znanija v pervoj polovine XIX v.? (Savigny und seine russischen Schüler. Rechtswissenschaftlicher Transfer in der ersten Hälfte des 19. Jahrhunderts?), in: IA 15 (2005), S. 108-118.
ders.: »*neque id sine magna Servii laude …*«. Historisierung der Rechtswissenschaft und Genese von System und Methode bei Donellus, in: TR 74 (2006), S. 61-93.
ders.: Rezension von: Küpper, Einführung in die Rechtsgeschichte Osteuropas (2005), in: SavZRG (Germ. Abt.) 124 (2007), S. 381-387.
ders.: Der Allgemeine Teil des Obligationenrechts aus Savignys Pandektenmanuskript, in: F. C. v. Savigny, Pandekten. Obligationenrecht, Allgemeiner Teil. Nach Savignys Vorlesungsmanuskript herausgegeben von Martin Avenarius, Frankfurt a. M. 2008, S. 1-34.
ders.: Pandektystyczna myśl prawna w okresie przejściowym od Rosji carskiej do Związku Sowieckiego. Rozważania nad włączeniem perspektywy rosyjskiej do badań nad prawem rzymskim (Pandektistisches Rechtsdenken im Übergang

zwischen Zarenreich und Sowjetrußland. Betrachtungen auf dem Wege zu einer Einbeziehung der russischen Perspektive in die Erforschung des römischen Rechts), in: CPH 60/2 (2008), S. 37-55.
ders.: Rimskoe pravo v Rossii (Römisches Recht in Rußland), Moskva 2008.
ders.: Tradition, Vorverständnis und Wirkungsgeschichte der Quellen. Vom Einfluß der geisteswissenschaftlichen Hermeneutik auf das romanistische Verstehen, in: Martin Avenarius (Hrsg.), Hermeneutik der Quellentexte des Römischen Rechts, Baden-Baden 2008, S. 9-29.
ders.: Das »gaiozentrische« Bild vom Recht der klassischen Zeit. Die Wahrnehmung der Gaius-Institutionen unter dem Einfluß von Vorverständnis, zirkulärem Verstehen und Überlieferungszufall, in: Martin Avenarius (Hrsg.), Hermeneutik der Quellentexte des Römischen Rechts, Baden-Baden 2008, S. 97-131.
ders.: Continuità nel radicale cambiamento: il pensiero giuridico della Pandettistica nella Russia rivoluzionaria, in: Diritto romano e regimi totalitari nel '900 Europeo. Atti del seminario internazionale (Trento, 20-21 ottobre 2006), a cura di Massimo Miglietta e Gianni Santucci, Trento 2009, S. 175-198.
ders.: Geschichte des Notariats in Russland, in: Handbuch zur Geschichte des Notariats der europäischen Traditionen. Herausgegeben von Mathias Schmoeckel und Werner Schubert, Baden-Baden 2009, S. 497-521.
ders.: Formularpraxis römischer Urkundenschreiber und *ordo scripturae* im Spiegel testamentsrechtlicher Dogmatik, in: Ars Iuris. Festschrift für Okko Behrends zum 70. Geburtstag, hrsg. von Martin Avenarius, Rudolf Meyer-Pritzl und Cosima Möller, Göttingen 2009, S. 13-41.
ders.: Art. Maiestas (Crimen maiestatis), in: Reallexikon für Antike und Christentum, Bd. 23, Stuttgart 2010, Sp. 1135-1156.
ders.: Verwissenschaftlichung als »sinnhafter« Kern der Rezeption: eine Konsequenz aus Wieackers rechtshistorischer Hermeneutik, in: O. Behrends/E. Schumann (Hrsg.), Franz Wieacker – Historiker des modernen Privatrechts, Göttingen 2010, S. 119-180.
ders.: Vlijanie rimskogo prava na Rossijskuju pravovuju sistemu – o neobchodimosti issledovanija dannogo voprosa (Der Einfluß des römischen Rechts auf das russische Rechtssystem – Über die Notwendigkeit der Erforschung dieser Frage), in: V. N. Rusinova/A. V. Barsukova (Red.), Meždunarodnyj proekt »Evrofakul'tet« v Kaliningrade: opyt i perspektivy soveršenstvovanija universitetskogo obrazovanija v uslovijach internacionalizacii, Kaliningrad 2011, S. 134-146.
ders.: »Sie treiben gewissermaßen ein Missionsgeschäft«. Religiöse Grundlagen von Savignys Rechtstheorie und das Privatrecht des Zarenreichs zwischen Kodifikation und wissenschaftlicher Kolonisation, in: Claes Peterson (Hrsg.), Rechtswissenschaft als juristische Doktrin, Stockholm 2011, S. 19-84.
ders.: Marc Aurel und die Dogmatik des römischen Privatrechts. Kaiserliche Rechtspflege im System der Rechtsquellen und die Ausfüllung von Gestaltungsspielräumen in einer Übergangszeit der Rechtsentwicklung, in: Marcel

van Ackeren/Jan Opsomer (Hrsg.), Selbstbetrachtungen und Selbstdarstellungen. Der Philosoph und Kaiser Marc Aurel im interdisziplinären Licht, Wiesbaden 2012, S. 203-282.

ders.: L'adizione dell'eredità e la rilevanza della volontà nella prospettiva di Gaio, in: Annali del Seminario Giuridico dell'Università degli Studi di Palermo 55 (2012), S. 9-40.

ders.: Universelle Hermeneutik und Praxis des Rechtshistorikers und Juristen. Die Entwicklung ihres Verhältnisses im Lichte der Diskussion zwischen Gadamer und Wieacker, in: Stephan Meder/Gaetano Carlizzi/Christoph-Eric Mecke/Christoph Sorge (Hrsg.), Juristische Hermeneutik zwischen Vergangenheit und Zukunft, Baden-Baden 2013, S. 59-103.

ders.: Papinians Beitrag zur Vorgeschichte des Anwartschaftsrechts, in: Jan Dirk Harke (Hrsg.), Opera Papiniani. Studien zur Geschichte und Dogmatik des Privatrechts, Heidelberg u. a. 2013, S. 1-18.

ders.: »*Non ambigitur senatum ius facere posse*«. Römisches Recht in der Rechtsfortbildung durch die Kassationsabteilung des Dirigierenden Senats im Zarenreich, in: Martin Schermaier (Hrsg.), Rom, Europa, Asien: Gleiches Recht für alle? Rezeptionsprozesse im Vergleich (im Druck).

ders.: Die Enttäuschung des Rechtstheoretikers. Bemerkungen zu Petrażyckis Wahrnehmung der Zivilrechtsreform im Zarenreich, in: Tomasz Giaro (Hrsg.), Leon Petrażycki and Contemporary Legal Pluralism (im Druck).

Azarevič, Dmitrij Ivanovič: Istorija vizantijskogo prava (Geschichte des byzantinischen Rechts), Bd. 1, Teil 1: Istorija Greko-rimskogo prava, ot Justiniana do Vasilija Makedonjanina: 534-867 goda (Geschichte des griechisch-römischen Rechts, von Justinian bis zu Basileios dem Makedonier: die Jahre 534-867), Jaroslavl' 1876.

ders.: Rudol'f fon Iering, in: ŽGiUP 1882, Nr. 9, S. 79-122.

ders.: Značenie rimskogo prava (Die Bedeutung des römischen Rechts), in: A. A. Kočubinskij (Red.), Zapiski Imperatorskogo Novorossijskogo Universiteta, Bd. 35, Odessa 1883, S. 415-461.

ders.: Sistema rimskogo prava. Universitetskij kurs (System des römischen Rechts. Universitätskurs). Bd. 1, S.-Peterburg 1887, Bd. 2, Varšava 1888.

Azarkin, Nikolaj Michajlovič: Istorija juridičeskoj mysli Rossii (Geschichte des juristischen Denkens Rußlands), Moskva 1999.

Baberowski, Jörg: Das Justizwesen im späten Zarenreich 1864-1914. Zum Problem von Rechtsstaatlichkeit, politischer Justiz und Rückständigkeit in Rußland, in: ZNR 13 (1991), S. 156-172.

ders.: Art. Petrazickij, in: Michael Stolleis (Hrsg.), Juristen. Ein biographisches Lexikon, München 1995, S. 480-481.

ders.: Autokratie und Justiz. Zum Verhältnis von Rechtsstaatlichkeit und Rückständigkeit im ausgehenden Zarenreich 1864-1914, Frankfurt a. M. 1996.

ders.: Die Entdeckung des Unbekannten. Rußland und das Ende Osteuropas, in: Geschichte ist immer Gegenwart. Vier Thesen zur Zeitgeschichte, Stuttgart 2001, S. 9-42.

ders.: Law, the judicial system and the legal profession, in: The Cambridge History of Russia, Bd. 2, Cambridge 2006, S. 344-368.

ders.: Selbstbilder und Fremdbilder: Repräsentation sozialer Ordnungen im Wandel, in: Jörg Baberowski/Hartmut Kaelble/Jürgen Schriewer (Hrsg.), Selbstbilder und Fremdbilder. Repräsentation sozialer Ordnungen im Wandel, Frankfurt a. M., New York 2008, S. 9-13.

Babičev, Andrej Kondrat'evič: O redakcionnom ispravlenii Svoda Zakonov (Über die redaktionelle Korrektur des Svod Zakonov), in: Čtenija v Imperatorskom Obščestve istorii i drevnostej rossijskich pri Moskovskom Universitete 1865. Kniga 4, S. 222-241.

Baco: Francisci Baconis de Verulamio De Dignitate et Augmentis scientiarum libri IX, Argentorati 1654.

Bahl, Peter/Wolfgang Ribbe (Hrsg.): Die Matrikel der Friedrich-Wilhelms-Universität zu Berlin 1810-1850, Bde. 1-3, Berlin, New York 2010.

Bajbak, Vsevolod Vladimirovič: Predislovie (Vorwort), in: Julius Baron, Sistema rimskogo graždanskogo prava, Sankt-Peterburg 1908-1910, Ndr. Sankt-Peterburg 2005, S. 3-8.

Balašov, Vasilij Stepanovič: Konspekt po dogme rimskogo prava (Übersicht über das Dogma des römischen Rechts), Sankt-Peterburg 1902.

Baldus, Christian: Verbraucherschutz zwischen Vertrag und Nicht-Vertrag, in: Bernd Rüdiger Kern/Elmar Wadle/Klaus-Peter Schroeder/Christian Katzenmeier (Hrsg.), Humaniora. Medizin-Recht-Geschichte. Festschrift für Adolf Laufs zum 70. Geburtstag, Berlin, Heidelberg 2006, S. 555-568.

Balestri Fumagalli, Marcella: Montesquieu e la *lex Voconia*, in: Fides Humanitas Ius. Studii in onore di Luigi Labruna, hrsg. von Cosimo Cascione und Carla Masi Doria, Bd. 1, Napoli 2007, S. 291-311.

Barac, German Markovič: O čužezemnom proischoždenii bol'šinstva russkich graždanskich zakonov (Über den ausländischen Ursprung der Mehrheit der russischen bürgerlichen Gesetze), in: ŽGiUP 1884, Nr. 8, S. 1-34; 1884, Nr. 10, S. 109-146; 1885, Nr. 9, S. 45-90.

Baranowski, Günter: Rezension von: Wagner, Marriage, Property, and Law in Late Imperial Russia, in: TR 64 (1996), S. 257-259.

ders.: Rezension von: Silnizki, Geschichte des gelehrten Rechts in Rußland (1997), in: ARSP 84/2 (1998), S. 298-301.

ders.: P. J. A. Feuerbach und die Arbeit der »Gesetzkommission« des Russischen Reiches, in: Rolf Gröschner/Gerhard Haney (Hrsg.), Die Bedeutung P. J. A. Feuerbachs (1775-1833) für die Gegenwart. IVR-Tagung Jena 15. und 16. März 2002 (ARSP-Beiheft 87), Wiesbaden 2003, S. 168-185.

ders.: Symptome des »starken Staates« in der Herrschaftszeit von Katharina II. bis Nikolaus I., in: Rußland: ein starker Staat? Schriftenreihe »Europäisches Denken« Heft 3. Protokollband einer Tagung des Thüringer Forums für Bildung und Wissenschaft e. V. vom 9. November 2002 in Weimar, Jena 2003, S. 17-28.

ders.: Über den Nutzen einer Lehrdisziplin »Allgemeine Rechtsgeschichte«: Rückblick und Ausblick, in: Jörn Eckert (Hrsg.), Der praktische Nutzen der

Rechtsgeschichte (Festschrift für Hans Hattenhauer), Heidelberg 2003, S. 1-21.
ders.: Die Russkaja Pravda als Rechtsdenkmal, in: Rudolf Jaworski/Jan Kusber/Ludwig Steindorff (Hrsg.), Gedächtnisorte in Osteuropa. Vergangenheiten auf dem Prüfstand, Frankfurt a. M. 2003, S. 117-137.
ders.: Die Russkaja Pravda – ein mittelalterliches Rechtsdenkmal, Frankfurt a. M. u. a. 2005.
ders.: Rußlands Gesetzgebung im Spannungsfeld von Bewahrung und Modernisierung: der Svod Zakonov von 1832, in: Jörg Wolff (Hrsg.), Kultur- und rechtshistorische Wurzeln Europas, Mönchengladbach 2005, S. 277-296.
ders.: Feuerbachs Vorschläge für Gesetzgebung und Rechtswissenschaft in Russland: sein Manuskript von 1809, in: ZNR 29 (2007), S. 1-17.
ders.: Der Entwurf einer Verfassungsurkunde für Russland von 1804, in: Gerhard Kohl/Christian Neschwara/Thomas Simon (Hrsg.), Festschrift für Wilhelm Brauneder zum 65. Geburtstag. Rechtsgeschichte mit internationaler Perspektive, Wien 2008, S. 11-27.
ders.: Rezension von: Feldbrugge, Law in Medieval Russia, in: SavZRG (Germ. Abt.) 127 (2010), S. 509-512.
ders.: Rezension von: Avenarius, Rimskoe pravo v Rossii (2008), in: ZNR 32 (2010), S. 133-135.
ders.: Rezension von: Zieliński, Der Transfer juristischen Gedankenguts innerhalb Europas am Beispiel der Versuche der Modernisierung des Zivilrechts im ausgehenden Zarenreich (2007), in: ZNR 32 (2010), S. 307-311.
ders.: Der Entwurf einer russischen Verfassung von 1820, in: Acta Universitatis Szegediensis. Acta Iuridica et Politica, Bd. 73, Szeged 2010, S. 97-118.
ders.: Russische Rechtsgeschichte: Texte und Erläuterungen. Teil 1: Von den Anfängen bis 1612/13, Frankfurt a. M. 2013.
Baratz, Léon: Sur les origines étrangères de la plupart des lois civiles russes (a l'occasion du centenaire du corps des lois russes), Paris 1937.
Barbier, Hans D.: Römisches Recht auf dem Roten Platz, in: FAZ, 2.1.1993, S. 9.
Bardach, Juliusz: La réception dans l'histoire de L'État et du droit, in: Henryk Kupiszewski/Witold Wołodkiewicz (Hrsg.): Le droit romain et sa reception en Europe, Varsovie 1978, S. 27-69.
Bardzkij, Afanasij Ėrazmovič: Dobrosovestnoe priobretenie dvižimosti (Der gutgläubige Erwerb beweglicher Sachen), Odessa 1909.
Barel, Yves: Le développement économique de la Russie tsariste, Paris u. a. 1968.
Baron, Julius: Pandekten, 8. Aufl., Leipzig 1893.
ders.: Sistema rimskogo graždanskogo prava (System des römischen Privatrechts), Teile 1-4, Kiev 1888-1889, 2. Aufl., Teile 1-2, Moskva 1898, Teil 3, S.-Peterburg 1899, 3. Aufl., S.-Peterburg 1909.
Barraclough, Geoffrey: Europa, Amerika und Rußland in Vorstellung und Denken des 19. Jahrhunderts, in: HZ 203 (1966), S. 280-315.
Baršev, Jakov Ivanovič: Istoričeskaja zapiska o sodejstvii vtorogo otdelenija sobstvennoj Ego Imperatorskogo Veličestva kanceljarii razvitiju juridičeskich nauk

v Rossii (Historischer Bericht über die Mitwirkung seiner kaiserlichen Majestät eigener Kanzlei an der Entwicklung der juristischen Wissenschaften in Rußland), Sankt-Peterburg 1876.

Bartlett, Rosamund/Linda Edmondson: Collapse and Creation: Issues of Identity and the Russian Fin de Siècle, in: Catriona Kelly/David Shepherd (Hrsg.), Constructing Russian Culture in the Age of Revolution 1881-1940, New York 1998, S. 165-224.

Bartoli de Saxoferrato super Institutionibus Iuris Civilis Commentaria, Lugduni 1559.

Bartošek, Milan: Rimskoe pravo. Ponjatija, terminy, opredelenija (Römisches Recht. Begriffe, Ausdrücke, Definitionen), Moskva 1989.

Basilicorum libri LX. Post Annibalis Fabroti curas ope Codd. Mss. a Gustavo Ernesto Heimbachio aliisque collatorum integriores cum scholiis edidit, editos denuo recensuit, deperditos restituit, translationem latinam et adnotationem criticam adiecit D. Carolus Guilielmus Ernestus Heimbach, 5 Bde. u. Ergänzungsbände, Lipsiae 1833-1897.

Batiza, Rodolfo: The Louisiana Civil Code of 1808: Its Actual Sources and Present Relevance, in: TLR 46 (1971/72), S. 4-165.

ders.: Sources of the Civil Code of 1808, Facts and Speculation: A Rejoinder, in: TLR 46 (1971/72), S. 628-652.

Bauer, Erwin: Russische Studenten. Ein Beitrag zur Geschichte der revolutionären Bewegung in Russland, Annaberg i. Erzgeb. 1901.

Baum, Karl Berthold: Leon Petrazycki und seine Schüler, Berlin 1967.

Becker, Hans-Jürgen: Art. Kommentier- und Auslegungsverbot, in: HRG, Bd. 2, Berlin 1978, Sp. 963-974.

Behrends, Okko: Römische Privatrechtsordnung und Grundrechtstheorie, in: Gerhard Dilcher/Norbert Horn (Hrsg.), Sozialwissenschaften im Studium des Rechts, Bd. 4, Rechtsgeschichte, München 1978, S. 13-42.

ders.: Prinzipat und Sklavenrecht. Zu den geistigen Grundlagen der augusteischen Verfassungsschöpfung (1980), in: ders., Institut und Prinzip. Siedlungsgeschichtliche Grundlagen, philosophische Einflüsse und das Fortwirken der beiden republikanischen Konzeptionen in den kaiserzeitlichen Rechtsschulen, hrsg. von Martin Avenarius, Rudolf Meyer-Pritzl und Cosima Möller, Bd. 1, Göttingen 2004, S. 417-455.

ders.: Überlegungen zum Vertrag zugunsten Dritter im römischen Privatrecht (1984), in: ders., Institut und Prinzip. Siedlungsgeschichtliche Grundlagen, philosophische Einflüsse und das Fortwirken der beiden republikanischen Konzeptionen in den kaiserzeitlichen Rechtsschulen, hrsg. von Martin Avenarius, Rudolf Meyer-Pritzl und Cosima Möller, Bd. 2, Göttingen 2004, S. 839-879.

ders.: Geschichte, Politik und Jurisprudenz in F. C. v. Savignys System des heutigen römischen Rechts, in: Okko Behrends/Malte Dießelhorst/Wulf Eckart Voß (Hrsg.), Römisches Recht in der europäischen Tradition, Ebelsbach 1985, S. 257-321.

ders.: Rudolph von Jhering (1818-1892). Der Durchbruch zum Zweck des Rechts, in: Fritz Loos (Hrsg.), Rechtswissenschaft in Göttingen, Göttingen 1987, S. 229-269.
ders.: Struktur und Wert. Zum institutionellen und prinzipiellen Denken im geltenden Recht (1990), in: ders., Institut und Prinzip (s. o.), Bd. 1, Göttingen 2004, S. 51-89.
ders.: (Hrsg.): Rudolf von Jhering. Beiträge und Zeugnisse, 2. Aufl., Göttingen 1993.
ders.: War Jhering ein Rechtspositivist? Eine Antwort auf Ralf Dreiers Frage, in: ders. (Hrsg.), Privatrecht heute und Jherings evolutionäres Rechtsdenken, Köln 1993, S. 131-160.
ders.: Die rechtsethischen Grundlagen des Privatrechts, in: Franz Bydlinski/Theo Mayer-Maly (Hrsg.), Die ethischen Grundlagen des Privatrechts, Berlin 1994, S. 1-33.
ders.: Gesetz und Sprache. Das römische Gesetz unter dem Einfluß der hellenistischen Philosophie, in: Okko Behrends/Wolfgang Sellert (Hrsg.), Nomos und Gesetz. Ursprünge und Wirkungen des griechischen Gesetzesdenkens, Abhandlungen der Akademie der Wissenschaften in Göttingen, Philologisch-Historische Klasse, 3. Folge, Bd. 209 (1995), S. 137-249 = ders., Institut und Prinzip (s. o.), Bd. 1, Göttingen 2004, S. 91-224.
ders.: Gustav Hugo. Der Skeptiker als Wegbereiter der vom Geist der Romantik geprägten Historischen Rechtsschule, in: Edward Gibbon, Historische Übersicht des Römischen Rechts, übersetzt, eingeleitet und kommentiert von Gustav Hugo, mit einem Vorwort und einer Würdigung Gustav Hugos neu herausgegeben von Okko Behrends, Göttingen 1996, S. 159-226.
ders.: Die Person oder die Sache – was stand im Mittelpunkt des klassischen römischen Privatrechts? Die Kontinuitätsfrage im Streit zwischen junger »Neopandektistik« und nicht mehr ganz junger »Neoromantik«, in: Labeo 44 (1998), S. 26-60.
ders.: »Iusta causa traditionis«. La trasmissione della proprietà secondo il »ius gentium« del diritto classico, in: Luigi Labruna (Hrsg.), Tradere ed altri studii, Napoli 1998, S. 27-78.
ders.: Jherings Evolutionstheorie des Rechts zwischen Historischer Rechtsschule und Moderne, in: Rudolf von Jhering, Ist die Jurisprudenz eine Wissenschaft? Hrsg. von Okko Behrends, Göttingen 1998, S. 93-202.
ders.: Das Geheimnis des klassischen römischen Rechts. Menschliche Freiheit und Würde in schützenden, friedlichen Wettbewerb erlaubenden Formen, in: Byoung Jo Choe (Hrsg.), Law, Peace, and Justice: A Historical Survey. Recht, Frieden und Gerechtigkeit in Geschichte und Gegenwart, Seoul 2007, S. 3-72.
ders.: Wie haben wir uns die römischen Juristen vorzustellen? In: SavZRG (Rom. Abt.) 128 (2011), S. 83-129.
Bekker, Ernst Immanuel: System des heutigen Pandektenrechts, Bd. 1, Weimar 1886.
Beljackin, S. A.: Anmerkung zu Kass. 1914, Nr. 44, in: Beilage zum Vestnik Prava, S. 143-147.
Belogrud, Nikolaj E.: Rimskoe pravo. Istočniki, istorija, institucii (Römisches Recht. Quellen, Geschichte, Institutionen), Kiev 1894.

Belov, Vadim Anatol'evič: Ėvoljucija ponjatija objazatel'stva v Rossijskom graždanskom prave (Die Entwicklung des Begriffs des Schuldverhältnisses im rußländischen bürgerlichen Recht), in: A. S. Ševčenko (Red.), Graždansko-pravovye objazatel'stva: voprosy teorii i praktiki, Vladivostok 2001, S. 3-36.

ders.: »... Umel izbirat' praktičeski nužnye i živye temy i izlagat' ich v dostupnom vide« („... Er konnte praktisch relevante und aktuelle Themen wählen und sie in leicht verständlicher Perspektive darstellen«), in: Ja. Kantorovič, Osnovnye idei graždanskogo prava (Grundideen des bürgerlichen Rechts) (1928), Ndr. Moskva 2009, S. 5-47.

Below, Georg von: Die Ursachen der Rezeption des römischen Rechts in Deutschland, München u. a. 1905.

Benrath, Gustav Adolf: Art. Erweckung/Erweckungsbewegungen I., in: Theologische Realenzyklopädie, Bd. 10 (1982), S. 205-220.

Bentham, Jeremy: De l'organisation judiciaire et de la codification. Extraits de divers ouvrages de Jérémie Bentham, par Ét. Dumont, Paris 1828.

ders.: A General View of a Complete Code of Laws, in: The Works of Jeremy Bentham, published under the superintendence of his executor, John Bowring, Bd. 3, Edinburgh 1843, S. 155-210.

Bergmann, Wilfried: Der kurze, aber schwierige Weg zum neuen Zivilgesetzbuch für die Russische Föderation, in: Herwig Roggemann/Wilfried Bergmann (Hrsg.), Zivilgesetzbuch der Russischen Föderation (Erster Teil) von 1994, Berlin 1997, S. 39-50.

ders./Martin Glöckner: Der Zweite Teil des ZGB – ein neues Zivilrecht für Rußland, in: WiRO 1995, S. 445-448.

Berman, Harold J.: Recht und Revolution. Die Bildung der westlichen Rechtstradition, Frankfurt a. M. 1995.

Bernal, Martin: Black Athena: The Afroasiatic Roots of Classical Civilisation, Bd. 1, London 1987.

Besançon, Alain: Éducation et société en Russie dans le second tiers du XIXe siècle, Mouton, Paris, Le Haye 1974.

Beseler, Gerhard von: Römisches Recht und Deutsches Recht, in: BIDR 48 (1941), S. 134-214.

Bethmann-Hollweg, Moritz August von: Ueber Gesetzgebung und Rechtswissenschaft als Aufgabe unserer Zeit, Bonn 1876.

Betjen, Uwe: Poetische Struktur und Ideengehalt in N. K. Rerichs »Cvety Morii«, Wiesbaden 1995.

Beyrau, Dietrich: Rußland und Europa, in: Dietrich Beyrau/Igor' Čičurov/Michael Stolleis (Hrsg.), Reformen im Rußland des 19. und 20. Jahrhunderts, Frankfurt a. M. 1996, S. 1-23.

Bibliographia selecta operum sovieticorum ad ius Romanum pertinentium (1917-1987), adiuvante Jenö Czuczai redacta ab András Földi, Budapest 1988.

Biografičeskij Slovar' professorov i prepodavatelej imperatorskogo Moskovskogo universiteta (Biographisches Wörterbuch der Professoren und Lehrer der kaiserlichen Moskauer Universität), Bd. 1, Moskva 1855.

Biografičeskij Slovar' professorov i prepodavatelej imperatorskogo universiteta Sv. Vladimira (1834-1884) (Biographisches Wörterbuch der Professoren und Lehrer der kaiserlichen Universität des Heiligen Vladimir), Red.: Vladimir S. Ikonnikov, Kiev 1884.

Biografičeskij Slovar' professorov i prepodavatelej imperatorskogo S.-Peterburgskogo universiteta 1869-1894 (Biographisches Wörterbuch der Professoren und Lehrer der kaiserlichen Sankt Petersburger Universität 1869-1894), Bd. 1, S.-Peterburg 1896.

Biografičeskij Slovar' professorov i prepodavatelej imperatorskogo Jur'evskogo, byvšego Derptskogo, universiteta 1802-1902 (Biographisches Wörterbuch der Professoren und Lehrer der kaiserlichen Jur'evschen, früher Derpter Universität 1802-1902), Bd. 1, Red.: Grigorij V. Levizkij, Jur'ev 1902.

Biografičeskij Slovar' professorov i prepodavatelej imperatorskogo Kazanskogo universiteta 1804-1904 (Biographisches Wörterbuch der Professoren und Lehrer der kaiserlichen Kazan'er Universität 1804-1904), hrsg. von Nikolaj P. Zagoskin, Teil 2, Kazan' 1904.

Birjukov, Pavel I.: L. N. Tolstoj. Biografija (L. N. Tolstoj. Biographie), Bd. 1, Berlin 1921.

Birkenmaier, Willy: Das russische Heidelberg. Zur Geschichte der deutsch-russischen Beziehungen im 19. Jahrhundert, Heidelberg 1995.

ders.: Biographisches Lexikon des russischen Heidelberg, (Bd. 1), Heidelberg 1996.

Blaese, Hermann: Bedeutung und Geltung des römischen Privatrechts in den baltischen Gebieten, Leipzig 1936.

Blagoveščenskij, Aleksej: Istorija metod nauki zakonovedenija v XVIII veke (Geschichte der Methoden der Wissenschaft von der Gesetzeskunde im 18. Jahrhundert), in: ŽMNP 6 (1835), S. 375-441 (erster Teil).

Block, Alexander (= Aleksandr Bloch): Bausparen in England, Amerika und Deutschland, Berlin 1931.

Blosfel'dt, Gugo Ėduardovič: »Zakonnaja« sila Svoda zakonov v svete archivnych dannych (Die »Gesetzes«-Kraft des Svod Zakonov im Lichte von Archivmaterialien), Petrograd 1917.

Blumenberg, Hans: Säkularisierung und Selbstbehauptung, Frankfurt a. M. 1974.

Bočkarev, Jurij Aleksandrovič/Valerij Alekseevič Letjaev/Viktor Michajlovič Melichov/Sergej Aleksandrovič Šaronov: Zaščita vladenija i prava vladenija v graždanskom prave Rossii (Besitzschutz und Besitzrechte im bürgerlichen Recht Rußlands), Volgograd 2008.

Bogolepov, Nikolaj Pavlovič: Učebnik istorii rimskogo prava (Lehrbuch der Geschichte des römischen Rechts), Moskva 1907.

Boguslawskij (= Boguslavskij), Mark M.: Die Internationalisierung des Privatrechts in Rußland und in anderen Ländern der GUS, in: WiRO 1998, S. 169-172.

ders.: Učenik, dostojnyj svoego učitelja (Ein seines Lehrers würdiger Schüler), in: O. A. Chazova (Red.), Čelovek i ego vremja: Žizn' i rabota Avgusta Rubanova, Moskva 2006, S. 156-164.

Bojko, Aleksandr Ivanovič: Rimskoe i sovremennoe ugolovnoe pravo (Römisches und heutiges Strafrecht), Sankt-Peterburg 2003.

Bokščanin, Anatolij Georgievič: Istočnikovedenie drevnego Rima (Quellenkunde des alten Rom), Moskva 1981.

Boldyr', Aleksandr Vasil'evič: Istorija pravitel'stvujuščego senata (Geschichte des Dirigierenden Senats), in: Pravo 1912, Sp. 491-498.

Borisevič, Michail Michajlovič: Rimskoe častnoe pravo (Römisches Privatrecht), Moskva 2001.

Borisova, Tatiana: Russian National Legal Tradition: *Svod versus Ulozhenie* in Nineteenth-century Russia, in: Review of Central and East European Law 33 (2008), S. 295-341.

dies.: The Digest of Laws of the Russian Empire: The Phenomenon of Autocratic Legality, in: Law and History Review 30 (2012), S. 901-925.

Borovikovskij, Aleksandr L'vovič (Hrsg.): Ustav graždanskogo sudoproizvodstva s objasnenijami po rešenijam graždanskogo kassacionnogo departamenta pravitel'stvujuščego senata (Die Ordnung des bürgerlichen Gerichtsverfahrens mit Erläuterungen gemäß den Entscheidungen der bürgerlichen Kassationsabteilung des Dirigierenden Senats), 3. Ausgabe, S.-Peterburg 1894.

ders. (Hrsg.): Zakony graždanskie (Svod Zakonov Tom X čast' I) s objasnenijami po rešenijam graždanskogo kassacionnogo departamenta pravitel'stvujuščego senata (Bürgerliche Gesetze [Svod Zakonov Bd. 10 Teil 1] mit Erläuterungen gemäß den Entscheidungen der bürgerlichen Kassationsabteilung des Dirigierenden Senats), 9. Ausgabe, S.-Peterburg 1898.

Borowski, Stanisław: Maciejowskiana. Materiały do biografii Wacława Aleksandra Maciejowskiego (Materialien zur Biographie von W. A. Maciejowski), Wrocław 1959.

Bors, Marc: Die Figur der Rechtsfigur, in: Figures juridiques. Rechtsfiguren. Mélanges dissociés/K(l)eine Festschrift pour Pierre Tercier, hrsg. von Peter Gauch und Pascal Pichonnaz, Zürich 2003, S. 219-240.

Borysova, V. I./L. M. Baranova: Osnovy ryms'kogo pryvatnogo prava (Grundlagen des römischen Privatrechts), Charkiv 2008.

Borzenko, Aleksandr Aleksandrovič: Neobchodimoe ob'jasnenie (Notwendige Erklärung), in: Iering, Interes i pravo (Jhering, Interesse und Recht), Jaroslavl' 1880, S. IX-XIII.

Bosiacki, Adam: Roman Law in Totalitarian Systems. Soviet Union, Italy and Germany – Case Study, in: Maria Zabłocka/Jerzy Krzynówek/Jakub Urbanik/Zuzanna Służewska (Hrsg.), Au-delà des frontières. Mélanges de droit romain offerts à Witold Wołodkiewicz, Bd. 1, Varsovie 2000, S. 131-138.

Boyd, Brian: Vladimir Nabokov. The Russian Years, London 1990.

Boym, Svetlana: Common Places. Mythologies of Everyday Life in Russia, Cambridge/Mass., London 1994.

Brandes, Detlef: Einwanderung und Entwicklung der Kolonien, in: Gerd Stricker (Hrsg.), Deutsche Geschichte im Osten Europas. Rußland, Berlin 1997, S. 35-110.

Brang, Peter: Fortschrittsglauben in Rußland einst und jetzt, in: Rudolf W. Meyer (Hrsg.), Das Problem des Fortschrittes – heute, Darmstadt 1969, S. 29-53.

Bratus', Sergej Nikitič: Juridičeskie lica v sovetskom graždanskom prave. Ponjatie, vidy, gosudarstvennye juridičeskie lica (Juristische Personen im sowjetischen bürgerlichen Recht. Begriff, Aspekte, staatliche juristische Personen), Moskva 1947.

ders.: Subekty graždanskogo prava (Subjekte des bürgerlichen Rechts), Moskva 1950.

ders. (Bratus) (Hrsg.): Sowjetisches Zivilrecht, Bd. 2, Berlin 1953.

Braun, Maximilian: Tolstoj. Eine literarische Biographie, Göttingen 1978.

Brauneder, Wilhelm: Art. Sonnenfels, Joseph von (1732/34-1817), in: Michael Stolleis (Hrsg.), Juristen. Ein biographisches Lexikon, München 1995, S. 577-579.

Brentano, Lujo: Mein Leben im Kampf um die soziale Entwicklung Deutschlands (1931), hrsg. von Richard Bräu und Hans G. Nutzinger, Marburg 2004.

Brinz, Alois: Lehrbuch der Pandekten, Bd. 1, 2. Aufl., Erlangen 1873, Bd. 2, 2. Aufl., Erlangen 1879; Bd. 3, 2. Abt., 1. Lfg. (Das Zweckvermögen), 2. Aufl., Erlangen 1888.

Bröcker, Erdmann Gustav von: Russische Gesetzgebung, in: Jahrbuch für Rechtsgelehrte in Rußland, hrsg. von Erdmann Gustav v. Bröcker, Bd. 1 (1822), S. 117-119.

Brown, A. H.: S. E. Desnitsky, Adam Smith, and the *Nakaz* of Catherine II, in: Oxford Slavonic Papers 7 (1974), S. 42-59.

ders.: The Father of Russian Jurisprudence: The Legal Thought of S. E. Desnitskii, in William E. Butler (Hrsg.), Russian Law: Historical and Political Perspectives, Leyden 1977, S. 117-141.

Brückner, Alexander: Katharina die Zweite, Berlin 1883.

Brüdermann, Stefan: Göttinger Studenten und akademische Gerichtsbarkeit im 18. Jahrhundert, Göttingen 1990.

Brun, M.: Chronika graždanskogo suda (Chronik des bürgerlichen Gerichts), in: JV 1888, Nr. 1, S. 86-103.

Buckle, Richard: Diaghilev, London 1979.

Budkevič, F. P.: Graždanskoe Uloženie. Sistema i plan kodifikacii zakonov (Bürgerliches Gesetzbuch. System und Plan der Kodifikation der Gesetze), Varšava 1905.

Bugaevskij, A.: Voprosy našego jus particulare (Fragen zu unserem jus particulare), in: Pravo 1912, Sp. 443-447.

Burbank, Jane: Russian Peasants go to Court, Bloomington 2004.

Burckhardt, Jacob: Weltgeschichtliche Betrachtungen (1905), in: ders., Aesthetik der bildenden Kunst. Über das Studium der Geschichte, hrsg. von Peter Ganz, München, Basel 2000, S. 349-558.

Burgmann, Ludwig/Hubert Kaufhold: Bibliographie zur Rezeption des byzantinischen Rechts im alten Rußland sowie zur Geschichte des armenischen und georgischen Rechts, Frankfurt a. M. 1992.

Butler, William Elliott: F. G. Strube de Piermont and the Origins of Russian Legal History, in: Roger Bartlett/Janet M. Hartley (Hrsg.), Russia in the Age of Enlightenment, London 1980, S. 125-141.

ders.: Russian International Lawyers in Emigration: The First Generation, in: Journal for the History of International Law 3 (2001), S. 235-241.

ders.: Russian Law, 2. Aufl., Oxford 2003.

ders./Vladimir A. Tomsinov (Hrsg.): Russian Legal Biography. Series 1: Russian Historical Legal Biography, London 2007.

ders.: Art. Russia, in: The Oxford International Encyclopedia of Legal History, hrsg. von Stanley N. Katz, Bd. 5, New York 2009, S. 166-178.

Byčkov, S. P.: L. N. Tolstoj. Očerk tvorčestva (L. N. Tolstoj. Studie über das Werk), Moskva 1954.

Byčkova, Tat'jana Viktorovna: Recepcija rimskogo prava v Rossijskom dorevoljucionnom, sovetskom i sovremennom nasledstvennom prave (Die Rezeption des römischen Rechts im rußländischen vorrevolutionären, sowjetischen und heutigen Erbrecht), in: IA 6 (2000), S. 188-193.

Byrnes, Robert F.: Pobedonostsev. His Life and Thought, Bloomington u. a. 1968.

Cairns, John W.: John Millar, Ivan Andreyevich Tret'yakov, and Semyon Efimovich Desnitsky: A Legal Education in Scotland, 1761-1767, in: Filosofskij Vek. Al'manach 15. Šotlandija i Rossija v ėpochu prosveščenija, Sankt-Peterburg 2001, S. 20-37.

Cantarella, Eva: Diritto romano e diritti orientali, in: Scritti in ricordo di Barbara Bonfiglio (2004), S. 103-117.

Capogrossi Colognesi, Luigi: Max Weber und die Wirtschaft der Antike, Göttingen 2004.

Catalano, Pierangelo: Introduzione ai lavori del XII Colloquio, in: Index 38 (2010), S. 496-503.

Cavanna, Adriano: Storia del diritto moderno in Europa. Le fonti e il pensiero giuridico, Bd. 2, Milano 2005.

Cečoev, V. K.: Istorija gosudarstva i prava Rossii s drevnejšich vremen do 1861 g., (Geschichte von Staat und Recht Rußlands von den ältesten Zeiten bis 1861), Rostov-na-Donu 2000.

ders./N. E. Orlova: Istorija gosudarstva i prava Rossii XIX-XX vv. (Geschichte von Staat und Recht Rußlands im 19. bis 20. Jahrhundert), Rostov-na-Donu 2000.

Chainey, Graham: A literary History of Cambridge, Cambridge 1985.

Charitonov, Evgenij Olegovič: Osnovy rimskogo častnogo prava (Grundlagen des römischen Privatrechts), Rostov-na-Donu 1999.

ders. (Charytonov, Jevgen Olegovič)/O. I. Charytonova: Recepciji pryvatnogo prava: paradygma progresu (Die Rezeption des Privatrechts: Das Paradigma des Fortschritts), Kirovograd 1999.

Chaskel'berg, Boris Lazarevič: O vindikacii imuščestva, priobretennogo ot nesobstvennika, v dorevoljucionnoj Rossii: zakonodatel'stvo, sudebnaja praktika, doktrina (kratkij očerk) (Über die Vindikation von Vermögen, das vom Nichteigentümer erworben wurde, im vorrevolutionären Rußland: Gesetzgebung, Gerichtspraxis, Doktrin [Kurze Studie]), in: Civilističeskie issledovanija 4 (2010), S. 117-135.

Chertsog, Aimilios (= Emil Herzog): Pragmateia peri tu procheiru ē tēs Hexabiblu Kōnstantinu tu Armenopulu, en Monachōi (München) 1836.

Chinyaeva, Elena: Russians outside Russia – The Émigré Community in Czechoslovakia 1918-1938, München 2001.

Chlytčieva, S. M.: Vospominanija juristki pervogo vypuska (Erinnerungen einer Juristin des ersten Jahrgangs), in: Sankt-Peterburgskie vysšee ženskie (Bestuževskie) kursy (1878-1918 gg.), Red.: S. N. Valk u. a., Leningrad 1965, S. 249-255.

Chutyz, Murbek Chadžumarovič: Rimskoe častnoe pravo (Römisches Privatrecht), Moskva 1994.

Chvostov, Veniamin Michajlovič: Sistema rimskogo prava (System des römischen Rechts) (1907/08), Ndr. Moskva 1996.

Citati, Pietro: Tolstoj, Milano 1996.

Class, Wilhelm: Der Einfluß des Ministeriums von Savigny auf das Preußische Strafgesetzbuch von 1851, Göttingen 1926.

Clossius, Walther Friedrich: De vetustis nonnullis membranis, in bibliothecis Rossicis aliisque vicinis extantibus, promulsis, Dorpati 1827.

ders.: Die Bibliothek des Großfürsten Wassilij IV Iwanowitsch und des Zaren Iwan IV Wassiljewitsch, in: Dorpater Jahrbücher für Litteratur, Statistik und Kunst, besonders Rußlands 3 (1834), S. 289-304.

Coing, Helmut: Aufgaben des Rechtshistorikers. Sitzungsberichte der Wissenschaftlichen Gesellschaft an der Johann Wolfgang Goethe-Universität Frankfurt a. M., Bd. XIII, Nr. 5, Wiesbaden 1976.

ders.: Europäisches Privatrecht, Bd. 2: 19. Jahrhundert, München 1989.

Constitutiones Sirmondi: XVIII Constitutiones quas Iacobus Sirmondus ex codicibus Lugdunensi atque Anitiensi Parisiis A. MDCXXXI divulgavit [...], instruxit Gustavus Haenel (= Corpus Iuris Romani Anteiustiniani ed. Böcking et al., Bd. 3, Sp. 405-480), Bonnae 1844.

Corpus Iuris Civilis, Bd. 1: Institutiones, Digesta, 16. Auflage, hrsg. von Theodor Mommsen und Paul Krueger, Berlin 1954; Bd. 2: Codex Iustinianus, 11. Aufl., hrsg. von Paul Krueger, Berlin 1954; Bd. 3: Novellae, hrsg. von Rudolf Schoell, Berlin 1954.

Corpus Juris Civilis recognosci brevibusque adnotationibus criticis instrui coeptum a D. Alberto et D. Mauritio fratribus Kriegeliis, 3 Bde., 13. Aufl., Lipsiae 1870, 14. Aufl., Lipsiae 1872.

Cosack, Konrad: Lehrbuch des Deutschen bürgerlichen Rechts auf der Grundlage des bürgerlichen Gesetzbuchs für das Deutsche Reich, Bd. 1, 2. Aufl., Jena 1899.

Cuiacius, Jacobus: Iacobi Cuiacii Opera omnia [...] editio nova, cura Caroli Annibalis Fabroti, (Bd. 1) Lutetiae Parisiorum, 1658; darin: Ad Ulpiani Tit. XXIX Iacobi Cuiacii IC Notae, Sp. 297-348.

Custine, Astolphe de: La Russie en 1839, Bde. 1-4, 5. Aufl., Bruxelles 1844.

Czyhlarz, Karl Ritter von (Čilarž, Karl f.): Učebnik institucii rimskogo prava (Lehrbuch der Institutionen des Römischen Rechts), Moskva 1901, 2. Aufl., Moskva 1906.

ders.: Lehrbuch der Institutionen des römischen Rechtes, 13. u. 14. Aufl., Wien u. a. 1914.

Černych, P. Ja.: Istoriko-etimologičeskij slovar' sovremennogo russkogo jazyka (Historisch-etymologisches Wörterbuch der heutigen russischen Sprache), Bd. 1, Moskva 1993.

Černyševskij, Nikolaj Gavrilovič: Rezension von: Saltykov-Ščedrin, Gubernskie očerki (Studien aus der Provinz), in: Černyševskij, Polnoe Sobranie Sočinenij, Bd. 4, Moskva 1948, S. 263-302.

ders.: Rezension von: Mejer, Očerk russkogo veksel'nogo prava (Studie über das russische Wechselrecht), in: Černyševskij, Polnoe Sobranie Sočinenij, Bd. 4, Moskva 1948, S. 670-672.

Čibirjaev, Stanislav Archipovič: Velikij russkij reformator. Žizn', dejatel'nost', političeskie vzgljady M. M. Speranskogo (Der große russische Reformator. Leben, Werk und politische Ansichten von M. M. Speranskij), Moskva 1993.

Čičerin, Boris Nikolaevič: Istorija političeskich učenij (Geschichte der politischen Lehren), Bd. 3, Sankt-Peterburg 2010.

Čistjakov, Oleg Ivanovič/Tat'jana Evgen'evna Novickaja (Hrsg.): Zakonodatel'stvo Ekateriny II (Die Gesetzgebung Katharinas II.), Bd. 2, Moskva 2001.

Čižov, Nikolaj Efimovič: K voprosu o sisteme prava u Rimljan (iz očerkov rimskoj jurisprudencii) (Zur Frage nach dem Rechtssystem bei den Römern [aus den Studien der römischen Rechtswissenschaft]), in: Zapiski Imperatorskogo Novorossijskogo universiteta 1886, S. 1-139.

Čredin, Boris Vasil'evič: Graždanskoe pravo i graždanskij sud (Bürgerliches Recht und bürgerliches Gericht), in: Varšavskie Universitetskie izvestija 1914 (VII), S. 1-17 (mit eigener Paginierung).

Dabelow, Christoph Christian: Vorläufige Notiz über das von dem Herrn Prof. und Ritter Dabelow zu Dorpat herauszugebende Corpus juris civilis, in: Jahrbuch für Rechtsgelehrte in Rußland, hrsg. von Erdmann Gustav v. Bröcker, Bd. 1 (1822), S. 238-244.

ders.: Ueber die Juristen-Fakultät zu Dorpat, in: Jahrbuch für Rechtsgelehrte in Rußland, hrsg. von Erdmann Gustav v. Bröcker, Bd. 1 (1822), S. 288-313.

ders.: Civilistischer Cursus auf Russischen Universitäten, in: Jahrbuch für Rechtsgelehrte in Rußland, hrsg. von Erdmann Gustav v. Bröcker, Bd. 2 (1824), S. 249-264.

Dahlmann, Dittmar: Max Weber und Rußland, in: D. Dahlmann/W. Potthoff (Hrsg.), Deutschland und Rußland. Aspekte kultureller und wissenschaftlicher Beziehungen im 19. und frühen 20. Jahrhundert, Wiesbaden 2004, S. 253-275.

Dajczak, Wojciech: Rezension von: Avenarius, Rezeption des römischen Rechts in Rußland, in: CPH 56 (2004), S. 408-411.

ders.: Art. Leon Petrażycki, in: R. Domingo (Hrsg.), Juristas Universales, Bd. 3, Madrid, Barcelona 2004, S. 837-839.

Danilovič, I. N.: Vzgljad na litovskoe zakonodatel'stvo i litovskie statuty (Blick auf die litauische Gesetzgebung und die Litauischen Statuten), in: Juridičeskie Zapiski, izdaemye P. G. Redkinym, Moskau 1841, Bd. 1, S. 3-46.

David, René/Günther Grasmann (Bearb.): Einführung in die großen Rechtssysteme der Gegenwart, 2. (deutsche) Aufl., München 1988.

David, René/John N. Hazard: Le droit soviétique. Bd. 1: Les données fondamentales du droit soviétique, par R. David, Paris 1954.

Davydov, Nikolaj Vasil'evič: K charakteristike S. A. Muromceva (iz ličnych vospominanij) (Zum Charakter S. A. Muromcevs [aus persönlichen Erinnerungen]), in: D. I. Šachovskij (Red.): Sergej Andreevič Muromcev, Sbornik Statej, Moskva 1911, S. 65-74.

ders.: Lev Nikolaevič Tolstoj i sud (Lev Nikolaevič Tolstoj und das Gericht), in: JV 1913, S. 35-53.

Decter, Jacqueline: Nicholas Roerich, Leben und Werk eines russischen Meisters, Basel 1989.

Dekkers, René: Le droit romain et les nouveaux États, in: Mélanges Philippe Meylan, Bd. 1, Lausanne 1963, S. 71-76.

Delarov, P.: Očerk istorii ličnosti v drevne-rimskom graždanskom prave (Studie über die Geschichte der Persönlichkeit im alt-römischen bürgerlichen Recht), S.-Peterburg 1895.

Delbrück, Hans: Russisch-Polen. Eine Reise-Studie, in: Preußische Jahrbücher 98 (1899), S. 104-122.

De Madariaga, Isabel: Der Ursprung der Bürgerrechte in Russland im 18. Jahrhundert, in: Claus Scharf (Hrsg.): Katharina II., Rußland und Europa. Beiträge zur internationalen Forschung, Mainz 2001, S. 365-384.

Demolombe, Charles: Cours de Code Napoléon, Bd. 24: Traité des contrats ou des obligations conventionelles en général, Bd. 1, Paris 1877.

De Ridder-Symoens, Hilde: Mobilität, in: Geschichte der Universität in Europa, hrsg. von Walter Rüegg, Bd. 2: Von der Reformation zur Französischen Revolution (1500-1800), München 1996, S. 335-359.

Dernburg, Heinrich: Lehrbuch des Preußischen Privatrechts und der Privatrechtsnormen des Reichs, Bd. 1, 5. Aufl., Halle a. S. 1894.

ders.: Pandekten, 5. Aufl., Bd. 1, Berlin 1896, Bde. 2 u. 3, Berlin 1897.

ders.: Pandekty. Objazatel'stvennoe pravo (Pandekten. Schuldrecht), Moskva 1900; Pandekty. Obligacionnoe pravo (Pandekten. Obligationenrecht), Moskva 1901, 2-e izd. S.-Peterburg 1904; Pandekty, Veščnoe pravo (Pandekten. Sachenrecht), Moskva 1905; Pandekty, Obščaja čast' (Pandekten. Allgemeiner Teil), Moskva 1906.

ders.: System des Römischen Rechts. Der Pandekten achte, umgearbeitete Auflage, bearbeitet von Paul Sokolowski, 2. Teil, Berlin 1912.

Dixon, Simon: The Modernisation of Russia 1676-1825, Cambridge 1999.

Djuvernua, Nikolaj L'vovič: Istočniki prava i sud v Drevnej Rossii (Quellen zu Recht und Gericht im alten Rußland), Moskva 1869.

ders.: Značenie rimskogo prava dlja russkich juristov (Die Bedeutung des römischen Rechts für russische Juristen), in: VDJL 1872/1, S. 33-57.
ders.: Osnovnaja forma korreal'nogo objazatel'stva (Die Grundform der Korrealobligation), Jaroslavl' 1874.
ders.: Iz kursa lekcij po graždanskomu pravu (Aus dem Vorlesungskurs über Bürgerliches Recht), 2. Auflage, S.-Peterburg 1895.
ders.: Art. Kavelin, in: Biografičeskij Slovar' professorov i prepodavatelej imperatorskogo S.-Peterburgskogo universiteta 1869-1894 (Biographisches Wörterbuch der Professoren und Lehrer der kaiserlichen Sankt-Petersburger Universität 1869-1894), Bd. 1, S.-Peterburg 1896, S. 289-293.
ders.: Posobie k lekcijam po graždanskomu pravu (Lehrbuch zu den Vorlesungen über bürgerliches Recht), Čast' osobennaja (Besonderer Teil), Teil 1, S.-Peterburg 1899.
Djuvernua (Nachruf), in: IV 27 (1906), Bd. 5, S. 689.
Dobrin, S.: The Russian Corpus Juris. Rezension von: Baratz, Sur les origines étrangères de la plupart des lois civiles russes, in: Journal of Comparative Legislation and International Law 20 (1938), Nr. 1, S. 155-156.
Dobužinskij, Mstislav Valerianovič: Vospominanija (Erinnerungen), hrsg. von G. I. Čugunov, Moskva 1987.
Docenko, Michail (Red.): Kurs sovetskogo chozjajstvennogo prava (Kurs des sowjetischen Wirtschaftsrechts), Bd. 2, Moskva 1935.
Dollinger, Petra: Die internationale Vernetzung der deutschen Salons (1750-1914), in: Europa – ein Salon? Beiträge zur Internationalität des literarischen Salons, hrsg. von Roberto Simanowski, Horst Turk und Thomas Schmidt, Göttingen 1999, S. 40-65.
dies.: Die jüdische Salontradition in Berlin vom späten 18. Jahrhundert bis zum Ersten Weltkrieg, in: Mitteldeutsches Jahrbuch für Kultur und Geschichte, hrsg. von Christof Römer, Bd. 8, Köln u. a. 2001, S. 75-102.
dies. s. v. Wilhelmy.
Donnert, Erich: Katharina II. die Große, Regensburg 1998.
ders.: Sankt Petersburg. Eine Kulturgeschichte, Köln, Weimar, Wien 2002.
ders.: Die Universität Dorpat-Jur'ev 1802-1818. Ein Beitrag zur Geschichte des Hochschulwesens in den Ostseeprovinzen des Russischen Reiches, Frankfurt a. M. u. a. 2007.
Dormidontov, G. F.: Sistema rimskogo prava (System des römischen Rechts), Objazatel'stvennoe pravo (Schuldrecht), Teil 2, Kazan' 1909; Veščnoe pravo (Sachenrecht), Kazan' 1913; Semejnoe pravo (Familienrecht), Kazan' 1905; Nasledstvennoe pravo (Erbrecht), Kazan' 1915.
Doždev, Dmitrij Vadimovič: Rimskoe archaičeskoe nasledstvennoe pravo (Archaisches römisches Erbrecht), Moskva 1993.
ders.: Osnovanie zaščity vladenija v rimskom prave (Die Grundlage des Besitzschutzes im römischen Recht), Moskva 1996.
ders.: Rimskoe častnoe pravo (Römisches Privatrecht), Moskva 1996.
Drage, Geoffrey: Russian Affairs, London 1904.

Druskin, Michail: Igor Strawinsky, Leipzig 1976.
Duguit, Léon: Le droit social, le droit individuel et la transformation de l'état, Paris 1908.
ders.: Les transformations générales du droit privé depuis le Code Napoléon, 2. Aufl., Paris 1920.
Duličenko, A. D.: Das Russinische, in: P. Rehder (Hrsg.), Einführung in die slavischen Sprachen, 3. Aufl., Darmstadt 1998, S. 127-140.
Dumaševskij, Arnol'd Borisovič: Naše pravovedenie, čto ono i čem dolžno byt' (Unsere Rechtswissenschaft: was sie ist und was sie sein sollte), in: ŽMJu 31 (1867), Nr. 1, S. 3-32.
Dunin, Karol: Romuald Hube (1803-1890). Studyum biograficzno-bibliograficzne (Biographisch-bibliographische Studie), in: Romualdi Hube Opera. Romualda Hubego Pisma, hrsg. von Karol Dunin, Bd. 1, Warschau 1905, S. III-LXXXIV.
Dydynskij, Fëdor (= Teodor Dydyński): Latinsko-Russkij Slovar' k istočnikam rimskogo prava (Lateinisch-russisches Wörterbuch zu den Quellen des römischen Rechts), 2. Aufl., 1896, Ndr. Moskva 1998.
Džanšiev, Grigorij Avetovič: Epocha velikich reform (Die Epoche der großen Reformen), Bd. 2, Moskva 2008.
Ebel, Friedrich: Rechts- und Verfassungsgeschichte in Berlin im 19. und 20. Jahrhundert, in: Reimer Hansen/Wolfgang Ribbe (Hrsg.), Geschichtswissenschaft in Berlin im 19. und 20. Jahrhundert, Berlin u. a. 1992, S. 449-485.
ders.: Art. Savigny, Friedrich Carl von, in: Walther Killy/Rudolf Vierhaus (Hrsg.), Deutsche Biographische Enzyklopädie, Bd. 8 (1998), S. 532-533.
Effer-Uhe, Daniel: Die Wirkung der *condicio* im römischen Recht, Baden-Baden 2008.
Efimov, Vasilij Vladimirovič: Lekcii istorii rimskogo prava (Vorlesungen über die Geschichte des römischen Rechts), S.-Peterburg 1891.
ders.: Dogma rimskogo prava. Učebnyj kurs (Das Dogma des römischen Rechts. Ein Lehrkurs), S.-Peterburg 1901.
Egorov, S.: Kuznica juristov (K 200-letiju so dnja učreždenija Jaroslavskogo vysšich nauk učilišča) (Die Juristenschmiede [Zum 200. Gründungstag der Jaroslavl'er Hochschule der Wissenschaften]), in: Zakonnost' 6 (2003), S. 51-52.
Ehrenberg, Helene (Hrsg.): Rudolf von Jhering in Briefen an seine Freunde, Leipzig 1913.
Elvers, Rudolf: Die römische Servitutenlehre, Marburg 1856.
El'jaševič, Vasilij Borisovič: Pamjati Al'freda Pernisa (Zum Gedenken an Alfred Pernice), in: Pravo 1901, Sp. 1736-1737.
Em, V. S./E. S. Rogova: Doktor prava – Lev Aristidovič Kasso (Doktor des Rechts – L. A. K.), in: L. Kasso, Ponjatie o zaloge v sovremennom prave (1898), Ndr. Moskva 1999, S. 3-20.
Em, V. S./V. V. Berdnikov: Evgenij Vjačeslavovič Passek (14.12.1860-1-10.1912). »Dlja nich pravo imeet cennost'« (»Für sie hat das Recht einen Wert«), in:

E. V. Passek, Neimuščestvennyj interes i nepreodolimaja sila v graždanskom prave, Moskva 2003, S. 7-42.

Emel'janova, Irina Ardal'onovna: »Vseobščaja istorija prava« v russkom dorevoljucionnom pravovedenii (XIX v.) (»Allgemeine Geschichte des Rechts« in der russischen vorrevolutionären Rechtswissenschaft [19. Jhdt.]), Kazan' 1981.

Emel'kina, Irina Aleksandrovna: Sistema ograničennych veščnych prav na zemel'nyj učastok (Das System der beschränkten dinglichen Rechte am Grundstück), Moskva 2011.

Engelbert, Heinz (Hrsg.): Rechtswörterbuch Russisch-Deutsch, Berlin, Moskau 1985.

Engelke, Jan Philipp: Die Transformation der Russischen Föderation. Eine Analyse historisch-kultureller Einflüsse, Baden-Baden 2012.

Erdmann, Carl: System des Privatrechts der Ostseeprovinzen Liv-, Est- und Curland, Bd. 3: Erbrecht, Riga 1892.

Erler, Adalbert: Zwei unbekannte Briefe Savignys an seine Tochter Bettine, in: Jahrbuch des Freien Deutschen Hochstifts 1981, S. 343-364.

Ermacora, Felix: Vorrede der Herausgebers, in: Jhering, Der Kampf um's Recht. Zum hundertsten Todesjahr des Autors hrsg. von Felix Ermacora, Frankfurt a. M., Berlin 1992, S. 9-57.

Erman, Heinrich: Servus vicarius. L'esclave de l'esclave romain, Lausanne 1896.

ders.: Rezension von: Pokrowsky, Die Actiones in factum des klassischen Rechts, in: Centralblatt für Rechtswissenschaft 15 (1896), S. 356-357.

ders.: Conceptio formularum, actio in factum und ipso iure-Consumption, in: SavZRG (Rom. Abt.) 19 (1898), S. 260-360.

Erofeev, Stanislav Ivanovič/Michail Jur'evič Vodkin: Formirovanie pravovych predstavlenij o sobstvennosti v rimskom prave: dominium i possessio (Die Hervorbringung rechtlicher Begriffe vom Eigentum im römischen Recht: dominium und possessio), in: Juridičeskij Analitičeskij Žurnal 2003, Nr. 3 (7), S. 8-17.

Escher, Felix: Leopold Ranke, in: Michael Erbe (Hrsg.), Berlinische Lebensbilder. Geisteswissenschaftler, Berlin 1989, S. 109-125.

Esmarch, Karl: Römische Rechtsgeschichte, 3. Aufl., Kassel 1888.

Esser, Josef: Vorverständnis und Methodenwahl in der Rechtsfindung, Frankfurt a. M. 1970.

K. E. (anonymer Verfasser): Die Ausbildung russischer Professoren in Tübingen und Berlin, in: Akademische Rundschau 1 (1912), Nr. 2, S. 119-122.

Ėngel'man, Ivan Egorovič (= Johannes Engelmann): O davnosti po russkomu graždanskomu pravu (Über die Verjährung nach russischem bürgerlichem Recht), 3. Aufl., Sankt-Peterburg 1901, Ndr. Moskva 2003.

Ėnnekcerus, L. (= Ludwig Enneccerus): Vvedenie i Kurs germanskogo graždanskogo prava. Obščaja čast' (Einführung und Kurs des deutschen bürgerlichen Rechts. Allgemeiner Teil) (Übersetzung der 13. dt. Aufl. 1931), Moskva 1949.

Falk, Ulrich: Art. Tuhr, Andreas von, in: Michael Stolleis (Hrsg.), Juristen. Ein biographisches Lexikon, München 1995, S. 622-623.

Farian, Matthias: Dingliche Nutzungsrechte an fremden Grundstücken im russischen Recht, Frankfurt a. M. 2010.

Fasel, Urs: Auf den Spuren von Tuhrs, in: Wolfgang Wiegand/Thomas Koller/Hans Peter Walter (Hrsg.), Tradition mit Weitsicht. Festschrift für Eugen Bucher zum 80. Geburtstag, Bern 2009, S. 129-144.

Fateev, Arkadij Nikolaevič: Speranskij i ego vremja (Speranskij und seine Zeit), Moskva 2012.

Feldbrugge, Ferdinand J. M.: Russian Law: The End of the Soviet System and the Role of Law, Dordrecht, Boston, London 1993.

ders.: Rezension von: Avenarius, Rezeption des römischen Rechts in Rußland, in: TR 72 (2004), S. 397-399.

ders.: Rezension von: Baranowski, Die Russkaja Pravda (2005), in: TR 75 (2007), S. 57-59.

ders.: Law in Medieval Russia, Leiden u. a. 2009.

Ferid, Murad/Hans Jürgen Sonnenberger: Das Französische Zivilrecht, Bd. 2, 2. Aufl., Heidelberg 1986.

Feuerbach, P. J. A.: Einige Worte über historische Rechtsgelehrsamkeit und einheimische teutsche Gesetzgebung (1816), in: Anselms von Feuerbach kleine Schriften vermischten Inhalts, Nürnberg 1833, S. 133-151.

ders.: Bemerkungen über das Formelle der Gesetzgebung und ihr *Verhältniß zur Doctrin*, in: Rolf Gröschner/Gerhard Haney (Hrsg.), Die Bedeutung P. J. A. Feuerbachs (1775-1833) für die Gegenwart. IVR-Tagung Jena 15. und 16. März 2002 (ARSP-Beiheft 87), Wiesbaden 2003, S. 186-201.

Feyl, Othmar: Die Universität Berlin und das östliche Europa zwischen 1890 und 1933, in: Ost-West-Begegnung in Österreich, hrsg. von Gerhard Oberkofler und Eleonore Zlabinger, Wien u. a. 1976, S. 51-71.

ders.: Die Aspirantenseminare für Staatsstipendiaten aus Rußland an den Universitäten des kaiserlichen Deutschlands, in: Siegfried Hoyer und Werner Fläschendräger (Hrsg.), Die Geschichte der Universitäten und ihre Erforschung. Theorie, Empirie, Methode, Leipzig 1984, S. 132-145.

Fichtner, Hans-Joachim: Bäuerliche Rechtspflege im Russischen Reich (1861-1889), Frankfurt a. M. 1978.

Figes, Orlando: Krimkrieg. Der letzte Kreuzzug, Berlin 2011.

Filippov, Aleksandr Nikitič: Imperator Nikolaj I i Speranskij. K voprosu o kodifikacii russkogo prava v carstvovanie Nikolaja I (Kaiser Nikolai I. und Speranskij. Zur Frage der Kodifikation des russischen Rechts während der Herrschaft Nikolais I.), in: UZJU 1897, S. 1-14.

ders.: Učebnik istorii russkogo prava (Lehrbuch der Geschichte des russischen Rechts), Teil 1, Jur'ev 1912.

Fischer, Fritz: Moritz August von Bethmann-Hollweg und der Protestantismus, Berlin 1938.

Flaig, Egon: Weltgeschichte der Sklaverei, München 2009.

Fleckner, Andreas M.: Antike Kapitalvereinigungen. Ein Beitrag zu den konzeptionellen und historischen Grundlagen der Aktiengesellschaft, Köln u. a. 2010.

Fleiner, Fritz: Andreas von Tuhr, in: Schweizerische Juristen-Zeitung 22 (1925/26), S. 214-216.
Flejšic, Ekaterina Abramovna: Ličnye prava v graždanskom prave Sojuza SSR i kapitalističeskich stran (Persönliche Rechte im bürgerlichen Recht der UdSSR und der kapitalistischen Länder), Moskva 1941.
dies.: I. A. Pokrovskij i ego vklad v nauku graždanskogo prava (I. A. Pokrovskij und sein Beitrag zur Wissenschaft des bürgerlichen Rechts), in: Naučnaja konferencija »Rol' russkoj nauki v razvitii mirovoj kul'tury«. 5-12 ijunja 1944 g. Programmy i tezisy dokladov, Moskva 1944, S. 101-103.
dies.: Rezension von: Pereterskij, Digesty Justiniana (1956), in: SGiP 1957, Nr. 8, S. 141-143.
Florinskij, T. D.: Drevnejšij pamjatnik bolgarskogo prava (Das älteste Denkmal des bulgarischen Rechts), in: Michail Nikitič Jasinskij (Red.), Sbornik statej po istorii prava, posvjaščennyj M. F. Vladimirskomu-Budanovu, Kiev 1904, S. 404-429.
Fodor, Attila: Rechtsreform durch Normtransplantation in Mittel- und Osteuropa. Eine vergleichende Analyse der Rezeption von neuen Pfandregistervorschriften in Ungarn und in Russland, Berlin 2009.
Förster, Franz/M. E. Eccius: Preußisches Privatrecht, Bd. 3: Das Sachenrecht, 6. Aufl., Berlin 1892.
Frejtag-Loringoven, A. L. (= Axel v. Freytagh-Loringhoven): Material'noe pravo proekta votčinnogo ustava (Das materielle Recht des Entwurfs einer Sachenrechtsordnung), 2 Bde., Jur'ev 1914.
Frenkel, Lili: Čuvstvo, kak pravovoe blago v ugolovnom prave (Das Gefühl als Rechtsgut im Strafrecht), in: Pravo 1912, Sp. 14-25.
Freshfield, Edwin Hanson (Hrsg.): A Manual of Eastern Roman Law. The Procheiros Nomos published by the emperor Basil I at Constantinople between 867 and 879 A. D., Cambridge 1928.
Freund, Heinrich: Das Zivilrecht Sowjetrußlands, Mannheim u. a. 1924.
ders.: Art. Rußland, in: Franz Schlegelberger (Hrsg.), Rechtsvergleichendes Handwörterbuch für das Zivil- und Handelsrecht des In- und Auslandes, Bd. 1, Berlin 1929, S. 200-218.
Frick, Pius: Lev Petražickij und das Eigentum. Beobachtungen zum Frühwerk, in: Werner Krawietz/Alfred Sproede (Hrsg.), Gewohnheitsrecht – Rechtsprinzipien – Rechtsbewußtsein. Transformationen der Rechtskultur in West- und Osteuropa (= Rechtstheorie 35 [2004] Heft 3/4), S. 527-539.
Friedmann, Bernhard/Hans-Jobst Krautheim: Reformen und europäische Politik unter Alexander I., in: Handbuch der Geschichte Rußlands, Bd. 2, hrsg. von Klaus Zernack, 2. Halbbd., Stuttgart 2001, S. 951-993.
Frisch, Max: Tagebuch 1946-1949, Frankfurt a. M. 1958.
Frolov, Ėduard Davydovič: Russkaja nauka ob antičnosti. Istoriografičeskie očerki (Die russische Altertumswissenschaft. Historiographische Studien), Sankt Peterburg 1999.

ders./Aleksej Borisovič Egorov/Konstantin Viktorovič Veržbickij: Ratio scripta et lingua rossica translata. Recensija na izdanie: Digesty Justiniana. Per. s lat. pod obšč. red. L. L. Kofanova [...] I-IV, in: IA 14 (2004), S. 208-210.

Gabain, Kurt Ed. von: Das Erbrecht in Sowjetrussland. Seine Entwicklung und heutige Geltung, Bern 1929.

Gadamer, Hans-Georg: Wahrheit und Methode. Grundzüge einer philosophischen Hermeneutik, 6. Aufl., Tübingen 1990.

ders.: Der Anfang der Philosophie, Stuttgart 1996.

Gale, Susan G.: A Very German Legal Science: Savigny and the Historical School, in: SJIL 18 (1982), S. 123-146.

Gall, Caroline von: Die Konzepte »staatliche Einheit« und »einheitliche Macht« in der russischen Theorie von Staat und Recht, Berlin 2010.

Gambarov, Jurij Stepanovič: Graždanskoe pravo. Obščaja časť (Bürgerliches Recht. Allgemeiner Teil), Moskva 1897/98.

Gans, Eduard: System des römischen Civilrechts im Grundrisse, Berlin 1827.

ders.: Ueber die Grundlage des Besitzes. Eine Duplik, Berlin 1839.

Gapeev, V. N./S. A. Zinčenko/A. A. Luk'jancev: Novyj Graždanskij Kodeks Rossijskoj Federacii (Das neue Bürgerliche Gesetzbuch der Russischen Föderation), 1. Teil, Rostov-na-Donu 1996.

Garofalo, Luigi: Kandinsky e il diritto romano, in: Labeo 49 (2003), S. 49-60.

Gatrell, Peter: The Tsarist Economy 1850-1917, London 1986. Gebhard, Richard: Russisches Familien- und Erbrecht, Berlin 1910.

Geilke, Georg: Einführung in das Sowjetrecht, 2. Auflage, Darmstadt 1983.

Geistlinger, Michael: Revolution und Völkerrecht: völkerrechtsdogmatische Grundlegung der Voraussetzungen und des Inhalts eines Wahlrechts in bezug auf vorrevolutionäre völkerrechtliche Rechte und Pflichten, Wien u. a. 1991.

Genkin, D. M./S. N. Bratus/L. A. Lunz/I. B. Novizki: Sowjetisches Zivilrecht, Bd. 1, Berlin 1953.

Genzmer, Erich: Das römische Recht als Mitgestalter gemeineuropäischer Kultur, in: D. S. Constantopoulos/Hans Wehberg (Hrsg.), Gegenwartsprobleme des internationalen Rechtes und der Rechtsphilosophie. Festschrift für Rudolf Laun, Hamburg 1953, S. 499-535.

ders.: Einleitung, in: Ius Romanum Medii Aevi, Teil I 1 a-d, Mediolani 1961, S. 119-146.

Gessen, I. V.: Rezension von: Pokrovskij, Osnovnye problemy graždanskogo prava (Vorabdruck), in: Pravo 1916, Sp. 233-245.

Gessen, Vladimir M. (Hessen): Vozroždenie estestvennogo prava (Die Wiedergeburt des Naturrechts), in: Pravo 10 (1902), S. 475-484 und Pravo 11 (1902), S. 533-547.

Geyer, Dietrich: Rußland und Europa in historischer Perspektive, in: Otmar Franz (Hrsg.), Europa und Rußland – Das Europäische Haus?, Göttingen, Zürich 1993, S. 9-22.

Giaro, Tomasz: Europa und das Pandektenrecht, in: RJ 12 (1993), S. 326-345.

ders.: Europäische Privatrechtsgeschichte: Werkzeug der Rechtsvereinheitlichung und Produkt der Kategorienvermengung, in: Ius commune 21 (1994), S. 1-43 (russische Fassung: Evropejskaja istorija častnogo prava: instrument unifikacii prava i produkt smešenija kategorii, in: Civilističeskie issledovanija 4 (2010), S. 10-57).

ders.: Art. Maciejowski, Waclaw Aleksander, in: Michael Stolleis (Hrsg.), Juristen. Ein biographisches Lexikon, München 1995, S. 394.

ders.: Westen im Osten. Modernisierung osteuropäischer Rechte bis zum Zweiten Weltkrieg, in: Rechtsgeschichte 2 (2003), S. 123-139.

ders.: Modernisierung durch Transfer – Schwund osteuropäischer Rechtstraditionen, in: ders. (Hrsg.), Modernisierung durch Transfer im 19. und frühen 20. Jahrhundert, Frankfurt a. M. 2006, S. 275-344.

ders.: Pravovaja tradicija vostočnoj Evropy (Die Rechtstradition Osteuropas), in: Civilističeskie issledovanija 2 (2006), S. 127-147.

ders.: Alt- und Neueuropa, Rezeptionen und Transfers, in: ders. (Hrsg.), Modernisierung durch Transfer zwischen den Weltkriegen, Frankfurt a. M. 2007, S. 273-317.

ders.: Rezension von: Miglietta/Santucci, Diritto romano e regimi totalitari (2009), in: SavZRG (Rom. Abt.) 128 (2011), S. 706-712.

ders.: The East of the West. Harold J. Berman and Eastern Europe, in: Rechtsgeschichte 21 (2013), S. 193-197.

ders.: Some Prejudices about the Legal Tradition of Eastern Europe, in: Bronisław Sitek/Jakub J. Szczerbowski/Aleksander W. Bauknecht (Hrsg.), Comparative Law in Eastern and Central Europe, Newcastle upon Tyne 2013, S. 26-50.

Gibbon, Edward: The History of the Decline and Fall of the Roman Empire, ed. J. B. Bury with an Introduction by W. E. H. Lecky, Bd. 7, New York 1906.

Ginkul, K. G.: O legatach (Über die Vermächtnisse), Tiraspol' 1912.

Gins, G. K.: Art. Bessarabskoe mestnoe pravo (Bessarabisches örtliches Recht), in: F. A. Brokgauz/I. A. Efron (Hrsg.), Novyj Ėnciklopedičeskij slovar', Bd. 6, S.-Peterburg (o. J.), Sp. 256-265.

Gitermann, Valentin: Geschichte Rußlands, Bd. 3, Frankfurt a. M. u. a. 1965.

Glazunova, Irina Nikolaevna: Vlijanie rimskogo prava na stanovlenie i razvitie kontinental'noj i anglosaksonskoj pravovych sistem sovremennosti. Processual'nyj aspekt (Der Einfluß des römischen Rechts auf Entstehung und Entwicklung der kontinentalen und angelsächsischen Eigentumssysteme. Prozessualer Aspekt), Stavropol' 1999.

Glötzner, Victor: Die strafrechtliche Terminologie des Uloženie 1649, Wiesbaden 1967.

Glück, Christian Friedrich: Hermeneutisch-systematische Erörterung der Lehre von der Intestaterbfolge nach den Grundsätzen des ältern und neuern Römischen Rechts, 2. Aufl., Erlangen 1822.

Goehrke, Carsten: Die Theorien über die Entstehung und Entwicklung des »Mir«, Wiesbaden 1964.

ders.: Russland. Eine Strukturgeschichte, Paderborn u. a. 2010.

Gojchbarg, Aleksandr: Nemeckij trud o našem proekte graždanskogo uloženija (Die deutsche Arbeit über unseren Entwurf eines Bürgerlichen Gesetzbuches), in: Pravo 1912, Sp. 558-565.

ders.: Chozjajstvennoe pravo RSFSR (Das Wirtschaftsrecht der UdSSR). Bd. 1: Graždanskij kodeks, 2. Aufl., Moskva 1923.

ders.: Einige Bemerkungen über das Recht (1924). Übersetzung aus dem Russischen, in: Marxistische und Sozialistische Rechtstheorie, hrsg. von Norbert Reich, Frankfurt a. M. 1972, S. 87-92.

Goldenweiser, Alexis: Tolstois Kampf gegen das Recht, in: ARWP 22 (1928/29), S. 98-116.

Goldt, Rainer: Die Revolution und ihre Intellektuellen: Der Sammelband »Vechi« (»Wegzeichen«) im Kontext seiner Zeit, in: Jan Kusber/Andreas Frings (Hrsg.), Das Zarenreich, das Jahr 1905 und seine Wirkungen, Berlin 2007, S. 383-411.

Gol'msten, Adol'f Christianovič (= Holmsten, Adolf Christian): Ėtjudy o sovremennom sostojanii nauki prava. Ėtjud pervyj. Neskol'ko myslej o pozitivisme v nauke prava (Studien über die gegenwärtige Lage der Rechtswissenschaft. Erste Studie. Einige Gedanken über den Positivismus in der Rechtswissenschaft), in: ŽGiUP 1884, Nr. 3, S. 91-126.

ders.: Ėtjudy o sovremennom sostojanii nauki prava. Ėtjud vtoroj. Pozitivizm, metafizika i rimskoe pravo (Studien über die gegenwärtige Lage der Rechtswissenschaft. Zweite Studie. Positivismus, Metaphysik und römisches Recht), in: ŽGiUP 1884, Nr. 5, S. 211-244.

ders.: Rezension von: Azarevič, Sistema rimskogo prava, Bd. 1 (1887), in: ŽGiUP 1887, Nr. 8, S. 131-138.

ders.: Dmitrij Ivanovič Mejer. Ego žizn' i dejatel'nost' (Dmitrij Ivanovič Mejer. Sein Leben und Werk), in: D. Mejer, Russkoe graždanskoe pravo (Russisches Bürgerliches Recht), 8. Auflage 1902, Ndr. Moskva 2000, S. 14-37.

ders.: Semën Vikent'evič Pachman. Nekrolog, in: ŽMJu 1911, Nr. 3, S. 220-226.

Gončarenko, V. D.: Chrestomatija z istoriji deržavy i prava Ukrajiny (Chrestomathie zur Geschichte von Staat und Recht der Ukraine), 3. Aufl., Kyjiv 2003.

Gordon, Vladimir M.: Professor Adol'f Christianovič Gol'msten, S.-Peterburg 1913.

ders.: Anmerkung zu Kass. 1915, Nr. 38, in: Beilage zum Vestnik Prava, S. 116-118.

Gorin, A. G.: O kodifikacii graždanskogo prava Rossii (1882-1917 gg) (Über die Kodifikation des bürgerlichen Rechts Rußlands [1882-1917]), in: Pravovedenie 4 (1984), S. 57-64.

Gorodyskij, Ja. K.: Zamečanija na proekt knigi pjatoj Graždanskogo Uloženija ob objazatel'stvach (Anmerkungen zum Entwurf des fünften Buchs des Bürgerlichen Gesetzbuchs über Schuldverhältnisse), in: ŽMJu 1900, Nr. 4, S. 226-261, Nr. 5, S. 234-258.

Gothofredus, Dionysius: Codicis Dn. Justiniani Sacratissimi Principis pp. Aug. repetitae praelectionis libri XII, Francofurti ad Moenum 1663; angebunden: Appendix sive Auctarium Quod in se habet Rationem Ordinis à Iurisconsulto in Pandectis, Codice & Institutionibus observati, XII. Tabularum Fragmenta, Titulos ex corpore Ulpiani, Caji Institutionum Libros Duos [...].

Grabar', Vladimir Ėmmanuilovič: Rimskoe pravo v istorii meždunarodnopravovych učenij. Ėlementy meždunarodnogo prava v trudach legistov XII-

XIV vv. (Römisches Recht in der Geschichte der Lehre vom internationalen Recht. Elemente des internationalen Rechts in den Arbeiten der Legisten des 12. bis 14. Jahrhunderts), Jur'ev 1901.

Gracianskij, Pavel S.: Političeskaja i pravovaja mysl' Rossii vtoroj poloviny XVIII v. (Das politische und rechtliche Denken Rußlands in der zweiten Hälfte des 18. Jahrhunderts), Moskva 1984.

Grau, Conrad: Institutionen und Personen in Berlin und Petersburg in den deutsch-russischen Wissenschaftsbeziehungen, in: Ludmila Thomas/Dietmar Wulff (Hrsg.), Deutsch-russische Beziehungen. Ihre welthistorischen Dimensionen vom 18. Jahrhundert bis 1917, Berlin 1992, S. 115-137.

ders.: St. Petersburg. Die Akademie der Wissenschaften Rußlands von Peter dem Großen zu Lenin, in: Stätten des Geistes. Große Universitäten Europas von der Antike bis zur Gegenwart, hrsg. von Alexander Demandt, Köln u. a. 1999, S. 223-243.

Gregorovius, Ferdinand: Römische Tagebücher 1852-1889, hrsg. und kommentiert von H.-W. Kruft und M. Völkel, München 1991.

Grigor'ev, V. V. (Hrsg.): Imperatorskij S. Peterburgskij Universitet v-tečenie pervych pjatidesjati let ego suščestvovanija (Die kaiserliche Sankt Petersburger Universität während der ersten fünfzig Jahre ihres Bestehens), Sankt-Peterburg 1870.

Grimm, David Davidovič: Očerki po učeniju ob obogaščenii (Studien zur Lehre von der Bereicherung), Teil 1, Dorpat 1891, Teil 2, Dorpat 1891, Teil 3, Sankt-Peterburg 1893.

ders.: Juridičeskoe otnošenie i subektivnoe pravo (Rechtsverhältnis und subjektives Recht) (Schluß), in: ŽMJu 1897, Nr. 5, S. 1-23.

ders.: Rezension von: Petražickij, Prava dobrosovestnogo vladel'ca na dochody (1897), in: ŽMNP 1898, S. 459-494.

ders.: Osnovy učenija o juridičeskoj sdelke v sovremennoj nemeckoj doktrine pandektnogo prava (Grundlagen der Lehre vom Rechtsgeschäft in der gegenwärtigen deutschen Doktrin des Pandektenrechts), Sankt-Peterburg 1900.

ders.: Kurs rimskogo prava (Kurs des römischen Rechts), Teil 1, Sankt-Peterburg 1904.

ders.: Lekcii po dogme rimskogo prava (Vorlesungen über das Dogma des römischen Rechts), S.-Peterburg 1907.

ders.: Sootnošenie meždu juridičeskimi institutami i konkretnymi otnošenijami (Das Verhältnis zwischen Rechtsinstituten und konkreten Verhältnissen), Moskva 1914.

ders.: Zur Frage über den Begriff der Societas im klassischen römischen Rechte, Tartu 1933.

ders.: Programma kursa dogmy rimskogo prava professora D. D. Grimma (Programm des Kurses des Dogmas des römischen Rechts von Professor D. D. Grimm), S. Peterburg (o. J.).

Grimm, Dieter: Art. Öffentliches Recht II (seit 1750), in: HRG, Bd. 3, Berlin 1984, Sp. 1198-1214.

Groh, Dieter: Rußland und das Selbstverständnis Europas. Ein Beitrag zur europäischen Geistesgeschichte, Neuwied 1961.

Grohmann, Will: Wassily Kandinsky, Köln 1958.

Grossi, Paolo: Das Recht in der europäischen Geschichte, München 2010.
Grothusen, Klaus-Detlev: Die Historische Rechtsschule Rußlands, Gießen 1962.
Grünewaldt, J. von: Erzählungen eines Augenzeugen aus der Geschichte der Codification des Provinzialrechts, in: Baltische Monatsschrift 29 (1882), S. 15-43.
Gsovski, Vladimir: Roman Private Law in Russia, in: BIDR 5 (1939), S. 363-375.
ders.: Soviet Civil Law, Bd. 1, Ann Arbor 1948.
Guerrier, Wladimir (= Vladimir Ivanovič Ger'e): Leibniz in seinen Beziehungen zu Russland und Peter dem Grossen, St. Petersburg, Leipzig 1873, Ndr. Hildesheim 1975.
Gulczyński, Andrzej: Die für die Anwendung des deutschen Privatrechts zuständigen Mitglieder des polnischen Obersten Gerichtshofes zwischen 1920 und 1939, in: Wojciech Dajczak/Hans-Georg Knothe (Hrsg.), Deutsches Sachenrecht in polnischer Gerichtspraxis, Berlin 2005, S. 77-101.
Guljaev, Aleksej Michajlovič: Ob otnošenii russkogo graždanskogo prava k rimskomu (Über das Verhältnis des russischen Bürgerlichen Rechts zum römischen), in: UI 1894, Nr. 11, S. 1-16.
ders.: Reforma juridičeskogo obrazovanija v Germanii (Die Reform der Juristenausbildung in Deutschland), in: ŽMJu 1897, Nr. 10, S. 1-50.
ders.: Isk o svobode sobstvennosti (Die Eigentumsfreiheitsklage), in: ŽMJu 1908, Nr. 2, S. 102-119.
ders.: Sovremennye zadači prepodavanija rimskogo prava (Gegenwärtige Themen der Lehre des römischen Rechts), in: ŽMJu 1909, Nr. 2, S. 119-130.
ders.: Tolkovanie zakona v praktike Graždanskogo Kassacionnogo Departamenta Pravitel'stvujuščego Senata (Die Auslegung des Gesetzes in der Praxis der Bürgerlichen Kassationsabteilung des Dirigierenden Senats), Moskva 1912.
ders.: Russkoe graždanskoe pravo. Obzor dejstvujuščego zakonodatel'stva, kassacionnoj praktiki Pravitel'stvujuščego Senata i proekta Graždanskogo uloženija (Russisches bürgerliches Recht. Abriß der geltenden Gesetzgebung, der Kassationspraxis des Dirigierenden Senats und des Entwurfs eines Bürgerlichen Gesetzbuchs), 4. Aufl., S.-Peterburg 1913.
ders.: Obščie učenija sistemy graždanskogo prava v praktike graždanskogo kassacionnogo departamenta pravitel'stvujuščogo senata za pjat'desjat let (Allgemeine Lehren des Systems des bürgerlichen Rechts in der Praxis der Kassationsabteilung in Zivilsachen des Dirigierenden Senats im Laufe von fünfzig Jahren), in: ŽMJu 9 (1914), S. 333-409.
Gupta, R. C. (Hrsg.): Nicholas Roerich, Memorial Volume, Bombay 1942.
Gusev, Nikolaj N.: Letopis' žizni i tvorčestva L'va Nikolaeviča Tolstogo (Chronik des Lebens und Werkes von Lev Nikolaevič Tolstoj) 1828-1890, Moskva 1958.
Häfner, Lutz: Gesellschaft als lokale Veranstaltung. Die Wolgastädte Kazan' und Saratov (1870-1914), Köln u. a. 2004.
Härtel, Gottfried/Elemér Polay: Römisches Recht und römische Rechtsgeschichte, Weimar 1987.
Haferkamp, Hans-Peter: Einflüsse der Erweckungsbewegung auf die »historisch-christliche« Rechtsschule zwischen 1815 und 1848, in: Pascale Cancik/Thomas

Henne/Thomas Simon/Stefan Ruppert/Miloš Vec (Hrsg.), Konfession im Recht. Auf der Suche nach konfessionell geprägten Denkmustern und Argumentationsstrategien in Recht und Rechtswissenschaft des 19. und 20. Jahrhunderts, Frankfurt a. M. 2009, S. 71-93.
dees.: Die Rezeption des römischen Rechts in Deutungen der Rechtswissenschaft des 19. Jahrhunderts, in: Claudia Lieb/Christoph Strosetzki (Hrsg.), Philologie als Literatur- und Rechtswissenschaft. Germanistik und Romanistik 1730-1870, Heidelberg 2013, S. 247-258.
ders.: Art. Kontinuität, in: HRG, Bd. 2, 2. Aufl., Berlin 2013, Sp. 154-158.
Halban, Alfred von: Zur Geschichte des deutschen Rechtes in den Gebieten von Tschernigow und Poltawa (Archivalischer Reisebericht), in: SavZRG (Germ. Abt.) 19 (1898), S. 1-15.
Halem, Friedrich von: Recht oder Gerechtigkeit? Rechtsmodelle in Ost und West von der Antike bis zur Moderne, hrsg. von Leonid Luks, Köln u. a., 2004.
Halpérin, Jean-Louis: Histoire des droits en Europe de 1750 à nos jours, Paris 2006.
Hamburg, Gary M.: Boris Chicherin & Early Russian Liberalism 1828-1866, Stanford 1992.
Hammer, Darrell P.: Russia and the Roman Law, in: ASER 16 (1957), S. 1-13.
Hamza, Gábor: Die Rezeption des römischen Rechts – und der deutschen Pandektenwissenschaft – in Zentral- und Osteuropa unter Berücksichtigung der Rechtsordnung in Böhmen und Mähren (Tschechoslowakei), Ungarn, Polen und Rußland, in: Jörg Wolff (Hrsg.), Kultur- und rechtshistorische Wurzeln Europas, Mönchengladbach 2005, S. 205-225.
ders.: Entstehung und Entwicklung der modernen Privatrechtsordnungen und die römischrechtliche Tradition, Budapest 2009.
ders.: Römisches Recht und Kodifikation des Privatrechts in Rußland und in der Sowjetunion (2005), in: ders., Iura antiqua ac iura moderna methodo comparativa investigata – Opera selecta, Bd. 1, Budapest 2010, S. 235-262.
ders.: Das römische Recht und die Privatrechtsentwicklung in Russland im modernen Zeitalter, in: Journal on European History of Law 1 (2010), S. 20-26.
Harms, Andreas: Warenform und Rechtsform. Zur Rechtstheorie von Eugen Paschukanis, Baden-Baden 2000.
Hasenöhrl, Victor: Das oesterreichische Obligationenrecht in systematischer Darstellung, 2. Aufl., Bd. 1, Wien 1892.
Hasselblatt, Arnold/Gustav Otto: Album Academicum der Kaiserlichen Universität Dorpat, Dorpat 1889.
Hasselblatt, Julius: Die Justizreform in Rußland, Sankt Petersburg 1876.
Hattenhauer, Hans: Einleitung, in: ders. (Hrsg.), Thibaut und Savigny. Ihre programmatischen Schriften, 2. Aufl., München 2002, S. 1-33.
ders.: Europäische Rechtsgeschichte, 4. Aufl., Heidelberg 2004.
Hause, Helmut: Das Privateigentum in Sowjetrußland nach dem Zivilkodex der R. S.F.S. R., Würzburg 1934.

Hausmaninger, Herbert: Rezension von: Digesty Justiniana (Die Digesten Justinians). Ausgewählte Fragmente (Übersetzung von I.S. Pereterskij), in: SavZRG (Rom. Abt.) 103 (1986), S. 632-635.

ders. (Chausmaninger): O sovremennom značenii rimskogo prava (Über die heutige Bedeutung des römischen Rechts), in: SGiP 1991, Nr. 5, S. 98-104.

ders./Walter Selb: Römisches Privatrecht, 9. Aufl., Wien u.a. 2001.

Hausmann, Guido: Universität und städtische Gesellschaft in Odessa, 1865-1917, Stuttgart 1998.

Haxthausen, August Frhr. von: Studien über die inneren Zustände, das Volksleben und insbesondere die ländlichen Einrichtungen Rußlands. Von August Freiherrn von Haxthausen, 1. u. 2. Theil, Hannover 1847, 3. Theil, Berlin 1852.

ders.: Transkaukasia. Andeutungen über das Familien- und Gemeindeleben und die socialen Verhältnisse einiger Völker zwischen dem Schwarzen und Kaspischen Meere. Reiseerinnerungen und gesammelte Notizen von August Freiherrn von Haxthausen, Erster Teil, Leipzig 1856.

Heck, Philipp: Andreas v. Tuhr, in: AcP 125 (1925), S. 257-262.

ders.: Begriffsbildung und Interessenjurisprudenz, Tübingen 1932.

Heffernan, M.: The Changing Political Map: Geography, Geopolitics, and the Idea of Europe since 1500, in: Robin Alan Butlin/Robert A. Dodgshon (Hrsg.), An Historical Geography of Europe, Oxford 1998, S. 140-180.

Hegel, Georg Wilhelm Friedrich: Vorlesungen über die Philosophie der Weltgeschichte, hrsg. von Georg Lasson, Bd. 4, Die germanische Welt (= Hegels Sämtliche Werke, Bd. VIII, 4), 2. Aufl., Leipzig 1923.

Heidelberger Almanach aus dem Jahre 1912. Übersetzte und erweiterte Ausgabe, hrsg. von W. Birkenmaier, M. Feinstein und E. Wischhöfer, Heidelberg 1995.

Heine, Heinrich: Historisch-kritische Gesamtausgabe der Werke, Bd. 15, bearb. v. Gerd Heinemann, Hamburg 1982.

Heinen, Heinz: Art. Štaerman, Elena M., in: Handwörterbuch der antiken Sklaverei (HAS), hrsg. von H. Heinen in Verbindung mit U. Eigler, P. Gröschler, E. Herrmann-Otto, H.v. Hesberg, H. Leppin, H.-A. Rupprecht, W. Schmitz, I. Weiler und B. Zimmermann, CD-ROM-Lieferung I-III, Stuttgart 2010.

Heiss, Helmut: Rechtsrezeption und Rechtsmischung als Gesetzgebungstechnik: Chancen und Risiken, in: ders. (Hrsg.): Zivilrechtsreform im Baltikum, Tübingen 2006, S. 137-157.

Helfer, Christian: Rudolf von Jhering über das Rechtsstudium, in: JZ 1966, S. 506-509.

Hellie, Richard: The Law, in: The Cambridge History of Russia, Bd. 1, hrsg. von Maureen Perrie, Cambridge 2006, S. 360-386.

Herder, Johann Gottfried: Herder's Werke. Nach den besten Quellen revidirte Ausgabe. Zwölfter Theil. Ideen zur Philosophie der Geschichte der Menschheit, hrsg. von Heinrich Düntzer. Vierter Theil, Berlin (o.J.).

Herman, Shael: The Louisiana Civil Code. A European Legacy for the United States, New Orleans 1993.

ders.: The Contribution of Roman Law to the Jurisprudence of Antebellum Louisiana, in: Louisiana Law Review 56 (1995), S. 257-315.

Herzen, Alexander (Aleksandr Ivanovič Gercen): Du développement des idées révolutionnaires en Russie (1850/51), in: ders., Sobranie sočinenij v tridcati tomach, Bd. 7, Moskva 1956, S. 5-132.

ders. (Alexandre Hertzen): La Russie et le vieux monde. Lettres a W. Linton, Esq., Jersey, 1854.

ders.: Briefe aus dem Westen, Nördlingen 1989.

Heuman, Susan Eva: Perspectives on Legal Culture in Prerevolutionary Russia, in: Revolution in Law, hrsg. von Piers Bierne, Armonk, N.Y. u.a. 1990, S. 3-16.

Hexabiblos: Const. Harmenopuli Manuale legum sive Hexabiblos cum appendicibus et legibus agrariis, ed. Gustav Ernst Heimbach, Lipsiae 1851, Ndr. Aalen 1969.

Heymann, Ernst: Hundert Jahre Berliner Juristenfakultät, in: DJZ 15 (1910), Sp. 1103-1194.

Hildermeier, Manfred: Geschichte Russlands. Vom Mittelalter bis zur Oktoberrevolution, 2. Aufl., München 2013.

Hippel, Fritz von: Formalismus und Rechtsdogmatik dargestellt am Beispiel der »Errichtung« des zeugenlosen Schrifttestaments (eigenhändiges Testament; testament olographe), Hamburg 1935.

Hobsbawm, Eric J.: Europäische Revolutionen, Zürich 1962.

ders.: Das imperiale Zeitalter 1875-1914, Frankfurt a.M. 1989.

ders.: Nationen und Nationalismus. Mythos und Realität seit 1780, 3. Aufl., Frankfurt a.M. 2005.

Hoetzsch, Otto: Karl Stählin und die Gründung des Russischen Wissenschaftlichen Instituts, in: Karl Schlögel (Hrsg.), Russische Emigration in Deutschland 1918 bis 1941, Berlin 1995, S. 267-278.

Hofer, Sibylle: Andreas von Tuhr (1864-1925). Das Phänomen eines gelobten Begriffsjuristen, in: Kölner Juristen im 20. Jahrhundert, hrsg. von Steffen Augsberg und Andreas Funke, Tübingen 2013, S. 5-31.

Hofmeister, Herbert: Jhering in Wien, in: Okko Behrends (Hrsg.), Rudolf von Jhering. Beiträge und Zeugnisse, 2. Auflage, Göttingen 1993, S. 38-48.

Holzhauer, Heinz: Walter Erman (1904-1982), in: Bodo Pieroth (Hrsg.), Heinrich und Walter Erman. Dokumentation der Gedenkveranstaltung am 19. September 2004 an der Rechtswissenschaftlichen Fakultät Münster, Münster 2005, S. 13-36.

Horsmann, Gerhard: Die divi fratres und die redemptio servi suis nummis (Zu den Motiven der epistula ad Urbium Maximum, Dig. 40,1,4), in: Historia 35 (1986), S. 308-321.

Hosking, Geoffrey: Rußland. Nation und Imperium (1997), deutsche Ausgabe Berlin 2000.

Hotman, François: Novus Commentarius de verbis iuris antiquitatum, Basileae 1563.

Hubé, Romuald de (Hube): Droit romain et gréco-byzantin chez les peuples slaves, Paris u. a. 1880.

Huber, F.: Art. Mission 3. Evangelische Kirchen, in: Enzyklopädie der Neuzeit, Bd. 8 (2008), Sp. 586-591.

Hübner, Eckhard: Peter der Große: Auch Deutschland lag im Westen, in: Dagmar Herrmann (Hrsg.), Deutsche und Deutschland aus russischer Sicht. 18. Jahrhundert: Aufklärung, München 1992, S. 77-99.

Hugo, Gustav: Lehrbuch des Naturrechts, als einer Philosophie des positiven Rechts, 2. Aufl., Berlin 1799.

ders.: Lehrbuch eines civilistischen Cursus. Erster Band, welcher als allgemeine Einleitung die juristische Encyclopädie enthält, 6. Aufl., Berlin 1820.

(Humboldt:) Alexander von Humboldts Reise durchs Baltikum nach Russland und Sibirien 1829. Aufgezeichnet von H. Beck, Stuttgart 1983.

(Humboldt:) Im Ural und Altai. Briefwechsel zwischen Alexander von Humboldt und Graf Georg von Cancrin aus den Jahren 1827-1832, Leipzig 1869.

Huntington, Samuel P.: Der Kampf der Kulturen. The Clash of Civilizations. Die Neugestaltung der Weltpolitik im 21. Jahrhundert, 6. Aufl., München u. a. 1997.

L. P. H. (anonymer Verfasser): Rezension von: Jahrbuch für Rechtsgelehrte in Russland, hrsg. von Erdmann Gustav v. Bröcker, Bd. 1 (1822), Bd. 2 (1824), in: ALZ 1825, Nr. 45, Sp. 369-376 u. Nr. 46, Sp. 377-379.

Igarashi, Kiyoshi: Einführung in das japanische Recht, Darmstadt 1990.

Illerickaja, Natalija Vladimirovna: Istoriko-juridičeskoe napravlenie v russkoj istoriografii vtoroj poloviny XIX veka (Die historisch-juristische Richtung in der russischen Historiographie der zweiten Hälfte des 19. Jahrhunderts), Moskva 1998.

Ingold, Felix Philipp: Der große Bruch. Rußland im Epochenjahr 1913. Kultur, Gesellschaft, Politik, München 2000.

ders.: Die Faszination des Fremden. Eine andere Kulturgeschichte Russlands, München 2009.

Inventar' Biblioteki Universiteta No VII. za 1885-1890. Catalogus accessionum Bibliothecae Imperialis Litterarum Universitatis Petropolitanae, S.-Peterburg 1893.

Ioffe, Olimpiad Solomonovič: Soviet Law and Roman Law, in: BULR 62 (1982), S. 701-728.

ders.: Soviet Civil Law, Dordrecht u. a. 1988.

ders.: Rossija dosovetskaja, sovetskaja, postsovetskaja (Das vorsowjetische, sowjetische und nachsowjetische Rußland), Teil 1, in: Civilističeskie issledovanija 2 (2006), S. 278-324.

ders./Valerij Abramovič Musin: Osnovy rimskogo graždanskogo prava (Grundlagen des römischen Bürgerlichen Rechts), Leningrad 1974.

Ionaşcu, Traian/Valentin A. Georgescu: Unité et diversité des formes de la réception du droit romain en Occident et du droit byzantin en Orient, in: Revue des Études sud-est européennes 2 (1964), S. 153-186.

dies.: La récepcion du droit romain de Justinien en Occident et celle du droit romano-byzantin en Orient, in: Atti del Convegno Internazionale di Studi Accursiani, Bologna, 21-26. Ottobre 1963, hrsg. von Guido Rossi, Bd. 3, Milano 1968, S. 1207-1237.

Ipsen, Knut: Völkerrecht, 5. Aufl., München 2004.

Isačenko, Vasilij L.: Vzaimodejstvie juridičeskich sil, kak zalog uspecha sudebnoj reformy (Das Zusammenwirken der juristischen Kräfte als Gewähr für den Erfolg der Gerichtsreform), in: Vestnik Graždanskogo Prava 7 (1914), S. 37-57.

ders./V. V. Isačenko: Objazatel'stva po dogovoram. Opyt praktičeskogo kommentarija russkich graždanskich zakonov. Kommentarij na IV knigu 1 č. X t. sv. zak., Tom. I. Obščaja čast' (Schuldverhältnisse aus Verträgen. Versuch eines praktischen Kommentars der russischen bürgerlichen Gesetze. Kommentar zum IV. Buch, 1. Teil, X. Bd. Svod Zakonov, Bd. 1. Allgemeiner Teil), S.-Peterburg 1914.

Isaev, Igor' Andreevič: Pravovaja kul'tura Rossii. Učebnoe posobie (Die Rechtskultur Rußlands. Ein Lehrbuch), Moskva 2009.

Istorija pravitel'stvujuščego senata za dvesti let (Geschichte des Dirigierenden Senats während zweihundert Jahren), 1711-1911 gg., 5 Bde., Sankt-Peterburg 1911.

Istrin, V.: Russkie studenty v Gettingene v 1802-1804 gg. (Russische Studenten in Göttingen 1802-1804), in: ŽMNP 1910, S. 80-144.

Iustiniani Digesta. Fragmenta selecta. Digesty Justiniana. Izbrannye fragmenty v perevode i s primečanijami I. S. Pereterskogo (Die Digesten Justinians. Ausgewählte Fragmente in Übersetzung und mit Anmerkungen von I. S. Pereterskij). Red.: E. A. Skripilev, Moskva 1984.

Izarova, I. O./T. M. Bachonjeva/N. V. Pavlovs'ka: Ryms'ke pryvatne pravo (Römisches Privatrecht), Kyjiv 2010.

Jakovlev, Vasilij Nikitovič: Drevnerimskoe častnoe pravo i sovremennoe rossijskoe graždanskoe pravo (Altrömisches Privatrecht und heutiges rußländisches Bürgerliches Recht), Moskva 2010.

Jankowski, Maciej: Le droit romain en Union soviétique, in: RHDFE 68 (1990), S. 43-50.

Jansen, Marius B.: The Meiji Restoration, in: The Cambridge History of Japan, Bd. 5: The Nineteenth Century, ed. by Marius B. Jansen, New York 1989, S. 308-366.

Jaworski, Iwo: Zarys powszechnej historii państwa i prawa (Abriß der allgemeinen Geschichte von Staat und Recht), 6. Auflage, Warszawa 1996.

Jedig, Angelina: »Vsjak na Rusi – bezdomnyj«: Überlegungen zum russischen Haus, in: ZSlaw 54 (2009), S. 251-301.

Jena, Detlef: Art. Konservatismus, in: Norbert Franz (Hrsg.), Lexikon der russischen Kultur, Darmstadt 2002, S. 228-229.

Jhering, Rudolf von: Friedrich Karl von Savigny, in: JherJb 5 (1861), S. 354-377.

ders.: Geist des römischen Rechts auf den verschiedenen Stufen seiner Entwicklung, Bd. 1, 2. Auflage, Leipzig 1866; 5. Auflage, Leipzig 1891; wo nicht anders angegeben, wird nach der 9. Aufl. (Nachdruck), Bde. 1-3.1, Basel 1954, zitiert.

ders.: Charakter i soderžanie rimskogo prava (Charakter und Inhalt des römischen Rechts = Übersetzung aus Jherings Geist des Römischen Rechts von N. Tagancev), in: ŽMJu 1867, Bd. 33, S. 365-386.
ders.: Metody razrabotki istorii prava (Methoden der Erforschung des römischen Rechts = Übersetzung aus Jherings Geist des Römischen Rechts von N. Tagancev), in: ŽMJu 1867, Bd. 34, S. 63-92.
ders.: Ueber den Grund des Besitzesschutzes. Eine Revision der Lehre vom Besitz, 2. Aufl., Jena 1869.
ders.: Der Kampf um's Recht. Zum hundertsten Todesjahr des Autors hrsg. von Felix Ermacora, Frankfurt a. M., Berlin 1992.
(Jhering:) Von der Wiener Universität. Rudolf Jhering (Bericht), in: JBl 1872, S. 4-5.
ders.: Duch rimskogo prava na različnych stupenjach ego razvitija (Geist des römischen Rechts auf den verschiedenen Stufen seiner Entwicklung), Teil 1, S.-Peterburg 1875.
ders.: Pismo Rudol'fa Ieringa k russkim izdateljam ego knigi »Cel' v prave« (Brief Rudolf von Jherings an die russischen Herausgeber seines Buches »Der Zweck im Recht«), ŽGiUP 1882, Nr. 2, Zametki (Notizen), S. 1-3.
ders.: Entwicklungsgeschichte des römischen Rechts, Leipzig 1894.
ders.: Der Zweck im Recht, Bd. 1, 4. Aufl., Leipzig 1904.
ders.: Scherz und Ernst in der Jurisprudenz, 13. Aufl., Leipzig 1924, Ndr. Darmstadt 1988.
Jońca, Maciej: Prawo rzymskie. Marginalia (Römisches Recht. Marginalien), Lublin 2012.
(Jourdan:) Réponse du Rédacteur, in: Thémis, ou bibliothéque du jurisconsulte 8 (1826), S. 84-86.
Juridičeskij Fakul'tet Char'kovskogo universiteta za pervyja sto let ego suščestvovanija (1805-1905) (Die Juristische Fakultät der Char'kover Universität in den ersten hundert Jahren ihres Bestehens [1805-1905]), unter der Redaktion von M. P. Čubinskij und D. I. Bagalej, Char'kov 1908, Ndr. Char'kov 2007.
Juschkow, Th. Gr.: Succincta Digestorum Imperatoris Justiniani cum corpore juris Rossici, quod Augustissimo Imperatori Nicolao I. debetur, comparatio. Nummulus in memoriam annorum 533 et 1833 p. Chr. n. procusus et d. 30 m. Decembris a. 1833 ea, qua par est, modestia publice propositus, angebunden an: (Stoeckhardt), De iuris Iustinianei in generis humani cultum insigni merito orationem […] habuit, Petropoli 1834, S. 97-123.
Juškevič, Viktor Adamovič (= Wiktor Juszkiewicz): Istoriko-analitičeskoe napravlenie v nauke rimskogo prava (Die historisch-analytische Richtung in der Wissenschaft vom römischen Recht), Jaroslavl' 1899.
Kačanovskij, Jurij Vladimirovič: Rimskoe pravo v XXI veke (Römisches Recht im 21. Jahrhundert), in: Pravo i Politika 2001, Nr. 4 (http://elib.org.ua/politics/ua_readme.php?subaction=showfull&id=1096454892&archive=&start_from=&ucat=5&).

Kaiser, Friedhelm Berthold: Der europäische Anteil an der russischen Rechtsterminologie der petrinischen Zeit, Köln 1965.
ders.: Die russische Justizreform von 1864, Leiden 1972.
ders.: Hochschulpolitik und studentischer Widerstand in der Zarenzeit: A. I. Georgievskij und sein »Kurzer historischer Abriß der Maßnahmen und Pläne der Regierung gegen die Studentenunruhen« (1890), Wiesbaden 1983
ders.: Altphilologen für Rußland: Das Lehrerinstitut für slawische Stipendiaten in Petersburg, das russische philologische Seminar (Institut) in Leipzig und das russische Seminar für römisches Recht in Berlin, in: Friedhelm B. Kaiser/Bernhard Stasiewski, Deutscher Einfluß auf Bildung und Wissenschaft im östlichen Europa, Köln, Wien 1984, S. 69-115.
Kajumova, Karina Askerovna: Razvitie ėkonomičeskich otnošenij – odna iz osnovnych pričin vozniknovenija prava (Die Entwicklung der wirtschaftlichen Verhältnisse – eine der Hauptursachen für die Entstehung des Rechts), in: Aktual'nye Problemy Pravovedenija 2005, Nr. 3 (12), S. 21-25.
Kalačov, N.: Programma razrabotki načal russkogo graždanskogo prava po Svodu zakonov s ego istočnikami i po sudebnym rešenijam (Programm der Bearbeitung der Grundlagen des russischen bürgerlichen Rechts nach dem Svod Zakonov mit seinen Quellen und nach Gerichtsentscheidungen), in: JV 11 (1867-68), S. 3-13.
Kaljužnyj, Rostyslav Andrijovič/Viktorija Mikolajivna Vovk: Ryms'ke pryvatne pravo (Römisches Privatrecht), Kyjiv 2012.
ders./Jurij Volodymyrovyč Jaščuryns'kyj: Osnovy ryms'kogo pryvatnogo prava (Grundlagen des römischen Privatrechts), Kyjiv 2012.
Kaminka, Avgust Isaakovič: Proekt nasledsvennogo prava (Der Entwurf des Erbrechts), in: Pravo 1903, Sp. 2638-2648.
Kamyšanskij, Vladimir Pavlovič: Predely i ograničenija prava sobstvennosti (Grenzen und Beschränkungen des Eigentumsrechts), Volgograd 2000.
Kandinsky, Nina: Kandinsky und ich, München 1976.
Kandinsky, W. (= Vasilij Vasil'evič Kandinskij): Abstrakte Kunst, in: Der Cicerone 17 (1925), S. 638-647.
ders.: Autobiographische Schriften, hrsg. von Hans K. Roethel und Jelena Hahl-Koch, Bern 1980, Ndr. 2004.
Kantorovič, Jakov Abramovič: »Nevozmožnost'« ispolnenija objazatel'stv (Die »Unmöglichkeit« der Erfüllung einer Verbindlichkeit), Petrograd 1917.
ders.: Osnovnye idei graždanskogo prava (Grundideen des bürgerlichen Rechts), Char'kov 1928.
Kantorowicz, Hermann: Die Epochen der Rechtswissenschaft (1914), in: ders., Rechtshistorische Schriften, hrsg. von H. Coing und G. Immel, Karlsruhe 1970, S. 1-14.
Karamzin, Nikolaj Michajlovič: Zapiska o drevnej i novoj Rossii (Denkschrift über das alte und das neue Rußland) (1811), Ndr. Sankt-Peterburg 1914.
Karcov, Aleksej Sergeevič: Rimskoe častnoe pravo v zerkale ideologii russkogo konservatizma (Das römische Privatrecht im Spiegel der Ideologie des russischen Konservatismus), in: IA 8 (2001), S. 100-122.

ders.: Pandektnoe pravo skvoz' prizmu ideologii russkogo konservatizma (Das Pandektenrecht durch das Prisma der Ideologie des russischen Konservatismus), in: IA 10 (2002), S. 174-202.

ders.: Rimskoe pravo kak učebnaja disciplina v predstavlenijach russkich konservatorov konca XIX – načala XX v. (Römisches Recht als Lehrdisziplin in den Vorstellungen russischer Konservativer vom Ende des 19. bis zum Anfang des 20. Jahrhunderts), in: IA 11 (2003), S. 73-92.

ders.: Russkij institut rimskogo prava pri Berlinskom universitete (1887-1896) (Das russische Institut des römischen Rechts an der Berliner Universität [1887-1896]), in: IA 12 (2003), S. 120-144 (entspricht der englischen Fassung: Russian Institute of Roman law at Berlin University, in: Diritto@Storia 4 (2005); http://www.dirittoestoria.it/4/Tradizione-Romana/Kartsov-Russian-Institute-Roman-Law-Berlin.htm).

ders.: O civilističeskich predstavlenijach russkogo konservatizma (Über die zivilrechtlichen Auffassungen des russischen Konservatismus), in: Civilističeskie issledovanija 2 (2006), S. 226-276.

ders. (Kartsov): Das Russische Seminar für römisches Recht in Berlin, in: Zoran Pokrovac (Hrsg.), Juristenausbildung in Osteuropa bis zum Ersten Weltkrieg, Frankfurt a. M. 2007, S. 317-356 (gegenüber dem vorgenannten Text »Russkij institut ...« erweiterte Fassung).

ders.: K voprosu o pravotvorčeskoj dejatel'nosti pravitel'stvujuščego senata: problema »prava učastija častnogo« (Zur Frage nach der rechtsschöpferischen Tätigkeit des Dirigierenden Senats: das Problem der »privaten Teilhaberechte«), in: Civilističeskie issledovanija 3 (2007), S. 147-172 (Teil 1) und in: Civilističeskie issledovanija 4 (2010), S. 136-194 (Teil 2).

ders. (Kartsov): Transplants in the Cassation Senate's practice: The problem of the privies' right of participation (»pravo uchastija chastnogo«), in: Zoran Pokrovac (Hrsg.), Rechtsprechung in Osteuropa. Studien zum 19. und frühen 20. Jahrhundert, Frankfurt a. M. 2012, S. 233-266.

Karmazina, O.: Izučenie rimskogo prava v Rossii v pervoj polovine XIX v. po dannym Žurnala Ministerstva Narodnogo Prosveščenija (Die Erforschung des römischen Rechts in der ersten Hälfte des 19. Jahrhunderts nach den Angaben des Journals des Ministeriums für Volksaufklärung), in: IA 3 (1998), S. 220-230.

Kaser, Max: Das römische Privatrecht, Bd. 1, 2. Aufl., München 1971; Bd. 2, 2. Aufl., München 1975.

ders./Karl Hackl: Das römische Zivilprozeßrecht, 2. Aufl., München 1996.

ders./Rolf Knütel: Römisches Privatrecht, 20. Aufl., München 2014.

Kasso, Lev Aristidovič: Ponjatie o zaloge v sovremennom prave (Der Begriff des Pfandes im gegenwärtigen Recht) (1898), Ndr. Moskva 1999.

ders.: Istočniki russkogo graždanskogo prava. Vstupitel'naja lekcija, citannaja v Moskovskom universitete 17-go Janvarja 1900 goda (Quellen des russischen bürgerlichen Rechts. Antrittsvorlesung, gehalten an der Moskauer Universität am 17. Januar 1900), Moskva 1900.

ders.: K istorii Svoda zakonov graždanskich (Zur Geschichte der Sammlung der bürgerlichen Gesetze), S.-Peterburg 1904.

ders.: Vizantijskoe pravo v Bessarabii (Byzantinisches Recht in Bessarabien), Moskva 1907.

ders.: Pëtr Manega. Zabytyj kodifikator bessarabskogo prava (Pëtr Manega. Ein vergessener Kodifikator des bessarabischen Rechts), S.-Peterburg 1914.

Kassow, Samuel D.: Students, Professors, and the State in Tsarist Russia, Berkeley u. a. 1989.

Katharina II. in ihren Memoiren. Einleitung und Nachwort von Hedwig Fleischhacker, Frankfurt a. M. 1972.

Kavelin, Konstantin: Čto est' graždanskoe pravo i gde ego predely? (Was ist das Bürgerliche Recht und wo ist sein Bereich?) (1864), in: Sobranie Sočinenij K. D. Kavelina, Bd. 4, S.-Peterburg 1900, Sp. 759-862.

ders.: Prava i objazannosti (Rechte und Verpflichtungen), S.-Peterburg 1879.

ders.: Russkoe graždanskoe uloženie (Das russische bürgerliche Gesetzbuch) (1882/83), in: Sobranie Sočinenij K. D. Kavelina, Bd. 4, S.-Peterburg 1900, Sp. 921-1006.

Kazancev, Leonid Nikolaevič: Svobodnoe predstavitel'stvo v rimskom graždanskom prave (Die freie Stellvertretung im römischen bürgerlichen Recht), Kiev 1884.

ders.: Značenie nauki rimskogo prava. Reč', proiznesennaja na toržestvennom akte v Universitete sv. Vladimira 16-go janvarja 1893 goda (Die Bedeutung der Wissenschaft vom römischen Recht. Rede, gehalten auf dem Festakt der Universität des heiligen Vladimir am 16. Januar 1893), in: UI 33 (1893), Nr. 2, S. 1-17.

Kazantsev, Sergei M.: Die Geschichte der juristischen Fakultät der Staatlichen Universität St. Petersburg, in: Jörn Eckert/Kjell Å. Modéer (Hrsg.), Juristische Fakultäten und Juristenausbildung im Ostseeraum, Stockholm 2004, S. 141-162.

Kazimirova, Maryna: La révolution du droit en Russie, in: Tomasz Giaro (Hrsg.), Modernisierung durch Transfer zwischen den Weltkriegen, Frankfurt a. M. 2007, S. 85-103.

Kegler, D.: Petr G. Redkin – ein russischer Verehrer Pestalozzis, in: Pestalozzi im internationalen Gespräch. Beiträge zu Leben, Werk und Wirkung Johann Heinrich Pestalozzis, Zürich u. a. 1990, S. 268-277.

Keller, Friedrich Ludwig von: Pandekten. Vorlesungen. Aus dem Nachlasse des Verfassers herausgegeben von Emil Friedberg, Leipzig 1861.

Kelmann, Eugen/Heinrich Freund (Hrsg.): Die juristische Literatur der Sowjet-Union. Entwicklung und Bibliographie, Berlin 1926.

Kessler, Wolfgang: Wacław Aleksander Maciejowski und Savigny, in: Europa in der frühen Neuzeit. Festschrift für Günter Mühlpfordt, Bd. 3: Aufbruch zur Moderne, hrsg. von Erich Donnert, Weimar u. a. 1997, S. 571-578.

Kettler, Stefan Hans: Eigentumsvorbehalt und Sicherungsübereignung an beweglichen Sachen im Recht der Russischen Föderation, Osnabrück 2008.

Kiefner, Hans: Rezeption (privatrechtlich), in: HRG, Bd. 4, Berlin 1990, Sp. 970-984.
Kirchmann, Julius von: Die Werthlosigkeit der Jurisprudenz als Wissenschaft, Berlin 1848.
Kireevskij, Ivan: Über das Wesen der europäischen Kultur und ihr Verhältnis zur russischen (1852), in: Dmitrij Tschižewskij/Dieter Groh (Hrsg.), Europa und Russland, Darmstadt 1959, S. 248-298.
Kirsten, Johannes: Einige Probleme der Staatennachfolge, Berlin 1962.
Kistjakovskij, Bogdan: Zur Verteidigung des Rechts (Die Intelligencija und das Rechtsbewußtsein), in: Vechi. Wegzeichen. Zur Krise der russischen Intelligenz, eingeleitet und übersetzt von Karl Schlögel, Frankfurt a. M. 1990, S. 212-250.
ders.: Social'nye nauki i pravo. Očerki po metodologii social'nych nauk i obščej teorii prava (Sozialwissenschaften und Recht. Studien über die Methodologie der Sozialwissenschaften und die allgemeine Theorie des Rechts), Moskva 1916.
Kitagawa, Zentaro: Rezeption und Fortbildung des europäischen Zivilrechts in Japan, Frankfurt a. M., Berlin 1970.
Kizevetter, Aleksandr A.: Na rubeže dvuch stoletij (An der Grenze zweier Jahrhunderte), Praga 1929, Ndr. Cambridge 1974.
Kjetsaa, Geir: Lew Tolstoj. Dichter und Religionsphilosoph (1999), deutsche Ausgabe Gernsbach 2001.
Klemm, Peter C.: Eigentum und Eigentumsbeschränkungen in der Doktrin des usus modernus pandectarum, Basel u. a. 1984.
Klibanski, Hermann: Handbuch des gesamten russischen Zivilrechts, Bd. 1, Berlin 1911, Bd. 2, Berlin 1917.
Klingenberg, Eberhard: Rezension von: Ioffe/Musin, Osnovy rimskogo graždanskogo prava, in: SavZRG (Rom. Abt.) 94 (1977), S. 521-526.
Ključevskij, Vasilij Osipovič: Russkaja istorija. Polnyj kurs lekcij v 2-ch knigach (Russische Geschichte. Vollständiger Vorlesungskurs in zwei Büchern), Bd. 1, Moskva 2002.
Klug, Ekkehard: Das »asiatische« Rußland. Über die Entstehung eines europäischen Vorurteils, in: HZ 245 (1987), S. 265-289.
ders.: »Europa« und »europäisch« im russischen Denken vom 16. bis zum frühen 19. Jahrhundert, in: Saeculum 38 (1987), S. 193-224.
Knapp, Robert C: Invisible Romans, London 2011.
Knjaginin, Vladimir: Recepcija zarubežnogo prava kak sposob modernizacii rossijskoj pravovoj sistemy (Die Rezeption ausländischen Rechts als Mittel zur Modernisierung des rußländischen Rechtssystems), Russkij Archipelag 2002 (http://www.archipelag.ru/geoeconomics/kapital/system/modernization).
Köbler, Gerhard: Rezension von: Avenarius, Rezeption des römischen Rechts in Rußland, in: SavZRG (Germ. Abt.) 123 (2006), S. 658-659.
Kötz, Hein: Abschied von der Rechtskreislehre? In: ZEuP 6 (1998), S. 493-505.
Kofanov, Leonid L.: Objazatel'stvennoe pravo v archaičeskom Rime (VI-IV vv. do n. e.) (Das Schuldrecht im archaischen Rom [VI.-IV. Jahrhundert v. u. Z.]), Moskva 1994.

Kogge, Werner: Verstehen und Fremdheit in der philosophischen Hermeneutik. Heidegger und Gadamer, Hildesheim u. a. 2001.

Kohler, Josef: Die Russkaja Prawda und das altslawische Recht, in: ZVglRWiss 33 (1916), S. 289-332.

Kojder, Andrzej: Bibliografia prac Leona Petrażyckiego (Bibliographie der Werke Leon Petrażyckis), in: Todor I. Podgorac/Andrzej Kojder/Aleksejs Petrazickis (Hrsg.), Leon Petražicki – delo i rodoslov, Kragujevac 2010, S. 111-126.

Kolbinger, Florian: Im Schleppseil Europas? Das russische Seminar für römisches Recht bei der juristischen Fakultät der Universität Berlin in den Jahren 1887-1896, Frankfurt a. M. 2004.

Koni, Anatolij Fëdorovič: Art. Krylov Nikita Ivanovič, in: Russkij biografičeskij slovar', Bd. 9, S.-Peterburg 1903, Ndr. New York 1962, S. 494-498.

ders.: Vospominanija o dele Very Zasulič (Erinnerungen an den Prozeß der Vera Zasulič), in: ders., Sobranie sočinenij v vos'mi tomach, Bd. 2, Moskva 1966, S. 24-252.

ders.: O dopuščenii ženščin v advokaturu (Über die Zulassung von Frauen zum Anwaltsberuf), in: ders., Sobranie sočinenij v vos'mi tomach, Bd. 4, Moskva 1967, 426-442.

ders.: Novye mecha i novoe vino (Neue Schläuche und neuer Wein), in: ders., Sobranie sočinenij v vos'mi tomach, Bd. 4, Moskau 1967, S. 223-261.

ders.: Iz let junosti i starosti (Aus Jugend- und Altersjahren), in: ders., Sobranie sočinenij v vos'mi tomach, Bd. 7, Moskva 1969, S. 65-158.

ders.: Otcy i deti sudebnoj reformy (Väter und Söhne der Gerichtsreformen), Moskva 1914, Ndr. Moskva 2003.

Konovalov, Aleksandr Vladimirovič: Predislovie (Vorwort), in: Nikolaj Djuvernua, Istočniki prava i sud v Drevnej Rossii (1869), Ndr. Sankt-Peterburg 2004, S. 6-30.

Koptev, Alexandr: Art. Boris Nikolaevic Cicerin, in: R. Domingo (Hrsg.), Juristas Universales, Bd. 3, Madrid, Barcelona 2004, S. 379-382.

Kopylov, Aleksandr Vladimirovič: Servituty v rimskom, russkom dorevoljucionnom i sovremennom graždanskom prave (Servituten im römischen, vorrevolutionär-russischen und heutigen bürgerlichen Recht), in: IA 2 (1997), S. 93-109.

ders.: Ograničennye veščnye prava na zemlju v rimskom, russkom dorevoljucionnom i sovremennom rossijskom graždanskom prave (Das beschränkte dingliche Recht an Boden im römischen, vorrevolutionär-russischen und heutigen rußländischen bürgerlichen Recht), Moskva 1998.

ders.: Veščnye prava na zemlju v rimskom, russkom dorevoljucionnom i sovremennom rossijskom graždanskom prave (Sachenrechte an Boden im römischen, vorrevolutionär-russischen und heutigen rußländischen bürgerlichen Recht), Moskva 2000.

Korbut, Michail K. (Hrsg.): Kazanskij gosudarstvennyj universitet imeni V. I. Ul'janova-Lenina za 125 let (Die Staatliche Kazan'er V.-I. Ul'janov-Lenin-Universität während 125 Jahren), Bd. 1, Kazan' 1930.

Korelin, Avenir P. u.a. (Red.): Rossija: 1913 god (Statistiko-dokumental'nyj spravočnik) (Rußland: 1913 [Statistisch-dokumentarisches Handbuch]), Sankt-Peterburg 1995.

Korf, M. A.: Materialy i čerty k biografii Imperatora Nikolaja I i k istorii ego carstvovanija. Roždenie i pervyja dvadcat' let žizni (1796-1817 gg.) (Materialien und Linien zur Biographie des Kaisers Nikolaus I. und zur Geschichte seiner Herrschaft [1796-1817]), in: N. F. Dubrovin (Hrsg.), Materialy i čerty k biografii Imperatora Nikolaja I i k istorii ego carstvovanija, Sankt Peterburg 1896, S. 1-100.

Korkunov, N. M.: Rezension von: Igering, Duch rimskogo prava na različnych stupenjach ego razvitija (Geist des römischen Rechts auf den verschiedenen Stufen seiner Entwicklung) (Teil 1; Übersetzung der 3. deutschen Auflage), in: ŽGiUP 1876, Nr. 3, S. 272-274.

ders.: Istorija filosofii prava. Posobie k lekcijam (Geschichte der Rechtsphilosophie. Hilfsmittel zu Vorlesungen), 6. Aufl., S.-Peterburg 1915.

Kosačevskaja, E. M.: M. A. Balug'janskij v Peterburgskom universitete (M. A. B. an der Petersburger Universität), in: Očerki po istorii Leningradskogo universiteta (Studien über die Geschichte der Leningrader Universität), Bd. 1, Leningrad 1962, S. 39-67.

Kosarev, A. I.: Ėtapy recepcii rimskogo prava (Etappen der Rezeption des römischen Rechts), in: SGiP 1983, Nr. 7, S. 123-128.

ders.: Rimskoe častnoe pravo (Römisches Privatrecht), Moskva 1998.

Koschaker, Paul: Rezension von: Georgescu, Exista o crisă a studilor de Drept Roman? (1937), in: SavZRG (Rom. Abt.) 58 (1938), S. 425-427.

ders.: Die Krise des römischen Rechts und die romanistische Rechtswissenschaft, München u. a. 1938.

ders.: Europa und das römische Recht, 4. Auflage, München, Berlin 1966.

Koselleck, Reinhart: Vergangene Zukunft. Zur Semantik geschichtlicher Zeiten, Frankfurt a. M. 1989.

Kosseckij, K.: Rezension von: Mejer, Russkoe graždanskoe pravo, izd. 7., Sankt-Peterburg 1897, in: ŽMJu 1897, Nr. 5, S. 413-418.

Kozlova, N. V./P. A. Pankratov: U istočnikov rossijskoj civilistiki (An den Quellen der rußländischen Zivilistik), in: Mejer, Russkoe graždanskoe pravo, 8. Auflage 1902, Ndr. Moskva 2000, S. 7-11.

Kraft, Claudia: Europa im Blick der polnischen Juristen, Frankfurt a. M. 2002.

Krakovskij, K.: Predislovie (Vorwort), in: M. F. Vladimirskij-Budanov, Obzor istorii russkogo prava (1886), Ndr. Rostov-na-Donu 1995, S. 3-29.

Krasinskaja-El'jaševa, S. A./A. I. Rubašova-Zorochovič: Juridičeskij fakul'tet (Die Juristische Fakultät), in: Sankt-Peterburgskie vysšee ženskie (Bestuževskie) kursy (1878-1918 gg.), Red.: S. N. Valk u. a., Leningrad 1965, S. 148-155.

Krasnokutskij, Vasilij Aleksandrovič: Art. »Rimskoe Pravo« (»Römisches Recht«), in: Bol'šaja Sovetskaja Ėnciklopedija, Bd. 48, Moskva 1941, S. 842-846.

Kreß, Hugo: Natürliche Grundlagen des Privatrechts (1931), in: ders., Lehrbuch des Allgemeinen Schuldrechts, München 1929, Ndr. hrsg. von Hermann Weitnauer und Horst Ehmann, Aalen 1974, S. XXXV-XLVII.

Kričevskij, G. G.: Magisterskie i doktorskie dissertacii, zaščiščennye na juridičeskich fakul'tetach universitetov Rossijskoj imperii (1755-1918) (Magister- und Doktordissertationen, verteidigt an den juristischen Fakultäten der Universitäten des Rußländischen Reiches [1755-1918]), Stavropol' 1998.

Krjukova, S.: Zwischen Archaik und Moderne – Strategie und Taktik des russischen Absolutismus im 19. Jahrhundert, in: Tomasz Giaro (Hrsg), Modernisierung durch Transfer im 19. und frühen 20. Jahrhundert, Frankfurt a. M. 2006, S. 145-158.

Kroeschell, Karl (Hrsg.): Jherings Briefe an Windscheid 1870-1891. Abhandlungen der Akademie der Wissenschaften in Göttingen, Phil.-hist. Klasse, Dritte Folge, Nr. 170, Göttingen 1988.

Kroppenberg, Inge: Art. Kodifikation, in: HRG, Bd. 2, 2. Aufl., Berlin 2012, Sp. 1918-1930.

Krüger, Hugo: Rezension von: Erman, Servus vicarius, in: GrünhutsZ 24 (1897), S. 416-421.

Krylov, Nikita Ivanovič: Kritičeskie zamečanija vyskazannye professorom Krylovym na publičnom dispute v Moskovskom universitete 21 dek. 1856 g. na sočinenie g. Čičerina: Oblastnye učreždenija Rossii v XVII veke (Kritische Anmerkungen, geäußert von Professor Krylov im Rahmen der öffentlichen Diskussion an der Moskauer Universität am 21. Dez. 1856 über das Werk des Hrn. Čičerin: Bezirks-Institutionen Rußlands im 17. Jhdt.), in: Russkaja Beseda 1857, I, 2. Jg., 5. Heft, Kritika (mit eigener Paginierung), S. 25-102.

Krzoska, Markus: Die Rolle der Geschichtswissenschaft im deutsch-polnischen Dialog, in: Erinnern, vergessen, verdrängen – polnische und deutsche Erfahrungen, hrsg. von Ewa Kobylinska und Andreas Lawaty, Wiesbaden 1998, S. 181-191.

Kucherov, Samuel: Courts, Lawyers and Trials under the last three Tsars, New York 1953.

Kudinov, Oleg Alekseevič: Rimskoe pravo (Römisches Recht), 4. Aufl., Moskva 2013.

Küpper, Herbert: Einführung in die Rechtsgeschichte Osteuropas, Frankfurt a. M. u. a. 2005.

Kugea, S. V.: Oikogeneiakoi desmoi tu Savigny pros dyo Ellēnas mathētas tu, in: Eranion in honorem Georgii S. Maridakis, Bd. 1 (1963), S. 279-295.

Kunicyn, Aleksandr Petrovič: Bemerkungen über das Buch: Grundzüge des Russischen Rechts, herausgegeben von der Commission zu [sic] Abfassung der Gesetze, in: Jahrbuch für Rechtsgelehrte in Rußland, hrsg. von Erdmann Gustav v. Bröcker, Bd. 1 (1822), S. 120-130.

Kunkel, Wolfgang: Rezension von: Wieacker, Privatrechtsgeschichte der Neuzeit, in: SavZRG (Rom. Abt.) 71 (1954), S. 509-539.

ders.: Savignys Bedeutung für die deutsche Rechtswissenschaft und das deutsche Recht, in: JZ 1962, S. 457-463.

Kupeckij, G. K. (Red.): Razvitie kodifikacii sovetskogo zakonodatel'stva (Die Entwicklung der Kodifikation der sowjetischen Gesetzgebung), Moskva 1968.

Kupisch, Berthold: Institutionensystem und Pandektensystem: Zur Geschichte des *res*-Begriffs, in: The Irish Jurist 25-27 (1990-1992), S. 293-301.
Kupiszewski, Henryk: Prawo rzymskie a współczesność (Römisches Recht und Gegenwart), Warszawa 1988.
Kuryłowicz, Marek: Prawo rzymskie. Historia Tradycja Współczesność (Römisches Recht. Geschichte Tradition Gegenwart), Lublin 2003.
ders.: Symbol prawa ludzkiego. Szkice o prawie rzymskim w utworach Louisa Aragona i Mieczysława Jastruna (Ein Symbol humanen Rechts. Entwürfe vom römischen Recht in den Werken Louis Aragons und Mieczysław Jastruns), Lublin 2008.
Kuryšev, Evgenij Jur'evič: Recepcija v rossijskom prave (Rezeption im rußländischen Recht), Saratov 2005.
Kusber, Jan: Eliten- und Volksbildung im Zarenreich während des 18. und in der ersten Hälfte des 19. Jahrhunderts. Studien zu Diskurs, Gesetzgebung und Umsetzung, Stuttgart 2004.
ders.: Die Bauern und das Jahr 1905. Befunde und Interpretationen, in: Jan Kusber/Andreas Frings (Hrsg.), Das Zarenreich, das Jahr 1905 und seine Wirkungen, Berlin 2007, S. 83-103.
Labuda, Gerhard: Polen und polnisch-preußische Beziehungen im historiographischen Werk Leopold von Rankes, in: Udo Arnold (Hrsg.), Preußen und Berlin. Beziehungen zwischen Provinz und Hauptstadt, Lüneburg 1981, S. 49-81.
Laman, Nikolaj Konstantinovič/Alla Nikolaevna Borisova: Knjaz Lev Sergeevič Golicyn. Vydajuščijsja russkij vinodel (Fürst Lev Sergeevič Golicyn. Der bedeutende russische Weinproduzent), 2. Aufl., Moskva 2000.
Lamsdorff, Vladimir: Art. Mijail Mijailovich Speranski, in: R. Domingo (Hrsg.), Juristas Universales, Bd. 2, Madrid, Barcelona 2004, S. 876-879.
Lande, Jerzy: The Sociology of Petrazycki, in: Jan Gorecki (Hrsg.), Sociology and Jurisprudence of Leon Petrażycki, Urbana, Ill. u. a. 1975, S. 23-37.
Lapickij, B. A.: Anmerkung zu Kass. 1914, Nr. 21, in: Beilage zu Vestnik Prava 1914, S. 62-64.
Lappa-Starženeckaja, E. A.: Rezension von: Pokrovskij, Osnovnye problemy graždanskogo prava (Vorabdruck), in: ŽMJu 1916, S. 326-336.
dies.: Pamjati I. A. Pokrovskogo (Zum Gedenken an I. A. P.), in: Dela i Dni. Juridičeskij Žurnal 1920, Nr. 1, S. 604-605.
Latkin, Vasilij Nikolaevič: Učebnik istorii russkogo prava perioda imperii (XVIII i XIX st.) (Lehrbuch der Geschichte des russischen Rechts in der Periode des Kaiserreiches [VIII u. XIX Jhdt.]), 1. Aufl., S.-Peterburg 1899, 2. Aufl., Sankt-Peterburg 1909.
Lauer, Reinhard: L. N. Tolstojs »Auferstehung«, in: Ulrich Mölk (Hrsg.), Literatur und Recht. Literarische Rechtsfälle von der Antike bis in die Gegenwart, Göttingen 1996, S. 292-311.
ders.: Russische Studenten in Göttingen im 18. Jahrhundert und in der ersten Hälfte des 19. Jahrhunderts, in: E. Mittler/S. Glitsch (Hrsg.), Rußland und die »Göttingische Seele«, Göttingen 2003, S. 323-339.

ders.: »Progress« – der russische Fortschritt, in: Peter Thiergen (Hrsg.), Russische Begriffsgeschichte der Neuzeit. Beiträge zu einem Forschungsdesiderat, Köln u. a. 2006, S. 269-279.

Laufs, Adolf: Rechtsentwicklungen in Deutschland, 5. Auflage, Berlin 1996.

Laurent, François: Principes de droit civil, Bde. 15 u. 17, 4. Aufl., Bruxelles, Paris 1887.

Lavrov, P. A.: Otčet o sostojanii i dejatel'nosti Imperatorskogo S.-Peterburgskogo Universiteta za 1901 god (Bericht über den Zustand und die Tätigkeit der Kaiserlichen Sankt Petersburger Universität im Jahre 1901), S.-Peterburg 1902.

Legaz y Lacambra, Luís: Rechtsphilosophie, Neuwied 1965.

Legrand, Pierre: The Impossibility of »Legal Transplants«, in: Maastricht Journal of European and Comparative Law 4 (1997), S. 111-124.

Lehmann, Ulf/Gabriela Lehmann-Carli: Nachwort, in: P. Tschaadajew, Apologie eines Wahnsinnigen. Geschichtsphilosophische Schriften, Leipzig 1992, S. 229-244.

Lehr, Ernest: Éléments de droit civil russe, Bd. 1, Paris 1877, Bd. 2, Paris 1890.

Lehr, Stefan: Ein fast vergessener »Osteinsatz«. Deutsche Archivare im Generalgouvernement und im Reichskommissariat Ukraine, Düsseldorf 2007.

Lenin, Vladimir I.: Staat und Revolution, Berlin 1959.

ders.: Sočinenija (Werke), 4. Ausgabe, Bd. 45, Moskva 1967.

Lenz, Max: Geschichte der königlichen Friedrich-Wilhelms-Universität zu Berlin, Bd. 3, Halle a. d. S. 1910.

Leontovič, Fëdor Ivanovič: Istorija russkogo prava (Geschichte des russischen Rechts), Teil 1, Odessa 1869.

Leontovitsch, Victor: Geschichte des Liberalismus in Rußland, Frankfurt a. M. 1957.

Leškov, Vasilij Nikolaevič: O častnom pozemel'nom prave, po Svodu Zakonov, ili neskol'ko zamečanii. Na II-ju knigu t. X, č. I Svoda Gražd. Zak. ob imuščestvach, pravach na imuščestva i sposobach ich priobretenija (Okončanie) (Über das bürgerliche Bodenrecht, nach dem Svod Zakonov, oder einige Anmerkungen. Über das II. Buch von Bd. X, Teil 1 SZ über Vermögen, Rechte an Vermögen und Wege zu ihrem Erwerb [Schluß]), in: JV 1871, B. 2, S. 13-41.

ders.: Neskol'ko slov ob otnošenii graždanskogo rimskogo prava k novym i k russkomu, i graždanskogo prava k pravu oborotov k torgovomu (Einige Worte über die Beziehung des bürgerlichen römischen Rechts zum neuen und zum russischen, und des bürgerlichen Rechts zum Recht des Handelsverkehrs), Moskva 1873.

Letjaev, Valerij A.: Neobchodimost' i dostatočnost' recepcii norm rimskogo prava v Rossii XIX – načala XX v. (Die Notwendigkeit und das Hinreichen der Rezeption der Normen des römischen Rechts im 19. bis zum Anfang des 20. Jahrhunderts), in: IA 6 (2000), S. 194-202.

ders.: Recepcija rimskogo prava v Rossii XIX – načala XX v. (istoriko-pravovoj aspekt) (Die Rezeption des römischen Rechts in Rußland im 19. bis zum Beginn des 20. Jahrhunderts [in rechtshistorischer Sicht]), Volgograd 2001.

ders.: (Autoreferat zu:) Recepcija rimskogo prava v Rossii XIX – načala XX v. (istoriko-pravovoj aspekt) (Die Rezeption des römischen Rechts in Rußland im 19. bis zum Beginn des 20. Jahrhunderts [in rechtshistorischer Sicht]), Saratov 2001.

ders.: Vosprijatie rimskogo nasledija rossijskoj naukoj XIX – načala XX v. (Die Wahrnehmung des römischen Erbes der rußländischen Wissenschaft des 19. bis zum Anfang des 20. Jahrhunderts), Volgograd 2002.

Lettenbauer, Wilhelm: Moskau das dritte Rom. Zur Geschichte einer politischen Theorie, München 1961.

Leuthold, C. E.: Russische Rechtskunde, Leipzig 1889.

Levin, I.: Idejnye sud'by germanskoj civilistiki XIX veka (Ideen-Schicksale der deutschen Zivilistik des 19. Jahrhunderts), in: Pravo 1912, Sp. 32-39 u. 86-91.

Liessem, Peter: Verwaltungsgerichtsbarkeit im späten Zarenreich. Der Dirigierende Senat und seine Entscheidungen zur russischen Selbstverwaltung (1864-1917), Frankfurt a. M. 1996.

Lieven, Dominic: Russland gegen Napoleon. Die Schlacht um Europa, München 2011.

Lincoln, William Bruce: Nikolaus I. von Rußland 1796-1655, dt. München 1981.

ders.: In the Vanguard of Reform. Russia's Enlightened Bureaucrats 1825-1861, DeKalb/Illinois 1982.

Lion, S. E.: Dogovor strachovanija po russkomu pravu (Der Versicherungsvertrag nach russischem Recht), Moskva 1892.

Liozner, D.: Sbornik po ukazaniju interpoljacii v digestach, instituciach i kodekse Justiniana (Sammlung über den Nachweis von Interpolationen in den Digesten, Institutionen und im Codex Justinians), in: Pravo 1912, Sp. 1234-1237.

Lipšic, E. Ė.: Byzanz und die Slaven. Beiträge zur byzantinischen Geschichte des 6.-9. Jahrhunderts, Weimar 1951.

Litewski, Wiesław: Jurysprudencja rzymska (Römische Rechtswissenschaft), Kraków 2000.

Litzinger, Heike Kathrin: »Doch für einen Schuldspruch garantieren kann ich nicht!…«. Zur politischen Rolle der Juristen im vorrevolutionären Rußland, in: ¿Rechtsgeschichte(n)? ¿Histoire(s) du droit? ¿Storia/storie del diritto? ¿Legal Histori(es)?, hrsg. vom Verein Junger RechtshistorikerInnen Zürich, Frankfurt a. M. u. a. 2000, S. 59-71.

dies.: Russland vor der Oktoberrevolution: Juristische Zeitschriften als Plattformen politischer Reformdebatten, in: Michael Stolleis/Thomas Simon (Hrsg.), Juristische Zeitschriften in Europa, Frankfurt a. M. 2006, S. 117-140.

dies.: Juristen und die Bauernfrage. Die Diskussion um das bäuerliche Grundeigentum in Russland von 1880 bis 1914, Frankfurt a. M. 2007.

Ljadaščeva-Il'ičeva, Marina Nikolaevna: Razvitie objazatel'stvennogo prava Rossii XIX – načala XX veka (Die Entwicklung des Schuldrechts Rußlands im 19. bis zum Beginn des 20. Jahrhunderts), Saratov 2002.

Ljapidevskij, Nikolaj Pavlovič: Značenie rimskogo prava (Die Bedeutung des römischen Rechts), in: JV 1871, B. 2, S. 42-68.

ders.: Istorija notariata (Geschichte des Notariats), Bd. 1, Moskva 1875 (Ndr. 1998).

Ljubavskij, Aleksandr Dmitrievič: Juridičeskie monografii i issledovanija (Juristische Monographien und Forschungen), Bd. 3, Sanktpeterburg 1875.

Lloredo Alix, Luis Manuel: Ideología y filosofía en el positivism jurídico de Rudolf von Jhering, Getafe 2010.

Lobban, Michael: Sir Henry Maine: The Life and Career of a Pioneering Jurist, in: ZEuP 21 (2013), S. 619-642.

Loeber, Dietrich A.: Unbewältigte Vergangenheit im sowjetischen Zivilrecht. Zur Auseinandersetzung um das wissenschaftliche Erbe von Peter I. Stučka, in: Dietrich Frenzke/Alexander Uschakow (Hrsg.), Macht und Recht im kommunistischen Herrschaftssystem. Festschrift für Boris Meissner, Köln 1965, S. 129-150.

Löwe, Heinz-Dietrich: Antisemitismus und reaktionäre Utopie. Russischer Konservatismus im Kampf gegen den Wandel von Staat und Gesellschaft, 1890-1917, Hamburg 1978.

Löwith, Karl: Weltgeschichte und Heilsgeschehen. Zur Kritik der Geschichtsphilosophie, in: ders., Sämtliche Schriften, Bd. 2, Stuttgart 1983.

Losano, Mario G.: Bibliographie Rudolf von Jherings, in: Franz Wieacker/Christian Wollschläger (Hrsg.), Jherings Erbe. Göttinger Symposion zur 150. Wiederkehr des Geburtstags von Rudolph von Jhering, Göttingen 1970, S. 252-302.

ders.: Studien zu Jhering und Gerber, Teil 2, Ebelsbach 1984.

ders.: I grandi sistemi giuridici. Introduzione ai diritti europei ed extraeuropei, Roma, Bari 2000.

Ludewig, Johann Peter: Vita Iustiniani M. atque Theodorae augustorum nec non Triboniani, Halae Salicae 1731.

Lübbe, Hermann: Säkularisierung. Geschichte eines ideenpolitischen Begriffs, Freiburg i. B., München 1965.

Lübke, Christian: Von Peters »Vedomosti« zu Karamzins Journalen (Aus Zeitungen und Zeitschriften), in: Dagmar Herrmann (Hrsg.), Deutsche und Deutschland aus russischer Sicht. 18. Jahrhundert: Aufklärung, München 1992, S. 228-268.

Luig, Klaus: Jherings Evolutionstheorie des Werdens des Rechts durch Tun und der gesellschaftliche Charakter des Privatrechts, in: Okko Behrends (Hrsg.), Privatrecht heute und Jherings evolutionäres Rechtsdenken, Köln 1993, S. 161-183.

ders.: Der Spätpandektist Heinrich Dernburg als Begründer der Wissenschaft vom preußischen Privatrecht, in: Barbara Dölemeyer/Heinz Mohnhaupt (Hrsg.), 200 Jahre Allgemeines Landrecht für die preußischen Staaten, Frankfurt a. M. 1995, S. 211-237.

ders.: Rudolf von Jhering und die historische Rechtschule, in: Okko Behrends (Hrsg.), Jherings Rechtsdenken. Theorie und Pragmatik im Dienste evolutionärer Rechtsethik, Göttingen 1996, S. 255-268.

Lukovskaja, D./S. Grečiškin/Ju. Jačmenev: Konstantin Alekseevič Nevolin (1806-1855), in: K. A. Nevolin, Ėnciklopedija Zakonovedenija, Ndr. Sankt-Peterburg 1997, S. 3-21.

Luts-Sootak, Marju: Der lange Beginn einer geordneten Juristenausbildung an der deutschen Universität zu Dorpat (1802-1893), in: Zoran Pokrovac (Hrsg.), Juristenausbildung in Osteuropa bis zum Ersten Weltkrieg, Frankfurt a. M. 2007, S. 357-390.

dies.: Die baltischen Privatrechte in den Händen der russischen Reichsjustiz, in: Zoran Pokrovac (Hrsg.), Rechtsprechung in Osteuropa. Studien zum 19. und frühen 20. Jahrhundert, Frankfurt a. M. 2012, S. 267-375.

D. L. (anonymer Verfasser): Proekt graždanskogo uloženija (Der Entwurf des Bürgerlichen Gesetzbuchs), in: Pravo 1899, Sp. 1713-1721.

Macaulay, Thomas B.: Minute upon Indian Education, in: Bureau of Education. Selections from Educational Records, Part I (1781-1839), edited by H. Sharp, Calcutta 1920, Ndr. Delhi 1965, S. 107-117.

Maier, Hans: Geistige Osterweiterung – ein Programm. Rede zur Eröffnung des 9. Deutschen Slavistentages am 4. Oktober 2005 in München, in: Bulletin der Deutschen Slavistik 13 (2007), S. 7-19.

Maine, Henry Sumner: Ancient Law: Its Connection with the Early History of Society, and its Relation to Modern Ideas, 3. amer. Aufl., New York 1873.

Majakovskij, I. L./A. S. Nikolaev (Hrsg.): S.-Peterburgskij Universitet v pervoe stoletie ego dejatel'nosti 1819-1919 (Die Sankt Petersburger Universität im ersten Jahrhundert ihrer Tätigkeit 1819-1919), Bd. 1, Petrograd 1919.

Majkov, P. M.: Speranskij i studenty zakonovedenija (Speranskij und die Studenten der Gesetzeskunde), in: RV 262 (1899), S. 609-626; RV 263 (1899), S. 239-256 und S. 673-682.

ders.: Kommisii sostavlenija zakonov pri Imperatorach Pavle I i Aleksandre I (Die Gesetzgebungskommission bei den Kaisern Paul I. und Alexander I.), in: ŽMJu 1905, Nr. 7, S. 256-291; 1905, Nr. 9, S. 236-282 u. 1905, Nr. 10, S. 189-214.

ders.: Vtoroe otdelenie sobstvennoj Ego Imperatorskogo Veličestva kanceljarii 1826-1882 (Die Zweite Abteilung Seiner Kaiserlichen Majestät eigenen Kanzlei), Sankt-Peterburg 1906.

ders.: O Svode zakonov Rossijskoj imperii (Über die Sammlung der Gesetze des Rußländischen Reiches) (1906), Ndr., hrsg. von V. A. Tomsinov, Moskva 2006.

Makarčuk, Volodymyr Stepanovyč: Osnovy ryms'kogo pryvatnogo prava (Grundlagen des römischen Privatrechts), Kyjiv 2003.

Makarov, A. N.: Svod Zakonov (1833-1933). Zum hundertjährigen Jubiläum der Kodifikation des russischen Rechts, in: ZOG 8 (Neue Folge: 4) (1934), S. 39-55.

ders.: Das Preußische Allgemeine Landrecht und die russischen Kodifikationsarbeiten, in: Festschrift für Max Vasmer zum 70. Geburtstag, Wiesbaden 1956, S. 286-292.

Makarova, Irina Vladimirovna: Vlijanie rimskogo prava na stanovlenie instituta objazatel'stvennogo prava v Rossii: voprosy teorii i istorii (Der Einfluß des

römischen Rechts auf die Entstehung der Einrichtung des Schuldrechts in Rußland: Fragen der Theorie und der Geschichte), Moskva 2006.
Makovskij, Aleksandr L.: Vypavšee zveno (Das herausgefallene [Ketten-]Glied), in: I. Pokrovskij, Osnovnye problemy graždanskogo prava (1917), Ndr. Moskva 2003, S. 7-36.
ders. (Makovsky)/S. A. Khokhlov: Introduction, in: Peter B. Maggs/A. N. Zhiltsov, The Civil Code of the Russian Federation, Armonk, London 1997.
Maksimovič, Kirill: Byzantinische Rechtsbücher und ihre Bedeutung für die Rechtsgeschichte Europas, in: Tomasz Giaro (Hrsg.), Modernisierung durch Transfer im 19. und frühen 20. Jahrhundert, Frankfurt a. M. 2006, S. 1-32.
Malickij, Al.: Predislovie (Vorwort), in: Ja. Kantorovič, Osnovnye idei graždanskogo prava, Char'kov 1928, S. 3-4.
Manthe, Ulrich: Die libri ex Cassio des Iavolenus Priscus, Berlin 1982.
Man'kov, Arkadij G.: Uloženie 1649 goda – Kodeks feodal'nogo prava Rossii (Das Gesetzbuch des Jahres 1649. Der Kodex des Feudalrechts Rußlands), 2. Aufl., Moskva 2003.
Marčenko, Michail Nikolaevič: Teorija gosudarstva i prava (Theorie des Staates und des Rechts), 2. Aufl., Moskva 2004.
Margolina, Sonja: Wodka. Trinken und Macht in Russland, Berlin 2004.
Markevič, A. I. (Hrsg.): Dvadcatipjatiletie Imperatorskogo Novorossijskogo Universiteta (Fünfundzwanzig Jahre Kaiserliche Neurußländische Universität), Odessa 1890.
Marquardt, Joachim: Das Privatleben der Römer, Bd. 1, 2. Aufl., besorgt von A. Mau, Leipzig 1886.
Marx, Karl: Zur Kritik der Hegelschen Rechtsphilosophie. Kritik des Hegelschen Staatsrechts (1843/44), in: Karl Marx/Friedrich Engels. Werke. Band 1, Berlin (DDR) 1976, S. 203-333.
ders.: Zur Kritik der Hegelschen Rechtsphilosophie. Einleitung (1843/44), in: Karl Marx/Friedrich Engels. Werke. Band 1, Berlin (DDR) 1976, S. 378-391.
ders./Friedrich Engels: Werke, Band 30, Berlin (DDR) 1972.
Masi Doria, Carla: I »Grundrechte« nell'opera storico-giuridica di Theodor Mommsen, in: Ars Iuris. Festschrift für Okko Behrends zum 70. Geburtstag, hrsg. von Martin Avenarius, Rudolf Meyer-Pritzl und Cosima Möller, Göttingen 2009, S. 371-386.
Die Matrikel der Universität Heidelberg bearbeitet von Gustav Toepke, Sechster Teil von 1846 bis 1870, Heidelberg 1907.
Maurach, Reinhart: Der russische Reichsrat, Berlin 1939.
Maurer, Trude: Universitätsprofessoren im Russischen Reich, in: Charles McClelland/Stephan Merl/Hannes Siegrist (Hrsg.), Professionen im modernen Osteuropa, Berlin 1995, S. 280-310.
dies.: Hochschullehrer im Zarenreich, Köln u. a. 1998.
dies.: Der Weg zur Mündigkeit. Auslandsaufenthalte rußländischer Wissenschaftler im 19. und frühen 20. Jahrhundert, in: Hyperboreus. Studia Classica, Bd. 10/1-2 (2004), S. 60-77.

dies.: Fremde, Feinde – oder Freunde? Studenten und Gelehrte aus dem Russischen Reich in Göttingen vom späten 19. Jahrhundert bis zum Ende des Ersten Weltkriegs, in: Göttinger Jahrbuch 54 (2006), S. 89-112.

dies.: Emanzipierte Untertaninnen: Frauenstudium im Russischen Reich, in: dies. (Hrsg.), Der Weg an die Universität. Höhere Frauenstudien vom Mittelalter bis zum 20. Jahrhundert, Göttingen 2010, S. 108-146.

Maximova, Anastassia: Joseph Vogt und die Begründung seines Sklavereiprojekts aus russischer Sicht, in: Fünfzig Jahre Forschungen zur antiken Sklaverei an der Mainzer Akademie 1950-2000. Miscellanea zum Jubiläum, hrsg. von Heinz Bellen und Heinz Heinen, Stuttgart 2001, S. 5-10.

dies.: Die antike Sklaverei als Forschungsthema im Zarenreich, in: Orbis Iuris Romani 8 (2003), S. 45-52.

Mayer-Maly, Theo: Das Putativtitelproblem bei der Usucapio, Graz, Köln 1962.

ders.: Die Wiederkehr der Rechtsfiguren, in: JZ 1971, S. 1-3.

ders.: Rechtswissenschaft, 5. Aufl., München u.a. 1991.

Mazor, Michail: Rol' nauki prava v sudebnoj praktike (Die Rolle der Rechtswissenschaft in der gerichtlichen Praxis), in: ŽGiUP 1893, Nr. 2, S. 1-18.

McIlwain, Charles Howard: Our Heritage from the Law of Rome, in: Foreign Affairs 19 (1941), S. 597-608.

ders.: Constitutionalism: Ancient and Modern, Ithaca 1947.

Medem, M.: Moi vospominanija ob otce moem Michaile Andreeviče Balug'janskom (Meine Erinnerungen an meinen Vater Michail Andreevič Balug'janskij), in: Russkij Archiv 1885, Nr. 11, S. 415-432.

Meder, Stephan: Rechtsgeschichte, 4. Aufl., Köln Weimar Wien 2011.

ders.: Auslegung als Kunst bei Savigny. Reflektierende Urteilskraft, Rhetorik und Rechtsquellenlehre als Elemente juristischer Entscheidungsfindung, in: Subsumtion. Schlüsselbegriff der Juristischen Methodenlehre, hrsg. von Gottfried Gabriel und Rolf Gröschner, Tübingen 2012, S. 149-177.

Medusevskij, Andrej Nikolaevič: Istorija russkoj sociologii (Geschichte der russischen Soziologie), Moskva 1993.

ders. (Meduschewskij): Art. Gessen, Vladimir Mateevič, in: Michael Stolleis (Hrsg.), Juristen. Ein biographisches Lexikon, München 1995, S. 231-232.

ders. (Meduschewskij): Art. Kavelin, Konstantin Dimitrievič, in: Michael Stolleis (Hrsg.), Juristen. Ein biographisches Lexikon, München 1995, S. 341-342.

ders. (Meduschewskij): Art. Muromcev, Sergej Andreevič, in: Michael Stolleis (Hrsg.), Juristen. Ein biographisches Lexikon, München 1995, S. 447-448.

ders. (Meduschewskij): Art. Nevolin, Konstantin Alekseevič, in: Michael Stolleis (Hrsg.), Juristen. Ein biographisches Lexikon, München 1995, S. 456-457.

ders. (Meduschewskij): Konstitutionelle Projekte in Rußland am Anfang des 20. Jahrhunderts und ihre deutschen Prototypen, in: Dietrich Beyrau/Igor' Čičurov/Michael Stolleis, Reformen im Rußland des 19. und 20. Jahrhunderts, Frankfurt a.M. 1996, S. 237-259.

ders.: Pravovoj dualizm v Rossii i popytka ego preodolenija. Sravnitel'nyj analiz proekta Graždanskogo Uloženija Rossijskoj Imperii (Der Rechts-Dualismus in Rußland und der Versuch seiner Überwindung. Vergleichende Analyse des Entwurfs eines Bürgerlichen Gesetzbuchs des Rußländischen Reiches), in: Sravnitel'noe konstitucionnoe obozrenie 1 (50) (2005), S. 183-193.

ders.: Proekt graždanskogo uloženija Rossijskoj imperii v sravnitel'nom osveščenii (Der Entwurf eines bürgerlichen Gesetzbuchs für das Rußländische Reich in vergleichender Erläuterung), in: Civilističeskie issledovanija 2 (2006), S. 148-225.

Medvedev (Medvedieph), I. P.: Metephrase o Puskin tēn »Hexabiblo« tu Armenopulu; In: Etaireia Makedonikōn Spudōn. Eortastikos Tomos, 50 chronia (1939-1989). [Makedonikē Bibliothēkē, 75] (Thessalonikē 1992), S. 237-244.

ders.: »Russkij Armenopul« i ego kritika v zapiske bessarabskogo jurista Ivana Tanskogo (Der »Russische Armenopoulos« und seine Kritik in den Aufzeichnungen des bessarabischen Juristen Ivan Tanskij), in: Vizantijskij Vremennik 56 (81) (1995), S. 193-203.

Medvedev, S. N.: Rimskoe častnoe pravo (Römisches Privatrecht), Moskva, Stavropol' 1994.

Meissel, Franz-Stefan/Stefan Wedrac: Strategien der Anpassung – Römisches Recht im Zeichen des Hakenkreuzes, in: Franz-Stefan Meissel/Thomas Olechowski/Ilse Reiter-Zatloukal/Stefan Schima (Hrsg.), Vertriebenes Recht – Vertreibendes Recht. Zur Geschichte der Wiener Rechts- und Staatswissenschaftlichen Fakultät zwischen 1938 und 1945, Wien 2012, S. 35-78.

Mejer, Dmitrij Ivanovič: Drevnee russkoe pravo zaloga (Das alte russische Pfandrecht), in: ders. (Hrsg.), Juridičeskij Sbornik, Kazan' 1855, S. 219-278.

ders.: Juridičeskie izsledovanija otnositel'no torgovogo byta Odessy (Juristische Untersuchung über den Handelsbrauch in Odessa), in: ders. (Hrsg.), Juridičeskij Sbornik, Kazan' 1855, S. 449-494.

ders.: O značenii praktiki v sisteme sovremennogo juridičeskogo obrazovanija (Über die Bedeutung der Praxis im System der heutigen juristischen Bildung), Kazan' 1855.

ders.: Russkoe graždanskoe pravo (Russisches Bürgerliches Recht), 8. Aufl., S.-Peterburg 1902, Ndr. Moskva 2000.

Melkevik, Bjarne: Art. Evgeny B. Paschukanis, in: R. Domingo (Hrsg.), Juristas Universales, Bd. 4, Madrid, Barcelona 2004, S. 236-239.

Merl, Stephan: Einstellungen zum Privateigentum in Rußland und in der Sowjetunion, in: Hannes Siegrist/David Sugarman (Hrsg.), Eigentum im internationalen Vergleich (18.-20. Jahrhundert), Göttingen 1999, S. 135-159.

Mertens, Bernd: Gesetzgebungskunst im Zeitalter der Kodifikationen, Tübingen 2004.

Meyendorff, Alexander: The Tragedy of Modern Jurisprudence, in: P. Sayre (Hrsg.), Interpretations of Modern Legal Philosophies. Essays in Honor of Roscoe Pound, Oxford 1947, S. 521-541.

ders./Norman H. Baynes: The Byzantine Inheritance in Russia, in: Norman H. Baynes/H. St. Moss (Hrsg.), Byzantium. An Introduction to East Roman Civilization, Oxford 1948, S. 369-391.

Meyer, Klaus: Osteuropäische Geschichte, in: Reimer Hansen/Wolfgang Ribbe (Hrsg.), Geschichtswissenschaft in Berlin im 19. und 20. Jahrhundert, Berlin u. a. 1992, S. 553-570.

Meyer, Rudolf: Bona fides und lex mercatoria in der europäischen Rechtstradition, Göttingen 1994.

Meyer-Abich, Adolf: Alexander von Humboldt, 17. Aufl., Reinbek bei Hamburg 2004.

Miljukov, Pavel Nikolaevič: Sergej Andreevič Muromcev. Biografičeskij očerk (Sergej Andreevič Muromcev. Biographische Studie), Moskva 1911.

Mill, John Stuart: Utilitarianism, Liberty, and Representative Government, London u. a. 1910, Ndr. 1948.

Minale, Valerio Massimo: L'influenza delle fonti normative bizantine sul sistema giuridico della Rus': appunti per un'impostazione storici-giuridica della questione, in: Atti dell'Accademia Pontaniana 56 (2007), S. 341-379.

ders.: La »Russkaja Pravda« (Rezension von: Baranowski, Die »Russkaja Pravda« [2005]), in: Index 36 (2008), S. 69-78.

ders.: Dottrina tedesca e recezione del diritto romano in Russia (Rezension von: Avenarius, Rimskoe pravo v Rossii [2008]), in: Index 38 (2010), S. 442-453.

ders.: Diritto romano e diritto russo antico: per un'impostazione della questione (Rezension von: Feldbrugge, Law in Medieval Russia [2009]), in: Index 40 (2012), S. 575-589.

ders.: L'Ekloge isaurica e il mondo slavo: Riflessioni sulla continuità in Russia, in: SDHI 78 (2012), S. 563-576.

Mitjukov, Andrej Kalinnikovič: Obščnost' imuščestva v sem'e, kak istoričeskaja osnova nasledovanija (Die Vergemeinschaftung des Vermögens in der Familie als historische Grundlage der Erbfolge), Kiev 1901.

Mitjukov, M. A.: Lettera dal Parlamento della Federazione Russa, in: Index 23 (1995), S. 507.

Modderman, Wiardus: Die Reception des römischen Rechts, Jena 1875.

Möller, Cosima: Die Servituten. Entwicklungsgeschichte, Funktion und Struktur der grundstücksvermittelten Privatrechtsverhältnisse im römischen Recht. Mit einem Ausblick auf die Rezeptionsgeschichte und das BGB, Göttingen 2010.

Mommsen, Theodor: Die Bedeutung des römischen Rechts (1852), in: ders., Juristische Schriften, Bd. 3 (1907), Ndr. Zürich u. a. 1994, S. 591-600.

ders. (anonym): An die Deutschen in Oesterreich, in: Neue Freie Presse, 31.10.1897.

ders.: Römisches Strafrecht, Leipzig 1899.

Monateri, Pier Giuseppe: Black Gaius. A Quest for the Multicultural Origins of the »Western Legal Tradition«, in: Hastings Law Review 51 (2000), S. 479-555.

ders.: Gaio Nero, in: Pier G. Monateri/Tomasz Giaro/Alessandro Somma (Hrsg.), Le radici comuni del diritto europeo, Roma 2005, S. 19-76.

Montesquieu (Charles de): De l'Esprit des loix, Tome premier (livres I-IX), Paris 1950.

ders.: Œuvres complètes de Montesquieu publiées sous la direction de M. André Masson, Tome 1: Esprit des lois, Lettres Persanes, Considérations, Paris 1950 (= Ndr. d. Ausgabe 1758).

Morduchai-Boltovskoj, Vasilij Petrovič: Mysli po povodu dvuch voprosov (Gedanken bezüglich zweier Fragen), in: VP 6 (1902), S. 96-105.

Moskovskoe Juridičeskoe Obščestvo v 1891-92 g.. Zasedanie 18 marta 1891 goda (Moskauer Juristische Gesellschaft 1891/92. Sitzung vom 18. März 1891 [Protokoll]), in: JV 7-8 (1892), S. 502-508.

Motyka, Krzysztof: Law and Sociology: The Petrażyckian Perspektive, in: Law and Sociology. Current Legal Issues 2005, Bd. 8, hrsg. von Michael Freeman, S. 119-140.

ders.: Leon Petrażycki. Challenge to Legal Orthodoxy, Lublin 2007.

Movčanovskij, B.F.: Nasledstvennoe pravo po Graždanskomu kodeksu R.S.F.S.R. (Das Erbrecht nach dem Bürgerlichen Gesetzbuch der RSFSR), Moskva 1923.

Mühll-von Tuhr, Johanna von der (Hrsg.): Jus und Johanna. Liebesbriefe eines Juristen, Leipzig 1938.

dies.: Erinnerungen an Professor Andreas v. Tuhr (1864-1925), in: Zeitschrift für Schweizerisches Recht 73 (1954), S. 409-436.

Mullov, P.: Voprosy Mejera o servitutach (Mejers Fragen betreffend die Servituten), in: ŽMJu 1862, Nr. 7, S. 3-12.

Muromcev, Sergej A.: O konservatizme rimskoj jurisprudencii (Über den Konservatismus der römischen Jurisprudenz), Moskva 1875.

ders.: Očerki obščej teorii graždanskogo prava. Čast' pervaja (Studie über eine allgemeine Theorie des bürgerlichen Rechts. Erster Teil), Moskva 1877.

ders.: Opredelenie i osnovnoe razdelenie prava (Bestimmung und grundlegende Einteilung des Rechts), Moskva 1879.

ders.: Graždanskoe pravo drevnego Rima (Bürgerliches Recht des alten Rom), Moskva 1883.

ders.: Čto takoe dogma prava? Kritiko-polemičeskaja zametka po povodu stat'i g. Gol'mstena: »Neskol'ko myslej o pozitivizme v nauke prava« v Žurn. Gražd. i Ugol. prava, 1884, No 3. str. 91-126 (Was ist das Rechtsdogma? Kritisch-polemische Anmerkung aus Anlaß des Aufsatzes des Hrn. Gol'msten: »Einige Gedanken über den Positivismus in der Rechtswissenschaft« im Journal für Bürgerliches und Strafrecht 1884, Nr. 3, S. 91-126), in: JV 1884, Nr. 4, S. 759-765.

ders.: Čto takoe dogma prava? Kritiko-polemičeskaja zametka po povodu stat'i g. Gol'mstena: »Neskol'ko myslej o pozitivizme v nauke prava« v Žurn. Gražd. i Ugol. prava, 1884, No 3, str. 91-126. (Okončanie [Schluß]), in: JV 1884, Nr. 5/6, S. 231-240.

ders.: Eščë po voprosu o dogme. Po povodu vtorogo ėtjuda g. Gol'mstena v Žurn. Gr. i Ug. prava, 1884 g., No 5. (Nochmals zur Frage nach dem Dogma. Aus Anlaß der zweiten Studie des Hrn. Gol'msten im Journal für Bürgerliches und Strafrecht 1884, Nr. 5), in: JV 1884 Nr. 9, S. 683-691.

ders. (Muromtzeff, Sergei): Was heißt Rechtsdogmatik? Aus dem Russischen übersetzt von Karl Esmarch, Prag 1885.

ders.: Recepcija rimskogo prava na zapade (Rezeption des römischen Rechts im Westen), Moskva 1886.

ders.: Rudol'f fon-Iering. Nekrolog (1892), in: ders.: Stat'i i reči (Artikel und Reden), Heft 1, Moskva 1910, S. 18-21.

ders.: Art. Krylov (Nikita Ivanovič), in: F.A. Brokgauz/I.A. Efron (Hrsg.), Ėnciklopedičeskij slovar', Bd. 16 A, S.-Peterburg 1895, S. 870.

ders.: 26 maja (Der 26. Mai) (1899), in: ders.: Stat'i i reči (Artikel und Reden), Heft 1, Moskva 1910, S. 27-29.

Nabokov, Vladimir: Speak, Memory, London 1967.

(Nakaz:) Rezension von: Ihrer Kaiserlichen Majestät Instruction für die zu Verfertigung des Entwurfs zu einem neuen Gesetzbuch verordnete Commission, in: GGA 1768, 98. St., S. 793-808.

Nečaev, Vasilij Michajlovič: Art. Graždanskie zakony, in: F. A. Brokgauz/ I. A. Efron (Hrsg.), Ėnciklopedičeskij Slovar', Bd. 9 A, S.-Peterburg 1893, S. 502-504.

ders.: Art. Djuvernua (Nikolaj L'vovič), in: F.A. Brokgauz/I.A. Efron (Hrsg.), Ėnciklopedičeskij Slovar', Bd. 11, S.-Peterburg 1894, S. 366.

ders.: Art. Efimov (Vasilij Vladimirovič), in: F.A. Brokgauz/I.A. Efron (Hrsg.), Ėnciklopedičeskij Slovar', Bd. 11 A, S.-Peterburg 1894, S. 692.

ders.: Art. Kodifikacija, in: F.A. Brokgauz/I.A. Efron (Hrsg.), Ėnciklopedičeskij Slovar', Bd. 15 A, S.-Peterburg 1895, S. 537-550.

ders.: Art. Mejer (Dimitrij Ivanovič), in: F.A. Brokgauz/I.A. Efron (Hrsg.), Ėnciklopedičeskij Slovar', Bd. 18 A, S.-Peterburg 1896, S. 950-951.

ders.: Art. Pandekty, in: F.A. Brokgauz/I.A. Efron (Hrsg.), Ėnciklopedičeskij Slovar', Bd. 22 A, S.-Peterburg 1897, S. 687-689.

ders.: Art. Pokrovskij (Iosif Alekseevič), in: F.A. Brokgauz/I.A. Efron (Hrsg.), Ėnciklopedičeskij Slovar', Bd. 24, S.-Peterburg 1898, S. 248.

ders.: Art. Nauka graždanskogo i rimskogo prava (Die Wissenschaft des bürgerlichen und römischen Rechts, in: F.A. Brokgauz/I.A. Efron (Hrsg.), Ėnciklopedičeskij Slovar', Bd. 28, S.-Peterburg 1899, S. 842-846.

ders.: Art. Savin'i (Fridrich-Karl), in: F.A. Brokgauz/I.A. Efron (Hrsg.), Ėnciklopedičeskij slovar', Bd. 28 A, S.-Peterburg 1900, S. 32-34.

ders.: Art. Sovremennoe rimskoe pravo (Heutiges römisches Recht), in: F.A. Brokgauz/I.A. Efron (Hrsg.), Ėnciklopedičeskij slovar', Bd. 30 A, S.-Peterburg 1900, S. 679-682.

Nersesjanc, Vladik Sumbatovič: Pravoponimanie rimskich juristov (Das Rechtsdenken der römischen Juristen), in: SGiP 1980, S. 83-90.

Neubecker, F. K.: Der Entwurf eines russischen Zivilgesetzbuchs, in: ZVglRwiss 24 (1910), S. 200-203.

ders.: Die Grundzüge des russischen Rechts, in: Max Sering (Hrsg.), Rußlands Kultur und Volkswirtschaft, Berlin, Leipzig 1913, S. 39-62.

Neumann, Iver B.: Russia and the Idea of Europe. A Study in Identity and International Relations, London 1996.

ders.: Uses of the other. »The East« in European identity formation, Manchester 1999.

Neumann-Hoditz, Reinhold: Katharina die Große, 6. Aufl., Hamburg 1998.
Nevolin, Konstantin: Polnoe sobranie sočinenij (Vollständige Sammlung der Werke), Bd. 4: Istorija Rossijskich graždanskich zakonov. Čast' vtoraja. Kniga vtoraja ob imuščestvach. Razdel pervyj ob imuščestvach voobšče i razdel vtoroj o pravach na vešči (Geschichte der rußländischen bürgerlichen Gesetze. Zweiter Teil. Zweites Buch über die Vermögensgegenstände. Erster Abschnitt über die Vermögensgegenstände allgemein und zweiter Abschnitt über die Rechte an Sachen), Sanktpeterburg 1857.
Nikol'skij, Boris Vladimirovič: Sistema i tekst XII tablic. Izsledovanie po istorii rimskogo prava (System und Text der Zwölftafeln. Forschung zur Geschichte des römischen Rechts), S.-Peterburg 1897.
ders.: Rezension von: Pokrovskij, Pravo i fakt v rimskom prave, in: ŽMNP 320 (1898) (Dezember), S. 367-391.
Nikonov, Sergej Pavlovič: Ernst Ekk (Nachruf), in: Pravo 1901, Sp. 96-97.
(Nikonov:) Disput S. P. Nikonova (Disputation von S. P. Nikonov), in: Pravo 1901, Sp. 1050-1053.
Nörr, Dieter: Wolfgang Kunkel 20.11.1902-8.5.1981, in: Gedächtnisschrift für Wolfgang Kunkel, hrsg. von Dieter Nörr und Dieter Simon, Frankfurt a. M. 1984, S. 9-24.
Nolcken, Michael Hermann Frhr. von: Der russische Finanzminister Graf Georg Kankrin und seine Handelspolitik, Riga 1909.
Nol'de, Aleksandr Ėmil'evič: Nikolaj L'vovič Djuvernua (Nekrolog), in: ŽMNP, N. S. 4 (1906), Teil XI, S. 101-110.
ders.: Očerki po istorii kodifikacii mestnych graždanskich zakonov pri grafe Speranskom (Studien über die Geschichte der Kodifikation der örtlichen bürgerlichen Gesetze beim Grafen Speranskij), Bd. 2, Sankt-Peterburg 1914.
ders.: M. M. Speranskij. Biografija, Moskva 2004.
Notice historique et critique sur le digeste de l'empire de Russie, suivie d'un exposé de l'état civil des femmes dans cet empire, in: Révue étrangère de législation et d'économie politique 2 (1835), S. 385-420 und S. 513-561.
Novgorodcev, Pavel Ivanovič: Istoričeskaja škola juristov, ee proischoždenie i sud'ba. Opyt charakteristiki osnov školy Savin'i v ich posledovatel'nom razvitii (Die historische Schule der Juristen, ihr Ursprung und Schicksal. Versuch einer Charakteristik der Grundlagen der Schule Savignys in ihren nachfolgenden Entwicklungen), Moskva 1896.
Novickaja, Tat'jana Evgen'evna: Kodifikacija graždanskogo prava v sovetskoj Rossii 1920-1922 gg. (Die Kodifikation des bürgerlichen Rechts im sowjetischen Rußland 1920-1922), Moskva 1989.
dies.: K voprosu o tak nazyvaemoj recepcii rimskogo prava v Rossii (Zur Frage nach der sogenannten Rezeption des römischen Rechts in Rußland), in: Vestnik Moskovskogo universiteta, Serija 11 (Pravo), 2000, Nr. 3, S. 121-134.
dies.: Graždanskij kodeks RSFSR 1922 goda. Istorija sozdanija, Obščaja charakteristika, Tekst, Priloženija (Das Bürgerliche Gesetzbuch der RSFSR 1922. Geschichte der Herstellung, Allgemeine Charakteristik, Text, Beilagen), 2. Aufl., Moskva 2002.

Novickij, Ivan Borisovič: Rimskoe častnoe pravo (Römisches Privatrecht), Moskva 1948.
ders.: Osnovy rimskogo graždanskogo prava (Grundlagen des römischen bürgerlichen Rechts), Moskva 1956 (spätere Auflagen unter dem Titel »Rimskoe pravo«).
ders.: Istorija sovetskogo graždanskogo prava (Geschichte des sowjetischen bürgerlichen Rechts), Moskva 1957.
ders.: Lekcii po osnovam rimskogo graždanskogo prava (Vorlesungen über die Grundlagen des römischen bürgerlichen Rechts), hrsg. von T. E. Novickaja, Teil 1, in: Zercalo 2 (1997), S. 89-99, Teil 2, in: Zercalo 3 (1998), S. 93-103, Teil 3, in: Zercalo 4 (1999), S. 71-99.
ders.: Spor o bezdenežnosti zajma po rimskomu pravu (querela non numeratae pecuniae) (Der Rechtsstreit über die Nichtauszahlung des Darlehens nach römischem Recht [q. n. n. p.]) (etwa 1950), erstmals abgedruckt in: ders., Izbrannye trudy po graždanskomu pravu, Bd. 2, Moskva 2006, S. 344-403.
ders./Ivan S. Pereterskij: Rimskoe častnoe pravo (Römisches Privatrecht), Moskva 1948; wo nicht anders angegeben, wird nach dem geringfügig veränderten Neuabdruck Moskva 1996 zitiert.
Nußberger, Angelika: Rezension von: Avenarius, Rezeption des römischen Rechts in Rußland, in: Osteuropa-Recht 50 (2004), S. 532-534.
dies.: Ende des Rechtsstaats in Russland?, Köln 2007.
dies.: Die slawischen Länder und das europäische Recht, in: Gerhard Ressel/Henrieke Stahl (Hrsg.), Die Slaven und Europa, Frankfurt a. M. 2008, S. 211-229.
dies. (Hrsg.): Einführung in das russische Recht, München 2010.
Oberkofler, Gerhard: Die Vertreter des Römischen Rechts mit deutscher Unterrichtssprache an der Karls-Universität in Prag, Frankfurt a. M. u. a. 1991.
Oberländer, Gisela: Die Vechi-Diskussion (1909-1912), Köln 1965.
Obolensky, Dmitri: Russia's Byzantine Heritage, in: Oxford Slavonic Papers 1 (1950), S. 37-63.
Oertmann, Paul: Rezension von: Petražickij, Die Fruchtvertheilung beim Wechsel der Nutzungsberechtigten, in: GrünhutsZ 20 (1893), S. 575-585.
Offord, Derek: Lichnost': Notions of Individual Identity, in: Catriona Kelly/David Shepherd (Hrsg.), Constructing Russian Culture in the Age of Revolution 1881-1940, New York 1998, S. 13-25.
Oks, M.: Vindikacija (Vindikation), in: ŽGiUP 1874, Nr. 2, S. 49-95 und Nr. 3, S. 1-94.
Olearius, Adam: Vermehrte newe Beschreibung der muscowitischen und persischen Reyse, Schleszwig 1656; Ndr.: Early Explorations of Russia, vol. VI, ed. by Marshall Poe, New York 2003.
Olesič, Ninėl' Jakovlevna: Gospodin Student Imperatorskogo Sankt-Peterburgskogo universiteta (Der Herr Student der Kaiserlichen Sankt Petersburger Universität), 2. Aufl., Sankt-Peterburg 2002.
O licach, komandirovannych Ministerstvom Narodnogo Prosveščenija za granicu dlja prigotovlenija k zvaniju professorov i prepodavatelej s 1808 po 1860 god (Über die vom Ministerium für Volksaufklärung zur Vorbereitung auf den

Beruf der Professoren und Lehrer zwischen 1808 und 1860 ins Ausland abkommandierten Personen), in: ŽMNP 1864, otd. II, S. 335-354.
Omel'čenko, Oleg Anatol'evič: Die »Kommission zur Verfertigung des Entwurfs zu einem neuen Gesetzbuch«. Einige neue Beobachtungen im Zusammenhang mit dem gesetzgeberischen Werk der Fachausschüsse, in: Eckhard Hübner/Jan Kusber/Peter Nitsche (Hrsg.), Rußland zur Zeit Katharinas II., Absolutismus – Aufklärung – Pragmatismus, Köln u. a. 1998, S. 169-180.
ders.: Rimskoe pravo. Učebnik (Römisches Recht. Lehrbuch), 3. Aufl., Moskva 2005.
Opałek, Kazimiersz: Art. Petrażycki, Leon, in: Polski Słownik Biograficzny, Bd. 25 (1980), S. 683-688.
Orač, Jevgen Mychajlovyč/Borys Josyfovyč Tyščyk: Osnovy ryms'kogo pryvatnogo prava. Kurs lekcij (Grundlagen des römischen Privatrechts. Vorlesungskurs), Kyjiv 2000.
Orestano, Ricardo: Introduzione allo studio del diritto romano, Bologna 1987.
Ornatskij, Sergej N.: Ob otnošenii meždu obščim i častnym v zakonodatel'stve i zakonovedenii (Über das Verhältnis zwischen Allgemeinem und Besonderem in Gesetzgebung und Gesetzeswissenschaft), in: ŽMNP 1839, Bd. 23, Nr. 8, S. 35-110.
Oršanskij, I. G.: Issledovanie po russkomu pravu obyčnomy i bračnomy (Untersuchung über das russische Gewohnheits- und Eherecht), S.-Peterburg 1879.
Osakwe, Christopher: Russian Civil Code annotated, Moscow 2000.
Osipova, Sanita: Baltische Rechtstradition, in: Helmut Heiss (Hrsg.): Zivilrechtsreform im Baltikum, Tübingen 2006, S. 3-18.
Osterhammel, Jürgen: Die Verwandlung der Welt. Eine Geschichte des 19. Jahrhunderts, 2. Aufl., München 2009.
Ostroükh, Assya (= Ostrouch, Asja Nikolaevna): La personne du romaniste et la République russe (1917-2006), in: Jacques Bouineau (Hrsg.), Personne et *res publica*, Bd. 2, Paris 2008, S. 175-190.
Pachman, Semën Vikent'evič: Predislovie (Vorwort), in: Vindšejd, Učebnik pandektnogo prava, Bd. 1: Obščaja čast', Sankt-Peterburg 1874, S. V.
ders.: Istorija kodifikacii graždanskogo prava (Geschichte der Kodifikation des bürgerlichen Rechts), 2 Bde., S.-Peterburg 1876.
ders.: Obyčnoe graždanskoe pravo v Rossii. Juridičeskie očerki (Bürgerliches Gewohnheitsrecht in Rußland. Juristische Studien), Bd. 1, S.-Peterburg 1877.
ders. (Pachmann): Ueber die gegenwärtige Bewegung in der Rechtswissenschaft. Rede, gehalten in der Jahresversammlung der bei der St. Petersburger Universität bestehenden juristischen Gesellschaft am 14./26. Februar 1882, Berlin 1882; auch: neubearbeitet und herausgegeben von Manfred Rehbinder, Berlin 1986.
Padoa Schioppa, Antonio: Storia del diritto in Europa. Dal medioevo all'età contemporanea, Bologna 2007.
Paléologue, Maurice: Am Zarenhof während des Weltkrieges. Tagebücher und Betrachtungen, 2 Bde., 2. Aufl., München 1926.
Palme, Anton: Die Russische Verfassung, Berlin 1910.

Papastathis, Charalambos K.: Zur Verbreitung der »Hexabiblos« des Harmenopoulos im slawischen Raum, in: Balkan Studies 17.1 (1976), S. 67-78

Pascal, Robert A.: Sources of the Digest of 1808: A Reply to Professor Batiza, in: TLR 46 (1971/72), S. 603-627.

Paschukanis, Eugen (Evgenij Pašukanis): Allgemeine Rechtslehre und Marxismus, 2. (deutsche) Aufl., Frankfurt a. M. 1969.

ders. (Evgeny Pashukanis): Leon Duguit, in: ders., Selected Writings on Marxism and Law, hrsg. von Piers Beirne und Robert Sharlet, London u. a. 1980, S. 166-168 (= engl. Fassung des Art. Leon Diugi, in: Ėnciklopedija Gosudarstva i Prava, Bd. 1 (1925/26), S. 1064-1068).

Passek, Evgenij Vjačeslavovič: Neimuščestvennyj interes i nepreodolimaja sila v graždanskom prave (Immaterielles Interesse und unüberwindliche Gewalt im bürgerlichen Recht), Moskva 2003.

Pašaeva, Ol'ga Michailovna: Rimskoe pravo (Römisches Recht), 2. Aufl., Moskva 2012.

Pavlova, Irina P.: The History of Law and Judicial Proceeding of Pre-Petrine Russia in the Publications of Western European and American Historians (a Review Article), in: Journal of Siberian Federal University. Humanities & Social Sciences 4 (2009, 2), S. 538-548.

Pavlova, Svetlana Vasil'evna: Imperatorskij Aleksandrovskij (Byvšij Carskosel'skij) Licej (Das kaiserliche Alexander- [ehemals Carskoe-Selo-] Lyzeum), Sankt-Peterburg 2002.

Pereterskij, Ivan S.: Vseobščaja istorija gosudarstva i prava, Čast' 1: Drevnij mir, Vypusk 2: Drevnij Rim (Allgemeine Geschichte des Staats und des Rechts, Teil 1: Die alte Welt, Abt. 2: Das alte Rom), Moskva 1945.

ders.: Digesty Justiniana. Očerki po istorii sostavlenija i obščaja charakteristika (Die Digesten Justinians. Studien zur Geschichte ihrer Zusammenstellung und allgemeine Charakteristik), Moskva 1956.

Pérez Simeón, Maurici: La transmision de la propiedad en el nuevo código civil de la Federación Rusa, in: ADC 53 (2000), S. 981-1000.

Pergament, Michail Jakovlevič: Rezension von: Nikol'skij, Sistema i tekst XII tablic (1897), in: SavZRG (Rom. Abt.) 19 (1898), S. 374-383.

ders.: K voprosu o zadačach nauki rimskogo prava (Zur Frage nach den Aufgaben der Wissenschaft des römischen Rechts), in: Pravo 1899, Sp. 2071-2078.

(Pergament:) Disput M. Ja. Pergamenta (Disputation von M. Ja. Pergament), in: Pravo 1899, Sp. 2165-2172.

ders.: Dogovornaja neustojka i interes v rimskom sovremennom graždanskom prave (Vertragsstrafe und Interesse im römischen und im heutigen bürgerlichen Recht), Odessa 1899; zitiert wird im Text die 2., unter dem Titel »Dogovornaja neustojka i interes« erschienene Auflage, Moskva 1905.

ders.: K voprosu o pravosposobnosti juridičeskogo lica (Zur Frage der Rechtsfähigkeit der juristischen Person), S.-Peterburg 1909.

ders.: K predstojaščemu vneseniju v Gosudarstvennuju Dumu proekta Graždanskogo Uloženija. Reč v godovom sobranii Juridičeskogo obščestva pri

S.-Peterburgskom universitete (Über die bevorstehende Einbringung des Entwurfs eines Bürgerlichen Gesetzbuchs in die Staatliche Duma. Rede auf der Jahresversammlung der juristischen Gesellschaft an der Universität Sankt-Petersburg), Sankt-Petersburg 1913.

ders.: Anmerkung zu Kass. 1914, Nr. 56, in: Beilage zum Vestnik Prava 1914, S. 191-193.

ders.: Pokrovskij, Iosif Alekseevič, in: Russkij Istoričeskij Žurnal 6 (1920), S. 244-247.

Pergament, Osip Jakovlevič: O primenenii bessarabskich zakonov (Über die Anwendung der bessarabischen Gesetze), in: Pravo 1904, Sp. 1732-1739, 1787-1792 u. 1837-1841.

ders.: Očerki bessarabskogo nasledstvennogo prava (okončanie) (Studien über das bessarabische Erbrecht [Schluß]), in: ŽMJu 3 (1905), S. 112-139.

Peterson, Claes: Peter the Great's Administrative and Judicial Reforms: Swedish Antecedents and the Process of Reception, Stockholm 1979.

Petrażycki, Leon (Leo v. Petrażycki): Die Lehre vom Einkommen vom Standpunkt des gemeinen Civilrechts, Bd. 2, Berlin 1895.

ders. (Petražickij): Bona fides v graždanskom prave. Prava dobrosovestnogo vladel'ca na dochody s toček zrenija dogmy i politiki graždanskogo prava (Die *bona fides* im bürgerlichen Recht. Die Rechte des gutgläubigen Besitzers auf die Einkünfte von den Standpunkten der Lehre und der Politik des bürgerlichen Rechts), S.-Peterburg 1897.

ders. (Petražickij): Rol' zakonov v istorii graždanskogo prava (Die Rolle der Gesetze in der Geschichte des bürgerlichen Rechts), in: Pravo 1899, Nr. 16, Sp. 809-822.

ders. (Petražickij): Načalo proekta knigi pjatoj graždanskogo uloženija (Grundzüge des Entwurfes des fünften Buches eines bürgerlichen Gesetzbuchs), in: Pravo 1899, Sp. 2179-2190 und Sp. 2229-2241.

ders. (Petražickij): Iski o »nezakonnom obogaščenii« v 1 č. X T. (Klagen wegen »ungesetzlicher Bereicherung« im SZ X/1), in: Vestnik Prava 1900, Nr. 1, S. 1-32, Nr. 2, S. 1-31, Nr. 3, S. 19-47, Nrn. 4 und 5, S. 50-96.

ders. (Petražickij): Teorija prava i gosudarstva v svjazi s teoriej nravstvennosti (Theorie von Recht und Staat in Verbindung mit der Theorie der Moral), 2. Auflage, S.-Peterburg 1910.

ders.: Law and Morality, translated by Hugh W. Babb with an Introduction by Nicholas S. Timasheff, Cambridge/Mass. 1955.

Petrov, Fëdor Aleksandrovič: Formirovanie sistemy universitetskogo obrazovanija v Rossii (Die Formierung des Systems der universitären Bildung in Rußland), Band 4, Teil 1, Moskva 2003.

Petrova, Natalia: Rezension von: Avenarius, Rimskoe pravo v Rossii (2008), in: SavZRG (Rom. Abt.) 128 (2011), S. 736-737.

Pfülf, Otto: Friedrich Karl von Savigny als Ireniker (Zweiter Teil), in: Stimmen aus Maria Laach. Katholische Blätter, Bd. 66 (1904), S. 165-185.

Pieler, Peter E.: Rechtsliteratur, in: Herbert Hunger, Die hochsprachliche profane Literatur der Byzantiner, Bd. 2, München 1978, S. 341-480.

ders.: Entstehung und Wandel rechtlicher Traditionen in Byzanz, in: Entstehung und Wandel rechtlicher Traditionen, hrsg. von Wolfgang Fikentscher, Herbert Franke und Oskar Köhler, Freiburg, München 1980, S. 669-728.

Piljaeva, Valentina Vladimirovna: Rimskoe častnoe pravo (Römisches bürgerliches Recht), 4. Aufl., Moskva u. a., 2002.

Pipes, Richard: Karamzin's »Memoir on Ancient and Modern Russia«, Cambridge 1959.

ders.: Rußland vor der Revolution – Staat und Gesellschaft im Zarenreich, München 1977.

ders.: Private Property comes to Russia. The Reign of Catherine II, in: Harvard Ukrainian Studies 22 (1998), S. 431-442.

Pivovarov, Jurij: Der ungeliebte Liberalismus, in: Leonid Luks/Donal O'Sullivan (Hrsg.), Rußland und Deutschland im 19. und 20. Jahrhundert. Zwei »Sonderwege« im Vergleich, Köln u. a. 2001, S. 93-108.

Platonova, Natalia: Le budget de l'État et la gestion des finances monarchiques de la Russie impériale (fin du XVIIe siècle – début du xxe siècle), in: RHDFE 85 (2007), S. 505-536.

Plewe, Ernst: Art. v. Humboldt, Alexander, in: Neue Deutsche Biographie, Bd. 10 (1974), S. 33-43.

Pobedonoscev, Konstantin P.: Kurs graždanskogo prava. Pervaja čast': votčinnye prava (Kurs des bürgerlichen Rechts. Erster Teil: Sachenrechte), 4. Aufl., S.-Peterburg 1892, Ndr. Moskva 2002; Vtoraja čast': prava semejstvennye, nasledstvennye i zaveščatel'nye (Zweiter Teil: Familien-, Erb- und Testamentsrechte), 3. Aufl., S.-Peterburg 1889, Ndr. Moskva 2003; Tret'ja čast': dogovory i objazatel'stva (Dritter Teil: Verträge und Verbindlichkeiten), 2. Aufl., S.-Peterburg 1890, Ndr. Moskva 2003.

ders. (Pobedonoszew): Sammlung Moskowitischer Studien über das politische und geistige Leben der Gegenwart, mit Bezug auf Russland, hrsg. von C. E. Wohlbrück, Dresden 1904.

ders.: Juridičeskie proizvedenija (Juristische Werke), hrsg. von Vladimir A. Tomsinov, Moskva 2012.

Podoprigora, Afanasij Andronovič: Osnovy rimskogo graždanskogo prava (Grundlagen des römischen bürgerlichen Rechts), Kiev 1990.

Pohrt, Heinz: Zur Bedeutung der Berliner Universität als Bildungsstätte für junge Polen (1815-1860), in: ZSlaw 32 (1987), S. 560-572.

Pokrovskij, Iosif Alekseevič: Rol' rimskogo prava v pravovoj istorii čelovečestva i v sovremennoj jurisprudencii (Die Rolle des römischen Rechts in der Rechtsgeschichte der Menschheit und in der heutigen Rechtswissenschaft), in: UZJU 1894, Nr. 3, Nichtoffizieller Teil (mit eigener Seitenzählung), S. 1-30.

ders. (Joseph v. Pokrowsky): Die Actiones in factum des classischen Rechts, in: SavZRG (Rom. Abt.) 16 (1895), S. 7-104.

ders.: Želatel'naja postanovka graždanskogo prava v izučenii i prepodavanii (Die wünschenswerte Stellung des Bürgerlichen Rechts in Forschung und Lehre), UI 1896, Nr. 12, S. 16-32.

ders.: Pravo i fakt v rimskom prave, Čast' 1. Pravo i fakt, kak material'noe osnovanie iskov (Recht und Tatsache im römischen Recht, Teil 1. Recht und Tatsache als materieller Klagegrund), Kiev 1898.

ders.: Osnovnye voprosy vladenija v novom germanskom uloženii (Grundlegende Fragen des Besitzes im neuen deutschen Gesetzbuch), VP 1899, S. 92-120.

ders. (J. Pokrowsky): Zur Lehre von den actiones in ius und in factum, in: SavZRG (Rom. Abt.) 20 (1899), S. 99-126.

ders.: Otvet g. B. V. Nikol'skomu (Antwort an Hrn. B. V. Nikol'skij), in: ŽMNP 1899 (März), S. 190-201.

ders.: Pravo i fakt v rimskom prave, Čast' 2. Genesis pretorskogo prava (Recht und Tatsache im römischen Recht, Teil 2. Die Entstehung des prätorischen Rechts), Kiev 1902.

ders.: Vladenie v russkom proekte graždanskogo uloženija (Der Besitz im russischen Entwurf eines Bürgerlichen Gesetzbuchs), in: ŽMJu 1902, Nr. 10, S. 27-54.

ders.: (Selbstdarstellung), in: Biografičeskij Slovar' professorov i prepodavatelej imperatorskogo Jur'evskogo, byvšego Derptskogo, universiteta 1802-1902, Bd. 1, Jur'ev 1902, S. 618-619.

ders.: Častnaja zaščita obščestvennych interesov v drevnem Rime (Die private Verteidigung gesellschaftlicher Interessen im alten Rom), in: Michail Nikitič Jasinskij (Red.), Sbornik statej po istorii prava, posvjaščennyj M. F. Vladimirskomu-Budanovu, Kiev 1904, S. 27-43; Neuabdruck in: IA 5 (1999), S. 190-200.

ders.: Istorija rimskogo prava (Geschichte des römischen Rechts), 1. Auflage, S.-Peterburg 1913.

ders.: Osnovnye problemy graždanskogo prava (Grundprobleme des Bürgerlichen Rechts), Petrograd 1917, Ndr. Moskva 2003.

Pólay, Elemér: Das römische Recht in den sozialistischen Ländern, in: Labeo 13 (1967), S. 361-376.

Poldnikov, Dmitrij Jur'evič: Dogovornye teorii glossatorov (Vertragstheorien der Glossatoren), Moskva 2008.

ders.: Dogma and Legal History in Russian Science of Civil Law, in: Journal on European History of Law 1 (2011), S. 61-65.

ders.: Dogovornye teorii klassičeskogo ius commune (XIII-XVI vv.) (Vertragstheorien des klassischen ius commune [13.-16. Jhdt.]), Moskva 2011.

ders.: The Legacy of Classical Natural Law in Russian Dogmatic Jurisprudence in the late 19th Century, in: Journal on European History of Law 4 (2013), S. 72-80.

Poljanskij, Nikolaj Nikolaevič: Iosif Alekseevič Pokrovskij (Ličnost' pokojnogo i ego učenye trudy) (Iosif Alekseevič Pokrovskij [Die Persönlichkeit des Verstorbenen und seine gelehrten Arbeiten]) (1922), abgedruckt in: Iosif Pokrovskij, Osnovnye problemy graždanskogo prava (1917), Ndr. Moskva 2003, S. 327-340.

Polley, Rainer: Anton Friedrich Justus Thibaut (AD 1772-1840) in seinen Selbstzeugnissen und Briefen, Frankfurt a. M. 1982.

Pospíšil, Leopold: Anthropologie des Rechts. Recht und Gesellschaft in archaischen und modernen Kulturen, München 1982.

Povorinskij, A. F.: Sistematičeskij ukazatel' russkoj literatury po graždanskomu pravu 1758-1904 gg. (Systematisches Register der russischen Literatur zum bürgerlichen Recht 1758-1904), Moskva 2001.

Pribytkova, Elena: Rechtssubjekt und moralisches Subjekt in der russischen Philosophie am Ende des 19. und Anfang des 20. Jahrhunderts, in: Alexander Haardt/Nikolaj Plotnikov (Hrsg.), Das normative Menschenbild in der russischen Philosophie, Berlin 2011, S. 211-222.

Pringsheim, Fritz: Reception, in: RIDA, 3. série Bd. 8 (1961), S. 243-255.

Prousis, Theophilus C.: The Destunis Collection in the Manuscript Section of the Saltykov-Shchedrin State Public Library in Leningrad, in: History Faculty Publications (University of North Florida) 1989, Paper 18 (http://digitalcommons.unf.edu/ahis_facpub/18), S. 395-452.

Prudnikov, Michail Nikolaevič: Rimskoe pravo (Römisches Recht), Moskva 2011.

Puchta, Georg Friedrich: Pandekten, 8. Aufl., hrsg. von Adolf Rudorff, Leipzig 1856.

ders.: Cursus der Institutionen, 9. Aufl., hrsg. von Paul Krüger, Bd. 2, Leipzig 1881.

Purkinje, Johann: Zur Orientierung über den Stand der allgemeinen juridischen Studien in Rußland, in: Ost und West 1839, Außerordentliche Beilage zu Nr. 83, S. 357-358.

Pyman, Avril: The Life of Alexandr Blok, Volume I, The Distant Thunder 1880-1908, Oxford u. a. 1979.

Quigley, John: The Romanist Character of Soviet Law, in: F. J. M. Feldbrugge (Hrsg.), The Emancipation of Soviet Law, Dordrecht u. a. 1992, S. 27-49.

Radbruch, Gustav: Gesamtausgabe, Bd. 17. Briefe 1 (1898-1918), bearbeitet von Günter Spendel, Heidelberg 1991.

Radistschew, A. N. (= Aleksandr N. Radiščev): Reise von Petersburg nach Moskau, Berlin 1961.

Radkau, Joachim: Max Weber. Die Leidenschaft des Denkens, München u. a. 2005.

Raeff, Marc: Michael Speransky. Statesman of Imperial Russia, The Hague 1957.

ders.: Russia Abroad: A cultural History of the Russian Emigration, 1919-1939, New York, Oxford 1990.

ders.: Legenden und Vorurteile, in: Dagmar Herrmann (Hrsg.), Deutsche und Deutschland aus russischer Sicht. 18. Jahrhundert: Aufklärung, München 1992, S. 53-73.

Rainer, J. Michael: Das Römische Recht in Europa. Von Justinian zum BGB, Wien 2012.

Rajewsky, Alice: Changes in the Russian Terminlogy of Economic Law since *Perestroika*, Oxford 1998.

Randa, Anton: Das Eigenthumsrecht nach österreichischem Rechte mit Berücksichtigung des gemeinen Rechtes und der neueren Gesetzbücher. Erste Hälfte, Leipzig 1884.

Ranke, Leopold von: Geschichten der romanischen und germanischen Völker von 1494 bis 1535, Bd. 1, Leipzig, Berlin 1824.

ders.: Weltgeschichte, Bd. 4, 3. Aufl., Leipzig 1910.

Raspopov, B. P.: Zadači istorii razvitija prava i popytki ich razrešenija (Probleme der Entwicklungsgeschichte des Rechts und Versuche zu ihrer Lösung), in: ŽMJu 1898, Nr. 6, S. 149-168.
Rassolov, Michail Michajlovič/Michail Aleksandrovič Gorbunov: Rimskoe pravo (Römisches Recht), Moskva 2013.
Raub-Domnick, Annelise: Friedrich Carl von Savigny an seine Kinder Bettina und Leo. Zwei Dokumente aus den Jahren 1821 und 1836, in: Literaturwissenschaftliches Jahrbuch, N. F., Bd. 11 (1970), S. 121-187.
Rauch, Georg von: Boris von Uexküll und Hegels Rußlandbild, in: Baltische Hefte 4 (1957/58), S. 26-36.
Razvitie russkogo prava vo vtoroj polovine XIX – načale XX veka (Die Entwicklung des russischen Rechts in der zweiten Hälfte des 19. bis zum Beginn des 20. Jahrhunderts), Red.: E. A. Skripilev, Moskva 1997.
Rebro, Karol: Socialistická spoločnosť a rímskoprávna kultúra (Sozialistische Gesellschaft und römische Rechtskultur), Bratislava 1979.
ders.: Società socialista e cultura giuridica romana, in: Index 12 (1983/84), S. 1-82.
Das Recht Sowjetrußlands, in Verbindung mit A. Bogolepow, M. Hanfmann, A. Markow, A. Pilenko und C. Zaitzew herausgegeben von A. Maklezow, N. Timaschew, N. Alexejew und S. Sawadsky, Tübingen 1925.
Redkin, Pëtr Georgievič: Die Heidelberger juristische Fakultät (Sankt Petersburg 1841). Übersetzt und herausgegeben von Willy Birkenmaier, Heidelberg 1993 [= Übersetzung von: Redkin, Pëtr Georgievič, O gejdel'bergskom juridičeskom fakul'tete, in: Juridičeskie zapiski, Sankt Peterburg 1841, S. 277-342].
ders.: Iz lekcij P. G. Redkina po istorii filosofii prava v svjazi s istoriej filosofii voobšče (Aus den Vorlesungen von P. G. Redkin über die Geschichte der Philosophie des Rechts in Verbindung mit der Geschichte der Philosophie im allgemeinen), Bd. 1, S.-Peterburg 1889.
Die Reform der Russischen Universitäten nach dem Gesetz vom 23. August 1884 (anonymer Autor), Leipzig 1886.
Regelsberger, Ferdinand: Pandekten, Bd. 1, Leipzig 1893.
Rehbinder, Manfred: Die Rechtstatsachenforschung im Schnittpunkt von Rechtssoziologie und soziologischer Jurisprudenz, in: JRR 1 (1970), S. 333-359.
ders.: Einleitung des Herausgebers, in: Semën V. Pachman: Über die gegenwärtige Bewegung in der Rechtswissenschaft, neubearbeitet und herausgegeben von Manfred Rehbinder, Berlin 1986, S. 7-10.
Rehm, Gebhard M.: Rechtstransplantate als Instrument der Rechtsreform und -transplantation, in: RabelsZ 72 (2008), S. 1-42.
Reich, Norbert: Kodifikation und Reform des russischen Zivilrechtes im neunzehnten Jahrhundert bis zum Erlaß des Svod Zakonov (1833), in: Ius commune 3 (1970), S. 152-185.
ders.: Sozialismus und Zivilrecht, Frankfurt a. M. 1972.
ders.: Art. Rußland, in: Helmut Coing (Hrsg.), Handbuch der Quellen und Literatur der neueren europäischen Privatrechtsgeschichte III/2, München 1982, S. 2281-2328.

Reichel, Hans: Rechtskraft und ungerechtfertigte Bereicherung, Leipzig 1913.
Reisner, Michail A.: Law, Our Law, Foreign Law, General Law (1925), in: Soviet Legal Philosophy, Cambridge/Mass. 1951, S. 83-109.
Repin, Viktor Sergeevič: Das Notariat Rußlands: Zurück in die Zivilisation, in: Deutsche Notar-Zeitschrift 1994, S. 284-293.
Rivier, Alphonse: Introduction historique au droit romain, nouvelle édition, Bruxelles 1881.
Rjabuchin, A. G. /G. V. Brjanceva: Professora Moskovskogo universiteta (Professoren der Moskauer Universität), 1755-2004, Bd. 1, Moskva 2005.
Robel, Gerd: Russische Reiseberichte über Deutschland und deutsche Reiseberichte über Rußland, in: Eckhard Hübner/Jan Kusber/Peter Nitsche (Hrsg.), Rußland zur Zeit Katharinas II., Absolutismus – Aufklärung – Pragmatismus, Köln u. a. 1998, S. 281-301.
Roggemann, Herwig: Grundzüge und Entwicklung des Zivilrechts der Russischen Föderation – Zum ZGB RF (Erster Teil) von 1994, in: Herwig Roggemann/Wilfried Bergmann (Hrsg.), Zivilgesetzbuch der Russischen Föderation (Erster Teil) von 1994, Berlin 1997, S. 13-38.
Rogron, Joseph-André: Les codes français expliqués par leurs motifs, darin: Code Civil expliqué (mit eigener Paginierung), 3. Aufl., Paris 1847.
Rosenberg, Curt: Das System des russischen Zivilrechts, in: DJZ 1918, Sp. 602-608
Rosenkampf (= Rosenkampff), Gustav von: Antwort auf die im sechsten Hefte des Syn otečestva abgedruckten Bemerkungen über das Buch: Gründzüge (sic) des Russischen Rechts, in: Jahrbuch für Rechtsgelehrte in Rußland, hrsg. von Erdmann Gustav v. Bröcker, Bd. 1 (1822), S. 131-159.
Rosshirt, Konrad Franz: Rezension von: (Speranskij,) Précis des notions historiques sur la formation du corps des lois Russes, Petersbourg 1833 u. a., in: Heidelberger Jahrbücher der Literatur, Jahrg. 28, Neue Folge Jahrg. 2 (1835), S. 401-415.
Rousseau, Jean-Jacques: Du Contrat Social; ou Principes du droit politique, Amsterdam 1762.
Rozenberg, V. V.: Art. Uloženie graždanskoe, in: F. A. Brokgauz/I. A. Efron (Hrsg.), Ėnciklopedičeskij Slovar', Bd. 34 A, S.-Peterburg 1902, S. 692-694.
Rozenbljum, D. S.: Anmerkung zu Kass. 1914, Nr. 40, in: Beilage zum Vestnik Prava, S. 118-119.
Rozental', Iosif Solomonovič: Osnovnye voprosy kritiki istočnikov rimskogo prava (Grundfragen der Quellenkritik des römischen Rechts), Moskva 1948.
Roždestvenskij, Nikolaj Fëdorovič: Rassuždenie o vlijanii greko-rimskogo prava na Rossijskie graždanskie zakony (Erörterung über den Einfluß des griechisch-römischen Rechts auf die russischen bürgerlichen Gesetze), Sanktpeterburg 1843.
Rubanov, Avgust A./Mark M. Boguslavskij: Rezension von: Pereterskij, Digesty Justiniana (1956), in: Vizantijskij Vremennik 13 (1958), S. 286-290.
Rudakov, V. E.: Art. Pravovedenija učilišče Imperatorskoe (Die Kaiserliche Rechtsschule), in: F. A. Brokgauz/I. A. Efron (Hrsg.), Ėnciklopedičeskij Slovar', Bd. 24 A, S.-Peterburg 1898, S. 922-923.

Rudden, Bernard: Review Article: Soviet Civil Law, in: RSL 15 (1989), S. 31-42.

Rudokvas, Anton S.: O prepodavanii rimskogo prava na kursach povyšenija kvalifikacii prepodavatel'ej rimskogo prava pri juridičeskom fakul'tete MGU im. M. L. Lomonosova i v meždunarodnoj škole rimskogo prava pri Varšavskom universitete (Über die Lehre des römischen Rechts in den Kursen zur höheren Qualifikation der Lehrer des römischen Rechts an der Juristischen Fakultät der Moskauer Staatlichen Lomonosov-Universität und an der internationalen Schule des römischen Rechts an der Warschauer Universität), in: Al'manach »Universitetskij istorik« Nr. 2, Sankt-Peterburg 2003, S. 197-203.

ders.: I. A. Pokrovskij i ego »Istorija rimskogo prava« (I. A. Pokrovskij und seine »Geschichte des römischen Rechts) (= Einleitung zum Nachdruck von Pokrovskijs »Istorija«, Moskva 2004) (http://civil.consultant.ru/elib/books/25/page_1.html#1).

ders.: Russian Pandectistics meet Tolstoj (Rezension von: Avenarius, Rezeption des römischen Rechts in Rußland [2004]), in: Rechtsgeschichte 6 (2005), S. 195-197.

ders.: »Labour-ownership« *contra* abstraktes Eigentum: acquisitive prescription in the legal consciousness of the pre-revolutionary Russian peasantry, in: Zoran Pokrovac (Hrsg.), Rechtsprechung in Osteuropa. Studien zum 19. und frühen 20. Jahrhundert, Frankfurt a. M. 2012, S. 455-473.

ders./Aleksei S. Kartsov (= Karcov): Der Rechtsunterricht und die juristische Ausbildung im kaiserlichen Russland, in: Zoran Pokrovac (Hrsg.), Juristenausbildung in Osteuropa bis zum Ersten Weltkrieg, Frankfurt a. M. 2007, S. 273-316.

dies.: The Development of Civil Law Doctrine in Imperial Russia under the Aspect of Legal Transplants (1800-1917), in: Zoran Pokrovac (Hrsg.), Rechtswissenschaft in Osteuropa. Studien zum 19. und frühen 20. Jahrhundert, Frankfurt a. M. 2010, S. 291-333.

Rückert, Joachim: Idealismus, Jurisprudenz und Politik bei Friedrich Carl von Savigny, Ebelsbach 1984.

ders.: Art. Kodifikationsstreit, in: HRG, Bd. 2, 2. Aufl., Berlin 2012, Sp. 1930-1934.

Ružickaja, Irina Vladimirovna: Zakonodatel'naja dejatel'nost' v carstvovanie imperatora Nikolaja I (Die Gesetzgebung in der Herrschaftszeit des Kaisers Nikolaus I.), Moskva 2005.

Rybakov, Vladimir Alekseevič: Recepcija prava: obščeteoretičeskie voprosy (Rezeption von Recht: Allgemein-theoretische Fragen), Omsk 2009.

Rybalov, A. O.: Spory o prirode prav nanimatelja v dorevoljucionnoj rossijskoj civilistike (Der Streit über die Natur der Rechte des Mieters in der vorrevolutionären rußländischen Zivilistik), in: Pravovedenie 2005, Nr. 3, S. 29-38.

Sacco, Rodolfo: Il Sustrato Romanistico del Diritto Civile dei Paesi Socialisti, in: Rivista di Diritto Civile 1969, S. 115-131.

ders.: The Romanist Substratum in the Civil Law of the Socialist Countries, in: RSL 14 (1988), S. 65-86.

ders.: Art. Circolazione e mutazione dei modelli giuridici, in: Digesto delle discipline privatistiche. Sezione Civile, Bd. 2, Torino 1988, Ndr. 1990, S. 365-370.
Sacke, Georg: Die Moskauer Nachschrift der Vorlesungen von Adam Smith, in: Zeitschrift für Nationalökonomie 9 (1939), S. 351-356.
Sadikov, Oleg Nikolaevič (Hrsg.): Soviet Civil Law, Armonk, N.Y. u.a. 1988.
ders.: Das neue Zivilgesetzbuch Rußlands, in: ZEuP 4 (1996), S. 259-272.
ders. (Hrsg.): Kommentarij k Graždanskomu Kodeksu Rossijskoj Federacii (Kommentar zum Bürgerlichen Gesetzbuch der Russischen Föderation), 2. Teil, Moskva 1996.
Said, Edward W.: Orientalism, 1978, Ndr. London 2003.
Salogubova, Elena Vladimirovna: Osnovnye graždanskie processual'nye instituty rimskogo prava (Grundlegende zivilprozessuale Institute des römischen Rechts), Diss. Moskva 1995.
dies.: Ėlementy rimskogo prava v rossijskom sudoproizvodstve X-XVII vv. (Elemente des römischen Rechts in der rußländischen Rechtspflege des 10. bis 17. Jahrhunderts), in: IA 4 (1999), S. 173-179.
dies.: Rimskij graždanskij process (Der römische Zivilprozeß), 2. Auflage, Moskva 2002.
Santucci, Gianni: La scienza gaia e la strana idea del diritto romano non romano, in: Europa e diritto privato 4 (2007), S. 1057-1093.
Sapir, Boris: Dostojewsky und Tolstoj über Probleme des Rechts, Tübingen 1932.
Sas, Diana Valer'evna: Istočniki prava v rimskoj pravovoj tradicii i ich sovremennoe razvitie (Rechtsquellen und römische Rechtstradition und ihre gegenwärtige Entwicklung), Moskva 2007.
Savel'ev, Vjačeslav Aleksandrovič: Dejstvujuščee pravo sobstvennosti i nekotorye složnostrukturnye modeli sobstvennosti (Das geltende Eigentumsrecht und einige Eigentumsmodelle mit zusammengesetzter Struktur), in: GiP 9 (2001), S. 19-23.
Savigny, Friedrich Carl von: Vom Beruf unsrer Zeit für Gesetzgebung und Rechtswissenschaft (1814), in: Hans Hattenhauer (Hrsg.), Thibaut und Savigny. Ihre programmatischen Schriften, 2. Aufl., München 2002, S. 61-127.
ders.: Ueber den Zweck dieser Zeitschrift, in: ZGR 1 (1815), S. 1-17.
ders.: Rezension von: Gönner, Über Gesetzgebung und Rechtswissenschaft in unserer Zeit, in: ZGR 1 (1815), S. 373-423.
ders.: Das Recht des Besitzes. Eine civilistische Abhandlung, 5. Aufl., Stuttgart 1837.
ders.: System des heutigen Römischen Rechts, Bd. 1, Berlin 1840, Bd. 3, Berlin 1840, Bd. 7, Berlin 1848.
ders.: Das Obligationenrecht als Teil des heutigen römischen Rechts, 2 Bde., Berlin 1851 u. 1853, Ndr. Aalen 1987.
ders.: F. C. v. Savigny. Landrechtsvorlesung 1824, hrsg. von Christian Wollschläger, Bd. 1, Frankfurt a. M. 1994; Bd. 2, Frankfurt a. M. 1998.
Schanbacher, Dietmar: Art. Rezeption, juristische, in: Joachim Ritter/Karlfried Gründer (Hrsg.), HWP, Bd. 8, Darmstadt 1992, Sp. 1004-1008.

Scharf, Claus: Katharina II., Deutschland und die Deutschen, Mainz 1995.
Schattenberg, Susanne: Die korrupte Provinz? Russische Beamte im 19. Jahrhundert, Frankfurt a. M., New York 2008.
Scheidegger, Gabriele: Perverses Abendland – barbarisches Russland. Begegnungen des 16. und 17. Jahrhunderts im Schatten kultureller Mißverständnisse, Zürich 1993.
Scherrer, Jutta: Persönlichkeit versus Gesellschaft: Hatten die *Vechi* recht?, in: Christa Ebert (Hrsg.), Individualitätskonzepte in der russischen Kultur, Berlin 2002, S. 199-217.
Schlesinger, Rudolf: Soviet Legal Theory. Its Social Background and Development, London 1945.
ders.: The Family in the U.S.S.R. Documents and Readings, London 1949.
Schlögel, Karl: Berlin: »Stiefmutter unter den russischen Städten«, in: ders. (Hrsg.): Der große Exodus. Die russische Emigration und ihre Zentren 1917-1941, München 1994, S. 234-259.
Schlözer, Kurd von: Petersburger Briefe von Kurd von Schlözer 1857-1862 nebst einem Anhang Briefe aus Berlin-Kopenhagen 1862-1864 und einer Anlage, hrsg. von Leopold von Schlözer, Stuttgart, Berlin 1922.
Schlosser, Hans: Neuere Europäische Rechtsgeschichte. Privat- und Strafrecht vom Mittelalter bis zur Moderne, München 2012.
Schlüchter, Anita: Gabriėl Feliksovič Šeršenevič – eine rechtspositivistische Verteidigung des Rechts und des Rechtsstaates in Rußland, in: Werner Krawietz/Alfred Sproede (Hrsg.), Gewohnheitsrecht – Rechtsprinzipien – Rechtsbewußtsein. Transformationen der Rechtskultur in West- und Osteuropa (= Rechtstheorie 35 [2004] Heft 3/4), S. 563-575.
dies.: Recht und Moral. Argumente und Debatten »zur Verteidigung des Rechts« an der Wende vom 19. zum 20. Jahrhundert in Russland, Zürich 2008.
Schmid, Georg: Fr. A. Wolf, der Philologe, und die Universität Charkow (1807-1808), in: Russische Revue 14 (1879), S. 289-328.
Schmidt, Albert J.: Soviet Civil Law As Legal History: A Chapter or a Footnote? In: George Ginsburgs/Donald D. Berry/William B. Simons (Hrsg.), The Revival of Private Law in Eastern Europe – Essays in Honor of F. J. M. Feldbrugge, Den Haag u. a. 1996, S. 45-62.
Schmidt, Carl Adolf: Die Reception des römischen Rechts in Deutschland, Rostock 1868.
Schmidt, Christoph: Sozialkontrolle in Moskau. Justiz, Kriminalität und Leibeigenschaft 1649-1785, Stuttgart 1996.
ders.: Aufstieg und Fall der Fortschrittsidee in Rußland, in: HZ 263 (1996), S. 1-30.
ders.: Russische Geschichte 1547-1917, München 2003.
Schmidt, Jan Peter: Zivilrechtskodifikation in Brasilien. Strukturfragen und Regelungsprobleme in historisch-vergleichender Perspektive, Tübingen 2009.
Schmidt, Karsten: Jherings Geist in der heutigen Rechtsfortbildung, in: Okko Behrends (Hrsg.), Privatrecht heute und Jherings evolutionäres Rechtsdenken, Köln 1993, S. 77-109.

Schöndorf, Friedrich: Sollen wir slavisches Recht studieren? In: Juristische Wochenschrift 1921, S. 165-166.
dies.: Die Gerichtspraxis in Rußland als Rechtsschöpferin, Leipzig, Berlin 1922.
Schoppmeyer, Heinrich: Juristische Methode als Lebensaufgabe. Leben, Werk und Wirkungsgeschichte Philipp Hecks, Tübingen 2001.
Schroeder, Friedrich Christian: 74 Jahre Sowjetrecht, München 1992.
ders.: Tolstojs »Auferstehung« aus der Sicht des Juristen, in: Ulrich Mölk (Hrsg.), Literatur und Recht. Literarische Rechtsfälle von der Antike bis in die Gegenwart, Göttingen 1996, S. 312-324.
Schroeder, Klaus-Peter: »Eine Universität für Juristen und von Juristen«. Die Heidelberger Juristische Fakultät im 19. und 20. Jahrhundert, Tübingen 2010.
Schubert, Ernst: Walter Schlesinger, 1908-1984, in: Göttinger Gelehrte. Die Akademie der Wissenschaften zu Göttingen in Bildnissen und Würdigungen 1751-2001, hrsg. von Karl Arndt, Gerhard Gottschalk und Rudolf Smend, Bd. 2, Göttingen 2001, S. 664.
Schulting, Anton: Jurisprudentia vetus ante-Justinianea qua continentur [...] Tituli ex corpore Ulpiani XXIX [...] ex recensione et cum notis Antonii Schultingii [...] editio nova [...] Lipsiae 1737; darin: Tituli ex corpore Ulpiani, S. 560-680.
Schultz, Lothar: Russische Rechtsgeschichte, Lahr 1951.
Schwarz, Andreas Bertalan: Einflüsse deutscher Zivilistik im Auslande (1935), in: ders., Rechtsgeschichte und Gegenwart, hrsg. von Hans Thieme und Franz Wieacker, Karlsruhe 1960, S. 26-72.
ders.: Andreas von Tuhr, Zürich 1938.
ders.: Rezeption und Assimilation ausländischer Rechte (1938), in: ders., Rechtsgeschichte und Gegenwart, hrsg. von Hans Thieme und Franz Wieacker, Karlsruhe 1960, S. 149-160.
Sczaniecki, Michał: Powczechna historia państwa i prawa (Allgemeine Geschichte von Staat und Recht), 9. Aufl., Warszawa 2003.
Seeler, Wilhelm von: Der Entwurf des Russischen Zivilgesetzbuches, Berlin 1911.
Seif, Ulrike: Savigny und das internationale Privatrecht des 19. Jahrhunderts, in: RabelsZ 65 (2001), S. 492-512.
Selle, Götz von: Die Georg-August-Universität zu Göttingen 1737-1937, Göttingen 1937.
Semenov, Nikolaj Ju.: Art. Deutschland, in: Norbert Franz (Hrsg.), Lexikon der russischen Kultur, Darmstadt 2002, S. 108-114.
Semënova, A.: K charakteristike Rudol'fa Ieringa, kak učenogo i politika (Po perepiske s druz'jami) (Zur Charakteristik Rudolf v. Jherings als Wissenschaftler und Politiker [auf Grundlage der Korrespondenz mit Freunden]), in: Pravo 1914, Nr. 39, Sp. 2688-2695.
dies.: I. A. Pokrovskij (K 5-letiju so dnja smerti) (I. A. Pokrovskij [zur 5. Wiederkehr seines Todestags]), in: VSJ 1925, Nr. 12, S. 473-475.
Seredonin, S.: Art. Speranskij, graf Michail Michajlovič, in: Russkij Biografičeskij Slovar', Bd. 19, S.-Peterburg 1909, Ndr. New York 1962, S. 193-241i.

Sergeev, A. P./Ju. K. Tolstoj (Red.): Graždanskoe pravo. Učebnik (Bürgerliches Recht. Lehrbuch), Bd. 1, 3. Aufl., Moskva 1998.

Sharlet, Robert: Stalinism and Soviet Legal Culture, in: Robert C. Tucker (Hrsg.), Stalinism. Essays in Historical Interpretation, New York 1977, S. 155-179.

Sichtermann, Hellmut: Kulturgeschichte der klassischen Archäologie, München 1996.

Siimets-Gross, Hesi: Die Lehre des römischen Rechts an der Universität Tartu in den Jahren 1919-1940, in: Jörn Eckert/Kjell Å. Modéer (Hrsg.), Juristische Fakultäten und Juristenausbildung im Ostseeraum, Stockholm 2004, S. 342-365.

dies.: Das »Liv-, Est- und Curländische Privatrecht« (1864/65) und das römische Recht im Baltikum, Tartu 2011.

Silnizki, Michael: Der Geist der russischen Herrschaftstradition. Eine vergleichende Studie zur russischen und abendländischen Herrschaftsverfassung unter besonderer Berücksichtigung der deutschen verfassungshistorischen und rechtsstaatlichen Entwicklungen, Köln u. a. 1991.

ders.: Geschichte des gelehrten Rechts in Rußland. *Jurisprudencija* an den Universitäten des Russischen Reiches 1700-1835, Frankfurt a. M. 1997.

Silvestri, Adriano: The Contrast between Modernization and Tradition: Land Ownership during the Last Decades of the Tsarist Empire, in: Review of Central and East European Law 19 (1993), S. 1-29.

Sinajskaja, Natalija Vasil'evna: Kratkaja biografija professora, doktora prava V. I. Sinajskogo (Kurze Biographie des Professors und Doktors des Rechts V. I. Sinajskij), in: V. I. Sinajskij, Russkoe graždanskoe pravo (Russisches bürgerliches Recht), Teil 1, Kiev 1914/15, Ndr. Moskva 2002, S. 17-21.

Sinajskij, Vasilij Ivanovič: Neobchodimo li nam spešit' s izdaniem graždanskogo uloženija i možem li my sozdat' ego v nastojaščee vremja? (Müssen wir uns beeilen, ein Bürgerliches Gesetzbuch herauszugeben, und können wir es in der heutigen Zeit schaffen?), Varšava 1911.

ders.: Pamjati professora E. V. Passeka. Doklad, pročitannyj v zasedanii juridičeskogo obščestva pri universitete Sv. Vladimira, 13 oktjabrja 1912 g. (Zum Gedenken an Professor E. V. Passek. Vortrag, gehalten in der Sitzung der Juristischen Gesellschaft an der Universität des heiligen Vladimir am 13. Oktober 1912), in: Pravo 1912, Nr. 44, Sp. 2343-2347.

ders.: Russkoe graždanskoe pravo (Russisches bürgerliches Recht), Teil 1, Kiev 1914/15, Ndr. Moskva 2002.

Sinel, Allen A.: The Classroom and the Chancellery: State Educational Reform in Russia under Count Dmitry Tolstoj, Cambridge/Mass. 1973.

ders.: The Socialization of the Russian Bureaucratic Elite, 1811-1917: Life at the Tsarskoe Selo Lyceum and the School of Jurisprudence, in: Russian History 3 (1976), S. 1-31.

Sinjukov, Vladimir Nikolaevič: Rossijskaja pravovaja sistema. Vvedenie v obščuju teoriju (Das rußländische Rechtssystem. Einführung in die allgemeine Theorie), Saratov 1994.

Skripilev, Evgenij Alekseevič: Rezension von: Földi/Czuczai, Bibliographia selecta, in: SGiP 1991, Nr. 1, S. 149-151.
ders.: Slovo »notarius« – latinskogo proischoždenija (Das Wort »notarius« ist lateinischen Ursprungs), in: Rossijskaja Justicija 2003, Heft 5, S. 12-14.
Sládek, Zdenek: Prag: Das »russische Oxford«, in: Karl Schlögel (Hrsg.), Der große Exodus. Die russische Emigration und ihre Zentren 1917-1941, München 1994, S. 218-233.
Sliozberg, Genrich B.: Rimskoe pravo i praktičeskie zanjatija v juridičeskich fakul'tetach, in: ŽGiUP 1892, Nr. 2, S. 36-79.
Slonimskij, L.: K voprosu o novom graždanskom kodekse (Zur Frage des neuen Bürgerlichen Gesetzbuchs), in: Vestnik Evropy 1883, S. 781-797.
ders.: Novoe graždanskoe uloženie (Das neue Bürgerliche Gesetzbuch), in: Vestnik Evropy 1900, S. 248-264.
Slyščenkov, Vladimir Aleksandrovič: Proekt Graždanskogo uloženija 1905 g. i ego mesto v istorii russkogo prava (Der Entwurf eines Bürgerlichen Gesetzbuchs von 1905 und sein Ort in der Geschichte des russischen Rechts), Moskva 2003.
ders. (Slystschenkow): Der Entwurf eines russischen Zivilgesetzbuchs von 1905. Einflüsse westeuropäischer Rechtstraditionen, in: ZNR 27 (2005), S. 189-201.
ders.: Dogovor kupli-prodaži i perechod prava sobstvennosti: sravnitel'no-pravovoe issledovanie (Kaufvertrag und Übergang des Eigentumsrechts. Eine rechtsvergleichende Untersuchung), Moskva 2011.
Smirnov, S.: Odin iz pitomcev Speranskogo (Einer der Zöglinge Speranskijs), in: RV 1866, S. 312-341.
Smith, Gordon B.: Reforming the Russian Legal System, Cambridge 1996.
Smoljarčuk, Vasilij Ivanovič: L. N. Tolstoj o prave i juridičeskoj nauke (L. N. Tolstoj über das Recht und die Rechtswissenschaft), in: SGiP 1978, Nr. 9, S. 88-96.
Soboleva, Nadežda Aleksandrovna: O ratifikacii russko-vizantijskich dogovorov X v. (Über die Ratifikation der russisch-byzantinischen Verträge des 10. Jahrhunderts), in: IA 10 (2002), S. 158-173.
Sobtschak, Anatoli (= Anatolij Aleksandrovič Sobčak): Für ein neues Rußland! Das politische Bekenntnis des Bürgermeisters von Leningrad, Bergisch Gladbach 1991.
Sohm, Rudolf: Die deutsche Rechtsentwickelung und die Codificationsfrage, in: GrünhutsZ 1 (1874), S. 245-280.
ders.: Institutionen des römischen Rechts, 2. Aufl., Leipzig 1886.
ders. (Zom, Rudol'f): Institut rimskogo prava (Die Einrichtung des römischen Rechts), Moskva 1888.
ders. (Zom): Institucii. Istorija i sistema rimskogo graždanskogo prava (Institutionen. Geschichte und System des römischen bürgerlichen Rechts), Sankt-Peterburg 1908/10 und 1916.
Sokolowski, Paul von (Pavel Sokolovskij): Recepcija rimskogo graždanskogo prava u sovremennych narodov i ego prjamoe značenie dlja Rossii (Die Rezeption des römischen bürgerlichen Rechts bei den heutigen Völkern und seine eigentliche Bedeutung für Rußland), in: UI 1891, Nr. 10, S. 1-10.

ders.: Deutschland von draußen gesehen: Baltikum/Rußland, Berlin 1934.
ders.: Lebenserinnerungen, in: Baltische Hefte 4 (1957/58), S. 228-235.
Sokol'skij, V. V.: Očerk istorii nauki i literatury rimskogo prava v rannij period srednich vekov po novejšim izsledovanijam (Studie über die Geschichte der Wissenschaft und Literatur des römischen Rechts in der frühen Periode des Mittelalters nach neuesten Forschungen), in: ŽMNP 1891, Nr. 2, S. 273-325.
Soldat, Cornelia: Art. Moskau, Drittes Rom, in: Norbert Franz (Hrsg), Lexikon der russischen Kultur, Darmstadt 2002, S. 300-303.
Solotych, Stefanie: Das Zivilgesetzbuch der Russischen Föderation – Erster Teil –, Baden-Baden 1996.
dies.: Das neue russische ZGB aus rechtsvergleichender Sicht, in: Friedrich Ch. Schroeder (Hrsg.), Die neuen Kodifikationen in Rußland, Berlin 1997, S. 27-38.
Soloviev, Alexander V.: Der Einfluß des Byzantinischen Rechts auf die Völker Osteuropas, in: SavZRG (Rom. Abt.) 76 (1959), S. 432-479.
Sontis, Johannes: Das griechische Zivilgesetzbuch im Rahmen der Privatrechtsgeschichte der Neuzeit, in: SavZRG (Rom. Abt.) 78 (1961), S. 355-385.
Sozomenos: Ermeiou Sōzomenou Ekklesiastikē Istoria, in: J. P. Migne (Hrsg.), Patrologia Graeca, Bd. 67, Paris 1859, Sp. 843-1630.
Sójka-Zielińska, Katarzyna: Historia Prawa (Geschichte des Rechts), 7. Aufl., Warszawa 1998.
Spengler, Oswald: Der Untergang des Abendlandes, 12. Aufl., München 1995.
Speranskij, Michail M.: Obozrenie istoričeskich svedenij o Svode zakonov (Bericht betreffend die historischen Mitteilungen über den Svod Zakonov), Sankt Peterburg 1833, auch abgedruckt in M. M. Speranskij, Rukovodstvo (s. u.), S. 126-175
ders. (anonym): Précis des notions historiques sur la formation du corps des lois Russes, Saint-Petersbourg 1833 (= Übersetzung von Obozrenie [...]).
ders. (anonym): Geschichtliche Einleitung in das Corpus juris des russischen Reichs, Riga, Dorpat 1833 (= Übersetzung von Obozrenie [...]).
ders.: O zakonach. Besedy grafa M. M. Speranskogo s Ego Imperatorskim Vysočestvom Gosudarem Naslednikom Cesarevičem Velikim Knjazem Aleksandrom Nikolaevičem, s 12 Oktjabrja 1835 po 10 Aprelia 1837 goda (Über die Gesetze. Vorträge des Grafen M. M. Speranskij vor Seiner Kaiserlichen Hoheit dem Erben, Carevič und Großfürsten Aleksandr Nikolaevič, vom 12. Oktober 1835 bis zum 10. April 1837), in: Sbornik Imperatorskogo Russkogo Istoričeskogo Obščestva, Sankt-Peterburg u. a. 30 (1880), S. 323-491.
ders.: O sisteme zakonov voobšče (Über das System der Gesetze im allgemeinen), in: Archiv istoričeskich i praktičeskich svedenij, otnocjaščichsja do Rossii, izdavaemyj Nikolaem Kalačovym, Buch 1, S.-Peterburg 1858, S. 3-8.
ders.: Proekty i zapiski (Entwürfe und Aufzeichnungen), Red.: S. N. Valk, Moskva u. a. 1961.
ders.: Rukovodstvo k poznaniju zakonov (Leitfaden zur Kenntnis der Gesetze), hrsg. von I. D. Osipov, Sankt-Peterburg 2002.

ders.: Juridičeskie proizvedenija (Juristische Werke), hrsg. von V. A. Tomsinov, Moskva 2008.

Sproede, Alfred: »Rechtsbewußtsein« (*pravosoznanie*) als Argument und Problem russischer Theorie und Philosophie des Rechts, in: Werner Krawietz/Alfred Sproede (Hrsg.), Gewohnheitsrecht – Rechtsprinzipien – Rechtsbewußtsein. Transformationen der Rechtskultur in West- und Osteuropa (= Rechtstheorie 35 [2004] Heft 3/4), S. 437-506.

Stadelbauer, Jörg: Alexander von Humboldt und Rußland, in: Dittmar Dahlmann/Wilfried Potthoff (Hrsg.), Deutschland und Rußland. Aspekte kultureller und wissenschaftlicher Beziehungen im 19. und frühen 20. Jahrhundert, Wiesbaden 2004, S. 29-58.

ders.: Kategorien des Räumlichen. Alexander von Humboldts Rußlandreise, in: Osteuropa 3 (2005), S. 70-80.

Starodubcev, Grigorij Serafimovič: Meždunarodno-pravovaja nauka rossijskoj ėmigracii (1918-1939) (Die internationalrechtliche Wissenschaft der russischen Emigration [1918-1939]), Moskva 2000.

Starr, S. Frederick: Decentralization and Self-Government in Russia, 1830-1870, Princeton 1972.

Steffen, Ruth (Hrsg.): Leben in Griechenland 1834 bis 1835. Bettina Schinas, geb. von Savigny. Briefe und Berichte an ihre Eltern in Berlin, Münster 2002.

Stegherr, Marc: Rusinisch, in: Miloš Okuka (Hrsg.), Lexikon der Sprachen des europäischen Ostens, Klagenfurt 2002, S. 399-408.

Stein, Peter: Legal Evolution, The Story of an Idea, Cambridge u. a. 1980.

Steinke, Dimitri: Die Zivilrechtsordnungen des Baltikums unter dem Einfluss ausländischer, insbesondere deutscher Rechtsquellen, Osnabrück 2009.

Stepanov, Sergej Arkad'evič: O tradicijach i netradicijach russkogo graždanskogo prava (Über Traditionen und Nicht-Traditionen im russischen bürgerlichen Recht), in: Universitet'ski naukovi zapysky 2007, Nr. 2 (22), S. 106-112.

Sternik, Isaak B.: V. I. Lenin – Jurist. Juridičeskaja dejatel'nost' V. I. Ul'janova (Lenina) (V. I. Lenin als Jurist. Das juristische Werk des V. I. Ul'janov [Lenin]), Taškent 1969.

Stieda, Wilhelm: Deutsche Gelehrte als Professoren an der Universität Moskau, Leipzig 1930.

Stintzing, Roderich von: Anton Friedrich Justus Thibaut, in: Badische Biographieen, hrsg. von Friedrich v. Weech, 2. Theil, Heidelberg 1875, S. 345-347.

ders./Ernst Landsberg: Geschichte der Deutschen Rechtswissenschaft, 3. Abteilung, 2. Halbbd., München, Berlin 1910.

Stobbe, Otto: Handbuch des Deutschen Privatrechts, Bd. 2, 2. Aufl., Berlin 1883.

Stöckhardt, Heinrich Robert (Stoeckhardt): De iuris Iustinianei in generis humani cultum insigni merito orationem, quae inest, ad memoriam Pandectarum et Institutionem Iustiniani ante hos mille et trecentos annos pleno valore munitarum pie recolendam, D. XXX. M. Decembr. A. MDCCCXXXIII in Primario Professorum Seminario, quod Petropoli floret, habuit commentarioque auxit D. Henricus Robertus Stoeckhardt, Petropoli 1834.

ders. (G. R. Štĕkgardt): O važnosti vlijania Justinianova prava na obrazovanie čelovečestva (Die Wichtigkeit des Einflusses des justinianischen Rechts für die Bildung der Menschheit), in: ŽMNP, 1834, S. 377-408 (Übersetzung der vorgenannten Arbeit).
ders. (Stoeckhardt): Allgemeine juristische Fundamentallehre. Zugleich als erste Lieferung eines Lehrbuches der juristischen Einleitungswissenschaften, insbesondere für Russland, Sankt Petersburg 1837.
ders. (Stoeckhardt): Rezension von: Krylow (= Krylov), Ob istoričeskom značenii rimskogo prava (1838), in: Kritische Jahrbücher für deutsche Rechtswissenschaft, hrsg. von A. L. Richter und R. Schneider, 4 (1840), Bd. 7, S. 75-76.
ders. (Stoeckhardt): Rezension von: Maroschkin (= Moroškin), O vladenii, po načalam Rossijskogo zakonodatel'stva, in: Kritische Jahrbücher für deutsche Rechtswissenschaft, hrsg. von A. L. Richter und R. Schneider, 4 (1840), Bd. 7, S. 76-77.
ders. (Stoeckhardt): Historisch-statistische Beschreibung der Kaiserlichen Rechtsschule zu St. Petersburg, in: Kritische Jahrbücher für deutsche Rechtswissenschaft, hrsg. von A. L. Richter und R. Schneider, 4 (1840), Bd. 8, S. 659-663.
ders. (Stoeckhardt): Uebersicht der neuesten rechtswissenschaftlichen Leistungen in Russland, in: Kritische Jahrbücher für deutsche Rechtswissenschaft, begr. von Ae. L. Richter, fortg. von R. Schneider, 6 (1842), Bd. 11, S. 91-94.
ders. (Stoeckhardt): Juristische Mittheilungen aus Russland, in: Kritische Jahrbücher für deutsche Rechtswissenschaft, begr. von Ae. L. Richter, fortg. von R. Schneider, 9 (1845), Bd. 17, S. 572-574.
Stoletie Kievskogo Universiteta Sv. Vladimira (Hundert Jahre Kiever Universität des Heiligen Vladimir). Izdanie Komiteta Kievskich professorov v Ljubljane, Ljubljana 1935.
Stoll, Adolf: Friedrich Karl v. Savigny, Bd. 2: Professorenjahre in Berlin 1810-1842, Berlin 1929, Bd. 3: Ministerzeit und letzte Lebensjahre 1842-1861, Berlin 1939.
Stolleis, Michael: Geschichte des öffentlichen Rechts in Deutschland, Bd. 1, 1600-1800, München 1988.
ders.: Römisches Recht und die Entstehung des modernen Staates, in: Akademie-Journal 2002, 2, S. 53-57.
Stoyanoff-Odoy, Martina: Die Großfürstin Helene von Rußland und August Freiherr von Haxthausen. Zwei konservative Reformer im Zeitalter der russischen Bauernbefreiung, Wiesbaden 1991.
Strada, Vittorio: EuroRussia. Letteratura e cultura da Pietro il Grande alla rivoluzione, Roma, Bari 2005.
Strahl, Philipp: Geschichte des russischen Staates, Bd. 1: Von den ältesten Zeiten bis zum Einbruche der Tataren 1224, Hamburg 1832.
Strauch, Dieter (Hrsg.): Deutsche Juristen im Vormärz. Briefe von Savigny, Hugo, Thibaut und anderen an Egid von Löhr, Köln u. a. 1999.
Stravinsky, Vera/Robert Craft: Stravinsky in Pictures and Documents, London 1979.

Strawinsky, Igor: Leben und Werk – Von ihm selbst. Erinnerungen, Musikalische Poetik, Antworten auf 35 Fragen, Mainz 1957.

Strawinsky. Sein Nachlaß. Sein Bild. (Ausstellungskatalog) Kunstmuseum Basel, 6. Juni bis 9. September 1984, Basel 1984.

Stučka, Petr I. (= Pēteris Stučka): Die revolutionäre Rolle von Recht und Staat (1924). Übersetzung und Einleitung von Norbert Reich, Frankfurt a. M. 1969.

ders.: Art. Rimskoe pravo (Römisches Recht), in: Ėnciklopedija Gosudarstva i Prava, Moskva 1925/26, Bd. 3, Sp. 741-753.

ders.: 13 let bor'by za revoljucionno-marksistskuju teoriju prava. Sbornik statej 1917-1930 (13 Jahre des Kampfes für die revolutionär-marxistische Rechtstheorie. Aufsatzsammlung 1917-1930), Moskva 1931.

ders.: Izbrannye proizvedenija po marksistsko-leninskoj teorii prava (Ausgewählte Werke zur marxistisch-leninistischen Rechtstheorie), Riga 1964.

Sturm, Fritz: Savigny und das internationale Privatrecht seiner Zeit, in: Ius Commune 8 (1979), S. 92-109.

ders.: Brennpunkte einer Ellipse: Savigny und Jhering, in: Drei Vorträge zum Privatrecht. Vorträge, gehalten bei einer von der Rechtswissenschaftlichen Fakultät der Universität Graz am 17. November 2000 anläßlich der Emeritierung von Herrn Univ. Professor Dr. Gunter Wesener veranstalteten Feier, Graz 2001, S. 30-54.

Suchanov, Evgenij A.: Predislovie (Vorwort), in: G. F. Šeršenevič, Učebnik russkogo graždanskogo prava, 6. Aufl., 1907, Ndr. Moskva 1995, S. 6-8.

ders.: Ausgewählte Probleme der Entwicklung des Privatrechts und der Kodifizierung des Zivilrechts im heutigen Russland, in: ZEuP 9 (2001), S. 555-562.

ders.: (Hrsg.): Graždanskoe pravo (Bürgerliches Recht), Bd. 1, 2. Aufl., Moskva 1998, Bd. 2, Halbbd. 1, Moskva 2002.

ders./V. S. Em: Professor Moskovskogo universiteta Veniamin Petrovič Gribanov (1921-1990) (kratkij očerk žizni i dejatel'nosti) (Der Professor der Moskauer Universität V. P. G. [Kurze Studie zu Leben und Werk]), in: V. P. Gribanov, Osuščestvlenie i zaščita graždanskich prav, 2. nachgedr. Aufl., Moskva 2001, S. 3-18.

Suchanov, Evgenij A./Leonid L. Kofanov: O roli izučenija i prepodavanija rimskogo prava v Rossii (Über die Rolle der Erforschung und Lehre des römischen Rechts in Rußland), in: IA 1 (1996), S. 1-16.

dies.: O proekte izučenija prepodavanija rimskogo prava v Rossii v 1945-1996 gg. (Über das Projekt der Erforschung der Lehre des römischen Rechts in Rußland von 1945 bis 1996), in: IA 2 (1997), S. 122-130.

dies.: Vlijanie rimskogo prava na novyj graždanskij kodeks Rossijskoj Federacii (Der Einfluß des römischen Rechts auf das neue Bürgerliche Gesetzbuch der Russischen Föderation), in: IA 4 (1999), S. 7-20.

dies.: Informacija o dejatel'nosti Centra izučenija rimskogo prava (Information über die Tätigkeit des Zentrums für die Erforschung des römischen Rechts), in: IA 5 (1999), S. 210-214.

Suckow, Christian: Alexander von Humboldt und Rußland, in: Ottmar Ette (Hrsg.), Aufbruch in die Moderne, Berlin 2001, S. 247-264.

Süß, Werner: Heinrich Dernburg – ein Spätpandektist im Kaiserreich. Leben und Werk, Ebelsbach 1991.

Svatikov, Sergej Grigor'evič: Russische Studenten in Heidelberg. Unveröffentlichte Texte von S. G. Svatikov, hrsg. von Elfriede Wischhöfer, Heidelberg 1997.

Symeonides, Symeon C.: An Introduction to »The Romanist Tradition in Louisiana«: One Day in the Life of Louisiana Law, in: Louisiana Law Review 56 (1995), S. 249-255.

Šala, Lilija Volodymyrivna: Recepcija ryms'kogo prava v Ukrajini: doktrynal'nyj riven' (Rezeption des römischen Rechts in der Ukraine: die Ebene der Doktrin), in: Naukovyj visnyk L'vivs'kogo deržavnogo universytetu vnutrišnich sprav 1 (2010), S. 25-30.

Ščapov, Ja. N.: Rimskoe pravo na Rusi do XVI v. (Novye aspekty problemy) (Römisches Recht in Rußland bis zum 16. Jahrhundert [Neue Aspekte des Problems]), in: V. L. Janin (Red.), Feodalizm v Rossii, Moskva 1987, S. 211-219.

Ščegolev, A. V.: Bibliografija russkoj literatury po rimskomu pravu s 1860 po 1996 gg. (Bibliographie russischer Literatur zum römischen Recht von 1860 bis 1996), IA 2 (1997), S. 136-161.

Šeftel', Ja.: Podležat' li sroki iskovoj davnosti izmeneniju po vole dogovarivajuščichsja storon? (Unterliegen die Fristen der Klageverjährung einer Abänderung nach dem Willen der vertragsschließenden Parteien?), in: Pravo 1912, Sp. 842-853.

Šelochaev, V. V.: Art. Muromcev, Sergej Andreevič, in: Bol'šaja Sovetskaja Ėnciklopedija, Bd. 17, Moskva 1974, Sp. 367-368.

Šemšučenko, Ju. S./R. A. Kaljužnyj: Recenzija na učebnik V. N. Jakovleva »Drevnerimskoe i sovremennoe graždanskoe pravo Rossii«. Recepcija prava. V 2 častjach (Rezension des Lehrbuchs von V. N. Jakovlev »Altrömisches und heutiges bürgerliches Recht Rußlands«. Rezeption von Recht. In 2 Teilen), in: Vestnik Udmurtskogo Universiteta 2002, Nr. 6, S. 285-286.

Šeršenevič, Gabriėl Feliksovič (= Szerszeniewicz, Gabriel): K voprosu o suščnosti graždanskogo prava (Zur Frage nach dem Wesen des bürgerlichen Rechts), in: ŽGiUP 1893, S. 1-21.

ders.: Nauka graždanskogo prava v Rossii (Die Wissenschaft des bürgerlichen Rechts in Rußland) (1893), Auszug in: K. P. Pobedonoscev, Kurs graždanskogo prava, Bd. 1, Moskva 2002, S. 65-75.

ders.: Učebnik russkogo graždanskogo prava (Lehrbuch des russischen bürgerlichen Rechts), 6. Aufl., 1907, Ndr. Moskva 1995.

ders.: Opravdanie prava (Die Rechtfertigung des Rechts), in: Voprosy filosofii i psichologii 22, B. 107 (1911), S. 111-125.

Šilochvost, Oleg Jur'evič: Russkie civilisty seredina XVIII – načalo XX v. (Russische Zivilrechtler von der Mitte des 18. bis zum 20. Jahrhundert), Moskva 2005.

Šil'der, Nikolaj Karlovič: (Hrsg.), Imperator Nikolaj Pervyj. Ego žizn' i carstvovanie (Kaiser Nikolaus I.. Sein Leben und seine Herrschaft), Bd. 2, S.-Peterburg 1903.

Širokorad, Leonid Dmitrievič: Deutsche Einflüsse auf die russische Wirtschaftswissenschaft im Kontext der russischen Bildungspolitik im 18. und frühen 19. Jahrhundert, in: Heinz Rieter/Leonid D. Širokorad/Joachim Zweynert (Hrsg.), Deutsche und russische Ökonomen im Dialog. Wissenschaftstransfer in historischer Perspektive, Marburg 2005, S. 11-46.

Šklovskij, Viktor: Lev Tolstoj, Moskva 1967.

Tal', Lev Semënovič: Anmerkung zu Kass. 1914, Nr. 29, in: Beilage zum Vestnik Prava 1914, S. 86-87.

Taranovskij, Fëdor Vasil'evič: Ėnciklopedija prava (Enzyklopädie des Rechts), 2. Auflage, Berlin 1923.

Tarchov, Viktor Alekseevič: Rimskoe častnoe pravo (Römisches Privatrecht), Čerkessk 1994.

Tarikanov, Dmitrij Viktorovič: Juridičeskaja ličnost' kommerčeskich organizacij v graždanskom prave Rossii (Die Rechtspersönlichkeit von Organisationsformen des Handels im bürgerlichen Recht Rußlands), Moskva 2006.

Taylor, Pauline B.: Roman Influences in Russian Wills, in: American Journal of Comparative Law 16 (1968), S. 430-437.

Teslja, Andrej Aleksandrovič: Istočniki graždanskogo prava Rossijskoj imperii XIX – načala XX veka (Quellen des bürgerlichen Rechts des Rußländischen Reichs im 19. bis zum Beginn des 20. Jahrhunderts), Chabarovsk 2005.

Tëri, Ėdmon (= Edmond Théry): Rossija v 1914 g. Ėkonomičeskij obzor (frz: La Transformation économique de la Russie, Paris 1914), Paris 1986.

Thieme, Hans: Das Naturrecht und die Europäische Privatrechtsgeschichte, 2. Aufl., Basel 1954.

ders.: Savigny und das Deutsche Recht, in: SavZRG (Germ. Abt.) 80 (1963), S. 1-26.

ders.: Die deutsche Historische Rechtsschule Savignys und ihre ausländischen Jünger (1968), in: ders., Ideengeschichte und Rechtsgeschichte, Bd. 2, Köln u. a. 1986, S. 1095-1105.

ders.: Kontinuität – Diskontinuität in der Sicht der Rechtsgeschichte, in: Hans Trümpy (Hrsg.), Kontinuität – Diskontinuität in den Geisteswissenschaften, Darmstadt 1973, S. 150.

Thiergen, Peter: Begriffsgeschichte: Traditionen, Probleme, Desiderat, in: ders. (Hrsg.), Russische Begriffsgeschichte der Neuzeit. Beiträge zu einem Forschungsdesiderat, Köln u. a. 2006, S. XIII-XXIX.

Tiktin, N. I.: Vizantijskoe pravo, kak istočnik uloženija 1648 goda i novoukaznych statej (Das byzantinische Recht als Quelle des Gesetzbuchs von 1648 und neu erlassener Bestimmungen), Odessa 1898.

Tille, Anatolij Aleksandrovič: Socialističeskoe sravnitel'noe pravovedenie (Sozialistische vergleichende Rechtswissenschaft), Moskva 1975.

ders.: Die Kodifikation des russischen Zivilrechts und die praktische Rechtsvergleichung, in: Osteuroparecht 35 (1989), S. 1-11.

Timasheff (= Timašev), Nikolaj S.: Petrazhitsky's Philosophy of Law, in: P. Sayre (Hrsg.), Interpretations of Modern Legal Philosophies. Essays in Honor of Roscoe Pound, Oxford 1947, S. 736-750.

Timošina, Elena Vladimirovna: »Ja vižu jasno put' i istinu …« (»Ich sehe klar den Weg und die Wahrheit …«), in: K. P. Pobedonoscev, Kurs graždanskogo prava, Bd. 1, Moskva 2002, S. 7-49.

dies.: Konservativnye osobennosti civilističeskoj koncepcii K. P. Pobedonosceva (Konservative Merkmale des zivilistischen Konzepts bei K. P. Pobedonoscev), in: K. P. Pobedonoscev, Kurs graždanskogo prava, Bd. 1, Moskva 2002, S. 50-64.

Tjutrjumov, Igor M.: Graždanskoe Pravo (Bürgerliches Recht), Jur'ev 1922.

Tkačenko, Sergej Vital'evič: Problemy opredelenija soderžanija rimskogo prava: istoričeskij i civilističeskij podchod (Probleme der Bestimmung des Gehalts des römischen Rechts: historische und zivilistische Herangehensweise), Samara 2002.

ders.: Pravovye reformy v Rossii: problemy recepcii zapadnogo prava (Rechtsreformen in Rußland: Probleme der Rezeption des westlichen Rechts), Samara 2008.

ders.: »Rimskoe pravo« v Rossii (»Römisches Recht« in Rußland), Moskva 2009.

Tolstoj, Lev N.: Dnevnik (Tagebuch) 1847-1854, in: Tolstoj, Polnoe Sobranie Sočinenij, Bd. 46, Moskva 1937, S. 3-242.

ders. (Leo N. Tolstoi): Ueber das Recht. Briefwechsel mit einem Juristen. Erste vollständige autorisierte Ausgabe, übersetzt von Albert Skarvan, mit Vorwort herausgegeben von Eugen H. Schmitt, Heidelberg, Leipzig 1910.

ders.: Pis'mo studentu o prave (Brief an einen Studenten über das Recht), in: Tolstoj, Polnoe Sobranie Sočinenij, Bd. 38, Moskva 1936, S. 54-61.

L. N. Tolstoj v vospominanijach sovremennikov (L. N. Tolstoj in den Erinnerungen der Zeitgenossen), Bd. 1, 2. Aufl., Moskva 1960, überarbeitete Ausgabe Moskva 1978.

Tomkins, Frederick J./Henry D. Jencken: A Compendium of the Modern Roman Law, Founded upon the Treatises of Puchta, von Vangerow, Arndts, Franz Moehler, and the Corpus Juris Civilis, London 1870.

Tomsinov, Vladimir Alekseevič: Sergej Ivanovič Baršev, in: Vestnik Moskovskogo Universiteta 1996, S. 35-43.

ders.: Značenie rimskogo prava v obščestvennoj žizni zapadnoj evropy XI–XIII vv. (Die Bedeutung des römischen Rechts für das gesellschaftliche Leben Westeuropas im 11.-13. Jahrhundert), in: IA 2 (1997), S. 112-119.

ders.: Ėnciklopedija russkoj juridičeskoj mysli: Rossijskie pravovedy XVIII – načala XX vv. (Enzyklopädie des russischen juristischen Denkens: Rußländische Rechtsgelehrte des 18. bis 20. Jahrhunderts), Teil 2, in: Zercalo 2 (1997), S. 5-66, Teil 3, in: Zercalo 3 (1998), S. 5-47.

ders.: O suščnosti javlenija, nazyvaemogo recepciej rimskogo prava (Über das Wesen der Erscheinung, die als Rezeption des römischen Rechts bezeichnet wird). Doklad, sledannyj na Lomonosovskich čtenijach 23 aprelja 1998 g., in: Vestnik Moskovskogo Universiteta, Serija 11, Pravo, 1998, Nr. 4, S. 3-17.

ders.: Recepcija rimskogo prava v zapadnoj evrope v srednie veka: postanovka problemy (Die Rezeption des römischen Rechts in Westeuropa im Mittelalter: die Problemstellung), in: IA 3 (1998), S. 169-175.

ders.: Rezension von: Čistjakov/Novickaja (Hrsg.), Zakonodatel'stvo Ekateriny II (Die Gesetzgebung Katharinas II.), in: Vestnik Moskovskogo Universiteta, Serija 11, Pravo, 2001, Nr. 4, S. 133-136.

ders.: Juridičeskij fakul'tet Moskovskogo universiteta vo vtoroj polovine XVIII v. (Die Juristische Fakultät der Moskauer Universität in der zweiten Hälfte des 18. Jahrhunderts), in: Vestnik Moskovskogo Universiteta, Serija 11, Pravo, 2004, Nr. 6, S. 3-26.

ders.: Pervye russkie professora juridičeskogo fakul'teta Moskovskogo universiteta: S. E. Desnickij i I. A. Tret'jakov (Die ersten russischen Professoren an der Juristischen Fakultät der Moskauer Universität: S. E. Desnickij und I. A. Tret'jakov), in: Vestnik Moskovskogo Universiteta, Serija 11, Pravo, 2004, Nr. 6, S. 27-50.

ders.: Speranskij, Moskva 2006.

ders.: Rossijskie Pravovedy XVIII–XX vekov: Očerki žizni i tvorčestva (Rußländische Rechtsgelehrte des 18. bis 20. Jahrhunderts. Studien zu Leben und Werk), Bd. 1, Moskva 2007.

ders.: Juridičeskoe obrazovanie i jurisprudencija v Rossii v XVIII stoletii (Juristische Bildung und Jurisprudenz in Rußland im 18. Jahrhundert), Moskva 2010.

ders. (Red.): Istorija juridičeskogo fakul'teta Moskovskogo Universiteta (1755-2010) (Geschichte der Juristischen Fakultät der Moskauer Universität [1755-2010]), 2. Aufl., Moskva 2011.

ders.: Juridičeskoe obrazovanie i jurisprudencija v Rossii v ėpochu »velikich reform« (60-e – načalo 80-x gg. XIX. v.) (Juristische Bildung und Jurisprudenz in Rußland in der Epoche der »Großen Reformen« [60er – Beginn der 80er Jahre des 19. Jhdts.]), Moskva 2013.

ders.: Istorija russkoj jurisprudencii X-XVII veka (Geschichte der russischen Jurisprudenz im 10.-17. Jahrhundert), Moskva 2014.

Topornin, Boris Nikolaevič: Verwissenschaftlichung in der russischen Juristenausbildung – Die Akademische Rechtsuniversität Moskau, in: Rechtstheorie 34 (2003), S. 291-298.

Torke, Hans-Joachim: Das russische Beamtentum in der ersten Hälfte des 19. Jahrhunderts, in: FOG 13 (1967), S. 7-345.

ders.: Einführung in die Geschichte Rußlands, München 1997.

ders. (Hrsg.): Die russischen Zaren 1547-1917, 2. Aufl., München 1999.

Trepicyn, I. N.: Priobretenie dvižimostej v sobstvennost' ot lic, ne imejuščich prava na ich otčuždenie (Der Erwerb beweglicher Sachen zu Eigentum von Personen, welche nicht die Rechte zu ihrer Veräußerung haben), Varšava 1907.

Tretiakow, Joannes (= Tret'jakov, Ivan A.): Disputatio Juridica, ad Tit. 4. Lib. II. Pand. De in jus vocando, Glasguae 1766.

Treu, Georg (Hrsg.): Carl und Felicie Bernstein. Erinnerungen ihrer Freunde, Dresden 1914.

Triantaphyllopulos, Kōnstantinos D.: Sēmeiōma peri tōn ellēnikōn en Rumania kōdikopoiēseōn, in: Ju. Zepos/Pan. Zepos (Hrsg.), Jus Graecoromanum, Bd. 8: Codex Civilis Moldaviae, Athinai 1931, S. IX-XVI.

ders.: Ē Hexabiblos tu Armenopulu kai ē nomikē skepsis en Thessalonikē, kata ton dekaton tetarton aiōna, in: Etaireia Makedonikōn Spoudōn Idryma Meletōn Chersonēsu tu Aimu 34, Thessalonikē (1960) = (ders., Apanta, Tomos B 2, Athēna 2009, S. 923-956).

Tribus, M.: O servitutach po germanskomu proektu (Über die Servituten nach dem deutschen Entwurf), in: ŽGiUP 1892, Nr. 3, Zametki, S. 1-19.

Trōianos, Spyros N.: Hoi pēges tu Byzantinu dikaiu, Athēna, Komotēnē 1999.

Troyat, Henri: Tolstoi oder Die Flucht in die Wahrheit, 1. Aufl., Wien, Düsseldorf 1966.

Trudeau, Richard: Die geometrische Revolution. Aus dem Amerikanischen von Christof Menzel, Basel u. a. 1998.

Tschaadajew (= Čaadaev), Peter: Apologie eines Wahnsinnigen. Geschichtsphilosophische Schriften, Leipzig 1992.

Tschižewskij, Dmitrij: Das heilige Rußland. Russische Geistesgeschichte I, 10.-17. Jahrhundert, Hamburg 1959.

ders.: Rußland zwischen Ost und West. Russische Geistesgeschichte II, 18.-20. Jahrhundert, Reinbek 1961.

Tuhr, Andreas von: Das Recht Sowjetrußlands, in: DJZ 1925, S. 76.

Tujkina, Ju. R.: Istoričeskoe sootnošenie rossijskogo graždanskogo zakonodatel'stva XVIII-XIX i Kodeksa Napoleona 1804 goda (Das historische Verhältnis zwischen der rußländischen bürgerlichen Gesetzgebung des 18. und 19. Jahrhunderts und dem Code Napoléon von 1804) (Autoreferat), Ufa 2002 (http://law.edu.ru/book/book.asp?bookID=108025).

Tuzov, Daniil Olegovič: Olimpiad Solomonovič Ioffe (1920-2005), in: Civilističeskie issledovanija 2 (2006), S. 678-681.

ders.: Teorija nedejstvitel'nosti sdelok: opyt rossijskogo prava v kontekste evropejskoj pravovoj tradicii (Die Theorie der Unwirksamkeit von Rechtsgeschäften: Die Erfahrung des rußländischen Rechts im Kontext der europäischen Rechtstradition), Moskva 2007.

ders.: Il problema dell'acquisto di buona fede *a non domino* nel diritto civile russo, in: Fides Humanitas Ius. Studii in onore di Luigi Labruna, hrsg. von Cosimo Cascione und Carla Masi Doria, Bd. 8, Napoli 2007, S. 5681-5704.

ders.: Concetti e terminologie romani nella edizione russa dei »Digesta« di Giustiniano, in: Index 36 (2008), S. 79-95 (entspricht der russischen Fassung: Ponjatija i terminologija rimskogo prava v russkom izdanii digest Justiniana, in: Zeszyty Prawnicze 7.2 (2007), S. 263-295).

Tyrkova-Williams, Ariadna: Na putjach k svobode (Auf den Wegen zur Freiheit), New York 1952.

Übersicht der neueren rechtsphilosophischen Literatur in Russland, in: C. A. Emge/Fr. Raab (Hrsg.), Philosophie und Recht 2 (1922/23), S. 111-125.

Uffelmann, Dirk: οἰκονομία – ikonomija/ėkonimija/ėkonomika. Die doppelte Geschichte des Ökonomiebegriffs in Rußland zwischen Wirtschaftstheorie und Kirchenrecht und einige literarisch-kulturelle Weiterungen, in: Peter

Thiergen (Hrsg.), Russische Begriffsgeschichte der Neuzeit. Beiträge zu einem Forschungsdesiderat, Köln u. a. 2006, S. 477-515.

Uruszczak, Wacław: Art. Hube, Romuald von, in: Michael Stolleis (Hrsg.), Juristen. Ein biographisches Lexikon, München 1995, S. 297.

Utechin, Sergej Vasil'evič: Russian Political Thought. A Concise History, New York u. a. 1963.

Vajnštejn, Osip L'vovič: Istoriografija srednich vekov v svjazi s razvitiem istoričeskoj mysli ot načala srednich vekov do našich dnej (Die Historiographie des Mittelalters im Zusammenhang mit der Entwicklung des historischen Denkens vom Beginn des Mittelalters bis zu unseren Tagen), Moskva u. a. 1940.

Val'denberg, V.: Slavjanstvo i Rossija v Universitete (Slaventum und Rußland an der Universität), in: Slavjanskie izvestija 1913 Nr. 30/31, S. 474-475.

Val'ter, F. A.: O položenii rabot po sostavleniju Graždanskogo Uloženija (Über den Stand der Arbeiten an der Ausarbeitung des Bürgerlichen Gesetzbuches) (Vortragszusammenfassung durch M. Vinaver), in: ŽMJu 5 (1908), S. 293-305.

Vandermeersch, Peter A.: Die Universitätslehrer, in: Geschichte der Universität in Europa, hrsg. von Walter Rüegg, Bd. 2: Von der Reformation zur Französischen Revolution (1500-1800), München 1996, S. 181-212.

Vangerow, Karl Adolph von: Lehrbuch der Pandekten, 6. Aufl., Bd. 1, Marburg 1851, Bd. 2, Marburg 1854, Bd. 3, Marburg 1856.

Vano, Cristina: Der Gaius der Historischen Rechtsschule, Frankfurt a. M. 2008.

Varfolomeev, V. V.: Istoričeskie aspekty instituta sudebnoj zaščity graždanskich prav (Historische Aspekte der Einrichtung des gerichtlichen Schutzes bürgerlicher Rechte), in: Jurist 5 (2005), S. 53.

Vasiliev (= Vasil'ev), Aleksandr Aleksandrovič: Justin the First. An Introduction to the Epoch of Justinian the Great, Cambridge/Mass. 1950.

Vasil'ev, Aleksandr Aleksandrovič: Rukovodstvo k zaščite graždanskogo iska (Leitfaden zum Schutz der bürgerlichen Klage), S.-Peterburg 1913.

Vasil'ev, Anton Aleksandrovič: Očerki istorii russkoj konservativnoj pravovoj mysli v XIX v. (slavjanofil'stvo i počvenničestvo) (Studien zur Geschichte des russischen konservativen Rechtsdenkens im 19. Jahrhundert [Slavophilie und Bodenständigkeits-Bewegung]), Moskva 2011.

Vas'kovskij, Evgenij Vladimirovič (= Eugeniusz Waśkowski): Učebnik graždanskogo prava (Lehrbuch des Bürgerlichen Rechts), 2 Bde., S.-Peterburg 1894 u. 1896, Ndr. Moskva 2003.

ders.: Rezension von: Pergament, Dogovornaja neustojka, ŽMJu 1899 (September), S. 141-156.

(Vas'kovskij:) Doktorskij disput v Kazanskom Universitete (Doktordisputation an der Kazan'er Universität), in: Pravo 1901, Sp. 2024-2026.

ders.: Rukovodstvo k tolkovaniju i primeneniju zakonov. Dlja načinajuščich juristov (Leitfaden zur Auslegung und Anwendung der Gesetze. Für juristische Anfänger), Moskva 1913.

ders.: Pravotvorčeskaja dejatel'nost' novych sudov v sfere processa i prava graždanskogo (Die rechtsschöpferische Tätigkeit der neuen Gerichte im Bereich des Prozesses und des bürgerlichen Rechts), in: Sudebnye ustavy 20 nojabrja 1864 g. za pjatdesjat let, Bd. 2, Petrograd 1914, S. 375-395.
Vechi. Sbornik statej o russkoj intelligencii (Wegmarken. Sammlung von Abhandlungen über die russische Intelligenz), Moskva 1909.
Vechi. Wegzeichen. Zur Krise der russischen Intelligenz, eingeleitet und aus dem Russischen übersetzt von Karl Schlögel, Frankfurt a. M. 1990.
Vernadskij, Georgij V.: Očerk istorii prava Russkogo Gosudarstva XVIII-XIX vv. (Abriß der Geschichte des Rechts des russischen Staates im 18. bis 19. Jahrhundert), Praga 1924.
ders. (George Vernadsky): Medieval Russian Laws, New York 1947.
Vinaver, Aleksandr Markovič: Proekt objazatel'stvennogo prava i pandektnaja sistema buduščego russkogo graždanskogo uloženija (Der Entwurf des Schuldrechts und das Pandektensystem des künftigen russischen bürgerlichen Gesetzbuchs), in: VP 1914, S. 65-68.
ders.: Kuplja-prodaža i mena (Kauf und Tausch), Moskva 1924.
Vinaver, Maksim Moiseevič: K voprosu ob istočnikach X toma Svoda Zakonov (Zur Frage nach den Quellen des 10. Bandes des Svod Zakonov), in: ŽMJu 1894/95, Nr. 10, S. 1-68.
ders.: K voprosu ob istočnikach X toma Svoda Zakonov (Zapiska Speranskago) (Zur Frage nach den Quellen des 10. Bandes des Svod Zakonov [Speranskijs Aufzeichnungen]), in: ŽMJu 1897, Nr. 6, S. 87-102.
ders.: Obščaja čast' učenija ob objazatel'stvach v proekte uloženija (Der Allgemeine Teil der Lehre von den Schuldverhältnissen im Entwurf eines Gesetzbuches), in: ŽMJu 1901, Nr. 4, S. 91-125.
Vinogradov, Pavel Gavrilovič: Rimskoe pravo v srednevekovoj Evrope (Römisches Recht im mittelalterlichen Europa), Moskau 1910.
Vipper, Robert Jur'evič: Prosvetitel'nyj vek Rimskoj imperii (Das Jahrhundert der Aufklärung des Römischen Reiches), in: Vestnik Drevnej Istorii 1947, S. 45-59.
Višlenkova, E. A./S. Ju. Malyševa/A. A. Sal'nikova: Terra Universitatis. Dva veka universitetskoj kul'tury v Kazani (Zwei Jahrhunderte der Universitätskultur in Kazan'), Kazan' 2005.
Vladimirskij-Budanov, Michail Flegontovič: Obzor istorii russkogo prava (Überblick über die Geschichte des russischen Rechts) (1886), Ndr. Rostov-na-Donu 1995.
ders. (Wladjimjirski-Budanoff): Geschichte des russischen Rechts. Rechtsquellen, in: ZVglRWiss 14 (1900), S. 219-293.
Vlasova, A. V.: Struktura subektivnogo graždanskogo prava (Die Struktur des subjektiven bürgerlichen Rechts), Jaroslavl' 1998.
Vlasova, M. V.: Pravo sobstvennosti i social'naja spravedlivost' v processe razvitija rossijskoj gosudarstvennosti (Eigentumsrecht und soziale Gerechtigkeit im Prozeß der Entwicklung der rußländischen Staatlichkeit), in: Istorija gosudarstva i prava 2002, Nr. 1, S. 51-58.

Vodkin, Michail Jur'evič: Problemy recepcii rimskogo prava sobstvennosti v evropejskich kodifikacijach XIX-XX vv. (Probleme der Rezeption des römischen Eigentumsrechts in europäischen Kodifikationen des 19. bis 20. Jahrhunderts), Samara 2007.

Völkl, Ekkehard: Die Rechtsentwicklung in Rußland und der Sowjetunion, in: Entstehung und Wandel rechtlicher Traditionen, hrsg. von Wolfgang Fikentscher, Herbert Franke und Oskar Köhler, Freiburg, München 1980, S. 729-754.

Voigt, Gerd: Rußland in der deutschen Geschichtsschreibung 1843-1945, Berlin 1994.

Voltaire: Dictionnaire philosophique, in: Œuvres complètes de Voltaire, ed. Hachette, Bd. 18, Paris 1876.

Vorms, A. Ė.: Anmerkung zu Kass. 1914, Nr. 61, in: Beilage zum Vestnik Prava 1914, S. 205-207.

Waddington, Patrick: Turgenev and England, Wellington/New Zealand 1980.

Wächter, Carl Georg von: Pandekten, Bd. 1: Allgemeiner Teil, Leipzig 1880; Bd. 2: Besonderer Theil, Leipzig 1881.

Wagner, Herbert: Einflüsse antiken und byzantinischen Rechts in Rußland vom Mittelalter bis zur Aufklärung, in: Sodalitas. Scritti in Onore di Antonio Guarino, Bd. 8, Napoli 1984, S. 4003-4018.

Wagner, William G.: Legislative Reform of Inheritance in Russia, 1861-1914, in: William E. Butler (Hrsg.), Russian Law: Historical and Political Perspectives, Leyden 1977, S. 143-178.

ders.: The Civil Cassation Department of the Senate as an Instrument of Progressive Reform in Post-Emancipation Russia: The Case of Property and Inheritance Law, in: Slavic Review 42 (1983), S. 36-59.

ders.: Marriage, Property, and Law in Late Imperial Russia, Oxford 1994.

Waldstein, Wolfgang: Rezension von: Behrends u. a., Corpus Iuris Civilis, in: SavZRG 112 (1995), S. 461-462.

ders./J. Michael Rainer: Römische Rechtsgeschichte, 10. Aufl., München 2005.

Walicki, Andrzej: Legal Philosophies of Russian Liberalism, Oxford u. a. 1967, Ndr. Notre Dame u. a. 1992.

ders.: A History of Russian Thought from the Enlightenment to Marxism, Oxford 1980.

Wallerstein, Immanuel: Die Barbarei der anderen. Europäischer Universalismus, 2. Aufl., Berlin 2010.

Watson, Alan: Legal Transplants. An Approach to Comparative Law, 2. Aufl., Athens u. a. 1993.

Weber, Friedrich Christian: Das Veränderte Rußland, In welchem die ietzige Verfassung Des Geist- und Weltlichen Regiments; Der Krieges-Staat zu Lande und zu Wasser; Wahre Zustand der Rußischen Finantzen; die geöffneten Berg-Wercke, die eingeführte Academien, Künste, Manufacturen, ergangene Verordnungen [...] vorgestellet werden, Franckfurth 1721.

Weber, Max: Der Nationalstaat und die Volkswirtschaftspolitik (1895), in: Max Weber Gesamtausgabe, Abt. 1, Bd. 4, 2. Halbbd., Tübingen 1993, S. 543-574.

ders.: Zur Lage der bürgerlichen Demokratie in Rußland (1906), in: Max Weber Gesamtausgabe, Abt. 1, Bd. 10, Tübingen 1989, S. 86-279.

ders.: Rußlands Übergang zum Scheinkonstitutionalismus (1906), in: Max Weber Gesamtausgabe, Abt. 1, Bd. 10, Tübingen 1989, S. 293-684.

ders.: Parlament und Regierung im neugeordneten Deutschland (1918), in: Max Weber. Gesamtausgabe, Abt. 1, Bd. 15, Tübingen 1984, S. 437-596.

ders.: Gesammelte Aufsätze zur Soziologie und Sozialpolitik, hrsg. von Marianne Weber (1924), 2. Aufl., Tübingen 1988.

Wehler, Hans-Ulrich: Deutsche Gesellschaftsgeschichte, Bd. 1: Vom Feudalismus des Alten Reiches bis zur defensiven Modernisierung der Reformära 1700-1815, 4. Aufl., München 2007; Bd. 2: Von der Reformära bis zu industriellen und politischen Deutschen Doppelrevolution 1815-1845/49, 4. Aufl., München 2005.

Weickhardt, George G.: Pre-Petrine and Western Law: The Influence of Roman and Canon Law, in: Harvard Ukrainian Studies 19 (1995), S. 756-783.

Weill, Claudie: Étudiants russes en Allemagne 1900-1914, Paris, Montréal 1996.

Weishaupt, Arnd: Die lex Voconia, Köln u.a. 1999.

Wellenkamp, Dieter: Silberrubel für Rußland. Georg Cancrin, in: Alois Mertes/Hans D. Mittorp/Dieter Wellenkamp, Drei Deutsche in Rußland, Darmstadt 1983, S. 79-98.

Welter, Gustave: Histoire de Russie depuis les origines jusqu'à 1945, Paris 1946.

Wende, Peter: Das britische Empire. 2. Aufl., München 2009.

Wenger, Leopold: Zum Zivilrecht Sowjetrußlands, in: ARWP 20 (1926/27), S. 3-56.

ders.: Der heutige Stand der römischen Rechtswissenschaft. Erreichtes und Erstrebtes, München 1927.

Werner, Johannes (Hrsg.): Maxe von Arnim. Tochter Bettinas / Gräfin von Oriola 1818-1894, Leipzig 1937.

Wesenberg, Gerhard/Gunter Wesener: Neuere deutsche Privatrechtsgeschichte, 4. Auflage, Wien, Köln 1985.

Whisenhunt, William B.: In Search of Legality. Mikhail M. Speranskii and the Codification of Russian Law, New York 2001.

Wieacker, Franz: Wandlungen der Eigentumsverfassung, Hamburg 1935.

ders.: Einflüsse des Humanismus auf die Rezeption, in: Zeitschrift für die gesamte Staatswissenschaft 100 (1940), S. 423-456

ders.: Das römische Recht und das deutsche Rechtsbewußtsein, Leipzig 1944.

ders.: Ratio scripta. Das römische Recht und die abendländische Rechtswissenschaft, in: Vom römischen Recht, Leipzig 1944, S. 195-284.

ders.: Griechische Wurzeln des Institutionensystems, in: SavZRG (Rom. Abt.) 70 (1953), S. 93-126.

ders.: Über »Aktualisierung« der Ausbildung im römischen Recht, in: L'Europa e il Diritto Romano. Studi in memoria di Paolo Koschaker, Bd. 1, Milano 1954, S. 513-541.

ders.: Gründer und Bewahrer. Rechtslehrer der neueren deutschen Privatrechtsgeschichte, Göttingen 1959.

ders.: Europa und das römische Recht. Verborgenheit und Fortdauer, in: Romanitas 3 (1961), S. 68-85.
ders.: Eclipse et permanence du droit romain, in: Congrès du Centre d'Études Supérieures de la Renaissance de Tours, Paris 1963, S. 59-72.
ders.: Der gegenwärtige Stand der Disziplin der neueren Privatrechtsgeschichte (1963), in: ders., Ausgewählte Schriften, Bd. 1: Methodik der Rechtsgeschichte, hrsg. von Dieter Simon, Frankfurt a. M. 1983, S. 62-83.
ders.: Privatrechtsgeschichte der Neuzeit, 2. Auflage, Göttingen 1967.
ders.: Zum heutigen Stand der Rezeptionsforschung, in: Erich Fries (Hrsg.), Festschrift für Joseph Klein zum 70. Geburtstag, Göttingen 1967, S. 181-201.
ders.: Die Bedeutung des römischen Rechts für die Rechtsausbildung in der Gegenwart, in: Romanitas 1971, S. 201-219.
ders.: Voraussetzungen europäischer Rechtskultur, Göttingen 1985.
ders.: Konstituentien der okzidentalen Rechtskultur, in: Okko Behrends/Malte Dießelhorst/Wulf Eckart Voß (Hrsg.), Römisches Recht in der europäischen Tradition, Ebelsbach 1985, S. 355-364.
Wilda: Anzeige von: (Speranskij), Geschichtliche Einleitung in das Corpus Juris des russischen Reichs, in: ALZ 1836, Nr. 80, Sp. 17-24.
Wilhelmy, Petra: Der Berliner Salon im 19. Jahrhundert (1780-1914), Diss. Münster 1987, Berlin, New York 1989.
dies. s. v. Dollinger.
Windscheid, Bernhard: Lehrbuch des Pandektenrechts, 3 Bde., 9. Aufl., bearb. von Theodor Kipp, Frankfurt a. M. 1906.
ders. (Vindšejd): Učebnik pandektnogo prava, tom 1: Obščaja časť, perevod s nemeckogo, pod redakcieju S. V. Pachmana (Lehrbuch des Pandektenrechts, Bd. 1: Allgemeiner Teil, Übersetzung aus dem Deutschen unter der Redaktion von S. V. Pachman), S.-Peterburg 1874.
Winkler, Heinrich August: Geschichte des Westens. Von den Anfängen in der Antike bis zum 20. Jahrhundert, 2. Aufl., München 2010.
Wischhöfer, Elfriede: Ein zweischneidiges Schwert. Anmerkungen zur politischen Bedeutung des Auslandsstudiums für das zaristische Rußland, in: Svatikov, Sergej Grigor'evič: Russische Studenten in Heidelberg. Unveröffentlichte Texte von S. G. Svatikov, hrsg. von Elfriede Wischhöfer, Heidelberg 1997, S. 81-90.
Woldemar, C. (Bearb.): Zur Geschichte und Statistik der Gelehrten- und Schulanstalten des Kaiserlich Russischen Ministeriums der Volksaufklärung, 1. Ausgabe, Sankt Petersburg 1865.
Wolff, Larry: Inventing Eastern Europe. The Map of Civilization on the Mind of the Enlightenment, Stanford 1994.
Wollschläger, Christian: Praktische Theorie. Die Landrechtsvorlesung in Savignys wissenschaftlichem Programm, in: F. C. v. Savigny, Landrechtsvorlesung 1824, herausgegeben von Christian Wollschläger, 1. Halbbd., Frankfurt a. M. 1994, S. XXIII-XLV.

Wołodkiewicz, Witold: The Continuity of Roman Law in the Systems of the Civil Law in Socialist Countries, in: Estudios en homenaje al Profesor Juan Iglesias, Bd. 2, Madrid 1988, S. 1091-1106.
ders.: Il diritto romano ed i regimi autoritari, in: Witold Wołodkiewicz/Maria Zabłocka (Hrsg.), Le droit romain et le monde contemporain. Mélanges à la mémoire de Henryk Kupiszewski, Varsovie 1996, S. 259-266.
ders.: Czy prawo rzymskie przestało istnieć? (Hat das römische Recht aufgehört zu bestehen?), in: Palestra 1997, S. 70-74.
ders.: Il diritto romano e la cultura giuridica d'oggi, in: IA 3 (1998), S. 156-168.
ders.: Czy prawo rzymskie przestało istnieć?, Kraków 2003.
ders.: Regulae Iuris. Łacińskie inskrypcje na kolumnach Sądu Najwyższego Rzeczypospolitej Polskiej (Regulae Iuris. Lateinische Inschriften auf den Säulen des Obersten Gerichtshofs der Polnischen Republik), 3. Aufl., Warszawa 2011.
ders./Maria Zabłocka: Prawo rzymskie. Instytucje (Römisches Recht. Institutionen), 5. Aufl., Warszawa 2009.
Wortman, Richard S.: The Development of a Russian Legal Consciousness, London 1976.
Wüstemann, Karl: Des Antecessor Theophilus Paraphrase der Institutionen Iustinian's, Bd. 1, Berlin 1823.
X (anonymer Verfasser): Das römische Recht in Rußland, in: Rudolf Leonhard (Hrsg.), Stimmen des Auslands über die Zukunft der Rechtswissenschaft, Breslau 1906, S. 72-77.
Yavetz, Zvi: Caesar in der öffentlichen Meinung, Düsseldorf 1979.
Zachariä v. Lingenthal, Karl Eduard: Geschichte des griechisch-römischen Rechts, 3. Aufl., Berlin 1892.
Zagorovskij, Aleksandr Ivanovič: O prepodavanii i izučenii graždanskogo prava, v svjazi s nekotorymi drugimi, sjuda otnosjaščimisja, voprosami (Über Unterricht und Studium des bürgerlichen Rechts, in Verbindung mit einigen anderen sich hierauf beziehenden Fragen), in: ŽMNP 1899, Nr. 12, S. 132-152; ŽMNP 1900, Nr. 3, S. 17-37; Nr. 4, S. 85-116; Nr. 5, S. 39-50; Nr. 6, S. 61-108; Nr. 7, S. 1-22.
Zajtay, Imre: La permanence des concepts du droit romain dans les systèmes juridiques continentaux, in: Revue internationale de droit comparé 18 (1966), S. 353-363.
Zamečanija o nedostatkach dejstvujuščich graždanskich zakonov. Izdanie o redakcionnoj kommisii po sostavleniju proekta Graždanskogo Uloženija (Bemerkungen über Fehler der geltenden bürgerlichen Gesetze. Ausgabe der Redaktionskommission zur Erarbeitung des Entwurfs eines Bürgerlichen Gesetzbuches), S.-Peterburg 1891.
Zarubin, Nikolaj Nikolaevič: Biblioteka Ivana Groznogo (Die Bibliothek Ivans des Schrecklichen), Leningrad 1982.
Zasedanie sezda russkich juristov v Moskve 6 ijunja 1875 goda (Sitzung der Versammlung russischer Juristen in Moskau vom 6. Juni 1875), in: JV 1876, Nr. 2, S. 1-21.

Zavadskij, Aleksandr Vladimirovič: K učeniju o tolkovanii graždanskich zakonov. Novejšie tečenija po ėtomu voprosu v nemeckoj literature (škola svobodnogo prava) (Zur Lehre von der Auslegung bürgerlicher Gesetze. Die neuesten Strömungen in dieser Frage in der deutschen Literatur [Die Schule des Freirechts]), izdanie posmertnoe pod redakciej A. Simolina, Kazan' 1916.

Zieliński, Marcin: Der Transfer juristischen Gedankenguts innerhalb Europas am Beispiel der Versuche der Modernisierung des Zivilrechts im ausgehenden Zarenreich, Hamburg 2007.

ders.: Ograniczenia Polaków w nabywaniu majątków ziemskich w carskiej Rosji po powstaniu styczniowym (Beschränkungen gegenüber Polen beim Erwerb von Grundvermögen im russischen Reich nach dem Januaraufstand), in: Palestra 2008, S. 140-149.

ders.: Gabriel Szerszeniewicz (1863-1912) – jego życie i pogląd na kwestię poszanowania prawa. W związku ze stuleciem śmierci (– sein Leben und Standpunkt in der Frage des Respekts vor dem Recht. Im Zusammenhang mit dem hundertsten Todestag), in: Palestra 2012, S. 234-242.

ders.: Rosyjskie seminarium prawa rzymskiego przy Berlińskim uniwersytecie i jego Polscy uczestnicy (Das Russische Seminar für römisches Recht an der Berliner Universität und seine polnischen Mitglieder), in: Zeszyty Prawnicze 12.1 (2012), S. 113-128.

Zigel', F.: Ob učenoj dejatel'nosti R. M. Gube (Über die wissenschaftliche Tätigkeit R. M. Hubes), in: ŽMNP 1891, Nr. 276, S. 86-124.

Zimeleva, Marija V.: Reč' pamjati Iosifa Alekseeviča Pokrovskogo (Gedenkrede für Iosif Alekseevič Pokrovskij), abgedruckt in: Iosif Pokrovskij, Osnovnye problemy graždanskogo prava (1917), Ndr. Moskva 2003, S. 320-326.

Zimmermann, Judith E.: Midpassage. Alexander Herzen and European Revolution 1847-1852, Pittsburgh 1989.

Zimmermann, Reinhard: Römisches Recht und europäische Kultur, in: Iole Fargnoli/Stefan Rebenich (Hrsg.), Das Vermächtnis der Römer. Römisches Recht und Europa, Bern 2012, S. 47-93.

Zipunnikova, Natal'ja Nikolaevna: Pravovoe regulirovanie naučnych stažirovok v Rossijskoj Imperii (k charakteristike gosudarstvennoj politiki v oblasti obrazovanija i nauki). Legal Regulation of Scientific Training in the Russian Empire (The Characteristic of the State Policy in the Sphere of Education and Science), in: Vestnik Omskogo Universiteta. Serija »Pravo« 2010, Nr. 3 (24), S. 17-29.

dies.: Pravovoe regulirovanie ispytanij v universitetskich komissijach (iz istorii rossijskoj obrazovatel'noj politiki konca XIX-načala XX v.) (Die rechtliche Regelung der Prüfungen vor den universitären Kommissionen [Aus der Geschichte der rußländischen Bildungspolitik vom Ende des 19. bis zum Anfang des 20. Jahrhunderts]), in: Vestnik Udmurtskogo Universiteta. Ėkonomika i Pravo 2012 Nr. 1, S. 98-104.

Zoll, Fryderyk: Das »Ostrecht« aus polnischer Perspektive unter besonderer Berücksichtigung der russischen Rechtsordnung, in: Kazimierz Lankosz/Peter-

Christian Müller-Graff/Udo Fink (Hrsg.), Osteuropäische Nachbarschaft der Europäischen Union, Baden-Baden 2009, S. 35-39.

Zweigert, Konrad/Hein Kötz: Einführung in die Rechtsvergleichung, 2. Auflage, Bd. 1, Tübingen 1984 (hier grundsätzlich zitiert); 3. Aufl., Tübingen 1996.

Żołnierczuk, Mieczysław: Zarys prawa rzymskiego (Grundriß des römischen Rechts), Lublin 1995.

Židkov, O. A.: Art. »Rimskoe Pravo«, in: Bol'šaja Sovetskaja Ėnciklopedija, 3. Aufl., Bd. 22, Moskva 1975, Sp. 350-351.

Žurkin, Vitalij Vladimirovič: Predislovie Instituta Evropy RAN (Vorwort des Europa-Instituts der Rußländischen Akademie der Wissenschaften), in: Ėrik Anners, Istorija evropejskogo prava (Geschichte des europäischen Rechts), Moskva 1996, S. 5-8.

275 let Sankt-Peterburgskij Gosudarstvennyj Universitet. Letopis' 1724-1999 (275 Jahre Sankt Petersburger Staatliche Universität. Chronik 1724-1999), Sankt-Peterburg 1999.

Verzeichnis unveröffentlichter Materialien

A Series of Ten Lectures on Modern Theories of Law (Ankündigung einer Vorlesungsreihe) (Herder-Institut Marburg, DSHI 100/Meyendorff 5/4).

Acta der Königl. Friedrich-Wilhelms-Universität zu Berlin betreffend: Special-Curse für Russen behufs Vorbereitung für Professuren des römischen Rechts, von 1887 bis (freigeblieben), Juristische Fakultät. Littr. K. No. 9, Vol. I. (Universitätsarchiv der Humboldt-Universität zu Berlin, Juristische Fakultät Nr. 41; zit.: Acta Nr. 41).

Acta betreffend das russische Institut, Vol. I (Universitätsarchiv der Humboldt-Universität zu Berlin, Juristische Fakultät Nr. 60; zit.: Acta Nr. 60).

Acta betreffend das russische Institut, Vol. II (Universitätsarchiv der Humboldt-Universität zu Berlin, Juristische Fakultät Nr. 61; zit.: Acta Nr. 61).

Bernstein, Carl: Brief vom 27. April 1878 an Alfred Pernice (UB Münster, Nachlaß Pernice 1.008).

Bethmann-Hollweg, Moritz August von: Brief an Friedrich Carl von Savigny vom 29. August 1826 (Abschrift), in: Konvolut »Abschriften der Briefe des Großvaters Bethmann-Hollweg an Savigny 1817-56 nebst einigen Briefen Bethmann Hollwegs aus späterer Zeit an den Sohn Savigny« (Universität Bonn, Institut für Deutsche und Rheinische Rechtsgeschichte, Nachlaß Bethmann-Hollweg, K5 $350/2^{K}$).

Bloch, Aleksandr Jul'evič (»Alexander Block«): Briefe an Alexander Meyendorff, 1943-1952 (Herder-Institut Marburg, DSHI 100/Meyendorff 100).

Dernburg, Heinrich: Glückwunschschreiben anläßlich der fünfzigjährigen akademischen Lehrtätigkeit vom Demidovschen Juristischen Lyceum, Jaroslavl', 2. (15.) April 1905, unterzeichnet u. a. von Frese und Bobin (Nachlaß Dernburg im Archiv der Humboldt-Universität Berlin).

ders.: Glückwunschschreiben der juristischen Fakultät der kaiserlichen Universität Moskau zum 50. Jahrestage der akademischen Wirksamkeit (Nachlaß Dernburg im Archiv der Humboldt-Universität Berlin).
Heyne, Christian Gottlob: Handschriftliche Notiz betreffend die Ernennung von Elias von Timkowsky zum korrespondierenden Mitglied der königlichen Gesellschaft der Wissenschaften zu Göttingen (Archiv der Akademie der Wissenschaften zu Göttingen, Signatur PERS 20, Blatt 247).
Hugo, Gustav: Ernennung zum Korrespondenten der Gesetzgebungskommission, Diplom vom 31. Mai 1805 (UB Göttingen gr. 2° Cod. Ms. Hist. Lit. 20).
ders.: Brief an Georg Arnold Heise »Carlsruhe 20 Sept. S[...?]« [Jahr ungeklärt, aber wahrscheinlich 1808] (UB Heidelberg, Hs. 2128).
ders.: Ernennung zum Ehrenmitglied der Universität Kazan', Diplom vom 7. Januar 1817 (UB Göttingen gr. 2° Cod. Ms. Hist. Lit. 20).
ders.: Promotionsrede auf Wacław A. Maciejowski vom 19. September 1818, in: ders., Promotionsreden (UB Göttingen, Cod. Ms. hist. lit. 109), Bl. 80-87.
ders.: Ernennung zum Ehrenmitglied der Universität Wilna, Diplom vom 20. Februar 1822 (UB Göttingen gr. 2° Cod. Ms. Hist. Lit. 20).
ders.: Ernennung zum Ehrenmitglied der Universität Sankt Petersburg, Diplom vom 5. Mai 1830 (UB Göttingen 2° Cod. Ms. Hist. Lit. 20a).
(Jhering:) Hörerlisten betreffend R. v. Jherings Pandekten-Praktikum (UB Göttingen, Cod. Ms. R. v. Jhering, Kasten 7:3).
Meiners, Christoph: Brief an Michail Nikitič Murav'ev vom 26. Juli 1807, in: Meiners, Christoph: Correspondenz, betr. Die Vocationen verschiedener Gelehrten an russische Universitäten. 1803-1809 (UB Göttingen Cod. Ms. Meiners 41), Bl. 300-301.
ders.: Nahmen der Candidaten, die für Rußland empfohlen worden sind, in: Meiners, Christoph: Correspondenz, betr. Die Vocationen verschiedener Gelehrten an russische Universitäten. 1803-1809 (UB Göttingen Cod. Ms. Meiners 41), Bl. 332-333.
Meyendorff, Alexander: Notiz über Petrażycki, auf: J. Finkelkraut – Towarzystwo imenia Leona Petrażyckiego –, Brief an Alexander Meyendorff, Warszawa, 9. März 1939 (Herder-Institut Marburg, DSHI 100/Meyendorff 64).
ders.: Brief an Alexander Carr-Saunders, Paignton, 31. Mai 1948 (Herder-Institut Marburg, DSHI 100/Meyendorff 5/19).
Rosenkampff, Gustav von: Brief an Gustav Hugo, St. Petersburg am 12. April 1805 (UB Göttingen gr. 2° Cod. Ms. Hist. Lit. 20).
Rudorff, Adolf A. F.: Ulpians Fragmente erklärt von Prof. Rudorff. Berlin im Sommersemester 1833. G. Waitz stud. jur. aus Hamburg. 2 Stunden wöchentlich (Staatsbibliothek zu Berlin. Preußischer Kulturbesitz, Ms. germ. quart. 1076,12).
Savigny, Friedrich Carl von: Brief an August Boeckh vom 19. August 1837 (UB Heidelberg, Hs. 2130).
Schweikart, Ferdinand Karl: Brief an Georg A. Heise vom 14. Dezember 1816 (UB Heidelberg, Hs. 2128).

Sokolowski, Paul von: Brief an Friedrich Panzer vom 12. März 1923 (UB Heidelberg, Hs. 3824).

Steltzer, Christian: Brief an Christoph Meiners vom 1. (13.) Juli 1806, in: Meiners, Christoph: Correspondenz, betr. die Vocationen verschiedener Gelehrten an russische Universitäten. 1803-1809 (UB Göttingen Cod. Ms. Meiners 41), Bl. 272-273.

Tuhr, Nikolai von: Brief an Lorenz von Stein vom 8. (20.) Juni 1882 (Schleswig-Holsteinische Landesbibliothek Kiel, Cb 102.4.02:05).

Vangerow, Karl A. von: Institutionen des römischen Rechts. Vorgetragen von Geh. Hofrath v. Vangerow. Im Sommer-Semester 1847. Ludwig Benz Stud. cam. (UB Heidelberg, Hs. 1410).

ders.: Pandecten Erste Hälfte (Allgemeine Lehren, Familien- und dingliche Rechte) von K. v. Vangerow Winter-Semester 1867/68 (16/10 67-20/3 68) K(arl) Becker (UB Heidelberg, Hs. 1398).

Wagner, Herbert: Art. Rußland, verfaßt für Helmut Coing (Hrsg.), Handbuch der Quellen und Literatur der neueren europäischen Privatrechtsgeschichte II/2 (nicht veröffentlicht; für die Möglichkeit der Einsichtnahme in 130 Seiten Fahnenabzüge danke ich Herrn Dr. Heinz Mohnhaupt, Frankfurt a. M.. Der Text ist zitiert nach der Binnengliederung.).

Wieacker, Franz: Hauptströmungen der Rechtswissenschaft seit 1800 Publicum WSem 66/67 (Vorlesungsmanuskript) (UB Göttingen Cod. Ms. F. Wieacker C 7).

Matrikel der Universität Wien Sommersemester 1870 und Wintersemester 1870/71 (Universitätsarchiv Wien, Mikrofilm-Nr. 991).

Abkürzungsverzeichnis

AcP	Archiv für die civilistische Praxis
ADC	Anuario de Derecho Civil
ALZ	Allgemeine Literatur-Zeitung
ARSP	Archiv für Rechts- und Sozialphilosophie
ARWP	Archiv für Rechts- und Wirtschaftsphilosophie
ASER	The American Slavic and East European Review
BCO	Bibliotheca Classica Orientalis
BIDR	Bullettino dell'Istituto di Diritto Romano »Vittorio Scialoja«
BULR	Boston University Law Review
CPH	Czasopismo Prawno-Historyczne
DJZ	Deutsche Juristen-Zeitung
FAZ	Frankfurter Allgemeine Zeitung
FOG	Forschungen zur Osteuropäischen Geschichte
GGA	Göttingische Gelehrte Anzeigen
GiP	Gosudarstvo i Pravo
GrünhutsZ	(Grünhuts) Zeitschrift für das private und öffentliche Recht der Gegenwart
HRG	Handwörterbuch zur Deutschen Rechtsgeschichte
HWP	Historisches Wörterbuch der Philosophie
HZ	Historische Zeitschrift
IA	Ius antiquum – Drevnee pravo
IV	Istoričeskij Vestnik
JBl	Juristische Blätter
JherJb	(Jherings) Jahrbücher für die Dogmatik des heutigen römischen und deutschen Privatrechts
JRR	Jahrbuch für Rechtssoziologie und Rechtstheorie
JV	Juridičeskij Vestnik
JZ	Juristenzeitung
RabelsZ	Rabels Zeitschrift für ausländisches und internationales Privatrecht
RHDFE	Revue historique de droit français et étranger
RIDA	Revue internationale des droits de l'antiquité
RJ	Rechtshistorisches Journal
RSL	Revue of Socialist Law
RV	Russkij Vestnik
SavZRG (Germ. Abt.)	Zeitschrift der Savigny-Stiftung für Rechtsgeschichte (Germanistische Abteilung)
SavZRG	Zeitschrift der Savigny-Stiftung für Rechtsgeschichte (Romanistische Abteilung)
SDHI	Studia et Documenta Historiae et Iuris

SGiP	Sovetskoe Gosudarstvo i Pravo
SJIL	Stanford Journal of International Law
TLR	Tulane Law Review
TR	Tijdschrift voor Rechtsgeschiedenis
UI	Universitetskie Izvestija/Universitet Sv. Vladimira (Kiev)
UZJU	Učenye Zapiski Jur'evskogo Universiteta/Acta et commentationes Imp. Universitatis Jurievensis (olim Dorpatensis)
VDJL	Vremennik Demidovskogo Juridičeskogo Liceja
VP	Vestnik Prava
VSJ	Vestnik Sovetskoj Justicii
WiRO	Wirtschaft und Recht in Osteuropa
ZEuP	Zeitschrift für Europäisches Privatrecht
ZGR	Zeitschrift für Geschichtliche Rechtswissenschaft
ZNR	Zeitschrift für Neuere Rechtsgeschichte
ZOG	Zeitschrift für Osteuropäische Geschichte
ZSlaw	Zeitschrift für Slawistik
ZVglRwiss	Zeitschrift für Vergleichende Rechtswissenschaft
ŽGiUP	Žurnal Graždanskogo i Ugolovnogo Prava
ŽMJu	Žurnal Ministerstva Justicii
ŽMNP	Žurnal Ministerstva Narodnogo Prosveščenija

Register

Von der Aufnahme überaus häufig vorkommender Ausdrücke wie etwa »Römisches Recht«, »Rußland« oder (allgemein) »Rezeption« wird abgesehen. Nicht angeführt werden ferner Stellen, an denen Personen allein als Autoren von Sekundärschrifttum genannt sind.